다문화 전문가 인정
필수과목

이민법제론
관련법령집

편집인 이남철 배용구

마당

이남철
- 미국 오클라호마대학교에서 경제학 박사학위 취득
- 현, 서울사이버대학교 객원교수
- 한국직업능력연구원 선임연구위원
- 파라과이 교육과학부 자문관
- 한국교육개발원 근무

〈저서〉
- 『국제이주와 노동정책』(마당)
- 『이민법제론 관련법령집』(마당)
- 『현대경제학원론』(삼영사)
- 『Skills Development for Inclusive and Sustainable』 (Springer Publishing U.S.A)
- 『New Society Models for a New Millennium』 (Peter Lang Publishing U.S.A)

이민법제론 관련법령집

초판 인쇄 2024년 01월 10일
초판 발행 2024년 01월 20일

편저자 이남철 배용구
펴낸이 조태현
펴낸곳 마당

우편번호 04559
주소 서울시 종로구 종로66길 20(계명빌딩 502호)
전화 02_762_2113
팩스 02_745_9921

출판등록 1977-000016호
ISBN 979-11-91571-26-4-03360
ⓒ 2024, 마당

※ 값은 뒤표지에 표시되어 있습니다.
※ 잘못된 책은 구입처에서 교환해 드립니다.

『이민법제론 관련법령집』을 출간하면서

2023년 통계청 발표에 따르면 2022년 체류기간 90일 초과한 총이동자(입국자+출국자)는 112만 4,000명으로, 전년 대비 23만 7,000명(26.8%) 증가하였다. 최근 우리나라에는 외국인 노동자, 결혼이민자, 유학생 등 유입이 지속적으로 증가함에 따라 많은 사람들이 이민법에 관심을 가지고 있다.

그러나 이민법(Immigration Law)이라는 법령이 존재하지 않는다. 현재 우리나라 법에서 이민법을 독자적인 영역으로 어떻게 설정할 것인지에 대해 충분한 합의가 이루어지지 않았다. 다만 이민과 관련된 여러 법령을 종합해서 통일적으로 이해하기 위해서 이민법이라고 명명할 뿐이다. 오늘날 이민법은 이민과 관련된 다학제적 영역으로 되었으며, 이 법을 구성하는 개별법령들은 상호 연관관계를 가지고 있다.

「이민법」의 범주를 넓게 보면, 국민의 국외로의 출입국 및 이민이라는 현상과 외국인의 국내로의 출입국 및 이민이라는 현상을 규율하는 법이 모두 포함될 수 있다. 또한 이민법 분야는 다양한 국제조약 등 「국제이주법」의 법원이 중요한 의미를 갖는다.

한국 이민법제의 형성은 「헌법」, 「국적법」(1948년 제정), 「출입국관리법」(1963년 제정), 「재외동포의 출입국과 법적지위에 관한 법률」(1999년 제정), 「재한외국인 처우 기본법」(2007년 제정), 「난민법」(2012년 제정), 「다문화가족 지원법」(2008년 제정), 「외국인근로자의 고용 등에 관한 법률」(2003년 제정) 등으로 관련 법제의 규정들에 담아내며 오늘의 체제를 갖추었다.

우리나라는 아시아에서 최초로 난민법이 제정 시행되었다. 대한민국은 국제사회에서도 문화다양성 사회를 선도하고 있다. 현행 이민 관련법들도 시대적 변화에 발맞추어 이민사회를 관리하고, 이주민의 한국 사회 정착을 돕기 위한 역할을 하고 있다.

제1장에서는 이민법제의 성격, 국제이주법의 특징, 국제 이주법 및 제반 이민 관련법을 분석하였다. 전통적인 이민국가인 미국, 캐나다, 독일의 최근 주요 이민법 체계 및 내용을 분석하였다. 제2장까지-장까지 최근 「출입국관리법」, 「국적법」, 「재외동

포의 출입국과 법적지위에 관한 법률」, 「재한외국인 처우 기본법」, 「난민법」, 「다문화가족 지원법」, 「외국인근로자의 고용 등에 관한 법률」을 살펴보았다.

　본서 『이민법제론 관련법령집』은 「국제이주법」의 법원인 다양한 국제조약 등과 이민 관련된 관련법, 시행령, 시행규칙 및 각 조문별로 관련법령과 대법원판례를 수록하였다. 특히 법을 전공으로 하지 않는 학생, 결혼이민자, 외국인 노동자, 해외 유학생들에게 편리하고 쉽게 이민법과 관련된 법을 접근할 수 있다고 편저자들은 생각한다.

　특히 사회통합 프로그램 운영을 위한 『다문화사회 전문가』 학위과정을 공부하는 학생들은 전공필수과목인 『이민법제론』을 학습하는데 도움이 되기를 바란다.

2023년 가을
편집인 이남철·배용구

- 목차 -

제1편
- 이민법제론 개론 / 7
- 제1장 이주법제의 성격 / 9
- 제2장 국제이주법 / 11
- 제3장 이민법제론 / 28

제2편
- 제1부 출입국관리법 / 41
- 제2부 출입국관리법 시행령 / 185
- 제3부 출입국관리법 시행규칙 / 293

제3편
- 제4부 국적법 / 455
- 제5부 국적법 시행령 / 485
- 제6부 국적법 시행규칙 / 519

제4편
- 제7부 재외동포의 출입국과 법적지위에 관한 법률 / 539
- 제8부 재외동포의 출입국과 법적지위에 관한 법률 시행령 / 561
- 제9부 재외동포의 출입국과 법적지위에 관한 법률 시행규칙 / 577

제5편
- 제10부 재한외국인 처우 기본법 / 589
- 제11부 재한외국인 처우 기본법 시행령 / 603

제6편
- 제12부 난민법 / 611
- 제13부 난민법 시행령 / 653
- 제14부 난민법 시행규칙 / 673

제7편
- 제15부 다문화가족 지원법 / 685
- 제16부 다문화가족 지원법 시행령 / 707
- 제17부 다문화가족 지원법 시행규칙 / 721

제8편
- 제18부 외국인근로자의 고용 등에 관한 법률 / 727
- 제19부 외국인근로자의 고용 등에 관한 법률 시행령 / 753
- 제20부 외국인근로자의 고용 등에 관한 법률 시행규칙 / 785

※ 각 조문에 관련 법령과 대법원 판례를 정리 수록하였음.

제1편 이민법제론 개론

제1부

이민법제론 개론

이민(移民)이란 인구학에서 출생, 사망과 더불어 인구규모의 변화에 영향을 미치는 인구이동(Migration) 가운데, 국가의 경계를 넘는 인구이동 즉 국제인구이동(International migration)을 의미하는 개념이다. 외국에서 국내로 '들어오는 이민'을 '이입'(移入, Immigration)으로 '나가는 이민'을 '이출'(移出, Emigration)로 구분하기도 한다.

국제연합(United Nations, 1998, pp. 9~10)의 정의에 의하면, 1년 이상 국경을 넘어 거주지를 옮기는 것은 '장기이동'으로, 3개월 이상 1년 미만의 기간 동안 옮기는 것은 '단기이동'으로 구분하고 있다. 따라서 통상 3개월 이상 국경을 넘어 다른 나라로 삶의 터를 옮기는 국제 인구이동을 이민 또는 이주로 말한다.

장기체류 비자라 할지라도 유학, 어학연수, 주재원, 외교관, 해외인턴, 교환교수, 교환연구원 등은 영주권을 받기 어려운 일시적인 체류이므로 이민으로 부르지 않는다. 한편 귀화는 국적을 취득한 경우만을 말하므로 이민과는 다르다.[1]

'이주'는 '이민'보다는 더 포괄적인 의미로, 개인이나 집단이 단기적인 체류나 영구적인 정착을 위하여 주권국가의 영토 내에서 다른 지역으로 이동(국내 이주)하거나 국경을 넘어 다른 국가로 이동하는 모든 행위를 지칭하는 것이다

---

[1] 귀화(歸化, naturalization)는 다른 나라의 국적을 얻어 그 나라의 국민이 되는 것을 말하며, 적국의 국민 또는 적대적인 인물이 귀화하는 일을 귀순(歸順)이라고도 부름.

제1장

이주법제의 성격

1. 이민법의 법원(法源)

이민법의 법원은 국내법과 국제법으로 구분된다. 국내법으로는 「국적법」, 「출입국관리법」, 「재외동포의 출입국과 법적지위에 관한 법률」, 「재한외국인 처우 기본법」, 「난민법」, 「다문화가족 지원법」, 「외국인근로자의 고용 등에 관한 법률」 등이 있다.

우리나라에는 이민법(Immigration Law)이라는 법령이 존재하지 않는다. 현재 우리나라 법에서 독자적인 영역으로서 이민법의 범주를 어떻게 설정할 것인지에 대해 충분한 합의가 이루어지지 않았다. 다만 이민과 관련된 여러 법령을 종합해서 통일적으로 이해하기 위해서 이민법이라고 칭할 뿐이다. 오늘날 이민법은 이민과 관련된 한 영역으로 되었으며, 이 법을 구성하는 개별법령들은 상호 연관관계를 가지고 있다.

「이민법」의 범주를 넓게 보면, 국민의 국외로의 출입국 및 이민이라는 현상과 외국인의 국내로의 출입국 및 이민이라는 현상을 규율하는 법이 모두 포함될 수 있다. 미국 등의 「이민법」 역시 주로 외국인의 국내로의 이민을 주된 내용으로 한다.

또한 이민법 분야는 다양한 국제조약 등 「국제이주법」의 법원이 중요한 의미를 갖는다. 국제이주법은 입국허가권, 구금권, 이민자 추방권, 인신매매와 밀입국 퇴치권, 국경보호권, 국적 부여권과 같이 국가주권과 인권규약에서 파생된 이주와 관련된 국제적 규범과 원칙이다. 국가주권과 인권규범은 국제이주법의 두 축을 구성한다. 국제이주법의 규약들은 인권법, 인도법, 노동법, 난민법, 영사법, 무역법, 해양법 등 다양한 법률 분야에 영향을 미치고 있다. 국제이주법의 구성 요소는 이주에 관련된 사람의 권리, 의무와 국가의 권한과 책임이다.

제2장

국제이주법

1. 국제이주법의 특징

국제이주법은 이주에 관련된 사람의 권리와 의무, 국가의 권한과 책임에 관하여 규정한 것으로 다음과 같은 특징을 갖는다.

첫째, 이주에 적용 가능한 국제법 문서로서 전 세계적 입법기관이 없다.
둘째, 오랜 시간에 걸쳐 발전했다.
셋째, 여러 부류의 국제법으로 구성되어 있어 이주 문제에 적용된다.
넷째, 상황에 따라 다른 문서가 적용된다.
마지막으로 내국인과 외국인 간의 구별이 이루어진다.

2. 국제 이주법[2]

1) 국제인권법

국제인권법(International Law of Human Rights)은 인간, 즉 자연인의 기본적 권리를 보호, 증진함을 목표로 하는 국제법의 한 분야이다. 국제 인권법은 주로 국가 간 조약으로 구성되어 있다.

---

[2] 이남철(2023). 『국제이주와 노동정책』. 공감의힘.

제인권법은 유엔(UN: United Nations)과 깊은 관계를 가지고 있다. 유엔에서 인권 문제의 전개는 유엔총회에서 누가 다수파였는가에 따라 세 단계로 분류된다.

제1단계는 1945년에서 1950년대 말로 국가 간섭으로부터의 자유를 본질적으로 허가하는 이른바 제1세대 인권으로 시민적·정치적 권리가 강조되었다.

제2단계는 1960년에서 1970년대 초로 국가에 대해 복지이익을 청구할 수 있는 개인의 권리, 즉 제2세대 인권으로 불리는 경제적, 사회적, 문화적 권리가 강조되었다.

제3단계는 1970년대 중반부터 1980년대 말로 결속과 형제애가 강조되는 시기였다.

국제인권법의 주요 문서로는 '세계 인권선언', '시민적 및 정치적 권리에 관한 국제규약', '경제적, 사회적 및 문화적 권리에 관한 국제규약', '아동권리협약', '인종차별 철폐에 관한 국제협약', '여성차별 방지협약', '고문방지협약', '이주노동자 및 그 가족의 권리에 관한 국제협약' 등이 있다.

가) 세계인권선언 : '세계인권선언'(Universal Declaration of Human Rights)은 1948년 12월 10일 유엔총회에서 당시 가입국 58개 국가 중 50개 국가가 찬성하여 채택된 인권에 관한 세계 선언문이다. 유엔총회 결의 217 A(III)로서 413개 언어로 번역되어, 가장 많이 번역된 유엔총회 문건이다.

1946년 '인권장전 초안'과 1948년 '세계인권선언' 그리고 1966년 '국제 인권규약'을 합쳐 '국제인권장전'이라고 부르기도 한다.

'세계인권선언'은 유엔 결의로서 비록 직접적인 법적 구속력은 없으나 오늘날 대부분의 국가 헌법 또는 기본법에 그 내용이 각인되고 반영되어 실효성이 클 뿐만 아니라 1966년 '국제인권규약'은 세계 최초로 법적 구속력을 가진 세계적인 인권 관련 국제법이다.

나) 시민적 및 정치적 권리에 관한 국제규약(International Covenant on Civil and Political Rights) : 유엔총회는 1966년 12월 '시민·정치적 권리에 관한 국제규약'을 채택하였다. 10년이 지난 후 35번째 비준서가 유엔 사무총장에게 기탁된 날로부터 3개월 후인 1976년 3월 23일 자유권 규약은 법적 효력을 발효하였다. 현재 193개국 (2022년 9월 29일 기준)이 가입되었다.

우리나라는 1989년 10월 5일 제39회 국무회의의 심의를 거치고 1990년 3월 16일 제148회 국회(임시)의 동의를 얻어 1990년 4월 10일 국제연합 사무총장에게 제14조 제5항, 제14조제7항, 제22조 및 제23조제4항을 유보하고, 제41조 수락을 선언한 외무부장관 명의의 가입서를 기탁하였다.

이로써 유보조항을 제외하고 1990년 7월 10일부터 대한민국에 대하여 효력을 발생하는 '시민적 및 정치적 권리에 관한 국제규약'을 공포하였다.

이 조약은 6부 53조로 구성되어 있으며 주요 내용은 다음과 같다.

제1부(제1조)는 자결권, 천연의 부와 자원의 자유 처분권에 대한 것이다.

제2부(제2조~제5조)는 규약 당사국의 의무로 관할권 내 모든 개인에 대한 차별금지, 권리 침해 피해자의 구제 조치 보장, 남녀동등 권리 보장, 공공 비상사태 시 규약상 의무 위반가능성 등이다.

제3부(제6조~제27조)는 생명권 보장과 사형제도의 원칙적 금지(제6조), 고문 및 잔혹한 형벌 금지(제7조), 노예무역·노예제도·강제노동 금지(제8조), 신체의 자유와 안전에 대한 권리(제9조), 피구금자에 대한 인도적 대우(제10조), 계약상 의무 이행 능력이 없음을 이유로 한 투옥 금지(제11조), 거주·이전의 권리, 출국·귀국 권리(제12조), 합법적 체류 외국인에 대한 추방은 법률에 의해서만 가능(제13조), 공정한 재판을 받을 권리(제14조), 형벌불소급의 원칙(제15조), 인격권(제16조), 사생활·가족·통신에 대한 자의적 또는 불법적 간섭금지(제17조), 사상·양심·종교의 자유(제18조), 표현의 자유(제19조), 전쟁 선전, 민족적·인종적·종교적 증오·옹호 행위 금지(제20조), 평화적 집회권리(제21조), 노동조합 결성·결사의 자유(제22조), 가족의 보호와 혼인의 권리(제23조), 아동의 보호받을 권리(제24조), 참정권(제25조), 법 앞의 평등(제26조), 소수민족의 권리(제27조) 등이다.

제4부(제28조~제45조)는 시민적 및 정치적 권리위원회(HRC: Human Rights Committee) 설치, 임무 등을 규정하고 있다(세부적인 규약은 외교부 다자조약, 제1007호, 1990년 7월 10일을 참조할 것).

다) 경제적, 사회적 및 문화적 권리에 관한 국제규약(International Covenant on Economic, Social and Cultural Rights) : 이 규약의 당사국은, 국제연합헌장에 선언된 원칙에 따라 인류사회의 모든 구성원의 고유한 존엄성 및 평등하고 양도할 수 없는 권리를 인정하는 것이 세계의 자유, 정의 및 평화의 기초가 됨을 고려한다.

이러한 권리는 인간의 고유한 존엄성으로부터 유래함을 인정하며, 세계인권선언에 따라 공포와 결핍으로부터의 자유를 향유하는 자유 인간의 이상은 모든 사람이 자신의 시민적, 정치적 권리 뿐만 아니라 경제적, 사회적 및 문화적 권리를 향유할 수 있는 여건이 조성되는 경우에만 성취될 수 있음을 인정한다.

또한 인권과 자유에 대한 보편적 존중과 준수를 촉진시킬 국제연합 헌장상 국가 의무를 고려하며, 타 개인과 자기가 속한 사회에 대한 의무를 지고 있는 개인은, 이 규약에서 인정된 권리 증진과 준수를 위하여 노력하여야할 책임이 있음을 인식하여, 조문들에 합의한다.(세부적인 규약은 외교부 다자조약, 제1006호, 1990년 6월 13일을 참조할 것).

이 규약은 5부 31조로 구성되어 있으며, 우리나라는 1989년 10월 5일 제39회 국무회의 심의를 거쳐, 1990년 3월 16일 제148회 국회(임시) 동의를 얻어 1990년 4월 10일 국제연합 사무총장에게 외무부장관 명의의 가입서를 기탁하였다.

이 규약은 1990년 7월 10일부터 대한민국에 대하여 효력을 발생하는 '경제적, 사회적 및 문화적 권리에 관한 국제규약'을 공포하였다.

라) 아동권리협약(Convention on the Rights of the Child) : '아동권리협약'은 어린이가 어른과 다른 특별한 이해와 권리를 가지며 특별한 보호를 필요로 한다는 점을 반영하여 10여 년간의 논의 끝에 1989년 11월 20일 유엔총회에서 채택하였다.

이 협약은 20개국이 비준을 완료한 1990년 9월 2일 발효되었다. 당사국 주요 인권 협약 중 가장 많은 국가(193개국)가 가입하였으며, 우리나라는 1991년 12월 20일 발효되었다.

이 주요 협약은 3부 54조로 구성되었으며 주요 내용은 다음과 같다.

제1부(제1조~제41조)는 아동의 정의(제1조), 모든 아동에 대한 비차별 원칙(2조), 아동의 최선의 이익을 최우선적으로 고려(제3조), 아동권리 실현을 위한 당사국의 입법적, 행정적 조치 의무(제4조), 부모 등의 적절한 감독과 지도책임 의무(제5조), 생명에 관한 고유의 권리 인정 및 아동의 생존과 발전 보장(제6조), 아동의 출생 등록, 성명권과 국적 취득권, 양육 받을 권리(제7조), 부모로부터 분리되지 않을 권리(제9조), 가족 재결합의 권리(제10조), 아동의 불법 해외이송 및 미귀환 방지(제11조), 사상·양심 및 종교의 자유, 결사의 자유와 평화적 집회의 자유(제14조~제15조), 부모의 양육책임 의무(제18조), 모든 형태의 폭력으로부터 보호 의무(제19조), 입양 아동의 최선의 이익 고려(제21조), 난민 아동 보호 의무(제22조), 장애 아동 보호 의무(제23조), 아동의 건강권 보장(제24조), 사회적 혜택 보장(제26조), 교육에 대한 권리(제28조), 소수민족 및 원주민 아동의 고유문화 향유 보장(제30조), 여가에 대한 권리(제31조), 아동의 유해한 노동으로부터 보호 받을 권리(제32조), 마약·성적 착취·유인·매매 등으로

부터 보호 받을 권리(제33조~제36조), 고문 금지(제37조), 무력분쟁 아동의 보호 의무(제38조~제39조) 등이다.

마) 인종차별 철폐에 관한 국제협약(International Convention on the Elimination of All Forms of Racial Discrimination) : '인종차별 철폐에 관한 국제협약'은 1965년 12월 21일, 유엔총회에서 채택되었으며 1969년 1월 4일에 발효된 유엔협약으로 거의 만장일치로 채택하였다.

우리나라는 동 협약에 1978년 8월 8일 서명하였으며, 1979년 12월 5일 발효되었다. 주요 기능으로는 인종차별 철폐협약 당사국 보고서 심사, 당사국에 대한 제안 및 권고, 개인진정 접수 및 심사 등이다.

협약에서 말하는 '인종차별'이란 '인종, 피부색, 가문 또는 민족이나 종족의 기원을 둔 어떠한 구별, 배척, 제한 또는 우선권을 말한다. 이는 정치, 경제, 사회, 문화 또는 기타 어떠한 공공생활 분야에서든 평등하게 인권과 기본적 자유 인정, 향유 또는 행사를 무효화시키거나 침해하는 목적 또는 효과를 가지고 있는 경우'를 가리킨다(제1조)(세부적인 규약은 외교부 다자조약, 제667호, 1979년 1월 6일을 참조할 것).

바) 여성차별 방지협약(CEDAW: Convention on the Elimination of All Forms of Discrimination against Women) : 이 협약은 여성에 대한 모든 형태의 차별철폐에 관한 협약 선택의정서(Optional Protocol to the Convention on the Elimination of All Forms of Discrimination against Women)이다.

1999년 10월 제54차 유엔총회에서 채택, 2000년 발효되었으며 동년 6월 15자로 88개국이 가입하였다.

이 협약이 발효되기까지의 경위는 다음과 같다. 1999년 3월 제43차 여성지위위원회에서 선택의정서 문안 채택, 1999년 7월 경제사회이사회 채택, 1999년 10월 제54차 유엔 총회 채택, 1999년 12월 선택의정서 서명식 개최(22개 국가 원서명국 참여)를 걸쳐 2000년 12월 22일 발효되었다.

우리나라는 2006년 10월에 가입하였으며, 이 협약은 2007년 1월 발효되었다. 이 협약의 의의는 여성차별 철폐협약 규정에 대한 실효성 부여에 크게 기여할 것으로 기대된다. 선택의정서의 채택은 여성 인권이 국제사회의 인권논의에서 주요이슈로 자리 잡았음을 나타내는 것이며, 국제사회의 인권의식 함양에 기인한 것이다.

이 의정서 채택으로 여성차별 철폐협약은 개인의 진정 제도를 인정하고 있는 여타 국제 인권협약(시민적 및 정치적 권리에 관한 국제규약, 인종차별 철폐협약, 고문방지협약)과 동등한 지위를 획득하는 것이다.

이 협약의 주요 내용은 다음과 같다.

개인 또는 개별집단을 위한 여성차별 방지협약이 보장하는 권리 위반에 대한 민원을 위원회에 제출할 수 있는 진정서 절차 및 위원회가 협약에 의거하여 중대하고 체계적인 권리위반 상황을 조사할 수 있는 조사 등 두 가지 절차를 포함한다(제1조).

진정서는 당사국에 의한 협약상의 권리 침해로 피해를 입었음을 주장하는 당사국 관할하의 개인 또는 집단에 의해, 또는 이들을 대표하여 제출될 수 있다(제2조).

진정서는 서면으로 제출되어야 하며 익명이어서는 안 된다. 위원회는 여성차별철폐협약의 당사국이나 이 의정서의 당사국이 아닌 국가가 관련된 진정서를 접수하지 아니한다(제3조).

위원회는 국내 구제절차가 불합리하게 지연되거나 효과적인 구제를 보장하지 못하는 경우를 제외하고는, 모든 가능한 국내 구제절차가 소진되었음을 확인하지 않고 진정서를 접수하지 아니한다(제4조).[3]

사) 고문 및 그 밖의 잔혹한 비인도적인 또는 굴욕적인 대우나 처벌의 방지에 관한 협약(Convention against Torture and Other Cruel, Inhuman or Degrading Treatment or Punishment) : 이 협약 당사국은 국제연합헌장에 천명된 원칙에 따라, 인류사회의 모든 구성원이 향유하는 평등하며 불가양한 권리를 인정하는 데서 세계의 자유·정의 및 평화의 기초가 이룩됨을 고려하였다.

이러한 권리는 인간의 고유한 존엄성으로부터 유래함을 인정하며, 국제연합헌장 특히 제55조에 따라 인권 및 기본적 자유를 보편적으로 존중하고 이의 준수를 촉진하여야 하는 국가 의무를 고려하고 있다.

이 협약은 어느 누구도 고문 및 잔혹한·비인도적인 또는 굴욕적인 대우나 처벌의 대상이 되어서는 아니 된다고 규정한 '세계 인권선언' 제5조와 '시민적 및 정치적 권리에 관한 국제규약' 제7조에 유의한다. 또한 1975년 12월 9일 국제연합총회에서 채택된 '고문 및 그 밖의 잔혹한·비인도적인 또는 굴욕적인 대우나 처벌로부터 만인의 보호에 관한 선언'에 유의하고, 세계적으로 고문 및 그 밖의 잔혹한·비인도적인

---

3) 외교부(2020). http://www.mofa.go.kr. 참조 바람.

또는 굴욕적인 대우나 처벌을 방지하기 위한 투쟁이 더욱 실효적이기를 희망하여 협약에 합의하였다.

주요 협약 합의 사항은 제3장 33조로 구성되어 있다(세부적인 규약은 외교부 다자조약, 제1272호, 1987년 6월 26일자를 참조할 것).

아) 이주노동자 및 그 가족의 권리에 관한 국제협약(The International Convention on the Protection of the Rights of All Migrant Workers and Members of their Families) : 이 협약의 당사국은 인권에 관한 국제연합의 기본적인 문서이다. 특히 '세계 인권선언', '경제적, 사회적 및 문화적 권리에 관한 국제규약', '시민적 및 정치적 권리에 관한 국제규약', '모든 형태의 인종차별 철폐에 관한 국제협약', '여성에 대한 모든 형태의 차별 철폐에 관한 협약', '아동의 권리에 관한 협약' 등에 담긴 원칙들을 고려하고 있다.

이 협약은 국제노동기구(ILO: International Labour Organization) 체재 내에서 만들어진 관련 문서이다. 특히 취업목적의 이주에 관한 협약(제97호), 학대 상황의 이주와 이주노동자의 기회 및 처우의 균등증진에 관한 협약(제143호), 취업목적 이주에 관한 권고(제86호), 이주노동자에 관한 권고(제151호), 강제적 또는 의무적 노동에 관한 협약(제29호), 강제노동의 폐지에 관한 협약(제105호) 등에 규정된 원칙과 기준을 고려하고 있다.

이 외에 이 협약의 주요 내용은 다음과 같다.

첫째, 국제연합 교육과학문화기구(UNESCO: United Nations Educational, Scientific and Cultural Organization)의 교육상의 차별금지 협약에 내포된 원칙의 중요성을 재확인하고 있다.

둘째, 고문 및 그 밖의 잔혹한, 비인도적인 또는 굴욕적인 대우나 처벌의 방지에 관한 협약, 범죄의 예방 및 범죄자의 처우에 관한 제4회 국제연합회의의 선언, 법집행관을 위한 행위준칙, 노예제도에 관한 각종 협약을 상기하고 있다.

셋째, 국제노동기구의 목적 중의 하나가 그 헌장에 규정된 바와 같이 자국 이외의 나라에서 고용된 노동자의 이익보호인 점을 상기하고, 이주노동자와 그 가족에 관한 문제에 있어서는 이 기구가 전문지식과 경험을 갖고 있음을 유념한다.

넷째, 국제연합의 각종기관, 특히 인권위원회, 사회개발위원회, 국제연합 식량농업기구, 국제연합 교육과학문화기구, 세계보건기구 및 기타의 국제기구가 이주노동자와 그 가족에 관하여 달성한 업적의 중요성을 인정하고 있다.

다섯째, 지역적 내지 양자 간 단위를 기초로 하여 이주노동자와 그 가족의 권리 보호에 대하여 일부 국가들에 의하여 달성된 성과는 물론, 이 분야에서의 양자 및 다자협정의 중요성과 유용성을 인정한다.

여섯째, 수백만 명의 사람들이 관련되어 국제사회에서 많은 나라에 영향을 미치고 있는 이주현상의 중요성과 정도를 실감한다. 이주노동자의 유입이 관계국과 그 국민에 미치는 충격을 인식하며, 이주노동자와 그 가족의 처우에 관한 기본원칙을 수용함으로써 각국의 태도 조화에 기여할 수 있는 규범의 수립을 희구(希求)한다.

일곱째, 무엇보다도 출신국에 없다는 점과 취업국에 체재함에 따라 직면하는 어려움으로 인하여 이주노동자와 그 가족은 종종 취약한 상황에 처하게 됨을 고려한다.

여덟째, 이주노동자와 그 가족의 권리가 충분히 인식되어 있지 않다. 따라서 적절한 국제적 보호가 필요함을 확신한다. 특히 가족 이산으로 인하여 이주는 이주노동자 본인은 물론 그 가족에게도 종종 심각한 문제를 야기함을 고려한다.

아홉째, 이주와 관련된 문제들은 비정규 이주의 경우에 한층 심각하다는 점에 유의하여, 그들의 기본적 인권 보호를 보장함과 동시에 이주 노동자의 은밀한 이동과 불법거래를 방지하고 제거하기 위해서는 적절한 조치가 취하여져야 함을 확신한다.

열 번째, 미신고 또는 비정규적 상황하의 이주노동자는 종종 다른 노동자보다도 불리한 근로조건하에 고용되어 있으며, 일부 고용주는 불공정한 경쟁으로 이익을 얻기 위하여 이에 현혹되어 그 같은 노동력을 찾는 점을 고려한다.

열한 번째, 모든 이주노동자의 기본적인 인권이 보다 광범위하게 승인된다면 비정규적 상황의 이주노동자 고용에 의지하기가 단념될 것이다. 나아가 정규적 상황의 이주노동자와 그 가족에 일정한 권리를 추가로 인정한다면, 모든 이주노동자와 고용주가 당사국의 법률과 절차를 존중하고 준수하는 것이 촉진될 것임을 고려한다. 그러므로 범세계적으로 적용될 포괄적인 협약에서 기본규범을 재확인하고 확립하여 이주노동자와 그 가족의 권리에 대한 국제적 보호를 달성할 필요성을 확신하여 합의하였다.

합의된 내용은 다음과 같다. 제1부 적용 범위와 정의(Scope and Definitions), 제2부 권리의 비차별(Non-discrimination with Respect to Rights), 제3부 모든 이주노동자와 그 가족의 인권(Human Rights of All Migrant Workers and Members of their Families), 제4부

신고 된 또는 정규적 상황의 이주노동자와 그 가족들의 기타의 권리(Other Rights of Migrant Workers and Members of their Families who are Documented or in a Regular Situation), 제5부 특별한 유형의 이주노동자와 그 가족에 관한 규정(Provisions Applicable to Particular Categories of Migrant Workers and Members of their Families), 제6부 노동자와 그 가족의 국제이주에 관한 건전하고 공평하며 인도적이며 합법적인 조건의 증진(Promotion of Sound, Equitable, Humane and Lawful Conditions in Connection with International Migration of Workers and Members of Their Families), 제7부 협약의 적용(Application of the Convention), 제8부 일반 조항(General Provisions), 제9부 최종 조항(Final Provisions)이다.[4]

이 협약은 모두 제9부 93조로 구성되어 있으며, 1990년 12월 18일 발효되었다. 당사국 수는 15개 국가이며 대한민국은 미가입 한 상황이다.

2) 형법

형법의 중요 문서로는 '초국가적 조직범죄에 관한 협약', '팔레르모 의정서 국제인도법' 등이 있다.

가) 초국가적 조직범죄에 관한 협약 : '유엔국제조직범죄협약(United Nations Convention against Transnational Organized Crime)'안이 2000년 7월 17일~28일 간 오스트리아 비엔나에서 개최된 국제조직범죄 협약 채택을 위한 정부 간 위원회 제10차 회의에서 채택되었다.

이 협약안은 1996년 제51차 유엔총회가 국제조직범죄협약의 성안을 유엔의 우선과제(A matter of Priority)로 설정할 것을 결의한 이후, 유엔 주관으로 1999년 1월부터 10차례의 회의를 거쳐 성안되었다.

나) 팔레르모 의정서 국제인도법 : 2000년 이탈리아 남부 팔레르모에서 159개국에 의해 채택된 이 의정서는 유엔 국제 범죄조직 방지협약의 부속 의정서로서 공식 명칭은 '인신매매 특히 여성 및 아동의 인신매매·예방·억제·처벌을 위한 의정서'이다. 팔레르모 의정서는 특히 여성과 아동의 인신매매를 방지, 억제 및 처벌하기 위한

---

4) Office of the United Nations High Commissioner for Human Rights(OHCHR). https://www.ohchr.org/EN). 참조바람.

의정서로, 육지, 해상 및 항공에 의한 이주민 밀수에 대한 의정서로 구성되어 있다.

'국제연합 초국가적 조직범죄 방지협약을 보충하는 인신매매, 특히 여성과 아동의 인신매매 방지, 억제 및 처벌을 위한 의정서'(Protocol to Prevent, Suppress and Punish Trafficking in Persons, Especially Women and Children, Supplementing the United Nations Convention against Transnational Organized Crime)는 2000년 11월 15일 뉴욕에서 채택되었다.

우리나라는 2014년 3월 11일 제12회 국무회의 심의를 거쳐 2015년 5월 29일 제333회 국회(임시회) 제3차 본 회의의 비준 동의를 받았다.

이후 2015년 11월 5일 국제연합 사무총장에게 비준서를 기탁하여 2015년 12월 5일자로 우리나라에 대하여 발효되는 '국제연합 초국가적 조직범죄 방지협약을 보충하는 인신매매, 특히 여성과 아동의 인신매매 방지, 억제 및 처벌을 위한 의정서'를 공포하였다(세부적인 규약은 「외교부 다자조약」, 제2259호, 2015년 12월 5일을 참조할 것).

3) 이주노동자법

이주노동자법의 주요 문서에는 국제노동기구(ILO) 문서, 이주노동자 및 그 가족의 권리에 관한 국제협약 등이 있다.

가) 국제노동기구 문서 : ILO는 1919년 설립된 세계 노동자의 노동조건과 생활수준의 향상을 목적으로 하는 국제연합의 전문 기관이며, 본부는 스위스 제네바에 있다. 1919년 제1차 세계대전 후 당시 사회 활동가들에 의한 국제적인 노동자 보호 운동, 무역 경쟁 공평성의 유지, 러시아 혁명 등의 영향으로 노동문제가 정치적인 화제로 떠올랐다. 이후 파리 강화회의에서 국제연맹의 자매기관으로서 국제노동기구의 설립이 합의되었다.

ILO는 회원국이 각자 정부, 노동자, 고용자 대표를 보내서 독립적인 발언이나 투표를 할 수 있다. 총회와 56명의 이사로 구성된 이사회는 각 회원국의 정부, 노동자, 고용자가 2:1:1의 비율 구성으로 대표를 보내고 있다. 현재 총 187개의 회원국을 보유하고 있다. 우리나라는 1991년 12월 9일 ILO에 가입했다.

나) 이주노동자 및 그 가족의 권리에 관한 국제협약(International Convention on the Protection of the Rights of All Migrant Workers and Members of Their Families)은 앞에 기술하였으니 참고하길 바람.

4) 국제인도법(International Humanitarian Law)

가) 개요 : 국제인도법은 인도주의적인 이유로 사람과 물건에 대한 무력충돌의 영향력을 제한하기 위한 일련을 규칙들을 말한다. '전쟁법' 혹은 '무력충돌법'이라고도 알려진 국제인도법은 무력충돌 시 전투능력을 상실하였거나 적대행위에 가담하지 아니하는 사람들을 보호하고, 전투의 수단 및 방법을 제한함으로써 무력충돌의 영향력을 최소화하기 위한 국제법이다.

국제인도법은 개별 국가의 실제적 무력사용 여부는 규율하지 않으며, 오직 무력충돌의 상황에서만 적용이 되며 모든 무력충돌 당사자에게 동등하게 적용된다. 국제인도법은 모든 무력충돌 상황에서 보장되어야하는 희생자들의 기본적 권리, 즉 유보되거나 제한할 수 없는 인권을 규정함으로써 인간의 생명을 보호하고 존엄성을 보장하는 법으로서 반드시 무력충돌이 발생하기 전에 관련 당사자 및 일반인들이 이해하고 있어야 한다. 따라서 평상시 국제인도법에 대한 교육은 군대뿐만 아니라 일반인들에게도 이루어져야 한다.

국제인도법의 여러 조약 중 가장 잘 알려진 제네바협약은 현재 전 세계 194개국에 의해 비준되었으며, 다수의 국제인도법의 조항들은 가입 여부에 관계 없이 모든 국가에 적용될 수 있는 관습법으로도 보편성을 확보하고 있다.

나) 제네바협약(Geneva Conventions) : 「제네바협약」(프랑스어, Conventions de Genève)은 스위스 제네바에서 조인된 네 개의 조약으로 이루어진 협약이다. 이는 인도주의에 대한 국제법의 기초가 된다. 솔페리노 전투를 목격한 앙리 뒤낭이 전쟁 희생자를 줄이기 위한 노력으로 협정이 이루어졌다.

1949년 「제네바협약」과 1977년 두 개의 추가의정서는 국제인도법 중에 핵심이라 할 수 있다. 이 협약들은 적대행위에 가담하지 않는 사람들(민간인, 의료요원, 구호요원 등)과 부상병과 조난자 및 포로 등과 같은 전투능력을 상실하여 더 이상 적대행위에 참가하지 않는 사람들을 보호한다.

제2차 세계대전의 경험으로 1949년 4개의 「제네바협약」이 채택되었고 그 후 다음과 같이 추가의정서들이 추가 채택되었다.

제1협약은 육전에 있어서 군대의 부상자 및 병자의 상태 개선에 관한 「제네바협약」이다.

제2협약은 해상에 있어서 군대의 부상자, 병자 및 조난자의 개선에 관한 「제네바협약」이다.

제3협약은 포로의 대우에 관한 「제네바협약」이며, 제4협약은 전시에 민간인 보호에 관한 「제네바협약」이다.

추가의정서가 발효되었으며, 제1 추가의정서는 국제적 무력충돌의 희생자 보호에 관한 의정서(1977년), 제2 추가의정서는 비국제적 무력충돌의 희생자 보호 의정서(1977년), 제3 추가의정서는 추가 식별표장(Additional Distinctive Emblem) 채택에 관한 의정서(2005년)이다.

5) 난민법

「난민법」의 주유 문서로는 1951년 협약, 1967년 의정서 등이다. 1951년 협약은 「국제난민법」에 대한 모든 담론의 시작점이다. 이 협약은 2개의 보편적인 난민 관련 협정의 하나이고, 나머지 협정은 1951년 협약에 대한 1967년 의정서이다.

가) 1951년 협약

첫째, 보호는 모든 난민에게 차별 없이 제공되어야 한다.

둘째, 난민에 대한 최소한의 처우기준이 준수되어야 한다. 한편, 난민은 비호국(영토 내 비호를 부여하는 국가. 비호는 자국 영토에서 난민에게 부여하는 보호의 한 형태)에 대해 특정 의무를 지닌다.

셋째, 비호국에서 난민의 추방은 매우 심각한 문제로 국가안보나 공공질서에 대한 위험을 근거로 예외적인 상황 하에서만 발생해야 한다.

넷째, 비호의 제공이 특정 국가에 과중한 부담을 가져올 수 있으므로 만족스러운 해결책은 국제협력을 통해서만 가능하다.

다섯째, 난민 보호는 인도적인 조치이므로 비호 제공이 국가 간 긴장을 야기해서는 안 된다.

여섯째, 유엔난민기구(UNHCR: United Nations High Commissioner for Refugees)[5]는

---

5) 1949년 12월 3일 유엔총회에서 창설된 UNHCR은 난민을 보호하고 난민 문제를 해결하기 위해 국제적인 조치를 주도하고 조정할 권한을 부여받았음. UNHCR의 활동은 난민의 권리와 복지를 보호하는 데 주요 목표를 두고 있음. 누구나 비호를 신청할 권리를 누리고, 자발적 본국 귀환, 현지 동화 혹은 제3국 재정착의 방법으로 다른 나라에서 안전한 피난처를 보장 받을 수 있도록 UNHCR은 앞장서고 있음.

주어진 임무를 수행하고, 본 협약의 적절한 이행을 감독하는 역할을 다 할 수 있도록 국가는 UNHCR과 협력해야 한다.

1951년 협약은 2차 세계대전 이후 유럽의 난민 문제에 대한 대응책으로 초안이 작성되었기 때문에 적용에 있어 두 가지 주요한 제약이 있다.

첫째, 난민의 정의는 일반적이지만 1951년 이전 발생한 사건의 결과로 출신국을 떠난 사람들에게만 해당되었다.

둘째, 협약 체약국은 유럽 내 난민에 대해서만 협약을 적용하도록 제한할 수 있는 선택권을 가졌다.

나) 1967년 의정서: 1967년 의정서는 독립적인 문서로 1951년 협약 당사국이 아니라도 1967년 의정서에 가입할 수 있지만 극히 소수의 예가 그렇다. 의정서 체약국은 협약의 정의에 해당하는 난민에게 협약의 시간적, 지리적 제한 없이 협약의 규정을 적용하기로 동의한다.

협약 및 또는 의정서의 당사국은 협약의 특정 조항을 적용하지 않는다는 혹은 수정할 경우에만 적용하겠다는 점을 명시적으로 언급할 수 있다.

그러나 이러한 유보는 협약 및 또는 의정서의 모든 당사국이 수용해야만 하는 제1조(난민의 정의), 제3조(인종, 종교 또는 출신국에 의한 무차별 원칙), 및 제33조(강제 송환금지 원칙) 등 핵심 조항에 대해서 인정되지 않는다.

난민의정서에 가입한 체약국은 난민의정서가 정의하는 난민에 해당하는 모든 사람들에게 난민협약의 모든 조항을 적용하는데 동의하는 것으로 간주하고 있다. 그러나 많은 국가들이 난민협약과 난민의정서 양쪽 모두에 가입하는 것이 더 바람직하며, 난민협약과 난민의정서는 국제 난민보호 제도의 핵심이다.

다) UNHCR의 역사: UNHCR은 1920년대 러시아 혁명 이후 발생한 난민, 히틀러 치하의 독일에서 발생한 난민들을 비롯하여 2차 세계대전 이후 발생한 약 120만 명의 유럽 난민문제를 해결하기 위해 설립되었다.

유엔의 전신인 국제연맹(League of Nations)은 고등판무관(High Commissioner)을 임명하고 난민문제를 초국가적 문제로 다루기 시작하였다.

이러한 노력의 연장선상에서, 국제연맹의 뒤를 이어 탄생한 국제연합(UN)은 '국제연합 구호 및 재건기구'(UNRRA: United Nations Relief and Rehabilitation Administration)와 '국제난민기구'(IRO: International Refugee Organization)를 각각 1944년과 1947년에 설치하

여 긴급구호, 법적 보호를 통해 난민문제를 해결하고자 노력하였다.

그러나 IRO는 시대적 정치 상황과 맞물려 여러 국가로부터 충분한 지원을 얻지 못하였고 유엔은 새로운 난민기구의 필요성을 주장하기 시작하였다.

그 결과로 1949년 12월 유엔총회 결의문 319(V)를 통해 유엔총회의 보조 기관으로 UNHCR이 설립되었다. 설립 당시에는 영구적인 기구의 설치로 인한 정치적 영향에 대해 여러 나라들의 의견이 엇갈리면서 1951년 1월부터 3년 동안 운영하는 것으로 결정되었다.

UNHCR의 주요 목표는 난민의 권리와 복지를 지키는 것이다. 이 목표를 이루고자 UNHCR은 모든 사람이 비호를 신청할 수 있고, 타국에서 안전한 피난처를 찾으며, 자발적으로 귀환할 권리를 누릴 수 있도록 보장을 지원하고 있다.

UNHCR은 난민들이 고국으로 돌아가거나 다른 나라에 영구 정착하는 것을 도움으로써, 난민의 어려움에 대한 영구적 해결책을 모색하고 있다. 이러한 UNHCR의 목적은 조직의 규정에 명시되어 있고, 1951년 협약과 1967년 의정서에서도 확인되고 있다. 또한 국제 난민법이 있어, UNHCR의 인도적 활동에 있어서 필수적인 원칙과 기준을 제시하고 있다.

6) 국적법

국적법은 특정국가의 국적을 취득 또는 상실하는 요건을 정한 법률이다. 국적법의 주요 문서로는 '무국적 축소에 관한 협약' 및 '무국적자 지위에 관한 협약' 등이 있다.

가) 무국적 축소에 관한 협약(Convention on the Reduction of Statelessness) : 무국적자의 감소에 관한 협약은 1961년 8월 30일 뉴욕에서 채택되어, 1975년 12월 13일 발효된 협약이다. 영어, 러시아어, 스페인어, 프랑스어, 중국어로 작성되었으며, 총 21개 항으로 이루어져 있다. 이 협약은 더 이상 무국적자가 발생하지 않기 위해 채택되었다.

1950년 8월 유엔경제사회이사회(ECOSOC: United Nations Economic and Social Council)는 결의를 통해 국제법 위원회에게 무국적 상태의 근절을 위한 국제 협약 초안을 마련하도록 요청하였다.

국제법 위원회는 여러 법의 상충으로 인하여 발생하는 무국적의 문제를 다루는

두 가지 협약 초안을 마련하였다. 이 중 하나는 '장래의 무국적자의 근절에 관한 협약'으로서 장래의 무국적자의 감소에 초점을 맞춘 다른 협약보다 적극적인 규정을 많이 포함하고 있다.

이 문제를 다루기 위하여 소집된 회의의 참석자들은 전자의 협약이 지나치게 급진적이라고 판단하고 장래의 무국적자의 감소에 관한 협약 초안을 검토하기로 결정하였다. 이러한 과정을 통해서 결국 탄생한 것이 1961년 '무국적자의 감소에 관한 협약'이다.

이 협약의 조항들은 무국적 상태를 출생 시에 방지하는 것을 목적으로 한다. 하지만 특정 상황에서 국적을 박탈당할 수 있는 가능성을 배제하거나 현재의 모든 무국적자에게 소급하여 국적을 부여하는 것은 아니다. 이 협약은 이 협약상의 이익을 주장하는 자가 자신의 청구심사를 신청하고 담당기관에 신청서를 제출 시 지원을 요청할 수 있는 기관의 설치를 규정하고 있다. 이후 유엔 총회는 유엔난민기구에게 이러한 역할을 수행할 것을 요청하였다.

국제법 위원회와 각 국 대표들은 한 개인이 어떤 국가로부터 국적을 부인당한 경우 해당 국가에서 국적 청구 시 필요한 경제력과 전문 지식이 없으므로 국제적 지원이 필요하다고 결정하였다. 이러한 사람을 위해 변론을 할 다른 국가가 있을 가능성이 희박하다.

또한 국제기구에 의한 대리는 개인이 국제법의 대상인지의 문제를 비켜갈 수 있게 해준다. 게다가 이러한 일을 맡은 국제기구는 결국 관련된 개인에게 자문을 제공하는 것뿐만 아니라 일반적으로 유효한 국적을 취득하고 무국적자를 감소시키기 위한 방법을 제안하는 데에도 유용한 전문성을 개발할 수 있게 된다.

무국적자를 감소시키기 위한 방안으로 1961년 협약은 체약국들이 국적의 취득 및 상실에 관하여 규정된 기준을 반영하는 국적법을 채택하도록 하고 있다.

체약국 간의 이 협약의 해석 또는 적용에 관한 분쟁이 발생하고 다른 방법에 의해서는 해결될 수 없는 경우, 분쟁 당사자 중 한 쪽의 요청에 따라 국제 사법재판소에 제소할 수 있다.

이 협약의 최종 의정서는 1954년 협약의 최종 의정서와 같이 가능한 모든 경우 사실상 무국적자가 이 협약의 적용을 받을 수 있도록 체약국에 촉구하는 권고를 담고 있다.

나) 무국적자 지위에 관한 협약 : '난민보호 법체계 무국적자 지위에 관한 협약'은 1951년 난민 협약의 부속서 초안으로 작성된 무국적자에 관한 의정서에서 1954년 독립된 협약으로 채택한 것이다.

1954년 협약은 무국적자의 지위를 규율하고 향상시키기 위한 주요 국제법이며 무국적자가 자신의 기본권과 자유를 차별 없이 부여받을 수 있도록 보장 한다.

이 협약의 규정들은 많은 면에서 1951년 난민협약과 매우 유사하다. 이 협약에 가입하였다고 협약국의 영토에서 태어나고 장기 거주(Habitually Resident)하고 있는 사람들에게 국적이 부여되는 것은 아니다. 무국적자에게 얼마나 많은 권리가 부여되든지 간에 국적을 취득하는 것과 동일하지는 않다.

1954년 협약은 무국적자의 법적 정의를 '어떠한 국가에 의하여도 그의 법률의 시행 상 국민으로 간주되지 않는 자'로 엄격하게 하고 있다. 비록 이 협약의 초안자들은 법적 무국적자(어떤 국가의 법에 의해서건 국적을 자동적으로 혹은 개별적인 결정에 의해 취득하지 못한 사람)와 사실상 무국적자(국적을 증명할 수 없는 사람)를 구분할 필요는 느꼈지만, 양자의 지위의 유사성도 인정하였다.

이 협약의 최종 의정서는 구속력이 없는 각 당사국은 어떤 사람이 이 협약상의 권익을 부여 받을 자격이 있는지 여부를 기존의 자체적인 절차에 따라 결정한다. 요청이 있는 경우, 유엔난민기구는 각 국가의 사무소 또는 본부를 통하여 이러한 절차의 마련과 실행에 대하여 자문을 제공한다.

7) 해양법

해양법에 관련한 주요 문서는 「해양법에 관한 협약」, 「국제해상교통 간소화 협약」 등이 있다.

가) 해양법에 관한 협약 : 「해양법에 관한 국제연합 협약」(UNCLOS: United Nations Convention on the Law of the Sea)은 제3차 해양법에 관한 유엔 회의(UNCLOS-III, 1973년~1982년) 결과 1982년에 채택된 국제협약이다.

바다와 그 부산 자원을 개발·이용·조사하려는 나라의 권리와 책임, 바다 생태계의 보전, 해양과 관련된 기술의 개발 및 이전, 해양과 관련된 분쟁의 조정 절차 등을 320개의 조항에 걸쳐 규정하고 있다. 세계 각국 해양법의 기준이 되는 협약이기에 흔히 「국제해양법」이라고도 불린다.

이 협약은 1982년 12월 10일 자메이카의 몬테고 베이(Montego Bay)에서 작성과 동시에 서명 후 공개되었으며, 1994년 11월 16일부로 효력이 발생한 현행 국제법이다.

「유엔해양법」은 320조의 본문과 9개의 부속서로 이루어져 있으며, UNCLOS를 비준한 나라, 즉 정식 회원은 166개국이다.

'우리나라의 해양법에 관한 국제연합 협약'(United Nations Convention on the Law of the Sea)은 1994년 11월 16일 발효되었다(다자조약, 제1328호, 1996년 2월 23일).

이 조약은 1995년 10월 10일 제41회 국무회의 심의를 거쳐 1996년 1월 29일 국제연합 사무총장에게 외무부장관 명의의 비준서를 기탁함으로써 1996년 2월 28일자로 대한민국에 대하여 발효하는 '해양법에 관한 국제연합 협약 및 1982년 12월 10일자 해양법에 관한 국제연합 협약 제11부 이행에 관한 협정'을 공포했다.

나) 국제해상교통 간소화 협약(FAL: The Convention on Facilitation of International Maritime Traffic, 1965) : 이 협약은 국제항해에 종사하고 있는 선박의 입항, 정박, 출항에 관한 행위, 수속절차 등을 간소화하고 최소한도로 줄임으로써 해상교통을 원활하게 할 목적으로 제정된 협약이다. 우리나라의 이 조약은 1967년 3월 5일(조약 제1559호) 발효되었다.

제3장
이민법제론

1. 이민 정책

1) 출입국관리 정책

출입국 관리정책은 내국인의 이출(Emigration) 및 외국인의 이입(Immigration)과 관련된 정책을 말한다. 출입국관리 정책에 있어서는 '국경'(Border)의 개념이 중요하다. 국경은 나라 간의 지리적, 정치적 경계를 말한다. 국경의 종류는 3종류로 구분할 수 있다.

첫째, 자연 경계는 강이나 산맥 등을 경계로 하는 것이다. 중국과 북한은 압록강과 두만강을, 프랑스와 에스파냐는 피레네 산맥을, 아르헨티나와 우루과이는 우루과이강을 국경으로 하고 있다.

둘째, 기하 경계(혹은 직선 경계)는 지도나 해도에 직선으로 그려진 국경이다. 아프리카나 서아시아, 북아메리카의 국경은 위선과 경선에 따라 그어진 경우가 많다.

셋째, 문화 경계는 민족이나 언어, 문화의 경계를 따라 만들어진 국경으로 군사적 분쟁의 결과로 만들어진 경우도 많다. 유럽의 여러 나라 간의 국경은 대개 이렇게 만들어졌다(위키백과, 2023).

우리나라의 경우 국경관리를 위해서 '출입국 절차 간소화', '외국인 신원확인', '밀입국 방지', '탑승자 사전 확인 제도', '자동출입국 심사', '출입국 우대카드 제도' 등을 활용하고 있다.

2) 체류관리 정책

국내에 체류하는 외국인들의 체류자격과 기간을 심사·결정·관리하는 정책을 말한다. 외국인 체류관리는 외국인 체류관리 정책, 사증 및 사증발급 인정서의 발급 심사, 사증면제 협정, 산업체에서의 외국인 기술연수 지원, 외국인의 체류자격 부여 등 각종 체류허가, 외국인이 취업활동을 할 수 있는 체류자격 신설·변경, 재입국 허가, 투자 외국인의 체류관리, 외국국적 동포의 입국·체류·취업자격 부여, 전자비자센터 업무의 개선 및 감독 등이다.

3) 사회통합 정책

최근 국내 이주자들의 증가로 인하여 정부는 사회통합 정책에 많은 관심을 가지고 있다. 현재 법무부는 재한 외국인이 우리 사회 구성원으로서 살아가는데 필요한 기본소양(한국어, 한국문화)을 함양할 수 있는 기회를 제공하는 사회통합 프로그램을 운영하고 있다.

사회통합 프로그램은 국적, 영주 등 체류자격을 취득하려는 재한 외국인, 국적 취득 후 3년 이내인 사람을 대상으로 하며, 귀화 신청 및 영주자격 취득 시 혜택을 부여한다. 이 프로그램은 한국어와 한국문화(0~4 단계로 구성, 레벨 테스트를 거쳐 단계 배정), 한국사회 이해(영주자격 취득 시 70시간, 국적취득 시 100시간) 과정을 운영하고 있다.[6]

「재한외국인처우기본법」 제1조(목적)에 따르면 사회통합은 '재한외국인이 대한민국 사회에 적응하여 개인의 능력을 충분히 발휘할 수 있도록 하고, 대한민국 국민과 재한외국인이 서로를 이해하고 존중하는 사회 환경을 만드는 것'이라고 규정하고 있다.

이 법은 대한민국에 입국하거나 대한민국에서 출국하는 모든 국민 및 외국인의 출입국관리를 통한 안전한 국경관리, 대한민국에 체류하는 외국인의 체류관리와 사회통합 등에 관한 사항을 규정함을 목적으로 한다.

---

[6] 법무부(2023). 사회통합 프로그램(http://www.moj.go.kr).을 참조 바람.

2. 우리나라 이민 정책과 관련된 법률

한국 이민법제의 형성은 「헌법」, 「국적법」(1948년 제정), 「출입국관리법」(1963년 제정), 「재외동포의 출입국과 법적지위에 관한 법률」(1999년 제정), 「재한외국인 처우 기본법」(2007년 제정), 「난민법」(2013년 제정), 「다문화가족 지원법」(2008년 제정), 「외국인근로자의 고용 등에 관한 법률」(2003년 제정) 등이 있다.

가. 대한민국 헌법

「헌법」은 기본권의 주체를 '국민'으로만 표현하고 있으나 헌법재판소와 헌법 학계 주류적인 견해는 외국인의 자유권적 기본권 주체성을 원칙적으로 인정하고 있다. 헌법 명문의 규정과 이에 근거한 국제법규의 대부분이 차별금지 혹은 내외국인 평등주의를 채택하고 있고 '상호주의'적 접근은 이와 배치되기 때문에 외국인의 사회적인 기본권 주체성 역시 인정되어야 한다.

외국인 기본권 주체성의 명문화, 인종, 민족, 국적 등 차별금지 사유의 명문화, 다문화, 다민족 사회를 반영한 헌법규정 정비 등이 요구되고 이를 위해 비교 헌법적인 연구조사가 이루어져야 할 것이다.

「헌법」제10조는 인간의 존엄성과 행복 추구권을 보장해야 한다고 천명한 대한민국 헌법의 조항이다. 「헌법」제10조에서 '모든 국민은 인간으로서의 존엄과 가치를 가지며, 행복을 추구할 권리를 가진다. 국가는 개인이 가지는 불가침의 기본적 인권을 확인하고 이를 보장할 의무를 진다'고 규정하고 있다.

나. 재한외국인처우기본법

「재한외국인처우기본법」제1조(목적)는 재한외국인에 대한 처우 등에 관한 기본적인 사항을 정하였다. 이 법은 재한외국인이 대한민국 사회에 적응하여 개인의 능력을 충분히 발휘할 수 있도록 하고, 대한민국 국민과 재한외국인이 서로를 이해하고 존중하는 사회 환경을 만들어 대한민국의 발전과 사회통합에 이바지함을 목적으로 한다(2017년 10월 31일 시행, 법률 제14974호).

이 법 제2조에서는 용어를 정의하고 있다.

'재한외국인'이란 대한민국의 국적을 가지지 아니한 자로서 대한민국에 거주할 목적을 가지고 합법적으로 체류하고 있는 자를 말한다.

'재한외국인에 대한 처우'란 국가 및 지방자치단체가 재한외국인을 그 법적 지위에 따라 적정하게 대우하는 것을 말한다.

'결혼이민자'란 대한민국 국민과 혼인한 적이 있거나 혼인관계에 있는 재한외국인을 말한다.

이 법은 모두 5장 23조로 구성되어 있으며 각 조항의 내용은 다음과 같다.

제1장은 제1조 목적, 제2조 정의, 제3조 국가 및 지방자치단체의 책무, 제4조 다른 법률과의 관계로 구성되어 있다.

제2장은 외국인 정책의 수립 및 추진 체계로 제5조 외국인 정책의 기본계획, 제6조 연도별 시행계획, 제7조 업무의 협조, 제8조 외국인정책위원회, 제9조 정책의 연구·추진 등을 규정하고 있다.

제3장은 재한외국인 등의 처우에 대한 내용으로 제10조 재한외국인 등의 인권옹호, 제11조 재한외국인의 사회적응 지원, 제12조 결혼이민자 및 그 자녀의 처우, 제13조 영주권자의 처우, 제14조 난민의 처우, 제15조 국적취득 후 사회적응, 제16조 전문 외국 인력의 처우 개선, 제17조 과거 대한민국 국적을 보유하였던 자 등의 처우 등이다.

제4장은 국민과 재한외국인이 더불어 살아가는 환경조성 내용으로 제18조 다문화에 대한 이해증진, 제19조 세계인의 날에 대한 규정이다.

제5장은 보칙으로 제20조 외국인에 대한 민원 안내 및 상담, 제21조 민간과의 협력, 제22조 국제교류의 활성화, 제23조 정책의 공표 내용 등으로 구성되어 있다.

다. 출입국관리법

「출입국관리법」 제1조(목적)는 대한민국에 입국하거나 대한민국에서 출국하는 모든 국민 및 외국인의 출입국 관리를 통한 안전한 국경 관리와 대한민국에 체류하는 외국인의 체류관리 및 난민의 인정절차 등에 관한 사항을 규정하고 있다.

이 법은 제11장 106조 및 부칙으로 구성되어 있으며 각 조항의 내용은 다음과 같다. 제1장 총칙, 제2장 국민의 출입국, 제3장 외국인의 입국 및 상륙, 제4장 외국인의 체류와 출국, 제5장 외국인의 등록 및 사회통합 프로그램, 제6장 강제퇴거 등, 제7장 선박 등의 검색, 제8장 선박 등의 장 및 운수업자의 책임, 제9장 보칙, 제10장 벌칙, 제11장 고발과 통고처분으로 구성되어 있다.

라. 국적법

「국적법」은 특정국가의 국적을 취득 또는 상실하는 요건을 정한 법률이다.

우리나라의 「국적법」은 총 22조 및 부칙으로 구성되어 있으며 각 조항의 내용은 다음과 같다. 제1조 목적, 제2조 출생에 의한 국적 취득, 제3조 인지에 의한 국적 취득, 제4조 귀화에 의한 국적 취득, 제5조 일반귀화 요건, 제6조 간이귀화 요건, 제7조 특별귀화 요건, 제8조 수반 취득, 제9조 국적회복에 의한 국적 취득, 제10조 국적 취득자의 외국 국적 포기 의무, 제11조 국적의 재취득, 제11조의2 복수국적자의 법적 지위 등, 제12조 복수국적자의 국적선택 의무, 제13조 대한민국 국적의 선택 절차, 제14조 대한민국 국적의 이탈 요건 및 절차, 제14조의2 복수국적자에 대한 국적 선택명령, 제14조의3 대한민국 국적의 상실결정, 제14조의4 복수국적자에 관한 통보 의무 등, 제15조 외국 국적 취득에 따른 국적 상실, 제16조 국적 상실자의 처리, 제17조 관보 고시, 제18조 국적 상실자의 권리 변동, 제19조 법정대리인이 하는 신고 등, 제20조 국적 판정, 제21조 허가 등의 취소, 제21조의2 수수료, 제21조의3 관계 기관 등의 협조, 제22조 권한의 위임 및 부칙으로 구성되어 있다.

마. 난민법

난민(Refugee)은 인종, 종교, 국적, 특정 사회집단의 구성원 신분, 또는 정치적 의견으로 인해 박해를 받을 우려가 있는 자로, 출신국의 보호를 받을 수 없거나 돌아갈 수 없어 '국제적인 보호'를 필요로 하는 사람이다.

난민의 정의는 1951년 난민협약, 1967년 난민 의정서 및 1969년 아프리카통일기구(OAU: Organisation of African Unity) 협약에 근간을 두고 있다. 난민 신분은 개별신청을 통해 얻을 수도 있고 대규모 난민발생의 경우 집단 전체가 '사실상'(Prima Facie) 난민지위를 획득할 수도 있다. 난민은 절대적으로 자발적인 의사에 의해서만 송환될 수 있다.

▶ 난민과 유사한 개념
- **국내실향민**(Internally Displaced Person): 집이나 통상적인 거주지를 탈출할 수밖에 없었으나 국제적으로 인정된 국경을 넘지 않은 사람.
- **비호/난민지위 신청자**(Asylum-seeker): 국제적 보호를 구하는 개인으로 난민 신청 후 그 결과를 기다리고 있는 사람. 난민심사 기간 동안 난민신청자 역시 국제적 보호를 받으며 강제송환 될 수 없음.
- **무국적자**(Stateless Person): 어떤 국가도 법률상 자국민으로 간주하지 않거나 국적을 취득하지 못한 자로, 시민권자가 누리는 기초적인 권리를 누리지 못하는 사람. 난민이면서 동시에 무국적자일 수 있음.
- **귀환민**(Returnee): 고향이나 상주국으로 돌아간 국내 실향민이나 난민.

우리나라의 난민 법안 제정 움직임은 2006년부터 시작되었다. 난민지원 단체인 피난처, 국제엠네스티 한국지부, 공익인권법재단 공감의 연구자, 활동가들은 '난민정책개선모임'이라는 NGO-네트워크를 결성했다. 이들은 난민법 제정을 위한 기초연구와 토론회를 개최하고, 국내 난민에 대한 인권 실태조사를 진행하였다.

그 과정에서 난민인권센터, 기독법률가회, 법무법인 태평양 공익위원회가 '난민정책개선모임'에 합류해 그 규모가 커졌으며, 유엔난민기구와 국가인권위원회도 참관자 자격으로 참여하였다.

2008년 난민법안 제정 작업이 본격화되었다. '난민정책개선모임'에서 마련한 제정안에 대해 서울지방변호사회와 국회 인권포럼 공동주최로 공청회를 개최하였고, 2009년 3월 국회의원 대표발의로 '난민 등의 지위와 처우에 관한 법률안'이 국회에서 발의되었다.

법안의 발의 후에도 난민지원 단체들은 난민법안의 통과를 위해 국회를 상대로 활동을 하였다. 2011년 12월 29일 난민법안이 국회 본회에서 통과되었고, 2012년 2월 한국은 아시아에서 최초로 독립된 난민법을 제정해 2013년 7월 1일부터 시행하게 되었다.

대한민국은 1992년 12월 '난민의 지위에 관한 협약' 및 동 협약 의정서에 가입하고, 「출입국관리법」에서 난민에 관한 인정절차를 규율하고 있다. 그러나 명확한 법 규정이 없어서 문제가 되었기 때문에 난민 인정절차 및 난민 등의 처우에 관하여 구체적으로 규정함으로써 '난민의 지위에 관한 협약' 등 국제법과 국내법의 조화를 꾀하기 위해 이 법률이 제정되었다.

우리나라 「난민법」은 제6장 47조 및 부칙으로 구성되어 있으며 각 조항의 내용은 다음과 같다. 제1장 총칙, 제2장 난민인정 신청과 심사 등, 제3장 난민위원회 등, 제4장 난민 인정자 등의 처우, 제5장 보칙, 제6장 벌칙 및 부칙으로 구성되어 있다.

바. 재외동포의 출입국과 법적 지위에 관한 법률

「재외동포의 출입국과 법적 지위에 관한 법률」제1조(목적)는 재외동포의 대한민국에의 출입국과 대한민국 안에서의 법적 지위를 보장함을 목적으로 한다. 동 법 제2조에서 용어를 정의하고 있으며, '재외동포'란 다음 각 호의 어느 하나에 해당하는 자를 말한다. 1) 재외동포란 대한민국의 국민으로서 외국의 영주권을 취득한 자 또는 영주할 목적으로 외국에 거주하고 있는 자(이하 '재외국민'이라 한다)이다. 2) 대한민국의 국적을 보유하였던 자(대한민국정부 수립 전에 국외로 이주한 동포를 포함한다) 또는 그 직계비속으로서 외국국적을 취득한 자 중 대통령령으로 정하는 자(이하 '외국국적동포'라 한다)이다.

동 법은 재외국민과 「출입국관리법」제10조에 따른 체류자격 중 재외동포 체류자격을 가진 외국국적동포의 대한민국에의 출입국과 대한민국 안에서의 법적 지위에 관하여 적용한다(제3조).

동법의 각 조항은 다음과 같다. 제3조의2(다른 법률과의 관계), 제4조(정부의 책무), 제5조(재외동포체류자격의 부여), 제6조(국내거소신고), 제7조(국내거소신고증의 발급 등), 제8조(국내거소신고증의 반납), 제9조(주민등록 등과의 관계), 제10조(출입국과 체류), 제11조(부동산거래 등), 제12조(금융거래), 제13조(외국환거래), 제14조(건강보험), 제15조(삭제), 제16조(국가유공자·독립유공자와 그 유족의 보훈급여금), 제17조(과태료) 및 부칙으로 구성되어 있다.

사. 외국인 근로자의 고용 등에 관한 법률

2004년에 시행된「외국인 근로자의 고용 등에 관한 법률」의 주요내용은 다음과 같다.

외국인을 고용하고자 하는 자는 외국인 근로자 고용허가 신청을 하기에 앞서 직업안정 기관에 내국인 구인신청을 하도록 하고, 직업안정 기관의 장은 내국인의 우선채용을 위하여 노력하도록 하였다.

또한 고용노동부장관은 외국인 근로자 송출국가와 협의하여 외국인 구직자 명부를 작성하도록 하고, 직업안정 기관의 장은 인력 부족의 확인을 받은 사용자로부터 외국인 근로자 고용허가 신청이 있는 경우에 외국인 구직자명부에 등록된 자 중에서 적격자를 추천하도록 하였다.

그리고 추천된 자 중에서 적격자를 선정한 사용자에 대하여 외국인 근로자 고용허가서를 발급하도록 하였다. 사용자가 외국인 근로자를 고용하고자 하는 경우에는 근로계약 기간이 1년을 초과하지 아니하는 범위 내에서 근로계약을 체결하되, 최대 3년의 범위 내에서 근로계약 기간을 갱신할 수 있도록 하였다(제18조 취업활동 기간의 제한).

외국인 근로자를 고용하는 사용자는 외국인 근로자의 퇴직금 보장을 위하여 외국인 근로자를 피보험자 또는 수익자로 하여 출국만기 보험 또는 출국만기 일시금 신탁에 가입하도록 하고, 고용된 외국인 근로자에 대하여는「국민건강보험법」에 의한 직장가입자로 보도록 하였다.

우리나라「외국인 근로자의 고용 등에 관한 법」은 제6장 32조 및 부칙으로 구성되어 있으며 각 조항의 내용은 다음과 같다. 제1장 총칙, 제2장 외국인 근로자 고용절차, 제3장 외국인 근로자의 고용관리, 제4장 외국인 근로자 보호, 제5장 보칙, 제6장 벌칙 및 부칙으로 구성되어 있다.

아. 다문화가족지원법

「다문화가족지원법」은 다문화가족에게 필요한 생활정보 제공과 교육지원, 아동의 보육 및 교육 지원, 다국어에 의한 서비스 제공 등 결혼이민자와 가족 구성원의 사회적응을 위한 정책을 주요내용으로 하는 법이다.

이와 같은 「다문화가족지원법」 시행은 최근 증가하고 있는 다문화가족의 사회통합을 종합적으로 지원하는 한편, 우리 사회의 다문화성을 높이기 위한 법적 기반을 마련하였다는 데 의미가 있다.

「다문화가족지원법」 주요 내용은 다음과 같다.

첫째, 결혼이민자 등이 한국사회에서 생활하는 데 필요한 생활정보 제공 및 한국어, 사회적응, 직업, 가족교육 등 교육을 지원한다.

둘째, 가족상담, 부부교육, 부모교육, 가족 생활교육 실시 및 문화 차이 등을 고려한 언어통역, 법률상담, 행정지원 등의 전문적인 서비스를 제공한다.

셋째, 가정폭력 피해자 보호 지원, 산전·산후 건강관리, 아동의 보육 및 교육지원 등 언어와 문화적 차이를 고려한 서비스를 지원한다.

넷째, 다문화가족 지원센터 지정 등 현행 결혼이민자 가족지원 센터의 법적 근거를 마련한다.

마지막으로 다문화가족 현황 파악 및 다문화가족 지원정책 수립을 위한 실태조사 실시 등이다.

우리나라 「다문화가족지원법」은 제17조 및 부칙으로 구성되어있으며 각 조항의 내용은 다음과 같다. 제1조 목적, 제2조 정의, 제3조 국가와 지방자치단체의 책무, 제3조의2 다문화가족 지원을 위한 기본계획의 수립, 제3조의3 연도별 시행계획의 수립·시행, 제3조의4 다문화가족 정책위원회의 설치, 제4조 실태조사 등, 제5조 다문화가족에 대한 이해증진, 제6조 생활정보 제공 및 교육 지원, 제7조 평등한 가족관계의 유지를 위한 조치, 제8조 가정폭력 피해자에 대한 보호·지원, 제9조 의료 및 건강관리를 위한 지원, 제10조 아동·청소년 보육·교육, 제11조 다국어에 의한 서비스 제공, 제11조의2 다문화가족 종합정보 전화 센터의 설치·운영 등, 제12조 다문화가족 지원센터의 설치·운영 등, 제12조의2 보수교육의 실시, 제12조의3 유사명칭 사용 금지, 제13조 다문화가족 지원업무 관련 공무원의 교육, 제13조의2 다문화가족 지원사업 전문인력 양성, 제14조 사실혼 배우자 및 자녀의 처우, 제14조의2 다문화가족 자녀에 대한 적용 특례, 제15조 권한의 위임과 위탁, 제15조의2 정보 제공의 요청, 제16조 민간단체 등의 지원, 제17조 과태료 및 부칙으로 구성되어 있다.

3. 주요국의 이민법

가. 미국
1) 이민법의 체계

 1952년 6월 27일 제정된 이민국적법은 이민법의 근간이 되는 법이다. 이 법외에도 다수의 관련 법률이 상호작용하여 이민법의 범주를 구성한다. 이민국적법(INA)은 개별 법률인 동시에 미국연방법전(U.S. Code 63)의 8번째 표제(Title 8)의 제12장에도 포함되어 있다. 또한 미국연방법전의 8번째 표제에는 "외국인 대상 복지 및 공공혜택의 제한"(제14장)과 "국경안보 강화 및 비자 입국 개혁"(제15장)에 대한 연방 법률도 포함되어 있다.

 미국의 이민법 집행이 행정부 외에도 입법부, 사법부, 주정부 등에 분산되어 있다. 연방 법률을 근거로 국토안보부(Department of Homeland Security), 법무부(Department of Justice), 노동부(Department of Labor), 국무부(Department of State)등 실행부서에서 제정한 세부적 규정은 미국연방규정법전(CFR: Code of Federal Regulations)에 편제되어 있다.

나) 주요 내용

 외국인의 입국 및 국적취득에 대한 부분은 국가전체에 관한 사항으로, 주(州)법이 아닌 연방법에서 영주이민뿐만 아니라, 단기 방문 및 유학, 외국인의 노동허가와 정착에 관한 문제 등을 포괄적으로 다루고 있다.

 바이든 정부는 2021년 1월 출범과 동시에 이민제도 현대화, 효율적인 국경 관리, 이민의 근본원인 해결 등을 위한 포괄적인 이민개혁법안(US Citizenship Act)을 의회에 제출하였다. 그러나 2022년 말까지 의회 논의가 진전을 보이지 못한 가운데 개별 사안에 대한 별도의 입법처리가 시도되기도 하였으나 회기가 종료(117대, 2021~22년)되면서 입법이 불발되었다. 이민법은 레이건 대통령 재임기간인 1986년에 마지막으로 개정되었다(한국은행 워싱톤, 2023.01.11.).

다) 주요 이민 관련법 변천 내용

 〈표 1〉은 1790년부터 2021년까지 연도별 주요 이민법 개정 내용을 설명한 것이다.

표 1	연도별 주요 이민법 개정 내용
연도	주요 내용
1790	귀화법(Naturalization Act)
1807	노예 방지 법안(Anti Slave Trade Bill)
1868	제14차 수정 헌법(14th Amendment)
1875	이민법(Immigration Act)
1882	중국배제법, 이민법(Chinese Exclusion Act, Immigration Act)
1917	이민법(Immigration Act)
1921	긴급할당법(Emergency Quota Act)
1924	이민법(Immigration Act)
1952	이민 및 국적법(The Immigration and Nationality Act)
1965	이민 및 국적법 개정안(The Immigration and Nationality Act Amendment)
1980	난민법(The Refugee Act)
1986	이민 개혁과 규제법(The Immigration Reform and Control Act)
1990	이민법(Immigration Act)
1996	테러와 효과적인 사형 선고법, 불법 이민개혁과 이민자 책임법, 개인책임 및 근로기회 조정법(Antiterrorism and Effective Death Penalty Act, The Illegal Immigration Reform and Immigrant Responsibility Act, Personal Responsibility and Work Opportunity Reconciliation Act)
2002	국토 안보법(The Homeland Security Act)
2005	신분증법(Real ID Act)
2006	보안 울타리법(Secure Fence Act)
2021	포괄적인 이민개혁법안(US Citizenship Act)

자료 : The Politics Immigration(2022). http://www.thepoliticsofimmigration.org.

나. 캐나다

1) 이민법의 체계

캐나다 이민법은 2001년에 통과되고 2002년 6월 28일부터 시행된 이민난민보호법(IRPA: Immigration and Refugee Protection Act) 단일체계를 보유하고 있다.

이민 및 난민보호법(IRPA)은 캐나다 이민 및 난민이사회(IRB)가 이민과 난민문제에 관한 문제를 다룰 수 있는 권한을 주고 있다. 이 법은 캐나다의 이민과 난민보호 프로그램을 관리하는 주요 원칙과 개념을 제시한다. 이 법은 2002년 6월 28일에 발효되었다.

2) 주요 내용

이민난민보호법(IRPA)은 출입국관리와 이민정책에 대한 전반적인 사항을 규정하고 있고 국적취득 및 상실 등은 '시민권법'(Citizenship Act)에서 별도로 규정하고 있다. 사회통합·다문화에 대한 근거법으로는 '캐나다 다문화주의법'(Canada Multiculturalism Act)이 있다(Canada, 2023).

다. 독일

독일은 통합이민법(Zuwanderungsgesetz) 개별 법률을 종합하는 형식을 취하는데, 크게 보아 국적법과 재외거류국민의 국내이주, 유럽연합회원국 국민의 지위, 제3국 국민의 체류와 영주, 난민인정절차로 구성되어 있다. 제1부는 제3국 출신 외국인의 체류에 관한 법률(외국인체류법 Aufenthaltsgesetz), 제2부는 유럽연합 회원국의 국민이 독일 내에서 갖는 자유이전 및 영리활동 등의 지위에 관해 규정한 법률(자유이전법 Freizügigkeitsgesetz) 및 제3부에서 제12부까지 그 외의 난민법과 국적법, 재외동포에 관한 법률로 구성되어 있다(IOM이민정책연구원, 2012).

〈참고문헌〉

이남철(2023). 『국제이주와 노동정책』. 공감의 힘.
이희정(2015.3). 『행정법의 관점에서 본 이민법의 쟁점』. 고려법학제72호. 고려대학교 법학연구원. pp. 1-32.
한국은행 워싱톤(2023.01.11.). 바이든 정부의 이민정책 개혁 노력과 향후 전망.
IOM이민정책연구원(2012). 주요국가의 이민정책 추진체계 및 이민법.
U.S.A(2023). Immigration and Nationality Act(As Amended Through P.L. 117-360, Enacted January 5, 2023).
국가법령정보센터(https://www.law.go.kr).
법무부(2023). 사회통합 프로그램(http://www.moj.go.kr).
외교부(2020). http://www.mofa.go.kr
위키백과(2023). https://ko.wikipedia.org.
Canada(2023). Justice Laws Website. https://lois.justice.gc.ca.
Office of the United Nations High Commissioner for Human Rights(OHCHR)(2023). https://www.ohchr.org/EN.
The Politics Immigration(2022). http://www.thepoliticsofimmigration.org.

Immigration Law

제2편 출입국관리법

제1부

출입국관리법

[시행 2023. 12. 14.]
[시행 2023. 12. 14.] [법률 제19435호, 2023. 6. 13., 일부개정]

제1장 총칙 <개정 2010. 5. 14.>

제1조 목적

이 법은 대한민국에 입국하거나 대한민국에서 출국하는 모든 국민 및 외국인의 출입국관리를 통한 안전한 국경관리, 대한민국에 체류하는 외국인의 체류관리와 사회통합 등에 관한 사항을 규정함을 목적으로 한다. <개정 2012. 1. 26., 2018. 3. 20.>
[전문개정 2010. 5. 14.]

주요판례

❖ **출입국관리법위반** [대법원 2017. 6. 29., 선고, 2017도3005, 판결]

판시사항

주식회사의 종업원이 취업활동을 할 수 있는 체류자격을 가지지 아니한 외국인을 고용한 행위와 관련하여, 대표이사가 종업원의 그와 같은 행위를 알 수 있는 지위에 있었다는 사정만으로 출입국관리법 제94조 제9호에서 정한 '고용한 사람'에 해당하는지 여부(소극)

판결요지

출입국관리법은 제94조 제9호에서 "제18조 제3항을 위반하여 취업활동을 할 수 있는 체류자격을 가지지 아니한 사람을 고용한 사람"을 처벌하도록 규정하고, 제18조 제3항에서 누구든지 대통령령으로 정하는 바에 따라 취업활동을 할 수 있는 체류자격을 받지 아니한 외국인을 고용하여서는 아니 된다고 규정하고 있다. 출입국관리법이 제94조 제9호의 '고용한 사람'은 외국인 근로자에 관한 사항에 대하여 사업주를 위하여 행위하는 자를 모두 포함한다는 별도의 규정을 두고 있지 아니한 점, 출입국관리법 제99조의3에서 취업활동을 할 수 있는 체류자격을 가지지 아니한 외국인을 고용한 행위의 이익귀속주체인 사업주를 처벌하는 양벌규정을 두고 있지만, 주식회사의 경우 대표이사가 아니라 회사가 위 규정의 적용대상인 점, 죄형법정주의의 원칙상 형벌법규는 특별한 사정이 없는 한 문언에 따라 엄격하게 해석하여야 하는 점, 출입국관리법의 입법 취지와 외국인 근로자의 고용을 제한하는 규정을 두게 된 입법경위 등을 종합하면, 주식회사의 종업원이 취업활동을 할 수 있는 체류자격을 가지지 아니한 외국인을 고용한 행위와 관련하여, 그 대표이사가 종업원의 그와 같은 행위를 알 수 있는 지위에 있었다는 사정만으로 출입국관리법 제94조 제9호에서 정한 '고용한 사람'에 해당한다고 볼 수 없다.

제2조 정의

이 법에서 사용하는 용어의 뜻은 다음과 같다. 〈개정 2012. 2. 10., 2014. 3. 18., 2018. 3. 20., 2020. 6. 9., 2021. 8. 17.〉

1. "국민"이란 대한민국의 국민을 말한다.
2. "외국인"이란 대한민국의 국적을 가지지 아니한 사람을 말한다.
3. "난민"이란 「난민법」 제2조 제1호에 따른 난민을 말한다.
4. "여권"이란 대한민국정부·외국정부 또는 권한 있는 국제기구에서 발급한 여권 또는 난민여행증명서나 그 밖에 여권을 갈음하는 증명서로서 대한민국정부가 유효하다고 인정하는 것을 말한다.
5. "선원신분증명서"란 대한민국정부나 외국정부가 발급한 문서로서 선원임을 증명하는 것을 말한다.
6. "출입국항"이란 출국하거나 입국할 수 있는 대한민국의 항구·공항과 그 밖의 장소로서 대통령령으로 정하는 곳을 말한다.
7. "재외공관의 장"이란 외국에 주재하는 대한민국의 대사(大使), 공사(公使), 총영사(總領事), 영사(領事) 또는 영사업무를 수행하는 기관의 장을 말한다.
8. "선박 등"이란 대한민국과 대한민국 밖의 지역 사이에서 사람이나 물건을 수송하는 선박, 항공기, 기차, 자동차, 그 밖의 교통기관을 말한다.
9. "승무원"이란 선박 등에서 그 업무를 수행하는 사람을 말한다.
10. "운수업자"란 선박 등을 이용하여 사업을 운영하는 자와 그를 위하여 통상 그 사업에 속하는 거래를 대리하는 자를 말한다.

10의2. "지방출입국·외국인관서"란 출입국 및 외국인의 체류 관리업무를 수행하기 위하여 법령에 따라 각 지역별로 설치된 관서와 외국인보호소를 말한다.

11. "보호"란 출입국관리공무원이 제46조 제1항각 호에 따른 강제퇴거 대상에 해당된다고 의심할 만한 상당한 이유가 있는 사람을 출국시키기 위하여 외국인보호실, 외국인보호소 또는 그 밖에 법무부장관이 지정하는 장소에 인치(引致)하고 수용하는 집행활동을 말한다.
12. "외국인보호실"이란 이 법에 따라 외국인을 보호할 목적으로 지방출입국·외국

인관서에 설치한 장소를 말한다.
13. **"외국인보호소"**란 지방출입국·외국인관서 중 이 법에 따라 외국인을 보호할 목적으로 설치한 시설로서 대통령령으로 정하는 곳을 말한다.
14. **"출입국사범"**이란 제93조의2, 제93조의3, 제94조부터 제99조까지, 제99조의2, 제99조의3 및 제100조에 규정된 죄를 범하였다고 인정되는 자를 말한다.
15. **"생체정보"**란 이 법에 따른 업무에서 본인 일치 여부 확인 등에 활용되는 사람의 지문·얼굴·홍채 및 손바닥 정맥 등의 개인정보를 말한다.
16. **"출국대기실"**이란 지방출입국·외국인관서의 장이 제76조 제1항 각 호의 어느 하나에 해당하는 외국인의 인도적 처우 및 원활한 탑승수속과 보안구역내 안전확보를 위하여 그 외국인이 출국하기 전까지 대기하도록 출입국항에 설치한 시설을 말한다. [전문개정 2010. 5. 14.]

> **관련법령** ▶ 「난민법」 제2조제1호

제2조(정의)
이 법에서 사용하는 용어의 뜻은 다음과 같다.
1. "난민"이란 인종, 종교, 국적, 특정 사회집단의 구성원인 신분 또는 정치적 견해를 이유로 박해를 받을 수 있다고 인정할 충분한 근거가 있는 공포로 인하여 국적국의 보호를 받을 수 없거나 보호받기를 원하지 아니하는 외국인 또는 그러한 공포로 인하여 대한민국에 입국하기 전에 거주한 국가(이하 "상주국"이라 한다)로 돌아갈 수 없거나 돌아가기를 원하지 아니하는 무국적자인 외국인을 말한다.

주요판례

❖ **출입국관리법위반** [대법원 2021. 10. 28., 선고, 2021도404, 판결]

> **판시사항**
[1] 출입국사범 사건에서 지방출입국·외국인관서의 장의 적법한 고발이 있었는지 판단하는 방법
[2] 피고인이 체류자격을 가지지 아니한 사람을 고용하여 출입국관리법을 위반하였다는 공소사실이 제1심에서 유죄로 인정되고, 검사가 양형부당을 이유로 항소하였는데, 원심이 직권으로 출입국관리법 제101조 제1항에 따른 지방출입국·외국인관서의 장의 고발이 없었음을 이유로 제1심판결을 파기하고 공소를 기각한 사안에서, 기록에 의하면 피고인에 대한 공소가 이루어지기 전에 이미 공소사실에 관한 적법한 고발이 있었음을 알 수 있으므로, 원심이 그와 같은 사정에 관하여 추가로 조사·확인하지 아니한 채 고발이 없었다고 단정한 것에 심리미진 또는 법리오해의 잘못이 있다고 한 사례

> **판결요지**
[1] 출입국사범 사건에서 지방출입국·외국인관서의 장의 적법한 고발이 있었는지 여부가 문제 되는 경우에

법원은 증거조사의 방법이나 증거능력의 제한을 받지 아니하고 제반 사정을 종합하여 적당하다고 인정되는 방법에 의하여 자유로운 증명으로 그 고발 유무를 판단하면 된다.

[2] 피고인이 취업활동을 할 수 있는 체류자격을 가지지 아니한 외국인을 고용하여 출입국관리법을 위반하였다는 공소사실이 제1심에서 유죄로 인정되고, 검사가 이에 대해 양형부당을 이유로 항소하였는데, 원심이 직권으로 출입국관리법 제101조 제1항에 따른 지방출입국·외국인관서의 장의 고발이 없었음을 이유로 제1심판결을 파기하고 공소를 기각한 사안에서, 기록에 의하면 피고인에 대한 공소가 이루어지기 전에 이미 공소사실에 관한 적법한 고발이 있었음을 알 수 있으므로, 원심이 그와 같은 사정에 관하여 추가로 조사하여 확인하지 아니한 채 막연히 위와 같은 고발이 없었다고 단정한 것에 출입국사범 사건에서 고발 유무의 조사에 관하여 필요한 심리를 다하지 아니하거나 적당하다고 인정되는 방법에 의하여 자유로운 증명으로 고발 유무를 판단하도록 한 법리를 오해한 잘못이 있다고 한 사례.

주요판례

❖ **난민불인정결정취소**(국적국으로 송환될 경우 여성 할례를 당하게 될 위험을 이유로 난민신청을 한 사건)[대법원 2017. 12. 5., 선고, 2016두42913, 판결]

판시사항

[1] 출입국관리법이 난민 인정 거부 사유를 서면으로 통지하도록 규정한 취지 및 난민 인정에 관한 신청을 받은 행정청이 법령이 정한 난민 요건과 무관한 다른 사유만을 들어 난민 인정을 거부할 수 있는지 여부(소극)

[2] 난민 인정 요건인 '특정 사회집단의 구성원인 신분을 이유로 한 박해'에서 '특정 사회집단'과 외국인이 받을 '박해'의 의미

[3] '여성 할례'(Female genital mutilation)가 특정 사회집단의 구성원이라는 이유로 가해지는 '박해'에 해당하는지 여부(적극) / 난민신청인이 국적국으로 송환될 경우 본인 의사에 반하여 여성 할례를 당하게 될 위험이 있음에도 국적국으로부터 충분한 보호를 기대하기 어려운 경우, 박해를 받을 수 있다고 인정할 충분한 근거가 있는 공포로 국적국의 보호를 받을 수 없는 경우에 해당하는지 여부(적극) / 여기에서 '여성 할례를 당하게 될 위험'의 의미 및 여성 할례를 당하게 될 개별적·구체적인 위험이 있다는 점을 판단하는 방법

판결요지

[1] 구 출입국관리법(2012. 2. 10. 법률 제11298호로 개정되기 전의 것, 이하 같다) 제76조의2 제3항, 제4항 및 구 출입국관리법 시행령(2013. 6. 21. 대통령령 제24628호로 개정되기 전의 것, 이하 같다) 제88조의2에 따르면, 난민 인정에 관한 신청을 받은 행정청은 난민 신청자에 대하여 면접을 하고 사실을 조사하여 이를 토대로 난민 인정 여부를 심사하며, 심사 결과 난민으로 인정하지 아니하는 경우에는 신청자에게 서면으로 사유를 통지하여야 한다. 출입국관리법이 난민 인정 거부 사유를 서면으로 통지하도록 규정한 것은 행정청으로 하여금 난민 요건에 관한 신중한 조사와 판단을 거쳐 정당한 처분을 하도록 하고, 처분의 상대방에게 처분 근거를 제시하여 이에 대한 불복신청에 편의를 제공하며, 나아가 이에 대한 사법심사의 심리범위를 명확하게 하여 이해관계인의 신뢰를 보호하고 절차적 권리를 보장하기 위한 것이다.

구 출입국관리법 제2조 제3호, 제76조의2 제1항, 제3항, 제4항, 구 출입국관리법 시행령 제88조의2, 난민의 지위에 관한 협약 제1조, 난민의 지위에 관한 의정서 제1조의 문언, 체계와 입법 취지를 종합하면, 난민 인정에 관한 신청을 받은 행정청은 원칙적으로 법령이 정한 난민 요건에 해당하는지를 심사하여 난민 인정

여부를 결정할 수 있을 뿐이고, 이와 무관한 다른 사유만을 들어 난민 인정을 거부할 수는 없다.

[2] 난민 인정 요건인 '특정 사회집단의 구성원인 신분을 이유로 한 박해'에서 '특정 사회집단'이란 한 집단의 구성원들이 선천적 특성, 바뀔 수 없는 공통적인 역사, 개인의 정체성 및 양심의 핵심을 구성하는 특성 또는 신앙으로서 이를 포기하도록 요구해서는 아니 될 부분을 공유하고 있고, 이들이 사회환경 속에서 다른 집단과 다르다고 인식되고 있는 것을 말한다. 그리고 그 외국인이 받을 '박해'란 생명, 신체 또는 자유에 대한 위협을 비롯하여 인간의 본질적 존엄성에 대한 중대한 침해나 차별을 야기하는 행위를 의미한다.

[3] '여성 할례'(Female genital mutilation)는 의료 목적이 아닌 전통적·문화적·종교적 이유에서 여성 생식기의 전부 또는 일부를 제거하거나 여성 생식기에 상해를 입히는 행위를 의미한다. 이는 여성의 신체에 대하여 극심한 고통을 수반하는 직접적인 위해를 가하고 인간의 존엄성을 침해하는 행위로서, 특정 사회집단의 구성원이라는 이유로 가해지는 '박해'에 해당한다. 따라서 난민신청인이 국적국으로 송환될 경우 본인의 의사에 반하여 여성 할례를 당하게 될 위험이 있음에도 국적국으로부터 충분한 보호를 기대하기 어렵다는 사정이 인정된다면, 국적국을 벗어났으면서도 박해를 받을 수 있다고 인정할 충분한 근거가 있는 공포로 인하여 국적국의 보호를 받을 수 없는 경우에 해당한다. 그리고 여기에서 '여성 할례를 당하게 될 위험'은 일반적·추상적인 위험의 정도를 넘어 난민신청인이 개별적·구체적으로 그러한 위험에 노출되어 있는 경우를 의미하고, 여성 할례를 당하게 될 개별적·구체적인 위험이 있다는 점은 난민신청인이 속한 가족적·지역적·사회적 상황에 관한 객관적인 증거에 의하여 합리적으로 인정되어야 한다.

주요 판례

❖ 난민불인정결정취소 [서울행법 2015. 3. 27., 선고, 2014구합68706, 판결 : 항소]

판시사항

중화인민공화국 국적의 조선족 甲이 대한민국에 입국한 뒤 탈북자 북송반대 집회에서 봉사활동을 하다가 '공안으로 근무하면서 탈북자를 고문한 적이 있고 중국에서는 전기방망이, 잠 안 재우기 등 심한 고문을 한다'는 취지의 양심선언을 하여 중국으로 돌아갈 경우 박해를 받을 우려가 있다며 난민인정신청을 한 데 대하여 출입국관리사무소장이 난민불인정처분을 한 사안에서, 甲에게는 '정치적 의견을 이유로 박해를 받을 우려가 있다고 볼 만한 충분한 근거 있는 공포'가 인정된다고 한 사례

판결요지

중화인민공화국(이하 '중국'이라 한다) 국적의 조선족 甲이 대한민국에 입국한 뒤 탈북자 북송반대 집회에서 봉사활동을 하다가 '공안으로 근무하면서 탈북자를 고문한 적이 있고 중국에서는 전기방망이, 잠 안 재우기 등 심한 고문을 한다'는 취지의 양심선언을 하여 중국으로 돌아갈 경우 박해를 받을 우려가 있다며 난민인정신청을 한 데 대하여 출입국관리사무소장이 난민불인정처분을 한 사안에서, 甲이 양심선언에서 진술한 탈북자 강제북송사실과 고문사실은 중국 국가비밀보호법 제9조에 의하여 중국의 국가기밀에 해당하는 것으로 보이고, 甲의 양심선언이 중국 정부가 북한 인권운동가에 대한 고문사실을 부인한 직후에 이루어진 점, 양심선언이 대한민국의 신문과 방송에서 수차례 보도된 점 등에 비추어 甲의 대한민국 내에서의 활동이 중국 정부의 관심을 끌기 충분한 점, 중국 정부가 정부를 비판하는 글을 인터넷에 올린 사람을 처벌하였던 점 등에 비추어 甲이 귀국할 경우 양심선언 등을 이유로 박해를 받을 가능성이 높은 점 등을 종합해 보면, 甲에게는 '정치적 의견을 이유로 박해를 받을 우려가 있다고 볼 만한 충분한 근거 있는 공포'가 인정된다고 한 사례.

주요판례

❖ **인신보호** [인천지법 2014. 4. 30., 자, 2014인라4, 결정 : 재항고]

판시사항

인천공항에서 난민인정을 신청한 외국인이, 입국불허처분이 있은 뒤 공항 내 송환대기실로 인도되어 약 5개월간 외부로 출입이 금지된 상태로 머무르게 되자 인신보호법상 구제청구를 한 사안에서, 청구인에 대한 계속적인 수용은 위법하다는 이유로 수용자들에 대하여 청구인의 수용을 즉시 해제할 것을 명한 사례

판결요지

인천공항에서 난민인정을 신청한 수단 국적 외국인이, 출입국관리법에 따른 입국불허처분이 있은 뒤 공항 내 송환대기실로 인도되어 난민인정심사불회부결정 취소소송을 제기하였음에도 약 5개월간 외부로 출입이 금지된 상태로 머무르게 되자 인천공항출입국관리사무소 및 인천공항 항공사운영협의회를 상대로 인신보호법상 구제청구를 한 사안에서, 청구인은 인신보호법에 따른 구제청구권을 가지고, 수용자들의 청구인에 대한 계속적인 수용은 위법하다는 이유로 수용자들에 대하여 청구인의 수용을 즉시 해제할 것을 명한 사례.

제2장 국민의 출입국 〈개정 2010. 5. 14.〉

제3조 국민의 출국

① 대한민국에서 대한민국 밖의 지역으로 출국(이하 "출국"이라 한다)하려는 국민은 유효한 여권을 가지고 출국하는 출입국항에서 출입국관리공무원의 출국심사를 받아야 한다. 다만, 부득이한 사유로 출입국항으로 출국할 수 없을 때에는 관할 지방출입국·외국인관서의 장의 허가를 받아 출입국항이 아닌 장소에서 출입국관리공무원의 출국심사를 받은 후 출국할 수 있다.〈개정 2014. 3. 18.〉
② 제1항에 따른 출국심사는 대통령령으로 정하는 바에 따라 정보화기기에 의한 출국심사로 갈음할 수 있다.
③ 법무부장관은 출국심사에 필요한 경우에는 국민의 생체정보를 수집하거나 관계 행정기관이 보유하고 있는 국민의 생체정보의 제출을 요청할 수 있다.〈신설 2016. 3. 29., 2020. 6. 9.〉
④ 제3항에 따라 협조를 요청받은 관계 행정기관은 정당한 이유 없이 그 요청을 거부해서는 아니 된다.〈신설 2016. 3. 29.〉
⑤ 출입국관리공무원은 제3항에 따라 수집하거나 제출받은 생체정보를 출국심사에 활용할 수 있다.〈신설 2016. 3. 29., 2020. 6. 9.〉
⑥ 법무부장관은 제3항에 따라 수집하거나 제출받은 생체정보를 「개인정보 보호법」에 따라 처리한다.〈신설 2016. 3. 29., 2020. 6. 9.〉[전문개정 2010. 5. 14.]

제4조 출국의 금지

① 법무부장관은 다음 각 호의 어느 하나에 해당하는 국민에 대하여는 6개월 이내

의 기간을 정하여 출국을 금지할 수 있다. 〈개정 2011. 7. 18., 2021. 7. 13.〉
1. 형사재판에 계속(係屬) 중인 사람
2. 징역형이나 금고형의 집행이 끝나지 아니한 사람
3. 대통령령으로 정하는 금액 이상의 벌금이나 추징금을 내지 아니한 사람
4. 대통령령으로 정하는 금액 이상의 국세·관세 또는 지방세를 정당한 사유 없이 그 납부기한까지 내지 아니한 사람
5. 「양육비 이행확보 및 지원에 관한 법률」 제21조의4 제1항에 따른 양육비 채무자 중 양육비이행심의위원회의 심의·의결을 거친 사람
6. 그 밖에 제1호부터 제5호까지의 규정에 준하는 사람으로서 대한민국의 이익이나 공공의 안전 또는 경제질서를 해칠 우려가 있어 그 출국이 적당하지 아니하다고 법무부령으로 정하는 사람

② 법무부장관은 범죄 수사를 위하여 출국이 적당하지 아니하다고 인정되는 사람에 대하여는 1개월 이내의 기간을 정하여 출국을 금지할 수 있다. 다만, 다음 각 호에 해당하는 사람은 그 호에서 정한 기간으로 한다. 〈신설 2011. 7. 18., 2021. 3. 16.〉
1. 소재를 알 수 없어 기소중지 또는 수사중지(피의자중지로 한정한다)된 사람 또는 도주 등 특별한 사유가 있어 수사진행이 어려운 사람 : 3개월 이내
2. 기소중지 또는 수사중지(피의자중지로 한정한다)된 경우로서 체포영장 또는 구속영장이 발부된 사람 : 영장 유효기간 이내

③ 중앙행정기관의 장 및 법무부장관이 정하는 관계 기관의 장은 소관 업무와 관련하여 제1항 또는 제2항 각 호의 어느 하나에 해당하는 사람이 있다고 인정할 때에는 법무부장관에게 출국금지를 요청할 수 있다. 〈개정 2011. 7. 18.〉

④ 출입국관리공무원은 출국심사를 할 때에 제1항 또는 제2항에 따라 출국이 금지된 사람을 출국시켜서는 아니 된다. 〈개정 2011. 7. 18.〉

⑤ 제1항부터 제4항까지에서 규정한 사항 외에 출국금지기간과 출국금지절차에 관하여 필요한 사항은 대통령령으로 정한다. 〈개정 2011. 7. 18.〉 [전문개정 2010. 5. 14.]

관련법령 「양육비 이행확보 및 지원에 관한 법률」 제21조의4제1항

제21조의4(출국금지 요청 등)
① 여성가족부장관은 양육비 채무 불이행으로 인하여 「가사소송법」 제68조제1항제1호 또는 제3호에 따른 감치명령 결정을 받았음에도 불구하고 양육비 채무를 이행하지 아니하는 양육비 채무자

중 대통령령으로 정하는 사람에 대하여 위원회의 심의·의결을 거쳐 법무부장관에게 「출입국관리법」 제4조제3항에 따라 출국금지를 요청할 수 있다.

주요판례

❖ **출국금지처분취소**[대법원 2013. 12. 26., 선고, 2012두18363, 판결]

판시사항

[1] 단순히 일정 금액 이상의 조세를 미납하였고 그 미납에 정당한 사유가 없다고 하여 바로 출국금지 처분을 할 수 있는지 여부(소극) 및 재산의 해외 도피 가능성에 대한 판단 기준

[2] 국세청장 등의 출국금지 요청이 요건을 구비하지 못한 경우, 그 요청에 따른 법무부장관의 출국금지 처분이 당연히 위법하게 되는지 여부(소극)

판결요지

[1] 국민의 출국의 자유는 헌법이 기본권으로 보장한 거주·이전의 자유의 한 내용을 이루는 것이므로 그에 대한 제한은 필요 최소한에 그쳐야 하고 그 본질적인 내용을 침해할 수 없고, 출입국관리법 등 출국금지에 관한 법률 규정의 해석과 운용도 같은 원칙에 기초하여야 한다. 구 출입국관리법(2011. 7. 18. 법률 제10863호로 개정되기 전의 것) 제4조 제1항, 구 출입국관리법 시행령(2011. 11. 1. 대통령령 제23274호로 개정되기 전의 것) 제1조의3 제2항은, 5천만 원 이상의 '국세·관세 또는 지방세를 정당한 사유 없이 그 납부기한까지 내지 아니한 사람'에 대하여는 기간을 정하여 출국을 금지할 수 있다고 규정하고 있다. 그러나 위와 같은 조세 미납을 이유로 한 출국금지는 그 미납자가 출국을 이용하여 재산을 해외에 도피시키는 등으로 강제집행을 곤란하게 하는 것을 방지함에 주된 목적이 있는 것이지 조세 미납자의 신병을 확보하거나 출국의 자유를 제한하여 심리적 압박을 가함으로써 미납 세금을 자진납부하도록 하기 위한 것이 아니다. 따라서 재산을 해외로 도피할 우려가 있는지 여부 등을 확인하지 않은 채 단순히 일정 금액 이상의 조세를 미납하였고 그 미납에 정당한 사유가 없다는 사유만으로 바로 출국금지 처분을 하는 것은 헌법상의 기본권 보장 원리 및 과잉금지의 원칙에 비추어 허용되지 않는다. 나아가 재산의 해외 도피 가능성 유무에 관한 판단에서도 재량권을 일탈하거나 남용해서는 안 되므로, 조세 체납의 경위, 조세 체납자의 연령과 직업, 경제적 활동과 수입 정도 및 재산상태, 그간의 조세 납부 실적 및 조세 징수처분의 집행과정, 종전에 출국했던 이력과 목적·기간 소요 자금의 정도, 가족관계 및 가족의 생활정도·재산상태 등을 두루 고려하여, 출국금지로써 달성하려는 공익목적과 그로 인한 기본권 제한에 따라 당사자가 받게 될 불이익을 비교형량하여 합리석인 재량권의 범위 내에서 출국금시 여부를 결정해야 한다.

[2] 구 출입국관리법(2011. 7. 18. 법률 제10863호로 개정되기 전의 것) 제4조 제1항, 구 출입국관리법 시행령(2011. 11. 1. 대통령령 제23274호로 개정되기 전의 것) 제2조, 제2조의3 등의 규정을 종합해 보면, 국세청장 등의 출국금지 요청이 있는 경우에도 법무부장관은 이에 구속되지 않고 출국금지의 요건이 갖추어졌는지를 따져서 처분 여부를 결정할 수 있다. 따라서 국세청장 등의 출국금지 요청이 요건을 구비하지 못하였다는 사유만으로 출국금지 처분이 당연히 위법하게 되는 것은 아니고, 재산의 해외 도피 가능성 등 출국금지 처분의 요건이 갖추어졌는지 여부에 따라 그 적법 여부가 가려져야 한다.

제1부 출입국관리법

주요판례

❖ **출국금지처분취소** [서울행법 2009. 12. 17., 선고, 2009구합35634, 판결 : 확정]

판시사항

[1] 구 출입국관리법 제4조 제1항 제5호 등에서 정한 5천만 원 이상의 국세 등 미납을 이유로 한 출국금지의 목적 및 '재산의 국외도피 우려 여부'의 판단 기준

[2] 1억 9천여 만 원의 종합소득세를 정당한 사유 없이 체납한 사람에게 법무부장관이 구 출입국관리법 제4조에 따라 출국금지처분을 한 사안에서, 그 처분이 적법하다고 한 사례

판결요지

[1] 구 출입국관리법(2008. 12. 19. 법률 제9142호로 개정되기 전의 것) 제4조 제1항 제5호, 구 출국금지업무 처리규칙(2009. 6. 22. 법무부령 제670호로 개정되기 전의 것) 제2조, 제3조 제3항, 제9조 등을 종합하면, 5,000만 원 이상의 국세 등 미납을 이유로 한 출국금지는 그 지방세 등 미납자가 단순히 출국을 기화로 국외로 도피하여 외국에 체재하는 것을 방지하는 등 신병을 확보하기 위함에 있는 것이 아니고, 그 지방세 등 미납자가 출국을 이용하여 재산을 국외로 도피하는 등으로 강제집행을 곤란하게 하는 것을 방지함에 주된 목적이 있는 것이다. 이때 '재산의 국외도피 우려 여부'는 미납한 지방세 등의 내역, 지방세 등 미납자의 성별·연령·학력·직업·성행이나 사회적 신분, 지방세 등 미납자의 경제적 활동과 그로 인한 수입의 정도·재산 상태와 그간의 지방세 등 납부의 방법이나 수액의 정도, 그간의 지방세 등 징수처분의 집행과정과 그 실효성 여부, 그간의 출국 여부와 그 목적·기간·행선지·국외에서의 활동 내용·소요 자금의 수액과 출처 등은 물론 가족관계나 가족의 생활 정도·재산상태·직업·경제활동 등을 종합하여 판단하여야 한다.

[2] 1억 9천여 만 원의 종합소득세를 정당한 사유 없이 체납한 사람에게 법무부장관이 구 출입국관리법(2008. 12. 19. 법률 제9142호로 개정되기 전의 것) 제4조에 따라 출국금지를 명하는 처분을 한 사안에서, 당사자의 체납전력, 체납경위, 재산 상태와 국세 징수처분의 집행과정과 그 실효성 여부, 그 동안의 출국 횟수, 기간, 행선지 등을 고려해 볼 때, 출국을 이용하여 재산을 국외로 도피할 가능성이 없다고 단정할 수 없고, 출국금지처분으로 입는 불이익이 그로 말미암아 달성하려는 공익에 비하여 지나치게 가혹하다고 보기도 어려워 그 처분이 적법하다고 한 사례.

주요판례

❖ **출국금지처분취소** [대법원 2001. 7. 27., 선고, 2001두3365, 판결]

판시사항

[1] 추징금의 시효중단에 관한 법리

[2] 추징금 미납자에 대하여 재산의 해외도피 우려 여부를 확인하지 아니한 채 추징금 미납 사실만으로 출국금지처분을 하는 것이 적법한지 여부(소극) 및 추징금 미납자에 대한 출국금지처분의 기준인 재산의 해외도피 가능성 여부의 판단 방법

판결요지

[1] 추징금의 시효는 검사의 집행명령에 따라 집행관이 강제처분인 집행행위를 개시함으로써 중단되고, 이러한 집행행위는 유체동산 압류시 압류할 유체동산을 찾기 위해 추징금 납부의무자의 주거를 수색함으로써

이미 개시되므로 그 때 시효중단의 효력은 발생하며, 수색 결과 압류할 물건을 찾아 압류집행한 경우는 물론 이를 찾지 못하여 집행불능이 된 경우나 특정 유체동산을 압류하였으나 나중에 제3자가 그 소유권을 주장하며 제3자 이의의 소를 제기하여 해당 유체동산에 대한 압류가 취소된 경우에도 이미 발생한 시효중단의 효력은 소멸하지 않는다.

[2] 출국금지업무처리규칙 제4조의 위임에 따른 출국금지기준은 추징금 미납자에 대하여는 2,000만 원 이상의 추징금 미납자로서 유효한 여권을 소지한 자를 출국금지대상자로 정하고 있는바, 출입국관리법 제4조 제1항 제1호, 출국금지업무처리규칙 제2조, 제3조 제1항 제3호, 제4조, 제10조 등 관련 규정의 취지를 종합하면, 2,000만 원 이상의 추징금 미납을 이유로 한 출국금지는 그 추징금 미납자가 출국을 이용하여 재산을 해외로 도피하는 등으로 강제집행을 곤란하게 하는 것을 방지함에 주된 목적이 있는 것이지, 단순히 출국을 기화로 해외로 도피하거나 시효기간 동안 귀국하지 아니하고 외국에 체재하여 그 시효기간을 넘기는 것을 방지하는 등 신병을 확보하기 위함에 있는 것이 아니므로, 재산의 해외 도피 우려 여부를 확인하지 아니한 채 단순히 일정 금액 이상의 추징금 미납 사실 자체만으로 바로 출국금지처분을 하는 것은 형벌을 받은 자에게 행정제재의 목적으로 한 것으로 출국금지업무처리규칙 제2조 제2항에 위반되거나 과잉금지의 원칙에 비추어 허용되지 아니한다고 할 것이고, 재산의 해외 도피 가능성 여부에 관한 판단에 대하여도 재량권을 일탈하거나 남용하여서는 아니된다고 할 것이며, 한편 재산의 해외 도피 우려 여부는 추징금 처분의 범죄사실, 추징금 미납자의 성별·연령·학력·직업·성행이나 사회적 신분, 추징금 미납자의 경제적 활동과 그로 인한 수입의 정도·재산상태와 그 간의 추징금 납부의 방법이나 수액의 정도, 그 간의 추징금 징수처분의 집행과정과 그 실효성 여부, 그 간의 출국 여부와 그 목적·기간·행선지·해외에서의 활동 내용·소요 자금의 수액과 출처은 물론 가족관계나 가족의 생활 정도·재산상태·직업·경제활동 등을 종합하여 판단하여야 한다.

제4조의2 출국금지기간의 연장

① 법무부장관은 출국금지기간을 초과하여 계속 출국을 금지할 필요가 있다고 인정하는 경우에는 그 기간을 연장할 수 있다.
② 제4조 제3항에 따라 출국금지를 요청한 기관의 장은 출국금지기간을 초과하여 계속 출국을 금지할 필요가 있을 때에는 출국금지기간이 끝나기 3일 전까지 법무부장관에게 출국금지기간을 연장하여 줄 것을 요청하여야 한다. 〈개정 2011. 7. 18.〉
③ 제1항 및 제2항에서 규정한 사항 외에 출국금지기간의 연장절차에 관하여 필요한 사항은대통령령으로 정한다. [전문개정 2010. 5. 14.]

제4조의3 출국금지의 해제

① 법무부장관은 출국금지 사유가 없어졌거나 출국을 금지할 필요가 없다고 인정할 때에는 즉시 출국금지를 해제하여야 한다.

② 제4조 제3항에 따라 출국금지를 요청한 기관의 장은 출국금지 사유가 없어졌을 때에는 즉시 법무부장관에게 출국금지의 해제를 요청하여야 한다. 〈개정 2011. 7. 18.〉
③ 제1항 및 제2항에서 규정한 사항 외에 출국금지의 해제절차에 관하여 필요한 사항은 대통령령으로 정한다. [전문개정 2010. 5. 14.]

제4조의4 출국금지결정 등의 통지

① 법무부장관은 제4조 제1항 또는 제2항에 따라 출국을 금지하거나 제4조의2 제1항에 따라 출국금지기간을 연장하였을 때에는 즉시 당사자에게 그 사유와 기간 등을 밝혀 서면으로 통지하여야 한다. 〈개정 2011. 7. 18.〉
② 법무부장관은 제4조의3 제1항에 따라 출국금지를 해제하였을 때에는 이를 즉시 당사자에게 통지하여야 한다.
③ 법무부장관은 제1항에도 불구하고 다음 각 호의 어느 하나에 해당하는 경우에는 제1항의 통지를 하지 아니할 수 있다. 〈개정 2011. 7. 18., 2014. 12. 30.〉
  1. 대한민국의 안전 또는 공공의 이익에 중대하고 명백한 위해(危害)를 끼칠 우려가 있다고 인정되는 경우
  2. 범죄수사에 중대하고 명백한 장애가 생길 우려가 있다고 인정되는 경우. 다만, 연장기간을 포함한 총 출국금지기간이 3개월을 넘는 때에는 당사자에게 통지하여야 한다.
  3. 출국이 금지된 사람이 있는 곳을 알 수 없는 경우 [전문개정 2010. 5. 14.]

제4조의5 출국금지결정 등에 대한 이의신청

① 제4조 제1항 또는 제2항에 따라 출국이 금지되거나 제4조의2 제1항에 따라 출국금지기간이 연장된 사람은 출국금지결정이나 출국금지기간 연장의 통지를 받은 날 또는 그 사실을 안 날부터 10일 이내에 법무부장관에게 출국금지결정이나 출국금지기간 연장결정에 대한 이의를 신청할 수 있다. 〈개정 2011. 7. 18.〉
② 법무부장관은 제1항에 따른 이의신청을 받으면 그 날부터 15일 이내에 이의신청의 타당성 여부를 결정하여야 한다. 다만, 부득이한 사유가 있으면 15일의 범위에서 한 차례만 그 기간을 연장할 수 있다.

③ 법무부장관은 제1항에 따른 이의신청이 이유 있다고 판단하면 즉시 출국금지를 해제하거나 출국금지기간의 연장을 철회하여야 하고, 그 이의신청이 이유 없다고 판단하면 이를 기각하고 당사자에게 그 사유를 서면에 적어 통보하여야 한다.
[전문개정 2010. 5. 14.]

제4조의6 긴급출국금지

① 수사기관은 범죄 피의자로서 사형·무기 또는 장기 3년 이상의 징역이나 금고에 해당하는 죄를 범하였다고 의심할 만한 상당한 이유가 있고, 다음 각 호의 어느 하나에 해당하는 사유가 있으며, 긴급한 필요가 있는 때에는 제4조 제3항에도 불구하고 출국심사를 하는 출입국관리공무원에게 출국금지를 요청할 수 있다.
  1. 피의자가 증거를 인멸할 염려가 있는 때
  2. 피의자가 도망하거나 도망할 우려가 있는 때
② 제1항에 따른 요청을 받은 출입국관리공무원은 출국심사를 할 때에 출국금지가 요청된 사람을 출국시켜서는 아니 된다.
③ 수사기관은 제1항에 따라 긴급출국금지를 요청한 때로부터 6시간 이내에 법무부장관에게 긴급출국금지 승인을 요청하여야 한다. 이 경우 검사의 검토의견서 및 범죄사실의 요지, 긴급출국금지의 사유 등을 기재한 긴급출국금지보고서를 첨부하여야 한다. 〈개정 2020. 10. 20.〉
④ 법무부장관은 수사기관이 제3항에 따른 긴급출국금지 승인 요청을 하지 아니한 때에는 제1항의 수사기관 요청에 따른 출국금지를 해제하여야 한다. 수사기관이 긴급출국금지 승인을 요청한 때로부터 12시간 이내에 법무부장관으로부터 긴급출국금지 승인을 받지 못한 경우에도 또한 같다.
⑤ 제4항에 따라 출국금지가 해제된 경우에 수사기관은 동일한 범죄사실에 관하여 다시 긴급출국금지 요청을 할 수 없다.
⑥ 그 밖에 긴급출국금지의 절차 및 긴급출국금지보고서 작성 등에 필요한 사항은 대통령령으로 정한다. [본조신설 2011. 7. 18.]

제5조 국민의 여권 등의 보관

출입국관리공무원은 위조되거나 변조된 국민의 여권 또는 선원신분증명서를 발견하였을 때에는 회수하여 보관할 수 있다. [전문개정 2014. 12. 30.]

제6조 국민의 입국

① 대한민국 밖의 지역에서 대한민국으로 입국(이하 "입국"이라 한다)하려는 국민은 유효한 여권을 가지고 입국하는 출입국항에서 출입국관리공무원의 입국심사를 받아야 한다. 다만, 부득이한 사유로 출입국항으로 입국할 수 없을 때에는 지방출입국·외국인관서의 장의 허가를 받아 출입국항이 아닌 장소에서 출입국관리공무원의 입국심사를 받은 후 입국할 수 있다. 〈개정 2014. 3. 18.〉
② 출입국관리공무원은 국민이 유효한 여권을 잃어버리거나 그 밖의 사유로 이를 가지지 아니하고 입국하려고 할 때에는 확인절차를 거쳐 입국하게 할 수 있다.
③ 제1항에 따른 입국심사는 대통령령으로 정하는 바에 따라 정보화기기에 의한 입국심사로 갈음할 수 있다.
④ 법무부장관은 입국심사에 필요한 경우에는 국민의 생체정보를 수집하거나 관계 행정기관이 보유하고 있는 국민의 생체정보의 제출을 요청할 수 있다. 〈신설 2016. 3. 29., 2020. 6. 9.〉
⑤ 제4항에 따라 협조를 요청받은 관계 행정기관은 정당한 이유 없이 그 요청을 거부해서는 아니 된다. 〈신설 2016. 3. 29.〉
⑥ 출입국관리공무원은 제4항에 따라 수집하거나 제출받은 생체정보를 입국심사에 활용할 수 있다. 〈신설 2016. 3. 29., 2020. 6. 9.〉
⑦ 법무부장관은 제4항에 따라 수집하거나 제출받은 생체정보를 「개인정보 보호법」에 따라 처리한다. 〈신설 2016. 3. 29., 2020. 6. 9.〉[전문개정 2010. 5. 14.]

제3장 외국인의 입국 및 상륙 〈개정 2010. 5. 14.〉

제1절 외국인의 입국 〈개정 2010. 5. 14.〉

제7조 외국인의 입국

① 외국인이 입국할 때에는 유효한 여권과 법무부장관이 발급한 사증(査證)을 가지고 있어야 한다.
② 다음 각 호의 어느 하나에 해당하는 외국인은 제1항에도 불구하고 사증 없이 입국할 수 있다.
  1. 재입국허가를 받은 사람 또는 재입국허가가 면제된 사람으로서 그 허가 또는 면제받은 기간이 끝나기 전에 입국하는 사람
  2. 대한민국과 사증면제협정을 체결한 국가의 국민으로서 그 협정에 따라 면제 대상이 되는 사람
  3. 국제친선, 관광 또는 대한민국의 이익 등을 위하여 입국하는 사람으로서 대통령령으로 정하는 바에 따라 따로 입국허가를 받은 사람
  4. 난민여행증명서를 발급받고 출국한 후 그 유효기간이 끝나기 전에 입국하는 사람
③ 법무부장관은 공공질서의 유지나 국가이익에 필요하다고 인정하면 제2항제2호에 해당하는 사람에 대하여 사증면제협정의 적용을 일시 정지할 수 있다.
④ 대한민국과 수교(修交)하지 아니한 국가나 법무부장관이 외교부장관과 협의하여 지정한 국가의 국민은 제1항에도 불구하고 대통령령으로 정하는 바에 따라 재외공관의 장이나 지방출입국·외국인관서의 장이 발급한 외국인입국허가서를 가

지고 입국할 수 있다. <개정 2013. 3. 23., 2014. 3. 18.> [전문개정 2010. 5. 14.]

주요판례

❖ **위계공무집행방해·출입국관리법위반**[대법원 2023. 3. 13., 선고, 2021도3652, 판결]

판시사항

[1] 체약국에 구체적인 요건을 충족한 난민에 대하여 형벌을 과하지 아니할 것을 직접적으로 요구하는 '난민의 지위에 관한 협약' 제31조 제1호가 위 협약에 가입하고 이를 비준한 우리나라 형사재판에서 형 면제의 근거조항이 되는지 여부(적극) / 이때 형 면제 대상이 되는 '불법으로 입국하는 것'의 의미 및 출입국관리법에 따른 입국허가·사증 등을 받지 아니한 채 불법적으로 입국하거나 불법적인 방법으로 입국허가·사증 등을 받아 입국함으로써 해당 절차 관련 출입국관리법 위반죄를 구성하는 행위는 물론 이를 구성요건으로 하는 형법상 범죄행위도 이에 포함되는지 여부(적극)

[2] 외국인인 피고인이 사실은 대한민국에 입국 후 난민신청을 할 계획이었음에도 사업 목적으로 초청된 것처럼 가장하여 사증을 발급받아 입국함으로써 위계로 대한민국 대사관 소속 사증발급 공무원의 정당한 직무집행을 방해함과 동시에 거짓으로 사증을 신청하여 출입국관리법을 위반하였다는 내용으로 기소된 사안에서, 피고인은 '난민의 지위에 관한 협약' 제31조 제1호의 요건을 갖추었다는 이유로, 피고인에 대하여 구 출입국관리법 제94조 제3호, 제7조의2 제2호 및 형법 제137조에서 정한 형을 면제하는 판결을 선고한 원심의 조치가 정당하다고 한 사례

판결요지

[1] 대한민국헌법 제6조 제1항은 "헌법에 의하여 체결·공포된 조약과 일반적으로 승인된 국제법규는 국내법과 같은 효력을 가진다."라고 규정하였다. 대한민국헌법에서 국제평화주의와 국제법 존중주의는 국가질서 형성의 기본방향을 결정하는 중요한 원리로 인정되고 있으며, 입법부와 행정부는 물론 사법부 등 모든 국가기구가 국제적 협력의 정신을 존중하여 국제법규의 취지를 살릴 수 있도록 노력할 것이 요청된다. 난민의 지위에 관한 협약(이하 '난민협약'이라 한다)의 경우, 우리나라는 1992. 5. 28. 국무회의 심의를 거치고 1992. 11. 11. 국회 동의를 얻어 1992. 12. 3. 유엔 사무총장에게 가입서를 기탁함으로써 1993. 3. 3.부터 우리나라에서 효력이 발생되었다.

이처럼 난민협약은 국회 동의를 얻어 체결된 조약이므로 대한민국헌법 제6조 제1항에 따라 국내법과 동일한 효력을 가지고 그 효력은 법률에 준하는 것으로, 개별 규정의 구체적인 내용과 성질 등에 따라 직접적인 재판규범이 될 수 있다.

난민의 불법 입국 또는 체류에 따른 형사처벌과 관련하여, 난민협약 제31조 제1호는 "체약국은 그 생명 또는 자유가 제1조의 의미에 있어서 위협되고 있는 영역으로부터 직접 온 난민으로서 허가 없이 그 영역에 입국하거나 또는 그 영역 내에 있는 자에 대하여 불법으로 입국하거나 또는 불법으로 있는 것을 이유로 형벌을 과하여서는 아니 된다. 다만 그 난민이 지체 없이 당국에 출두하고 또한 불법으로 입국하거나 또는 불법으로 있는 것에 대한 상당한 이유를 제시할 것을 조건으로 한다."라고 규정하였다.

앞서 본 바와 같이 난민협약이 기본적으로 법률과 동일한 국내법적 효력을 갖는 점에다가 위 조항이 체약국에 구체적인 요건을 충족한 난민에 대하여 형벌을 과하지 아니할 것을 직접적으로 요구한 점을 더하여 보면, 위 조항은 난민협약에 가입하고 이를 비준한 우리나라 형사재판에서 형 면제의 근거조항이 된다.

이때 형 면제 대상이 되는 '불법으로 입국하는 것'이란 출입국 관련 법령에서 정한 절차를 위반한 입국 행위 및 이와 직접적·불가분적으로 관련된 행위로서 국가의 출입국관리업무에 지장을 주는 행위를 의미하므로, 출입국관리법에 따른 입국허가·사증 등을 받지 아니한 채 불법적으로 입국하거나 불법적인 방법으로 입국허가·사증 등을 받아 입국함으로써 해당 절차 관련 출입국관리법 위반죄를 구성하는 행위는 물론 이를 구성요건으로 하는 형법상 범죄행위도 이에 포함된다.

[2] 이란 국적의 피고인이 사실은 대한민국에 입국 후 난민신청을 할 계획이었음에도 사업 목적으로 초청된 것처럼 가장하여 사증을 발급받아 입국함으로써 위계로 대한민국 대사관 소속 사증발급 공무원의 정당한 직무집행을 방해함과 동시에 거짓으로 사증을 신청하여 출입국관리법을 위반하였다는 내용으로 기소된 사안에서, 피고인은 입국 후 곧바로 출입국사무소에 난민인정신청을 함으로써 그 주장과 같은 사유가 인정되어 난민에 해당한다는 법원 판결이 확정되는 등 난민인정을 받은 사람으로 '난민의 지위에 관한 협약' 제31조 제1호의 요건을 갖추었다는 이유로, 위 협약 제31조 제1호에 따라 피고인에 대하여 구 출입국관리법(2020. 3. 24. 법률 제17089호로 개정되기 전의 것) 제94조 제3호, 제7조의2 제2호 및 형법 제137조에서 정한 형을 면제하는 판결을 선고한 원심의 조치가 정당하다고 한 사례.

주요판례

❖ **사증발급거부처분취소**(재외동포에 대한 입국금지결정이 있는 경우에 행정청이 그에 구속되어 아무런 재량을 행사하지 않고 사증발급 거부처분을 한 것이 적법한지가 문제된 사건)[대법원 2019. 7. 11., 선고, 2017두38874, 판결]

판시사항

[1] 행정처분의 성립요건 / 행정처분의 성립 시점 및 그 성립 여부를 판단하는 기준

[2] 병무청장이 법무부장관에게 '가수 甲이 공연을 위하여 국외여행허가를 받고 출국한 후 미국 시민권을 취득함으로써 사실상 병역의무를 면탈하였으므로 재외동포 자격으로 재입국하고자 하는 경우 국내에서 취업, 가수활동 등 영리활동을 할 수 없도록 하고, 불가능할 경우 입국 자체를 금지해 달라'고 요청함에 따라 법무부장관이 甲의 입국을 금지하는 결정을 하고, 그 정보를 내부전산망인 '출입국관리정보시스템'에 입력하였으나, 甲에게는 통보하지 않은 사안에서, 위 입국금지결정은 항고소송의 대상이 되는 '처분'에 해당하지 않는다고 한 사례

[3] 상급행정기관이 소속 공무원이나 하급행정기관에 대하여 업무처리지침이나 법령의 해석·적용 기준을 정해 주는 '행정규칙'이 대외적으로 구속력이 있는지 여부(소극) 및 처분이 행정규칙에 적합한지 여부에 따라 처분의 적법 여부를 판단할 수 있는지 여부(소극) / 상급행정기관이 소속 공무원이나 하급행정기관에 하는 개별·구체적인 지시에 관하여도 마찬가지 법리가 적용되는지 여부(적극)

[4] 행정처분의 처분 방식에 관한 행정절차법 제24조 제1항을 위반한 처분이 무효인지 여부(적극)

[5] 행정절차법 제3조 제2항 제9호, 행정절차법 시행령 제2조 제2호에서 정한 행정절차법의 적용이 제외되는 '외국인의 출입국에 관한 사항'의 의미 및 '외국인의 출입국에 관한 사항'의 경우 행정절차를 거칠 필요가 당연히 부정되는지 여부(소극) / 외국인의 사증발급 신청에 대한 거부처분이 행정절차법 제24조에서 정한 '처분서 작성·교부'를 할 필요가 없거나 곤란하다고 인정되는 사항이거나 행정절차법 제24조에 정한 절차를 따르지 않고 '행정절차에 준하는 절차'로 대체할 수 있는 것인지 여부(소극)

[6] 재외동포에 대한 사증발급이 행정청의 재량행위에 속하는지 여부(적극)

[7] 처분의 근거 법령이 행정청에 처분의 요건과 효과 판단에 일정한 재량을 부여하였는데도, 행정청이 처

분으로 달성하려는 공익과 처분상대방이 입게 되는 불이익을 전혀 비교형량 하지 않은 채 처분을 한 경우, 재량권 일탈·남용으로 해당 처분을 취소해야 할 위법사유가 되는지 여부(적극)
[8] 헌법상의 기본원리로서 비례의 원칙의 내용
[9] 처분상대방의 의무위반을 이유로 한 제재처분이 의무위반의 내용에 비하여 과중하여 사회통념상 현저하게 타당성을 잃은 경우, 재량권 일탈·남용에 해당하여 위법한지 여부(적극)
[10] 병무청장이 법무부장관에게 '가수 甲이 공연을 위하여 국외여행허가를 받고 출국한 후 미국 시민권을 취득함으로써 사실상 병역의무를 면탈하였다'는 이유로 입국 금지를 요청함에 따라 법무부장관이 甲의 입국금지결정을 하였는데, 甲이 재외공관의 장에게 재외동포(F-4) 체류자격의 사증발급을 신청하자 재외공관장이 처분이유를 기재한 사증발급 거부처분서를 작성해 주지 않은 채 甲의 아버지에게 전화로 사증발급이 불허되었다고 통보한 사안에서, 사증발급 거부처분에는 행정절차법 제24조 제1항을 위반한 하자가 있고, 재외공관장이 13년 7개월 전에 입국금지결정이 있었다는 이유만으로 그에 구속되어 사증발급 거부처분을 한 것이 비례의 원칙에 반하는 것인지 판단했어야 함에도, 입국금지결정에 따라 사증발급 거부처분을 한 것이 적법하다고 본 원심판단에 법리를 오해한 잘못이 있다고 한 사례

판결요지

[1] 일반적으로 처분이 주체·내용·절차와 형식의 요건을 모두 갖추고 외부에 표시된 경우에는 처분의 존재가 인정된다. 행정의사가 외부에 표시되어 행정청이 자유롭게 취소·철회할 수 없는 구속을 받게 되는 시점에 처분이 성립하고, 그 성립 여부는 행정청이 행정의사를 공식적인 방법으로 외부에 표시하였는지를 기준으로 판단해야 한다.

[2] 병무청장이 법무부장관에게 '가수 甲이 공연을 위하여 국외여행허가를 받고 출국한 후 미국 시민권을 취득함으로써 사실상 병역의무를 면탈하였으므로 재외동포 자격으로 재입국하고자 하는 경우 국내에서 취업, 가수활동 등 영리활동을 할 수 없도록 하고, 불가능할 경우 입국 자체를 금지해 달라'고 요청함에 따라 법무부장관이 甲의 입국을 금지하는 결정을 하고, 그 정보를 내부전산망인 '출입국관리정보시스템'에 입력하였으나, 甲에게는 통보하지 않은 사안에서, 행정청이 행정의사를 외부에 표시하여 행정청이 자유롭게 취소·철회할 수 없는 구속을 받기 전에는 '처분'이 성립하지 않으므로 법무부장관이 출입국관리법 제11조 제1항 제3호 또는 제4호, 출입국관리법 시행령 제14조 제1항, 제2항에 따라 위 입국금지결정을 했다고 해서 '처분'이 성립한다고 볼 수는 없고, 위 입국금지결정은 법무부장관의 의사가 공식적인 방법으로 외부에 표시된 것이 아니라 단지 그 정보를 내부전산망인 '출입국관리정보시스템'에 입력하여 관리한 것에 지나지 않으므로, 위 입국금지결정은 항고소송의 대상이 될 수 있는 '처분'에 해당하지 않는데도, 위 입국금지결정이 처분에 해당하여 공정력과 불가쟁력이 있다고 본 원심판단에 법리를 오해한 잘못이 있다고 한 사례.

[3] 상급행정기관이 소속 공무원이나 하급행정기관에 대하여 업무처리지침이나 법령의 해석·적용 기준을 정해 주는 '행정규칙'은 일반적으로 행정조직 내부에서만 효력을 가질 뿐 대외적으로 국민이나 법원을 구속하는 효력이 없다. 처분이 행정규칙을 위반하였다고 해서 그러한 사정만으로 곧바로 위법하게 되는 것은 아니고, 처분이 행정규칙을 따른 것이라고 해서 적법성이 보장되는 것도 아니다. 처분이 적법한지는 행정규칙에 적합한지 여부가 아니라 상위법령의 규정과 입법 목적 등에 적합한지 여부에 따라 판단해야 한다. 상급행정기관이 소속 공무원이나 하급행정기관에 하는 개별·구체적인 지시도 마찬가지이다. 상급행정기관의 지시는 일반적으로 행정조직 내부에서만 효력을 가질 뿐 대외적으로 국민이나 법원을 구속하는 효력이 없다. 대외적으로 처분 권한이 있는 처분청이 상급행정기관의 지시를 위반하는 처분을 하였다고 해서 그러한 사정만으로 처분이 곧바로 위법하게 되는 것은 아니고, 처분이 상급행정기관의 지시를 따른 것

이라고 해서 적법성이 보장되는 것도 아니다. 처분이 적법한지는 상급행정기관의 지시를 따른 것인지 여부가 아니라, 헌법과 법률, 대외적으로 구속력 있는 법령의 규정과 입법 목적, 비례·평등원칙과 같은 법의 일반원칙에 적합한지 여부에 따라 판단해야 한다.

[4] 행정절차에 관한 일반법인 행정절차법은 제24조 제1항에서 "행정청이 처분을 할 때에는 다른 법령 등에 특별한 규정이 있는 경우를 제외하고는 문서로 하여야 하며, 전자문서로 하는 경우에는 당사자 등의 동의가 있어야 한다. 다만 신속히 처리할 필요가 있거나 사안이 경미한 경우에는 말 또는 그 밖의 방법으로 할 수 있다."라고 정하고 있다. 이 규정은 처분내용의 명확성을 확보하고 처분의 존부에 관한 다툼을 방지하여 처분상대방의 권익을 보호하기 위한 것이므로, 이를 위반한 처분은 하자가 중대·명백하여 무효이다.

[5] 행정절차법 제3조 제2항 제9호, 행정절차법 시행령 제2조 제2호 등 관련 규정들의 내용을 행정의 공정성, 투명성, 신뢰성을 확보하고 처분상대방의 권익보호를 목적으로 하는 행정절차법의 입법 목적에 비추어 보면, 행정절차법의 적용이 제외되는 '외국인의 출입국에 관한 사항'이란 해당 행정작용의 성질상 행정절차를 거치기 곤란하거나 거칠 필요가 없다고 인정되는 사항이나 행정절차에 준하는 절차를 거친 사항으로서 행정절차법 시행령으로 정하는 사항만을 가리킨다. '외국인의 출입국에 관한 사항'이라고 하여 행정절차를 거칠 필요가 당연히 부정되는 것은 아니다.

외국인의 사증발급 신청에 대한 거부처분은 당사자에게 의무를 부과하거나 적극적으로 권익을 제한하는 처분이 아니므로, 행정절차법 제21조 제1항에서 정한 '처분의 사전통지'와 제22조 제3항에서 정한 '의견제출 기회 부여'의 대상은 아니다. 그러나 사증발급 신청에 대한 거부처분이 성질상 행정절차법 제24조에서 정한 '처분서 작성·교부'를 할 필요가 없거나 곤란하다고 일률적으로 단정하기 어렵다. 또한 출입국관리법령에 사증발급 거부처분서 작성에 관한 규정을 따로 두고 있지 않으므로, 외국인의 사증발급 신청에 대한 거부처분을 하면서 행정절차법 제24조에 정한 절차를 따르지 않고 '행정절차에 준하는 절차'로 대체할 수도 없다.

[6] 출입국관리법 제7조 제1항, 제8조 제2항, 제3항, 제10조, 제10조의2, 제11조 제1항 제3호, 제4호, 출입국관리법 시행규칙 제9조의2 제2호, 재외동포의 출입국과 법적 지위에 관한 법률(이하 '재외동포법'이라 한다) 제5조 제1항, 제2항과 체계, 입법 연혁과 목적을 종합하면 다음과 같은 결론을 도출할 수 있다. 재외동포에 대한 사증발급은 행정청의 재량행위에 속하는 것으로서, 재외동포가 사증발급을 신청한 경우에 출입국관리법 시행령 [별표 1의2]에서 정한 재외동포체류자격의 요건을 갖추었다고 해서 무조건 사증을 발급해야 하는 것은 아니다. 재외동포에게 출입국관리법 제11조 제1항 각호에서 정한 입국금지사유 또는 재외동포법 제5조 제2항에서 정한 재외동포체류자격 부여 제외사유(예컨대 '대한민국 남자가 병역을 기피할 목적으로 외국국적을 취득하고 대한민국 국적을 상실하여 외국인이 된 경우')가 있어 그의 국내 체류를 허용하지 않음으로써 달성하고자 하는 공익이 그로 말미암아 발생하는 불이익보다 큰 경우에는 행정청이 재외동포체류자격의 사증을 발급하지 않을 재량을 가진다.

[7] 처분의 근거 법령이 행정청에 처분의 요건과 효과 판단에 일정한 재량을 부여하였는데도, 행정청이 자신에게 재량권이 없다고 오인한 나머지 처분으로 달성하려는 공익과 그로써 처분상대방이 입게 되는 불이익의 내용과 정도를 전혀 비교형량 하지 않은 채 처분을 하였다면, 이는 재량권 불행사로서 그 자체로 재량권 일탈·남용으로 해당 처분을 취소하여야 할 위법사유가 된다.

[8] 비례의 원칙은 법치국가 원리에서 당연히 파생되는 헌법상의 기본원리로서, 모든 국가작용에 적용된다. 행정목적을 달성하기 위한 수단은 목적달성에 유효·적절하고, 가능한 한 최소침해를 가져오는 것이어야 하며, 아울러 그 수단의 도입에 따른 침해가 의도하는 공익을 능가하여서는 안 된다.

[9] 처분상대방의 의무위반을 이유로 한 제재처분의 경우 의무위반 내용과 제재처분의 양정(量定) 사이에 엄밀

하게는아니더라도 어느 정도는 비례 관계가 있어야 한다. 제재처분이 의무위반의 내용에 비하여 과중하여 사회통념상 현저하게 타당성을 잃은 경우에는 재량권 일탈·남용에 해당하여 위법하다고 보아야 한다.
[10] 병무청장이 법무부장관에게 '가수 甲이 공연을 위하여 국외여행허가를 받고 출국한 후 미국 시민권을 취득함으로써 사실상 병역의무를 면탈하였다'는 이유로 입국 금지를 요청함에 따라 법무부장관이 甲의 입국금지결정을 하였는데, 甲이 재외공관의 장에게 재외동포(F-4) 체류자격의 사증발급을 신청하자 재외공관장이 처분이유를 기재한 사증발급 거부처분서를 작성해 주지 않은 채 甲의 아버지에게 전화로 사증발급이 불허되었다고 통보한 사안에서, 甲의 재외동포(F-4) 체류자격 사증발급 신청에 대하여 재외공관장이 6일 만에 한 사증발급 거부처분이 문서에 의한 처분 방식의 예외로 행정절차법 제24조 제1항 단서에서 정한 '신속히 처리할 필요가 있거나 사안이 경미한 경우'에 해당한다고 볼 수도 없으므로 사증발급 거부처분에는 행정절차법 제24조 제1항을 위반한 하자가 있음에도, 외국인의 사증발급 신청에 대한 거부처분이 성질상 행정절차를 거치기 곤란하거나 불필요하다고 인정되는 처분에 해당하여 행정절차법의 적용이 배제된다고 판단하고, 재외공관장이 자신에게 주어진 재량권을 전혀 행사하지 않고 오로지 13년 7개월 전에 입국금지결정이 있었다는 이유만으로 그에 구속되어 사증발급 거부처분을 한 것이 비례의 원칙에 반하는 것인지 판단했어야 함에도, 입국금지결정에 따라 사증발급 거부처분을 한 것이 적법하다고 본 원심판단에 법리를 오해한 잘못이 있다고 한 사례.

제7조의2 허위초청 등의 금지

누구든지 외국인을 입국시키기 위한 다음 각 호의 어느 하나의 행위를 하여서는 아니 된다.
1. 거짓된 사실의 기재나 거짓된 신원보증 등 부정한 방법으로 외국인을 초청하거나 그러한 초청을 알선하는 행위
2. 거짓으로 사증 또는 사증발급인정서를 신청하거나 그러한 신청을 알선하는 행위

[전문개정 2010. 5. 14.]

제7조의3 사전여행허가

① 법무부장관은 공공질서의 유지나 국가이익에 필요하다고 인정하면 다음 각 호의 어느 하나에 해당하는 외국인에 대하여 입국하기 전에 허가(이하 "사전여행허가"라 한다)를 받도록 할 수 있다.
   1. 제7조 제2항 제2호 또는 제3호에 해당하는 외국인
   2. 다른 법률에 따라 사증 없이 입국할 수 있는 외국인
② 사전여행허가를 받은 외국인은 입국할 때에 사전여행허가서를 가지고 있어야 한다.

③ 사전여행허가서 발급에 관한 기준 및 절차·방법은 법무부령으로 정한다.
[본조신설 2020. 2. 4.]

제8조 사증

① 제7조에 따른 사증은 1회만 입국할 수 있는 단수사증(單數査證)과 2회 이상 입국할 수 있는 복수사증(複數査證)으로 구분한다.
② 법무부장관은 사증발급에 관한 권한을 대통령령으로 정하는 바에 따라 재외공관의 장에게 위임할 수 있다.
③ 사증발급에 관한 기준과 절차는 법무부령으로 정한다. [전문개정 2010. 5. 14.]

주요판례

❖ **사증발급거부처분취소** [서울행법 2016. 9. 30., 선고, 2015구합77189, 판결 : 항소]

판시사항

미국 시민권을 취득함으로써 대한민국 국적을 상실한 인기가수 甲에 대하여 병무청장이 '미국 시민권을 취득함으로써 사실상 병역의무를 면탈하였다'는 이유로 입국 금지를 요청함에 따라 법무부장관이 甲의 입국 금지결정을 하였는데, 甲이 재외공관의 장에게 재외동포(F-4) 자격의 사증발급을 신청하였다가 거부된 사안에서, 사증발급 거부가 적법하다고 한 사례

판결요지

미국 시민권을 취득함으로써 대한민국 국적을 상실한 인기가수 甲에 대하여 병무청장이 '미국 시민권을 취득함으로써 사실상 병역의무를 면탈하였다'는 이유로 입국 금지를 요청함에 따라 법무부장관이 甲의 입국 금지결정을 하였는데, 甲이 재외공관의 장에게 재외동포(F-4) 자격의 사증발급을 신청하였다가 거부된 사안에서, 甲이 가족들과 함께 미국에서 생활하기 위해서가 아니라 대한민국에서 계속 가수로서 활동하기 위하여 미국 시민권을 취득한 것으로 보이는 점 등에 비추어 보면 甲은 대한민국 국민으로서의 병역의 의무를 기피하기 위하여 미국 시민권을 취득한 것인데, 甲이 입국하여 방송·연예활동을 계속할 경우 국군 장병들의 사기를 저하시키고 병역의무 이행 의지를 약화시키며, 입대를 앞둔 청소년들에게 병역의무 기피 풍조를 낳게 할 우려가 있어 헌법 제39조 제1항이 정하고 있는 국방의 의무 수행에 지장을 가져오고 나아가 영토의 보전을 위태롭게 하며 대한민국의 준법 질서를 어지럽힘으로써 대한민국의 이익, 공공의 안전, 사회질서 및 선량한 풍속을 해하게 되므로 출입국관리법 제11조 제1항 제3호, 제4호 또는 제8호에 정한 입국금지사유에 해당하고, 입국금지조치가 비례의 원칙이나 평등의 원칙을 위반하였다고 보기 어려워 적법·유효한 이상, 입국금지조치를 이유로 한 사증발급 거부는 출입국관리법 제8조 제3항, 출입국관리법 시행규칙 제9조의2 제2호에 따른 것으로서 적법하다고 한 사례.

주요판례

❖ **항공기운항안전법위반·총포도검화약류단속법위반·출입국관리법위반·항공법위반**[대법원 1984. 5. 22., 선고, 84도39, 판결]

판시사항

가. 외국인에 의한 국외에서의 민간항공기납치 사건에 대한 아국의 항공기운항안전법 적용 여부
나. 정치적 피난을 위한 항공기납치 행위와 국제법상의 비호권
다. 위법성 조각사유로서의 정당행위의 인정요건
라. 자유중국으로 망명하고자 민항기를 납치한 행위와 정당행위
마. 구 출입국관리법(1983.12.31 법률 제3694호로 개정전의 법률) 제88조 제2호, 제8조 제2항 제1호 위반죄의 성립요건
바. 허가를 받지 않고 총포를 소지하고 입국하여 관할기관에게 자진인도한 경우 총포.도검.화약류단속법 제9조 제1항 위반죄 성부
사. 우리나라 비행기에 의해 유도되어 착륙한 외국국적 항공기의 아국 영공항행과 항공법 제102조 제1항 제1호 위반죄 성부

판결요지

가. 항공기운항안전법 제3조, " 항공기내에서 범한 범죄 및 기타 행위에 관한 협약" (토오쿄협약) 제1조, 제3조, 제4조 " 항공기의 불법납치억제를 위한 협약" (헤이그협약) 제1조, 제3조, 제4조, 제7조의 각 규정들을 종합하여 보면 민간항공기납치사건에 대하여는 항공기 등록지 국에 원칙적인 재판관할권이 있는 외에 항공기착륙국인 우리나라에도 경합적으로 재판관할권이 생기어 우리나라 항공기운항안전법은 외국인의 국외범까지도 적용대상이 된다고 할 것이다.
나. 중공의 정치, 사회현실에 불만을 품고 자유중국으로 탈출하고자, 민간항공기를 납치하여 입국한 피고인들의 경우 정치적 박해를 받거나 정치적 신조를 달리함으로써 타국에 피난한 정치적 피난민이라고 할 수 있겠으나 정치적 피난민에 대한 보호는 소수의 국가가 국내법상으로 보장하고 있을 뿐 우리나라는 이를 보장하는 국내법규가 없으며 개개의 조약을 떠나서 일반국제법상 보장이 확립된 것도 아니며 더구나 헤이그협약 제8조는 항공기납치범죄를 체약국간의 현행 또는 장래 체결될 범죄인 인도조약상의 인도범죄로 보며 인도조약이 없는 경우에도 범죄인의 인도를 용이하게 할 수 있는 규정을 마련하고 있는 점 등에 비추어 볼 때 민항기납치행위가 순수한 정치적 동기에서 일어난 정치적 망명을 위한 상당한 수단으로 행하여진 것으로 세계각국이 비호권을 인정하고 있다는 이유로 위법성이 조각된다고 볼 수 없다.
다. 정당한 행위로서 위법성이 조각되는지 여부는 그 구체적 행위에 따라 합목적적, 합리적으로 가려져야 할 것인바 정당행위를 인정하려면 첫째, 그 행위의 동기나 목적의 정당성 둘째, 행위의 수단이나 방법의 상당성 세째, 보호이익과 침해이익과의 법익권형성 넷째, 긴급성 다섯째로 그 행위외에 다른 수단이나 방법이 없다는 보충성 등의 요건을 갖추어야 한다.
라. 중공의 정치, 사회현실에 불만을 품고 자유중국으로 탈출하고자 민항기를 납치한 이 사건에서 그 수단이나 방법에 있어 민간항공기를 납치한 행위는 상당하다 할 수 없고 피고인들이 보호하려는 이익은 피고인들의 자유였음에 반하여 피고인들의 행위로 침해되는 법익은 승객 등 불특정다수인의 생명, 신체의 위험과 항공여행의 수단인 항공기의 안전에 대한 세계인의 신뢰에 대한 침해인 점에 비추어 현저히 균형을 잃었다 할 것이며, 그 당시의 상황에 비추어 항공기납치행위가 긴급, 부득이한 것이라고 인정하기 어려우

므로 피고인들의 행위를 사회상규에 위배되지 아니한 행위로서 위법성이 조각되는 행위라고 할 수 없다 할 것이다.

마. 구 출입국관리법(1983. 12. 31 법률 제3694호로 개정전의 법률) 제8조 제2항 제1호, 제88조 제2호 위반의 범죄는 대한민국 정부가 승인하지 아니한 국가의 국민이 재외공관의 장 또는 출입국관리사무소장이 발급한 외국인 입국허가서를 소지하지 아니하고 입국함으로써 성립한다.

바. 총포, 도검, 화약류단속법 제9조 제1항 위반의 범죄는 내무부장관의 허가를 받지 않고서 총포, 도검, 화약류를 수입함으로써 성립하는 것이므로 민항기를 납치한 피고인들이 본국인 중공에서는 총포허가가 있었다든가, 또는 우리나라에 허가없이 수입한 후 소지하던 총포를 우리나라 관헌에게 자진 인도하였다 하더라도 이미 성립한 총포, 도검, 화약류단속법위반죄에는 아무 지장이 없다.

사. 항공법 제102조 제1항 제1호 위반의 범죄는 교통부장관의 허가를 받지 아니하고 외국국적의 항공기를 대한민국외에서 출발시켜 대한민국내에 도착하게 항행함으로써 성립한다 할 것이므로 우리나라 상공에서 우리나라 비행기에 의하여 항공기의 착륙을 유도하였다는 사실만으로 대한민국 영공내에 도착함으로써 이미 성립한 항공법위반죄에는 아무 지장이 없다.

제9조 사증발급인정서

① 법무부장관은 제7조 제1항에 따른 사증을 발급하기 전에 특히 필요하다고 인정할 때에는 입국하려는 외국인의 신청을 받아 사증발급인정서를 발급할 수 있다.
② 제1항에 따른 사증발급인정서 발급신청은 그 외국인을 초청하려는 자가 대리할 수 있다.
③ 제1항에 따른 사증발급인정서의 발급대상·발급기준 및 발급절차는 법무부령으로 정한다. [전문개정 2010. 5. 14.]

주요판례

❖ **사증발급인정신청불허처분취소** [제주지법 2006. 6. 7., 선고, 2005구합733, 판결 : 확정]

판시사항

[1] 외국인을 초청하려는 사람이 사증발급인정불허처분의 취소를 구할 원고적격이 인정되는지 여부(적극)
[2] 법무부 훈령인 사증발급인정서 발급 등에 관한 업무처리지침의 법적 성질
[3] 사증발급인정서 발급 여부를 심사함에 있어 초청인이 사증발급 신청시를 기준으로 과거 3년 이내에 출입국관리법 위반죄로 범칙금 500만 원 이상의 통고처분을 받은 것만으로 초청인에게 결격사유가 있다고 볼 수 있는지 여부(소극)
[4] 외국인을 고용한 혐의로 통고처분을 받은 초청인이 범칙금을 납부하지 아니하고 불복하여 기소유예 처분을 받았음에도, 출입국관리사무소장이 통고처분이 있었다는 사실만을 고려하여 사증발급인정불허처분을 한 것은 위법하다고 한 사례

판결요지

[1] 출입국관리법 제9조 이하에서 규정하는 사증발급인정서 제도는 관련 외국인 입국과 관련하여 직접적인 이해당사자인 초청인으로 하여금 국내에서 직접 사증발급 관련 절차를 주도적으로 처리하도록 함으로써 피초청인(외국인)이 용이하고도 신속하게 입국할 수 있도록 신설된 제도인바, 출입국관리법 제9조는 사증발급인정서를 외국인의 신청에 의해 발급할 수 있다고 하면서도 명문으로 그 발급신청을 초청인이 대리할 수 있다고 명문으로 규정함으로써 관련 외국인 입국과 관련된 초청인의 이해관계를 법적으로 보장하고 있는 점, 이에 따라 사증발급인정을 신청함에 있어 '초청인'의 주소지 관할 사무소장에게 '초청인' 작성의 서류를 제출하도록 규정하고 있고, 사증발급인정서를 교부하는 경우에는 이를 '초청인'에게 교부하도록 규정하고 있어 초청인이 가지는 이해관계를 법적으로 보호하고 있는 점, 무엇보다 사증발급인정서 발급 여부를 심사함에 있어 출장소장이나 법무부장관은 '초청인의 초청사유가 타당한지 여부'를 중점적으로 심사하도록 규정하고 있어 초청인의 결격사유 유무가 사증발급인정서 발급에 있어 매우 중요한 기준이 되는 점, 초청인이 아무런 결격사유가 없음에도 사무소장이 사증발급인정을 불허하는 경우에 직접적인 이해당사자인 초청인이 이를 다툴 수 없다면 사증발급인정불허처분에 대해서 다툴 방도가 사실상 봉쇄된다는 점 등에 비추어 보면, 초청인은 사증발급인정불허처분에 의해 법률상 보호된 이익을 침해당하였다고 할 것이므로 그 취소를 구할 원고적격이 인정된다.

[2] 출입국관리법 제9조 제3항은 사증발급인정서 발급기준을 '법무부령'으로 정하도록 규정하고 있는데, 사증발급인정서 발급 등에 관한 업무처리지침(2004. 8. 7.)은 '훈령'에 불과하므로 사증발급인정서 발급업무를 처리함에 있어 행정기관 내부에서 지켜야 할 사무처리 준칙에 불과할 뿐이고, 그것이 법원 또는 국민을 기속하는 법규적 효력이 있는 것은 아니다.

[3] 사증발급인정서 발급 여부를 심사함에 있어 출장소장이나 법무부장관은 '초청인의 초청사유가 타당한지 여부'를 중점적으로 심사하도록 규정하고 있고[구 출입국관리법 시행규칙(2005. 7. 8. 법무부령 제571호로 개정되기 전의 것) 제17조 제3항 제2호], 출장소장이나 법무부장관은 이에 기하여 초청인에게 결격사유가 없는지 조사하고 그 결격사유가 발견되는 경우에는 사증발급인정신청을 불허할 수 있으나, 초청인이 발급 신청시를 기준으로 과거 3년 이내에 출입국관리법 위반죄로 범칙금 500만 원 이상의 통고처분을 받은 것만으로 초청인에게 결격사유가 있다고 보는 것은 무죄추정의 원칙(헌법 제27조 제4항)에 반하고, 적어도 위 통고처분을 받은 초청인이 이를 받아들여 위 범칙금을 납부한 경우 또는 초청인이 통고처분에 불복하여 다툰 결과 500만 원 이상의 벌금형의 선고를 받아 위 벌금을 납부한 경우에 한하여 사증발급인정신청을 불허할 수 있다고 해석함이 무죄추정의 원칙에 부합한다(2005. 7. 8. 법무부령 제571호로 신설된 출입국관리법 시행규칙 제17조의3 제1항은 위와 같은 취지로 규정되어 있다).

[4] 외국인을 고용한 혐의로 통고처분을 받은 초청인이 범칙금을 납부하지 아니하고 불복하여 기소유예 처분을 받았음에도, 출입국관리사무소장이 통고처분이 있었다는 사실만을 고려하여 사증발급인정불허처분을 한 것은 위법하다고 한 사례.

제10조 체류자격

입국하려는 외국인은 다음 각 호의 어느 하나에 해당하는 체류자격을 가져야 한다.
1. 일반체류자격: 이 법에 따라 대한민국에 체류할 수 있는 기간이 제한되는 체류자격
2. 영주자격: 대한민국에 영주(永住)할 수 있는 체류자격 [전문개정 2018. 3. 20.]

주요판례

❖ **체류기간연장 등불허가처분취소** [울산지법 2017. 5. 11., 선고, 2016구합7006, 판결 : 항소]

판시사항

甲과 혼인하여 대한민국 국민의 배우자로 체류자격을 얻어 입국한 베트남 국적 여성 乙이 甲을 상대로 이혼 및 위자료 청구소송을 제기하여 일부승소판결이 확정된 후 체류기간 연장허가 신청을 하였으나, 관할 출입국관리사무소장이 '혼인의 진정성 결여 및 배우자의 귀책사유 불명확 등'을 이유로 위 신청을 불허하는 처분을 한 사안에서, 제반 사정들을 고려하면 乙이 자신에게 책임이 없는 사유로 甲과 정상적인 혼인생활을 할 수 없었다고 보이므로 乙 역시 혼인관계 파탄에 책임이 있다고 판단하여 위 처분을 한 것은 재량권을 일탈·남용한 것으로 위법하다고 한 사례

판결요지

甲과 혼인하여 대한민국 국민의 배우자로 체류자격을 얻어 입국한 베트남 국적 여성 乙이 甲을 상대로 이혼 및 위자료 청구소송을 제기하여 일부승소판결이 확정된 후 체류기간 연장허가 신청을 하였으나, 관할 출입국관리사무소장이 '혼인의 진정성 결여 및 배우자의 귀책사유 불명확 등'을 이유로 위 신청을 불허하는 처분을 한 사안에서, 甲은 2년여에 걸친 혼인생활 동안 자주 술을 마시고 늦게 귀가하거나 외박을 하는 등 가정생활을 소홀히 한 반면, 乙은 언어 소통이 잘 되지 않는 어려운 상황에서도 아이를 낳아 가정을 꾸리고자 하는 의지가 있었고, 아이를 낳을 것을 제안하였으나 甲의 거절로 이러한 바람이 무산된 점, 혼인관계가 해소되었기 때문에 乙이 국내에 머무를 중요한 이유가 없어졌다고 볼 여지는 있으나 乙이 국내에 입국한 후 가출할 때까지 약 2년 간 부부의 공동생활이 유지되었고 최종적으로 혼인관계가 해소될 때까지 약 4년의 기간이 경과하였으며 乙은 이 기간을 통하여 대한민국에 터전을 잡고 삶을 영위하여 왔는데 이것을 단지 남편의 잘못으로 발생한 이혼을 이유로 송두리째 부인한다면 그 결과는 乙에게 지나치게 가혹한 점 등 제반 사정들을 고려하면, 乙이 자신에게 책임이 없는 사유로 甲과 정상적인 혼인생활을 할 수 없었다고 보이므로 이와 달리 乙 역시 혼인관계 파탄에 책임이 있다고 판단하여 위 처분을 한 것은 재량권을 일탈·남용한 것으로 위법하다고 한 사례.

주요판례

❖ **체류기간연장 등불허가처분취소** [대구고법 2016. 8. 5., 선고, 2016누4547, 판결 : 확정]

판시사항

베트남 국적으로 비전문취업(E-9) 자격을 받고 대한민국에 입국한 甲이 체류기간이 만료되었는데도 7년 이상 불법체류를 해오다가 베트남 출신 혼인귀화인 乙과 혼인신고를 하고 국민의 배우자(F-6-1) 자격으로 체류자격 변경허가 신청을 하였으나 관할 출입국관리사무소장이 '배우자 국적취득 후 3년 미만, 7년 4개월의 불법체류'를 이유로 신청을 반려하고 자진출국할 것을 통보한 사안에서, 처분이 재량권을 일탈·남용한 경우에 해당하지 않는다고 한 사례

판결요지

베트남 국적으로 비전문취업(E-9) 자격을 받고 대한민국에 입국한 甲이 체류기간이 만료되었는데도 7년 이상 불법체류를 해오다가 베트남 출신 혼인귀화인 乙과 혼인신고를 하고 국민의 배우자(F-6-1) 자격으로 체류자격 변경허가 신청을 하였으나 관할 출입국관리사무소장이 '배우자 국적취득 후 3년 미만, 7년 4개월의

불법체류'를 이유로 신청을 반려하고 자진출국할 것을 통보한 사안에서, 혼인귀화자가 국적을 취득한 후 3년 이내에 다른 외국인을 결혼이민자로 초청하는 행위를 제한한 것은 혼인귀화자가 국민과의 혼인을 이유로 대한민국 국적을 취득한 후 단기간 내에 이혼하고 다른 외국인을 결혼이민자로 초청하지 못하도록 함으로써 건전한 국제결혼 문화를 정착시키고, 다문화가정의 조기해체를 방지하고자 하는 취지인데, 국내에서 장기간 불법체류를 한 외국인이 혼인귀화로 대한민국 국적을 취득한 사람과 결혼하여 임신이나 출산을 하였다는 이유로 배우자의 국적취득 후 3년 경과 여부에 관계없이 체류자격 변경을 허가할 경우 위와 같은 제도의 취지가 몰각될 뿐만 아니라 강제퇴거가 예정되어 있는 불법체류자들이 국내에서의 체류를 연장하기 위한 방편으로 혼인귀화자를 상대로 결혼과 임신을 시도하는 현상이 발생할 우려도 있는 점 등을 종합하면, 처분으로 甲 등이 입는 불이익이 그로 인하여 달성하려는 공익에 비하여 지나치게 커서 처분이 재량권을 일탈·남용한 경우에 해당하지 않는다고 한 사례.

주요판례

❖ 체류기간연장 등 불허가처분취소 [대법원 2016. 7. 14., 선고, 2015두48846, 판결]

판시사항

출입국관리법상 체류자격 변경허가가 설권적 처분의 성격을 가지는지 여부(적극) 및 허가권자가 허가 여부를 결정할 재량을 가지는지 여부(적극) / 이때 재량 행사의 한계

판결요지

출입국관리법 제10조, 제24조 제1항, 구 출입국관리법 시행령(2014. 10. 28. 대통령령 제25669호로 개정되기 전의 것) 제12조[별표 1] 제8호, 제26호 (가)목, (라)목, 출입국관리법 시행규칙 제18조의2[별표 1]의 문언, 내용 및 형식, 체계 등에 비추어 보면, 체류자격 변경허가는 신청인에게 당초의 체류자격과 다른 체류자격에 해당하는 활동을 할 수 있는 권한을 부여하는 일종의 설권적 처분의 성격을 가지므로, 허가권자는 신청인이 관계 법령에서 정한 요건을 충족하였더라도, 신청인의 적격성, 체류 목적, 공익상의 영향 등을 참작하여 허가 여부를 결정할 수 있는 재량을 가진다. 다만 재량을 행사할 때 판단의 기초가 된 사실인정에 중대한 오류가 있는 경우 또는 비례·평등의 원칙을 위반하거나 사회통념상 현저하게 타당성을 잃는 등의 사유가 있다면 이는 재량권의 일탈·남용으로서 위법하다.

주요판례

❖ 출국명령처분취소 [인천지법 2015. 11. 5., 선고, 2015구합50805, 판결 : 확정]

판시사항

파키스탄 국적인 甲의 체류기간 연장신청에 대하여 乙 출입국관리사무소장이 범죄경력이 있는 점 등을 이유로 출국을 명하는 처분을 한 사안에서, 위 처분은 재량권을 일탈·남용하였다고 한 사례

판결요지

파키스탄 국적인 甲의 체류기간 연장신청에 대하여 乙 출입국관리사무소장이 업무상과실장물보관죄 및 농지법위반죄의 범죄경력이 있는 점 등을 이유로 체류기간 연장신청을 불허하는 취지에서 甲에게 출국을 명하는 처분을 한 사안에서, 甲이 업무상과실장물보관죄로 기소유예 처분을 받았으나 과실범에 불과하고 사안

이 경미하다고 보아 기소유예 처분을 받은 점 등을 종합하면, 처분으로 달성하고자 하는 공익에 비하여 甲이 입는 불이익이 지나치게 크므로, 위 처분은 재량권을 일탈·남용하였다고 한 사례.

제10조의2 일반체류자격

① 제10조 제1호에 따른 일반체류자격(이하 "일반체류자격"이라 한다)은 다음 각 호의 구분에 따른다.
  1. 단기체류자격: 관광, 방문 등의 목적으로 대한민국에 90일 이하의 기간(사증면제협정이나 상호주의에 따라 90일을 초과하는 경우에는 그 기간) 동안 머물 수 있는 체류자격
  2. 장기체류자격: 유학, 연수, 투자, 주재, 결혼 등의 목적으로 대한민국에 90일을 초과하여 법무부령으로 정하는 체류기간의 상한 범위에서 거주할 수 있는 체류자격
② 제1항에 따른 단기체류자격 및 장기체류자격의 종류, 체류자격에 해당하는 사람 또는 그 체류자격에 따른 활동범위는 체류목적, 취업활동 가능 여부 등을 고려하여 대통령령으로 정한다. [본조신설 2018. 3. 20.]

제10조의3 영주자격

① 제10조 제2호에 따른 영주자격(이하 "영주자격"이라 한다)을 가진 외국인은 활동범위 및 체류기간의 제한을 받지 아니한다.
② 영주자격을 취득하려는 사람은 대통령령으로 정하는 영주의 자격에 부합한 사람으로서 다음 각 호의 요건을 모두 갖추어야 한다.
  1. 대한민국의 법령을 준수하는 등 품행이 단정할 것
  2. 본인 또는 생계를 같이하는 가족의 소득, 재산 등으로 생계를 유지할 능력이 있을 것
  3. 한국어능력과 한국사회·문화에 대한 이해 등 대한민국에서 계속 살아가는 데 필요한 기본소양을 갖추고 있을 것
③ 법무부장관은 제2항제2호 및 제3호에도 불구하고 대한민국에 특별한 공로가 있는 사람, 과학·경영·교육·문화예술·체육 등 특정 분야에서 탁월한 능력이 있는

사람, 대한민국에 일정금액 이상을 투자한 사람 등 대통령령으로 정하는 사람에 대해서는 대통령령으로 정하는 바에 따라 제2항제2호 및 제3호의 요건의 전부 또는 일부를 완화하거나 면제할 수 있다.
④ 제2항 각 호에 따른 요건의 기준·범위 등에 필요한 사항은 법무부령으로 정한다.
[본조신설 2018. 3. 20.]

제11조 입국의 금지 등

① 법무부장관은 다음 각 호의 어느 하나에 해당하는 외국인에 대하여는 입국을 금지할 수 있다. 〈개정 2015. 1. 6.〉

1. 감염병환자, 마약류중독자, 그 밖에 공중위생상 위해를 끼칠 염려가 있다고 인정되는 사람
2. 「총포·도검·화약류 등의 안전관리에 관한 법률」에서 정하는 총포·도검·화약류 등을 위법하게 가지고 입국하려는 사람
3. 대한민국의 이익이나 공공의 안전을 해치는 행동을 할 염려가 있다고 인정할 만한 상당한 이유가 있는 사람
4. 경제질서 또는 사회질서를 해치거나 선량한 풍속을 해치는 행동을 할 염려가 있다고 인정할 만한 상당한 이유가 있는 사람
5. 사리 분별력이 없고 국내에서 체류활동을 보조할 사람이 없는 정신장애인, 국내체류비용을 부담할 능력이 없는 사람, 그 밖에 구호(救護)가 필요한 사람
6. 강제퇴거명령을 받고 출국한 후 5년이 지나지 아니한 사람
7. 1910년 8월 29일부터 1945년 8월 15일까지 사이에 다음 각 목의 어느 하나에 해당하는 정부의 지시를 받거나 그 정부와 연계하여 인종, 민족, 종교, 국적, 정치적 견해 등을 이유로 사람을 학살·학대하는 일에 관여한 사람
   가. 일본 정부
   나. 일본 정부와 동맹 관계에 있던 정부
   다. 일본 정부의 우월한 힘이 미치던 정부
8. 제1호부터 제7호까지의 규정에 준하는 사람으로서 법무부장관이 그 입국이 적당하지 아니하다고 인정하는 사람

② 법무부장관은 입국하려는 외국인의 본국(本國)이 제1항 각 호 외의 사유로 국민의 입국을 거부할 때에는 그와 동일한 사유로 그 외국인의 입국을 거부할 수 있다.
[전문개정 2010. 5. 14.]

주요판례

❖ 사증발급거부처분취소 [서울행법 2016. 9. 30., 선고, 2015구합77189, 판결 : 항소]

판시사항

미국 시민권을 취득함으로써 대한민국 국적을 상실한 인기가수 甲에 대하여 병무청장이 '미국 시민권을 취득함으로써 사실상 병역의무를 면탈하였다'는 이유로 입국 금지를 요청함에 따라 법무부장관이 甲의 입국금지결정을 하였는데, 甲이 재외공관의 장에게 재외동포(F-4) 자격의 사증발급을 신청하였다가 거부된 사안에서, 사증발급 거부가 적법하다고 한 사례

판결요지

미국 시민권을 취득함으로써 대한민국 국적을 상실한 인기가수 甲에 대하여 병무청장이 '미국 시민권을 취득함으로써 사실상 병역의무를 면탈하였다'는 이유로 입국 금지를 요청함에 따라 법무부장관이 甲의 입국금지결정을 하였는데, 甲이 재외공관의 장에게 재외동포(F-4) 자격의 사증발급을 신청하였다가 거부된 사안에서, 甲이 가족들과 함께 미국에서 생활하기 위해서가 아니라 대한민국에서 계속 가수로서 활동하기 위하여 미국 시민권을 취득한 것으로 보이는 점 등에 비추어 보면 甲은 대한민국 국민으로서의 병역의 의무를 기피하기 위하여 미국 시민권을 취득한 것인데, 甲이 입국하여 방송·연예활동을 계속할 경우 국군 장병들의 사기를 저하시키고 병역의무 이행 의지를 약화시키며, 입대를 앞둔 청소년들에게 병역의무 기피 풍조를 낳게 할 우려가 있어 헌법 제39조 제1항이 정하고 있는 국방의 의무 수행에 지장을 가져오고 나아가 영토의 보전을 위태롭게 하며 대한민국의 준법 질서를 어지럽힘으로써 대한민국의 이익, 공공의 안전, 사회질서 및 선량한 풍속을 해하게 되므로 출입국관리법 제11조 제1항 제3호, 제4호 또는 제8호에 정한 입국금지사유에 해당하고, 입국금지조치가 비례의 원칙이나 평등의 원칙을 위반하였다고 보기 어려워 적법·유효한 이상, 입국금지조치를 이유로 한 사증발급 거부는 출입국관리법 제8조 제3항, 출입국관리법 시행규칙 제9조의2 제2호에 따른 것으로서 적법하다고 한 사례.

주요판례

❖ 출국명령처분취소 [서울행법 2008. 4. 16., 선고, 2007구합24500, 판결 : 항소]

판시사항

인체면역결핍바이러스(HIV) 감염을 이유로 국내 체류 외국인에 대하여 한 출국명령이 재량권을 일탈·남용한 것으로서 위법하다고 한 사례

판결요지

후천성면역결핍증(AIDS)을 유발하는 인체면역결핍바이러스(HIV)에 감염되었다는 이유로 국내 체류 외국인을 출국하도록 한 명령은 그 처분으로 보호하고자 하는 전염병 예방이라는 공익의 달성 여부가 확실하지

않은 반면, 외국인의 거주·이전의 자유, 가족결합권을 포함한 행복추구권 등을 심각하게 침해하여 사회통념상 현저하게 타당성을 잃은 것으로서 재량권을 일탈·남용한 위법이 있다고 한 사례.

제12조 입국심사

① 외국인이 입국하려는 경우에는 입국하는 출입국항에서 대통령령으로 정하는 바에 따라 여권과 입국신고서를 출입국관리공무원에게 제출하여 입국심사를 받아야 한다. 〈개정 2020. 6. 9.〉
② 제1항에 관하여는 제6조 제1항단서 및 같은 조 제3항을 준용한다.
③ 출입국관리공무원은 입국심사를 할 때에 다음 각 호의 요건을 갖추었는지를 심사하여 입국을 허가한다. 〈개정 2020. 2. 4.〉
  1. 여권과 사증이 유효할 것. 다만, 사증은 이 법에서 요구하는 경우만을 말한다.
  1의2. 제7조의3 제2항에 따른 사전여행허가서가 유효할 것
  2. 입국목적이 체류자격에 맞을 것
  3. 체류기간이 법무부령으로 정하는 바에 따라 정하여졌을 것
  4. 제11조에 따른 입국의 금지 또는 거부의 대상이 아닐 것
④ 출입국관리공무원은 외국인이 제3항 각 호의 요건을 갖추었음을 증명하지 못하면 입국을 허가하지 아니할 수 있다.
⑤ 출입국관리공무원은 제7조 제2항 제2호 또는 제3호에 해당하는 사람에게 입국을 허가할 때에는 대통령령으로 정하는 바에 따라 체류자격을 부여하고 체류기간을 정하여야 한다.
⑥ 출입국관리공무원은 제1항이나 제2항에 따른 심사를 하기 위하여 선박 등에 출입할 수 있다. [전문개정 2010. 5. 14.]

주요판례

❖ **인신보호해제결정에대한재항고**[대법원 2014. 8. 25., 자, 2014인마5, 결정]

판시사항

[1] 대한민국 입국이 불허되어 대한민국 공항에 머무르고 있는 외국인에게 인신보호법상 구제청구권이 인정되는지 여부(적극) 및 대한민국 입국이 불허된 외국인을 외부와 출입이 통제되는 한정된 공간에 장기간 머무르도록 강제하는 것이 인신보호법상 구제대상인 위법한 수용에 해당하는지 여부(적극)

[2] 인신보호법에 의한 구제청구절차 진행 중 피수용자에 대한 수용이 해제된 경우, 구제청구의 이익이 소멸하는지 여부(원칙적 적극)

> **판결요지**
>
> [1] 신체의 자유는 모든 인간에게 주체성이 인정되는 기본권이고, 인신보호법은 인신의 자유를 부당하게 제한당하고 있는 개인에 대한 신속한 구제절차를 마련하기 위하여 제정된 법률이므로, 대한민국 입국이 불허된 결과 대한민국 공항에 머무르고 있는 외국인에게도 인신보호법상의 구제청구권은 인정된다. 또한 대한민국 입국이 불허된 외국인이라 하더라도 외부와 출입이 통제되는 한정된 공간에 장기간 머무르도록 강제하는 것은 법률상 근거 없이 인신의 자유를 제한하는 것으로서 인신보호법이 구제대상으로 삼고 있는 위법한 수용에 해당한다.
>
> [2] 인신보호법에 의한 구제청구절차가 진행되는 중에 피수용자에 대한 수용이 해제되었다면, 피수용자 등 구제청구자가 법원에 구제를 청구한 사유와 같은 사유로 다른 수용시설에 다시 수용되었거나 향후 같은 사유로 재수용될 가능성을 배제할 수 없는 경우와 같은 특별한 사정이 없는 한, 구제청구의 이익도 소멸한다고 보아야 한다.

주요판례

❖ **인신보호**[인천지법 2014. 4. 30., 자, 2014인라4, 결정 : 재항고]

> **판시사항**
>
> 인천공항에서 난민인정을 신청한 외국인이, 입국불허처분이 있은 뒤 공항 내 송환대기실로 인도되어 약 5개월간 외부로 출입이 금지된 상태로 머무르게 되자 인신보호법상 구제청구를 한 사안에서, 청구인에 대한 계속적인 수용은 위법하다는 이유로 수용자들에 대하여 청구인의 수용을 즉시 해제할 것을 명한 사례

> **판결요지**
>
> 인천공항에서 난민인정을 신청한 수단 국적 외국인이, 출입국관리법에 따른 입국불허처분이 있은 뒤 공항 내 송환대기실로 인도되어 난민인정심사불회부결정 취소소송을 제기하였음에도 약 5개월간 외부로 출입이 금지된 상태로 머무르게 되자 인천공항출입국관리사무소 및 인천공항 항공사운영협의회를 상대로 인신보호법상 구제청구를 한 사안에서, 청구인은 인신보호법에 따른 구제청구권을 가지고, 수용자들의 청구인에 대한 계속적인 수용은 위법하다는 이유로 수용자들에 대하여 청구인의 수용을 즉시 해제할 것을 명한 사례.

제12조의2 입국 시 생체정보의 제공 등

① 입국하려는 외국인은 제12조에 따라 입국심사를 받을 때 법무부령으로 정하는 방법으로 생체정보를 제공하고 본인임을 확인하는 절차에 응하여야 한다. 다만, 다음 각 호의 어느 하나에 해당하는 사람은 그러하지 아니하다. <개정 2020. 6. 9.>

  1. 17세 미만인 사람
  2. 외국정부 또는 국제기구의 업무를 수행하기 위하여 입국하는 사람과 그 동반

가족

3. 외국과의 우호 및 문화교류 증진, 경제활동 촉진 또는 대한민국의 이익 등을 고려하여 생체정보의 제공을 면제하는 것이 필요하다고 대통령령으로 정하는 사람

② 출입국관리공무원은 외국인이 제1항 본문에 따라 생체정보를 제공하지 아니하는 경우에는 그의 입국을 허가하지 아니할 수 있다. 〈개정 2020. 6. 9.〉

③ 법무부장관은 입국심사에 필요한 경우에는 관계 행정기관이 보유하고 있는 외국인의 생체정보의 제출을 요청할 수 있다. 〈개정 2020. 6. 9.〉

④ 제3항에 따라 협조를 요청받은 관계 행정기관은 정당한 이유 없이 그 요청을 거부하여서는 아니 된다.

⑤ 출입국관리공무원은 제1항 또는 제3항에 따라 제공 또는 제출받은 생체정보를 입국심사에 활용할 수 있다. 〈개정 2020. 6. 9.〉

⑥ 법무부장관은 제1항 또는 제3항에 따라 제공 또는 제출받은 생체정보를 「개인정보 보호법」에 따라 보유하고 관리한다. 〈개정 2011. 3. 29., 2020. 6. 9.〉

[본조신설 2010. 5. 14.] [제목개정 2020. 6. 9.] [종전 제12조의2는 제12조의3으로 이동 〈2010. 5. 14.〉]

주요판례

❖ **항소기각에대한재항고**[대법원 2003. 5. 16., 자, 2002모338, 결정]

판시사항

[1] 항소이유서를 제출하지 아니하여도 항소기각결정을 할 수 없는 '직권조사사유가 있는 때'의 의미
[2] 구 출입국관리법 제12조의2 제1항의 입법취지
[3] 불법취업을 위하여 입국하려는 비자면제국가 국민에게 2002년 월드컵 경기의 입장권을 구입하여 제공하는 행위가 구 출입국관리법 제12조의2 제1항 소정의 '출입국에 사용될 수 있는 서류 등의 제공'에 해당하지 않는다고 한 사례
[4] 불법취업을 위하여 입국하려는 비자면제국가 국민에게 2002년 월드컵 경기의 입장권을 구입하여 제공하는 행위가 관광진흥법 제3조 제1항 제1호 소정의 '기타 여행의 편의를 제공'하는 행위에 해당한다고 보기 어렵다고 한 사례

판결요지

[1] 형사소송법 제361조의4 제1항 단서 소정의 직권조사사유라 함은 법령적용이나 법령해석의 착오 여부 등 당사자가 주장하지 아니한 경우에도 법원이 직권으로 조사하여야 할 사유를 말한다.
[2] 구 출입국관리법(2002. 12. 5. 법률 제6745호로 개정되기 전의 것)은 제12조의2 제1항에서 외국인을 불법으로 입국시킬 목적으로 선박 등(법 제2조 제8호에 의하면, 선박·항공기·기차·자동차 기타의 교통수단을 말

한다)이나 여권·선원수첩·사증·탑승권 그 밖에 출입국에 사용될 수 있는 서류 및 물품을 제공하는 행위를 금지하고, 제94조 제2의2호에서 이를 위반한 자를 처벌하고 있는바, 이는 외국인을 정상적인 입국심사절차를 거치지 아니하고 불법으로 입국시키기 위하여 밀입국에 사용되는 교통수단이나 여권·선원수첩·사증·탑승권 등 밀입국에 직접 사용되는 서류 및 물품을 제공하여 불법입국의 편의를 제공하는 자를 처벌하려는 데 그 취지가 있다.

[3] 불법취업을 위하여 입국하려는 비자면제국가 국민에게 2002년 월드컵 경기의 입장권을 구입하여 제공하는 행위가 구 출입국관리법 제12조의2 제1항 소정의 '출입국에 사용될 수 있는 서류 등의 제공'에 해당하지 않는다고 한 사례.

[4] 피고인이 여행 자체에 대하여는 관여하지 아니한 채 대한민국에 불법취업하기 위하여 입국하려는 외국인들로부터 수수료를 받기로 하고 월드컵 입장권을 구입·제공하여 결과적으로 입국심사시의 편의를 제공하여 주려 하였다고 하더라도, 위 행위만을 가지고 관광진흥법 제3조 제1항 제1호 소정의 '기타 여행의 편의를 제공'하는 행위에 해당한다고 보기 어렵다고 한 사례.

제12조의3 선박 등의 제공금지

① 누구든지 외국인을 불법으로 입국 또는 출국하게 하거나 대한민국을 거쳐 다른 국가에 불법으로 입국하게 할 목적으로 다음 각 호의 행위를 하여서는 아니 된다.
  1. 선박 등이나 여권 또는 사증, 탑승권이나 그 밖에 출입국에 사용될 수 있는 서류 및 물품을 제공하는 행위
  2. 제1호의 행위를 알선하는 행위
② 누구든지 불법으로 입국한 외국인에 대하여 다음 각 호의 행위를 하여서는 아니 된다.
  1. 해당 외국인을 대한민국에서 은닉 또는 도피하게 하거나 그러한 목적으로 교통수단을 제공하는 행위
  2. 제1호의 행위를 알선하는 행위

[전문개정 2010. 5. 14.] [제12조의2에서 이동, 종전 제12조의3은 제12조의4로 이동 〈2010. 5. 14.〉]

제12조의4 외국인의 여권 등의 보관

① 위조되거나 변조된 외국인의 여권·선원신분증명서에 관하여는 제5조를 준용한다. 〈개정 2014. 12. 30.〉
② 출입국관리공무원은 이 법을 위반하여 조사를 받고 있는 사람으로서 제46조에 따른 강제퇴거 대상자에 해당하는 출입국사범의 여권·선원신분증명서를 발견

하면 회수하여 보관할 수 있다. [전문개정 2010. 5. 14.] [제12조의3에서 이동 〈2010. 5. 14.〉]

제13조 조건부 입국허가

① 지방출입국·외국인관서의 장은 다음 각 호의 어느 하나에 해당하는 외국인에 대하여는 대통령령으로 정하는 바에 따라 조건부 입국을 허가할 수 있다. 〈개정 2014. 3. 18.〉
  1. 부득이한 사유로 제12조 제3항 제1호의 요건을 갖추지 못하였으나 일정 기간 내에 그 요건을 갖출 수 있다고 인정되는 사람
  2. 제11조 제1항 각 호의 어느 하나에 해당된다고 의심되거나 제12조 제3항 제2호의 요건을 갖추지 못하였다고 의심되어 특별히 심사할 필요가 있다고 인정되는 사람
  3. 제1호 및 제2호에서 규정한 사람 외에 지방출입국·외국인관서의 장이 조건부 입국을 허가할 필요가 있다고 인정되는 사람
② 지방출입국·외국인관서의 장은 제1항에 따른 조건부 입국을 허가할 때에는 조건부입국허가서를 발급하여야 한다. 이 경우 그 허가서에는 주거의 제한, 출석요구에 따를 의무 및 그 밖에 필요한 조건을 붙여야 하며, 필요하다고 인정할 때에는 1천만원 이하의 보증금을 예치(預置)하게 할 수 있다. 〈개정 2014. 3. 18.〉
③ 지방출입국·외국인관서의 장은 제1항에 따른 조건부 입국허가를 받은 외국인이 그 조건을 위반하였을 때에는 그 예치된 보증금의 전부 또는 일부를 국고(國庫)에 귀속시킬 수 있다. 〈개정 2014. 3. 18.〉
④ 제2항과 제3항에 따른 보증금의 예치 및 반환과 국고귀속 절차는 대통령령으로 정한다. [전문개정 2010. 5. 14.]

주요판례

❖ **난민인정신청접수거부처분취소 등의소** [서울고등법원 2021. 4. 21., 선고, 2020누45348, 판결 : 확정]

판시사항

콩고민주공화국 국적 甲이 경유지인 인천국제공항에 도착한 후 환승하지 않은 채 대한민국에 입국하기 위하여 난민신청을 하겠다는 의사를 표명하였으나, 공항 환승객인 甲에 대하여 입국심사를 진행한 사실이 없어 甲이 난민법 제6조에 따라 난민인정 신청을 할 자격이 없다는 등의 이유로 인천공항출입국·외국인청장이 甲에 대하여 아무런 조력을 하지 않은 사안에서, 甲의 난민인정 신청에 따라 난민인정 심사 회부 여부를

결정하는 등 난민법이 정한 절차를 개시할 의무가 있음에도 아무런 절차를 개시하지 않은 인천공항출입국·외국인청장의 부작위가 위법하다고 한 사례

판결요지

콩고민주공화국 국적 甲이 베트남 호치민 공항에서 팔라우 코롤행 비행기에 탑승하여 경유지인 인천국제공항에 도착한 후 환승하지 않은 채 환승구역 출국장에서 지내다가 3일 후 대한민국에 입국하기 위하여 난민신청을 하겠다는 의사를 표명하였으나, 공항 환승객인 甲에 대하여 입국심사를 진행한 사실이 없어 甲이 난민법 제6조에 따라 난민인정 신청을 할 자격이 없다는 등의 이유로 인천공항출입국·외국인청장이 甲에 대하여 아무런 조력을 하지 않은 사안이다.

난민법 제5조 제1항 제1문은 대한민국 안에 있는 외국인에게 난민인정 신청권을 부여하고 있고 제2문은 그 신청절차를 규율하고 있는데, 대한민국의 주권은 대한민국 공항 및 그 환승구역에 있는 외국인에게도 미치므로 대한민국 공항 환승구역에 진입한 외국인 甲은 '대한민국 안에 있는 외국인'으로 봄이 타당한 점, '입국심사를 받는 때에' 난민인정 신청을 하는 경우에 관하여 규정한 난민법 제6조 제1항은 출입국항에서 보다 신속한 난민인정 신청절차를 이용할 수 있도록 하는 규정으로 보이고 출입국항에서의 외국인에게 별도의 난민인정 신청권을 부여하거나 입국심사를 받는 때에 한정하여 그 신청을 할 수 있다는 취지로 보이지는 아니하는 점, 난민법이 '난민의 지위에 관한 1951년 협약'의 이행법률로서의 성격이 있고 궁극적인 목적이 난민의 보호에 있음을 고려하면 공항 환승객의 난민인정 신청권을 부정하는 해석은 난민법의 목적에 반할 우려가 있는 점, 공항 환승객에게 난민인정 신청권이 없다고 보아 처분청이 아무런 조치를 하지 아니하는 것을 용인하게 되면, 공항 환승객에 대한 난민인정 심사 회부 여부 및 심사 등에 관한 법원의 사법심사를 원천적으로 봉쇄하는 결과로 이어지는 점 등을 종합하면, 공항 환승객에게 난민인정 신청권이 인정되고, 인천공항출입국·외국인청장은 甲의 난민인정 신청에 따라 난민인정 심사 회부 여부를 결정하는 등 난민법이 정한 절차를 개시할 의무가 있음에도 아무런 절차를 개시하지 않았으므로 인천공항출입국·외국인청장의 부작위가 위법하다고 한 사례이다.

제2절 외국인의 상륙〈개정 2010. 5. 14.〉

제14조 승무원의 상륙허가

① 출입국관리공무원은 다음 각 호의 어느 하나에 해당하는 외국인승무원에 대하여 선박 등의 장 또는 운수업자나 본인이 신청하면 15일의 범위에서 승무원의 상륙을 허가할 수 있다. 다만, 제11조 제1항 각 호의 어느 하나에 해당하는 외국인승무원에 대하여는 그러하지 아니하다.

 1. 승선 중인 선박 등이 대한민국의 출입국항에 정박하고 있는 동안 휴양 등의 목적으로 상륙하려는 외국인승무원

2. 대한민국의 출입국항에 입항할 예정이거나 정박 중인 선박 등으로 옮겨 타려는 외국인승무원
② 출입국관리공무원은 제1항에 따른 신청을 받으면 다음 각 호의 서류를 확인하여야 한다. 다만, 외국과의 협정 등에서 선원신분증명서로 여권을 대신할 수 있도록 하는 경우에는 선원신분증명서의 확인으로 여권의 확인을 대신할 수 있다. 〈개정 2020. 6. 9.〉
  1. 제1항제1호에 해당하는 외국인승무원이 선원인 경우에는 여권 또는 선원신분증명서
  2. 제1항제2호에 해당하는 외국인승무원이 선원인 경우에는 여권 및 대통령령으로 정하는 서류. 다만, 제7조 제2항 제3호에 해당하는 사람인 경우에는 여권
  3. 그 밖의 외국인승무원의 경우에는 여권
③ 출입국관리공무원은 제1항에 따른 허가를 할 때에는 승무원 상륙허가서를 발급하여야 한다. 이 경우 승무원 상륙허가서에는 상륙허가의 기간, 행동지역의 제한 등 필요한 조건을 붙일 수 있다.
④ 제3항 후단에도 불구하고 제1항제2호에 해당하는 승무원 상륙허가에 관하여는 제12조를 준용한다.
⑤ 지방출입국·외국인관서의 장은 승무원 상륙허가를 받은 외국인승무원에 대하여 필요하다고 인정하면 그 상륙허가의 기간을 연장할 수 있다. 〈개정 2014. 3. 18.〉
⑥ 제3항에 따라 발급받은 승무원 상륙허가서는 그 선박 등이 최종 출항할 때까지 국내의 다른 출입국항에서도 계속 사용할 수 있다.
⑦ 외국인승무원의 지문 및 얼굴에 관한 정보의 제공 등에 관하여는 제12조의2를 준용한다. 다만, 승무원이 선원이고 상륙허가 절차상 지문 및 얼굴에 관한 정보를 제공하는 것이 곤란한 경우에는 그러하지 아니하다. [전문개정 2010. 5. 14.]

제14조의2 관광상륙허가

① 출입국관리공무원은 관광을 목적으로 대한민국과 외국 해상을 국제적으로 순회(巡廻)하여 운항하는 여객운송선박 중 법무부령으로 정하는 선박에 승선한 외국인승객에 대하여 그 선박의 장 또는 운수업자가 상륙허가를 신청하면 3일의 범위에서 승객의 관광상륙을 허가할 수 있다. 다만, 제11조 제1항각 호의 어느

하나에 해당하는 외국인승객에 대하여는 그러하지 아니하다.
② 출입국관리공무원은 제1항에 따른 상륙허가 신청을 받으면 다음 각 호의 서류를 확인하여야 한다.
   1. 외국인승객의 여권
   2. 외국인승객의 명부
   3. 그 밖에 법무부령으로 정하는 서류
③ 제1항에 따른 관광상륙허가의 허가서 및 상륙허가기간의 연장에 관하여는 제14조 제3항 및 제5항을 준용한다. 이 경우 "승무원 상륙허가서"는 "관광상륙허가서"로, "승무원 상륙허가"는 "관광상륙허가"로, "외국인승무원"은 "외국인승객"으로 본다.
④ 제1항에 따른 관광상륙허가를 받으려는 외국인승객의 지문 및 얼굴에 관한 정보 제공 등에 관하여는 제12조의2를 준용한다. 다만, 외국인승객의 관광상륙허가 절차상 지문 및 얼굴에 관한 정보의 제공이 곤란한 경우에는 그러하지 아니하다.
⑤ 제1항부터 제4항까지에서 규정한 사항 외에 관광상륙허가의 기준과 절차에 관하여 필요한 사항은 대통령령으로 정한다. [본조신설 2012. 1. 26.]

제15조 긴급상륙허가

① 출입국관리공무원은 선박 등에 타고 있는 외국인(승무원을 포함한다)이 질병이나 그 밖의 사고로 긴급히 상륙할 필요가 있다고 인정되면 그 선박 등의 장이나 운수업자의 신청을 받아 30일의 범위에서 긴급상륙을 허가할 수 있다.
② 제1항의 경우에는 제14조 제3항 및 제5항을 준용한다. 이 경우 "승무원 상륙허가서"는 "긴급상륙허가서"로, "승무원 상륙허가"는 "긴급상륙허가"로 본다.
③ 선박 등의 장이나 운수업자는 긴급상륙한 사람의 생활비·치료비·장례비와 그 밖에 상륙 중에 발생한 모든 비용을 부담하여야 한다. [전문개정 2010. 5. 14.]

제16조 재난상륙허가

① 지방출입국·외국인관서의 장은 조난을 당한 선박 등에 타고 있는 외국인(승무원을 포함한다)을 긴급히 구조할 필요가 있다고 인정하면 그 선박 등의 장, 운수

업자,「수상에서의 수색·구조 등에 관한 법률」에 따른 구호업무 집행자 또는 그 외국인을 구조한 선박 등의 장의 신청에 의하여 30일의 범위에서 재난상륙허가를 할 수 있다. <개정 2014. 3. 18., 2015. 7. 24.>
② 제1항의 경우에는 제14조 제3항 및 제5항을 준용한다. 이 경우 "승무원 상륙허가서"는 "재난상륙허가서"로, "승무원 상륙허가"는 "재난상륙허가"로 본다.
③ 재난상륙허가를 받은 사람의 상륙 중 생활비 등에 관하여는 제15조 제3항을 준용한다. 이 경우 "긴급상륙"은 "재난상륙"으로 본다. [전문개정 2010. 5. 14.]

제16조의2 난민 임시상륙허가

① 지방출입국·외국인관서의 장은 선박 등에 타고 있는 외국인이 「난민법」 제2조 제1호에 규정된 이유나 그 밖에 이에 준하는 이유로 그 생명·신체 또는 신체의 자유를 침해받을 공포가 있는 영역에서 도피하여 곧바로 대한민국에 비호(庇護)를 신청하는 경우 그 외국인을 상륙시킬 만한 상당한 이유가 있다고 인정되면 법무부장관의 승인을 받아 90일의 범위에서 난민 임시상륙허가를 할 수 있다. 이 경우 법무부장관은 외교부장관과 협의하여야 한다. <개정 2012. 2. 10., 2013. 3. 23., 2014. 3. 18.>
② 제1항의 경우에는 제14조 제3항 및 제5항을 준용한다. 이 경우 "승무원 상륙허가서"는 "난민 임시상륙허가서"로, "승무원 상륙허가"는 "난민 임시상륙허가"로 본다.
③ 제1항에 따라 비호를 신청한 외국인의 지문 및 얼굴에 관한 정보의 제공 등에 관하여는 제12조의2를 준용한다. [전문개정 2010. 5. 14.]

관련법령 ▶ 「난민법」 제2조제1호

제2조(정의)
1. "난민"이란 인종, 종교, 국적, 특정 사회집단의 구성원인 신분 또는 정치적 견해를 이유로 박해를 받을 수 있다고 인정할 충분한 근거가 있는 공포로 인하여 국적국의 보호를 받을 수 없거나 보호받기를 원하지 아니하는 외국인 또는 그러한 공포로 인하여 대한민국에 입국하기 전에 거주한 국가(이하 "상주국"이라 한다)로 돌아갈 수 없거나 돌아가기를 원하지 아니하는 무국적자인 외국인을 말한다.

제4장 외국인의 체류와 출국 〈개정 2010. 5. 14.〉

제1절 외국인의 체류 〈개정 2010. 5. 14.〉

제17조 외국인의 체류 및 활동범위

① 외국인은 그 체류자격과 체류기간의 범위에서 대한민국에 체류할 수 있다.
② 대한민국에 체류하는 외국인은 이 법 또는 다른 법률에서 정하는 경우를 제외하고는 정치활동을 하여서는 아니 된다.
③ 법무부장관은 대한민국에 체류하는 외국인이 정치활동을 하였을 때에는 그 외국인에게 서면으로 그 활동의 중지명령이나 그 밖에 필요한 명령을 할 수 있다.

[전문개정 2010. 5. 14.]

주요판례

❖ **마약류관리에관한법률위반(향정)·출입국관리법위반**
[대법원 2022. 4. 28., 선고, 2021도17103, 판결]

판시사항

[1] 영사관계에 관한 비엔나협약 제36조 제1항 (b)호, 경찰수사규칙 제91조 제2항, 제3항에서 외국인을 체포·구속하는 경우 지체 없이 외국인에게 영사통보권 등이 있음을 고지하고, 외국인의 요청이 있는 경우 영사기관에 체포·구금 사실을 통보하도록 정한 취지 / 수사기관이 외국인을 체포하거나 구속하면서 지체 없이 영사통보권 등이 있음을 고지하지 않은 경우, 체포나 구속 절차가 위법한지 여부(적극)

[2] 적법한 절차에 따르지 아니하고 수집한 증거를 유죄 인정의 증거로 사용할 수 있는 예외적인 경우 및 이에 해당하는지 판단하는 기준

[3] 사법경찰관이 인도네시아 국적의 외국인인 피고인을 출입국관리법 위반의 현행범인으로 체포하면서 소변과 모발을 임의제출 받아 압수하였고, 소변검사 결과에서 향정신성의약품인 MDMA(일명 엑스터시) 양성반응이 나오자 피고인은 출입국관리법 위반과 마약류 관리에 관한 법률 위반(향정) 범행을 모

두 자백한 후 구속되었는데, 피고인이 검찰 수사 단계에서 자신의 구금 사실을 자국 영사관에 통보할 수 있음을 알게 되었음에도 수사기관에 영사기관 통보를 요구하지 않은 사안에서, 체포나 구속 절차에 영사관계에 관한 비엔나협약 제36조 제1항 (b)호를 위반한 위법이 있으나, 절차 위반의 내용과 정도가 중대하거나 절차 조항이 보호하고자 하는 외국인 피고인의 권리나 법익을 본질적으로 침해하였다고 볼 수 없어 체포나 구속 이후 수집된 증거와 이에 기초한 증거들은 유죄 인정의 증거로 사용할 수 있다고 한 사례

판결요지

[1] 영사관계에 관한 비엔나협약(Vienna Convention on Consular Relations, 1977. 4. 6. 대한민국에 대하여 발효된 조약 제594호, 이하 '협약'이라 한다) 제36조 제1항은 "파견국의 국민에 관련되는 영사기능의 수행을 용이하게 할 목적으로 다음의 규정이 적용된다."라고 하면서, (b)호에서 "파견국의 영사관할구역 내에서 파견국의 국민이 체포되는 경우, 재판에 회부되기 전에 구금되거나 유치되는 경우, 또는 그 밖의 방법으로 구속되는 경우에, 그 국민이 파견국의 영사기관에 통보할 것을 요청하면 접수국의 권한 있는 당국은 지체 없이 통보하여야 한다. 체포, 구금, 유치되거나 구속되어 있는 자가 영사기관에 보내는 어떠한 통신도 위 당국에 의하여 지체 없이 전달되어야 한다. 위 당국은 관계자에게 (b)호에 따른 그의 권리를 지체 없이 통보하여야 한다."라고 정하고 있다. 이에 따라 경찰수사규칙 제91조 제2항, 제3항은 "사법경찰관리는 외국인을 체포·구속하는 경우 국내 법령을 위반하지 않는 범위에서 영사관원과 자유롭게 접견·교통할 수 있고, 체포·구속된 사실을 영사기관에 통보해 줄 것을 요청할 수 있다는 사실을 알려야 한다. 사법경찰관리는 체포·구속된 외국인이 제2항에 따른 통보를 요청하는 경우에는 [별지 제93호 서식]의 영사기관 체포·구속 통보서를 작성하여 지체 없이 해당 영사기관에 체포·구속 사실을 통보해야 한다."라고 정하고 있다.

위와 같이 협약 제36조 제1항 (b)호, 경찰수사규칙 제91조 제2항, 제3항이 외국인을 체포·구속하는 경우 지체 없이 외국인에게 영사통보권 등이 있음을 고지하고, 외국인의 요청이 있는 경우 영사기관에 체포·구금 사실을 통보하도록 정한 것은 외국인의 본국이 자국민의 보호를 위한 조치를 취할 수 있도록 협조하기 위한 것이다. 따라서 수사기관이 외국인을 체포하거나 구속하면서 지체 없이 영사통보권 등이 있음을 고지하지 않았다면 체포나 구속 절차는 국내법과 같은 효력을 가지는 협약 제36조 제1항 (b)호를 위반한 것으로 위법하다.

[2] 적법한 절차에 따르지 아니하고 수집한 증거는 증거로 할 수 없다(형사소송법 제308조의2). 다만 수사기관의 절차 위반행위가 적법절차의 실질적인 내용을 침해하는 경우에 해당하지 않고, 오히려 그 증거의 증거능력을 배제하는 것이 헌법과 형사소송법이 형사소송에 관한 절차 조항을 마련하여 적법절차의 원칙과 실체적 진실 규명의 조화를 도모하고 이를 통하여 형사 사법 정의를 실현하려고 한 취지에 반하는 결과를 초래하는 것으로 평가되는 예외적인 경우라면 법원은 그 증거를 유죄 인정의 증거로 사용할 수 있다. 이에 해당하는지는 수사기관의 증거 수집 과정에서 이루어진 절차 위반행위와 관련된 모든 사정, 즉 절차 조항의 취지, 위반 내용과 정도, 구체적인 위반 경위와 회피가능성, 절차 조항이 보호하고자 하는 권리나 법익의 성질과 침해 정도, 이러한 권리나 법익과 피고인 사이의 관련성, 절차 위반행위와 증거 수집 사이의 관련성, 수사기관의 인식과 의도 등을 전체적·종합적으로 고찰해서 판단해야 한다.

[3] 사법경찰관이 인도네시아 국적의 외국인인 피고인을 출입국관리법 위반의 현행범인으로 체포하면서 소변과 모발을 임의제출 받아 압수하였고, 소변검사 결과에서 향정신성의약품인 MDMA(일명 엑스터시) 양성반응이 나오자 피고인은 출입국관리법 위반과 마약류 관리에 관한 법률 위반(향정) 범행을 모두 자백한 후 구속되었는데, 피고인이 검찰 수사 단계에서 자신의 구금 사실을 자국 영사관에 통보할 수 있음을 알게

되었음에도 수사기관에 영사기관 통보를 요구하지 않은 사안에서, 사법경찰관이 체포 당시 피고인에게 영사통보권 등을 지체 없이 고지하지 않았으므로 체포나 구속 절차에 영사관계에 관한 비엔나협약(Vienna Convention on Consular Relations, 1977. 4. 6. 대한민국에 대하여 발효된 조약 제594호) 제36조 제1항 (b)호를 위반한 위법이 있으나, 제반 사정을 종합하면 피고인이 영사통보권 등을 고지받았더라도 영사의 조력을 구하였으리라고 보기 어렵고, 수사기관이 피고인에게 영사통보권 등을 고지하지 않았더라도 그로 인해 피고인에게 실질적인 불이익이 초래되었다고 볼 수 없어 피고인에게 영사통보권 등을 고지하지 않은 사정이 수사기관의 증거 수집이나 이후 공판절차에 상당한 영향을 미쳤다고 보기 어려우므로, 절차 위반의 내용과 정도가 중대하거나 절차 조항이 보호하고자 하는 외국인 피고인의 권리나 법익을 본질적으로 침해하였다고 볼 수 없어 체포나 구속 이후 수집된 증거와 이에 기초한 증거들은 유죄 인정의 증거로 사용할 수 있다고 한 사례.

주요판례

❖ 체류기간연장 등 불허가처분취소 [대구고법 2016. 8. 5., 선고, 2016누4547, 판결 : 확정]

판시사항

베트남 국적으로 비전문취업(E-9) 자격을 받고 대한민국에 입국한 甲이 체류기간이 만료되었는데도 7년 이상 불법체류를 해오다가 베트남 출신 혼인귀화자인 乙과 혼인신고를 하고 국민의 배우자(F-6-1) 자격으로 체류자격 변경허가 신청을 하였으나 관할 출입국관리사무소장이 '배우자 국적취득 후 3년 미만, 7년 4개월의 불법체류'를 이유로 신청을 반려하고 자진출국할 것을 통보한 사안에서, 처분이 재량권을 일탈·남용한 경우에 해당하지 않는다고 한 사례

판결요지

베트남 국적으로 비전문취업(E-9) 자격을 받고 대한민국에 입국한 甲이 체류기간이 만료되었는데도 7년 이상 불법체류를 해오다가 베트남 출신 혼인귀화자인 乙과 혼인신고를 하고 국민의 배우자(F-6-1) 자격으로 체류자격 변경허가 신청을 하였으나 관할 출입국관리사무소장이 '배우자 국적취득 후 3년 미만, 7년 4개월의 불법체류'를 이유로 신청을 반려하고 자진출국할 것을 통보한 사안에서, 혼인귀화자가 국적을 취득한 후 3년 이내에 다른 외국인을 결혼이민자로 초청하는 행위를 제한한 것은 혼인귀화자가 국민과의 혼인을 이유로 대한민국 국적을 취득한 후 단기간 내에 이혼하고 다른 외국인을 결혼이민자로 초청하지 못하도록 함으로써 건전한 국제결혼 문화를 정착시키고, 다문화가정의 조기해체를 방지하고자 하는 취지인데, 국내에서 장기간 불법체류를 한 외국인이 혼인귀화로 대한민국 국적을 취득한 사람과 결혼하여 임신이나 출산을 하였다는 이유로 배우자의 국적취득 후 3년 경과 여부에 관계없이 체류자격 변경을 허가할 경우 위와 같은 제도의 취지가 몰각될 뿐만 아니라 강제퇴거가 예정되어 있는 불법체류자들이 국내에서의 체류를 연장하기 위한 방편으로 혼인귀화자를 상대로 결혼과 임신을 시도하는 현상이 발생할 우려도 있는 점 등을 종합하면, 처분으로 甲 등이 입는 불이익이 그로 인하여 달성하려는 공익에 비하여 지나치게 커서 처분이 재량권을 일탈·남용한 경우에 해당하지 않는다고 한 사례.

제18조 외국인 고용의 제한

① 외국인이 대한민국에서 취업하려면 대통령령으로 정하는 바에 따라 취업활동을

할 수 있는 체류자격을 받아야 한다.

② 제1항에 따른 체류자격을 가진 외국인은 지정된 근무처가 아닌 곳에서 근무하여서는 아니 된다.

③ 누구든지 제1항에 따른 체류자격을 가지지 아니한 사람을 고용하여서는 아니 된다.

④ 누구든지 제1항에 따른 체류자격을 가지지 아니한 사람의 고용을 알선하거나 권유하여서는 아니 된다.

⑤ 누구든지 제1항에 따른 체류자격을 가지지 아니한 사람의 고용을 알선할 목적으로 그를 자기 지배하에 두는 행위를 하여서는 아니 된다. [전문개정 2010. 5. 14.]

주요판례

❖ **출입국관리법위반** [대법원 2021. 10. 28., 선고, 2021도404, 판결]

판시사항

[1] 출입국사범 사건에서 지방출입국·외국인관서의 장의 적법한 고발이 있었는지 판단하는 방법

[2] 피고인이 체류자격을 가지지 아니한 사람을 고용하여 출입국관리법을 위반하였다는 공소사실이 제1심에서 유죄로 인정되고, 검사가 양형부당을 이유로 항소하였는데, 원심이 직권으로 출입국관리법 제101조 제1항에 따른 지방출입국·외국인관서의 장의 고발이 없었음을 이유로 제1심판결을 파기하고 공소를 기각한 사안에서, 기록에 의하면 피고인에 대한 공소가 이루어지기 전에 이미 공소사실에 관한 적법한 고발이 있었음을 알 수 있으므로, 원심이 그와 같은 사정에 관하여 추가로 조사·확인하지 아니한 채 고발이 없었다고 단정한 것에 심리미진 또는 법리오해의 잘못이 있다고 한 사례

판결요지

[1] 출입국사범 사건에서 지방출입국·외국인관서의 장의 적법한 고발이 있었는지 여부가 문제 되는 경우에 법원은 증거조사의 방법이나 증거능력의 제한을 받지 아니하고 제반 사정을 종합하여 적당하다고 인정되는 방법에 의하여 자유로운 증명으로 그 고발 유무를 판단하면 된다.

[2] 피고인이 취업활동을 할 수 있는 체류자격을 가지지 아니한 외국인을 고용하여 출입국관리법을 위반하였다는 공소사실이 제1심에서 유죄로 인정되고, 검사가 이에 대해 양형부당을 이유로 항소하였는데, 원심이 직권으로 출입국관리법 제101조 제1항에 따른 지방출입국·외국인관서의 장의 고발이 없었음을 이유로 제1심판결을 파기하고 공소를 기각한 사안에서, 기록에 의하면 피고인에 대한 공소가 이루어지기 전에 이미 공소사실에 관한 적법한 고발이 있었음을 알 수 있으므로, 원심이 그와 같은 사정에 관하여 추가로 조사하여 확인하지 아니한 채 막연히 위와 같은 고발이 없었다고 단정한 것에 출입국사범 사건에서 고발 유무의 조사에 관하여 필요한 심리를 다하지 아니하거나 적당하다고 인정되는 방법에 의하여 자유로운 증명으로 고발 유무를 판단하도록 한 법리를 오해한 잘못이 있다고 한 사례.

주요판례

❖ **출입국관리법위반** [대법원 2020. 5. 14., 선고, 2018도3690, 판결]

판시사항

출입국관리법 제94조 제9호, 제18조 제3항에서 말하는 '고용'의 의미 / 사용사업주가 근로자파견계약 또는 이에 준하는 계약을 체결하고 파견사업주로부터 그에게 고용된 외국인을 파견받아 자신을 위한 근로에 종사하게 한 경우, 위 규정이 금지하는 '고용'에 해당하는지 여부(소극)

판결요지

출입국관리법 제18조 제1항, 제3항, 제94조 제9호의 문언, 형벌법규의 해석 법리, 파견근로자 보호 등에 관한 법률의 규율 내용 등에 비추어 보면, 출입국관리법 제94조 제9호, 제18조 제3항의 '고용'의 의미도 취업활동을 할 수 있는 체류자격을 가지지 않은 외국인으로부터 노무를 제공받고 이에 대하여 보수를 지급하는 행위를 말한다고 봄이 타당하다. 따라서 사용사업주가 근로자파견계약 또는 이에 준하는 계약을 체결하고 파견사업주로부터 그에게 고용된 외국인을 파견받아 자신을 위한 근로에 종사하게 하였더라도 이를 출입국관리법 제94조 제9호, 제18조 제3항이 금지하는 고용이라고 볼 수 없다.

주요판례

❖ **출입국관리법위반** [대법원 2017. 6. 29., 선고, 2017도3005, 판결]

판시사항

주식회사의 종업원이 취업활동을 할 수 있는 체류자격을 가지지 아니한 외국인을 고용한 행위와 관련하여, 대표이사가 종업원의 그와 같은 행위를 알 수 있는 지위에 있었다는 사정만으로 출입국관리법 제94조 제9호에서 정한 '고용한 사람'에 해당하는지 여부(소극)

판결요지

출입국관리법은 제94조 제9호에서 "제18조 제3항을 위반하여 취업활동을 할 수 있는 체류자격을 가지지 아니한 사람을 고용한 사람"을 처벌하도록 규정하고, 제18조 제3항에서 누구든지 대통령령으로 정하는 바에 따라 취업활동을 할 수 있는 체류자격을 받지 아니한 외국인을 고용하여서는 아니 된다고 규정하고 있다. 출입국관리법이 제94조 제9호의 '고용한 사람'은 외국인 근로자에 관한 사항에 대하여 사업주를 위하여 행위하는 자를 모두 포함한다는 별도의 규정을 두고 있지 아니한 점, 출입국관리법 제99조의3에서 취업활동을 할 수 있는 체류자격을 가지지 아니한 외국인을 고용한 행위의 이익귀속주체인 사업주를 처벌하는 양벌규정을 두고 있지만, 주식회사의 경우 대표이사가 아니라 회사가 위 규정의 적용대상인 점, 죄형법정주의의 원칙상 형벌법규는 특별한 사정이 없는 한 문언에 따라 엄격하게 해석하여야 하는 점, 출입국관리법의 입법 취지와 외국인 근로자의 고용을 제한하는 규정을 두게 된 입법경위 등을 종합하면, 주식회사의 종업원이 취업활동을 할 수 있는 체류자격을 가지지 아니한 외국인을 고용한 행위와 관련하여, 그 대표이사가 종업원의 그와 같은 행위를 알 수 있는 지위에 있었다는 사정만으로 출입국관리법 제94조 제9호에서 정한 '고용한 사람'에 해당한다고 볼 수 없다.

주요판례

❖ **노동조합설립신고서반려처분취소**[대법원 2015. 6. 25., 선고, 2007두4995, 전원합의체 판결]

판시사항

[1] 노동조합의 설립을 신고하려는 자가 설립신고서에 첨부하여 제출할 서류에 관한 구 노동조합 및 노동관계조정법 시행규칙 제2조 제4호가 법규명령으로서의 효력이 있는지 여부(소극) / 구 노동조합 및 노동관계조정법 시행규칙 제2조 제4호가 정한 사항에 관한 보완이 이루어지지 않았다는 사유를 들어 설립신고서를 반려할 수 있는지 여부(소극)

[2] 출입국관리 법령에 따라 취업활동을 할 수 있는 체류자격을 받지 않은 외국인이 타인과의 사용종속관계 하에서 근로를 제공하고 그 대가로 임금 등을 받아 생활하는 경우, 노동조합 및 노동관계조정법상 근로자의 범위에 포함되는지 여부(적극)

판결요지

[1] 노동조합 및 노동관계조정법 제10조 제1항, 제12조 제2항, 제3항 제2호, 구 노동조합 및 노동관계조정법 시행규칙(2007. 12. 26. 노동부령 제286호로 개정되기 전의 것, 이하 '구 노동조합법 시행규칙'이라고 한다) 제2조의 내용이나 체계, 취지 등을 종합하면, 구 노동조합법 시행규칙이 제2조 제4호(2010. 8. 9. 고용노동부령 제2호로 삭제되었다)에서 설립신고의 대상이 되는 노동조합이 '2 이상의 사업 또는 사업장의 근로자로 구성된 단위노동조합인 경우 사업 또는 사업장별 명칭, 조합원 수, 대표자의 성명'에 관한 서류를 설립신고서에 첨부하여 제출하도록 규정한 것은 상위 법령의 위임 없이 규정한 것이어서, 일반 국민에 대하여 구속력을 가지는 법규명령으로서의 효력은 없다. 따라서 행정관청은 구 노동조합법 시행규칙 제2조 제4호가 정한 사항에 관한 보완이 이루어지지 아니하였다는 사유를 들어 설립신고서를 반려할 수는 없다.

[2]
[다수의견]

노동조합 및 노동관계조정법(이하 '노동조합법'이라고 한다) 제2조 제1호, 제5조, 제9조, 구 출입국관리법(2010. 5. 14. 법률 제10282호로 개정되기 전의 것)의 내용이나 체계, 취지 등을 종합하면, 노동조합법상 근로자란 타인과의 사용종속관계하에서 근로를 제공하고 그 대가로 임금 등을 받아 생활하는 사람을 의미하며, 특정한 사용자에게 고용되어 현실적으로 취업하고 있는 사람뿐만 아니라 일시적으로 실업 상태에 있는 사람이나 구직 중인 사람을 포함하여 노동3권을 보장할 필요성이 있는 사람도 여기에 포함되는 것으로 보아야 한다. 그리고 출입국관리 법령에서 외국인고용제한규정을 두고 있는 것은 취업활동을 할 수 있는 체류자격(이하 '취업자격'이라고 한다) 없는 외국인의 고용이라는 사실적 행위 자체를 금지하고자 하는 것뿐이지, 나아가 취업자격 없는 외국인이 사실상 제공한 근로에 따른 권리나 이미 형성된 근로관계에서 근로자로서의 신분에 따른 노동관계법상의 제반 권리 등의 법률효과까지 금지하려는 것으로 보기는 어렵다.

따라서 타인과의 사용종속관계하에서 근로를 제공하고 그 대가로 임금 등을 받아 생활하는 사람은 노동조합법상 근로자에 해당하고, 노동조합법상의 근로자성이 인정되는 한, 그러한 근로자가 외국인인지 여부나 취업자격의 유무에 따라 노동조합법상 근로자의 범위에 포함되지 아니한다고 볼 수는 없다.

[대법관 민일영의 반대의견]

임금 등의 금전적 청산, 업무상 재해에 대한 보상 등 위법한 고용의 결과이긴 하지만 되돌릴 수 없는 기왕의 근로 제공이라는 측면에서 취업자격 없는 외국인을 보호하는 것은 별론으로 하더라도, 취업자격 없는 외국인은 애당초 '정상적으로 취업하려는 근로자'에 해당할 수 없고 이미 취업한 사람조차도 근로계약의 존속을 보장받지 못할 뿐만 아니라, 노동조합법상의 근로자 개념에 포함된다 하여 취업자격을 자동으로 취득하거나 그의 국내 체류가 합법화되는 것도 아니다. 이런 마당에 장차 근로관계가 성립 혹은 계속될 것을 전제로 사용자와의 단체교섭이나 단체협약의 체결을 통하여 근로조건을 유지·개선하려 하는 것 자체가 가능한 일인지 의문이다.

결국 취업자격 없는 외국인에 대하여는 근로조건의 유지·개선과 지위 향상을 기대할 만한 법률상 이익을 인정하기 어렵고, 취업자격 없는 외국인은 노동조합법상 근로자의 개념에 포함되지 않는다.

제19조 외국인을 고용한 자 등의 신고의무

① 제18조 제1항에 따라 취업활동을 할 수 있는 체류자격을 가지고 있는 외국인을 고용한 자는 다음 각 호의 어느 하나에 해당하는 사유가 발생하면 대통령령으로 정하는 바에 따라 15일 이내에 지방출입국·외국인 관서의 장에게 신고하여야 한다. 〈개정 2014. 3. 18., 2020. 6. 9.〉

  1. 외국인을 해고하거나 외국인이 퇴직 또는 사망한 경우
  2. 고용된 외국인의 소재를 알 수 없게 된 경우
  3. 고용계약의 중요한 내용을 변경한 경우

② 제19조의2에 따라 외국인에게 산업기술을 연수시키는 업체의 장에 대하여는 제1항을 준용한다.

③ 「외국인근로자의 고용 등에 관한 법률」의 적용을 받는 외국인을 고용한 자가 제1항에 따른 신고를 한 경우 그 신고사실이 같은 법 제17조 제1항에 따른 신고사유에 해당하는 때에는 같은 항에 따른 신고를 한 것으로 본다. 〈신설 2014. 10. 15.〉

④ 제1항에 따라 신고를 받은 지방출입국·외국인관서의 장은 그 신고사실이 제3항에 해당하는 경우 지체 없이 외국인을 고용한 자의 소재지를 관할하는 「직업안정법」 제2조의2 제1호에 따른 직업안정기관의 장에게 통보하여야 한다. 〈신설 2014. 10. 15.〉 [전문개정 2010. 5. 14.]

> **관련법령** ▶ 「외국인근로자의 고용 등에 관한 법률」 제17조제1항

제17조(외국인근로자의 고용관리)
① 사용자는 외국인근로자와의 근로계약을 해지하거나 그 밖에 고용과 관련된 중요 사항을 변경하는 등 대통령령으로 정하는 사유가 발생하였을 때에는 고용노동부령으로 정하는 바에 따라 직업안정기관의 장에게 신고하여야 한다.

| 관련법령 | 「직업안정법」 제2조의2제1호 |

제2조의2(정의)
이 법에서 사용하는 용어의 뜻은 다음 각 호와 같다.
1. "직업안정기관"이란 직업소개, 직업지도 등 직업안정업무를 수행하는 지방고용노동행정기관을 말한다.

제19조의2 외국인의 기술연수활동

① 법무부장관은 외국에 직접투자한 산업체, 외국에 기술·산업설비를 수출하는 산업체 등 지정된 산업체의 모집에 따라 국내에서 기술연수활동을 하는 외국인(이하 "기술연수생"이라 한다)의 적정한 연수활동을 지원하기 위하여 필요한 조치를 하여야 한다. 〈개정 2012. 1. 26.〉
② 제1항에 따른 산업체의 지정, 기술연수생의 모집·입국 등에 필요한 사항은 대통령령으로 정한다. 〈개정 2012. 1. 26.〉
③ 기술연수생의 연수장소 이탈 여부, 연수 목적 외의 활동 여부, 그 밖에 허가조건의 위반 여부 등에 관한 조사 및 출국조치 등 기술연수생의 관리에 필요한 사항은 법무부장관이 따로 정한다. 〈개정 2012. 1. 26.〉[전문개정 2010. 5. 14.][제목개정 2012. 1. 26.]

제19조의3 삭제〈2010. 5. 14.〉

제19조의4 외국인유학생의 관리 등

① 제10조에 따른 체류자격 중 유학이나 연수활동을 할 수 있는 체류자격을 가지고 있는 외국인(이하 "외국인유학생"이라 한다)이 재학 중이거나 연수 중인 학교(「고등교육법」 제2조 각 호에 따른 학교를 말한다. 이하 같다)의 장은 그 외국인유학생의 관리를 담당하는 직원을 지정하고 이를 지방출입국·외국인관서의 장에게 알려야 한다. 〈개정 2014. 3. 18., 2018. 3. 20.〉
② 제1항에 따른 학교의 장은 다음 각 호의 어느 하나에 해당하는 사유가 발생하면 대통령령으로 정하는 바에 따라 15일 이내에 지방출입국·외국인관서의 장에게 신고(정보통신망에 의한 신고를 포함한다)하여야 한다. 〈개정 2014. 3. 18., 2020. 6. 9.〉
  1. 입학하거나 연수허가를 받은 외국인유학생이 매 학기 등록기한까지 등록을

하지 아니하거나 휴학을 한 경우
2. 제적·연수중단 또는 행방불명 등의 사유로 외국인유학생의 유학이나 연수가 끝난 경우
③ 외국인유학생의 관리에 필요한 사항은대통령령으로 정한다. [전문개정 2010. 5. 14.]

관련법령 ▶ 「고등교육법」 제2조

제2조(학교의 종류)
고등교육을 실시하기 위하여 다음 각 호의 학교를 둔다.
1. 대학 2. 산업대학 3. 교육대학 4. 전문대학 5. 방송대학·통신대학·방송통신대학 및 사이버대학(이하 "원격대학"이라 한다) 6. 기술대학 7. 각종학교

제20조 체류자격 외 활동

대한민국에 체류하는 외국인이 그 체류자격에 해당하는 활동과 함께 다른 체류자격에 해당하는 활동을 하려면대통령령으로 정하는 바에 따라 미리 법무부장관의 체류자격 외 활동허가를 받아야 한다. 〈개정 2020. 6. 9.〉 [전문개정 2010. 5. 14.]

제21조 근무처의 변경·추가

① 대한민국에 체류하는 외국인이 그 체류자격의 범위에서 그의 근무처를 변경하거나 추가하려면 대통령령으로 정하는 바에 따라 미리 법무부장관의 허가를 받아야 한다. 다만, 전문적인 지식·기술 또는 기능을 가진 사람으로서 대통령령으로 정하는 사람은 근무처를 변경하거나 추가한 날부터 15일 이내에 대통령령으로 정하는 바에 따라 법무부장관에게 신고하여야 한다. 〈개정 2020. 6. 9.〉
② 누구든지 제1항 본문에 따른 근무처의 변경허가·추가허가를 받지 아니한 외국인을 고용하거나 고용을 알선하여서는 아니 된다. 다만, 다른 법률에 따라 고용을 알선하는 경우에는 그러하지 아니하다.
③ 제1항 단서에 해당하는 사람에 대하여는 제18조 제2항을 적용하지 아니한다.
[전문개정 2010. 5. 14.]

주요판례

❖ 직업안정법위반·출입국관리법위반 [대법원 2007. 9. 7., 선고, 2006도6292, 판결]

판시사항

[1] 구 파견근로자보호 등에 관한 법률 제2조 제2호의 근로자파견사업에 직업안정법을 적용하여 처벌할 수 있는지 여부(소극)
[2] 외국인 강사를 고용하여 직원들의 외국어교육을 희망하는 기업체에 보내 외국어교육을 하도록 한 행위는, 구 파견근로자보호 등에 관한 법률 제2조 제2호의 규정에 의한 근로자파견사업의 대상에 해당하므로, 직업안정법을 적용하여 처벌할 수 없다고 한 사례
[3] 출입국관리법 제94조 제6호의2, 제21조 제2항은 출입국 관리사무소로부터 근무처의 변경 또는 추가허가를 받지 아니한 외국인의 고용을 업으로 알선한 자를 처벌하는 규정이므로, 위와 같은 외국인을 고용한 자를 위 조항으로 처벌할 수 없다고 한 사례

판결요지

[1] 구 파견근로자보호 등에 관한 법률(2006. 12. 21. 법률 제8076호로 개정되기 전의 것) 제2조 제2호의 규정에 의한 근로자파견사업은 직업안정법의 적용을 받는 근로자공급사업에서 제외되어 있고, 같은 법 제5조 제1항, 구 파견근로자보호 등에 관한 법률 시행령(2007. 6. 18. 대통령령 제20094호로 개정되기 전의 것) 제2조 제1항[별표 1]에 의하면, '한국표준직업분류(통계청고시 제1992-1호) 33409 달리 분류되지 않은 기타 교육 준전문가'의 업무는 위 근로자파견사업의 대상이 되는 업무에 해당하므로 위 업무를 대상으로 한 근로자파견사업에 직업안정법을 적용하여 처벌할 수 없다.
[2] 외국인 강사를 고용하여 직원들의 외국어교육을 희망하는 기업체에 보내 외국어교육을 하도록 한 행위는, 파견근로자보호 등에 관한 법률 시행령(2007. 6. 18. 대통령령 제20094호로 개정되기 전의 것) 제2조 제1항[별표 1]에 정한 '달리 분류되지 않은 기타 교육 준전문가'로서 구 파견근로자보호 등에 관한 법률(2006. 12. 21. 법률 제8076호로 개정되기 전의 것) 제2조 제2호의 규정에 의한 근로자파견사업의 대상에 해당하므로, 직업안정법을 적용하여 처벌할 수 없다고 한 사례.
[3] 출입국관리법 제94조 제6호의2, 제21조 제2항은 출입국 관리사무소로부터 근무처의 변경 또는 추가허가를 받지 아니한 외국인의 고용을 업으로 알선한 자를 처벌하는 규정이므로, 위와 같은 외국인을 고용한 자를 위 조항으로 처벌할 수 없다고 한 사례.

제22조 활동범위의 제한

법무부장관은 공공의 안녕질서나 대한민국의 중요한 이익을 위하여 필요하다고 인정하면 대한민국에 체류하는 외국인에 대하여 거소(居所) 또는 활동의 범위를 제한하거나 그 밖에 필요한 준수사항을 정할 수 있다. [전문개정 2010. 5. 14.]

제23조 체류자격 부여

① 다음 각 호의 어느 하나에 해당하는 외국인이 제10조에 따른 체류자격을 가지지 못하고 대한민국에 체류하게 되는 경우에는 다음 각 호의 구분에 따른 기간 이내에 대통령령으로 정하는 바에 따라 체류자격을 받아야 한다.
  1. 대한민국에서 출생한 외국인 : 출생한 날부터 90일
  2. 대한민국에서 체류 중 대한민국의 국적을 상실하거나 이탈하는 등 그 밖의 사유가 발생한 외국인 : 그 사유가 발생한 날부터 60일
② 제1항에 따른 체류자격 부여의 심사기준은 법무부령으로 정한다. [전문개정 2020. 6. 9.]

제24조 체류자격 변경허가

① 대한민국에 체류하는 외국인이 그 체류자격과 다른 체류자격에 해당하는 활동을 하려면 대통령령으로 정하는 바에 따라 미리 법무부장관의 체류자격 변경허가를 받아야 한다. 〈개정 2020. 6. 9.〉
② 제31조 제1항각 호의 어느 하나에 해당하는 사람으로서 그 신분이 변경되어 체류자격을 변경하려는 사람은 신분이 변경된 날부터 30일 이내에 법무부장관의 체류자격 변경허가를 받아야 한다.
③ 제1항에 따른 체류자격 변경허가의 심사기준은 법무부령으로 정한다. 〈신설 2020. 6. 9.〉
[전문개정 2010. 5. 14.]

주 요 판 례

❖ **체류기간연장 등불허가처분취소** [대구고법 2016. 8. 5., 선고, 2016누4547, 판결 : 확정]

판시사항

베트남 국적으로 비전문취업(E-9) 자격을 받고 대한민국에 입국한 甲이 체류기간이 만료되었는데도 7년 이상 불법체류를 해오다가 베트남 출신 혼인귀화자인 乙과 혼인신고를 하고 국민의 배우자(F-6-1) 자격으로 체류자격 변경허가 신청을 하였으나 관할 출입국관리사무소장이 '배우자 국적취득 후 3년 미만, 7년 4개월의 불법체류'를 이유로 신청을 반려하고 자진출국할 것을 통보한 사안에서, 처분이 재량권을 일탈·남용한 경우에 해당하지 않는다고 한 사례

판결요지

베트남 국적으로 비전문취업(E-9) 자격을 받고 대한민국에 입국한 甲이 체류기간이 만료되었는데도 7년 이

상 불법체류를 해오다가 베트남 출신 혼인귀화자인 乙과 혼인신고를 하고 국민의 배우자(F-6-1) 자격으로 체류자격 변경허가 신청을 하였으나 관할 출입국관리사무소장이 '배우자 국적취득 후 3년 미만, 7년 4개월의 불법체류'를 이유로 신청을 반려하고 자진출국할 것을 통보한 사안에서, 혼인귀화자가 국적을 취득한 후 3년 이내에 다른 외국인을 결혼이민자로 초청하는 행위를 제한한 것은 혼인귀화자가 국민과의 혼인을 이유로 대한민국 국적을 취득한 후 단기간 내에 이혼하고 다른 외국인을 결혼이민자로 초청하지 못하도록 함으로써 건전한 국제결혼 문화를 정착시키고, 다문화가정의 조기해체를 방지하고자 하는 취지인데, 국내에서 장기간 불법체류를 한 외국인이 혼인귀화로 대한민국 국적을 취득한 사람과 결혼하여 임신이나 출산을 하였다는 이유로 배우자의 국적취득 후 3년 경과 여부에 관계없이 체류자격 변경을 허가할 경우 위와 같은 제도의 취지가 몰각될 뿐만 아니라 강제퇴거가 예정되어 있는 불법체류자들이 국내에서의 체류를 연장하기 위한 방편으로 혼인귀화자를 상대로 결혼과 임신을 시도하는 현상이 발생할 우려도 있는 점 등을 종합하면, 처분으로 甲 등이 입는 불이익이 그로 인하여 달성하려는 공익에 비하여 지나치게 커서 처분이 재량권을 일탈·남용한 경우에 해당하지 않는다고 한 사례.

❖ **체류기간연장 등 불허가처분취소** [대법원 2016. 7. 14., 선고, 2015두48846, 판결]

판시사항

출입국관리법상 체류자격 변경허가가 설권적 처분의 성격을 가지는지 여부(적극) 및 허가권자가 허가 여부를 결정할 재량을 가지는지 여부(적극) / 이때 재량 행사의 한계

판결요지

출입국관리법 제10조, 제24조 제1항, 구 출입국관리법 시행령(2014. 10. 28. 대통령령 제25669호로 개정되기 전의 것) 제12조[별표 1] 제8호, 제26호 (가)목, (라)목, 출입국관리법 시행규칙 제18조의2[별표 1]의 문언, 내용 및 형식, 체계 등에 비추어 보면, 체류자격 변경허가는 신청인에게 당초의 체류자격과 다른 체류자격에 해당하는 활동을 할 수 있는 권한을 부여하는 일종의 설권적 처분의 성격을 가지므로, 허가권자는 신청인이 관계 법령에서 정한 요건을 충족하였더라도, 신청인의 적격성, 체류 목적, 공익상의 영향 등을 참작하여 허가 여부를 결정할 수 있는 재량을 가진다. 다만 재량을 행사할 때 판단의 기초가 된 사실인정에 중대한 오류가 있는 경우 또는 비례·평등의 원칙을 위반하거나 사회통념상 현저하게 타당성을 잃는 등의 사유가 있다면 이는 재량권의 일탈·남용으로서 위법하다.

❖ **체류자격변경불허처분취소** [대구지법 2012. 11. 21., 선고, 2012구합29, 판결 : 확정]

판시사항

[1] 어느 기업이 출입국관리법 시행령 제12조 [별표 1] 제17호 (가) 목에서 정한 '외국인투자 촉진법에 따른 외국인투자기업'에 해당하기 위한 요건

[2] 출입국관리법 제24조 제1항에서 정한 체류자격 변경허가 처분의 법적 성질(=재량행위) 및 재량권 행사의 한계

판결요지

[1] 어느 기업이 출입국관리법 시행령 제12조[별표 1] 제17호 (가)목이 정한 '외국인투자 촉진법에 따른 외국인투자기업'에 해당하려면 그 기업이 외국인이 투자하기 직전에 대한민국 법인 내지 대한민국 국민이 경영하는 기업이었어야 하고, 외국인이 그 기업에 투자한 후 주식 또는 출자지분의 일부 또는 전부를 소유하여야 한다.

[2] 출입국관리법 제24조 제1항, 출입국관리법 시행령 제12조[별표 1] 제17호 기업투자(D-8) (가)목의 규정형식, 체제 및 문언에 비추어 볼 때, 체류자격 변경허가는 신청인에게 당초의 체류자격과 다른 체류자격에 해당하는 활동을 할 수 있는 권한을 부여하는 설권적 처분으로서, 허가권자에게는 신청인의 적격성, 체류의 목적, 공익상의 영향 등을 참작하여 허가 여부를 결정할 재량이 있다. 다만 이러한 재량을 행사하는 경우 체류자격 변경허가 여부의 기초가 되는 사실을 오인하였거나, 비례·평 등의 원칙에 위배되는 등의 사유가 있다면 이는 재량권의 일탈·남용으로서 위법하다.

제25조 체류기간 연장허가

① 외국인이 체류기간을 초과하여 계속 체류하려면 대통령령으로 정하는 바에 따라 체류기간이 끝나기 전에 법무부장관의 체류기간 연장허가를 받아야 한다. ⟨개정 2020. 6. 9.⟩

② 제1항에 따른 체류기간 연장허가의 심사기준은 법무부령으로 정한다. ⟨신설 2020. 6. 9.⟩

[전문개정 2010. 5. 14.]

주 요 판 례

❖ **체류기간연장 등불허가처분취소**[울산지법 2017. 5. 11., 선고, 2016구합7006, 판결 : 항소]

판시사항

甲과 혼인하여 대한민국 국민의 배우자로 체류자격을 얻어 입국한 베트남 국적 여성 乙이 甲을 상대로 이혼 및 위자료 청구소송을 제기하여 일부승소판결이 확정된 후 체류기간 연장허가를 신청을 하였으나, 관할 출입국관리사무소장이 '혼인의 진정성 결여 및 배우자의 귀책사유 불명확 등'을 이유로 위 신청을 불허하는 처분을 한 사안에서, 제반 사정들을 고려하면 乙이 자신에게 책임이 없는 사유로 甲과 정상적인 혼인생활을 할 수 없었다고 보이므로 乙 역시 혼인관계 파탄에 책임이 있다고 판단하여 위 처분을 한 것은 재량권을 일탈·남용한 것으로 위법하다고 한 사례

판결요지

甲과 혼인하여 대한민국 국민의 배우자로 체류자격을 얻어 입국한 베트남 국적 여성 乙이 甲을 상대로 이혼 및 위자료 청구소송을 제기하여 일부승소판결이 확정된 후 체류기간 연장허가를 신청을 하였으나, 관할 출입국관리사무소장이 '혼인의 진정성 결여 및 배우자의 귀책사유 불명확 등'을 이유로 위 신청을 불허하는 처분을 한 사안에서, 甲은 2년여에 걸친 혼인생활 동안 자주 술을 마시고 늦게 귀가하거나 외박을 하는 등 가정생활을 소홀히 한 반면, 乙은 언어 소통이 잘 되지 않는 어려운 상황에서도 아이를 낳아 가정을 꾸리고자 하는 의지가 있었고, 아이를 낳을 것을 제안하였으나 甲의 거절로 이러한 바람이 무산된 점, 혼인관계가 해소되었기 때문에

乙이 국내에 머무를 중요한 이유가 없어졌다고 볼 여지는 있으나 乙이 국내에 입국한 후 가출할 때까지 약 2년간 부부의 공동생활이 유지되었고 최종적으로 혼인관계가 해소될 때까지 약 4년의 기간이 경과하였으며 乙은 이 기간을 통하여 대한민국에 터전을 잡고 삶을 영위하여 왔는데 이것을 단지 남편의 잘못으로 발생한 이혼을 이유로 송두리째 부인한다면 그 결과는 乙에게 지나치게 가혹한 점 등 제반 사정들을 고려하면, 乙이 자신에게 책임이 없는 사유로 甲과 정상적인 혼인생활을 할 수 없었다고 보이므로 이와 달리 乙 역시 혼인관계 파탄에 책임이 있다고 판단하여 위 처분을 한 것은 재량권을 일탈·남용한 것으로 위법하다고 한 사례.

주요판례

❖ **체류기간연장 등 불허가처분취소** [대구고법 2016. 8. 5., 선고, 2016누4547, 판결 : 확정]

베트남 국적으로 비전문취업(E-9) 자격을 받고 대한민국에 입국한 甲이 체류기간이 만료되었는데도 7년 이상 불법체류를 해오다가 베트남 출신 혼인귀화자인 乙과 혼인신고를 하고 국민의 배우자(F-6-1) 자격으로 체류자격 변경허가 신청을 하였으나 관할 출입국관리사무소장이 '배우자 국적취득 후 3년 미만, 7년 4개월의 불법체류'를 이유로 신청을 반려하고 자진출국할 것을 통보한 사안에서, 처분이 재량권을 일탈·남용한 경우에 해당하지 않는다고 한 사례

판결요지

베트남 국적으로 비전문취업(E-9) 자격을 받고 대한민국에 입국한 甲이 체류기간이 만료되었는데도 7년 이상 불법체류를 해오다가 베트남 출신 혼인귀화자인 乙과 혼인신고를 하고 국민의 배우자(F-6-1) 자격으로 체류자격 변경허가 신청을 하였으나 관할 출입국관리사무소장이 '배우자 국적취득 후 3년 미만, 7년 4개월의 불법체류'를 이유로 신청을 반려하고 자진출국할 것을 통보한 사안에서, 혼인귀화자가 국적을 취득한 후 3년 이내에 다른 외국인을 결혼이민자로 초청하는 행위를 제한한 것은 혼인귀화자가 국민과의 혼인을 이유로 대한민국 국적을 취득한 후 단기간 내에 이혼하고 다른 외국인을 결혼이민자로 초청하지 못하도록 함으로써 건전한 국제결혼 문화를 정착시키고, 다문화가정의 조기해체를 방지하고자 하는 취지인데, 국내에서 장기간 불법체류를 한 외국인이 혼인귀화로 대한민국 국적을 취득한 사람과 결혼하여 임신이나 출산을 하였다는 이유로 배우자의 국적취득 후 3년 경과 여부에 관계없이 체류자격 변경을 허가할 경우 위와 같은 제도의 취지가 몰각될 뿐만 아니라 강제퇴거가 예정되어 있는 불법체류자들이 국내에서의 체류를 연장하기 위한 방편으로 혼인귀화자를 상대로 결혼과 임신을 시도하는 현상이 발생할 우려도 있는 점 등을 종합하면, 처분으로 甲 등이 입는 불이익이 그로 인하여 달성하려는 공익에 비하여 지나치게 커서 처분이 재량권을 일탈·남용한 경우에 해당하지 않는다고 한 사례.

주요판례

❖ **출국명령처분취소** [인천지법 2015. 11. 5., 선고, 2015구합50805, 판결 : 확정]

파키스탄 국적인 甲의 체류기간 연장신청에 대하여 乙 출입국관리사무소장이 범죄경력이 있는 점 등을 이유로 출국을 명하는 처분을 한 사안에서, 위 처분은 재량권을 일탈·남용하였다고 한 사례

> **판결요지**
>
> 파키스탄 국적인 甲의 체류기간 연장신청에 대하여 乙 출입국관리사무소장이 업무상과실장물보관죄 및 농지법위반죄의 범죄경력이 있는 점 등을 이유로 체류기간 연장신청을 불허하는 취지에서 甲에게 출국을 명하는 처분을 한 사안에서, 甲이 업무상과실장물보관죄로 기소유예 처분을 받았으나 과실범에 불과하고 사안이 경미하다고 보아 기소유예 처분을 받은 점 등을 종합하면, 처분으로 달성하고자 하는 공익에 비하여 甲이 입는 불이익이 지나치게 크므로, 위 처분은 재량권을 일탈·남용하였다고 한 사례.

제25조의2 결혼이민자 등에 대한 특칙

① 법무부장관은 다음 각 호의 어느 하나에 해당하는 외국인이 체류기간 연장허가를 신청하는 경우에는 해당 재판 등의 권리구제 절차가 종료할 때까지 체류기간 연장을 허가할 수 있다.
  1. 「가정폭력범죄의 처벌 등에 관한 특례법」 제2조 제1호의 가정폭력을 이유로 법원의 재판, 수사기관의 수사 또는 그 밖의 법률에 따른 권리구제 절차가 진행 중인 대한민국 국민의 배우자인 외국인
  2. 「성폭력범죄의 처벌 등에 관한 특례법」 제2조 제1항의 성폭력범죄를 이유로 법원의 재판, 수사기관의 수사 또는 그 밖의 법률에 따른 권리구제 절차가 진행 중인 외국인
  3. 「아동학대범죄의 처벌 등에 관한 특례법」 제2조 제4호의 아동학대범죄를 이유로 법원의 재판, 수사기관의 수사 또는 그 밖의 법률에 따른 권리구제 절차가 진행 중인 외국인 아동 및 「아동복지법」 제3조 제3호의 보호자(아동학대행위자는 제외한다)
  4. 「인신매매 등 방지 및 피해자보호 등에 관한 법률」 제3조의 인신매매 등 피해자로서 법원의 재판, 수사기관의 수사 또는 그 밖의 법률에 따른 권리구제 절차가 진행 중인 외국인

② 법무부장관은 제1항에 따른 체류 연장기간 만료 이후에도 피해 회복 등을 위하여 필요하다고 인정하는 경우에는 체류기간 연장을 허가할 수 있다.

[전문개정 2022. 12. 13.]

> **관련법령** ▶ 「가정폭력범죄의 처벌 등에 관한 특례법」 제2조제1호

제2조(정의)
1. "가정폭력"이란 가정구성원 사이의 신체적, 정신적 또는 재산상 피해를 수반하는 행위를 말한다.

> **관련법령** 「성폭력범죄의 처벌 등에 관한 특례법」 제2조제1항

제2조(정의)
① 이 법에서 "성폭력범죄"란 다음 각 호의 어느 하나에 해당하는 죄를 말한다.
1. 「형법」 제2편제22장 성풍속에 관한 죄 중 제242조(음행매개), 제243조(음화반포 등), 제244조(음화제조 등) 및 제245조(공연음란)의 죄

> **관련법령** 「아동학대범죄의 처벌 등에 관한 특례법」 제2조제4호

제2조(정의)
4. "아동학대범죄"란 보호자에 의한 아동학대로서 다음 각 목의 어느 하나에 해당하는 죄를 말한다.
   가. 「형법」 제2편제25장 상해와 폭행의 죄 중 제257조(상해)제1항·제3항, 제258조의2(특수상해)제1항(제257조제1항의 죄에만 해당한다)·제3항(제1항 중 제257조제1항의 죄에만 해당한다), 제260조(폭행)제1항, 제261조(특수폭행) 및 제262조(폭행치사상)(상해에 이르게 한 때에만 해당한다)의 죄
   나. 「형법」 제2편제28장 유기와 학대의 죄 중 제271조(유기)제1항, 제272조(영아유기), 제273조(학대)제1항, 제274조(아동혹사) 및 제275조(유기 등 치사상)(상해에 이르게 한 때에만 해당한다)의 죄
   다. 「형법」 제2편제29장 체포와 감금의 죄 중 제276조(체포, 감금)제1항, 제277조(중체포, 중감금)제1항, 제278조(특수체포, 특수감금), 제280조(미수범) 및 제281조(체포·감금 등의 치사상)(상해에 이르게 한 때에만 해당한다)의 죄
   라. 「형법」 제2편제30장 협박의 죄 중 제283조(협박)제1항, 제284조(특수협박) 및 제286조(미수범)의 죄
   마. 「형법」 제2편제31장 약취, 유인 및 인신매매의 죄 중 제287조(미성년자 약취, 유인), 제288조(추행 등 목적 약취, 유인 등), 제289조(인신매매) 및 제290조(약취, 유인, 매매, 이송 등 상해·치상)의 죄
   바. 「형법」 제2편제32장 강간과 추행의 죄 중 제297조(강간), 제297조의2(유사강간), 제298조(강제추행), 제299조(준강간, 준강제추행), 제300조(미수범), 제301조(강간 등 상해·치상), 제301조의2(강간 등 살인·치사), 제302조(미성년자 등에 대한 간음), 제303조(업무상위력 등에 의한 간음) 및 제305조(미성년자에 대한 간음, 추행)의 죄
   사. 「형법」 제2편제33장 명예에 관한 죄 중 제307조(명예훼손), 제309조(출판물 등에 의한 명예훼손) 및 제311조(모욕)의 죄
   아. 「형법」 제2편제36장 주거침입의 죄 중 제321조(주거·신체 수색)의 죄
   자. 「형법」 제2편제37장 권리행사를 방해하는 죄 중 제324조(강요) 및 제324조의5(미수범)(제324조의 죄에만 해당한다)의 죄
   차. 「형법」 제2편제39장 사기와 공갈의 죄 중 제350조(공갈), 제350조의2(특수공갈) 및 제352조(미수범)(제350조, 제350조의2의 죄에만 해당한다)의 죄
   카. 「형법」 제2편제42장 손괴의 죄 중 제366조(재물손괴 등)의 죄

타. 「아동복지법」 제71조제1항 각 호의 죄(제3호의 죄는 제외한다)
파. 가목부터 타목까지의 죄로서 다른 법률에 따라 가중처벌되는 죄
하. 제4조(아동학대살해·치사), 제5조(아동학대중상해) 및 제6조(상습범)의 죄

> **관련법령** ▶ 「아동복지법」 제3조제3호

제3조(정의)
3. "보호자"란 친권자, 후견인, 아동을 보호·양육·교육하거나 그러한 의무가 있는 자 또는 업무·고용 등의 관계로 사실상 아동을 보호·감독하는 자를 말한다.

> **관련법령** ▶ 「인신매매 등 방지 및 피해자보호 등에 관한 법률」 제3조

제3조(적용 대상 인신매매 등피해자)
① 다음 각 호의 어느 하나에 해당하는 인신매매 등피해자(이하 "피해자"라 한다)는 이 법에 따라 보호·지원을 받는다.
  1. 아동·청소년 또는 장애인으로서 인신매매 등 피해를 입은 사람
  2. 인신매매 등범죄피해자(이하 "범죄피해자"라 한다)
  3. 인신매매 등 피해를 입은 사람(제1호 또는 제2호의 어느 하나에 해당하는 사람은 제외한다)으로서 제14조에 따라 여성가족부장관으로부터 확인서를 발급받은 사람
② 제1항에 따른 피해자는 다음의 각 호의 어느 하나에 해당하여야 한다.
  1. 대한민국 국적을 가진 사람으로서 국내 또는 해외에서 인신매매 등 피해를 입은 사람
  2. 국내에서 인신매매 등 피해를 입어 대한민국에 체류하고 있는 외국인

제25조의3 삭제〈2022. 12. 13.〉

제25조의4 삭제 〈2022. 12. 13.〉

제25조의5 국가비상사태 등에 있어서 체류기간 연장허가에 대한 특칙

① 법무부장관은 대한민국 또는 다른 국가의 전시, 사변, 전염병 확산, 천재지변 또는 이에 준하는 비상사태나 위기에 따른 국경의 폐쇄, 장기적인 항공기 운항 중단 등으로 인하여 외국인의 귀책사유 없이 출국이 제한된 경우에는 이 법 또는 다른 법률의 규정에도 불구하고 직권으로 또는 외국인의 신청에 따라 체류기간 연장을 허가할 수 있다.
② 제1항에 따른 체류기간 연장허가의 심사기준은 법무부령으로 정한다.
③ 법무부장관은 제1항에 따른 체류 연장기간 만료 이후에도 필요하다고 인정하는 경우 체류기간 연장을 허가할 수 있다. [본조신설 2022. 2. 3.]

제26조 허위서류 제출 등의 금지

누구든지 제20조, 제21조, 제23조부터 제25조까지, 제25조의2, 제25조의3 및 제25조의4에 따른 허가 신청과 관련하여 다음 각 호의 어느 하나에 해당하는 행위를 해서는 아니 된다. 〈개정 2019. 4. 23.〉
1. 위조·변조된 문서 등을 입증자료로 제출하거나 거짓 사실이 적힌 신청서 등을 제출하는 등 부정한 방법으로 신청하는 행위
2. 제1호의 행위를 알선·권유하는 행위 [본조신설 2016. 3. 29.]

제27조 여권 등의 휴대 및 제시

① 대한민국에 체류하는 외국인은 항상 여권·선원신분증명서·외국인입국허가서·외국인 등록증·모바일외국인 등록증 또는 상륙허가서(이하 "여권 등"이라 한다)를 지니고 있어야 한다. 다만, 17세 미만인 외국인의 경우에는 그러하지 아니하다. 〈개정 2023. 6. 13.〉
② 제1항 본문의 외국인은 출입국관리공무원이나 권한 있는 공무원이 그 직무수행과 관련하여 여권 등의 제시를 요구하면 여권 등을 제시하여야 한다.
[전문개정 2010. 5. 14.] [시행일 : 2023. 12. 14.] 제27조

제2절 외국인의 출국 〈개정 2010. 5. 14.〉

제28조 출국심사

① 외국인이 출국할 때에는 유효한 여권을 가지고 출국하는 출입국항에서 출입국관리공무원의 출국심사를 받아야 한다.
② 제1항의 경우에 출입국항이 아닌 장소에서의 출국심사에 관하여는 제3조 제1항 단서를 준용한다.
③ 제1항과 제2항의 경우에 위조되거나 변조된 외국인의 여권·선원신분증명서에 관하여는 제5조를 준용한다. 〈개정 2014. 12. 30.〉

④ 제1항과 제2항의 경우에 선박 등의 출입에 관하여는 제12조 제6항을 준용한다.
⑤ 외국인의 출국심사에 관하여는 제3조 제2항을 준용한다.
⑥ 출입국관리공무원은 제12조의2 제1항 또는 제3항에 따라 제공 또는 제출받은 생체정보를 출국심사에 활용할 수 있다. 〈신설 2016. 3. 29., 2020. 6. 9.〉[전문개정 2010. 5. 14.]

제29조 외국인 출국의 정지

① 법무부장관은 제4조 제1항 또는 제2항 각 호의 어느 하나에 해당하는 외국인에 대하여는 출국을 정지할 수 있다. 〈개정 2011. 7. 18.〉
② 제1항의 경우에 제4조 제3항부터 제5항까지와 제4조의2부터 제4조의5까지의 규정을 준용한다. 이 경우 "출국금지"는 "출국정지"로 본다. 〈개정 2011. 7. 18., 2018. 3. 20.〉
[전문개정 2010. 5. 14.]

제29조의2 외국인 긴급출국정지

① 수사기관은 범죄 피의자인 외국인이 제4조의6 제1항에 해당하는 경우에는 제29조 제2항에도 불구하고 출국심사를 하는 출입국관리공무원에게 출국정지를 요청할 수 있다.
② 제1항에 따른 외국인의 출국정지에 관하여는 제4조의6 제2항부터 제6항까지의 규정을 준용한다. 이 경우 "출국금지"는 "출국정지"로, "긴급출국금지"는 "긴급출국정지"로 본다. [본조신설 2018. 3. 20.]

제30조 재입국허가

① 법무부장관은 제31조에 따라 외국인 등록을 하거나 그 등록이 면제된 외국인이 체류기간 내에 출국하였다가 재입국하려는 경우 그의 신청을 받아 재입국을 허가할 수 있다. 다만, 영주자격을 가진 사람과 재입국허가를 면제하여야 할 상당한 이유가 있는 사람으로서 법무부령으로 정하는 사람에 대하여는 재입국허가를 면제할 수 있다. 〈개정 2018. 3. 20.〉
② 제1항에 따른 재입국허가는 한 차례만 재입국할 수 있는 단수재입국허가와 2회

이상 재입국할 수 있는 복수재입국허가로 구분한다.
③ 외국인이 질병이나 그 밖의 부득이한 사유로 제1항에 따라 허가받은 기간 내에 재입국할 수 없는 경우에는 그 기간이 끝나기 전에 법무부장관의 재입국허가기간 연장허가를 받아야 한다.
④ 법무부장관은 재입국허가기간 연장허가에 관한 권한을 대통령령으로 정하는 바에 따라 재외공관의 장에게 위임할 수 있다.
⑤ 재입국허가 및 그 기간의 연장허가와 재입국허가의 면제에 관한 기준과 절차는 법무부령으로 정한다. [전문개정 2010. 5. 14.]

제5장 외국인의 등록 및 사회통합 프로그램
〈개정 2010. 5. 14., 2012. 1. 26.〉

제1절 외국인의 등록 〈신설 2012. 1. 26.〉

제31조 외국인 등록

① 외국인이 입국한 날부터 90일을 초과하여 대한민국에 체류하려면 대통령령으로 정하는 바에 따라 입국한 날부터 90일 이내에 그의 체류지를 관할하는 지방출입국·외국인관서의 장에게 외국인 등록을 하여야 한다. 다만, 다음 각 호의 어느 하나에 해당하는 외국인의 경우에는 그러하지 아니하다. 〈개정 2014. 3. 18.〉
  1. 주한외국공관(대사관과 영사관을 포함한다)과 국제기구의 직원 및 그의 가족
  2. 대한민국정부와의 협정에 따라 외교관 또는 영사와 유사한 특권 및 면제를 누리는 사람과 그의 가족
  3. 대한민국정부가 초청한 사람 등으로서 법무부령으로 정하는 사람
② 제1항에도 불구하고 같은 항 각 호의 어느 하나에 해당하는 외국인은 본인이 원하는 경우 체류기간 내에 외국인 등록을 할 수 있다. 〈신설 2016. 3. 29.〉
③ 제23조에 따라 체류자격을 받는 사람으로서 그날부터 90일을 초과하여 체류하게 되는 사람은 제1항 각 호 외의 부분 본문에도 불구하고 체류자격을 받는 때에 외국인 등록을 하여야 한다. 〈개정 2016. 3. 29.〉
④ 제24조에 따라 체류자격 변경허가를 받는 사람으로서 입국한 날부터 90일을 초과하여 체류하게 되는 사람은 제1항 각 호 외의 부분 본문에도 불구하고 체류자격 변경허가를 받는 때에 외국인 등록을 하여야 한다. 〈개정 2016. 3. 29.〉
⑤ 지방출입국·외국인관서의 장은 제1항부터 제4항까지의 규정에 따라 외국인 등

록을 한 사람에게는 대통령령으로 정하는 방법에 따라 개인별로 고유한 등록번호(이하 "외국인 등록번호"라 한다)를 부여하여야 한다. <개정 2014. 3. 18., 2016. 3. 29.>
[전문개정 2010. 5. 14.]

주요판례

❖ **전세임대주택신청거부처분취소청구의소**
[서울행법 2021. 11. 23., 선고, 2020구합78100, 판결 : 확정]

판시사항

난민법상 난민인 甲이 전세임대주택을 신청하였는데 관할 구청장이 甲이 외국인이라는 이유로 이를 거부한 사안에서, 甲에게는 대한민국 국민과 동일하게 전세임대주택 입주자로 선정될 수 있는 권리가 인정된다고 한 사례

판결요지

난민법에 따라 난민으로 인정받고 있는 甲이 기존주택 전세임대 입주자 모집공고에 따라 전세임대주택을 신청하였는데, 관할 사업대상지역 입주자를 선정하는 관할 구청장이 甲이 외국인이어서 그 신청을 할 수 없다는 이유로 이를 거부한 사안에서, 난민법 제31조 등에 따르면 난민의 경우에는 사회보장 관계 법령에서 외국인에 대한 사회보장 제한 등을 규정하더라도 대한민국 국민과 같은 수준의 사회보장을 받는데, 공공주택 특별법 제45조의2, 공공주택 특별법 시행령 제40조 제1항에서는 공공주택사업자가 기존주택을 임차하여 공급하는 공공임대주택의 입주자 요건에 관하여 별다른 규정을 두고 있지 않고 구 공공주택 특별법 시행규칙(2021. 2. 2. 국토교통부령 제818호로 개정되기 전의 것) 제21조 등에서 그 요건으로 무주택세대구성원일 것을 요구하고 있으며 이 경우 외국인인 난민이 무주택세대구성원인지 여부는 주민 등록표 대신 외국인 등록표 등 다른 객관적인 자료를 통하여 판단할 수 있어, 甲에게는 대한민국 국민과 동일하게 전세임대주택 입주자로 선정될 수 있는 권리가 인정되므로 이와 다른 전제에 선 위 거부처분은 위법하다고 한 사례이다.

주요판례

❖ **건물인도 등청구의소·임대차보증금**
[서울고법 2014. 7. 8., 선고, 2013나2027716, 2027723, 판결 : 상고]

판시사항

재외국민 甲이 아파트를 임차한 후 외국국적동포인 아내 乙, 딸 丙과 국내거소신고를 마치고 함께 거주하던 중, 임의경매절차에서 아파트를 매수한 丁이 건물인도 청구를 하자 주택임대차보호법상의 대항력을 주장한 사안에서, 甲은 자신이나 동거가족 乙, 丙의 국내거소신고로 주택임대차보호법상 대항력을 취득하지 못하였다고 한 사례

판결요지

재외국민 甲이 아파트를 임차한 후 외국국적동포인 아내 乙, 딸 丙과 각각 국내거소신고를 마치고 함께 거주하던 중, 임의경매절차에서 아파트를 매수한 丁이 건물인도 청구를 하자 주택임대차보험법상의 대항력을 주장한 사안에서, '재외동포의 출입국과 법적 지위에 관한 법률'(이하 '재외동포법'이라 한다) 제9조가 재외

국민의 거소이전신고를 주택임대차보호법상 대항요건인 주민 등록에 갈음하도록 한 규정이라고 해석하기 어렵고, 재외국민의 국내거소신고를 주택임대차보호법상 주민 등록으로 볼 수 없는 이상, 재외국민의 동거가족이 국내거소신고를 갖춘다고 하여 재외국민이 주택임대차보호법상 주민 등록을 갖추었다고 볼 수 없으며, 재외동포법 제10조 제4항과 출입국관리법 제88조의2가 외국국적동포의 국내거소신고에 주택임대차보호법상 주민 등록과 동일한 효과를 부여한다고 볼 수도 없으므로, 甲은 자신이나 동거가족 乙, 丙의 국내거소신고로 주택임대차보호법상 대항력을 취득하지 못하였다고 한 사례.

제32조 외국인 등록사항

제31조에 따른 외국인 등록사항은 다음과 같다.
1. 성명, 성별, 생년월일 및 국적
2. 여권의 번호·발급일자 및 유효기간
3. 근무처와 직위 또는 담당업무
4. 본국의 주소와 국내 체류지
5. 체류자격과 체류기간
6. 제1호부터 제5호까지에서 규정한 사항 외에 법무부령으로 정하는 사항
[전문개정 2010. 5. 14.]

주요판례

❖ **전세임대주택신청거부처분취소청구의소**
[서울행법 2021. 11. 23., 선고, 2020구합78100, 판결 : 확정]

판시사항

난민법상 난민인 甲이 전세임대주택을 신청하였는데 관할 구청장이 甲이 외국인이라는 이유로 이를 거부한 사안에서, 甲에게는 대한민국 국민과 동일하게 전세임대주택 입주자로 선정될 수 있는 권리가 인정된다고 한 사례

판결요지

난민법에 따라 난민으로 인정받고 있는 甲이 기존주택 전세임대 입주자 모집공고에 따라 전세임대주택을 신청하였는데, 관할 사업대상지역 입주자를 선정하는 관할 구청장이 甲이 외국인이어서 그 신청을 할 수 없다는 이유로 이를 거부한 사안에서, 난민법 제31조 등에 따르면 난민의 경우에는 사회보장 관계 법령에서 외국인에 대한 사회보장 제한 등을 규정하더라도 대한민국 국민과 같은 수준의 사회보장을 받는데, 공공주택 특별법 제45조의2, 공공주택 특별법 시행령 제40조 제1항에서는 공공주택사업자가 기존주택을 임차하여 공급하는 공공임대주택의 입주자 요건에 관하여 별다른 규정을 두고 있지 않고 구 공공주택 특별법 시행규칙(2021. 2. 2. 국토교통부령 제818호로 개정되기 전의 것) 제21조 등에서 그 요건으로 무주택세대구성원일 것을 요구하고 있으며 이 경우 외국인인 난민이 무주택세대구성원인지 여부는 주민 등록표 대신 외국인 등록표 등 다른 객관적인 자료를 통하여 판단할 수 있어, 甲에게는 대한민국 국민과 동일하게 전세임대주택 입주자로 선정될 수 있는 권리가 인정되므로 이와 다른 전제에 선 위 거부처분은 위법하다고 한 사례이다.

주요판례

❖ **배당이의** [대법원 2016. 10. 13., 선고, 2015다14136, 판결]

[판시사항]

[1] 외국인 또는 외국국적동포가 구 출입국관리법이나 재외동포의 출입국과 법적 지위에 관한 법률에 따라 외국인 등록이나 체류지 변경신고 또는 국내거소신고나 거소이전신고를 한 경우, 주택임대차보호법 제3조 제1항에서 주택임대차의 대항력 취득 요건으로 규정하고 있는 주민 등록과 동일한 법적 효과가 인정되는지 여부(적극)

[2] 주택임대차보호법 제3조 제1항에 의한 대항력 취득의 요건인 주민 등록에 임차인의 배우자나 자녀 등 가족의 주민 등록이 포함되는지 여부(적극) 및 이러한 법리가 재외동포의 출입국과 법적 지위에 관한 법률에 의한 재외국민이 임차인인 경우에도 마찬가지로 적용되는지 여부(적극)

[참조조문]

[1] 헌법 제2조 제2항, 제6조 제2항, 주택임대차보호법 제3조 제1항, 제3조의6, 주택임대차보호법 시행령 제4조 제1항, 구 출입국관리법(2014. 3. 18. 법률 제12421호로 개정되기 전의 것) 제31조 제1항, 제32조 제4호, 제36조 제1항, 제88조의2 제2항, 재외동포의 출입국과 법적 지위에 관한 법률 제2조, 제10조, 주민 등록법 제6조 제1항 제3호, 제29조 제2항

[2] 주택임대차보호법 제3조 제1항, 구 출입국관리법(2014. 3. 18. 법률 제12421호로 개정되기 전의 것) 제31조 제1항, 제32조 제4호, 제36조 제1항, 제88조의2 제2항, 재외동포의 출입국과 법적 지위에 관한 법률 제2조, 제10조, 주민 등록법 제6조 제1항 제3호

제33조 외국인 등록증의 발급 등

① 제31조에 따라 외국인 등록을 받은 지방출입국·외국인관서의 장은 대통령령으로 정하는 바에 따라 그 외국인에게 외국인 등록증을 발급하여야 한다. 다만, 그 외국인이 17세 미만인 경우에는 발급하지 아니할 수 있다. 〈개정 2014. 3. 18.〉

② 제1항 단서에 따라 외국인 등록증을 발급받지 아니한 외국인이 17세가 된 때에는 90일 이내에 체류지 관할 지방출입국·외국인관서의 장에게 외국인 등록증 발급신청을 하여야 한다. 〈개정 2014. 3. 18.〉

③ 영주자격을 가진 외국인에게 발급하는 외국인 등록증(이하 "영주증"이라 한다)의 유효기간은 10년으로 한다. 〈신설 2018. 3. 20.〉

④ 영주증을 발급받은 사람은 유효기간이 끝나기 전까지 영주증을 재발급받아야 한다. 〈신설 2018. 3. 20.〉

⑤ 제4항에 따른 영주증의 재발급 절차 등에 필요한 사항은 대통령령으로 정한다. 〈신설 2018. 3. 20.〉

⑥ 지방출입국·외국인관서의 장은 제1항에 따라 외국인 등록증을 발급받은 외국인에게 외국인 등록증과 동일한 효력을 가진 모바일외국인 등록증(「이동통신단말장치 유통구조 개선에 관한 법률」 제2조 제4호에 따른 이동통신단말장치에 암호화된 형태로 설치된 외국인 등록증을 말한다. 이하 같다)을 발급할 수 있다. <신설 2023. 6. 13.>

⑦ 법무부장관은 법무부령으로 정하는 바에 따라 모바일외국인 등록증 발급 등을 위하여 정보시스템을 구축·운영할 수 있다. <신설 2023. 6. 13.>

⑧ 제6항에 따른 모바일외국인 등록증의 발급, 규격, 유효기간 및 효력 말소 등에 관한 사항은 법무부령으로 정한다. <신설 2023. 6. 13.>

[전문개정 2010. 5. 14.] [제목개정 2018. 3. 20.] [시행일 : 2023. 12. 14.] 제33조

제33조의2 영주증 재발급에 관한 특례 등

① 제33조에도 불구하고 이 법(법률 제15492호 출입국관리법일부개정법률을 말한다. 이하 이 조에서 같다) 시행 당시 종전의 규정에 따라 영주자격을 가진 사람은 다음 각 호의 구분에 따른 기간 내에 체류지 관할 지방출입국·외국인관서의 장에게 영주증을 재발급받아야 한다.
  1. 이 법 시행 당시 영주자격을 취득한 날부터 10년이 경과한 사람 : 이 법 시행일부터 2년 이내
  2. 이 법 시행 당시 영주자격을 취득한 날부터 10년이 경과하지 아니한 사람 : 10년이 경과한 날부터 2년 이내

② 체류지 관할 지방출입국·외국인관서의 장은 제1항 각 호에 해당하는 사람에게 영주증 재발급 신청기한 등이 적힌 영주증 재발급 통지서를 지체 없이 송부하여야 한다. 다만, 소재불명 등으로 영주증 재발급 통지서를 송부하기 어려운 경우에는 관보에 공고하여야 한다.

③ 제33조 제3항에도 불구하고 이 법 시행 당시 종전의 규정에 따라 영주자격을 가진 사람의 영주증은 제1항에 따라 영주증을 재발급받기 전까지 유효한 것으로 본다.

④ 제1항에 따른 영주증의 재발급 절차 등에 필요한 사항은 대통령령으로 정한다.

[본조신설 2018. 3. 20.] [종전 제33조의2는 제33조의3으로 이동 <2018. 3. 20.>]

제33조의3 외국인 등록증 등의 채무이행 확보수단 제공 등의 금지

누구든지 다음 각 호의 어느 하나에 해당하는 행위를 하여서는 아니 된다. 〈개정 2016. 3. 29., 2023. 6. 13.〉

1. 외국인의 여권이나 외국인 등록증을 취업에 따른 계약 또는 채무이행의 확보수단으로 제공받거나 그 제공을 강요 또는 알선하는 행위
2. 제31조 제5항에 따른 외국인 등록번호를 거짓으로 생성하여 자기 또는 다른 사람의 재물이나 재산상의 이익을 위하여 사용하거나 이를 알선하는 행위
3. 외국인 등록번호나 모바일외국인 등록증을 거짓으로 만드는 프로그램을 다른 사람에게 전달하거나 유포 또는 이를 알선하는 행위
4. 다른 사람의 외국인 등록증이나 모바일외국인 등록증을 부정하게 사용하거나 자기의 외국인 등록증이나 모바일외국인 등록증을 부정하게 사용한다는 사정을 알면서 다른 사람에게 제공하는 행위 또는 이를 각각 알선하는 행위
5. 다른 사람의 외국인 등록번호를 자기 또는 다른 사람의 재물이나 재산상의 이익을 위하여 부정하게 사용하거나 이를 알선하는 행위

[전문개정 2010. 5. 14.] [제33조의2에서 이동 〈2018. 3. 20.〉] [시행일 : 2023. 12. 14.] 제33조의3

제34조 외국인 등록표 등의 작성 및 관리

① 제31조에 따라 외국인 등록을 받은 지방출입국·외국인관서의 장은 등록외국인기록표를 작성·비치하고, 외국인 등록표를 작성하여 그 외국인이 체류하는 시(「제주특별자치도 설치 및 국제자유도시 조성을 위한 특별법」 제10조에 따른 행정시를 포함하며, 특별시와 광역시는 제외한다. 이하 같다)·군·구(자치구가 아닌 구를 포함한다. 이하 이 조, 제36조 및 제37조에서 같다) 및 읍·면·동의 장에게 보내야 한다. 〈개정 2012. 1. 26., 2014. 3. 18., 2015. 7. 24., 2018. 3. 20.〉

② 시·군·구 및 읍·면·동의 장은 제1항에 따라 외국인 등록표를 받았을 때에는 그 등록사항을 외국인 등록대장에 적어 관리하여야 한다. 〈개정 2018. 3. 20.〉

③ 등록외국인기록표, 외국인 등록표 및 외국인 등록대장의 작성과 관리에 필요한 사항은 대통령령으로 정한다. [전문개정 2010. 5. 14.]

> **관련법령** ▶ 「제주특별자치도 설치 및 국제자유도시 조성을 위한 특별법」 제10조, 제36조, 제37조
>
> 제10조(행정시의 폐지·설치·분리·합병 등)
> ① 제주자치도는 「지방자치법」 제2조제1항 및 제3조제2항에도 불구하고 그 관할구역에 지방자치단체인 시와 군을 두지 아니한다.
> ② 제주자치도의 관할구역에 지방자치단체가 아닌 시(이하 "행정시"라 한다)를 둔다.
> ③ 다른 법령에서 시를 인용하는 경우 해당 법령에 특별한 규정이 없으면 행정시는 포함되지 아니한다.
> ④ 행정시의 폐지·설치·분리·합병, 명칭 및 구역은 도조례로 정한다. 이 경우 도지사는 그 결과를 행정안전부장관에게 보고하여야 한다.
> ⑤ 행정시의 사무소 소재지는 도조례로 정하되, 도의회 재적의원 과반수의 찬성을 받아야 한다.
>
> 제36조(도의회의원의 정수에 관한 특례)
> ① 제주특별자치도의회의원(이하 "도의회의원"이라 한다)의 정수(제64조에 따른 교육의원 5명을 포함한다)는 「공직선거법」 제22조제1항·제3항 및 제4항에도 불구하고 45명 이내에서 제38조에 따른 도의회의원 선거구 획정위원회가 정하는 바에 따라 도조례로 정한다.
> ② 도의회의 비례대표의원정수는 「공직선거법」 제22조제4항에도 불구하고 제1항에 따른 의원정수(제64조에 따른 교육의원은 제외한다)의 100분의 20 이상으로 하고, 제38조에 따른 도의회의원 선거구 획정위원회가 정하는 바에 따라 도조례로 정한다. 이 경우 소수점 이하의 수는 0으로 본다.
>
> 제37조(도의회의원 지역선거구에 관한 특례)
> ① 도의회의원 지역선거구는 인구·행정구역·지세·교통과 그 밖의 조건을 고려하여 획정하되, 그 도의회의원 지역선거구의 명칭과 관할구역은 「공직선거법」 제26조 및 같은 법 별표 2에도 불구하고 제38조에 따른 도의회의원 선거구 획정위원회가 정하는 바에 따라 도조례로 정한다.
> ② 제1항에 따라 도의회의원 지역선거구를 획정하는 경우 행정시의 관할구역의 일부를 분할하거나 하나의 읍·면·동의 일부를 분할하여 다른 도의회의원 지역선거구에 속하게 할 수 없다.

제35조 외국인 등록사항의 변경신고

제31조에 따라 등록을 한 외국인은 다음 각 호의 어느 하나에 해당하는 사항이 변경되었을 때에는 대통령령으로 정하는 바에 따라 15일 이내에 체류지 관할 지방출입국·외국인관서의 장에게 외국인 등록사항 변경신고를 하여야 한다. <개정 2014. 3. 18., 2020. 6. 9.>
1. 성명, 성별, 생년월일 및 국적
2. 여권의 번호, 발급일자 및 유효기간
3. 제1호 및 제2호에서 규정한 사항 외에 법무부령으로 정하는 사항[전문개정 2010. 5. 14.]

제36조 체류지 변경의 신고

① 제31조에 따라 등록을 한 외국인이 체류지를 변경하였을 때에는 대통령령으로 정하는 바에 따라 전입한 날부터 15일 이내에 새로운 체류지의 시·군·구 또는 읍·면·동의 장이나 그 체류지를 관할하는 지방출입국·외국인관서의 장에게 전입신고를 하여야 한다. 〈개정 2014. 3. 18., 2016. 3. 29., 2018. 3. 20., 2020. 6. 9.〉

② 외국인이 제1항에 따른 신고를 할 때에는 외국인 등록증을 제출하여야 한다. 이 경우 시·군·구 또는 읍·면·동의 장이나 지방출입국·외국인관서의 장은 그 외국인 등록증에 체류지 변경사항을 적은 후 돌려주어야 한다. 〈개정 2014. 3. 18., 2016. 3. 29.〉

③ 제1항에 따라 전입신고를 받은 지방출입국·외국인관서의 장은 지체 없이 새로운 체류지의 시·군·구 또는 읍·면·동의 장에게 체류지 변경 사실을 통보하여야 한다. 〈개정 2014. 3. 18., 2016. 3. 29.〉

④ 제1항에 따라 직접 전입신고를 받거나 제3항에 따라 지방출입국·외국인관서의 장으로부터 체류지 변경통보를 받은 시·군·구 또는 읍·면·동의 장은 지체 없이 종전 체류지의 시·군·구 또는 읍·면·동의 장에게 체류지 변경신고서 사본을 첨부하여 외국인 등록표의 이송을 요청하여야 한다. 〈개정 2014. 3. 18., 2016. 3. 29.〉

⑤ 제4항에 따라 외국인 등록표 이송을 요청받은 종전 체류지의 시·군·구 또는 읍·면·동의 장은 이송을 요청받은 날부터 3일 이내에 새로운 체류지의 시·군·구 또는 읍·면·동의 장에게 외국인 등록표를 이송하여야 한다. 〈개정 2016. 3. 29.〉

⑥ 제5항에 따라 외국인 등록표를 이송받은 시·군·구 또는 읍·면·동의 장은 신고인의 외국인 등록표를 정리하고 제34조 제2항에 따라 관리하여야 한다. 〈개정 2016. 3. 29.〉

⑦ 제1항에 따라 전입신고를 받은 시·군·구 또는 읍·면·동의 장이나 지방출입국·외국인관서의 장은 대통령령으로 정하는 바에 따라 그 사실을 지체 없이 종전 체류지를 관할하는 지방출입국·외국인관서의 장에게 통보하여야 한다. 〈개정 2014. 3. 18., 2016. 3. 29.〉

⑧ 제2항에도 불구하고 제33조 제6항에 따라 모바일외국인 등록증을 발급받은 자가 「민원 처리에 관한 법률」 제12조의2에 따라 전자민원창구를 이용하는 경우에는 체류지 변경사항을 모바일외국인 등록증에 수록하는 것으로 제2항 후단에 따라 외국인 등록증에 위 사항을 기재하는 것을 갈음할 수 있다. 〈신설 2023. 6. 13.〉

[전문개정 2010. 5. 14.] [시행일 : 2023. 12. 14.] 제36조

주요판례

❖ **건물인도 등청구의소·임대차보증금**
[서울고법 2014. 7. 8., 선고, 2013나2027716, 2027723, 판결 : 상고]

판시사항

재외국민 甲이 아파트를 임차한 후 외국국적동포인 아내 乙, 딸 丙과 국내거소신고를 마치고 함께 거주하던 중, 임의경매절차에서 아파트를 매수한 丁이 건물인도 청구를 하자 주택임대차보호법상의 대항력을 주장한 사안에서, 甲은 자신이나 동거가족 乙, 丙의 국내거소신고로 주택임대차보호법상 대항력을 취득하지 못하였다고 한 사례

판결요지

재외국민 甲이 아파트를 임차한 후 외국국적동포인 아내 乙, 딸 丙과 각각 국내거소신고를 마치고 함께 거주하던 중, 임의경매절차에서 아파트를 매수한 丁이 건물인도 청구를 하자 주택임대차보험법상의 대항력을 주장한 사안에서, '재외동포의 출입국과 법적 지위에 관한 법률'(이하 '재외동포법'이라 한다) 제9조가 재외국민의 거소이전신고를 주택임대차보호법상 대항요건인 주민 등록에 갈음하도록 한 규정이라고 해석하기 어렵고, 재외국민의 국내거소신고를 주택임대차보호법상 주민 등록으로 볼 수 없는 이상, 재외국민의 동거가족이 국내거소신고를 갖춘다고 하여 재외국민이 주택임대차보호법상 주민 등록을 갖추었다고 볼 수 없으며, 재외동포법 제10조 제4항과 출입국관리법 제88조의2가 외국국적동포의 국내거소신고에 주택임대차보호법상 주민 등록과 동일한 효과를 부여한다고 볼 수도 없으므로, 甲은 자신이나 동거가족 乙, 丙의 국내거소신고로 주택임대차보호법상 대항력을 취득하지 못하였다고 한 사례.

제37조 외국인 등록증의 반납 등

① 제31조에 따라 등록을 한 외국인이 출국할 때에는 출입국관리공무원에게 외국인 등록증을 반납하여야 한다. 다만, 다음 각 호의 어느 하나에 해당하는 경우에는 그러하지 아니하다.
  1. 재입국허가를 받고 일시 출국하였다가 그 허가기간 내에 다시 입국하려는 경우
  2. 복수사증 소지자나 재입국허가 면제대상 국가의 국민으로서 일시 출국하였다가 허가된 체류기간 내에 다시 입국하려는 경우
  3. 난민여행증명서를 발급받고 일시 출국하였다가 그 유효기간 내에 다시 입국하려는 경우
② 제31조에 따라 등록을 한 외국인이 국민이 되거나 사망한 경우 또는 제31조 제1항 각 호의 어느 하나에 해당하게 된 경우(같은 조 제2항에 따라 외국인 등록을 한 경우는 제외한다)에는 대통령령으로 정하는 바에 따라 외국인 등록증을 반납하여야 한다. <개정 2016. 3. 29.>

③ 지방출입국·외국인관서의 장은 제1항이나 제2항에 따라 외국인 등록증을 반납받으면 대통령령으로 정하는 바에 따라 그 사실을 지체 없이 체류지의 시·군·구 및 읍·면·동의 장에게 통보하여야 한다. <개정 2014. 3. 18., 2018. 3. 20.>
④ 지방출입국·외국인관서의 장은 대한민국의 이익을 위하여 필요하다고 인정하면 제1항 각 호의 어느 하나에 해당하는 외국인의 외국인 등록증을 일시 보관할 수 있다. <개정 2014. 3. 18.>
⑤ 제4항의 경우 그 외국인이 허가된 기간 내에 다시 입국하였을 때에는 15일 이내에 지방출입국·외국인관서의 장으로부터 외국인 등록증을 돌려받아야 하고, 그 허가받은 기간 내에 다시 입국하지 아니하였을 때에는 제1항에 따라 외국인 등록증을 반납한 것으로 본다. <개정 2014. 3. 18., 2020. 6. 9.> [전문개정 2010. 5. 14.]

제37조의2 외국인 등록사항의 말소

① 지방출입국·외국인관서의 장은 제31조에 따라 등록을 한 외국인이 다음 각 호의 어느 하나에 해당하는 경우에는 제32조에 따른 외국인 등록사항을 말소할 수 있다.
  1. 제37조 제1항 또는 제2항에 따라 외국인 등록증을 반납한 경우
  2. 출국 후 재입국허가기간(재입국허가를 면제받은 경우에는 면제받은 기간 또는 체류허가기간) 내에 입국하지 아니한 경우
  3. 그 밖에 출입국관리공무원이 직무수행 중 제1호 또는 제2호에 준하는 말소 사유를 발견한 경우
② 제1항에 따른 외국인 등록사항의 말소 절차에 관하여 필요한 사항은 대통령령으로 정한다. [본조신설 2016. 3. 29.]

제38조 생체정보의 제공 등

① 다음 각 호의 어느 하나에 해당하는 외국인은 법무부령으로 정하는 바에 따라 생체정보를 제공하여야 한다. <개정 2016. 3. 29., 2020. 6. 9.>
  1. 다음 각 목의 어느 하나에 해당하는 사람으로서 17세 이상인 사람
    가. 제31조에 따라 외국인 등록을 하여야 하는 사람(같은 조 제2항에 따라 외국인 등록을 하려는 사람은 제외한다)

나. 「재외동포의 출입국과 법적 지위에 관한 법률」 제6조에 따라 국내거소신고를 하려는 사람
2. 이 법을 위반하여 조사를 받거나 그 밖에 다른 법률을 위반하여 수사를 받고 있는 사람
3. 신원이 확실하지 아니한 사람
4. 제1호부터 제3호까지에서 규정한 사람 외에 법무부장관이 대한민국의 안전이나 이익 또는 해당 외국인의 안전이나 이익을 위하여 특히필요하다고 인정하는사람

② 지방출입국·외국인관서의 장은 제1항에 따른 생체정보의 제공을 거부하는 외국인에게는 체류기간 연장허가 등 이 법에 따른 허가를 하지 아니할 수 있다. 〈개정 2014. 3. 18., 2020. 6. 9.〉

③ 법무부장관은 제1항에 따라 제공받은 생체정보를 「개인정보 보호법」에 따라 보유하고 관리한다. 〈개정 2011. 3. 29., 2020. 6. 9.〉 [전문개정 2010. 5. 14.] [제목개정 2020. 6. 9.]

> **관련법령** ▶ 「재외동포의 출입국과 법적 지위에 관한 법률」 제6조

제6조(국내거소신고)

① 재외동포체류자격으로 입국한 외국국적동포는 이 법을 적용받기 위하여 필요하면 대한민국 안에 거소(居所)를 정하여 그 거소를 관할하는 지방출입국·외국인관서의 장에게 국내거소신고를 할 수 있다.

② 제1항에 따라 신고한 국내거소를 이전한 때에는 14일 이내에 그 사실을 신거소(新居所)가 소재한 시·군·구(자치구가 아닌 구를 포함한다. 이하 이 조 및 제7조에서 같다) 또는 읍·면·동의 장이나 신거소를 관할하는 지방출입국·외국인관서의 장에게 신고하여야 한다.

③ 제2항에 따라 거소이전 신고를 받은 지방출입국·외국인관서의 장은 신거소가 소재한 시·군·구 또는 읍·면·동의 장에게, 시·군·구 또는 읍·면·동의 장은 신거소를 관할하는 지방출입국·외국인관서의 장에게 각각 이를 통보하여야 한다.

④ 국내거소신고서의 기재 사항, 첨부 서류, 그 밖에 신고의 절차에 관하여 필요한 사항은 대통령령으로 정한다.

제38조의2 생체정보의 공동이용

① 법무부장관은 관계 기관이 선박 등의 탑승권 발급, 출입국항의 보호구역 진입 및 선박 등의 탑승 등의 업무를 위하여 요청하는 경우에는 이 법에 따라 수집·처리한 생체정보를 제공할 수 있다.

② 제1항에 따라 생체정보를 제공받은 기관은 그 생체정보를 「개인정보 보호법」에 따라 처리하여야 한다. [본조신설 2020. 6. 9.]

제2절 사회통합 프로그램 〈신설 2012. 1. 26.〉

제39조 사회통합 프로그램

① 법무부장관은 대한민국 국적, 영주자격 등을 취득하려는 외국인의 사회적응을 지원하기 위하여 교육, 정보 제공, 상담 등의 사회통합 프로그램(이하 "사회통합 프로그램"이라 한다)을 시행할 수 있다. 〈개정 2018. 3. 20.〉
② 법무부장관은 사회통합 프로그램을 효과적으로 시행하기 위하여 필요한 전문인력 및 시설 등을 갖춘 기관, 법인 또는 단체를 사회통합 프로그램 운영기관으로 지정할 수 있다.
③ 법무부장관은 대통령령으로 정하는 바에 따라 사회통합 프로그램의 시행에 필요한 전문인력을 양성할 수 있다.
④ 국가와 지방자치단체는 다음 각 호의 경비의 전부 또는 일부를 예산의 범위에서 지원할 수 있다.
  1. 제2항에 따라 지정된 운영기관의 업무 수행에 필요한 경비
  2. 제3항에 따른 전문인력 양성에 필요한 경비
⑤ 사회통합 프로그램의 내용 및 개발, 운영기관의 지정·관리 및 지정 취소, 그 밖에 사회통합 프로그램의 운영에 필요한 사항은 대통령령으로 정한다. [본조신설 2012. 1. 26.]

제40조 사회통합 프로그램 이수자에 대한 우대

법무부장관은 사증 발급, 체류 관련 각종 허가 등을 할 때에 이 법 또는 관계 법령에서 정하는 바에 따라 사회통합 프로그램 이수자를 우대할 수 있다. [본조신설 2012. 1. 26.]

제41조 사회통합 지원봉사위원

① 법무부장관은 외국인의 사회통합을 지원하기 위하여 법무부령으로 정하는 바에 따라 지방출입국·외국인관서에 사회통합 자원봉사위원(이하 "사회통합위원"이라 한다)을 둘 수 있다.
② 사회통합위원은 다음 각 호의 직무를 수행한다.
   1. 외국인 및 고용주 등의 법 준수를 위한 홍보활동
   2. 외국인이 한국사회의 건전한 사회구성원으로 정착하기 위한 체류 지원
   3. 영주자격 및 국적을 취득하려는 자에 대한 지원
   4. 그 밖에 대한민국 국민과 국내 체류 외국인의 사회통합을 위하여 법무부장관이 정하는 사항
③ 사회통합위원은 명예직으로 하되 직무수행에 필요한 비용의 전부 또는 일부를 지급할 수 있다.
④ 사회통합위원의 위촉 및 해촉, 정원, 자치 조직, 비용의 지급, 그 밖에 필요한 사항은 법무부령으로 정한다. [본조신설 2014. 12. 30.]

제42조 삭제 〈1999. 2. 5.〉
제43조 삭제 〈1999. 2. 5.〉
제44조 삭제 〈1999. 2. 5.〉
제45조 삭제 〈1999. 2. 5.〉

제6장 강제퇴거 등 〈개정 2010. 5. 14.〉

제1절 강제퇴거의 대상자 〈개정 2010. 5. 14.〉

제46조 강제퇴거의 대상자

① 지방출입국·외국인관서의 장은 이 장에 규정된 절차에 따라 다음 각 호의 어느 하나에 해당하는 외국인을 대한민국 밖으로 강제퇴거시킬 수 있다. 〈개정 2012. 1. 26., 2014. 3. 18., 2016. 3. 29., 2018. 3. 20., 2021. 8. 17.〉

1. 제7조를 위반한 사람
2. 제7조의2를 위반한 외국인 또는 같은 조에 규정된 허위초청 등의 행위로 입국한 외국인
3. 제11조 제1항 각 호의 어느 하나에 해당하는 입국금지 사유가 입국 후에 발견되거나 발생한 사람
4. 제12조 제1항·제2항 또는 제12조의3을 위반한 사람
5. 제13조 제2항에 따라 지방출입국·외국인관서의 장이 붙인 허가조건을 위반한 사람
6. 제14조 제1항, 제14조의2 제1항, 제15조 제1항, 제16조 제1항 또는 제16조의2 제1항에 따른 허가를 받지 아니하고 상륙한 사람
7. 제14조 제3항(제14조의2 제3항에 따라 준용되는 경우를 포함한다), 제15조 제2항, 제16조 제2항 또는 제16조의2 제2항에 따라 지방출입국·외국인관서의 장 또는 출입국관리공무원이 붙인 허가조건을 위반한 사람
8. 제17조 제1항·제2항, 제18조, 제20조, 제23조, 제24조 또는 제25조를 위반한 사람
9. 제21조 제1항 본문을 위반하여 허가를 받지 아니하고 근무처를 변경·추가하

거나 같은 조 제2항을 위반하여 외국인을 고용·알선한 사람
10. 제22조에 따라 법무부장관이 정한 거소 또는 활동범위의 제한이나 그 밖의 준수사항을 위반한 사람
10의2. 제26조를 위반한 외국인
11. 제28조 제1항 및 제2항을 위반하여 출국하려고 한 사람
12. 제31조에 따른 외국인 등록 의무를 위반한 사람
12의2. 제33조의3을 위반한 외국인
13. 금고 이상의 형을 선고받고 석방된 사람
14. 제76조의4 제1항 각 호의 어느 하나에 해당하는 사람
15. 그 밖에 제1호부터 제10호까지, 제10호의2, 제11호, 제12호, 제12호의2, 제13호 또는 제14호에 준하는 사람으로서 법무부령으로 정하는 사람

② 영주자격을 가진 사람은 제1항에도 불구하고 대한민국 밖으로 강제퇴거되지 아니한다. 다만, 다음 각 호의 어느 하나에 해당하는 사람은 그러하지 아니하다. 〈개정 2018. 3. 20.〉
1. 「형법」 제2편 제1장 내란의 죄 또는 제2장 외환의 죄를 범한 사람
2. 5년 이상의 징역 또는 금고의 형을 선고받고 석방된 사람 중 법무부령으로 정하는 사람
3. 제12조의3 제1항 또는 제2항을 위반하거나 이를 교사(敎唆) 또는 방조(幇助)한 사람

[전문개정 2010. 5. 14.]

주요판례

❖ **강제퇴거및보호명령취소청구** [서울행법 2022. 8. 18., 선고, 2021구합78282, 판결 : 확정]

판시사항

난민으로 인정되어 국내에 체류 중인 우간다 국적 甲이 폭행·상해·강제추행 등으로 징역형을 선고받은 후 교도소에서 형 집행을 마치고 출소했는데, 지방출입국·외국인관서의 장이 출입국관리법 제46조 제1항 제13호 등에 해당한다는 이유로 같은 법 제59조 제2항에 따라 甲에게 강제퇴거명령서의 '송환국'란을 공란으로 하여 강제퇴거명령을 하고 송환할 수 있을 때까지 甲에 대한 보호명령을 한 사안에서, 위 강제퇴거명령은 난민법 제3조의 강제송환금지원칙에 위반되어 위법하고 강제퇴거명령이 위법한 이상 보호명령 역시 위법하다고 한 사례

판결요지

난민으로 인정되어 국내에 체류 중인 우간다 국적 甲이 폭행·상해·강제추행 등으로 징역형을 선고받은 후 교

도소에서 형 집행을 마치고 출소했는데, 지방출입국·외국인관서의 장이 출입국관리법 제46조 제1항 제13호 등에 해당한다는 이유로 같은 법 제59조 제2항에 따라 甲에게 강제퇴거명령서의 '송환국'란을 공란으로 하여 강제퇴거명령을 하고 송환할 수 있을 때까지 甲에 대한 보호명령을 한 사안이다.

제반 사정 및 난민법 제3조 등의 해석에 따르면, 지방출입국·외국인관서의 장은 난민법 제3조에서 규정한 강제송환금지원칙상 일반적인 외국인이나 난민신청자와 달리 난민인정자에 대하여는 강제퇴거명령 조사 및 심사 단계에서 송환이 가능한 국가를 확인하고, 강제퇴거명령을 하는 경우에는 이를 반영하여 강제퇴거명령서에 송환국을 기재하거나, 적어도 난민인정자가 송환될 경우 박해 또는 고문을 받을 염려가 있는 국가를 소극적으로 제외하는 방식으로 가능한 한 송환국을 특정해야 하며, 이를 전혀 특정하지 않았거나, 박해 또는 고문당할 우려가 있는 국가를 포함하여 송환국을 특정하였다면 난민법 제3조에 위반된다고 보아야 하는데, 지방출입국·외국인관서의 장은 강제퇴거명령을 발령하기 전 조사 및 심사 단계에서 난민인정자인 甲에 대한 송환국을 조사하여 그 나라로 甲을 송환하는 것이 난민법 제3조에 위배되는지를 심사하지 않은 채 출입국관리법 제46조 제1항에서 정한 강제퇴거 사유에 대한 심사를 거쳐 강제퇴거 사유가 존재한다는 이유만으로 강제퇴거명령을 하였고, 강제퇴거명령서에 甲을 송환할 국가를 전혀 특정하지 않은 점, 甲의 경우 출입국관리법 제64조 제1항 및 제2항 제1호 내지 제3호에 따라 송환국이 정해질 수 없고 제64조 제2항 제4호에 따라 甲이 희망하는 국가로 송환되어야 하는데 지방출입국·외국인관서의 장이 甲에게 송환국을 확인한 사실이 없는 점, 甲이 우간다로 송환될 경우 고문당할 위험이 존재한다고 믿을 만한 상당한 근거가 존재하므로 난민법 제3조 및 '고문 및 그 밖의 잔혹한, 비인도적인 또는 굴욕적인 대우나 처벌의 방지에 관한 협약' 제3조 제1항에 따라 우간다로는 강제송환될 수 없으나 지방출입국·외국인관서의 장은 甲에게 교부한 강제퇴거명령서의 '송환국'란에 우간다가 제외된다는 취지를 기재하지 않았던 점을 종합하면, 위 강제퇴거명령은 난민법 제3조의 강제송환금지원칙에 위반되어 위법하고 강제퇴거명령이 위법한 이상 보호명령 역시 위법하다고 한 사례이다.

❖ **출국명령처분취소**[서울행법 2008. 4. 16., 선고, 2007구합24500, 판결 : 항소]

판시사항

인체면역결핍바이러스(HIV) 감염을 이유로 국내 체류 외국인에 대하여 한 출국명령이 재량권을 일탈·남용한 것으로서 위법하다고 한 사례

판결요지

후천성면역결핍증(AIDS)을 유발하는 인체면역결핍바이러스(HIV)에 감염되었다는 이유로 국내 체류 외국인을 출국하도록 한 명령은 그 처분으로 보호하고자 하는 전염병 예방이라는 공익의 달성 여부가 확실하지 않은 반면, 외국인의 거주·이전의 자유, 가족결합권을 포함한 행복추구권 등을 심각하게 침해하여 사회통념상 현저하게 타당성을 잃은 것으로서 재량권을 일탈·남용한 위법이 있다고 한 사례.

제46조의2 강제퇴거집행 등에 대한 특칙

지방출입국·외국인관서의 장은 제25조의2 제1항 각 호의 어느 하나에 해당하는 외국인이 같은 항에 따른 법원의 재판, 수사기관의 수사 또는 그 밖의 법률에 따른 권리구제 절차가 진행 중일 때에는 제62조에 따른 강제퇴거명령서의 집행을 유예하거나 제65조에 따라 보증금을 예치시키고 주거의 제한이나 그 밖에 필요한 조건을 붙여 보호를 일시해제할 수 있다. [본조신설 2022. 12. 13.]

제2절 조사 〈개정 2010. 5. 14.〉

제47조 조사

출입국관리공무원은 제46조 제1항 각 호의 어느 하나에 해당된다고 의심되는 외국인(이하 "용의자"라 한다)에 대하여는 그 사실을 조사할 수 있다. [전문개정 2010. 5. 14.]

제48조 용의자에 대한 출석요구 및 신문

① 출입국관리공무원은 제47조에 따른 조사에 필요하면 용의자의 출석을 요구하여 신문(訊問)할 수 있다.
② 출입국관리공무원이 제1항에 따라 신문을 할 때에는 다른 출입국관리공무원을 참여하게 하여야 한다.
③ 제1항에 따른 신문을 할 때에는 용의자가 한 진술은 조서(調書)에 적어야 한다.
④ 출입국관리공무원은 제3항에 따른 조서를 용의자에게 읽어 주거나 열람하게 한 후 오기(誤記)가 있고 없음을 물어야 하고, 용의자가 그 내용에 대한 추가·삭제 또는 변경을 청구하면 그 진술을 조서에 적어야 한다.
⑤ 조서에는 용의자로 하여금 간인(間印)한 후 서명 또는 기명날인(記名捺印)하게 하고, 용의자가 서명 또는 기명날인할 수 없거나 이를 거부할 때에는 그 사실을 조서에 적어야 한다.
⑥ 국어가 통하지 아니하는 사람이나 청각장애인 또는 언어장애인의 진술은 통역인에게 통역하게 하여야 한다. 다만, 청각장애인이나 언어장애인에게는 문자로 묻거나 진술하게 할 수 있다.
⑦ 용의자의 진술 중 국어가 아닌 문자나 부호가 있으면 이를 번역하게 하여야 한다.
[전문개정 2010. 5. 14.]

제49조 참고인에 대한 출석요구 및 진술

① 출입국관리공무원은 제47조에 따른 조사에 필요하면 참고인에게 출석을 요구하여 그의 진술을 들을 수 있다.
② 참고인의 진술에 관하여는 제48조 제2항부터 제7항까지의 규정을 준용한다.
[전문개정 2010. 5. 14.]

제50조 검사 및 서류 등의 제출요구

출입국관리공무원은 제47조에 따른 조사에 필요하면 용의자의 동의를 받아 그의 주거 또는 물건을 검사하거나 서류 또는 물건을 제출하도록 요구할 수 있다.
[전문개정 2010. 5. 14.]

주요판례

❖ **폭력행위 등처벌에관한법률위반**(집단·흉기 등상해)·특수공무집행방해
[의정부지법 2008. 4. 23., 선고, 2008고단291, 판결 : 항소]

판시사항

[1] 출입국관리공무원이 불법체류자 단속을 위하여 제3자의 주거나 사업장 등을 검사하고자 하는 경우에 주거권자나 관리자의 사전 동의가 반드시 필요한지 여부(적극)
[2] 출입국관리공무원이 주거권자나 관리자의 사전 동의 없이 사업장에 진입하여 불법체류자에 대한 단속 업무를 개시한 사안에서, 동의를 받을 수 없었던 급박한 사정도 존재하지 않았으므로 공무집행행위 전체의 적법성이 부인되어 공무집행방해죄가 성립하지 않는다고 한 사례

판결요지

[1] 출입국관리법 제81조 제1항은 "출입국관리공무원 및 대통령령이 정하는 관계기관 소속공무원은 외국인이 이 법 또는 이 법에 의한 명령에 따라 적법하게 체류하고 있는지 여부를 조사하기 위하여 외국인, 그 외국인을 고용한 자, 그 외국인의 소속단체 또는 그 외국인이 근무하는 업소의 대표자와 그 외국인을 숙박시킨 자를 방문하여 질문을 하거나 기타 필요한 자료의 제출을 요구할 수 있다"라고 규정하고 있고, 같은 법 제100조 제2항 제3호는 정당한 이유 없이 장부 또는 자료제출 요구를 거부 또는 기피한 경우 '행정질서벌'인 100만 원 이하의 과태료에 처하도록 하고 있는바, 식품위생법 제17조 제1항, 제77조 제2호, 마약류관리에 관한 법률 제41조 제1항, 제64조 제8호 등과 비교하여 본 법률 규정의 형식, 사용된 문언의 객관적 의미, 위반행위에 대한 제재의 방식 등을 종합하여 볼 때, 출입국관리법의 위 규정들이 출입국관리공무원으로 하여금 주거권자나 관리자의 의사에 반하여 주거나 사업장, 영업소 등에 들어가 외국인 동향을 조사할 권한을 부여하고 있다고 볼 수 없고, 달리 출입국관리법에 이를 인정할 근거 규정이 없다. 더욱이 출입국관리법에 의한 행정조사에 영장주의가 적용되지 않는 점, 출입국관리법 제50조가 불법체류 용의자의 주거를 검사하는 경우 용의자의 동의를 얻도록 규정하고 있는 점까지 고려하면, 출입국관리공무원이 불법체류자

단속을 위하여 제3자의 주거나 사업장 등을 검사하고자 하고자 하는 경우는 주거권자나 관리자의 사전 동의가 반드시 필요하다고 해석된다. 동의는 묵시적으로 표현될 수도 있을 것이나, 이 경우는 명시적 동의에 준할 만한 명백한 상황이라야 할 것이고, 출입국관리공무원이 주거권자나 관리자에게 주거나 사업장 등에 들어감과 동시에 조사의 개시를 고지하는 것만으로 동의의 요건이 충족된다고 보기 어렵다.

[2] 출입국관리공무원이 주거권자나 관리자의 사전 동의 없이 사업장에 진입하여 불법체류자에 대한 단속업무를 개시한 사안에서, 동의를 받을 수 없었던 급박한 사정도 존재하지 않았으므로 공무집행행위 전체의 적법성이 부인되어 공무집행방해죄가 성립하지 않는다고 한 사례.

제3절 심사결정을 위한 보호 〈개정 2010. 5. 14.〉

제51조 보호

① 출입국관리공무원은 외국인이 제46조 제1항각 호의 어느 하나에 해당된다고 의심할 만한 상당한 이유가 있고 도주하거나 도주할 염려가 있으면 지방출입국·외국인관서의 장으로부터 보호명령서를 발급받아 그 외국인을 보호할 수 있다. 〈개정 2014. 3. 18.〉

② 제1항에 따른 보호명령서의 발급을 신청할 때에는 보호의 필요성을 인정할 수 있는 자료를 첨부하여 제출하여야 한다.

③ 출입국관리공무원은 외국인이 제46조 제1항각 호의 어느 하나에 해당된다고 의심할 만한 상당한 이유가 있고 도주하거나 도주할 염려가 있는 긴급한 경우에 지방출입국·외국인관서의 장으로부터 보호명령서를 발급받을 여유가 없을 때에는 그 사유를 알리고 긴급히 보호할 수 있다. 〈개정 2014. 3. 18.〉

④ 출입국관리공무원은 제3항에 따라 외국인을 긴급히 보호하면 즉시 긴급보호서를 작성하여 그 외국인에게 내보여야 한다.

⑤ 출입국관리공무원은 제3항에 따라 외국인을 보호한 경우에는 48시간 이내에 보호명령서를 발급받아 외국인에게 내보여야 하며, 보호명령서를 발급받지 못한 경우에는 즉시 보호를 해제하여야 한다. [전문개정 2010. 5. 14.]

제52조 보호기간 및 보호장소

① 제51조에 따라 보호된 외국인의 강제퇴거 대상자 여부를 심사 결정하기 위한 보

호기간은 10일 이내로 한다. 다만, 부득이한 사유가 있으면 지방출입국·외국인관서의 장의 허가를 받아 10일을 초과하지 아니하는 범위에서 한 차례만 연장할 수 있다. 〈개정 2014. 3. 18.〉
② 보호할 수 있는 장소는 외국인보호실, 외국인보호소 또는 그 밖에 법무부장관이 지정하는 장소(이하 "보호시설"이라 한다)로 한다. [전문개정 2010. 5. 14.]

제53조 보호명령서의 집행

출입국관리공무원이 보호명령서를 집행할 때에는 용의자에게 보호명령서를 내보여야 한다. [전문개정 2010. 5. 14.]

제54조 보호의 통지

① 출입국관리공무원은 용의자를 보호한 때에는 국내에 있는 그의 법정대리인·배우자·직계친족·형제자매·가족·변호인 또는 용의자가 지정하는 사람(이하 "법정대리인 등"이라 한다)에게 3일 이내에 보호의 일시·장소 및 이유를 서면으로 통지하여야 한다. 다만, 법정대리인 등이 없는 때에는 그 사유를 서면에 적고 통지하지 아니할 수 있다.
② 출입국관리공무원은 제1항에 따른 통지 외에 보호된 사람이 원하는 경우에는 긴급한 사정이나 그 밖의 부득이한 사유가 없으면 국내에 주재하는 그의 국적이나 시민권이 속하는 국가의 영사에게 보호의 일시·장소 및 이유를 통지하여야 한다.
[전문개정 2010. 5. 14.]

제55조 보호에 대한 이의신청

① 보호명령서에 따라 보호된 사람이나 그의 법정대리인 등은 지방출입국·외국인관서의 장을 거쳐 법무부장관에게 보호에 대한 이의신청을 할 수 있다. 〈개정 2014. 3. 18.〉
② 법무부장관은 제1항에 따른 이의신청을 받은 경우 지체 없이 관계 서류를 심사하여 그 신청이 이유 없다고 인정되면 결정으로 기각하고, 이유 있다고 인정되면 결정으로 보호된 사람의 보호해제를 명하여야 한다.
③ 법무부장관은 제2항에 따른 결정에 앞서 필요하면 관계인의 진술을 들을 수 있다.

제56조 외국인의 일시보호

① 출입국관리공무원은 다음 각 호의 어느 하나에 해당하는 외국인을 48시간을 초과하지 아니하는 범위에서 외국인보호실에 일시 보호할 수 있다.
   1. 제12조 제4항에 따라 입국이 허가되지 아니한 사람
   2. 제13조 제1항에 따라 조건부 입국허가를 받은 사람으로서 도주하거나 도주할 염려가 있다고 인정할 만한 상당한 이유가 있는 사람
   3. 제68조 제1항에 따라 출국명령을 받은 사람으로서 도주하거나 도주할 염려가 있다고 인정할 만한 상당한 이유가 있는 사람
② 출입국관리공무원은 제1항에 따라 일시보호한 외국인을 출국교통편의 미확보, 질병, 그 밖의 부득이한 사유로 48시간 내에 송환할 수 없는 경우에는 지방출입국·외국인관서의 장의 허가를 받아 48시간을 초과하지 아니하는 범위에서 한 차례만 보호기간을 연장할 수 있다. 〈개정 2014. 3. 18.〉 [전문개정 2010. 5. 14.]

주요판례

❖ **인신보호** [인천지법 2014. 4. 30., 자, 2014인라4, 결정 : 재항고]

판시사항

인천공항에서 난민인정을 신청한 외국인이, 입국불허처분이 있은 뒤 공항 내 송환대기실로 인도되어 약 5개월간 외부로 출입이 금지된 상태로 머무르게 되자 인신보호법상 구제청구를 한 사안에서, 청구인에 대한 계속적인 수용은 위법하다는 이유로 수용자들에 대하여 청구인의 수용을 즉시 해제할 것을 명한 사례

판결요지

인천공항에서 난민인정을 신청한 수단 국적 외국인이, 출입국관리법에 따른 입국불허처분이 있은 뒤 공항 내 송환대기실로 인도되어 난민인정심사불회부결정 취소소송을 제기하였음에도 약 5개월간 외부로 출입이 금지된 상태로 머무르게 되자 인천공항출입국관리사무소 및 인천공항 항공사운영협의회를 상대로 인신보호법상 구제청구를 한 사안에서, 청구인은 인신보호법에 따른 구제청구권을 가지고, 수용자들의 청구인에 대한 계속적인 수용은 위법하다는 이유로 수용자들에 대하여 청구인의 수용을 즉시 해제할 것을 명한 사례.

제56조의2 피보호자의 긴급이송 등

① 지방출입국·외국인관서의 장은 천재지변이나 화재, 그 밖의 사변으로 인하여 보호시설에서는 피난할 방법이 없다고 인정되면 보호시설에 보호되어 있는 사람(이하 "피보호자"라 한다)을 다른 장소로 이송할 수 있다. 〈개정 2014. 3. 18.〉

② 지방출입국·외국인관서의 장은 제1항에 따른 이송이 불가능하다고 판단되면 외국인의 보호조치를 해제할 수 있다. 〈개정 2014. 3. 18.〉 [전문개정 2010. 5. 14.]

제56조의3 피보호자 인권의 존중 등

① 피보호자의 인권은 최대한 존중하여야 하며, 국적, 성별, 종교, 사회적 신분 등을 이유로 피보호자를 차별하여서는 아니 된다. 〈개정 2014. 12. 30.〉
② 남성과 여성은 분리하여 보호하여야 한다. 다만, 어린이의 부양 등 특별한 사정이 있는 경우에는 그러하지 아니하다. 〈신설 2016. 3. 29.〉
③ 지방출입국·외국인관서의 장은 피보호자가 다음 각 호의 어느 하나에 해당하는 외국인인 경우에는 특별히 보호하여야 한다. 〈신설 2014. 12. 30., 2016. 3. 29.〉
  1. 환자
  2. 임산부
  3. 노약자
  4. 19세 미만인 사람
  5. 제1호부터 제4호까지에 준하는 사람으로서 지방출입국·외국인관서의 장이 특별히 보호할 필요가 있다고 인정하는 사람
④ 제3항에 따른 보호를 위한 특별한 조치 및 지원에 관한 구체적인 사항은 법무부령으로 정한다. 〈신설 2014. 12. 30., 2016. 3. 29.〉 [전문개정 2010. 5. 14.]

제56조의4 강제력의 행사

① 출입국관리공무원은 피보호자가 다음 각 호의 어느 하나에 해당하면 그 피보호자에게 강제력을 행사할 수 있고, 다른 피보호자와 격리하여 보호할 수 있다. 이 경우 피보호자의 생명과 신체의 안전, 도주의 방지, 시설의 보안 및 질서유지를 위하여 필요한 최소한도에 그쳐야 한다.
  1. 자살 또는 자해행위를 하려는 경우
  2. 다른 사람에게 위해를 끼치거나 끼치려는 경우
  3. 도주하거나 도주하려는 경우
  4. 출입국관리공무원의 직무집행을 정당한 사유 없이 거부 또는 기피하거나 방

해하는 경우
5. 제1호부터 제4호까지에서 규정한 경우 외에 보호시설 및 피보호자의 안전과 질서를 현저히 해치는 행위를 하거나 하려는 경우
② 제1항에 따라 강제력을 행사할 때에는 신체적인 유형력(有形力)을 행사하거나 경찰봉, 가스분사용총, 전자충격기 등 법무부장관이 지정하는보안장비만을 사용할 수 있다.
③ 제1항에 따른 강제력을 행사하려면 사전에 해당 피보호자에게 경고하여야 한다. 다만, 긴급한 상황으로 사전에 경고할 만한 시간적 여유가 없을 때에는 그러하지 아니하다.
④ 출입국관리공무원은 제1항 각 호의 어느 하나에 해당하거나 보호시설의 질서유지 또는 강제퇴거를 위한 호송 등을 위하여 필요한 경우에는 다음 각 호의 보호장비를 사용할 수 있다.
1. 수갑
2. 포승
3. 머리보호장비
4. 제1호부터 제3호까지에서 규정한 사항 외에 보호시설의 질서유지 또는 강제퇴거를 위한 호송 등을 위하여 특별히 필요하다고 인정되는 보호장비로서법무부령으로 정하는 것
⑤ 제4항에 따른 보호장비의 사용 요건 및 절차 등에 관하여 필요한 사항은법무부령으로 정한다. [전문개정 2010. 5. 14.]

제56조의5 신체 등의 검사

① 출입국관리공무원은 보호시설의 안전과 질서유지를 위하여 필요하면 피보호자의 신체·의류 및 휴대품을 검사할 수 있다.
② 피보호자가 여성이면 제1항에 따른 검사는 여성 출입국관리공무원이 하여야 한다. 다만, 여성 출입국관리공무원이 없는 경우에는 지방출입국·외국인관서의 장이 지명하는 여성이 할 수 있다. <개정 2014. 3. 18.> [전문개정 2010. 5. 14.]

제56조의6 면회 등

① 피보호자는 다른 사람과 면회, 서신수수 및 전화통화(이하 "면회 등"이라 한다)를 할 수 있다.
② 지방출입국·외국인관서의 장은 보호시설의 안전이나 질서, 피보호자의 안전·건강·위생을 위하여 부득이하다고 인정되는 경우에는 면회 등을 제한할 수 있다. 〈개정 2014. 3. 18.〉
③ 면회 등의 절차 및 그 제한 등에 관한 구체적인 사항은 법무부령으로 정한다.
[전문개정 2010. 5. 14.]

제56조의7 영상정보 처리기기 등을 통한 안전대책

① 지방출입국·외국인관서의 장은 피보호자의 자살·자해·도주·폭행·손괴나 그 밖에 다른 피보호자의 생명·신체를 해치거나 보호시설의 안전 또는 질서를 해치는 행위를 방지하기 위하여 필요한 범위에서 영상정보 처리기기 등 필요한 시설을 설치할 수 있다. 〈개정 2014. 3. 18.〉
② 제1항에 따라 설치된 영상정보 처리기기는 피보호자의 인권 등을 고려하여 필요한 최소한의 범위에서 설치·운영되어야 한다.
③ 영상정보 처리기기 등의 설치·운영 및 녹화기록물의 관리 등에 필요한 사항은 법무부령으로 정한다. [전문개정 2010. 5. 14.]

제56조의8 청원

① 피보호자는 보호시설에서의 처우에 대하여 불복하는 경우에는 법무부장관이나 지방출입국·외국인관서의 장에게 청원(請願)할 수 있다. 〈개정 2014. 3. 18.〉
② 청원은 서면으로 작성하여 봉(封)한 후 제출하여야 한다. 다만, 지방출입국·외국인관서의 장에게 청원하는 경우에는 말로 할 수 있다. 〈개정 2014. 3. 18.〉
③ 피보호자는 청원을 하였다는 이유로 불리한 처우를 받지 아니한다.
④ 청원의 절차 등에 관하여 필요한 사항은 법무부령으로 정한다. [본조신설 2010. 5. 14.]

제56조의9 이의신청 절차 등의 게시

지방출입국·외국인관서의 장은 제55조에 따른 보호에 대한 이의신청,제56조의6에 따른 면회 등 및 제56조의8에 따른 청원에 관한 절차를 보호시설 안의 잘 보이는 곳에 게시하여야 한다.〈개정 2014. 3. 18.〉[본조신설 2010. 5. 14.]

제57조 피보호자의 급양 및 관리 등

제56조의2부터 제56조의9까지에서 규정한 사항 외에 보호시설에서의 피보호자에 대한 급양(給養)이나 관리 및 처우, 보호시설의 경비(警備)에 관한 사항과 그 밖에 필요한 사항은 법무부령으로 정한다. [전문개정 2010. 5. 14.]

제4절 심사 및 이의신청〈개정 2010. 5. 14.〉

제58조 심사결정

지방출입국·외국인관서의 장은 출입국관리공무원이 용의자에 대한 조사를 마치면 지체 없이 용의자가 제46조 제1항 각호의 어느 하나에 해당하는지를 심사하여 결정하여야 한다.〈개정 2014. 3. 18.〉[전문개정 2010. 5. 14.]

제59조 심사 후의 절차

① 지방출입국·외국인관서의 장은 심사 결과 용의자가 제46조 제1항각 호의 어느 하나에 해당하지 아니한다고 인정하면 지체 없이 용의자에게 그 뜻을 알려야 하고, 용의자가 보호되어 있으면 즉시 보호를 해제하여야 한다.〈개정 2014. 3. 18.〉
② 지방출입국·외국인관서의 장은 심사 결과 용의자가 제46조 제1항각 호의 어느 하나에 해당한다고 인정되면 강제퇴거명령을 할 수 있다.〈개정 2014. 3. 18.〉
③ 지방출입국·외국인관서의 장은 제2항에 따라 강제퇴거명령을 하는 때에는 강제퇴거명령서를 용의자에게 발급하여야 한다.〈개정 2014. 3. 18.〉
④ 지방출입국·외국인관서의 장은 강제퇴거명령서를 발급하는 경우 법무부장관에게 이의신청을 할 수 있다는 사실을 용의자에게 알려야 한다.〈개정 2014. 3. 18.〉
[전문개정 2010. 5. 14.]

주요판례

❖ **강제퇴거및보호명령취소청구** [서울행법 2022. 8. 18., 선고, 2021구합78282, 판결 : 확정]

판시사항

난민으로 인정되어 국내에 체류 중인 우간다 국적 甲이 폭행·상해·강제추행 등으로 징역형을 선고받은 후 교도소에서 형 집행을 마치고 출소했는데, 지방출입국·외국인관서의 장이 출입국관리법 제46조 제1항 제13호 등에 해당한다는 이유로 같은 법 제59조 제2항에 따라 甲에게 강제퇴거명령서의 '송환국'란을 공란으로 하여 강제퇴거명령을 하고 송환할 수 있을 때까지 甲에 대한 보호명령을 한 사안에서, 위 강제퇴거명령은 난민법 제3조의 강제송환금지원칙에 위반되어 위법하고 강제퇴거명령이 위법한 이상 보호명령 역시 위법하다고 한 사례

판결요지

난민으로 인정되어 국내에 체류 중인 우간다 국적 甲이 폭행·상해·강제추행 등으로 징역형을 선고받은 후 교도소에서 형 집행을 마치고 출소했는데, 지방출입국·외국인관서의 장이 출입국관리법 제46조 제1항 제13호 등에 해당한다는 이유로 같은 법 제59조 제2항에 따라 甲에게 강제퇴거명령서의 '송환국'란을 공란으로 하여 강제퇴거명령을 하고 송환할 수 있을 때까지 甲에 대한 보호명령을 한 사안이다.

제반 사정 및 난민법 제3조 등의 해석에 따르면, 지방출입국·외국인관서의 장은 난민법 제3조에서 규정한 강제송환금지원칙상 일반적인 외국인이나 난민신청자와 달리 난민인정자에 대하여는 강제퇴거명령 조사 및 심사 단계에서 송환이 가능한 국가를 확인하고, 강제퇴거명령을 하는 경우에는 이를 반영하여 강제퇴거명령서에 송환국을 기재하거나, 적어도 난민인정자가 송환될 경우 박해 또는 고문을 받을 염려가 있는 국가를 소극적으로 제외하는 방식으로 가능한 송환국을 특정해야 하며, 이를 전혀 특정하지 않았거나, 박해 또는 고문 당할 우려가 있는 국가를 포함하여 송환국을 특정하였다면 난민법 제3조에 위반된다고 보아야 하는데, 지방출입국·외국인관서의 장은 강제퇴거명령을 발령하기 전 조사 및 심사 단계에서 난민인정자인 甲에 대한 송환국을 조사하여 그 나라로 甲을 송환하는 것이 난민법 제3조에 위배되는지를 심사하지 않은 채 출입국관리법 제46조 제1항에서 정한 강제퇴거 사유에 대한 심사를 거쳐 강제퇴거 사유가 존재한다는 이유만으로 강제퇴거명령을 하였고, 강제퇴거명령서에 甲을 송환할 국가를 전혀 특정하지 않은 점, 甲의 경우 출입국관리법 제64조 제1항 및 제2항 제1호 내지 제3호에 따라 송환국이 정해질 수 없고 제64조 제2항 제4호에 따라 甲이 희망하는 국가로 송환되어야 하는데 지방출입국·외국인관서의 장이 甲에게 송환국을 확인한 사실이 없는 점, 甲이 우간다로 송환될 경우 고문당할 위험이 존재한다고 믿을 만한 상당한 근거가 존재하므로 난민법 제3조 및 '고문 및 그 밖의 잔혹한, 비인도적인 또는 굴욕적인 대우나 처벌의 방지에 관한 협약' 제3조 제1항에 따라 우간다로는 강제송환될 수 없으나 지방출입국·외국인관서의 장은 甲에게 교부한 강제퇴거명령서의 '송환국'란에 우간다가 제외된다는 취지를 기재하지 않았던 점을 종합하면, 위 강제퇴거명령은 난민법 제3조의 강제송환금지원칙에 위반되어 위법하고 강제퇴거명령이 위법한 이상 보호명령 역시 위법하다고 한 사례이다.

제60조 이의신청

① 용의자는 강제퇴거명령에 대하여 이의신청을 하려면 강제퇴거명령서를 받은 날부터 7일 이내에 지방출입국·외국인관서의 장을 거쳐 법무부장관에게 이의

신청서를 제출하여야 한다. 〈개정 2014. 3. 18.〉
② 지방출입국·외국인관서의 장은 제1항에 따른 이의신청서를 접수하면 심사결정서와 조사기록을 첨부하여 법무부장관에게 제출하여야 한다. 〈개정 2014. 3. 18.〉
③ 법무부장관은 제1항과 제2항에 따른 이의신청서 등을 접수하면 이의신청이 이유 있는지를 심사결정하여 그 결과를 지방출입국·외국인관서의 장에게 알려야 한다. 〈개정 2014. 3. 18.〉
④ 지방출입국·외국인관서의 장은 법무부장관으로부터 이의신청이 이유 있다는 결정을 통지받으면 지체 없이 용의자에게 그 사실을 알리고, 용의자가 보호되어 있으면 즉시 그 보호를 해제하여야 한다. 〈개정 2014. 3. 18.〉
⑤ 지방출입국·외국인관서의 장은 법무부장관으로부터 이의신청이 이유 없다는 결정을 통지받으면 지체 없이 용의자에게 그 사실을 알려야 한다. 〈개정 2014. 3. 18.〉
[전문개정 2010. 5. 14.]

제61조 체류허가의 특례

① 법무부장관은 제60조 제3항에 따른 결정을 할 때 이의신청이 이유 없다고 인정되는 경우라도 용의자가 대한민국 국적을 가졌던 사실이 있거나 그 밖에 대한민국에 체류하여야 할 특별한 사정이 있다고 인정되면 그의 체류를 허가할 수 있다.
② 법무부장관은 제1항에 따른 허가를 할 때 체류기간 등 필요한 조건을 붙일 수 있다.
[전문개정 2010. 5. 14.]

제5절 강제퇴거명령서의 집행 〈개정 2010. 5. 14.〉

제62조 강제퇴거명령서의 집행

① 강제퇴거명령서는 출입국관리공무원이 집행한다.
② 지방출입국·외국인관서의 장은 사법경찰관리에게 강제퇴거명령서의 집행을 의뢰할 수 있다. 〈개정 2014. 3. 18.〉
③ 강제퇴거명령서를 집행할 때에는 그 명령을 받은 사람에게 강제퇴거명령서를

내보이고 지체 없이 그를 제64조에 따른 송환국으로 송환하여야 한다. 다만, 제76조 제1항에 따라 선박 등의 장이나 운수업자가 송환하게 되는 경우에는 출입국관리공무원은 그 선박 등의 장이나 운수업자에게 그를 인도할 수 있다. ⟨개정 2017. 12. 12.⟩

④ 제3항에도 불구하고 강제퇴거명령을 받은 사람이 다음 각 호의 어느 하나에 해당하는 경우에는 송환하여서는 아니 된다. 다만, 「난민법」에 따른 난민신청자가 대한민국의 공공의 안전을 해쳤거나 해칠 우려가 있다고 인정되면 그러하지 아니하다. ⟨개정 2012. 2. 10.⟩

1. 「난민법」에 따라 난민인정 신청을 하였으나 난민인정 여부가 결정되지 아니한 경우
2. 「난민법」 제21조에 따라 이의신청을 하였으나 이에 대한 심사가 끝나지 아니한 경우[전문개정 2010. 5. 14.]

관련법령 ▶ 「난민법」 제21조

제21조(이의신청)
① 제18조제2항 또는 제19조에 따라 난민불인정결정을 받은 사람 또는 제22조에 따라 난민인정이 취소 또는 철회된 사람은 그 통지를 받은 날부터 30일 이내에 법무부장관에게 이의신청을 할 수 있다. 이 경우 이의신청서에 이의의 사유를 소명하는 자료를 첨부하여 지방출입국·외국인관서의 장에게 제출하여야 한다.
② 제1항에 따른 이의신청을 한 경우에는 「행정심판법」에 따른 행정심판을 청구할 수 없다.
③ 법무부장관은 제1항에 따라 이의신청서를 접수하면 지체 없이 제25조에 따른 난민위원회에 회부하여야 한다.
④ 제25조에 따른 난민위원회는 직접 또는 제27조에 따른 난민조사관을 통하여 사실조사를 할 수 있다.
⑤ 그 밖에 난민위원회의 심의절차에 대한 구체적인 사항은 대통령령으로 정한다.
⑥ 법무부장관은 난민위원회의 심의를 거쳐 제18조에 따라 난민인정 여부를 결정한다.
⑦ 법무부장관은 이의신청서를 접수한 날부터 6개월 이내에 이의신청에 대한 결정을 하여야 한다. 다만, 부득이한 사정으로 그 기간 안에 이의신청에 대한 결정을 할 수 없는 경우에는 6개월의 범위에서 기간을 정하여 연장할 수 있다.
⑧ 제7항 단서에 따라 이의신청의 심사기간을 연장한 때에는 그 기간이 만료되기 7일 전까지 난민신청자에게 이를 통지하여야 한다.

> 제63조 강제퇴거명령을 받은 사람의 보호 및 보호해제

① 지방출입국·외국인관서의 장은 강제퇴거명령을 받은 사람을 여권 미소지 또는 교통편 미확보 등의 사유로 즉시 대한민국 밖으로 송환할 수 없으면 송환할 수 있을 때까지 그를 보호시설에 보호할 수 있다. 〈개정 2014. 3. 18.〉
② 지방출입국·외국인관서의 장은 제1항에 따라 보호할 때 그 기간이 3개월을 넘는 경우에는 3개월마다 미리 법무부장관의 승인을 받아야 한다. 〈개정 2014. 3. 18.〉
③ 지방출입국·외국인관서의 장은 제2항의 승인을 받지 못하면 지체 없이 보호를 해제하여야 한다. 〈개정 2014. 3. 18.〉
④ 지방출입국·외국인관서의 장은 강제퇴거명령을 받은 사람이 다른 국가로부터 입국이 거부되는 등의 사유로 송환될 수 없음이 명백하게 된 경우에는 그의 보호를 해제할 수 있다. 〈개정 2014. 3. 18.〉
⑤ 지방출입국·외국인관서의 장은 제3항 또는 제4항에 따라 보호를 해제하는 경우에는 주거의 제한이나 그 밖에 필요한 조건을 붙일 수 있다. 〈개정 2014. 3. 18.〉
⑥ 제1항에 따라 보호하는 경우에는 제53조부터 제55조까지, 제56조의2부터 제56조의9까지 및 제57조를 준용한다. [전문개정 2010. 5. 14.]

[헌법불합치, 2020헌가1, 2023.3.23, 출입국관리법(2014. 3. 18. 법률 제12421호로 개정된 것) 제63조 제1항은 헌법에 합치되지 아니한다. 위 법률조항은 2025. 5. 31.을 시한으로 입법자가 개정할 때까지 계속 적용된다.]

주요판례

❖ **강제퇴거명령 및 보호명령취소** [서울행법 2013. 10. 10., 선고, 2013구합13617, 판결 : 항소]

판시사항

미얀마 국적의 甲이 입국 후 난민인정 신청을 하였다가 난민불인정 처분을 받고 이의신청을 하여 심사 중인 상황에서 체류자격 외 활동허가기간이 지났음에도 취업활동을 계속하다가 적발되자 출입국관리사무소장이 강제퇴거명령 및 보호명령을 한 사안에서, 위 처분을 통해 달성하고자 하는 공익에 비해 甲이 입는 불이익이 현저하게 커 위법하다고 한 사례

판결요지

미얀마 국적의 甲이 입국한 후 난민인정 신청을 하였다가 난민불인정 처분을 받고 법무부장관에게 이의신청을 하여 심사 중인 상황에서 체류자격 외 활동허가기간이 지났음에도 취업활동을 계속하다가 적발되자 서울출입국관리사무소장이 출입국관리법 제18조 제1항 위반을 이유로 같은 법 제46조 제1항 제8호 등에 따라 강제퇴거명령 및 보호명령을 한 사안에서, 모든 사정을 종합하면, 서울출입국관리사무소장이 난민신청자인 甲에 대하여 생계지원 없이 난민신청일로부터 1년이 지난 후부터 극히 제한적으로 체류자격 외 취업활동을

허가하고 난민불인정 결정 후에는 허가기간을 연장하지 않으면서, 허가기간 외에 취업활동을 하였음을 이유로 강제퇴거명령을 한 것은 행정의 획일성과 편의성만을 일방적으로 강조하고 난민신청자의 인간으로서 존엄성은 무시한 조치로서, 이를 통해 달성하고자 하는 공익에 비해 甲이 입는 불이익이 현저하게 커 위법하다고 한 사례.

주요판례

❖ **손해배상(기)** [대법원 2001. 10. 26., 선고, 99다68829, 판결]

판시사항

[1] 출입국관리법 제63조 제1항의 보호명령의 성질
[2] 강제퇴거명령대상자로 보호처분 중에 있는 자에 대하여 다른 고소사건을 수사하기 위하여 퇴거명령의 집행을 보류하고 보호기간을 연장하는 것은 위법하다고 한 사례
[3] 외국인에 대한 위자료를 산정함에 있어서 그 외국인의 고국에서의 소득수준이나 그 나라의 경제수준을 참작하여야 하는지 여부 및 참작의 정도

판결요지

[1] 출입국관리법 제63조 제1항은, 강제퇴거명령을 받은 자를 즉시 대한민국 밖으로 송환할 수 없는 때에 송환이 가능할 때까지 그를 외국인 보호실·외국인 보호소 기타 법무부장관이 지정하는 장소에 보호할 수 있도록 규정하고 있는바, 이 규정의 취지에 비추어 볼 때, 출입국관리법 제63조 제1항의 보호명령은 강제퇴거명령의 집행확보 이외의 다른 목적을 위하여 이를 발할 수 없다는 목적상의 한계 및 일단 적법하게 보호명령이 발하여진 경우에도 송환에 필요한 준비와 절차를 신속히 마쳐 송환이 가능할 때까지 필요한 최소한의 기간 동안 잠정적으로만 보호할 수 있고 다른 목적을 위하여 보호기간을 연장할 수 없다는 시간적 한계를 가지는 일시적 강제조치라고 해석된다.
[2] 강제퇴거명령대상자로 보호처분 중에 있는 자에 대하여 다른 고소사건을 수사하기 위하여 퇴거명령의 집행을 보류하고 보호기간을 연장하는 것은 위법하다고 한 사례.
[3] 불법행위의 피해자인 외국인이 일시체류자 또는 불법체류자로서 사고가 아니었더라면 곧 고국으로 돌아갈 것이 예정되어 있거나, 그러한 피해자의 유족들이 외국인으로서 외국에 거주하고 있는 경우, 그 사고로 인한 불법행위로 외국인인 피해자가 입은 정신적 고통에 대한 위자료를 산정하는 데에는 피해자 자신의 고국에서의 소득수준이나 그 나라의 경제수준을 위자료 산정의 한 기준으로 참작할 수는 있으나, 그 참작의 정도는 반드시 그러한 소득수준 또는 경제수준의 차이에 비례하여야 하는 것은 아니고, 당해 불법행위의 유형을 감안하여 합리성이 인정되는 범위 내에서 고려하면 족하다.

제64조 송환국

① 강제퇴거명령을 받은 사람은 국적이나 시민권을 가진 국가로 송환된다.
② 제1항에 따른 국가로 송환할 수 없는 경우에는 다음 각 호의 어느 하나에 해당하는 국가로 송환할 수 있다.
  1. 대한민국에 입국하기 전에 거주한 국가

2. 출생지가 있는 국가
3. 대한민국에 입국하기 위하여 선박 등에 탔던 항(港)이 속하는 국가
4. 제1호부터 제3호까지에서 규정한 국가 외에 본인이 송환되기를 희망하는 국가

③ 삭제 〈2012. 2. 10.〉 [전문개정 2010. 5. 14.]

주요판례

❖ **강제퇴거및보호명령취소청구** [서울행법 2022. 8. 18., 선고, 2021구합78282, 판결 : 확정]

판시사항

난민으로 인정되어 국내에 체류 중인 우간다 국적 甲이 폭행·상해·강제추행 등으로 징역형을 선고받은 후 교도소에서 형 집행을 마치고 출소했는데, 지방출입국·외국인관서의 장이 출입국관리법 제46조 제1항 제13호 등에 해당한다는 이유로 같은 법 제59조 제2항에 따라 甲에게 강제퇴거명령서의 '송환국'란을 공란으로 하여 강제퇴거명령을 하고 송환할 수 있을 때까지 甲에 대한 보호명령을 한 사안에서, 위 강제퇴거명령은 난민법 제3조의 강제송환금지원칙에 위배되어 위법하고 강제퇴거명령이 위법한 이상 보호명령 역시 위법하다고 한 사례

판결요지

난민으로 인정되어 국내에 체류 중인 우간다 국적 甲이 폭행·상해·강제추행 등으로 징역형을 선고받은 후 교도소에서 형 집행을 마치고 출소했는데, 지방출입국·외국인관서의 장이 출입국관리법 제46조 제1항 제13호 등에 해당한다는 이유로 같은 법 제59조 제2항에 따라 甲에게 강제퇴거명령서의 '송환국'란을 공란으로 하여 강제퇴거명령을 하고 송환할 수 있을 때까지 甲에 대한 보호명령을 한 사안이다.
제반 사정 및 난민법 제3조 등의 해석에 따르면, 지방출입국·외국인관서의 장은 난민법 제3조에서 규정한 강제송환금지원칙상 일반적인 외국인이나 난민신청자와 달리 난민인정자에 대하여는 강제퇴거명령 조사 및 심사 단계에서 송환이 가능한 국가를 확인하고, 강제퇴거명령을 하는 경우에는 이를 반영하여 강제퇴거명령서에 송환국을 기재하거나, 적어도 난민인정자가 송환될 경우 박해 또는 고문을 받을 염려가 있는 국가를 소극적으로 제외하는 방식으로 가능한 송환국을 특정해야 하며, 이를 전혀 특정하지 않았거나, 박해 또는 고문당할 우려가 있는 국가를 포함하여 송환국을 특정하였다면 난민법 제3조에 위반된다고 보아야 하는데, 지방출입국·외국인관서의 장은 강제퇴거명령을 발령하기 전 조사 및 심사 단계에서 난민인정자인 甲에 대한 송환국을 조사하여 그 나라로 甲을 송환하는 것이 난민법 제3조에 위배되는지를 심사하지 않은 채 출입국관리법 제46조 제1항에서 정한 강제퇴거 사유에 대한 심사를 거쳐 강제퇴거 사유가 존재한다는 이유만으로 강제퇴거명령을 하였고, 강제퇴거명령서에 甲을 송환할 국가를 전혀 특정하지 않은 점, 甲의 경우 출입국관리법 제64조 제1항 및 제2항 제1호 내지 제3호에 따라 송환국이 정해질 수 없고 제64조 제2항 제4호에 따라 甲이 희망하는 국가로 송환되어야 하는데 지방출입국·외국인관서의 장이 甲에게 송환국을 확인한 사실이 없는 점, 甲이 우간다로 송환될 경우 고문당할 위험이 존재한다고 믿을 만한 상당한 근거가 존재하므로 난민법 제3조 및 '고문 및 그 밖의 잔혹, 비인도적인 또는 굴욕적인 대우나 처벌의 방지에 관한 협약' 제3조 제1항에 따라 우간다로는 강제송환될 수 없으나 지방출입국·외국인관서의 장은 甲에게 교부한 강제퇴거명령서의 '송환국'란에 우간다가 제외된다는 취지를 기재하지 않았던 점을 종합하면, 위 강제퇴거명령은 난민법 제3조의 강제송환금지원칙에 위반되어 위법하고 강제퇴거명령이 위법한 이상 보호명령 역시 위법하다고 한 사례이다.

제6절 보호의 일시해제 〈개정 2010. 5. 14.〉

제65조 보호의 일시해제

① 지방출입국·외국인관서의 장은 직권으로 또는 피보호자(그의 보증인 또는 법정대리인 등을 포함한다)의 청구에 따라 피보호자의 정상(情狀), 해제요청사유, 자산, 그 밖의 사항을 고려하여 2천만원 이하의 보증금을 예치시키고 주거의 제한이나 그 밖에 필요한 조건을 붙여 보호를 일시해제할 수 있다.
② 제1항에 따른 보호의 일시해제 청구, 보증금의 예치 및 반환의 절차는 대통령령으로 정한다. [전문개정 2018. 3. 20.]

제66조 보호 일시해제의 취소

① 지방출입국·외국인관서의 장은 보호로부터 일시해제된 사람이 다음 각 호의 어느 하나에 해당하면 보호의 일시해제를 취소하고 다시 보호의 조치를 할 수 있다. 〈개정 2014. 3. 18.〉
  1. 도주하거나 도주할 염려가 있다고 인정되는 경우
  2. 정당한 사유 없이 출석명령에 따르지 아니한 경우
  3. 제1호 및 제2호에서 규정한 사항 외에 일시해제에 붙인 조건을 위반한 경우
② 지방출입국·외국인관서의 장은 제1항에 따라 보호의 일시해제를 취소하는 경우 보호 일시해제 취소서를 발급하고 보증금의 전부 또는 일부를 국고에 귀속시킬 수 있다. 〈개정 2014. 3. 18.〉
③ 제2항에 따른 보증금의 국고 귀속절차는 대통령령으로 정한다. [전문개정 2010. 5. 14.]

제66조의2 보호의 일시해제 절차 등의 게시

지방출입국·외국인관서의 장은 제65조 및 제66조에 따른 보호의 일시해제 및 그 취소에 관한 절차를 보호시설 안의 잘 보이는 곳에 게시하여야 한다. [본조신설 2018. 3. 20.]

제7절 출국권고 등 〈개정 2010. 5. 14.〉

제67조 출국권고

① 지방출입국·외국인관서의 장은 대한민국에 체류하는 외국인이 다음 각 호의 어느 하나에 해당하면 그 외국인에게 자진하여 출국할 것을 권고할 수 있다. 〈개정 2014. 3. 18.〉
  1. 제17조와 제20조를 위반한 사람으로서 그 위반 정도가 가벼운 경우
  2. 제1호에서 규정한 경우 외에 이 법 또는 이 법에 따른 명령을 위반한 사람으로서 법무부장관이 그 출국을 권고할 필요가 있다고 인정하는 경우
② 지방출입국·외국인관서의 장은 제1항에 따라 출국권고를 할 때에는 출국권고서를 발급하여야 한다. 〈개정 2014. 3. 18.〉
③ 제2항에 따른 출국권고서를 발급하는 경우 발급한 날부터 5일의 범위에서 출국기한을 정할 수 있다. [전문개정 2010. 5. 14.]

제68조 출국명령

① 지방출입국·외국인관서의 장은 다음 각 호의 어느 하나에 해당하는 외국인에게는 출국명령을 할 수 있다. 〈개정 2014. 3. 18., 2018. 3. 20.〉
  1. 제46조 제1항 각 호의 어느 하나에 해당한다고 인정되나 자기비용으로 자진하여 출국하려는 사람
  2. 제67조에 따른 출국권고를 받고도 이행하지 아니한 사람
  3. 제89조에 따라 각종 허가 등이 취소된 사람
  3의2. 제89조의2 제1항에 따라 영주자격이 취소된 사람. 다만, 제89조의2 제2항에 따라 일반체류자격을 부여받은 사람은 제외한다.
  4. 제100조 제1항부터 제3항까지의 규정에 따른 과태료 처분 후 출국조치하는 것이 타당하다고 인정되는 사람
  5. 제102조 제1항에 따른 통고처분(通告處分) 후 출국조치하는 것이 타당하다고 인정되는 사람
② 지방출입국·외국인관서의 장은 제1항에 따라 출국명령을 할 때에는 출국명령서

를 발급하여야 한다. 〈개정 2014. 3. 18.〉

③ 제2항에 따른 출국명령서를 발급할 때에는 법무부령으로 정하는 바에 따라 출국기한을 정하고 주거의 제한이나 그 밖에 필요한 조건을 붙일 수 있으며, 필요하다고 인정할 때에는 2천만원 이하의 이행보증금을 예치하게 할 수 있다. 〈개정 2020. 10. 20.〉

④ 지방출입국·외국인관서의 장은 출국명령을 받고도 지정한 기한까지 출국하지 아니하거나 제3항에 따라 붙인 조건을 위반한 사람에게는 지체 없이 강제퇴거명령서를 발급하여야 하며, 그 예치된 이행보증금의 전부 또는 일부를 국고에 귀속시킬 수 있다. 〈개정 2014. 3. 18., 2020. 10. 20.〉

⑤ 제3항과 제4항에 따른 이행보증금의 예치 및 반환과 국고 귀속절차는 대통령령으로 정한다. 〈신설 2020. 10. 20.〉 [전문개정 2010. 5. 14.]

주요판례

❖ **출국명령처분취소** [서울행법 2008. 4. 16., 선고, 2007구합24500, 판결 : 항소]

판시사항

인체면역결핍바이러스(HIV) 감염을 이유로 국내 체류 외국인에 대하여 한 출국명령이 재량권을 일탈·남용한 것으로서 위법하다고 한 사례

판결요지

후천성면역결핍증(AIDS)을 유발하는 인체면역결핍바이러스(HIV)에 감염되었다는 이유로 국내 체류 외국인을 출국하도록 한 명령은 그 처분으로 보호하고자 하는 전염병 예방이라는 공익의 달성 여부가 확실하지 않은 반면, 외국인의 거주·이전의 자유, 가족결합권을 포함한 행복추구권 등을 심각하게 침해하여 사회통념상 현저하게 타당성을 잃은 것으로서 재량권을 일탈·남용한 위법이 있다고 한 사례.

제7장 선박 등의 검색 〈개정 2010. 5. 14.〉

제69조 선박 등의 검색 및 심사

① 선박 등이 출입국항에 출·입항할 때에는 출입국관리공무원의 검색을 받아야 한다.
② 선박 등의 장이나 운수업자는 선박 등이 부득이하게 출입국항이 아닌 장소에 출·입항하여야 할 사유가 발생하면 제74조에 따른 출·입항 예정통보서에 그 사유를 소명하는 자료를 첨부하여 미리 지방출입국·외국인관서의 장에게 제출하고 제1항에 따른 검색을 받아야 한다. 다만, 항공기의 불시착, 선박의 조난 등 불의의 사고가 발생하면 지체 없이 그 사실을 지방출입국·외국인관서의 장에게 보고하여 검색을 받아야 한다. 〈개정 2014. 3. 18.〉
③ 출입국관리공무원은 제1항이나 제2항에 따라 검색을 할 때에는 다음 각 호의 사항을 심사하여야 한다.
  1. 승무원과 승객의 출입국 적격 여부 또는 이선(離船) 여부
  2. 법령을 위반하여 입국이나 출국을 하려는 사람이 선박 등에 타고 있는지 여부
  3. 제72조에 따른 승선허가를 받지 아니한 사람이 있는지 여부
④ 출입국관리공무원은 제1항부터 제3항까지의 규정에 따른 검색과 심사를 할 때에는 선박 등의 장에게 항해일지나 그 밖에 필요한 서류의 제출 또는 열람을 요구할 수 있다.
⑤ 출입국관리공무원은 선박 등에 승선 중인 승무원·승객, 그 밖의 출입자의 신원을 확인하기 위하여 이들에게 질문을 하거나 그 신분을 증명할 수 있는 서류 등을 제시할 것을 요구할 수 있다.
⑥ 지방출입국·외국인관서의 장은 선박 등의 검색을 법무부령으로 정하는 바에 따라 서류심사로 갈음하게 할 수 있다. 〈개정 2014. 3. 18.〉

⑦ 선박 등의 장은 출항검색이 끝난 후 3시간 이내에 출항할 수 없는 부득이한 사유가 생겼을 때에는 지방출입국·외국인관서의 장에게 그 사유를 보고하고 출항 직전에 다시 검색을 받아야 한다. 〈개정 2014. 3. 18.〉 [전문개정 2010. 5. 14.]

제70조 내항 선박 등의 검색 등에 대한 준용 규정

① 대한민국 영역에서 사람이나 물건을 수송하는 선박, 항공기, 그 밖의 교통기관이 불의의 사고나 항해상의 문제 등 특별한 사정으로 외국에 기항(寄港)한 후 입항할 경우에는 선박 등의 검색 및 선박 등의 장이나 운수업자의 책임에 관하여 제7장과 제8장을 준용한다.

② 대한민국에 입국하거나 대한민국으로부터 출국하려는 사람의 환승을 위하여 국내공항 간을 운항하는 항공기에 대해서도 항공기의 검색 및 항공기의 장이나 운수업자의 책임에 관하여 제7장과 제8장을 준용한다. 다만, 제76조 제1항에 따른 송환 의무는 출발지 공항까지로 한정하며, 그 이후 대한민국 밖으로의 송환 의무는 송환 대상 외국인이 환승하기 직전에 탔던 항공기의 장이나 운수업자에게 있다. 〈개정 2017. 12. 12.〉 [전문개정 2016. 3. 29.]

제71조 출입국의 정지 등

① 지방출입국·외국인관서의 장은 제69조 제3항에 따른 심사 결과 위법한 사실을 발견하였을 때에는 관계 승무원 또는 승객의 출국이나 입국을 정지시킬 수 있다. 〈개정 2014. 3. 18.〉

② 제1항에 따른 출입국의 정지는 위법한 사실의 조사에 필요한 기간에만 할 수 있다.

③ 제2항에 따른 조사를 마친 뒤에도 계속하여 출입국을 금지하거나 정지시킬 필요가 있을 때에는 제4조·제11조 또는 제29조에 따른 법무부장관의 결정을 받아야 한다.

④ 지방출입국·외국인관서의 장은 제1항, 제4조 또는 제29조에 따라 승객이나 승무원의 출국을 금지하거나 정지시키기 위하여 필요하다고 인정하면 선박 등에 대하여 출항의 일시정지 또는 회항(回航)을 명하거나 선박 등에 출입하는 것을 제한할 수 있다. 〈개정 2014. 3. 18.〉

⑤ 지방출입국·외국인관서의 장은 제4항에 따라 선박 등에 대하여 출항의 일시정

지 또는 회항을 명하거나 출입을 제한하는 경우에는 지체 없이 그 사실을 선박 등의 장이나 운수업자에게 통보하여야 한다. 출항의 일시정지·회항명령 또는 출입제한을 해제한 경우에도 또한 같다. 〈개정 2014. 3. 18.〉

⑥ 제4항에 따른 선박 등의 출항의 일시정지 등은 직무수행에 필요한 최소한의 범위에서 하여야 한다. [전문개정 2010. 5. 14.]

제72조 승선허가

① 출입국항 또는 출입국항이 아닌 장소에 정박하는 선박 등에 출입하려는 사람은 지방출입국·외국인관서의 장의 승선허가를 받아야 한다. 다만, 그 선박 등의 승무원과 승객 또는 다른 법령에 따라 출입할 수 있는 사람은 그러하지 아니하다. 〈개정 2014. 3. 18.〉

② 출입국관리공무원 외의 사람이 출입국심사장에 출입하려는 경우에도 제1항과 같다. [전문개정 2010. 5. 14.]

제8장 선박 등의 장 및 운수업자의 책임 〈개정 2010. 5. 14.〉

제73조 운수업자 등의 일반적 의무 등

선박 등의 장이나 운수업자는 다음 각 호의 사항을 지켜야 한다. 〈개정 2016. 3. 29.〉
1. 입국이나 상륙을 허가받지 아니한 사람의 입국·상륙 방지
2. 유효한 여권(선원의 경우에는 여권 또는 선원신분증명서를 말한다)과 필요한 사증을 지니지 아니한 사람의 탑승방지
3. 승선허가나 출국심사를 받지 아니한 사람의 탑승방지
4. 이 법에 따른 출국 또는 입국 요건을 갖추지 못하여 선박 등에 탑승하기에 부적당하다고 출입국관리공무원이 통보한 사람의 탑승방지
5. 제1호부터 제4호까지에 규정된 입국·상륙·탑승의 방지를 위하여 출입국관리공무원이 요청하는 감시원의 배치
6. 이 법을 위반하여 출입국을 하려는 사람이 숨어 있는지를 확인하기 위한 선박 등의 검색
7. 선박 등의 검색과 출입국심사가 끝날 때까지 선박 등에 무단출입하는 행위의 금지
8. 선박 등의 검색과 출국심사가 끝난 후 출항하기 전까지 승무원이나 승객의 승선·하선 방지
9. 출입국관리공무원이 선박 등의 검색과 출입국심사를 위한 직무수행에 특히 필요하다고 인정하여 명하는 사항 [전문개정 2010. 5. 14.]

제73조의2 승객예약정보의 열람 및 제공 등

① 운수업자는 출입국관리공무원이 다음 각 호의 어느 하나에 해당하는 업무를 수

행하기 위하여 예약정보의 확인을 요청하는 경우에는 지체 없이 예약정보시스템을 열람하게 하거나 표준화된 전자문서로 제출하여야 한다. 다만, 법무부령으로 정하는 부득이한 사유로 표준화된 전자문서로 제출할 수 없을 때에는 지체 없이 그 사유를 밝히고 서류로 제출할 수 있다.

1. 제7조 제1항·제7조의2또는제12조의3 제1항을 위반하였거나 위반하였다고 의심할 만한 상당한 이유가 있는 사람에 대한 조사
2. 제11조 제1항각 호의 어느 하나에 해당하거나 해당한다고 의심할 만한 상당한 이유가 있는 사람에 대한 조사

② 제1항에 따라 열람하거나 문서로 제출받을 수 있는 자료의 범위는 다음 각 호로 한정한다.
1. 성명, 국적, 주소 및 전화번호
2. 여권번호, 여권의 유효기간 및 발급국가
3. 예약 및 탑승수속 시점
4. 여행경로와 여행사
5. 동반 탑승자와 좌석번호
6. 수하물(手荷物)
7. 항공권의 구입대금 결제방법
8. 여행출발지와 최종목적지
9. 예약번호

③ 운수업자는 출입국관리공무원이 승객의 안전과 정확하고 신속한 출입국심사를 위하여 탑승권을 발급받으려는 승객에 대한 다음 각 호의 자료를 요청하는 경우에는 지체 없이 표준화된 전자문서로 제출하여야 한다. 다만, 법무부령으로 정하는 부득이한 사유로 표준화된 전자문서로 제출할 수 없을 때에는 지체 없이 그 사유를 밝히고 서류로 제출할 수 있다. 〈개정 2016. 3. 29., 2020. 6. 9.〉
1. 성명, 성별, 생년월일 및 국적
2. 여권번호와 예약번호
3. 출항편, 출항지 및 출항시간
4. 입항지와 입항시간
5. 환승 여부

6. 생체정보

④ 제1항과 제3항에 따라 자료를 열람하거나 문서로 제출하여 줄 것을 요청할 수 있는 출입국관리공무원은 지방출입국·외국인관서의 장이 지정하는 사람으로 한정한다. 〈개정 2014. 3. 18.〉

⑤ 제4항에 따라 지정된 출입국관리공무원은 제출받은 자료를 검토한 결과 이 법에 따른 출국 또는 입국 요건을 갖추지 못하여 선박 등에 탑승하기에 부적당한 사람이 발견된 경우에는 그 사람의 탑승을 방지하도록 선박 등의 장이나 운수업자에게 통보할 수 있다. 〈신설 2016. 3. 29.〉

⑥ 제4항에 따라 지정된 출입국관리공무원은 직무상 알게 된 예약정보시스템의 자료를 누설하거나 권한 없이 처리하거나 다른 사람의 이용에 제공하는 등 부당한 목적을 위하여 사용하여서는 아니 된다. 〈개정 2016. 3. 29.〉

⑦ 제1항과 제3항에 따른 자료의 열람과 제출 시기 등에 관한 구체적인 사항은 대통령령으로 정한다. 〈개정 2016. 3. 29.〉[본조신설 2010. 5. 14.][제목개정 2016. 3. 29.]

제74조 사전통보의 의무

선박 등이 출입국항에 출·입항하는 경우에 그 선박 등의 장이나 운수업자는 지방출입국·외국인관서의 장에게 출·입항 예정일시와 그 밖에 필요한 사항을 적은 출·입항 예정통보서를 미리 제출하여야 한다. 다만, 항공기의 불시착이나 선박의 조난 등 불의의 사고가 발생한 경우에는 지체 없이 그 사실을 알려야 한다. 〈개정 2014. 3. 18.〉 [전문개정 2010. 5. 14.]

제75조 보고의 의무

① 출입국항이나 출입국항이 아닌 장소에 출·입항하는 선박 등의 장이나 운수업자는 대통령령으로 정하는 사항을 적은 승무원명부와 승객명부를 첨부한 출·입항보고서를 지방출입국·외국인관서의 장에게 제출하여야 한다. 〈개정 2014. 3. 18.〉

② 제1항에 따른 출·입항보고서는 표준화된 전자문서로 제출하여야 한다. 다만, 법무부령으로 정하는 부득이한 사유로 표준화된 전자문서로 제출할 수 없을 때에는 지체 없이 그 사유를 밝히고 서류로 제출할 수 있다.

③ 제1항에 따른 출·입항보고서의 제출시기 등 그 절차에 관한 구체적인 사항은 대통령령으로 정한다.

④ 출입국항이나 출입국항이 아닌 장소에 입항하는 선박 등의 장이나 운수업자는 여권(선원의 경우에는 여권 또는 선원신분증명서를 말한다)을 가지고 있지 아니한 사람이 그 선박 등에 타고 있는 것을 알았을 때에는 지체 없이 지방출입국·외국인관서의 장에게 보고하고 그의 상륙을 방지하여야 한다. 〈개정 2014. 3. 18.〉

⑤ 출입국항이나 출입국항이 아닌 장소에서 출항하는 선박 등의 장이나 운수업자는 다음 각 호의 사항을 지방출입국·외국인관서의 장에게 보고하여야 한다. 〈개정 2012. 1. 26., 2014. 3. 18.〉

  1. 승무원 상륙허가를 받은 승무원 또는 관광상륙허가를 받은 승객이 선박 등으로 돌아왔는지 여부

  2. 정당한 출국절차를 마치지 아니하고 출국하려는 사람이 있는지 여부

[전문개정 2010. 5. 14.]

제76조 송환의 의무

① 지방출입국·외국인관서의 장이 다음 각 호의 어느 하나에 해당하는 외국인(이하 "송환대상외국인"이라 한다)의 송환을 지시한 때에는 그 송환대상외국인이 탔던 선박 등의 장이나 운수업자가 그의 비용(항공운임, 선박운임 등 수송비용을 말한다)과 책임으로 송환대상외국인을 지체 없이 대한민국 밖으로 송환하여야 한다. 〈개정 2012. 1. 26., 2017. 12. 12., 2018. 3. 20., 2021. 8. 17.〉

  1. 삭제〈2021. 8. 17.〉

  2. 삭제〈2021. 8. 17.〉

  3. 제12조 제4항에 따라 입국이 허가되지 아니한 사람

  4. 제14조에 따라 상륙한 승무원 또는 제14조의2에 따라 관광상륙한 승객으로서 그가 타고 있던 선박 등이 출항할 때까지 선박 등으로 돌아오지 아니한 사람

  5. 제46조 제1항 제6호 또는 제7호에 해당하는 사람으로서 강제퇴거명령을 받은 사람

② 지방출입국·외국인관서의 장이 제1항에 따라 송환을 지시할 때에는 선박 등의 운항 계획, 승객예약 상황 등을 고려하여 송환기한을 지정할 수 있다. 다만, 선박

등의 장이나 운수업자가 기한 내에 송환을 완료할 수 없는 불가피한 사유를 소명하는 경우에는 송환기한을 연기할 수 있다. 〈개정 2021. 8. 17.〉

③ 제1항에 따른 송환지시의 방법·절차 및 제2항에 따른 송환기한 지정과 그 연기에 관하여 필요한 사항은 법무부령으로 정한다. 〈신설 2021. 8. 17.〉[전문개정 2010. 5. 14.]

주요판례

❖ **인신보호**[인천지법 2014. 4. 30., 자, 2014인라4, 결정 : 재항고]

판시사항

인천공항에서 난민인정을 신청한 외국인이, 입국불허처분이 있은 뒤 공항 내 송환대기실로 인도되어 약 5개월간 외부로 출입이 금지된 상태로 머무르게 되자 인신보호법상 구제청구를 한 사안에서, 청구인에 대한 계속적인 수용은 위법하다는 이유로 수용자들에 대하여 청구인의 수용을 즉시 해제할 것을 명한 사례

판결요지

인천공항에서 난민인정을 신청한 수단 국적 외국인이, 출입국관리법에 따른 입국불허처분이 있은 뒤 공항 내 송환대기실로 인도되어 난민인정심사불회부결정 취소소송을 제기하였음에도 약 5개월간 외부로 출입이 금지된 상태로 머무르게 되자 인천공항출입국관리사무소 및 인천공항 항공사운영협의회를 상대로 인신보호법상 구제청구를 한 사안에서, 청구인은 인신보호법에 따른 구제청구권을 가지고, 수용자들의 청구인에 대한 계속적인 수용은 위법하다는 이유로 수용자들에 대하여 청구인의 수용을 즉시 해제할 것을 명한 사례.

제8장의2 출국대기실 설치·운영 등 〈신설 2021. 8. 17.〉

제76조의2 송환대기장소

① 송환대상외국인은 출국하기 전까지 출국대기실에서 대기하여야 한다. 다만, 지방출입국·외국인관서의 장은 대통령령으로 정하는 바에 따라 직권으로 또는 송환대상외국인(그의 법정대리인 등을 포함한다)의 신청에 따라 송환대상외국인의 상태, 신청사유, 그 밖의 사항을 고려하여 출입국항 내의 지정된 장소에서 조건을 붙여 대기하게 할 수 있다.

② 출국대기실의 운영 및 안전대책, 출국대기실 입실 외국인의 인권존중, 급양 및 관리에 관하여는 제56조의3, 제56조의5부터 제56조의7까지 및 제57조를 준용한다. 이 경우 "피보호자"는 "송환대상외국인"으로, "보호시설"은 "출국대기실"로 본다.

③ 제1항에도 불구하고 출국대기실이 설치되지 않은 출입국항(항구를 말한다)의 경우 그 출입국항을 관할하는 지방출입국·외국인관서의 장은 송환대상외국인이 타고 온 선박의 장이나 운수업자에게 법무부령으로 정하는 바에 따라 송환대상외국인의 관리를 요청할 수 있다. 이 경우 관리를 요청받은 선박의 장이나 운수업자는 송환대상외국인이 출국하기 전까지 선박 내에서 관리하여야 한다.

[본조신설 2021. 8. 17.]

제76조의3 관리비용의 부담

① 국가는 송환대상외국인이 제76조의2 제1항 또는 제3항의 송환대기장소에서 대기하는 경우 대통령령으로 정하는 바에 따라 송환대상외국인이 출국하기 전까지

의 숙식비 등 관리비용을 부담한다.

② 제1항에도 불구하고 송환대상외국인이 탔던 선박 등의 장 또는 운수업자가 다음 각 호의 어느 하나에 해당하는 경우에는 대통령령으로 정하는 바에 따라 숙식비 등 관리비용을 부담한다.

1. 제73조 제1호, 제2호 또는 제4호를 위반한 경우
2. 정당한 이유 없이 제76조 제1항 및 제2항에 따른 송환의무를 이행하지 않은 경우
3. 제1호 및 제2호에서 규정한 경우 외에 선박 등의 장 또는 운수업자의 귀책사유로 인하여 송환대상외국인이 된 경우 [본조신설 2021. 8. 17.]

제76조의4 강제력의 행사

① 출입국관리공무원은 송환대상외국인이 다음 각 호의 어느 하나에 해당하는 경우 그 송환대상외국인에게 강제력을 행사할 수 있다. 이 경우 강제력의 행사는 송환대상외국인의 생명과 신체의 안전, 시설의 보안 및 질서유지를 위하여 필요한 최소한도에 그쳐야 한다.

1. 자살 또는 자해행위를 하려는 경우
2. 다른 사람에게 위해를 가하거나 가하려는 경우
3. 출입국관리공무원의 직무집행을 정당한 사유 없이 거부 또는 기피하거나 방해하는 경우
4. 제1호부터 제3호까지에서 규정한 경우 외에 시설 및 다른 사람의 안전과 질서를 현저히 해치는 행위를 하거나 하려는 경우

② 제1항에 따른 강제력의 행사에는 제56조의4 제2항부터 제5항까지를 준용한다. 이 경우 "피보호자"는 "송환대상외국인"으로, "보호시설"은 "출국대기실"로 본다.

[본조신설 2021. 8. 17.]

제8장의3 난민여행증명서 발급 등 〈개정 2010. 5. 14., 2012. 2. 10., 2021. 8. 17.〉

제76조의5 난민여행증명서

① 법무부장관은 「난민법」에 따른 난민인정자가 출국하려고 할 때에는 그의 신청에 의하여 대통령령으로 정하는 바에 따라 난민여행증명서를 발급하여야 한다. 다만, 그의 출국이 대한민국의 안전을 해칠 우려가 있다고 인정될 때에는 그러하지 아니하다. 〈개정 2012. 2. 10.〉
② 제1항에 따른 난민여행증명서의 유효기간은 3년으로 한다. 〈개정 2016. 3. 29.〉
③ 제1항에 따라 난민여행증명서를 발급받은 사람은 그 증명서의 유효기간 만료일까지 횟수에 제한 없이 대한민국에서 출국하거나 대한민국으로 입국할 수 있다. 이 경우 입국할 때에는 제30조에 따른 재입국허가를 받지 아니하여도 된다. 〈개정 2016. 3. 29.〉
④ 법무부장관은 제3항의 경우 특히 필요하다고 인정되면 3개월 이상 1년 미만의 범위에서 입국할 수 있는 기간을 제한할 수 있다.
⑤ 법무부장관은 제1항에 따라 난민여행증명서를 발급받고 출국한 사람이 질병이나 그 밖의 부득이한 사유로 그 증명서의 유효기간 내에 재입국할 수 없는 경우에는 그의 신청을 받아 6개월을 초과하지 아니하는 범위에서 그 유효기간의 연장을 허가할 수 있다.
⑥ 법무부장관은 제5항에 따른 유효기간 연장허가에 관한 권한을 대통령령으로 정하는 바에 따라 재외공관의 장에게 위임할 수 있다. [전문개정 2010. 5. 14.]

제76조의6 난민인정증명서 등의 반납

① 「난민법」에 따른 난민인정자는 다음 각 호의 어느 하나에 해당하면 그가 지니고

있는 난민인정증명서나 난민여행증명서를 지체 없이 지방출입국·외국인관서의 장에게 반납하여야 한다. 〈개정 2012. 2. 10., 2014. 3. 18.〉
1. 제59조 제3항, 제68조 제4항 또는 제85조 제1항에 따라 강제퇴거명령서를 발급받은 경우
2. 제60조 제5항에 따라 강제퇴거명령에 대한 이의신청이 이유 없다는 통지를 받은 경우
3. 「난민법」에 따라 난민인정결정 취소나 철회의 통지를 받은 경우
② 법무부장관은 제76조의5 제1항에 따라 난민여행증명서를 발급받은 사람이 대한민국의 안전을 해치는 행위를 할 우려가 있다고 인정되면 그 외국인에게 14일 이내의 기간을 정하여 난민여행증명서의 반납을 명할 수 있다.
③ 제2항에 따라 난민여행증명서를 반납하였을 때에는 그 때에, 지정된 기한까지 반납하지 아니하였을 때에는 그 기한이 지난 때에 그 난민여행증명서는 각각 효력을 잃는다. [전문개정 2010. 5. 14.]

제76조의7 난민에 대한 체류허가의 특례

법무부장관은 「난민법」에 따른 난민인정자가 제60조 제1항에 따른 이의신청을 한 경우 제61조 제1항에 규정된 사유에 해당되지 아니하고 이의신청이 이유 없다고 인정되는 경우에도 그의 체류를 허가할 수 있다. 이 경우 제61조 제2항을 준용한다. 〈개정 2012. 2. 10.〉[전문개정 2010. 5. 14.]

제76조의8 난민여행증명서 발급 등 사무의 대행

법무부장관은 난민여행증명서의 발급 및 재발급에 관한 사무의 일부를 대통령령으로 정하는 바에 따라 난민여행증명서 발급 신청인의 체류지 관할 지방출입국·외국인관서의 장에게 대행하게 할 수 있다. [본조신설 2016. 3. 29.]

제76조의9 삭제 〈2012. 2. 10.〉
제76조의10 삭제 〈2012. 2. 10.〉

제9장 보칙 <개정 2010. 5. 14.>

제77조 무기 등의 휴대 및 사용

① 출입국관리공무원은 그 직무를 집행하기 위하여 필요하면 무기 등(「경찰관 직무집행법」 제10조 및 제10조의2부터 제10조의4까지의 규정에서 정한 장비, 장구, 분사기 및 무기를 말하며, 이하 "무기 등"이라 한다)을 지닐 수 있다. <개정 2014. 5. 20.>
② 출입국관리공무원은 「경찰관 직무집행법」 제10조 및 제10조의2부터 제10조의4까지의 규정에 준하여 무기 등을 사용할 수 있다. <개정 2014. 5. 20.> [전문개정 2010. 5. 14.]

관련법령 ▶ 「경찰관 직무집행법」 제10조 및 제10조의2부터 제10조의4

제10조(경찰장비의 사용 등)
① 경찰관은 직무수행 중 경찰장비를 사용할 수 있다. 다만, 사람의 생명이나 신체에 위해를 끼칠 수 있는 경찰장비(이하 이 조에서 "위해성 경찰장비"라 한다)를 사용할 때에는 필요한 안전교육과 안전검사를 받은 후 사용하여야 한다.
② 제1항 본문에서 "경찰장비"란 무기, 경찰장구(警察裝具), 최루제(催淚劑)와 그 발사장치, 살수차, 감식기구(鑑識機具), 해안 감시기구, 통신기기, 차량·선박·항공기 등 경찰이 직무를 수행할 때 필요한 장치와 기구를 말한다.
③ 경찰관은 경찰장비를 함부로 개조하거나 경찰장비에 임의의 장비를 부착하여 일반적인 사용법과 달리 사용함으로써 다른 사람의 생명·신체에 위해를 끼쳐서는 아니 된다.
④ 위해성 경찰장비는 필요한 최소한도에서 사용하여야 한다.
⑤ 경찰청장은 위해성 경찰장비를 새로 도입하려는 경우에는 대통령령으로 정하는 바에 따라 안전성 검사를 실시하여 그 안전성 검사의 결과보고서를 국회 소관 상임위원회에 제출하여야 한다. 이 경우 안전성 검사에는 외부 전문가를 참여시켜야 한다.
⑥ 위해성 경찰장비의 종류 및 그 사용기준, 안전교육·안전검사의 기준 등은 대통령령으로 정한다.

제10조의2(경찰장구의 사용)
① 경찰관은 다음 각 호의 직무를 수행하기 위하여 필요하다고 인정되는 상당한 이유가 있을 때에는

그 사태를 합리적으로 판단하여 필요한 한도에서 경찰장구를 사용할 수 있다.
1. 현행범이나 사형·무기 또는 장기 3년 이상의 징역이나 금고에 해당하는 죄를 범한 범인의 체포 또는 도주 방지
2. 자신이나 다른 사람의 생명·신체의 방어 및 보호
3. 공무집행에 대한 항거(抗拒) 제지
② 제1항에서 "경찰장구"란 경찰관이 휴대하여 범인 검거와 범죄 진압 등의 직무 수행에 사용하는 수갑, 포승(捕繩), 경찰봉, 방패 등을 말한다.

제10조의3(분사기 등의 사용)
경찰관은 다음 각 호의 직무를 수행하기 위하여 부득이한 경우에는 현장책임자가 판단하여 필요한 최소한의 범위에서 분사기(「총포·도검·화약류 등의 안전관리에 관한 법률」에 따른 분사기를 말하며, 그에 사용하는 최루 등의 작용제를 포함한다. 이하 같다) 또는 최루탄을 사용할 수 있다.
1. 범인의 체포 또는 범인의 도주 방지
2. 불법집회·시위로 인한 자신이나 다른 사람의 생명·신체와 재산 및 공공시설 안전에 대한 현저한 위해의 발생 억제

제10조의4(무기의 사용)
① 경찰관은 범인의 체포, 범인의 도주 방지, 자신이나 다른 사람의 생명·신체의 방어 및 보호, 공무집행에 대한 항거의 제지를 위하여 필요하다고 인정되는 상당한 이유가 있을 때에는 그 사태를 합리적으로 판단하여 필요한 한도에서 무기를 사용할 수 있다. 다만, 다음 각 호의 어느 하나에 해당할 때를 제외하고는 사람에게 위해를 끼쳐서는 아니 된다.
1. 「형법」에 규정된 정당방위와 긴급피난에 해당할 때
2. 다음 각 목의 어느 하나에 해당하는 때에 그 행위를 방지하거나 그 행위자를 체포하기 위하여 무기를 사용하지 아니하고는 다른 수단이 없다고 인정되는 상당한 이유가 있을 때
   가. 사형·무기 또는 장기 3년 이상의 징역이나 금고에 해당하는 죄를 범하거나 범하였다고 의심할 만한 충분한 이유가 있는 사람이 경찰관의 직무집행에 항거하거나 도주하려고 할 때
   나. 체포·구속영장과 압수·수색영장을 집행하는 과정에서 경찰관의 직무집행에 항거하거나 도주하려고 할 때
   다. 제3자가 가목 또는 나목에 해당하는 사람을 도주시키려고 경찰관에게 항거할 때
   라. 범인이나 소요를 일으킨 사람이 무기·흉기 등 위험한 물건을 지니고 경찰관으로부터 3회 이상 물건을 버리라는 명령이나 항복하라는 명령을 받고도 따르지 아니하면서 계속 항거할 때
3. 대간첩 작전 수행 과정에서 무장간첩이 항복하라는 경찰관의 명령을 받고도 따르지 아니할 때
② 제1항에서 "무기"란 사람의 생명이나 신체에 위해를 끼칠 수 있도록 제작된 권총·소총·도검 등을 말한다.
③ 대간첩·대테러 작전 등 국가안전에 관련되는 작전을 수행할 때에는 개인화기(個人火器) 외에 공용화기(共用火器)를 사용할 수 있다.

제78조 관계 기관의 협조

① 출입국관리공무원은 다음 각 호의 조사에 필요하면 관계 기관이나 단체에 자료의 제출이나 사실의 조사 등에 대한 협조를 요청할 수 있다.

  1. 제47조에 따른 조사
  2. 삭제〈2012. 2. 10.〉
  3. 출입국사범에 대한 조사

② 법무부장관은 다음 각 호의 직무를 수행하기 위하여 관계 기관에 해당 각 호의 정보 제공을 요청할 수 있다.〈개정 2016. 3. 29., 2017. 3. 14., 2018. 3. 20., 2019. 4. 23., 2020. 6. 9., 2022. 12. 13.〉

  1. 출입국심사(정보화기기를 이용하는 출입국심사에 관하여 외국과의 협정이 있는 경우에는 그 협정에 따른 직무수행을 포함한다) : 범죄경력정보·수사경력정보, 여권발급정보·주민 등록정보, 가족관계 등록 전산정보 또는 환승 승객에 대한 정보, 외국인 사망자 정보
  2. 사증 및 사증발급인정서 발급 심사 : 범죄경력정보·수사경력정보, 관세사범정보, 여권발급정보·주민 등록정보, 사업자의 휴업·폐업 여부에 대한 정보, 납세증명서, 가족관계 등록 전산정보 또는 국제결혼 중개업체의 현황 및 행정처분 정보, 외국인 사망자 정보
  3. 외국인체류 관련 각종 허가 심사 : 범죄경력정보·수사경력정보, 범칙금 납부정보·과태료 납부정보, 여권발급정보·주민 등록정보, 외국인의 자동차 등록정보, 사업자의 휴업·폐업 여부에 대한 정보, 납세증명서, 외국인의 조세체납정보, 외국인의 국민건강보험 및 노인장기요양보험 관련 체납정보, 외국인의 과태료 체납정보, 가족관계 등록 전산정보 또는 국제결혼 중개업체의 현황 및 행정처분 정보, 숙박업소 현황, 관광숙박업소의 현황, 외국인관광 도시민박업소의 현황, 한옥체험업소의 현황, 외국인 사망자 정보, 대통령령으로 정하는 외국인의 소득금액 정보
  4. 출입국사범 조사 : 범죄경력정보·수사경력정보, 외국인의 범죄처분결과정보, 관세사범정보, 여권발급정보·주민 등록정보, 외국인의 자동차 등록정보, 납세증명서, 가족관계 등록 전산정보 또는 국제결혼 중개업체의 현황 및 행

정처분 정보, 숙박업소 현황, 관광숙박업소의 현황, 외국인관광 도시민박업소의 현황, 한옥체험업소의 현황, 외국인 사망자 정보
5. 사실증명서 발급 : 여권발급정보·주민 등록정보 또는 가족관계 등록 전산정보
③ 제1항에 따른 협조 요청 또는 제2항에 따른 정보제공 요청을 받은 관계 기관이나 단체는 정당한 이유 없이 요청을 거부하여서는 아니 된다. 〈개정 2016. 3. 29.〉
④ 제1항에 따라 제출받은 자료 또는 제2항에 따라 제공받은 정보는 「개인정보 보호법」에 따라 보유하고 관리한다. 〈신설 2016. 3. 29.〉[전문개정 2010. 5. 14.]

제79조 허가신청 등의 의무자

다음 각 호의 어느 하나에 해당하는 사람이 17세 미만인 경우 본인이 그 허가 등의 신청을 하지 아니하면 그의 부모나 그 밖에 대통령령으로 정하는 사람이 그 신청을 하여야 한다.
1. 제20조에 따라 체류자격 외 활동허가를 받아야 할 사람
2. 제23조에 따라 체류자격을 받아야 할 사람
3. 제24조에 따라 체류자격 변경허가를 받아야 할 사람
4. 제25조에 따라 체류기간 연장허가를 받아야 할 사람
5. 제31조에 따라 외국인 등록을 하여야 할 사람
6. 제35조에 따라 외국인 등록사항 변경신고를 하여야 할 사람
7. 제36조에 따라 체류지 변경신고를 하여야 할 사람[전문개정 2010. 5. 14.]

제79조의2 각종 신청 등의 대행

① 외국인, 외국인을 고용한 자, 외국인에게 산업기술을 연수시키는 업체의 장 또는 외국인유학생이 재학 중이거나 연수 중인 학교의 장(이하 "외국인 등"이라 한다)은 다음 각 호에 해당하는 업무를 외국인의 체류 관련 신청 등을 대행하는 자(이하 "대행기관"이라 한다)에게 대행하게 할 수 있다.
1. 제9조에 따른 사증발급인정서 발급신청
2. 제19조 제1항(같은 조 제2항에 따라 준용하는 경우를 포함한다)에 따른 신고
3. 제19조의4 제2항에 따른 신고

4. 제20조에 따른 활동허가의 신청
   5. 제21조 제1항본문에 따른 근무처 변경·추가 허가의 신청
   6. 제21조 제1항단서에 따른 근무처 변경·추가의 신고
   7. 제23조 제1항에 따른 체류자격 부여의 신청
   8. 제24조에 따른 체류자격 변경허가의 신청
   9. 제25조 제1항에 따른 체류기간 연장허가의 신청
   10. 그 밖에 외국인 등의 출입국이나 체류와 관련된 신고·신청 또는 서류 수령 업무로서 법무부령으로 정하는 업무
② 대행기관이 되려는 자는 다음 각 호의 요건을 갖추어 법무부장관에게 등록하여야 한다.
   1. 변호사 또는 행정사 자격
   2. 대행업무에 필요한 교육이수
   3. 법인인 경우에는 제1호 및 제2호의 요건을 충족하는 인력을 갖출 것
③ 대행기관은 제1항 각 호의 업무(이하 "대행업무"라 한다)를 하는 경우 법무부령으로 정하는 대행업무처리 표준절차를 준수하여야 한다.
④ 제2항에 따른 대행기관 등록요건의 세부사항이나 등록절차 등 대행기관의 등록에 필요한 사항은 법무부령으로 정한다.[본조신설 2020. 6. 9.]

제79조의3 대행기관에 대한 등록취소 등

① 법무부장관은 대행기관이 다음 각 호의 어느 하나에 해당하는 경우에는 등록취소, 6개월 이내의 대행업무정지 또는 시정명령을 할 수 있다. 다만, 제1호 또는 제2호에 해당하는 경우에는 대행기관의 등록을 취소하여야 한다.
   1. 거짓이나 그 밖의 부정한 방법으로 등록한 경우
   2. 대행업무정지 기간 중 대행업무를 한 경우
   3. 제79조의2 제2항에 따른 등록요건에 미달하게 된 경우
   4. 제79조의2 제3항에 따른 대행업무처리 표준절차를 위반한 경우
   5. 시정명령을 받고도 이행하지 아니한 경우
   6. 외국인 등에게 과장 또는 거짓된 정보를 제공하거나 과장 또는 거짓된 정보를

제공하여 업무 대행을 의뢰받은 경우
7. 위조·변조된 서류 또는 거짓된 사실이 기재된 서류를 작성하거나 제출하는 경우
8. 외국인 등이 맡긴 서류를 분실·훼손하거나 외국인 등의 출입국이나 체류와 관련된 신고·신청을 위하여 제출하여야 할 서류의 작성·제출을 게을리 하는 등 선량한 관리자의 주의의무를 다하지 아니하는 경우

② 제1항에 따른 행정처분의 세부기준은 법무부령으로 정한다.
③ 법무부장관은 제1항에 따라 대행기관 등록을 취소할 경우에는 청문을 실시하여야 한다. [본조신설 2020. 6. 9.]

제80조 사실조사

① 출입국관리공무원이나 권한 있는 공무원은 이 법에 따른 신고 또는 등록의 정확성을 유지하기 위하여 제19조·제31조·제35조 및 제36조에 따른 신고 또는 등록의 내용이 사실과 다르다고 의심할 만한 상당한 이유가 있으면 그 사실을 조사할 수 있다.
② 법무부장관은 다음 각 호에 따른 업무의 수행에 필요하다고 인정하면 출입국관리공무원에게 그 사실을 조사하게 할 수 있다.
 1. 제9조에 따른 사증발급인정서의 발급
 2. 제20조, 제21조, 제24조 및 제25조에 따른 허가나 제23조에 따른 체류자격 부여
 3. 삭제 〈2012. 2. 10.〉
③ 제1항이나 제2항에 따른 조사를 하기 위하여 필요하면 제1항이나 제2항에 따른 신고·등록 또는 신청을 한 자나 그 밖의 관계인을 출석하게 하여 질문을 하거나 문서 및 그 밖의 자료를 제출할 것을 요구할 수 있다. [전문개정 2010. 5. 14.]

제81조 출입국관리공무원 등의 외국인 동향조사

① 출입국관리공무원과 대통령령으로 정하는 관계 기관 소속 공무원은 외국인이 이 법 또는 이 법에 따른 명령에 따라 적법하게 체류하고 있는지와 제46조 제1항 각 호의 어느 하나에 해당되는지를 조사하기 위하여 다음 각 호의 어느 하나에

해당하는 자를 방문하여 질문하거나 그 밖에 필요한 자료를 제출할 것을 요구할 수 있다. 〈개정 2020. 2. 4.〉
1. 외국인
2. 외국인을 고용한 자
3. 외국인의 소속 단체 또는 외국인이 근무하는 업소의 대표자
4. 외국인을 숙박시킨 자

② 출입국관리공무원은 허위초청 등에 의한 외국인의 불법입국을 방지하기 위하여 필요하면 외국인의 초청이나 국제결혼 등을 알선·중개하는 자 또는 그 업소를 방문하여 질문하거나 자료를 제출할 것을 요구할 수 있다.

③ 출입국관리공무원은 거동이나 주위의 사정을 합리적으로 판단하여 이 법을 위반하였다고 의심할 만한 상당한 이유가 있는 외국인에게 정지를 요청하고 질문할 수 있다.

④ 제1항이나 제2항에 따라 질문을 받거나 자료 제출을 요구받은 자는 정당한 이유 없이 거부하여서는 아니 된다.[전문개정 2010. 5. 14.]

주요판례

❖ **공무집행 방해**[대구지법 2011. 9. 9., 선고, 2011노1600, 판결 : 확정]

판시사항

[1] 출입국관리공무원 등이 불법체류자 단속을 위하여 제3자의 주거나 사업장 등에 들어가 외국인을 상대로 조사하는 경우, 주거권자나 관리자의 '사전 동의'가 있어야 하는지 여부(적극)

[2] 甲 회사 운영자인 피고인이 출입국사범 합동단속반 공무원들을 폭행 또는 협박하여 외국인 불법체류자 단속에 관한 정당한 직무집행을 방해하였다는 내용으로 기소된 사안에서, 공무원들이 甲 회사 공장관리자의 동의나 승낙 없이 공장에 들어가 불법체류자 단속업무를 한 것은 적법한 공무집행으로 볼 수 없어 피고인의 행위가 공무집행방해죄를 구성하지 않는다는 이유로, 유죄를 인정한 원심판결을 파기하고 무죄를 선고한 사례

판결요지

[1] 영장주의 원칙의 예외로서 출입국관리공무원 등에게 외국인 등을 방문하여 외국인동향조사 권한을 부여하고 있는 구 출입국관리법(2010. 5. 14. 법률 제10282호로 개정되기 전의 것) 규정의 입법 취지 및 규정 내용 등에 비추어 볼 때, 출입국관리공무원 등이 같은 법 제81조 제1항에 근거하여 제3자의 주거 또는 일반인의 자유로운 출입이 허용되지 아니한 사업장 등에 들어가 외국인을 상대로 조사하기 위해서는 주거권자 또는 관리자의 사전 동의가 있어야 한다.

[2] 甲 회사 운영자인 피고인이 법무부 출입국관리사무소 소속 출입국사범 합동단속반 공무원들을 폭행 또는

협박하여 이들의 외국인 불법체류자 단속에 관한 정당한 직무집행을 방해하였다는 내용으로 기소된 사안에서, 공무원들이 甲 회사 공장관리자의 동의나 승낙 없이 공장에 들어가 공장 내에서 일하고 있던 외국인들을 상대로 불법체류자 단속업무를 개시한 사실이 인정되므로(단속팀장이 공장관리자에게 공장 사무실 입구 복도에 선 채로 자신의 신분을 밝힌 후 불법체류자 단속을 나왔다는 사실을 고지한 후 관리동 현관 밖으로 나가 버린 사실이 인정되나, 이는 단속공무원의 일방적 통보에 불과할 뿐 공장관리자의 동의나 승낙을 받은 것으로 볼 수는 없다) 불법체류자 단속업무는 적법한 공무집행 행위로 볼 수 없어 피고인의 행위가 공무집행방해죄를 구성하지 않는다는 이유로, 이와 달리 판단하여 유죄를 인정한 원심판결을 파기하고 무죄를 선고한 사례.

주요판례

❖ **폭력행위 등처벌에관한법률위반(집단·흉기 등상해)·특수공무집행방해**
[대법원 2009. 3. 12., 선고, 2008도7156, 판결]

판시사항

[1] 출입국관리공무원이 불법체류자 단속을 위하여 제3자의 주거나 사업장 등을 검사하고자 하는 경우에 주거권자나 관리자의 사전 동의가 필요한지 여부(적극)
[2] 출입국관리공무원이 관리자의 사전 동의 없이 사업장에 진입하여 불법체류자 단속업무를 개시한 사안에서, 공무집행행위의 적법성이 부인되어 공무집행방해죄가 성립하지 않는다고 한 사례

판결요지

[1] 영장주의 원칙의 예외로서 출입국관리공무원 등에게 외국인 등을 방문하여 외국인동향조사 권한을 부여하고 있는 출입국관리법 규정의 입법 취지 및 그 규정 내용 등에 비추어 볼 때, 출입국관리공무원 등이 출입국관리법 제81조 제1항에 근거하여 제3자의 주거 또는 일반인의 자유로운 출입이 허용되지 아니한 사업장 등에 들어가 외국인을 상대로 조사하기 위해서는 그 주거권자 또는 관리자의 사전 동의가 있어야 한다.
[2] 출입국관리공무원이 관리자의 사전 동의 없이 사업장에 진입하여 불법체류자 단속업무를 개시한 사안에서, 공무집행행위의 적법성이 부인되어 공무집행방해죄가 성립하지 않는다고 한 사례.

주요판례

❖ **폭력행위 등처벌에관한법률위반(집단·흉기 등상해)·특수공무집행방해**
[의정부지법 2008. 4. 23., 선고, 2008고단291, 판결 : 항소]

판시사항

[1] 출입국관리공무원이 불법체류자 단속을 위하여 제3자의 주거나 사업장 등을 검사하고자 하는 경우에 주거권자나 관리자의 사전 동의가 반드시 필요한지 여부(적극)
[2] 출입국관리공무원이 주거권자나 관리자의 사전 동의 없이 사업장에 진입하여 불법체류자에 대한 단속업무를 개시한 사안에서, 동의를 받을 수 없었던 급박한 사정도 존재하지 않았으므로 공무집행행위 전체의 적법성이 부인되어 공무집행방해죄가 성립하지 않는다고 한 사례

판결요지

[1] 출입국관리법 제81조 제1항은 "출입국관리공무원 및 대통령령이 정하는 관계기관 소속공무원은 외국인이 이 법 또는 이 법에 의한 명령에 따라 적법하게 체류하고 있는지 여부를 조사하기 위하여 외국인, 그 외국인을 고용한 자, 그 외국인의 소속단체 또는 그 외국인이 근무하는 업소의 대표자와 그 외국인을 숙박시킨 자를 방문하여 질문을 하거나 기타 필요한 자료의 제출을 요구할 수 있다"라고 규정하고 있고, 같은 법 제100조 제2항 제3호는 정당한 이유 없이 장부 또는 자료제출 요구를 거부 또는 기피한 경우 '행정질서벌'인 100만 원 이하의 과태료에 처하도록 하고 있는바, 식품위생법 제17조 제1항, 제77조 제2호, 마약류 관리에 관한 법률 제41조 제1항, 제64조 제8호 등과 비교하여 본 법률 규정의 형식, 사용된 문언의 객관적 의미, 위반행위에 대한 제재의 방식 등을 종합하여 볼 때, 출입국관리법의 위 규정들이 출입국관리공무원으로 하여금 주거권자나 관리자의 의사에 반하여 주거나 사업장, 영업소 등에 들어가 외국인 동향을 조사할 권한을 부여하고 있다고 볼 수 없고, 달리 출입국관리법에 이를 인정할 근거 규정이 없다. 더욱이 출입국관리법에 의한 행정조사에 영장주의가 적용되지 않는 점, 출입국관리법 제50조가 불법체류 용의자의 주거를 검사하는 경우 용의자의 동의를 얻도록 규정하고 있는 점까지 고려하면, 출입국관리공무원이 불법체류자 단속을 위하여 제3자의 주거나 사업장 등을 검사하고자 하고자 하는 경우는 주거권자나 관리자의 사전 동의가 반드시 필요하다고 해석된다. 동의는 묵시적으로 표현될 수도 있을 것이나, 이 경우는 명시적 동의에 준할 만한 명백한 상황이라야 할 것이고, 출입국관리공무원이 주거권자나 관리자에게 주거나 사업장 등에 들어감과 동시에 조사의 개시를 고지하는 것만으로 동의의 요건이 충족된다고 보기 어렵다.

[2] 출입국관리공무원이 주거권자나 관리자의 사전 동의 없이 사업장에 진입하여 불법체류자에 대한 단속업무를 개시한 사안에서, 동의를 받을 수 없었던 급박한 사정도 존재하지 않았으므로 공무집행행위 전체의 적법성이 부인되어 공무집행방해죄가 성립하지 않는다고 한 사례.

제81조의2 출입국관리공무원의 주재

법무부장관은 다음 각 호의 업무에 종사하게 하기 위하여 출입국관리공무원을 재외공관 등에 주재하게 할 수 있다.

1. 제7조 제1항에 따른 사증 발급사무
2. 제7조 제4항에 따른 외국인입국허가서 발급사무
3. 외국인의 입국과 관련된 필요한 정보수집 및 연락 업무[전문개정 2010. 5. 14.]

제81조의3 외국인의 정보제공 의무

① 제10조의2 제1항 제1호에 따른 단기체류자격을 가진 외국인(이하 "숙박외국인"이라 한다)은 「감염병의 예방 및 관리에 관한 법률」에 따른 위기경보의 발령 또는 「국민보호와 공공안전을 위한 테러방지법」에 따른 테러경보의 발령 등 법무부령으로 정하는 경우에 한정하여 다음 각 호의 어느 하나에 해당하는 자(이하

"숙박업자"라 한다)가 경영하는 숙박업소에서 머무는 경우 숙박업자에게 여권 등 법무부령으로 정하는 자료를 제공하여야 한다.
1. 「공중위생관리법」에 따라 숙박업으로 신고한 자
2. 「관광진흥법」에 따라 관광숙박업, 외국인관광 도시민박업 및 한옥체험업으로 등록한 자

② 숙박업자는 숙박외국인이 제공한 자료를 숙박한 때 또는 제1항에 따른 경보가 발령된 때부터 12시간 이내에 법무부령으로 정하는 정보통신망(이하 "정보통신망"이라 한다)을 통하여 법무부장관에게 제출하여야 한다. 다만, 통신 장애 등 부득이한 사유로 정보통신망으로 제출할 수 없을 때에는 법무부령으로 정하는 방법으로 제출할 수 있다.

③ 숙박업자는 제2항에 따른 업무를 수행하기 위하여 수집한 자료를 「개인정보 보호법」에 따라 보유하고 관리한다.

④ 법무부장관은 제2항에 따라 제출받은 숙박외국인의 자료를 「개인정보 보호법」에 따라 보유하고 관리한다.

⑤ 제2항에 따른 정보통신망의 설치·운영 및 자료 제출의 절차·방법에 관하여 필요한 사항은 법무부령으로 정한다. [본조신설 2020. 6. 9.]

제82조 증표의 휴대 및 제시

출입국관리공무원이나 권한 있는 공무원은 다음 각 호의 어느 하나에 해당하는 직무를 집행할 때에는 그 권한을 표시하는 증표를 지니고 이를 관계인에게 내보여야 한다. <개정 2016. 3. 29.>
1. 제50조에 따른 주거 또는 물건의 검사 및 서류나 그 밖의 물건의 제출요구
2. 제69조(제70조 제1항 및 제2항에서 준용하는 경우를 포함한다)에 따른 검색 및 심사
3. 제80조와 제81조에 따른 질문이나 그 밖에 필요한 자료의 제출요구
4. 제1호부터 제3호까지의 규정에 준하는 직무수행 [전문개정 2010. 5. 14.]

제83조 출입국사범의 신고

누구든지 이 법을 위반하였다고 의심되는 사람을 발견하면 출입국관리공무원에게

신고할 수 있다.[전문개정 2010. 5. 14.]

제84조 통보의무

① 국가나 지방자치단체의 공무원이 그 직무를 수행할 때에 제46조 제1항각 호의 어느 하나에 해당하는 사람이나 이 법에 위반된다고 인정되는 사람을 발견하면 그 사실을 지체 없이 지방출입국·외국인관서의 장에게 알려야 한다. 다만, 공무원이 통보로 인하여 그 직무수행 본연의 목적을 달성할 수 없다고 인정되는 경우로서 대통령령으로 정하는 사유에 해당하는 때에는 그러하지 아니하다.〈개정 2012. 1. 26., 2014. 3. 18.〉

② 교도소·소년교도소·구치소 및 그 지소·보호감호소·치료감호시설 또는 소년원의 장은 제1항에 따른 통보대상 외국인이 다음 각 호의 어느 하나에 해당하면 그 사실을 지체 없이 지방출입국·외국인관서의 장에게 알려야 한다.〈개정 2014. 3. 18.〉

   1. 형의 집행을 받고 형기의 만료, 형의 집행정지 또는 그 밖의 사유로 석방이 결정된 경우
   2. 보호감호 또는 치료감호 처분을 받고 수용된 후 출소가 결정된 경우
   3. 「소년법」에 따라 소년원에 수용된 후 퇴원이 결정된 경우[전문개정 2010. 5. 14.]

제85조 형사절차와의 관계

① 지방출입국·외국인관서의 장은 제46조 제1항각 호의 어느 하나에 해당하는 사람이 형의 집행을 받고 있는 중에도 강제퇴거의 절차를 밟을 수 있다.〈개정 2014. 3. 18.〉

② 제1항의 경우 강제퇴거명령서가 발급되면 그 외국인에 대한 형의 집행이 끝난 후에 강제퇴거명령서를 집행한다. 다만, 그 외국인의 형 집행장소를 관할하는 지방검찰청 검사장(檢事長)의 허가를 받은 경우에는 형의 집행이 끝나기 전이라도 강제퇴거명령서를 집행할 수 있다.[전문개정 2010. 5. 14.]

제86조 신병의 인도

① 검사는 강제퇴거명령서가 발급된 구속피의자에게 불기소처분을 한 경우에는

석방과 동시에 출입국관리공무원에게 그를 인도하여야 한다.
② 교도소·소년교도소·구치소 및 그 지소·보호감호소·치료감호시설 또는 소년원의 장은 제84조 제2항에 따라 지방출입국·외국인관서의 장에게 통보한 외국인에 대하여 강제퇴거명령서가 발급되면 석방·출소 또는 퇴원과 동시에 출입국관리공무원에게 그를 인도하여야 한다.〈개정 2014. 3. 18.〉[전문개정 2010. 5. 14.]

제87조 출입국관리 수수료

① 이 법에 따라 허가 등을 받는 사람은 법무부령으로 정하는 수수료를 내야 한다.
② 법무부장관은 국제관례 또는 상호주의원칙이나 그 밖에 법무부령으로 정하는 사유로 필요하다고 인정하면 제1항에 따른 수수료를 감면할 수 있고, 협정 등에 수수료에 관한 규정이 따로 있으면 그 규정에서 정하는 바에 따른다.[전문개정 2010. 5. 14.]

제88조 사실증명의 발급 및 열람

① 지방출입국·외국인관서의 장, 시·군·구(자치구가 아닌 구를 포함한다. 이하 이 조에서 같다) 및 읍·면·동 또는 재외공관의 장은 이 법의 절차에 따라 출국 또는 입국한 사실 유무에 대하여 법무부령으로 정하는 바에 따라 출입국에 관한 사실증명을 발급할 수 있다. 다만, 출국 또는 입국한 사실이 없는 사람에 대하여는 특히 필요하다고 인정되는 경우에만 이 법의 절차에 따른 출국 또는 입국 사실이 없다는 증명을 발급할 수 있다.〈개정 2012. 1. 26., 2014. 3. 18., 2016. 3. 29.〉
② 지방출입국·외국인관서의 장, 시·군·구 또는 읍·면·동의 장은 이 법의 절차에 따라 외국인 등록을 한 외국인 및 그의 법정대리인 등 법무부령으로 정하는 사람에게 법무부령으로 정하는 바에 따라 외국인 등록 사실증명을 발급하거나 열람하게 할 수 있다.〈개정 2014. 3. 18., 2016. 3. 29.〉[전문개정 2010. 5. 14.][제목개정 2016. 3. 29.]

주요판례

❖ **건물인도 등청구의소·임대차보증금**
[서울고법 2014. 7. 8., 선고, 2013나2027716, 2027723, 판결 : 상고]

판시사항

재외국민 甲이 아파트를 임차한 후 외국국적동포인 아내 乙, 딸 丙과 국내거소신고를 마치고 함께 거주하던 중, 임의경매절차에서 아파트를 매수한 丁이 건물인도 청구를 하자 주택임대차보호법상의 대항력을 주장한 사안에서, 甲은 자신이나 동거가족 乙, 丙의 국내거소신고로 주택임대차보호법상 대항력을 취득하지 못하였다고 한 사례

판결요지

재외국민 甲이 아파트를 임차한 후 외국국적동포인 아내 乙, 딸 丙과 각각 국내거소신고를 마치고 함께 거주하던 중, 임의경매절차에서 아파트를 매수한 丁이 건물인도 청구를 하자 주택임대차보험법상의 대항력을 주장한 사안에서, '재외동포의 출입국과 법적 지위에 관한 법률'(이하 '재외동포법'이라 한다) 제9조가 재외국민의 거소이전신고를 주택임대차보호법상 대항요건인 주민 등록에 갈음하도록 한 규정이라고 해석하기 어렵고, 재외국민의 국내거소신고를 주택임대차보호법상 주민 등록으로 볼 수 없는 이상, 재외국민의 동거가족이 국내거소신고를 갖춘다고 하여 재외국민이 주택임대차보호법상 주민 등록을 갖추었다고 볼 수 없으며, 재외동포법 제10조 제4항과 출입국관리법 제88조의2가 외국국적동포의 국내거소신고에 주택임대차보호법상 주민 등록과 동일한 효과를 부여한다고 볼 수도 없으므로, 甲은 자신이나 동거가족 乙, 丙의 국내거소신고로 주택임대차보호법상 대항력을 취득하지 못하였다고 한 사례.

제88조의2 외국인 등록증 등과 주민 등록증 등의 관계

① 법령에 규정된 각종 절차와 거래관계 등에서 주민 등록증이나 주민 등록 등본 또는 초본이 필요하면 외국인 등록증(모바일외국인 등록증을 포함한다)이나 외국인 등록 사실증명으로 이를 갈음한다. <개정 2023. 6. 13.>
② 이 법에 따른 외국인 등록과 체류지 변경신고는 주민 등록과 전입신고를 갈음한다.
③ 이 법 또는 다른 법률에서 실물 외국인 등록증이나 외국인 등록증에 기재된 성명, 사진, 외국인 등록번호 등의 확인이 필요한 경우 모바일외국인 등록증의 확인으로 이를 갈음할 수 있다. <신설 2023. 6. 13.> [전문개정 2010. 5. 14.] [시행일 : 2023. 12. 14.] 제88조의2

주요판례

❖ **배당이의** [대법원 2019. 4. 11., 선고, 2015다254507, 판결]

판시사항

[1] 외국인이나 외국국적동포가 출입국관리법이나 재외동포의 출입국과 법적 지위에 관한 법률에 따라 외국인 등록과 체류지 변경신고 또는 국내거소신고와 거소이전신고를 한 경우, 주택임대차보호법 제3조 제1항에서 주택임대차의 대항요건으로 정하는 주민 등록과 같은 법적 효과가 인정되는지 여부(적극)

[2] 재외국민이 구 재외동포의 출입국과 법적 지위에 관한 법률 제6조에 따라 국내거소신고를 한 경우, 주택임대차보호법 제3조 제1항에서 주택임대차의 대항요건으로 정하는 주민 등록과 같은 법적 효과가 인정되는지 여부(적극) 및 이 경우 거소이전신고를 한 때에 전입신고가 된 것으로 보아야 하는지 여부(적극)

판결요지

[1] 출입국관리법이 2002. 12. 5. 법률 제6745호로 개정되면서 외국인의 편의를 위해 제88조의2를 신설하였다. 이에 따르면, 법령에 규정된 각종 절차와 거래관계 등에서 외국인 등록증과 외국인 등록 사실증명으로 주민 등록증과 주민 등록 등본·초본을 갈음하고(제1항), 외국인 등록과 체류지 변경신고로 주민 등록과 전입신고를 갈음한다(제2항). 따라서 외국인이나 외국국적동포가 출입국관리법에 따라 마친 외국인 등록과 체류지 변경신고는 주택임대차보호법(이하 '주택임대차법'이라 한다) 제3조 제1항에서 주택임대차의 대항요건으로 정하는 주민 등록과 같은 법적 효과가 인정된다.

이처럼 출입국관리법이 외국인이나 외국국적동포가 외국인 등록과 체류지 변경신고를 하면 주민 등록법에 따른 주민 등록과 전입신고를 한 것으로 간주하는 취지는, 외국인이나 외국국적동포가 주민 등록법에 따른 주민 등록을 할 수 없는 대신에 외국인 등록과 체류지 변경신고를 하면 주민 등록을 한 것과 동등한 법적 보호를 해 주고자 하는 데 있다. 이는 특히 주택임대차법에 따라 주택의 인도와 주민 등록을 마친 임차인에게 인정되는 대항력 등의 효과를 부여하는 데서 직접적인 실효성을 발휘한다.

한편 재외동포의 출입국과 법적 지위에 관한 법률(이하 '재외동포법'이라 한다)에 따르면, 국내거소신고나 거소이전신고를 한 외국국적동포는 출입국관리법에 따른 외국인 등록과 체류지 변경신고를 한 것으로 간주한다(제10조 제4항). 따라서 국내거소신고를 한 외국국적동포에 대해서는 출입국관리법 제88조의2 제2항이 적용되므로, 외국국적동포가 재외동포법에 따라 마친 국내거소신고와 거소이전신고에 대해서도 앞에서 본 외국인 등록과 마찬가지로 주택임대차법 제3조 제1항에서 주택임대차의 대항요건으로 정하는 주민 등록과 같은 법적 효과가 인정된다.

[2] 구 재외동포의 출입국과 법적 지위에 관한 법률(2014. 5. 20. 법률 제12593호로 개정되기 전의 것, 이하 '구 재외동포법'이라 한다) 시행 당시에는 같은 법 제6조에 따른 재외국민의 국내거소신고를 주택임대차보호법(이하 '주택임대차법'이라 한다) 제3조 제1항에서 대항요건으로 정하는 주민 등록과 같이 취급할 수 있도록 하는 명시적인 근거조항이 없었다. 또한 재외국민은 외국국적동포가 아니기 때문에 재외동포의 출입국과 법적 지위에 관한 법률 제10조 제4항의 적용대상도 아니다.

위와 같은 재외국민의 국내거소신고에 관한 규정을 출입국관리법 제88조의2 제2항과 비교해 보면, 재외국민의 국내거소신고와 거소이전신고로 주민 등록과 전입신고를 갈음할 수 있는지에 관하여 법률의 공백이 있다고 보아야 한다.

구 재외동포법에 출입국관리법 제88조의2 제2항과 같이 재외국민의 국내거소신고와 거소이전신고가 주민 등록과 전입신고를 갈음한다는 명문의 규정은 없지만, 출입국관리법 제88조의2 제2항을 유추적용하여 재외국민이 구 재외동포법 제6조에 따라 마친 국내거소신고와 거소이전신고도 외국국적동포의 그것과 마찬가지로 주민 등록과 전입신고를 갈음한다고 보아야 한다. 따라서 재외국민의 국내거소신고는 주택임대차법 제3조 제1항에서 주택임대차의 대항요건으로 정하는 주민 등록과 같은 법적 효과가 인정되어야 하고, 이 경우 거소이전신고를 한 때에 전입신고가 된 것으로 보아야 한다.

제88조의3 외국인체류확인서 열람·교부

① 특정 건물 또는 시설의 소재지를 체류지로 신고한 외국인의 성명과 체류지 변경 일자를 확인할 수 있는 서류(이하 "외국인체류확인서"라 한다)를 열람하거나 교부받으려는 자는 지방출입국·외국인관서의 장이나 읍·면·동의 장 또는 출장소장에게 신청할 수 있다.

② 제1항에 따른 외국인체류확인서 열람이나 교부를 신청할 수 있는 자는 다음 각 호의 어느 하나에 해당하는 자로 한다.
   1. 특정 건물이나 시설의 소유자 본인이나 그 세대원, 임차인 본인이나 그 세대원, 매매계약자 또는 임대차계약자 본인
   2. 특정 건물 또는 시설의 소유자, 임차인, 매매계약자 또는 임대차계약자 본인의 위임을 받은 자
   3. 다음 각 목의 어느 하나에 해당하는 사유로 열람 또는 교부를 신청하려는 자
      가. 관계 법령에 따라 경매참가자가 경매에 참가하려는 경우
      나. 「신용정보의 이용 및 보호에 관한 법률」 제2조 제5호 라목에 따른 신용조사회사 또는 「감정평가 및 감정평가사에 관한 법률」 제2조 제4호에 따른 감정평가법인 등이 임차인의 실태 등을 확인하려는 경우
      다. 대통령령으로 정하는 금융회사 등이 담보주택의 근저당 설정을 하려는 경우
      라. 법원의 현황조사명령서에 따라 집행관이 현황조사를 하려는 경우

③ 외국인체류확인서의 기재사항, 열람·교부 신청절차, 수수료, 그 밖에 필요한 사항은 법무부령으로 정한다. [본조신설 2022. 12. 13.]

> **관련법령** 「신용정보의 이용 및 보호에 관한 법률」 제2조제5호라목

제2조(정의)
5. "신용정보회사"란 제4호 각 목의 신용정보업에 대하여 금융위원회의 허가를 받은 자로서 다음 각 목의 어느 하나에 해당하는 자를 말한다.
   라. 신용조사회사 : 신용조사업 허가를 받은 자

관련법령 ▶ 「감정평가 및 감정평가사에 관한 법률」 제2조제4호

제2조(정의)
4. "감정평가법인 등"이란 제21조에 따라 사무소를 개설한 감정평가사와 제29조에 따라 인가를 받은 감정평가법인을 말한다.

제88조의4 외국인 등록증의 진위확인

① 법무부장관은 외국인 등록증의 진위 여부에 대한 확인요청이 있는 경우 그 진위를 확인하여 줄 수 있다.
② 법무부장관은 외국인 등록증 진위 여부 확인에 필요한 정보시스템을 구축·운영할 수 있다.
③ 외국인 등록증의 진위확인 절차, 제2항에 따른 정보시스템의 구축·운영 등에 필요한 사항은 법무부령으로 정한다. [본조신설 2022. 12. 13.]

제89조 각종 허가 등의 취소·변경

① 법무부장관은 외국인이 다음 각 호의 어느 하나에 해당하면 제8조에 따른 사증발급, 제9조에 따른 사증발급인정서의 발급, 제12조 제3항에 따른 입국허가, 제13조에 따른 조건부 입국허가, 제14조에 따른 승무원 상륙허가, 제14조의2에 따른 관광상륙허가 또는 제20조·제21조 및 제23조부터 제25조까지의 규정에 따른 체류허가 등을 취소하거나 변경할 수 있다. 〈개정 2012. 1. 26.〉
  1. 신원보증인이 보증을 철회하거나 신원보증인이 없게 된 경우
  2. 거짓이나 그 밖의 부정한 방법으로 허가 등을 받은 것이 밝혀진 경우
  3. 허가조건을 위반한 경우
  4. 사정 변경으로 허가상태를 더 이상 유지시킬 수 없는 중대한 사유가 발생한 경우
  5. 제1호부터 제4호까지에서 규정한 경우 외에 이 법 또는 다른 법을 위반한 정도가 중대하거나 출입국관리공무원의 정당한 직무명령을 위반한 경우
② 법무부장관은 제1항에 따른 각종 허가 등의 취소나 변경에 필요하다고 인정하면 해당 외국인이나 제79조에 따른 신청인을 출석하게 하여 의견을 들을 수 있다.

③ 제2항의 경우에 법무부장관은 취소하거나 변경하려는 사유, 출석일시와 장소를 출석일 7일 전까지 해당 외국인이나 신청인에게 통지하여야 한다. [전문개정 2010. 5. 14.]

제89조의2 영주자격의 취소 특례

① 법무부장관은 영주자격을 가진 외국인에 대해서는 제89조 제1항에도 불구하고 다음 각 호의 어느 하나에 해당하는 경우에 한정하여 영주자격을 취소할 수 있다. 다만, 제1호에 해당하는 경우에는 영주자격을 취소하여야 한다.
1. 거짓이나 그 밖의 부정한 방법으로 영주자격을 취득한 경우
2. 「형법」, 「성폭력범죄의 처벌 등에 관한 특례법」 등 법무부령으로 정하는 법률에 규정된 죄를 범하여 2년 이상의 징역 또는 금고의 형이 확정된 경우
3. 최근 5년 이내에 이 법 또는 다른 법률을 위반하여 징역 또는 금고의 형을 선고받고 확정된 형기의 합산기간이 3년 이상인 경우
4. 대한민국에 일정금액 이상 투자 상태를 유지할 것 등을 조건으로 영주자격을 취득한 사람 등 대통령령으로 정하는 사람이 해당 조건을 위반한 경우
5. 국가안보, 외교관계 및 국민경제 등에 있어서 대한민국의 국익에 반하는 행위를 한 경우

② 법무부장관은 제1항에 따라 영주자격을 취소하는 경우 대한민국에 계속 체류할 필요성이 인정되고 일반체류자격의 요건을 갖춘 경우 해당 외국인의 신청이 있는 때에는 일반체류자격을 부여할 수 있다.
③ 제1항에 따라 영주자격을 취소하는 경우에는 제89조 제2항 및 제3항을 준용한다.
[본조신설 2018. 3. 20.]

제90조 신원보증

① 법무부장관은 사증발급, 사증발급인정서발급, 입국허가, 조건부 입국허가, 각종 체류허가, 외국인의 보호 또는 출입국사범의 신병인도(身柄引渡) 등과 관련하여 필요하다고 인정하면 초청자나 그 밖의 관계인에게 그 외국인(이하 "피보증외국인"이라 한다)의 신원을 보증하게 할 수 있다.
② 법무부장관은 제1항에 따라 신원보증을 한 사람(이하 "신원보증인"이라 한다)

에게 피보증외국인의 체류, 보호 및 출국에 드는 비용의 전부 또는 일부를 부담하게 할 수 있다.
③ 신원보증인이 제2항에 따른 보증책임을 이행하지 아니하여 국고에 부담이 되게 한 경우에는 법무부장관은 신원보증인에게 구상권(求償權)을 행사할 수 있다.
④ 신원보증인이 제2항에 따른 비용을 부담하지 아니할 염려가 있거나 그 보증만으로는 보증목적을 달성할 수 없다고 인정될 때에는 신원보증인에게 피보증외국인 1인당 300만원 이하의 보증금을 예치하게 할 수 있다.
⑤ 신원보증인의 자격, 보증기간, 그 밖에 신원보증에 필요한 사항은 법무부령으로 정한다. [전문개정 2010. 5. 14.]

제90조의2 불법취업외국인의 출국비용 부담책임

① 법무부장관은 취업활동을 할 수 있는 체류자격을 가지지 아니한 외국인을 고용한 자(이하 "불법고용주"라 한다)에게 그 외국인의 출국에 드는 비용의 전부 또는 일부를 부담하게 할 수 있다.
② 불법고용주가 제1항에 따른 비용 부담책임을 이행하지 아니하여 국고에 부담이 되게 한 경우에 법무부장관은 그 불법고용주에게 구상권을 행사할 수 있다.
[전문개정 2010. 5. 14.]

제91조 문서 등의 송부

① 문서 등의 송부는 이 법에 특별한 규정이 있는 경우를 제외하고는 본인, 가족, 신원보증인, 소속 단체의 장의 순으로 직접 내주거나 우편으로 보내는 방법에 따른다.
② 지방출입국·외국인관서의 장은 제1항에 따른 문서 등의 송부가 불가능하다고 인정되면 송부할 문서 등을 보관하고, 그 사유를 청사(廳舍)의 게시판에 게시하여 공시송달(公示送達)한다. 〈개정 2014. 3. 18.〉
③ 제2항에 따른 공시송달은 게시한 날부터 14일이 지난 날에 그 효력이 생긴다.
[전문개정 2010. 5. 14.]

주요판례

❖ **난민인정불허처분취소**[서울행법 2010. 10. 21., 선고, 2009구합51742, 판결 : 항소]

판시사항

[1] 구 출입국관리법 제91조 제1항, 제2항에서 정한 공시송달의 요건인 '직접 교부 내지 우송의 방법에 의하여 불가능하다고 인정될 때'의 의미 및 공시송달의 요건이 갖추어지지 않은 상태에서 이루어진 공시송달의 효력

[2] 케냐에서 출생한 루오족 여성인 甲이 대한민국에 입국한 후 일주일 만에 난민인정신청을 하였으나 법무부장관이 그 신청을 기각한 사안에서, 甲에게 특정 사회집단의 구성원 신분을 이유로 박해를 받을 충분한 근거 있는 공포가 있는 등 난민인정요건을 갖추었다고 판단한 사례

판결요지

[1] 구 출입국관리법(2010. 5. 14. 법률 제10282호로 개정되기 전의 것) 제91조 제1항, 제2항의 각 규정에 의하면, 문서 등의 송부는 직접 교부 내지 우송의 방법에 의하여 불가능하다고 인정될 때에는 공시송달의 방법에 의할 수 있도록 되어 있는데, 여기서 '직접 교부 내지 우송의 방법에 의하여 불가능하다고 인정될 때'란 송달할 자가 선량한 관리자의 주의를 다하여 송달을 받아야 할 자의 주소 등을 조사하였으나, 그 주소 등을 알 수 없는 경우를 뜻하는 것으로 보아야 하고, 이러한 공시송달의 요건이 구비되지 않은 상태에서 이루어진 공시송달은 부적법하여 그 효력이 발생하지 않는다.

[2] 케냐에서 출생한 루오족 여성인 甲이 대한민국에 입국한 후 일주일 만에 난민인정신청을 하였으나 법무부장관이 그 신청을 기각한 사안에서, 의사에 반하는 성관계와 결혼을 강요당하는 것은 인간이라면 누구나 갖는 성적 자기결정권을 박탈하는 인간의 본질적 존엄성에 대한 중대한 침해인데, 甲이 루오족의 아내 상속제도로 인해 사망한 남편의 형제들로부터 의사에 반하여 다른 남성과의 성관계와 혼인을 강요받고 있고, 甲이 케냐 경찰에 몇차례 도움을 요청하였으나 경찰이 어떠한 조치도 취하지 않은 점 등에 비추어 케냐 정부가 甲을 충분히 보호할 만한 능력을 갖추었다고 보기 어렵다고 보아, 甲에게 특정 사회집단의 구성원 신분을 이유로 박해를 받을 충분한 근거 있는 공포가 있는 등 난민인정요건을 갖추었다고 판단한 사례.

제91조의2 사증발급 및 체류허가 신청문서의 전자화

① 법무부장관은 각종 발급 및 허가 업무를 효율적으로 처리하기 위하여 다음 각 호의 어느 하나에 해당하는 사항을 신청하려는 자가 제출한 문서 중 법무부령으로 정하는 문서를 「전자문서 및 전자거래 기본법」 제5조 제2항에 따른 전자화문서로 변환하여 보관할 수 있다.

 1. 제8조 및 제9조에 따른 사증 및 사증발급인정서 발급
 2. 제20조에 따른 체류자격 외 활동허가
 3. 제23조에 따른 체류자격 부여

4. 제24조에 따른 체류자격 변경허가

5. 제25조에 따른 체류기간 연장허가

6. 제31조에 따른 외국인 등록

7. 그 밖에 법무부장관이 필요하다고 인정하는 사항

② 법무부장관은 제1항에 따른 전자화문서로 변환하는 업무(이하 이 조에서 "전자화업무"라 한다)를 법무부령으로 정하는 시설 및 인력을 갖춘 법인에 위탁하여 수행하게 할 수 있다. 다만, 외국에서 전자화업무를 위탁하는 경우에는 외교부장관과 협의하여야 한다.

③ 제2항에 따라 전자화업무를 위탁받은 법인(이하 "전자화기관"이라 한다)의 임직원 또는 임직원으로 재직하였던 자는 직무상 알게 된 비밀을 다른 사람에게 누설하거나 직무상 목적 외의 용도로 이용하여서는 아니 된다.

④ 법무부장관은 제1항에 따라 문서를 전자화문서로 변환하여 보관하는 때에는 법무부에서 사용하는 전산정보처리조직의 파일에 수록하여 보관한다. 이 경우 파일에 수록된 내용은 해당 문서에 적힌 내용과 같은 것으로 본다.

⑤ 법무부장관은 전자화기관이 제2항에 따른 법무부령으로 정하는 시설 및 인력기준을 충족하지 못하는 경우에는 시정조치를 요구할 수 있으며, 전자화기관이 시정조치 요구에 따르지 아니하는 경우에는 전자화업무의 위탁을 취소할 수 있다. 이 경우 미리 의견을 진술할 기회를 주어야 한다.

⑥ 제1항, 제2항 및 제5항에 따른 전자화업무의 수행방법, 위탁·지정 기간 및 절차, 관리·감독 등에 필요한 사항은 법무부령으로 정한다. [본조신설 2019. 4. 23.]

> **관련법령** ▶ 「전자문서 및 전자거래 기본법」 제5조제2항

제5조(전자문서의 보관)

② 제1항에도 불구하고 종이문서나 그 밖에 전자적 형태로 작성되지 아니한 문서(이하 "전자화대상문서"라 한다)를 정보처리시스템이 처리할 수 있는 형태로 변환한 전자문서(이하 "전자화문서"라 한다)가 다음 각 호의 요건을 모두 갖춘 경우에 그 전자화문서를 보관함으로써 관계 법령에서 정하는 문서의 보관을 갈음할 수 있다. 다만, 다른 법령에 특별한 규정이 있는 경우에는 갈음할 수 없다.

1. 전자화문서가 제1항 각 호의 요건을 모두 갖출 것
2. 전자화문서가 전자화대상문서와 그 내용 및 형태가 동일할 것

제92조 권한의 위임 및 업무의 위탁

① 법무부장관은 이 법에 따른 권한의 일부를 대통령령으로 정하는 바에 따라 지방출입국·외국인관서의 장에게 위임할 수 있다. 〈개정 2014. 3. 18.〉
② 시장(특별시장과 광역시장은 제외한다)은 이 법에 따른 권한의 일부를 대통령령으로 정하는 바에 따라 구청장(자치구가 아닌 구의 구청장을 말한다)에게 위임할 수 있다. 〈개정 2012. 1. 26.〉
③ 이 법에 따른 법무부장관의 업무는 그 일부를 대통령령으로 정하는 바에 따라 관련 업무를 수행할 수 있는 인력이나 시설을 갖춘 법인이나 단체에 위탁할 수 있다. 〈신설 2020. 6. 9.〉[전문개정 2010. 5. 14.][제목개정 2020. 6. 9.]

제92조의2 선박 등의 운항 허가에 관한 협의

국토교통부장관 및 해양수산부장관은 출입국항에 여객을 운송하는 선박 등의 운항을 허가할 때에는 출입국심사업무가 원활히 수행될 수 있도록 법무부장관과 미리 협의하여야 한다. [본조신설 2016. 3. 29.]

제93조 남북한 왕래 등의 절차

① 군사분계선 이남지역(이하 "남한"이라 한다)이나 해외에 거주하는 국민이 군사분계선 이북지역(이하 "북한"이라 한다)을 거쳐 출입국하는 경우에는 남한에서 북한으로 가기 전 또는 북한에서 남한으로 온 후에 출입국심사를 한다.
② 외국인의 남북한 왕래절차에 관하여는 법무부장관이 따로 정하는 경우를 제외하고는 이 법의 출입국절차에 관한 규정을 준용한다.
③ 외국인이 북한을 거쳐 출입국하는 경우에는 이 법의 출입국절차에 관한 규정에 따른다.
④ 제1항부터 제3항까지의 규정의 시행에 필요한 사항은 대통령령으로 정한다.
[전문개정 2010. 5. 14.]

제10장 벌칙 〈개정 2010. 5. 14.〉

제93조의2 벌칙

① 다음 각 호의 어느 하나에 해당하는 사람은 7년 이하의 징역에 처한다. 〈개정 2014. 1. 7.〉
  1. 이 법에 따라 보호되거나 일시보호된 사람으로서 다음 각 목의 어느 하나에 해당하는 사람
     가. 도주할 목적으로 보호시설 또는 기구를 손괴하거나 다른 사람을 폭행 또는 협박한 사람
     나. 2명 이상이 합동하여 도주한 사람
  2. 이 법에 따른 보호나 강제퇴거를 위한 호송 중에 있는 사람으로서 다른 사람을 폭행 또는 협박하거나 2명 이상이 합동하여 도주한 사람
  3. 이 법에 따라 보호·일시보호된 사람이나 보호 또는 강제퇴거를 위한 호송 중에 있는 사람을 탈취하거나 도주하게 한 사람

② 다음 각 호의 어느 하나에 해당하는 사람으로서 영리를 목적으로 한 사람은 7년 이하의 징역 또는 7천만원 이하의 벌금에 처한다. 〈개정 2012. 1. 26., 2014. 1. 7., 2020. 3. 24.〉
  1. 제12조 제1항 또는 제2항에 따라 입국심사를 받아야 하는 외국인을 집단으로 불법입국하게 하거나 이를 알선한 사람
  2. 제12조의3 제1항을 위반하여 외국인을 집단으로 불법입국 또는 불법출국하게 하거나 대한민국을 거쳐 다른 국가로 불법입국하게 할 목적으로 선박 등이나 여권·사증, 탑승권, 그 밖에 출입국에 사용될 수 있는 서류 및 물품을 제공하거나 알선한 사람
  3. 제12조의3 제2항을 위반하여 불법으로 입국한 외국인을 집단으로 대한민국

에서 은닉 또는 도피하게 하거나 은닉 또는 도피하게 할 목적으로 교통수단을 제공하거나 이를 알선한 사람[전문개정 2010. 5. 14.]

주요판례

❖ **출입국관리법위반**[대법원 2005. 1. 28., 선고, 2004도7401, 판결]

판시사항

[1] 출입국관리법상 '입국'의 의미 및 출입국관리법 제93조의2 제1호 위반죄의 기수시기
[2] 피고인들이 불법입국시킨 외국인들이 대한민국의 영해 안으로 들어와 검거된 사안에서, 피고인들을 출입국관리법 제93조의2 제1호 위반의 미수죄로 처벌한 원심판결을 위 규정 위반의 기수죄로 처벌하여야 한다는 취지로 파기한 사례

판결요지

[1] 출입국관리법상 '입국'이라 함은 대한민국 밖의 지역으로부터 대한민국 안의 지역으로 들어오는 것을 말하고, 여기서 '대한민국 안의 지역'이라 함은 대한민국의 영해, 영공 안의 지역을 의미하며, 따라서 출입국관리법 제12조 제1항 또는 제2항의 규정에 의하여 입국심사를 받아야 하는 외국인을 집단으로 불법입국시키거나 이를 알선한 자 등을 처벌하는 출입국관리법 제93조의2 제1호 위반죄의 기수시기는 불법입국하는 외국인이 대한민국의 영해 또는 영공 안의 지역에 들어올 때를 기준으로 판단하여야 한다.
[2] 피고인들이 불법입국시킨 외국인들이 대한민국의 영해 안으로 들어와 검거된 사안에서, 외국인들이 출입국항에서 출입국관리공무원의 입국심사 없이 입국하였을 때에 비로소 출입국관리법 제93조의2 제1호 위반의 기수에 이른다는 이유로 피고인들을 위 규정 위반의 미수죄에 처벌한 원심판결을 위 규정 위반의 기수죄로 처벌하여야 한다는 취지로 파기한 사례.

제93조의3 벌칙

다음 각 호의 어느 하나에 해당하는 사람은 5년 이하의 징역 또는 5천만원 이하의 벌금에 처한다.
1. 제12조 제1항 또는 제2항을 위반하여 입국심사를 받지 아니하고 입국한 사람
2. 제91조의2 제3항을 위반하여 직무상 알게 된 비밀을 다른 사람에게 누설하거나 직무상 목적 외의 용도로 이용한 사람
3. 제93조의2 제2항각 호의 어느 하나에 해당하는 죄를 범한 사람(영리를 목적으로 한 사람은 제외한다)[전문개정 2020. 3. 24.]

제94조 벌칙

다음 각 호의 어느 하나에 해당하는 사람은 3년 이하의 징역 또는 3천만원 이하의

벌금에 처한다. 〈개정 2012. 1. 26., 2014. 1. 7., 2016. 3. 29., 2018. 3. 20., 2019. 4. 23., 2020. 3. 24.〉

1. 제3조 제1항을 위반하여 출국심사를 받지 아니하고 출국한 사람
2. 제7조 제1항 또는 제4항을 위반하여 입국한 사람
3. 제7조의2를 위반한 사람
4. 제12조의3을 위반한 사람으로서 제93조의2 제2항 또는 제93조의3 제1호·제3호에 해당하지 아니하는 사람
5. 제14조 제1항에 따른 승무원 상륙허가 또는 제14조의2 제1항에 따른 관광상륙허가를 받지 아니하고 상륙한 사람
6. 제14조 제3항에 따른 승무원 상륙허가 또는 제14조의2 제3항에 따른 관광상륙허가의 조건을 위반한 사람
7. 제17조 제1항을 위반하여 체류자격이나 체류기간의 범위를 벗어나서 체류한 사람
8. 제18조 제1항을 위반하여 취업활동을 할 수 있는 체류자격을 받지 아니하고 취업활동을 한 사람
9. 제18조 제3항을 위반하여 취업활동을 할 수 있는 체류자격을 가지지 아니한 사람을 고용한 사람
10. 제18조 제4항을 위반하여 취업활동을 할 수 있는 체류자격을 가지지 아니한 외국인의 고용을 업으로 알선·권유한 사람
11. 제18조 제5항을 위반하여 체류자격을 가지지 아니한 외국인을 자기 지배하에 두는 행위를 한 사람
12. 제20조를 위반하여 체류자격 외 활동허가를 받지 아니하고 다른 체류자격에 해당하는 활동을 한 사람
13. 제21조 제2항을 위반하여 근무처의 변경허가 또는 추가허가를 받지 아니한 외국인의 고용을 업으로 알선한 사람
14. 제22조에 따른 제한 등을 위반한 사람
15. 제23조를 위반하여 체류자격을 받지 아니하고 체류한 사람
16. 제24조를 위반하여 체류자격 변경허가를 받지 아니하고 다른 체류자격에 해당하는 활동을 한 사람
17. 제25조를 위반하여 체류기간 연장허가를 받지 아니하고 체류기간을 초과하여 계속 체류한 사람

17의2. 제26조를 위반한 사람
18. 제28조 제1항이나 제2항을 위반하여 출국심사를 받지 아니하고 출국한 사람
19. 제33조의3을 위반한 사람
20. 제69조(제70조 제1항및제2항에서 준용하는 경우를 포함한다)를 위반한 사람
[전문개정 2010. 5. 14.]

주요판례

❖ 위계공무집행방해·출입국관리법위반 [대법원 2023. 3. 13., 선고, 2021도3652, 판결]

판시사항

[1] 체약국에 구체적인 요건을 충족한 난민에 대하여 형벌을 과하지 아니할 것을 직접적으로 요구하는 '난민의 지위에 관한 협약' 제31조 제1호가 위 협약에 가입하고 이를 비준한 우리나라 형사재판에서 형 면제의 근거조항이 되는지 여부(적극) / 이때 형 면제 대상이 되는 '불법으로 입국하는 것'의 의미 및 출입국관리법에 따른 입국허가 사증 등을 받지 아니한 채 불법적으로 입국하거나 불법적인 방법으로 입국허가 사증 등을 받아 입국함으로써 해당 절차 관련 출입국관리법 위반죄를 구성하는 행위는 물론 이를 구성요건으로 하는 형법상 범죄행위도 이에 포함되는지 여부(적극)

[2] 외국인인 피고인이 사실은 대한민국에 입국 후 난민신청을 할 계획이었음에도 사업 목적으로 초청된 것처럼 가장하여 사증을 발급받아 입국함으로써 위계로 대한민국 대사관 소속 사증발급 공무원의 정당한 직무집행을 방해함과 동시에 거짓으로 사증을 신청하여 출입국관리법을 위반하였다는 내용으로 기소된 사안에서, 피고인은 '난민의 지위에 관한 협약' 제31조 제1호의 요건을 갖추었다는 이유로, 피고인에 대하여 구 출입국관리법 제94조 제3호, 제7조의2 제2호 및 형법 제137조에서 정한 형을 면제하는 판결을 선고한 원심의 조치가 정당하다고 한 사례

판결요지

[1] 대한민국헌법 제6조 제1항은 "헌법에 의하여 체결·공포된 조약과 일반적으로 승인된 국제법규는 국내법과 같은 효력을 가진다."라고 규정하였다. 대한민국헌법에서 국제평화주의와 국제법 존중주의는 국가질서 형성의 기본방향을 결정하는 중요한 원리로 인정되고 있으며, 입법부와 행정부는 물론 사법부 등 모든 국가기구가 국제적 협력의 정신을 존중하여 국제법규의 취지를 살릴 수 있도록 노력할 것이 요청된다. 난민의 지위에 관한 협약(이하 '난민협약'이라 한다)의 경우, 우리나라는 1992. 5. 28. 국무회의 심의를 거치고 1992. 11. 11. 국회 동의를 얻어 1992. 12. 3. 유엔 사무총장에게 가입서를 기탁함으로써 1993. 3. 3.부터 우리나라에서 효력이 발생되었다.

이처럼 난민협약은 국회 동의를 얻어 체결된 조약이므로 대한민국헌법 제6조 제1항에 따라 국내법과 동일한 효력을 가지고 그 효력은 법률에 준하는 것으로, 개별 규정의 구체적인 내용과 성질 등에 따라 직접적인 재판규범이 될 수 있다.

난민의 불법 입국 또는 체류에 따른 형사처벌과 관련하여, 난민협약 제31조 제1호는 "체약국은 그 생명 또는 자유가 제1조의 의미에 있어서 위협되고 있는 영역으로부터 직접 온 난민으로서 허가 없이 그 영역에 입국하거나 또는 그 영역 내에 있는 자에 대하여 불법으로 입국하거나 또는 불법으로 있는 것을 이유로 형벌을 과하여서는 아니 된다. 다만 그 난민이 지체 없이 당국에 출두하고 또한 불법으로 입국하거나 또는 불법으로 있는 것에 대한 상당한 이유를 제시할 것을 조건으로 한다."라고 규정하였다.

앞서 본 바와 같이 난민협약이 기본적으로 법률과 동일한 국내법적 효력을 갖는 점에다가 위 조항이 체약국에 구체적인 요건을 충족한 난민에 대하여 형벌을 과하지 아니할 것을 직접적으로 요구한 점을 더하여 보면, 위 조항은 난민협약에 가입하고 이를 비준한 우리나라 형사재판에서 형 면제의 근거조항이 된다. 이때 형 면제 대상이 되는 '불법으로 입국하는 것'이란 출입국 관련 법령에서 정한 절차를 위반한 입국 행위 및 이와 직접적·불가분적으로 관련된 행위로서 국가의 출입국관리업무에 지장을 주는 행위를 의미하므로, 출입국관리법에 따른 입국허가 사증 등을 받지 아니한 채 불법적으로 입국하거나 불법적인 방법으로 입국허가 사증 등을 받아 입국함으로써 해당 절차 관련 출입국관리법 위반죄를 구성하는 행위는 물론 이를 구성요건으로 하는 형법상 범죄행위도 이에 포함된다.

[2] 이란 국적의 피고인이 사실은 대한민국에 입국 후 난민신청을 할 계획이었음에도 사업 목적으로 초청된 것처럼 가장하여 사증을 발급받아 입국함으로써 위계로 대한민국 대사관 소속 사증발급 공무원의 정당한 직무집행을 방해함과 동시에 거짓으로 사증을 신청하여 출입국관리법을 위반하였다는 내용으로 기소된 사안에서, 피고인은 입국 후 곧바로 출입국사무소에 난민인정신청을 함으로써 그 주장과 같은 사유가 인정되어 난민에 해당한다는 법원 판결이 확정되는 등 난민인정을 받은 사람으로 '난민의 지위에 관한 협약' 제31조 제1호의 요건을 갖추었다는 이유로, 위 협약 제31조 제1호에 따라 피고인에 대하여 구 출입국관리법(2020. 3. 24. 법률 제17089호로 개정되기 전의 것) 제94조 제3호, 제7조의2 제2호 및 형법 제137조에서 정한 형을 면제하는 판결을 선고한 원심의 조치가 정당하다고 한 사례.

주요판례

❖ 마약류관리에관한법률위반(향정)·출입국관리법위반
[대법원 2022. 4. 28., 선고, 2021도17103, 판결]

판시사항

[1] 영사관계에 관한 비엔나협약 제36조 제1항 (b)호, 경찰수사규칙 제91조 제2항, 제3항에서 외국인을 체포·구속하는 경우 지체 없이 외국인에게 영사통보권 등이 있음을 고지하고, 외국인의 요청이 있는 경우 영사기관에 체포·구금 사실을 통보하도록 정한 취지 / 수사기관이 외국인을 체포하거나 구속하면서 지체 없이 영사통보권 등이 있음을 고지하지 않은 경우, 체포나 구속 절차가 위법한지 여부(적극)

[2] 적법한 절차에 따르지 아니하고 수집한 증거를 유죄 인정의 증거로 사용할 수 있는 예외적인 경우 및 이에 해당하는지 판단하는 기준

[3] 사법경찰관이 인도네시아 국적의 외국인인 피고인을 출입국관리법 위반의 현행범인으로 체포하면서 소변과 모발을 임의제출 받아 압수하였고, 소변검사 결과에서 향정신성의약품인 MDMA(일명 엑스터시) 양성반응이 나오자 피고인은 출입국관리법 위반과 마약류 관리에 관한 법률 위반(향정) 범행을 모두 자백한 후 구속되었는데, 피고인이 검찰 수사 단계에서 자신의 구금 사실을 자국 영사관에 통보할 수 있음을 알게 되었음에도 수사기관에 영사기관 통보를 요구하지 않은 사안에서, 체포나 구속 절차에 영사관계에 관한 비엔나협약 제36조 제1항 (b)호를 위반한 위법이 있으나, 절차 위반의 내용과 정도가 중대하거나 절차 조항이 보호하고자 하는 외국인 피고인의 권리나 법익을 본질적으로 침해하였다고 볼 수 없어 체포나 구속 이후 수집된 증거와 이에 기초한 증거들은 유죄 인정의 증거로 사용할 수 있다고 한 사례

판결요지

[1] 영사관계에 관한 비엔나협약(Vienna Convention on Consular Relations, 1977. 4. 6. 대한민국에 대하여 발효

된 조약 제594호, 이하 '협약'이라 한다) 제36조 제1항은 "파견국의 국민에 관련되는 영사기능의 수행을 용이하게 할 목적으로 다음의 규정이 적용된다."라고 하면서, (b)호에서 "파견국의 영사관할구역 내에서 파견국의 국민이 체포되는 경우, 재판에 회부되기 전에 구금되거나 유치되는 경우, 또는 그 밖의 방법으로 구속되는 경우에, 그 국민이 파견국의 영사기관에 통보할 것을 요청하면 접수국의 권한 있는 당국은 지체 없이 통보하여야 한다. 체포, 구금, 유치되거나 구속되어 있는 자가 영사기관에 보내는 어떠한 통신도 위 당국에 의하여 지체 없이 전달되어야 한다. 위 당국은 관계자에게 (b)호에 따른 그의 권리를 지체 없이 통보하여야 한다."라고 정하고 있다. 이에 따라 경찰수사규칙 제91조 제2항, 제3항은 "사법경찰관리는 외국인을 체포·구속하는 경우 국내 법령을 위반하지 않는 범위에서 영사관원과 자유롭게 접견·교통할 수 있고, 체포·구속된 사실을 영사기관에 통보해 줄 것을 요청할 수 있다는 사실을 알려주어야 한다. 사법경찰관리는 체포·구속된 외국인이 제2항에 따른 통보를 요청하는 경우에는 [별지 제93호 서식]의 영사기관 체포·구속 통보서를 작성하여 지체 없이 해당 영사기관에 체포·구속 사실을 통보해야 한다."라고 정하고 있다.

위와 같이 협약 제36조 제1항 (b)호, 경찰수사규칙 제1조 제2항, 제3항이 외국인을 체포·구속하는 경우 지체 없이 외국인에게 영사통보권 등이 있음을 고지하고, 외국인의 요청이 있는 경우 영사기관에 체포·구금 사실을 통보하도록 정한 것은 외국인의 본국이 자국민의 보호를 위한 조치를 취할 수 있도록 협조하기 위한 것이다. 따라서 수사기관이 외국인을 체포하거나 구속하면서 지체 없이 영사통보권 등이 있음을 고지하지 않았다면 체포나 구속 절차는 국내법과 같은 효력을 가지는 협약 제36조 제1항 (b)호를 위반한 것으로 위법하다.

[2] 적법한 절차에 따르지 아니하고 수집한 증거는 증거로 할 수 없다(형사소송법 제308조의2). 다만 수사기관의 절차 위반행위가 적법절차의 실질적인 내용을 침해하는 경우에 해당하지 않고, 오히려 그 증거의 증거능력을 배제하는 것이 헌법과 형사소송법이 형사소송에 관한 절차 조항을 마련하여 적법절차의 원칙과 실체적 진실 규명의 조화를 도모하고 이를 통하여 형사 사법 정의를 실현하려고 한 취지에 반하는 결과를 초래하는 것으로 평가되는 예외적인 경우라면 법원은 그 증거를 유죄 인정의 증거로 사용할 수 있다. 이에 해당하는지는 수사기관의 증거 수집 과정에서 이루어진 절차 위반행위와 관련된 모든 사정, 즉 절차 조항의 취지, 위반 내용과 정도, 구체적인 위반 경위와 회피가능성, 절차 조항이 보호하고자 하는 권리나 법익의 성질과 침해 정도, 이러한 권리나 법익과 피고인 사이의 관련성, 절차 위반행위와 증거 수집 사이의 관련성, 수사기관의 인식과 의도 등을 전체적·종합적으로 고찰해서 판단해야 한다.

[3] 사법경찰관이 인도네시아 국적의 외국인인 피고인을 출입국관리법 위반의 현행범인으로 체포하면서 소변과 모발을 임의제출 받아 압수하였고, 소변검사 결과에서 향정신성의약품인 MDMA(일명 엑스터시) 양성반응이 나오자 피고인은 출입국관리법 위반과 마약류 관리에 관한 법률 위반(향정) 범행을 모두 자백한 후 구속되었는데, 피고인이 검찰 수사 단계에서 자신의 구금 사실을 자국 영사관에 통보할 수 있음을 알게 되었음에도 수사기관에 영사기관 통보를 요구하지 않은 사안에서, 사법경찰관이 체포 당시 피고인에게 영사통보권 등을 지체 없이 고지하지 않았으므로 체포나 구속 절차에 영사관계에 관한 비엔나협약(Vienna Convention on Consular Relations, 1977. 4. 6. 대한민국에 대하여 발효된 조약 제594호) 제36조 제1항 (b)호를 위반한 위법이 있으나, 제반 사정을 종합하면 피고인이 영사통보권 등을 고지받았더라도 영사의 조력을 구하였으리라고 보기 어렵고, 수사기관이 피고인에게 영사통보권 등을 고지하지 않았더라도 그로 인해 피고인에게 실질적 불이익이 초래되었다고 볼 수 없어 피고인에게 영사통보권 등을 고지하지 않은 사정이 수사기관의 증거 수집이나 이후 공판절차에 상당한 영향을 미쳤다고 보기 어려우므로, 절차 위반의 내용과 정도가 중대하거나 절차 조항이 보호하고자 하는 외국인 피고인의 권리나 법익을 본질적으로 침해하였다고 볼 수 없어 체포나 구속 이후 수집된 증거와 이에 기초한 증거들은 유죄 인정의 증거로 사용할 수 있다고 한 사례.

주요판례

❖ **출입국관리법위반**[대법원 2020. 5. 14., 선고, 2018도3690, 판결]

판시사항

출입국관리법 제94조 제9호, 제18조 제3항에서 말하는 '고용'의 의미 / 사용사업주가 근로자파견계약 또는 이에 준하는 계약을 체결하고 파견사업주로부터 그에게 고용된 외국인을 파견받아 자신을 위한 근로에 종사하게 한 경우, 위 규정이 금지하는 '고용'에 해당하는지 여부(소극)

판결요지

출입국관리법 제18조 제1항, 제3항, 제94조 제9호의 문언, 형벌법규의 해석 법리, 파견근로자 보호 등에 관한 법률의 규율 내용 등에 비추어 보면, 출입국관리법 제94조 제9호, 제18조 제3항의 '고용'의 의미도 취업활동을 할 수 있는 체류자격을 가지지 않은 외국인으로부터 노무를 제공받고 이에 대하여 보수를 지급하는 행위를 말한다고 봄이 타당하다. 따라서 사용사업주가 근로자파견계약 또는 이에 준하는 계약을 체결하고 파견사업주로부터 그에게 고용된 외국인을 파견받아 자신을 위한 근로에 종사하게 하였더라도 이를 출입국관리법 제94조 제9호, 제18조 제3항이 금지하는 고용이라고 볼 수 없다.

제95조 벌칙

다음 각 호의 어느 하나에 해당하는 사람은 1년 이하의 징역 또는 1천만원 이하의 벌금에 처한다. <개정 2014. 1. 7.>

1. 제6조 제1항을 위반하여 입국심사를 받지 아니하고 입국한 사람
2. 제13조 제2항에 따른 조건부 입국허가의 조건을 위반한 사람
3. 제15조 제1항에 따른 긴급상륙허가, 제16조 제1항에 따른 재난상륙허가 또는 제16조의2 제1항에 따른 난민 임시상륙허가를 받지 아니하고 상륙한 사람
4. 제15조 제2항, 제16조 제2항 또는 제16조의2 제2항에 따른 허가조건을 위반한 사람
5. 제18조 제2항을 위반하여 지정된 근무처가 아닌 곳에서 근무한 사람
6. 제21조 제1항본문을 위반하여 허가를 받지 아니하고 근무처를 변경하거나 추가한 사람 또는 제21조 제2항을 위반하여 근무처의 변경허가 또는 추가허가를 받지 아니한 외국인을 고용한 사람
7. 제31조의 등록의무를 위반한 사람
8. 제51조 제1항·제3항, 제56조 또는 제63조 제1항에 따라 보호 또는 일시보호된 사람으로서 도주하거나 보호 또는 강제퇴거 등을 위한 호송 중에 도주한 사람(제93조의2 제1항 제1호 또는 제2호에 해당하는 사람은 제외한다)
9. 제63조 제5항에 따른 주거의 제한이나 그 밖의 조건을 위반한 사람

10. 삭제<2012. 2. 10.>[전문개정 2010. 5. 14.]

주요판례

❖ **직업안정법위반·출입국관리법위반**[대법원 2007. 9. 7., 선고, 2006도6292, 판결]

판시사항

[1] 구 파견근로자보호 등에 관한 법률 제2조 제2호의 근로자파견사업에 직업안정법을 적용하여 처벌할 수 있는지 여부(소극)
[2] 외국인 강사를 고용하여 직원들의 외국어교육을 희망하는 기업체에 보내 외국어교육을 하도록 한 행위는, 구 파견근로자보호 등에 관한 법률 제2조 제2호의 규정에 의한 근로자파견사업의 대상에 해당하므로, 직업안정법을 적용하여 처벌할 수 없다고 한 사례
[3] 출입국관리법 제94조 제6호의2, 제21조 제2항은 출입국 관리사무소로부터 근무처의 변경 또는 추가허가를 받지 아니한 외국인의 고용을 업으로 알선한 자를 처벌하는 규정이므로, 위와 같은 외국인을 고용한 자를 위 조항으로 처벌할 수 없다고 한 사례

판결요지

[1] 구 파견근로자보호 등에 관한 법률(2006. 12. 21. 법률 제8076호로 개정되기 전의 것) 제2조 제2호의 규정에 의한 근로자파견사업은 직업안정법의 적용을 받는 근로자공급사업에서 제외되어 있고, 같은 법 제5조 제1항, 구 파견근로자보호 등에 관한 법률 시행령(2007. 6. 18. 대통령령 제20094호로 개정되기 전의 것) 제2조 제1항[별표 1]에 의하면, '한국표준직업분류(통계청고시 제1992-1호) 33409 달리 분류되지 않은 기타 교육 준전문가'의 업무는 위 근로자파견사업의 대상이 되는 업무에 해당하므로 위 업무를 대상으로 한 근로자파견사업에 직업안정법을 적용하여 처벌할 수 없다.
[2] 외국인 강사를 고용하여 직원들의 외국어교육을 희망하는 기업체에 보내 외국어교육을 하도록 한 행위는, 파견근로자보호 등에 관한 법률 시행령(2007. 6. 18. 대통령령 제20094호로 개정되기 전의 것) 제2조 제1항[별표 1]에 정한 '달리 분류되지 않은 기타 교육 준전문가'로서 구 파견근로자보호 등에 관한 법률(2006. 12. 21. 법률 제8076호로 개정되기 전의 것) 제2조 제2호의 규정에 의한 근로자파견사업의 대상에 해당하므로, 직업안정법을 적용하여 처벌할 수 없다고 한 사례.
[3] 출입국관리법 제94조 제6호의2, 제21조 제2항은 출입국 관리사무소로부터 근무처의 변경 또는 추가허가를 받지 아니한 외국인의 고용을 업으로 알선한 자를 처벌하는 규정이므로, 위와 같은 외국인을 고용한 자를 위 조항으로 처벌할 수 없다고 한 사례.

제96조 벌칙

다음 각 호의 어느 하나에 해당하는 사람은 1천만원 이하의 벌금에 처한다.<개정 2016. 3. 29.>
1. 제71조 제4항(제70조 제1항 및 제2항에서 준용하는 경우를 포함한다)에 따른 출

항의 일시정지 또는 회항 명령이나 선박 등의 출입 제한을 위반한 사람
2. 정당한 사유 없이 제73조(제70조 제1항 및 제2항에서 준용하는 경우를 포함한다)에 따른 준수사항을 지키지 아니하였거나 제73조의2 제1항(제70조 제1항 및 제2항에서 준용하는 경우를 포함한다) 또는 제3항(제70조 제1항 및 제2항에서 준용하는 경우를 포함한다)을 위반하여 열람 또는 문서제출 요청에 따르지 아니한 사람
3. 정당한 사유 없이 제75조 제1항(제70조 제1항 및 제2항에서 준용하는 경우를 포함한다) 또는 제2항(제70조 제1항 및 제2항에서 준용하는 경우를 포함한다)에 따른 보고서를 제출하지 아니하거나 거짓으로 제출한 사람 [전문개정 2010. 5. 14.]

제97조 벌칙

다음 각 호의 어느 하나에 해당하는 사람은 500만원 이하의 벌금에 처한다. <개정 2016. 3. 29., 2017. 12. 12.>
1. 제18조 제4항을 위반하여 취업활동을 할 수 있는 체류자격을 가지지 아니한 외국인의 고용을 알선·권유한 사람(업으로 하는 사람은 제외한다)
2. 제21조 제2항을 위반하여 근무처의 변경허가 또는 추가허가를 받지 아니한 외국인의 고용을 알선한 사람(업으로 하는 사람은 제외한다)
3. 제72조(제70조 제1항 및 제2항에서 준용하는 경우를 포함한다)를 위반하여 허가를 받지 아니하고 선박 등이나 출입국심사장에 출입한 사람
4. 제74조(제70조 제1항 및 제2항에서 준용하는 경우를 포함한다)에 따른 제출 또는 통보 의무를 위반한 사람
5. 제75조 제4항(제70조 제1항 및 제2항에서 준용하는 경우를 포함한다) 및 제5항(제70조 제1항 및 제2항에서 준용하는 경우를 포함한다)에 따른 보고 또는 방지 의무를 위반한 사람
6. 제76조 제1항(제70조 제1항 및 제2항에서 준용하는 경우를 포함한다)에 따른 송환의무를 위반한 사람
7. 제76조의6 제1항을 위반하여 난민인정증명서 또는 난민여행증명서를 반납하지 아니하거나 같은 조 제2항에 따른 난민여행증명서 반납명령을 위반한 사람

[전문개정 2010. 5. 14.]

제98조 벌칙

다음 각 호의 어느 하나에 해당하는 사람은 100만원 이하의 벌금에 처한다.
1. 제27조에 따른 여권 등의 휴대 또는 제시 의무를 위반한 사람
2. 제36조 제1항에 따른 체류지 변경신고 의무를 위반한 사람[전문개정 2010. 5. 14.]

제99조 미수범 등

① 제93조의2,제93조의3 제1호·제3호,제94조 제1호부터 제5호까지 또는 제18호 및 제95조 제1호의 죄를 범할 목적으로 예비하거나 또는 음모한 사람과 미수범은 각각 해당하는 본죄에 준하여 처벌한다.〈개정 2016. 3. 29., 2019. 4. 23., 2020. 3. 24.〉
② 제1항에 따른 행위를 교사하거나 방조한 사람은 정범(正犯)에 준하여 처벌한다.
[전문개정 2010. 5. 14.]

제99조의2 난민에 대한 형의 면제

제93조의3 제1호,제94조 제2호·제5호·제6호 및 제15호부터 제17호까지 또는제95조 제3호·제4호에 해당하는 사람이 그 위반행위를 한 후 지체 없이 지방출입국·외국인관서의 장에게 다음 각 호의 모두에 해당하는 사실을 직접 신고하는 경우에 그 사실이 증명되면 그 형을 면제한다.〈개정 2012. 2. 10., 2014. 3. 18., 2019. 4. 23., 2020. 3. 24.〉
1. 「난민법」 제2조 제1호에 규정된 이유로 그 생명·신체 또는 신체의 자유를 침해받을 공포가 있는 영역으로부터 직접 입국하거나 상륙한 난민이라는 사실
2. 제1호의 공포로 인하여 해당 위반행위를 한 사실[전문개정 2010. 5. 14.]

제99조의3 양벌규정

법인의 대표자나 법인 또는 개인의 대리인, 사용인, 그 밖의 종업원이 그 법인 또는 개인의 업무에 관하여 다음 각 호의 어느 하나에 해당하는 위반행위를 하면 그 행위자를 벌하는 외에 그 법인 또는 개인에게도 해당 조문의 벌금형을 과(科)한다. 다만, 법인 또는 개인이 그 위반행위를 방지하기 위하여 해당 업무에 관하여 상당한 주의와 감독을 게을리하지 아니한 경우에는 그러하지 아니하다.〈개정 2018. 3. 20., 2020. 6. 9.〉

1. 제94조 제3호의 위반행위
2. 제94조 제9호의 위반행위

2의2. 제94조 제10호의 위반행위

3. 제94조 제19호의 위반행위 중 제33조의3 제1호를 위반한 행위
4. 제94조 제20호의 위반행위
5. 제95조 제6호의 위반행위 중 제21조 제2항을 위반하여 근무처의 변경허가 또는 추가허가를 받지 아니한 외국인을 고용하는 행위
6. 제96조 제1호부터 제3호까지의 규정에 따른 위반행위
7. 제97조 제4호부터 제6호까지의 규정에 따른 위반행위 [전문개정 2010. 5. 14.]

주요판례

❖ **출입국관리법위반** [대법원 2017. 6. 29., 선고, 2017도3005, 판결]

판시사항

주식회사의 종업원이 취업활동을 할 수 있는 체류자격을 가지지 아니한 외국인을 고용한 행위와 관련하여, 대표이사가 종업원의 그와 같은 행위를 알 수 있는 지위에 있었다는 사정만으로 출입국관리법 제94조 제9호에서 정한 '고용한 사람'에 해당하는지 여부(소극)

판결요지

출입국관리법은 제94조 제9호에서 "제18조 제3항을 위반하여 취업활동을 할 수 있는 체류자격을 가지지 아니한 사람을 고용한 사람"을 처벌하도록 규정하고, 제18조 제3항에서 누구든지 대통령령으로 정하는 바에 따라 취업활동을 할 수 있는 체류자격을 받지 아니한 외국인을 고용하여서는 아니 된다고 규정하고 있다. 출입국관리법이 제94조 제9호의 '고용한 사람'은 외국인 근로자에 관한 사항에 대하여 사업주를 위하여 행위하는 자를 모두 포함한다는 별도의 규정을 두고 있지 아니한 점, 출입국관리법 제99조의3에서 취업활동을 할 수 있는 체류자격을 가지지 아니한 외국인을 고용한 행위의 이익귀속주체인 사업주를 처벌하는 양벌규정을 두고 있지만, 주식회사의 경우 대표이사가 아니라 회사가 위 규정의 적용대상인 점, 죄형법정주의의 원칙상 형벌법규는 특별한 사정이 없는 한 문언에 따라 엄격하게 해석하여야 하는 점, 출입국관리법의 입법 취지와 외국인 근로자의 고용을 제한하는 규정을 두게 된 입법경위 등을 종합하면, 주식회사의 종업원이 취업활동을 할 수 있는 체류자격을 가지지 아니한 외국인을 고용한 행위와 관련하여, 그 대표이사가 종업원의 그와 같은 행위를 알 수 있는 지위에 있었다는 사정만으로 출입국관리법 제94조 제9호에서 정한 '고용한 사람'에 해당한다고 볼 수 없다.

제100조 과태료

① 다음 각 호의 어느 하나에 해당하는 자에게는 200만원 이하의 과태료를 부과한

다.〈개정 2016. 3. 29., 2018. 3. 20.〉

1. 제19조의 신고의무를 위반한 자
2. 제19조의4 제1항 또는 제2항각 호의 어느 하나에 해당하는 규정을 위반한 사람
3. 제21조 제1항단서의 신고의무를 위반한 사람
4. 제33조 제4항 또는 제33조의2 제1항을 위반하여 영주증을 재발급받지 아니한 사람
5. 과실로 인하여 제75조 제1항(제70조 제1항 및 제2항에서 준용하는 경우를 포함한다) 또는 제2항(제70조 제1항 및 제2항에서 준용하는 경우를 포함한다)에 따른 출·입항보고를 하지 아니하거나 출·입항보고서의 국적, 성명, 성별, 생년월일, 여권번호에 관한 항목을 최근 1년 이내에 3회 이상 사실과 다르게 보고한 자

② 다음 각 호의 어느 하나에 해당하는 자에게는 100만원 이하의 과태료를 부과한다.

1. 제35조나 제37조를 위반한 사람
2. 제79조를 위반한 사람
3. 제81조 제4항에 따른 출입국관리공무원의 장부 또는 자료 제출 요구를 거부하거나 기피한 자

③ 다음 각 호의 어느 하나에 해당하는 자에게는 50만원 이하의 과태료를 부과한다.〈개정 2016. 3. 29., 2020. 6. 9.〉

1. 제33조 제2항을 위반하여 외국인 등록증 발급신청을 하지 아니한 사람
1의2. 제81조의3 제1항을 위반하여 여권 등 자료를 제공하지 않은 숙박외국인
1의3. 제81조의3 제2항을 위반하여 숙박외국인의 자료를 제출하지 아니하거나 허위로 제출한 숙박업자
2. 이 법에 따른 각종 신청이나 신고에서 거짓 사실을 적거나 보고한 자(제94조 제17호의2에 해당하는 사람은 제외한다)

④ 제1항부터 제3항까지의 규정에 따른 과태료는 대통령령으로 정하는 바에 따라 지방출입국·외국인관서의 장이 부과·징수한다.〈개정 2014. 3. 18.〉

⑤ 법무부장관은 출입국사범의 나이와 환경, 법 위반의 동기와 결과, 과태료 부담 능력, 그 밖의 정상을 고려하여 이 법 위반에 따른 과태료를 면제할 수 있다.〈신설 2020. 3. 24.〉[전문개정 2010. 5. 14.]

제11장 고발과 통고처분 〈개정 2010. 5. 14.〉

제1절 고발 〈개정 2010. 5. 14.〉

제101조 고발

① 출입국사범에 관한 사건은 지방출입국·외국인관서의 장의 고발이 없으면 공소(公訴)를 제기할 수 없다. 〈개정 2014. 3. 18.〉
② 출입국관리공무원 외의 수사기관이 제1항에 해당하는 사건을 입건(立件)하였을 때에는 지체 없이 관할 지방출입국·외국인관서의 장에게 인계하여야 한다. 〈개정 2014. 3. 18.〉 [전문개정 2010. 5. 14.]

주요판례

❖ **출입국관리법위반** [대법원 2021. 10. 28., 선고, 2021도404, 판결]

판시사항

[1] 출입국사범 사건에서 지방출입국·외국인관서의 장의 적법한 고발이 있었는지 판단하는 방법
[2] 피고인이 체류자격을 가지지 아니한 사람을 고용하여 출입국관리법을 위반하였다는 공소사실이 제1심에서 유죄로 인정되고, 검사가 양형부당을 이유로 항소하였는데, 원심이 직권으로 출입국관리법 제101조 제1항에 따른 지방출입국·외국인관서의 장의 고발이 없었음을 이유로 제1심판결을 파기하고 공소를 기각한 사안에서, 기록에 의하면 피고인에 대한 공소가 이루어지기 전에 이미 공소사실에 관한 적법한 고발이 있었음을 알 수 있으므로, 원심이 그와 같은 사정에 관하여 추가로 조사·확인하지 아니한 채 고발이 없었다고 단정한 것에 심리미진 또는 법리오해의 잘못이 있다고 한 사례

판결요지

[1] 출입국사범 사건에서 지방출입국·외국인관서의 장의 적법한 고발이 있었는지 여부가 문제 되는 경우에 법원은 증거조사의 방법이나 증거능력의 제한을 받지 아니하고 제반 사정을 종합하여 적당하다고 인정되는 방법에 의하여 자유로운 증명으로 그 고발 유무를 판단하면 된다.

[2] 피고인이 취업활동을 할 수 있는 체류자격을 가지지 아니한 외국인을 고용하여 출입국관리법을 위반하였다는 공소사실이 제1심에서 유죄로 인정되고, 검사가 이에 대해 양형부당을 이유로 항소하였는데, 원심이 직권으로 출입국관리법 제101조 제1항에 따른 지방출입국·외국인관서의 장의 고발이 없었음을 이유로 제1심판결을 파기하고 공소를 기각한 사안에서, 기록에 의하면 피고인에 대한 공소가 이루어지기 전에 이미 공소사실에 관한 적법한 고발이 있었음을 알 수 있으므로, 원심이 그와 같은 사정에 관하여 추가로 조사하여 확인하지 아니한 채 막연히 위와 같은 고발이 없었다고 단정한 것은 출입국사범 사건에서 고발 유무의 조사에 관하여 필요한 심리를 다하지 아니하거나 적당하다고 인정되는 방법에 의하여 자유로운 증명으로 고발 유무를 판단하도록 한 법리를 오해한 잘못이 있다고 한 사례.

주요판례

❖ 출입국관리법위반 [대법원 2011. 3. 10., 선고, 2008도7724, 판결]

판시사항

[1] 일반사법경찰관리가 출입국사범에 대한 출입국관리사무소장 등의 고발이 있기 전에 한 수사가 소급하여 위법하게 되는지 여부(원칙적 소극)
[2] 일반사법경찰관리가 출입국사범에 대한 전속적 고발권자인 출입국관리사무소장 등에게 인계하지 않고 한 수사가 소급하여 위법하게 되는지 여부(소극)
[3] 피고인이 체류자격이 없는 외국인들을 고용하여 구 출입국관리법 위반으로 기소된 사안에서, 당초 위 사건을 입건한 지방경찰청이 지체없이 관할 출입국관리사무소장 등에게 인계하지 않고 그 고발없이 수사를 하였다는 것만으로는 지방경찰청 및 검찰의 수사가 위법하다거나 공소제기절차가 법률의 규정에 위배되어 무효인 때에 해당하지 않는다고 본 원심판단을 수긍한 사례

판결요지

[1] 법률에 의하여 고소나 고발이 있어야 논할 수 있는 죄에 있어서 고소 또는 고발은 이른바 소추조건에 불과하고 당해 범죄의 성립요건이나 수사의 조건은 아니므로, 위와 같은 범죄에 관하여 고소나 고발이 있기 전에 수사를 하였더라도, 그 수사가 장차 고소나 고발의 가능성이 없는 상태하에서 행해졌다는 등의 특단의 사정이 없는 한, 고소나 고발이 있기 전에 수사를 하였다는 이유만으로 그 수사가 위법하게 되는 것은 아니다. 그렇다면 일반사법경찰관리가 출입국사범에 대한 출입국관리사무소장 등의 고발이 있기 전에 수사를 하였더라도, 달리 위에서 본 특단의 사정이 없는 한 그 사유만으로 수사가 소급하여 위법하게 되는 것은 아니다.
[2] 구 출입국관리법(2010. 5. 14. 법률 제10282호로 개정되기 전의 것) 제101조는 제1항에서 출입국관리사무소장 등의 전속적 고발권을 규정함과 아울러, 제2항에서 일반사법경찰관리가 출입국사범을 입건한 때에는 지체없이 사무소장 등에게 인계하도록 규정하고 있고, 이는 그 규정의 취지에 비추어 제1항에서 정한 사무소장 등의 전속적 고발권 행사의 편의 등을 위한 것이라고 봄이 상당하므로 일반사법경찰관리와의 관계에서 존중되어야 할 것이지만, 이를 출입국관리공무원의 수사 전담권에 관한 규정이라고까지 볼 수는 없는 이상 이를 위반한 일반사법경찰관리의 수사가 소급하여 위법하게 되는 것은 아니다.
[3] 피고인이 체류자격이 없는 외국인들을 고용하여 구 출입국관리법(2010. 5. 14. 법률 제10282호로 개정되기 전의 것) 위반으로 기소되었는데, 당초 위 사건을 입건한 지방경찰청이 지체없이 관할 출입국관리사무소장 등에게 인계하지 아니한 채 그 고발없이 수사를 진행하였고, 이후 위 사무소장이 지방경찰청장의 고발의뢰에 따라 고발하면서 그 사유를 '지방경찰청의 고발의뢰 공문 등에 의해 명백히 입증되었다'라고만 기

재한 사안에서, 고발 경위에 비추어 사무소장이 한 위 고발은 구체적인 검토에 따라 재량으로 행하여진 것이어서 무효로 볼 수 없고, 지방경찰청에서 같은 법 제101조 제2항의 규정을 위반하였다는 것만으로는 지방경찰청 및 검찰의 수사가 위법하다거나 공소제기의 절차가 법률의 규정에 위배되어 무효인 때에 해당하지 않는다고 본 원심판단을 수긍한 사례.

제2절 통고처분 〈개정 2010. 5. 14.〉

제102조 통고처분

① 지방출입국·외국인관서의 장은 출입국사범에 대한 조사 결과 범죄의 확증을 얻었을 때에는 그 이유를 명확하게 적어 서면으로 벌금에 상당하는 금액(이하 "범칙금"이라 한다)을 지정한 곳에 낼 것을 통고할 수 있다. 〈개정 2014. 3. 18.〉
② 지방출입국·외국인관서의 장은 제1항에 따른 통고처분을 받은 자가 범칙금(犯則金)을 임시납부하려는 경우에는 임시납부하게 할 수 있다. 〈개정 2014. 3. 18.〉
③ 지방출입국·외국인관서의 장은 조사 결과 범죄의 정상이 금고 이상의 형에 해당할 것으로 인정되면 즉시 고발하여야 한다. 〈개정 2014. 3. 18.〉
④ 출입국사범에 대한 조사에 관하여는 제47조부터 제50조까지의 규정을 준용한다. 이 경우 용의자신문조서는 「형사소송법」 제244조에 따른 피의자신문조서로 본다. [전문개정 2010. 5. 14.]

| 관련법령 ▶ 「형사소송법」 제244조 |

제244조(피의자신문조서의 작성)
① 피의자의 진술은 조서에 기재하여야 한다.
② 제1항의 조서는 피의자에게 열람하게 하거나 읽어 들려주어야 하며, 진술한 대로 기재되지 아니하였거나 사실과 다른 부분의 유무를 물어 피의자가 증감 또는 변경의 청구 등 이의를 제기하거나 의견을 진술한 때에는 이를 조서에 추가로 기재하여야 한다. 이 경우 피의자가 이의를 제기하였던 부분은 읽을 수 있도록 남겨두어야 한다.
③ 피의자가 조서에 대하여 이의나 의견이 없음을 진술한 때에는 피의자로 하여금 그 취지를 자필로 기재하게 하고 조서에 간인한 후 기명날인 또는 서명하게 한다.

제102조의2 신용카드 등에 의한 범칙금의 납부

① 범칙금은 대통령령으로 정하는 범칙금 납부대행기관을 통하여 신용카드, 직불카드 등(이하 "신용카드 등"이라 한다)으로 낼 수 있다. 이 경우 "범칙금 납부대행기관"이란 정보통신망을 이용하여 신용카드 등에 의한 결제를 수행하는 기관으로서 대통령령으로 정하는 바에 따라 범칙금 납부대행기관으로 지정받은 자를 말한다.
② 제1항에 따라 범칙금을 신용카드 등으로 내는 경우에는 범칙금 납부대행기관의 승인일을 납부일로 본다.
③ 범칙금 납부대행기관은 납부자로부터 신용카드 등에 의한 범칙금 납부대행 용역의 대가로 대통령령으로 정하는 바에 따라 납부대행 수수료를 받을 수 있다.
④ 범칙금 납부대행기관의 지정, 운영 및 납부대행 수수료 등에 관하여 필요한 사항은 대통령령으로 정한다. [본조신설 2020. 10. 20.]

제103조 범칙금의 양정기준 등

① 범칙금의 양정기준(量定基準)은 법무부령으로 정한다.
② 법무부장관은 출입국사범의 나이와 환경, 법 위반의 동기와 결과, 범칙금 부담능력, 그 밖의 정상을 고려하여 제102조 제1항에 따른 통고처분을 면제할 수 있다.
[전문개정 2010. 5. 14.]

제104조 통고처분의 고지방법

통고처분의 고지는 통고서 송달의 방법으로 한다. [전문개정 2010. 5. 14.]

제105조 통고처분의 불이행과 고발

① 출입국사범은 통고서를 송달받으면 15일 이내에 범칙금을 내야 한다. 〈개정 2016. 3. 29.〉
② 지방출입국·외국인관서의 장은 출입국사범이 제1항에 따른 기간에 범칙금을 내지 아니하면 고발하여야 한다. 다만, 고발하기 전에 범칙금을 낸 경우에는 그러하지 아니하다. 〈개정 2014. 3. 18.〉

③ 출입국사범에 대하여 강제퇴거명령서를 발급한 경우에는 제2항 본문에도 불구하고 고발하지 아니한다. [전문개정 2010. 5. 14.]

제106조 일사부재리

출입국사범이 통고한 대로 범칙금을 내면 동일한 사건에 대하여 다시 처벌받지 아니한다. [전문개정 2010. 5. 14.]

MEMO

제2편 출입국관리법

제2부

출입국관리법 시행령

[시행 2023. 7. 10.]
[대통령령 제33621호, 2023. 7. 7., 타법개정]

제1장 국민의 출입국

제1조 출입국심사

① 대한민국의 국민이 「출입국관리법」(이하 "법"이라 한다)제3조에 따른 출국심사 또는 법 제6조에 따른 입국심사를 받을 때에는 여권을 출입국관리공무원에게 제출하고 질문에 답하여야 한다. 다만, 출입국관리공무원은 다음 각 호의 어느 하나에 해당하는 경우에는 여권과 출입국신고서를 함께 제출하게 할 수 있다. 〈개정 2011. 11. 1., 2016. 9. 29.〉

  1. 출국심사 또는 입국심사를 할 때 여권자동판독기 등 정보화기기를 이용하여 개인별 출입국기록을 확보할 수 없는 경우
  2. 출입국항이 아닌 곳에서 출국심사 또는 입국심사를 하는 경우
  3. 그 밖에 법무부령으로 정하는 경우

② 출입국관리공무원은 제1항에 따른 출국심사 또는 입국심사를 할 때에는 출입국의 적격 여부와 그 밖에 필요한 사항을 확인하여야 한다. 〈개정 2011. 11. 1.〉

③ 출입국관리공무원은 제1항 및 제2항에 따른 출국심사 또는 입국심사를 마친 때에는 여권에 출국심사인 또는 입국심사인을 찍어야 한다. 다만, 국민이 출국 또는 입국하는 데 지장이 없다고 판단하는 경우 등 법무부장관이 정하는 경우에는 출국심사인 또는 입국심사인의 날인을 생략할 수 있다. 〈개정 2011. 11. 1., 2016. 9. 29.〉

④ 출입국관리공무원은 선박 등의 승무원인 국민이 출입국하는 경우에는 제1항 단서 및 제3항 본문에도 불구하고 승무원 등록증 또는 선원신분증명서의 확인으로 출입국신고서의 제출과 출국심사인 또는 입국심사인의 날인을 갈음할 수 있다. 〈개정 2011. 11. 1., 2016. 9. 29., 2019. 6. 11.〉

⑤ 선박 등의 승무원인 국민이 최초로 출국하는 경우에는 승무원 등록을 하여야 한다. 다만, 부정기적으로 운항하는 선박 등의 승무원인 경우에는 그러하지 아니하다. 〈개정 2011. 11. 1.〉
⑥ 병역의무자인 국민이 출국심사를 받을 때에는 「병역법」 제70조에 따른 국외여행허가(기간연장허가를 포함한다)를 받았다는 확인서를 제출하여야 한다. 다만, 출입국관리공무원은 병무청장으로부터 정보통신망 등을 통하여 병역의무자인 국민이 국외여행허가를 받았음을 통보받은 경우에는 확인서 제출을 생략하게 할 수 있다. 〈개정 2011. 11. 1.〉
⑦ 삭제〈2005. 7. 5.〉
⑧ 출입국관리공무원은 법 제6조 제2항에 따라 유효한 여권을 가지지 아니하고 입국하려는 국민에 대해서는 국민임을 증명할 수 있는 서류를 제출하게 하여 심사하고 그의 출국사실 등을 확인하여야 한다. 〈개정 2011. 11. 1.〉
⑨ 출입국관리공무원은 제8항에 따른 심사 결과 국민임이 확인된 때에는 출입국신고서를 제출하게 하여야 한다. 〈개정 2011. 11. 1., 2016. 9. 29.〉
⑩ 삭제〈2016. 9. 29.〉[제목개정 2011. 11. 1.]

관련법령 ▶ 「병역법」 제70조

제70조(국외여행의 허가 및 취소)
① 병역의무자로서 다음 각 호의 어느 하나에 해당하는 사람이 국외여행을 하려면 병무청장의 허가를 받아야 한다.
   1. 25세 이상인 병역준비역, 보충역 또는 대체역으로서 소집되지 아니한 사람
   2. 승선근무예비역, 보충역 또는 대체복무요원으로 복무 중인 사람
② 병무청장은 정당한 사유 없이 병역판정검사, 재병역판정검사, 확인신체검사나 입영을 기피한 사실이 있거나 기피하고 있는 사람 등 대통령령으로 정하는 사람에 대하여는 다음 각 호의 기준에 따라 처리하여야 한다. 다만, 가족의 사망 등 불가피한 사유로서 대통령령으로 정하는 경우에는 그러하지 아니하다.
   1. 제1항에 따른 국외여행허가 대상자인 경우에는 국외여행허가를 하여서는 아니 된다.
   2. 25세 미만으로 병역준비역, 보충역 또는 대체역으로서 소집되지 아니한 사람인 경우에는 국외여행이 제한되도록 필요한 조치를 취하여야 한다.
③ 국외여행의 허가를 받은 사람이 허가기간에 귀국하기 어려운 경우에는 기간만료 15일 전까지, 25세가 되기 전에 출국한 사람은 25세가 되는 해의 1월 15일까지 병무청장의 기간연장허가 또는 국외여행허가를 받아야 한다.

④ 제1항 및 제3항에 따른 국외여행허가 또는 기간연장허가의 범위 및 절차에 관하여는 대통령령으로 정한다.
⑤ 병무청장은 국외여행허가 또는 기간연장허가를 한 경우에는 그 사실을 법무부장관에게 통보하여야 한다.
⑥ 병무청장은 제33조의10제3항에 따라 의무복무기간이 연장된 예술·체육요원에 대해서는 제1항에 따른 국외여행허가 및 제3항에 따른 기간연장 허가를 하여서는 아니 된다. 〈신설 2021. 4. 13.〉
⑦ 제1항 및 제3항에 따라 국외여행허가 또는 기간연장허가를 받은 사람이 국내에서 영주할 목적으로 귀국하는 등 대통령령으로 정하는 사유에 해당하는 경우에는 국외여행허가 또는 기간연장허가를 취소하고 병역의무를 부과할 수 있다.

제1조의2 정보화기기를 이용한 출입국심사

① 다음 각 호의 요건을 모두 갖춘 국민은 법 제3조 제2항 및 제6조 제3항에 따라 정보화기기에 의한 출입국심사를 받을 수 있다. 이 경우 주민 등록증을 발급받은 사람으로서 정보화기기를 이용한 출입국심사에 지장이 없는 경우에는 제2호의 요건을 갖춘 것으로 본다. 〈개정 2012. 1. 13., 2012. 2. 28., 2013. 5. 31., 2014. 10. 28., 2016. 7. 5., 2019. 6. 11.〉
  1. 유효한 여권을 가지고 있을 것
  2. 법무부령으로 정하는 바에 따라 스스로 지문과 얼굴에 관한 정보를 등록하였을 것
  3. 법 제4조 제1항·제2항에 따른 출국금지 또는법 제4조의6 제1항에 따른 긴급출국금지 대상이 아닌 사람으로서 다음 각 목의 어느 하나에 해당할 것
     가. 14세 이상으로 주민 등록이 되어 있을 것
     나. 7세 이상 14세 미만의 사람으로서 주민 등록이 되어 있고, 법정대리인의 동의를 받아 제2호의 지문과 얼굴에 관한 정보를 등록하였을 것
  4. 그 밖에 「여권법」에 따라 사용이 제한되거나 반납명령을 받은 여권을 가지고 있는 등 출입국관리공무원의 심사가 필요한 경우에 해당하지 아니할 것
② 제1항에 따라 출입국심사를 마친 사람에 대해서는제1조 제3항본문에 따른 출국심사인이나 입국심사인의 날인을 생략한다. 〈개정 2016. 9. 29.〉
③ 제1항제2호에 따른 등록 절차와 방법 등에 관한 사항은법무부령으로 정한다.
[전문개정 2011. 11. 1.]

제1조의3 벌금 등의 미납에 따른 출국금지 기준

① 법 제4조 제1항 제3호에서 "대통령령으로 정하는 금액"이란 다음 각 호의 구분에 따른 금액을 말한다. 〈개정 2012. 1. 13., 2019. 6. 11.〉

1. 벌금 : 1천만원
2. 추징금 : 2천만원

② 법 제4조 제1항 제4호에서 "대통령령으로 정하는 금액"이란 다음 각 호의 구분에 따른 금액을 말한다. 〈개정 2012. 1. 13., 2019. 6. 11.〉

1. 국세 : 5천만원
2. 관세 : 5천만원
3. 지방세 : 3천만원[전문개정 2011. 11. 1.]

제1조의4 출국금지기간

법 제4조 제1항 또는 제2항에 따른 출국금지기간을 계산할 때에는 그 기간이 일(日) 단위이면 첫날은 시간을 계산하지 않고 1일로 산정하고, 월(月) 단위이면 달력에 따라 계산한다. 이 경우 기간의 마지막 날이 공휴일 또는 토요일이더라도 그 기간에 산입(算入)한다. 〈개정 2020. 8. 5.〉[전문개정 2012. 1. 13.]

제2조 출국금지 절차

① 법무부장관은 법 제4조 제1항 또는 제2항에 따라 출국을 금지하려는 경우에는 관계 기관의 장에게 의견을 묻거나 관련 자료를 제출하도록 요청할 수 있다. 〈개정 2012. 1. 13.〉

② 중앙행정기관의 장 및 법무부장관이 정하는 관계 기관의 장은 법 제4조 제3항에 따라 출국금지를 요청하는 경우에는 출국금지 요청 사유와 출국금지 예정기간 등을 적은 출국금지 요청서에 법무부령으로 정하는 서류를 첨부하여 법무부장관에게 보내야 한다. 다만, 시장·군수 또는 구청장(「제주특별자치도 설치 및 국제자유도시 조성을 위한 특별법」 제11조에 따른 행정시장을 포함하며, 구청장은 자치구의 구청장을 말한다. 이하 같다)의 소관 업무에 관한 출국금지 요청은 특별

시장·광역시장 또는 도지사(특별자치도지사를 포함한다. 이하 같다)가 한다.〈개정 2012. 1. 13., 2016. 1. 22.〉
③ 제2항 본문에 따른 출국금지 예정기간은 법 제4조 제1항 또는 제2항에 따른 출국금지기간을 초과할 수 없다.〈개정 2012. 1. 13.〉[전문개정 2011. 11. 1.]

> **관련법령** ▶ 「제주특별자치도 설치 및 국제자유도시 조성을 위한 특별법」 제11조

제11조(행정시장)
① 행정시에 시장을 둔다.
② 행정시의 시장(이하 "행정시장"이라 한다)은 일반직 지방공무원으로 보하되, 도지사가 임명한다. 다만, 제12조제1항에 따라 행정시장으로 예고한 사람을 임명할 경우에는 정무직 지방공무원으로 임명한다.
③ 제2항 단서에 따라 임명된 행정시장의 임기는 2년으로 하며, 연임할 수 있다.
④ 행정시장으로 임명할 사람을 예고하지 아니하거나 행정시장으로 예고되거나 임명된 사람의 사망, 사퇴, 퇴직 또는 임기 만료 등으로 새로 행정시장을 임명하는 것이 필요한 경우에는 일반직 지방공무원으로 임명하되, 「지방공무원법」 제29조의4에 따라 개방형직위로 운영한다.
⑤ 행정시장은 도지사의 지휘·감독을 받아 소관 국가사무와 지방자치단체의 사무를 맡아 처리하고 소속직원을 지휘·감독한다.
⑥ 다른 법령에서 시장을 인용하는 경우 해당 법령에 특별한 규정이 없으면 행정시장은 포함되지 아니한다.

주요판례

❖ **출국금지처분취소**[대법원 2013. 12. 26., 선고, 2012두18363, 판결]

판시사항

[1] 단순히 일정 금액 이상의 조세를 미납하였고 그 미납에 정당한 사유가 없다고 하여 바로 출국금지 처분을 할 수 있는지 여부(소극) 및 재산의 해외 도피 가능성에 대한 판단 기준
[2] 국세청장 등의 출국금지 요청이 요건을 구비하지 못한 경우, 그 요청에 따른 법무부장관의 출국금지 처분이 당연히 위법하게 되는지 여부(소극)

판결요지

[1] 국민의 출국의 자유는 헌법이 기본권으로 보장한 거주·이전의 자유의 한 내용을 이루는 것이므로 그에 대한 제한은 필요 최소한에 그쳐야 하고 그 본질적인 내용을 침해할 수 없고, 출입국관리법 등 출국금지에 관한 법률 규정의 해석과 운용도 같은 원칙에 기초하여야 한다. 구 출입국관리법(2011. 7. 18. 법률 제10863호로 개정되기 전의 것) 제4조 제1항, 구 출입국관리법 시행령(2011. 11. 1. 대통령령 제23274호로 개정되기 전의 것) 제1조의3 제2항은, 5천만 원 이상의 '국세·관세 또는 지방세를 정당한 사유 없이 그 납부기한까지 내지 아니한 사람'에 대하여는 기간을 정하여 출국을 금지할 수 있다고 규정하고 있다. 그러나 위와 같은

조세 미납을 이유로 한 출국금지는 그 미납자가 출국을 이용하여 재산을 해외에 도피시키는 등으로 강제집행을 곤란하게 하는 것을 방지함에 주된 목적이 있는 것이지 조세 미납자의 신병을 확보하거나 출국의 자유를 제한하여 심리적 압박을 가함으로써 미납 세금을 자진납부하도록 하기 위한 것이 아니다. 따라서 재산을 해외로 도피할 우려가 있는지 여부 등을 확인하지 않은 채 단순히 일정 금액 이상의 조세를 미납하였고 그 미납에 정당한 사유가 없다는 사유만으로 바로 출국금지 처분을 하는 것은 헌법상의 기본권 보장원리 및 과잉금지의 원칙에 비추어 허용되지 않는다. 나아가 재산의 해외 도피 가능성 유무에 관한 판단에서도 재량권을 일탈하거나 남용해서는 안 되므로, 조세 체납의 경위, 조세 체납자의 연령과 직업, 경제적 활동과 수입 정도 및 재산상태, 그간의 조세 납부 실적 및 조세 징수처분의 집행과정, 종전에 출국했던 이력과 목적·기간 소요 자금의 정도, 가족관계 및 가족의 생활정도·재산상태 등을 두루 고려하여, 출국금지로써 달성하려는 공익목적과 그로 인한 기본권 제한에 따라 당사자가 받게 될 불이익을 비교형량하여 합리적인 재량권의 범위 내에서 출국금지 여부를 결정해야 한다.

[2] 구 출입국관리법(2011. 7. 18. 법률 제10863호로 개정되기 전의 것) 제4조 제1항, 구 출입국관리법 시행령(2011. 11. 1. 대통령령 제23274호로 개정되기 전의 것) 제2조, 제2조의3 등의 규정을 종합해 보면, 국세청장 등의 출국금지 요청이 있는 경우에도 법무부장관은 이에 구속되지 않고 출국금지의 요건이 갖추어졌는지를 따져서 처분 여부를 결정할 수 있다. 따라서 국세청장 등의 출국금지 요청이 요건을 구비하지 못하였다는 사유만으로 출국금지 처분이 당연히 위법하게 되는 것은 아니고, 재산의 해외 도피 가능성 등 출국금지 처분의 요건이 갖추어졌는지 여부에 따라 그 적법 여부가 가려져야 한다.

주요판례

❖ **손해배상** [대법원 2007. 11. 30., 선고, 2005다40907, 판결]

판시사항

[1] 명예훼손과 관련하여 정당의 정치적 주장이나 논평의 위법성을 판단함에 있어서 고려되어야 할 특수성
[2] 검사의 피의자신문의 범위
[3] 구 출입국관리법 제4조 제1항 제2호에서 규정하는 '범죄의 수사를 위하여 그 출국이 부적당하다고 인정되는 자'에 피내사자도 포함되는지 여부(적극)
[4] 수사가 종결되어 종국처분을 하기 전에 피내사자 등에 대한 구속영장 청구가 기각되었다는 사정만으로 출국금지사유가 소멸하는지 여부(소극)

판결요지

[1] 정당의 간부나 대변인으로서의 정치적 주장이나 정치적 논평에는 국민의 지지를 얻기 위하여 어느 정도의 단정적인 어법도 종종 사용되고, 이는 수사적인 과장표현으로서 용인될 수도 있으며, 국민들도 정당의 정치적 주장 등에 구체적인 사실의 적시가 수반되지 아니하면 비록 단정적인 어법으로 공격하는 경우에도 대부분 이를 정치공세로 치부할 뿐 그 주장을 그대로 객관적인 진실로 믿거나 받아들이지는 않는 것이 보통이므로, 정당의 정치적 주장이나 논평의 명예훼손과 관련한 위법성을 판단함에 있어서는 이러한 특수성이 충분히 고려되어야 한다. 따라서 공공의 이해에 관련된 사항에서 정당 상호간의 정책, 정견, 다른 정당 및 그 소속 정치인들의 행태 등에 대한 비판, 이와 직접적으로 관련된 각종 정치적 쟁점이나 관여 인물, 단체 등에 대한 문제의 제기 등 정당의 정치적 주장에 관하여는 그것이 어느 정도의 단정적인 어법 사용에 의해 수사적으로 과장 표현된 경우라고 하더라도 구체적 정황의 뒷받침 없이 악의적이거나 현저히

상당성을 잃은 공격이 아닌 한 쉽게 그 책임을 추궁하여서는 아니 된다.

[2] 형사소송법 제199조, 제200조, 제242조의 규정에 비추어 보면 수사는 수사의 목적을 달성함에 필요한 경우에 한하여 상당하다고 인정되는 방법에 의하여 이루어져야 하고, 검사는 피의자를 신문함에 있어서 범죄사실에 관한 사항으로 범행의 일시, 장소, 수단과 방법, 객체, 결과뿐만 아니라, 그 동기와 공범관계, 범행에 이르게 된 경과 등 범행 전후의 여러 정황도 함께 신문하여야 하며, 위와 같은 사항들에 대한 신문은 당해 범죄에 대한 수사로서 그와 관계없는 별개의 범죄에 대한 수사는 아니다.

[3] 구 출입국관리법(2001. 12. 29. 법률 제6540호로 개정되기 전의 것) 제4조 제1항 제2호에서 규정하는 '범죄의 수사를 위하여 그 출국이 부적당하다고 인정되는 자'에는 내사단계에 있는 피내사자도 포함된다.

[4] 출입국관리법에 의한 출국금지는 국민의 기본권을 제한하는 처분이므로 국가사법권 행사의 목적을 달성하기 위하여 불가피한 경우에 한하여 최소한의 기간 동안만 시행되어야 하고, 출국금지기간 만료 전에 수사가 종결되어 종국처분을 하는 경우 등 출국금지사유가 소멸하였다면, 출국금지를 요청한 수사기관은 즉시 출국금지해제신청을 하여야 한다. 그러나 수사가 종결되어 종국처분을 하기 전에 피내사자 등에 대한 구속영장 청구가 기각되었다는 사정만으로 출국금지사유가 소멸하여 출국금지조치가 위법하다고 단정할 수는 없다.

제2조의2 출국금지기간 연장 절차

① 법무부장관은 법 제4조의2 제1항에 따라 출국금지기간을 연장하려면 법 제4조 제1항 또는 제2항에 따른 출국금지기간 내에서 그 기간을 정하여 연장하여야 한다. 이 경우 법무부장관은 관계 기관의 장에게 의견을 묻거나 관련 자료를 제출하도록 요청할 수 있다. 〈개정 2012. 1. 13.〉

② 제2조 제2항에 따라 출국금지를 요청한 중앙행정기관의 장 및 법무부장관이 정하는 관계 기관의 장(이하 "출국금지 요청기관의 장"이라 한다)은 법 제4조의2 제2항에 따라 출국금지기간 연장을 요청하는 경우에는 출국금지기간 연장요청 사유와 출국금지기간 연장예정기간 등을 적은 출국금지기간 연장요청서에 법무부령으로 정하는 서류를 첨부하여 법무부장관에게 보내야 한다. 〈개정 2012. 1. 13.〉

③ 제2항에 따른 출국금지기간 연장예정기간은 법 제4조 제1항 또는 제2항에 따른 출국금지기간을 초과할 수 없다. 〈개정 2012. 1. 13.〉[전문개정 2011. 11. 1.]

제2조의3 출국금지 등의 요청에 대한 심사·결정

① 법무부장관은 제2조 제2항에 따라 출국금지 요청서를 받으면 그 날부터 다음 각 호의 기간 내에 출국금지 여부 및 출국금지기간을 심사하여 결정하여야 한다.

1. 긴급한 조치가 필요한 경우 : 1일 이내
2. 중앙행정기관의 장 및 법무부장관이 정하는 관계 기관의 장과의 협의가 필요하다고 인정되는 경우 : 10일 이내
3. 그 밖의 경우 : 3일 이내

② 법무부장관은 제2조의2 제2항에 따라 출국금지기간 연장요청서를 받으면 그 날부터 3일 이내에 심사하여 결정하여야 한다.
③ 법무부장관은 출국금지 요청이나 출국금지기간 연장요청의 심사에 필요하다고 인정하면 출국금지 요청기관의 장에게 관련 자료를 제출하도록 요청할 수 있다.
④ 법무부장관은 제1항 및 제2항에 따른 심사 결과 출국금지나 출국금지기간 연장을 하지 아니하기로 결정하면 그 이유를 분명히 밝혀 출국금지 요청기관의 장에게 통보하여야 한다. [전문개정 2011. 11. 1.]

제3조 출국금지의 해제 절차

① 법무부장관은 법 제4조의3 제1항에 따라 출국금지를 해제하려는 경우에는 출국금지 사유의 소멸 또는 출국금지의 필요 여부를 판단하기 위하여 관계 기관 또는 출국금지 요청기관의 장에게 의견을 묻거나 관련 자료를 제출하도록 요청할 수 있다. 다만, 출국금지 사유가 소멸되거나 출국금지를 할 필요가 없음이 명백한 경우에는 즉시 출국금지를 해제하여야 한다.
② 법무부장관은 제1항에 따라 출국금지를 해제하면 그 이유를 분명히 밝혀 지체 없이 출국금지 요청기관의 장에게 통보하여야 한다. 다만, 출국이 금지된 사람의 여권이 반납되었거나 몰취(沒取)된 것이 확인된 경우에는 통보하지 아니할 수 있다.
③ 출국금지 요청기관의 장은 법 제4조의3 제2항에 따라 출국금지 해제를 요청하려면 출국금지 해제요청서를 작성하여 법무부장관에게 보내야 한다.
④ 법무부장관은 제3항에 따라 출국금지 해제요청서를 받으면 지체 없이 해제 여부를 심사하여 결정하여야 한다.
⑤ 법무부장관은 제4항에 따른 심사 결과 출국금지를 해제하지 아니하기로 결정하면 지체 없이 그 이유를 분명히 밝혀 출국금지 요청기관의 장에게 통보하여야 한다.

[전문개정 2011. 11. 1.]

제3조의2 출국금지 요청대장의 작성 및 관리

출국금지 요청기관의 장은 출국금지 요청, 출국금지기간 연장요청, 출국금지 해제 요청 및 그 해제 등의 변동사항을 적은 출국금지 요청대장을 갖추어 두어야 한다.
[전문개정 2011. 11. 1.]

제3조의3 출국금지결정 등 통지의 제외

① 출국금지 요청기관의 장은 법 제4조 제3항에 따라 출국금지를 요청하거나 법 제4조의2 제2항에 따라 출국금지기간 연장을 요청하는 경우 당사자가 법 제4조의4 제3항 각 호에 해당된다고 인정하면 법무부장관에게 법 제4조의4 제1항에 따른 통지를 하지 아니할 것을 요청할 수 있다. 〈개정 2012. 1. 13.〉
② 법무부장관은 출국금지나 출국금지기간 연장 요청에 관하여 심사·결정할 때에는 제1항에 따른 통지 제외에 관한 요청을 함께 심사·결정하여야 한다.
③ 제1항 및 제2항에서 규정한 사항 외에 출국금지결정 등의 통지 제외 방법 및 절차에 관하여 필요한 세부 사항은 법무부령으로 정한다. 〈신설 2012. 1. 13.〉
[전문개정 2011. 11. 1.]

제3조의4 이의신청에 대한 심사·결정

① 법무부장관은 법 제4조의5 제2항에 따른 이의신청에 대한 심사·결정에 필요하다고 인정하면 이의신청인이나 출국금지 요청기관의 장에게 필요한 서류를 제출하거나 의견을 진술할 것을 요구할 수 있다.
② 법무부장관은 법 제4조의5 제2항에 따라 이의신청에 대하여 심사·결정을 하면 그 결과를 이의신청인과 출국금지 요청기관의 장에게 통보하여야 한다.
[전문개정 2011. 11. 1.]

제4조 삭제 〈2008. 10. 20.〉

제5조 출국금지자의 자료관리

법무부장관은 법 제4조에 따라 출국을 금지하기로 결정한 사람과 법 제4조의6에 따라 긴급출국금지를 하거나 긴급출국금지 승인을 한 사람에 대해서는 지체 없이 정보화업무처리 절차에 따라 그 자료를 관리하여야 한다. 출국금지나 긴급출국금지를 해제한 때에도 또한 같다. 〈개정 2012. 1. 13.〉[전문개정 2011. 11. 1.]

제5조의2 긴급출국금지 절차

① 법 제4조의6 제1항에 따른 출국금지(이하 "긴급출국금지"라 한다)를 요청하려는 수사기관의 장은 긴급출국금지 요청 사유와 출국금지 예정기간 등을 적은 긴급출국금지 요청서에 법무부령으로 정하는 서류를 첨부하여 출입국관리공무원에게 보내야 한다.
② 출입국관리공무원은 긴급출국금지 업무를 처리할 때 필요하면 긴급출국금지를 요청한 수사기관의 장에게 의견을 묻거나 관련 자료를 제출하도록 요청할 수 있다.
③ 법무부장관은 출입국관리공무원 중에서 긴급출국금지 업무를 전담하는 공무원을 지정할 수 있다. [본조신설 2012. 1. 13.]

제5조의3 긴급출국금지 승인 절차

① 긴급출국금지를 요청한 수사기관의 장은 법 제4조의6 제3항에 따라 긴급출국금지 승인을 요청할 때에는 긴급출국금지 승인 요청서에 검사의 검토의견서 및 긴급출국금지보고서 등 법무부령으로 정하는 서류를 첨부하여 법무부장관에게 보내야 한다. 〈개정 2020. 12. 29.〉
② 법무부장관은 제1항에 따라 긴급출국금지 승인 요청을 받으면 긴급출국금지 승인 여부와 출국금지기간을 심사하여 결정하여야 한다.
③ 법무부장관은 제2항에 따른 심사 결정을 할 때에 필요하면 승인을 요청한 수사기관의 장에게 의견을 묻거나 관련 자료를 제출하도록 요청할 수 있다.
④ 법무부장관은 긴급출국금지를 승인하지 아니하기로 결정한 때에는 그 이유를 분명히 밝혀 긴급출국금지 승인을 요청한 수사기관의 장에게 통보하여야 한다.

⑤ 법무부장관이 긴급출국금지를 승인한 경우에 출국금지기간의 연장 요청 및 심사·결정, 출국금지의 해제 절차, 출국금지결정 등 통지의 제외, 이의신청에 대한 심사 결정에 관하여는제2조의2, 제2조의3 제2항부터 제4항까지, 제3조, 제3조의3 및제3조의4를 준용한다. 이 경우 출국금지기간은 긴급출국금지된 때부터 계산한다. [본조신설 2012. 1. 13.]

제5조의4 긴급출국금지 요청대장의 작성 및 관리

긴급출국금지를 요청한 수사기관의 장은 긴급출국금지 요청과 그 승인 또는 해제 요청, 기간 연장 또는 해제 등의 변동 사항을 적은 긴급출국금지 요청대장을 갖추어 두어야 한다. [본조신설 2012. 1. 13.]

제6조 여권 등의 보관·통지

① 출입국관리공무원은 법 제5조에 따라 여권 또는 선원신분증명서를 보관할 때에는 여권 또는 선원신분증명서의 소지인에게 그 사유를 알리고, 그 사실을 발급기관의 장에게 알릴 수 있다. 〈개정 2015. 6. 15., 2016. 9. 29.〉

② 출입국·외국인청의 장(이하 "청장"이라 한다), 출입국·외국인사무소의 장(이하 "사무소장"이라 한다), 출입국·외국인청 출장소의 장 또는 출입국·외국인사무소 출장소의 장(이하 "출장소장"이라 한다)은 다음 각 호의 어느 하나에 해당할 때에는법 제5조에 따라 보관 중인 여권 또는 선원신분증명서를 요청기관 또는 발급기관의 장에게 보낼 수 있다. 〈개정 2015. 6. 15., 2016. 9. 29., 2018. 5. 8.〉

　1. 수사기관의 장이 수사상 필요하여 송부를 요청한 경우
　2. 발급기관의 장이 요청한 경우 [전문개정 2011. 11. 1.]

제2장 외국인의 입국 및 상륙

제1절 외국인의 입국

제7조 사증발급

① 법 제7조 제1항에 따라 사증(査證)을 발급받으려는 외국인은 사증발급 신청서에 법무부령으로 정하는 서류를 첨부하여 법무부장관에게 제출해야 한다. 〈개정 2020. 8. 5.〉

② 법무부장관은 외국인이 제1항에 따라 사증발급 신청을 하면 법무부령으로 정하는 바에 따라 사증을 발급한다. 이 경우 그 사증에는 법 제10조에 따른 체류자격과 체류기간 등 필요한 사항을 적어야 한다. 〈개정 2020. 8. 5.〉

③ 법무부장관은 제2항에 따라 사증을 발급하는 경우 전자통신매체를 이용할 수 있다. 〈신설 2018. 9. 18., 2020. 8. 5.〉

④ 법무부장관은 제2항에 따라 사증을 발급하는 경우 사증을 발급한 사실을 확인하는 서류를 그 외국인에게 발급할 수 있다. 이 경우 그 서류에는 법 제10조에 따른 체류자격과 체류기간 등 필요한 사항을 적어야 한다. 〈신설 2020. 8. 5.〉

⑤ 법무부장관은 사증 발급에 필요하다고 인정하는 때에는 사증을 발급받으려는 외국인에게 관계 중앙행정기관의 장으로부터 추천서를 발급받아 제출하게 하거나 관계 중앙행정기관의 장에게 의견을 물을 수 있다. 〈개정 2018. 9. 18., 2020. 8. 5.〉

⑥ 제5항에 따른 추천서 발급기준은 관계 중앙행정기관의 장이 법무부장관과 협의하여 따로 정한다. 〈개정 2018. 9. 18., 2020. 8. 5.〉

⑦ 법무부장관은 취업활동을 할 수 있는 체류자격에 해당하는 사증을 발급하는 경우에는 국내 고용사정을 고려하여야 한다. 〈개정 2018. 9. 18., 2020. 8. 5.〉[전문개정 2011. 11. 1.]

제7조의2 온라인에 의한 사증발급 신청 등

① 법무부장관은 법 제7조 제1항에 따른 사증 또는 법 제9조 제1항에 따른 사증발급인정서(이하 "사증 등"이라 한다)의 온라인 발급 신청 등을 위하여 정보통신망을 설치·운영할 수 있다.
② 제1항에 따른 정보통신망을 통하여 사증 등의 발급을 신청하려는 사람은 신청서와 법무부령으로 정하는 서류를 온라인으로 제출할 수 있다.
③ 제2항에 따라 정보통신망을 통하여 사증 등의 발급을 신청하려는 사람은 미리 사용자 등록을 하여야 한다.
④ 법무부장관은 법무부령으로 정하는 외국인이 제2항에 따라 온라인으로 법 제7조 제1항에 따른 사증의 발급을 신청한 경우에는 그 외국인에게 온라인으로 사증을 발급할 수 있다. 〈신설 2012. 10. 15.〉
⑤ 제4항에 따라 온라인으로 발급하는 사증(이하 "전자사증"이라 한다)의 발급신청과 수수료의 납부는 그 외국인을 초청하려는 자가 대리할 수 있다. 〈신설 2012. 10. 15.〉
⑥ 제1항의 정보통신망 설치·운영, 제2항의 온라인에 의한 사증 등 발급 신청서의 서식 및 제4항의 전자사증 발급 등에 필요한 세부 사항은 법무부장관이 정한다.
〈개정 2012. 10. 15.〉[전문개정 2011. 11. 1.]

제7조의3 단체전자사증

① 법무부장관은 구성원의 수가 일정 인원 이상에 해당하는 등 법무부장관이 정하는 요건을 갖춘 단체여행객이 제7조의2 제1항에 따른 정보통신망을 통하여 사증발급을 신청하는 경우 전자사증을 발급할 수 있다.
② 단체여행객 유치 실적, 업체규모 등 법무부장관이 정하는 요건을 갖춘 법인·단체 등은 제1항에 따라 단체여행객에 대하여 발급하는 전자사증(이하 "단체전자사증"이라 한다) 신청업무를 대행할 수 있다.
③ 법무부장관은 제2항에 따라 단체전자사증 신청업무를 대행할 수 있는 법인·단체 및 그 업무범위 등을 인터넷 홈페이지 등을 통하여 공개하여야 한다.
[본조신설 2018. 9. 18.]

제8조 국제친선 등을 위한 입국허가

① 법 제7조 제2항 제3호에 따라 사증 없이 입국할 수 있는 외국인은 다음 각 호의 어느 하나에 해당하는 사람으로 한다.
　1. 외국정부 또는 국제기구의 업무를 수행하는 사람으로서 부득이한 사유로 사증을 가지지 아니하고 입국하려는 사람
　2. 법무부령으로 정하는 기간 내에 대한민국을 관광하거나 통과할 목적으로 입국하려는 사람
　3. 그 밖에 법무부장관이 대한민국의 이익 등을 위하여 입국이 필요하다고 인정하는 사람
② 법 제7조 제2항 제3호에 따라 사증 없이 입국할 수 있는 외국인의 입국허가 절차는 법무부령으로 정한다.
③ 법 제7조 제2항 제3호에 따라 사증 없이 입국할 수 있는 외국인의 구체적인 범위는 법무부장관이 국가와 사회의 안전 또는 외국인의 체류질서를 고려하여 따로 정한다. [전문개정 2011. 11. 1.]

제9조 사증면제협정 적용의 일시 정지

① 법무부장관은 법 제7조 제3항에 따라 사증면제협정의 적용을 일시 정지하려면 외교부장관과 미리 협의하여야 한다. ⟨개정 2013. 3. 23.⟩
② 법무부장관은 제1항에 따라 사증면제협정의 적용을 일시 정지하기로 결정한 때에는 지체 없이 그 사실을 외교부장관을 거쳐 당사국에 통고하여야 한다. ⟨개정 2013. 3. 23.⟩[전문개정 2011. 11. 1.]

제10조 외국인입국허가서의 발급 등

① 법무부장관은 법 제7조 제4항에 따라 외교부장관과 협의하여 국가를 지정하면 지체 없이 그 사실을 재외공관의 장, 청장·사무소장 및 출장소장에게 통보하여야 한다. ⟨개정 2013. 3. 23., 2018. 5. 8.⟩
② 법 제7조 제4항에 따라 외국인입국허가서를 발급받으려는 사람은 사증발급 신

청서에 법무부령으로 정하는 서류를 첨부하여 재외공관의 장, 청장·사무소장 또는 출장소장에게 제출하여야 한다. <개정 2018. 5. 8.>

③ 재외공관의 장, 청장·사무소장 또는 출장소장은 제2항에 따른 외국인 입국허가 신청을 한 사람에게 법무부령으로 정하는 바에 따라 외국인입국허가서를 발급하여야 한다. 이 경우 그 외국인입국허가서에는 체류자격, 체류기간 및 근무처 등을 적어야 한다. <개정 2018. 5. 8.>

④ 외국인입국허가서의 유효기간은 3개월로 하며, 1회 입국에만 효력을 가진다. 다만, 별표 1의2중 1. 외교(A-1)부터 3. 협정(A-3)까지의 체류자격에 해당하는 사람으로서 대한민국에 주재하기 위하여 입국하려는 사람에 대한 외국인입국허가서의 유효기간은 3년으로 하며, 2회 이상 입국할 수 있는 효력을 가진다. <개정 2018. 9. 18.>

⑤ 출입국관리공무원은 제3항에 따라 외국인입국허가서를 발급받아 입국한 외국인이 출국할 때에는 외국인입국허가서를 회수하여야 한다. 다만, 제4항 단서에 해당하는 외국인입국허가서를 발급받아 입국한 외국인에 대해서는 최종적으로 출국할 때에 회수하여야 한다. [전문개정 2011. 11. 1.]

제11조 사증발급 권한의 위임

① 법무부장관은 법 제8조 제2항에 따라 별표 1의2중 1. 외교(A-1)부터 3. 협정(A-3)까지의 체류자격에 해당하는 사람에 대한 사증발급 권한을 재외공관의 장에게 위임한다. <개정 2018. 9. 18.>

② 법무부장관은 법 제8조 제2항에 따라 별표 1중 3. 일시취재(C-1)부터 5. 단기취업(C-4)까지, 별표 1의2중 4. 문화예술(D-1)부터 30. 기타(G-1)까지 또는 별표 1의3 영주(F-5)의 체류자격에 해당하는 사람에 대한 사증발급 권한(전자사증 발급권한은 제외한다)을 법무부령으로 그 범위를 정하여 재외공관의 장에게 위임한다. <개정 2012. 10. 15., 2018. 9. 18.> [전문개정 2011. 11. 1.]

제11조의2 사증발급 신청서류의 보존기간

① 재외공관의 장은 사증발급 심사를 위하여 신청인으로부터 접수한 사증발급 신청서류를 3년간 보존하여야 한다. 다만, 다음 각 호의 어느 하나에 해당하는 서

류의 보존기간은 1년으로 한다. ⟨개정 2018. 9. 18.⟩
1. 법무부령으로 정하는 사증발급 신청서류
2. 사증발급인정서를 통한 사증발급 관련 신청서류
3. 그 밖에 법무부장관이 지정한 정보통신망에 저장된 사증발급 신청서류로서 법무부장관이 인정하는 서류

② 제1항에 따른 서류의 보존기간은 그 서류의 처리가 완결된 날이 속하는 해의 다음 해 1월 1일부터 기산(起算)한다. [본조신설 2013. 5. 31.]

제12조 일반체류자격

법 제10조의2 제1항 제1호에 따른 단기체류자격과 같은 항 제2호에 따른 장기체류자격의 종류, 체류자격에 해당하는 사람 또는 그 체류자격에 따른 활동범위는 각각 별표 1 및 별표 1의2와 같다. [전문개정 2018. 9. 18.]

★ 출입국관리법 시행령 [별표 1] ⟨개정 2019. 6. 11.⟩
⟨단기체류자격(제12조 관련)⟩

체류자격(기호)	체류자격에 해당하는 사람 또는 활동범위
1. 사증면제(B-1)	대한민국과 사증면제협정을 체결한 국가의 국민으로서 그 협정에 따른 활동을 하려는 사람
2. 관광통과(B-2)	관광·통과 등의 목적으로 대한민국에 사증 없이 입국하려는 사람
3. 일시취재(C-1)	일시적인 취재 또는 보도활동을 하려는 사람
4. 단기방문(C-3)	시장조사, 업무 연락, 상담, 계약 등의 상용(商用)활동과 관광, 통과, 요양, 친지 방문, 친선경기, 각종 행사나 회의 참가 또는 참관, 문화예술, 일반연수, 강습, 종교의식 참석, 학술자료 수집, 그 밖에 이와 유사한 목적으로 90일을 넘지 않는 기간 동안 체류하려는 사람(영리를 목적으로 하는 사람은 제외한다)
5. 단기취업(C-4)	가. 일시 흥행, 광고·패션 모델, 강의·강연, 연구, 기술지도 등 별표 1의2 중 14. 교수(E-1)부터 20. 특정활동(E-7)까지의 체류자격에 해당하는 분야에 수익을 목적으로 단기간 취업활동을 하려는 사람 나. 각종 용역계약 등에 의하여 기계류 등의 설치·유지·보수, 조선 및 산업설비 제작 감독 등을 목적으로 국내 공공기관·민간단체에 파견되어 단기간 영리활동을 하려는 사람 다. 법무부장관이 관계 중앙행정기관의 장과 협의하여 정하는 농작물 재배·수확(재배·수확과 연계된 원시가공 분야를 포함한다) 및 수산물 원시가공 분야에서 단기간 취업 활동을 하려는 사람으로서 법무부장관이 인정하는 사람

★ 출입국관리법 시행령 [별표 1의2] <개정 2023. 7. 7.>
<장기체류자격(제12조 관련)>

체류자격 (기호)	체류자격에 해당하는 사람 또는 활동범위
1. 외교 (A-1)	대한민국정부가 접수한 외국정부의 외교사절단이나 영사기관의 구성원, 조약 또는 국제관행에 따라 외교사절과 동등한 특권과 면제를 받는 사람과 그 가족
2. 공무 (A-2)	대한민국정부가 승인한 외국정부 또는 국제기구의 공무를 수행하는 사람과 그 가족
3. 협정 (A-3)	대한민국정부와의 협정에 따라 외국인등록이 면제되거나 면제할 필요가 있다고 인정되는 사람과 그 가족
4. 문화예술 (D-1)	수익을 목적으로 하지 않는 문화 또는 예술 관련 활동을 하려는 사람(대한민국의 전통문화 또는 예술에 대하여 전문적인 연구를 하거나 전문가의 지도를 받으려는 사람을 포함한다)
5. 유학 (D-2)	전문대학 이상의 교육기관 또는 학술연구기관에서 정규과정의 교육을 받거나 특정 연구를 하려는 사람
6. 기술연수 (D-3)	법무부장관이 정하는 연수조건을 갖춘 사람으로서 국내의 산업체에서 연수를 받으려는 사람
7. 일반연수 (D-4)	법무부장관이 정하는 요건을 갖춘 교육기관이나 기업체, 단체 등에서 교육 또는 연수를 받거나 연구활동에 종사하려는 사람[연수기관으로부터 체재비를 초과하는 보수(報酬)를 받거나 유학(D-2)·기술연수(D-3) 체류자격에 해당하는 사람은 제외한다]
8. 취재 (D-5)	외국의 신문사, 방송사, 잡지사 또는 그 밖의 보도기관으로부터 파견되거나 외국 보도기관과의 계약에 따라 국내에 주재하면서 취재 또는 보도활동을 하려는 사람
9. 종교 (D-6)	가. 외국의 종교단체 또는 사회복지단체로부터 파견되어 대한민국에 있는 지부 또는 유관 종교단체에서 종교활동을 하려는 사람 나. 대한민국 내의 종교단체 또는 사회복지단체의 초청을 받아 사회복지활동을 하려는 사람 다. 그 밖에 법무부장관이 인정하는 종교활동 또는 사회복지활동에 종사하려는 사람
10. 주재 (D-7)	가. 외국의 공공기관·단체 또는 회사의 본사, 지사, 그 밖의 사업소 등에서 1년 이상 근무한 사람으로서 대한민국에 있는 그 계열회사, 자회사, 지점 또는 사무소 등에 필수 전문인력으로 파견되어 근무하려는 사람[기업투자(D-8) 체류자격에 해당하는 사람은 제외하며, 국가기간산업 또는 국책사업에 종사하려는 경우나 그 밖에 법무부장관이 필요하다고 인정하는 경우에는 1년 이상의 근무요건을 적용하지 않는다] 나. 「자본시장과 금융투자업에 관한 법률」 제9조제15항제1호에 따른 상장법인 또는 「공공기관의 운영에 관한 법률」 제4조제1항에 따른 공공기관이 설립한 해외 현지법인이나 해외지점에서 1년 이상 근무한 사람으로서 대한민국에 있는 그 본사나 본점에 파견되어 전문적인 지식·기술 또는 기능을 제공하거나 전수받으려는 사람(상장법인의 해외 현지법인이나 해외지점 중 본사의 투자금액이 미화 50만 달러 미만인 경우는 제외한다)
11. 기업투자 (D-8)	가. 「외국인투자 촉진법」에 따른 외국인투자기업의 경영·관리 또는 생산·기술 분야에 종사하려는 필수전문인력으로서 법무부장관이 인정하는 사람[외국인이 경영하는 기업(법인은 제외한다)에 투자한 사람 및 국내에서 채용된 사람은 제외한다] 나. 지식재산권을 보유하는 등 우수한 기술력으로 「벤처기업육성에 관한 특별조치법」 제2조의2제1항제2호다목에 따른 벤처기업을 설립한 사람 중 같은 법 제25조에 따라 벤처기업

	확인을 받은 사람 또는 이에 준하는 사람으로서 법무부장관이 인정하는 사람 다. 다음의 어느 하나에 해당하는 사람으로서 지식재산권을 보유하거나 이에 준하는 기술력 등을 가진 사람 중 법무부장관이 인정한 법인 창업자 　1) 국내에서 전문학사 이상의 학위를 취득한 사람 　2) 외국에서 학사 이상의 학위를 취득한 사람 　3) 관계 중앙행정기관의 장이 지식재산권 보유 등 우수한 기술력을 보유한 사람으로 인정하여 추천한 사람
12. 무역경영 (D-9)	대한민국에 회사를 설립하여 경영하거나 무역, 그 밖의 영리사업을 위한 활동을 하려는 사람으로서 필수 전문인력에 해당하는 사람[수입기계 등의 설치, 보수, 조선 및 산업설비 제작·감독 등을 위하여 대한민국 내의 공공기관·민간단체에 파견되어 근무하려는 사람을 포함하되, 국내에서 채용하는 사람과 기업투자(D-8) 체류자격에 해당하는 사람은 제외한다]
13. 구직 (D-10)	가. 교수(E-1)부터 특정활동(E-7)까지의 체류자격[예술흥행(E-6) 체류자격 중 법무부장관이 정하는 공연업소의 종사자는 제외한다]에 해당하는 분야에 취업하기 위하여 연수나 구직활동 등을 하려는 사람으로서 법무부장관이 인정하는 사람 나. 기업투자(D-8) 다목에 해당하는 법인의 창업 준비 등을 하려는 사람으로서 법무부장관이 인정하는 사람
14. 교수 (E-1)	「고등교육법」 제14조제1항·제2항 또는 제17조에 따른 자격요건을 갖춘 외국인으로서 전문대학 이상의 교육기관이나 이에 준하는 기관에서 전문 분야의 교육 또는 연구·지도 활동에 종사하려는 사람
15. 회화지도 (E-2)	법무부장관이 정하는 자격요건을 갖춘 외국인으로서 외국어전문학원, 초등학교 이상의 교육기관 및 부설어학연구소, 방송사 및 기업체 부설 어학연수원, 그 밖에 이에 준하는 기관 또는 단체에서 외국어 회화지도에 종사하려는 사람
16. 연구 (E-3)	대한민국 내 공공기관·민간단체으로부터 초청을 받아 각종 연구소에서 자연과학 분야의 연구, 사회과학·인문학·예체능 분야의 연구 또는 산업상 고도기술의 연구·개발에 종사하려는 사람[교수(E-1) 체류자격에 해당하는 사람은 제외한다]
17. 기술지도 (E-4)	자연과학 분야의 전문지식 또는 산업상 특수한 분야에 속하는 기술을 제공하기 위하여 대한민국 내 공공기관·민간단체로부터 초청을 받아 종사하려는 사람
18. 전문직업 (E-5)	대한민국 법률에 따라 자격이 인정된 외국의 변호사, 공인회계사, 의사, 그 밖에 국가공인 자격이 있는 사람으로서 대한민국 법률에 따라 할 수 있도록 되어 있는 법률, 회계, 의료 등의 전문업무에 종사하려는 사람[교수(E-1) 체류자격에 해당하는 사람은 제외한다]
19. 예술흥행 (E-6)	수익이 따르는 음악, 미술, 문학 등의 예술활동과 수익을 목적으로 하는 연예, 연주, 연극, 운동경기, 광고·패션 모델, 그 밖에 이에 준하는 활동을 하려는 사람
20. 특정활동 (E-7)	대한민국 내의 공공기관·민간단체 등과의 계약에 따라 법무부장관이 특별히 지정하는 활동에 종사하려는 사람
20의2. 계절근로 (E-8)	법무부장관이 관계 중앙행정기관의 장과 협의하여 정하는 농작물 재배·수확(재배·수확과 연계된 원시가공 분야를 포함한다) 및 수산물 원시가공 분야에서 취업 활동을 하려는 사람으로서 법무부장관이 인정하는 사람
21. 비전문취업 (E-9)	「외국인근로자의 고용 등에 관한 법률」에 따른 국내 취업요건을 갖춘 사람(일정 자격이나 경력 등이 필요한 전문직종에 종사하려는 사람은 제외한다)
22. 선원취업 (E-10)	다음 각 목에 해당하는 사람과 그 사업체에서 6개월 이상 노무를 제공할 것을 조건으로 선원 근로계약을 체결한 외국인으로서 「선원법」 제2조제6호에 따른 부원(部員)에 해당하는 사람

	가. 「해운법」 제3조제1호·제2호·제5호 또는 제23조제1호에 따른 사업을 경영하는 사람 나. 「수산업법」 제7조제1항제1호, 제40조제1항 또는 제51조제1항에 따른 사업을 경영하는 사람 다. 「크루즈산업의 육성 및 지원에 관한 법률」 제2조제7호에 따른 국적 크루즈사업자로서 같은 조 제4호에 따른 국제순항 크루즈선을 이용하여 사업을 경영하는 사람

23. 방문동거
(F-1)
	가. 친척 방문, 가족 동거, 피부양(被扶養), 가사정리, 그 밖에 이와 유사한 목적으로 체류하려는 사람으로서 법무부장관이 인정하는 사람
	나. 다음의 어느 하나에 해당하는 사람의 가사보조인
	  1) 외교(A-1), 공무(A-2) 체류자격에 해당하는 사람
	  2) 미화 50만 달러 이상을 투자한 외국투자가(법인인 경우 그 임직원을 포함한다)로서 기업투자(D-8), 거주(F-2), 영주(F-5), 결혼이민(F-6) 체류자격에 해당하는 사람
	  3) 인공지능(AI), 정보기술(IT), 전자상거래 등 기업정보화(e-business), 생물산업(BT), 나노기술(NT) 분야 등 법무부장관이 정하는 첨단·정보기술 업체에 투자한 외국투자가(법인인 경우 그 임직원을 포함한다)로서 기업투자(D-8), 거주(F-2), 영주(F-5), 결혼이민(F-6) 체류자격에 해당하는 사람
	  4) 취재(D-5), 주재(D-7), 무역경영(D-9), 교수(E-1)부터 특정활동(E-7)까지의 체류자격에 해당하거나 그 체류자격에서 거주(F-2) 바목 또는 별표 1의3 영주(F-5) 제1호의 체류자격으로 변경한 전문인력으로서 법무부장관이 인정하는 사람
	다. 외교(A-1)부터 협정(A-3)까지의 체류자격에 해당하는 사람의 동일한 세대에 속하지 않는 동거인으로서 그 체류의 필요성을 법무부장관이 인정하는 사람
	라. 그 밖에 부득이한 사유로 직업활동에 종사하지 않고 대한민국에 장기간 체류하여야 할 사정이 있다고 인정되는 사람

24. 거주
(F-2)
	가. 국민의 미성년 외국인 자녀 또는 별표 1의3 영주(F-5) 체류자격을 가지고 있는 사람의 배우자 및 그의 미성년 자녀
	나. 국민과 혼인관계(사실상의 혼인관계를 포함한다)에서 출생한 사람으로서 법무부장관이 인정하는 사람
	다. 난민의 인정을 받은 사람
	라. 「외국인투자 촉진법」에 따른 외국투자가 등으로 다음의 어느 하나에 해당하는 사람
	  1) 미화 50만 달러 이상을 투자한 외국인으로서 기업투자(D-8) 체류자격으로 3년 이상 계속 체류하고 있는 사람
	  2) 미화 50만 달러 이상을 투자한 외국법인이 「외국인투자 촉진법」에 따른 국내 외국인투자기업에 파견한 임직원으로서 3년 이상 계속 체류하고 있는 사람
	  3) 미화 30만 달러 이상을 투자한 외국인으로서 2명 이상의 국민을 고용하고 있는 사람
	마. 별표 1의3 영주(F-5) 체류자격을 상실한 사람 중 국내 생활관계의 권익보호 등을 고려하여 법무부장관이 국내에서 계속 체류하여야 할 필요가 있다고 인정하는 사람(강제퇴거된 사람은 제외한다)
	바. 외교(A-1)부터 협정(A-3)까지의 체류자격 외의 체류자격으로 대한민국에 5년 이상 계속 체류하여 생활 근거지가 국내에 있는 사람으로서 법무부장관이 인정하는 사람
	사. 삭제 〈2022. 12. 27.〉
	아. 「국가공무원법」 또는 「지방공무원법」에 따라 공무원으로 임용된 사람으로서 법무부장관이 인정하는 사람
	자. 나이, 학력, 소득 등이 법무부장관이 정하여 고시하는 기준에 해당하는 사람

	차. 투자지역, 투자대상, 투자금액 등 법무부장관이 정하여 고시하는 기준에 따라 부동산 등 자산에 투자한 사람 또는 법인의 임원, 주주 등으로서 법무부장관이 인정하는 외국인. 이 경우 법인에 대해서는 법무부장관이 투자금액 등을 고려하여 체류자격 부여인원을 정한다. 카. 법무부장관이 대한민국에 특별한 기여를 했거나 공익의 증진에 이바지했다고 인정하는 사람 타. 자목부터 카목까지의 규정에 해당하는 사람의 배우자 및 자녀(법무부장관이 정하는 요건을 갖춘 자녀만 해당한다) 파. 「지방자치분권 및 지역균형발전에 관한 특별법」제2조제12호에 따른 인구감소지역 등에서의 인력 수급과 지역 활력 회복을 지원하기 위하여 법무부장관이 대상 업종·지역, 해당 지역 거주·취업 여부 및 그 기간 등을 고려하여 고시하는 기준에 해당하는 사람
25. 동반 (F-3)	문화예술(D-1), 유학(D-2), 일반연수(D-4)부터 특정활동(E-7)까지, 거주(F-2), 재외동포(F-4) 및 방문취업(H-2)의 체류자격에 해당하는 사람의 배우자 및 미성년 자녀로서 배우자가 없는 사람. 다만, 거주(F-2)의 체류자격 중 타목의 체류자격에 해당하는 사람은 제외한다.
26. 재외동포 (F-4)	「재외동포의 출입국과 법적 지위에 관한 법률」제2조제2호에 해당하는 사람
27. 결혼이민 (F-6)	가. 국민의 배우자 나. 국민과 혼인관계(사실상의 혼인관계를 포함한다)에서 출생한 자녀를 양육하고 있는 부 또는 모로서 법무부장관이 인정하는 사람 다. 국민인 배우자와 혼인한 상태로 국내에 체류하던 중 그 배우자의 사망이나 실종, 그 밖에 자신에게 책임이 없는 사유로 정상적인 혼인관계를 유지할 수 없는 사람으로서 법무부장관이 인정하는 사람
28. 관광취업 (H-1)	대한민국과 "관광취업"에 관한 협정이나 양해각서 등을 체결한 국가의 국민으로서 협정 등의 내용에 따라 관광과 취업활동을 하려는 사람(협정 등의 취지에 반하는 업종이나 국내법에 따라 일정한 자격요건을 갖추어야 하는 직종에 취업하려는 사람은 제외한다)
29. 방문취업 (H-2)	가. 체류자격에 해당하는 사람 : 「재외동포의 출입국과 법적 지위에 관한 법률」제2조제2호에 따른 외국국적동포(이하 "외국국적동포"라 한다)에 해당하고, 다음의 어느 하나에 해당하는 18세 이상인 사람 중에서 나목의 활동범위 내에서 체류하려는 사람으로서 법무부장관이 인정하는 사람[재외동포(F-4) 체류자격에 해당하는 사람은 제외한다] 1) 출생 당시에 대한민국 국민이었던 사람으로서 가족관계등록부, 폐쇄등록부 또는 제적부에 등재되어 있는 사람 및 그 직계비속 2) 국내에 주소를 둔 대한민국 국민 또는 별표 1의3 영주(F-5) 제5호에 해당하는 사람의 8촌 이내의 혈족 또는 4촌 이내의 인척으로부터 초청을 받은 사람 3) 「국가유공자 등 예우 및 지원에 관한 법률」제4조에 따른 국가유공자와 그 유족 등에 해당하거나 「독립유공자예우에 관한 법률」제4조에 따른 독립유공자와 그 유족 또는 그 가족에 해당하는 사람 4) 대한민국에 특별한 공로가 있거나 대한민국의 국익 증진에 기여한 사람 5) 유학(D-2) 체류자격으로 1학기 이상 재학 중인 사람의 부모 및 배우자 6) 국내 외국인의 체류질서 유지를 위하여 법무부장관이 정하는 기준 및 절차에 따라 자진하여 출국한 사람 7) 1)부터 6)까지의 규정에 준하는 사람으로서 나목의 활동범위 내에서 체류할 필요가 있다고 법무부장관이 정하여 고시하는 사람 나. 활동범위

1) 방문, 친척과의 일시 동거, 관광, 요양, 견학, 친선경기, 비영리 문화예술활동, 회의 참석, 학술자료 수집, 시장조사·업무연락·계약 등 상업적 용무, 그 밖에 이와 유사한 목적의 활동
2) 「통계법」 제22조에 따라 통계청장이 작성·고시하는 한국표준산업분류[대분류E 및 대분류G부터 대분류U까지의 산업분류(이하 이 표에서 "서비스업분류"라 한다)는 제외한다]에 따른 다음 산업 분야에서의 활동
   가) 작물 재배업(011)
   나) 축산업(012)
   다) 작물재배 및 축산 관련 서비스업(014)
   라) 연근해 어업(03112)
   마) 양식 어업(0321)
   바) 금속 광업(06)
   사) 연료용을 제외한 비금속광물 광업(07)
   아) 삭제 〈2022. 12. 27.〉
   자) 광업 지원 서비스업(08)
   차) 제조업(10 ~ 34). 다만, 상시 사용하는 근로자 수가 300명 미만이거나 자본금이 80억 원 이하인 업체에 취업하는 경우로 한정한다.
   카) 삭제 〈2022. 12. 27.〉
   타) 삭제 〈2022. 12. 27.〉
   파) 건설업(41 ~ 42). 다만, 발전소·제철소·석유화학 건설현장의 건설업체 중 업종이 산업·환경설비 공사인 업체에 취업하는 경우는 제외한다.
   하) 삭제 〈2022. 12. 27.〉 ~ 루) 삭제 〈2022. 12. 27.〉
3) 「통계법」 제22조에 따라 통계청장이 작성·고시하는 한국표준산업분류 중 서비스업분류에 따른 산업 분야에서의 활동. 다만, 다음의 산업분야에서의 활동은 제외한다.
   가) 수도업(36)
   나) 환경 정화 및 복원업(39)
   다) 자동차 및 부품 판매업(45)
   라) 육상 운송 및 파이프라인 운송업(49). 다만, 육상 여객 운송업(492)은 허용한다.
   마) 수상 운송업(50)
   바) 항공 운송업(51)
   사) 창고 및 운송 관련 서비스업(52). 다만, 다음의 산업분야는 허용한다.
      (1) 냉장·냉동창고업(52102). 다만, 내륙에 위치한 업체에 취업하는 경우로 한정한다.
      (2) 물류 터미널 운영업(52913). 다만, 「통계법」 제22조에 따라 통계청장이 작성·고시하는 한국표준직업분류에 따른 하역 및 적재 관련 단순 종사원(92101)으로 취업하는 경우로 한정한다.
      (3) 항공 및 육상 화물 취급업(52941). 다만, 다음의 경우로 한정한다.
         (가) 「축산물 위생관리법」 제2조제3호에 따른 식육을 운반하는 업체에 취업하는 경우
         (나) 「생활물류서비스산업발전법」 제2조제3호가목에 따른 택배서비스사업을 하는 업체에 통계청장이 작성·고시하는 한국표준직업분류에 따른 하역 및 적재 관련 단순 종사원(92101)으로 취업하는 경우
   아) 출판업(58). 다만, 서적, 잡지 및 기타 인쇄물 출판업(581)은 허용한다.
   자) 우편 및 통신업(61)
   차) 컴퓨터 프로그래밍, 시스템 통합 및 관리업(62)
   카) 정보서비스업(63)

		타) 금융업(64)
		파) 보험 및 연금업(65)
		하) 금융 및 보험 관련 서비스업(66)
		거) 부동산업(68)
		너) 연구개발업(70)
		더) 전문 서비스업(71)
		러) 건축기술, 엔지니어링 및 기타 과학기술 서비스업(72)
		머) 사업시설 관리 및 조경 서비스업(74). 다만, 사업시설 유지관리 서비스업(741)과 건물 및 산업설비 청소업(7421)은 허용한다.
		버) 고용 알선 및 인력 공급업(751). 다만, 「가사근로자의 고용개선 등에 관한 법률」 제2조제2호에 따른 가사서비스 제공기관에 취업하는 경우는 허용한다.
		서) 교육 서비스업(85)
30. 기타 (G-1)		별표 1, 이 표 중 외교(A-1)부터 방문취업(H-2)까지 또는 별표 1의3의 체류자격에 해당하지 않는 사람으로서 법무부장관이 인정하는 사람

주요판례

❖ **체류기간연장 등불허가처분취소**(한국 국적의 배우자와 이혼한 베트남 여성이 결혼이민(F-6 다.목) 체류자격 연장을 신청하였다가 거부된 사안에서, 혼인파탄에 관한 주된 귀책사유가 누구에게 있는지가 다투어진 사안)[대법원 2019. 7. 4., 선고, 2018두66869, 판결]

판시사항

[1] 결혼이민(F-6) 체류자격에 관한 구 출입국관리법 시행령 제12조 [별표 1] 제28호의4 (다)목의 입법 취지 및 그 체류자격의 요건인 '자신에게 책임이 없는 사유로 정상적인 혼인관계를 유지할 수 없는 사람'의 의미

[2] 결혼이민[F-6 (다)목] 체류자격을 신청한 외국인에 대하여 행정청이 그 요건을 충족하지 못하였다는 이유로 거부처분을 하는 경우, 처분사유 / 결혼이민[F-6 (다)목] 체류자격 거부처분 취소소송에서 위 처분사유에 관한 증명책임의 소재(=행정청)

[3] 행정소송의 수소법원이 관련 확정판결에서 인정한 사실과 반대되는 사실을 인정할 수 있는지 여부(원칙적 소극) 및 출입국관리행정청이나 행정소송의 수소법원은 결혼이민[F-6 (다)목] 체류자격 부여에 관하여 가정법원이 이혼확정판결에서 내린 판단을 존중해야 하는지 여부(원칙적 적극)

판결요지

[1] 결혼이민[F-6 (다)목] 체류자격에 관한 구 출입국관리법 시행령(2018. 9. 18. 대통령령 제29163호로 개정되기 전의 것) 제12조 [별표 1] 제28호의4의 입법 취지는, 대한민국 국민과 혼인하여 당초 결혼이민[F-6 (가)목] 체류자격을 부여받아 국내에서 체류하던 중 국민인 배우자의 귀책사유로 정상적인 혼인관계를 유지할 수 없게 된 외국인에 대하여는 인도주의적 측면에서 결혼이민[F-6 (다)목] 체류자격을 부여하여 국내에서 계속 체류할 수 있도록 허용하기 위한 것이다. 한편 부부 사이의 혼인파탄이 어느 일방의 전적인 귀책사유에서 비롯되었다고 평가할 수 있는 경우는 현실적으로 드물거나 많지 않을 것으로 보이는데, 결혼이민[F-6

(다)목 체류자격에 관한 위 규정을 엄격하게 해석하여 '정상적인 혼인관계를 유지할 수 없어 이혼에 이르게 된 것이 오로지 국민인 배우자의 귀책사유 탓이고 외국인 배우자에게는 전혀 귀책사유가 없는 경우'에 한하여 적용할 수 있다고 한다면 외국인 배우자로서는 재판상 이혼 등 우리 민법에서 정한 절차에 따라 혼인관계를 적법하게 해소할 권리를 행사하는 것에 소극적일 수밖에 없게 되고 국민인 배우자가 이를 악용하여 외국인 배우자를 부당하게 대우할 가능성도 생길 수 있다. 이러한 사정들에다가 결혼이민F-6 (다)목 체류자격은 1회에 3년 이내의 체류기간을 부여함으로써 기간 만료 시 그 체류자격의 요건을 유지하고 있는지에 관하여 다시 실질적 심사를 거쳐야 하는 것으로서 중대한 범죄를 저지르지 않는 한 영구적인 체류를 허용하는 영주(F-5) 체류자격이나 대한민국 국적을 부여하는 귀화허가와는 성질을 달리하는 점 등을 고려하면, 결혼이민F-6 (다)목 체류자격의 요건인 '자신에게 책임이 없는 사유로 정상적인 혼인관계를 유지할 수 없는 사람'이란 '자신에게 주된 책임이 없는 사유로 정상적인 혼인관계를 유지할 수 없는 사람', 즉 '혼인파탄의 주된 귀책사유가 국민인 배우자에게 있는 경우'를 의미한다.

[2] 결혼이민F-6 (다)목 체류자격을 신청한 외국인에 대하여 행정청이 그 요건을 충족하지 못하였다는 이유로 거부처분을 하는 경우에는 '그 요건을 갖추지 못하였다는 판단', 다시 말해 '혼인파탄의 주된 귀책사유가 국민인 배우자에게 있지 않다는 판단' 자체가 처분사유가 된다. 부부가 혼인파탄에 이르게 된 여러 사정들은 그와 같은 판단의 근거가 되는 기초 사실 내지 평가요소에 해당한다. 결혼이민F-6 (다)목 체류자격 거부처분 취소소송에서 원고와 피고 행정청은 각자 자신에게 유리한 평가요소들을 적극적으로 주장·증명하여야 하며, 수소법원은 증명된 평가요소들을 종합하여 혼인파탄의 주된 귀책사유가 누구에게 있는지를 판단하여야 한다. 수소법원이 '혼인파탄의 주된 귀책사유가 국민인 배우자에게 있다'고 판단하게 되는 경우에는, 해당 결혼이민F-6 (다)목 체류자격 거부처분은 위법하여 취소되어야 하므로, 이러한 의미에서 결혼이민F-6 (다)목 체류자격 거부처분 취소소송에서도 그 처분사유에 관한 증명책임은 피고 행정청에 있다. 일반적으로 혼인파탄의 귀책사유에 관한 사정들이 혼인관계 당사자의 지배영역에 있는 것이어서 피고 행정청이 구체적으로 파악하기 곤란한 반면, 혼인관계의 당사자인 원고는 상대적으로 쉽게 증명할 수 있는 측면이 있음을 고려하더라도 달리 볼 것은 아니다. 피고 행정청은 처분 전에 실태조사를 통해 혼인관계 쌍방 당사자의 진술을 청취하는 방식으로 혼인파탄의 귀책사유에 관한 사정들을 파악할 수 있고, 원고의 경우에도 한국의 제도나 문화에 대한 이해나 한국어 능력이 부족하여 평소 혼인파탄의 귀책사유에 관하여 자신에게 유리한 사정들을 증명할 수 있는 증거를 제대로 수집·확보하지 못한 상황에서 별거나 이혼을 하게 되는 경우가 있기 때문이다.

[3] 행정소송의 수소법원이 관련 확정판결의 사실인정에 구속되는 것은 아니지만, 관련 확정판결에서 인정한 사실은 행정소송에서도 유력한 증거자료가 되므로, 행정소송에서 제출된 다른 증거들에 비추어 관련 확정판결의 사실 판단을 채용하기 어렵다고 인정되는 특별한 사정이 없는 한, 이와 반대되는 사실은 인정할 수 없다. 나아가 '혼인파탄의 주된 귀책사유가 누구에게 있는지'라는 문제는 우리의 사법제도에서 가정법원의 법관들에게 가장 전문적인 판단을 기대할 수 있으므로, 결혼이민F-6 (다)목 체류자격 부여에 관하여 출입국관리행정청이나 행정소송의 수소법원은 특별한 사정이 없는 한 가정법원이 이혼확정판결에서 내린 판단을 존중함이 마땅하다. 이혼소송에서 당사자들이 적극적으로 주장·증명하지 않아 이혼확정판결의 사실인정과 책임판단에서 누락된 사정이 일부 있더라도 그러한 사정만으로 이혼확정판결의 판단 내용을 함부로 뒤집으려고 해서는 안 되며, 이혼확정판결과 다른 내용의 판단을 하는 데에는 매우 신중해야 한다.

주요판례

❖ **사증발급거부처분취소**(중국 국적 여성이 결혼이민(F-6) 사증발급을 신청하였다가 거부당하자, 거부처분 취소소송을 제기하여 취소소송의 대상적격 및 원고 적격이 다투어진 사건)[대법원 2018. 5. 15., 선고, 2014두42506, 판결]

판시사항

외국인에게 사증발급 거부처분의 취소를 구할 법률상 이익이 인정되는지 여부(소극)

판결요지

사증발급의 법적 성질, 출입국관리법의 입법 목적, 사증발급 신청인의 대한민국과의 실질적 관련성, 상호주의원칙 등을 고려하면, 우리 출입국관리법의 해석상 외국인에게는 사증발급 거부처분의 취소를 구할 법률상 이익이 인정되지 않는다.

주요판례

❖ **체류기간연장 등불허가처분취소**[울산지법 2017. 5. 11., 선고, 2016구합7006, 판결 : 항소]

판시사항

甲과 혼인하여 대한민국 국민의 배우자로 체류자격을 얻어 입국한 베트남 국적 여성 乙이 甲을 상대로 이혼 및 위자료 청구소송을 제기하여 일부승소판결이 확정된 후 체류기간 연장허가 신청을 하였으나, 관할 출입국관리사무소장이 '혼인의 진정성 결여 및 배우자의 귀책사유 불명확 등'을 이유로 위 신청을 불허하는 처분을 한 사안에서, 제반 사정들을 고려하면 乙이 자신에게 책임이 없는 사유로 甲과 정상적인 혼인생활을 할 수 없었다고 보이므로 乙 역시 혼인관계 파탄에 책임이 있다고 판단하여 위 처분을 한 것은 재량권을 일탈·남용한 것으로 위법하다고 한 사례

판결요지

甲과 혼인하여 대한민국 국민의 배우자로 체류자격을 얻어 입국한 베트남 국적 여성 乙이 甲을 상대로 이혼 및 위자료 청구소송을 제기하여 일부승소판결이 확정된 후 체류기간 연장허가 신청을 하였으나, 관할 출입국관리사무소장이 '혼인의 진정성 결여 및 배우자의 귀책사유 불명확 등'을 이유로 위 신청을 불허하는 처분을 한 사안에서, 甲은 2년여에 걸친 혼인생활 동안 자주 술을 마시고 늦게 귀가하거나 외박을 하는 등 가정생활을 소홀히 한 반면, 乙은 언어 소통이 잘 되지 않는 어려운 상황에서도 아이를 낳아 가정을 꾸리고자 하는 의지가 있었고, 아이를 낳을 것을 제안하였으나 甲의 거절로 이러한 바람이 무산된 점, 혼인관계가 해소되었기 때문에 乙이 국내에 머무를 중요한 이유가 없어졌다고 볼 여지는 있으나 乙이 국내에 입국한 후 가출할 때까지 약 2년간 부부의 공동생활이 유지되었고 최종적으로 혼인관계가 해소될 때까지 약 4년의 기간이 경과하였으며 乙은 이 기간을 통하여 대한민국에 터전을 잡고 삶을 영위하여 왔는데 이것을 단지 남편의 잘못으로 발생한 이혼을 이유로 송두리째 부인한다면 그 결과는 乙에게 지나치게 가혹한 점 등 제반 사정들을 고려하면, 乙이 자신에게 책임이 없는 사유로 甲과 정상적인 혼인생활을 할 수 없었다고 보이므로 이와 달리 乙 역시 혼인관계 파탄에 책임이 있다고 판단하여 위 처분을 한 것은 재량권을 일탈·남용한 것으로 위법하다고 한 사례.

제12조의2 영주자격 요건 등

① 법 제10조의3 제2항각 호 외의 부분에서 "대통령령으로 정하는 영주의 자격에 부합하는 사람"이란 별표 1의3에 해당하는 사람을 말한다.
② 법 제10조의3 제3항에서 "대한민국에 특별한 공로가 있는 사람, 과학·경영·교육·문화예술·체육 등 특정 분야에서 탁월한 능력이 있는 사람, 대한민국에 일정금액 이상 투자를 한 사람 등 대통령령으로 정하는 사람"이란 다음 각 호의 어느 하나에 해당하는 사람을 말한다.
  1. 별표 1의3중 제3호, 제9호, 제10호 또는 제14호부터 제16호까지의 어느 하나에 해당하는 사람
  2. 제1호 외에 법무부장관이 국가이익이나 인도주의(人道主義)에 비추어 법 제10조의3 제2항 제2호 및 제3호의 요건의 전부 또는 일부를 완화하거나 면제하여야 할 특별한 사정이 있다고 인정하는 사람
③ 법무부장관은 다음 각 호에서 정하는 바에 따라 법 제10조의3 제2항 제2호 또는 제3호의 요건을 완화하거나 면제할 수 있다. 이 경우 법무부장관은 그 완화 또는 면제의 기준을 정하여 고시한다.
  1. 제2항 제1호에 해당하는 사람 : 대한민국 사회에 기여한 정도 또는 기여가능성, 투자금액 등을 고려하여 법 제10조의3 제2항 제2호 또는 제3호의 요건을 완화 또는 면제
  2. 제2항 제2호에 해당하는 사람 : 대한민국 사회에 기여한 정도, 대한민국 사회와의 유대관계 및 인도적 사유 등을 고려하여 법 제10조의3 제2항 제2호 또는 제3호의 요건을 완화 또는 면제 [본조신설 2018. 9. 18.]

제13조 입국금지자의 자료관리

법무부장관은 법 제11조에 따라 입국을 금지하기로 결정한 사람에 대해서는 지체 없이 정보화업무처리 절차에 따라 그 자료를 관리하여야 한다. 입국금지를 해제한 때에도 또한 같다. [전문개정 2011. 11. 1.]

제14조 입국금지 요청 및 해제

① 중앙행정기관의 장 및 법무부장관이 정하는 관계 기관의 장은 소관 업무와 관련하여 법 제11조 제1항의 입국금지 또는 같은 조 제2항의 입국거부 사유에 해당한다고 인정하는 외국인에 대해서는 법무부장관에게 입국금지 또는 입국거부를 요청할 수 있다. 다만, 시장·군수 또는 구청장의 소관 업무에 관한 입국금지의 요청은 특별시장·광역시장 또는 도지사가 한다.
② 제1항의 입국금지 또는 입국거부의 요청 절차에 관하여는 제2조 제2항, 제2조의2 제2항 및 제2조의3 제3항·제4항을 준용한다. 다만, 입국금지 또는 입국거부의 예정기간에 관한 사항은 그러하지 아니하다.
③ 입국금지 또는 입국거부를 요청한 기관의 장은 그 사유가 소멸한 때에는 지체 없이 법무부장관에게 입국금지 또는 입국거부의 해제를 요청하여야 한다.
[전문개정 2011. 11. 1.]

주요판례

❖ **시증발급거부처분취소**(재외동포에 대한 입국금지결정이 있는 경우에 행정청이 그에 구속되어 아무런 재량을 행사하지 않고 사증발급 거부처분을 한 것이 적법한지가 문제된 사건)[대법원 2019. 7. 11., 선고, 2017두38874, 판결]

판시사항
[1] 행정처분의 성립요건 / 행정처분의 성립 시점 및 그 성립 여부를 판단하는 기준
[2] 병무청장이 법무부장관에게 '가수 甲이 공연을 위하여 국외여행허가를 받고 출국한 후 미국 시민권을 취득함으로써 사실상 병역의무를 면탈하였으므로 재외동포 자격으로 재입국하고자 하는 경우 국내에서 취업, 가수활동 등 영리활동을 할 수 없도록 하고, 불가능할 경우 입국 자체를 금지해 달라'고 요청함에 따라 법무부장관이 甲의 입국을 금지하는 결정을 하고, 그 정보를 내부전산망인 '출입국관리정보시스템'에 입력하였으나, 甲에게는 통보하지 않은 사안에서, 위 입국금지결정은 항고소송의 대상이 되는 '처분'에 해당하지 않는다고 한 사례
[3] 상급행정기관이 소속 공무원이나 하급행정기관에 대하여 업무처리지침이나 법령의 해석·적용 기준을 정해 주는 '행정규칙'이 대외적으로 구속력이 있는지 여부(소극) 및 처분이 행정규칙에 적합한지 여부에 따라 처분의 적법 여부를 판단할 수 있는지 여부(소극) / 상급행정기관이 소속 공무원이나 하급행정기관에 하는 개별·구체적인 지시에 관하여도 마찬가지 법리가 적용되는지 여부(적극)
[4] 행정처분의 처분 방식에 관한 행정절차법 제24조 제1항을 위반한 처분이 무효인지 여부(적극)
[5] 행정절차법 제3조 제2항 제9호, 행정절차법 시행령 제2조 제2호에서 정한 행정절차법의 적용이 제외되는 '외국인의 출입국에 관한 사항'의 의미 및 '외국인의 출입국에 관한 사항'의 경우 행정절차를 거칠

필요가 당연히 부정되는지 여부(소극) / 외국인의 사증발급 신청에 대한 거부처분이 행정절차법 제24조에서 정한 '처분서 작성·교부'를 할 필요가 없거나 곤란하다고 인정되는 사항이거나 행정절차법 제24조에 정한 절차를 따르지 않고 '행정절차에 준하는 절차'로 대체할 수 있는 것인지 여부(소극)
[6] 재외동포에 대한 사증발급이 행정청의 재량행위에 속하는지 여부(적극)
[7] 처분의 근거 법령이 행정청에 처분의 요건과 효과 판단에 일정한 재량을 부여하였는데도, 행정청이 처분으로 달성하려는 공익과 처분상대방이 입게 되는 불이익을 전혀 비교형량 하지 않은 채 처분을 한 경우, 재량권 일탈·남용으로 해당 처분을 취소해야 할 위법사유가 되는지 여부(적극)
[8] 헌법상의 기본원리로서 비례의 원칙의 내용
[9] 처분상대방의 의무위반을 이유로 한 제재처분이 의무위반의 내용에 비하여 과중하여 사회통념상 현저하게 타당성을 잃은 경우, 재량권 일탈·남용에 해당하여 위법한지 여부(적극)
[10] 병무청장이 법무부장관에게 '가수 甲이 공연을 위하여 국외여행허가를 받고 출국한 후 미국 시민권을 취득함으로써 사실상 병역의무를 면탈하였다'는 이유로 입국 금지를 요청함에 따라 법무부장관이 甲의 입국금지결정을 하였는데, 甲이 재외공관의 장에게 재외동포(F-4) 체류자격의 사증발급을 신청하자 재외공관장이 처분이유를 기재한 사증발급 거부처분서를 작성해 주지 않은 채 甲의 아버지에게 전화로 사증발급이 불허되었다고 통보한 사안에서, 사증발급 거부처분에는 행정절차법 제24조 제1항을 위반한 하자가 있고, 재외공관장이 13년 7개월 전에 입국금지결정이 있었다는 이유만으로 그에 구속되어 사증발급 거부처분을 한 것이 비례의 원칙에 반하는 것인지 판단했어야 함에도, 입국금지결정에 따라 사증발급 거부처분을 한 것이 적법하다고 본 원심판단에 법리를 오해한 잘못이 있다고 한 사례

판결요지

[1] 일반적으로 처분이 주체·내용·절차와 형식의 요건을 모두 갖추고 외부에 표시된 경우에는 처분의 존재가 인정된다. 행정의사가 외부에 표시되어 행정청이 자유롭게 취소·철회할 수 없는 구속을 받게 되는 시점에 처분이 성립하고, 그 성립 여부는 행정청이 행정의사를 공식적인 방법으로 외부에 표시하였는지를 기준으로 판단해야 한다.

[2] 병무청장이 법무부장관에게 '가수 甲이 공연을 위하여 국외여행허가를 받고 출국한 후 미국 시민권을 취득함으로써 사실상 병역의무를 면탈하였으므로 재외동포 자격으로 재입국하고자 하는 경우 국내에서 취업, 가수활동 등 영리활동을 할 수 없도록 하고, 불가능할 경우 입국 자체를 금지해 달라'고 요청함에 따라 법무부장관이 甲의 입국을 금지하는 결정을 하고, 그 정보를 내부전산망인 '출입국관리정보시스템'에 입력하였으나, 甲에게는 통보하지 않은 사안에서, 행정청이 행정의사를 외부에 표시하여 행정청이 자유롭게 취소·철회할 수 없는 구속을 받기 전에는 '처분'이 성립하지 않으므로 법무부장관이 출입국관리법 제11조 제1항 제3호 또는 제4호, 출입국관리법 시행령 제14조 제1항, 제2항에 따라 위 입국금지결정을 했다고 해서 '처분'이 성립한다고 볼 수는 없고, 위 입국금지결정은 법무부장관의 의사가 공식적인 방법으로 외부에 표시된 것이 아니라 단지 그 정보를 내부전산망인 '출입국관리정보시스템'에 입력하여 관리한 것에 지나지 않으므로, 위 입국금지결정은 항고소송의 대상이 될 수 있는 '처분'에 해당하지 않는데도, 위 입국금지결정이 처분에 해당하여 공정력과 불가쟁력이 있다고 본 원심판단에 법리를 오해한 잘못이 있다고 한 사례.

[3] 상급행정기관이 소속 공무원이나 하급행정기관에 대하여 업무처리지침이나 법령의 해석·적용 기준을 정해 주는 '행정규칙'은 일반적으로 행정조직 내부에서만 효력을 가질 뿐 대외적으로 국민이나 법원을 구속하는 효력이 없다. 처분이 행정규칙을 위반하였다고 해서 그러한 사정만으로 곧바로 위법하게 되는 것은 아니고, 처분이 행정규칙을 따른 것이라고 해서 적법성이 보장되는 것도 아니다. 처분이 적법한지는 행정

규칙에 적합한지 여부가 아니라 상위법령의 규정과 입법 목적 등에 적합한지 여부에 따라 판단해야 한다. 상급행정기관이 소속 공무원이나 하급행정기관에 하는 개별·구체적인 지시도 마찬가지이다. 상급행정기관의 지시는 일반적으로 행정조직 내부에서만 효력을 가질 뿐 대외적으로 국민이나 법원을 구속하는 효력이 없다. 대외적으로 처분 권한이 있는 처분청이 상급행정기관의 지시를 위반하는 처분을 하였다고 해서 그러한 사정만으로 처분이 곧바로 위법하게 되는 것은 아니고, 처분이 상급행정기관의 지시를 따른 것이라고 해서 적법성이 보장되는 것도 아니다. 처분이 적법한지는 상급행정기관의 지시를 따른 것인지 여부가 아니라, 헌법과 법률, 대외적으로 구속력 있는 법령의 규정과 입법 목적, 비례·평등원칙과 같은 법의 일반원칙에 적합한지 여부에 따라 판단해야 한다.

[4] 행정절차에 관한 일반법인 행정절차법은 제24조 제1항에서 "행정청이 처분을 할 때에는 다른 법령 등에 특별한 규정이 있는 경우를 제외하고는 문서로 하여야 하며, 전자문서로 하는 경우에는 당사자 등의 동의가 있어야 한다. 다만 신속히 처리할 필요가 있거나 사안이 경미한 경우에는 말 또는 그 밖의 방법으로 할 수 있다."라고 정하고 있다. 이 규정은 처분내용의 명확성을 확보하고 처분의 존부에 관한 다툼을 방지하여 처분상대방의 권익을 보호하기 위한 것이므로, 이를 위반한 처분은 하자가 중대·명백하여 무효이다.

[5] 행정절차법 제3조 제2항 제9호, 행정절차법 시행령 제2조 제2호 등 관련 규정들의 내용을 행정의 공정성, 투명성, 신뢰성을 확보하고 처분상대방의 권익보호를 목적으로 하는 행정절차법의 입법 목적에 비추어 보면, 행정절차법의 적용이 제외되는 '외국인의 출입국에 관한 사항'이란 해당 행정작용의 성질상 행정절차를 거치기 곤란하거나 거칠 필요가 없다고 인정되는 사항이나 행정절차에 준하는 절차를 거친 사항으로서 행정절차법 시행령으로 정하는 사항만을 가리킨다. '외국인의 출입국에 관한 사항'이라고 하여 행정절차를 거칠 필요가 당연히 부정되는 것은 아니다.

외국인의 사증발급 신청에 대한 거부처분은 당사자에게 의무를 부과하거나 적극적으로 권익을 제한하는 처분이 아니므로, 행정절차법 제21조 제1항에서 정한 '처분의 사전통지'와 제22조 제3항에서 정한 '의견제출 기회 부여'의 대상은 아니다. 그러나 사증발급 신청에 대한 거부처분이 성질상 행정절차법 제24조에서 정한 '처분서 작성·교부'를 할 필요가 없거나 곤란하다고 일률적으로 단정하기 어렵다. 또한 출입국관리법령에 사증발급 거부처분서 작성에 관한 규정을 따로 두고 있지 않으므로, 외국인의 사증발급 신청에 대한 거부처분을 하면서 행정절차법 제24조에 정한 절차를 따르지 않고 '행정절차에 준하는 절차'로 대체할 수도 없다.

[6] 출입국관리법 제7조 제1항, 제8조 제2항, 제3항, 제10조, 제10조의2, 제11조 제1항 제3호, 제4호, 출입국관리법 시행규칙 제9조의2 제2호, 재외동포의 출입국과 법적 지위에 관한 법률(이하 '재외동포법'이라 한다) 제5조 제1항, 제2항과 체계, 입법 연혁과 목적을 종합하면 다음과 같은 결론을 도출할 수 있다. 재외동포에 대한 사증발급은 행정청의 재량행위에 속하는 것으로서, 재외동포가 사증발급을 신청한 경우에 출입국관리법 시행령 [별표 1의2]에서 정한 재외동포체류자격의 요건을 갖추었다고 해서 무조건 사증을 발급해야 하는 것은 아니다. 재외동포에게 출입국관리법 제11조 제1항 각호에서 정한 입국금지사유 또는 재외동포법 제5조 제2항에서 정한 재외동포체류자격 부여 제외사유(예컨대 '대한민국 남자가 병역을 기피할 목적으로 외국국적을 취득하고 대한민국 국적을 상실하여 외국인이 된 경우')가 있어 그의 국내 체류를 허용하지 않음으로써 달성하고자 하는 공익이 그로 말미암아 발생하는 불이익보다 큰 경우에는 행정청이 재외동포체류자격의 사증을 발급하지 않을 재량을 가진다.

[7] 처분의 근거 법령이 행정청에 처분의 요건과 효과 판단에 일정한 재량을 부여하였는데도, 행정청이 자신에게 재량권이 없다고 오인한 나머지 처분으로 달성하려는 공익과 그로써 처분상대방이 입게 되는 불이익의 내용과 정도를 전혀 비교형량하지 않은 채 처분을 하였다면, 이는 재량권 불행사로서 그 자체로 재량

권 일탈·남용으로 해당 처분을 취소하여야 할 위법사유가 된다.
[8] 비례의 원칙은 법치국가 원리에서 당연히 파생되는 헌법상의 기본원리로서, 모든 국가작용에 적용된다. 행정목적을 달성하기 위한 수단은 목적달성에 유효·적절하고, 가능한 한 최소침해를 가져오는 것이어야 하며, 아울러 그 수단의 도입에 따른 침해가 의도하는 공익을 능가하여서는 안 된다.
[9] 처분상대방의 의무위반을 이유로 한 제재처분의 경우 의무위반 내용과 제재처분의 양정(量定) 사이에 엄밀하게는 아니더라도 어느 정도는 비례 관계가 있어야 한다. 제재처분이 의무위반의 내용에 비하여 과중하여 사회통념상 현저하게 타당성을 잃은 경우에는 재량권 일탈·남용에 해당하여 위법하다고 보아야 한다.
[10] 병무청장이 법무부장관에게 '가수 甲이 공연을 위하여 국외여행허가를 받고 출국한 후 미국 시민권을 취득함으로써 사실상 병역의무를 면탈하였다'는 이유로 입국 금지를 요청함에 따라 법무부장관이 甲의 입국금지결정을 하였는데, 甲이 재외공관의 장에게 재외동포(F-4) 체류자격의 사증발급을 신청하자 재외공관장이 처분이유를 기재한 사증발급 거부처분서를 작성해 주지 않은 채 甲의 아버지에게 전화로 사증발급이 불허되었다고 통보한 사안에서, 甲의 재외동포(F-4) 체류자격 사증발급 신청에 대하여 재외공관장이 6일 만에 한 사증발급 거부처분이 문서에 의한 처분 방식의 예외로 행정절차법 제24조 제1항 단서에서 정한 '신속히 처리할 필요가 있거나 사안이 경미한 경우'에 해당한다고 볼 수도 없으므로 사증발급 거부처분에는 행정절차법 제24조 제1항을 위반한 하자가 있음에도, 외국인의 사증발급 신청에 대한 거부처분이 성질상 행정절차를 거치기 곤란하거나 불필요하다고 인정되는 처분에 해당하여 행정절차법의 적용이 배제된다고 판단하고, 재외공관장이 자신에게 주어진 재량권을 전혀 행사하지 않고 오로지 13년 7개월 전에 입국금지결정이 있었다는 이유만으로 그에 구속되어 사증발급 거부처분을 한 것이 비례의 원칙에 반하는 것인지 판단했어야 함에도, 입국금지결정에 따라 사증발급 거부처분을 한 것이 적법하다고 본 원심판단에 법리를 오해한 잘못이 있다고 한 사례.

제15조 입국심사

① 외국인은 법 제12조 제1항에 따른 입국심사를 받을 때에는 여권과 입국신고서를 출입국관리공무원에게 제출하고 질문에 답하여야 한다. 다만, 다음 각 호의 어느 하나에 해당하는 경우에는 입국신고서의 제출을 생략할 수 있다. 〈개정 2016. 9. 29.〉
  1. 법 제31조에 따른 외국인 등록이 유효한 경우
  2. 「재외동포의 출입국과 법적지위에 관한 법률」 제6조에 따른 국내거소신고가 유효한 경우
  3. 그 밖에 법무부장관이 정하는경우
② 출입국관리공무원은 제1항에 따른 입국심사를 할 때에는 입국의 적격 여부와 그 밖에 필요한 사항을 확인하여야 한다. 〈신설 2016. 9. 29.〉
③ 출입국관리공무원은 제1항 및 제2항에 따라 입국심사를 마친 때에는 제출받은 여권에 입국심사인을 찍거나 입국심사증을 발급해야 한다. 이 경우 입국심사인 및 입국심사증에는 허가된 체류자격과 체류기간을 적어야 한다. 〈신설 2016. 9. 29.,

2019. 6. 11.〉

④ 다음 각 호의 요건을 모두 갖춘 외국인은 법 제12조 제2항에 따라 정보화기기에 의한 입국심사를 받을 수 있다. 이 경우 법 제38조 제1항 제1호에 따라 지문과 얼굴에 관한 정보를 제공한 외국인으로서 정보화기기를 이용한 입국심사에 지장이 없는 경우에는 제2호의 요건을 갖춘 것으로 본다.〈개정 2012. 2. 28., 2013. 5. 31., 2016. 9. 29., 2022. 12. 27.〉

1. 다음 각 목의 어느 하나에 해당하는 사람일 것
    가. 7세 이상으로서 다음의 어느 하나에 해당하는 사람
        1) 법 제31조에 따른 외국인 등록이 유효한 사람
        2) 「재외동포의 출입국과 법적 지위에 관한 법률」 제6조에 따른 국내거소신고가 유효한 사람
    나. 대한민국과 상호 간에 정보화기기를 이용한 출입국심사를 할 수 있도록 양해각서·협정 등을 체결하거나 그 밖의 방법으로 합의한 국가의 국민으로서 법무부장관이 정하는 17세 이상인 사람
    다. 그 밖에 법무부장관이 정보화기기에 의한 입국심사를 받을 필요가 있다고 인정하는 17세 이상인 사람
2. 법무부령으로 정하는 바에 따라 스스로 지문과 얼굴에 관한 정보를 등록하였을 것. 이 경우 14세 미만인 사람은 법정대리인의 동의를 받아 등록해야 한다.
3. 그 밖에 법무부장관이 정하여 고시하는 요건을 갖추고 있을 것

⑤ 제4항에 따라 입국심사를 마친 외국인에 대해서는 제1항 본문에 따른 입국신고서의 제출과 제3항에 따른 입국심사인의 날인 또는 입국심사증의 발급을 생략한다.〈개정 2016. 9. 29., 2019. 6. 11.〉

⑥ 출입국관리공무원은 법 제12조 제4항 및 제12조의2 제2항에 따라 외국인의 입국을 허가하지 아니하기로 결정한 경우 그 사안이 중요하다고 인정되면 지체 없이 법무부장관에게 보고하여야 한다.〈개정 2016. 9. 29.〉

⑦ 출입국관리공무원은 법 제7조 제2항 제2호에 해당하는 외국인의 입국을 허가할 때에는 여권에 제3항에 따른 입국심사인을 찍거나 입국심사증을 발급해야 한다. 이 경우 입국심사인 및 입국심사증에는 별표 1중 1. 사증면제(B-1) 체류자격과 체류기간을 적어야 하되, 외교·관용 사증면제협정 적용대상으로서 대한민국

에 주재하려는 외국인의 입국을 허가할 때에는 별표 1의2중 1. 외교(A-1) 또는 2. 공무(A-2) 체류자격과 체류기간을 적어야 한다. 〈개정 2019. 6. 11.〉
⑧ 출입국관리공무원은 입국심사를 받는 외국인이 가지고 있는 사증의 구분, 체류자격 및 체류기간 등이 잘못된 것이 명백한 경우에는 법무부령으로 정하는 바에 따라 해당 사증의 내용을 정정하여 입국을 허가할 수 있다. 〈개정 2016. 9. 29., 2018. 6. 12.〉
  1. 삭제〈2018. 6. 12.〉
  2. 삭제〈2018. 6. 12.〉
⑨ 법 제12조의4 제1항에 따른 위조 또는 변조된 여권·선원신분증명서의 보관과 그 통지절차에 관하여는 제6조 제1항(발급기관의 장에 대한 통지는 제외한다) 및 제2항을 준용한다. 〈개정 2015. 6. 15., 2016. 9. 29.〉
⑩ 대한민국의 선박 등에 고용된 외국인승무원의 입국절차에 관하여는 제1조 제4항을 준용한다. 〈개정 2016. 9. 29.〉[전문개정 2011. 11. 1.]

관련법령 ▶ 「재외동포의 출입국과 법적지위에 관한 법률」 제6조

제6조(국내거소신고)

① 재외동포체류자격으로 입국한 외국국적동포는 이 법을 적용받기 위하여 필요하면 대한민국 안에 거소(居所)를 정하여 그 거소를 관할하는 지방출입국·외국인관서의 장에게 국내거소신고를 할 수 있다.
② 제1항에 따라 신고한 국내거소를 이전한 때에는 14일 이내에 그 사실을 신거소(新居所)가 소재한 시·군·구(자치구가 아닌 구를 포함한다. 이하 이 조 및 제7조에서 같다) 또는 읍·면·동의 장이나 신거소를 관할하는 지방출입국·외국인관서의 장에게 신고하여야 한다.
③ 제2항에 따라 거소이전 신고를 받은 지방출입국·외국인관서의 장은 신거소가 소재한 시·군·구 또는 읍·면·동의 장에게, 시·군·구 또는 읍·면·동의 장은 신거소를 관할하는 지방출입국·외국인관서의 장에게 각각 이를 통보하여야 한다.
④ 국내거소신고서의 기재 사항, 첨부 서류, 그 밖에 신고의 절차에 관하여 필요한 사항은 대통령령으로 정한다.

제15조의2 지문 및 얼굴에 관한 정보 제공 의무의 면제

① 법 제12조의2 제1항 제3호에서 "대통령령으로 정하는 사람"이란 다음 각 호의 어느 하나에 해당하는 사람을 말한다. 〈개정 2018. 9. 18.〉
  1. 다음 각 목의 어느 하나에 해당하는 외국인 중 중앙행정기관의 장의 요청에

따라 지문 및 얼굴에 관한 정보 제공 의무를 면제할 필요가 있다고 법무부장관이 인정한사람

    가. 전·현직 국가 원수, 장관 또는 그에 준하는 고위 공직자로서 국제 우호 증진을 위하여 입국하려는 사람

    나. 교육·과학·문화·예술·체육 등의 분야에서 저명한 사람

    다. 투자사절단 등 경제 활동 촉진을 위하여 입국이 필요하다고 인정되는 사람

2. 별표 1의2중 3. 협정(A-3) 체류자격에 해당하는 사람

3. 그 밖에 대한민국의 이익 등을 고려하여 지문 및 얼굴에 관한 정보 제공 의무를 면제할 필요가 있다고 법무부장관이 인정하는사람

② 중앙행정기관의 장은 제1항 제1호에 따라 외국인이 지문 및 얼굴에 관한 정보 제공 의무를 면제받을 수 있도록 요청하려면 외국인의 신원을 확인하고, 입국 24시간 전까지 요청 사유와 입국·출국 예정일 등을 법무부장관에게 제출하여야 한다.

③ 법무부장관은 제2항에 따른 요청을 받은 경우에는 해당 외국인의 지문 및 얼굴에 관한 정보 제공 의무를 면제할 것인지를 지체 없이 심사하여 결정하여야 한다.

④ 법무부장관은 제3항에 따른 심사 결과 해당 외국인의 지문 및 얼굴에 관한 정보 제공 의무를 면제하지 않기로 결정한 때에는 그 이유를 분명히 밝혀 요청한 기관의 장에게 알려야 한다. [전문개정 2011. 11. 1.]

제16조 조건부 입국허가

① 청장·사무소장 또는 출장소장은법 제13조 제1항에 따라 조건부 입국을 허가할 때에는 72시간의 범위에서 허가기간을 정할 수 있다. 〈개정 2018. 5. 8.〉

② 청장·사무소장 또는 출장소장은 조건부 입국허가를 받은 외국인이 부득이한 사유로 그 허가기간 내에 조건을 갖추지 못하였거나 조건을 갖추지 못할 것으로 인정될 때에는 제1항의 허가기간을 초과하지 아니하는 범위에서 조건부 입국허가 기간을 연장할 수 있다. 〈개정 2018. 5. 8.〉

③ 출입국관리공무원은 조건부 입국허가를 받은 외국인이 그 허가기간 내에 법 제12조 제3항각 호의 요건을 갖추었다고 인정되면제15조 제1항부터 제3항까지의 규정에 따라 입국심사를 하여야 한다. 이 경우 입국일은 조건부 입국허가일로

한다.〈개정 2016. 9. 29.〉
④ 출입국관리공무원은 제3항에 따라 입국심사를 할 때에는 그 외국인의 조건부 입국허가서를 회수하여야 한다.
⑤ 출입국관리공무원은 조건부 입국허가를 받은 외국인이 제3항에 따른 입국심사를 받지 아니하고 출국할 때에는 조건부 입국허가서를 회수하여야 한다.
[전문개정 2011. 11. 1.]

제17조 보증금의 예치 및 반환과 국고귀속 절차

① 청장·사무소장 또는 출장소장은 법 제13조 제2항에 따라 외국인에게 보증금을 예치하게 할 때에는 그 외국인의 소지금·입국목적·체류비용과 그 밖의 사정을 고려하여 보증금액을 정하여야 한다.〈개정 2018. 5. 8.〉
② 청장·사무소장 또는 출장소장은 제1항에 따라 보증금을 예치받은 때에는법 제13조 제2항에 따라 붙인 조건을 위반하는 경우 그 보증금을 국고에 귀속시킬 수 있다는 뜻을 그 외국인에게 알려야 하며, 보증금의 예치 및 납부 등에 관한 절차는 정부가 보관하는 보관금 취급에 관한 절차에 따른다.〈개정 2018. 5. 8.〉
③ 제1항에 따라 예치된 보증금은 그 외국인이 제16조 제3항에 따라 입국심사를 받은 때 또는 허가기간 내에법 제12조 제3항각 호의 요건을 갖추지 못하여 출국할 때 돌려주어야 한다.
④ 청장·사무소장 또는 출장소장은 조건부 입국허가를 받은 사람이 도주하거나 정당한 사유 없이 2회 이상 출석요구에 따르지 아니한 때에는 보증금 전부를, 그 밖의 이유로 허가조건을 위반한 때에는 그 일부를 국고에 귀속시킬 수 있다.〈개정 2018. 5. 8.〉
⑤ 청장·사무소장 또는 출장소장은 제4항에 따라 보증금을 국고에 귀속시키려면 국고귀속 결정 사유 및 국고귀속 금액 등을 적은 보증금 국고귀속 통지서를 그 외국인에게 발급하여야 한다.〈개정 2018. 5. 8.〉[전문개정 2011. 11. 1.]

제2절 외국인의 상륙

제18조 승무원의 상륙허가

① 법 제14조 제1항에 따라 외국인승무원의 상륙허가를 신청할 때에는 상륙허가 신청서를 출입국관리공무원에게 제출(「물류정책기본법」 제30조의2 제1항에 따른 국가물류통합정보센터에 의한 제출을 포함한다)하여야 한다. 〈개정 2012. 11. 30.〉

② 법 제14조 제2항 제2호본문에서 "대통령령으로 정하는 서류"란 승선예정 확인서 또는 외국인선원 입국예정사실이 적힌 전자문서를 말한다.

③ 다른 선박 등에 옮겨 타거나 법 제14조 제6항에 따라 국내의 다른 출입국항에 상륙하기 위하여 제1항의 상륙허가 신청을 하는 경우에는 그 이유를 소명하는 자료를 첨부하여야 한다. [전문개정 2011. 11. 1.]

관련법령 ▶ 「물류정책기본법」 제30조의2제1항

제30조의2(국가물류통합정보센터의 설치·운영)
① 국토교통부장관은 국가물류통합데이터베이스를 구축하고 물류정보를 가공·축적·제공하기 위한 통합정보체계를 갖추기 위하여 국가물류통합정보센터를 설치·운영할 수 있다. 〈개정 2013. 3. 23.〉

제18조의2 승무원의 복수상륙허가

① 출입국관리공무원은 대한민국에 정기적으로 운항하거나 자주 출·입항하는 선박 등의 외국인승무원에 대하여법 제14조 제1항에 따라 승무원 상륙을 허가할 때에는 유효기간 범위에서 승무원이 2회 이상 상륙할 수 있는 복수상륙허가를 할 수 있다.

② 출입국관리공무원은 제1항에 따른 허가를 할 때에는 유효기간이 1년이고 상륙허가기간이 15일 이내인 승무원 복수상륙허가서를 발급하여야 한다.

③ 제1항에 따른 승무원 복수상륙허가에 관한 구체적인 기준은 법무부장관이 따로 정한다.

④ 제1항의 경우에는제18조 제1항을 준용한다. [전문개정 2011. 11. 1.]

제18조의3 관광상륙허가의 기준

① 법 제14조의2 제1항에 따라 관광을 목적으로 대한민국과 외국 해상을 국제적으로 순회(巡廻)하여 운항하는 여객운송선박의 외국인승객에 대하여 그 선박의 장 또는 운수업자가 관광상륙허가를 신청할 때에는 외국인승객이 제2항의 기준에 해당하는지를 검토한 후 신청하여야 한다.

② 출입국관리공무원은 관광상륙허가를 할 때에는 다음 각 호의 사항을 고려하여야 한다. 〈개정 2016. 1. 22.〉
  1. 본인의 유효한 여권을 소지하고 있는지 여부
  2. 대한민국에 관광목적으로 하선(下船)하여 자신이 하선한 기항지에서 자신이 하선한 선박으로 돌아와 출국할 예정인지 여부
  3. 다음 각 목의 어느 하나에 해당하는 사람으로서 법무부장관이 정하는사람에 해당하는지 여부
     가. 사증면제협정 등에 따라 대한민국에 사증 없이 입국할 수 있는 사람
     나. 「제주특별자치도 설치 및 국제자유도시 조성을 위한 특별법」 제197조에 따라 제주특별자치도에 사증 없이 입국하여 제주특별자치도에 체류하려는 사람
     다. 대한민국과 상호 단체여행객 유치에 관한 협정 등을 체결하거나 그 밖의 방법으로 합의한 국가의 국민
     라. 가목부터 다목까지의 규정에 준하여 관광상륙허가를 할 필요가 있는 사람
  4. 그 밖에 국제친선 및 관광산업 진흥 등 국익을 고려하여 법무부장관이 정하는 요건을 갖추었는지 여부

③ 출입국관리공무원은 다음 각 호의 어느 하나에 해당하는 경우에는 관광상륙허가를 하여서는 아니 된다.
  1. 외국인승객이 법 제11조에 따른 입국의 금지 또는 거부 대상인 경우
  2. 관광상륙허가를 신청한 선박의 장 또는 운수업자가 과거에 관광상륙허가를 받았던 외국인승객이 선박으로 돌아오지 아니한 비율이 법무부장관이 정하는기준을 초과하는 등 외국인승객을 성실히 관리하지 아니하였다고 인정되는 경우
  3. 그 밖에 대한민국의 안전을 위한 국경관리 및 체류관리 필요성 등을 고려하여

법무부장관이 관광상륙허가를 하지 아니할 필요가 있다고 인정하는 경우
④ 관광상륙허가는 외국인승객이 하선하였던 선박이 출항하는 즉시 효력을 상실한다. 상륙허가기간이 연장된 경우에도 또한 같다.
⑤ 법 제14조의2 제3항에 따라 상륙허가기간을 연장하는 경우에 그 기준에 대해서는 제2항 및 제3항을 준용한다. [본조신설 2012. 5. 25.]

> **관련법령** ▶ 「제주특별자치도 설치 및 국제자유도시 조성을 위한 특별법」 제197조
>
> 제197조(외국인의 입국·체류에 관한 특례)
> ① 「출입국관리법」 제10조에 따른 체류자격 중 관광·통과 등의 목적으로 제주자치도에 체류하기 위하여 제주자치도의 공항 또는 항만으로 입국하는 외국인은 법무부장관이 정하여 고시하는 국가의 국민을 제외하고는 같은 법 제7조제1항에도 불구하고 사증 없이 입국할 수 있다.
> ② 제주자치도에서 외국인투자기업(「외국인투자 촉진법」 제2조제1항제1호 및 제6호에 따른 외국인과 외국인투자기업을 말한다. 이하 같다)에 종사하려는 외국인에게 「출입국관리법」 제8조에 따른 사증의 발급과 관련하여 관계 중앙행정기관의 장의 추천서 발급이 필요한 경우 도지사의 추천서로 갈음할 수 있으며, 그 밖에 도지사의 추천서 발급에 필요한 사항은 대통령령으로 정할 수 있다.
> ③ 법무부장관은 제1항에 따라 입국하는 외국인의 체류기간을 「출입국관리법」 제10조에도 불구하고 따로 정하여 고시할 수 있다.

제18조의4 관광상륙허가의 절차

① 선박의 장 또는 운수업자는 법 제14조의2 제1항에 따라 관광상륙허가를 신청할 때에는 관광상륙허가 신청서와 법 제14조의2 제2항각 호의 서류를 출입국관리공무원에게 제출하여야 한다.
② 출입국관리공무원은 법 제14조의2 제3항에 따라 관광상륙허가서를 발급하는 경우 외국인승객의 국내 여행일정의 동일성 등을 고려하여 단체 관광상륙허가서로 발급할 수 있다.
③ 제1항 및 제2항에서 규정한 사항 외에 관광상륙허가의 절차에 관하여 필요한 세부사항은 법무부장관이 정한다. [본조신설 2012. 5. 25.]

제19조 긴급상륙허가

법 제15조 제1항에 따라 선박 등에 타고 있는 외국인의 긴급상륙허가를 신청할 때

에는 상륙허가 신청서에 그 이유를 소명하는 서류를 첨부하여 출입국관리공무원에게 제출하여야 한다. [전문개정 2011. 11. 1.]

제20조 재난상륙허가

법 제16조 제1항에 따라 재난상륙허가를 신청할 때에는 상륙허가 신청서에 재난선박 등의 명칭, 재난장소 및 일시와 그 사유 등을 적은 재난보고서를 첨부하여 청장·사무소장 또는 출장소장에게 제출하여야 한다. <개정 2018. 5. 8.>[전문개정 2011. 11. 1.]

제20조의2 난민 임시상륙허가

① 법 제16조의2 제1항에 따라 난민 임시상륙허가를 신청할 때에는 난민 임시상륙허가 신청서에 그 이유를 소명하는 서류를 첨부하여 청장·사무소장 또는 출장소장에게 제출하여야 한다. <개정 2018. 5. 8.>
② 청장·사무소장 또는 출장소장은 제1항에 따라 신청서를 받으면 의견을 붙여 이를 법무부장관에게 보내야 한다. <개정 2018. 5. 8.>
③ 청장·사무소장 또는 출장소장은 법무부장관이 제1항에 따른 신청에 대하여 승인한 때에는 그 외국인에게 난민 임시상륙허가서를 발급하고, 법무부장관이 정한 시설 등에 그 거소를 지정하여야 한다. <개정 2018. 5. 8.>[전문개정 2011. 11. 1.]

제21조 상륙허가기간의 연장

① 법 제14조 제1항, 제14조의2 제1항, 제15조 제1항, 제16조 제1항 또는 제16조의2 제1항에 따른 상륙허가를 받은 사람이 그 허가기간 내에 출국할 수 없을 때에는 상륙허가 신청을 한 자가 그 연장 사유를 적은 상륙허가기간 연장신청서를 청장·사무소장 또는 출장소장에게 제출하여야 한다. <개정 2012. 5. 25., 2018. 5. 8.>
② 제1항에 따른 연장신청이 있는 경우 1회에 연장할 수 있는 기간은 법 제14조 제1항, 제14조의2 제1항, 제15조 제1항, 제16조 제1항 또는 제16조의2 제1항에서 정한 허가기간을 초과할 수 없다. <개정 2012. 5. 25.>[전문개정 2011. 11. 1.]

제3장 외국인의 체류와 출국

제1절 외국인의 체류

제22조 중지명령

법무부장관은 법 제17조 제3항에 따라 활동중지를 명하려는 경우에는 활동중지 명령서에 다음 각 호의 사항을 적어 직접 발급하거나 청장·사무소장 또는 출장소장을 거쳐 해당 외국인에게 발급하여야 한다. 〈개정 2018. 5. 8.〉

1. 그 활동을 즉시 중지할 것
2. 명령을 이행하지 아니할 때에는 강제퇴거 등의 조치를 할 것이라는 것
3. 그 밖에 필요한 것 [전문개정 2011. 11. 1.]

제23조 외국인의 취업과 체류자격

① 법 제18조 제1항에 따른 취업활동을 할 수 있는 체류자격은 별표 1중 5. 단기취업(C-4), 별표 1의2중 14. 교수(E-1)부터 22. 선원취업(E-10)까지 및 29. 방문취업(H-2) 체류자격으로 한다. 이 경우 "취업활동"은 해당 체류자격의 범위에 속하는 활동으로 한다. 〈개정 2018. 9. 18.〉

② 다음 각 호의 어느 하나에 해당하는 사람은 제1항에도 불구하고 별표 1 및 별표 1의2의 체류자격 구분에 따른 취업활동의 제한을 받지 않는다. 〈개정 2018. 9. 18., 2021. 10. 26., 2022. 12. 27.〉

1. 별표 1의2중 24. 거주(F-2)의 가목부터 다목까지 및 자목부터 파목까지의 어느 하나에 해당하는 체류자격을 가지고 있는 사람

2. 별표 1의2중 24. 거주(F-2)의 라목·바목 또는 사목의 체류자격을 가지고 있는 사람으로서 그의 종전 체류자격에 해당하는 분야에서 활동을 계속하고 있는 사람
3. 별표 1의2중 27. 결혼이민(F-6)의 체류자격을 가지고 있는 사람

③ 별표 1의2중 26. 재외동포(F-4) 체류자격을 가지고 있는 사람은 제1항에도 불구하고 다음 각 호의 어느 하나에 해당하는 경우를 제외하고는 별표 1 및 별표 1의2의 체류자격 구분에 따른 활동의 제한을 받지 않는다. 〈개정 2018. 9. 18., 2022. 12. 27., 2023. 7. 7.〉

1. 단순노무행위를 하는 경우. 다만, 「지방자치분권 및 지역균형발전에 관한 특별법」 제2조 제12호에 따른 인구감소지역에서 거주하거나 취업하려는 사람으로서 법무부장관이 인정하는 사람은 제외한다.
2. 선량한 풍속이나 그 밖의 사회질서에 반하는 행위를 하는 경우
3. 그 밖에 공공의 이익이나 국내 취업질서 등을 유지하기 위하여 그 취업을 제한할 필요가 있다고 인정되는 경우

④ 제3항 각 호의 구체적인 범위는 법무부령으로 정한다. 〈신설 2019. 6. 11.〉

⑤ 별표 1의2중 28. 관광취업(H-1) 체류자격을 가지고 있는 사람이 취업활동을 하는 경우에는 제1항에 따른 취업활동을 할 수 있는 체류자격에 해당하는 것으로 본다. 〈개정 2018. 9. 18.〉

⑥ 법무부장관은 다음 각 호의 어느 하나에 해당하는 사람이 가사 도우미 등 국민의 생활과 밀접한 관련이 있는 분야로서 법무부장관이 정하여 고시하는 직종에 취업하려는 경우에는 국적, 성명 및 직종을 법무부장관이 정하는 정보통신망에 입력하도록 할 수 있다. 〈개정 2019. 6. 11.〉

1. 제2항 각 호의 어느 하나에 해당하는 사람
2. 별표 1의2중 26. 재외동포(F-4) 또는 29. 방문취업(H-2)의 체류자격에 해당하는 사람
3. 별표 1의3에 따른 영주(F-5)의 체류자격에 해당하는 사람

⑦ 다음 각 호의 사항에 대하여 「외국인근로자의 고용 등에 관한 법률」 제4조 제2항에 따라 외국인력정책위원회 심의를 거칠 경우에는 법무부차관과 고용노동부차관은 그 심의 안건을 미리 협의하여 공동으로 상정하고, 심의·의결된 사항을 법

무부장관과 고용노동부장관이 공동으로 고시한다. 〈개정 2018. 9. 18.〉
1. 별표 1의2중 29. 방문취업(H-2) 체류자격의 가목 7)에 해당하는 사람에 대한 연간 허용인원
2. 별표 1의2중 29. 방문취업(H-2) 체류자격에 해당하는 사람에 대한 사업장별 고용인원의 상한

⑧ 법무부장관은 다음 각 호의 사항을 결정하는 경우에는 이를 고시할 수 있다. 〈개정 2018. 9. 18.〉
1. 별표 1의2중 29. 방문취업(H-2) 체류자격의 가목 7)에 해당하는 사람의 사증발급에 관한 중요 사항
2. 제7항제1호에 따라 결정된 연간 허용인원의 국적별 세부 할당에 관한 사항(이 경우 거주국별 동포의 수, 경제적 수준 및 대한민국과의 외교관계 등을 고려한다)
3. 그 밖에 별표 1의2중 29. 방문취업(H-2) 체류자격에 해당하는 사람의 입국 및 체류활동 범위 등에 관한 중요 사항 [전문개정 2011. 11. 1.]

관련법령 ▶ 「지방자치분권 및 지역균형발전에 관한 특별법」 제2조제12호

제2조(정의)
12. "인구감소지역"이란 인구감소로 인한 지역 소멸이 우려되는 시(특별시는 제외하고 광역시, 특별자치시 및 「제주특별자치도 설치 및 국제자유도시 조성을 위한 특별법」 제10조제2항에 따른 행정시는 포함한다)·군·구를 대상으로 출생률, 65세 이상 고령인구, 14세 이하 유소년인구 또는 생산가능인구의 수 등을 고려하여 대통령령으로 정하는 지역을 말한다.

관련법령 ▶ 「외국인근로자의 고용 등에 관한 법률」 제4조제2항

제4조(외국인력정책위원회)
② 정책위원회는 다음 각 호의 사항을 심의·의결한다.
1. 외국인근로자 관련 기본계획의 수립에 관한 사항
2. 외국인근로자 도입 업종 및 규모 등에 관한 사항
3. 외국인근로자를 송출할 수 있는 국가(이하 "송출국가"라 한다)의 지정 및 지정취소에 관한 사항
4. 제18조의2제2항에 따른 외국인근로자의 취업활동 기간 연장에 관한 사항

주요판례

❖ **업무상횡령·직업안정법위반(구직업안정및고용촉진 등에관한법률위반)·출입국관리법위반**[대법원 1997. 5. 7., 선고, 96도2950, 판결]

판시사항

[1] 외국인 산업기술연수의 체류자격이 출입국관리법상의 '취업활동을 할 수 있는 체류자격'에 해당하는지 여부(소극)
[2] 외국의 인력송출업체로부터 산업기술연수생을 공급받아 국내 업체에 공급한 국내 인력공급업자가 국내 업체로부터 받은 관리비는 타인의 재물이 아니라고 보아 그에 대한 업무상횡령의 성립을 부정한 사례

판결요지

[1] 구 출입국관리법시행령(1995. 12. 1. 대통령령 제14187호로 개정되기 전의 것) 제23조 제1항은 "법 제18조 제1항에서 취업활동을 할 수 있는 체류자격이라 함은[별표 1] 중 체류자격 9. 단기취업(C-4) 및 19. 교수(E-1) 내지 25. 특정직업(E-7)의 체류자격을 말한다."고 규정하고 있으므로, 외국인 산업기술연수의 체류자격은 '취업활동을 할 수 있는 체류자격'이라 할 수 없다.
[2] 국내 인력공급업자가 관리비 명목으로 매월 일정 금원을 지급하기로 하는 조건으로 외국의 인력송출업체와 산업기술연수생 공급계약을 체결하고 산업기술연수생들을 공급받아 국내 업체에 공급하면서 국내 업체로부터 매월 관리비 명목으로 금원을 지급받았으나 외국 인력송출업체에 지급하기로 한 관리비를 지급하지 아니한 사안에서, 국내 인력공급업자가 국내 업체로부터 지급받은 관리비는 타인의 재물에 해당하지 아니한다는 이유로, 이와 달리 국내 인력공급업자가 외국의 인력송출업체에 지급하기로 한 관리비를 지급하지 아니한 행위가 업무상횡령에 해당한다고 본 원심판결을 파기한 사례.

제24조 외국인을 고용한 자 등의 신고

① 외국인을 고용한 자 또는 외국인에게 산업기술을 연수시키는 업체의 장은 법 제19조 제1항 및 제2항에 따라 다음 각 호의 구분에 따른 날부터 15일 이내에 청장·사무소장 또는 출장소장에게 신고해야 한다. <신설 2020. 12. 8.>

1. 법 제19조 제1항 제1호 중 외국인을 해고하거나 외국인이 퇴직하여 신고를 하는 경우: 외국인을 해고하거나 외국인이 퇴직한 날
2. 법 제19조 제1항 제1호 중 외국인이 사망하여 신고를 하는 경우: 외국인이 사망한 사실을 알게 된 날
3. 법 제19조 제1항 제2호에 따른 신고를 하는 경우: 외국인의 소재를 알 수 없다는 사실을 알게 된 날
4. 법 제19조 제1항 제3호에 따라 신고를 하는 경우: 고용계약의 중요내용을 변

경한 날
② 외국인을 고용한 자 또는 외국인에게 산업기술을 연수시키는 업체의 장은 법 제19조에 따라 신고를 하려는 경우에는 고용·연수 외국인 변동사유 발생신고서를 청장·사무소장 또는 출장소장에게 제출하여야 한다. ⟨개정 2018. 5. 8., 2020. 12. 8.⟩
③ 법 제19조 제1항 제3호에 따른 고용계약의 중요한 내용을 변경한 경우는 다음 각 호의 어느 하나에 해당하는 경우로 한다. ⟨개정 2020. 12. 8.⟩
  1. 고용계약기간을 변경한 경우
  2. 고용주나 대표자가 변경되거나 근무처 명칭이 변경된 경우 또는 근무처의 이전으로 그 소재지가 변경된 경우. 다만, 다음 각 목의 경우는 제외한다.
    가. 국가기관이나 지방자치단체에서 외국인을 고용한 경우
    나. 「초·중 등교육법」 제2조 또는 「고등교육법」 제2조에 따른 학교 및 특별법에 따른 고등교육기관에서 외국인을 고용한 경우
    다. 법인의 대표자가 변경된 경우
    라. 법 제21조 제1항에 따라 외국인이 근무처를 변경한 경우
  3. 「파견근로자 보호 등에 관한 법률」 등 다른 법률에 따라 근로자를 파견한 경우(파견사업장이 변경된 경우를 포함한다)[전문개정 2011. 11. 1.]

> **관련법령** ▶ 「초·중 등교육법」 제2조 또는 「고등교육법」 제2조

제2조(학교의 종류)
초·중 등교육을 실시하기 위하여 다음 각 호의 학교를 둔다.
1. 초 등학교 2. 중학교·고등공민학교 3. 고등학교·고등기술학교 4. 특수학교 5. 각종학교
제2조(학교의 종류)
고등교육을 실시하기 위하여 다음 각 호의 학교를 둔다.
1. 대학 2. 산업대학 3. 교육대학 4. 전문대학 5. 방송대학·통신대학·방송통신대학 및 사이버대학(이하 "원격대학"이라 한다) 6. 기술대학 7. 각종학교

제24조의2 기술연수업체 등

법 제19조의2에 따라 외국인이 기술연수활동을 할 수 있는 산업체는 다음 각 호와 같다. ⟨개정 2012. 10. 15.⟩
1. 「외국환거래법」 제3조 제1항 제18호에 따라 외국에 직접 투자한 산업체

2. 외국에 기술을 수출하는 산업체로서 법무부장관이 기술연수가 필요하다고 인정하는 산업체
3. 「대외무역법」 제32조 제1항에 따라 외국에 플랜트를 수출하는 산업체

[전문개정 2011. 11. 1.] [제목개정 2012. 10. 15.]

> **관련법령** ▶ 「외국환거래법」 제3조제1항제18호

제3조(정의)
① 이 법에서 사용하는 용어의 뜻은 다음과 같다.
　18. "해외직접투자"란 거주자가 하는 다음 각 목의 어느 하나에 해당하는 거래·행위 또는 지급을 말한다.
　　가. 외국법령에 따라 설립된 법인(설립 중인 법인을 포함한다)이 발행한 증권을 취득하거나 그 법인에 대한 금전의 대여 등을 통하여 그 법인과 지속적인 경제 관계를 맺기 위하여 하는 거래 또는 행위로서 대통령령으로 정하는 것
　　나. 외국에서 영업소를 설치·확장·운영하거나 해외사업 활동을 하기 위하여 자금을 지급하는 행위로서 대통령령으로 정하는 것

> **관련법령** ▶ 「대외무역법」 제32조제1항

제32조(플랜트수출의 촉진 등)
① 산업통상자원부장관은 다음 각 호의 어느 하나에 해당하는 수출(이하 "플랜트수출"이라 한다)을 하려는 자가 신청하는 경우에는 대통령령으로 정하는 바에 따라 그 플랜트수출을 승인할 수 있다. 승인한 사항을 변경할 때에도 또한 같다.
　1. 농업·임업·어업·광업·제조업, 전기·가스·수도사업, 운송·창고업 및 방송·통신업을 경영하기 위하여 설치하는 기재·장치 및 대통령령으로 정하는 설비 중 산업통상자원부장관이 정하는 일정 규모 이상의 산업설비의 수출
　2. 산업설비·기술용역 및 시공을 포괄적으로 행하는 수출(이하 "일괄수주방식에 의한 수출"이라 한다)

제24조의3 삭제 〈2007. 6. 1.〉

제24조의4 기술연수생의 모집 및 관리

① 제24조의2각 호의 산업체는 다음 각 호의 구분에 따라 외국인을 기술연수생으로 모집하여야 한다. 〈개정 2011. 11. 1., 2012. 10. 15.〉
　1. 제24조의2 제1호의 산업체 : 그 합작투자법인 또는 현지법인에서 생산직으로 종사하는 직원

2. 제24조의2 제2호의 산업체 : 그 기술도입 또는 기술제휴 계약금액이 미화 10만달러 이상인 외국기업에서 생산직으로 종사하는 직원
3. 제24조의2 제3호의 산업체 : 그 플랜트를 수입하는 외국기업에서 생산직으로 종사하는 직원

② 삭제〈2007. 6. 1.〉

③ 제1항에 따른 산업체의 장은 다음 각 호의 어느 하나에 해당하는 외국인을 기술연수생으로 모집해서는 아니 된다. 〈개정 2011. 11. 1., 2012. 10. 15.〉
1. 대한민국에서 금고 이상의 형을 선고받은 사실이 있거나 외국에서 이에 준하는 형을 선고받은 사실이 있는 사람
2. 대한민국에서 출국명령 또는 강제퇴거명령을 받고 출국한 사람
3. 대한민국에서 6개월 이상 불법으로 체류한 사실이 있는 사람
4. 불법취업할 목적으로 입국할 염려가 있다고 인정되는 사람
5. 법 제11조 제1항각 호의 어느 하나에 해당하는 사람

④ 청장·사무소장 또는 출장소장은 관할 지방고용노동관서의 장의 요청이 있으면 기술연수생의 출입국기록을 제공할 수 있다. 〈개정 2011. 11. 1., 2012. 10. 15., 2018. 5. 8.〉

⑤ 삭제〈2002. 4. 18.〉

⑥ 삭제〈2007. 6. 1.〉

⑦ 제1항·제3항 및 제4항에서 규정한 사항 외에 기술연수생의 모집 및 관리에 필요한 사항은법무부장관이 따로 정한다. 〈개정 2011. 11. 1., 2012. 10. 15.〉

[본조신설 1998. 4. 1.][제목개정 2011. 11. 1., 2012. 10. 15.]

제24조의5 삭제〈2007. 6. 1.〉
제24조의6 삭제〈2007. 6. 1.〉
제24조의7 삭제〈2007. 6. 1.〉

제24조의8 외국인유학생의 관리 등

① 법 제19조의4 제1항의 학교의 장(이하 "학교장"이라 한다)은같은 조 제2항에 따라 다음 각 호의 구분에 따른 날부터 15일 이내에 청장·사무소장 또는 출장소장에게 신고(정보통신망에 의한 신고를 포함한다)해야 한다. 〈신설 2020. 12. 8.〉

1. 법 제19조의4 제2항 제1호 중 매 학기 등록기한까지 등록을 하지 않아 신고를 하는 경우: 해당 등록기한의 다음 날
2. 법 제19조의4 제2항 제1호 중 휴학에 따라 신고를 하는 경우: 휴학일
3. 법 제19조의4 제2항 제2호 중 학교장이 법 제19조의4 제1항에 따른 외국인유학생(이하 "외국인유학생"이라 한다)을 제적하거나 외국인유학생의 유학 또는 연수를 중단시켜 신고를 하는 경우: 외국인유학생을 제적하거나 유학 또는 연수를 중단시킨 날
4. 법 제19조의4 제2항 제2호 중 행방불명 등 학교장이 알지 못한 사유로 외국인유학생의 유학이나 연수가 중단되어 신고를 하는 경우: 행방불명 등이 된 사실을 알게 된 날

② 학교장은 다음 각 호의 업무를 수행해야 한다. 〈개정 2018. 5. 8., 2020. 12. 8.〉
1. 외국인 유학생의 출결사항(出缺事項) 및 학점 이수(履修) 등 관리
2. 외국인 유학생 이탈 방지를 위하여 필요한 상담
3. 청장·사무소장·출장소장에 대한 제1호 및 제2호에 따른 관리 및 상담 현황 통보(정보통신망에 의한 통보를 포함한다)

③ 제2항 각 호의 업무는 법 제19조의4 제1항에 따라 지정된 담당 직원이 수행할 수 있다. 〈개정 2020. 12. 8.〉

④ 법무부장관은 제2항 각 호의 업무수행 절차에 관하여 필요한 세부 사항을 정할 수 있다. 〈개정 2020. 12. 8.〉[전문개정 2011. 11. 1.]

제25조 체류자격 외 활동허가

① 법 제20조에 따라 그 체류자격에 해당하는 활동과 함께 다른 체류자격에 해당하는 활동을 허가받으려는 외국인은 체류자격 외 활동허가 신청서에 법무부령으로 정하는 서류를 첨부하여 청장·사무소장 또는 출장소장에게 제출하여야 한다. 〈개정 2018. 5. 8.〉

② 청장·사무소장 또는 출장소장은 제1항에 따라 신청서를 제출받은 때에는 의견을 붙여 지체 없이 법무부장관에게 보내야 한다. 〈개정 2018. 5. 8.〉

③ 청장·사무소장 또는 출장소장은 법무부장관이 제1항에 따른 체류자격 외 활동

허가 신청에 대하여 허가한 때에는 여권에 체류자격 외 활동허가인을 찍거나 체류자격 외 활동허가 스티커를 붙여야 한다. 다만, 여권이 없거나 그 밖에 필요하다고 인정할 때에는 체류자격 외 활동허가인을 찍는 것과 체류자격 외 활동허가 스티커를 붙이는 것을 갈음하여 체류자격 외 활동허가서를 발급할 수 있다. 〈개정 2018. 5. 8., 2019. 6. 11.〉

④ 청장·사무소장 또는 출장소장은 법무부장관이 제1항에 따른 체류자격 외 활동허가 신청에 대하여 허가를 하지 않은 때에는 법무부령으로 정하는 서식에 따라 신청인에게 체류자격 외 활동 불허가 사실을 알려주어야 한다. 〈신설 2019. 6. 11.〉

[전문개정 2011. 11. 1.]

제26조 근무처의 변경·추가 허가

① 법 제21조 제1항 본문에 따라 근무처의 변경 또는 추가에 관한 허가를 받으려는 사람은 근무처 변경·추가 허가 신청서에 법무부령으로 정하는 서류를 첨부하여 청장·사무소장 또는 출장소장에게 제출하여야 한다. 〈개정 2018. 5. 8.〉

② 청장·사무소장 또는 출장소장은 제1항에 따른 신청서를 제출받은 때에는 의견을 붙여 지체 없이 법무부장관에게 보내야 한다. 〈개정 2018. 5. 8.〉

③ 청장·사무소장 또는 출장소장은 법무부장관이 제1항에 따른 근무처 변경허가 신청에 대하여 허가한 때에는 여권에 근무처 변경허가인을 찍고 변경된 근무처와 체류기간을 적거나 근무처 변경허가 스티커를 붙여야 한다. 〈개정 2018. 5. 8.〉

④ 청장·사무소장 또는 출장소장은 법무부장관이 제1항에 따른 근무처 추가허가 신청에 대하여 허가한 때에는 여권에 근무처 추가허가인을 찍고 추가된 근무처와 유효기간을 적거나 근무처 추가허가 스티커를 붙여야 한다. 〈개정 2018. 5. 8.〉

⑤ 청장·사무소장 또는 출장소장은 법무부장관이 제1항에 따른 근무처의 변경·추가 허가 신청에 대하여 허가를 하지 않은 때에는 법무부령으로 정하는 서식에 따라 신청인에게 근무처 변경·추가 불허가 사실을 알려주어야 한다. 〈신설 2019. 6. 11.〉

[전문개정 2011. 11. 1.]

제26조의2 근무처의 변경·추가 신고

① 법 제21조 제1항단서에서 "대통령령으로 정하는 사람"이란 별표 1의2중 14. 교수

(E-1)부터 20. 특정활동(E-7)까지의 체류자격 중 어느 하나의 체류자격을 가진 외국인으로서 법무부장관이 고시하는요건을 갖춘 사람을 말한다.〈개정 2018. 9. 18.〉
② 법 제21조 제1항 단서에 따라 근무처의 변경·추가 신고를 하려는 사람은 근무처 변경·추가 신고서에 법무부령으로 정하는 서류를 첨부하여 청장·사무소장 또는 출장소장에게 제출하여야 한다. 〈개정 2018. 5. 8.〉
③ 청장·사무소장 또는 출장소장은 제2항에 따라 제출받은 신고서와 첨부서류를 지체 없이 법무부장관에게 보내야 한다. 〈개정 2012. 10. 15., 2018. 5. 8.〉
④ 청장·사무소장 또는 출장소장은 법무부장관이 제2항에 따른 근무처 변경·추가 신고를 수리한 때에는 신고인의 여권에 근무처 변경·추가 신고인을 찍고, 변경되거나 추가된 근무처와 체류기간 또는 유효기간을 적거나 근무처 변경·추가 신고 스티커를 붙여야 한다. 〈개정 2012. 10. 15., 2018. 5. 8.〉
⑤ 청장·사무소장 또는 출장소장은 법무부장관이 제2항에 따른 근무처의 변경·추가 신고를 수리하지 않은 때에는 법무부령으로 정하는 서식에 따라 신청인에게 근무처 변경·추가신고 불수리 사실을 알려주어야 한다. 〈신설 2019. 6. 11.〉
[전문개정 2011. 11. 1.]

제27조 활동범위의 제한

법무부장관은 법 제22조에 따라 외국인의 거소 또는 활동범위를 제한하거나 준수사항을 정한 때에는 그 제한사항 또는 준수사항과 그 이유를 적은 활동범위 등 제한 통지서를 해당 외국인에게 직접 발급하거나 청장·사무소장 또는 출장소장을 거쳐 해당 외국인에게 발급하여야 한다. 〈개정 2018. 5. 8.〉[전문개정 2011. 11. 1.]

제28조 통지방법의 예외

① 제22조에 따른 활동중지 명령서나 제27조에 따른 활동범위 등 제한통지서를 발급할 때 본인이 없거나 그 밖에 본인에게 직접 발급할 수 없는 사유가 있을 때에는 동거인이나 그 외국인이 소속된 단체의 장에게 발급할 수 있다. 이 경우 본인에게 발급한 것으로 본다.

② 제22조 또는 제27조의 경우에 긴급하면 먼저 구두로 알릴 수 있다. 이 경우 구두로 알린 후 지체 없이 활동중지명령서 또는 활동범위 등 제한통지서를 발급하여야 한다. [전문개정 2011. 11. 1.]

제29조 체류자격 부여

① 법 제23조에 따라 체류자격을 받으려는 사람은 체류자격 부여 신청서에 법무부령으로 정하는 서류를 첨부하여 청장·사무소장 또는 출장소장에게 제출하여야 하고, 청장·사무소장 또는 출장소장은 지체 없이 법무부장관에게 보내야 한다. 〈개정 2018. 5. 8.〉
② 법무부장관은 제1항의 신청에 따라 체류자격을 부여할 때에는 체류기간을 정하여 청장·사무소장 또는 출장소장에게 통보하여야 한다. 〈개정 2018. 5. 8.〉
③ 청장·사무소장 또는 출장소장은 제2항에 따른 통보를 받은 때에는 신청인의 여권에 체류자격 부여인을 찍고 체류자격과 체류기간 등을 적거나 체류자격 부여 스티커를 붙여야 한다. 〈개정 2018. 5. 8.〉 [전문개정 2011. 11. 1.]

제30조 체류자격 변경허가

① 법 제24조 제1항에 따라 체류자격 변경허가를 받으려는 사람은 체류자격 변경허가 신청서에 법무부령으로 정하는 서류를 첨부하여 청장·사무소장 또는 출장소장에게 제출하여야 한다. 〈개정 2018. 5. 8.〉
② 청장·사무소장 또는 출장소장은 제1항에 따른 신청서를 제출받은 때에는 의견을 붙여 지체 없이 법무부장관에게 보내야 한다. 〈개정 2018. 5. 8.〉
③ 청장·사무소장 또는 출장소장은 법무부장관이 제1항에 따른 신청에 대하여 허가한 때에는 여권에 체류자격 변경허가인을 찍고 체류자격, 체류기간 및 근무처 등을 적거나 체류자격 변경허가 스티커를 붙여야 한다. 다만, 외국인 등록증을 발급 또는 재발급할 때에는 외국인 등록증의 발급 또는 재발급으로 이를 갈음한다. 〈개정 2018. 5. 8.〉 [전문개정 2011. 11. 1.]

❖ 체류기간연장 등 불허처분취소 [대구지법 2012. 4. 18., 선고, 2011구합2394, 판결 : 확정]

판시사항

[1] 출입국관리법 시행령 제12조 [별표 1]에서 정한 '배우자'의 의미 및 우리나라 국민이 우리나라에서 외국인과 혼인할 경우 혼인 성립 여부의 판단 기준(=우리나라 법률)

[2] 출입국관리사무소장이 대한민국 국민 甲과 혼인한 파키스탄 국적자 乙에게, 파키스탄 본국법에 따른 유효한 결혼증명서를 제출하지 않아 형식적 요건을 구비하지 못하였을 뿐만 아니라 진정한 혼인생활을 하고 있지 않다는 이유로 체류자격변경신청을 불허한 사안에서, 위 처분은 사실오인에 근거한 것으로 재량권을 일탈·남용하여 위법하다고 한 사례

판결요지

[1] 외국인의 체류자격을 규정한 출입국관리법 제10조 제1항, 출입국관리법 시행령 제12조의 입법 취지에 비추어 볼 때, 출입국관리법 시행령 제12조[별표 1]의 '배우자'란 우리나라 법률에 의하여 우리나라 국민과 혼인이 성립된 것으로 인정되는 외국인을 의미하고, 자신의 본국법에 의하여 우리나라 국민과 혼인이 성립된 것으로 인정되는 외국인을 의미하는 것은 아니다. 또 국제사법 제36조 제2항 단서에 의하면 우리나라 국민이 우리나라에서 외국인과 혼인을 거행하는 경우 혼인의 방식은 우리나라 법에 의하고, 민법 제812조 제1항에 의하면 혼인은 가족관계의 등록 등에 관한 법률에 정한 바에 의하여 가족관계 등록관서에 신고함으로써 효력이 생기므로, 우리나라 국민이 우리나라에서 외국인과 혼인할 경우 가족관계의 등록 등에 관한 법률에 정한 바에 의하여 가족관계 등록관서에 신고함으로써 혼인이 성립된다.

국제사법 제36조 제1항에 의하면 혼인의 성립요건은 각 당사자에 관하여 그 본국법에 의하므로, 우리나라 국민이 외국인과 혼인할 경우 우리나라 국민에 관하여 혼인이 성립되었는지는 우리나라 법률에 의하여 판단하여야 한다.

[2] 출입국관리사무소장이 대한민국 국민 甲(女)과 혼인한 파키스탄 국적자 乙에게, 파키스탄 본국법에 따른 유효한 결혼증명서를 제출하지 않아 형식적 요건을 구비하지 못하였을 뿐만 아니라 진정한 혼인생활을 하고 있지 않다는 이유로 체류자격변경신청을 불허한 사안에서, 모든 사정에 비추어 보면 乙이 처분 당시 우리나라 국민인 甲의 배우자에 해당하고 甲과 사이에 진정한 혼인관계가 존재하였다고 봄이 타당하므로, 위 처분은 사실오인에 근거한 것으로 재량권을 일탈·남용하여 위법하다고 한 사례.

제31조 체류기간 연장허가

① 법 제25조에 따른 체류기간 연장허가를 받으려는 사람은 체류기간이 끝나기 전에 체류기간 연장허가 신청서에 법무부령으로 정하는 서류를 첨부하여 청장·사무소장 또는 출장소장에게 제출하여야 한다.〈개정 2018. 5. 8.〉

② 청장·사무소장 또는 출장소장은 제1항에 따른 신청서를 제출받은 때에는 의견을 붙여 지체 없이 법무부장관에게 보내야 한다.〈개정 2018. 5. 8.〉

③ 청장·사무소장 또는 출장소장은 법무부장관이 제1항에 따른 신청에 대하여 허가한 때에는 여권에 체류기간 연장허가인을 찍고 체류기간을 적거나 체류기간 연장허가 스티커를 붙여야 한다. 다만, 외국인 등록을 마친 사람에 대하여 체류기간 연장을 허가한 때에는 외국인 등록증에 허가기간을 적음으로써 이를 갈음한다. 〈개정 2018. 5. 8.〉[전문개정 2011. 11. 1.]

제32조 삭제〈1997. 6. 28.〉

제33조 체류기간 연장 등을 허가하지 아니할 때의 출국통지

① 법무부장관은 제29조부터 제31조까지의 규정에 따른 허가 등을 하지 아니할 때에는 신청인에게 체류기간 연장 등 불허결정 통지서를 발급하여야 한다. 이 경우 제30조의 체류자격 변경허가를 하지 아니할 때에는 이미 허가된 체류자격으로 체류하게 할 수 있다. 〈개정 2013. 5. 31.〉
② 제1항의 체류기간 연장 등 불허결정 통지서에는 그 발급일부터 14일을 초과하지 아니하는 범위에서 출국기한을 분명하게 밝혀야 한다. 다만, 법무부장관이 필요하다고 인정할 때에는 이미 허가된 체류기간의 만료일을 출국기한으로 할 수 있으며, 제1항 후단에 따라 이미 허가된 체류자격으로 체류하게 할 때에는 그 출국기한을 적지 아니할 수 있다. 〈개정 2013. 5. 31.〉[전문개정 2011. 11. 1.]

제34조 체류자격 부여 등에 따른 출국예고

법 제23조부터 제25조까지의 규정에 따라 법무부장관이 체류자격을 부여하거나 체류자격 변경 등의 허가를 하는 경우 그 이후의 체류기간 연장을 허가하지 아니하기로 결정한 때에는 청장·사무소장 또는 출장소장은 허가된 체류기간 내에 출국하여야 한다는 뜻을 여권에 적어야 한다. 〈개정 2018. 5. 8.〉[전문개정 2011. 11. 1.]

제34조의2 체류자격 외 활동허가 신청 등에 관한 온라인 방문 예약

다음 각 호에 따른 신청 또는 신고를 하려는 사람은 방문하는 출입국·외국인청, 출입국·외국인사무소, 출입국·외국인청 출장소 또는 출입국·외국인사무소 출장소의 명칭, 방문 일시, 신청·신고 업무 등을 방문하는 전날까지 법무부장관이 정하는 정보통신망에 입력(이하 "온라인 방문 예약"이라 한다)해야 한다. 다만, 임산부 및 「장애인복지법」 제2조 제1항에 따른 장애인 등 법무부장관이 정하는 외국인은 온라인 방문 예약을 하지 않을 수 있다.
1. 법 제20조에 따른 체류자격 외 활동허가 신청
2. 법 제21조 제1항 본문에 따른 근무처의 변경·추가 허가 신청 및 같은 항 단서에 따른 근무처의 변경·추가 신고
3. 법 제23조에 따른 체류자격 부여 신청
4. 법 제24조에 따른 체류자격 변경허가 신청
5. 법 제25조에 따른 체류기간 연장허가 신청
6. 법 제31조에 따른 외국인 등록 신청 [본조신설 2020. 8. 5.]

> **관련법령** ▶ 「장애인복지법」 제2조제1항

제2조(장애인의 정의 등)
① "장애인"이란 신체적·정신적 장애로 오랫동안 일상생활이나 사회생활에서 상당한 제약을 받는 자를 말한다.

제2절 외국인의 출국

제35조 출국심사

① 법 제28조 제1항에 따른 외국인 출국심사에 관하여는 제1조 제1항부터 제3항까지의 규정에 따른 국민의 출국심사 절차를 준용한다. 〈개정 2016. 9. 29.〉
② 대한민국의 선박 등에 고용된 외국인승무원이 출국하는 경우 그 출국절차에 관하여는 제1조 제4항 및 제5항을 준용한다.
③ 법 제28조 제3항에 따른 위조 또는 변조된 여권·선원신분증명서의 보관과 그 통지절차에 관하여는 제6조 제1항(발급기관의 장에 대한 통지는 제외한다) 및 제2

항을 준용한다.〈개정 2016. 9. 29.〉
④ 제15조 제4항각 호의 요건을 모두 갖춘 외국인은 법 제28조 제5항에 따라 준용되는법 제3조 제2항에 따라 정보화기기에 의한 출국심사를 받을 수 있다. 이 경우 법 제12조의2 제1항 또는 법 제38조 제1항 제1호에 따라 지문과 얼굴에 관한 정보를 제공한 외국인으로서 정보화기기를 이용한 출국심사에 지장이 없는 경우에는제15조 제4항 제2호의 요건을 갖춘 것으로 본다.〈개정 2016. 9. 29.〉
⑤ 제4항에 따라 출국심사를 마친 외국인에 대해서는 출국심사인의 날인을 생략한다.〈신설 2016. 9. 29.〉[전문개정 2011. 11. 1.]

제36조 외국인의 출국정지기간

① 법 제29조에 따른 출국정지기간은 다음 각 호와 같다.〈개정 2012. 1. 13., 2019. 12. 24., 2020. 12. 29.〉
  1. 법 제4조 제1항각 호의 어느 하나에 해당하는 외국인 : 3개월 이내
  2. 법 제4조 제2항에 해당하는 외국인 : 1개월 이내. 다만, 다음 각 목에 해당하는 외국인은 그 목에서 정한 기간으로 한다.
     가. 도주 등 특별한 사유가 있어 수사진행이 어려운 외국인 : 3개월 이내
     나. 소재를 알 수 없어 기소중지 또는 수사중지(피의자중지로 한정한다)가 된 외국인 : 3개월 이내
     다. 기소중지 또는 수사중지(피의자중지로 한정한다)가 된 경우로서 체포영장 또는 구속영장이 발부된 외국인 : 영장 유효기간 이내
② 제1항제2호에 해당하는 사람 중 기소중지 또는 수사중지(피의자중지로 한정한다)된 사람의 소재가 발견된 경우에는 출국정지 예정기간을 발견된 날부터 10일 이내로 한다.〈신설 2012. 1. 13., 2020. 12. 29.〉
③ 제1항에 따른 외국인의 출국정지기간의 계산에 관하여는제1조의4를 준용한다. 이 경우 "출국금지기간"은 "출국정지기간"으로 본다.〈개정 2012. 1. 13.〉[전문개정 2011. 11. 1.]

제36조의2 외국인의 출국정지 절차 등

외국인에 대한 출국정지 및 출국정지기간 연장 절차 등에 관하여는제2조,제2조의

2,제2조의3,제3조,제3조의2부터 제3조의4까지 및제5조를 준용한다. 이 경우 "출국금지"는 "출국정지"로 보고, "법 제4조 제1항또는제2항에 따른 출국금지기간"은 "제36조 제1항각 호에 따른 출국정지기간"으로 본다.〈개정 2012. 1. 13.〉[전문개정 2011. 11. 1.]

제37조 출국정지가 해제된 외국인의 출국

출국정지로 인하여 허가받은 체류기간까지 출국하지 못한 외국인은 출국정지 해제일부터 10일 이내에는 체류기간 연장 등 별도의 절차를 밟지 아니하고 출국할 수 있다. [전문개정 2011. 11. 1.]

제38조 재입국허가기간 연장허가 권한의 위임

법 제30조 제1항에 따라 재입국허가를 받은 사람(재입국허가가 면제된 사람을 포함한다)이 출국 후 선박 등이 없거나 질병 또는 그 밖의 부득이한 사유로 그 허가기간 또는 면제기간 내에 재입국할 수 없는 경우에 받아야 하는 재입국허가기간 연장허가에 관한 법무부장관의 권한은 법 제30조 제4항에 따라 재외공관의 장에게 위임한다. [전문개정 2011. 11. 1.]

제39조 삭제〈2003. 9. 1.〉

제4장 외국인의 등록 및 사회통합 프로그램 〈개정 2012. 10. 15.〉

제1절 외국인의 등록

제40조 외국인 등록 등

① 법 제31조에 따라 외국인 등록을 하려는 사람은 외국인 등록 신청서에 여권과 그 밖에 법무부령으로 정하는 서류를 첨부하여 체류지 관할 청장·사무소장 또는 출장소장에게 제출하여야 한다. 〈개정 2018. 5. 8.〉
② 체류지 관할 청장·사무소장 또는 출장소장은 제1항에 따라 외국인 등록을 마친 사람에게 외국인 등록번호를 부여하고 등록외국인대장에 적어야 한다. 〈개정 2018. 5. 8.〉
[전문개정 2011. 11. 1.]

제40조의2 삭제 〈2016. 9. 29.〉

제40조의3 외국인 등록번호의 체계 등

① 제40조에 따라 부여하는 외국인 등록번호는 생년월일·성별·등록기관 등을 표시하는 13자리 숫자로 한다. 〈개정 2016. 9. 29.〉
② 외국인 등록번호는 1인 1번호로 하며, 이미 부여한 번호를 다른 사람에게 부여해서는 아니 된다.
③ 체류지 관할 청장·사무소장 또는 출장소장은 법 제31조에 따라 등록을 한 외국인(이하 "등록외국인"이라 한다)이 이법 제35조 제1호에 따른 사항 중 성별 또는 생년월일 변경을 이유로 외국인 등록사항의 변경신고를 하였을 때에는 외국인 등록번호를 새로 부여해야 한다. 〈신설 2022. 12. 27.〉

④ 법 제31조에 따른 외국인 등록을 하기 전에 「법인 아닌 사단·재단 및 외국인의 부동산 등기용 등록번호 부여절차에 관한 규정」 제12조 단서에 따라 부동산 등기용 등록번호를 부여받은 사람이 외국인 등록을 하는 경우에는 해당 부동산 등기용 등록번호를 외국인 등록번호로 부여한다. 다만, 부동산 등기용 등록번호를 부여받은 이후 성별이나 생년월일이 변경된 경우에는 외국인 등록번호를 새로 부여한다. 〈신설 2022. 12. 27.〉

⑤ 제1항부터 제4항까지에서 규정한 사항 외에 외국인 등록번호의 체계와 부여절차에 필요한 사항은 법무부장관이 정한다. 〈개정 2022. 12. 27.〉

[전문개정 2011. 11. 1.][제40조의2에서 이동 〈2011. 11. 1.〉]

> **관련법령** ▶ 「법인 아닌 사단·재단 및 외국인의 부동산 등기용 등록번호 부여절차에 관한 규정」 제12조
>
> **제12조(등록번호의 부여)**
> 외국인에 대한 등록번호는 출입국·외국인청장(이하 "청장"이라 한다), 출입국·외국인사무소장(이하 "사무소장"이라 한다), 출입국·외국인청 출장소장 또는 출입국·외국인사무소 출장소장(이하 "출장소장"이라 한다)이 「출입국관리법」 제31조의 규정에 의하여 외국인 등록을 받은 때에 공동부령이 정하는 바에 의하여 부여한다. 다만, 외국인 등록을 하지 아니한 외국인의 등록번호는 제13조의 규정에 의한 신청에 의하여 이를 부여한다.

제41조 외국인 등록증의 발급

① 등록외국인의 체류지 관할 청장·사무소장 또는 출장소장은 법 제33조에 따라 외국인 등록증을 발급하는 때에는 그 사실을 외국인 등록증 발급대장에 적어야 한다. 〈개정 2018. 5. 8., 2022. 12. 27.〉

② 체류지 관할 청장·사무소장 또는 출장소장은 법 제33조 제1항 단서에 따라 외국인 등록증을 발급하지 아니한 17세 미만의 외국인에 대해서는 여권에 외국인 등록번호 스티커를 붙여야 한다. 〈개정 2018. 5. 8.〉

③ 법 제33조 제2항에 따라 외국인 등록증 발급을 신청하려면 외국인 등록증 발급 신청서에 여권과 사진 1장을 첨부하여 체류지 관할 청장·사무소장 또는 출장소장에게 제출하여야 한다. 〈개정 2016. 9. 29., 2018. 5. 8.〉

④ 외국인 등록증의 재질 및 규격, 외국인 등록증에 기재할 사항과 사용할 직인 등

필요한 사항은 법무부장관이 정한다. [전문개정 2011. 11. 1.]

제42조 외국인 등록증의 재발급

① 체류지 관할 청장·사무소장 또는 출장소장은 외국인 등록증을 발급받은 사람에게 다음 각 호의 어느 하나에 해당하는 사유가 있으면 외국인 등록증을 재발급할 수 있다. 〈개정 2018. 5. 8.〉
  1. 외국인 등록증을 분실한 경우
  2. 외국인 등록증이 헐어서 못 쓰게 된 경우
  3. 외국인 등록증의 적는 난이 부족한 경우
  4. 법 제24조에 따라 체류자격 변경허가를 받은 경우
  5. 법 제35조 제1호의 사항에 대한 외국인 등록사항 변경신고를 받은 경우
  6. 위조방지 등을 위하여 외국인 등록증을 한꺼번에 갱신할 필요가 있는 경우

② 제1항에 따라 외국인 등록증을 재발급받으려는 사람은 외국인 등록증 재발급 신청서에 사진 1장을 첨부하여 체류지 관할 청장·사무소장 또는 출장소장에게 제출해야 한다. 이 경우 제1항 제2호부터 제6호까지 규정된 사유로 외국인 등록증의 재발급 신청을 할 때에는 그 신청서에 원래의 외국인 등록증을 첨부하여야 한다. 〈개정 2018. 5. 8., 2020. 2. 18.〉

③ 체류지 관할 청장·사무소장 또는 출장소장은 외국인 등록증을 재발급할 때에는 그 사유를 외국인 등록증 발급대장에 적고, 제2항 후단에 따라 받은 외국인 등록증은 파기한다. 〈개정 2018. 5. 8.〉 [전문개정 2011. 11. 1.]

제42조의2 영주증의 재발급

① 법 제33조 제4항 또는 제33조의2 제1항에 따라 영주자격을 가진 외국인에게 발급하는 외국인 등록증(이하 "영주증"이라 한다)을 재발급받으려는 사람은 영주증 유효기간 또는 법 제33조의2 제1항 각 호에 규정된 기간 만료일까지 법무부령으로 정하는 신청서에 여권, 체류지 입증서류, 원래의 영주증 및 사진 1장을 첨부하여 체류지 관할 청장·사무소장 또는 출장소장에게 제출하여야 한다.

② 체류지 관할 청장·사무소장 또는 출장소장은 제1항의 신청에 따라 영주증을 재

발급할 때에는 그 사실을 영주증 발급대장에 적고, 재발급 신청 시 제출받은 원래의 영주증은 파기한다. [본조신설 2018. 9. 18.]

제43조 등록외국인기록표 등의 작성 및 관리

① 체류지 관할 청장·사무소장 또는 출장소장은 법 제34조 제1항에 따른 등록외국인기록표를 개인별로 작성하여 갖추어 두어야 한다. 〈개정 2018. 5. 8.〉
② 체류지 관할 청장·사무소장 또는 출장소장은 등록외국인에 대하여 각종 허가 또는 통고처분을 하거나 신고등을 받은 때에는 그 내용을 등록외국인기록표에 적어 관리하여야 한다. 〈개정 2018. 5. 8.〉
③ 시·군·구(자치구가 아닌 구를 포함한다. 이하 이 조 및 제44조부터 제46조까지에서 같다) 및 읍·면·동의 장은 법 제34조 제2항에 따라 외국인 등록대장을 갖추어 두어야 하며, 외국인이 최초로 외국인 등록을 하거나 관할 구역으로 전입하여 외국인 등록표를 받은 때에는 그 내용을 외국인 등록대장에 적어 관리하고, 다른 관할 구역으로 체류지를 옮기거나 체류지 관할 청장·사무소장 또는 출장소장으로부터 외국인 등록 말소통보를 받은 때에는 외국인 등록대장의 해당 사항에 붉은 줄을 그어 삭제하고 그 사유와 연월일을 적어야 한다. 〈개정 2018. 5. 8., 2018. 9. 18.〉
④ 시·군·구 및 읍·면·동의 장은 외국인 등록 말소통보를 받은 외국인의 외국인 등록표를 말소된 날부터 1년간 보존하여야 한다. 〈개정 2018. 9. 18.〉[전문개정 2011. 11. 1.]

제44조 외국인 등록사항 변경의 신고

① 법 제35조에 따른 외국인 등록사항의 변경신고를 하려는 사람은 외국인 등록사항 변경신고서에 외국인 등록증과 여권을 첨부하여 체류지 관할 청장·사무소장 또는 출장소장에게 제출하여야 한다. 〈개정 2018. 5. 8.〉
② 체류지 관할 청장·사무소장 또는 출장소장은 제1항에 따른 변경신고를 받은 때에는 등록외국인기록표를 정리하여야 하며, 법 제35조 제1호의 변경사항에 대해서는 외국인 등록증을 재발급하고 외국인 등록사항 변경 사실을 그 외국인이 체류하는 시·군·구 및 읍·면·동의 장에게 통보하여야 한다. 〈개정 2018. 5. 8., 2018. 9. 18.〉
③ 시·군·구 및 읍·면·동의 장은 제2항에 따라 외국인 등록사항 변경 사실을 통보받

으면 지체 없이 외국인 등록표를 정리하여야 한다.〈개정 2018. 9. 18.〉[전문개정 2011. 11. 1.]

제45조 체류지 변경의 신고

① 법 제36조 제1항에 따라 전입신고를 하려는 등록외국인은 체류지 변경신고서를 새로운 체류지의 시·군·구 또는 읍·면·동의 장이나 새로운 체류지 관할 청장·사무소장 또는 출장소장에게 제출하여야 한다. 이 경우 전입신고는 법무부장관이 정하는정보통신망을 이용하여 할 수 있다.〈개정 2016. 9. 29., 2018. 5. 8., 2018. 9. 18., 2020. 2. 18.〉

② 제1항에 따라 전입신고를 받은 시·군·구 또는 읍·면·동의 장이나 청장·사무소장 또는 출장소장은 외국인 등록증에 변경사항을 적은 후 체류지 변경신고 필인을 찍어 신고인에게 내주고, 법 제36조 제7항에 따라 체류지 변경통보서를 종전 체류지 관할 청장·사무소장 또는 출장소장에게 보내야 한다.〈개정 2016. 9. 29., 2018. 5. 8., 2018. 9. 18.〉

③ 제2항에 따라 변경사항을 통보받은 종전 체류지 관할 청장·사무소장 또는 출장소장은 새로운 체류지 관할 청장·사무소장 또는 출장소장에게 등록외국인기록표를 보내야 하며, 새로운 체류지 관할 청장·사무소장 또는 출장소장은 지체 없이 이를 정리하여야 한다.〈개정 2018. 5. 8.〉[전문개정 2011. 11. 1.]

제46조 외국인 등록증의 반납 등

① 출입국관리공무원은 법 제37조 제1항 및 제5항에 따라 외국인 등록증을 반납받은 때에는 그 외국인의 출국사실을 지체 없이 체류지 관할 청장·사무소장 또는 출장소장에게 통보하여야 한다.〈개정 2018. 5. 8.〉

② 등록외국인이 법 제37조 제2항에 따라 외국인 등록증을 반납하는 시기와 방법은 다음 각 호의 구분에 따른다.〈개정 2016. 9. 29., 2018. 5. 8.〉

  1. 등록외국인이 국민이 된 경우에는 주민 등록을 마친 날부터 30일 이내에 본인·배우자·부모 또는제89조 제1항에 규정된 사람이 외국인 등록증을 체류지 관할 청장·사무소장 또는 출장소장에게 반납하여야 한다.

  2. 등록외국인이 사망한 경우에는 그 배우자·부모, 제89조 제1항에 규정된 사람이 그 사망을 안 날부터 30일 이내에 외국인 등록증에 진단서 또는 검안서나

그 밖에 사망 사실을 증명하는 서류를 첨부하여 체류지 관할 청장·사무소장 또는 출장소장에게 반납하여야 한다.
3. 등록외국인이 법 제31조 제1항각 호의 어느 하나에 해당하게 된 경우에는 체류자격 변경허가를 받을 때에 외국인 등록증을 체류지 관할 청장·사무소장 또는 출장소장에게 반납하여야 한다.

③ 체류지 관할 청장·사무소장 또는 출장소장은 제1항 및 제2항에 따라 외국인의 출국사실을 통보받거나 외국인 등록증을 반납받은 때에는 그 체류지의 시·군·구 및 읍·면·동의 장에게 외국인 등록 말소통보를 하여야 한다.〈개정 2018. 5. 8., 2018. 9. 18.〉

④ 제3항에 따른 통보를 받은 시·군·구 및 읍·면·동의 장은 지체 없이 외국인 등록표를 정리하여야 한다.〈개정 2018. 9. 18.〉

⑤ 청장·사무소장 또는 출장소장은 법 제37조 제4항에 따라 외국인 등록증을 일시 보관하는 경우에는 보관물 대장에 그 사실을 적은 후 보관증을 발급하고, 이를 보관한 후같은 조 제5항에 따른 반환요청이 있을 때에는 보관하고 있는 외국인 등록증을 즉시 돌려주어야 한다.〈개정 2018. 5. 8.〉

⑥ 제1항 및 제2항에 따라 외국인 등록증을 반납받은 출입국관리공무원 및 청장·사무소장·출장소장은 제1항 및 제3항에 따른 절차를 마친 후 그 외국인 등록증을 파기한다.〈신설 2015. 6. 15., 2018. 5. 8.〉[전문개정 2011. 11. 1.]

제47조 외국인 등록사항의 말소 절차 등

① 청장·사무소장 또는 출장소장은 법 제37조의2 제2항에 따라 다음 각 호의 구분에 따른 시기에 외국인 등록사항을 말소할 수 있다.〈개정 2018. 5. 8.〉

1. 법 제37조 제1항본문에 따라 외국인 등록증을 반납한 경우: 외국인 등록증을 반납받은 때
2. 등록외국인이 국민이 된 경우: 등록외국인의 대한민국 국적 취득 사실을 확인한 때
3. 등록외국인이 사망한 경우: 진단서 또는 검안서 등을 통하여 등록외국인의 사망 사실을 확인한 때
4. 법 제31조 제1항각 호의 어느 하나에 해당하게 된 경우: 외교(A-1)·공무(A-2)·

협정(A-3) 체류자격 등 해당 체류자격으로 체류자격 변경허가를 받은 사실을 확인한 때
5. 등록외국인이 출국 후 재입국허가기간(재입국허가를 면제받은 경우에는 면제받은 기간 또는 체류허가기간) 내에 입국하지 아니한 경우: 재입국허가기간(면제받은 기간 또는 체류허가기간)이 지난 때
6. 그 밖에 등록외국인이 법무부령으로 정하는 말소 사유에 해당하는 경우: 그 사유를 확인한 때

② 청장·사무소장 또는 출장소장은 외국인 등록사항을 말소할 때에는 해당 등록외국인대장에 말소의 뜻을 표시하고 말소 사유와 연월일 및 담당 공무원의 성명을 적어야 한다. 〈개정 2018. 5. 8.〉

③ 청장·사무소장 또는 출장소장은 제2항에 따라 외국인 등록사항을 말소하였을 때에는 등록외국인 말소대장을 작성하여 따로 관리하여야 한다. 〈개정 2018. 5. 8.〉

④ 청장·사무소장 또는 출장소장은 제2항에 따라 외국인 등록사항이 말소된 외국인이 법 제31조에 따라 새로 외국인 등록을 하는 경우에는 말소되기 전에 해당 외국인에게 부여하였던 외국인 등록번호와 같은 외국인 등록번호를 부여한다. 〈개정 2018. 5. 8.〉

⑤ 제1항부터 제4항까지에서 규정한 사항 외에 외국인 등록사항의 말소 절차에 관하여 필요한 사항은 법무부장관이 정한다. [본조신설 2016. 9. 29.]

제2절 사회통합 프로그램 〈신설 2012. 10. 15.〉

제48조 사회통합 프로그램의 내용 및 개발

① 법 제39조 제1항에 따른 사회통합 프로그램(이하 "사회통합 프로그램"이라 한다)은 다음 각 호의 내용으로 구성한다.
  1. 한국어 교육
  2. 한국사회 이해 교육
  3. 그 밖에 외국인의 사회적응 지원에 필요하다고 법무부장관이 인정하는 교육, 정보 제공, 상담 등

② 법무부장관은 사회통합 프로그램에 참여하는 사람(이하 "사회통합 프로그램 참여자"라 한다)에 대하여 다음 각 호의 평가를 실시할 수 있다.
  1. 사전 평가
  2. 학습성과 측정을 위한 단계별 평가
  3. 이수 여부를 결정하는 종합평가
③ 법무부장관은 사회통합 프로그램의 표준화·체계화·효율화를 위하여 노력하여야 한다.
④ 법무부장관은 필요한 경우 관련 분야에 전문성을 가진 대학, 법인, 기관, 단체 등에 사회통합 프로그램의 개발 또는 사회통합 프로그램 참여자에 대한 평가를 위탁할 수 있다.
⑤ 제4항에 따라 사회통합 프로그램 참여자에 대한 평가를 위탁받은 자는 법무부장관이 고시하는 금액의 범위에서 사회통합 프로그램 참여자로부터 평가 수수료를 받을 수 있다. 〈신설 2018. 9. 18.〉
⑥ 제1항부터 제5항까지에서 규정한 사항 외에 사회통합 프로그램의 개발 및 운영에 필요한 사항은 법무부장관이 정한다. 〈개정 2018. 9. 18.〉[본조신설 2012. 10. 15.]

제49조 운영기관의 지정

① 법 제39조 제2항에 따른 사회통합 프로그램 운영기관(이하 "운영기관"이라 한다)으로 지정받으려는 기관, 법인 또는 단체는 다음 각 호의 요건을 갖추고 법무부령으로 정하는 바에 따라 운영계획서 등을 첨부하여 법무부장관에게 신청하여야 한다.
  1. 상시 활용이 가능한 사무실 및 교육장소의 확보
  2. 법무부령으로 정하는 전문인력의 확보
  3. 시설물 배상책임보험 및 화재보험 가입
  4. 그 밖에 운영인력 확보 등 운영기관의 지정에 필요한 사항으로서 법무부장관이 정하여 고시하거나 인터넷 홈페이지에 게시하는 요건
② 법무부장관은 제1항에 따라 지정신청을 받은 때에는 다음 각 호의 사항을 고려하여 지정 여부를 결정하여야 한다.

1. 사회통합 프로그램 관련 업무 수행경력 및 전문성
2. 전문인력의 확보 및 교육시설·기자재 등의 구비 수준
3. 운영계획서의 충실성 및 실행가능성
4. 최근 3년 이내에 제50조 제3항에 따라 지정 취소된 사실이 있는지 여부
5. 운영재원 조달 방법 및 능력
6. 그 밖에 사회통합 프로그램 참여자들의 접근성 및 이용의 편리성 등 법무부장관이 중요하다고 인정하는 사항

③ 법무부장관은 다음 각 호의 어느 하나에 해당하는 기관, 법인 또는 단체가 국가나 지방자치단체로부터 사회통합 프로그램을 운영할 수 있는 충분한 경비 지원을 받는 경우 제2항제5호의 요건을 판단할 때 가점을 부여할 수 있다.
1. 지방자치단체 및 그 소속기관
2. 「다문화가족지원법」 제12조에 따른 다문화가족지원센터
3. 「사회복지사업법」 제34조의5에 따른 사회복지관 중 같은 법 제34조의2에 따라 둘 이상의 사회복지시설을 통합하여 설치·운영하거나 둘 이상의 사회복지사업을 통합하여 수행하는 사회복지관
4. 「고등교육법」 제2조 제1호부터 제6호까지의 규정에 따른 대학 및 그 소속기관
5. 그 밖에 법무부장관이 제1호부터 제4호까지에 준한다고 인정하는 기관, 법인 또는 단체

④ 운영기관의 지정기간은 3년 이내로 한다. 〈개정 2020. 8. 5.〉

⑤ 지정된 운영기관은 다음 각 호의 업무를 수행한다.
1. 사회통합 프로그램의 운영
2. 출입국·외국인정책 관련 정보 제공 및 홍보
3. 외국인 사회통합과 다문화 이해 증진
4. 그 밖에 외국인의 사회적응 지원을 위하여 필요한 업무

⑥ 제1항부터 제5항까지에서 규정한 사항 외에 운영기관의 지정에 필요한 사항은 법무부령으로 정한다. [본조신설 2012. 10. 15.]

> **관련법령** ▶ 「다문화가족지원법」 제12조

제12조(다문화가족지원센터의 설치·운영 등)
① 국가와 지방자치단체는 다문화가족지원센터(이하 "지원센터"라 한다)를 설치·운영할 수 있다.
② 국가 또는 지방자치단체는 지원센터의 설치·운영을 대통령령으로 정하는 법인이나 단체에 위탁할 수 있다.
③ 국가 또는 지방자치단체 아닌 자가 지원센터를 설치·운영하고자 할 때에는 미리 시·도지사 또는 시장·군수·구청장(자치구의 구청장을 말한다. 이하 같다)의 지정을 받아야 한다.
④ 지원센터는 다음 각 호의 업무를 수행한다.
  1. 다문화가족을 위한 교육·상담 등 지원사업의 실시
  2. 결혼이민자 등에 대한 한국어교육
  3. 다문화가족 지원서비스 정보제공 및 홍보
  4. 다문화가족 지원 관련 기관·단체와의 서비스 연계
  5. 일자리에 관한 정보제공 및 일자리의 알선
  6. 다문화가족을 위한 통역·번역 지원사업
  7. 다문화가족 내 가정폭력 방지 및 피해자 연계 지원
  8. 그 밖에 다문화가족 지원을 위하여 필요한 사업
⑤ 지원센터에는 다문화가족에 대한 교육·상담 등의 업무를 수행하기 위하여 관련 분야에 대한 학식과 경험을 가진 전문인력을 두어야 한다.
⑥ 국가와 지방자치단체는 제3항에 따라 지정한 지원센터에 대하여 예산의 범위에서 제4항 각 호의 업무를 수행하는 데에 필요한 비용 및 지원센터의 운영에 드는 비용의 전부 또는 일부를 보조할 수 있다.
⑦ 제1항, 제2항 및 제3항에 따른 지원센터의 설치·운영 기준, 위탁·지정 기간 및 절차 등에 필요한 사항은 대통령령으로 정하고, 제5항에 따른 전문인력의 기준 등에 필요한 사항은 여성가족부령으로 정한다.

> **관련법령** ▶ 「사회복지사업법」 제34조의5에 따른 사회복지관 중 같은 법 제34조의2

제34조의5(사회복지관의 설치 등)
① 제34조제1항과 제2항에 따른 시설 중 사회복지관은 지역복지증진을 위하여 다음 각 호의 사업을 실시할 수 있다.
  1. 지역사회의 특성과 지역주민의 복지욕구를 고려한 서비스 제공 사업
  2. 국가·지방자치단체 및 민간 부문의 사회복지서비스를 연계·제공하는 사례관리 사업
  3. 지역사회 복지공동체 활성화를 위한 복지자원 관리, 주민교육 및 조직화 사업
  4. 그 밖에 복지증진을 위한 사업으로서 지역사회에서 요청하는 사업
② 사회복지관은 모든 지역주민을 대상으로 사회복지서비스를 실시하되, 다음 각 호의 지역주민에게 우선 제공하여야 한다.
  1. 「국민기초생활 보장법」에 따른 수급자 및 차상위계층

2. 장애인, 노인, 한부모가족 및 다문화가족
3. 직업 및 취업 알선이 필요한 사람
4. 보호와 교육이 필요한 유아·아동 및 청소년
5. 그 밖에 사회복지관의 사회복지서비스를 우선 제공할 필요가 있다고 인정되는 사람

③ 그 밖에 사회복지관의 설치·운영·사업·인력 기준 등에 필요한 사항은 보건복지부령으로 정한다.

제34조의2(시설의 통합 설치·운영 등에 관한 특례)

① 이 법 또는 제2조제1호 각 목의 법률에 따른 시설을 설치·운영하려는 경우에는 지역특성과 시설분포의 실태를 고려하여 이 법 또는 제2조제1호 각 목의 법률에 따른 시설을 통합하여 하나의 시설로 설치·운영하거나 하나의 시설에서 둘 이상의 사회복지사업을 통합하여 수행할 수 있다. 이 경우 국가 또는 지방자치단체 외의 자는 통합하여 설치·운영하려는 각각의 시설이나 사회복지사업에 관하여 해당 관계 법령에 따라 신고하거나 허가 등을 받아야 한다.

② 제1항에 따라 둘 이상의 시설을 통합하여 하나의 시설로 설치·운영하거나 하나의 시설에서 둘 이상의 사회복지사업을 통합하여 수행하는 경우 해당 시설에서 공동으로 이용하거나 배치할 수 있는 시설 및 인력 기준 등은 보건복지부령으로 정한다.

관련법령 ▶ 「고등교육법」 제2조제1호부터 제6호

제2조(학교의 종류)

고등교육을 실시하기 위하여 다음 각 호의 학교를 둔다.
1. 대학 2. 산업대학 3. 교육대학 4. 전문대학 5. 방송대학·통신대학·방송통신대학 및 사이버대학(이하 "원격대학"이라 한다) 6. 기술대학

제50조 운영기관의 관리 및 지정 취소

① 법무부장관은 운영기관의 사회통합 프로그램 운영 실태를 파악하기 위하여 필요한 경우 운영기관을 방문하여 조사하거나 운영기관에 관련 자료의 제출 또는 보고를 요구할 수 있다. 〈개정 2019. 12. 24.〉

② 법무부장관은 법을 위반하거나 제1항에 따른 자료 제출 또는 보고 요구에 응하지 아니하는 운영기관에 대하여 경고하거나 시정을 요구할 수 있다.

③ 법무부장관은 운영기관이 다음 각 호의 어느 하나에 해당하는 경우 운영기관 지정을 취소할 수 있다. 〈개정 2019. 6. 11.〉

  1. 거짓이나 부정한 방법으로 운영기관으로 지정받은 경우

  1의2. 거짓이나 부정한 방법으로 사회통합 프로그램을 운영한 경우

  2. 제49조 제1항 각 호의 요건을 갖추지 못하게 된 경우

  3. 법 제39조 제4항에 따라 지원받은 경비를 부당하게 집행한 경우

4. 제2항에 따른 시정 요구에 정당한 이유 없이 불응한 경우

5. 제2항에 따른 경고나 시정 요구를 받은 사항을 반복하여 위반하는 경우

④ 법무부장관은 제3항에 따라 운영기관의 지정을 취소하려는 경우에는 청문을 해야 한다.〈신설 2019. 6. 11.〉

⑤ 제2항에 따른 경고 및 시정 요구와 제3항에 따른 지정 취소의 처분기준 등 운영기관 관리 및 지정 취소에 관한 세부 사항은 법무부령으로 정한다.〈개정 2019. 6. 11.〉

[본조신설 2012. 10. 15.]

제51조 전문인력의 양성 등

① 법무부장관은 법 제39조 제3항에 따라 사회통합 프로그램 시행에 필요한 전문인력을 양성하기 위하여 다문화사회 전문가 등 전문인력 양성과정을 개설·운영한다.

② 법무부장관은 전문인력의 자질 향상을 위하여 필요한 경우 보수교육을 실시할 수 있다.

③ 법무부장관은 전문인력의 효율적인 양성을 위하여 「고등교육법」 제2조 제1호부터 제6호까지의 규정에 따른 대학이나 사회통합 프로그램 관련 분야에 전문성을 갖춘 기관, 법인 또는 단체에 제1항의 전문인력 양성과정이나 제2항의 보수교육을 위탁할 수 있다.〈개정 2015. 6. 15.〉

④ 제1항부터 제3항까지에서 규정한 사항 외에 전문인력의 양성에 필요한 사항은 법무부장관이 정한다. [본조신설 2012. 10. 15.]

제52조 **삭제**〈2013. 5. 31.〉

제53조 **삭제**〈1999. 2. 26.〉

제54조 **삭제**〈1999. 2. 26.〉

제55조 **삭제**〈1999. 2. 26.〉

제56조 **삭제**〈1999. 2. 26.〉

제5장 강제퇴거 등

제1절 조사

제57조 인지보고

출입국관리공무원은 법 제47조에 따른 조사에 착수할 때에는 용의사실 인지보고서를 작성하여 청장·사무소장·출장소장 또는 외국인보호소의 장(이하 "보호소장"이라 한다)에게 제출하여야 한다. <개정 2018. 5. 8.> [전문개정 2011. 11. 1.]

제58조 출석요구

① 출입국관리공무원은 법 제48조 제1항 또는 제49조 제1항에 따라 용의자 또는 참고인의 출석을 요구할 때에는 출석요구의 취지, 출석일시 및 장소 등을 적은 출석요구서를 발급하고 그 발급사실을 출석요구서 발급대장에 적어야 한다.
② 출입국관리공무원은 긴급한 경우에는 제1항에 따른 출석요구를 구두로 할 수 있다.
[전문개정 2011. 11. 1.]

제59조(신문조서)

① 법 제48조 제3항에 따른 용의자신문조서에는 다음 각 호의 사항을 적어야 한다.
  1. 국적·성명·성별·생년월일·주소 및 직업
  2. 출입국 및 체류에 관한 사항
  3. 용의사실의 내용

4. 그 밖에 범죄경력 등 필요한 사항

② 출입국관리공무원은 법 제48조 제6항 또는 제7항에 따라 통역이나 번역을 하게 한 때에는 통역하거나 번역한 사람으로 하여금 조서에 간인(間印)한 후 서명 또는 기명날인하게 하여야 한다. [전문개정 2011. 11. 1.]

제60조 참고인 진술조서

① 법 제49조에 따른 참고인 진술조서의 통역 또는 번역에 관하여는 제59조 제2항을 준용한다.
② 출입국관리공무원은 진술 내용이 복잡하거나 참고인이 원하는 경우에는 서면으로 진술하게 할 수 있다. [전문개정 2011. 11. 1.]

제61조 검사 및 서류 등의 제출요구

출입국관리공무원은 법 제47조에 따라 용의자를 조사할 때 용의자가 용의사실을 부인하거나 용의자가 제출한 서류만으로는 용의사실을 증명하기에 충분하지 아니하다고 인정되는 경우에는 그 용의자와 관련 있는 제3자의 주거 또는 물건을 검사하거나 서류 또는 물건을 제출하게 할 수 있다. 이 경우 미리 그 제3자의 동의를 받아야 한다. [전문개정 2011. 11. 1.]

제62조 제출물조서 등

① 출입국관리공무원은 법 제50조 및 이영 제61조에 따라 서류 또는 물건을 제출받은 때에는 제출경위 등을 적은 제출물조서와 제출한 물건 등의 특징과 수량을 적은 제출물목록을 작성하여야 한다.
② 제1항에 따른 제출물조서 및 제출물목록의 작성은 제59조 제1항에 따른 신문조서 또는 제60조에 따른 진술조서에 제출물에 관한 사항을 적는 것으로 갈음할 수 있다. [전문개정 2011. 11. 1.]

제2절 보호

제63조 보호명령서

① 출입국관리공무원은 법 제51조 제2항에 따라 보호명령서의 발급을 신청할 때에는 보호의 사유를 적은 보호명령서 발급신청서에 조사자료 등을 첨부하여 청장·사무소장·출장소장 또는 보호소장에게 제출하여야 한다. 〈개정 2018. 5. 8.〉
② 출입국관리공무원은 청장·사무소장·출장소장 또는 보호소장이 제1항에 따른 신청에 대하여 보호명령결정을 한 때에는 청장·사무소장·출장소장 또는 보호소장으로부터 보호의 사유, 보호장소 및 보호기간 등을 적은 보호명령서를 발급받아 용의자에게 보여 주어야 한다. 〈개정 2018. 5. 8.〉[전문개정 2011. 11. 1.]

제64조 보호의 의뢰 등

① 출입국관리공무원은 법 제51조 제1항에 따라 보호명령서가 발급된 외국인이나 법 제63조 제1항에 따라 강제퇴거명령서가 발급된 외국인을 외국인보호실, 외국인보호소 또는 그 밖에 법무부장관이 지정하는 장소(이하 "보호시설"이라 한다)에 보호하려면 소속 청장·사무소장·출장소장 또는 보호소장으로부터 보호의뢰의 사유 및 근거를 적은 보호의뢰서를 발급받아 이를 보호의뢰를 받는 보호시설의 장에게 보내야 한다. 〈개정 2018. 5. 8.〉
② 출입국관리공무원은 제1항에 따라 보호의뢰한 외국인이 다음 각 호의 어느 하나에 해당하는 사유가 있으면 다른 보호시설로 보호장소를 변경할 수 있다.
  1. 법에 따른 외국인에 대한 조사
  2. 출국집행
  3. 보호시설 내 안전 및 질서유지
  4. 외국인에 대한 의료제공 등 필요한 처우
③ 출입국관리공무원은 제2항에 따라 보호장소를 변경하려면 소속 청장·사무소장·출장소장 또는 보호소장으로부터 보호장소의 변경사유 등을 적은 보호장소 변경 의뢰서를 발급받아 그 외국인을 보호하고 있는 보호시설의 장과 변경되는 보호시설의 장에게 각각 보내야 한다. 〈개정 2018. 5. 8.〉

④ 출입국관리공무원은 법 제51조 제4항에 따라 긴급보호서를 작성할 때에는 긴급보호의 사유, 보호장소 및 보호시간 등을 적어야 한다. [전문개정 2011. 11. 1.]

제65조 보호기간의 연장

① 출입국관리공무원은 법 제52조 제1항단서에 따라 보호기간을 연장하려면 청장·사무소장·출장소장 또는 보호소장으로부터 연장기간, 연장 사유 및 적용 법조문 등을 적은 보호기간 연장허가서를 발급받아야 한다. 〈개정 2018. 5. 8.〉
② 출입국관리공무원은 제1항의 보호기간 연장허가서가 발급된 용의자가 보호시설에 보호되어 있는 때에는 청장·사무소장·출장소장 또는 보호소장으로부터 연장기간 및 연장 사유 등을 적은 보호기간 연장허가서 부본(副本)을 발급받아 그 외국인을 보호하고 있는 보호시설의 장에게 보내야 한다. 〈개정 2018. 5. 8.〉
③ 출입국관리공무원은 청장·사무소장·출장소장 또는 보호소장이 제1항에 따른 보호기간 연장을 허가하지 아니한 때에는 지체 없이 보호를 해제하여야 한다. 이 경우 용의자가 보호시설에 보호되어 있을 때에는 청장·사무소장·출장소장 또는 보호소장으로부터 보호해제 사유 등을 적은 보호해제 의뢰서를 발급받아 그 외국인을 보호하고 있는 보호시설의 장에게 보내야 한다. 〈개정 2018. 5. 8.〉
[전문개정 2011. 11. 1.]

제66조 보호기간 중의 보호해제

출입국관리공무원은 보호기간 만료 전이라도 보호할 필요가 없다고 인정할 때에는 청장·사무소장·출장소장 또는 보호소장의 허가를 받아 보호를 해제할 수 있다. 이 경우 용의자가 보호시설에 보호되어 있을 때에는 제65조제3항후단을 준용한다. 〈개정 2018. 5. 8.〉 [전문개정 2011. 11. 1.]

제67조 보호시설의 장의 의무

보호시설의 장은 청장·사무소장·출장소장 또는 보호소장으로부터 외국인의 보호나 보호해제를 의뢰받은 때에는 지체 없이 그 외국인을 보호하거나 보호해제를 하

여야 한다. ⟨개정 2018. 5. 8.⟩[전문개정 2011. 11. 1.]

제68조 보호의 통지

법 제54조에 따른 보호의 통지는 보호의 사유·일시 및 장소와 이의신청을 할 수 있다는 뜻을 적은 보호통지서로 하여야 한다. [전문개정 2011. 11. 1.]

제69조 보호에 대한 이의신청

① 법 제55조 제1항에 따라 이의신청을 하려는 사람은 이의신청서에 이의의 사유를 소명하는 자료를 첨부하여 청장·사무소장·출장소장 또는 보호소장에게 제출하여야 한다. ⟨개정 2018. 5. 8.⟩
② 청장·사무소장·출장소장 또는 보호소장은 제1항에 따라 이의신청서를 제출받은 때에는 의견을 붙여 지체 없이 법무부장관에게 보내야 한다. ⟨개정 2018. 5. 8.⟩
[전문개정 2011. 11. 1.]

제70조 이의신청에 대한 결정

① 법무부장관은 법 제55조 제2항에 따라 이의신청에 대한 결정을 한 때에는 주문(主文)·이유 및 적용 법조문 등을 적은 이의신청에 대한 결정서를 작성하여 청장·사무소장·출장소장 또는 보호소장을 거쳐 신청인에게 보내야 한다. ⟨개정 2018. 5. 8.⟩
② 청장·사무소장·출장소장 또는 보호소장은 제1항의 경우에 법무부장관의 보호해제 결정이 있으면 지체 없이 보호를 해제하여야 한다. 이 경우 용의자가 보호시설에 보호되어 있을 때에는 보호해제 의뢰서를 보호시설의 장에게 보내야 한다. ⟨개정 2018. 5. 8.⟩[전문개정 2011. 11. 1.]

제71조 외국인의 일시보호

① 출입국관리공무원은 법 제56조 제1항에 따라 외국인을 일시보호할 때에는 청장·사무소장 또는 출장소장으로부터 일시보호명령서를 발급받아 그 외국인에

게 보여 주어야 한다.〈개정 2018. 5. 8.〉
② 제1항에 따른 일시보호명령서에는 일시보호의 사유, 보호장소 및 보호시간 등을 적어야 한다.
③ 출입국관리공무원은 법 제56조 제2항에 따라 일시보호기간을 연장할 때에는 청장·사무소장 또는 출장소장으로부터 연장기간, 연장 사유 및 적용 법조문 등을 적은 일시보호기간 연장허가서를 발급받아 그 외국인에게 보여 주어야 한다. 〈개정 2018. 5. 8.〉[전문개정 2011. 11. 1.]

제3절 심사 및 이의신청

제72조 심사결정서

청장·사무소장·출장소장 또는 보호소장은 법 제58조에 따라 심사결정을 한 때에는 주문·이유 및 적용 법조문 등을 분명히 밝힌 심사결정서를 작성하여야 한다. 〈개정 2018. 5. 8.〉[전문개정 2011. 11. 1.]

제73조 심사 후의 절차

청장·사무소장·출장소장 또는 보호소장은 법 제59조 제1항에 따라 보호를 해제하는 경우 용의자가 보호시설에 보호되어 있을 때에는 보호해제 사유 등을 적은 보호해제 의뢰서를 보호시설의 장에게 보내야 한다. 〈개정 2018. 5. 8.〉[전문개정 2011. 11. 1.]

제74조 강제퇴거명령서

청장·사무소장·출장소장 또는 보호소장은 법 제59조 제2항에 따라 강제퇴거명령을 결정한 때에는 명령의 취지 및 이유와 이의신청을 할 수 있다는 뜻을 적은 강제퇴거명령서를 발급하여 그 부본을 용의자에게 교부하여야 한다. 〈개정 2018. 5. 8.〉[전문개정 2011. 11. 1.]

제75조 이의신청 및 결정

① 청장·사무소장·출장소장 또는 보호소장은 법 제60조 제1항에 따라 이의신청서를 받은 때에는 의견을 붙여 지체 없이 법무부장관에게 보내야 한다. 〈개정 2018. 5. 8.〉
② 법무부장관은 법 제60조 제3항에 따른 결정을 하는 때에는 주문·이유 및 적용 법조문 등을 분명히 밝힌 이의신청에 대한 결정서를 작성하여 청장·사무소장·출장소장 또는 보호소장을 거쳐 용의자에게 발급하여야 한다. 다만, 긴급한 경우에는 구두로 통지한 후 결정서를 발급할 수 있다. 〈개정 2018. 5. 8.〉
③ 청장·사무소장·출장소장 또는 보호소장은 법 제60조 제4항에 따라 보호를 해제하는 경우에 용의자가 보호시설에 보호되어 있을 때에는 보호해제 사유 등을 적은 보호해제 의뢰서를 보호시설의 장에게 보내야 한다. 〈개정 2018. 5. 8.〉
[전문개정 2011. 11. 1.]

제76조 체류허가의 특례

① 법 제61조 제1항에 따른 그 밖에 대한민국에 체류하여야 할 특별한 사정은 다음 각 호의 어느 하나에 해당하는 경우로 한다. 〈개정 2018. 9. 18.〉
  1. 용의자가 별표 1의3 영주(F-5) 체류자격을 가지고 있는 경우
  2. 용의자가 대한민국정부로부터 훈장 또는 표창을 받은 사실이 있거나 대한민국에 특별한 공헌을 한 사실이 있는 경우
  3. 그 밖에 국가이익이나 인도주의에 비추어 체류하여야 할 특별한 사정이 있다고 인정되는 경우
② 법무부장관은 법 제61조 제1항에 따라 체류허가를 한 때에는 체류자격, 체류기간과 그 밖에 필요한 준수사항을 적은 특별체류허가서를 발급하여 청장·사무소장·출장소장 또는 보호소장을 거쳐 그 용의자에게 교부하여야 한다. 〈개정 2018. 5. 8.〉
③ 법무부장관은 제2항에 따른 허가를 한 때에는 제75조 제2항에 따른 결정서에 그 뜻을 적어야 한다. [전문개정 2011. 11. 1.]

제4절 강제퇴거명령서의 집행

제77조 강제퇴거명령서의 집행

① 출입국관리공무원은법 제62조 제1항에 따라 강제퇴거명령서를 집행할 때에는 해당 외국인의 보관금품 등의 반환 여부를 확인해야 한다. 〈개정 2020. 8. 5.〉
② 청장·사무소장·출장소장 또는 보호소장은 법 제62조제2항에 따라 사법경찰관리에게 강제퇴거명령서의 집행을 의뢰할 때에는 집행의뢰서를 발급하여 강제퇴거명령서와 함께 이를 교부하여야 한다. 다만, 긴급한 경우에는 강제퇴거명령서만을 교부하고 구두로 의뢰할 수 있다. 〈개정 2018. 5. 8.〉
③ 출입국관리공무원 또는 사법경찰관리는 법 제62조에 따라 강제퇴거명령서에 따른 송환을 마치거나 그 집행이 불가능하여 집행하지 못했을 때에는 강제퇴거명령서에 그 사유를 적어 지체 없이 청장·사무소장·출장소장 또는 보호소장에게 제출해야 한다. 다만, 법무부장관이 정하는정보통신망을 통하여 그 사유를 확인할 수 있는 경우에는 제출하지 않을 수 있다. 〈개정 2018. 5. 8., 2020. 8. 5.〉
④ 출입국관리공무원은 법 제62조 제3항단서에 따라 선박 등의 장 또는 운수업자에게 강제퇴거명령을 받은 사람을 인도할 때에는 그의 인적사항 및 강제퇴거 사유와 법 제76조제1항에 따른 송환의무가 있음을 적은 송환지시서를 발급하고, 그 의무를 이행할 것과 강제퇴거명령을 받은 사람을 인도받은 뜻을 적은 인수증을 받아야 한다. 〈개정 2018. 6. 12.〉[전문개정 2011. 11. 1.]

제78조 강제퇴거명령을 받은 사람의 보호 및 보호해제

① 청장·사무소장·출장소장 또는 보호소장은 법 제63조 제1항에 따라 강제퇴거명령을 받은 사람을 송환할 수 있을 때까지 보호하려는 때에는 강제퇴거를 위한 보호명령서를 발급하여 이를 강제퇴거명령을 받은 사람에게 보여 주어야 한다. 〈개정 2018. 5. 8.〉
② 청장·사무소장·출장소장 또는 보호소장은 법 제63조 제2항에 따라 법무부장관의 승인을 받으려면 보호기간 연장의 필요성을 소명하여야 한다. 〈개정 2018. 5. 8.〉
③ 청장·사무소장·출장소장 또는 보호소장은 법 제63조 제3항또는제4항에 따라 보

호를 해제할 때에는 해제사유, 주거의 제한과 그 밖에 필요한 조건을 적은 보호해제 통보서를 강제퇴거명령을 받은 사람에게 발급하여야 한다. 이 경우 청장·사무소장·출장소장 또는 보호소장은 강제퇴거명령을 받은 사람이 보호시설에 보호되어 있을 때에는 보호해제 사유 등을 적은 보호해제 의뢰서를 보호시설의 장에게 보내야 한다. 〈개정 2018. 5. 8.〉

④ 청장·사무소장·출장소장 또는 보호소장은 제3항에 따라 보호를 해제한 사람에 대해서는 주거의 제한, 그 밖의 조건 이행 여부 등 동향을 파악하여야 한다. 〈개정 2018. 5. 8.〉 [전문개정 2011. 11. 1.]

제5절 보호의 일시해제

제79조 보호의 일시해제

① 청장·사무소장·출장소장 또는 보호소장은 법 제65조 제1항에 따라 직권으로 보호의 일시해제를 하는 경우에는 보호명령서 또는 강제퇴거명령서의 집행으로 보호시설에 보호되어 있는 사람(이하 "피보호자"라 한다), 피보호자의 보증인 또는 법 제54조 제1항에 따른 법정대리인 등(이하 "법정대리인 등"이라 한다)에게 보증금 납부능력을 소명하는 자료 등 보호의 일시해제 심사에 필요한 자료를 요청할 수 있다. 〈신설 2018. 9. 18., 2022. 8. 16.〉

② 법 제65조 제1항에 따라 보호의 일시해제를 청구하려는 사람은 보호 일시해제 청구서에 청구의 사유 및 보증금 납부능력을 소명하는 자료를 첨부하여 청장·사무소장·출장소장 또는 보호소장에게 제출하여야 한다. 〈개정 2018. 5. 8., 2018. 9. 18.〉

③ 청장·사무소장·출장소장 또는 보호소장은 직권으로 또는 제2항에 따른 청구를 받아 보호의 일시해제를 하는 경우 특별한 사정이 없으면 지체 없이 관계 서류를 심사하여 주문·이유 및 적용 법조문 등을 적은 보호 일시해제 결정서를 피보호자(그의 보증인 또는 법정대리인 등을 포함한다)에게 발급하여야 한다. 〈개정 2012. 1. 13., 2018. 5. 8., 2018. 9. 18., 2022. 8. 16.〉

④ 제3항의 경우에 보호를 일시해제하기로 결정한 때에는 그 결정서에 보호해제기간, 보증금의 액수·납부일시 및 장소, 주거의 제한, 그 밖에 필요한 조건 외에 보

증금을 내면 보호를 일시해제하며, 조건을 위반하면 보호의 일시해제를 취소하고 보증금을 국고에 귀속시킬 수 있다는 뜻을 적어야 한다. 〈개정 2018. 9. 18.〉
⑤ 청장·사무소장·출장소장 또는 보호소장은 보호를 일시해제하기로 결정한 경우에 용의자가 보호시설에 보호되어 있을 때에는 보호해제기간을 분명히 밝힌 보호해제 의뢰서를 보호시설의 장에게 보내야 한다. 〈개정 2018. 5. 8., 2018. 9. 18.〉
⑥ 법 제65조 제2항에 따른 보증금 예치 절차에 관하여는 제17조 제2항을 준용한다. 〈개정 2018. 9. 18.〉
⑦ 제6항에 따라 예치된 보증금은 법 제66조 제2항에 따른 국고 귀속의 경우를 제외하고는 그 외국인이 출국하거나 보호 일시해제를 취소하는 때에 보증금을 낸 사람에게 반환하여야 한다. 〈개정 2018. 9. 18.〉[전문개정 2011. 11. 1.]

제79조의2 보호 일시해제 심사기준

① 청장·사무소장·출장소장 또는 보호소장은 법 제65조 제1항에 따라 직권으로 또는 청구에 따라 보호의 일시해제를 하는 경우에는 다음 각 호의 사항을 심사하여야 한다. 〈개정 2018. 5. 8., 2018. 9. 18.〉
  1. 피보호자의 생명·신체에 중대한 위협이나 회복할 수 없는 재산상 손해가 발생할 우려가 있는지 여부
  2. 국가안전보장·사회질서·공중보건 등의 국익을 해칠 우려가 있는지 여부
  3. 피보호자의 범법사실·연령·품성, 조사과정 및 보호시설에서의 생활태도
  4. 도주할 우려가 있는지 여부
  5. 그 밖에 중대한 인도적 사유가 있는지 여부
② 제1항에 따른 보호 일시해제의 세부 기준과 방법에 관하여 필요한 사항은 법무부장관이 정한다. [본조신설 2012. 1. 13.]

제80조 보호 일시해제의 취소

① 청장·사무소장·출장소장 또는 보호소장은 법 제66조 제2항에 따라 보호 일시해제 취소서를 발급할 때에는 그 취소서에 취소 사유, 보호할 장소 등을 적어 피보호자(그의 보증인 또는 법정대리인 등을 포함한다)에게 교부하고, 지체 없이 그

용의자를 다시 보호하여야 한다. 〈개정 2018. 5. 8., 2018. 9. 18., 2022. 8. 16.〉
② 법 제66조 제2항에 따른 보증금의 국고귀속 절차에 관하여는 제17조 제4항 및 제5항을 준용한다. [전문개정 2011. 11. 1.]

제6절 출국권고 등

제81조 출국권고

법 제67조 제1항 제1호에 따른 그 위반정도가 가벼운 경우는 법 제17조 또는 제20조를 처음 위반한 사람으로서 그 위반 기간이 10일 이내인 경우로 한다. [전문개정 2011. 11. 1.]

제81조의2 출국명령 이행보증금의 예치 및 반환과 국고 귀속절차

① 청장·사무소장·출장소장 또는 보호소장은 법 제68조 제3항에 따라 다음 각 호의 사항을 고려하여 외국인에게 이행보증금을 예치하게 할 수 있다.
  1. 법 제68조 제1항 각 호에 해당하는 출국명령의 사유와 그 동기
  2. 외국인의 법 위반 전력, 나이, 환경 및 자산
  3. 도주할 우려
  4. 그 밖의 인도적 사유
② 청장·사무소장·출장소장 또는 보호소장은 제1항에 따라 이행보증금을 예치받을 때에는 다음 각 호의 어느 하나에 해당하는 경우 그 이행보증금을 국고에 귀속시킬 수 있다는 뜻을 그 외국인에게 알려야 한다.
  1. 법 제68조 제3항에 따른 출국기한을 위반한 경우
  2. 법 제68조 제3항에 따른 주거의 제한이나 그 밖의 필요한 조건을 위반하는 경우
③ 제1항에 따른 이행보증금의 예치 및 납부 등에 관한 절차는 정부가 보관하는 보관금 취급에 관한 절차에 따른다.
④ 청장·사무소장·출장소장 또는 보호소장은 제1항에 따라 예치된 이행보증금을 다음 각 호의 구분에 따라 국고에 귀속시킬 수 있다. 이 경우 구체적인 귀속금액

의 기준은 법무부장관이 정한다.
 1. 제2항제1호의 경우 : 이행보증금 전부 또는 일부
 2. 제2항제2호의 경우 : 이행보증금의 일부
⑤ 청장·사무소장·출장소장 또는 보호소장은 법 제68조 제4항에 따라 이행보증금을 국고에 귀속하려면 국고 귀속 통지서에 국고 귀속결정 사유 및 국고 귀속금액 등을 기재하여 그 외국인에게 발급해야 한다.
⑥ 청장·사무소장·출장소장 또는 보호소장은 법 제68조 제4항에 따라 국고에 귀속하는 경우를 제외하고는 제1항에 따라 예치된 이행보증금을 그 외국인이 출국하는 때 반환해야 한다. [본조신설 2021. 1. 19.]

제6장 선박 등의 검색

제82조 선박 등의 검색 및 심사

① 출입국관리공무원이 선박 등에 승선하여 법 제69조 및 제70조에 따른 검색 및 심사를 할 때에는 다음 각 호의 사항을 확인하여야 한다.
  1. 여권 또는 선원신분증명서가 유효한지 여부
  2. 승무원 또는 승객이 정당한 절차에 따라 승선하였는지 여부
  3. 승선 중인 승무원 또는 승객과 법 제75조 제1항에 따라 제출된 승무원명부 및 승객명부의 명단이 일치하는지 여부
  4. 승무원 또는 승객 중에 출입국이 금지된 사람이 있는지 여부
  5. 입항선박의 경우 검색 전에 승무원 또는 승객이 하선한 사실이 있는지 여부
  6. 출항선박의 경우 검색 시까지 선박으로 돌아오지 아니한 승무원 또는 승객이 있는지 여부
  7. 승무원 또는 승객 외에 승선허가를 받지 아니하고 선박 등에 무단출입한 사람이 있는지 여부
  8. 정당한 절차를 거치지 아니하고 출입국하려는 사람이 선박 등에 숨어 있는지 여부
② 청장·사무소장 또는 출장소장은 제1항에 따른 출입국관리공무원의 승선검색으로 인하여 선박 등의 출항이 지연될 우려가 있거나 그 밖에 필요하다고 인정할 때에는 선박 등의 출항에 앞서 여권 또는 선원신분증명서 등 필요한 서류를 제출하게 하여 미리 승무원 및 승객의 자격을 심사하게 할 수 있다. 〈개정 2018. 5. 8.〉

[전문개정 2011. 11. 1.]

제82조의2 검색 및 심사 선박 등의 범위

법 제69조에 따라 출입국관리공무원의 검색 및 심사를 받아야 할 선박 등의 범위는 다음 각 호와 같다. ⟨개정 2018. 6. 12.⟩

1. 국내항과 외국항 간을 운항하는 대한민국 또는 외국의 선박 등
2. 국내항과 원양구역 간을 운항하는 대한민국 또는 외국선박(외국인이 승선하지 아니한 선박은 제외한다)
3. 제1호 또는 제2호에 해당하는 선박 등으로서 국내항에 기항한 후 국내항 간을 운항하는 선박 등[전문개정 2011. 11. 1.]

제83조 출입국항 외의 장소에서의 검색 및 출입국심사

① 선박 등의 장 또는 운수업자가 법 제69조 제2항에 따라 청장·사무소장 또는 출장소장에게 출·입항예정통보서를 제출한 때에는 다음 각 호의 어느 하나에 해당하는 허가를 신청한 것으로 본다. ⟨개정 2018. 5. 8.⟩
  1. 법 제3조 제1항단서 및 제6조 제1항단서에 따른 허가
  2. 법 제12조 제2항 및 제28조 제2항에 따른 허가
② 청장·사무소장 또는 출장소장은 선박 등의 주무관청이 해당 선박 등의 출·입항을 허가한 때에는 특별한 사유가 없으면 법 제69조 제2항에 따른 검색을 하여야 한다. ⟨개정 2018. 5. 8.⟩
③ 출입국관리공무원이 법 제69조에 따른 검색 및 심사를 시작한 때에는 청장·사무소장 또는 출장소장이 제1항 각 호의 신청을 허가한 것으로 본다. 다만, 출입국관리공무원은 청장·사무소장 또는 출장소장이 제1항 각 호의 허가를 할 수 없는 특별한 사유가 있을 때에는 지체 없이 선박 등의 장 또는 운수업자에게 그 뜻을 통보하여야 한다. ⟨개정 2018. 5. 8.⟩ [전문개정 2011. 11. 1.]

제84조 승선허가

① 법 제72조 제1항에 따라 승선허가를 받으려는 사람은 승선허가 신청서에 승선사유를 소명하는 자료를 첨부하여 청장·사무소장 또는 출장소장에게 제출하여야

한다. 다만, 부득이한 사유가 있을 때에는 선박 등의 장 또는 운수업자가 대리하여 신청서를 제출할 수 있다. 〈개정 2018. 5. 8.〉

② 선박 등이 대한민국 안의 출입국항 또는 출입국항 외의 장소 간을 항해하는 동안 그 선박 등의 수리·청소·작업, 그 밖에 필요한 목적으로 그 선박 등에 출입하려는 사람이 법 제72조 제1항에 따른 승선허가를 받으려는 때에는 그 선박 등의 장 또는 운수업자가 승선허가신청서에 승선사유를 소명하는 자료를 첨부하여 청장·사무소장 또는 출장소장에게 제출하여야 한다. 〈개정 2018. 5. 8.〉

③ 법 제72조 제2항에 따른 출입국심사장은 출국 또는 입국심사를 위하여 출입국항에 설치된 장소로 한다.

④ 출입국항을 관할하는 청장·사무소장 또는 출장소장은 제3항에 따른 출입국심사장에서의 불법출입국을 방지하기 위하여 필요한 조치를 할 수 있다. 〈개정 2018. 5. 8.〉

⑤ 법 제72조 제2항에 따라 출입국심사장 출입허가를 받으려는 사람은 출입국심사장 출입허가 신청서에 출입사유를 소명하는 자료를 첨부하여 청장·사무소장 또는 출장소장에게 제출하여야 한다. 〈개정 2018. 5. 8.〉[전문개정 2011. 11. 1.]

제7장 선박 등의 장 및 운수업자의 책임

제85조 승객예약정보의 열람 및 제출시기 등

① 출입국관리공무원은 조사업무를 수행하는 데 필요한 경우에는 법 제73조의2 제2항 및 제3항의 자료를 조사보고서 등에 적거나 정보화출력물을 첨부하는 방식으로 보존할 수 있다.

② 청장·사무소장 또는 출장소장은 법 제73조의2 제4항에 따라 지정된 출입국관리공무원에게 개인식별 고유번호를 부여하여야 한다. 〈개정 2018. 5. 8.〉

③ 법 제73조의2 제7항에 따라 운수업자가 출입국관리공무원에게 자료를 열람하게 하거나 제출하는 시기는 다음 각 호와 같다. 〈개정 2016. 9. 29.〉

1. 법 제73조의2 제1항각 호의 조사를 위한 승객예약정보의 열람을 허용하는 경우 : 출입국관리공무원이 요청한 즉시
2. 제1호의 승객예약정보를 전자문서로 제출하는 경우 : 제출을 요청한 때부터 30분 이내
3. 법 제73조의2 제3항에 따라 출입국관리공무원이 요청한 승객에 대한 자료를 전자문서로 제출하는 경우 : 해당 선박 등의 출항 30분 전까지. 다만, 전자문서의 제출 이후법 제73조의2 제3항각 호의 자료 중 변동이 있는 경우에는 출항 전까지로 한다. [전문개정 2011. 11. 1.]

제86조 출·입항 예정통보

선박 등의 장 또는 운수업자는 법 제74조에 따른 선박 등의 출·입항 예정통보를 늦어도 해당 선박 등의 출·입항 24시간 전에 하여야 한다. 다만, 정규편 선박 등이 출·입항

하는 경우이거나 그 밖에 특별한 사유가 있으면 그러하지 아니하다. [전문개정 2011. 11. 1.]

제87조 보고의 의무

① 선박 등의 장 또는 운수업자는 법 제69조에 따른 검색을 받을 때에 법 제75조 제1항에 따른 출·입항보고서를 제출하여야 한다. 다만, 법 제69조 제6항에 따라 서류심사를 받을 때에는 그 때 제출한다.
② 법 제75조 제1항의 출·입항보고서 중 출입국항에 출·입항하는 선박 등의 장 또는 선박 등에 관한 사업을 하는 운수업자가 제출하여야 하는 승무원명부와 승객명부에는 승무원 및 승객 각자에 대하여 다음 각 호의 사항을 적어야 한다. 〈개정 2012. 5. 25.〉
 1. 국적
 2. 여권에 적힌 성명
 3. 생년월일
 4. 성별
 5. 여행문서의 종류 및 번호
 6. 환승객인지 여부(승객만 해당한다)
 7. 승객의 얼굴에 관한 정보(법 제14조의2에 따라 관광상륙허가를 신청하려는 경우만 해당한다)
③ 법 제75조 제1항의 출·입항보고서 중 출입국항에 출·입항하는 선박 등의 장 또는 선박 등에 관한 사업을 하는 운수업자가 제출하여야 하는 선박 등에 관한 정보에는 다음 각 호의 사항을 적어야 한다. 〈개정 2012. 5. 25.〉
 1. 선박 등의 종류
 2. 등록기호 및 명칭
 3. 국적
 4. 출항지 및 출항시간
 5. 경유지 및 경유시간
 6. 입항지 및 입항시간
 7. 승무원·승객·환승객의 수
④ 청장·사무소장 또는 출장소장은 법 제75조 제1항 및 제2항에 따라 표준 전자문서

로 제출된 출·입항보고서에 승무원명부 또는 승객명부 중 빠진 사람이 있는 등 보완할 사항이 있는 경우에는 지체 없이 선박 등의 장 또는 운수업자에게 보완하여 제출하도록 할 수 있다. ⟨개정 2012. 5. 25., 2018. 5. 8.⟩

⑤ 법 제75조 제1항에 따른 출·입항보고서의 제출시기는 다음 각 호의 구분에 따른다. ⟨개정 2012. 5. 25., 2012. 10. 15.⟩

1. 입항의 경우 : 국내 입항 2시간 이전까지(법 제14조의2에 따라 관광상륙허가를 신청하려는 경우는 24시간 이전까지를 말한다). 다만, 출발국 출항 후 국내 입항까지의 시간이 2시간(관광상륙허가를 신청하려는 경우는 24시간을 말한다) 미만인 경우에는 출발국에서 출항 후 20분 이내까지 할 수 있다.
2. 출항의 경우 : 출항 준비가 끝나는 즉시 [전문개정 2011. 11. 1.]

제88조 송환의 의무

① 청장·사무소장 또는 출장소장은 선박 등의 장 또는 운수업자에게 법 제76조 제1항에 따른 송환대상외국인(이하 "송환대상외국인"이라 한다)을 송환할 것을 요구할 때에는 송환지시서를 발급하여야 한다. 다만, 긴급할 때에는 구두로 요구할 수 있으며, 이 경우에는 지체 없이 송환지시서를 발급하여야 한다. ⟨개정 2018. 5. 8., 2018. 6. 12., 2022. 8. 16.⟩

② 선박 등의 장 또는 운수업자는 제1항에 따른 송환을 마친 때에는 그 결과를 서면으로 청장·사무소장 또는 출장소장에게 보고하여야 한다. ⟨개정 2018. 5. 8.⟩

③ 삭제⟨2022. 8. 16.⟩ [전문개정 2011. 11. 1.]

주요판례

❖ **인신보호** [인천지법 2014. 4. 30., 자, 2014인라4, 결정 : 재항고]

판시사항

인천공항에서 난민인정을 신청한 외국인이, 입국불허처분이 있은 뒤 공항 내 송환대기실로 인도되어 약 5개월간 외부로 출입이 금지된 상태로 머무르게 되자 인신보호법상 구제청구를 한 사안에서, 청구인에 대한 계속적인 수용은 위법하다는 이유로 수용자들에 대하여 청구인의 수용을 즉시 해제할 것을 명한 사례

> **판결요지**

인천공항에서 난민인정을 신청한 수단 국적 외국인이, 출입국관리법에 따른 입국불허처분이 있은 뒤 공항 내 송환대기실로 인도되어 난민인정심사불회부결정 취소소송을 제기하였음에도 약 5개월간 외부로 출입이 금지된 상태로 머무르게 되자 인천공항출입국관리사무소 및 인천공항 항공사운영협의회를 상대로 인신보호법상 구제청구를 한 사안에서, 청구인은 인신보호법에 따른 구제청구권을 가지고, 수용자들의 청구인에 대한 계속적인 수용은 위법하다는 이유로 수용자들에 대하여 청구인의 수용을 즉시 해제할 것을 명한 사례.

제88조의2 출입국항 내에서의 송환대기장소 변경

① 송환대상외국인(그의 법정대리인 등을 포함한다. 이하 이 조 및 제88조의3에서 같다)은 법 제76조의2 제1항단서에 따라 출국대기실이 아닌 출입국항 내 다른 장소로 송환대기장소의 변경을 신청하려는 경우에는 대기 장소, 신청 사유 등이 기재된 신청서에 신청 사유를 소명하는 자료를 첨부하여 청장·사무소장 또는 출장소장에게 제출하여야 한다.

② 청장·사무소장 또는 출장소장은 직권 또는 제1항에 따른 신청에 따라 송환대상외국인을 출국대기실이 아닌 장소에서 대기하게 하려는 경우에는 법 제76조의2 제1항단서에 따라 출입국항 내에 송환대기장소를 지정하여야 한다.

③ 청장·사무소장 또는 출장소장은 제2항에 따라 송환대기장소를 지정할 때에는 다음 각 호의 사항이 기재된 송환대기장소 변경서를 송환대상외국인에게 교부하여야 한다.

  1. 대기장소
  2. 대기기간
  3. 행동 범위, 숙식비 부담 등 송환대기장소 변경 조건
  4. 그 밖에 송환대기장소 변경에 따른 주의사항

④ 청장·사무소장 또는 출장소장은 송환대상외국인이 제3항제3호에 따른 송환대기장소 변경 조건을 위반하는 등 더 이상 지정된 장소에서 머무르는 것이 적절하지 않다고 판단하는 경우에는 송환대기장소를 출국대기실로 다시 변경할 수 있다.

[본조신설 2022. 8. 16.]

제88조의3 출입국항 사이의 송환대기장소의 변경

① 청장·사무소장 또는 출장소장은 다음 각 호의 사유로 송환대상외국인이 지정된 송환기한 내에 출국할 수 없는 경우에는 송환대기장소를 송환이 가능한 다른 출입국항의 출국대기실로 변경할 수 있다.
  1. 해당 출입국항에 출국할 선박 등이 없는 경우
  2. 그 밖에 출입국항 사이 송환대기장소의 변경이 필요한 부득이한 사유가 있는 경우
② 청장·사무소장 또는 출장소장이 제1항에 따라 송환대기장소를 변경하려는 때에는 그 송환대상외국인에게 변경되는 출입국항, 변경사유, 변경일시 등을 알려야 한다.
③ 청장·사무소장 또는 출장소장은 제1항에 따른 송환대기장소의 변경을 위하여 관할 출입국항의 관계기관의 장에게 출입 조치 등 필요한 사항을 요청할 수 있다. 이 경우 요청받은 기관의 장은 정당한 사유가 없으면 이에 따라야 한다.

[본조신설 2022. 8. 16.]

제88조의4 송환대상외국인의 외출

① 청장·사무소장 또는 출장소장은 병원 진료, 여권 발급 등을 위하여 필요한 경우에는 송환대상외국인을 외출하게 할 수 있다. 이 경우 출입국관리공무원으로 하여금 그 송환대상외국인을 계호(戒護)하게 하여야 한다.
② 청장·사무소장 또는 출장소장은 제1항에 따라 송환대상외국인을 외출하게 하는 경우 관할 출입국항의 관계기관의 장에게 출입 조치 등 필요한 사항을 요청할 수 있다. 이 경우 요청받은 기관의 장은 정당한 사유가 없으면 이에 따라야 한다.

[본조신설 2022. 8. 16.]

제88조의5 관리비용의 부담 및 납부 절차

① 국가는 법 제76조의3 제1항에 따라 송환대상외국인이 출국하기 전까지 다음 각 호의 물품을 제공하는 데 드는 비용(이하 "관리비용"이라 한다)을 부담한다. 다

만, 법 제76조의2 제1항단서에 따라 송환대상외국인의 신청으로 송환대기장소를 변경한 경우에는 부담하지 않는다.
1. 침구
2. 생활용품
3. 음식물
4. 그 밖에 송환대상외국인의 송환대기에 필요한 물품

② 제1항 각 호의 물품을 제공하는 방법 및 세부기준은 법무부장관이 정하여 고시한다.

③ 청장·사무소장 또는 출장소장은 법 제76조의3 제2항에 따라 관리비용을 선박 등의 장 또는 운수업자가 부담하게 하려는 경우에는 송환대상외국인이 출국대기실에서 퇴실하였을 때에 다음 각 호의 사항이 기재된 납부고지서를 발급하여야 한다. 다만, 관리 기간이 1개월을 초과하는 경우에는 1개월 단위로 발급할 수 있다.
1. 납부자 이름
2. 관리비용 청구사유
3. 납부금액 및 산출근거
4. 납부기한
5. 납부방법
6. 미납 시 조치 예정 사항

④ 제3항에 따른 관리비용의 범위 및 세부기준에 관하여는 제1항 각 호 외의 부분 본문, 같은 항 각 호 및 제2항을 준용한다.

⑤ 법무부장관은 제3항에 따른 납부고지서 발급 등을 위하여 필요한 정보통신망을 구축·운영할 수 있다.

[본조신설 2022. 8. 16.][종전 제88조의5는 제88조의6으로 이동 〈2022. 8. 16.〉]

제7장의2 난민여행증명서 발급 등 〈개정 2013. 6. 21.〉

제88조의6 난민여행증명서의 발급

① 법 제76조의5 제1항에 따라 난민여행증명서의 발급을 신청하려는 외국인은 난민여행증명서 발급신청서에 난민인정증명서, 외국인 등록증(외국인 등록을 한 경우에만 해당한다) 및 사진 1장을 첨부하여 법무부장관에게 제출하여야 한다. 〈개정 2016. 9. 29., 2019. 12. 24.〉

② 법무부장관은 제1항에 따른 신청에 대하여 난민여행증명서를 발급할 때에는 그 사실을 난민여행증명서 발급대장에 적고 난민여행증명서를 신청인에게 교부하여야 한다. 〈개정 2016. 9. 29.〉

[전문개정 2011. 11. 1.] [제88조의5에서 이동, 종전 제88조의6은 제88조의7로 이동 〈2022. 8. 16.〉]

제88조의7 난민여행증명서의 재발급

① 법무부장관은 난민여행증명서를 발급받은 사람에게 다음 각 호의 어느 하나에 해당하는 사유가 있으면 난민여행증명서를 재발급할 수 있다.
  1. 난민여행증명서가 분실되거나 없어진 경우
  2. 난민여행증명서가 훼손되어 못 쓰게 된 경우
  3. 그 밖에 법무부장관이 재발급할 필요가 있다고 인정하는 경우

② 제1항에 따라 난민여행증명서를 재발급받으려는 사람은 난민여행증명서 재발급신청서에 그 사유를 소명하는 서류와 사진 1장을 첨부하여 법무부장관에게 제출해야 한다. 다만, 대한민국 밖에서 난민여행증명서를 재발급받으려는 사람은 재외공관의 장을 거쳐 법무부장관에게 제출해야 한다. 〈개정 2016. 9. 29., 2019. 12.

24., 2020. 8. 5.〉
③ 제1항제2호 또는 제3호의 사유로 재발급신청을 하는 경우에는 신청서에 원래의 난민여행증명서를 첨부하여야 한다.
④ 난민여행증명서의 재발급 및 교부 절차 등에 관하여는 제88조의6 제2항을 준용한다. 다만, 신청인이 대한민국 밖에 있는 경우에는 재외공관의 장을 거쳐 신청인에게 교부하여야 한다. 〈개정 2016. 9. 29., 2022. 8. 16.〉
[전문개정 2011. 11. 1.][제88조의6에서 이동, 종전 제88조의7은 제88조의8로 이동 〈2022. 8. 16.〉]

제88조의8 난민여행증명서의 유효기간 연장

① 법무부장관은 법 제76조의5 제6항에 따라 난민여행증명서 유효기간 연장허가에 관한 권한을 재외공관의 장에게 위임한다.
② 법 제76조의5 제5항에 따라 난민여행증명서 유효기간 연장허가를 신청하려는 외국인은 난민여행증명서 유효기간 연장허가 신청서에 그 사유를 소명하는 서류를 첨부하여 재외공관의 장에게 제출하여야 한다.
③ 재외공관의 장은 제2항에 따라 유효기간 연장허가 신청을 한 외국인에 대하여 유효기간의 연장을 허가할 때에는 난민여행증명서에 유효기간 연장허가기간 등을 적어야 한다.
④ 재외공관의 장은 제3항에 따라 난민여행증명서 유효기간 연장허가를 한 때에는 지체 없이 그 사실을 법무부장관에게 보고하여야 한다.
[전문개정 2011. 11. 1.][제88조의7에서 이동, 종전 제88조의8은 제88조의9로 이동 〈2022. 8. 16.〉]

제88조의9 난민여행증명서의 반납

법무부장관은 법 제76조의6 제2항에 따라 난민여행증명서의 반납을 명하려면 난민여행증명서 반납명령서를 청장·사무소장 또는 출장소장을 거쳐 그 외국인에게 교부하여야 한다. 〈개정 2018. 5. 8.〉
[전문개정 2011. 11. 1.][제88조의8에서 이동, 종전 제88조의9는 제88조의10으로 이동 〈2022. 8. 16.〉]

제88조의10 난민 등의 처우

① 법무부장관은 「난민법」 제2조 제3호에 따라 인도적 체류 허가를 하기로 한 때에

는 체류자격과 체류기간 등 필요한 사항을 정하여 청장·사무소장 또는 출장소장에게 통보하여야 한다. 〈개정 2018. 5. 8.〉

② 청장·사무소장 또는 출장소장은 제1항에 따른 통보를 받았을 때에는 「난민법」 제2조 제3호의 체류허가를 받은 외국인의 여권에 체류자격 부여인, 체류자격 변경허가인 또는 체류기간 연장허가인을 찍고 체류자격과 체류기간 등을 적거나 체류자격 부여, 체류자격 변경허가 또는 체류기간 연장허가 스티커를 붙여야 한다. 다만, 외국인 등록을 마친 사람에게는 외국인 등록증에 그 사실을 적는 것으로써 이를 갈음한다. 〈개정 2018. 5. 8.〉

[전문개정 2013. 6. 21.][제88조의9에서 이동, 종전 제88조의10은 제88조의11로 이동 〈2022. 8. 16.〉]

제88조의11 난민여행증명서의 발급 등 사무의 대행

① 법무부장관은 법 제76조의8에 따라 다음 각 호의 사무를 체류지 관할 청장·사무소장 또는 출장소장에게 대행하게 한다. 〈개정 2018. 5. 8., 2022. 8. 16.〉

1. 제88조의6 제1항 및 제88조의7 제2항에 따른 난민여행증명서의 발급·재발급 신청의 접수
2. 신청인의 신원 확인 등 심사
3. 난민여행증명서의 제작
4. 제88조의6 제2항 및 제88조의7 제4항에 따른 난민여행증명서의 발급·재발급 및 교부
5. 법 제87조에 따른 수수료의 징수
6. 그 밖에 법무부장관이 난민여행증명서의 발급 및 재발급과 관련하여 대행하게 할 필요가 있다고 인정하는 사무

② 체류지 관할 청장·사무소장 또는 출장소장은 제1항에 따라 사무를 대행한 현황을 법무부장관에게 보고하여야 한다. 〈개정 2018. 5. 8.〉

③ 체류지 관할 청장·사무소장 또는 출장소장은 난민여행증명서 발급·재발급 신청을 한 외국인법 제76조의5 제1항단서에 해당하여 난민여행증명서를 발급하지 아니한 경우에는 그 사실을 법무부장관에게 보고하여야 한다. 〈개정 2018. 5. 8.〉

[전문개정 2016. 9. 29.][제88조의10에서 이동, 종전 제88조의11은 제88조의12로 이동 〈2022. 8. 16.〉]

제88조의12 소득금액 정보

법 제78조 제2항 제3호에서 "대통령령으로 정하는 외국인의 소득금액 정보"란 소득금액증명(연말정산한 사업소득자용·근로소득자용 또는 종합소득세 신고자용을 말한다) 자료를 말한다. [본조신설 2020. 12. 8.] [제88조의11에서 이동 〈2022. 8. 16.〉]

제8장 보칙

제89조 허가신청 등의 의무자

① 법 제79조각 호 외의 부분에서 "그 밖에 대통령령으로 정하는 사람"이란 다음 각 호의 사람을 말한다.
  1. 사실상의 부양자
  2. 형제자매
  3. 신원보증인
  4. 그 밖의 동거인

② 부 또는 모가 법 제79조에 따른 신청 등을 할 수 없는 경우에는 제1항에 규정된 사람 순으로 신청 등의 의무자가 된다. [전문개정 2011. 11. 1.]

제90조 사실조사

① 권한 있는 공무원이 법 제80조 제1항에 따라 사실조사를 한 결과 신고 또는 등록의 내용이 사실과 다른 것을 발견한 때에는 지체 없이 그 내용을 청장·사무소장 또는 출장소장에게 통보하여야 한다. 〈개정 2018. 5. 8., 2018. 9. 18.〉

② 출입국관리공무원은 법 제80조 제2항에 따른 사실조사를 위하여 필요한 경우에는 「전자정부법」제36조 제1항에 따른 행정정보 공동이용을 통하여 다음 각 호의 서류를 조사할 수 있다. 〈신설 2018. 9. 18.〉
  1. 법 제9조에 따른 사증발급인정서 발급 심사에 필요한 서류로서 법무부령으로 정하는 서류 중 신청인이 확인에 동의한 서류
  2. 법 제20조, 제21조, 제24조 및 제25조에 따른 허가 심사 또는 법 제23조에 따른 체류자격 부여 심사에 필요한 서류로서 법무부령으로 정하는 서류 중 신청인이 확인에 동의한 서류 [전문개정 2011. 11. 1.]

| 관련법령 | 「전자정부법」 제36조제1항 |

제36조(행정정보의 효율적 관리 및 이용)
① 행정기관 등의 장은 수집·보유하고 있는 행정정보를 필요로 하는 다른 행정기관 등과 공동으로 이용하여야 하며, 다른 행정기관 등으로부터 신뢰할 수 있는 행정정보를 제공받을 수 있는 경우에는 같은 내용의 정보를 따로 수집하여서는 아니 된다.

제91조 외국인 동향조사

① 출입국관리공무원은 법 제81조 제1항 및 제2항에 따라 외국인 등의 동향을 조사한 때에는 그 기록을 유지하여야 한다.
② 출입국관리공무원은 제22조에 따른 활동중지 명령서 또는 제27조에 따른 활동범위 등 제한통지서를 받은 사람이 그 명령 또는 제한 내용을 준수하고 있는지를 계속 확인하여 그 기록을 유지하여야 한다.
③ 외국인 동향조사의 보고 및 기록 유지 등에 필요한 사항은 법무부령으로 정한다.
[전문개정 2011. 11. 1.]

제91조의2 관계 기관 소속 공무원

① 법 제81조 제1항 각 호 외의 부분에서 "대통령령으로 정하는 관계 기관 소속 공무원"이란 다음 각 호의 어느 하나에 해당하는 사람을 말한다. <개정 2012. 10. 15., 2017. 7. 26., 2020. 8. 5.>
 1. 고용노동부 소속 공무원 중에서 고용노동부장관이 지정하는 사람
 2. 중소벤처기업부 소속 공무원 중에서 중소벤처기업부장관이 지정하는 사람
 3. 경찰청 소속 경찰공무원 중에서 경찰청장이 지정하는 사람
 4. 해양경찰청 소속 경찰공무원 중에서 해양경찰청장이 지정하는 사람
 5. 국가정보원 소속 공무원 중에서 국가정보원장이 지정하는 사람
 6. 그 밖에 기술연수생의 보호·관리와 관련하여 법무부장관이 필요하다고 인정하는 관계 중앙행정기관 소속 공무원
② 제1항 각 호의 공무원이 법 제81조 제1항에 따라 외국인의 동향을 조사한 때에는 그 내용을 청장·사무소장 또는 출장소장에게 통보하여야 한다. <개정 2018. 5. 8.>
[전문개정 2011. 11. 1.]

제92조 출입국관리공무원의 제복 및 신분증

① 출입국관리공무원은 출입국관리에 관한 직무에 종사할 때에는 제복을 착용하여야 한다. 다만, 법무부장관의 허가가 있거나 그 밖에 특별한 사유가 있을 때에는 그러하지 아니하다.
② 출입국관리공무원은 「사법경찰관리의 직무를 수행할 자와 그 직무범위에 관한 법률」 제3조 제5항에 따라 사법경찰관리 직무를 수행할 때에는 사법경찰관리의 신분증을 지녀야 한다.
③ 제1항에 따른 제복에 관하여 필요한 사항은 법무부령으로 정한다. [전문개정 2011. 11. 1.]

> **관련법령** 「사법경찰관리의 직무를 수행할 자와 그 직무범위에 관한 법률」 제3조제5항

제3조(교도소장 등)

⑤ 출입국관리 업무에 종사하는 4급부터 7급까지의 국가공무원은 출입국관리에 관한 범죄와 다음 각 호에 해당하는 범죄에 관하여 사법경찰관의 직무를, 8급·9급의 국가공무원은 그 범죄에 관하여 사법경찰리의 직무를 수행한다.
  1. 출입국관리에 관한 범죄와 경합범 관계에 있는 「형법」 제2편제20장 문서에 관한 죄 및 같은 편 제21장 인장에 관한 죄에 해당하는 범죄
  2. 출입국관리에 관한 범죄와 경합범 관계에 있는 「여권법」 위반범죄
  3. 출입국관리에 관한 범죄와 경합범 관계에 있는 「밀항단속법」 위반범죄

제92조의2 통보의무의 면제

법 제84조 제1항단서에서 "대통령령으로 정하는 사유"란 다음 각 호의 어느 하나에 해당하는 사유를 말한다. <개정 2013. 1. 28., 2018. 9. 18., 2022. 12. 27.>

1. 「유아교육법」 제2조제2호에 따른 유치원 및 「초·중 등교육법」 제2조에 따른 학교에서 외국인 학생의 학교생활과 관련하여 신상정보를 알게 된 경우
2. 「공공보건의료에 관한 법률」 제2조 제3호에 따른 공공보건의료기관에서 담당 공무원이 보건의료 활동과 관련하여 환자의 신상정보를 알게 된 경우
3. 「아동복지법」 제15조 제1항각 호의 보호조치 또는 같은 법 제22조 제3항각 호의 업무를 수행하는 과정에서 해당 외국인의 신상정보를 알게 된 경우
4. 「청소년복지 지원법」 제29조 제1항에 따른 청소년상담복지센터에서 청소년에 대

한 상담·긴급구조·자활·의료지원 등의 업무를 수행하는 과정에서 해당 외국인의 신상정보를 알게 된 경우
5. 그 밖에 공무원이 범죄피해자 구조, 인권침해 구제 등법무부령으로 정하는 업무를 수행하는 과정에서 해당 외국인의 피해구제가 우선적으로 필요하다고 인정하는 경우[본조신설 2012. 10. 15.]

> 관련법령 ▶ 「유아교육법」 제2조제2호

제2조(정의)
이 법에서 사용하는 용어의 뜻은 다음 각 호와 같다.
2. "유치원"이란 유아의 교육을 위하여 이 법에 따라 설립·운영되는 학교를 말한다.

> 관련법령 ▶ 「초·중 등교육법」 제2조

제2조(학교의 종류)
초·중 등교육을 실시하기 위하여 다음 각 호의 학교를 둔다.
1. 초 등학교 2. 중학교·고등공민학교 3. 고등학교·고등기술학교 4. 특수학교 5. 각종학교

> 관련법령 ▶ 「공공보건의료에 관한 법률」 제2조제3호

제2조(정의)
이 법에서 사용하는 용어의 뜻은 다음과 같다.
3. "공공보건의료기관"이란 국가나 지방자치단체 또는 대통령령으로 정하는 공공단체(이하 "공공단체"라 한다)가 공공보건의료의 제공을 주요한 목적으로 하여 설립·운영하는 보건의료기관을 말한다.

> 관련법령 ▶ 「아동복지법」 제15조제1항, 제22조제3항

제15조(보호조치)
① 시·도지사 또는 시장·군수·구청장은 그 관할 구역에서 보호대상아동을 발견하거나 보호자의 의뢰를 받은 때에는 아동의 최상의 이익을 위하여 대통령령으로 정하는 바에 따라 다음 각 호에 해당하는 보호조치를 하여야 한다.
  1. 전담공무원, 민간전문인력 또는 아동위원에게 보호대상아동 또는 그 보호자에 대한 상담·지도를 수행하게 하는 것
  2. 「민법」 제777조제1호 및 제2호에 따른 친족에 해당하는 사람의 가정에서 보호·양육할 수 있도록 조치하는 것
  3. 보호대상아동을 적합한 유형의 가정에 위탁하여 보호·양육할 수 있도록 조치하는 것
  4. 보호대상아동을 그 보호조치에 적합한 아동복지시설에 입소시키는 것
  5. 약물 및 알콜 중독, 정서·행동·발달 장애, 성폭력·아동학대 피해 등으로 특수한 치료나 요양 등의 보호를 필요로 하는 아동을 전문치료기관 또는 요양소에 입원 또는 입소시키는 것

6. 「입양특례법」에 따른 입양과 관련하여 필요한 조치를 하는 것

제22조(아동학대의 예방과 방지 의무)

③ 시·도지사 또는 시장·군수·구청장은 피해아동의 발견 및 보호 등을 위하여 다음 각 호의 업무를 수행하여야 한다.
  1. 아동학대 신고접수, 현장조사 및 응급보호
  2. 피해아동, 피해아동의 가족 및 아동학대행위자에 대한 상담·조사
  3. 그 밖에 대통령령으로 정하는 아동학대 관련 업무

제93조 형사절차와의 관계

① 청장·사무소장·출장소장 또는 보호소장은 검사가 약식명령을 청구한 사람에 대하여 강제퇴거명령서 또는 출국명령서를 발급한 경우 그가 출국하여도 재판에 지장이 없다는 관할 지방검찰청 검사장의 의견이 있고, 벌금 상당액을 냈을 때에는 지방법원의 약식명령에 앞서 강제퇴거명령서를 집행할 수 있고, 출국명령서를 발급받은 사람을 출국하게 할 수 있다. 〈개정 2018. 5. 8.〉

② 청장·사무소장·출장소장 또는 보호소장은 벌금이나 추징금을 다 내지 아니한 사람에 대하여 강제퇴거명령서 또는 출국명령서를 발급한 경우 그가 벌금이나 추징금을 낼 능력이 없다는 관할 지방검찰청 검사장의 의견이 있으면 이를 다 내지 아니하여도 강제퇴거명령서를 집행할 수 있고, 출국명령서를 발급받은 사람을 출국하게 할 수 있다. 〈개정 2018. 5. 8.〉[전문개정 2011. 11. 1.]

제93조의2 금융회사 등의 범위

법 제88조의3 제2항 제3호 다목에서 "대통령령으로 정하는 금융회사 등"이란 「주민등록법 시행령」 별표 2제3호 각 목의 금융회사 등을 말한다. [본조신설 2023. 5. 30.]

제94조 각종 허가 등의 취소·변경

① 법무부장관은 법 제89조 제1항에 따라 체류기간 연장허가 등을 취소 또는 변경한 때에는 해당 외국인에게 취소나 변경된 사실을 알려야 하고 그 뜻을 여권에 적을 수 있다. 〈개정 2019. 6. 11.〉

② 출입국관리공무원은 법 제9조에 따른 사증발급인정서, 법 제13조에 따른 조건

부 입국허가서, 법 제14조에 따른 승무원 상륙허가서,법 제14조의2에 따른 관광 상륙허가서 및 법 제20조에 따라 발급된 체류자격 외 활동허가서를 가진 외국인이 제1항에 따라 그 허가 등이 취소된 때에는 그 허가서 등을 회수하여야 한다. 〈개정 2012. 5. 25.〉[전문개정 2011. 11. 1.]

제94조의2 의견진술 절차

① 법 제89조 제3항에 따른 통지는 서면으로 하여야 한다. 다만, 그 외국인 또는 신청인의 소재를 알 수 없는 등의 이유로 통지할 수 없는 경우에는 그러하지 아니하다.
② 제1항에 따라 통지를 받은 외국인 또는 신청인은 지정된 일시 및 장소에 출석하여 의견을 진술하거나 서면(전자문서를 포함한다)으로 법무부장관에게 의견을 제출할 수 있다. 이 경우 의견진술을 하지 아니하거나 지정된 날까지 서면(전자문서를 포함한다)으로 의견을 제출하지 아니한 때에는 의견이 없는 것으로 본다.
③ 제2항에 따라 외국인 또는 신청인이 출석하여 의견을 진술한 때에는 관계 공무원은 그 요지를 서면(전자문서를 포함한다)으로 작성하여 진술한 사람으로 하여금 이를 확인한 후 서명날인(전자서명을 포함한다)하게 하여야 한다.
[전문개정 2011. 11. 1.]

제94조의3 전자민원창구

① 법무부장관은 「민원 처리에 관한 법률」 제12조의2 제2항에 따른 전자민원창구를 설치하여 운영할 수 있다. 〈개정 2022. 7. 11.〉
② 전자민원창구의 설치·운영 및 민원업무의 처리 절차 등에 관하여 필요한 사항은 법무부장관이 따로 정하여고시한다. [전문개정 2011. 11. 1.]

제94조의4 영주자격의 취소 특례

법 제89조의2 제1항 제4호에서 "대한민국에 일정금액 이상 투자 상태를 유지할 것 등을 조건으로 영주자격을 취득한 사람 등 대통령령으로 정하는 사람"이란 별표 1

의3중 제16호에 해당하는 사람을 말한다. [본조신설 2018. 9. 18.]

[별표 16] 16. 5년 이상 투자 상태를 유지할 것을 조건으로 법무부장관이 정하여 고시하는 금액 이상을 투자한 사람과 그 배우자 및 자녀로서 법무부장관이 정하는 요건을 갖춘 사람

제95조 신원보증

① 법 제90조 제4항에 따른 보증금 예치 절차에 관하여는 제17조 제2항을 준용한다.
② 법 제90조 제1항에 따른 신원보증인이 보증책임을 이행하지 아니한 때에는같은 조 제4항에 따라 예치된 보증금을 같은 조 제2항에 따라 피보증외국인의 체류·보호 및 출국에 드는 비용으로 충당한다.
③ 법 제90조 제4항에 따라 예치된 보증금은 신원보증인이 보증책임을 이행하거나 보증목적이 달성되었다고 인정될 때에는 신원보증인에게 반환하여야 한다.
[전문개정 2011. 11. 1.]

제95조의2 구상권 행사 절차

① 법무부장관은 법 제90조 제3항또는제90조의2 제2항에 따라 구상권을 행사하려면 구상금액 산출근거 등을 명확히 밝혀 구상금을 낼 것을 서면으로 신원보증인이나 불법고용주에게 통지하여야 한다.
② 제1항에 따른 구상금 납부통지를 받은 신원보증인 또는 불법고용주는 그 통지를 받은 날부터 15일 이내에 구상금을 내야 한다. [전문개정 2011. 11. 1.]

제96조 권한의 위임

① 법무부장관은 법 제92조 제1항에 따라법 제7조 제1항,제7조의3 제1항,제9조,제10조의3 제3항,제11조,제20조,제21조,제23조부터 제25조까지,제25조의2,제25조의5,제30조 제1항,제39조,제78조 제2항,제79조의2 제2항,제79조의3,제81조의3 제2항·제4항,제89조,제89조의2,제90조,제90조의2및제91조의2에 따른 그의 권한을법무부령으로 정하는 바에 따라 청장·사무소장·출장소장 또는 보호소장에게 위임한다. 〈개정 2013. 5. 31., 2013. 6. 21., 2015. 6. 15., 2016. 7. 5., 2016. 9. 29., 2018. 5. 8., 2018. 9. 18., 2019. 12. 24., 2020. 8. 5., 2020. 12. 8., 2022. 12. 27.〉

② 시장(특별시장 및 광역시장은 제외한다)은 법 제92조 제2항에 따라 법 제34조 제2항에 따른 그의 권한을 구청장(자치구의 구청장은 제외한다)에게 위임한다. <개정 2016. 9. 29.>[전문개정 2011. 11. 1.]

제96조의2 업무의 위탁

① 법무부장관은 법 제92조 제3항에 따라 다음 각 호의 업무를 해당 업무에 전문성이 있다고 인정하는 법인, 단체 또는 기관에 위탁할 수 있다.
  1. 법 제7조 제1항에 따른 사증발급 업무 중 다음 각 목의 업무
     가. 사증발급 신청의 접수
     나. 사증발급 신청 결과의 통지
     다. 발급된 사증의 교부
     라. 사증발급 관련 상담 및 정보 제공
  2. 법 제87조 제1항에 따른 수수료의 수납 업무
② 법무부장관은 제1항에 따라 업무를 위탁할 때에는 다음 각 호의 사항을 고려하여 업무를 위탁받을 법인, 단체 또는 기관을 선정한다.
  1. 업무 수행을 위한 충분한 인력의 구비 여부
  2. 재정 건전성
  3. 위탁 업무 수행을 위한 시설과 장비의 구비 여부
  4. 위탁 업무에 대한 전문성
③ 법무부장관은 제1항에 따라 업무를 위탁하는 경우에는 위탁받는 법인, 단체 또는 기관 및 위탁업무의 내용을 관보 또는 인터넷 홈페이지에 공고해야 한다.
④ 법무부장관은 제1항에 따른 업무의 위탁기간을 3년 이내로 정하되, 위탁기간 동안의 운영성과를 평가하여 3년 이내의 범위에서 한 차례 그 위탁기간을 연장할 수 있다.
⑤ 제1항부터 제4항까지에서 규정한 사항 외에 위탁대상 법인 등의 선정 기준 및 위탁기간 연장 등에 필요한 세부 사항은 법무부장관이 정하여 고시한다.

[본조신설 2020. 12. 8.]

제97조 남북한 왕래 등의 출입국심사절차

① 법 제93조 제1항에 따른 국민의 출입국심사에 관하여는 제1조를 준용한다. 이 경우 출입국관리공무원은 「남북교류협력에 관한 법률 시행령」 제22조 제1항 제1호·제4호 및 제5호의 사항을 확인하여야 한다.
② 법 제93조 제2항·제3항에 따른 외국인의 심사에 관하여는 제15조 및 제35조를 준용한다.
③ 법무부장관은 제1항 및 제2항에 따른 출입국심사를 할 때에 대한민국의 안전 또는 공공질서를 해치거나 남북관계에 중대한 영향을 미칠 우려가 있다고 인정하면 통일부장관 등 관계 기관의 장과 협의하여야 한다. [전문개정 2011. 11. 1.]

> **관련법령** ▶ 「남북교류협력에 관한 법률 시행령」 제22조제1항제1호·제4호
>
> 제22조(출입심사)
> ① 법 제11조에서 "심사"란 다음 각 호의 업무를 말한다.
>   1. 신원의 확인 2. 휴대품 등의 검사 3. 검역 4. 방문증명서 등 필요한 서류의 확인
>   5. 「출입국관리법」에 따른 출국금지의 확인

제98조 출입국항

① 법 제2조 제6호에 따라 출입국항을 다음과 같이 지정한다. <개정 2013. 3. 23., 2015. 8. 3., 2017. 3. 29.>
  1. 「공항시설법」 제2조 제3호에 따라 국토교통부장관이 지정한 국제공항
  2. 「남북교류협력에 관한 법률 시행령」 제2조 제1항 제1호부터 제3호까지와 제6호에 따른 출입장소
  3. 「선박의 입항 및 출항 등에 관한 법률」 제2조 제1호에 따른 무역항
  4. 오산군용비행장, 대구군용비행장, 광주군용비행장, 군산군용비행장 및 서울공항
② 도심공항터미널은 「공항시설법」 제2조 제7호에 따라 이를 출입국항시설의 일부로 본다. <개정 2017. 3. 29.> [전문개정 2011. 11. 1.]

관련법령 ▶ 「공항시설법」 제2조제3호

제2조(정의)
3. "공항"이란 공항시설을 갖춘 공공용 비행장으로서 국토교통부장관이 그 명칭·위치 및 구역을 지정·고시한 것을 말한다.

관련법령 ▶ 「선박의 입항 및 출항 등에 관한 법률」 제2조제1호

제2조(정의)
1. "무역항"이란 「항만법」 제2조제2호에 따른 항만을 말한다.

관련법령 ▶ 「공항시설법」 제2조제7호

제2조(정의)
7. "공항시설"이란 공항구역에 있는 시설과 공항구역 밖에 있는 시설 중 대통령령으로 정하는 시설로서 국토교통부장관이 지정한 다음 각 목의 시설을 말한다.
　가. 항공기의 이륙·착륙 및 항행을 위한 시설과 그 부대시설 및 지원시설
　나. 항공 여객 및 화물의 운송을 위한 시설과 그 부대시설 및 지원시설

제99조　임시납부금 등의 보관

법 또는 이 영에 따른 임시납부금, 보관물 및 제출물 등의 보관 또는 반환 절차에 관하여는 법 또는 이 영에서 규정한 것을 제외하고는 법무부령으로 정한다.
[전문개정 2011. 11. 1.]

제100조　서식의 제정

법 또는 이 영에 따른 각종 신청서·신고서 등의 서식은 법무부령으로 정한다.
[전문개정 2011. 11. 1.]

제101조　민감정보 및 고유식별정보의 처리

법무부장관, 청장·사무소장·출장소장·보호소장, 시장·군수·구청장 또는 읍장·면장·동장(해당 권한이 위임·위탁된 경우에는 그 권한을 위임·위탁받은 자를 포함한다)은 법 또는 이 영에 따른 국민의 출입국심사, 외국인의 출입국심사와 상륙·체류 관련 허가, 체류관리 및 각종 신고, 외국인 등록·조사·보호, 강제퇴거, 선박 등의 검

색, 선박 등의 장이나 운수업자의 보고, 난민 인정, 사실증명 발급, 남북왕래에 관한 사무 및 그 밖에 이에 준하는 사무를 수행하기 위하여 불가피한 경우「개인정보 보호법」제23조에 따른 사상·신념, 건강에 관한 정보,같은 법 시행령 제18조 제1호또는 제2호에 따른 유전정보 또는 범죄경력자료에 해당하는 정보,같은 영 제19조 제1호, 제2호또는 제4호에 따른 주민 등록번호, 여권번호 또는 외국인 등록번호가 포함된 자료를 처리할 수 있다.〈개정 2012. 2. 28., 2016. 9. 29., 2018. 5. 8.〉[본조신설 2012. 1. 6.]

관련법령 ▶ 「개인정보 보호법」 제23조

제23조(민감정보의 처리 제한)
① 개인정보처리자는 사상·신념, 노동조합·정당의 가입·탈퇴, 정치적 견해, 건강, 성생활 등에 관한 정보, 그 밖에 정보주체의 사생활을 현저히 침해할 우려가 있는 개인정보로서 대통령령으로 정하는 정보(이하 "민감정보"라 한다)를 처리하여서는 아니 된다. 다만, 다음 각 호의 어느 하나에 해당하는 경우에는 그러하지 아니하다.
  1. 정보주체에게 제15조제2항 각 호 또는 제17조제2항 각 호의 사항을 알리고 다른 개인정보의 처리에 대한 동의와 별도로 동의를 받은 경우
  2. 법령에서 민감정보의 처리를 요구하거나 허용하는 경우
② 개인정보처리자가 제1항 각 호에 따라 민감정보를 처리하는 경우에는 그 민감정보가 분실·도난·유출·위조·변조 또는 훼손되지 아니하도록 제29조에 따른 안전성 확보에 필요한 조치를 하여야 한다.

관련법령 ▶ 「개인정보 보호법 시행령」 제18조, 제19조제1호, 제2호

제18조(민감정보의 범위)
법 제23조제1항 각 호 외의 부분 본문에서 "대통령령으로 정하는 정보"란 다음 각 호의 어느 하나에 해당하는 정보를 말한다. 다만, 공공기관이 법 제18조제2항제5호부터 제9호까지의 규정에 따라 다음 각 호의 어느 하나에 해당하는 정보를 처리하는 경우의 해당 정보는 제외한다.
2. 「형의 실효 등에 관한 법률」제2조제5호에 따른 범죄경력자료에 해당하는 정보
제19조(고유식별정보의 범위)
법 제24조제1항 각 호 외의 부분에서 "대통령령으로 정하는 정보"란 다음 각 호의 어느 하나에 해당하는 정보를 말한다. 다만, 공공기관이 법 제18조제2항제5호부터 제9호까지의 규정에 따라 다음 각 호의 어느 하나에 해당하는 정보를 처리하는 경우의 해당 정보는 제외한다.
1. 「주민 등록법」제7조의2제1항에 따른 주민 등록번호
2. 「여권법」제7조제1항제1호에 따른 여권번호

제9장 과태료

제102조 과태료의 부과기준

① 법 제100조 제4항에 따른 과태료의 부과기준은 별표 2와 같다.

② 삭제 〈2012. 1. 13.〉[전문개정 2011. 11. 1.]

★ 출입국관리법 시행령 [별표 2] 〈개정 2020. 12. 8.〉
〈과태료의 부과기준(제102조 관련)〉

1. 일반기준

가. 위반행위가 둘 이상일 때에는 위반행위마다 부과한다.

나. 하나의 위반행위가 둘 이상의 과태료 부과기준에 해당하면 과태료 금액이 가장 높은 위반행위를 기준으로 과태료를 부과한다.

다. 청장·사무소장 또는 출장소장은 다음의 어느 하나에 해당하는 경우에는 제2호에 따른 과태료 금액의 2분의 1의 범위에서 그 금액을 줄일 수 있다. 다만, 과태료를 체납하고 있는 위반행위자의 경우에는 그렇지 않다.
  1) 위반행위자가 「질서위반행위규제법 시행령」 제2조의2제1항 각 호의 어느 하나에 해당하는 경우
  2) 자연재해나 화재 등으로 위반행위자의 재산에 현저한 손실이 발생하거나 사업 여건의 악화로 위반행위자의 사업이 중대한 위기에 처하는 등의 사정이 있는 경우
  3) 그 밖에 위반행위의 정도, 위반행위의 동기 및 그 결과, 위반행위자의 연령·환경 및 과태료 부담능력 등을 고려하여 과태료를 줄일 필요가 있다고 인정되는 경우

라. 청장·사무소장 또는 출장소장은 다음의 어느 하나에 해당하는 경우에는 제2호에 따른 과태료 부과금액의 2분의 1의 범위에서 그 금액을 늘릴 수 있다. 다만, 법 제100조제1항부터 제3항까지의 규정에 따른 과태료 금액의 상한을 넘을 수 없다.
  1) 위반의 내용 및 정도가 중대하여 그 피해가 출입국관리나 외국인 체류관리 등에 미치는 영향이 크다고 인정되는 경우
  2) 최근 3년 이내 법 위반 사실이 있는 경우
  3) 그 밖에 위반행위의 정도, 위반행위의 동기 및 그 결과 등을 고려하여 과태료를 가중할 필요가 있다고 인정되는 경우

마. 위반행위의 횟수에 따른 과태료의 가중된 부과기준은 최근 3년간(제2호다목의 경우에는 최근 1년간) 같은 위반행위로 과태료 부과처분을 받은 경우에 적용한다. 이 경우 기간의 계산은 위반행위에 대하여 과태료 부과처분을 받은 날과 그 처분 후 다시 같은 위반행위를 하여 적발된 날을 기준으로 한다.

바. 마목에 따라 가중된 부과처분을 하는 경우 가중처분의 적용 차수는 그 위반행위 전 부과처분 차수(마목에 따른 기간 내에 과태료 부과처분이 둘 이상 있었던 경우에는 높은 차수를 말한다)의 다음 차수로 한다.

2. 개별기준

위반행위	근거 법조문	위반기간 또는 위반횟수	과태료 금액
가. 법 제19조에 따른 신고의무를 위반한 경우	법 제100조 제1항제1호	3개월 미만	10만원
		3개월 이상 6개월 미만	30만원
		6개월 이상 12개월 미만	50만원
		1년 이상 2년 미만	100만원
		2년 이상	200만원
나. 법 제19조의4제1항에 따른 통지의무를 위반한 경우	법 제100조 제1항제2호	1회	20만원
		2회	50만원
		3회	100만원
		4회 이상	200만원
다. 법 제19조의4제2항에 따른 신고의무를 위반한 경우	법 제100조 제1항제2호	3개월 미만	10만원
		3개월 이상 6개월 미만	30만원
		6개월 이상 12개월 미만	50만원
		1년 이상 2년 미만	100만원
		2년 이상	200만원
라. 법 제21조제1항 단서에 따른 신고의무를 위반한 경우	법 제100조 제1항제3호	3개월 미만	10만원
		3개월 이상 6개월 미만	30만원
		6개월 이상 12개월 미만	50만원
		1년 이상 2년 미만	100만원
		2년 이상	200만원
마. 법 제33조제2항을 위반하여 외국인 등록증 발급신청을 하지 않은 경우	법 제100조 제3항제1호	3개월 미만	10만원
		3개월 이상 6개월 미만	20만원
		6개월 이상 12개월 미만	30만원
		1년 이상	50만원
바. 법 제33조제4항 또는 제33조의2제1항을 위반하여 영주증을 재발급받지 않은 경우	법 제100조 제1항제4호	3개월 미만	10만원
		3개월 이상 6개월 미만	30만원
		6개월 이상 12개월 미만	50만원
		1년 이상 2년 미만	100만원
		2년 이상	200만원
사. 법 제35조에 따른 외국인 등록사항의 변경신고의무를 위반한 경우	법 제100조 제2항제1호	3개월 미만	10만원
		3개월 이상 6개월 미만	30만원
		6개월 이상 1년 미만	50만원
		1년 이상	100만원

아. 법 제37조제1항 또는 제2항에 따른 외국인 등록증 반납의무를 위반한 경우	법 제100조 제2항제1호	1회	10만원
		2회	30만원
		3회	50만원
		4회 이상	100만원
자. 과실로 인하여 법 제75조제1항(법 제70조제1항 및 제2항에서 준용하는 경우를 포함한다) 또는 제2항(법 제70조제1항 및 제2항에서 준용하는 경우를 포함한다)에 따른 출·입항보고를 하지 않은 경우	법 제100조 제1항제5호	1회	20만원
		2회	50만원
		3회	100만원
		4회 이상	200만원
차. 과실로 인하여 법 제75조제1항(법 제70조제1항 및 제2항에서 준용하는 경우를 포함한다) 또는 제2항(법 제70조제1항 및 제2항에서 준용하는 경우를 포함한다)에 따른 출·입항보고서의 국적, 성명, 성별, 생년월일, 여권번호에 관한 항목을 최근 1년 이내에 3회 이상 사실과 다르게 보고한 경우	법 제100조 제1항제5호	3회	30만원
		4회	50만원
		5회	70만원
		6회	90만원
		7회	120만원
		8회	150만원
		9회 이상	200만원
카. 법 제79조에 따른 신청의무를 위반한 경우	법 제100조 제2항제2호	1년 미만	10만원
		1년 이상 2년 미만	30만원
		2년 이상 3년 미만	50만원
		3년 이상	100만원
타. 법 제81조제4항에 따른 출입국관리공무원의 장부 또는 자료 제출 요구를 거부하거나 기피한 경우	법 제100조 제2항제3호	1회	20만원
		2회	50만원
		3회 이상	100만원
파. 법 제81조의3제1항을 위반하여 여권 등 자료를 제공하지 않은 경우	법 제100조제3항제1호의2	1회	10만원
		2회	20만원
		3회	30만원
		4회	40만원
		5회 이상	50만원
하. 법 제81조의3제2항을 위반하여 숙박외국인의 자료를 제출하지 않거나 허위로 제출한 경우	법 제100조제3항제1호의3	1회	10만원
		2회	20만원
		3회	30만원
		4회	40만원
		5회 이상	50만원
거. 법에 따른 각종 신청이나 신고에서 거짓 사실을 적거나 보고한 경우(법 제94조제17호의2에 해당하는 경우는 제외한다)	법 제100조 제3항제2호	1회	30만원
		2회	40만원
		3회 이상	50만원

제10장 고발과 통고처분

제1절 고발

제103조 사건의 처분 결과 통보

청장·사무소장·출장소장 또는 보호소장은 법 제101조 제2항에 따라 인계받은 사건의 처분 결과를 인계기관의 장에게 서면으로 통보한다. 〈개정 2018. 5. 8.〉[전문개정 2011. 11. 1.]

제2절 통고처분

제104조 통고처분의 절차

① 청장·사무소장·출장소장 또는 보호소장은 법 제102조 제1항에 따라 통고처분을 하는 때에는 제72조에 따른 심사결정서와 통고서를 작성하여야 한다. 〈개정 2018. 5. 8.〉
② 제1항에 따른 통고서에는 다음 각 호의 사항을 적고 청장·사무소장·출장소장 또는 보호소장이 서명날인하여야 한다. 〈개정 2016. 9. 29., 2018. 5. 8.〉
  1. 통고처분을 받은 사람의 성명·성별·생년월일 및 주소
  2. 범칙금액
  3. 위반사실
  4. 적용 법조문
  5. 납부장소 및 납부기한
  6. 통고처분 연월일

③ 청장·사무소장·출장소장 또는 보호소장은 조사 결과 위반사실이 여권 또는 서류 등에 의하여 명백히 인정되고 처분에 다툼이 없는 출입국사범에 대해서는 제57조에 따른 용의사실 인지보고서, 제59조 제1항에 따른 용의자신문조서, 제1항에 따른 심사결정서 및 통고서를 따로 작성하지 아니하고 출입국사범 심사결정 통고서를 작성하는 것으로 갈음할 수 있다. 〈개정 2018. 5. 8.〉[전문개정 2011. 11. 1.]

제105조 범칙금의 납부절차 등

① 법 제102조 제1항에 따라 통고처분을 받은 사람은 그 범칙금을 법 제105조에 따른 납부기간 내에 청장·사무소장·출장소장 또는 보호소장이 지정하는 국고은행, 그 지점 또는 대리점이나 우체국(이하 "수납기관"이라 한다)에 내야 한다. 〈개정 2018. 5. 8.〉
② 제1항에 따라 범칙금을 받은 수납기관은 범칙금을 낸 사람에게 영수증서를 발급하여야 한다.
③ 수납기관은 제2항에 따른 영수증서를 발급한 때에는 지체 없이 그 통고서를 발행한 청장·사무소장·출장소장 또는 보호소장에게 영수확인 통지서를 보내야 한다. 〈개정 2018. 5. 8.〉
④ 범칙금은 나누어 낼 수 없다. [전문개정 2011. 11. 1.]

제105조의2 범칙금 납부대행기관 등

① 법 제102조의2 제1항전단에서 "대통령령으로 정하는 범칙금 납부대행기관"이란 다음 각 호의 기관 중에서 같은 항 후단에 따라 법무부장관이 범칙금 납부대행기관으로 지정하는 기관을 말한다.
 1. 「민법」 제32조에 따라 금융위원회의 허가를 받아 설립된 금융결제원
 2. 그 밖에 시설, 업무수행능력, 자본금 규모 등을 고려하여 범칙금 납부대행업무를 수행하기에 적합하다고 법무부장관이 인정하는 기관
② 법무부장관은 법 제102조의2 제1항후단에 따라 범칙금 납부대행기관을 지정하는 경우에는 그 지정 사실을 관보에 고시해야 한다.
③ 범칙금 납부대행기관은 법 제102조의2 제3항에 따라 해당 범칙금액[법 제103조

제1항에 따른 범칙금의 양정기준(量定基準)에 따라 가중된 금액을 포함한다]의 1천분의 15를 초과하지 않는 범위에서 범칙금 납부자로부터 납부대행 수수료를 받을 수 있다.

④ 범칙금 납부대행기관은 제3항에 따른 납부대행 수수료에 대하여 법무부장관의 승인을 받아야 한다. 이 경우 법무부장관은 범칙금 납부대행기관의 운영경비 등을 종합적으로 고려하여 납부대행 수수료를 승인해야 한다.[본조신설 2021. 1. 19.]

> **관련법령** ▶ 「민법」 제32조

제32조(비영리법인의 설립과 허가)
학술, 종교, 자선, 기예, 사교 기타 영리아닌 사업을 목적으로 하는 사단 또는 재단은 주무관청의 허가를 얻어 이를 법인으로 할 수 있다.

제106조 통고서의 송달

법 제104조에 따른 통고서는 법 제91조에 따른 방법으로 송달한다.[전문개정 2011. 11. 1.]

제107조 범칙금의 임시납부

① 법 제102조 제2항에 따라 범칙금을 임시납부하려는 사람은 청장·사무소장·출장소장 또는 보호소장에게 임시납부 신청서를 제출하고 해당 범칙금을 내야 한다.〈개정 2018. 5. 8.〉

② 청장·사무소장·출장소장 또는 보호소장은 제1항에 따라 임시납부된 범칙금을 받은 때에는 지체 없이 범칙금 임시보관대장에 적고 임시납부금 수령증을 그 납부자에게 발급하여야 한다.〈개정 2018. 5. 8.〉

③ 청장·사무소장·출장소장 또는 보호소장은 제2항에 따라 임시납부받은 범칙금을 수납기관에 내야 한다.〈개정 2018. 5. 8.〉[전문개정 2011. 11. 1.]

제2편 출입국관리법

제3부

출입국관리법 시행규칙

[시행 2023. 6. 30.]
[법무부령 제1054호, 2023. 6. 30., 일부개정]

제1장 국민의 출입국

제1조 출입국심사

출입국관리공무원은 「출입국관리법」(이하 "법"이라 한다),「출입국관리법시행령」(이하 "영"이라 한다) 및 이 규칙이 정하는 바에 따라 영 제1조의 규정에 의한 대한민국의 국민(이하 "국민"이라 한다)에 대한 출입국심사를 하는 때에는 여권명의인의 본인 여부 및 여권의 위·변조여부, 출입국규제여부 기타 법무부장관이 따로 정한 사항 등을 확인하여야 한다.〈개정 2005. 7. 8.〉

제1조의2 정보화기기를 이용한 출입국심사

① 영 제1조의2에 따라 정보화기기에 의한 출입국심사(이하 "자동출입국심사"라 한다)를 받기 위하여 지문과 얼굴에 관한 정보를 등록하려는 국민은 출입국·외국인청장(이하 "청장"이라 한다), 출입국·외국인사무소장(이하 "사무소장"이라 한다), 출입국·외국인청 출장소장 또는 출입국·외국인사무소 출장소장(이하 "출장소장"이라 한다)에게 자동출입국심사 등록신청서를 제출하여야 한다. 다만, 법무부장관은 필요하다고 인정하는 사람의 경우에는 정보화기기를 통하여 자동출입국심사 등록을 신청하게 할 수 있다.〈개정 2010. 11. 16., 2013. 5. 31., 2018. 5. 15., 2018. 6. 12.〉
② 청장·사무소장 또는 출장소장은 제1항에 따른 신청을 받으면 영 제1조의2 제1항 각 호의 요건을 확인하고 신청자의 여권에 자동출입국심사 등록 확인인을 날인하거나 자동출입국심사 등록 스티커를 붙여야 한다.〈개정 2013. 5. 31., 2018. 5. 15.〉
③ 영 제1조의2에 따라 등록을 한 사람은 등록을 해지하거나 등록정보를 정정하려

면 청장·사무소장 또는 출장소장에게 다음 각 호의 구분에 따른 서류를 제출하여야 한다. 다만, 법무부장관은 필요하다고 인정하는 사람의 경우에는 정보화기기를 통하여 등록 해지 또는 등록정보 정정을 신청하게 할 수 있다.〈개정 2011. 12. 23., 2013. 5. 31., 2018. 5. 15.〉

1. 등록을 해지하려는 경우 : 자동출입국심사 등록 해지신청서
2. 등록정보를 정정하려는 경우 : 자동출입국심사 등록정보 정정신청서

④ 청장·사무소장 또는 출장소장은 제3항에 따른 해지 또는 정정 신청을 접수하면 지체 없이 그 등록의 해지 또는 등록정보의 정정을 하여야 한다. 〈개정 2018. 5. 15.〉

⑤ 제1항 및 제2항에 따른 절차를 마친 국민은 제4항에 따라 등록을 해지하지 아니하는 한 그 등록을 마친 때부터 계속하여영 제1조의2에 따른 출입국심사를 받을 수 있다. [본조신설 2009. 4. 3.]

제2조 출입국신고서의 작성 등

① 영 제1조 제1항단서에 따라 제출하는 출입국신고서는 공용란을 제외하고는 출입국자 본인이 작성하여야 한다. 다만, 부득이한 사유로 출입국자 본인이 직접 작성할 수 없는 경우에는 그러하지 아니하다. 〈개정 1994. 7. 20., 2016. 9. 29.〉

② 출입국자는 제1항의 규정에 의하여 출입국신고서를 작성하는 때에는 사항별로 이를 정확하게 기재하여야 한다.

③ 출입국관리공무원은 제1항의 규정에 의하여 작성·제출한 출입국신고서에 잘못 기재된 것이나 기타 미비한 사항이 있는지 여부를 확인하여 이를 보완하게 하고, 공용란은 자신이 직접 기재하여야 한다. 〈개정 1994. 7. 20.〉

④ 출입국관리공무원은영 제1조 제1항각 호 외의 부분 본문에 따라 출국심사 또는 입국심사를 마친 때에는 제출받은 여권을 이용하여 해당 출입국자의 출입국기록에 관한 사항을 즉시 정보화처리하여 저장하여야 한다. 〈신설 2005. 7. 8., 2016. 9. 29.〉

제3조 출입국신고서의 관리

① 청장·사무소장 또는 출장소장은 제2조에 따른 출입국신고서를 법무부장관이 따로 지정한 정보화망을 관리하는 사무소장(이하 "정보화망관리소장"이라 한다)

에게 지체없이 송부하여야 한다. 〈개정 2005. 7. 8., 2009. 4. 3., 2018. 5. 15.〉

② 정보화망관리소장은 제1항의 규정에 의한 출입국신고서를 정보화처리하고 이를 정보기록보존매체 등에 수록하여 관리하여야 한다. 〈개정 1997. 7. 1., 2005. 7. 8.〉

③ 정보화망관리소장은 제2조 제4항 및 이 조 제2항의 규정에 의하여 정보화처리된 결과를 출입국자명부로 작성·관리하여야 한다. 〈개정 2005. 7. 8.〉

제3조의2 자동출입국심사 등록 자료의 관리

① 청장·사무소장 또는 출장소장은 제1조의2에 따른 자동출입국심사 등록을 마친 사람의 등록신청서, 지문 및 얼굴을 정보화처리하여 정보화망관리소장에게 송부하여야 한다. 〈개정 2018. 5. 15.〉

② 정보화망관리소장은 제1항에 따라 정보화처리된 자료를 정보기록매체 등에 수록하고 관리하여야 한다. [본조신설 2009. 4. 3.]

제4조 승무원의 등록 등

① 영 제1조 제5항의 규정에 의하여 승무원(부정기적으로 운항하는 선박 등의 승무원을 제외한다)이 승무원 등록을 하고자 하는 때에는 여권 및 승무원 등록신고서에 사진 1매와 재직증명서를 첨부하여 출입국관리공무원에게 제출하여야 한다. 〈개정 1994. 7. 20., 1997. 7. 1., 2005. 7. 8.〉

② 출입국관리공무원이 제1항의 규정에 의한 승무원 등록신고서를 제출받은 때에는 승무원의 자격심사를 한 후 등록번호를 부여하여 승무원 등록대장에 기재하고 승무원 등록증을 그 승무원에게 교부하여야 한다. 〈개정 1994. 7. 20.〉

③ 제2항의 규정에 의하여 등록을 한 승무원이 등록사항에 변동이 있는 때에는 관계 증명서류를 출입국관리공무원에게 제출하여야 한다.

제5조 병역의무자의 출국사실 통보

청장·사무소장 또는 출장소장은 병역의무자인 국민이 출국하면 그 사실을 지체 없이 병무청장에게 통보(정보통신망을 이용한 통보를 포함한다)하여야 한다. 〈개정

2018. 5. 15.>[전문개정 2008. 7. 3.]

제6조 출국금지의 기본원칙

① 법 제4조에 따른 출국금지는 필요 최소한의 범위에서 하여야 한다.
② 출국금지는 단순히 공무수행의 편의를 위하여 하거나 형벌 또는 행정벌을 받은 사람에게 행정제재를 가할 목적으로 해서는 아니된다.
③ 삭제<2019. 12. 24.>
④ 법무부장관은 출국금지 중인 사람에 대하여 동일한 사유로 출국금지의 요청을 받은 경우 거듭 출국금지하지 아니한다. 이 경우 출국금지를 요청한 기관의 장에게 그 사실을 통보하여야 한다.[본조신설 2012. 1. 19.]

제6조의2 출국금지 대상자

① 법 제4조 제1항 제6호에서 "법무부령으로 정하는 사람"이란 다음 각 호의 어느 하나에 해당하는 사람을 말한다.<개정 2018. 6. 12., 2018. 9. 21., 2020. 9. 25., 2022. 4. 12.>
  1. 「병역법」 제65조 제6항에 따라 보충역 편입처분이나 사회복무요원소집의 해제처분이 취소된 사람
  2. 거짓이나 그 밖의 부정한 방법으로 병역면제·전시근로역·보충역의 처분을 받고 그 처분이 취소된 사람
  3. 「병역법 시행령」 제128조 제4항에 따라 징병검사·입영 등의 연기처분이 취소된 사람
  4. 종전 「병역법」(2004. 12. 31. 법률 제7272호로 개정되기 전의 것을 말한다)제65조 제4항에 따라 병역면제 처분이 취소된 사람. 다만, 영주귀국의 신고를 한 사람은 제외한다.
  5. 「병역법」 제76조 제1항각 호 또는 제5항에 해당하는 병역의무불이행자
  6. 「병역법」 제86조를 위반하여 병역의무 기피·감면 목적으로 도망가거나 행방을 감춘 사람
  7. 2억원 이상의 국세를 포탈한 혐의로 세무조사를 받고 있는 사람
  8. 20억원 이상의 허위 세금계산서 또는 계산서를 발행한 혐의로 세무조사를 받

고 있는 사람
9. 영 제98조에 따른 출입국항에서 타인 명의의 여권 또는 위조·변조여권 등으로 출입국하려고 한 사람
10. 3천만원 이상의 공금횡령(橫領) 또는 금품수수(收受) 등의 혐의로 감사원의 감사를 받고 있는 사람
11. 「전자장치 부착 등에 관한 법률」 제13조에 따라 위치추적 전자장치가 부착된 사람
12. 출국 시 공중보건에 현저한 위해를 끼칠 염려가 있다고 법무부장관이 인정하는 사람
13. 그 밖에 출국 시 국가안보 또는 외교관계를 현저하게 해칠 염려가 있다고 법무부장관이 인정하는 사람

② 법 제4조 제2항 제1호에서 도주 등 특별한 사유가 있어 수사 진행이 어려운 사람은 도주 등으로 체포영장 또는 구속영장이 발부되거나 지명수배된 사람으로 한다.
[본조신설 2012. 1. 19.]

> 관련법령 ▶ 「병역법」 제65조제6항

제65조(병역처분 변경 등)
⑥ 제2항에 따라 가족과 같이 국외이주하는 사유로 보충역에 편입되거나 사회복무요원 소집이 해제된 사람이 국내에서 영주할 목적으로 귀국하는 등 대통령령으로 정하는 사유에 해당하는 경우에는 그 처분을 취소하고 병역의무를 부과할 수 있다.

> 관련법령 ▶ 「병역법 시행령」 제128조제4항

제128조(병역판정검사 등의 연기)
④ 제2항에 따라 병역판정검사, 재병역판정검사 또는 입영 등의 연기처분을 받은 사람이 제147조의2제1항제1호 각 목의 어느 하나에 해당하는 경우에는 병역판정검사, 재병역판정검사 또는 입영 등의 연기처분과 국외여행허가 또는 국외여행기간 연장허가를 취소하고 병역의무를 부과하되, 제147조의2제1항제1호다목 및 마목에 해당하는 사람이 재외국민 2세에 해당하는 기간 동안은 그러하지 아니하다. 이 경우 병역의무를 부과하는 경우에는 제147조의2제2항을 적용한다.

> 관련법령 ▶ 「병역법」(2004. 12. 31. 법률 제7272호로 개정되기 전의 것을 말한다) 제65조제4항

제65조(병역처분 변경 등)
④ 예비역 또는 전시근로역으로서 제1항제1호에 따른 사유로 병역을 감당할 수 없는 사람은 원할 경

우 신체검사를 거쳐 보충역·전시근로역에 편입하거나 병역면제의 처분을 할 수 있다.

> **관련법령** ▶ 「병역법」 제76조제1항, 제86조

제76조(병역의무 불이행자에 대한 제재)
① 국가기관, 지방자치단체의 장 또는 고용주는 다음 각 호의 어느 하나에 해당하는 사람을 공무원이나 임직원으로 임용하거나 채용할 수 없으며, 재직 중인 경우에는 해직하여야 한다.
  1. 병역판정검사, 재병역판정검사 또는 확인신체검사를 기피하고 있는 사람
  2. 징집·소집을 기피하고 있는 사람
  3. 군복무 및 사회복무요원 또는 대체복무요원 복무를 이탈하고 있는 사람

제86조(도망·신체손상 등)
병역의무를 기피하거나 감면받을 목적으로 도망가거나 행방을 감춘 경우 또는 신체를 손상하거나 속임수를 쓴 사람은 1년 이상 5년 이하의 징역에 처한다.

> **관련법령** ▶ 「전자장치 부착 등에 관한 법률」 제13조

제13조(부착명령의 집행)
① 부착명령은 특정범죄사건에 대한 형의 집행이 종료되거나 면제·가석방되는 날 또는 치료감호의 집행이 종료·가종료되는 날 석방 직전에 피부착명령자의 신체에 전자장치를 부착함으로써 집행한다. 다만, 다음의 경우에는 각 호의 구분에 따라 집행한다.
  1. 부착명령의 원인이 된 특정범죄사건이 아닌 다른 범죄사건으로 형이나 치료감호의 집행이 계속될 경우에는 부착명령의 원인이 된 특정범죄사건이 아닌 다른 범죄사건에 대한 형의 집행이 종료되거나 면제·가석방 되는 날 또는 치료감호의 집행이 종료·가종료 되는 날부터 집행한다.
  2. 피부착명령자가 부착명령 판결 확정 시 석방된 상태이고 미결구금일수 산입 등의 사유로 이미 형의 집행이 종료된 경우에는 부착명령 판결 확정일부터 부착명령을 집행한다.
② 제1항제2호에 따라 부착명령을 집행하는 경우 보호관찰소의 장은 피부착명령자를 소환할 수 있으며, 피부착명령자가 소환에 따르지 아니하는 때에는 관할 지방검찰청의 검사에게 신청하여 부착명령 집행장을 발부받아 구인할 수 있다. 〈신설 2017. 10. 31.〉
③ 보호관찰소의 장은 제2항에 따라 피부착명령자를 구인한 경우에는 부착명령의 집행을 마친 즉시 석방하여야 한다. 〈신설 2017. 10. 31.〉
④ 부착명령의 집행은 신체의 완전성을 해하지 아니하는 범위 내에서 이루어져야 한다.
⑤ 부착명령이 여러 개인 경우 확정된 순서에 따라 집행한다. 〈신설 2010. 4. 15., 2017. 10. 31.〉
⑥ 다음 각 호의 어느 하나에 해당하는 때에는 부착명령의 집행이 정지된다.
  1. 부착명령의 집행 중 다른 죄를 범하여 구속영장의 집행을 받아 구금된 때
  2. 부착명령의 집행 중 다른 죄를 범하여 금고 이상의 형의 집행을 받게 된 때
  3. 가석방 또는 가종료된 자에 대하여 전자장치 부착기간 동안 가석방 또는 가종료가 취소되거나 실효된 때
⑦ 제6항제1호에도 불구하고 구속영장의 집행을 받아 구금된 후에 다음 각 호의 어느 하나에 해당하는 사유로 구금이 종료되는 경우 그 구금기간 동안에는 부착명령이 집행된 것으로 본다. 다만, 제1

호 및 제2호의 경우 법원의 판결에 따라 유죄로 확정된 경우는 제외한다.
1. 사법경찰관이 불송치결정을 한 경우
2. 검사가 혐의없음, 죄가안됨, 공소권없음 또는 각하의 불기소처분을 한 경우
3. 법원의 무죄, 면소, 공소기각 판결 또는 공소기각 결정이 확정된 경우

⑧ 제6항에 따라 집행이 정지된 부착명령의 잔여기간에 대하여는 다음 각 호의 구분에 따라 집행한다.
1. 제6항제1호의 경우에는 구금이 해제되거나 금고 이상의 형의 집행을 받지 아니하게 확정된 때부터 그 잔여기간을 집행한다.
2. 제6항제2호의 경우에는 그 형의 집행이 종료되거나 면제된 후 또는 가석방된 때부터 그 잔여기간을 집행한다.
3. 제6항제3호의 경우에는 그 형이나 치료감호의 집행이 종료되거나 면제된 후 그 잔여기간을 집행한다.

⑨ 제1항부터 제8항까지 규정된 사항 외에 부착명령의 집행 및 정지에 관하여 필요한 사항은 대통령령으로 정한다.

제6조의3 출국금지의 세부기준

① 법무부장관은 필요하다고 인정하는 경우에는 법 제4조 제1항 또는 제2항에 따른 출국금지 대상자에 대한 세부기준을 정할 수 있다.
② 제1항에 따른 세부기준은 중앙행정기관 및 법무부장관이 정하는 관계 기관과의 협의를 거쳐 정하여야 한다. [본조신설 2012. 1. 19.]

제6조의4 출국금지 등의 요청 시 첨부서류

① 영 제2조 제2항본문에서 "법무부령으로 정하는 서류"란 다음 각 호의 서류를 말한다. ⟨개정 2020. 12. 31.⟩
  1. 다음 각 목의 사항에 대한 소명 자료
    가. 당사자가 법 제4조 제1항 또는 제2항에 따른 출국금지 대상자에 해당하는 사실
    나. 출국금지가 필요한 사유
  2. 검사의 검토의견서(법 제4조 제2항에 따른 범죄 수사 목적인 경우에만 해당한다)

② 영 제2조의2 제2항에서 "법무부령으로 정하는 서류"란 다음 각 호의 서류를 말한다. 〈개정 2020. 12. 31.〉
  1. 다음 각 목의 사항에 대한 소명 자료
     가. 당사자가 법 제4조 제1항 또는 제2항에 따른 출국금지 대상자에 해당하는 사실
     나. 출국금지기간 연장이 필요한 사유
  2. 검사의 검토의견서(법 제4조 제2항에 따른 범죄 수사 목적인 경우에만 해당한다)
③ 영 제5조의2 제1항에서 "법무부령으로 정하는 서류"란 다음 각 호의 서류를 말한다.
  1. 당사자가 법 제4조의6 제1항에 따른 출국금지(이하 "긴급출국금지"라 한다) 대상자에 해당하는 사실
  2. 법 제4조의6 제1항에 따른 긴급한 필요 등 긴급출국금지가 필요한 사유
④ 영 제5조의3 제1항에서 "법무부령으로 정하는 서류"란 다음 각 호의 서류를 말한다. 〈개정 2020. 12. 31.〉
  1. 검사의 검토의견서
  2. 긴급출국금지보고서
  3. 다음 각 목의 사항에 대한 소명 자료
     가. 당사자가 법 제4조의6 제1항에 따른 긴급출국금지 대상자에 해당하는 사실
     나. 긴급출국금지 승인이 필요한 사유
  4. 긴급출국금지 요청 시 제출하였던 긴급출국금지 요청서와 첨부 서류

[본조신설 2012. 1. 19.]

제6조의5 출국금지 등의 심사·결정 시 고려사항

① 법무부장관은 법 제4조에 따른 출국금지나 법 제4조의2에 따른 출국금지기간 연장 여부를 결정할 때에는 다음 각 호의 사항을 고려하여야 한다.
  1. 제6조에 따른 출국금지의 기본원칙
  2. 출국금지 대상자의 범죄사실
  3. 출국금지 대상자의 연령 및 가족관계
  4. 출국금지 대상자의 해외도피 가능성

② 법무부장관은 영 제2조의3에 따라 출국금지 요청이나 출국금지기간 연장요청에 관하여 심사·결정하면 심사결정서를 작성하여야 한다. [본조신설 2012. 1. 19.]

제6조의6 출국금지의 해제

① 법무부장관은 출국금지된 사람이 다음 각 호의 어느 하나에 해당하면 영 제3조 제1항 단서에 따라 즉시 출국금지를 해제하여야 한다.
1. 출국이 금지된 사람의 여권이 「여권법」에 따라 반납되었거나 몰취(沒取)된 것이 확인된 경우
2. 유효한 여권을 소지하지 아니한 사람으로서 여권발급이 제한되어 있어 해외도피의 우려가 없다고 확인된 경우
3. 그 밖에 출국금지 사유가 소멸되었음이 확인된 경우

② 법무부장관은 출국이 금지된 사람이 다음 각 호의 어느 하나에 해당되면 출국금지를 해제할 수 있다.
1. 출국금지로 인하여 생업을 유지하기 어렵다고 인정되는 경우
2. 출국금지로 인하여 회복하기 어려운 중대한 손해를 입을 우려가 있다고 인정되는 경우
3. 그 밖에 인도적인 사유 등으로 출국금지를 해제할 필요가 있다고 인정되는 경우

③ 법무부장관은 영 제3조 제4항에 따라 출국금지 해제요청에 관하여 심사·결정하면 심사결정서를 작성하여야 한다. [본조신설 2012. 1. 19.]

제6조의7 출국금지결정 등의 통지서

① 법 제4조의4 제1항 또는 제2항에 따른 통지는 다음 각 호의 구분에 따른 서면으로 한다.
1. 법 제4조 제1항 또는 제2항에 따라 출국금지한 경우 : 출국금지 통지서
2. 법 제4조의2 제1항에 따라 출국금지기간을 연장한 경우 : 출국금지기간 연장 통지서
3. 법 제4조의3에 따라 출국금지를 해제한 경우 : 출국금지 해제통지서

② 제1항 각 호에 따른 통지서는 본인에게 직접 교부하거나 우편 등의 방법으로 보

내야 한다.〈본조신설 2012. 1. 19.〉

제6조의8 출국금지결정 등 통지의 예외

① 법 제4조의4 제3항 제1호에 따라 대한민국의 안전 또는 공공의 이익에 중대하고 명백한 위해를 끼칠 우려가 있어 출국금지나 출국금지기간 연장의 통지를 하지 아니할 수 있는 경우는 출국이 금지된 사람이 다음 각 호의 어느 하나에 해당하는 죄와 관련된 혐의자인 경우로 한정한다.〈개정 2015. 6. 15.〉
  1. 「형법」중 내란·외환의 죄
  2. 「국가보안법」위반의 죄
  3. 「군형법」중 반란·이적의 죄
  4. 「군형법」중 군사기밀 누설죄와 암호부정 사용죄
② 영 제2조의2 제2항에 따른 출국금지 요청기관의 장은 영 제3조의3 제1항에 따라 당사자에게 통지하지 아니할 것을 요청하는 경우에는 출국금지 요청서의 출국금지 사유란 또는 출국금지기간 연장요청서의 연장요청 사유란에 그 이유를 기재하여야 한다.
③ 법무부장관은 영 제3조의3 제2항에 따라 출국금지 또는 출국금지기간 연장을 결정한 사실을 통지하지 아니하기로 한 경우에는 출국금지 등의 심사결정서에 그 이유를 기재하여야 한다.〈본조신설 2012. 1. 19.〉

제6조의9 출국금지 여부의 확인

① 출국이 금지된 사람(본인으로부터 소송 등을 위임받은 변호인을 포함한다)은 법무부장관이나 청장·사무소장 또는 출장소장에게 본인의 출국금지 사실을 확인할 수 있다.〈개정 2018. 5. 15.〉
② 법무부장관은 제1항에 따른 확인을 온라인으로 할 수 있도록 하기 위한 정보통신망을 구축·운영할 수 있다.〈신설 2019. 12. 24.〉
③ 제1항에 따른 사실확인 절차 등 필요한 사항은 법무부장관이 정한다.〈개정 2019. 12. 24.〉[본조신설 2012. 1. 19.]

제6조의10 출국금지결정 등에 대한 이의신청서

① 법 제4조의5 제1항에 따라 출국금지결정이나 출국금지기간 연장결정에 대하여 이의신청을 하려는 사람은 같은 항에서 정한 기간 내에 법무부장관에게 다음 각 호의 어느 하나에 해당하는 방법으로 이의신청서를 제출하여야 한다. <개정 2022. 12. 29.>
 1. 이의신청서를 서면으로 제출
 2. 법무부장관이 지정하는 전자우편 주소로 이의신청서가 포함된 전자적 파일을 제출
② 법무부장관은 영 제3조의4에 따라 심사·결정을 하면 이의신청에 대한 심사결정서를 작성하고, 그 사본을 이의신청인과 출국금지 또는 출국금지기간 연장을 요청한 기관의 장에게 보내야 한다. [본조신설 2012. 1. 19.]

제6조의11 중앙행정기관 등과의 협의사항

① 법무부장관은 중앙행정기관 및 법무부장관이 정하는 관계 기관과 다음 각 호의 사항을 협의한다.
 1. 출국금지제도의 운영 및 개선에 관한 사항
 2. 출국금지 또는 이의신청의 심사, 출국금지의 해제에 관한 사항 중 협의가 필요한 사항
 3. 그 밖에 출국금지 업무와 관련하여 협의가 필요한 사항
② 법무부장관은 제1항의 협의사항과 관련하여 필요한 경우 중앙행정기관 및 법무부장관이 정하는 관계 기관에 필요한 자료나 의견 제출을 요청할 수 있다.
[본조신설 2012. 1. 19.]

제6조의12 문서관리 등

① 법무부장관은 다음 각 호의 문서를 비치·관리하여야 한다. 이 경우 전자적 처리가 불가능한 경우가 아니면 전자적 방법으로 관리할 수 있다.
 1. 출국금지 통지서 발급대장

2. 출국금지 이의신청 처리대장
3. 그 밖에 법무부장관이 필요하다고 인정한 문서

② 법무부장관은 출국금지 요청, 출국금지기간의 연장 요청, 출국금지의 해제 요청과 관계 기관에 대한 통보 등의 업무를 정보화망을 통한 전자적 방법으로 처리할 수 있다. [본조신설 2012. 1. 19.]

제6조의13 긴급출국금지 보고

출입국관리공무원은 긴급출국금지를 한 경우에는 즉시 법무부장관에게 보고하여야 한다. [본조신설 2012. 1. 19.]

제6조의14 긴급출국금지 승인 절차 등

긴급출국금지 승인 절차 등에 관하여는 제6조, 제6조의3 및 제6조의5부터 제6조의12까지를 준용한다. [본조신설 2012. 1. 19.]

제7조 여권의 보관 및 반환

① 출입국관리공무원은 법 제5조에 따라 여권 또는 선원신분증명서를 보관할 때에는 보관일자·보관사유 등을 보관물 대장에 정확하게 기재하여야 한다. 〈개정 2005. 7. 8., 2016. 9. 29.〉

② 출입국관리공무원은 영 제6조 제2항에 따라 보관 중인 여권 또는 선원신분증명서를 요청기관이나 발급기관의 장에게 송부하는 때에는 그 뜻을 보관물 대장에 기재하고 수령인의 서명 또는 날인을 받거나 송부사실을 증명할 수 있는 영수증 등을 첨부하여야 한다. 〈개정 1997. 7. 1., 2005. 7. 8., 2015. 6. 15., 2016. 9. 29.〉

③ 삭제〈2015. 6. 15.〉 [제목개정 2005. 7. 8.]

제2장 외국인의 입국 및 상륙

제1절 외국인의 입국

> **제8조 사증 등 발급의 승인**

① 재외공관의 장은 법 제7조 제4항의 규정에 의하여 대한민국과 수교하지 아니한 국가(이하 "미수교국가"라 한다)나 법무부장관이 외교부장관과 협의하여 지정한 국가(이하 "특정국가"라 한다)의 국민 및 미수교국가 또는 특정국가에 거주하는 무국적자에 대하여 외국인입국허가서를 발급하거나, 제9조의 규정에 의하여 그 발급권한이 위임되지 아니한 사증을 발급하고자 하는 때에는 법무부장관의 승인을 얻어야 한다. 다만, 국제연합기구 또는 각국 정부간의 국제기구가 주관하는 행사에 참석하는 자와 법무부장관이 따로 정하는 자에 대하여 체류기간 90일이하의 외국인입국허가서 또는 사증을 발급하는 경우에는 그러하지 아니하다. 〈개정 2002. 4. 27., 2013. 3. 23.〉

② 재외공관의 장은 제1항에 따른 승인을 얻고자 하는 때에는 사증발급승인신청서에 입국의 적합 여부에 관한 의견을 붙여 외교부장관을 거쳐 법무부장관에게 승인요청을 하여야 한다. 다만, 긴급을 요하는 때에는 사증발급승인요청서에 의하여 전문으로 승인을 요청할 수 있으며, 이 경우 재외공관의 장은 그 신청인으로부터 실비상당의 전신료를 징수할 수 있다. 〈개정 2002. 4. 27., 2013. 3. 23., 2018. 9. 21.〉

③ 법무부장관은 사증발급에 관하여 제2항에 따른 승인요청이 있는 때에는 입국의 적합 여부를 심사한 후에 그 승인여부와 승인하는 경우 그 사증의 단수 또는 복수의 구분, 체류자격 및 체류기간을 각각 명시하여 이를 외교부장관을 거쳐 해당 재외공관의 장에게 통지한다. 이 경우 체류자격은 문자와 기호를 함께 적고,

근무처, 연수장소, 학교명 등이 있는 때에는 이를 명시하여야 한다.〈개정 1994. 7. 20., 2002. 4. 27., 2013. 3. 23., 2018. 9. 21.〉

④ 재외공관의 장은 제2항의 규정에 의하여 법무부장관에게 사증발급승인을 요청한 때에는 그 승인통지를 받기 전에 제9조의 규정에 의한 사증을 발급하여서는 아니된다.

제8조의2 전자사증 발급 대상자

영 제7조의2 제4항에서 "법무부령으로 정한 외국인"이란 다음 각 호의 어느 하나에 해당하는 외국인을 말한다.〈개정 2018. 9. 21.〉
1. 영 별표 1의2중 14. 교수(E-1), 16. 연구(E-3), 17. 기술지도(E-4) 및 18. 전문직업(E-5) 체류자격에 해당하는 외국인
2. 그 밖에 상호주의 또는 대한민국의 이익 등을 위하여 재외공관의 장의 심사가 필요하지 아니하다고 법무부장관이 인정하는 외국인 [본조신설 2013. 1. 1.]

제8조의3 사전여행허가서의 발급 기준

법 제7조의3 제2항에 따른 사전여행허가서(이하 "사전여행허가서"라 한다)를 발급받으려는 외국인은 다음 각 호의 요건을 모두 갖추어야 한다.
1. 유효한 여권을 가지고 있을 것
2. 법 제11조에 따른 입국의 금지 또는 거부의 대상이 아닐 것
3. 입국 목적이 체류자격에 맞을 것
4. 허가된 체류기간 내에 대한민국에서 출국할 것으로 인정될 것
5. 그 밖에 법무부장관이 정하여 고시하는 요건을 갖추고 있을 것 [본조신설 2020. 8. 5.]

제8조의4 사전여행허가서의 발급 절차 및 방법

① 법무부장관은 사전여행허가서의 온라인 발급 신청 등을 위하여 정보통신망을 설치·운영해야 한다.
② 사전여행허가서를 발급받으려는 외국인은 제1항에 따른 정보통신망을 이용하

여 발급을 신청해야 한다.
③ 사전여행허가서는 제1항에 따른 정보통신망을 통하여 발급한다.
④ 사전여행허가서를 발급받으려는 외국인은 법무부장관이 정하여 고시하는 자에게 제2항에 따른 신청을 대행하게 할 수 있다.
⑤ 그 밖에 사전여행허가서의 발급 등에 필요한 세부 사항은 법무부장관이 정한다.
[본조신설 2020. 8. 5.]

제9조 사증발급권한의 위임

① 영 제11조 제2항에 따라 법무부장관이 재외공관의 장에게 위임하는 사증발급 권한(영 제7조의2 제4항에 따른 전자사증 발급권한은 제외한다)은 다음 각 호와 같다.〈개정 2009. 4. 3., 2011. 12. 23., 2013. 1. 1., 2018. 9. 21., 2022. 12. 29.〉

1. 다음 각 목에 해당하는 사증 발급(이 경우에는 입국 후에 체류자격 변경을 허가하지 아니한다는 뜻을 신청인에게 알려야 한다)

    가. 영 별표 1중 체류자격 3. 일시취재(C-1)·5. 단기취업(C-4)의 자격에 해당하는 사람에 대한 체류기간 90일 이하의 단수사증

    나. 복수사증발급협정 등이 체결된 국가의 경우 영 별표 1중 체류자격 3. 일시취재(C-1)의 자격에 해당하는 사람에 대한 체류기간 90일 이하의 사증

    다. 영 별표 1중 체류자격 단기방문(C-3)의 자격에 해당하는 사람에 대한 체류기간 90일 이하의 사증

2. 영 별표 1의2중 체류자격 5. 유학(D-2)의 자격에 해당하는 사람에 대한 체류기간 2년 이하의 단수사증 발급 및 13. 구직(D-10)의 자격에 해당하는 사람에 대한 체류기간 6개월 이하의 단수사증 발급

3. 영 별표 1의2중 체류자격 11. 기업투자(D-8)의 자격에 해당하는 사람과 그 동반가족[체류자격 25. 동반(F-3)]에 대한 체류기간 1년 이하의 단수사증 발급

4. 「경제자유구역의 지정 및 운영에 관한 법률」 제4조에 따라 지정된 경제자유구역에 투자한 자로서 영 별표 1의2중 체류자격 11. 기업투자(D-8) 가목의 자격에 해당하는 사람과 그 동반가족[체류자격 25. 동반(F-3)]에 대한 체류기간 2년 이하의 사증 발급

5. 영 별표 1의2중 체류자격 26. 재외동포(F-4)의 자격에 해당하는 사람에 대한

체류기간 2년 이하의 사증 발급
6. 별표 1의3영주(F-5)의 자격에 해당하는 사람에 대한 단수사증 발급
7. 영 별표 1의2중 체류자격 28. 관광취업(H-1)의 자격에 해당하는 사람에 대한 체류기간 1년 이하의 사증 발급
8. 영 별표 1의2중 체류자격 29. 방문취업(H-2)의 자격에 해당하는 사람에 대한 체류기간 1년 이하의 사증 발급
9. 그 밖에영 별표 1의2의 체류자격 중 다음 각 목의 체류자격에 해당하는 사람으로서 상호주의 또는 대한민국의 이익 등을 위하여 법무부장관이 특히 필요하다고 인정하는 사람에 대한 체류기간 1년 이하의 사증 발급
  가. 4. 문화예술(D-1)
  나. 6. 기술연수(D-3) 및 7. 일반연수(D-4)
  다. 8. 취재(D-5) 부터 10. 주재(D-7)까지 및 12. 무역경영(D-9)
  라. 14. 교수(E-1)부터 20. 특정활동(E-7)까지
  마. 20의2. 계절근로(E-8), 21. 비전문취업(E-9) 및 22. 선원취업(E-10)
  바. 23. 방문동거(F-1)부터 25. 동반(F-3)까지 및 27. 결혼이민(F-6)
  사. 30. 기타(G-1)

② 법무부장관은 제1항 각 호에 따른 사증의 종류, 체류자격, 체류기간 또는 사증발급 대상 및 절차 등에 관한 세부기준을 정할 수 있다. <개정 2013. 1. 1.> [전문개정 2008. 7. 3.]

> **관련법령** ▶ 「경제자유구역의 지정 및 운영에 관한 법률」 제4조

제4조(경제자유구역의 지정 등)

① 시·도지사는 산업통상자원부장관에게 경제자유구역의 지정을 요청할 수 있다. 다만, 대상구역이 둘 이상의 특별시·광역시·특별자치시·도 또는 특별자치도(이하 "시·도"라 한다)에 걸쳐 있는 경우에는 해당 시·도지사가 공동으로 지정을 요청하여야 한다.

② 시·도지사는 제1항에 따라 경제자유구역의 지정을 요청하려는 경우에는 제6조제1항 각 호의 사항이 포함된 경제자유구역개발계획(이하 "경제자유구역개발계획"이라 한다)을 작성하여 이를 제출하여야 한다. 이 경우 대통령령으로 정하는 바에 따라 주민의 의견을 미리 들어야 한다.

③ 시·도지사는 경제자유구역개발계획에 「산업입지 및 개발에 관한 법률」 제2조제8호가목부터 다목까지의 규정에 따른 산업단지에 관한 사항이 포함되어 있으면 제1항에 따라 경제자유구역의 지정을 요청하기 전에 국토교통부장관과 협의를 하여야 한다. 이 경우 국토교통부장관은 「산업입지 및 개발에 관한 법률」 제3조에 따른 산업입지정책심의회의 심의를 거쳐야 한다.

④ 제1항에 따라 경제자유구역의 지정을 요청받은 산업통상자원부장관은 관계 행정기관의 장과의

협의와 경제자유구역위원회의 심의·의결을 거쳐 경제자유구역개발계획을 확정하고 경제자유구역을 지정한다. 이 경우 제1항에 따라 경제자유구역의 지정을 요청한 시·도지사의 의견을 들어야 한다.
⑤ 산업통상자원부장관은 경제자유구역의 개발이 필요하다고 인정하면 관할 시·도지사의 동의를 받은 후 경제자유구역위원회의 심의·의결을 거쳐 경제자유구역개발계획을 수립하고 경제자유구역을 지정할 수 있다.
⑥ 산업통상자원부장관은 경제자유구역을 지정할 때 필요한 경우에는 경제자유구역을 둘 이상의 개발사업지구로 분할하여 개발하도록 할 수 있다. 〈
⑦ 산업통상자원부장관은 경제자유구역의 개발에 필요한 토지가 확보되어 있는 등 대통령령으로 정하는 요건에 해당하는 경우에는 단계적으로 개발하도록 할 수 있다.
⑧ 산업통상자원부장관은 제4항이나 제5항에 따라 경제자유구역을 지정한 경우에는 대통령령으로 정하는 바에 따라 그 내용을 관보에 고시하고, 지체 없이 이를 관할 시·도지사에게 통지하여야 한다. 이 경우 지형도면의 고시에 관하여는 「토지이용규제 기본법」 제8조에 따른다.
⑨ 제8항에 따른 통지를 받은 시·도지사는 그 내용을 14일 이상 일반인이 열람할 수 있게 하여야 한다.

제9조의2 사증 등 발급의 기준

제8조 및 제10조에 따라 법무부장관이 사증 등의 발급을 승인하거나 제9조의 위임에 따라 재외공관의 장이 사증을 발급하는 경우 사증발급을 신청한 외국인이 다음 각 호의 요건을 갖추었는지의 여부를 심사·확인하여야 한다. 〈개정 2008. 7. 3., 2018. 9. 21., 2022. 12. 29.〉
1. 유효한 여권을 소지하고 있는지 여부
2. 법 제11조의 규정에 의한 입국의 금지 또는 거부의 대상이 아닌지 여부
3. 영 별표 1, 별표 1의2 및 별표 1의3에서 정하는 체류자격에 해당하는지 여부
4. 영 별표 1, 별표 1의2 및 별표 1의3에서 정하는 체류자격에 부합한 입국목적을 소명하는지 여부
5. 해당 체류자격별로 허가된 체류기간 내에 본국으로 귀국할 것이 인정되는지 여부
6. 그 밖에 영 별표 1, 별표 1의2 및 별표 1의3의 체류자격별로 법무부장관이 따로 정하는 기준에 해당하는지 여부 [본조신설 2005. 7. 8.] [제목개정 2008. 7. 3.]

주요판례

❖ **사증발급거부처분취소**(재외동포에 대한 입국금지결정이 있는 경우에 행정청이 그에 구속되어 아무런 재량을 행사하지 않고 사증발급 거부처분을 한 것이 적법한지가 문제된 사건)[대법원 2019. 7. 11., 선고, 2017두38874, 판결]

판시사항

[1] 행정처분의 성립요건 / 행정처분의 성립 시점 및 그 성립 여부를 판단하는 기준
[2] 병무청장이 법무부장관에게 '가수 甲이 공연을 위하여 국외여행허가를 받고 출국한 후 미국 시민권을 취득함으로써 사실상 병역의무를 면탈하였으므로 재외동포 자격으로 재입국하고자 하는 경우 국내에서 취업, 가수활동 등 영리활동을 할 수 없도록 하고, 불가능할 경우 입국 자체를 금지해 달라'고 요청함에 따라 법무부장관이 甲의 입국을 금지하는 결정을 하고, 그 정보를 내부전산망인 '출입국관리정보시스템'에 입력하였으나, 甲에게는 통보하지 않은 사안에서, 위 입국금지결정은 항고소송의 대상이 되는 '처분'에 해당하지 않는다고 한 사례
[3] 상급행정기관이 소속 공무원이나 하급행정기관에 대하여 업무처리지침이나 법령의 해석·적용 기준을 정해 주는 '행정규칙'이 대외적으로 구속력이 있는지 여부(소극) 및 처분이 행정규칙에 적합한지 여부에 따라 처분의 적법 여부를 판단할 수 있는지 여부(소극) / 상급행정기관이 소속 공무원이나 하급행정기관에 하는 개별·구체적인 지시에 관하여도 마찬가지 법리가 적용되는지 여부(적극)
[4] 행정처분의 처분 방식에 관한 행정절차법 제24조 제1항을 위반한 처분이 무효인지 여부(적극)
[5] 행정절차법 제3조 제2항 제9호, 행정절차법 시행령 제2조 제2호에서 정한 행정절차법의 적용이 제외되는 '외국인의 출입국에 관한 사항'의 의미 및 '외국인의 출입국에 관한 사항'의 경우 행정절차를 거칠 필요가 당연히 부정되는지 여부(소극) / 외국인의 사증발급 신청에 대한 거부처분이 행정절차법 제24조에서 정한 '처분서 작성·교부'를 할 필요가 없거나 곤란하다고 인정되는 사항이거나 행정절차법 제24조에 정한 절차를 따르지 않고 '행정절차에 준하는 절차'로 대체할 수 있는 것인지 여부(소극)
[6] 재외동포에 대한 사증발급이 행정청의 재량행위에 속하는지 여부(적극)
[7] 처분의 근거 법령이 행정청에 처분의 요건과 효과 판단에 일정한 재량을 부여하였는데도, 행정청이 처분으로 달성하려는 공익과 처분상대방이 입게 되는 불이익을 전혀 비교형량 하지 않은 채 처분을 한 경우, 재량권 일탈·남용으로 해당 처분을 취소해야 할 위법사유가 되는지 여부(적극)
[8] 헌법상의 기본원리로서 비례의 원칙의 내용
[9] 처분상대방의 의무위반을 이유로 한 제재처분이 의무위반의 내용에 비하여 과중하여 사회통념상 현저하게 타당성을 잃은 경우, 재량권 일탈·남용에 해당하여 위법한지 여부(적극)
[10] 병무청장이 법무부장관에게 '가수 甲이 공연을 위하여 국외여행허가를 받고 출국한 후 미국 시민권을 취득함으로써 사실상 병역의무를 면탈하였다'는 이유로 입국 금지를 요청함에 따라 법무부장관이 甲의 입국금지결정을 하였는데, 甲이 재외공관의 장에게 재외동포(F-4) 체류자격의 사증발급을 신청하자 재외공관장이 처분이유를 기재한 사증발급 거부처분서를 작성해 주지 않은 채 甲의 아버지에게 전화로 사증발급이 불허되었다고 통보한 사안에서, 사증발급 거부처분에는 행정절차법 제24조 제1항을 위반한 하자가 있고, 재외공관장이 13년 7개월 전에 입국금지결정이 있었다는 이유만으로 그에 구속되어 사증발급 거부처분을 한 것이 비례의 원칙에 반하는 것인지 판단했어야 함에도, 입국금지결정에 따라 사증발급 거부처분을 한 것이 적법하다고 본 원심판단에 법리를 오해한 잘못이 있다고 한 사례

판결요지

[1] 일반적으로 처분이 주체·내용·절차와 형식의 요건을 모두 갖추고 외부에 표시된 경우에는 처분의 존재가 인정된다. 행정의사가 외부에 표시되어 행정청이 자유롭게 취소·철회할 수 없는 구속을 받게 되는 시점에 처분이 성립하고, 그 성립 여부는 행정청이 행정의사를 공식적인 방법으로 외부에 표시하였는지를 기준으로 판단해야 한다.

[2] 병무청장이 법무부장관에게 '가수 甲이 공연을 위하여 국외여행허가를 받고 출국한 후 미국 시민권을 취득함으로써 사실상 병역의무를 면탈하였으므로 재외동포 자격으로 재입국하고자 하는 경우 국내에서 취업, 가수활동 등 영리활동을 할 수 없도록 하고, 불가능할 경우 입국 자체를 금지해 달라'고 요청함에 따라 법무부장관이 甲의 입국을 금지하는 결정을 하고, 그 정보를 내부전산망인 '출입국관리정보시스템'에 입력하였으나, 甲에게는 통보하지 않은 사안에서, 행정청이 행정의사를 외부에 표시하여 행정청이 자유롭게 취소·철회할 수 없는 구속을 받기 전에는 '처분'이 성립하지 않으므로 법무부장관이 출입국관리법 제11조 제1항 제3호 또는 제4호, 출입국관리법 시행령 제14조 제1항, 제2항에 따라 위 입국금지결정을 했다고 해서 '처분'이 성립한다고 볼 수는 없고, 위 입국금지결정은 법무부장관의 의사가 공식적인 방법으로 외부에 표시된 것이 아니라 단지 그 정보를 내부전산망인 '출입국관리정보시스템'에 입력하여 관리한 것에 지나지 않으므로, 위 입국금지결정은 항고소송의 대상이 될 수 있는 '처분'에 해당하지 않는데도, 위 입국금지결정이 처분에 해당하여 공정력과 불가쟁력이 있다고 본 원심판단에 법리를 오해한 잘못이 있다고 한 사례.

[3] 상급행정기관이 소속 공무원이나 하급행정기관에 대하여 업무처리지침이나 법령의 해석·적용 기준을 정해 주는 '행정규칙'은 일반적으로 행정조직 내부에서만 효력을 가질 뿐 대외적으로 국민이나 법원을 구속하는 효력이 없다. 처분이 행정규칙을 위반하였다고 해서 그러한 사정만으로 곧바로 위법하게 되는 것은 아니고, 처분이 행정규칙을 따른 것이라고 해서 적법성이 보장되는 것도 아니다. 처분이 적법한지는 행정규칙에 적합한지 여부가 아니라 상위법령의 규정과 입법 목적 등에 적합한지 여부에 따라 판단해야 한다. 상급행정기관이 소속 공무원이나 하급행정기관에 하는 개별·구체적인 지시도 마찬가지이다. 상급행정기관의 지시는 일반적으로 행정조직 내부에서만 효력을 가질 뿐 대외적으로 국민이나 법원을 구속하는 효력이 없다. 대외적으로 처분 권한이 있는 처분청이 상급행정기관의 지시를 위반하는 처분을 하였다고 해서 그러한 사정만으로 처분이 곧바로 위법하게 되는 것은 아니고, 처분이 상급행정기관의 지시를 따른 것이라고 해서 적법성이 보장되는 것도 아니다. 처분이 적법한지는 상급행정기관의 지시를 따른 것인지 여부가 아니라, 헌법과 법률, 대외적으로 구속력 있는 법령의 규정과 입법 목적, 비례·평 등원칙과 같은 법의 일반원칙에 적합한지 여부에 따라 판단해야 한다.

[4] 행정절차에 관한 일반법인 행정절차법은 제24조 제1항에서 "행정청이 처분을 할 때에는 다른 법령 등에 특별한 규정이 있는 경우를 제외하고는 문서로 하여야 하며, 전자문서로 하는 경우에는 당사자 등의 동의가 있어야 한다. 다만 신속히 처리할 필요가 있거나 사안이 경미한 경우에는 말 또는 그 밖의 방법으로 할 수 있다."라고 정하고 있다. 이 규정은 처분내용의 명확성을 확보하고 처분의 존부에 관한 다툼을 방지하여 처분상대방의 권익을 보호하기 위한 것이므로, 이를 위반한 처분은 하자가 중대·명백하여 무효이다.

[5] 행정절차법 제3조 제2항 제9호, 행정절차법 시행령 제2조 제2호 등 관련 규정들의 내용을 행정의 공정성, 투명성, 신뢰성을 확보하고 처분상대방의 권익보호를 목적으로 하는 행정절차법의 입법 목적에 비추어 보면, 행정절차법의 적용이 제외되는 '외국인의 출입국에 관한 사항'이란 해당 행정작용의 성질상 행정절차를 거치기 곤란하거나 거칠 필요가 없다고 인정되는 사항이나 행정절차에 준하는 절차를 거친 사항으로서 행정절차법 시행령으로 정하는 사항만을 가리킨다. '외국인의 출입국에 관한 사항'이라고 하여 행정

절차를 거칠 필요가 당연히 부정되는 것은 아니다.

외국인의 사증발급 신청에 대한 거부처분은 당사자에게 의무를 부과하거나 적극적으로 권익을 제한하는 처분이 아니므로, 행정절차법 제21조 제1항에서 정한 '처분의 사전통지'와 제22조 제3항에서 정한 '의견제출 기회 부여'의 대상은 아니다. 그러나 사증발급 신청에 대한 거부처분이 성질상 행정절차법 제24조에서 정한 '처분서 작성·교부'를 할 필요가 없거나 곤란하다고 일률적으로 단정하기 어렵다. 또한 출입국관리 법령에 사증발급 거부처분서 작성에 관한 규정을 따로 두고 있지 않으므로, 외국인의 사증발급 신청에 대한 거부처분을 하면서 행정절차법 제24조에 정한 절차를 따르지 않고 '행정절차에 준하는 절차'로 대체할 수도 없다.

[6] 출입국관리법 제7조 제1항, 제8조 제2항, 제3항, 제10조, 제10조의2, 제11조 제1항 제3호, 제4호, 출입국관리법 시행규칙 제9조의2 제2호, 재외동포의 출입국과 법적 지위에 관한 법률(이하 '재외동포법'이라 한다) 제5조 제1항, 제2항과 체계, 입법 연혁과 목적을 종합하면 다음과 같은 결론을 도출할 수 있다. 재외동포에 대한 사증발급은 행정청의 재량행위에 속하는 것으로서, 재외동포가 사증발급을 신청한 경우에 출입국관리법 시행령 [별표 1의2]에서 정한 재외동포체류자격의 요건을 갖추었다고 해서 무조건 사증을 발급해야 하는 것은 아니다. 재외동포에게 출입국관리법 제11조 제1항 각호에서 정한 입국금지사유 또는 재외동포법 제5조 제2항에서 정한 재외동포체류자격 부여 제외사유(예컨대 '대한민국 남자가 병역을 기피할 목적으로 외국국적을 취득하고 대한민국 국적을 상실하여 외국인이 된 경우')가 있어 그의 국내 체류를 허용하지 않음으로써 달성하고자 하는 공익이 그로 말미암아 발생하는 불이익보다 큰 경우에는 행정청이 재외동포체류자격의 사증을 발급하지 않을 재량을 가진다.

[7] 처분의 근거 법령이 행정청에 처분의 요건과 효과 판단에 일정한 재량을 부여하였는데도, 행정청이 자신에게 재량권이 없다고 오인한 나머지 처분으로 달성하려는 공익과 그로써 처분상대방이 입게 되는 불이익의 내용과 정도를 전혀 비교형량하지 않은 채 처분을 하였다면, 이는 재량권 불행사로서 그 자체로 재량권 일탈·남용으로 해당 처분을 취소하여야 할 위법사유가 된다.

[8] 비례의 원칙은 법치국가 원리에서 당연히 파생되는 헌법상의 기본원리로서, 모든 국가작용에 적용된다. 행정목적을 달성하기 위한 수단은 목적달성에 유효·적절하고, 가능한 한 최소침해를 가져오는 것이어야 하며, 아울러 그 수단의 도입에 따른 침해가 의도하는 공익을 능가하여서는 안 된다.

[9] 처분상대방의 의무위반을 이유로 한 제재처분의 경우 의무위반 내용과 제재처분의 양정(量定) 사이에 엄밀하게는 아니더라도 어느 정도는 비례 관계가 있어야 한다. 제재처분이 의무위반의 내용에 비하여 과중하여 사회통념상 현저하게 타당성을 잃은 경우에는 재량권 일탈·남용에 해당하여 위법하다고 보아야 한다.

[10] 병무청장이 법무부장관에게 '가수 甲이 공연을 위하여 국외여행허가를 받고 출국한 후 미국 시민권을 취득함으로써 사실상 병역의무를 면탈하였다'는 이유로 입국 금지를 요청함에 따라 법무부장관이 甲의 입국금지결정을 하였는데, 甲이 재외공관의 장에게 재외동포(F-4) 체류자격의 사증발급을 신청하자 재외공관장이 처분이유를 기재한 사증발급 거부처분서를 작성해 주지 않은 채 甲의 아버지에게 전화로 사증발급이 불허되었다고 통보한 사안에서, 甲의 재외동포(F-4) 체류자격 사증발급 신청에 대하여 재외공관장이 6일 만에 한 사증발급 거부처분이 문서에 의한 처분 방식의 예외로 행정절차법 제24조 제1항 단서에서 정한 '신속히 처리할 필요가 있거나 사안이 경미한 경우'에 해당한다고 볼 수도 없으므로 사증발급 거부처분에는 행정절차법 제24조 제1항을 위반한 하자가 있음에도, 외국인의 사증발급 신청에 대한 거부처분이 성질상 행정절차를 거치기 곤란하거나 불필요하다고 인정되는 처분에 해당하여 행정절차법의 적용이 배제된다고 판단하고, 재외공관장이 자신에게 주어진 재량권을 전혀 행사하지 않고 오로지 13년 7개월 전에 입국금지결정이 있었다는 이유만으로 그에 구속되어 사증발급 거부처분을 한 것이 비례의

원칙에 반하는 것인지 판단했어야 함에도, 입국금지결정에 따라 사증발급 거부처분을 한 것이 적법하다고 본 원심판단에 법리를 오해한 잘못이 있다고 한 사례.

주요판례

❖ **사증발급거부처분취소**[서울행법 2016. 9. 30., 선고, 2015구합77189, 판결 : 항소]

판시사항

미국 시민권을 취득함으로써 대한민국 국적을 상실한 인기가수 甲에 대하여 병무청장이 '미국 시민권을 취득함으로써 사실상 병역의무를 면탈하였다'는 이유로 입국 금지를 요청함에 따라 법무부장관이 甲의 입국 금지결정을 하였는데, 甲이 재외공관의 장에게 재외동포(F-4) 자격의 사증발급을 신청하였다가 거부된 사안에서, 사증발급 거부가 적법하다고 한 사례

판결요지

미국 시민권을 취득함으로써 대한민국 국적을 상실한 인기가수 甲에 대하여 병무청장이 '미국 시민권을 취득함으로써 사실상 병역의무를 면탈하였다'는 이유로 입국 금지를 요청함에 따라 법무부장관이 甲의 입국 금지결정을 하였는데, 甲이 재외공관의 장에게 재외동포(F-4) 자격의 사증발급을 신청하였다가 거부된 사안에서, 甲이 가족들과 함께 미국에서 생활하기 위해서가 아니라 대한민국에서 계속 가수로서 활동하기 위하여 미국 시민권을 취득한 것으로 보이는 점 등에 비추어 보면 甲은 대한민국 국민으로서의 병역의 의무를 기피하기 위하여 미국 시민권을 취득한 것인데, 甲이 입국하여 방송·연예활동을 계속할 경우 국군 장병들의 사기를 저하시키고 병역의무 이행 의지를 약화시키며, 입대를 앞둔 청소년들에게 병역의무 기피 풍조를 낳게 할 우려가 있어 헌법 제39조 제1항이 정하고 있는 국방의 의무 수행에 지장을 가져오고 나아가 영토의 보전을 위태롭게 하며 대한민국의 준법 질서를 어지럽힘으로써 대한민국의 이익, 공공의 안전, 사회질서 및 선량한 풍속을 해하게 되므로 출입국관리법 제11조 제1항 제3호, 제4호 또는 제8호에 정한 입국금지사유에 해당하고, 입국금지조치가 비례의 원칙이나 평등의 원칙을 위반하였다고 보기 어려워 적법·유효한 이상, 입국금지조치를 이유로 한 사증발급 거부는 출입국관리법 제8조 제3항, 출입국관리법 시행규칙 제9조의2 제2호에 따른 것으로서 적법하다고 한 사례.

제9조의3 사증추천인

① 법무부장관은 다음 각 호의 어느 하나에 해당하는 자를 사증추천인으로 지정할 수 있다.
  1. 과학, 기술, 사회, 경제, 교육, 문화 등 전문분야에서 뛰어난 능력이 있는 자
  2. 대한민국의 이익에 특별히 기여한 공로가 있는 자
  3. 제1호 및 제2호에서 규정한 자 외에 학력이나 경력·경험 등을 고려하여 사증발급 추천을 하기에 적합한 능력이 있다고법무부장관이 인정하는자
② 법무부장관은 제1항에 따른 사증추천인의 지정에 필요한 경우 전문적인 지식이

나 경험이 있는 관계 전문가의 의견을 들을 수 있다.
③ 제1항에 따라 사증추천인으로 지정된 자는 외국인재의 능력 및 자격을 평가한 후 영 제7조의2 제1항에 따른 정보통신망을 통하여 해당 외국인에 대한 사증발급을 추천할 수 있다.
④ 제1항에 따른 사증추천인의 지정 및 제3항에 따른 사증발급 추천의 기준과 절차 등에 관한 세부사항은 법무부장관이 정한다. [본조신설 2010. 1. 12.]

제9조의4 결혼동거 목적의 외국인 초청절차 등

① 외국인이 영 별표 1의2 중 24. 거주(F-2) 가목 또는 27. 결혼이민(F-6) 가목에 해당하는 결혼 동거 목적의 사증을 발급받기 위해서는 배우자의 초청이 있어야 한다. 이 경우 초청인은 법 제90조 제1항에 따라 피초청인의 신원보증인이 된다. 〈개정 2011. 12. 23., 2018. 9. 21.〉
② 제1항에 따른 사증을 발급받으려는 외국인 중 법무부장관이 고시하는 요건에 해당하는 사람은 그의 배우자인 초청인이 법무부장관이 시행하는 국제결혼에 관한 안내프로그램(이하 "국제결혼 안내프로그램"이라 한다)을 이수하였다는 증명서를 첨부하거나 초청장에 국제결혼 안내프로그램 이수번호를 기재하여 사증 발급을 신청하여야 한다.
③ 제2항에 따른 국제결혼 안내프로그램의 시행기관, 비용 지원 등 그 운영에 필요한 사항은 법무부장관이 정하여 고시한다. [본조신설 2011. 3. 7.]

제9조의5 결혼동거 목적의 사증 발급 기준 등

① 제9조의4 제1항에 따라 결혼동거 목적의 사증 발급 신청을 받은 재외공관의 장은 혼인의 진정성 및 정상적인 결혼 생활의 가능성 여부를 판단하기 위하여 제9조의2 각 호(제5호는 제외한다) 외에도 사증 발급을 신청한 외국인과 그 초청인에 대하여 다음 각 호의 요건을 심사·확인할 수 있다. 다만, 초청인과 피초청인 사이에 출생한 자녀가 있는 경우 등 법무부장관이 정하여 고시하는 경우에 해당하면 다음 각 호의 요건 중 일부에 대한 심사를 면제할 수 있다. 〈개정 2013. 10. 10., 2015. 6. 15., 2018. 9. 21., 2020. 2. 21., 2022. 4. 12.〉

1. 교제경위 및 혼인의사 여부
2. 당사국의 법령에 따른 혼인의 성립 여부
3. 초청인이 최근 5년 이내에 다른 배우자를 초청한 사실이 있는지 여부
4. 초청인이「국민기초생활 보장법」제2조 제11호에 따른 기준 중위소득을 고려하여 법무부장관이 매년 정하여 고시하는 소득 요건을 충족하였는지 여부
5. 건강상태 및 범죄경력 정보 등의 상호 제공 여부
6. 피초청인이 기초 수준 이상의 한국어 구사가 가능한지 여부. 이 경우 구체적인 심사·확인 기준은 법무부장관이 정하여 고시한다.
7. 부부가 함께 지속적으로 거주할 수 있는 정상적인 주거공간의 확보 여부. 이 경우 고시원, 모텔, 비닐하우스 등 일반적으로 부부가 함께 지속적으로 거주할 수 있는 장소로 보기 어려운 곳은 정상적인 주거 공간이 확보된 것으로 보지 아니한다.
8. 초청인이「국적법」제6조 제2항 제1호 또는 제2호에 따라 국적을 취득하거나 영 별표 1의3영주(F-5) 제2호에 따라 영주자격을 취득하고 3년이 경과하였는지 여부
9. 초청인이「가정폭력범죄의 처벌 등에 관한 특례법」(이하 "가정폭력처벌법"이라 한다)제2조 제3호에 따른 가정폭력범죄를 범한 전력이 있는 경우에는 다음 각 목의 어느 하나에 해당하는지 여부
    가. 가정폭력처벌법 제29조의 임시조치 결정에 따른 임시조치기간이 종료되거나 임시조치 결정이 취소되었는지 여부
    나. 가정폭력처벌법 제40조의 보호처분 결정에 따른 보호처분의 기간이 종료되었는지 여부
    다. 가정폭력처벌법 제63조에 따른 금고 이상의 실형의 선고를 받고 그 형의 집행이 종료되거나 집행이 면제된 날부터 10년이 지났는지 여부
    라. 가정폭력처벌법 제63조에 따른 금고 이상의 형의 집행유예를 선고받고 그 판결이 확정된 날부터 10년이 경과하였는지 여부
    마. 가정폭력처벌법 제63조에 따른 벌금 이상의 형이 확정된 날부터 10년이 경과하였는지 여부
10. 초청인이「아동·청소년의 성보호에 관한 법률」제2조 제2호에 따른 아동·청소

년대상 성범죄를 범한 전력이 있는 경우에는 다음 각 목의 어느 하나에 해당하는 날부터 10년이 지났는지 여부
   가. 금고 이상의 실형의 선고를 받고 그 형의 집행이 종료되거나 집행이 면제된 날
   나. 금고 이상의 형의 집행유예를 선고받고 그 판결이 확정된 날
   다. 벌금형이 확정된 날
11. 초청인이 「성폭력범죄의 처벌 등에 관한 특례법」 제2조 제1항 각 호에 따른 성폭력범죄, 「특정강력범죄의 처벌에 관한 특례법」 제2조 제1항 각 호에 따른 특정강력범죄 또는 「형법」 제2편 제24장 살인의 죄를 범한 전력이 있는 경우에는 다음 각 목의 어느 하나에 해당하는 날부터 10년이 지났는지 여부
    가. 금고 이상의 실형의 선고를 받고 그 형의 집행이 종료되거나 집행이 면제된 날
    나. 금고 이상의 형의 집행유예를 선고받고 그 판결이 확정된 날
12. 초청인이 허위의 혼인신고로 「형법」 제228조를 위반한 전력이 있는 경우에는 다음 각 목의 어느 하나에 해당하는 날부터 5년이 지났는지 여부
    가. 금고 이상의 실형의 선고를 받고 그 형의 집행이 종료되거나 집행이 면제된 날
    나. 금고 이상의 형의 집행유예를 선고받고 그 판결이 확정된 날
    다. 벌금형이 확정된 날

② 재외공관의 장은 제1항 각 호의 요건을 심사·확인하기 위하여 필요할 때에는 초청인의 주소지를 관할하는 청장·사무소장 또는 출장소장(이하 "주소지 관할 청장·사무소장 또는 출장소장"이라 한다)에게 사실관계의 확인을 요청할 수 있다. 〈개정 2011. 12. 23., 2018. 5. 15.〉

③ 제1항 각 호의 요건을 심사·확인한 결과에 따라 사증 발급이 허가되지 않은 경우 해당 신청인은 그 배우자와 혼인의 진정성 등을 다시 고려하여 허가되지 않은 날부터 6개월이 경과한 후에 사증 발급을 다시 신청할 수 있다. 다만, 출산이나 그 밖에 국내에 입국해야 할 급박한 사정이 있는 경우에는 6개월이 경과하지 않은 경우에도 신청할 수 있다. 〈개정 2020. 9. 25.〉 [본조신설 2011. 3. 7.]

> **관련법령** ▶ 「국민기초생활 보장법」제2조제11호

제2조(정의)
11. "기준 중위소득"이란 보건복지부장관이 급여의 기준 등에 활용하기 위하여 제20조제2항에 따른 중앙생활보장위원회의 심의·의결을 거쳐 고시하는 국민 가구소득의 중위값을 말한다.

> **관련법령** ▶ 「국적법」제6조제2항제1호, 제2호

제6조(간이귀화 요건)
② 배우자가 대한민국의 국민인 외국인으로서 다음 각 호의 어느 하나에 해당하는 사람은 제5조제1호 및 제1호의2의 요건을 갖추지 아니하여도 귀화허가를 받을 수 있다.
1. 그 배우자와 혼인한 상태로 대한민국에 2년 이상 계속하여 주소가 있는 사람
2. 그 배우자와 혼인한 후 3년이 지나고 혼인한 상태로 대한민국에 1년 이상 계속하여 주소가 있는 사람

> **관련법령** ▶ 「가정폭력범죄의 처벌 등에 관한 특례법」제2조제3호

제2조(정의)
3. "가정폭력범죄"란 가정폭력으로서 다음 각 목의 어느 하나에 해당하는 죄를 말한다.
  가. 「형법」제2편제25장 상해와 폭행의 죄 중 제257조(상해, 존속상해), 제258조(중상해, 존속중상해), 제258조의2(특수상해), 제260조(폭행, 존속폭행)제1항·제2항, 제261조(특수폭행) 및 제264조(상습범)의 죄
  나. 「형법」제2편제28장 유기와 학대의 죄 중 제271조(유기, 존속유기)제1항·제2항, 제272조(영아유기), 제273조(학대, 존속학대) 및 제274조(아동혹사)의 죄
  다. 「형법」제2편제29장 체포와 감금의 죄 중 제276조(체포, 감금, 존속체포, 존속감금), 제277조(중체포, 중감금, 존속중체포, 존속중감금), 제278조(특수체포, 특수감금), 제279조(상습범) 및 제280조(미수범)의 죄
  라. 「형법」제2편제30장 협박의 죄 중 제283조(협박, 존속협박)제1항·제2항, 제284조(특수협박), 제285조(상습범)(제283조의 죄에만 해당한다) 및 제286조(미수범)의 죄
  마. 「형법」제2편제32장 강간과 추행의 죄 중 제297조(강간), 제297조의2(유사강간), 제298조(강제추행), 제299조(준강간, 준강제추행), 제300조(미수범), 제301조(강간 등 상해·치상), 제301조의2(강간 등 살인·치사), 제302조(미성년자 등에 대한 간음), 제305조(미성년자에 대한 간음, 추행), 제305조의2(상습범)(제297조, 제297조의2, 제298조부터 제300조까지의 죄에 한한다)의 죄
  바. 「형법」제2편제33장 명예에 관한 죄 중 제307조(명예훼손), 제308조(사자의 명예훼손), 제309조(출판물 등에 의한 명예훼손) 및 제311조(모욕)의 죄
  사. 「형법」제2편제36장 주거침입의 죄
  아. 「형법」제2편제37장 권리행사를 방해하는 죄 중 제324조(강요) 및 제324조의5(미수범)(제

324조의 죄에만 해당한다)의 죄
자. 「형법」 제2편제39장 사기와 공갈의 죄 중 제350조(공갈), 제350조의2(특수공갈) 및 제352조(미수범)(제350조, 제350조의2의 죄에만 해당한다)의 죄
차. 「형법」 제2편제42장 손괴의 죄 중 제366조(재물손괴 등) 및 제369조(특수손괴)제1항의 죄
카. 「성폭력범죄의 처벌 등에 관한 특례법」 제14조(카메라 등을 이용한 촬영) 및 제15조(미수범)(제14조의 죄에만 해당한다)의 죄
타. 「정보통신망 이용촉진 및 정보보호 등에 관한 법률」 제74조제1항제3호의 죄
파. 가목부터 타목까지의 죄로서 다른 법률에 따라 가중처벌되는 죄

관련법령 ▶ 가정폭력처벌법 제29조, 제40조, 제63조,

제29조(임시조치)
① 판사는 가정보호사건의 원활한 조사·심리 또는 피해자 보호를 위하여 필요하다고 인정하는 경우에는 결정으로 가정폭력행위자에게 다음 각 호의 어느 하나에 해당하는 임시조치를 할 수 있다.
  1. 피해자 또는 가정구성원의 주거 또는 점유하는 방실(房室)로부터의 퇴거 등 격리
  2. 피해자 또는 가정구성원이나 그 주거·직장 등에서 100미터 이내의 접근 금지
  3. 피해자 또는 가정구성원에 대한 「전기통신기본법」 제2조제1호의 전기통신을 이용한 접근 금지
  4. 의료기관이나 그 밖의 요양소에의 위탁
  5. 국가경찰관서의 유치장 또는 구치소에의 유치
  6. 상담소 등에의 상담위탁
② 동행영장에 의하여 동행한 가정폭력행위자 또는 제13조에 따라 인도된 가정폭력행위자에 대하여는 가정폭력행위자가 법원에 인치된 때부터 24시간 이내에 제1항의 조치 여부를 결정하여야 한다.
③ 법원은 제1항에 따른 조치를 결정한 경우에는 검사와 피해자에게 통지하여야 한다.
④ 법원은 제1항제4호 또는 제5호의 조치를 한 경우에는 그 사실을 가정폭력행위자의 보조인이 있는 경우에는 보조인에게, 보조인이 없는 경우에는 법정대리인 또는 가정폭력행위자가 지정한 사람에게 통지하여야 한다. 이 경우 제1항제5호의 조치를 하였을 때에는 가정폭력행위자에게 변호사 등 보조인을 선임할 수 있으며 제49조제1항의 항고를 제기할 수 있음을 고지하여야 한다.
⑤ 제1항제1호부터 제3호까지의 임시조치기간은 2개월, 같은 항 제4호부터 제6호까지의 임시조치기간은 1개월을 초과할 수 없다. 다만, 피해자의 보호를 위하여 그 기간을 연장할 필요가 있다고 인정하는 경우에는 결정으로 제1항제1호부터 제3호까지의 임시조치는 두 차례만, 같은 항 제4호부터 제6호까지의 임시조치는 한 차례만 각 기간의 범위에서 연장할 수 있다.
⑥ 제1항제4호의 위탁을 하는 경우에는 의료기관 등의 장에게 가정폭력행위자를 보호하는 데에 필요한 사항을 부과할 수 있다.
⑦ 민간이 운영하는 의료기관 등에 위탁하려는 경우에는 제6항에 따라 부과할 사항을 그 의료기관 등의 장에게 미리 고지하고 동의를 받아야 한다.
⑧ 제1항제6호에 따른 상담을 한 상담소 등의 장은 그 결과보고서를 판사와 검사에게 제출하여야 한다. 〈신설 2020. 10. 20.〉

⑨ 판사는 제1항 각 호에 규정된 임시조치의 결정을 한 경우에는 가정보호사건조사관, 법원공무원, 사법경찰관리 또는 구치소 소속 교정직공무원으로 하여금 집행하게 할 수 있다.
⑩ 가정폭력행위자, 그 법정대리인이나 보조인은 제1항에 따른 임시조치 결정의 취소 또는 그 종류의 변경을 신청할 수 있다.
⑪ 판사는 직권으로 또는 제10항에 따른 신청에 정당한 이유가 있다고 인정하는 경우에는 결정으로 해당 임시조치를 취소하거나 그 종류를 변경할 수 있다.
⑫ 제1항제4호 및 제6호의 위탁의 대상이 되는 의료기관, 요양소 및 상담소 등의 기준과 그 밖에 필요한 사항은 대법원규칙으로 정한다.

제40조(보호처분의 결정 등)

① 판사는 심리의 결과 보호처분이 필요하다고 인정하는 경우에는 결정으로 다음 각 호의 어느 하나에 해당하는 처분을 할 수 있다. 〈개정 2022. 12. 13.〉
  1. 가정폭력행위자가 피해자 또는 가정구성원에게 접근하는 행위의 제한
  2. 가정폭력행위자가 피해자 또는 가정구성원에게 「전기통신기본법」 제2조제1호의 전기통신을 이용하여 접근하는 행위의 제한
  3. 가정폭력행위자가 친권자인 경우 피해자에 대한 친권 행사의 제한
  4. 「보호관찰 등에 관한 법률」에 따른 사회봉사·수강명령
  5. 「보호관찰 등에 관한 법률」에 따른 보호관찰
  6. 법무부장관 소속으로 설치한 감호위탁시설 또는 법무부장관이 정하는 보호시설에의 감호위탁
  7. 의료기관에의 치료위탁
  8. 상담소 등에의 상담위탁
② 제1항 각 호의 처분은 병과(倂科)할 수 있다.
③ 제1항제3호의 처분을 하는 경우에는 피해자를 다른 친권자나 친족 또는 적당한 시설로 인도할 수 있다.
④ 법원은 보호처분의 결정을 한 경우에는 지체 없이 그 사실을 검사, 가정폭력행위자, 피해자, 보호관찰관 및 보호처분을 위탁받아 하는 보호시설, 의료기관 또는 상담소 등(이하 "수탁기관"이라 한다)의 장에게 통지하여야 한다. 다만, 수탁기관이 민간에 의하여 운영되는 기관인 경우에는 그 기관의 장으로부터 수탁에 대한 동의를 받아야 한다.
⑤ 제1항제4호부터 제8호까지의 처분을 한 경우에는 가정폭력행위자의 교정에 필요한 참고자료를 보호관찰관 또는 수탁기관의 장에게 보내야 한다.
⑥ 제1항제6호의 감호위탁기관은 가정폭력행위자에 대하여 그 성행을 교정하기 위한 교육을 하여야 한다.

제63조(보호처분 등의 불이행죄)

① 다음 각 호의 어느 하나에 해당하는 가정폭력행위자는 2년 이하의 징역 또는 2천만원 이하의 벌금 또는 구류(拘留)에 처한다.
  1. 제40조제1항제1호부터 제3호까지의 어느 하나에 해당하는 보호처분이 확정된 후에 이를 이행하지 아니한 가정폭력행위자
  2. 제55조의2에 따른 피해자보호명령 또는 제55조의4에 따른 임시보호명령을 받고 이를 이행하

지 아니한 가정폭력행위자
② 정당한 사유 없이 제29조제1항제1호부터 제3호까지의 어느 하나에 해당하는 임시조치를 이행하지 아니한 가정폭력행위자는 1년 이하의 징역 또는 1천만원 이하의 벌금 또는 구류에 처한다.
③ 상습적으로 제1항 및 제2항의 죄를 범한 가정폭력행위자는 3년 이하의 징역이나 3천만원 이하의 벌금에 처한다.
④ 제3조의2제1항에 따라 이수명령을 부과받은 사람이 보호관찰소의 장 또는 교정시설의 장의 이수명령 이행에 관한 지시에 불응하여 「보호관찰 등에 관한 법률」 또는 「형의 집행 및 수용자의 처우에 관한 법률」에 따른 경고를 받은 후 재차 정당한 사유 없이 이수명령 이행에 관한 지시에 불응한 경우 다음 각 호에 따른다.
  1. 벌금형과 병과된 경우에는 500만원 이하의 벌금에 처한다.
  2. 징역형의 실형과 병과된 경우에는 1년 이하의 징역 또는 1천만원 이하의 벌금에 처한다.

> **관련법령** 「아동·청소년의 성보호에 관한 법률」 제2조제2호

제2조(정의)
2. "아동·청소년대상 성범죄"란 다음 각 목의 어느 하나에 해당하는 죄를 말한다.
   가. 제7조, 제7조의2, 제8조, 제8조의2, 제9조부터 제15조까지 및 제15조의2의 죄
   나. 아동·청소년에 대한 「성폭력범죄의 처벌 등에 관한 특례법」 제3조부터 제15조까지의 죄
   다. 아동·청소년에 대한 「형법」 제297조, 제297조의2 및 제298조부터 제301조까지, 제301조의2, 제302조, 제303조, 제305조, 제339조 및 제342조(제339조의 미수범에 한정한다)의 죄
   라. 아동·청소년에 대한 「아동복지법」 제17조제2호의 죄

> **관련법령** 「성폭력범죄의 처벌 등에 관한 특례법」 제2조제1항

제2조(정의)
① 이 법에서 "성폭력범죄"란 다음 각 호의 어느 하나에 해당하는 죄를 말한다.
  1. 「형법」 제2편제22장 성풍속에 관한 죄 중 제242조(음행매개), 제243조(음화반포 등), 제244조(음화제조 등) 및 제245조(공연음란)의 죄
  2. 「형법」 제2편제31장 약취(略取), 유인(誘引) 및 인신매매의 죄 중 추행, 간음 또는 성매매와 성적 착취를 목적으로 범한 제288조 또는 추행, 간음 또는 성매매와 성적 착취를 목적으로 범한 제289조, 제290조(추행, 간음 또는 성매매와 성적 착취를 목적으로 제288조 또는 추행, 간음 또는 성매매와 성적 착취를 목적으로 제289조의 죄를 범하여 약취, 유인, 매매된 사람을 상해하거나 상해에 이르게 한 경우에 한정한다), 제291조(추행, 간음 또는 성매매와 성적 착취를 목적으로 제288조 또는 추행, 간음 또는 성매매와 성적 착취를 목적으로 제289조의 죄를 범하여 약취, 유인, 매매된 사람을 살해하거나 사망에 이르게 한 경우에 한정한다), 제292조[추행, 간음 또는 성매매와 성적 착취를 목적으로 한 제288조 또는 추행, 간음 또는 성매매와 성적 착취를 목적으로 한 제289조의 죄로 약취, 유인, 매매된 사람을 수수(授受) 또는 은닉한 죄, 추행, 간음 또는 성매매와 성적 착취를 목적으로 한 제288조 또는 추행, 간음 또는 성매매와 성적 착

취를 목적으로 한 제289조의 죄를 범할 목적으로 사람을 모집, 운송, 전달한 경우에 한정한다) 및 제294조(추행, 간음 또는 성매매와 성적 착취를 목적으로 범한 제288조의 미수범 또는 추행, 간음 또는 성매매와 성적 착취를 목적으로 범한 제289조의 미수범, 추행, 간음 또는 성매매와 성적 착취를 목적으로 제288조 또는 추행, 간음 또는 성매매와 성적 착취를 목적으로 제289조의 죄를 범하여 발생한 제290조제1항의 미수범 또는 추행, 간음 또는 성매매와 성적 착취를 목적으로 제288조 또는 추행, 간음 또는 성매매와 성적 착취를 목적으로 제289조의 죄를 범하여 발생한 제291조제1항의 미수범 및 제292조제1항의 미수범 중 추행, 간음 또는 성매매와 성적 착취를 목적으로 약취, 유인, 매매된 사람을 수수, 은닉한 죄의 미수범으로 한정한다)의 죄

3. 「형법」 제2편제32장 강간과 추행의 죄 중 제297조(강간), 제297조의2(유사강간), 제298조(강제추행), 제299조(준강간, 준강제추행), 제300조(미수범), 제301조(강간 등 상해·치상), 제301조의2(강간 등 살인·치사), 제302조(미성년자 등에 대한 간음), 제303조(업무상위력 등에 의한 간음) 및 제305조(미성년자에 대한 간음, 추행)의 죄
4. 「형법」 제339조(강도강간)의 죄 및 제342조(제339조의 미수범으로 한정한다)의 죄
5. 이 법 제3조(특수강도강간 등)부터 제15조(미수범)까지의 죄

> **관련법령** ▶ 「특정강력범죄의 처벌에 관한 특례법」 제2조제1항

제2조(적용 범위)

① 이 법에서 "특정강력범죄"란 다음 각 호의 어느 하나에 해당하는 죄를 말한다.
1. 「형법」 제2편제24장 살인의 죄 중 제250조[살인·존속살해(尊屬殺害)], 제253조[위계(僞計) 등에 의한 촉탁살인(囑託殺人) 등] 및 제254조(미수범. 다만, 제251조 및 제252조의 미수범은 제외한다)의 죄
2. 「형법」 제2편제31장 약취(略取), 유인(誘引) 및 인신매매의 죄 중 제287조부터 제291조까지 및 제294조(제292조제1항의 미수범은 제외한다)의 죄
3. 「형법」 제2편제32장 강간과 추행의 죄 중 제301조(강간 등 상해·치상), 제301조의2(강간 등 살인·치사)의 죄 및 흉기나 그 밖의 위험한 물건을 휴대하거나 2명 이상이 합동하여 범한 제297조(강간), 제297조의2(유사강간), 제298조(강제추행), 제299조(준강간·준강제추행), 제300조(미수범) 및 제305조(미성년자에 대한 간음, 추행)의 죄
4. 「형법」 제2편제32장 강간과 추행의 죄, 「성폭력범죄의 처벌 등에 관한 특례법」 제3조부터 제10조까지 및 제15조(제13조의 미수범은 제외한다)의 죄 또는 「아동·청소년의 성보호에 관한 법률」 제13조의 죄로 두 번 이상 실형을 선고받은 사람이 범한 「형법」 제297조, 제297조의2, 제298조부터 제300조까지, 제305조 및 「아동·청소년의 성보호에 관한 법률」 제13조의 죄
5. 「형법」 제2편제38장 절도와 강도의 죄 중 제333조(강도), 제334조(특수강도), 제335조(준강도), 제336조(인질강도), 제337조(강도상해·치상), 제338조(강도살인·치사), 제339조(강도강간), 제340조(해상강도), 제341조(상습범) 및 제342조(미수범. 다만, 제329조부터 제331조까지, 제331조의2 및 제332조의 미수범은 제외한다)의 죄
6. 「폭력행위 등 처벌에 관한 법률」 제4조(단체 등의 구성·활동)의 죄

주요판례

❖ **체류기간연장 등 불허가처분취소** [대구고법 2016. 8. 5., 선고, 2016누4547, 판결 : 확정]

판시사항

베트남 국적으로 비전문취업(E-9) 자격을 받고 대한민국에 입국한 甲이 체류기간이 만료되었는데도 7년 이상 불법체류를 해오다가 베트남 출신 혼인귀화자인 乙과 혼인신고를 하고 국민의 배우자(F-6-1) 자격으로 체류자격 변경허가 신청을 하였으나 관할 출입국관리사무소장이 '배우자 국적취득 후 3년 미만, 7년 4개월의 불법체류'를 이유로 신청을 반려하고 자진출국할 것을 통보한 사안에서, 처분이 재량권을 일탈·남용한 경우에 해당하지 않는다고 한 사례

판결요지

베트남 국적으로 비전문취업(E-9) 자격을 받고 대한민국에 입국한 甲이 체류기간이 만료되었는데도 7년 이상 불법체류를 해오다가 베트남 출신 혼인귀화자인 乙과 혼인신고를 하고 국민의 배우자(F-6-1) 자격으로 체류자격 변경허가 신청을 하였으나 관할 출입국관리사무소장이 '배우자 국적취득 후 3년 미만, 7년 4개월의 불법체류'를 이유로 신청을 반려하고 자진출국할 것을 통보한 사안에서, 혼인귀화자가 국적을 취득한 후 3년 이내에 다른 외국인을 결혼이민자로 초청하는 행위를 제한한 것은 혼인귀화자가 국민과의 혼인을 이유로 대한민국 국적을 취득한 후 단기간 내에 이혼하고 다른 외국인을 결혼이민자로 초청하지 못하도록 함으로써 건전한 국제결혼 문화를 정착시키고, 다문화가정의 조기해체를 방지하고자 하는 취지인데, 국내에서 장기간 불법체류를 한 외국인이 혼인귀화로 대한민국 국적을 취득한 사람과 결혼하여 임신이나 출산을 하였다는 이유로 배우자의 국적취득 후 3년 경과 여부에 관계없이 체류자격 변경을 허가할 경우 위와 같은 제도의 취지가 몰각될 뿐만 아니라 강제퇴거가 예정되어 있는 불법체류자들이 국내에서의 체류를 연장하기 위한 방편으로 혼인귀화자를 상대로 결혼과 임신을 시도하는 현상이 발생할 우려도 있는 점 등을 종합하면, 처분으로 甲 등이 입는 불이익이 그로 인하여 달성하려는 공익에 비하여 지나치게 커서 처분이 재량권을 일탈·남용한 경우에 해당하지 않는다고 한 사례.

제9조의6 사증발급 거부사실의 통지

① 재외공관의 장, 청장·사무소장 또는 출장소장은 법 제7조 제1항에 따른 사증의 발급을 거부하는 경우에는 사증 발급 거부 사실 및 그 사유를 법무부장관이 정하는 정보통신망을 통해 사증발급을 신청한 신청인(이하 "사증발급신청인"이라 한다)에게 통지할 수 있다.
② 제1항에도 불구하고 재외공관의 장은 사증발급신청인이 발급을 신청한 재외공관에 방문하여 사증 발급 거부 사실 및 그 사유의 통지를 요청하면 지체 없이 사증발급거부통지서를 주어야 한다. [본조신설 2019. 12. 24.]

| 관련법령 ▶ 「형법」제228조 |

제228조(공정증서원본 등의 부실기재)
① 공무원에 대하여 허위신고를 하여 공정증서원본 또는 이와 동일한 전자기록 등 특수매체기록에 부실의 사실을 기재 또는 기록하게 한 자는 5년 이하의 징역 또는 1천만원 이하의 벌금에 처한다.
② 공무원에 대하여 허위신고를 하여 면허증, 허가증, 등록증 또는 여권에 부실의 사실을 기재하게 한 자는 3년 이하의 징역 또는 700만원 이하의 벌금에 처한다.

| 관련법령 ▶ 「재외동포의 출입국과 법적 지위에 관한 법률」제5조제2항 |

제5조(재외동포체류자격의 부여)
② 법무부장관은 외국국적동포에게 다음 각 호의 어느 하나에 해당하는 사유가 있으면 제1항에 따른 재외동포체류자격을 부여하지 아니한다. 다만, 법무부장관이 필요하다고 인정하는 경우에는 제1호에 해당하는 외국국적동포가 41세가 되는 해 1월 1일부터 부여할 수 있다.
  1. 다음 각 목의 어느 하나에 해당하지 아니한 상태에서 대한민국 국적을 이탈하거나 상실하여 외국인이 된 남성의 경우
     가. 현역·상근예비역·보충역 또는 대체역으로 복무를 마치거나 마친 것으로 보게 되는 경우
     나. 전시근로역에 편입된 경우
     다. 병역면제처분을 받은 경우
  2. 대한민국의 안전보장, 질서유지, 공공복리, 외교관계 등 대한민국의 이익을 해칠 우려가 있는 경우

제10조 사증발급의 승인

재외공관의 장은 다음 각 호의 어느 하나에 해당하는 자에 대하여 사증을 발급하고자 하는 때에는 제9조의 규정에 불구하고 법무부장관의 승인을 얻어야 하며, 그 승인에 관한 절차는 제8조 제2항부터 제4항까지의 규정에 따른다. ‹개정 1994. 7. 20., 1999. 12. 2., 2002. 4. 27., 2005. 7. 8., 2016. 9. 29.›
1. 국민에 대하여 사증발급을 억제하고 있는 국가의 국민
2. 「국가보안법」제2조의 규정에 의한 반국가단체에 소속하고 있는 자
3. 법무부장관이 그 사증발급에 관하여 특별히 승인을 얻어야만 사증발급을 받을 수 있도록한 사증발급규제자
4. 「재외동포의 출입국과 법적 지위에 관한 법률」제5조 제2항의 규정에 의한 대한민국의 안전보장과 질서유지·공공복리·외교관계 기타 대한민국의 이익을 해할 우려가 있다고 판단되는 자

5. 기타 법무부장관이 대한민국의 이익 등을 보호하기 위하여 따로 지정한 국가의 국민 또는 단체에 소속하고 있는 자

관련법령 ▶ 「국가보안법」 제2조

제2조(정의)
① 이 법에서 "반국가단체"라 함은 정부를 참칭하거나 국가를 변란할 것을 목적으로 하는 국내외의 결사 또는 집단으로서 지휘통솔체제를 갖춘 단체를 말한다.
② 삭제

제11조 단체사증의 발급

① 재외공관의 장은 일시방문하는 외교사절단, 국제행사참가단체, 수학여행단체 기타 이에 준하는 여행객 단체로서 그 구성원의 수가 법무부장관이 따로 정하는 인원을 초과하는 단체의 구성원이 동일한 선박 등으로 입국하고자 하는 때에는 단체사증을 발급할 수 있다. 〈개정 1994. 7. 20., 1999. 2. 27., 2022. 8. 18.〉
② 제1항의 규정에 의하여 단체사증을 발급받고자 하는 경우에는 그 단체의 대표자 또는 양국간 협정 등에 의하여 지정된 자가 단체사증발급신청서에 구성원 전원의 여권과 법무부장관이 따로 정하는서류를 첨부하여 재외공관의 장에게 제출하여야 한다. 〈개정 1999. 2. 27., 2005. 7. 8.〉
③ 재외공관의 장이 단체사증을 발급하는 때에는 그 대표자의 여권에 사증인을 찍고 그 사증의 왼쪽 아랫부분에 "단체사증발급신청서 사본 별첨"인을 찍어야 한다. 다만, 재외공관의 장이 특별한 사유가 있다고 인정하는 경우에는 각 신청자의 여권에 사증을 발급할 수 있다. 이 경우 그 사증의 아랫부분에 단체의 일원임을 확인할 수 있는 표시를 하여야 한다. 〈개정 1999. 2. 27., 2005. 7. 8.〉
④ 재외공관의 장이 단체사증을 교부하는 때에는 제2항의 규정에 의하여 제출된 단체사증발급신청서사본에 재외공관의 확인인을 찍어 그 사증과 함께 교부하고 입국할 때에 그 대표자(대표자가 그 구성원과 함께 입국하지 아니하는 경우에는 대표자가 미리 지명한 구성원을 말한다)가 출입국관리공무원에게 이를 제시하여야 한다는 뜻을 알려야 한다. 〈개정 1994. 7. 20., 1999. 2. 27., 2013. 5. 31.〉
⑤ 출입국관리공무원이 단체사증을 발급받아 입국하는 단체에 대하여 입국심사를 마친 때에는 제4항의 규정에 의하여 교부한 단체사증발급신청서 사본의 왼쪽

아랫부분에 입국심사인을 찍어 이를 반환하여야 한다.〈개정 1999. 2. 27.〉
⑥ 출입국관리공무원이 단체사증발급신청서 사본에 기재된 자에 대하여 입국심사를 하는 때에는 그 구성원의 여권에 각각 입국심사인을 찍거나 입국심사증을 발급해야 한다. 이 경우 입국심사인 및 입국심사증에는 그 대표자의 사증에 부여된 것과 같은 체류자격 및 체류기간을 적어야 하되, 대표자가 그 구성원과 함께 입국하지 않은 경우에는 출입국관리공무원은 정보통신망을 통해 대표자의 사증에 부여된 체류자격 및 체류기간을 확인하여 적어야 한다.〈개정 1999. 2. 27., 2013. 5. 31., 2019. 6. 11.〉
⑦ 출입국관리공무원은 단체사증을 발급받아 입국한 단체의 구성원이 출국하는 때에는 구성원의 여권에 각각 출국심사인을 찍는 외에 교부한 단체사증발급신청서 사본을 회수하여 그 오른쪽 아랫부분에 출국심사인을 찍어야 한다. 이 경우 출국하지 아니하는 자가 있는 때에는 단체사증발급신청서 사본에 그 사실을 적어 보관하여야 하며, 그가 출국하는 때에 이를 정리하여야 한다.〈개정 1999. 2. 27., 2013. 5. 31.〉

제12조 사증의 유효기간 등

① 단수사증의 유효기간은 발급일부터 3개월로 한다.〈개정 1999. 2. 27., 2013. 5. 31.〉
② 복수사증의 유효기간은 발급일부터 다음 각 호의 기간으로 한다.〈신설 1999. 2. 27., 2007. 3. 5., 2016. 9. 29., 2018. 9. 21.〉
  1. 영 별표 1의2중 체류자격 1. 외교(A-1)부터 3. 협정(A-3)까지에 해당하는 사람의 복수사증은 3년 이내
  1의2. 영 별표 1의2중 29. 방문취업(H-2)의 체류자격에 해당하는 사람의 복수사증은 5년 이내
  2. 복수사증발급협정 등에 의하여 발급된 복수사증은 협정상의 기간
  3. 상호주의 기타 국가이익 등을 고려하여 발급된 복수사증은 법무부장관이 따로 정하는 기간
③ 사증발급신청인은 사증발급신청일 또는 사증발급에 관한 법무부장관의 승인통보를 받은 날부터 3개월이 경과한 후에 사증을 발급받고자 하는 때에는 새로이 사증발급신청을 하여야 한다. 이 경우 법무부장관의 승인을 얻어야 하는 사증발

급에 있어서는 새로이 그 승인을 얻어야 한다.〈개정 1999. 2. 27., 2013. 5. 31.〉

제13조 협정에 의한 사증발급

① 재외공관의 장은 대한민국정부가 체결한 협정이나 합의각서 등에 사증발급에 관하여 이 규칙과 다른 규정이 있는 때 또는 법무부장관이 호혜원칙 등을 고려하여 따로 정하는 때에는 그에 따라 사증을 발급하여야 한다.
② 재외공관의 장은 제1항의 경우에 사증발급대상자가 복수사증발급협정 등이 체결된 국가의 국민이라 하더라도 특별한 사유가 있는 때에는 단수사증을 발급할 수 있다.

제14조 공무수행 등을 위한 입국허가

① 영 제8조 제1항 제1호에 해당하는 자에 대하여는 청장·사무소장 또는 출장소장이 그 입국을 허가할 수 있다. 〈개정 2018. 5. 15.〉
② 청장·사무소장 또는 출장소장이 제1항에 따라 입국을 허가하는 때에는 여권에 입국심사인을 찍거나 입국심사증을 발급해야 한다. 이 경우 입국심사인 및 입국심사증에는 영 별표 1의2중 1. 외교(A-1)부터 3. 협정(A-3)까지에 해당하는 체류자격과 체류기간을 적어야 한다. 〈개정 1994. 7. 20., 2016. 9. 29., 2018. 5. 15., 2018. 9. 21., 2019. 6. 11.〉
③ 영 제8조 제1항 제3호에 해당하는 사람에 대해서는 청장·사무소장 또는 출장소장이 법무부장관의 승인을 받아 입국을 허가할 수 있다. 다만, 다음 각 호의 어느 하나에 해당하는 사람에 대해서는 청장·사무소장 또는 출장소장은 체류기간 90일의 범위에서 법무부장관의 승인없이 그 입국을 허가할 수 있다. 〈개정 1994. 7. 20., 1995. 12. 1., 2011. 12. 23., 2018. 5. 15., 2018. 9. 21.〉
   1. 영 별표 1중 4. 단기방문(C-3)의 체류자격에 해당하는 사람
   2. 영 별표 1의2중 23. 방문동거(F-1)의 체류자격에 해당하는 사람으로서 17세 미만이거나 61세 이상인 사람
   3. 영 별표 1의2중 25. 동반(F-3)의 체류자격에 해당하는 사람으로서 17세 미만인 사람
④ 청장·사무소장 또는 출장소장은 제3항에 따라 입국허가를 하려면 다음 각 호의

서류를 받아 신청인의 진술내용이나 제출서류의 진위 등을 확인하여야 한다. 〈개정 2011. 12. 23., 2018. 5. 15.〉

1. 입국허가 신청서
2. 유효한 사증을 가지지 못한 부득이한 사유를 증명하는 서류 또는 사유서
3. 제76조에 따른 체류자격별 첨부서류

⑤ 청장·사무소장 또는 출장소장이 제3항에 따른 입국허가를 하는 때에는 이를 외국인 입국허가대장에 기재하여야 하며, 여권에 입국심사인을 찍거나 입국심사증을 발급해야 한다. 이 경우 입국심사인 및 입국심사증에는 허가된 체류자격과 체류기간을 적어야 한다. 〈개정 1994. 7. 20., 2005. 7. 8., 2018. 5. 15., 2019. 6. 11.〉

⑥ 영 제8조 제1항 제3호의 규정에 해당하는 자로서 법무부장관이 정하는 증명서를 소지한 자에 대하여는 제3항의 규정에 불구하고 출입국관리공무원이 체류기간 90일의 범위내에서 그 입국을 허가할 수 있다. 〈신설 1997. 7. 1.〉

⑦ 제5항의 규정은 제6항의 경우에 관하여 이를 준용한다. 다만, 외국인입국허가대장의 기재에 관한 사항은 그러하지 아니하다. 〈신설 1997. 7. 1.〉

제15조 관광 등을 위한 입국허가

① 법무부장관이 정하는 국가의 국민으로서 영 제8조 제1항 제2호의 규정에 해당하는 자에 대하여는 출입국관리공무원이 그 입국을 허가할 수 있다. 〈개정 1995. 12. 1.〉

② 출입국관리공무원은 제1항에 따른 입국허가를 하는 때에는 여권에 입국심사인을 찍거나 입국심사증을 발급해야 한다. 이 경우 입국심사인 및 입국심사증에는 영 별표 1의2중 2. 관광통과(B-2)의 체류자격과 30일 범위에서의 체류기간을 부여하되, 법무부장관이 국제관례, 상호주의 또는 대한민국의 이익 등을 고려하여 체류기간을 따로 정하는 때에는 그에 따라야 한다. 〈개정 2019. 6. 11.〉

③ 제2항에 따라 입국허가를 받은 자에 대하여는 체류자격변경 또는 체류기간연장을 허가하지 아니한다. 다만, 부득이한 사유가 있다고 인정되는 때에는 청장·사무소장 또는 출장소장이 제78조 제6항에 따라 권한이 위임된 범위에서 이를 허가할 수 있다. 〈개정 1999. 2. 27., 2014. 10. 29., 2016. 7. 5., 2018. 5. 15., 2018. 9. 21., 2022. 12. 29.〉

④ 청장·사무소장 또는 출장소장은 제3항 단서에 따라 체류기간을 연장하는 때에는 입국일부터 90일을 초과하여 연장할 수 없다. 〈신설 1999. 2. 27., 2018. 5. 15.〉

[제목개정 2022. 12. 29.]

제16조 외국인입국허가서 발급

① 미수교국가 또는 특정 국가의 국민은 법 제7조 제4항에 따라 긴급한 사유 그 밖에 부득이한 사유로 인하여 재외공관의 장으로부터 외국인입국허가서를 발급받지 아니하고 입국하고자 하는 때에는 청장·사무소장 또는 출장소장에게 외국인입국허가서 발급신청을 하여야 한다. 〈개정 2018. 5. 15., 2018. 9. 21.〉

② 제1항에 따라 외국인 입국허가서발급신청을 하고자 하는 자는 사증발급신청서에 제76조에 따른 서류를 첨부하여 이를 청장·사무소장 또는 출장소장에게 제출하여야 한다. 〈개정 2018. 5. 15.〉

③ 청장·사무소장 또는 출장소장은 제1항 및 제2항에 따른 신청에 대하여 이를 허가하거나 거부하고자 하는 때에는 법무부장관의 승인을 얻어야 한다. 이 경우 필요하다고 인정하는 때에는 당해 출입국항에 주재하는 관계기관의 공무원에게 의견을 물을 수 있다. 〈개정 2018. 5. 15.〉

④ 청장·사무소장 또는 출장소장은 제3항에 따른 허가의 승인이 있는 때에는 외국인입국허가서에 허가된 체류자격과 체류기간을 기재한 후 발급기관란에 출입국·외국인청장인, 출입국·외국인사무소장인, 출입국·외국인청 출장소장인 또는 출입국·외국인사무소 출장소장인을 찍고 서명하여야 한다. 이 경우 체류자격 및 근무처의 기재방법에 관하여는 제8조 제3항후단을 준용한다. 〈개정 2013. 5. 31., 2018. 5. 15.〉[제목개정 2018. 5. 15.]

제17조 사증발급인정서의 발급절차 등

① 법 제9조 제3항에 따라 사증발급인정서를 발급할 수 있는 대상은 다음 각 호와 같다. 〈개정 1994. 7. 20., 1995. 12. 1., 1998. 4. 1., 2002. 4. 27., 2003. 9. 24., 2004. 8. 23., 2007. 3. 5., 2007. 6. 1., 2008. 7. 3., 2011. 12. 23., 2018. 9. 21.〉

  1. 미수교국가 또는 특정국가의 국민
  2. 영 별표 1의2중 체류자격 4. 문화예술(D-1)부터 27. 결혼이민(F-6)까지, 29. 방문취업(H-2), 30. 기타(G-1) 및별표 1의3영주(F-5)의 자격에 해당하는 사람

3. 기타 법무부장관이 특히 필요하다고 인정하는 자

② 법 제9조에 따라 사증발급인정서를 발급받고자 하는 자는 사증발급인정신청서에 제76조에 따른 서류를 첨부하여 그 외국인을 초청하려는 자의 주소지 관할 청장·사무소장 또는 출장소장에게 제출하여야 한다. ⟨개정 2003. 9. 24., 2005. 7. 8., 2011. 12. 23., 2018. 5. 15.⟩

③ 영 별표 1의2중 체류자격 24. 거주(F-2) 가목 또는 27. 결혼이민(F-6) 가목에 해당하는 결혼동거 목적의 사증발급인정서 발급 신청에 관하여는 제9조의4를 준용한다. ⟨신설 2011. 3. 7., 2011. 12. 23., 2018. 9. 21.⟩

④ 주소지 관할 청장·사무소장 또는 출장소장은 제2항 및 제3항에 따른 신청서를 제출받은 때에는 제17조의3에 따른 발급기준을 확인하고 의견을 붙여 이를 법무부장관에게 송부하여야 한다. ⟨개정 2005. 7. 8., 2011. 3. 7., 2018. 5. 15.⟩

1. 삭제⟨2005. 7. 8.⟩ ~ 3. 삭제⟨2005. 7. 8.⟩

⑤ 법무부장관은 제4항에 따른 신청서류를 심사한 결과 사증발급이 타당하다고 인정하는 때에는 「전자정부법」의 규정에 의한 전자문서로 사증발급인정서를 발급하여 이를 재외공관의 장에게 송신하고, 초청자에게는 사증발급인정번호를 포함한 사증발급인정내용을 지체없이 통지하여야 한다. ⟨개정 2005. 7. 8., 2007. 12. 31., 2011. 3. 7.⟩

⑥ 법무부장관은 재외공관에 출입국관리정보시스템이 개설되어 있지 아니하는 등 전자문서에 의한 사증발급인정서를 송신할 수 없는 부득이 한 사유가 있는 경우에는 제5항의 규정에 불구하고 초청자에게 직접 사증발급인정서를 교부할 수 있다. ⟨신설 2005. 7. 8., 2011. 3. 7.⟩

⑦ 법무부장관은 초청인이 동시에 신청한 사증발급인정서 발급대상자가 2인이상일 경우에는 그 대표자의 사증발급인정서에 사증발급대상자 명단을 첨부하여 사증발급인정서를 발급할 수 있다. ⟨신설 1995. 12. 1., 2005. 7. 8., 2006. 8. 2., 2011. 3. 7.⟩

[제목개정 2008. 7. 3.]

❖ 사증발급인정신청불허처분취소[제주지법 2006. 6. 7., 선고, 2005구합733, 판결 : 확정]

판시사항

[1] 외국인을 초청하려는 사람이 사증발급인정불허처분의 취소를 구할 원고적격이 인정되는지 여부(적극)

[2] 법무부 훈령인 사증발급인정서 발급 등에 관한 업무처리지침의 법적 성질
[3] 사증발급인정서 발급 여부를 심사함에 있어 초청인이 사증발급 신청시를 기준으로 과거 3년 이내에 출입국관리법 위반죄로 범칙금 500만 원 이상의 통고처분을 받은 것만으로 초청인에게 결격사유가 있다고 볼 수 있는지 여부(소극)
[4] 외국인을 고용한 혐의로 통고처분을 받은 초청인이 범칙금을 납부하지 아니하고 불복하여 기소유예 처분을 받았음에도, 출입국관리사무소장이 통고처분이 있었다는 사실만을 고려하여 사증발급인정불허처분을 한 것은 위법하다고 한 사례

판결요지

[1] 출입국관리법 제9조 이하에서 규정하는 사증발급인정서 제도는 관련 외국인 입국과 관련하여 직접적인 이해당사자인 초청인으로 하여금 국내에서 직접 사증발급 관련 절차를 주도적으로 처리하도록 함으로써 피초청인(외국인)이 용이하고도 신속하게 입국할 수 있도록 신설된 제도인바, 출입국관리법 제9조는 사증발급인정서를 외국인의 신청에 의해 발급할 수 있다고 하면서도 명문으로 그 발급신청을 초청인이 대리할 수 있다고 명문으로 규정함으로써 관련 외국인 입국과 관련된 초청인의 이해관계를 법적으로 보장하고 있는 점, 이에 따라 사증발급인정을 신청함에 있어 '초청인'의 주소지 관할 사무소장에게 '초청인' 작성의 서류를 제출하도록 규정하고 있고, 사증발급인정서를 교부하는 경우에는 이를 '초청인'에게 교부하도록 규정하고 있어 초청인이 가지는 이해관계를 법적으로 보호하고 있는 점, 무엇보다 사증발급인정서 발급 여부를 심사함에 있어 출장소장이나 법무부장관은 '초청인의 초청사유가 타당한지 여부'를 중점적으로 심사하도록 규정하고 있어 초청인의 결격사유 유무가 사증발급인정서 발급에 있어 매우 중요한 기준이 되는 점, 초청인이 아무런 결격사유가 없음에도 사무소장이 사증발급인정을 불허하는 경우에 직접적인 이해당사자인 초청인이 이를 다툴 수 없다면 사증발급인정불허처분에 대해서 다툴 방도가 사실상 봉쇄된다는 점 등에 비추어 보면, 초청인은 사증발급인정불허처분에 의해 법률상 보호된 이익을 침해당하였다고 할 것이므로 그 취소를 구할 원고적격이 인정된다.
[2] 출입국관리법 제9조 제3항은 사증발급인정서 발급기준을 '법무부령'으로 정하도록 규정하고 있는데, 사증발급인정서 발급 등에 관한 업무처리지침(2004. 8. 7.)은 '훈령'에 불과하므로 사증발급인정서 발급업무를 처리함에 있어 행정기관 내부에서 지켜야 할 사무처리 준칙에 불과할 뿐이고, 그것이 법원 또는 국민을 기속하는 법규적 효력이 있는 것은 아니다.
[3] 사증발급인정서 발급 여부를 심사함에 있어 출장소장이나 법무부장관은 '초청인의 초청사유가 타당한지 여부'를 중점적으로 심사하도록 규정하고 있고[구 출입국관리법 시행규칙(2005. 7. 8. 법무부령 제571호로 개정되기 전의 것) 제17조 제3항 제2호], 출장소장이나 법무부장관은 이에 기하여 초청인에게 결격사유가 없는지 조사하고 그 결격사유가 발견되는 경우에는 사증발급인정신청을 불허할 수 있으나, 초청인이 발급 신청시를 기준으로 과거 3년 이내에 출입국관리법 위반죄로 범칙금 500만 원 이상의 통고처분을 받은 것만으로 초청인에게 결격사유가 있다고 보는 것은 무죄추정의 원칙(헌법 제27조 제4항)에 반하고, 적어도 위 통고처분을 받은 초청인이 이를 받아들여 위 범칙금을 납부한 경우 또는 초청인이 통고처분에 불복하여 다툰 결과 500만 원 이상의 벌금형의 선고를 받아 위 벌금을 납부한 경우에 한하여 사증발급인정신청을 불허할 수 있다고 해석함이 무죄추정의 원칙에 부합한다(2005. 7. 8. 법무부령 제571호로 신설된 출입국관리법 시행규칙 제17조의3 제1항은 위와 같은 취지로 규정되어 있다).
[4] 외국인을 고용한 혐의로 통고처분을 받은 초청인이 범칙금을 납부하지 아니하고 불복하여 기소유예 처분을 받았음에도, 출입국관리사무소장이 통고처분이 있었다는 사실만을 고려하여 사증발급인정불허처분을 한 것은 위법하다고 한 사례.

제17조의2 사증발급인정서에 의한 사증발급

① 제17조 제5항에 따라 사증발급인정번호 등 사증발급인정내용을 통보받은 자는 사증발급신청서에 사증발급인정번호를 기재하여 재외공관의 장에게 사증발급을 신청할 수 있다. 〈개정 2011. 3. 7.〉

② 제17조 제6항에 따라 사증발급인정서를 교부받은 자는 사증발급신청서에 사증발급인정서를 첨부하여 재외공관의 장에게 사증발급을 신청할 수 있다. 〈개정 2011. 3. 7.〉

③ 재외공관의 장은 제1항 및 제2항의 규정에 의하여 사증발급을 신청하는 자에 대하여는 제8조의 규정에 불구하고 사증발급인정번호 등 사증발급인정내용 또는 사증발급인정서의 내용에 따라 사증을 발급하여야 한다.

④ 재외공관의 장은 제2항의 규정에 의하여 사증발급을 신청하는 자에 대하여 사증을 발급한 때에는 사증발급인정서를 회수하여야 한다. [전문개정 2005. 7. 8.]

제17조의3 사증발급인정서 발급의 기준

① 법 제9조 제1항의 규정에 의한 사증발급인정서 발급의 기준에 관하여는 제9조의2의 규정을 준용한다.

② 법무부장관은 「파견근로자보호 등에 관한 법률」에 따라 피초청 외국인을 사용하려는 사용사업주 또는 법 제9조 제2항에 따라 외국인을 초청하는 사람이 다음 각 호의 어느 하나에 해당하는 경우에는 피초청 외국인에 대한 사증발급인정서를 발급하지 않을 수 있다. 〈개정 2010. 11. 16., 2013. 1. 1., 2013. 10. 10., 2016. 9. 29., 2018. 6. 12., 2018. 9. 21., 2019. 12. 24., 2020. 2. 21., 2020. 9. 25., 2022. 4. 12., 2022. 12. 29.〉

  1. 법 제7조의2, 법 제12조의3, 법 제18조제3항부터 제5항까지, 법 제21조 제2항 또는 법 제33조의3 제1호의 규정을 위반하여 다음 각 목의 어느 하나에 해당하는 날부터 3년(다만, 법무부장관은 재범의 위험성, 법 위반의 동기와 결과, 그 밖의 정상을 고려하여 3년 미만의 기간으로 정할 수 있다)이 지나지 않은 사람

     가. 금고 이상의 실형의 선고를 받고 그 형의 집행이 종료되거나 집행이 면제된 날

     나. 금고 이상의 형의 집행유예를 선고받고 그 판결이 확정된 날

다. 500만원 이상의 벌금형의 선고를 받거나 500만원 이상의 범칙금의 통고처분을 받고 벌금 또는 범칙금을 납부한 날
2. 법 제7조의2, 법 제12조의3, 법 제18조제3항부터 제5항까지, 법 제21조 제2항 또는 법 제33조의3 제1호의 규정을 위반하여 500만원 미만의 벌금형의 선고를 받거나 500만원 미만의 범칙금의 통고처분을 받고 벌금 또는 범칙금을 납부한 날부터 1년(다만, 법무부장관은 재범의 위험성, 법 위반의 동기와 결과, 그 밖의 정상을 고려하여 1년 미만의 기간으로 정할 수 있다)이 경과되지 않은 사람
3. 「성매매알선 등 행위의 처벌에 관한 법률」, 「사행행위 등 규제 및 처벌특례법」 및 「마약류 관리에 관한 법률」 등을 위반하여 다음 각 목의 어느 하나에 해당하는 날부터 3년이 지나지 않은 사람
   가. 금고 이상의 실형의 선고를 받고 그 형의 집행이 종료되거나 집행이 면제된 날
   나. 금고 이상의 형의 집행유예를 선고받고 그 판결이 확정된 날
4. 「근로기준법」을 위반하여 다음 각 목의 어느 하나에 해당하는 날부터 3년이 지나지 않은 사람
   가. 금고 이상의 형의 선고를 받고 그 형의 집행이 종료되거나 집행이 면제된 날
   나. 금고 이상의 형의 집행유예를 선고받고 그 판결이 확정된 날
5. 신청일부터 최근 1년간 법 제9조 제2항에 따라 10인 이상의 외국인을 초청한 자로서 피초청 외국인의 과반수가 불법체류 중인 사람
6. 신청일부터 최근 1개월간 법 제19조 또는 법 제19조의4의 규정에 의한 신고의무를 2회 이상 게을리 한 사람
7. 「성폭력범죄의 처벌 등에 관한 특례법」 또는 「성폭력방지 및 피해자보호 등에 관한 법률」 제8조를 위반하여 다음 각 목의 어느 하나에 해당하는 날부터 5년이 지나지 않은 사람
   가. 금고 이상의 실형의 선고를 받고 그 형의 집행이 종료되거나 집행이 면제된 날
   나. 금고 이상의 형의 집행유예를 선고받고 그 판결이 확정된 날
8. 그 밖에 제1호부터 제7호까지의 규정에 준하는 사유에 해당하는 자로서 법무

부장관이 따로 정하는사람
③ 법무부장관은 영 별표 1의2중 체류자격 21. 비전문취업(E-9) 또는 22. 선원취업(E-10)에 해당하는 사증발급인정서를 발급받으려는 외국인이 다음 각 호의 어느 하나에 해당하는 경우에는 사증발급인정서를 발급하지 않는다. 〈신설 2017. 11. 30., 2018. 9. 21., 2020. 9. 25., 2021. 6. 14., 2022. 4. 12., 2022. 12. 29.〉
1. 비전문취업(E-9) 체류자격으로 국내에 5년 이상 체류한 사실이 있는 경우. 다만, 「외국인근로자의 고용 등에 관한 법률」 제18조의2 제2항에 따라 취업활동 기간이 연장된 경우 연장된 취업활동 기간은 포함하지 않는다.
2. 선원취업(E-10) 체류자격으로 국내에 5년 이상 체류한 사실이 있는 경우. 다만, 법무부장관이 감염병 확산, 천재지변 등에 따른 선원인력 수급관리를 위하여 「선원법 시행령」 제39조 제1항에 따른 해양수산부장관의 요청을 받아법 제25조에 따라 체류기간 연장허가를 한 경우 연장된 체류기간은 포함하지 않는다.
3. 비전문취업(E-9) 또는 선원취업(E-10) 체류자격으로 국내에 체류한 기간을 합산한 기간이 5년 이상인 경우. 다만, 다음 각 목의 어느 하나에 해당하여 취업활동 기간 또는 체류기간이 연장된 기간은 포함하지 않는다.
   가. 「외국인근로자의 고용 등에 관한 법률」 제18조의2 제2항에 따라 취업활동 기간이 연장된 경우
   나. 법무부장관이 감염병 확산, 천재지변 등에 따른 선원인력 수급관리를 위하여 「선원법 시행령」 제39조 제1항에 따른 해양수산부장관의 요청을 받아법 제25조에 따라 체류기간 연장허가를 한 경우
④ 영 별표 1의2중 체류자격 24. 거주(F-2) 가목 또는 27. 결혼이민(F-6) 가목에 해당하는 결혼동거 목적의 사증발급인정서 발급 기준 등에 관하여는제9조의5를 준용한다. 〈신설 2011. 3. 7., 2011. 12. 23., 2017. 11. 30., 2018. 9. 21.〉 [본조신설 2005. 7. 8.]

> 관련법령 ▶ 「성폭력방지 및 피해자보호 등에 관한 법률」 제8조

제8조(피해자 등에 대한 불이익조치의 금지)
누구든지 피해자 또는 성폭력 발생 사실을 신고한 자를 고용하고 있는 자는 성폭력과 관련하여 피해자 또는 성폭력 발생 사실을 신고한 자에게 다음 각 호의 어느 하나에 해당하는 불이익조치를 하여서는 아니 된다.

1. 파면, 해임, 해고, 그 밖에 신분상실에 해당하는 불이익조치
2. 징계, 정직, 감봉, 강등, 승진 제한, 그 밖의 부당한 인사조치
3. 전보, 전근, 직무 미부여, 직무 재배치, 그 밖에 본인의 의사에 반하는 인사조치
4. 성과평가 또는 동료평가 등에서의 차별이나 그에 따른 임금 또는 상여금 등의 차별 지급
5. 직업능력 개발 및 향상을 위한 교육훈련 기회의 제한, 예산 또는 인력 등 가용자원의 제한 또는 제거, 보안정보 또는 비밀정보 사용의 정지 또는 취급자격의 취소, 그 밖에 근무조건 등에 부정적 영향을 미치는 차별 또는 조치
6. 주의 대상자 명단 작성 또는 그 명단의 공개, 집단 따돌림, 폭행 또는 폭언 등 정신적·신체적 손상을 가져오는 행위 또는 그 행위의 발생을 방치하는 행위
7. 직무에 대한 부당한 감사 또는 조사나 그 결과의 공개
8. 그 밖에 본인의 의사에 반하는 불이익조치

> **관련법령** ▶ 「외국인근로자의 고용 등에 관한 법률」 제18조의2제2항

제18조의2(취업활동 기간 제한에 관한 특례)
② 고용노동부장관은 제1항 및 제18조에도 불구하고 감염병 확산, 천재지변 등의 사유로 외국인근로자의 입국과 출국이 어렵다고 인정되는 경우에는 정책위원회의 심의·의결을 거쳐 1년의 범위에서 취업활동 기간을 연장할 수 있다.

> **관련법령** ▶ 「선원법 시행령」 제39조제1항

제39조(선원인력수급관리제도)
① 해양수산부장관은 제115조제1항에 따른 선원인력 수급관리에 관한 제도를 수립·시행하기 위하여 필요하다고 인정하는 경우에는 관계 중앙행정기관, 지방자치단체, 공공기관 및 선원인력 수급과 관련된 기관·단체에 필요한 협조를 요청할 수 있다.

제17조의4 사증발급인정서 발급 거부의 통지

① 법무부장관은 제17조의3 제2항 및 제3항에 따라 사증발급인정서를 발급하지 않는 경우에는 발급거부 사실 및 그 사유를 포함한 발급거부통지서를 법무부장관이 정하는 정보통신망을 통해 다음 각 호의 어느 하나에 해당하는 사람에게 통지할 수 있다.
  1. 법 제9조 제1항에 따라 사증발급인정서를 신청한 사람
  2. 법 제9조 제2항에 따라 사증발급인정서 발급신청을 대리한 사람
② 제1항에도 불구하고 제1항 각 호의 어느 하나에 해당하는 사람이 출입국·외국인청(이하 "청"이라 한다), 출입국·외국인사무소(이하 "사무소"라 한다), 출입국·

외국인청 또는 출입국·외국인사무소의 출장소(이하 "출장소"라 한다)에 방문하여 제1항에 따른 발급거부통지서의 교부를 요청하면 지체 없이 교부해야 한다.
[본조신설 2020. 9. 25.]

제18조 사증발급인정서의 효력

사증발급인정서의 유효기간은 3개월로 하고, 한번의 사증발급에 한하여 그 효력을 가진다. 다만, 법무부장관은 특히 필요하다고 인정되는 경우에는 사증발급인정서의 유효기간을 달리 정할 수 있다. 〈개정 1994. 7. 20., 2006. 8. 2., 2013. 5. 31.〉

제18조의2 사증발급 신청서류의 보존기간

영 제11조의2 제1항 제1호에서 "법무부령으로 정하는 사증 발급 신청서류"란 다음 각 호의 어느 하나에 해당하는 서류를 말한다.
1. 제11조에 따른 단체사증 발급 관련 신청서류
2. 영 별표 1중 3. 일시취재(C-1)부터 5. 단기취업(C-4)까지의 체류자격에 해당하는 사증 발급 관련 신청서류 중 법무부장관이 정하는 서류

[본조신설 2018. 9. 21.][종전 제18조의2는 제18조의3으로 이동 〈2018. 9. 21.〉]

주요판례

❖ **체류기간연장 등불허가처분취소**[대법원 2016. 7. 14., 선고, 2015두48846, 판결]

판시사항
출입국관리법상 체류자격 변경허가가 설권적 처분의 성격을 가지는지 여부(적극) 및 허가권자가 허가 여부를 결정할 재량을 가지는지 여부(적극) / 이때 재량 행사의 한계

판결요지
출입국관리법 제10조, 제24조 제1항, 구 출입국관리법 시행령(2014. 10. 28. 대통령령 제25669호로 개정되기 전의 것) 제12조[별표 1] 제8호, 제26호 (가)목, (라)목, 출입국관리법 시행규칙 제18조의2[별표 1]의 문언, 내용 및 형식, 체계 등에 비추어 보면, 체류자격 변경허가는 신청인에게 당초의 체류자격과 다른 체류자격에 해당하는 활동을 할 수 있는 권한을 부여하는 일종의 설권적 처분의 성격을 가지므로, 허가권자는 신청인이 관계 법령에서 정한 요건을 충족하였더라도, 신청인의 적격성, 체류 목적, 공익상의 영향 등을 참작하여 허가 여부를 결정할 수 있는 재량을 가진다. 다만 재량을 행사할 때 판단의 기초가 된 사실인정에 중대한 오류

가 있는 경우 또는 비례·평 등의 원칙을 위반하거나 사회통념상 현저하게 타당성을 잃는 등의 사유가 있다면 이는 재량권의 일탈·남용으로서 위법하다.

제18조의3 체류자격별로 부여하는 체류기간의 상한

법 제10조의2 제1항 제2호에 따른 장기체류자격의 체류자격별 체류기간의 상한은 별표 1과 같다. 다만, 법무부장관은 국제관례나 상호주의 원칙 또는 국가이익에 비추어 필요하다고 인정하는 때에는 그 상한을 달리 정할 수 있다. <개정 2018. 9. 21.>
[본조신설 1997. 7. 1.] [제목개정 2018. 9. 21.] [제18조의2에서 이동 <2018. 9. 21.>]

★ 출입국관리법 시행규칙 [별표 1] <개정 2023. 6. 30.>
<체류자격별 체류기간의 상한(제18조의3 관련)>

체류자격(기호)	체류기간의 상한	체류자격(기호)	체류기간의 상한
외교(A-1)	재임기간	구직(D-10)	6개월
공무(A-2)	공무수행기간	교수(E-1)	5년
협정(A-3)	신분존속기간 또는 협정 상의 체류기간	회화지도(E-2)	2년
		연구(E-3)	5년
문화예술(D-1)	2년	기술지도(E-4)	5년
유학(D-2)	2년	전문직업(E-5)	5년
기술연수(D-3)	2년	예술흥행(E-6)	2년
일반연수(D-4)	2년	특정활동(E-7)	3년
		계절근로(E-8)	5개월
취재(D-5)	2년	비전문취업(E-9)	3년
종교(D-6)	2년	선원취업(E-10)	3년
주재(D-7)	3년	방문동거(F-1)	2년
기업투자(D-8)	영 별표 1의2 11. 기업투자(D-8)란의 가목에 해당하는 사람 : 5년	거주(F-2)	5년
		동반(F-3)	동반하는 본인에 정하여진 기간
		재외동포(F-4)	3년
	영 별표 1의2 11. 기업투자(D-8)란의 나목·다목에 해당하는 사람 : 2년	결혼이민(F-6)	3년
		기타(G-1)	1년
		관광취업(H-1)	협정 상의 체류기간
무역경영(D-9)	2년	방문취업(H-2)	3년

※ 위 별표에도 불구하고 법무부장관은 필요하다고 인정하는 경우 법 제25조에 따라 체류기간의 상한을 초과하여 체류를 허가할 수 있음.

제18조의4 영주자격 취득 요건의 기준·범위 등

① 법 제10조의3 제2항각 호에 따라법 제10조 제2호에 따른 영주자격(이하 "영주자격"이라 한다)을 취득하려는 사람이 갖추어야 하는 요건의 기준·범위는 다음 각 호와 같다. 〈개정 2022. 4. 12.〉

1. 법 제10조의3 제2항 제1호 : 다음 각 목의 어느 하나에 해당하지 않는 사람일 것
   가. 법 또는 다른 법률을 위반하여 금고 이상의 실형의 선고를 받고 그 형의 집행이 종료되거나 집행이 면제된 날부터 5년이 지나지 않은 사람
   나. 법 또는 다른 법률을 위반하여 금고 이상의 형의 집행유예를 선고받고 그 판결이 확정된 날부터 5년이 지나지 않은 사람
   다. 법 또는 다른 법률을 위반하여 벌금형의 선고를 받고 벌금을 납부한 날부터 3년이 경과되지 아니한 사람
   라. 법 제7조 제1항또는제4항을 위반하거나,법 제12조 제1항또는제2항을 위반한 날부터 5년이 경과되지 아니한 사람
   마. 신청일부터 최근 5년간 법을 3회 이상 위반한 사람. 이 경우 과태료 처분을 받은 사람은 제외한다.
   바. 법 제59조 제2항에 따른 강제퇴거명령을 받고 출국한 날부터 7년이 경과하지 아니한 사람
   사. 법 제68조에 따른 출국명령을 받고 출국한 날부터 5년이 경과하지 아니한 사람
   아. 그 밖에 가목부터 사목까지의 규정에 준하는 사유에 해당하는 사람으로서 법무부장관이 따로 정하는사람

2. 법 제10조의3 제2항 제2호 : 본인 또는 생계를 같이하는 가족의 소득을 합산한 금액이 한국은행이 고시하는 전년도 일인당 국민총소득(GNI) 이상 또는 가계 자산이 중위수준 이상에 해당되는 등 그 체류가 국가재정에 부정적 영향을 미치지 아니한다고 법무부장관이 인정하는사람

3. 법 제10조의3 제2항 제3호 :법 제39조 제1항에 따른 사회통합프로그램을 이수하였거나영 제48조 제2항 제3호에 따른 종합평가에서 100점을 만점으로 하여 60점 이상을 득점한 사람

② 법무부장관은 제1항제1호에도 불구하고 외국인이 국내에서 형성한 사회적·경제적 기반, 대한민국 사회에 기여한 정도, 외국인이 법 또는 다른 법률 위반행위를 한 경우 그 공익 침해 정도, 그 밖의 사정 등을 종합적으로 고려하여 영주자격 취득을 허가할 수 있다. [본조신설 2018. 9. 21.]

제19조 외국인의 입국심사 등

① 출입국관리공무원이 영 제15조제1항부터 제3항까지의 규정에 따라 입국심사를 하는 경우 그 심사확인에 관한 사항에 대하여는 제1조의 규정을 준용한다. 〈개정 2016. 9. 29.〉
② 출입국관리공무원은 법 제12조 제4항에 따라 외국인의 입국을 허가하지 않을 때에는 해당 외국인에게 입국 불허가 통지서를 교부한다. 〈신설 2022. 8. 18.〉
③ 삭제〈2012. 2. 29.〉
④ 삭제〈2012. 2. 29.〉
⑤ 삭제〈2012. 2. 29.〉
⑥ 외국인승무원이 대한민국 안에 정박중인 선박 등에서 하선하여 승객으로 출국하려는 경우나 법 제14조의2에 따라 관광상륙허가를 받은 외국인승객이 하선하여 다른 선박 등으로 출국하려는 경우에는 영 제15조제1항부터 제3항까지의 규정에 따른 입국심사를 받아야 한다. 〈개정 2010. 11. 16., 2012. 5. 25., 2016. 9. 29.〉
⑦ 외국인출입국신고서의 작성 및 관리에 관하여는 제2조 및 제3조의 규정을 준용한다. 다만, 관광선박 등의 단체승객에 대하여는 승객명부로서 출입국신고서에 갈음하게 할 수 있다. 〈개정 1994. 7. 20., 2010. 11. 16.〉

제19조의2 외국인의 정보화기기에 의한 입국심사

① 영 제15조 제4항에 따라 정보화기기에 의한 입국심사(이하 "자동입국심사"라 한다)를 받기 위하여 지문과 얼굴에 관한 정보를 등록하려는 외국인은 청장·사무소장 또는 출장소장에게 자동입국심사 등록신청서를 제출하여야 한다. 다만, 법무부장관은 필요하다고 인정하는 외국인의 경우에는 정보화기기를 통하여 자동입국심사 등록을 신청하게 할 수 있다. 〈개정 2013. 5. 31., 2016. 9. 29., 2018. 5. 15.〉

② 청장·사무소장 또는 출장소장은 제1항에 따른 신청을 받으면 영 제15조 제4항 각 호의 요건을 갖추었는지 확인하고, 신청자의 여권에 자동입국심사 등록 확인인을 날인하거나 자동입국심사 등록 스티커를 붙여야 한다. 〈개정 2013. 5. 31., 2016. 9. 29., 2018. 5. 15.〉

③ 영 제15조 제4항에 따라 등록을 한 외국인이 등록을 해지하거나 등록정보를 정정하려면 청장·사무소장 또는 출장소장에게 다음 각 호의 구분에 따른 서류를 제출하여야 한다. 다만, 법무부장관은 필요하다고 인정하는 외국인의 경우에는 정보화기기를 통하여 등록 해지 또는 등록정보 정정을 신청하게 할 수 있다. 〈개정 2013. 5. 31., 2016. 9. 29., 2018. 5. 15.〉

  1. 등록을 해지하려는 경우 : 자동입국심사 등록 해지신청서
  2. 등록정보를 정정하려는 경우 : 자동입국심사 등록정보 정정신청서

④ 청장·사무소장 또는 출장소장은 제3항에 따른 해지 또는 정정 신청을 접수하면 지체 없이 그 등록을 해지하거나 등록정보를 정정하여야 한다. 〈개정 2018. 5. 15.〉

⑤ 청장·사무소장 또는 출장소장은 제1항에 따라 자동입국심사 등록을 한 외국인이 사정변경으로 영 제15조 제4항 각 호의 요건을 갖추지 못하게 되면 그 등록을 해지할 수 있다. 〈개정 2016. 9. 29., 2018. 5. 15.〉

⑥ 제1항부터 제5항까지의 규정에도 불구하고 법무부장관은 영 제15조 제4항 제1호 나목에 해당하는 사람의 자동입국심사 등록 절차에 관하여는 해당 국가와의 양해각서·협정 등을 고려하여 달리 정할 수 있다. 〈개정 2016. 9. 29.〉 [본조신설 2012. 2. 29.]
  [종전 제19조의2는 제19조의3으로 이동 〈2012. 2. 29.〉]

제19조의3 지문 및 얼굴에 관한 정보의 제공 방법

법 제12조의2 제1항에 따라 외국인이 입국심사를 받을 때에는 출입국관리공무원이 지정하는 정보화기기를 통하여 양쪽 집게손가락의 지문과 얼굴에 관한 정보를 제공하여야 한다. 다만, 훼손되거나 그 밖의 사유로 집게손가락의 지문을 제공할 수 없는 경우에는 엄지손가락, 가운데손가락, 약손가락, 새끼손가락의 순서에 따라 지문을 제공하여야 한다. [본조신설 2010. 8. 13.] [제19조의2에서 이동 〈2012. 2. 29.〉]

제20조 사증내용의 정정 등

① 출입국관리공무원이 영 제15조 제8항에 따라 사증내용을 정정하는 때에는 삭제된 문자를 알아볼 수 있도록 남겨두고, 사증 아랫부분에 정정 사실을 기재한 후 서명 또는 날인하여야 한다. 〈개정 2007. 3. 5., 2016. 9. 29., 2018. 6. 12.〉
② 삭제〈2018. 6. 12.〉
③ 출입국관리공무원은 대한민국에 체류하는 외국인에 대하여 여권이 재발급된 경우에는 종전의 여권으로 출국한 사실이 있는지 여부를 확인한 후 새로운 여권에 입국사실확인인을 찍고 기명날인하여야 한다. 〈개정 2007. 3. 5.〉

제21조 주한미군지위협정 해당자의 입국

출입국관리공무원이 「대한민국과 아메리카합중국간의 상호방위조약제4조에 의한 시설과 구역 및 대한민국에서의 합중국군대의 지위에 관한 협정」의 적용을 받는 자에 대하여 영 제15조제1항부터 제3항까지의 규정에 따른 입국심사를 하는 때에는 신분증명서 등에 의하여 그 신분을 확인하고 여권에 주한미군지위협정 해당자인을 찍어야 한다. 영 제29조 제3항에 따른 체류자격 부여인을 찍을 때 또는 영 제30조 제3항에 따른 체류자격 변경허가인을 찍을 때에도 또한 같다. 〈개정 2005. 7. 8., 2016. 9. 29.〉

제22조 조건부입국허가

① 청장·사무소장 또는 출장소장은 법 제13조 제1항 제1호에 따라 조건부 입국을 허가하고자 할 때에는 그 외국인으로부터 법 제12조 제3항 제1호의 요건을 갖추지 못한 부득이한 사유를 입증하는 서류 또는 사유서를 받아야 한다. 〈신설 1994. 7. 20., 2018. 5. 15.〉
② 청장·사무소장 또는 출장소장은 법 제13조 제2항에 따라 조건부입국허가서를 발급하는 때에는 이를 조건부입국허가서발급대장에 기재하여야 한다. 〈개정 1994. 7. 20., 2018. 5. 15.〉
③ 영 제16조 제3항의 규정에 의한 출입국관리공무원의 입국심사에 관하여는 제19조 제1항의 규정을 준용한다. 〈개정 1994. 7. 20.〉

제2절 외국인의 상륙

제23조 미수교국가국민에 대한 상륙허가

① 출입국관리공무원은 미수교국가의 국민에 대하여 법 제14조,제14조의2,제15조 및 제16조에 따른 상륙허가를 하려는 경우에 필요하면 해당 출입국항에 주재하는 관계기관의 공무원에게 의견을 물을 수 있다. 다만, 다음 각 호의 어느 하나에 해당하는 경우의 상륙허가에 있어서는 청장·사무소장 또는 출장소장이 법무부장관의 승인을 얻어야 한다. 〈개정 2012. 5. 25., 2016. 9. 29., 2018. 5. 15.〉
  1. 해당 출입국항에 주재하는 관계기관 공무원과의 의견이 일치하지 아니하는 경우
  2. 삭제〈1994. 7. 20.〉
  3. 그 밖에 청장·사무소장 또는 출장소장이 결정하기 곤란하다고 인정하는 경우
② 출입국관리공무원은 미수교국가의 국민에 대하여 상륙허가를 한 때에는 그 사실을 출입국항에 주재하는 관계기관의 공무원에게 통보하는 외에 수시로 상륙자의 동향을 파악하여 이를 외국인동향조사부에 기재하여야 한다.

제24조 상륙허가대상자의 행동지역

출입국관리공무원, 청장·사무소장 또는 출장소장이 법 제14조,제14조의2,제15조 및 제16조에 따라 상륙을 허가할 때에는 관할구역(출장소장의 경우는 소속 청 또는 사무소의 관할구역을 말한다)을 행동지역으로 정한다. 다만, 다음 각 호의 어느 하나에 해당하는 경우에는 관할구역 외의 지역을 행동지역으로 정할 수 있다. 〈개정 2018. 5. 15., 2020. 9. 25., 2022. 4. 12.〉
1. 법 제14조 제6항에 따라 승무원이 승무원상륙허가서를 국내의 다른 출입국항에서 계속 사용하려는 경우
2. 법 제14조의2 제1항에 따라 관광상륙허가를 받은 외국인승객이 같은 조 제3항에 따른 관광상륙허가서를 관광목적으로 관할지역 밖에서 계속 사용하려는 경우
3. 그 밖에 행동지역을 확대할 필요가 있다고 인정하는 경우 [전문개정 2012. 5. 25.]

제24조의2 관광상륙허가 대상 선박

① 법 제14조의2 제1항본문에서 "법무부령으로 정하는 선박"이란 다음 각 호의 요건을 모두 갖춘 선박을 말한다. ⟨개정 2016. 9. 29.⟩
   1. 국제총톤수 2만 톤 이상일 것
   2. 삭제⟨2018. 6. 12.⟩
   3. 「해운법」 제4조에 따라 순항여객운송사업 또는 복합해상여객운송사업 면허를 받은 선박(같은 법 제6조에 따라 해상여객운송사업의 승인을 받았거나 「선박의 입항 및 출항 등에 관한 법률」 제4조에 따라 출입신고나 출입허가를 받은 선박을 포함한다)일 것
   4. 「관광진흥법」 제4조에 따라 같은 법 시행령 제2조 제1항 제3호 라목2)에 따른 크루즈업을 등록한 선박(법무부장관이 정하는숙박시설, 식음료시설 및 위락시설 등을 갖춘 선박을 포함한다)일 것
   5. 그 밖에 국경관리의 필요성 등을 고려하여법무부장관이 정하는요건을 갖추었을 것
② 제1항에도 불구하고 대규모 국제행사나 국제교류·협력 등 국가이익을 위하여 외국인승객의 출입국을 지원할 필요가 있는 경우 법무부장관은 제1항 제1호의 요건을 완화하여 적용하거나 적용하지 아니할 수 있다. ⟨개정 2018. 6. 12.⟩

[본조신설 2012. 5. 25.][종전 제24조의2는 제24조의4로 이동 ⟨2012. 5. 25.⟩]

> **관련법령** ▶ 「해운법」 제4조, 제6조

제4조(사업 면허)
① 해상여객운송사업을 경영하려는 자는 제3조에 따른 사업의 종류별로 항로마다 해양수산부장관의 면허를 받아야 한다. 다만, 제3조제2호에 따른 내항 부정기 여객운송사업의 경우에는 둘 이상의 항로를 포함하여 면허를 받을 수 있으며, 같은 조 제4호부터 제6호까지의 규정에 따른 외항 부정기 여객운송사업, 순항 여객운송사업 및 복합 해상여객운송사업(제2호 또는 제4호와 제5호의 사업을 함께 수행하는 경우만으로 한정한다)의 경우에는 항로와 관계없이 면허를 받을 수 있다.
② 해양수산부장관은 제1항에 따라 면허를 할 때 해양수산부령으로 정하는 바에 따라 사업자 공모를 할 수 있다.
③ 제1항에 따른 면허를 받으려는 자는 해양수산부령으로 정하는 바에 따라 사업계획서를 첨부한 신청서를 해양수산부장관에게 제출하여야 한다.
④ 해양수산부장관은 제1항에 따라 면허를 할 때에는 해양수산부령으로 정하는 기간에 제5조제1항제

2호 및 제5호에 따른 시설 등을 갖출 것을 조건으로 면허를 하거나 그 밖에 여객에 대한 안전강화 및 편의시설 확보 등을 위하여 해양수산부령으로 정하는 바에 따라 필요한 조건을 붙일 수 있다.

제6조(외국의 해상여객운송사업자에 대한 특례)

① 제3조부터 제5조까지의 규정에도 불구하고 외국의 해상여객운송사업자가 국내항과 외국항 사이에서 해상여객운송사업을 경영하려면 해양수산부장관의 승인을 받아야 한다.
② 제1항에 따른 승인을 받으려는 자는 해양수산부령으로 정하는 바에 따라 사업계획서를 첨부한 신청서를 해양수산부장관에게 제출하여야 한다.
③ 해양수산부장관은 제1항에 따라 승인을 하려면 제출된 사업계획서에 대하여 다음 각 호의 사항을 심사하여야 한다. 〈개정 2008. 2. 29., 2013. 3. 23.〉
  1. 해당 사업에 사용하는 선박 계류시설과 그 밖의 수송시설이 해당 항로의 운항에 알맞은지 여부
  2. 제5조제1항제3호 및 제4호의 사항에 알맞은지 여부

> **관련법령** ▶ 「선박의 입항 및 출항 등에 관한 법률」 제4조

제4조(출입 신고)

① 무역항의 수상구역 등에 출입하려는 선박의 선장(이하 이 조에서 "선장"이라 한다)은 대통령령으로 정하는 바에 따라 관리청에 신고하여야 한다. 다만, 다음 각 호의 선박은 출입 신고를 하지 아니할 수 있다.
  1. 총톤수 5톤 미만의 선박
  2. 해양사고구조에 사용되는 선박
  3. 「수상레저안전법」 제2조제3호에 따른 수상레저기구 중 국내항 간을 운항하는 모터보트 및 동력요트
  4. 그 밖에 공공목적이나 항만 운영의 효율성을 위하여 해양수산부령으로 정하는 선박
② 관리청은 제1항에 따른 신고를 받은 경우 그 내용을 검토하여 이 법에 적합하면 신고를 수리하여야 한다.
③ 제1항에도 불구하고 전시·사변이나 그에 준하는 국가비상사태 또는 국가안전보장에 필요한 경우에는 선장은 대통령령으로 정하는 바에 따라 관리청의 허가를 받아야 한다.

> **관련법령** ▶ 「관광진흥법」 제4조

제4조(등록)

① 제3조제1항제1호부터 제4호까지의 규정에 따른 여행업, 관광숙박업, 관광객 이용시설업 및 국제회의업을 경영하려는 자는 특별자치시장·특별자치도지사·시장·군수·구청장(자치구의 구청장을 말한다. 이하 같다)에게 등록하여야 한다.
② 삭제
③ 제1항에 따른 등록을 하려는 자는 대통령령으로 정하는 자본금·시설 및 설비 등을 갖추어야 한다.
④ 제1항에 따라 등록한 사항 중 대통령령으로 정하는 중요 사항을 변경하려면 변경 등록을 하여야 한다.

⑤ 제1항 및 제4항에 따른 등록 또는 변경 등록의 절차 등에 필요한 사항은 문화체육관광부령으로 정한다.

> **관련법령** 「관광진흥법 시행령」 제2조제1항제3호라목2

제2조(관광사업의 종류)
① 「관광진흥법」(이하 "법"이라 한다) 제3조제2항에 따라 관광사업의 종류를 다음 각 호와 같이 세분한다.
　3. 관광객 이용시설업의 종류
　　라. 관광유람선업
　　　1) 일반관광유람선업 : 「해운법」에 따른 해상여객운송사업의 면허를 받은 자나 「유선 및 도선사업법」에 따른 유선사업의 면허를 받거나 신고한 자가 선박을 이용하여 관광객에게 관광을 할 수 있도록 하는 업
　　　2) 크루즈업 : 「해운법」에 따른 순항(順航) 여객운송사업이나 복합 해상여객운송사업의 면허를 받은 자가 해당 선박 안에 숙박시설, 위락시설 등 편의시설을 갖춘 선박을 이용하여 관광객에게 관광을 할 수 있도록 하는 업

제24조의3 관광상륙허가 신청 시 제출서류

① 법 제14조의2 제2항 제3호에서 "법무부령으로 정하는 서류"란 다음 각 호의 서류를 말한다.
　1. 국제톤수증서나 운항선박 명세서 등 제24조의2에서 정한 선박에 해당함을 증명하는 서류
　2. 출국보증 각서
　3. 여행계획서
　4. 영 제18조의3 제2항 제3호 다목에 따른 협정 및 합의 등에 관한 이행사항 확인을 위하여 법무부장관이 필요하다고 인정하는 서류
　5. 그 밖에 외국인승객의 관광상륙허가를 위하여 필요한 서류로서 법무부장관이 정하는 서류
② 출입국관리공무원은 제1항 각 호의 서류 중 제출할 필요가 없다고 인정하거나 선박의 장 또는 운수업자가 이미 제출하여 보관 중인 서류에 대해서는 해당 서류를 제출하지 아니하도록 할 수 있다. [본조신설 2012. 5. 25.] [종전 제24조의3은 제24조의5로 이동 〈2012. 5. 25.〉]

제24조의4 난민임시상륙허가서 발급대장 등

① 청장·사무소장 또는 출장소장은 법 제16조의2 제2항에 따라 난민임시상륙허가서를 발급하는 때에는 이를 난민임시상륙허가서 발급대장에 기재하여야 한다. 〈개정 2018. 5. 15.〉
② 영 제20조의2 제3항에서 "법무부장관이 정한 시설 등"이라 함은 난민보호소 기타 법무부장관이 따로 지정하는 장소를 말한다. [본조신설 1994. 7. 20.] [제24조의2에서 이동 〈2012. 5. 25.〉]

제24조의5 삭제 〈2019. 6. 11.〉

제25조 상륙허가자의 출국 등 통보

① 청장·사무소장 또는 출장소장은 상륙허가를 받은 자가 다른 출입국항으로 출국할 수 있도록 허가하거나 법 제14조 제6항에 따라 승무원 상륙허가서를 국내의 다른 출입국항에서도 계속 사용할 수 있도록 허가한 경우에는 지체없이 출국예정항 또는 상륙예정항을 관할하는 청장·사무소장 또는 출장소장에게 그 명단을 통보해야 한다. 〈개정 1997. 7. 1., 2018. 5. 15., 2019. 6. 11.〉
② 제1항에 따른 통보를 받은 청장·사무소장 또는 출장소장은 상륙허가를 받은 자가 상륙허가기간만료일까지 출국하지 아니한 때에는 그 사실을 상륙을 허가한 청장·사무소장 또는 출장소장에게 통보하여야 한다. 〈개정 1997. 7. 1., 2018. 5. 15.〉

제3장 외국인의 체류와 출국

제1절 외국인의 체류

제26조 활동중지대상자 등 보고

① 청장·사무소장 또는 출장소장은 법 제11조 제1항 제3호에 따른 사유가 발생된 자와 법 제17조 제2항에 따른 정치활동을 하고 있는 것으로 인정되는 자를 발견한 때에는 지체없이 그 사실을 법무부장관에게 보고하여야 한다. 〈개정 2018. 5. 15.〉
② 출장소장이 제1항에 따른 보고를 하는 때에는 관할 청장 또는 사무소장을 거쳐야 한다. 다만, 긴급을 요하는 때에는 법무부장관에게 직접 보고하고 사후에 청장 또는 사무소장에게 그 결과를 보고하여야 한다. 〈개정 2018. 5. 15.〉

제27조 활동중지 명령서의 발급

① 청장·사무소장 또는 출장소장이 영 제22조에 따른 활동중지 명령서를 발급하는 때에는 수령증을 받아야 한다. 〈개정 2018. 5. 15.〉
② 청장·사무소장 또는 출장소장이 영 제22조에 따른 활동중지 명령서를 발급하는 경우 필요하다고 인정하면 해당 소속 단체의 장 또는 신원보증인을 참관하게 하여 중지명령을 지키도록 할 수 있다. 〈개정 2018. 5. 15., 2022. 2. 7.〉[전문개정 2013. 5. 31.]

제27조의2 재외동포의 취업활동 제한

① 영 제23조 제3항 제1호의 "단순노무행위"라 함은 단순하고 일상적인 육체노동을

요하는 업무로서 한국표준직업분류(통계청고시)에 의한 단순노무직 근로자의 취업분야를 말한다.

② 영 제23조 제3항 제2호의 "선량한 풍속이나 그 밖의 사회질서에 반하는 행위"라 함은 다음 각 호의 어느 하나에 해당하는 행위를 말한다. 〈개정 2002. 4. 27., 2005. 7. 8., 2010. 11. 16., 2013. 5. 31.〉

1. 「사행행위 등 규제 및 처벌특례법」 제2조 제1항 제1호 및 동법 시행령 제1조의2 등에서 규정하고 있는 사행행위 영업장소 등에 취업하는 행위
2. 「식품위생법」 제36조 제2항및동법 시행령 제21조 제8호 등에서 규정하고 있는 유흥주점 등에서 유흥종사자로 근무하는 행위
3. 「풍속영업의 규제에 관한 법률」 제2조 및 동법 시행령 제2조 등에서 규정하고 있는 풍속영업중 선량한 풍속에 반하는 영업장소 등에 취업하는 행위

③ 법무부장관은 제1항 및 제2항과영 제23조 제3항 제3호에 따른 재외동포의 취업활동 제한에 관한 구체적 범위를 지정하여고시한다. 〈개정 2009. 4. 3.〉[본조신설 1999. 12. 2.]

> **관련법령** ▶ 「사행행위 등 규제 및 처벌특례법」 제2조제1항제1호

제2조(정의)
① 이 법에서 사용하는 용어의 뜻은 다음과 같다.
  1. "사행행위"란 여러 사람으로부터 재물이나 재산상의 이익(이하 "재물 등"이라 한다)을 모아 우연적(偶然的) 방법으로 득실(得失)을 결정하여 재산상의 이익이나 손실을 주는 행위를 말한다.

> **관련법령** ▶ 「사행행위 등 규제 및 처벌특례법 시행령」 제1조의2

제1조의2(기타 사행행위업)
「사행행위 등 규제 및 처벌 특례법」(이하 "법"이라 한다) 제2조제1항제2호다목에서 "대통령령으로 정하는 영업"이란 다음 각 호의 영업을 말한다.
1. 회전판돌리기업 : 참가자에게 금품을 걸게 한 후 그림이나 숫자 등의 기호가 표시된 회전판이 돌고 있는 상태에서 화살 등을 쏘거나 던지게 하여 회전판이 정지되었을 때 그 화살 등이 명중시킨 기호에 따라 당첨금을 교부하는 행위를 하는 영업
2. 추첨업 : 참가자에게 번호를 기입한 증표를 제공하고 지정일시에 추첨 등으로 당첨자를 선정하여 일정한 지급기준에 따라 당첨금을 교부하는 행위를 하는 영업
3. 경품업 : 참가자에게 등수를 기입한 증표를 제공하여 당해 증표에 표시된 등수 및 당첨금의 지급기준에 따라 당첨금을 교부하는 행위를 하는 영업[본조신설 1994·7·23]

> **관련법령** ▶ 「식품위생법」 제36조제2항

제36조(시설기준)

② 제1항에 따른 시설은 영업을 하려는 자별로 구분되어야 한다. 다만, 공유주방을 운영하는 경우에는 그러하지 아니하다.

> **관련법령** ▶ 「식품위생법 시행령」 제21조제8호

제21조(영업의 종류)

법 제36조제2항에 따른 영업의 세부 종류와 그 범위는 다음 각 호와 같다.

8. 식품접객업
   가. 휴게음식점영업 : 주로 다류(茶類), 아이스크림류 등을 조리·판매하거나 패스트푸드점, 분식점 형태의 영업 등 음식류를 조리·판매하는 영업으로서 음주행위가 허용되지 아니하는 영업. 다만, 편의점, 슈퍼마켓, 휴게소, 그 밖에 음식류를 판매하는 장소(만화가게 및 「게임산업진흥에 관한 법률」 제2조제7호에 따른 인터넷컴퓨터게임시설제공업을 하는 영업소 등 음식류를 부수적으로 판매하는 장소를 포함한다)에서 컵라면, 일회용 다류 또는 그 밖의 음식류에 물을 부어 주는 경우는 제외한다.
   나. 일반음식점영업 : 음식류를 조리·판매하는 영업으로서 식사와 함께 부수적으로 음주행위가 허용되는 영업
   다. 단란주점영업 : 주로 주류를 조리·판매하는 영업으로서 손님이 노래를 부르는 행위가 허용되는 영업
   라. 유흥주점영업 : 주로 주류를 조리·판매하는 영업으로서 유흥종사자를 두거나 유흥시설을 설치할 수 있고 손님이 노래를 부르거나 춤을 추는 행위가 허용되는 영업
   마. 위탁급식영업 : 집단급식소를 설치·운영하는 자와의 계약에 따라 그 집단급식소에서 음식류를 조리하여 제공하는 영업
   바. 제과점영업 : 주로 빵, 떡, 과자 등을 제조·판매하는 영업으로서 음주행위가 허용되지 아니하는 영업

> **관련법령** ▶ 「풍속영업의 규제에 관한 법률」 제2조

제2조(풍속영업의 범위)

이 법에서 "풍속영업"이란 다음 각 호의 어느 하나에 해당하는 영업을 말한다.

1. 「게임산업진흥에 관한 법률」 제2조제6호에 따른 게임제공업 및 같은 법 제2조제8호에 따른 복합유통게임제공업
2. 「영화 및 비디오물의 진흥에 관한 법률」 제2조제16호가목에 따른 비디오물감상실업
3. 「음악산업진흥에 관한 법률」 제2조제13호에 따른 노래연습장업
4. 「공중위생관리법」 제2조제1항제2호부터 제4호까지의 규정에 따른 숙박업, 목욕장업(沐浴場業), 이용업(理容業) 중 대통령령으로 정하는 것
5. 「식품위생법」 제36조제1항제3호에 따른 식품접객업 중 대통령령으로 정하는 것

6. 「체육시설의 설치·이용에 관한 법률」 제10조제1항제2호에 따른 무도학원업 및 무도장업
7. 그 밖에 선량한 풍속을 해치거나 청소년의 건전한 성장을 저해할 우려가 있는 영업으로 대통령령으로 정하는 것

> **관련법령** ▶ 「풍속영업의 규제에 관한 법률 시행령」 제2조

제2조(풍속영업의 범위)
「풍속영업의 규제에 관한 법률」(이하 "법"이라 한다) 제2조제5호 및 제7호에 따른 풍속영업의 범위는 다음과 같다.
1. 법 제2조제5호에서 "식품접객업 중 대통령령으로 정하는 것"이란 「식품위생법 시행령」 제21조제8호다목에 따른 단란주점영업 및 같은 호 라목에 따른 유흥주점영업을 말한다.
2. 법 제2조제7호에서 "그 밖에 선량한 풍속을 해치거나 청소년의 건전한 성장을 저해할 우려가 있는 영업으로 대통령령으로 정하는 것"이란 「청소년 보호법」 제2조제5호가목8) 또는 9)에 따른 청소년 출입·고용금지업소에서의 영업을 말한다.

제28조 외국인을 고용한 자 등의 신고사실조사 등

① 청장·사무소장 또는 출장소장은 영 제24조 제1항에 따른 고용·연수외국인변동사유발생신고서를 제출받은 경우에는 지체없이 그 사실에 대하여 조사하고 필요한 조치를 취하여야 한다. 〈개정 1997. 7. 1., 2018. 5. 15.〉
② 청장·사무소장 또는 출장소장은 제1항에 따른 처리결과를 고용·연수외국인신고처리대장에 정리하여야 한다. 〈개정 1997. 7. 1., 2018. 5. 15.〉
③ 청장·사무소장 또는 출장소장은 법 제19조 제1항에 따라 신고받은 사실을 같은 조 제4항에 따라 직업안정기관의 장에게 통보하는 경우 정보화망을 통한 전자적 방법으로 할 수 있다. 〈신설 2015. 6. 15., 2018. 5. 15.〉[제목개정 1997. 7. 1.]

제29조 체류자격외활동허가의 한계 등

청장·사무소장 또는 출장소장은 영 제25조에 따른 체류자격외활동허가신청을 받은 때에는 이를 심사하고, 심사결과 새로이 종사하고자 하는 활동이 주된 활동인 것으로 인정되는 때에는 영 제30조에 따른 체류자격변경허가를 받도록 하여야 한다. 〈개정 2018. 5. 15.〉

제30조 활동범위 등 제한통지서의 발급

영 제27조에 따른 활동범위 등 제한통지서의 발급에 관하여는 제27조를 준용한다.
[전문개정 2013. 5. 31.]

제31조 중지명령을 받은 자 등에 관한 보고

① 청장·사무소장 또는 출장소장은 영 제22조에 따른 활동중지명령서 또는 영 제27조에 따른 활동범위 등제한 통지서를 교부받은 자에 대하여는 그 동향을 조사하고 결과를 지체없이 법무부장관에게 보고하여야 한다. 〈개정 2018. 5. 15.〉
② 청장·사무소장 또는 출장소장은 제1항의 경우에 그 명령 또는 제한조치를 한 사유가 소멸되었다고 인정하는 때에는 그 해제를 법무부장관에게 건의하여야 한다. 〈개정 2018. 5. 15.〉

제31조의2 체류자격 부여 등의 심사기준

청장·사무소장 또는 출장소장은 다음 각 호의 체류자격 부여 또는 변경·연장허가를 하려면 외국인이 제9조의2 제1호부터 제3호까지, 제5호 및 제6호의 요건을 갖추었는지를 심사해야 한다.
1. 법 제23조에 따른 체류자격 부여
2. 법 제24조에 따른 체류자격 변경허가
3. 법 제25조, 제25조의2 또는 제25조의5에 따른 체류기간 연장허가 [전문개정 2022. 12. 29.]

제32조 출국을 위한 체류기간 연장허가

① 청장·사무소장 또는 출장소장은 허가된 체류기간이 만료되는 자가 다음 각 호의 어느 하나에 해당하는 경우에는 그 체류기간을 연장할 수 있다. 다만, 체류연장기간이 30일을 초과하는 때에는 법무부장관의 승인을 얻어야 한다. 〈개정 2002. 4. 27., 2016. 9. 29., 2018. 5. 15.〉
  1. 외국인 등록을 한 자로서 그 체류자격의 활동을 마치고 국내여행 등을 목적으

로 일시 체류하고자 하는 경우
2. 출국할 선박 등이 없거나 그밖에 부득이한 사유로 출국할 수 없는 경우
② 제1항에 따라 체류기간연장허가를 받고자 하는 자는 체류기간연장허가신청서에 그 사유를 소명하는 자료를 첨부하여 청장·사무소장 또는 출장소장에게 제출하여야 한다.〈개정 2018. 5. 15.〉
③ 제1항의 규정에 의하여 체류기간연장을 허가하는 때에는 수수료를 받지 아니한다.〈신설 1994. 7. 20.〉[제목개정 2016. 9. 29.]

제33조 출국기한의 유예

① 청장·사무소장·출장소장 또는 외국인보호소의 장(이하 "보호소장"이라 한다)은 체류기간연장 등 불허결정통지를 받은 자나 출국권고 또는 출국명령을 받은 자가 출국할 선박 등이 없거나 질병 기타 부득이한 사유로 그 기한내에 출국할 수 없음이 명백한 때에는 그 출국기한을 유예할 수 있다.〈개정 2018. 5. 15.〉
② 제1항에 따라 출국기한을 유예받고자 하는 자는 출국기한유예신청서에 그 사유를 소명하는 자료를 첨부하여 청장·사무소장·출장소장 또는 보호소장에게 제출하여야 한다.〈개정 2018. 5. 15.〉
③ 청장·사무소장·출장소장 또는 보호소장은 제2항에 따른 신청서류를 심사한 결과 그 출국기한의 유예가 필요하다고 인정하는 경우 출국할 선박 등이 없는 때에는 출국예상인원 및 선박 등의 사정 등을 참작하여 법무부장관이 따로 정하는 기간까지, 그 밖의 경우에는 그 사유가 소멸할 때까지 그 출국기한을 유예할 수 있다.〈개정 2002. 4. 27., 2005. 7. 8., 2018. 5. 15.〉

제34조 각종 허가 등의 신청 및 수령

① 다음 각 호에 해당하는 신고, 허가 등의 신청이나 수령은 본인이 직접 하거나 법무부장관이 정하는 사람이 대리하게 할 수 있다.〈개정 2010. 11. 16., 2011. 12. 23., 2012. 1. 19., 2013. 5. 31., 2018. 9. 21.〉
 1. 영 제24조, 영 제26조의2, 영 제44조 또는 영 제45조에 따른 신고
 2. 영 제25조, 영 제26조, 영 제29조부터 제31조까지 또는 이 규칙 제39조의7에 따

른 각종 허가
3. 영 제41조에 따라 발급된 외국인 등록증의 수령 및영 제42조에 따른 외국인 등록증 재발급의 신청과 수령
3의2. 영 제42조의2에 따른 영주자격을 가진 외국인에게 발급하는 외국인 등록증(이하 "영주증"이라 한다) 재발급의 신청과 수령
4. 제17조에 따른 사증발급인정서 발급의 신청과 수령

② 제1항에 따른 대리신청 및 수령에 관하여 필요한 사항은 법무부장관이 따로 정한다. 〈개정 2010. 11. 16.〉[전문개정 1997. 7. 1.]

제35조 각종 허가 등의 대장

청장·사무소장 또는 출장소장은 영 제25조, 영 제26조 및 영 제29조부터 제31조까지의 규정에 따른 허가를 하는 때에는 이를 허가대장에 기재하여야 한다. 〈개정 1997. 7. 1., 2013. 5. 31., 2018. 5. 15.〉

제36조 체류기간연장 등불허결정통지서 발급대장

청장·사무소장 또는 출장소장은 영 제33조에 따라 체류기간연장 등불허결정통지서를 발급하는 때에는 국적·성명·출국기한 등을 체류기간연장 등불허결정통지서 발급대장에 기재하여야 한다. 다만, 영 제33조 제1항후단에 해당하는 경우에는 출국기한을 기재하지 아니할 수 있다. 〈개정 2013. 5. 31., 2018. 5. 15.〉

제37조 체류기간 연장 등의 허가기간

① 영 제29조부터 제31조까지의 규정에 따른 체류자격 부여, 체류자격 변경허가 또는 체류기간 연장허가를 하는 경우 체류기간의 상한에 관하여는 제18조의3을 준용한다.
② 영 별표 1의2중 체류자격 20의2. 계절근로(E-8)의 자격을 가진 사람에 대해 체류기간 연장허가를 하는 경우 그의 체류기간이 계속하여 8개월을 초과하지 않도록 해야 한다.

③ 영 별표 1의2중 체류자격 29. 방문취업(H-2)의 자격을 가진 사람에 대해 체류기간 연장허가를 하는 경우 그의 체류기간이 계속하여 3년을 초과하지 않도록 해야 한다. 다만, 고용주의 추천 등 법무부장관이 정하는 요건에 해당하는 사람에 대해서는 그의 체류기간이 계속하여 5년을 초과하지 않는 범위에서 체류기간 연장허가를 할 수 있다.

④ 제3항에도 불구하고 영 별표 1의2중 체류자격 5. 유학(D-2)의 자격을 가진 사람의 부·모 또는 배우자로서 같은 표 중 체류자격 29. 방문취업(H-2)의 자격으로 체류하고 있는 사람에 대해서는 그 유학(D-2)의 자격으로 체류 중인 사람의 체류기간을 초과하지 않도록 해야 한다. [전문개정 2023. 6. 30.]

제38조 체류자격부여 등에 따른 출국예고

청장·사무소장 또는 출장소장은영 제34조에 따라 허가된 체류기간내에 출국하여야 한다는 뜻을 기재하고자 하는 때에는 여권에 출국예고인을 찍음으로써 이에 갈음할 수 있다. 〈개정 1995. 12. 1., 2005. 7. 8., 2018. 5. 15.〉

제2절 외국인의 출국

제39조 외국인의 출국심사

① 영 제35조제1항부터 제3항까지의 규정에 따른 외국인의 출국심사에 관하여는 제1조를 준용한다. 〈개정 2010. 11. 16.〉

② 영 제35조 제4항에 따른 정보화기기에 의한 외국인의 출국심사(이하 "자동출국심사"라 한다)에 관하여는제19조의2를 준용한다. 이 경우 "입국심사"는 "출국심사"로, "자동입국심사"는 "자동출국심사"로 본다. 〈신설 2010. 11. 16., 2012. 2. 29.〉

③ 외국인이 입국하여 대한민국안에 정박중인 선박 등의 승무원으로 승선하는 때에는영 제35조의 규정에 의한 출국심사를 받아야 한다. 〈개정 2010. 11. 16.〉

④ 외국인출입국신고서의 작성 및 관리에 관하여는제2조및제3조의 규정을 준용한

다. 다만, 관광선박 등의 단체승객에 대하여는 승객명부로서 출입국신고서에 갈음하게 할 수 있다. 〈개정 1994. 7. 20., 2010. 11. 16.〉

⑤ 영 제35조 제2항의 규정에 의하여 외국인승무원이 출국하는 경우 승무원 등록에 관하여는 제4조의 규정을 준용한다. 〈개정 2010. 11. 16.〉

⑥ 출입국관리공무원은 법 제67조에 따른 출국권고서 또는 법 제68조에 따른 출국명령서를 교부받은 자와 영 제33조에 따른 체류기간연장 등 불허결정통지서를 교부받은 자에 대하여 제1항에 따른 출국심사를 하는 때에는 출국권고서·출국명령서 또는 체류기간연장 등 불허결정통지서를 회수하여 이를 발급한 청장·사무소장·출장소장 또는 보호소장에게 송부하여야 한다. 〈개정 2010. 11. 16., 2018. 5. 15.〉

제39조의2 외국인 출국정지의 원칙 및 세부기준

① 법 제29조에 따른 출국정지는 필요 최소한의 범위에서 하여야 한다.

② 법무부장관은 출국정지 중인 외국인에 대하여 동일한 사유로 출국정지의 요청을 받은 경우 거듭 출국정지 하지 아니한다. 이 경우 출국정지를 요청한 기관의 장에게 그 사실을 통보하여야 한다. [본조신설 2012. 1. 19.]

[종전 제39조의2는 제39조의6으로 이동 〈2012. 1. 19.〉]

제39조의3 출국정지 대상자

① 법 제4조 제1항 제6호 및 제29조 제1항에 따라 출국을 정지할 수 있는 대상자는 다음 각 호의 어느 하나에 해당하는 외국인으로 한다. 〈개정 2020. 12. 10., 2022. 4. 12.〉

1. 2억원 이상의 국세를 포탈한 혐의로 세무조사를 받고 있는 사람
2. 20억원 이상의 허위 세금계산서 또는 계산서를 발행한 혐의로 세무조사를 받고 있는 사람
3. 공중보건에 현저한 위해를 끼칠 염려가 있다고 법무부장관이 인정하는 사람
4. 「전자장치 부착 등에 관한 법률」 제13조에 따라 위치추적 전자장치가 부착된 사람
5. 그 밖에 출국 시 국가안보 또는 외교관계를 현저하게 해칠 우려가 있다고 법무부장관이 인정하는 사람

② 법 제4조 제2항 및 제29조 제1항에 따라 출국을 정지할 수 있는 대상자는 사형, 무기, 장기 3년 이상의 징역 또는 금고에 해당하는 범죄 혐의로 수사를 받고 있거나 그 소재를 알 수 없어서 기소중지 또는 수사중지(피의자중지로 한정한다)가 된 외국인으로 한다. 〈개정 2020. 12. 31.〉[본조신설 2012. 1. 19.][종전 제39조의3은 제39조의7로 이동 〈2012. 1. 19.〉]

> **관련법령** 「전자장치 부착 등에 관한 법률」 제13조

제13조(부착명령의 집행)

① 부착명령은 특정범죄사건에 대한 형의 집행이 종료되거나 면제·가석방되는 날 또는 치료감호의 집행이 종료·가종료되는 날 석방 직전에 피부착명령자의 신체에 전자장치를 부착함으로써 집행한다. 다만, 다음의 경우에는 각 호의 구분에 따라 집행한다.
  1. 부착명령의 원인이 된 특정범죄사건이 아닌 다른 범죄사건으로 형이나 치료감호의 집행이 계속될 경우에는 부착명령의 원인이 된 특정범죄사건이 아닌 다른 범죄사건에 대한 형의 집행이 종료되거나 면제·가석방 되는 날 또는 치료감호의 집행이 종료·가종료 되는 날부터 집행한다.
  2. 피부착명령자가 부착명령 판결 확정 시 석방된 상태이고 미결구금일수 산입 등의 사유로 이미 형의 집행이 종료된 경우에는 부착명령 판결 확정일부터 부착명령을 집행한다.

② 제1항제2호에 따라 부착명령을 집행하는 경우 보호관찰소의 장은 피부착명령자를 소환할 수 있으며, 피부착명령자가 소환에 따르지 아니하는 때에는 관할 지방검찰청의 검사에게 신청하여 부착명령 집행장을 발부받아 구인할 수 있다.

③ 보호관찰소의 장은 제2항에 따라 피부착명령자를 구인한 경우에는 부착명령의 집행을 마친 즉시 석방하여야 한다.

④ 부착명령의 집행은 신체의 완전성을 해하지 아니하는 범위 내에서 이루어져야 한다.

⑤ 부착명령이 여러 개인 경우 확정된 순서에 따라 집행한다.

⑥ 다음 각 호의 어느 하나에 해당하는 때에는 부착명령의 집행이 정지된다.
  1. 부착명령의 집행 중 다른 죄를 범하여 구속영장의 집행을 받아 구금된 때
  2. 부착명령의 집행 중 다른 죄를 범하여 금고 이상의 형의 집행을 받게 된 때
  3. 가석방 또는 가종료된 자에 대하여 전자장치 부착기간 동안 가석방 또는 가종료가 취소되거나 실효된 때

⑦ 제6항제1호에도 불구하고 구속영장의 집행을 받아 구금된 후에 다음 각 호의 어느 하나에 해당하는 사유로 구금이 종료되는 경우 그 구금기간 동안에는 부착명령이 집행된 것으로 본다. 다만, 제1호 및 제2호의 경우 법원의 판결에 따라 유죄로 확정된 경우는 제외한다.
  1. 사법경찰관이 불송치결정을 한 경우
  2. 검사가 혐의없음, 죄가안됨, 공소권없음 또는 각하의 불기소처분을 한 경우
  3. 법원의 무죄, 면소, 공소기각 판결 또는 공소기각 결정이 확정된 경우

⑧ 제6항에 따라 집행이 정지된 부착명령의 잔여기간에 대하여는 다음 각 호의 구분에 따라 집행한다.
  1. 제6항제1호의 경우에는 구금이 해제되거나 금고 이상의 형의 집행을 받지 아니하게 확정된 때부터 그 잔여기간을 집행한다.

2. 제6항제2호의 경우에는 그 형의 집행이 종료되거나 면제된 후 또는 가석방된 때부터 그 잔여기간을 집행한다.
3. 제6항제3호의 경우에는 그 형이나 치료감호의 집행이 종료되거나 면제된 후 그 잔여기간을 집행한다.
⑨ 제1항부터 제8항까지 규정된 사항 외에 부착명령의 집행 및 정지에 관하여 필요한 사항은 대통령령으로 정한다.

제39조의4 출국정지의 해제

① 법무부장관은 출국이 정지된 외국인의 출국정지 사유가 소멸되었다고 확인되면영 제3조 제1항단서 및제36조의2에 따라 즉시 출국정지를 해제하여야 한다.
② 법무부장관은 출국이 정지된 외국인이 다음 각 호의 어느 하나에 해당하면 출국정지를 해제할 수 있다.
 1. 출국정지로 인하여 외국과의 우호관계를 현저히 해칠 우려가 있는 경우
 2. 출국정지로 인하여 회복하기 어려운 중대한 손해를 입을 우려가 있다고 인정되는 경우
 3. 그 밖에 인도적 사유 등으로 출국정지를 해제할 필요가 있다고 인정되는 경우
[본조신설 2012. 1. 19.]

제39조의5 외국인의 출국정지 절차 등

외국인의 출국정지 및 출국정지기간 연장 절차 등에 관하여는제6조의2 제2항,제6조의3,제6조의4 제1항·제2항,제6조의5,제6조의6 제3항및제6조의7부터 제6조의12까지를 준용한다. 이 경우 "출국금지"는 "출국정지"로 본다.[본조신설 2012. 1. 19.]

제39조의6 외국인 긴급출국정지 보고

법 제29조의2에 따라 출입국관리공무원은 외국인의 긴급출국정지를 한 경우에는 즉시 법무부장관에게 보고하여야 한다.[본조신설 2018. 9. 21.]
[종전 제39조의6은 제39조의7로 이동 〈2018. 9. 21.〉]

제39조의7 재입국허가

① 법 제30조 제1항에 따른 재입국허가를 받고자 하는 자는 재입국허가신청서에 그 사유를 소명하는 서류를 첨부하여 청장·사무소장 또는 출장소장에게 제출하여야 한다. 〈개정 2018. 5. 15.〉
② 청장·사무소장 또는 출장소장은 제1항에 따른 재입국허가신청서를 받은 때에는 의견을 붙여 지체없이 이를 법무부장관에게 송부하여야 한다. 〈개정 2018. 5. 15.〉
③ 재입국허가기간은 허가받은 체류기간을 초과하지 아니하는 범위내에서 이를 정한다.
④ 청장·사무소장 또는 출장소장은 제1항에 따른 재입국허가신청에 대하여 법무부장관의 허가가 있는 때에는 여권에 재입국허가인을 찍고 재입국허가기간을 기재하거나 재입국허가 스티커를 부착하되, 무국적자 또는 법 제7조 제4항에 따른 국가의 국민에 대하여는 재입국허가서를 발급한다. 〈개정 2005. 7. 8., 2018. 5. 15.〉
[본조신설 2003. 9. 24.] [제39조의6에서 이동, 종전 제39조의7은 제39조의8로 이동 〈2018. 9. 21.〉]

제39조의8 재입국허가기간연장허가

① 법 제30조 제3항의 규정에 의한 재입국허가기간연장허가를 받고자 하는 자는 재입국허가기간연장허가신청서에 그 사유를 소명하는 서류를 첨부하여 재외공관의 장에게 제출하여야 한다.
② 재입국허가기간 연장허가기간은 재입국허가기간의 만료일부터 3개월 이내에서 이를 정할 수 있다. 이 경우 그 연장허가기간은 허가받은 체류기간을 초과할 수 없다. 〈개정 2013. 5. 31.〉
③ 제1항의 규정에 의한 재입국허가기간연장허가를 받은 자의 여권 또는 재입국허가서에는 재입국허가기간연장허가인을 찍고 연장허가기간을 기재하여야 한다. 〈개정 2005. 7. 8.〉 [본조신설 2003. 9. 24.] [제39조의7에서 이동 〈2018. 9. 21.〉]

제40조 복수재입국허가의 기준

법 제30조 제2항의 규정에 의한 복수재입국 허가의 기준은 상호주의원칙 등을 고려하여 법무부장관이 따로 정한다.

제41조 재입국허가기간

① 재입국허가의 최장기간은 다음의 구분에 의한다.
  1. 단수재입국허가 : 1년
  2. 복수재입국허가 : 2년
② 다음 각 호의 어느 하나에 해당하는 사람에 대하여는 복수재입국허가의 최장기간을 제1항 제2호에 불구하고 3년으로 한다. 〈개정 2002. 4. 27., 2016. 9. 29., 2018. 9. 21.〉
  1. 영 별표 1의2중 체류자격 11. 기업투자(D-8)의 자격에 해당하는 사람으로서 법무부장관이 정하는 일정금액 이상을 투자한 사람
  2. 영 별표 1의2중 체류자격 24. 거주(F-2)의 자격에 해당하는 사람으로서 법무부장관이 정하는 일정금액·일정기간 이상을 국내산업체에 투자하고 계속하여 기업활동에 종사하고 있는 사람

제42조 재입국허가서의 회수 등

출입국관리공무원은 재입국허가서를 발급받은 자가 다음 각 호의 어느 하나에 해당하는 때에는 재입국허가서를 회수하여 이를 발급한 청장·사무소장 또는 출장소장에게 송부하여야 한다. 〈개정 2016. 9. 29., 2018. 5. 15.〉
1. 단수재입국허가서의 명의인이 입국하는 때
2. 복수재입국허가서의 명의인이 최종 입국하는 때 [전문개정 1994. 7. 20.]

제43조 재외공관장의 재입국허가 확인

① 재외공관의 장은 재입국허가를 받고 출국하여 외국에 체류중인 자가 여권분실 등의 사유로 재입국허가의 확인을 신청할 때에는 지체없이 외교부장관을 거쳐 법무부장관에게 사실조회를 하여야 한다. 〈개정 2002. 4. 27., 2013. 3. 23.〉
② 법무부장관은 제1항의 규정에 의한 조회를 받은 때에는 이미 허가된 체류자격·재입국허가일자·재입국허가기간 등을 외교부장관을 거쳐 해당 재외공관의 장

에게 회보한다.〈개정 2002. 4. 27., 2013. 3. 23.〉
③ 재외공관의 장은 제2항의 규정에 의한 회보를 받은 때에는 신청인의 새 여권에 재입국허가확인인을 찍고 서명하여야 한다.〈개정 2005. 7. 8.〉
④ 재외공관의 장은 제39조의7에 따른 재입국허가서를 발급받은 사람이 외국에서 이를 분실한 때에는 제1항 및 제2항의 규정에 의한 절차에 따라 확인을 거쳐 재입국허가확인서를 발급하여야 한다.〈개정 2006. 8. 2., 2012. 1. 19., 2018. 9. 21.〉

제44조 삭제〈2010. 11. 16.〉

제44조의2 재입국허가 면제기준 등

① 법 제30조 제1항단서에서 "법무부령으로 정하는 사람"이란 다음 각 호와 같다. 다만, 법 제11조에 따라 입국이 금지되는 외국인과 이 규칙제10조각 호의 어느 하나에 해당하는 사람은 제외한다.〈개정 2010. 11. 16., 2011. 12. 23., 2018. 9. 21.〉
  1. 영 별표 1의3체류자격 영주(F-5)의 자격을 가진 사람으로서 출국한 날부터 2년 이내에 재입국하려는 사람
  2. 영 별표 1의2중 체류자격 1. 외교(A-1)부터 25. 동반(F-3)까지, 27. 결혼이민(F-6)부터 30. 기타(G-1)까지의 자격을 가진 사람으로서 출국한 날부터 1년(남아 있는 체류기간이 1년보다 짧을 경우에는 남아있는 체류기간으로 한다) 이내에 재입국하려는 사람
② 삭제〈2010. 11. 16.〉
③ 제1항에 해당하는 사람에 대한 재입국허가면제기간 연장에 관하여는제39조의8을 준용한다.〈개정 2018. 9. 21.〉[본조신설 2003. 9. 24.][제목개정 2010. 11. 16.]

제4장 외국인의 등록 및 사회통합프로그램 〈개정 2013. 1. 16.〉

제1절 외국인의 등록

제45조 외국인 등록의 예외

① 법 제31조 제1항 제3호에 해당하는 자는 외교·산업·국방상 중요한 업무에 종사하는 자 및 그의 가족 기타 법무부장관이 특별히 외국인 등록을 면제할 필요가 있다고 인정하는 자로 한다.
② 법무부장관이 제1항에 따라 외국인 등록을 면제하기로 결정한 때에는 이를 체류지를 관할하는 청장·사무소장 또는 출장소장(이하 "체류지 관할 청장·사무소장 또는 출장소장"이라 한다)에게 통보한다. 〈개정 2018. 5. 15.〉

제46조 삭제 〈2016. 9. 29.〉

제47조 외국인 등록사항

법 제32조 제6호의 규정에 의한 외국인 등록사항은 다음과 같다. 〈개정 1994. 7. 20., 2018. 6. 12., 2020. 9. 25.〉
1. 입국일자 및 입국항
2. 사증에 관한 사항
3. 동반자(「민법」 제779조에 따른 가족의 관계에 있는 사람으로서 동거하는 사람을 말한다)에 관한 사항
4. 「초·중 등교육법」 제2조 각 호의 어느 하나에 해당하는 학교에의 재학 여부
5. 사업자 등록번호

6. 직업 및 연간소득금액[영 제23조제1항부터 제3항까지에 따른 체류자격을 가진 사람 또는영 별표 1의2중 10. 주재(D-7)부터 12. 무역경영(D-9)까지의 체류자격을 가진 사람에 한정한다]

> **관련법령** ▶ 「민법」 제779조

제779조(가족의 범위)
① 다음의 자는 가족으로 한다.
　1. 배우자, 직계혈족 및 형제자매
　2. 직계혈족의 배우자, 배우자의 직계혈족 및 배우자의 형제자매
② 제1항제2호의 경우에는 생계를 같이 하는 경우에 한한다.[전문개정 2005. 3. 31.]

> **관련법령** ▶ 「초·중등교육법」 제2조

제2조(학교의 종류)
1. 초 등학교 2. 중학교·고등공민학교 3. 고등학교·고등기술학교 4. 특수학교 5. 각종학교

제48조 외국인 등록증의 재발급

체류지 관할 청장·사무소장 또는 출장소장은영 제42조에 따라 외국인 등록증을 재발급하는 때에는 다음 각 호의 구분에 따라 외국인 등록번호를 사용하고, 해당 재발급 사유 등을 외국인 등록증발급대장에 기재해야 한다.
1. 다음 각 목에 해당하는 경우 : 종전의 외국인 등록번호 사용
　가. 영 제42조 제1항 제1호부터 제4호까지 및 제6호의 사유에 해당하는 경우
　나. 영 제42조 제1항 제5호의 사유에 해당하는 경우로서 성명 또는 국적 변경을 이유로 외국인 등록사항 변경신고를 받은 경우
2. 영 제42조 제1항 제5호의 사유에 해당하는 경우로서 성별 또는 생년월일 변경을 이유로 외국인 등록사항 변경신고를 받은 경우 : 영 제40조의3 제3항에 따른 새로운 외국인 등록번호 사용[전문개정 2022. 12. 29.]

제49조 등록외국인기록표 등의 작성 및 관리

① 체류지 관할 청장·사무소장 또는 출장소장은 법 제34조 제1항에 따른 등록외국인기록표 및 외국인 등록표의 작성을 정보화업무처리절차에 의하여 할 수 있

다. 〈개정 2005. 7. 8., 2018. 5. 15.〉

② 체류지 관할 청장·사무소장 또는 출장소장은 등록외국인별로 등록외국인기록보관철을 만들어 등록외국인기록표와 각종 허가 또는 통고처분관련서류 등을 합철하여 관리하여야 한다. 다만, 정보화업무처리절차에 의하여 처리한 때에는 그러하지 아니하다. 〈개정 2005. 7. 8., 2018. 5. 15.〉

제49조의2 외국인 등록사항변경의 신고

법 제35조 제3호에서 "법무부령으로 정하는 사항"이라 함은 다음 각 호의 어느 하나에 해당하는 사항을 말한다. 〈개정 2007. 3. 5., 2008. 7. 3., 2009. 4. 3., 2010. 11. 16., 2018. 9. 21., 2020. 9. 25.〉

1. 영 별표 1의2중 4. 문화예술(D-1), 5. 유학(D-2) 및 7. 일반연수(D-4)부터 12. 무역경영(D-9)까지 중 어느 하나에 해당하는 자격을 가지고 있는 사람의 경우에는 소속기관 또는 단체의 변경(명칭변경을 포함한다)이나 추가
2. 제47조 제4호에 따른 재학 여부의 변경
3. 영 별표 1의2중 체류자격 13. 구직(D-10)의 자격에 해당하는 사람의 경우에는 연수개시 사실 또는 연수기관의 변경(명칭변경을 포함한다)
4. 영 별표 1의2중 29. 방문취업(H-2)의 자격에 해당하는 사람으로서 개인·기관·단체 또는 업체에 최초로 고용된 경우에는 그 취업개시 사실
5. 영 별표 1의2중 29. 방문취업(H-2)의 자격에 해당하는 사람으로서 개인·기관·단체 또는 업체에 이미 고용되어 있는 경우에는 그 개인·기관·단체 또는 업체의 변경(명칭변경을 포함한다)
6. 직업 또는 연간소득금액의 변경[영 제23조제1항부터 제3항까지에 따른 체류자격을 가진 사람 또는영 별표 1의2중 10. 주재(D-7)부터 12. 무역경영(D-9)까지의 체류자격을 가진 사람에 한정한다][본조신설 2002. 4. 27.]

제49조의3 외국인 등록사항의 말소 사유

영 제47조 제1항 제6호에서 "법무부령으로 정하는 말소 사유에 해당하는 경우"란 등록외국인에게 다음 각 호의 어느 하나에 해당하는 사유가 발생한 경우를 말한다. 〈개정 2018. 9. 21.〉

1. 「재외동포의 출입국과 법적 지위에 관한 법률」 제6조에 따라 국내거소신고를 한 경우
2. 「국적법」 제20조에 따라 대한민국 국적을 보유하고 있다고 판정된 경우

> **관련법령** ▶ 「재외동포의 출입국과 법적 지위에 관한 법률」 제6조

제6조(국내거소신고)
① 재외동포체류자격으로 입국한 외국국적동포는 이 법을 적용받기 위하여 필요하면 대한민국 안에 거소(居所)를 정하여 그 거소를 관할하는 지방출입국·외국인관서의 장에게 국내거소신고를 할 수 있다.
② 제1항에 따라 신고한 국내거소를 이전한 때에는 14일 이내에 그 사실을 신거소(新居所)가 소재한 시·군·구(자치구가 아닌 구를 포함한다. 이하 이 조 및 제7조에서 같다) 또는 읍·면·동의 장이나 신거소를 관할하는 지방출입국·외국인관서의 장에게 신고하여야 한다.
③ 제2항에 따라 거소이전 신고를 받은 지방출입국·외국인관서의 장은 신거소가 소재한 시·군·구 또는 읍·면·동의 장에게, 시·군·구 또는 읍·면·동의 장은 신거소를 관할하는 지방출입국·외국인관서의 장에게 각각 이를 통보하여야 한다.
④ 국내거소신고서의 기재 사항, 첨부 서류, 그 밖에 신고의 절차에 관하여 필요한 사항은 대통령령으로 정한다.

> **관련법령** ▶ 「국적법」 제20조

제20조(국적 판정)
① 법무부장관은 대한민국 국적의 취득이나 보유 여부가 분명하지 아니한 자에 대하여 이를 심사한 후 판정할 수 있다.
② 제1항에 따른 심사 및 판정의 절차와 그 밖에 필요한 사항은 대통령령으로 정한다.

제49조의4 정보통신망을 이용한 체류지 변경사실 통보 등의 업무처리

시(「제주특별자치도 설치 및 국제자유도시 조성을 위한 특별법」 제10조에 따른 행정시를 포함한다. 이하 같다)·군·구(자치구가 아닌 구를 포함한다. 이하 같다) 또는 읍·면·동의 장이나 청장·사무소장·출장소장은 다음 각 호의 어느 하나에 해당하는 사항을 정보통신망을 이용하여 처리할 수 있다. 〈개정 2018. 5. 15., 2018. 9. 21.〉

1. 법 제36조에 따른 체류지 변경사실의 통보 및 외국인 등록표의 이송
2. 법 제37조 제3항에 따른 외국인 등록증 반납사실의 통보
3. 영 제43조 제3항에 따른 외국인 등록의 말소 통보
4. 영 제45조 제2항에 따른 체류지 변경통보서의 송부 및 같은 조 제3항에 따른 등록

외국인기록표의 송부
5. 영 제46조 제3항에 따른 외국인 등록 말소 통보[본조신설 2016. 9. 29.]

> **관련법령** ▶ 「제주특별자치도 설치 및 국제자유도시 조성을 위한 특별법」 제10조

제10조(행정시의 폐지·설치·분리·합병 등)
① 제주자치도는 「지방자치법」 제2조제1항 및 제3조제2항에도 불구하고 그 관할구역에 지방자치단체인 시와 군을 두지 아니한다.
② 제주자치도의 관할구역에 지방자치단체가 아닌 시(이하 "행정시"라 한다)를 둔다.
③ 다른 법령에서 시를 인용하는 경우 해당 법령에 특별한 규정이 없으면 행정시는 포함되지 아니한다.
④ 행정시의 폐지·설치·분리·합병, 명칭 및 구역은 도조례로 정한다. 이 경우 도지사는 그 결과를 행정안전부장관에게 보고하여야 한다.
⑤ 행정시의 사무소 소재지는 도조례로 정하되, 도의회 재적의원 과반수의 찬성을 받아야 한다.

제50조 지문 및 얼굴에 관한 정보의 제공 방법과 시기

법 제38조 제1항각 호의 어느 하나에 해당하는 외국인은 다음 각 호에서 정한 때에 출입국관리공무원이 지정하는 정보화기기를 통하여 양쪽 모든 손가락의 지문 및 얼굴에 관한 정보를 제공하여야 한다.〈개정 2016. 9. 29.〉

1. 법 제38조 제1항 제1호에 해당하는 사람 : 외국인 등록 또는 국내거소신고를 하는 때. 다만, 17세가 되기 전에 외국인 등록 또는 국내거소신고를 한 사람은 17세가 된 날부터 90일 이내로 한다.
2. 법 제38조 제1항 제2호에 해당하는 사람
   가. 법 제51조 제1항 및 제3항에 따라 보호되거나법 제59조 제2항 및 법 제68조 제4항에 따라 강제퇴거명령서를 발급받은 때
   나. 법 제102조 제1항에 따라 100만원 이상의 통고처분을 받거나법 제102조 제3항또는법 제105조 제2항에 따라 고발당한 때
3. 법 제38조 제1항 제3호에 해당하는 사람 :법 제47조에 따라 조사를 받는 때
4. 법 제38조 제1항 제4호에 해당하는 사람 : 법무부장관이 해당 외국인의 지문 및 얼굴에 관한 정보를 제공받을 필요가 있다고 인정하는 때[전문개정 2010. 8. 13.]

제51조 삭제 〈2010. 8. 13.〉

제52조 지문 및 얼굴에 관한 정보의 제공

① 법무부장관은 경찰청장 등 관계 기관의 장으로부터 지문 및 얼굴에 관한 정보의 제공을 요청받은 때에는 「개인정보 보호법」에 따라 정보를 제공한다. 〈개정 2011. 12. 23., 2013. 5. 31.〉
② 법무부장관은 필요한 경우 제1항에 따른 정보제공업무를 전담할 청장 또는 사무소장을 지정할 수 있다. 〈신설 2013. 5. 31., 2018. 5. 15.〉 [전문개정 2010. 8. 13.]

제2절 사회통합 프로그램 〈신설 2013. 1. 16.〉

제53조 정보통신망의 구축·운영

① 법무부장관은 사회통합 프로그램의 효율적인 운영을 위하여 다음 각 호의 사항 등을 온라인으로 할 수 있도록 하기 위한 정보통신망을 구축·운영할 수 있다.
 1. 사회통합 프로그램 참여 신청
 2. 영 제48조 제2항에 따른 평가의 관리
 3. 제53조의2에 따른 사회통합 프로그램 운영기관 지정 신청
② 제1항에 따른 정보통신망의 구축·운영에 관한 세부 사항은 법무부장관이 정한다.
[본조신설 2013. 1. 16.]

제53조의2 사회통합 프로그램 운영기관의 지정

① 영 제49조 제1항에 따라 사회통합 프로그램 운영기관으로 지정받으려는 기관, 법인 또는 단체(이하 "지정신청인"이라 한다)는 별지 제81호서식의 사회통합 프로그램 운영기관 지정신청서에 다음 각 호의 서류를 첨부하여 소재지 관할 청장·사무소장 또는 출장소장을 거쳐 법무부장관에게 제출하여야 한다. 〈개정 2018. 5. 15.〉
 1. 사회통합 프로그램의 운영계획서 및 일정표
 2. 강사의 자격을 입증하는 서류

3. 법인 등기사항전부증명서(기관 또는 단체의 경우에는 사업자 등록증 또는 고유번호증 사본을 말한다)
4. 영 제49조 제1항각 호의 요건을 갖추었음을 입증하는 서류

② 영 제49조 제1항 제2호에서 "법무부령으로 정하는 전문인력"이란 다음 각 호에 따른 자격을 갖춘 사람을 말한다.
  1. 영 제48조 제1항 제1호의 한국어 교육 강사: 다음 각 목의 어느 하나에 해당하는 사람
    가. 「국어기본법 시행령」 제13조에 따른 한국어교원 3급 이상 자격을 소지한 사람
    나. 「국어기본법 시행령」 별표 1에 따른 한국어교원 양성과정 이수자 등 한국어 교육을 할 수 있는 자격이나 학력 등을 갖추었다고 법무부장관이 인정하는 사람
  2. 영 제48조 제1항 제2호의 한국사회 이해 교육 강사: 다음 각 목의 어느 하나에 해당하는 사람
    가. 별표 2제1호에 따라 다문화사회 전문가로 인정받은 사람
    나. 그 밖에 한국사회 이해 교육을 할 수 있는 자격이나 학력 등을 갖추었다고 법무부장관이 인정하는사람
  3. 영 제48조 제1항 제3호에 따른 외국인의 사회적응 지원 교육 등을 위하여 필요한 자격을 갖추었다고 법무부장관이 인정하는사람

③ 제1항에 따라 사회통합 프로그램 운영기관 지정신청서 등을 제출받은 청장·사무소장 또는 출장소장은 제출받은 서류를 법무부장관에게 송부할 때에는 지정신청인이 지정요건을 갖추었는지와 지정의 적정성에 대한 의견을 첨부하여야 한다. 〈개정 2018. 5. 15.〉

④ 법무부장관은 지정신청인을 사회통합 프로그램 운영기관(이하 "운영기관"이라 한다)으로 지정한 때에는 그 결과를 공고하고, 지정신청인에게 운영기관 지정서를 지체 없이 발급하여야 한다.

⑤ 제1항부터 제4항까지에서 규정한 사항 외에 운영기관의 지정 신청 절차 등에 관하여 필요한 사항은 법무부장관이 정한다. [본조신설 2013. 1. 16.]

★ 출입국관리법 시행규칙 [별표 2] <개정 2020. 9. 25.>
<다문화사회 전문가 인정 요건 및 이수 과목(제53조의2제2항제2호가목 관련)>

1. 다문화사회 전문가 인정 요건 : 다음 각 목의 어느 하나에 해당하는 사람
    가. 제53조의2제2항제1호에 따른 한국어 교육 강사로 제2호에 따른 다문화사회 전문가 양성과정의 교과목 및 교육시간을 이수한 사람
    나. 「고등교육법」 제29조 및 제30조에 따른 대학원에서 제3호가목에 따른 일반계열 과목 중 전공필수 과목을 6학점, 전공선택 과목을 12학점, 일반선택 과목을 3학점 이상 이수하고 석사학위를 취득하거나 박사과정을 수료하고 법무부장관이 정하는 교육을 이수한 사람. 다만, 교육대학원(「고등교육법」 제29조의2제1항제3호 특수대학원 중 교육전문가 양성을 위해 설립된 대학원을 말한다. 이하 같다)에서 석사학위를 취득하거나 박사과정을 수료한 사람은 제3호 나목에 따른 교육계열 과목 중 전공필수 과목을 3학점, 전공선택 과목을 12학점, 일반선택 과목을 6학점 이상 이수해야 한다.
    다. 대학(「고등교육법」 제2조제1호, 제2호, 제4호부터 제6호까지에 따른 대학을 말한다. 이하 같다)에서 제3호가목에 따른 일반계열 과목 중 전공필수 6학점, 전공선택 과목 12학점, 일반선택 12학점 이상 이수하고 학사학위를 취득한 사람으로서 법무부장관이 정하는 교육을 이수한 사람. 다만, 「고등교육법」 제2조제3호에 따른 교육대학, 같은 법 제41조제2항에 따른 대학의 사범대학, 같은 법 제43조제1항에 따른 종합교원양성대학(이하 "교육대학 등"이라 한다)에서 학사학위를 취득한 사람은 제3호나목에 따른 교육계열 과목 중 전공필수 과목 3학점, 전공선택 과목 15학점, 일반선택 과목 12학점 이상 이수해야 한다.
    라. 가목부터 다목까지의 어느 하나에 해당하는 사람 중 다음의 어느 하나에 해당하는 사람으로서 법무부장관이 정하는 교육을 이수한 사람
        1) 법무부장관이 정하는 이민·다문화사회통합과 관련된 업무에 3년 이상 종사한 경력이 있는 사람
        2) 「고등교육법」 제29조 및 제30조에 따른 대학원에서 제3호가목에 따른 일반계열 과목 중 전공필수 과목을 6학점, 전공선택 과목을 12학점, 일반선택 과목을 3학점 이상 이수하고 박사학위를 취득한 사람. 다만, 교육대학원에서 박사학위를 취득한 사람은 제3호나목에 따른 교육계열 과목 중 전공필수 과목을 3학점, 전공선택 과목을 12학점, 일반선택 과목을 6학점 이상 이수해야 한다.

2. 다문화사회 전문가 양성과정의 교과목 및 교육시간

구분	교과목 명칭	교육시간
기본소양 7개 과목 (14시간)	오리엔테이션/설문조사/수료식	2시간
	국제이주의 이해	2시간
	다문화 명사 특강	2시간
	아시아 사회와 문화의 이해	2시간
	유럽(러시아 포함) 사회와 문화의 이해	2시간
	이슬람 사회와 문화의 이해	2시간
	해외 한민족 이해	2시간
전공소양 25개 과목 (66시간)	한국의 이민정책 이해	2시간
	「출입국관리법」과 「재외동포의 출입국과 법적지위에 관한 법률」 이해	3시간
	「외국인근로자의 고용 등에 관한 법률」과 방문취업제도 이해	2시간
	「국적법」과 가족법 이해	3시간
	「재한외국인 처우 기본법」과 「다문화가족지원법」, 사회통합정책의 이해	3시간
	사회통합 프로그램 개관	3시간
	다문화한국사회의 이해	2시간
	한국의 역사(1) – 고대사, 중세사	2시간
	한국의 역사(2) – 근대사, 현대사	2시간

	한국의 정치제도, 정부조직과 행정절차 이해	2시간
	한국의 경제와 사회 일반	2시간
	한국의 문화 이해	2시간
	한국의 지리 이해	2시간
	한국의 기초 법률	2시간
	건강, 의료와 복지	3시간
	주거와 취업 정보	3시간
	한국의 교육 제도와 자녀교육 이해	3시간
	한국사회 고급세미나	2시간
	강의 기법과 교수법	4시간
	교안 작성과 강의 준비 심화	4시간
	이민자 상담기법과 실제	3시간
	현장 전문가 특강	2시간
	지역사회 다문화 이해	3시간
	현장 견학과 실습	5시간
	자율 과정	2시간

3. 다문화사회 관련 과목

가. 일반계열

구분	과목명	이수 과목 및 학점	
		대학원	대학·전문대학
전공 필수 과목	이민정책론, 이민법제론	2과목 6학점(과목당 3학점) 이상	2과목 6학점(과목당 3학점) 이상
전공 선택 과목	다문화사회 교수방법론, 한국사회의 다문화현상 이해, 이민·다문화가족 복지론, 국제이주와 노동정책, 지역사회와 사회통합, 국경관리와 체류의 이해, 난민법의 이해, 국적법의 이해, 이민·다문화 현장실습	4과목 12학점(과목당 3학점) 이상	4과목 12학점(과목당 3학점) 이상
일반 선택 과목	아시아사회의 이해, 해외동포사회 이해, 이주노동자 상담과 실제, 다문화가족의 상담과 실제, 다문화(사회)교육론, 노동법, 국제인권법, 국제이주와 사회통합, 다문화교육현장 사례연구, 석·박사논문 연구, 국제이주와 젠더	1과목 3학점(과목당 3학점) 이상	4과목 12학점(과목당 3학점) 이상

1. 전공선택과목 중 이민·다문화 현장실습은 운영기관에서 50시간 이상 하여야 한다.
2. 전공선택과목의 학점이 이수학점을 초과한 경우 그 학점은 일반선택 과목의 학점으로 인정할 수 있다.
3. 대학원 재학 중인 사람이 다문화사회 전문가 학위과정이 개설된 대학 또는 교육대학 등에서 전공필수과목을 이수한 경우에는 전공선택과목 학점으로 전공필수과목 학점을 갈음할 수 있으며, 전공선택과목을 이수한 경우에는 일반선택과목 학점으로 전공선택과목 학점을 갈음할 수 있다.
4. 과목명이 같지 아니하더라도 교과 내용이 같다고 법무부장관이 인정하는 경우에는 같은 과목으로 본다.

나. 교육계열

구분	과목명	이수 과목 및 학점	
		교육대학원	교육대학 등
전공 필수 과목	다문화(사회)교육론, 이민정책론	1과목 3학점 (과목당 3학점) 이상	1과목 3학점(과목 당 3학점) 이상
전공 선택 과목	다문화사회 교수방법론, 한국사회의 다문화현상 이해, 이민·다 문화가족 복지론, 국제이주와 노동정책, 지역사회와 사회통합, 국경관리와 체류의 이해, 난민법의 이해, 국적법의 이해, 이민· 다문화 현장실습	4과목 12학점 (과목당 3학점) 이상	5과목 15학점(과 목당 3학점) 이상
일반 선택 과목	이민법제론, 아시아사회의 이해, 해외동포사회 이해, 이주노동 자 상담과 실제, 다문화가족의 상담과 실제, 국제이주와 사회 통합, 다문화교육현장 사례연구, 석·박사논문연구, 국제이주 와 젠더, (이주민을 위한) 한국어교육론, 이중언어교육론	2과목 6학점 (과목당 3학점) 이상	4과목 12학점(과 목당 3학점) 이상

1. 전공선택과목 중 이민·다문화 현장실습은 운영기관에서 50시간 이상 하여야 한다.
2. 전공필수과목의 학점이 이수학점을 초과한 경우 그 학점은 전공선택과목 또는 일반선택과목의 학점으로 인정할 수 있으며, 전공선택과목의 학점이 이수학점을 초과한 경우 그 학점은 일반선택과목의 학점으로 인정할 수 있다.
3. 대학원 재학 중인 사람이 다문화사회 전문가 학위과정이 개설된 대학 또는 교육대학 등에서 전공필수과목을 이수한 경우에는 전공선택과목 학점으로 전공필수과목 학점을 갈음할 수 있으며, 전공선택과목을 이수한 경우에는 일반선택과목 학점으로 전공선택과목 학점을 갈음할 수 있다.
4. 과목명이 같지 아니하더라도 교과 내용이 같다고 법무부장관이 인정하는 경우에는 같은 과목으로 본다.

> 관련법령 ▶ 「국어기본법 시행령」 제13조

제13조(한국어교원 자격 부여 등)

① 법 제19조제2항에 따라 재외동포나 외국인을 대상으로 국어를 가르치는 사람(이하 "한국어교원" 이라 한다)의 자격은 다음 각 호와 같다.

1. 한국어교원 1급 제2호 각 목의 어느 하나에 해당하여 한국어교원 2급 자격을 취득한 후에 제2항에 따른 기관 또는 단체 등에서 5년 이상 근무하면서 총 2천시간 이상 외국어로서의 한국어를 가르친 경력(이하 "한국어교육경력"이라 한다)이 있는 사람
2. 한국어교원 2급
   가. 외국어로서의 한국어교육 분야를 주전공 또는 복수전공으로 하여 별표 1에서 정한 영역별 필수이수학점을 취득한 후 학사 이상의 학위를 취득한 사람. 이 경우 외국 국적을 가진 사람은 문화체육관광부장관이 시험 종류, 시험의 유효기간 및 급수 등을 정하여 고시하는 시험에 합격한 사람일 것
   나. 2005년 7월 28일 전에 대학에 입학한 사람으로서 외국어로서의 한국어교육 분야를 주전공 또는 복수전공으로 하여 별표 1 제3호에 따른 영역에 속한 과목과 같은 표 제5호에 따른 영역에 속한 과목을 합산하여 18학점 이상을 이수하되, 같은 표 제3호에 따른 영역에 속한 과목을 2학점 이상 이수한 후 학사 학위를 취득한 사람
   다. 2005년 7월 28일 전에 「고등교육법」 제29조에 따른 대학원(이하 "대학원"이라 한다)에 입학한 사람으로서 외국어로서의 한국어교육 분야를 전공으로 하여 별표 1 제3호에 따른 영

역에 속한 과목과 같은 표 제5호에 따른 영역에 속한 과목을 합산하여 8학점 이상을 이수하되, 같은 표 제3호에 따른 영역에 속한 과목을 2학점 이상 이수한 후 석사 이상의 학위를 취득한 사람

라. 제3호가목 및 다목부터 마목까지의 어느 하나에 해당하여 한국어교원 3급 자격을 취득한 후에 제2항에 따른 기관 또는 단체 등에서 3년 이상 근무한 사람으로서 총 1천200시간 이상의 한국어교육경력이 있는 사람

마. 제3호나목, 바목 및 사목의 어느 하나에 해당하여 한국어교원 3급 자격을 취득한 후에 제2항에 따른 기관 또는 단체 등에서 5년 이상 근무한 사람으로서 총 2천시간 이상의 한국어교육경력이 있는 사람

3. 한국어교원 3급

가. 외국어로서의 한국어교육 분야를 부전공으로 하여 별표 1에서 정한 영역별 필수이수학점을 취득한 후 학사 학위를 취득한 사람. 이 경우 외국 국적을 가진 사람은 문화체육관광부장관이 시험 종류, 시험의 유효기간 및 급수 등을 정하여 고시하는 시험에 합격한 사람일 것

나. 별표 1에서 정한 영역별 필수이수시간을 충족하는 한국어교원 양성과정을 이수한 후 제14조에 따른 한국어교육능력 검정시험에 응시하여 합격한 사람

다. 2005년 7월 28일 전에 대학에 입학한 사람으로서 외국어로서의 한국어교육 분야를 주전공 또는 복수전공으로 하여 별표 1 제3호에 따른 영역에 속한 과목과 같은 표 제5호에 따른 영역에 속한 과목을 합산하여 10학점 이상 17학점 이하를 이수하되, 같은 표 제3호에 따른 영역에 속한 과목을 2학점 이상 이수한 후 학사 학위를 취득한 사람

라. 2005년 7월 28일 전에 대학원에 입학한 사람으로서 외국어로서의 한국어교육 분야를 전공으로 하여 별표 1 제3호에 따른 영역에 속한 과목과 같은 표 제5호에 따른 영역에 속한 과목을 합산하여 6학점 이상 7학점 이하를 이수하되, 같은 표 제3호에 따른 영역에 속한 과목을 2학점 이상 이수한 후 석사 이상의 학위를 취득한 사람

마. 2005년 7월 28일 전에 대학에 입학한 사람으로서 외국어로서의 한국어교육 분야를 부전공으로 하여 별표 1 제3호에 따른 영역에 속한 과목과 같은 표 제5호에 따른 영역에 속한 과목을 합산하여 10학점 이상 이수하되, 같은 표 제3호에 따른 영역에 속한 과목을 2학점 이상 이수한 후 학사 학위를 취득한 사람

바. 2005년 7월 28일 전에 제2항제1호부터 제3호까지의 규정에 따른 기관 또는 단체 등에서 800시간 이상의 한국어교육경력이 있거나 2005년 7월 28일 전에 「민법」제32조에 따라 문화체육관광부장관의 허가를 받아 설립된 한국어세계화재단에서 실시한 한국어교육 능력을 인증하는 시험에 합격한 사람

사. 2005년 7월 28일 전에 한국어교사를 양성하는 과정을 이수하였거나 2005년 7월 28일 전에 그 과정에 등록하여 2005년 7월 28일 이후에 그 과정을 이수한 사람으로서 2005년 7월 28일 이후에 제14조에 따른 한국어교육능력 검정시험에 합격한 사람

② 제1항에 따른 한국어교원의 자격 취득에 필요한 한국어교육경력이 인정되는 기관 또는 단체 등은 다음 각 호와 같다.

1. 외국어로서의 한국어 강의가 개설된 국내 대학 및 대학 부설기관, 국내 대학에 준하는 외국의

대학 및 대학 부설기관
2. 외국어로서의 한국어 수업이 개설된 국내외 초·중·고등학교
3. 외국어로서의 한국어를 가르치는 국가, 지방자치단체 또는 외국 정부기관
4. 「재한외국인 처우 기본법」제21조에 따라 외국인정책에 관한 사업을 위탁받은 비영리법인 또는 비영리단체
5. 「외교부와 그 소속기관 직제」제55조에 따른 문화원 및 「재외국민의 교육지원 등에 관한 법률」제28조에 따른 한국교육원
6. 그 밖에 문화체육관광부장관이 문화체육관광부령으로 정하는 바에 따라 한국어교육경력이 인정되는 기관 등으로 정하여 고시하는 기관 등

③ 문화체육관광부장관은 제1항에 따른 한국어교원 자격을 취득하려는 사람에 대하여 그 신청에 따라 자격 충족 여부를 심사하여 그 자격이 있는지를 결정하여야 한다.
④ 문화체육관광부장관은 제3항에 따라 해당 자격을 갖춘 것으로 결정된 사람에게 별지 제3호서식(전자문서를 포함한다)의 한국어교원 자격증을 문화체육관광부령으로 정하는 바에 따라 발급한다.
⑤ 제1항부터 제4항까지의 규정에 따른 한국어교원 자격의 심사 횟수, 절차, 방법, 그 밖에 필요한 사항은 문화체육관광부령으로 정한다.

★ 국어기본법 시행령 [별표 1] <개정 2012.8.22>
<한국어교원 자격 취득에 필요한 영역별 필수이수학점 및 필수이수시간(제13조제1항 관련)>

번호	영역	과목 예시	대학의 영역별 필수이수학점 주전공 또는 복수전공	대학의 영역별 필수이수학점 부전공	대학원의 영역별 필수이수학점	한국어교원 양성과정 필수이수시간
1	한국어학	국어학 개론, 한국어 음운론, 한국어 문법론, 한국어 어휘론, 한국어 의미론, 한국어 화용론(話用論), 한국어사, 한국어 어문규범 등	6학점	3학점	3~4학점	30시간
2	일반 언어학 및 응용 언어학	응용 언어학, 언어학 개론, 대조 언어학, 사회 언어학, 심리 언어학, 외국어 습득론 등	6학점	3학점		12시간
3	외국어로서의 한국어교육론	한국어 교육 개론, 한국어 교육과정론, 한국어 평가론, 언어 교수 이론, 한국어 표현 교육법(말하기, 쓰기), 한국어 이해 교육법(듣기, 읽기), 한국어 발음 교육론, 한국어 문법 교육론, 한국어 어휘 교육론, 한국어 교재론, 한국 문화 교육론, 한국어 한자 교육론,	24학점	9학점	9~10학점	46시간

		한국어 교육 정책론, 한국어 번역론 등				
4	한국 문화	한국 민속학, 한국의 현대 문화, 한국의 전통문화, 한국 문학 개론, 전통문화 현장 실습, 한국 현대 문화 비평, 현대 한국 사회, 한국 문학의 이해 등	6학점	3학점	2~3학점	12시간
5	한국어 교육 실습	강의 참관, 모의 수업, 강의 실습 등	3학점	3학점	2~3학점	20시간
	합계		45학점	21학점	18학점	120시간

※ 한국어교원 자격의 취득에 필요한 영역별 과목의 적합 여부, 필수이수학점 및 필수이수시간에 대한 세부 심사기준은 문화체육관광부령으로 정한다.

제53조의3 운영기관에 대한 처분기준

영 제50조 제4항에 따른 운영기관에 대한 처분기준은 별표 3과 같다.
[본조신설 2013. 1. 16.]

★ 출입국관리법 시행규칙 [별표 3] <개정 2019. 6. 11.>
<운영기관에 대한 처분기준(제53조의3 관련)>

1. 일반기준
   가. 위반행위의 횟수에 따른 행정처분의 기준은 운영기관으로 지정받은 이후 같은 유형의 행정처분을 받은 경우에 적용한다. 이 경우 처분의 기준은 최초의 처분을 한 날을 기준으로 한다.
   나. 위반행위가 고의나 중대한 과실이 아닌 사소한 부주의나 오류로 인한 경우에는 개별기준에도 불구하고 지정 취소는 시정 요구로, 시정 요구는 경고로 그 처분을 감경할 수 있다.

2. 개별기준

구분	근거법령	1차	2차	3차
가. 자료 제출 또는 보고 요구에 응하지 않은 경우	법 제39조제5항	시정 요구	지정 취소	
나. 거짓이나 부정한 방법으로 운영기관으로 지정받은 경우	법 제39조제5항	지정 취소		
다. 거짓이나 부정한 방법으로 사회통합 프로그램을 운영한 경우	법 제39조제5항	지정 취소		
라. 영 제49조제1항 각 호의 요건을 갖추지 못하게 된 경우	법 제39조제5항			
1) 사무실 및 교육장소에 관한 지정요건을 갖추지 못하게 된 경우	법 제39조제5항	시정 요구	지정 취소	
2) 전문인력을 갖추지 못하게 된 경우	법 제39조제5항	시정 요구	시정 요구	지정 취소
3) 시설물 배상책임보험 및 화재보험을 갖추지 못하	법 제39조제5항	시정 요구	지정 취소	

게 된 경우 　가) 보험을 중간에 해지한 경우 　나) 보험기간과 운영기간이 불일치하는 경우 　다) 보험금액이 적정 수준에 미치지 못하는 경우 4) 그 밖의 지정요건을 갖추지 못하게 된 경우	법 제39조제5항	시정 요구	지정 취소
마. 법 제39조제4항에 따라 지원받은 경비를 부당하게 집행한 경우	법 제39조제5항	시정 요구	지정 취소
바. 시정 요구에 정당한 이유 없이 불응한 경우	법 제39조제5항	시정 요구	지정 취소
사. 그 밖에 법을 위반한 경우	법 제39조제5항	경고	시정 요구	지정 취소

제53조의4 사회통합 자문위원회

① 사회통합에 관한 다음 각 호의 사항(이하 "사회통합 업무"라 한다)에 대하여 법무부장관의 자문에 응하기 위하여 법무부장관 소속으로 사회통합 자문위원회(이하 "자문위원회"라 한다)를 둔다. 〈개정 2019. 6. 11.〉

　1. 영 제48조에 따른 사회통합 프로그램의 개발·운영
　2. 영 제49조에 따른 운영기관의 지정
　3. 영 제50조에 따른 운영기관의 관리 및 지정 취소
　4. 영 제51조에 따른 전문인력 양성
　5. 제9조의4 제2항에 따른 국제결혼 안내프로그램 운영
　6. 제53조의5에 따른 결혼이민자 등의 조기 적응 지원을 위한 프로그램 운영
　7. 그 밖에 법무부장관이 자문이 필요하다고 인정한 사항

② 자문위원회는 위원장 1명을 포함한 15명 이내의 위원으로 구성한다.

③ 자문위원회 위원은 다음 각 호의 사람이 되며, 위원장은 위원 중에서 법무부장관이 지명한다.

　1. 관련 분야의 학식과 경험이 풍부한 사람으로서 법무부장관이 위촉하는 사람
　2. 법무부 출입국·외국인정책본부장
　3. 법무부 소속 공무원 중 법무부장관이 임명하는 사람

④ 제3항제1호의 위원의 임기는 2년으로 한다.

⑤ 법무부장관은 사회통합 업무에 필요한 경우 청장 또는 사무소장 소속으로 지방사회통합 자문위원회(이하 "지방자문위원회"라 한다)를 둘 수 있다. 〈개정 2018. 5. 15., 2019. 6. 11.〉

⑥ 제1항부터 제5항까지에서 규정한 사항 외에 자문위원회 및 지방자문위원회의 구성 및 운영에 필요한 사항은 법무부장관이 정한다. [본조신설 2013. 5. 31.][제목개정 2019. 6. 11.]

제53조의5 결혼이민자 등의 조기 적응 지원을 위한 프로그램

① 법무부장관은 대한민국에 결혼이민자 등의 자격으로 입국하려고 하거나 최초로 입국한 외국인의 한국사회 조기 적응을 지원하기 위하여 체류허가·영주자격·국적 신청 및 기초생활 법질서 등의 교육, 정보 제공 및 상담 등의 프로그램을 시행할 수 있다.
② 제1항에 따른 프로그램의 구체적인 내용 및 운영 방법, 그 밖에 프로그램의 운영에 필요한 사항은 법무부장관이 정한다. [본조신설 2013. 10. 10.]

제53조의6 사회통합 자원봉사위원의 위촉 및 해촉

① 법 제41조 제1항에 따른 사회통합 자원봉사위원(이하 "사회통합위원"이라 한다)은 다음 각 호의 요건을 갖춘 자 중에서 법무부장관이 위촉한다.
  1. 인격 및 행동에 있어 사회적으로 신망을 받을 것
  2. 외국인의 사회통합지원 및 사회봉사에 대한 열의를 가지고 있을 것
  3. 「국가공무원법」 제33조 각 호의 결격사유에 해당하지 아니할 것
② 법무부장관은 사회통합위원이 다음 각 호의 어느 하나에 해당하는 때에는 해촉할 수 있다.
  1. 사회통합위원의 직무를 태만히 하거나 직무수행실적이 없는 때
  2. 직무수행과 관련하여 비위행위가 있는 때
  3. 품위 손상이나 그 밖의 사유로 인하여 사회통합위원으로서 적당하지 아니하다고 인정되는 때 [본조신설 2015. 6. 15.]

관련법령 「국가공무원법」 제33조

제33조(결격사유)
다음 각 호의 어느 하나에 해당하는 자는 공무원으로 임용될 수 없다. 〈개정 2010. 3. 22., 2013. 8. 6., 2015. 12. 24., 2018. 10. 16., 2021. 1. 12., 2022. 12. 27., 2023. 4. 11.〉
1. 피성년후견인

2. 파산선고를 받고 복권되지 아니한 자
3. 금고 이상의 실형을 선고받고 그 집행이 끝나거나(집행이 끝난 것으로 보는 경우를 포함한다) 집행이 면제된 날부터 5년이 지나지 아니한 자
4. 금고 이상의 형의 집행유예를 선고받고 그 유예기간이 끝난 날부터 2년이 지나지 아니한 자
5. 금고 이상의 형의 선고유예를 받은 경우에 그 선고유예 기간 중에 있는 자
6. 법원의 판결 또는 다른 법률에 따라 자격이 상실되거나 정지된 자
6의2. 공무원으로 재직기간 중 직무와 관련하여 「형법」 제355조 및 제356조에 규정된 죄를 범한 자로서 300만원 이상의 벌금형을 선고받고 그 형이 확정된 후 2년이 지나지 아니한 자
6의3. 다음 각 목의 어느 하나에 해당하는 죄를 범한 사람으로서 100만원 이상의 벌금형을 선고받고 그 형이 확정된 후 3년이 지나지 아니한 사람
  가. 「성폭력범죄의 처벌 등에 관한 특례법」 제2조에 따른 성폭력범죄
  나. 「정보통신망 이용촉진 및 정보보호 등에 관한 법률」 제74조제1항제2호 및 제3호에 규정된 죄
  다. 「스토킹범죄의 처벌 등에 관한 법률」 제2조제2호에 따른 스토킹범죄
6의4. 미성년자에 대한 다음 각 목의 어느 하나에 해당하는 죄를 저질러 파면·해임되거나 형 또는 치료감호를 선고받아 그 형 또는 치료감호가 확정된 사람(집행유예를 선고받은 후 그 집행유예기간이 경과한 사람을 포함한다)
  가. 「성폭력범죄의 처벌 등에 관한 특례법」 제2조에 따른 성폭력범죄
  나. 「아동·청소년의 성보호에 관한 법률」 제2조제2호에 따른 아동·청소년대상 성범죄
7. 징계로 파면처분을 받은 때부터 5년이 지나지 아니한 자
8. 징계로 해임처분을 받은 때부터 3년이 지나지 아니한 자

제53조의7 특별사회통합 지원봉사위원

① 청장·사무소장·출장소장, 외국인보호소장 및 출입국·외국인지원센터장은 다음 각 호에 관한 해당 기관의 업무를 지원할 사람이 필요한 경우 특별사회통합 자원봉사위원(이하 "특별사회통합위원"이라 한다)을 위촉할 수 있다. 〈개정 2018. 5. 15.〉
  1. 외국인 고충상담 및 민원안내
  2. 외국인의 체류지 변경신고등 각종 신고사항에 관한 사실확인 및 생활지도
② 특별사회통합위원의 위촉 및 해촉에 관하여는 제53조의6을 준용한다.
[본조신설 2015. 6. 15.]

제53조의8 사회통합위원 등의 정원

① 사회통합위원 및 특별사회통합위원의 정원은 청, 사무소 또는 출장소별로 등록외국인의 수, 기관의 규모(직원 수 및 업무량을 말한다) 등을 고려하여 등록외국인 100명당 1명의 범위에서 법무부장관이 정한다. 〈개정 2018. 5. 15., 2020. 9. 25.〉

② 외국인보호소장 및 출입국·외국인지원센터장이 위촉하는 특별사회통합위원의 정원은 기관별로 30명의 범위에서 법무부장관이 정한다. [본조신설 2015. 6. 15.]

제53조의9 사회통합위원 등의 자치조직

사회통합위원 및 특별사회통합위원의 체계적인 활동을 도모하기 위하여 법무부장관이 정하는 바에 따라 사회통합위원 및 특별사회통합위원의 자치조직을 둘 수 있다. [본조신설 2015. 6. 15.]

제53조의10 비용의 지급

사회통합위원과 특별사회통합위원에 대하여는 예산의 범위에서 그 직무수행에 필요한 실비를 지급한다. [본조신설 2015. 6. 15.]

제53조의11 세부 운영사항

제53조의6부터 제53조의10까지에서 규정한 사항 외에 사회통합위원 및 특별사회통합위원의 운영에 필요한 세부사항은 법무부장관이 정한다. [본조신설 2015. 6. 15.]

제5장 강제퇴거 등

제1절 강제퇴거 및 조사 ⟨개정 2003. 9. 24.⟩

제54조 영주자격을 가진 자의 강제퇴거

법 제46조 제2항 제2호에서 "법무부령으로 정하는 자"란 다음 각 호의 어느 하나에 해당하는 자로서 법무부장관이 강제퇴거함이 상당하다고 인정하는 자를 말한다. ⟨개정 2005. 7. 8., 2013. 10. 10.⟩

1. 「형법」제2편 제24장 살인의 죄, 제32장 강간과 추행의 죄 또는 제38장 절도와 강도의 죄중 강도의 죄를 범한 자
2. 「성폭력범죄의 처벌 등에 관한 특례법」위반의 죄를 범한 자
3. 「마약류관리에 관한 법률」위반의 죄를 범한 자
4. 「특정범죄 가중처벌 등에 관한 법률」제5조의2·제5조의4·제5조의5·제5조의9또는제11조 위반의 죄를 범한 자
5. 「국가보안법」위반의 죄를 범한 자
6. 「폭력행위 등 처벌에 관한 법률」제4조 위반의 죄를 범한 자
7. 「보건범죄단속에 관한 특별조치법」위반의 죄를 범한 자 [본조신설 2003. 9. 24.]

> **관련법령** ▶ 「특정범죄 가중처벌 등에 관한 법률」제5조의2·제5조의4·제5조의5·제5조의9 또는 제11조

제5조의2(약취·유인죄의 가중처벌)
① 13세 미만의 미성년자에 대하여 「형법」제287조의 죄를 범한 사람은 그 약취(略取) 또는 유인(誘引)의 목적에 따라 다음 각 호와 같이 가중처벌한다.

1. 약취 또는 유인한 미성년자의 부모나 그 밖에 그 미성년자의 안전을 염려하는 사람의 우려를 이용하여 재물이나 재산상의 이익을 취득할 목적인 경우에는 무기 또는 5년 이상의 징역에 처한다.
  2. 약취 또는 유인한 미성년자를 살해할 목적인 경우에는 사형, 무기 또는 7년 이상의 징역에 처한다.
② 13세 미만의 미성년자에 대하여 「형법」 제287조의 죄를 범한 사람이 다음 각 호의 어느 하나에 해당하는 행위를 한 경우에는 다음 각 호와 같이 가중처벌한다.
  1. 약취 또는 유인한 미성년자의 부모나 그 밖에 그 미성년자의 안전을 염려하는 사람의 우려를 이용하여 재물이나 재산상의 이익을 취득하거나 이를 요구한 경우에는 무기 또는 10년 이상의 징역에 처한다.
  2. 약취 또는 유인한 미성년자를 살해한 경우에는 사형 또는 무기징역에 처한다.
  3. 약취 또는 유인한 미성년자를 폭행·상해·감금 또는 유기(遺棄)하거나 그 미성년자에게 가혹한 행위를 한 경우에는 무기 또는 5년 이상의 징역에 처한다.
  4. 제3호의 죄를 범하여 미성년자를 사망에 이르게 한 경우에는 사형, 무기 또는 7년 이상의 징역에 처한다.
③ 제1항 또는 제2항의 죄를 범한 사람을 방조(幇助)하여 약취 또는 유인된 미성년자를 은닉하거나 그 밖의 방법으로 귀가하지 못하게 한 사람은 5년 이상의 유기징역에 처한다.
④ 삭제
⑤ 삭제
⑥ 제1항 및 제2항(제2항제4호는 제외한다)에 규정된 죄의 미수범은 처벌한다.
⑦ 제1항부터 제3항까지 및 제6항의 죄를 범한 사람을 은닉하거나 도피하게 한 사람은 3년 이상 25년 이하의 징역에 처한다.
⑧ 제1항 또는 제2항제1호·제2호의 죄를 범할 목적으로 예비하거나 음모한 사람은 1년 이상 10년 이하의 징역에 처한다.

제5조의4(상습 강도·절도죄 등의 가중처벌)
① 삭제
② 5명 이상이 공동하여 상습적으로 「형법」 제329조부터 제331조까지의 죄 또는 그 미수죄를 범한 사람은 2년 이상 20년 이하의 징역에 처한다.
③ 삭제
④ 삭제
⑤ 「형법」 제329조부터 제331조까지, 제333조부터 제336조까지 및 제340조·제362조의 죄 또는 그 미수죄로 세 번 이상 징역형을 받은 사람이 다시 이들 죄를 범하여 누범(累犯)으로 처벌하는 경우에는 다음 각 호의 구분에 따라 가중처벌한다.
  1. 「형법」 제329조부터 제331조까지의 죄(미수범을 포함한다)를 범한 경우에는 2년 이상 20년 이하의 징역에 처한다.
  2. 「형법」 제333조부터 제336조까지의 죄 및 제340조제1항의 죄(미수범을 포함한다)를 범한 경우에는 무기 또는 10년 이상의 징역에 처한다.
  3. 「형법」 제362조의 죄를 범한 경우에는 2년 이상 20년 이하의 징역에 처한다.
⑥ 상습적으로 「형법」 제329조부터 제331조까지의 죄나 그 미수죄 또는 제2항의 죄로 두 번 이상 실형

을 선고받고 그 집행이 끝나거나 면제된 후 3년 이내에 다시 상습적으로 「형법」 제329조부터 제331조까지의 죄나 그 미수죄 또는 제2항의 죄를 범한 경우에는 3년 이상 25년 이하의 징역에 처한다.

제5조의5(강도상해 등 재범자의 가중처벌)
「형법」 제337조·제339조의 죄 또는 그 미수죄로 형을 선고받고 그 집행이 끝나거나 면제된 후 3년 내에 다시 이들 죄를 범한 사람은 사형, 무기 또는 10년 이상의 징역에 처한다.

제5조의9(보복범죄의 가중처벌 등)
① 자기 또는 타인의 형사사건의 수사 또는 재판과 관련하여 고소·고발 등 수사단서의 제공, 진술, 증언 또는 자료제출에 대한 보복의 목적으로 「형법」 제250조제1항의 죄를 범한 사람은 사형, 무기 또는 10년 이상의 징역에 처한다. 고소·고발 등 수사단서의 제공, 진술, 증언 또는 자료제출을 하지 못하게 하거나 고소·고발을 취소하게 하거나 거짓으로 진술·증언·자료제출을 하게 할 목적인 경우에도 또한 같다.
② 제1항과 같은 목적으로 「형법」 제257조제1항·제260조제1항·제276조제1항 또는 제283조제1항의 죄를 범한 사람은 1년 이상의 유기징역에 처한다.
③ 제2항의 죄 중 「형법」 제257조제1항·제260조제1항 또는 제276조제1항의 죄를 범하여 사람을 사망에 이르게 한 경우에는 무기 또는 3년 이상의 징역에 처한다.
④ 자기 또는 타인의 형사사건의 수사 또는 재판과 관련하여 필요한 사실을 알고 있는 사람 또는 그 친족에게 정당한 사유 없이 면담을 강요하거나 위력(威力)을 행사한 사람은 3년 이하의 징역 또는 300만원 이하의 벌금에 처한다.

제11조(마약사범 등의 가중처벌)
① 「마약류관리에 관한 법률」 제58조제1항제1호부터 제4호까지 및 제6호·제7호에 규정된 죄(매매, 수수 및 제공에 관한 죄와 매매목적, 매매 알선목적 또는 수수목적의 소지·소유에 관한 죄는 제외한다) 또는 그 미수죄를 범한 사람은 다음 각 호의 구분에 따라 가중처벌한다. 〈개정 2016. 1. 6.〉
  1. 수출입·제조·소지·소유 등을 한 마약이나 향정신성의약품 등의 가액이 5천만원 이상인 경우에는 무기 또는 10년 이상의 징역에 처한다.
  2. 수출입·제조·소지·소유 등을 한 마약이나 향정신성의약품 등의 가액이 500만원 이상 5천만원 미만인 경우에는 무기 또는 7년 이상의 징역에 처한다.
② 「마약류관리에 관한 법률」 제59조제1항부터 제3항까지 및 제60조에 규정된 죄(마약 및 향정신성의약품에 관한 죄만 해당한다)를 범한 사람은 다음 각 호의 구분에 따라 가중처벌한다.
  1. 소지·소유·재배·사용·수출입·제조 등을 한 마약 및 향정신성의약품의 가액이 5천만원 이상인 경우에는 무기 또는 7년 이상의 징역에 처한다.
  2. 소지·소유·재배·사용·수출입·제조 등을 한 마약 및 향정신성의약품의 가액이 500만원 이상 5천만원 미만인 경우에는 무기 또는 3년 이상의 징역에 처한다.

> 관련법령 ▶ 「폭력행위 등 처벌에 관한 법률」 제4조

제4조(단체 등의 구성·활동)
① 이 법에 규정된 범죄를 목적으로 하는 단체 또는 집단을 구성하거나 그러한 단체 또는 집단에 가입하거나 그 구성원으로 활동한 사람은 다음 각 호의 구분에 따라 처벌한다.

1. 수괴(首魁) : 사형, 무기 또는 10년 이상의 징역
2. 간부 : 무기 또는 7년 이상의 징역
3. 수괴·간부 외의 사람 : 2년 이상의 유기징역

② 제1항의 단체 또는 집단을 구성하거나 그러한 단체 또는 집단에 가입한 사람이 단체 또는 집단의 위력을 과시하거나 단체 또는 집단의 존속·유지를 위하여 다음 각 호의 어느 하나에 해당하는 죄를 범하였을 때에는 그 죄에 대한 형의 장기(長期) 및 단기(短期)의 2분의 1까지 가중한다.
  1. 「형법」에 따른 죄 중 다음 각 목의 죄
    가. 「형법」 제8장 공무방해에 관한 죄 중 제136조(공무집행방해), 제141조(공용서류 등의 무효, 공용물의 파괴)의 죄
    나. 「형법」 제24장 살인의 죄 중 제250조제1항(살인), 제252조(촉탁, 승낙에 의한 살인 등), 제253조(위계 등에 의한 촉탁살인 등), 제255조(예비, 음모)의 죄
    다. 「형법」 제34장 신용, 업무와 경매에 관한 죄 중 제314조(업무방해), 제315조(경매, 입찰의 방해)의 죄
    라. 「형법」 제38장 절도와 강도의 죄 중 제333조(강도), 제334조(특수강도), 제335조(준강도), 제336조(인질강도), 제337조(강도상해, 치상), 제339조(강도강간), 제340조제1항(해상강도)·제2항(해상강도상해 또는 치상), 제341조(상습범), 제343조(예비, 음모)의 죄
  2. 제2조 또는 제3조의 죄(「형법」 각 해당 조항의 상습범, 특수범, 상습특수범을 포함한다)
③ 타인에게 제1항의 단체 또는 집단에 가입할 것을 강요하거나 권유한 사람은 2년 이상의 유기징역에 처한다.
④ 제1항의 단체 또는 집단을 구성하거나 그러한 단체 또는 집단에 가입하여 그 단체 또는 집단의 존속·유지를 위하여 금품을 모집한 사람은 3년 이상의 유기징역에 처한다.

제54조의2 강제퇴거의 대상자

법 제46조 제1항 제15호에서 "법무부령으로 정하는 사람"이란 다음 각 호의 어느 하나에 해당하는 사람으로서 청장·사무소장·출장소장 또는 외국인보호소장이 강제퇴거함이 상당하다고 인정하는 사람을 말한다. 〈개정 2010. 11. 16., 2018. 5. 15., 2022. 8. 18.〉
1. 제54조각 호의 어느 하나에 해당하는 죄를 범한 사람
2. 「배타적 경제수역에서의 외국인어업 등에 대한 주권적 권리의 행사에 관한 법률」을 위반한 사람
3. 「영해 및 접속수역법」을 위반한 사람

[본조신설 2005. 7. 8.] [종전 제54조의2는 제54조의3으로 이동 〈2005. 7. 8.〉]

제54조의3 사건부의 등재 등

① 출입국관리공무원은 영 제57조에 따른 용의사실인지보고서 또는 영 제104조 제3

항에 따른 출입국사범심사결정통고서를 작성하는 때에는 사건부에 정해진 사항을 기재하고 용의사실인지보고서 또는 출입국사범심사결정통고서에 사건번호를 기재해야 한다. 〈개정 2022. 2. 7.〉

② 사건번호는 사건마다 접수연도와 접수순서에 따라 연도표시 일련번호로 표시한다. [본조신설 1995. 12. 1.] [제목개정 2022. 2. 7.] [제54조의2에서 이동 〈2005. 7. 8.〉]

제55조 출석요구의 승인

출입국관리공무원은 영 제58조에 따라 용의자 또는 참고인의 출석을 요구하고자 할 때에는 미리 청장·사무소장·출장소장 또는 보호소장의 승인을 얻어야 한다. 다만, 긴급한 사유로 인하여 승인을 얻지 아니하고 출석을 요구할 때에는 사후에 지체없이 이를 보고하여 승인을 얻어야 한다. 〈개정 2018. 5. 15.〉

제56조 제출물목록의 교부

출입국관리공무원은 영 제62조 제1항의 규정에 의하여 제출물목록을 작성한 때에는 제출물목록 부본 1부를 제출인에게 교부하여야 한다.

제57조 제출물의 보관 및 반환절차

① 출입국관리공무원은 법 제50조 및 영 제61조의 규정에 의하여 서류 또는 물건을 제출받은 때에는 이를 제출물보관대장에 기재하여야 한다.

② 출입국관리공무원은 제1항의 제출물을 보관할 필요가 없다고 인정하는 때에는 지체없이 이를 제출인에게 반환하여야 한다.

③ 출입국관리공무원은 제2항의 규정에 의하여 제출물을 반환하는 때에는 그 반환사실을 제출물보관대장에 기재하고 수령인의 서명을 받아야 한다. 이 경우 제56조의 규정에 의하여 제출물목록 부본을 교부한 사실이 있는 때에는 이를 회수하여 그 정본과 함께 보관하여야 한다.

제2절 보호명령서의 발부 등

제58조 보호명령서 등 발부대장

① 청장·사무소장·출장소장 또는 보호소장은 법 제51조 제1항에 따라 보호명령서를 발부하는 때에는 보호명령서 발부대장에 이를 기재하여야 한다. 〈개정 2018. 5. 15.〉
② 출입국관리공무원은 다음 각 호의 어느 하나에 해당하는 조치를 한 때에는 보호명령서발부대장에 그 사실을 기재하여야 한다. 〈개정 1997. 7. 1., 2002. 4. 27., 2016. 9. 29.〉
  1. 영 제65조의 규정에 의하여 보호기간을 연장한 때
  2. 영 제68조의 규정에 의하여 보호통지서를 송부한 때
  2의2. 법 제54조단서의 규정에 의하여 보호통지서를 송부하지 아니한 때
  3. 제60조의 규정에 의하여 보호사항변경통지서를 송부한 때
  4. 보호를 해제(보호의 일시해제의 경우를 포함한다)한 때
③ 출입국관리공무원은 법 제51조 제4항에 따라 긴급보호서를 발부하는 때에는 긴급보호서발부대장에 이를 기재하여야 한다. 〈개정 2010. 11. 16.〉

제59조 보호장소의 지정

법 제52조 제2항에서 "그 밖에 법무부장관이 지정하는 장소"란 구치소·교도소 그 밖에 법무부장관이 따로 지정하는 장소를 말한다. 〈개정 2010. 11. 16.〉

제60조(보호사항변경통지서의 송부)

출입국관리공무원은법 제54조의 규정에 의하여 보호통지를 한 후 보호장소를 변경하거나영 제65조 제1항의 규정에 의하여 보호기간을 연장한 때에는법 제54조에 규정된 자에게 보호사항 변경통지서를 송부하여야 한다.

제61조 일시보호명령서발부대장

청장·사무소장 또는 출장소장은영 제71조 제1항에 따라 일시보호명령서를 발부하거나영 제71조 제3항에 따라 일시보호기간 연장허가서를 발부하는 때에는 이를 일

시보호명령서발부대장에 기재하여야 한다.〈개정 1997. 7. 1., 2018. 5. 15.〉

제3절 강제퇴거명령서의 발부

제62조 강제퇴거명령서의 발부

청장·사무소장·출장소장 또는 보호소장은 법 제59조 제3항에 따라 강제퇴거명령서를 발부하는 때에는 이를 사건부에 기재하여야 한다.〈개정 1997. 7. 1., 2010. 11. 16., 2018. 5. 15.〉[제목개정 1997. 7. 1.]

제63조 강제퇴거명령서의 기재요령

법 제59조 제3항에 따른 강제퇴거명령서에는 적용법조·퇴거이유·송환국 등을 명시하여야 한다.〈개정 2010. 11. 16.〉

제4절 출국권고서 등의 발부

제64조 출국권고서의 발부

청장·사무소장 또는 출장소장은 법 제67조 제2항에 따라 출국권고서를 발부하는 때에는 이를 사건부에 기재하여야 한다.〈개정 1997. 7. 1., 2018. 5. 15.〉[제목개정 1997. 7. 1.]

제65조 출국명령기한 등

① 법 제68조 제2항의 규정에 의한 출국명령서를 발부하는 때에는 그 발부일부터 30일의 범위 내에서 출국기한을 정하여야 한다.〈개정 2007. 6. 1.〉
② 청장·사무소장·출장소장 또는 보호소장은 법 제68조 제2항에 따라 출국명령서를 발부하는 때에는 이를 사건부에 기재하여야 한다.〈개정 1997. 7. 1., 2018. 5. 15.〉

제6장 선박 등의 검색

제65조의2 선박 등의 검색과 서류심사

① 법 제69조 제6항의 규정에 의하여 선박 등의 검색을 서류심사로 갈음하게 할 수 있는 경우는 다음 각호와 같다.
  1. 폭풍 등으로 인하여 승선에 위험이 따르는 경우
  2. 선박 등이 국내항에 기항한 후 다른 국내항간을 출입항하는 경우
  3. 기타 선박 등에 승선하여 검색할 필요가 없다고 인정하는 경우
② 삭제 〈1999. 2. 27.〉[본조신설 1994. 7. 20.]

제66조 승선허가서 등

① 청장·사무소장 또는 출장소장은 영 제84조에 따라 승선허가 또는 출입국심사장 출입허가를 하고자 하는 때에는 승선·출입국심사장출입허가서를 발급하여야 한다. 〈개정 2018. 5. 15.〉
② 청장·사무소장 또는 출장소장은 제1항에 따라 승선·출입국심사장 출입허가서를 발급하는 때에는 이를 승선·출입국심사장출입허가서발급대장에 기재하여야 한다. 〈신설 1994. 7. 20., 2018. 5. 15.〉

제66조의2 승객예약정보의 열람 및 제공

법 제73조의2 제1항단서 및 제3항 단서에서 "법무부령으로 정하는 부득이한 사유로 표준화된 전자문서로 제출할 수 없을 때"란 제67조 제3항각 호의 어느 하나에 해

당하는 때를 말한다. [본조신설 2010. 11. 16.]

제67조 출입항통보 및 보고

① 선박 등의 장 또는 운수업자는 선박 등이 자연의 재해·기기의 고장·피난 기타 부득이한 사유로 영 제86조에 따른 출입항예정통보를 하지 아니하고 출입국항 또는 출입국항외의 장소에 입항한 때에는 그 선박 등이 입항한 즉시 청장·사무소장 또는 출장소장에게 입항통보를 하여야 한다. 〈개정 1999. 2. 27., 2018. 5. 15.〉

② 선박 등의 장 또는 운수업자는 법 제74조에 따른 출입항예정통보서와 법 제75조에 따른 출입항보고서를 정보화망을 이용하여 제출하는 때에는 표준전자문서를 사용하여 청장·사무소장 또는 출장소장에게 전송하여야 한다. 〈신설 1999. 2. 27., 2005. 7. 8., 2018. 5. 15.〉

③ 법 제75조 제2항단서에서 "부득이한 사유로 인하여 표준화된 전자문서로 제출할 수 없는 때"라 함은 다음 각 호의 어느 하나에 해당하는 때를 말한다. 〈신설 2005. 7. 8., 2018. 5. 15.〉

   1. 천재지변·정전 또는 이에 준하는 사유로 정보시스템 또는 통신장애가 발생한 때
   2. 청장·사무소장 또는 출장소장과 출입국항에 출입항하는 항공기의 장 또는 항공기에 관한 사업을 영위하는 운수업자간에 표준전자문서를 송·수신할 수 있는 시스템이 구축되지 아니한 경우로서 청장·사무소장 또는 출장소장이 정당한 사유가 있다고 인정하는 때

제67조의2 송환지시의 방법 등

① 청장·사무소장 또는 출장소장은 법 제76조 제1항, 영 제77조 제4항 및 영 제88조 제1항에 따라 선박 등의 장 또는 운수업자에게 송환지시서를 발급할 때에는 송환지시서에 인적 사항, 송환기한, 송환 사유, 법 제76조의3 제2항각 호의 해당 유무 등을 기재하여야 한다.

② 청장·사무소장 또는 출장소장은 선박 등의 장 또는 운수업자에게 항공편·선편 등의 운항 계획 및 승객예약 상황 등 법 제76조 제2항 본문에 따른 송환기한 지정에 필요한 자료의 제출을 요청할 수 있다. [본조신설 2022. 8. 18.]

제67조의3 송환기한의 연기

① 선박 등의 장 또는 운수업자는 법 제76조 제2항단서에 따라 송환기한의 연기를 신청하려는 경우에는 같은 항 본문에 따라 지정된 송환기한이 만료되기 전에 청장·사무소장 또는 출장소장에게 연기 신청 사유, 송환 가능 일자 등이 기재된 송환기한 연기 신청서를 제출하여야 한다.
② 제1항에 따른 신청을 받은 청장·사무소장 또는 출장소장이 기한 내에 송환을 완료할 수 없는 불가피한 사유가 있다고 인정하여 송환기한을 연기할 때에는 송환기한이 다시 지정된 송환지시서를 발급하여야 한다. [본조신설 2022. 8. 18.]

제67조의4 송환대기장소의 변경

청장·사무소장 또는 출장소장이 영 제88조의3 제1항에 따라 송환대기장소를 변경하려는 경우에는 변경되는 출입국항의 출국대기실을 관리하는 청장·사무소장 또는 출장소장에게 송환대기장소 변경의뢰서를 미리 보내야 한다. [본조신설 2022. 8. 18.]

제67조의5 관리요청에 따른 송환대상외국인 관리

① 선박의 장이나 운수업자가 법 제76조의2 제3항에 따른 송환대상외국인의 관리가 종료되어 법 제76조의3 및 영 제88조의5 제1항에 따라 국가가 부담하는 관리비용을 청구할 때에는 관리비용 청구서에 비용 산출근거를 설명하는 자료를 첨부하여 청장·사무소장 또는 출장소장에게 제출하여야 한다.
② 법 제76조의2 제3항에 따라 송환대상외국인의 관리요청을 받은 선박의 장이나 운수업자는 필요한 경우 청장·사무소장 또는 출장소장에게 각 호의 조치를 요청할 수 있다.
  1. 법 제76조의2 제1항 및 영 제88조의3에 따른 송환대기장소의 변경
  2. 영 제88조의4에 따른 송환대상외국인의 외출 [본조신설 2022. 8. 18.]

제6장의2 난민여행증명서 발급 등 〈개정 2013. 6. 28.〉

제67조의6 **삭제**〈2013. 6. 28.〉
제67조의7 **삭제**〈2007. 6. 1.〉
제67조의8 **삭제**〈2011. 12. 23.〉
제67조의9 **삭제**〈2013. 10. 10.〉
제67조의10 **삭제**〈2016. 9. 29.〉
제67조의11 **삭제**〈2016. 9. 29.〉

제67조의12 난민여행증명서의 유효기간연장

법무부장관은 영 제88조의8 제4항에 따라 재외공관의 장으로부터 난민여행증명서 유효기간연장허가보고서를 받은 때에는 이를 체류지 관할 청장·사무소장 또는 출장소장에게 통보한다. 〈개정 2018. 5. 15., 2022. 8. 18.〉[본조신설 1994. 7. 20.]

제67조의13 **삭제**〈2013. 6. 28.〉

제7장 보칙

제68조 보증금 등의 국고귀속보고

청장·사무소장·출장소장 또는 보호소장은 법 제13조 제3항, 제66조 제2항 또는 제68조 제4항에 따라 보증금 또는 이행보증금의 국고귀속을 결정한 때에는 그 사실을 법무부장관에게 보고해야 한다. 〈개정 2018. 5. 15., 2021. 1. 21.〉[제목개정 2021. 1. 21.]

제68조의2 대행기관의 등록절차 등

① 법 제79조의2 제1항에 따른 대행기관(이하 "대행기관"이라 한다)으로 등록하려는 자는 같은 조 제2항에 따라 별지 제126호의16서식에 따른 대행기관 등록신청서에 다음 각 호의 서류를 첨부하여 대행기관의 사무소 소재지를 관할하는 청장·사무소장 또는 출장소장에게 등록을 신청해야 한다.
 1. 「변호사법」 제15조에 따른 개업신고 사실을 확인할 수 있는 서류(변호사인 경우로 한정한다) 또는 「행정사법 시행규칙」 제9조에 따른 행정사업무신고확인증(행정사인 경우로 한정한다)
 2. 제3항에 따른 교육을 이수했음을 증명하는 서류
 3. 제4항에 따른 출입증을 발급받을 대행기관의 대표 및 소속 직원의 신분증 사본
② 청장·사무소장 또는 출장소장은 제1항에 따른 등록신청서를 제출받은 경우에는 「전자정부법」 제36조 제1항에 따른 행정정보의 공동이용을 통해 다음 각 호의 서류를 확인해야 한다. 다만, 신청인이 제1호의 서류 확인에 동의하지 않은 경우에는 그 서류를 첨부하게 해야 한다.
 1. 사업자 등록증

2. 법인 등기사항증명서(법인만 해당한다)

③ 대행기관으로 등록하려는 자(법인인 경우에는 변호사 또는 행정사 자격을 갖춘 소속 직원을 말한다)는 법 제79조의2 제2항 제2호에 따라 법무부장관이 시행하는 대행업무에 필요한 교육을 4시간 이상 이수해야 한다.

④ 청장·사무소장 또는 출장소장은 제1항에 따라 등록한 대행기관에 등록증과 출입증을 발급해야 한다.

⑤ 대행기관은 등록증 및 출입증의 기재사항에 변동이 있거나, 등록증 및 출입증을 분실 또는 훼손한 경우 등에는 제1항에 따라 등록하였던 청장·사무소장 또는 출장소장에게 신청하여 등록증 및 출입증을 다시 발급받아야 한다.

⑥ 제1항부터 제5항까지에서 규정한 사항 외에 대행업무에 필요한 대행기관의 등록, 교육의 일정·장소·과목, 등록증 및 출입증의 발급·재발급 등에 필요한 사항은 법무부장관이 정한다.[본조신설 2020. 12. 10.][종전 제68조의2는 제68조의6으로 이동 <2020. 12. 10.>]

제68조의3 대행 업무의 종류

법 제79조의2 제1항 제10호에서 "법무부령으로 정하는 업무"란 다음 각 호의 업무를 말한다.
1. 법 제30조 제1항에 따른 재입국허가의 신청
2. 법 제33조 제1항본문에 따라 발급된 외국인 등록증의 수령 및 영 제42조에 따라 재발급된 외국인 등록증의 수령
3. 법 제33조 제3항에 따라 발급된 영주증의 수령 및 영 제42조의2에 따라 재발급된 영주증의 수령
4. 법 제35조에 따른 외국인 등록사항 변경신고
5. 법 제36조 제1항에 따른 체류지 변경의 신고[본조신설 2020. 12. 10.]

제68조의4 대행업무처리 표준절차 등

① 법 제79조의2 제3항에 따른 대행업무처리 표준절차는 별표 4와 같다.
② 법무부장관은 대행기관의 대행업무 수행에 필요한 경우 출입국 관련 법령의 변경 사항, 대행업무처리 절차 등 대행업무에 필요한 교육을 실시할 수 있다.

③ 제1항 및 제2항에서 규정한 사항 외에 대행업무 처리에 필요한 세부 절차는 법무부장관이 정한다. [본조신설 2020. 12. 10.]

★ 출입국관리법 시행규칙 [별표 4] <신설 2020. 12. 10.>
<대행업무처리 표준절차(제68조의4제1항 관련)>

대행기관 교육	대행기관으로 등록하려는 자는 제68조의2제3항에 따른 교육을 이수하고, 출입국 관련 법령 등 대행업무 수행에 필요한 정보를 습득해야 한다.
대행기관 등록	가. 대행기관은 법 제79조의2제2항에 따라 대행기관의 사무소 소재지를 관할하는 청장·사무소장 또는 출장소장에게 대행기관 등록을 신청하고등록증을 발급받아야 한다. 이 경우 법무부장관이 정하는 정보통신망을 통하여 대행기관 등록을 신청할 수 있다. 나. 대행기관은 대행기관임을 표시하는 출입증을 대행기관으로 등록한 청장·사무소장 또는 출장소장에게 신청하여 발급받아야 하고, 발급받은 출입증을 다른 사람에게 양도하거나 대여해서는 안 된다. 다. 대행기관은 등록증을 사무실 안에 비치해야 하고, 법 제79조의2제1항에 따른 대행업무를 의뢰하는 자(이하 "대행 의뢰인"이라 한다)가 등록증을 제시할 것을 요청하는 경우에는 등록증을 제시해야 한다.
대행업무 수임	가. 대행기관은 「변호사법」 제35조를 위반하여 대행업무를 유상으로 유치(誘致)할 목적으로 청·사무소·출장소에 출입하거나, 「행정사법」 제22조제6호를 위반하여 부당한 방법으로 대행업무의 위임을 유치하는 행위를 해서는 안 된다. 나. 대행기관은 대행 의뢰인에게 사회 통념상 정당한 수수료만을 요구해야 하고, 대행 의뢰인과 출입국관리법령에 따른 대행업무에 관한 계약을 체결해야 한다. 다. 대행기관은 업무상 취득한 개인정보를 「개인정보보호법」에 따라 보유하고 관리해야 한다.
행정관서 방문	가. 대행업무 수행 시 대행기관임을 표시하는 출입증을 지니고 청·사무소·출장소에 출입하거나 대행업무를 수행해야 한다. 나. 대행기관은 대행업무를 수행하기 위해 청·사무소·출장소에 방문하는 경우 방문하기 전날까지 영 제34조의2 본문에 따라 온라인 방문 예약을 하거나, 청장·사무소장·출장소장이 지정하는 대행기관 전용 민원창구를 이용해야 한다.
대행 서류 제출	가. 대행기관은 대행 의뢰인의 주소지 또는 체류지를 관할하는 청장·사무소장·출장소장에게 대행기관임을 알리고 대행업무를 수행해야 한다. 나. 대행기관은 위조, 변조된 서류 또는 거짓된 사실이 기재된 서류를 작성하거나 제출함에 따라 대행 의뢰인이 체류 관련 신청 등과 관련하여 불이익을 받지 않도록 해야 한다.

제68조의5 대행기관에 대한 등록취소 등

① 청장·사무소장 또는 출장소장은 법 제79조의3 제1항에 따라 행정처분을 하는 경

우 해당 대행기관에 문서로 통지해야 한다.
② 법 제79조의3 제2항에 따른 대행기관에 대한 행정처분의 세부 기준은 **별표 4의2**와 같다.
③ 대행기관은 등록취소 또는 대행업무정지 처분을 받은 경우 지체 없이 청장·사무소장 또는 출장소장에게 출입증을 반납해야 한다.
④ 제1항부터 제3항까지에서 규정한 사항 외에 행정처분에 필요한 세부적인 절차는 법무부장관이 정한다. [본조신설 2020. 12. 10.]

★ 출입국관리법 시행규칙 [별표 4의2] ⟨신설 2020. 12. 10.⟩
〈대행기관 행정처분 기준(제68조의5제2항 관련)〉

1. 일반기준
   가. 둘 이상의 위반행위가 적발된 경우에는 가장 무거운 처분기준에 따른다.
   나. 위반행위의 횟수에 따른 행정처분의 기준은 최근 3년간 같은 위반행위(제2호각 목에 따른 같은 위반행위를 한 것을 말한다)로 행정처분을 받은 경우에 적용한다. 이 경우 기준 적용일은 위반행위에 대한 행정처분일과 그 처분 후에 한 위반행위가 다시 적발된 날을 기준으로 한다.
   다. 처분권자는 위반행위의 동기·내용·횟수 및 위반 정도 등 다음의 가중 사유 또는 감경 사유에 해당하는 경우로서 행정처분의 기준이 업무정지인 경우에는 그 처분기준의 2분의 1 범위에서 가중하거나 감경할 수 있다. 다만, 가중하는 경우에도 그 업무정지 기간은 6개월을 초과할 수 없다.
      1) 가중 사유
      가) 위반행위가 고의나 중대한 과실에 의한 경우
      나) 위반의 내용이나 그 정도가 중대하여 대행을 의뢰한 사람 등 제3자에게 미치는 피해가 크다고 인정되는 경우
      2) 감경 사유
      가) 위반행위가 고의나 중대한 과실이 아닌 사소한 부주의나 오류로 인한 것으로 인정되는 경우
      나) 위반의 내용이나 그 정도가 경미하여 대행을 의뢰한 사람 등 제3자에게 미치는 피해가 적다고 인정되는 경우

2. 개별기준

위반행위	근거	행정처분 기준		
		1회	2회	3회 이상
가. 거짓이나 그 밖의 부정한 방법으로 등록한 경우	법 제79조의3제1항 제1호	등록취소		
나. 대행업무정지 기간 중 대행업무를 한 경우	법 제79조의3제1항 제2호	등록취소		
다. 법 제79조의2제2항에 따른 등록요건에 미달하게 된 경우	법 제79조의3제1항 제3호	시정명령	업무정지 2개월	업무정지 3개월
라. 법 제79조의2제3항에	법 제79조의3제1항	시정명령	업무정지 1개월	업무정지 2개월

따른 대행업무처리 표준절차를 위반한 경우	제4호			
마. 시정명령을 받고도 이행하지 않은 경우	법 제79조의3제1항 제5호	업무정지 3개월	업무정지 4개월	업무정지 5개월
바. 외국인 등에게 과장 또는 거짓된 정보를 제공하거나 과장 또는 거짓된 정보를 제공하여 업무 대행을 의뢰받은 경우	법 제79조의3제1항 제6호	업무정지 3개월	업무정지 4개월	업무정지 5개월
사. 위조·변조된 서류 또는 거짓된 사실이 기재된 서류를 작성하거나 제출하는 경우	법 제79조의3제1항 제7호	업무정지 4개월	업무정지 5개월	업무정지 6개월
아. 외국인 등이 맡긴 서류를 분실·훼손하거나 외국인 등의 출입국이나 체류와 관련된 신고·신청을 위하여 제출해야 할 서류의 작성·제출을 게을리 하는 등 선량한 관리자의 주의의무를 다하지 아니하는 경우	법 제79조의3제1항 제8호	업무정지 3개월	업무정지 4개월	업무정지 5개월

제68조의6 사실조사 대상 서류의 종류

① 영 제90조 제2항 제1호에서 "법무부령으로 정하는 서류"란 별표 5에 따른 체류자격별 사증발급 신청 등 첨부서류 및 체류자격별 사증발급인정서 발급 심사에 필요한 서류를 말한다.

② 영 제90조 제2항 제2호에서 "법무부령으로 정하는 서류"란 별표 5의2에 따른 체류자격 외 활동허가 신청 등의 첨부서류를 말한다.

[본조신설 2018. 9. 21.] [제68조의2에서 이동 〈2020. 12. 10.〉]

제69조 동향조사 보고 등

① 출입국관리공무원은 영 제91조의 규정에 의한 동향조사의 결과를 외국인동향조사부에 기재하여야 한다.

② 청장·사무소장·출장소장 또는 보호소장은 다음 각 호의 어느 하나에 해당하는

사항에 관하여는 이를 지체 없이 법무부장관에게 보고하여야 한다. ⟨개정 2016. 9. 29., 2018. 5. 15.⟩
1. 외국인과 관련된 사안으로서 외교관계에 중대한 영향을 미칠 우려가 있는 사항
2. 외국인과 관련된 공안사범에 관한 사항
3. 신문, 통신, 방송 등 대중전달매개체에 의한 외국인 및 외국단체와 관련된 주요 정보사항
4. 출입국관리의 기본정책 수립 및 운영에 필요한 사항
5. 외국인의 체류관리에 필요한 주요 국내·외 정보사항
6. 특히 사회의 이목을 끌만한 외국인의 범법사실에 관한 사항
7. 체류외국인의 특이활동 사항 및 기타 중요하다고 판단되는 사항

③ 청장·사무소장·출장소장 또는 보호소장은 제1항의 규정에 의한 동향조사의 결과를 분기별로 종합하여 분기 종료후 15일 이내에 법무부장관에게 보고하여야 한다. ⟨개정 2018. 5. 15.⟩

④ 청장·사무소장·출장소장 또는 보호소장은 외국인동향조사와 관련하여 외국인이 근무하고 있는 기관 또는 단체에 관한 기록을 기재한 외국인관련단체 동향기록표를 비치하여야 한다. ⟨개정 2018. 5. 15.⟩

제69조의2 숙박외국인의 정보제공 시기·자료

① 법 제81조의3 제1항각 호 외의 부분에서 "「감염병의 예방 및 관리에 관한 법률」에 따른 위기경보의 발령 또는 「국민보호와 공공안전을 위한 테러방지법」에 따른 테러경보의 발령 등 법무부령으로 정하는 경우"란 다음 각 호의 어느 하나에 해당하는 경우를 말한다.
1. 「감염병의 예방 및 관리에 관한 법률」에 따른 감염병 확산으로 「재난 및 안전관리 기본법」 제38조 제2항에 따른 관심 단계 이상의 위기경보가 발령된 경우
2. 「국민보호와 공공안전을 위한 테러방지법 시행령」 제22조 제2항에 따른 주의 단계 이상의 테러경보가 발령된 경우

② 법 제81조의3 제1항각 호 외의 부분에서 "여권 등 법무부령으로 정하는 자료"란 다음 각 호의 어느 하나를 말한다.
1. 여권

2. 여행증명서

3. 외국인입국허가서[본조신설 2020. 12. 10.]

관련법령 ▶ 「재난 및 안전관리 기본법」 제38조제2항

제38조(위기경보의 발령 등)
② 제1항에 따른 위기경보는 재난 피해의 전개 속도, 확대 가능성 등 재난상황의 심각성을 종합적으로 고려하여 관심·주의·경계·심각으로 구분할 수 있다. 다만, 다른 법령에서 재난 위기경보의 발령 기준을 따로 정하고 있는 경우에는 그 기준을 따른다.

관련법령 ▶ 「국민보호와 공공안전을 위한 테러방지법 시행령」 제22조제2항

제22조(테러경보의 발령)
② 테러경보는 테러위협의 정도에 따라 관심·주의·경계·심각의 4단계로 구분한다.

제69조의3 숙박외국인에 대한 자료 제출 절차·방법 등

① 법 제81조의3 제1항각 호 외의 부분에 따른 숙박업자(이하 "숙박업자"라 한다)는 같은 항 각 호 외의 부분에 따른 숙박외국인(이하 "숙박업외국인"이라 한다)이 제공한 여권, 여행증명서 또는 외국인입국허가서의 사본(이하 "숙박외국인 관련 자료"라 한다)을 같은 조 제2항본문에 따라 법무부장관이 설치·운영하는 정보통신망(이하 "숙박 정보통신망"이라 한다)을 통해 숙박업자의 소재지를 관할하는 청장·사무소장 또는 출장소장에게 제출해야 한다.

② 숙박업자는 제1항에 따라 숙박외국인 관련 자료를 제출하려는 경우 숙박 정보통신망에 사용자 등록을 하고, 숙박외국인 관련 자료를 제출할 때마다 「전자서명법」 제2조 제2호에 따른 전자서명 관련 정보를 함께 송신해야 한다.

③ 숙박업자는 법 제81조의3 제2항단서에 따라 다음 각 호의 어느 하나에 해당하는 경우에는 전자우편·팩스·문자전송 또는 전화를 이용하거나 직접 방문하여 숙박업자의 소재지를 관할하는 청장·사무소장 또는 출장소장에게 숙박외국인 관련 자료를 제출해야 한다.

1. 화재, 정전, 정보통신망의 장애, 컴퓨터 또는 관련 장치의 장애 등으로 숙박 정보통신망을 정상적으로 이용하는 것이 불가능하다고 법무부장관이 인정하는 경우

2. 법무부장관이 숙박 정보통신망 점검 등의 사유로 숙박 정보통신망 이용이 불가능하다고 공고한 경우

④ 제1항부터 제3항까지에서 규정한 사항 외에 숙박외국인 관련 자료의 제출 절차 및 방법에 관하여 필요한 사항은 숙박업자의 업종별 특성, 정보통신망의 이용 환경 등을 고려하여 법무부장관이 정한다. [본조신설 2020. 12. 10.]

> **관련법령** ▶ 「전자서명법」 제2조제2호

제2조(정의)
2. "전자서명"이란 다음 각 목의 사항을 나타내는 데 이용하기 위하여 전자문서에 첨부되거나 논리적으로 결합된 전자적 형태의 정보를 말한다.
  가. 서명자의 신원
  나. 서명자가 해당 전자문서에 서명하였다는 사실

제70조 출입국사범의 신고사실확인

출입국관리공무원이 법 제83조의 규정에 의한 신고를 받은 때에는 그 사실여부를 확인한 후 필요한 조치를 취하여야 한다.

제70조의2 통보의무 면제에 해당하는 업무

영 제92조의2 제3호에서 "법무부령으로 정하는 업무"란 다음 각 호의 어느 하나에 해당하는 업무를 말한다.

1. 「형법」 제2편 제24장 살인의 죄, 제25장 상해와 폭행의 죄, 제26장 과실치사상의 죄, 제28장 유기와 학대의 죄, 제29장 체포와 감금의 죄, 제30장 협박의 죄, 제31장 약취(略取), 유인(誘引) 및 인신매매의 죄, 제32장 강간과 추행의 죄, 제37장 권리행사를 방해하는 죄, 제38장 절도와 강도의 죄 또는 제39장 사기와 공갈의 죄에 해당하는 범죄 수사

2. 「폭력행위 등 처벌에 관한 법률」, 「성폭력범죄의 처벌 등에 관한 특례법」 또는 「교통사고처리 특례법」 위반에 해당하는 범죄 수사

3. 「직업안정법」 제46조 제1항 각 호 위반에 해당하는 조사

4. 「국가인권위원회법」 제30조 제1항 각 호에 따른 인권침해나 차별행위의 조사와

구제

5. 그 밖에 법무부장관이 정하는 업무[본조신설 2018. 9. 21.]

> **관련법령** ▶ 「직업안정법」 제46조제1항 각 호

제46조(벌칙)
① 다음 각 호의 어느 하나에 해당하는 자는 7년 이하의 징역 또는 7천만원 이하의 벌금에 처한다.
  1. 폭행·협박 또는 감금이나 그 밖에 정신·신체의 자유를 부당하게 구속하는 것을 수단으로 직업소개, 근로자 모집 또는 근로자공급을 한 자
  2. 「성매매알선 등 행위의 처벌에 관한 법률」 제2조제1항제1호에 따른 성매매 행위나 그 밖의 음란한 행위가 이루어지는 업무에 취업하게 할 목적으로 직업소개, 근로자 모집 또는 근로자공급을 한 자

> **관련법령** ▶ 「국가인권위원회법」 제30조제1항

제30조(위원회의 조사대상)
① 다음 각 호의 어느 하나에 해당하는 경우에 인권침해나 차별행위를 당한 사람(이하 "피해자"라 한다) 또는 그 사실을 알고 있는 사람이나 단체는 위원회에 그 내용을 진정할 수 있다.
  1. 국가기관, 지방자치단체, 「초·중등교육법」 제2조, 「고등교육법」 제2조와 그 밖의 다른 법률에 따라 설치된 각급 학교, 「공직자윤리법」 제3조의2제1항에 따른 공직유관단체 또는 구금·보호시설의 업무 수행(국회의 입법 및 법원·헌법재판소의 재판은 제외한다)과 관련하여 「대한민국헌법」 제10조부터 제22조까지의 규정에서 보장된 인권을 침해당하거나 차별행위를 당한 경우
  2. 법인, 단체 또는 사인(私人)으로부터 차별행위를 당한 경우

제71조 사증 등 발급신청 심사수수료

① 사증발급신청에 대한 심사수수료(제11조 제1항에 해당하는 경우에는 개인별로 납부하는 수수료액을 말한다)는 다음과 같다. 〈개정 1998. 4. 1., 2002. 4. 27., 2010. 11. 16., 2013. 12. 23.〉
  1. 단수사증
    가. 체류기간 90일 이하 : 미합중국통화(이하 "미화"라 한다) 40불 상당의 금액
    나. 체류기간 91일 이상 : 미화 60불 상당의 금액
  2. 복수사증
    가. 2회까지 입국할 수 있는 복수사증 : 미화 70불 상당의 금액
    나. 횟수에 제한 없이 입국할 수 있는 복수사증 : 미화 90불 상당의 금액
② 재외공관의 장이 외국인입국허가서를 발급하는 때의 심사수수료는 제1항의 규

정에 의한 상당금액으로 한다. 〈개정 2002. 4. 27.〉
③ 재외공관의 장은 제1항 및 제2항의 수수료를 주재국의 통화로 징수하는 때에는 환시세의 변동을 고려하여 그 기준액을 정해야 한다. 이 경우 주재국의 공관이 둘 이상인 경우에는 대사가 이를 정한다. 〈개정 2022. 2. 7.〉
④ 재외공관의 장은 국제관례 또는 상호주의원칙에 비추어 제1항의 규정에 의한 수수료와 달리 정하고자 하는 때에는 법무부장관의 승인을 얻어야 한다.
[제목개정 2002. 4. 27.]

제72조 각종 허가 등에 관한 수수료

외국인의 입국 및 체류와 관련된 허가 및 출입국사실증명 발급 등에 관한 수수료는 다음 각 호와 같다. 〈개정 2013. 1. 1., 2013. 12. 23., 2016. 9. 29., 2018. 5. 15., 2018. 9. 21., 2020. 12. 10., 2023. 6. 14.〉

1. 청장·사무소장 또는 출장소장이 하는 입국허가 또는 외국인 입국허가서 발급 : 5만원. 다만, 영 제10조 제4항단서에 해당하는 경우에는 10만원으로 한다.

1의2. 사전여행허가서 발급 : 1만원

2. 체류자격 외 활동허가 : 12만원. 다만, 영 별표 1의2중 5. 유학(D-2) 또는 7. 일반연수(D-4) 체류자격을 가지고 있는 사람에 대한 시간제 취업 허용 등 법무부장관이 인정하는 경우에는 2만원으로 한다.

3. 근무처의 변경·추가 허가 : 12만원

4. 체류자격부여 : 8만원. 다만, 영 별표 1의2중 27. 결혼이민(F-6) 체류자격에 해당하는 경우에는 4만원으로 한다.

5. 체류자격 변경 허가 : 10만원. 다만, 영 별표 1의3영주(F-5) 체류자격에 해당하는 경우에는 20만원으로 한다.

6. 체류기간 연장 허가 : 6만원. 다만, 영 별표 1의2중 27. 결혼이민(F-6) 체류자격을 가지고 있는 경우에는 3만원으로 한다.

7. 단수재입국허가 : 3만원

8. 복수재입국허가 : 5만원

9. 재입국허가기간 연장허가 : 미화 20달러에 상당하는 금액

10. 외국인 등록증 발급 및 재발급 : 3만원

10의2. 영주증 재발급 : 3만원
11. 출입국에 관한 사실증명 : 2천원(1통당)
12. 외국인 등록 사실증명의 발급 및 열람 : 발급은 1통당 2천원, 열람은 1건 1회당 1천원
13. 난민여행증명서 발급 및 재발급 : 1만원
14. 난민여행증명서 유효기간 연장허가 : 미화 5달러에 상당하는 금액
14의2. 법 제88조의3에 따른 외국인체류확인서의 열람 : 1건 1회당 300원
14의3. 법 제88조의3에 따른 외국인체류확인서의 교부 : 1통당 400원. 다만, 법 제88조의3 제2항 제3호에 따른 외국인체류확인서 교부는 500원으로 한다.
15. 영 제15조 제4항 제1호 나목에 해당하는 외국인의 자동출입국심사 등록 : 법무부장관이 정하는 금액[전문개정 2012. 2. 29.]

제73조 수수료의 납부방법

수수료의 납부방법은 다음 각 호와 같다. ‹개정 2004. 8. 23., 2010. 11. 16., 2012. 2. 29., 2012. 5. 25., 2016. 9. 29., 2018. 5. 15., 2020. 9. 25.›

1. 청, 사무소 또는 출장소에 납부하는 경우 : 해당 수수료 금액에 상당하는 수입인지 또는 정보통신망을 이용한 전자화폐·전자결제. 다만, 다음 각 목의 수수료는 그 목에서 정한 방법으로 납부하여야 한다.
   가. 외국인 등록증 발급 및 재발급 수수료 : 현금 또는 현금 납입을 증명하는 증표
   나. 영 제15조 제4항 제1호 나목에 해당하는 외국인의 자동출입국심사 등록 수수료 : 현금, 신용카드·직불카드 또는 정보통신망을 이용한 전자화폐·전자결제 중에서 법무부장관이 정하는 방법
2. 시·군·구 또는 읍·면·동에 납부하는 경우 : 해당 수수료 금액에 상당하는 수입증지 또는 정보통신망을 이용한 전자화폐·전자결제
3. 재외공관에 납부하는 경우 : 해당 수수료 금액에 상당하는 수입인지·현금 또는 현금의 납입을 증명하는 증표[전문개정 2003. 9. 24.]

제74조 수수료의 감면

① 법 제87조 제2항에 따라 다음 각 호의 어느 하나에 해당하는 경우에는 수수료를 면제한다. 〈개정 2007. 6. 1., 2008. 7. 3., 2009. 4. 3., 2013. 1. 1., 2013. 10. 10., 2016. 9. 29., 2018. 9. 21.〉
   1. 국제협력사업 등을 수행하는 대한민국의 기관 또는 단체중 법무부장관이 지정하는기관 또는 단체가 항공료 및 국내체재비를 부담하기로 하거나 인도주의적 차원에서 초청한 외국인으로서 그의 입국허가 또는 사증발급에 관한 수수료의 면제가 특히 필요하다고 인정되는 경우
   2. 대한민국정부, 「정부출연연구기관 등의 설립·운영 및 육성에 관한 법률」에 따라 설립된 정부출연연구기관, 「과학기술분야 정부출연연구기관 등의 설립·운영 및 육성에 관한 법률」에 따라 설립된 과학기술분야 정부출연연구기관 또는 「특정연구기관육성법」에 따라 설립된 특정연구기관 등이 학비 등 국내체재비를 부담하기로 하고 초청한 외국인 영 별표1의2중 4. 문화예술(D-1), 5. 유학(D-2) 또는 7. 일반연수(D-4)에 해당하는 체류활동을 하기 위하여 체류자격변경허가·체류기간연장허가 또는 재입국허가를 신청하는 경우
   3. 영 별표 1의2중 체류자격 1. 외교(A-1)부터 3. 협정(A-3)까지 또는 체류자격 11. 기업투자(D-8)의 자격에 해당하는 사람
   4. 전자문서로제72조 제11호·제12호의 증명을 열람하게 하거나 교부하는 경우
   5. 국가이익이나 인도적 사유 등을 고려하여 수수료 면제가 필요하다고 법무부장관이 인정하는경우
   6. 다음 각 목의 어느 하나에 해당하는 자가 출입국에 관한 사실증명을 신청하는 경우
      가. 「독립유공자예우에 관한 법률」 제6조에 따라 등록된 독립유공자와 그 유족(선순위자만 해당된다)
      나. 「국가유공자 등 예우 및 지원에 관한 법률」 제6조에 따라 등록된 국가유공자와 그 유족(선순위자만 해당된다)
      다. 「고엽제후유의증 등 환자지원 및 단체설립에 관한 법률」 제4조에 따라 등록된 고엽제후유증환자, 고엽제후유의증환자 또는 고엽제후유증 2세환자
      라. 「참전유공자예우 및 단체설립에 관한 법률」 제5조에 따라 등록된 참전유

공자

마. 「5·18민주유공자 예우에 관한 법률」 제7조에 따라 등록된 5·18민주유공자와 그 유족(선순위자만 해당된다)

바. 「특수임무유공자 예우 및 단체설립에 관한 법률」 제6조에 따라 등록된 특수임무유공자와 그 유족(선순위자만 해당된다)

② 법 제87조 제2항에 따라 다음 각 호의 어느 하나에 해당하는 경우에는 해당 호에서 정한 바에 따라 수수료를 감경한다. 〈신설 2013. 1. 1., 2016. 7. 5., 2018. 6. 12.〉

1. 온라인에 의한 근무처의 변경허가·추가허가 신청의 경우 : 해당 수수료의 10분의 2를 감경
2. 온라인에 의한 체류자격 변경허가 및 체류기간 연장허가 신청의 경우 : 해당 수수료의 10분의 2를 감경
3. 온라인에 의한 재입국허가 신청의 경우 : 해당 수수료의 10분의 2를 감경

[전문개정 2006. 8. 2.] [제목개정 2013. 1. 1.]

> **관련법령** ▶ 「독립유공자예우에 관한 법률」 제6조

제6조(등록 및 결정)

① 독립유공자, 그 유족 또는 가족으로서 이 법의 적용 대상자가 되려는 자는 대통령령으로 정하는 바에 따라 국가보훈부장관에게 등록을 신청하여야 한다. 〈개정 2023. 3. 4.〉

② 국가보훈부장관은 제1항에 따른 등록신청을 받은 때에는 대통령령으로 정하는 바에 따라 독립유공자의 요건과 그 유족 또는 가족으로서의 요건을 확인한 후 「국가유공자 등 예우 및 지원에 관한 법률」 제74조의5에 따른 보훈심사위원회(이하 "보훈심사위원회"라 한다)의 심의·의결을 거쳐 독립유공자, 그 유족 또는 가족에 해당하는지를 결정한다. 다만, 독립유공자, 그 유족 또는 가족의 요건이 객관적인 사실에 의하여 확인된 경우로서 대통령령으로 정하는 경우에는 보훈심사위원회의 심의·의결을 거치지 아니할 수 있다. 〈개정 2015. 12. 22., 2023. 3. 4.〉

③ 삭제

④ 국가보훈부장관은 제4조 각 호의 어느 하나에 해당하는 적용 대상 독립유공자임에도 불구하고 본인 및 제5조에 따른 유족 등이 없어 등록신청을 할 수 없는 사람에 대해서는 독립유공자로 기록하고 예우 및 관리를 할 수 있다. 〈신설 2016. 5. 29., 2023. 3. 4.〉

> **관련법령** ▶ 「국가유공자 등 예우 및 지원에 관한 법률」 제6조

제6조(등록 및 결정)

① 국가유공자, 그 유족 또는 가족이 되려는 사람(이하 이 조에서 "신청 대상자"라 한다)은 대통령령으로 정하는 바에 따라 국가보훈부장관에게 등록을 신청하여야 한다. 다만, 신청 대상자가 다음

각 호의 어느 하나에 해당하는 경우에는 대통령령으로 정하는 바에 따라 국가보훈부 소속 공무원이 신청 대상자의 동의를 받아 등록을 신청할 수 있고, 그 동의를 받은 경우에는 신청 대상자가 등록을 신청한 것으로 본다. 〈개정 2011. 9. 15., 2013. 5. 22., 2023. 3. 4.〉
   1. 「국가보훈 기본법」 제23조제1항제3호의2에 따라 발굴된 희생·공헌자의 경우
   2. 전투 또는 이에 준하는 직무수행 중 상이를 입거나 사망한 경우
   3. 그 밖에 대통령령으로 정하는 사유로 직접 등록을 신청할 수 없는 경우
② 「보훈보상대상자 지원에 관한 법률」 제4조제1항에 따라 등록을 신청하는 사람에 대하여는 그 등록신청을 한 날에 제1항에 따른 등록을 신청한 것으로 본다.
③ 국가보훈부장관은 제1항에 따른 등록신청을 받으면 대통령령으로 정하는 바에 따라 제4조 또는 제5조에 따른 요건을 확인한 후 국가유공자, 그 유족 또는 가족에 해당하는지를 결정한다. 이 경우 제4조제1항제3호부터 제6호까지, 제8호, 제14호 및 제15호의 국가유공자(이하 "전몰군경 등"이라 한다)가 되기 위하여 등록을 신청하는 경우에는 그 소속하였던 기관의 장에게 그 요건과 관련된 사실의 확인을 요청하여야 하며, 그 소속하였던 기관의 장은 관련 사실을 조사한 후 대통령령으로 정하는 바에 따라 그 요건과 관련된 사실을 확인하여 국가보훈부장관에게 통보하여야 한다. 〈개정 2009. 2. 6., 2011. 9. 15., 2023. 3. 4.〉
④ 국가보훈부장관은 제3항 전단에 따라 국가유공자, 그 유족 또는 가족에 해당하는 사람으로 결정할 때에는 제74조의5에 따른 보훈심사위원회(이하 "보훈심사위원회"라 한다)의 심의·의결을 거쳐야 한다. 다만, 국가유공자, 그 유족 또는 가족의 요건이 객관적인 사실에 의하여 확인된 경우로서 대통령령으로 정하는 경우에는 보훈심사위원회의 심의·의결을 거치지 아니할 수 있다. 〈개정 2011. 9. 15., 2023. 3. 4.〉
⑤ 국가보훈부장관은 제4조제1항 각 호(제1호, 제2호 및 제10호는 제외한다)의 어느 하나에 해당하는 적용 대상 국가유공자임에도 불구하고 신청 대상자가 없어 등록신청을 할 수 없는 사람에 대해서는 보훈심사위원회의 심의·의결을 거쳐 국가유공자로 기록하고 예우 및 관리를 할 수 있다. 〈신설 2016. 5. 29., 2023. 3. 4.〉
⑥ 제1항부터 제4항까지의 규정은 다른 법률에서 이 법의 예우 등을 받도록 규정된 사람에 대하여도 적용한다.

> **관련법령** ▶ 「고엽제후유의증 등 환자지원 및 단체설립에 관한 법률」 제4조

제4조(적용 대상자의 결정·등록 등)
① 다음 각 호의 어느 하나에 해당하는 자가 이 법의 적용 대상자가 되려면 대통령령으로 정하는 바에 따라 국가보훈부장관에게 등록을 신청하여야 한다. 〈개정 2023. 3. 4.〉
   1. 월남전에 참전하고 전역한 자 등
   2. 남방한계선 인접지역에서 복무하고 전역한 자 등
   3. 고엽제후유증환자의 자녀
② 국가보훈부장관은 월남전에 참전하고 전역한 자 등 또는 남방한계선 인접지역에서 복무하고 전역한 자 등으로부터 제1항에 따른 등록신청이나 제5항 후단에 따른 이의신청을 받으면 국방부장관에게 신청인이 월남전에 참전하고 전역한 자 등 또는 남방한계선 인접지역에서 복무하고 전역한

자 등이라는 사실을 확인하여 줄 것을 요청하여야 한다. 다만, 신청인이 등록신청 시 제출한 서류로도 해당 신청인이 월남전에 참전하고 전역한 자라는 사실이 확인되는 경우에는 그러하지 아니하다. 〈개정 2015. 12. 22., 2023. 3. 4.〉

③ 국방부장관은 제2항 본문에 따른 확인의 요청이 있으면 해당 사실 여부를 확인하여 그 결과를 국가보훈부장관에게 지체 없이 통보하여야 한다. 〈개정 2023. 3. 4.〉

④ 국가보훈부장관은 다음 각 호의 경우에는 「한국보훈복지의료공단법」 제7조에 따른 보훈병원의 장(이하 "보훈병원장"이라 한다)에게 관련 자료를 보내 그 신청인이 고엽제후유증환자·고엽제후유의증환자 또는 고엽제후유증 2세환자인지를 검진하게 하여야 한다. 다만, 신청인이 「의료법」 제3조의4에 따른 상급종합병원(이하 "상급종합병원"이라 한다)의 진단서(병명란에 최종진단을 기재한 경우만을 말하며, 이하 "상급종합병원의 최종진단서"라 한다)를 제출한 경우에는 그 검진을 생략할 수 있다. 〈개정 2011. 12. 31., 2023. 3. 4.〉
   1. 제1항에 따라 고엽제후유증환자의 자녀로부터 등록신청을 받은 경우
   2. 제2항 단서에 따라 신청인이 월남전에 참전하고 전역한 자 등이라는 사실이 확인된 경우
   3. 제3항에 따라 국방부장관으로부터 신청인이 월남전에 참전하고 전역한 자 등이나 남방한계선 인접지역에서 복무하고 전역한 자 등이라는 사실을 통보받은 경우

⑤ 국가보훈부장관은 제3항에 따라 국방부장관으로부터 신청인이 월남전에 참전하고 전역한 자 등 또는 남방한계선 인접지역에서 복무하고 전역한 자 등에 해당하지 아니하는 것으로 통보받으면 그 사실을 신청인에게 알려야 한다. 이 경우 신청인은 통보받은 날부터 30일 이내에 국가보훈부령으로 정하는 바에 따라 소명자료(疏明資料)를 첨부하여 국가보훈부장관에게 이의신청을 할 수 있다. 〈개정 2015. 12. 22., 2023. 3. 4.〉

⑥ 보훈병원장은 제4항 각 호 외의 부분 본문에 따른 검진을 한 후 그 결과를 국가보훈부장관에게 통보하여야 한다. 이 경우 대통령령으로 정하는 사유가 있는 사람에 대한 검진은 서면으로 실시할 수 있다. 〈개정 2021. 8. 17., 2023. 3. 4.〉

⑦ 국가보훈부장관은 제2항 단서에 따른 서류 확인 결과 또는 제3항에 따른 국방부장관의 통보 결과와 제4항 각 호 외의 부분 본문에 따른 검진 결과 또는 제4항 각 호 외의 부분 단서에 따라 제출된 상급종합병원의 최종진단서를 토대로 신청인이 이 법의 적용 대상자인지를 결정한 후 그 결과를 신청인에게 알려야 한다. 다만, 제4항 각 호 외의 부분 단서에 따른 상급종합병원의 최종진단서를 제출한 자 중 해당 진단서에 기재된 질병이 제5조제1항 각 호의 어느 하나, 같은 조 제2항 각 호의 어느 하나 또는 같은 조 제3항 각 호의 어느 하나에 해당하는지의 여부가 불분명하여 의학적인 검토가 필요하다고 인정되는 경우에는 「국가유공자 등 예우 및 지원에 관한 법률」 제74조의5에 따른 보훈심사위원회(이하 "보훈심사위원회"라 한다)의 심의·의결을 거쳐 이 법의 적용 대상자인지를 결정하여야 한다. 〈개정 2011. 12. 31., 2015. 12. 22., 2023. 3. 4.〉

⑧ 국가보훈부장관은 이 법의 적용 대상자로 결정된 자를 대통령령으로 정하는 바에 따라 등록부에 등록하여야 한다. 〈개정 2023. 3. 4.〉

> **관련법령** 「참전유공자예우 및 단체설립에 관한 법률」 제5조

제5조(등록 및 결정)
① 참전유공자로서 이 법을 적용받으려는 사람은 대통령령으로 정하는 바에 따라 국가보훈부장관에게 등록을 신청하여야 한다. 〈개정 2023. 3. 4.〉
② 국가보훈부장관은 제1항에 따른 등록신청을 받으면 대통령령으로 정하는 바에 따라 참전유공자로서의 요건을 확인한 후 등록할지를 결정한다. 〈개정 2023. 3. 4.〉
③ 다음 각 호의 사람 중 해당 등록신청 서류에 의하여 제2조제2호 각 목의 어느 하나의 요건에 해당함이 객관적으로 인정되는 사람에 대해서는 그 등록한 날에 이 법에 따른 참전유공자로 등록한 것으로 본다.
  1. 「국가유공자 등 예우 및 지원에 관한 법률」에 따라 국가유공자로 등록된 사람
  2. 「보훈보상대상자 지원에 관한 법률」에 따라 보훈보상대상자로 등록된 사람
  3. 「고엽제후유의증 등 환자지원 및 단체설립에 관한 법률」에 따라 고엽제후유증환자 또는 고엽제후유의증환자로 등록된 사람
④ 국가보훈부장관은 제3항 각 호의 어느 하나에 해당하는 사람에 대해서는 지체 없이 이 법의 적용대상이 되는 참전유공자에 해당하는지를 확인하고, 이에 해당하면 본인에게 제3항에 따라 참전유공자로 등록된 사실을 알려야 한다. 〈개정 2023. 3. 4.〉
⑤ 국가보훈부장관은 제2조제2호에 따른 참전유공자임에도 불구하고 제1항 및 제2항에 따른 등록을 마치지 못하고 사망한 사람에 대해서는 참전유공자로 기록하고 예우 및 관리를 할 수 있다. 〈신설 2016. 5. 29., 2023. 3. 4.〉

> **관련법령** 「5·18민주유공자 예우에 관한 법률」 제7조

제7조(등록 및 결정)
① 5·18민주유공자, 그 유족 또는 가족이 되려는 사람은 국가보훈부장관에게 등록을 신청하여야 한다. 〈개정 2015. 12. 22., 2023. 3. 4.〉
② 국가보훈부장관은 제1항에 따른 등록신청을 받으면 대통령령으로 정하는 바에 따라 제4조 또는 제5조에 따른 요건을 확인한 후 5·18민주유공자, 그 유족 또는 가족에 해당하는지를 결정한다. 이 경우 국가보훈부장관은 「5·18민주화운동 관련자 보상 등에 관한 법률」 제4조에 따른 5·18민주화운동관련자보상심의위원회(이하 "보상심의위원회"라 한다)의 위원장에게 그 요건과 관련된 사실의 확인을 요청하여야 하며, 보상심의위원회의 위원장은 대통령령으로 정하는 바에 따라 그 요건과 관련된 사실을 확인하여 국가보훈부장관에게 통보하여야 한다. 〈개정 2015. 12. 22., 2023. 3. 4.〉
③ 국가보훈부장관은 제2항 전단에 따라 5·18민주유공자, 그 유족 또는 가족에 해당하는지를 결정하기 위하여 필요한 경우에는 「국가유공자 등 예우 및 지원에 관한 법률」 제74조의5에 따른 보훈심사위원회(이하 "보훈심사위원회"라 한다)의 심의·의결을 거칠 수 있다. 〈개정 2015. 12. 22., 2023. 3. 4.〉
④ 제1항에 따른 등록신청의 순위와 절차 등에 필요한 사항은 대통령령으로 정한다.

> **관련법령** ▶ 「특수임무유공자 예우 및 단체설립에 관한 법률」 제6조

제6조(등록 및 결정)
① 특수임무유공자, 그 유족 또는 가족이 되려는 사람은 국가보훈부장관에게 등록을 신청하여야 한다. <개정 2015. 12. 22., 2023. 3. 4.>
② 국가보훈부장관은 제1항에 따른 등록 신청을 받으면 대통령령으로 정하는 바에 따라 제3조 또는 제4조에 따른 요건을 확인한 후 특수임무유공자, 그 유족 또는 가족에 해당하는지를 결정한다. 이 경우 국가보훈부장관은 「특수임무수행자 보상에 관한 법률」 제4조에 따른 특수임무수행자보상심의위원회(이하 "보상심의위원회"라 한다)의 위원장에게 그 요건과 관련된 사실의 확인을 요청하여야 하며, 보상심의위원회의 위원장은 대통령령으로 정하는 바에 따라 그 요건과 관련된 사실을 확인하여 국가보훈부장관에게 통보하여야 한다. <개정 2015. 12. 22., 2023. 3. 4.>
③ 국가보훈부장관은 제2항 전단에 따라 특수임무유공자, 그 유족 또는 가족에 해당하는지를 결정하기 위하여 필요한 경우에는 「국가유공자 등 예우 및 지원에 관한 법률」 제74조의5에 따른 보훈심사위원회(이하 "보훈심사위원회"라 한다)의 심의·의결을 거칠 수 있다. <신설 2015. 12. 22., 2023. 3. 4.>
④ 제1항에 따른 등록 신청의 순위와 절차 등에 관하여 필요한 사항은 대통령령으로 정한다.

제75조 사실증명의 발급

① 법 제88조 제1항에 따른 출입국에 관한 사실증명의 발급은 본인이나 그의 법정대리인 또는 그로부터 위임을 받은 사람이 다음 각 호의 어느 하나에 해당하는 자에게 신청하여야 한다. <개정 2012. 5. 25., 2016. 9. 29., 2018. 5. 15.>
  1. 청장·사무소장 또는 출장소장
  2. 시장(「제주특별자치도 설치 및 국제자유도시 조성을 위한 특별법」 제11조에 따른 행정시장을 포함하며, 특별시장과 광역시장은 제외한다. 이하 같다)·군수 또는 구청장(자치구가 아닌 구의 구청장을 포함한다. 이하 같다)
  3. 읍·면 또는 동의 장
  4. 재외공관의 장
② 법 제88조 제2항에 따른 외국인 등록 사실증명의 발급이나 열람은 본인이나 그 법정대리인 또는 그로부터 위임을 받은 자가 청장·사무소장·출장소장이나 시장·군수·구청장 또는 읍장·면장·동장에게 신청하여야 한다. <개정 2012. 5. 25., 2016. 9. 29., 2018. 5. 15.>
③ 다음 각 호의 어느 하나에 해당하는 자는 제1항 또는 제2항에도 불구하고 출입국에 관한 사실증명의 발급이나 외국인 등록 사실증명의 발급 또는 열람을 신청할

수 있다. 〈개정 2010. 11. 16., 2012. 1. 19., 2016. 9. 29.〉
1. 행방불명, 사망 등으로 본인이 의사표시를 할 수 없는 상태에 있거나 명백하게 본인의 이익을 위해 사용될 것으로 인정되는 경우: 다음 각 목의 어느 하나에 해당하는 사람
   가. 본인의 배우자
   나. 본인의 직계 존·비속 또는 형제·자매
   다. 본인의 배우자의 직계 존·비속 또는 형제·자매(본인의 배우자가 사망한 경우로서 나목에 해당하는 사람이 없는 경우만 해당한다)
2. 본인인 외국인이 완전 출국한 경우: 본인인 외국인을 고용하였던 자 또는 그 대리인
3. 삭제〈2019. 6. 11.〉
4. 그 밖에 법무부장관이 공익상 필요하다고 인정하는 자

④ 다음 각 호의 어느 하나에 해당하는 경우 그 채권자는 제1항 또는 제2항에도 불구하고 외국인 등록 사실증명 발급 또는 열람을 신청할 수 있다. 〈신설 2019. 6. 11.〉
1. 채권·채무 관계에 관한 재판에서 승소판결이 확정된 경우
2. 「주민 등록법 시행령」 별표 2 제3호 각 목의 어느 하나에 해당하는 금융회사 등이 연체채권 회수를 위하여 필요로 하는 경우
3. 해당 외국인과 채권·채무 관계에 있는 경우(기한 경과나 기한의 이익 상실 등으로 변제기가 도래한 경우에 한정하며, 채무금액이 100만원 이하인 경우는 제외한다)

⑤ 제2항부터 제4항까지의 규정에 따라 외국인 등록의 사실증명을 열람하려는 경우에는 외국인 등록 사실증명 열람대장에 그 사실을 적어야 한다. 〈신설 2016. 9. 29., 2019. 6. 11.〉

⑥ 제3항 또는 제4항에 따른 신청에 필요한 입증서류 등에 관하여 필요한 사항은 법무부장관이 정한다. 〈개정 2016. 9. 29., 2019. 6. 11.〉 [전문개정 2004. 8. 23.]

| 관련법령 | 「제주특별자치도 설치 및 국제자유도시 조성을 위한 특별법」 제11조 |

제11조(행정시장)
① 행정시에 시장을 둔다.
② 행정시의 시장(이하 "행정시장"이라 한다)은 일반직 지방공무원으로 보하되, 도지사가 임명한다.

다만, 제12조제1항에 따라 행정시장으로 예고한 사람을 임명할 경우에는 정무직 지방공무원으로 임명한다.
③ 제2항 단서에 따라 임명된 행정시장의 임기는 2년으로 하며, 연임할 수 있다.
④ 행정시장으로 임명할 사람을 예고하지 아니하거나 행정시장으로 예고되거나 임명된 사람의 사망, 사퇴, 퇴직 또는 임기 만료 등으로 새로 행정시장을 임명하는 것이 필요한 경우에는 일반직 지방공무원으로 임명하되, 「지방공무원법」 제29조의4에 따라 개방형직위로 운영한다.
⑤ 행정시장은 도지사의 지휘·감독을 받아 소관 국가사무와 지방자치단체의 사무를 맡아 처리하고 소속직원을 지휘·감독한다.
⑥ 다른 법령에서 시장을 인용하는 경우 해당 법령에 특별한 규정이 없으면 행정시장은 포함되지 아니한다.

주요판례

❖ **건물인도 등청구의소·임대차보증금**
[서울고법 2014. 7. 8., 선고, 2013나2027716, 2027723, 판결 : 상고]

판시사항

재외국민 甲이 아파트를 임차한 후 외국국적동포인 아내 乙, 딸 丙과 국내거소신고를 마치고 함께 거주하던 중, 임의경매절차에서 아파트를 매수한 丁이 건물인도 청구를 하자 주택임대차보호법상의 대항력을 주장한 사안에서, 甲은 자신이나 동거가족 乙, 丙의 국내거소신고로 주택임대차보호법상 대항력을 취득하지 못하였다고 한 사례

판결요지

재외국민 甲이 아파트를 임차한 후 외국국적동포인 아내 乙, 딸 丙과 각각 국내거소신고를 마치고 함께 거주하던 중, 임의경매절차에서 아파트를 매수한 丁이 건물인도 청구를 하자 주택임대차보험법상의 대항력을 주장한 사안에서, '재외동포의 출입국과 법적 지위에 관한 법률'(이하 '재외동포법'이라 한다) 제9조가 재외국민의 거소이전신고를 주택임대차보호법상 대항요건인 주민 등록에 갈음하도록 한 규정이라고 해석하기 어렵고, 재외국민의 국내거소신고를 주택임대차보호법상 주민 등록으로 볼 수 없는 이상, 재외국민의 동거가족이 국내거소신고를 갖춘다고 하여 재외국민이 주택임대차보호법상 주민 등록을 갖추었다고 볼 수 없으며, 재외동포법 제10조 제4항과 출입국관리법 제88조의2가 외국국적동포의 국내거소신고에 주택임대차보호법상 주민 등록과 동일한 효과를 부여한다고 볼 수도 없으므로, 甲은 자신이나 동거가족 乙, 丙의 국내거소신고로 주택임대차보호법상 대항력을 취득하지 못하였다고 한 사례.

제75조의2 외국인체류확인서의 열람 또는 교부

① 법 제88조의3에 따른 외국인체류확인서(이하 "외국인체류확인서"라 한다)의 열람 또는 교부를 신청하려는 자는 별지 제139호의3서식의 외국인체류확인서 열

람 또는 교부 신청서에 다음 각 호의 서류를 첨부해 지방출입국·외국인관서의 장이나 읍·면·동의 장 또는 출장소장(이하 이 조에서 "열람 또는 교부기관의 장"이라 한다)에게 신청해야 한다.
  1. 신청인의 신분증명서(법인·단체의 경우에는 대표자의 신분증명서, 법인인감증명서 또는 사용인감계를 말하며, 이하 이 조에서 같다)
  2. 신청인이법 제88조의3 제2항각 호의 어느 하나에 해당함을 입증하는 서류
② 제1항제2호에 따른 입증서류의 범위는 별표 5의3과 같다. 이 경우 열람 또는 교부기관의 장은 신청인의 동의를 받아 「전자정부법」 제36조 제1항에 따른 행정정보의 공동이용(「주택임대차보호법」 제3조의6 제2항 후단에 따른 전산처리정보조직의 이용을 포함한다. 이하 이 항에서 같다)을 통해 별표 5의3의 입증서류를 확인할 수 있으며, 신청인이 그 확인에 동의하지 않거나 해당 행정정보의 공동이용을 통해 확인할 수 없는 경우에는 해당 서류를 직접 제출하게 해야 한다.
③ 제1항에도 불구하고 열람 또는 교부기관의 장은 외국인체류확인서의 효율적인 열람·교부를 위해 필요하다고 인정하는 경우에는 구술로 외국인체류확인서의 열람 또는 교부를 신청하게 할 수 있다. 이 경우 열람 또는 교부기관의 장은 신청인으로 하여금 제1항 각 호의 서류를 제출하도록 해야 한다.
④ 열람 또는 교부기관의 장이 제3항에 따라 구술로 외국인체류확인서의 열람 또는 교부를 신청하게 하는 경우 관계 공무원은별지 제139호의3서식에 그 말한 사항을 적어 이를 신청인에게 읽어 들려주고, 신청인으로 하여금 서명 또는 날인하거나 손도장을 찍도록 해야 한다.
⑤ 열람 또는 교부기관의 장은 다른 관할에 소재하는 건물 또는 시설에 대해서도 외국인체류확인서의 열람 또는 교부를 할 수 있다.
⑥ 동일 신청자가 동일 증명자료에 따라 동일 목적으로 여러 건물 또는 시설에 대해 외국인체류확인서의 열람 또는 교부를 신청하는 경우에는별지 제139호의3서식과별지 제139호의4서식에 따라 일괄 신청할 수 있다.
⑦ 외국인체류확인서는별지 제139호의5서식과 같다.
⑧ 열람 또는 교부기관의 장은 외국인체류확인서를 열람 또는 교부하게 하였을 때에는별지 제139호의6서식의 외국인체류확인서 열람·교부대장에 그 사실을 기록하고 관리해야 한다.

⑨ 열람 또는 교부기관의 장은 동일한 자가 동시(같은 날 여러 번 신청하는 경우를 포함한다)에 많은 양의 외국인체류확인서 열람 또는 교부를 신청해 처리기간 안에 처리하기 어려운 경우에는 30통마다 열람 또는 교부기간을 1일씩 연장할 수 있다.

⑩ 법 제88조의3 제2항 제2호에 따라 본인의 위임을 받은 자가 외국인체류확인서의 열람 또는 교부 신청을 하는 경우에는 위임장과 위임한 자 및 위임을 받은 자의 신분증명서를 함께 제출해야 한다. [본조신설 2023. 6. 14.]

> **관련법령** ▶ 「전자정부법」 제36조제1항

제36조(행정정보의 효율적 관리 및 이용)
① 행정기관 등의 장은 수집·보유하고 있는 행정정보를 필요로 하는 다른 행정기관 등과 공동으로 이용하여야 하며, 다른 행정기관 등으로부터 신뢰할 수 있는 행정정보를 제공받을 수 있는 경우에는 같은 내용의 정보를 따로 수집하여서는 아니 된다.

> **관련법령** ▶ 「주택임대차보호법」 제3조의6제2항

제3조의6(확정일자 부여 및 임대차 정보제공 등)
② 확정일자부여기관은 해당 주택의 소재지, 확정일자 부여일, 차임 및 보증금 등을 기재한 확정일자부를 작성하여야 한다. 이 경우 전산처리정보조직을 이용할 수 있다.

★ 출입국관리법 시행규칙 [별표 5의3] 〈신설 2023. 6. 14.〉
〈외국인체류확인서 열람·교부 신청 자격에 관한 입증서류의 범위(제75조의2제2항 전단 관련)〉

열람 또는 교부를 신청하려는 자	입증서류
1. 법 제88조의3제2항제1호에 해당하는 자	가. 소유자 본인이나 세대원 : 등기사항증명서, 등기필정보, 건축물 대장 등 소유자임을 확인할 수 있는 자료 및 세대원의 경우 주민 등록표 등본 등 세대원임을 확인할 수 있는 자료 나. 임차인 본인이나 세대원 : 임대차계약서 등 임차인임을 확인할 수 있는 자료 및 세대원의 경우 주민 등록표 등본 등 세대원임을 확인할 수 있는 자료 다. 매매계약자 본인 : 매매계약서 등 매매계약자임을 확인할 수 있는 자료 라. 임대차계약자 본인 : 임대차계약서 등 임대차계약자임을 확인할 수 있는 자료
2. 법 제88조의3제2항제2호에 해당하는 자	가. 소유자 본인 : 등기사항증명서, 등기필정보, 건축물 대장 등 소유자임을 확인할 수 있는 자료 나. 임차인 본인 : 임대차계약서 등 임차인임을 확인할 수 있는 자료 다. 매매계약자 본인 : 매매계약서 등 매매계약자임을 확인할 수 있는 자료 라. 임대차계약자 본인 : 임대차계약서 등 임대차계약자임을 확인할 수 있는 자료

3. 법 제88조의3제2항제3호가목에 해당하는 자	건물 또는 시설에 관한 경매 일시 및 소재지가 나타나 있는 신문공고문 등 해당 건물 또는 시설이 경매 대상임을 확인할 수 있는 자료
4. 법 제88조의3제2항제3호나목에 해당하는 자	신용조사의뢰서, 임대차정보조사의뢰서 또는 감정평가의뢰서
5. 법 제88조의3제2항제3호다목에 해당하는 자	건물 또는 시설의 소재지가 나타나 있는 근저당설정계약서 또는 대출약정서 등 근저당 설정 관계 서류
6. 법 제88조의3제2항제3호라목에 해당하는 자	법원장이 발행한 현황조사명령서

비고: 입증서류는 사본을 포함하되 원본과 동일함이 확인되어야 한다.

제75조의3 외국인 등록증의 진위확인

① 법 제88조의4 제1항에 따라 외국인 등록증의 진위 여부에 대한 확인을 요청할 수 있는 사유는 다음 각 호와 같다.
  1. 국가, 지방자치단체 또는 「공공기관 운영에 관한 법률」에 따른 공공기관이 공무상 외국인 등록증 진위 확인이 필요한 경우
  2. 「금융실명거래 및 비밀보장에 관한 법률」 제2조 제1호의 금융회사 등이 거래자의 실지명의 확인을 위해 외국인 등록증 진위 확인이 필요한 경우
  3. 「전기통신사업법」 제2조 제8호의 전기통신사업자가 계약상대방이 본인임을 확인하기 위해 외국인 등록증 진위 확인이 필요한 경우
② 법 제88조의4 제1항에 따라 외국인 등록증의 진위 여부에 대한 확인을 요청하려는 자는 별지 제139호의7서식의 외국인 등록증의 진위 확인 신청서를 작성해 법무부장관에게 신청해야 한다.
③ 제2항에 따른 확인요청을 받은 법무부장관은 외국인 등록증 진위 확인의 요청 내용을 검토한 후 외국인 등록증의 진위 확인이 필요하지 않다고 인정되는 경우에는 이를 확인해 주지 않을 수 있다.
④ 제1항부터 제3항까지에서 규정한 내용 외에 외국인 등록증 진위 확인에 필요한 사항은 법무부장관이 정한다. [본조신설 2023. 6. 14.]

관련법령 ▶ 「금융실명거래 및 비밀보장에 관한 법률」 제2조제1호

제2조(정의)
1. "금융회사 등"이란 다음 각 목의 것을 말한다.

가. 「은행법」에 따른 은행
나. 「중소기업은행법」에 따른 중소기업은행
다. 「한국산업은행법」에 따른 한국산업은행
라. 「한국수출입은행법」에 따른 한국수출입은행
마. 「한국은행법」에 따른 한국은행
바. 「자본시장과 금융투자업에 관한 법률」에 따른 투자매매업자·투자중개업자·집합투자업자·신탁업자·증권금융회사·종합금융회사 및 명의개서대행회사
사. 「상호저축은행법」에 따른 상호저축은행 및 상호저축은행중앙회
아. 「농업협동조합법」에 따른 조합과 그 중앙회 및 농협은행
자. 「수산업협동조합법」에 따른 조합과 그 중앙회 및 수협은행
차. 「신용협동조합법」에 따른 신용협동조합 및 신용협동조합중앙회
카. 「새마을금고법」에 따른 금고 및 중앙회
타. 「보험업법」에 따른 보험회사
파. 「우체국예금·보험에 관한 법률」에 따른 체신관서
하. 그 밖에 대통령령으로 정하는 기관

관련법령 ▶ 「전기통신사업법」 제2조제8호

제2조(정의)
8. "전기통신사업자"란 이 법에 따라 등록 또는 신고(신고가 면제된 경우를 포함한다)를 하고 전기통신역무를 제공하는 자를 말한다.

제76조 사증발급 등 신청시의 첨부서류

① 다음 각 호에 해당하는 때의 체류자격별 첨부서류는 별표 5와 같다.
 1. 영 제7조 제1항 및 제10조 제2항에 따라 사증 또는 외국인입국허가서의 발급을 신청하는 때
 2. 영 제8조 제1항 제1호 및 제3호에 해당하는 자가 이 규칙 제14조에 따라 입국허가를 신청하는 때
 3. 제17조 제2항에 따라 사증발급인정서의 발급을 신청하는 때
② 다음 각 호에 해당하는 때의 체류자격별 첨부서류는 별표 5의2와 같다. 〈개정 2010. 11. 16.〉
 1. 영 제25조에 따라 체류자격외활동허가를 신청하는 때
 2. 영 제26조에 따라 근무처의 변경·추가허가를 신청하는 때
 3. 영 제26조의2에 따라 근무처의 변경·추가 신고를 하는 때

4. 영 제29조에 따라 체류자격부여를 신청하는 때
5. 영 제30조에 따라 체류자격변경허가를 신청하는 때
6. 영 제31조에 따라 체류기간연장허가를 신청하는 때
7. 영 제40조에 따라 외국인 등록을 신청하는 때

③ 제1항 및 제2항에 따른 첨부서류 중 「전자정부법」 제36조 제1항에 따라 행정정보의 공동이용을 통하여 첨부서류에 대한 정보를 확인할 수 있는 경우에는 그 확인으로 제출에 갈음한다. 〈개정 2007. 12. 31., 2010. 6. 10.〉 [전문개정 2007. 6. 1.]

> **관련법령** ▶ 「전자정부법」 제36조제1항

제36조(행정정보의 효율적 관리 및 이용)
① 행정기관 등의 장은 수집·보유하고 있는 행정정보를 필요로 하는 다른 행정기관 등과 공동으로 이용하여야 하며, 다른 행정기관 등으로부터 신뢰할 수 있는 행정정보를 제공받을 수 있는 경우에는 같은 내용의 정보를 따로 수집하여서는 아니 된다.

★ 출입국관리법 시행규칙 [별표 5] 〈개정 2022. 4. 12.〉

〈사증발급 신청 등 첨부서류 (제76조제1항 관련)〉

《유의 사항》
1. 재외공관의 장 또는 청장·사무소장·출장소장은 특히 필요하다고 인정되는 때에는 첨부서류의 일부를 더하거나 뺄 수 있다.
2. 재입국허가의 신청은 첨부서류 없이 한다. 다만, 외교(A-1)·공무(A-2)·협정(A-3) 체류자격 소지자는 재직을 증명하는 서류를 첨부하여야 한다.
3. 신청인이 체류자격 외 활동허가 등 대한민국에서 체류허가를 신청 할 때 이미 제출하여 출입국·외국인청, 출입국·외국인사무소 또는 출장소에 보관 중인 서류는 제출을 생략할 수 있다.
4. 첨부서류 중 분량이 많은 서류는 이를 발췌하여 사용하게 하는 등 필요 없는 서류를 제출하게 하는 일이 없도록 하여야 한다.
5. 신원보증서의 보증기간이 4년 이상인 때에도 4년을 한도로 하여 이를 인정하고, 각종 허가를 할 때의 허가기간은 신원보증서의 보증기간을 초과할 수 없다.

체류자격 (기호)	첨부 서류
공통 사항	• 여권 및 여권사본 • 재외공관 지정병원에서 발급한 결핵 건강진단서 - 결핵 고위험 국가에 거주하는 결핵 고위험 국가의 국민이 대한민국에 90일을 초과하여 체류할 목적으로 사증을 신청하는 등 법무부장관이 정하는 요건에 해당하는 경우에만 제출한다.
외교 (A-1)	• 파견·재직을 증명하는 서류 또는 해당국 외교부장관의 협조공한(신분사실증명의 제시 등에 의하여 해당 신분임이 확인되는 때에는 구술서로 갈음할 수 있음) ※ 외교관여권 소지여부 확인. 다만, 일반여권을 소지한 사람은 외교업무 수행자 및 그 가족에 한

	정한다.
공무 (A-2)	• 파견·재직을 증명하는 서류 또는 해당국 외교부장관이나 소속부처 장관의 공한(공무수행임을 입증하는 내용을 명시하여야 한다) ※ 관용여권 또는 신분증명서 소지여부 확인. 다만, 일반여권을 소지한 사람은 공무수행자 또는 그 가족에 한정한다.
협정 (A-3)	• 파견·재직을 증명하는 서류 또는 해당국 외교부장관이나 소속부처 장관의 공한 ※ 관용여권 또는 신분증명서 소지여부 확인
일시취재 (C-1)	• 소속회사의 파견증명서·재직증명서 또는 외신보도증 사본
단기방문 (C-3)	• 상용목적 등 입국목적을 증명할 수 있는 서류
단기취업 (C-4)	• 고용계약서 또는 용역계약서 등 • 소관 중앙행정기관의 장의 고용추천서[「공연법」에 따른 공연활동의 경우에는 「영화 및 비디오물의 진흥에 관한 법률」에 따른 영상물 등급위원회(이하 "영상물 등급위원회"라 한다)의 공연추천서]·협조공문 또는 고용의 필요성을 입증할 수 있는 서류
문화예술 (D-1)	• 초청장 • 문화예술단체임을 입증하는 서류 - 전문가의 지도인 경우에는 그 사람의 경력증명서 ※ "전문가"란 무형문화재 또는 국가공인 기능보유자 등을 말한다. • 이력서 또는 경력증명서 • 체류 중 일체의 경비지급능력을 증명하는 서류
유학 (D-2)	1. 정규과정의 교육을 받고자 하는 경우 • 수학능력 및 재정능력 심사결정 내용이 포함된 표준입학허가서(총·학장 발행) 2. 특정의 연구를 하고자 하는 경우 • 연구활동임을 입증하는 서류 • 최종학력증명서 • 신원보증서 또는 재정입증 관련서류
기술연수 (D-3)	• 연수산업체가 작성한 연수계획서 • 임금 또는 급여대장 사본 • 외국인 기술연수 해당 산업체임을 입증할 수 있는 서류 • 신원보증서

일반연수
(D-4)
	1. 대학부설 어학원에서 어학을 배우는 학생 또는 대학 간 학술교류협정으로 산학연수를 위한 교환학생의 경우
	• 입학 또는 재학을 입증하는 서류
	• 재정입증 관련서류 또는 대학 간 학술교류협정 서류
	• 신원보증서(학비 등 체류 중 필요한 경비지급능력을 입증하지 못하거나 법무부장관이 특히 필요하다고 인정하는 경우에 한정한다)
	2. 초·중·고등학교에 재학하는 학생의 경우
	• 입학허가서 • 재학증명서 또는 졸업증명서 • 재정입증 관련서류
	3. 그 밖의 연수의 경우
	• 연수를 증명하는 서류 • 연수기관의 설립 관련서류 • 재정입증 관련서류
	  - 연수기관이 체류경비 등을 부담하는 경우는 경비 부담 확인서
	  - 그 밖의 경우에는 국내송금이나 환전 증명서

	• 신원보증서(연수비용 등 체류 중 필요한 경비 지급 능력을 증명하지 못하거나 법무부장관이 특히 필요하다고 인정하는 경우에만 해당한다)
취재 (D-5)	• 파견명령서 또는 재직증명서 • 국내 지국·지사의 설치허가증이나 국내 지국·지사의 운영자금 도입실적 증빙서류
종교 (D-6)	• 파견명령서 • 종교단체 설립허가서 또는 사회복지단체 설립허가서 사본 • 소속단체의 체류경비 지원 관련서류
주재 (D-7)	1. 영 별표 1의2 중 10. 주재(D-7)란의 가목에 해당하는 사람 • 외국 소재 회사 등 재직증명서 • 인사명령서(파견명령서) • 국내 지점 등 설치 입증서류 • 외국환 매입증명서 등 영업자금 도입실적 입증서류(또는 사업계획서) 2. 영 별표 1의2 중 10. 주재(D-7)란의 나목에 해당하는 사람 • 본사의 등기사항전부증명서 • 해외 직접투자신고 수리서 또는 해외지점 설치신고 수리서 • 해외 송금사실 입증서류 • 해외지사의 법인 등기사항전부증명서 또는 사업자 등록증 • 해외지사에서의 재직증명서 및 납부내역증명서 • 인사명령서(파견명령서)
기업투자 (D-8)	1. 영 별표 1의2 중 11. 기업투자(D-8)란의 가목에 해당하는 사람 • 파견명령서 또는 재직증명서 • 외국인투자신고서(법인 등기사항전부증명서 또는 사업자 등록증 사본) 또는 투자기업 등록증 사본 2. 영 별표 1의2 중 11. 기업투자(D-8)란의 나목에 해당하는 사람 • 벤처기업확인서 또는 이에 준하는 서류 • 지식재산권, 그 밖에 이에 준하는 기술과 그 사용에 관한 권리 등을 보유하고 있음을 입증하는 서류 3. 영 별표 1의2 중 11. 기업투자(D-8)란의 다목에 해당하는 사람 • 학력증명서 • 지식재산권 보유 또는 이에 준하는 기술력 등 입증서류 • 법인 등기사항전부증명서
무역경영 (D-9)	1. 선박건조·설비제작 감독 또는 수출설비(기계)의 설치·운영·보수 업무를 하려는 경우 • 재직증명서 • 법인 등기사항전부증명서 또는 사업자 등록증 사본 • 영업자금 도입실적 증빙서류 또는 사업계획서 사본 • 연간 납세증명서 2. 회사경영, 영리사업을 하는 경우 • 사업자 등록증 사본 • 사업자금 도입관련 입증서류 • 사업장 존재 입증서류 3. 한국무역협회장으로부터 무역업 고유번호를 부여받고 무역업을 하는 경우 • 사업자 등록증 사본 • 무역업 고유번호부여증(한국무역협회 발행) • 사업장 존재 입증서류 • 무역업 점수제 해당 점수 입증서류
구직	1. 영 별표 1의2 중 13. 구직(D-10)란의 가목에 해당하는 사람

(D-10)	• 학력증명서 또는 경력증명서 2. 영 별표 1의2 중 13. 구직(D-10)란의 나목에 해당하는 사람 • 학력증명서 • 창업준비 계획서
교수 (E-1)	• 경력증명서 • 고용계약서 또는 임용예정 확인서
회화지도 (E-2)	1. 교육부 또는 시·도 교육청 주관으로 모집·선발되어 초·중 등학교에서 외국어 회화지도에 종사하려는 사람 • 학위증(졸업증명서) 또는 재학증명서(자국 소재 대한민국 공관 확인 필요) • 시·도 교육감이나 국립국제교육원장이 발급한 합격통지서·초청장 또는 시·도 교육감의 고용추천서 2. 그 밖의 기관·단체에서 외국어 회화지도에 종사하려는 사람 • 학위증 사본(자국 소재 대한민국 공관이 확인한 것을 말한다) • 국적국의 관할 기관이 발급한 범죄경력에 관한 증명서(국적국 정부, 국적국 주재 대한민국 공관 또는 국내 국적국 공관이 확인한 것을 말한다) • 건강확인서(별지 제21호의3서식) • 고용계약서 • 학원 또는 단체 설립 관련서류
연구 (E-3)	• 초청기관 설립 관련서류 • 학위증 및 경력증명서 • 고용계약서
기술지도 (E-4)	• 파견명령서 또는 재직증명서 • 기술도입 계약 신고수리서·기술도입 계약서(또는 용역거래인증서) 또는 방위산업체 지정서 사본 • 사업자 등록증, 법인 등기사항전부증명서 등 공공기관·민간단체 설립사실에 관한 입증서류
전문직업 (E-5)	• 학위증 및 자격증 사본 • 소관 중앙행정기관의 장의 고용추천서(경제자유구역 내에서 취업활동을 하려는 사람은 관할 특별시장·광역시장·도지사의 고용추천서) 또는 고용의 필요성을 입증할 수 있는 서류 • 고용계약서
예술흥행 (E-6)	1. 「공연법」에 따라 공연을 하고자 하는 경우 • 영상물 등급위원회의 공연추천서 • 공연계획서 2. 「관광진흥법」에 따른 호텔업시설, 유흥업소 등에서 제1호를 제외한 공연 또는 연예활동에 종사하고자 하는 경우 • 영상물 등급위원회의 공연추천서 • 연예활동 계획서 • 자격증명서 또는 경력증명서 • 신원보증서 3. 그 밖의 경우 • 소관 중앙행정기관의 장의 고용추천서 또는 고용의 필요성을 입증할 수 있는 서류 • 자격증명서 또는 경력증명서
특정활동 (E-7)	• 학위증 또는 자격증 사본 • 고용계약서 • 소관 중앙행정기관의 장의 고용추천서(경제자유구역 내에서 취업활동을 하려는 사람은 관할 특별시장·광역시장·도지사의 고용추천서) 또는 고용의 필요성을 입증할 수 있는 서류 • 사업자 등록증, 법인 등기사항전부증명서 등 공공기관·민간단체 설립사실에 관한 입증서류 • 신원보증서(법무부장관이 고시한 근무처 변경·추가 신고가 제한되는 직종의 종사자만 해당한다)
계절근로 (E-8)	• 고용계약서 • 건강확인서(별지 제21호의3서식) • 국적국의 권한 있는 기관이 발급한 공적 문서로서 국적국 내에서의 범죄경력이 포함 되어 있는

자격	서류
	증명서 • 그 밖에 법무부장관이 필요하다고 인정하는 서류
비전문취업 (E-9)	• 「외국인근로자의 고용 등에 관한 법률」 제8조에 따른 외국인근로자 고용허가서 • 표준근로계약서 • 사업자 등록증, 법인 등기사항전부증명서 등 사업 또는 사업장 관련 입증서류 • 국적국의 권한 있는 기관이 발급한 공적 문서로서 국적국 내에서의 범죄경력이 포함되어 있는 증명서 • 건강확인서(별지 제21호의3서식) • 신원보증서 • 그 밖에 법무부장관이 필요하다고 인정하는 서류
선원취업 (E-10)	• 선원근로계약서 • 「해운법」에 따른 내항여객운송사업 면허증·내항화물운송사업 등록증·순항여객운송사업 면허증 또는 「수산업법」에 따른 정치망어업 면허증[관리선 사용지정(어선사용승인)증을 포함한다]·근해어업 허가증 • 「선원법」제2조제18호에 따른 해양항만관청의 고용추천서 • 국적국의 권한 있는 기관이 발급한 공적 문서로, 국적국 내에서의 범죄경력이 포함되어 있는 증명서 • 건강확인서(별지 제21호의3서식) • 신원보증서 • 그 밖에 법무부장관이 필요하다고 인정하는 서류
방문동거 (F-1)	1. 국내에 거주하는 가족 또는 친족을 방문하는 경우 • 가족 또는 친족 관계 입증서류(결혼증명서·가족관계기록사항에 관한 증명서 또는 출생증명서) • 신원보증서 ※ 해외입양인의 경우 입양기관의 확인서 또는 양부모 진술서 2. 초·중·고등학교에 재학하는 학생의 경우 • 가족 또는 친족 관계 입증서류(가족관계기록사항에 관한 증명서 또는 출생증명서) • 입학허가서 • 입학 또는 재학을 증명하는 서류 • 재정입증 관련서류 3. 영 별표 1의2 중 1. 외교(A-1) 또는 2. 공무(A-2) 자격을 가지고 있는 사람의 가사보조인의 경우 • 외국공관의 요청 공문 • 고용계약서 • 고용인의 신분증명서 사본 4. 미화 50만불 이상 투자한 사람의 가사보조인의 경우 • 외국인투자신고서(법인 등기사항전부증명서 또는 사업자 등록증 사본) 또는 투자기업 등록증 사본 • 고용인의 재직증명서 • 고용계약서 5. 영 별표 1의2. 중 10. 주재(D-7), 12. 무역경영(D-9) 및 14. 교수(E-1)부터 20. 특정활동(E-7)까지의 체류자격에 해당하거나 같은 체류자격에서 같은 표 중 24. 거주(F-2)란의 바목 또는 영 별표 1의3 영주(F-5)란의 제1호로 체류자격을 변경한 사람의 가사보조인인 경우 • 고용계약서 • 고용인의 신분증명서 • 고용인의 재직증명서 • 신원보증서 6. 그 밖의 경우 • 영 제12조에 따른 방문동거 자격을 입증하는 서류 • 신원보증서
거주 (F-2)	1. 영 별표 1의2 중 24. 거주(F-2)란의 가목에 해당하는 사람 • 결혼증명서 또는 가족관계기록에 관한 증명서

	• 출생증명서(자녀초청인 경우에만 해당한다) • 소득금액증명 등 소득요건 입증서류 • 국내 배우자의 신원보증서[영 별표 1의3 영주(F-5) 체류자격 소지자의 배우자만 해당한다] • 외국인 배우자 초청장(해당자에 한함) • 초청인의 신용정보조회서[한국신용정보원(「신용정보의 이용 및 보호에 관한 법률」제25조제2항제1호에 따른 종합신용정보집중기관으로 허가를 받은 기관을 말한다. 이하 같다)이 발행한 것을 말한다] • 국적국 또는 거주국의 관할 기관이 발급한 혼인 당사자의 범죄경력에 관한 증명서 • 혼인당사자의 건강진단서(「의료법」 제3조제2항제3호에 따른 병원급 의료기관이나 「지역보건법」 제10조에 따른 보건소가 발행한 것을 말한다. 다만, 외국인 배우자는 해당 국적국 또는 거주국에서 통용되는 유사한 입증자료로 갈음할 수 있다) • 외국인 배우자의 결혼배경 진술서 • 주거요건 입증서류 • 한국어 구사요건 관련 입증서류 2. 영 별표 1의2 중 24. 거주(F-2)란의 나목에 해당하는 사람 • 가족관계기록사항에 관한 증명서 • 출생증명서 ※ 국민과의 사실상의 혼인관계에서 출생한 자녀인 사실을 입증하는 서류 3. 영 별표 1의2 중 24. 거주(F-2)란의 라목·마목 또는 바목에 해당하는 사람 • 재정입증 관련 서류 • 신원보증서 4. 영 별표 1의2 중 24. 거주(F-2)란의 사목에 해당하는 사람 • 해당 기술·기능 자격증이나 임금 관련 서류 • 국내 자산 입증 서류 • 신원보증서
동반 (F-3)	• 가족관계 입증서류(결혼증명서·가족관계기록사항에 관한 증명서 또는 출생증명서) • 초청자의 재직증명서 및 소득금액증명 등 가족부양능력 입증서류
재외동포 (F-4)	• 출생에 따라 대한민국의 국적을 보유하였던 사람으로서 외국국적을 취득한 사람 - 가족관계기록사항에 관한 증명서 또는 제적 등본 그 밖에 본인이 대한민국의 국민이었던 사실을 증명하는 서류 - 외국국적을 취득한 원인 및 그 연월일을 증명하는 서류 - 납부내역증명서, 소득금액증명원 등 체류기간 중 단순노무행위 등 영 제23조제3항 각 호에서 규정한 취업활동에 종사하지 아니할 것임을 소명하는 서류(법무부장관이 고시하는 불법체류가 많이 발생하는 국가의 외국국적동포에 한정한다) - 그 밖에 법무부장관이 필요하다고 인정하는 서류 • 출생에 따라 대한민국의 국적을 보유하였던 사람의 직계비속으로서 외국국적을 취득한 사람 - 직계존속이 대한민국의 국민이었던 사실을 증명하는 서류 - 본인과 직계존속이 외국국적을 취득한 원인 및 그 연월일을 증명하는 서류 - 직계존비속의 관계임을 증명하는 서류(출생증명서 등) - 납부내역증명, 소득금액증명 등 체류기간 중 단순노무행위 등 영 제23조제3항 각 호에서 규정한 취업활동에 종사하지 아니할 것임을 소명하는 서류(법무부장관이 고시하는 불법체류가 많이 발생하는 국가의 외국국적동포에 한함) - 그 밖에 법무부장관이 필요하다고 인정하는 서류
영 주 (F-5)	1. 영 별표 1의3 영주자격(F-5)란의 제3호에 해당하는 사람 • 외국인투자기업 등록증명서 • 법인 등기사항전부증명서 또는 사업자 등록증 • 소득금액증명 등 소득입증서류

	2. 영 별표 1의3 영주자격(F-5)란의 제9호에 해당하는 사람 • 점수제 해당항목 입증서류
결혼이민 (F-6)	1. 영 별표 1의2의 27. 결혼이민(F-6)의 가목에 해당하는 사람 • 혼인성립을 증명하는 서류 • 한국인 배우자의 가족관계증명서 및 기본증명서 • 제9조의5제4호에 따른 소득 요건을 입증하는 서류 • 초청인의 신용정보조회서(한국신용정보원이 발행한 것을 말한다) • 한국인 배우자의 신원보증서(보증기간은 입국일부터 2년 이상이어야 한다) • 외국인 배우자 초청장 • 외국인 배우자의 결혼배경 진술서 • 제9조의5제6호에 따른 한국어 구사요건 관련 입증서류 • 제9조의5제7호에 따른 주거 요건을 입증하는 서류 • 국적국 또는 거주국의 권한 있는 기관이 발급한 공적 문서로서 혼인당사자의 범죄경력에 관한 증명서 • 다음의 요건을 모두 충족하는 혼인당사자의 건강진단서 　– 후천성면역결핍증 및 성병감염, 결핵감염, 정상적인 결혼생활에 지장을 초래할 수 있는 정신질환 여부 등에 관한 사항을 포함할 것 　– 병원급 의료기관, 「공무원 채용 신체검사 규정」제3조에 따른 신체검사 실시 검진기관 또는 「지역보건법」제10조에 따른 보건소가 발행한 건강진단서일 것. 이 경우 외국인 배우자는 해당 국적국 또는 거주국에서 통용되는 유사한 입증자료로 갈음할 수 있다. 2. 영 별표 1의2의 27. 결혼이민(F-6)의 나목에 해당하는 사람 • 가족관계기록사항에 관한 증명서(국민과 사실상 혼인관계임을 증명하는 서류를 포함한다) • 자녀 양육을 증명할 수 있는 서류 • 국적국 또는 거주국의 권한 있는 기관이 발급한 공적 문서로서 국적국 또는 거주국 내에서의 범죄경력이 포함되어 있는 증명서 • 재외공관 지정병원에서 발급한 건강진단서
기타 (G-1)	• 입국목적을 소명하는 서류(법원 등의 출석요구서 또는 담당 의사의 소견서 등) • 소송 또는 치료경비 등의 지급능력을 입증하는 서류
관광취업 (H-1)	• 왕복항공권 • 일정기간 체류할 수 있는 경비소지 입증서류 • 여행일정 및 활동계획서
방문취업 (H-2)	• 공통서류 　– 국적국의 권한 있는 기관이 발급한 공적 문서로, 국적국 내에서의 범죄경력이 포함되어 있는 증명서. 다만, 영 별표 1의2 중 29. 방문취업(H-2)란의 가목3), 4)에 해당하는 사람과 만 60세 이상인 사람은 제외한다. 　– 건강확인서(별지 제21호의3서식 사용). 다만, 영 별표 1의2 중 29. 방문취업(H-2)란의 가목3), 4)에 해당하는 사람은 제외한다. • 출생 당시에 대한민국 국민이었던 사람으로서 가족관계 등록부·폐쇄 등록부 또는 제적부에 등재되어 있는 사람 　– 가족관계기록사항에 관한 증명서 또는 제적 등본. 다만, 가족관계 등록부·폐쇄 등록부 또는 제적부가 없는 경우에는 이주일자 또는 국적국에서의 출생일자 및 동포임을 증명하는 국적

국의 공적 서류 등 법무부장관이 인정하는 서류로 대체할 수 있다.
- 출생에 따라 대한민국의 국적을 보유하였던 사람의 직계비속
  - 가족관계기록사항에 관한 증명서 또는 제적 등본 등 직계존속이 대한민국 국민이었던 사실을 증명하는 서류
  - 직계존비속 관계를 증명할 수 있는 서류(출생증명서 등)
- 국내에 주소를 둔 대한민국 국민과 친족관계에 있는 사람 중 가족관계 등록부·폐쇄 등록부 또는 제적부에 등재되지 아니한 사람으로서 그 친족의 초청을 받은 사람
  - 친족의 가족관계기록사항에 관한 증명서, 친족과의 관계를 증명하는 서류, 초청사유서, 초청자의 신원보증서
- 국가(독립)유공자 및 유족 등
  - 독립유공자증·국가유공자증 또는 독립유공자유족증·국가유공자유족증 등 국가(독립)유공자 또는 그 유족임을 증명하는 서류[유족증서가 없는 경우 국가(독립)유공자와의 유족 또는 가족관계를 증명할 수 있는 서류]
  - 재외동포임을 증명하는 국적국의 공적 서류 등 법무부장관이 인정하는 서류
- 대한민국에 특별한 공로가 있거나 대한민국의 국익증진에 기여한 사람
  - 훈·포장 증서 또는 중앙행정기관의 장이 수여한 표창장
  - 재외동포임을 증명하는 국적국의 공적 서류 등 법무부장관이 인정하는 서류
- 영 별표 1의2 중 5. 유학(D-2) 체류자격으로 대한민국에 체류 중인 사람의 부·모 및 배우자
  - 재학증명서
  - 유학 중인 사람과의 관계를 증명할 수 있는 서류
  - 동포임을 증명하는 국적국의 공적 서류 등 법무부장관이 인정하는 서류
- 국내 외국인의 체류질서 유지를 위하여 법무부장관이 정하는 기준 및 절차에 따라 자진하여 출국한 사람
  - 청장·사무소장 또는 출장소장이 발급한 출국확인서 등 사실관계 확인서류
  - 동포임을 증명하는 국적국의 공적 서류 등 법무부장관이 인정하는 서류
- 국내에 친족이 없고 가족관계 등록부·폐쇄 등록부 또는 제적부에 등재되지 아니한 사람
  - 동포임을 증명하는 국적국의 공적 서류 등 법무부장관이 인정하는 서류
  - 그 밖에 법무부장관이 필요하다고 인정하는 서류

★ 출입국관리법 시행규칙 [별표 5의2] <개정 2023. 6. 30.>

<체류자격 외 활동허가 신청 등 첨부서류 (제76조제2항 관련)>

《유의사항》
- 각 체류자격별 "체류자격 외 활동허가"란은 대한민국에 체류하는 외국인이 그가 현재 가지고 있는 체류자격에 해당하는 활동과 병행하여 해당 체류자격 외 활동허가란에 있는 활동을 하려는 경우에 제출해야 하는 첨부서류를 정한 것이다.
- 각 체류자격별 "근무처의 변경·추가 허가"란은 대한민국에 체류하는 외국인이 그가 현재 가지고 있는 체류자격의 활동범위에서 근무처를 변경하거나 추가하려는 경우에 제출해야 하는 첨부서류를 정한 것이다.
- 각 체류자격별 "체류자격 변경허가"란은 대한민국에 체류하는 외국인이 그가 현재 가지고 있는 체류자격과는 다른 아래의 해당 체류자격 변경허가란에 있는 체류자격으로 변경하려는 경우에 제출해야 하는 첨부서류를 정한 것이다.
- 각 체류자격별 "체류자격 부여"란은 대한민국 국적을 잃거나 대한민국에서 출생하였거나 그 밖의 사유로 법 제

10조의 체류자격을 가지지 못하고 체류하게 되는 외국인이 아래의 해당 체류자격 부여란에 있는 체류자격을 받으려는 경우에 제출해야 하는 첨부서류를 정한 것이다.
- 각 체류자격별 "체류기간 연장허가"란 및 "외국인 등록"란은 대한민국에 체류하는 외국인이 그의 현재 체류자격을 유지하는 것을 전제로 제출해야 하는 첨부서류를 정한 것이다.
- 제출서류 중 「전자정부법」 제36조제1항에 따른 행정정보의 공동이용을 통하여 담당 공무원이 정보의 내용을 확인할 수 있는 경우에는 제출하지 아니한다. 다만, 정보주체가 이에 동의하지 않을 때에는 해당 서류를 첨부해야 한다.
- 제출서류 중 해외에서 발급된 서류는 자국 정부의 아포스티유(Apostille) 확인 또는 주재국 대한민국 공관의 영사확인을 받아 첨부해야 한다.
- 청장·사무소장 또는 출장소장은 접수 및 심사과정에서 신분관계 확인 등을 위하여 특히 필요하다고 인정될 때에는 별표 5에 준하여 첨부서류를 더하거나 뺄 수 있다.
- 첨부서류는 원본을 제출해야 하며, 부득이한 경우 심사관이 원본 확인 후 반환한다. 이 경우 필요하면 사본에 접수 담당자의 원본대조필 도장을 찍는다. 다만, 영 제94조의3에 따른 전자민원창구를 통한 신청 시에는 본인의 원본대조 서명으로 대신한다.

체류자격 (기호)	신청구분	첨부서류
공통사항	전체 공통사항	• 여권, 외국인 등록증, 재학 증명서 ※ 외국인 등록증은 외국인 등록을 한 경우에만 제출하고, 재학증명서는 「초·중등교육법」 제2조 각 호의 어느 하나에 해당하는 학교를 재학하고 있는 경우에만 제출한다.
	체류기간 연장허가	• 체류지 입증서류
	체류자격 변경허가	• 보건소 등이 발급한 결핵확인서(법 제10조의2제1항제1호에 따른 단기체류자 격으로 입국한 결핵 고위험 국가의 국민이 90일을 초과하여 체류하기 위해 체류자격 변경허가를 신청하는 등 법무부장관이 정하는 요건에 해당하는 경우에 해당한다)
	출국을 위한 체류기간 연장허가	• 출국예약 항공권 사본
	외국인 등록	• 여권용 사진(3.5cm×4.5cm) 1장 [외국인 등록용 표준사진규격] - 여권용 사진(3.5cm×4.5cm)으로 얼굴 길이가 2.5cm ~ 3.5cm 사이일 것 - 무배경 또는 흰색배경에 테두리가 없을 것 - 외국인 등록증 신청일 전 6개월 이내에 촬영되고 정면을 응시하고 있을 것 - 색안경, 모자 등 얼굴 일부가 가려지는 장식용 물품을 착용하지 아니할 것. 다만, 시각장애인 등이 의료목적으로 착용하는 경우는 제외한다. • 체류지 입증서류
외교 (A-1)	체류자격 부여	• 본인인 경우 - 자국 대사관의 협조공문 • 피부양가족인 경우 - 출생증명서 등 신분관계 증명서류 - 부양자의 외교관신분증
	체류자격 변경허가	• 본인인 경우 - 자국 대사관의 협조공문 • 피부양가족인 경우

		– 출생증명서 등 신분관계 증명서류 – 부양자의 외교관신분증

공무
(A-2)
	체류자격 부여	• 본인인 경우
		  – 파견·재직을 증명하는 서류 또는 자국 소속부처의 장의 협조공문
		• 피부양가족인 경우
		  – 출생증명서 등 신분관계 증명서류
		  – 부양자의 공무수행을 증명하는 신분증

	체류자격 변경허가	• 본인의 경우
		  – 파견·재직을 입증하는 서류 또는 자국 소속 부처의 장의 협조공문
		• 피부양가족의 경우
		  – 출생증명서 등 신분관계 증명서류
		  – 부양자의 공무수행을 증명하는 신분증

협정
(A-3)
	체류자격 부여	• 본인인 경우
		  – 신분증명서
		  – 초청계약자 등이 발급한 복무확인서, 재직증명서 또는 초청계약서
		• 피부양가족인 경우
		  – 출생증명서 등 가족관계 증명서류
		  – 부양자의 신분증명서
		  – 초청계약자 등이 발급한 복무확인서, 재직증명서 또는 초청계약서

	체류자격 변경허가	• 본인인 경우
		  – 신분증명서
		  – 초청계약자 등이 발급한 복무확인서, 재직증명서 또는 초청계약서
		• 피부양가족인 경우
		  – 출생증명서 등 가족관계 증명서류
		  – 부양자의 신분증명서
		  – 초청계약자 등이 발급한 복무확인서, 재직증명서 또는 초청계약서

사증면제 (B-1) 관광·통과 (B-2) 일시취재 (C-1) 단기방문 (C-3)	체류기간 연장허가	• 체류기간 연장의 필요성을 소명하는 서류

단기취업
(C-4)
	근무처의 변경·
	추가 허가
		• 첨단기술 분야에 종사하는 경우
		  – 고용계약서 – 회사 설립 관련 서류
		  – 첨단기술 분야 증명서류

	체류자격 변경허가	• 노벨상 수상자 등 저명인사가 강연 등의 활동을 하려는 경우 – 소명자료 – 활동계획서
	체류기간 연장허가	• 체류기간 연장의 필요성을 소명하는 서류
문화예술 (D-1)	체류자격 변경허가	• 연수기관이 작성한 연수일정표 • 사업자 등록증(법인인 경우에는 법인 등기사항전부증명서) 등 문화예술단체 증명서류
	체류기간 연장허가	• 연수기관이 작성한 연수일정표 • 사업자 등록증(법인인 경우에는 법인 등기사항전부증명서) 등 문화예술단체 증명서류

	외국인 등록	• 사업자 등록증(법인인 경우에는 법인 등기사항전부증명서) 등 문화예술단체 증명서류
유학 (D-2)	체류자격 변경허가	• 수학능력 및 재정능력 심사결정 내용이 포함된 표준입학허가서(총장·학장 발행) • 등록금 납입 증명서 또는 장학금 수혜 증명서
	체류기간 연장허가	• 전문대학 이상의 정규과정 교육을 받는 경우 　− 재학증명서(석사·박사 논문을 준비하고 있는 경우에는 지도교수의 추천서 또는 정부초청 장학생 확인서로 갈음할 수 있다) 　− 재정(학비, 체재비) 입증 관련서류 • 특정 연구를 하고 있는 경우 　− 연구 활동을 증명하는 서류
	외국인 등록	• 재학증명서　• 건강진단서
기술연수 (D-3)	체류기간 연장허가	• 해당 산업체가 발급한 연수기간 연장신청 사유서 및 연수실적 평가서 • 국내 산업체의 사업자 등록증(법인인 경우에는 법인 등기사항전부증명서) 및 「산업집적활성화 및 공장설립에 관한 법률」에 따른 공장 등록증(또는 공장 등록증명서) • 국내 산업체의 납부내역증명서 • 해외 현지법인의 납세사실 관련 증명서류 • 연수생에 대한 연수수당 등 지급 확인서류 • 산업재해보상보험, 국민건강보험 가입증명서류 및 연수수당 등 체불에 대비한 보증보험 가입 증명서류 • 신원보증서
	외국인 등록	• 사업자 등록증(법인인 경우에는 법인 등기사항전부증명서) • 채용신체검사서 • 산업재해보상보험 또는 보증보험 가입 증명서류
일반연수 (D-4)	체류자격 변경허가	• 대학 부설 어학원에서 어학 연수를 받거나 초·중·고등학교에 재학하려는 경우 　− 재학증명서 　− 국내체재경비 입증서류 또는 신원보증서(학비 등 체류 중에 필요한 경비 지급능력을 증명하지 못하거나 법무부장관이 특히 필요하다고 인정하는 경우에만 해당한다) • 그 밖에 일반연수를 받는 경우 　− 연수기관 설립 관련 서류 　− 연수기관장의 추천서 　− 연수기관 작성 연수계획서 　− 국내체재경비 입증서류 또는 신원보증서(연수비용 등 체류 중에 필요한 경비 지급능력을 증명하지 못하거나 법무부장관이 특히 필요하다고 인정하는 경우에만 해당한다)
	체류기간 연장허가	• 대학 부설 어학원에서 어학 연수를 받는 경우 또는 초·중·고등학교에 재학하는 학생의 경우 　− 재학증명서 • 그 밖의 연수를 받는 경우 　− 연수증명(계획)서 또는 재학증명서
	외국인 등록	• 대학 부설 어학원에서 어학 연수를 받는 경우 또는 초·중·고등학교에 재학하는 학생인 경우 　− 재학증명서

취재 (D-5)		- 건강진단서 • 그 밖에 일반연수를 받는 경우 - 연수기관 설립 관련 서류
	체류자격 변경허가	• 파견명령서 • 지국·지사의 설치허가증 또는 사업자 등록증(법인인 경우에는 법인 등기사항전부증명서)
	체류기간 연장허가	• 재직증명서 또는 파견명령
	외국인 등록	• 지국·지사의 설치허가증 또는 사업자 등록증(법인인 경우에는 법인 등기사항전부증명서). 다만, 국내에 지국이나 지사가 없는 경우에는 본사의 파견명령서 및 해외홍보원 등 관련 기관 추천서로 갈음할 수 있다.
종교 (D-6)	체류자격 외 활동 허가	• 파견명령서 • 원 근무처 장의 동의서(원 근무처가 있는 경우에만 제출한다) • 원 근무처와 같은 재단임을 증명하는 서류 • 단체설립허가(인가) 관련 서류
	체류기간 연장허가	• 재직증명서 또는 파견명령서
	외국인 등록	• 종교단체 또는 사회복지단체 설립 관련 서류

주재 (D-7)	체류자격 외 활동 허가	• 영 별표 1의2 중 10. 주재(D-7)란의 가목에 해당하는 사람
		  - 인사명령서(파견명령서)
		  - 원 근무처와 같은 계열사임을 증명하는 서류(법인 등기사항전부증명서 등)
		  - 외국기업의 국내지사 설치신고(허가) 관련 서류
		  - 원 근무처 장의 추천서
		  - 영업 정상운영 입증서류

	체류자격 변경허가	• 영 별표 1의2 중 10. 주재(D-7)란의 가목에 해당하는 사람[영 별표 1의2 중 11. 기업투자(D-8) 체류자격 소지자가 같은 계열 외국기업 국내지사에 근무하려는 경우에만 해당한다]
		  - 인사명령서(파견명령서)
		  - 외국기업의 국내지사 설치신고(허가) 관련 서류
		  - 같은 계열 외국기업임을 증명하는 서류
		  - 납세증명서 또는 외국환 매입증명서 등 영업자금 도입실적 증명서류
		  - 사무실 임대차계약서

	체류기간 연장허가	• 영 별표 1의2 중 10. 주재(D-7)란의 가목에 해당하는 사람
		  - 인사명령서(파견명령서)
		  - 외국기업의 국내지사 설치신고(허가) 관련 서류
		  - 외국환 매입증명서 등 영업자금 도입실적 증명서류
		  - 납세증명서
		• 영 별표 1의2 중 10. 주재(D-7)란의 나목에 해당하는 사람
		  - 재직증명서 - 납세증명서

	외국인 등록	• 사업자 등록증(법인인 경우에는 법인 등기사항전부증명서)

기업투자 (D-8)	체류자격 외 활동 허가	• 영 별표 1의2 중 11. 기업투자(D-8)란의 가목에 해당하는 사람
		  - 「외국인투자 촉진법」에 따른 외국인투자기업 등록증명서
		  - 사업자 등록증(법인인 경우에는 법인 등기사항전부증명서)
		  - 파견명령서(투자자를 제외한 임직원만 해당한다)
		  - 영업실적(수출입실적) 증명서

		• 영 별표 1의2 중 11. 기업투자(D-8)란의 가목에 해당하는 사람

	체류자격 변경허가	- 「외국인투자 촉진법」에 따른 외국인투자기업 등록증명서 - 사업자 등록증(법인인 경우에는 법인 등기사항전부증명서) - 사무실 임대차계약서 - 영업실적(수출입실적) 증명서 • 영 별표 1의2 중 11. 기업투자(D-8)란의 나목에 해당하는 사람 - 벤처기업 확인서 또는 이에 준하는 서류 - 지식재산권, 그 밖에 이에 준하는 기술과 그 사용에 관한 권리 등을 보유하고 있음을 증명하는 서류 • 영 별표 1의2 중 11. 기업투자(D-8)란의 다목에 해당하는 사람 - 학력증명서 - 지식재산권 보유 또는 이에 준하는 기술력 등 입증서류 - 법인 등기사항전부증명서
	체류기간 연장허가	• 영 별표 1의2 중 11. 기업투자(D-8)란의 가목에 해당하는 사람 - 파견명령서 또는 재직증명서(투자자를 제외한 임직원만 제출한다) - 사업자 등록증(법인인 경우에는 법인 등기사항전부증명서) - 개인 납세사실 증명서류 또는 부가가치세 과세표준 확인증명 관련 서류 - 영업실적(수출입실적) 증명서 • 영 별표 1의2 중 11. 기업투자(D-8)란의 나목 또는 다목에 해당하는 사람 - 사업실적관련 입증서류 - 납세증명서
	외국인 등록	• 사업자 등록증(법인인 경우에는 법인 등기사항전부증명서)
무역경영 (D-9)	체류자격 변경허가	• 선박건조·설비제작 감독 또는 수출설비(기계)의 설치·운영·보수 업무를 하려는 경우 - 파견명령서 또는 본사 발급 재직증명서 - 선박수주 계약서 또는 설비도입 계약서 - 사업자 등록증(법인인 경우에는 법인 등기사항전부증명서) - 납세사실 증명서류 • 회사경영, 영리사업을 하는 경우 - 사업자 등록증 사본 - 사업자금 도입관련 입증서류 - 사업장 존재 입증서류 • 한국무역협회장으로부터 무역업 고유번호를 부여받고 무역업을 하는 경우 - 사업자 등록증 사본 - 무역업 고유번호부여증(한국무역협회 발행) - 사업장 존재 입증서류 - 무역업 점수제 해당 점수 입증서류
	체류기간 연장허가	• 선박건조·설비제작 감독 또는 수출설비(기계)의 설치·운영·보수 업무를 하는 경우 - 재직증명서 또는 본사 발급 파견명령서 - 선박수주 계약서 또는 설비도입 계약서 - 사업자 등록증(법인인 경우에는 법인 등기사항전부증명서) - 개인 납세사실 증명서류

		• 회사경영, 무역, 영리사업을 하는 경우 　- 재직증명서 　- 사업자 등록증(법인인 경우에는 법인 등기사항전부증명서) 　- 개인 납세사실 증명서류 　- 사업장 존재 입증서류 • 한국무역협회장으로부터 무역업 고유번호를 부여받고 무역업을 하는 경우 　- 사업자 등록증 사본 　- 무역업 고유번호부여증(한국무역협회 발행) 　- 사업장 존재 입증서류 　- 무역업 점수제 해당 점수 입증서류
	외국인 등록	• 사업자 등록증(법인인 경우에는 법인 등기사항전부증명서)
구직 (D-10)	체류자격 변경허가	• 영 별표 1의2 중 13. 구직(D-10)란의 가목에 해당하는 사람 　- 학력증명서 또는 경력증명서 • 영 별표 1의2 중 13. 구직(D-10)란의 나목에 해당하는 사람 　- 학력증명서　- 창업준비 계획서
교수 (E-1)	체류자격 외 활동 허가	• 고용계약서 • 원 근무처의 장의 동의서 • 대학 또는 단체설립 관련 서류(사업자 등록증, 연구기관 증명서류 등) • 원 근무처와 동일재단 증명서류
	근무처의 변경·추가 허가 또는 신고	• 원 근무처의 장의 동의서(원근무처의 휴·폐교 및 계약기간 만료일 또는 쌍방이 근무하기로 합의한 날짜까지 근무한 경우에는 제외한다) • 고용계약서 • 사업자 등록증(법인인 경우에는 법인 등기사항전부증명서)
	체류자격 변경허가	• 회사 설립 관련 서류[사업자 등록증(법인인 경우에는 법인 등기사항전부증명서), 연구기관 증명서류] • 고용계약서 • 학위증 또는 경력증명서 • 원 근무처 장의 동의서(원 근무처가 있는 경우에만 제출한다) ※ 이공계대학 졸업 유학생 중 교육·과학기술 분야의 연구·지도 활동에 종사하려는 경우(석사 이상의 학위 취득자만 해당한다) 　- 졸업증명서　- 고용계약서　- 총장·학장의 고용추천서 　- 사업자 등록증(법인인 경우에는 법인 등기사항전부증명서)
	체류기간 연장허가	• 고용계약서
	외국인 등록	• 사업자 등록증(법인인 경우에는 법인 등기사항전부증명서)
회화지도 (E-2)	체류자격 외 활동 허가	• 교육부 또는 시·도 교육청 주관으로 모집·선발되어 초·중 등학교에서 외국어 회화지도에 종사하려는 사람 　- 학위증(졸업증명서) 또는 재학증명서 　- 고용계약서 　- 시·도 교육감이나 국립국제교육원장이 발급한 합격통지서 또는 초청장 　- 사업자 등록증 • 그 밖의 기관·단체에서 외국어 회화지도에 종사하려는 사람 　- 학위증 　- 고용계약서 　- 국적국의 관할 기관이 발급한 범죄경력에 관한 증명서(국적국 정부, 국적국 주재 대한민국 공관 또는 국내 국적국 공관이 확인한 것을 말

		한다). – 법무부장관이 지정하는 의료기관이 발행한 마약류검사 결과가 포함된 채용신체검사서 – 학원 및 단체 설립 관련 서류
	근무처의 변경·추가 허가 또는 신고	• 고용계약서 • 사업자 등록증 및 「학원의 설립·운영 및 과외교습에 관한 법률」에 따른 학원설립·운영 등록증, 「평생교육법」에 따른 평생교육시설 등록(신고)증 등 단체 설립 관련 서류 • 원 근무처 장의 동의서(원 근무처가 휴·폐업한 경우 및 계약기간 만료일 또는 쌍방이 근무하기로 합의한 날짜까지 근무한 경우는 제외한다)
	체류자격 변경허가	• 교육부 또는 시·도 교육청 주관으로 모집·선발되어 초·중 등학교에서 외국어 회화지도에 종사하려는 사람 – 고용계약서 – 시·도 교육감이나 국립국제교육원장이 발급한 합격통지서 또는 초청장 – 사업자 등록증(법인인 경우에는 법인 등기사항전부증명서) • 그 밖의 기관·단체에서 외국어 회화지도에 종사하려는 사람 – 고용계약서 – 국적국 정부 또는 국적국 주재 대한민국 공관 등의 확인을 받은 학력 입증서류(학위증 사본, 학위취득증명서 또는 학위취득사실이 기재된 졸업증명서) – 국적국의 관할 기관이 발급한 범죄경력에 관한 증명서(국적국 정부, 국적국 주재 대한민국 공관 또는 국내 국적국 공관이 확인한 것을 말한다) – 법무부장관이 지정하는 의료기관이 발행한 마약류검사 결과가 포함된 채용신체검사서 – 학원 및 단체 설립 관련 서류
	체류기간 연장허가	• 고용계약서 • 사업자 등록증(법인인 경우에는 법인 등기사항전부증명서)
	외국인 등록	• 사업자 등록증(법인인 경우에는 법인 등기사항전부증명서) • 법무부장관이 지정하는 의료기관이 발행한 마약류검사 결과가 포함된 채용신체검사서(교육부 또는 시·도 교육청 주관으로 모집·선발되어 초·중 등학교에서 외국어 회화지도에 종사하려는 사람은 제외한다)
연구 (E-3)	체류자격 외 활동 허가	• 고용계약서 • 원 근무처 장의 동의서(원 근무처가 있는 경우에만 제출한다) • 회사설립 관련 서류(사업자 등록증 및 연구기관 증명서류)
	근무처의 변경· 추가 허가 또는 신고	• 원 근무처 장의 동의서(원 근무처가 휴·폐업한 경우 및 계약기간 만료일 또는 쌍방이 근무하기로 합의한 날짜까지 근무한 경우에는 제외한다) • 고용계약서 • 사업자 등록증(법인인 경우에는 법인 등기사항전부증명서)
	체류자격 변경허가	• 회사설립 관련 서류[사업자 등록증(법인인 경우에는 법인 등기사항전부증명서) 및 연구기관 증명서류] • 고용계약서 • 학위증 또는 경력증명서 • 원 근무처 장의 동의서(원 근무처가 있는 경우에만 제출한다)
	체류기간 연장허가	• 고용계약서 • 사업자 등록증(법인인 경우에는 법인 등기사항전부증명서)

기술지도 (E-4)	외국인 등록	• 사업자 등록증(법인인 경우에는 법인 등기사항전부증명서)
	체류자격 외 활동 허가	• 원 근무처 장의 동의서(원 근무처가 있는 경우에만 제출한다) • 기술도입계약서, 기술도입계약 신고를 증명하는 서류, 용역 수출입 관련 확인 서류 또는 「방위사업법」에 따른 방위산업체 지정서 • 공공기관·민간단체 설립 관련 서류
	근무처의 변경·추가 허가 또는 신고	• 기술도입계약서, 기술도입계약 신고를 증명하는 서류, 용역 수출입 관련 확인 서류 또는 「방위사업법」에 따른 방위산업체 지정서 • 사업자 등록증(법인인 경우에는 법인 등기사항전부증명서) • 원 근무처 장의 동의서(원 근무처가 휴·폐업한 경우 및 계약기간 만료일 또는 쌍방이 근무하기로 합의한 날짜까지 근무한 경우에는 제외한다)
	체류자격 변경허가	• 파견명령서 • 기술도입계약서, 기술도입계약 신고를 증명하는 서류, 용역 수출입 관련 확인 서류 또는 「방위사업법」에 따른 방위산업체 지정서 • 사업자 등록증(법인인 경우에는 법인 등기사항전부증명서)
	체류기간 연장허가	• 파견명령서 또는 재직증명서 • 기술도입계약서, 기술도입계약 신고를 증명하는 서류, 용역 수출입 관련 확인 서류 또는 「방위사업법」에 따른 방위산업체 지정서 • 사업자 등록증(법인인 경우에는 법인 등기사항전부증명서)
전문직업 (E-5)	외국인 등록	• 사업자 등록증(법인인 경우에는 법인 등기사항전부증명서)
	체류자격 외 활동 허가	• 고용계약서 • 학위증 또는 자격증 • 사업자 등록증(법인인 경우에는 법인 등기사항전부증명서)
	근무처의 변경·추가 허가 또는 신고	• 소관 중앙행정기관의 장의 고용추천서(경제자유구역에서 취업활동을 하려는 사람은 관할 특별시장·광역시장·도지사의 고용추천서) 또는 고용의 필요성을 증명하는 서류 • 고용계약서 • 원 근무처 장의 동의서(계약기간 만료일 또는 쌍방이 근무하기로 합의한 날짜까지 근무한 경우는 제외한다)
	체류기간 연장허가	• 고용계약서 • 사업자 등록증(법인인 경우에는 법인 등기사항전부증명서)
예술흥행 (E-6)	외국인 등록	• 사업자 등록증(법인인 경우에는 법인 등기사항전부증명서)
	체류자격 외 활동 허가	• 고용·공연 추천서[문화체육관광부·영상물 등급위원회·방송통신위원회 또는 관련협회(연맹)에서 발급한 것을 말한다] • 공연 및 고용계약서 • 원 근무처 장의 동의서(원 근무처가 있는 경우에만 제출한다) • 사업자 등록증(법인인 경우에는 법인 등기사항전부증명서)

	근무처의 변경·
	추가 허가 또는 신고
		1. 「공연법」에 따라 공연을 하려는 경우
		  – 공연 및 고용계약서
		  – 영상물 등급위원회의 공연추천서(원 근무처와 같은 조건의 근무처 추가 허가를 신청하는 경우는 제외한다)
		  – 원 근무처 장의 동의서(원 근무처가 휴·폐업한 경우 및 계약기간 만료일 또는 쌍방이 근무하기로 합의한 날짜까지 근무한 경우는 제외한다)
		  – 사업자 등록증(법인인 경우에는 법인 등기사항전부증명서)
		2. 「관광진흥법」에 따른 호텔업시설, 유흥업소 등에서 제1호를 제외한 공연 또는 연예활동에 종사하려는 경우

		− 공연 및 고용계약서 − 영상물 등급위원회의 공연추천서 − 연예활동계획서 − 원 근무처 장의 동의서(원 근무처가 휴·폐업한 경우 및 계약기간 만료일 또는 쌍방이 근무하기로 합의한 날짜까지 근무한 경우는 제외한다) − 신원보증서 − 사업자 등록증(법인인 경우에는 법인 등기사항전부증명서) 3. 그 밖의 경우 − 공연 및 고용계약서 − 소관 중앙행정기관의 장의 고용추천서 또는 고용의 필요성을 입증할 수 있는 서류 − 원 근무처 장의 동의서(원 근무처가 휴·폐업한 경우 및 계약기간 만료일 또는 쌍방이 근무하기로 합의한 날짜까지 근무한 경우는 제외한다) − 사업자 등록증(법인인 경우에는 법인 등기사항전부증명서)
	체류기간 연장허가	• 고용·공연추천서[문화체육관광부·영상물 등급위원회·방송통신위원회 또는 관련 협회(연맹)에서 발급한 것을 말한다] 또는 고용의 필요성을 입증 할 수 있는 서류 • 공연 및 고용계약서 • 신원보증서(「관광진흥법」에 따른 호텔업시설, 유흥업소 등에서의 공연 또는 연예활동 종사자만 제출한다) • 사업자 등록증(법인인 경우에는 법인 등기사항전부증명서)
	외국인 등록	• 사업자 등록증 • 채용신체검사서(「관광진흥법」에 따른 호텔업시설, 유흥업소 등에서의 공연 또는 연예활동 종사자만 제출한다)
특정활동 (E-7)	체류자격 외 활동 허가	• 소관 중앙행정기관의 장의 고용추천서(경제자유구역에서 취업활동을 하려는 사람은 관할 특별시장·광역시장·도지사의 고용추천서) 또는 고용의 필요성을 증명하는 서류 • 고용계약서 • 원 근무처 장의 동의서(원 근무처가 있는 경우에만 제출한다) • 사업자 등록증(법인인 경우에는 법인 등기사항전부증명서)
	근무처의 변경· 추가 허가 또는 신고	• 소관 중앙행정기관의 장의 고용추천서(경제자유구역에서 취업활동을 하려는 사람은 관할 특별시장·광역시장·도지사의 고용추천서) 또는 고용의 필요성을 증명하는 서류 • 고용계약서 • 원 근무처 장의 동의서(원 근무처가 휴·폐업한 경우 및 계약기간 만료일 또는 쌍방이 근무하기로 합의한 날짜까지 근무한 경우는 제외한다) • 사업자 등록증(법인인 경우에는 법인 등기사항전부증명서) • 신원보증서(신고가 제한되는 직종의 종사자만 제출한다)
	체류자격 변경허가	• 소관 중앙행정기관의 장의 고용추천서(경제자유구역에서 취업활동을 하려는 사람은 관할 특별시장·광역시장·도지사의 고용추천서) 또는 고용의 필요성을 증명하는 서류 • 고용계약서 • 학력 및 경력입증서류 • 졸업증명서, 총장·학장 추천서(이공계대학 졸업 유학생 중 첨단기술 분야 또는 자연과학 분야에 종사하려는 경우에만 제출한다) • 원 근무처 장의 동의서(원 근무처가 휴·폐업한 경우 및 계약기간 만료일 또는 쌍방이 근무하기로 합의한 날짜까지 근무한 경우는 제외한다)

		• 사업자 등록증(법인인 경우에는 법인 등기사항전부증명서) • 신원보증서(신고가 제한되는 직종의 종사자만 제출한다)
	체류기간 연장허가	• 고용계약서 • 신원보증서(신고가 제한되는 직종의 종사자만 제출한다) • 납부내역증명서 • 사업자 등록증(법인인 경우에는 법인 등기사항전부증명서)
	외국인 등록	• 사업자 등록증
계절근로 (E-8)	체류자격 외 활동허가	• 지방자치단체의 장이 발급한 계절근로자 입증 서류
	외국인 등록	• 지방자치단체의 장이 발급한 계절근로자 입증 서류 • 법무부장관이 지정한 병원에서 발급한 마약검사확인서 • 산업재해보상보험 또는 상해보험 가입증명원
	근무처의 변경· 추가 허가 또는 신고	• 원 근무처 고용주의 동의서(원 근무처가 휴·폐업한 경우 및 계약기간 만료일 또는 쌍방이 근무하기로 합의한 날짜까지 근무한 경우는 제외한다) • 고용계약서 • 지방자치단체의 장이 발급한 근무처 변경·추가 관련 입증 서류
	체류기간 연장허가	• 고용계약서 • 지방자치단체의 장이 발급한 계절근로자 체류기간 연장 추천서
비전문 취업 (E-9)	근무처의 변경허가	• 고용허가서 • 근로계약서 • 사업자 등록증(법인인 경우에는 법인 등기사항전부증명서) 또는 고용주의 주민 등록표 등본 • 신원보증서
	체류기간 연장허가	• 고용허가서 • 근로계약서 • 취업기간 만료자 취업활동 기간 연장 확인서 • 신원보증서
	외국인 등록	• 사업자 등록증(법인인 경우에는 법인 등기사항전부증명서) • 법무부장관이 지정한 병원에서 발급한 마약검사확인서
선원취업 (E-10)	근무처의 변경허가	• 선원근로계약서 • 「선원법」 제2조제18호에 따른 해양항만관청의 고용추천서 • 사업자 등록증(법인인 경우에는 법인 등기사항전부증명서) 및 선박검사증서 • 신원보증서
	체류기간 연장허가	• 선원근로계약서 • 신원보증서
	외국인 등록	• 내항여객운송사업 면허증 또는 내항화물운송사업 등록증 • 산업재해보상보험 또는 상해보험 가입증명원 • 법무부장관이 지정한 병원에서 발급한 건강진단서 • 법무부장관이 지정한 병원에서 발급한 마약검사확인서
방문동거 (F-1)	체류자격 부여	• 출생증명서(한국에서 출생한 경우에만 제출한다) • 가족관계기록사항에 관한 증명서 등 친인척관계 입증서류 • 친인척 등의 주민 등록표 등본
	체류자격 변경허가	• 친인척 방문 목적으로 입국한 사람인 경우 - 친인척 관계 증명서류(친인척의 가족관계기록사항에 관한 증명서 또는 주민 등록표 등본 등) - 신원보증서(성년인 사람만 제출한다)

		• 귀화허가 또는 국적회복허가 신청자
		  – 신원보증서
		• 미화 50만달러 이상 투자자(그 투자기업 임직원을 포함한다) 또는 전문인력의 가사보조인인 경우
		  – 가사보조인을 고용한 사람의 외국인투자기업 등록증 또는 재직증명서
		  – 고용계약서
		  – 신원보증서
		• 주한외국공관원의 동반가족 또는 가사보조인인 경우
		  – 공관원 신분증 및 주한대사관의 협조공문
		  – 가족 또는 친족 관계 입증서류
		  – 고용계약서(가사보조인인 경우만 제출한다)

	체류기간 연장허가	• 국내 친인척 방문 목적으로 입국한 사람인 경우
		  – 국내 친인척의 주민 등록표 등본
		  – 신원보증서(성년인 사람만 제출한다)
		• 미화 50만달러 이상 투자자(그 투자기업 임직원을 포함한다) 또는 전문인력의 가사보조인인 경우
		  – 고용계약서
		  – 신원보증서
		• 주한외국공관원의 동반가족 또는 가사보조인인 경우
		  – 공관원 신분증 및 주한대사관 협조공문
		  – 고용계약서(가사보조인인 경우만 제출한다)

거주
(F-2)
	체류자격 변경허가	• 영 별표 1의2 중 24. 거주(F-2)란의 가목에 해당하는 사람
		  – 결혼증명서, 가족관계기록에 관한 증명서
		  – 출생증명서(자녀초청인 경우에만 해당한다)
		  – 소득요건 입증서류
		  – 국내 배우자의 신원보증서[영 별표 1의3 영주(F-5) 체류자격 소지자의 배우자만 해당한다]
		  – 국내 배우자의 신용정보조회서(한국신용정보원이 발행한 것을 말한다)
		  – 국적국 또는 거주국의 관할 기관이 발급한 혼인 당사자의 범죄경력에 관한 증명서
		  – 혼인당사자의 건강진단서(「의료법」제3조제2항제3호에 따른 병원급 의료기관이나 「지역보건법」제10조에 따른 보건소가 발행한 것을 말한다. 다만, 외국인 배우자의 경우에는 해당 국적국 또는 거주국에서 통용되는 유사한 입증자료로 갈음할 수 있다)
		  – 외국인 배우자 초청장
		  – 외국인 배우자의 결혼배경 진술서
		  – 주거요건 입증서류
		  – 한국어 구사요건 관련 입증서류
		• 영 별표 1의2 중 24. 거주(F-2)란의 나목에 해당하는 사람
		  – 가족관계기록사항에 관한 증명서, 출생증명서
		※ 국민과 사실상의 혼인관계에서 출생한 자녀인 사실을 입증하는 서류
		  – 재정입증 관련 서류
		• 영 별표 1의2 중 24. 거주(F-2)란의 라목·마목 또는 바목에 해당하는 사람
		  – 재정입증 관련 서류 – 신원보증서
		• 영 별표 1의2 중 24. 거주(F-2)란의 사목에 해당하는 사람
		  – 해당 기술·기능 자격증이나 임금 관련 서류
		  – 국내 자산 입증 서류 – 신원보증서
		• 영 별표 1의2 중 24. 거주(F-2)란의 아목에 해당하는 사람

		－ 공무원증 또는 공무원 임용예정 확인서 　　－ 신원보증서 • 영 별표 1의2 중 24. 거주(F-2)란의 자목에 해당하는 사람 　－ 학위증　　－ 한국어능력 입증 서류　　－ 소득 관련 입증 서류 　－ 경력증명서 　－ 연령·학력·소득 등 법무부장관이 고시하는 기준의 해당 여부에 대한 판단에 필요한 증빙자료 　－ 그 밖에 고용계약서 등 대한민국에서 거주할 필요가 있음을 입증하는 서류 • 영 별표 1의2 중 24. 거주(F-2)란의 차목에 해당하는 사람 　－ 투자사실 입증 서류 • 영 별표 1의2 중 24. 거주(F-2)란의 카목에 해당하는 사람 　－ 결혼증명서, 가족관계기록에 관한 증명서, 출생증명서(자녀초청인 경우에만 해당한다)
	체류기간 연장허가	• 영 별표 1의2 중 24. 거주(F-2)란의 가목 또는 나목에 해당하는 사람 　－ 가족 또는 친족 관계 증명 서류 　－ 배우자의 신원보증서[영 별표 1의3 영주(F-5) 체류자격 소지자의 배우자만 해당된다] • 영 별표 1의2 중 24. 거주(F-2)란의 차목에 해당하는 사람 　－ 투자사실 입증서류 • 그 밖의 경우 　－ 영 별표 1의2 중 24. 거주(F-2) 체류자격을 계속 유지하여야 할 필요가 있음을 입증하는 서류
동반 (F-3)	체류자격 부여	• 출생증명서
	체류자격 변경허가 또는 체류자격 연장허가	• 가족관계 입증서류(결혼 또는 출생증명서 등)
재외동포 (F-4)	체류자격 변경허가	• 가족관계기록에 관한 증명서 또는 제적 등본 • 외국국적 취득을 증명하는 서류(시민권증서 사본 등) 　※ 2018년 5월 1일 이후 최초로 대한민국 국적을 이탈하거나 상실한 남성인 경우 병적증명서 또는 병역사항이 포함된 주민 등록초본 • 그 밖에 법무부장관이 필요하다고 인정하는 서류
	체류기간 연장허가	• 국적을 이탈하거나 상실한 사실이 적힌 가족관계기록에 관한 증명서 또는 제적 등본(최초로 체류기간 연장허가를 신청하는 사람만 해당한다) • 2005년 12월 29일 이후 최초로 체류기간 연장허가를 신청하는 사람으로서 만 18세 ~ 38세 남성인 경우에는 병역 기피 목적으로 대한민국 국적을 이탈하거나 상실한 것이 아니라는 사실을 증명하는 서류를 추가로 제출하여야 한다. 다만, 병역을 마쳤거나 면제처분을 받은 사람 및 제2국민역에 편입된 사람은 제외한다.
영주 (F-5)	체류자격 부여	• 대한민국에서 출생 당시 그 부 또는 모가 영 별표 1의3 영주(F-5) 체류자격으로 체류하고 있는 사람 　－ 가족관계 입증서류　　－ 출생증명서 　－ 국적국의 신분을 증명하는 서류 • 그 밖의 경우에는 영 별표 1의3 영주(F-5) 체류자격에 해당됨을 증명하는 서류
	체류자격 변경허가	• 영 별표 1의3 영주(F-5)란의 제3호에 해당하는 사람 　－ 외국인투자기업 등록증명서 　－ 법인 등기사항전부증명서 또는 사업자 등록증

		- 근로소득 원천징수 영수증 또는 소득금액 증명원
		• 영 별표 1의3 영주(F-5)란의 제10호에 해당하는 사람
		  - 해당 분야 수상경력 또는 경력증명서
		  - 과학기술논문 인용색인(SCI) 등 논문게재 또는 연구실적 증명서류
		  - 그 밖에 과학, 경영 등 특정 분야에서 인정받았음을 증명하는 서류
		• 영 별표 1의3 영주(F-5)란의 제14호에 해당하는 사람
		  - 투자사실 증명서류
		• 영 별표 1의3 영주(F-5)란의 제15호에 해당하는 사람
		  - 투자금을 유치하였다는 사실을 입증하는 서류
		  - 근로소득 원천징수영수증 등 국민 고용사실을 입증하는 서류
		• 그 밖의 해당자의 경우
		  - 영 별표 1의3 영주(F-5) 체류자격에 해당됨을 증명하는 서류
		※ 영 별표 1의3 영주자격(F-5)란의 제1호, 제2호 전단, 제4호부터 제6호까지, 제8호, 제11호부터 제14호까지 또는 제15호에 해당하는 사람의 경우에는 국적국의 권한 있는 기관이 발급한 공적 문서로, 국적국 내에서의 범죄경력이 포함되어 있는 증명서를 추가로 제출하여야 한다.

결혼이민
(F-6)
	체류자격 변경허가	1. 영 별표 1의2의 27. 결혼이민(F-6)의 가목에 해당하는 사람
		• 혼인성립을 증명하는 서류
		• 한국인 배우자의 가족관계증명서 및 기본증명서
		• 제9조의5제4호에 따른 소득 요건을 입증하는 서류
		• 초청인의 신용정보조회서(한국신용정보원이 발행한 것을 말한다)
		• 한국인 배우자의 신원보증서(보증기간은 2년 이상이어야 한다)
		• 외국인 배우자 초청장
		• 외국인 배우자의 결혼배경 진술서
		• 제9조의5제6호에 따른 한국어 구사요건 관련 입증서류
		• 제9조의5제7호에 따른 주거 요건을 입증하는 서류
		• 국적국 또는 거주국의 권한 있는 기관이 발급한 공적 문서로서 혼인당사자의 범죄경력에 관한 증명서
		• 다음의 요건을 모두 충족하는 혼인당사자의 건강진단서
		  - 후천성면역결핍증 및 성병감염, 결핵감염, 정상적인 결혼생활에 지장을 초래할 수 있는 정신질환 여부 등에 관한 사항을 포함할 것
		  - 병원급 의료기관, 「공무원 채용 신체검사 규정」 제3조에 따른 신체검사 실시 검진기관 또는 「지역보건법」 제10조에 따른 보건소가 발행한 건강진단서일 것. 이 경우 외국인 배우자는 해당 국적국 또는 거주국에서 통용되는 유사한 입증자료로 갈음할 수 있다.
		2. 영 별표 1의2의 27. 결혼이민(F-6)의 나목에 해당하는 사람
		• 가족관계기록사항에 관한 증명서(국민과 사실상 혼인관계임을 증명할 수 있는 서류를 포함한다)
		• 자녀 양육을 증명할 수 있는 서류
		• 국적국 또는 거주국의 권한 있는 기관이 발급한 공적 문서로서 국적국 또는 거주국 내에서의 범죄경력이 포함되어 있는 증명서
		• 병원급 의료기관, 「공무원 채용 신체검사 규정」 제3조에 따른 신체검사 실시 검진기관 또는 「지역보건법」 제10조에 따른 보건소가 발행한 건강진단서
		3. 영 별표 1의2의 27. 결혼이민(F-6)의 다목에 해당하는 사람
		• 사망·실종 사실을 증명할 수 있는 서류 또는 그 밖에 본인의 귀책사유 없이 혼인관계가 단절되었음을 증명할 수 있는 서류
		• 국적국 또는 거주국의 권한 있는 기관이 발급한 공적 문서로서 국적국 또는 거주국 내에서의 범죄경력이 포함되어 있는 증명서

		• 병원급 의료기관, 「공무원 채용 신체검사 규정」 제3조에 따른 신체검사 실시 검진기관 또는 「지역보건법」 제10조에 따른 보건소가 발행한 건강진단서
	체류기간 연장허가	1. 영 별표 1의2 중 27. 결혼이민(F-6)란의 가목에 해당하는 사람 • 한국인 배우자의 혼인관계 증명서 • 한국인 배우자의 주민 등록 등본 2. 영 별표 1의2 중 27. 결혼이민(F-6)란의 나목에 해당하는 사람 • 가족관계기록에 관한 증명서 • 자녀양육을 증명할 수 있는 서류 3. 영 별표 1의2 중 27. 결혼이민(F-6)란의 다목에 해당하는 사람 • 사망·실종 사실을 증명할 수 있는 서류 또는 그 밖에 본인의 귀책사유 없이 혼인관계가 단절되었음을 증명할 수 있는 서류

기타
(G-1)
	체류자격 변경허가	• 산업재해·질병 또는 사고등 인도적으로 고려할 만한 사유가 발생한 경우
		  - 산업재해보상보험급여 지급확인원 또는 사고발생사실 확인원
		  - 진단서 또는 소견서
		  - 신원보증서(산업재해를 입은 사람은 제외한다)
		  - 가족관계 입증서류 등 체류자격 변경 필요성을 증명하는 서류
		• 체불임금과 관련하여 「근로기준법」에 따른 중재와 소송을 진행하는 경우
		  - 체불임금 확인서류
		  - 소송제기 관련 증명서류
		  - 신원보증서

	체류기간 연장허가	• 체류자격 변경허가 신청 시의 첨부서류 • 신원보증서
관광취업 (H-1)	체류기간 연장허가	• 활동계획서가 포함된 여행일정표
	외국인 등록	• 활동계획서가 포함된 여행일정표
방문취업 (H-2)	체류자격 변경허가	• 조기적응프로그램 이수증 • 범죄경력에 관한 증명서 • 그 밖에 법무부장관이 필요하다고 인정하는 서류
	체류기간 연장허가	• 영 별표 1의2 중 5. 유학(D-2) 체류자격 소지자의 재학증명서(유학 자격 소지자의 부모 또는 배우자로서 영 별표 1의2 중 29. 방문취업(H-2) 사증을 소지하고 입국한 경우만 해당한다)
	외국인 등록	• 조기적응프로그램 이수증 • 법무부장관이 지정한 병원에서 발급한 건강진단서 • 영 별표 1의2 중 5. 유학(D-2) 체류자격 소지자의 재학증명서(유학 자격 소지자의 부모 또는 배우자로서 영 별표 1의2 중 29. 방문취업(H-2) 사증을 소지하고 입국한 경우만 해당한다)

제76조의2 영주자격 취소사유에 해당하는 범죄

법 제89조의2 제1항 제2호에서 "법무부령으로 정하는 법률"이란 다음 각 호의 어느 하나에 해당하는 법률을 말한다.

1. 「형법」
2. 「폭력행위 등 처벌에 관한 법률」
3. 「성폭력범죄의 처벌 등에 관한 특례법」

4. 「아동·청소년의 성보호에 관한 법률」
5. 「특정범죄 가중처벌 등에 관한 법률」
6. 「특정경제범죄 가중처벌 등에 관한 법률」
7. 「마약류 관리에 관한 법률」
8. 「보건범죄 단속에 관한 특별조치법」 [본조신설 2018. 9. 21.]

제77조 신원보증

① 법 제90조 제1항에 따라 신원보증을 하는 자는 신원보증인 및 피보증외국인의 인적사항·보증기간·보증내용 등을 기재한 신원보증서를 청장·사무소장·출장소장 또는 보호소장에게 제출하여야 한다. 〈개정 1997. 7. 1., 2018. 5. 15.〉

② 제1항의 규정에 의한 신원보증인은 대한민국 안에 주소를 둔자로서 보증능력이 있는 자임을 소명하여야 한다. 〈개정 1997. 7. 1.〉

③ 피보증외국인이 소속하는 기관 또는 단체가 있는 때의 신원보증인은 특별한 사유가 없는 한 그 기관 또는 단체의 장으로 하며, 이 경우에는 제2항의 규정에 의한 보증능력의 소명을 요하지 아니한다. 〈개정 1997. 7. 1.〉

④ 외국인이 제2항의 규정에 의한 신원보증인이 되는 때에는법 제33조의 규정에 의한 외국인 등록증을 가지고 있어야 하며, 그 보증기간은 신원보증인의 체류기간을 초과할 수 없다. 〈개정 1997. 7. 1.〉

⑤ 신원보증인인 국민이 외국에서 영주할 목적으로 출국하고자 하는 때에는 피보증외국인은 새로이 신원보증인을 설정하여야 한다. 신원보증인인 외국인이 출국하는 때에도 또한 같다. 〈개정 1997. 7. 1.〉

⑥ 삭제〈2005. 7. 8.〉

⑦ 보증기간의 최장기간은 4년으로 한다. 〈개정 1994. 7. 20., 1997. 7. 1.〉

⑧ 청장·사무소장·출장소장 또는 보호소장은 대한민국 또는 외국의 정부기관이 신원보증인이 되거나 법무부장관이 따로 정하는자에 대하여는 신원보증서의 제출을 생략할 수 있다. 〈개정 1994. 7. 20., 1997. 7. 1., 2018. 5. 15.〉

⑨ 제1항의 규정에 의한 신원보증서를 제출한 자가 그 신원보증서의 보증기간의 범위내에서 체류기간을 연장하는 경우에는 신원보증서의 추가제출을 요하지 아

니한다.
⑩ 청장·사무소장·출장소장 또는 보호소장은 제1항에 따른 신원보증인이 다음 각 호의 어느 하나에 해당하는 경우에는 신원보증인의 자격을 1년의 범위에서 제한할 수 있다. 〈신설 2011. 12. 23., 2018. 5. 15.〉
  1. 신원보증 신청일을 기준으로 최근 1년 이내에 신원보증 책임을 이행하지 않은 사실이 있는 경우
  2. 피보증외국인의 소속 기관·단체 또는 업체의 장이 신원보증인인 경우 신원보증 신청일부터 최근 1년 이내에 3회 이상 신원보증 책임을 이행하지 않은 사실이 있는 경우

제77조의2 구상권행사절차

① 영 제95조의2 제1항의 규정에 의하여 통지를 하는 때에는 구상금납부통지서에 납입고지서를 첨부하여야 한다.
② 구상권행사담당공무원은 구상권행사 및 수납사항을 구상권행사사건처리부에 기재하여야 한다. [본조신설 1997. 7. 1.]

제77조의3 전자화대상 서류

법 제91조의2 제1항각 호 외의 부분에서 "법무부령으로 정하는 문서"란 다음 각 호의 서류를 말한다.
1. 영 제7조에 따른 사증발급 신청서와 첨부된 서류
2. 영 제25조에 따른 체류자격 외 활동허가 신청서와 첨부된 서류
3. 영 제29조에 따른 체류자격 부여 신청서와 첨부된 서류
4. 영 제30조에 따른 체류자격 변경허가 신청서와 첨부된 서류
5. 영 제31조에 따른 체류기간 연장허가 신청서와 첨부된 서류
6. 영 제40조에 따른 외국인 등록 신청서와 첨부된 서류
7. 제17조에 따른 사증발급인정신청서와 첨부된 서류 [본조신설 2019. 12. 24.]

제77조의4 전자화기관의 요건 등

① 법제91조의2 제2항본문에서 "법무부령으로 정하는 시설 및 인력을 갖춘 법인"이란 다음 각 호의 요건을 모두 갖춘 법인(이하 "전자화기관"이라 한다)을 말한다.
   1. 법 제91조의2 제1항에 따른 전자화문서로 변환하는 업무(이하 "전자화업무"이라 한다)에 관한 비밀유지에 적합할 것
   2. 전자화업무의 효율적인 수행에 적합한 장비와 3년 이상 전산정보처리 분야에서 업무를 수행한 경험이 있는 사람 1명 이상을 보유할 것
   3. 삭제〈2020. 9. 25.〉
② 법 제91조의2 제2항에 따라 전자화업무를 위탁받으려는 자는 신청서에 다음 각 호의 서류를 첨부하여 청장·사무소장 또는 출장소장에게 제출해야 한다. 이 경우 청장·사무소장 또는 출장소장은 「전자정부법」 제36조 제1항에 따른 행정정보의 공동이용을 통해 신청인의 법인 등기사항증명서를 확인해야 하며, 이를 통해 확인할 수 없거나 신청인이 확인에 필요한 정보를 제공하지 않는 경우에는 법인 등기사항증명서를 첨부하게 해야 한다.
   1. 사업계획서(작업절차도를 포함한다)
   2. 삭제〈2021. 6. 14.〉
   3. 장비 및 전문인력 보유현황 기술서
   4. 신청일이 속하는 회계연도의 전 회계연도의 재산목록 및 재무상태표(부채비율, 유동비율 및 자산규모에 관한 정보를 포함한다)
③ 청장·사무소장 또는 출장소장은 제2항에 따른 위탁신청을 받은 때에는 다음 각 호의 사항을 고려하여 위탁 여부를 결정해야 한다.
   1. 사업계획서의 충실성 및 실행가능성
   2. 전자화업무 수행 관련 장비 구비 수준 및 전문인력의 확보
   3. 최근 3년 이내에법 제91조의2 제5항에 따라 위탁 취소된 사실이 있는지 여부

[본조신설 2019. 12. 24.]

제77조의5 전자화기관의 관리 등

① 법 제91조의2 제2항에 따른 전자화업무의 위탁기간은 2년 이내로 한다.

② 청장·사무소장 또는 출장소장은 법 제91조의2 제5항에 따라 시정조치를 요구하거나 전자화업무의 위탁을 취소하는 경우에는 그 사실을 전자화기관의 대표자에게 서면으로 알려야 한다. [본조신설 2019. 12. 24.]

제77조의6 전자화업무의 수행절차

법 제91조의2 제6항에 따라 청장·사무소장·출장소장 또는 전자화기관은 전자화업무를 수행하는 경우 전자화문서가 다음 각 호의 요건을 갖추도록 해야 한다.
1. 전자화문서의 내용을 열람할 수 있을 것
2. 전자화문서가 전자화 대상문서 작성 당시의 형태 또는 그와 같이 재현될 수 있는 형태로 변환되어 있을 것
3. 그 밖에 전자화문서의 품질 등에 관하여 법무부장관이 별도로 정하는 요건을 갖출 것 [본조신설 2019. 12. 24.]

제78조 권한의 위임

① 법무부장관은 영 제96조 제1항에 따라 법 제7조 제1항에 따른 사증발급에 관한 권한 중 영 제7조의3에 따른 단체전자사증 발급 등에 관한 권한을 전자비자센터가 설치되어 있는 청장 또는 사무소장에게 위임한다. 〈신설 2018. 9. 21.〉
② 법무부장관은 영 제96조 제1항에 따라 법 제7조 제1항에 따른 사증발급에 관한 권한 중 제8조의2에 따른 전자사증 발급 대상 외국인에 대한 전자사증 발급권한을 전자비자센터가 설치되어 있는 청장 또는 사무소장에게 위임한다. 〈신설 2016. 7. 5., 2018. 5. 15., 2018. 9. 21.〉
③ 법무부장관은 영 제96조 제1항에 따라 법 제7조의3 제1항에 따른 사전여행허가에 관한 권한을 청장·사무소장 또는 출장소장에게 위임한다. 〈신설 2020. 8. 5.〉
④ 법무부장관은 영 제96조 제1항에 따라 법 제9조에 따른 권한 중 다음 각 호의 어느 하나에 해당하는 사람에 대한 사증발급인정서의 발급권한을 청장·사무소장 또는 출장소장에게 위임한다. 〈개정 1995. 12. 1., 1997. 7. 1., 1998. 4. 1., 2002. 4. 27., 2003. 9. 24., 2004. 8. 23., 2007. 6. 1., 2011. 12. 23., 2013. 1. 1., 2016. 7. 5., 2016. 9. 29., 2018. 5. 15., 2018. 9. 21., 2020. 8. 5.〉
1. 제17조 제1항 제1호 및 제3호에 해당하는 사람으로서 체류기간 90일 이하의 영 별표 1중 3. 일시취재(C-1)·4. 단기방문(C-3)·5. 단기취업(C-4), 영 별표 1의2 중

23. 방문동거(F-1)의 체류자격에 해당하거나 체류기간 2년 이하의영 별표 1의 2중 6. 기술연수(D-3)의 체류자격에 해당하는 사람

2. 제17조 제1항 제2호에 해당하는 사람으로서 별표 1의 체류자격별 체류기간의 상한 이내의영 별표 1의2 중 4. 문화예술(D-1)부터 27. 결혼이민(F-6)까지, 29. 방문취업(H-2) 또는 30. 기타(G-1)의 체류자격에 해당하는 사람

⑤ 법무부장관은 영 제96조 제1항에 따라 법 제11조에 따른 입국금지에 관한 권한 중법 제58조에 따른 심사결정에 의한 입국금지 권한을 청장·사무소장·출장소장 또는 보호소장에게 위임한다. 다만, 중앙행정기관의 장 및 법무부장관이 정하는 관계 기관의 장이 소관 업무와 관련하여 요청하는 입국금지에 대해서는 그러하지 아니한다. 〈신설 2013. 5. 31., 2016. 7. 5., 2018. 5. 15., 2018. 9. 21., 2020. 8. 5.〉

⑥ 법무부장관이 영 제96조 제1항에 따라 법 제20조,제21조,제23조부터 제25조까지,제25조의2및제25조의5에 따른 그의 권한을 청장·사무소장 또는 출장소장에게 위임하는 범위는 별표 6과 같다. 〈개정 1994. 7. 20., 1997. 7. 1., 2013. 5. 31., 2013. 6. 28., 2015. 6. 15., 2016. 7. 5., 2018. 5. 15., 2018. 9. 21., 2019. 12. 24., 2020. 8. 5., 2022. 12. 29.〉

⑦ 법무부장관은 영 제96조 제1항에 따라 법 제10조의3 제3항,제30조 제1항,제89조 및 제89조의2에 따른 권한을 청장·사무소장 또는 출장소장에게,법 제90조 및 제90조의2에 따른 권한을 청장·사무소장·출장소장 또는 보호소장에게 위임한다. 〈개정 1994. 7. 20., 1997. 7. 1., 2011. 12. 23., 2013. 5. 31., 2013. 6. 28., 2016. 7. 5., 2018. 5. 15., 2018. 9. 21., 2019. 12. 24., 2020. 8. 5.〉

⑧ 법무부장관은 영 제96조 제1항에 따라 법 제39조에 따른 사회통합 프로그램에 관한 권한 중영 제50조 제1항에 따른 방문 조사, 관련자료 제출 또는 보고 요구 권한,영 제50조 제2항에 따른 운영기관에 대한 경고 및 시정요구 권한을 청장·사무소장 또는 출장소장에게 위임한다. 〈신설 2019. 12. 24., 2020. 8. 5.〉

⑨ 법무부장관은 영 제96조 제1항에 따라 법 제91조의2제1항부터 제5항까지에 따른 전자화문서 변환 및 보관 업무, 전자화업무의 위탁, 시정 요구, 위탁 취소에 관한 권한(외국에서 전자화업무를 위탁하는 경우 외교부장관과 협의하는 권한은 제외한다)을 청장·사무소장 또는 출장소장에게 위임한다. 〈신설 2019. 12. 24., 2020. 8. 5.〉

⑩ 법무부장관은 영 제96조 제1항에 따라 법 제78조 제2항각 호의 구분에 따른 소관 업무 수행에 필요한 범위에서 관계기관에 정보제공을 요청할 수 있는 권한을 청

장·사무소장·출장소장 또는 보호소장에게 위임한다. <신설 2016. 9. 29., 2018. 5. 15., 2018. 9. 21., 2019. 12. 24., 2020. 8. 5.>

⑪ 법무부장관은 영 제96조 제1항에 따라 법 제79조의2 제2항에 따른 대행기관의 등록업무, 법 제79조의3 제1항에 따른 대행기관에 대한 행정처분 권한을 청장·사무소장 또는 출장소장에게 위임한다. <신설 2020. 12. 10.>

⑫ 법무부장관은 영 제96조 제1항에 따라 법 제81조의3 제2항 및 제4항에 따른 숙박외국인 관련 자료의 접수 및 보유·관리 권한을 청장·사무소장 또는 출장소장에게 위임한다. <신설 2020. 12. 10.>

⑬ 청장·사무소장 또는 출장소장은 입국금지자, 제10조제3호에 따른 사증발급 규제자, 그 밖에 법무부장관이 따로 정하는 사람에 대하여 법 제7조 제1항, 제9조, 제20조, 제21조, 제23조부터 제25조까지, 제25조의2, 제25조의5 및 제30조에 따른 허가 등을 하려는 경우에는 제1항부터 제9항까지의 규정에도 불구하고 법무부장관의 승인을 받아야 한다. <개정 1994. 7. 20., 1997. 7. 1., 2010. 11. 16., 2011. 12. 23., 2013. 5. 31., 2013. 6. 28., 2013. 10. 10., 2016. 7. 5., 2016. 9. 29., 2018. 5. 15., 2018. 9. 21., 2019. 12. 24., 2020. 8. 5., 2020. 12. 10., 2022. 12. 29.>

★ 출입국관리법 시행규칙 [별표 6] <개정 2023. 6. 30.>

〈체류자격 외 활동허가 등 권한의 위임 범위(제78조제6항 관련)〉

체류자격 (기호)	업무구분				
	체류자격 외 활동	근무처 변경·추가	체류자격 부여	체류자격 변경	체류기간 연장
외교(A-1)			•	•	•
공무(A-2)			•	•	•
협정(A-3)			•	•	•
사증면제(B-1)					•
관광통과(B-2)					•
일시취재(C-1)					•
단기방문(C-3)			◁		•
단기취업(C-4)	◁	◁		◁	•
문화예술(D-1)	•	•		◁	•
유학(D-2)	•	•		◁	•
기술연수(D-3)				◁	•

체류자격		체류자격 외 활동	근무처 변경·추가	체류기간 연장	체류자격 부여	체류자격 변경
일반연수(D-4)		•			◁	•
취재(D-5)					◁	•
종교(D-6)		◁	◁		◁	•
주재(D-7)		◁	◁		◁	•
기업투자(D-8)	영 별표 1의2 중 11. 기업투자란의 가목에 해당하는 사람	•			•	•
	영 별표 1의2 중 11. 기업투자란의 나목·다목에 해당하는 사람				•	•
무역경영(D-9)			◁		◁	•
구직(D-10)					•	•
교수(E-1)		◁	◁		◁	•
회화지도(E-2)		◁	•		◁	•
연구(E-3)		◁	◁		◁	•
기술지도(E-4)		◁			◁	•
전문직업(E-5)		◁	◁			
예술흥행(E-6)		◁	◁		◁	•
특정활동(E-7)		◁	◁		◁	•
계절근로(E-8)		•	•			•
비전문취업(E-9)		◁	◁		◁	•
선원취업(E-10)		◁	◁		◁	•
방문동거(F-1)				•	◁	•
거주(F-2)				◁	◁	•
동반(F-3)				•	•	•
재외동포(F-4)						
영주(F-5)				◁	◁	
결혼이민(F-6)				◁	◁	•
기타(G-1)				◁	◁	•
관광취업(H-1)			•		◁	
방문취업(H-2)		◁			◁	•

〈비고〉

1. 표를 보는 방법 : 각 체류자격별 체류자격 외 활동란, 체류자격부여란, 체류자격변경란에는 다른 체류자격에서 해당 체류자격으로의 체류자격 외 활동, 체류자격부여, 체류자격변경에 대한 허가 권한의 위임 여부를 표시하고, 각 체류자격별 근무처 변경·추가란, 체류기간 연장란에는 동일한 체류자격에서 근무처 변경·추가, 체류

기간 연장에 대한 허가 권한의 위임 여부를 표시함.
2. •표는 법무부장관이 그의 권한을 청장·사무소장 또는 출장소장에게 위임한 것을 의미함.
3. ◁표는 법무부장관이 청장·사무소장 또는 출장소장에게 법무부장관이 정하여 고시하는 사무의 일부를 위임한 것을 의미함.
4. ☒표는 해당사항 없음을 의미하고, 빈칸(표시 없음)은 법무부장관의 권한임을 의미함.

제79조 복수국적자의 출입국절차 등

① 「국적법」에 따른 복수국적자의 출입국 및 체류에 관한 절차는 법무부장관이 따로 정한다. 〈개정 2010. 11. 16.〉
② 대한민국국적이 아닌 2개 이상의 외국국적을 가지고 있는 사람은 그가 행사하는 여권을 발급한 국가의 국민으로 본다. 〈개정 2010. 11. 16.〉
③ 국적이 불명한 자는 그가 행사하는 여권을 발급한 국가의 국민으로 취급한다. 〈신설 1994. 7. 20.〉
④ 청장·사무소장 또는 출장소장은 제1항에 따른 복수국적자에 대하여는 따로 기록을 작성·비치하여야 한다. 〈개정 1998. 4. 1., 2010. 11. 16., 2018. 5. 15.〉[제목개정 2010. 11. 16.]

제80조 기록관리의 기준 및 절차

출입국 및 체류에 관한 각종기록의 관리 기준 및 절차는 법무부장관이 따로 정한다.

제81조 각종 보고

① 청장·사무소장·출장소장 또는 보호소장은 다음 각 호의 어느 하나에 해당하는 조치를 한 때에는 이를 지체 없이 법무부장관에게 보고하여야 한다. 이 경우 세부적인 보고기준은 법무부장관이 정한다. 〈개정 2016. 9. 29., 2018. 5. 15.〉
  1. 강제퇴거명령·출국명령 또는 출국권고를 한 때
  2. 외국인을 보호한 때, 보호기간을 연장하거나 보호장소를 변경한 때 또는 보호의 일시해제를 취소한 때
  3. 과태료처분·통고처분 또는 고발조치를 한 때
② 삭제〈2016. 9. 29.〉

제82조 통계 보고

① 재외공관의 장, 청장·사무소장 및 출장소장은 다음 각호의 통계를 매월 작성하여 다음달 10일까지 법무부장관에게 보고하여야 한다. 이 경우 재외공관의 장은 제1호의 반기별 사증발급현황을 외교부의 정보처리통신망을 통하여 보고할 수 있다. 〈개정 1994. 7. 20., 1999. 2. 27., 2010. 11. 16., 2013. 3. 23., 2018. 5. 15.〉

1. 반기별 사증발급현황(국적별·체류자격별)
2. 월별 내·외국인출국자현황(항구별)
3. 월별 내·외국인입국자현황(항구별)
4. 삭제〈2006. 8. 2.〉
5. 삭제〈2006. 8. 2.〉
6. 삭제〈2006. 8. 2.〉
7. 삭제〈1994. 7. 20.〉
8. 월별 외국인입국자현황(국적별·체류자격별)
9. 월별 외국인입국자현황(국적별·연령별)
10. 삭제〈1994. 7. 20.〉
11. 삭제〈1994. 7. 20.〉
12. 월별 외국인출국자현황(국적별·체류기간별)
13. 월별 상륙허가자현황(국적별)
14. 월별 출입항선박 및 선원현황(국적별)
15. 월별 출입항선박 및 선원현황(항구별)
16. 월별 출입항 항공기 및 승무원현황(국적별)
17. 월별 체류외국인현황(국적별·체류자격별)
18. 월별 등록외국인현황(국적별·체류지역별)
19. 월별출입국관리법위반자 처리현황(국적별·조치별)
20. 삭제〈2010. 11. 16.〉
21. 삭제〈1999. 2. 27.〉
22. 월별 사증발급인정서발급현황(국적별·체류자격별)

② 청장·사무소장 또는 출장소장은 제1항에 따른 보고를 정보화업무처리 절차를

이용하여 할 수 있다. 〈개정 2016. 9. 29., 2018. 5. 15.〉

제83조 출입국관리관계서식

① 법·영 및 이 규칙에서 사용하는 각종 출입국관리관계서식은 별지 부록과 같다. 〈개정 1999. 2. 27.〉
② 청장·사무소장·출장소장 또는 보호소장은 제1항에 따른 출입국관리관계서식중 각종 허가 등의 대장을 정보화업무처리절차에 의하여 작성·비치할 수 있다. 〈신설 1997. 7. 1., 2005. 7. 8., 2018. 5. 15.〉

제84조 세부사항

이 규칙에서 정하는 것외에 필요한 세부사항은 법무부장관이 따로 정한다.

제84조의2 규제의 재검토

법무부장관은 다음 각 호의 사항에 대하여 다음 각 호의 기준일을 기준으로 3년마다(매 3년이 되는 해의 기준일과 같은 날 전까지를 말한다) 그 타당성을 검토하여 개선 등의 조치를 하여야 한다. 〈개정 2020. 2. 21., 2020. 12. 10.〉

1. 제9조의4 제2항에 따른 국제결혼 안내프로그램 이수 의무 : 2020년 1월 1일
2. 제9조의5 제1항 제3호부터 제5호까지의 결혼동거 목적의 사증발급 요건 : 2020년 1월 1일
3. 제17조의3에 따른 사증발급인정서 발급의 기준 : 2020년 1월 1일
4. 제68조의2에 따른 대행기관의 등록 신청 시 첨부서류, 별표 4에 따른 대행업무처리 표준절차 및 별표 4의2에 따른 대행기관 행정처분 기준 : 2020년 12월 10일
5. 제76조 제2항 및 별표 5의2에 따른 체류자격외활동허가 등의 신청 시 첨부서류 : 2020년 1월 1일 [전문개정 2016. 12. 22.]

제8장 통고처분 등

제85조 삭제 〈2011. 12. 23.〉

제86조 범칙금의 양정기준

① 법 제103조 제1항에 따른 범칙금의 양정기준은 별표 7 및 별표 8과 같다. 〈개정 2007. 6. 1., 2011. 12. 23.〉

② 범칙금은 청장·사무소장·출장소장 또는 보호소장이 당해 출입국사범의 나이와 환경, 법위반의 동기와 결과, 범칙금부담능력, 위반횟수 등을 참작하여 제1항에 따른 기준액의 2분의 1의 범위 안에서 이를 경감하거나 가중 할 수 있다. 〈개정 2013. 5. 31., 2018. 5. 15.〉

③ 청장·사무소장·출장소장 또는 보호소장은 부득이하다고 인정하는 경우 법무부장관의 승인을 얻어 제1항 및 제2항에 따른 기준과 달리 범칙금을 정할 수 있다. 법 제103조 제2항에 따라 범칙금을 면제하는 경우에도 또한 같다. 〈개정 2018. 5. 15.〉

★ 출입국관리법 시행규칙 [별표 7] 〈개정 2022. 4. 12.〉
〈범칙금의 양정기준(제86조제1항 관련)〉

1. 일반기준

가. 제2호의 개별기준 중 위반인원에 따른 범칙금의 양정기준은 다음과 같다.
   1) 라목에 대해서는 법 제7조의2제1호를 위반한 범칙금 부과대상자의 경우 허위로 초청하거나 알선한 외국인 수에 따르고, 법 제7조의2제2호를 위반한 범칙금 부과대상자의 경우 허위로 사증 또는 사증발급인정서를 신청하거나 알선한 외국인 수에 따른다.
   2) 마목, 사목, 아목 및 추목에 대해서는 범칙금 부과대상자가 불법 입국시키거나 알선한 외국인 수에 따른다.
   3) 러목, 머목, 저목 및 처목에 대해서는 범칙금 부과대상자가 알선하거나 권유한 외국인 수에 따른다.
   4) 버목에 대해서는 범칙금 부과대상자가 불법 고용을 알선할 목적으로 자기 지배하에 둔 외국인 수에 따른다.
   5) 보목에 대해서는 범칙금 부과대상자가 여권이나 외국인 등록증을 제공받거나 그 제공을 강요 또는 알선한 외국인 수에 따른다.
   6) 호목, 구목 및 누목에 대해서는 무단으로 입국·상륙 또는 탑승한 사람의 수에 따른다.

나. 제2호의 개별기준 중 위반횟수에 따른 범칙금의 양정기준은 최근 3년간 같은 위반행위로 범칙금 부과처분을 받은 경우에 적용한다. 이 경우 기간의 계산은 위반행위에 대하여 범칙금 부과처분을 받은 날과 그 처분 후 다시 위반행위를 하여 적발된 날을 기준으로 한다.

다. 나목에 따라 가중된 부과처분을 하는 경우 가중처분의 적용차수는 그 위반행위 전 부과처분 차수(나목에 따른 기간 내에 범칙금 부과처분이 둘 이상 있었던 경우에는 높은 차수를 말한다)의 다음 차수로 한다.

2. 개별기준

범칙금 부과대상자	해당 법조문	위반인원, 위반횟수 또는 위반기간	범칙금액
가. 법 제3조제1항을 위반하여 출국심사를 받지 않고 출국한 사람	법 제94조 제1호	1회	500만원
		2회	1,500만원
		3회 이상	3,000만원
나. 법 제6조제1항을 위반하여 입국심사를 받지 않고 입국한 사람	법 제95조 제1호	1회	200만원
		2회	500만원
		3회	700만원
		4회 이상	1,000만원
다. 법 제7조제1항 또는 제4항을 위반하여 입국한 사람	법 제94조 제2호	1회	500만원
		2회	1,500만원
		3회 이상	3,000만원
라. 법 제7조의2를 위반한 사람	법 제94조 제3호	1명	1,000만원
		2명	1,200만원
		3명	1,400만원
		4명	1,600만원
		5명	1,800만원
		6명	2,000만원
		7명	2,200만원
		8명	2,400만원
		9명	2,600만원
		10명	2,800만원
		11명 이상	3,000만원
마. 법 제12조제1항 또는 제2항에 따라 입국심사를 받아야 하는 외국인을 집단으로 불법입국하게 하거나 이를 알선한 사람으로서 영리를 목적으로 한 사람	법 제93조의2제2항제1호	2명	2,000만원
		3명	2,500만원
		4명	3,000만원
		5명	3,500만원
		6명	4,000만원
		7명	4,500만원
		8명	5,000만원
		9명	5,500만원
		10명	6,000만원
		11명 이상	7,000만원
바. 법 제12조제1항 또는 제2항을 위반하여 입국심사를 받지 않고 입국한 사람	법 제93조의3 제1호	1회	1,000만원
		2회	3,000만원
		3회 이상	5,000만원
사. 법 제12조의3제1항을 위반하여 외국인을 집단으로 불법입국 또는 불법출국하게 할 목적으로 선박 등을 제공하거나 이를 알선한 사람으로서 영리를 목적으로 한 사람	법 제93조의2 제2항제2호	2명	2,000만원
		3명	2,500만원
		4명	3,000만원
		5명	3,500만원
		6명	4,000만원

		7명	4,500만원
		8명	5,000만원
		9명	5,500만원
		10명	6,000만원
		11명 이상	7,000만원
아. 법 제12조의3제2항을 위반하여 불법으로 입국한 외국인을 집단으로 대한민국 안에서 은닉 또는 도피하게 할 목적으로 교통수단을 제공하거나 이를 알선한 사람으로서 영리를 목적으로 한 사람	법 제93조의2 제2항제3호	2명	2,000만원
		3명	2,500만원
		4명	3,000만원
		5명	3,500만원
		6명	4,000만원
		7명	4,500만원
		8명	5,000만원
		9명	5,500만원
		10명	6,000만원
		11명 이상	7,000만원
자. 법 제12조의3을 위반한 사람으로서 제93조의2제2항 또는 제93조의3에 해당하지 않는 사람	법 제94조 제4호	1회	1,000만원
		2회	1,500만원
		3회	2,000만원
		4회 이상	3,000만원
차. 법 제13조제2항에 따른 조건부 입국허가의 조건을 위반한 사람	법 제95조 제2호	1회	100만원
		2회	300만원
		3회	500만원
		4회 이상	1,000만원
카. 법 제14조제1항에 따른 승무원 상륙허가 또는 제14조의2제1항에 따른 관광상륙허가를 받지 않고 상륙한 사람	법 제94조 제5호	1회	200만원
		2회	500만원
		3회	1,500만원
		4회 이상	3,000만원
타. 법 제14조제3항에 따른 승무원 상륙허가 또는 제14조의2제3항에 따른 관광상륙허가의 조건을 위반한 사람	법 제94조 제6호	1회	100만원
		2회	500만원
		3회	1,500만원
		4회 이상	3,000만원
파. 법 제15조제1항에 따른 긴급상륙허가, 제16조제1항에 따른 재난상륙허가 또는 제16조의2제1항에 따른 난민 임시상륙허가를 받지 않고 상륙한 사람	법 제95조 제3호	1회	50만원
		2회	300만원
		3회	500만원
		4회 이상	1,000만원
하. 법 제15조제2항, 제16조제2항 또는 제16조의2제2항에 따른 허가조건을 위반한 사람	법 제95조 제4호	1회	50만원
		2회	300만원
		3회	500만원
		4회 이상	1,000만원
거. 법 제17조제1항을 위반하여 체류자격이나 체류기간의 범위를 벗어나서 체류한 사람	법 제94조 제7호	1개월 미만	200만원
		1개월 이상 3개월 미만	300만원
		3개월 이상 6개월 미만	400만원
		6개월 이상 1년 미만	700만원
		1년 이상 2년 미만	1,000만원
		2년 이상 3년 미만	1,500만원
		3년 이상 5년 미만	2,000만원
		5년 이상 7년 미만	2,500만원

		7년 이상	3,000만원
너. 법 제18조제1항을 위반하여 취업활동을 할 수 있는 체류자격을 받지 않고 취업활동을 한 사람	법 제94조 제8호	1개월 미만	200만원
		1개월 이상 3개월 미만	300만원
		3개월 이상 6개월 미만	400만원
		6개월 이상 1년 미만	700만원
		1년 이상 2년 미만	1,000만원
		2년 이상 3년 미만	1,500만원
		3년 이상 5년 미만	2,000만원
		5년 이상 7년 미만	2,500만원
		7년 이상	3,000만원
더. 법 제18조제2항을 위반하여 지정된 근무처가 아닌 곳에서 근무한 사람	법 제95조 제5호	3개월 미만	100만원
		3개월 이상 6개월 미만	200만원
		6개월 이상 1년 미만	300만원
		1년 이상 2년 미만	500만원
		2년 이상	1,000만원
러. 법 제18조제4항을 위반하여 취업활동을 할 수 있는 체류자격을 가지지 않은 외국인의 고용을 알선·권유한 사람(업으로 하는 사람은 제외한다)	법 제97조 제1호	1명	100만원
		2명 이상 4명 이하	200만원
		5명 이상 9명 이하	300만원
		10명 이상	500만원
머. 법 제18조제4항을 위반하여 취업활동을 할 수 있는 체류자격을 가지지 않은 외국인의 고용을 업으로 알선·권유한 사람	법 제94조 제10호	1명	1,000만원
		2명 이상 4명 이하	1,500만원
		5명 이상 9명 이하	2,000만원
		10명 이상 20명 이하	2,500만원
		21명 이상	3,000만원
버. 법 제18조제5항을 위반하여 체류자격을 가지지 않은 외국인을 자기 지배하에 두는 행위를 한 사람	법 제94조 제11호	1명	1,000만원
		2명 이상 4명 이하	1,500만원
		5명 이상 9명 이하	2,000만원
		10명 이상 20명 이하	2,500만원
		21명 이상	3,000만원
서. 법 제20조를 위반하여 체류자격 외 활동허가를 받지 않고 다른 체류자격에 해당하는 활동을 한 사람	법 제94조 제12호	1개월 미만	200만원
		1개월 이상 3개월 미만	300만원
		3개월 이상 6개월 미만	400만원
		6개월 이상 1년 미만	700만원
		1년 이상 2년 미만	1,000만원
		2년 이상 3년 미만	1,500만원
		3년 이상 5년 미만	2,000만원
		5년 이상 7년 미만	2,500만원
		7년 이상	3,000만원
어. 법 제21조제1항 본문을 위반하여 허가를 받지 않고 근무처를 변경하거나 추가한 사람	법 제95조 제6호	3개월 미만	100만원
		3개월 이상 6개월 미만	200만원
		6개월 이상 1년 미만	300만원
		1년 이상 2년 미만	500만원
		2년 이상	1,000만원
저. 법 제21조제2항을 위반하여 근무처의 변경 또는 추가허가를 받지 않은 외국인의 고용을 알선한 사람(업으로 하는 사람은 제외한다)	법 제97조 제2호	1명	100만원
		2명 이상 4명 이하	200만원
		5명 이상 9명 이하	300만원
		10명 이상	500만원
처. 법 제21조제2항을 위반하여 근무처	법 제94조	1명	1,000만원

의 변경허가 또는 추가허가를 받지 않은 외국인의 고용을 업으로 알선한 사람	제13호	2명 이상 4명 이하	1,500만원
		5명 이상 9명 이하	2,000만원
		10명 이상 20명 이하	2,500만원
		21명 이상	3,000만원
커. 법 제22조에 따른 제한 등을 위반한 사람	법 제94조 제14호	1회	300만원
		2회	500만원
		3회	1,000만원
		4회	2,000만원
		5회 이상	3,000만원
터. 법 제23조를 위반하여 체류자격을 받지 않고 체류한 사람	법 제94조 제15호	1개월 미만	50만원
		1개월 이상 3개월 미만	100만원
		3개월 이상 6개월 미만	200만원
		6개월 이상 1년 미만	500만원
		1년 이상 2년 미만	1,000만원
		2년 이상 3년 미만	1,500만원
		3년 이상 5년 미만	2,000만원
		5년 이상 7년 미만	2,500만원
		7년 이상	3,000만원
퍼. 법 제24조를 위반하여 체류자격 변경허가를 받지 않고 다른 체류자격에 해당하는 활동을 한 사람	법 제94조 제16호	1개월 미만	50만원
		1개월 이상 3개월 미만	100만원
		3개월 이상 6개월 미만	200만원
		6개월 이상 1년 미만	500만원
		1년 이상 2년 미만	1,000만원
		2년 이상 3년 미만	1,500만원
		3년 이상 5년 미만	2,000만원
		5년 이상 7년 미만	2,500만원
		7년 이상	3,000만원
허. 법 제25조를 위반하여 체류기간 연장허가를 받지 않고 체류기간을 초과하여 계속 체류한 사람	법 제94조 제17호	1개월 미만	50만원
		1개월 이상 3개월 미만	100만원
		3개월 이상 6개월 미만	200만원
		6개월 이상 1년 미만	500만원
		1년 이상 2년 미만	1,000만원
		2년 이상 3년 미만	1,500만원
		3년 이상 5년 미만	2,000만원
		5년 이상 7년 미만	2,500만원
		7년 이상	3,000만원
고. 법 제26조제1호를 위반한 사람	법 제94조 제17호의2	1회	500만원
		2회	1,000만원
		3회	2,000만원
		4회 이상	3,000만원
노. 법 제26조제2호를 위반한 사람	법 제94조 제17호의2	1명	1,000만원
		2명 이상 4명 이하	1,500만원
		5명 이상 9명 이하	2,000만원
		10명 이상 19명 이하	2,500만원
		20명 이상	3,000만원
도. 법 제27조에 따른 여권 등의 휴대 또는 제시 의무를 위반한 사람	법 제98조 제1호	1회	10만원
		2회	20만원
		3회	50만원

위반행위	근거 법조문	횟수/기간/인원	과태료 금액
		4회 이상	100만원
로. 법 제28조제1항이나 제2항을 위반하여 출국심사를 받지 않고 출국한 사람	법 제94조 제18호	1회	500만원
		2회	1,500만원
		3회 이상	3,000만원
모. 법 제31조의 등록의무를 위반한 사람	법 제95조 제7호	1개월 미만	20만원
		1개월 이상 3개월 미만	50만원
		3개월 이상 6개월 미만	100만원
		6개월 이상 1년 미만	200만원
		1년 이상 2년 미만	500만원
		2년 이상	1,000만원
보. 법 제33조의3제1호를 위반한 사람	법 제94조 제19호	1명	1,000만원
		2명 이상 4명 이하	1,500만원
		5명 이상 9명 이하	2,000만원
		10명 이상 19명 이하	2,500만원
		20명 이상	3,000만원
소. 법 제33조의3(제1호를 제외한다)을 위반한 사람	법 제94조 제19호	1회	1,000만원
		2회	1,500만원
		3회	2,000만원
		4회 이상	3,000만원
오. 법 제36조제1항에 따른 체류지 변경 신고 의무를 위반한 사람	법 제98조 제2호	3개월 미만	10만원
		3개월 이상 6개월 미만	30만원
		6개월 이상 1년 미만	50만원
		1년 이상 2년 미만	70만원
		2년 이상	100만원
조. 법 제51조제1항·제3항, 제56조 또는 제63조제1항에 따라 보호 또는 일시보호된 사람으로서 도주하거나 보호 또는 강제퇴거 등을 위한 호송 중에 도주한 사람(법 제93조의2제1항제1호 또는 제2호에 해당하는 사람은 제외한다)	법 제95조 제8호	1회	200만원
		2회	500만원
		3회 이상	1,000만원
초. 법 제63조제5항에 따른 주거의 제한이나 그 밖의 조건에 위반한 사람	법 제95조 제9호	1회	100만원
		2회	300만원
		3회	500만원
		4회 이상	1,000만원
코. 법 제69조(법 제70조제1항 및 제2항에서 준용하는 경우를 포함한다)를 위반한 사람	법 제94조 제20호	1회	500만원
		2회	1,000만원
		3회	2,000만원
		4회 이상	3,000만원
토. 법 제71조제4항(법 제70조제1항 및 제2항에서 준용하는 경우를 포함한다)에 따른 출항의 일시정지 또는 회항 명령이나 선박 등의 출입 제한을 위반한 사람	법 제96조 제1호	1회	100만원
		2회	300만원
		3회	500만원
		4회 이상	1,000만원
포. 법 제72조(법 제70조제1항 및 제2항에서 준용하는 경우를 포함한다)를 위반하여 허가를 받지 않고 선박 등이나 출입국 심사장에 출입한 사람	법 제97조 제3호	1회	100만원
		2회	200만원
		3회	300만원
		4회 이상	500만원
호. 정당한 사유 없이 법 제73조(법 제70조제1항 및 제2항에서 준용하는 경우를	법 제96조 제2호	1명	500만원

위반행위	근거 법조문	횟수/인원	과태료
포함한다) 제1호에 따른 입국이나 상륙허가를 받지 않은 사람의 입국·상륙방지 의무를 위반한 사람		2명 이상 4명 이하	700만원
		5명 이상	1,000만원
구. 정당한 사유 없이 법 제73조(법 제70조제1항 및 제2항에서 준용하는 경우를 포함한다) 제2호에 따른 유효한 여권과 필요한 사증을 지니지 않은 사람의 탑승방지 의무를 위반한 사람	법 제96조 제2호	1명	100만원
		2명 이상 4명 이하	200만원
		5명 이상 9명 이하	500만원
		10명 이상	1,000만원
누. 정당한 사유 없이 법 제73조(법 제70조제1항 및 제2항에서 준용하는 경우를 포함한다) 제3호에 따른 승선허가나 출국심사를 받지 않은 사람의 탑승방지 의무를 위반한 사람	법 제96조 제2호	1명	500만원
		2명 이상 4명 이하	700만원
		5명 이상	1,000만원
두. 정당한 사유 없이 법 제73조(법 제70조제1항 및 제2항에서 준용하는 경우를 포함한다) 제4호부터 제9호까지에 따른 의무를 위반한 사람	법 제96조 제2호	1회	100만원
		2회	200만원
		3회	500만원
		4회 이상	1,000만원
루. 법 제73조의2제1항(법 제70조제1항 및 제2항에서 준용하는 경우를 포함한다) 또는 제3항(법 제70조제1항 및 제2항에서 준용하는 경우를 포함한다)을 위반하여 열람 또는 문서 제출 요청에 따르지 않은 사람	법 제96조 제2호	1회	100만원
		2회	200만원
		3회	500만원
		4회 이상	1,000만원
무. 법 제74조(법 제70조제1항 및 제2항에서 준용하는 경우를 포함한다)에 따른 제출 또는 통보의무를 위반한 사람	법 제97조 제4호	1회	100만원
		2회	200만원
		3회	300만원
		4회 이상	500만원
부. 정당한 사유 없이 법 제75조제1항(법 제70조제1항 및 제2항에서 준용하는 경우를 포함한다) 또는 제2항(법 제70조제1항 및 제2항에서 준용하는 경우를 포함한다)에 따른 보고서를 제출하지 않거나 거짓으로 제출한 사람	법 제96조 제3호	1회	100만원
		2회	300만원
		3회	500만원
		4회 이상	1,000만원
수. 법 제75조제4항(법 제70조제1항 및 제2항에서 준용하는 경우를 포함한다) 및 제5항(법 제70조제1항 및 제2항에서 준용하는 경우를 포함한다)에 따른 보고 또는 방지 의무를 위반한 사람	법 제97조 제5호	1회	100만원
		2회	200만원
		3회	300만원
		4회 이상	500만원
우. 법 제76조제1항(법 제70조제1항 및 제2항에서 준용하는 경우를 포함한다)에 따른 송환의무를 위반한 사람	법 제97조 제6호	1회	100만원
		2회	200만원
		3회	300만원
		4회 이상	500만원
주. 법 제76조의6제1항을 위반하여 난민인정증서 또는 난민여행증명서를 반납하지 않거나 같은 조 제2항에 따른 난민여행증명서 반납명령을 위반한 사람	법 제97조 제7호	1개월 미만	50만원
		1개월 이상 3개월 미만	100만원
		3개월 이상 6개월 미만	200만원
		6개월 이상 1년 미만	300만원
		1년 이상 2년 미만	400만원

		2년 이상	500만원
추. 법 제93조의2제2항 각 호의 어느 하나에 해당하는 죄를 범한 사람(영리를 목적으로 한 사람은 제외한다)	법 제93조의3 제3호	2명	1,000만원
		3명	1,500만원
		4명	2,000만원
		5명	2,500만원
		6명	3,000만원
		7명	3,400만원
		8명	3,800만원
		9명	4,200만원
		10명	4,600만원
		11명 이상	5,000만원
쿠. 법 제93조의2제2항 각 호의 죄를 범할 목적으로 예비하거나 음모한 사람과 미수범	법 제99조 제1항		본죄에서 정하는 범칙금 기준액과 같음
투. 법 제93조의3 각 호의 죄를 범할 목적으로 예비하거나 음모한 사람과 미수범	법 제99조 제1항		본죄에서 정하는 범칙금 기준액과 같음
푸. 법 제94조제1호부터 제5호까지 또는 제18호의 죄를 범할 목적으로 예비하거나 음모한 사람과 미수범	법 제99조 제1항		본죄에서 정하는 범칙금 기준액과 같음
후. 법 제95조제1호의 죄를 범할 목적으로 예비하거나 음모한 사람과 미수범	법 제99조 제1항		본죄에서 정하는 범칙금 기준액과 같음
그. 법 제93조의2제2항 각 호의 죄를 교사하거나 방조한 사람	법 제99조 제2항		정범의 범칙금 기준액과 같음
느. 법 제93조의3의 각 호의 죄를 교사하거나 방조한 사람	법 제99조 제2항		정범의 범칙금 기준액과 같음
드. 법 제94조제1호부터 제5호까지 또는 제18호의 죄를 교사하거나 방조한 사람	법 제99조 제2항		정범의 범칙금 기준액과 같음
르. 법 제95조제1호의 죄를 교사하거나 방조한 사람	법 제99조 제2항		정범의 범칙금 기준액과 같음
므. 법인의 대표자나 법인 또는 개인의 대리인, 사용인, 그 밖의 종업원이 그 법인 또는 개인의 업무에 관하여 법 제94조제3호에 따른 위반행위를 한 때에 그 법인 또는 개인(다만, 법인 또는 개인이 그 위반행위를 방지하기 위하여 해당 업무에 관하여 상당한 주의와 감독을 게을리 하지 않은 경우에는 제외한다. 이하 이 표에서 같다)	법 제99조의3 (양벌규정) 제1호		라. 법 제94조제3호 범칙금 기준액적용
브. 법인의 대표자나 법인 또는 개인의 대리인, 사용인, 그 밖의 종업원이 그 법인 또는 개인의 업무에 관하여 법 제94조제10호에 따른 위반행위를 한 때에 그 법인 또는 개인	법 제99조의3 (양벌규정) 제2호의2		머. 법 제94조제10호 범칙금 기준액 적용
스. 법인의 대표자나 법인 또는 개인의 대리인, 사용인, 그 밖의 종업원이 그 법인 또는 개인의 업무에 관하여 법 제94조제19호의 위반행위 중 법 제33조의3제1호를	법 제99조의3 (양벌규정) 제3호		보. 법 제94조제19호 범칙금 기준액 적용

위반한 행위를 한 때에 그 법인 또는 개인			
ㅇ. 법인의 대표자나 법인 또는 개인의 대리인, 사용인, 그 밖의 종업원이 그 법인 또는 개인의 업무에 관하여 법 제94조제20호에 따른 위반행위를 한 때에 그 법인 또는 개인	법 제99조의3 (양벌규정) 제4호		코. 법 제94조제20호 범칙금 기준액 적용
ㅈ. 법인의 대표자나 법인 또는 개인의 대리인, 사용인, 그 밖의 종업원이 그 법인 또는 개인의 업무에 관하여 법 제96조제1호부터 제3호까지의 규정에 따른 위반행위를 한 때에 그 법인 또는 개인	법 제99조의3 (양벌규정) 제6호		토, 호, 구, 누, 두, 루, 부. 법 제96조 제1호부터 제3호 범칙금 기준액 적용
ㅊ. 법인의 대표자나 법인 또는 개인의 대리인, 사용인, 그 밖의 종업원이 그 법인 또는 개인의 업무에 관하여 법 제97조제4호부터 제6호까지의 규정에 따른 위반행위를 한 때에 그 법인 또는 개인	법 제99조의3 (양벌규정) 제7호		무, 수, 우. 법 제97조 제4호부터 제6호까지 범칙금 기준액 적용

★ 출입국관리법 시행규칙 [별표 8] <개정 2020. 9. 25.>

<범칙금의 양정기준 (제86조제1항 관련)>

범칙금 부과대상자	해당 법조문	고용 인원	위반기간별 범칙금액			
			3개월 미만	3개월 이상 6개월 미만	6개월 이상 1년 미만	1년 이상 2년 미만	2년 이상
1. 법 제18조제3항을 위반하여 취업활동을 할 수 있는 체류자격을 가지지 않은 사람을 고용한 사람	법 제94조제9호	1명	300만원	500만원	700만원	900만원	1,100만원
		2명	500만원	700만원	900만원	1,100만원	1,300만원
		3명	700만원	900만원	1,100만원	1,300만원	1,500만원
		4명	900만원	1,100만원	1,300만원	1,500만원	1,700만원
		5명	1,100만원	1,300만원	1,500만원	1,700만원	1,900만원
		6명	1,300만원	1,500만원	1,700만원	1,900만원	2,100만원
		7명	1,500만원	1,700만원	1,900만원	2,100만원	2,300만원
		8명	1,700만원	1,900만원	2,100만원	2,300만원	2,500만원
		9명	1,900만원	2,100만원	2,300만원	2,500만원	2,700만원
		10명	2,100만원	2,300만원	2,500만원	2,700만원	2,900만원
		11명 이상 14명 이하	2,300만원	2,500만원	2,700만원	2,900만원	3,000만원
		15명 이상 19명 이하	2,500만원	2,700만원	2,900만원	3,000만원	3,000만원
		20명 이상 24명 이하	2,600만원	2,900만원	3,000만원	3,000만원	3,000만원

		25명 이상 29명 이하	2,700만원	3,000만원	3,000만원	3,000만원	3,000만원
		30명 이상 39명 이하	2,800만원	3,000만원	3,000만원	3,000만원	3,000만원
		40명 이상 49명 이하	2,900만원	3,000만원	3,000만원	3,000만원	3,000만원
		50명 이상	3,000만원	3,000만원	3,000만원	3,000만원	3,000만원
2. 법 제21조제2항을 위반하여 근무처의 변경허가 또는 추가허가를 받지 않은 외국인을 고용한 사람	법 제95조제6호	1명	200만원	250만원	300만원	400만원	500만원
		2명	250만원	300만원	350만원	450만원	550만원
		3명	300만원	350만원	400만원	500만원	600만원
		4명	350만원	400만원	450만원	550만원	650만원
		5명	400만원	450만원	500만원	600만원	700만원
		6명	450만원	500만원	550만원	650만원	750만원
		7명	500만원	550만원	600만원	700만원	800만원
		8명	550만원	600만원	650만원	750만원	850만원
		9명	600만원	650만원	700만원	800만원	900만원
		10명 이상	650만원	700만원	800만원	850만원	1,000만원
3. 법인의 대표자나 법인 또는 개인의 대리인, 사용인, 그 밖의 종업원이 그 법인 또는 개인의 업무에 관하여 법 제94조제9호에 따른 위반행위를 한 때에 그 법인 또는 개인(다만, 법인 또는 개인이 그 위반행위를 방지하기	법 제99조의3(양벌규정)제2호	1명	300만원	500만원	700만원	900만원	1,100만원
		2명	500만원	700만원	900만원	1,100만원	1,300만원
		3명	700만원	900만원	1,100만원	1,300만원	1,500만원
		4명	900만원	1,100만원	1,300만원	1,500만원	1,700만원
		5명	1,100만원	1,300만원	1,500만원	1,700만원	1,900만원
		6명	1,300만원	1,500만원	1,700만원	1,900만원	2,100만원
		7명	1,500만원	1,700만원	1,900만원	2,100만원	2,300만원
		8명	1,700만원	1,900만원	2,100만원	2,300만원	2,500만원
		9명	1,900만원	2,100만원	2,300만원	2,500만원	2,700만원
		10명	2,100만원	2,300만원	2,500만원	2,700만원	2,900만원
		11명 이상 14명 이하	2,300만원	2,500만원	2,700만원	2,900만원	3,000만원
		15명 이상 19명 이하	2,500만원	2,700만원	2,900만원	3,000만원	3,000만원
		20명 이상 24명	2,600만원	2,900만원	3,000만원	3,000만원	3,000만원

위하여 해당 업무에 관하여 상당한 주의와 감독을 게을리 하지 않은 경우에는 제외한다. 이하 이 표에서 같다)		이하					
		25명 이상 29명 이하	2,700만원	3,000만원	3,000만원	3,000만원	3,000만원
		30명 이상 39명 이하	2,800만원	3,000만원	3,000만원	3,000만원	3,000만원
		40명 이상 49명 이하	2,900만원	3,000만원	3,000만원	3,000만원	3,000만원
		50명 이상	3,000만원	3,000만원	3,000만원	3,000만원	3,000만원
4. 법인의 대표자나 법인 또는 개인의 대리인, 사용인, 그 밖의 종업원이 그 법인 또는 개인의 업무에 관하여 법 제95조제6호의 위반행위 중 제21조제2항을 위반하여 고용 행위를 한 때에 그 법인 또는 개인	법 제99조의3(양벌규정)제5호	1명	200만원	250만원	300만원	400만원	500만원
		2명	250만원	300만원	350만원	450만원	550만원
		3명	300만원	350만원	400만원	500만원	600만원
		4명	350만원	400만원	450만원	550만원	650만원
		5명	400만원	450만원	500만원	600만원	700만원
		6명	450만원	500만원	550만원	650만원	750만원
		7명	500만원	550만원	600만원	700만원	800만원
		8명	550만원	600만원	650만원	750만원	850만원
		9명	600만원	650만원	700만원	800만원	900만원
		10명 이상	650만원	700만원	800만원	850만원	1,000만원

제87조 범칙금의 수납기관

영 제105조 제1항의 규정에 의한 수납기관은 한국은행 본·지점과 한국은행이 지정한 국고대리점 및 국고수납대리점 또는 우체국으로 한다.

제88조 범칙금납부고지서

영 제106조의 규정에 의하여 통고서를 송달하는 때에는 범칙금납부고지서를 첨부하여야 한다.

제3편 국적법

제4부 국적법

[시행 2022. 10. 1.]
[법률 제18978호, 2022. 9. 15., 일부개정]

제1조 목적

이 법은 대한민국의 국민이 되는 요건을 정함을 목적으로 한다. [전문개정 2008. 3. 14.]

제2조 출생에 의한 국적 취득

① 다음 각 호의 어느 하나에 해당하는 자는 출생과 동시에 대한민국 국적(國籍)을 취득한다.
  1. 출생 당시에 부(父)또는 모(母)가 대한민국의 국민인 자
  2. 출생하기 전에 부가 사망한 경우에는 그 사망 당시에 부가 대한민국의 국민이었던 자
  3. 부모가 모두 분명하지 아니한 경우나 국적이 없는 경우에는 대한민국에서 출생한 자

② 대한민국에서 발견된 기아(棄兒)는 대한민국에서 출생한 것으로 추정한다.

[전문개정 2008. 3. 14.]

주요판례

❖ **친생자출생신고를위한확인** [대법원 2020. 6. 8., 자, 2020스575, 결정]

판시사항

[1] 대한민국 국민으로 태어난 아동은 태어난 즉시 '출생 등록될 권리'를 가지는지 여부(적극)
[2] 외국인인 모의 인적사항은 알지만 자신이 책임질 수 없는 사유로 출생신고에 필요한 서류를 갖출 수 없거나, 모의 소재불명이나 모가 정당한 사유 없이 출생신고에 필요한 서류 발급에 협조하지 않는 경우에도 가족관계의 등록 등에 관한 법률 제57조 제2항이 적용되는지 여부(적극)

판결요지

[1] 출생 당시에 부 또는 모가 대한민국의 국민인 자(子)는 출생과 동시에 대한민국 국적을 취득한다(국적법 제2조 제1항). 대한민국 국민으로 태어난 아동에 대하여 국가가 출생신고를 받아주지 않거나 절차가 복잡하고 시간도 오래 걸려 출생신고를 받아주지 않는 것과 마찬가지 결과가 발생한다면 이는 아동으로부터 사회적 신분을 취득할 기회를 박탈함으로써 인간으로서의 존엄과 가치, 행복추구권 및 아동의 인격권을 침해하는 것이다(헌법 제10조). 현대사회에서 개인이 국가가 운영하는 제도를 이용하려면 주민 등록과 같은 사회적 신분을 갖추어야 하고, 사회적 신분의 취득은 개인에 대한 출생신고에서부터 시작한다. 대한민국 국민으로 태어난 아동은 태어난 즉시 '출생 등록될 권리'를 가진다. 이러한 권리는 '법 앞에 인간으로 인정받을 권리'로서 모든 기본권 보장의 전제가 되는 기본권이므로 법률로써도 이를 제한하거나 침해할 수

없다(헌법 제37조 제2항).
[2] 가족관계의 등록 등에 관한 법률 제57조 제2항의 취지, 입법연혁, 관련 법령의 체계 및 아동의 출생 등록될 권리의 중요성을 함께 살펴보면, 가족관계의 등록 등에 관한 법률 제57조 제2항은 같은 법 제57조 제1항에서 생부가 단독으로 출생자신고를 할 수 있게 하였음에도 불구하고 같은 법 제44조 제2항에 규정된 신고서의 기재내용인 모의 인적사항을 알 수 없는 경우에 부의 등록기준지 또는 주소지를 관할하는 가정법원의 확인을 받아 신고를 할 수 있게 하기 위한 것으로, 문언에 기재된 '모의 성명·등록기준지 및 주민 등록번호를 알 수 없는 경우'는 예시적인 것이므로, 외국인인 모의 인적사항은 알지만 자신이 책임질 수 없는 사유로 출생신고에 필요한 서류를 갖출 수 없는 경우 또는 모의 소재불명이나 모가 정당한 사유 없이 출생신고에 필요한 서류 발급에 협조하지 않는 경우 등과 같이 그에 준하는 사정이 있는 때에도 적용된다고 해석하는 것이 옳다.

주요판례

❖ 국적이탈신고반려처분취소 [대법원 2016. 9. 23., 선고, 2014두40364, 판결]

판시사항

국적법 부칙(1997. 12. 13.) 제7조 제1항 제1호에 따라 대한민국 국적을 취득하여 2010년 국적법 개정 이전에 구 국적법 제12조 제1항에 따른 이중국적자로서 국적선택을 할 수 있었던 모계특례자가 국적법 제11조의2 제1항이 정한 '복수국적자'로서 국적법 제12조에 따라 제1국민역에 편입된 때부터 3개월 이내에 국적선택을 할 수 있는지 여부(적극)

판결요지

구 국적법(1997. 12. 13. 법률 제5431호로 전부 개정되기 전의 것) 제2조 제1호, 구 국적법(2008. 3. 14. 법률 제8892호로 개정되기 전의 것) 제2조 제1항 제1호, 구 국적법(2010. 5. 4. 법률 제10275호로 개정되기 전의 것, 이하 '구 국적법'이라 한다) 제10조, 제12조, 국적법 제10조 제1항, 제2항, 제11조의2 제1항, 제12조, 부칙(1997. 12. 13.) 제7조 제1항 제1호, 부칙(2010. 5. 4.) 제3조, 구 국적법 시행령(2010. 12. 31. 대통령령 제22588호로 개정되기 전의 것) 제13조 제1항 제1호, 제16조 제1항 제1호, 국적법 시행령 제16조 제1항, 부칙(2010. 12. 31.) 제5조의 문언·체계·연혁 등에 비추어, 국적법 부칙(1997. 12. 13.) 제7조 제1항 제1호에 따라 대한민국 국적을 취득하여 2010년 국적법 개정 이전에 구 국적법 제12조 제1항에 따른 이중국적자로서 국적선택을 할 수 있었던 모계특례자는, 다음과 같은 이유에서 2010년 국적법 개정 이후에도 '출생에 의하여 대한민국 국적과 외국 국적을 함께 가지게 된 자'에 준하는 지위를 갖는 자로서 국적법 제11조의2 제1항이 정한 '복수국적자'에 해당하고, 따라서 국적법 제12조에 따라 제1국민역에 편입된 때부터 3개월 이내에 국적선택을 할 수 있다.

국적법 부칙(1997. 12. 13.) 제7조 제1항 제1호는 부계혈통주의를 취한 구 국적법(1997. 12. 13. 법률 제5431호로 전부 개정되기 전의 것)이 양성평등의 원칙에 반한다는 반성적 고려에서 1997. 12. 13. 법률 제5431호로 전부 개정된 국적법이 부모양계혈통주의를 채택하게 됨에 따라, 그 시행 이전에 대한민국 국민을 모(母)로 하여 출생한 자에게도 일정한 요건과 절차를 갖추어 대한민국 국적을 취득할 수 있도록 한 것이므로, 위 부칙 조항의 입법 목적과 국적법 개정 경위 등에 비추어 보면, 위 부칙 조항에 의하여 대한민국의 국적을 취득한 자(이하 '모계특례자'라 한다)도 실질에서는 '출생으로 대한민국 국적을 취득한 자'와 달리 보기 어렵고, 국적법 제11조의2 제1항이 정한 '출생에 의하여 대한민국 국적과 외국 국적을 함께 가지게 된 자'에 준하는 지위를 갖는다.

국적법 부칙(2010. 5. 4.) 제3조가 "제10조의 개정규정은 이 법 시행 전에 종전의 제10조 제2항 단서에 해당하여 외국 국적을 포기하지 아니한 자에 대하여도 적용한다."라고 정하고 있으나, 국적법 시행령 부칙(2010. 12. 31.) 제5조가 "이 영 시행 전에 종전의 제13조 제1항 각 호의 어느 하나에 해당하여 외국 국적의 포기의무가 유보된 사람은 종전의 유보된 기간 내에 법 제10조에 따라 외국 국적을 포기하거나 외국국적불행사서약을 할 수 있다."라고 규정하고 있는 것도 함께 고려하면, 위 각 부칙 규정의 취지는 2010년 개정된 국적법이 구 국적법과 달리 외국 국적 포기의무 유보에 관하여 규정하고 있지 아니하므로, 구 국적법에 따라 외국 국적 포기의무가 유보되었던 자들에게 개정된 국적법하에서도 구 국적법상 유보된 기간 동안 외국 국적 포기의무가 유보된 지위를 그대로 유지시켜 주는 한편 국적법이 새롭게 규정한 '외국국적불행사서약'을 할 수 있도록 함으로써, 이들이 종전에 유보된 기간 동안에는 국적법 제10조 제3항에 따라 대한민국 국적을 자동적으로 상실하지 아니하도록 한 규정으로 해석될 뿐, 이들 중 국적법 제11조의2 제1항이 정한 복수국적자에 해당하는 자에 대하여 국적선택을 할 수 없도록 하는 규정으로 보기는 어렵다.

국적법 시행령 제16조 제1항 각 호가 복수국적자에 해당하는 자로 나열하고 있는 사항에 모계특례자가 포함되지 아니하나, 국적법 제11조의2는 복수국적자에 관하여 '출생이나 그 밖에 이 법에 따라 대한민국 국적과 외국 국적을 함께 가지게 된 자'라고만 규정하고 있을 뿐, 복수국적자의 범위에 관하여 대통령령에 위임하는 규정을 두고 있지 아니하므로 국적법 시행령 제16조 제1항 각 호에 해당하지 아니한다는 사정만으로 모계특례자가 당연히 복수국적자의 범위에서 제외된다고 볼 수도 없다.

주요판례

❖ **현역병입영처분무효확인**[수원지법 2007. 8. 29., 선고, 2007구합2532, 판결 : 확정]

판시사항

사실혼 관계에 있던 타이완인 아버지와 한국인 어머니 사이에서 태어난 아들은 어머니의 호적에 등재되어 국내에서 거주하여 왔다 하더라도 병역의무 대상자가 아니라고 한 사례

판결요지

사실혼 관계에 있던 타이완인 아버지와 한국인 어머니 사이에서 태어난 아들의 경우, 출생할 당시 아버지가 대한민국 국민이 아닌 타이완 국민으로서 생존하여 있었고, 타이완 국적법 제1조 제1호에 의하면 출생시 아버지가 타이완 국민이면 그 자(子)도 타이완 국적을 취득하도록 되어 있으므로 아들의 국적은 대한민국이 아닌 타이완이다. 따라서 그가 설령 어머니의 호적에 등재되었고 국내에서 거주하여 왔다 하더라도 병역의무 대상자가 아니라고 한 사례.

제3조 인지에 의한 국적 취득

① 대한민국의 국민이 아닌 자(이하 "외국인"이라 한다)로서 대한민국의 국민인 부 또는 모에 의하여 인지(認知)된 자가 다음 각 호의 요건을 모두 갖추면 법무부장관에게 신고함으로써 대한민국 국적을 취득할 수 있다.
  1. 대한민국의「민법」상 미성년일 것

2. 출생 당시에 부 또는 모가 대한민국의 국민이었을 것
② 제1항에 따라 신고한 자는 그 신고를 한 때에 대한민국 국적을 취득한다.
③ 제1항에 따른 신고 절차와 그 밖에 필요한 사항은 대통령령으로 정한다.
[전문개정 2008. 3. 14.]

주요판례

❖ **위계공무집행방해·불실기재여권행사·여권법위반**
[대법원 2022. 4. 28., 선고, 2020도12239, 판결]

판시사항

[1] 위계에 의한 공무집행방해죄에서 '위계'의 의미
[2] 불실기재 여권행사죄에서 '허위신고' 및 '불실(不實)의 사실'의 의미 / 여권 등 공정증서원본에 기재된 사항이 불실기재에 해당하는지 판단하는 기준
[3] 외국인 여자가 대한민국에 입국하여 취업 등을 하기 위한 방편으로 대한민국 국민인 남자와 혼인신고를 하였으나 당사자 사이에 혼인의 합의가 없는 경우, 구 국적법 제3조 제1호에 따라 대한민국 국적을 취득하는지 여부(소극) / 이때 대한민국 국적을 취득한 것처럼 인적 사항을 기재하여 대한민국 여권을 발급받은 다음 이를 출입국심사 담당공무원에게 제출한 경우, 위계에 의한 공무집행방해죄 및 불실기재 여권행사죄가 성립하는지 여부(적극)

판결요지

[1] 형법 제137조에 정한 위계에 의한 공무집행방해죄에서 '위계'는 행위자의 행위목적을 이루기 위하여 상대방에게 오인, 착각, 부지를 일으키게 하여 이를 이용하는 것을 말한다.
[2] 형법 제229조, 제228조 제2항에 정한 불실기재 여권행사죄에서 '허위신고'는 진실에 반하는 사실을 신고하는 것이고, '불실(不實)의 사실'은 '권리의무관계에 중요한 의미를 갖는 사항이 객관적인 진실에 반하는 것'을 말한다. 여권 등 공정증서원본에 기재된 사항이 존재하지 않거나 외관상 존재하더라도 무효사유에 해당하는 흠이 있다면 불실기재에 해당한다. 그러나 기재된 사항이나 원인된 법률행위가 객관적으로 존재하고 취소사유에 해당하는 흠이 있을 뿐이라면 취소되기 전에 공정증서원본에 기재된 사항은 불실기재에 해당하지 않는다.
[3] 구 국적법(1997. 12. 13. 법률 제5431호로 전부 개정되기 전의 것, 이하 '구 국적법'이라 한다) 제3조 제1호는 대한민국 국적의 법정 취득 사유로 '대한민국 국민의 처가 된 자'를 정하고 있다. 여기서 '대한민국 국민의 처가 된 자'에 해당하려면 대한민국 국민인 남자와 혼인한 배우자로서 당사자 사이에 혼인의 합의, 즉 사회관념상 부부라고 인정되는 정신적·육체적 결합을 생기게 할 의사의 합치가 있어야 한다. 그런데 외국인 여자가 대한민국에 입국하여 취업 등을 하기 위한 방편으로 대한민국 국민인 남자와 혼인신고를 하였더라도 위와 같은 혼인의 합의가 없다면 구 국적법 제3조 제1호에서 정한 '대한민국 국민의 처가 된 자'에 해당하지 않으므로 대한민국 국적을 취득할 수 없다.
구 국적법 제3조 제1호에 따라 대한민국 국적을 취득하지 않았는데도 대한민국 국적을 취득한 것처럼 인적 사항을 기재하여 대한민국 여권을 발급받은 다음 이를 출입국심사 담당공무원에게 제출하였다면 위계

로써 출입국심사업무에 관한 정당한 직무를 방해함과 동시에 불실의 사실이 기재된 여권을 행사한 것으로 볼 수 있다.

주요판례

❖ 등록부정정 [대법원 2018. 11. 6., 자, 2018스32, 결정]

판시사항

[1] 대한민국의 국민인 부와 외국인인 모 사이에서 태어난 혼인외의 출생자에 대하여 부의 출생신고만으로 가족관계 등록부를 작성할 수 있는지 여부(소극) 및 이때 가족관계 등록부를 작성하는 절차
[2] 가족관계 등록부가 폐쇄된 자녀에게 진정한 출생신고의무자가 있는 경우, 출생신고를 다시 하여 가족관계 등록부를 새롭게 작성하여야 하는지 여부(적극) 및 출생신고의무자와 자녀 사이에 친생자관계존재확인의 확정판결이 존재한다는 이유만으로 가족관계 등록법 제107조에 따른 등록부 정정의 대상이 되는지 여부(소극)

판결요지

[1] 가족관계의 등록 등에 관한 법률(이하 '가족관계 등록법'이라 한다)은 '국민'의 가족관계 발생 및 변동사항에 관한 등록과 그 증명에 관한 사항을 규정함을 목적으로 하므로(제1조), 위 법에 따른 가족관계 등록부의 작성과 정정 등은 대한민국 국민을 대상으로 한다.
국적법 제2조 제1항 제1호는 출생 당시에 부(父) 또는 모(母)가 대한민국의 국민인 자는 출생과 동시에 대한민국 국적을 취득한다고 규정하고 있다. 그리고 국적법 제3조 제1항, 제2항은 대한민국의 국민이 아닌 자(이하 '외국인'이라 한다)로서 대한민국의 국민인 부 또는 모에 의하여 인지된 사람이 대한민국 민법상 미성년이고, 출생 당시에 부 또는 모가 대한민국의 국민이었다면 법무부장관에게 신고한 때에 대한민국 국적을 취득한다고 규정하고 있다.
여기서 국적법 제2조 제1항 제1호에 따라 부가 대한민국의 국민임을 이유로 출생과 동시에 대한민국 국적을 취득하기 위해서는, 부와 자녀 사이에 법률상 친자관계가 인정되어야 한다. 그런데 부와 혼인외의 자녀 사이에서는 인지 없이는 법률상 친자관계가 발생하지 않는다. 따라서 대한민국의 국민인 부와 외국인인 모 사이에 태어난 혼인외의 출생자에 대하여는 부의 출생신고만으로 가족관계 등록부를 작성할 수 없고, 그 자녀가 미성년인 경우 대한민국의 국민인 부가 외국인에 대한 인지절차에 따라 인지신고를 한 다음, 자녀가 위 국적법 제3조에 따라 법무부장관에게 신고함으로써 대한민국 국적을 취득한 후 그 통보가 된 때 가족관계 등록부를 작성할 수 있다(국적법 시행령 제2조, 가족관계 등록법 제93조, 한국인과 외국인 사이에서 출생한 자녀에 대한 출생신고 처리방법(가족관계 등록예규 제429호) 참조).
[2] 출생기록이 있는 자녀와 부 또는 모 사이에 친생자관계부존재 확인판결이 확정된 경우 가족관계 등록관서는 친생자관계부존재가 확인된 자녀의 가족관계 등록부에 친생자관계가 부존재하는 부 또는 모의 특정등록사항을 말소한 후 그 가족관계 등록부를 폐쇄한다(가족관계의 등록 등에 관한 규칙 제17조 제2항, 친자관계의 판결에 의한 가족관계 등록부 정정절차 예규(가족관계 등록예규 제300호) 제1조 제2항, 제4조 제1항, 제2항, 제5조 참조].
나아가 위와 같이 가족관계 등록부가 폐쇄된 자녀에게 진정한 출생신고의무자가 있는 경우 출생신고를 다시 하여 가족관계 등록부를 새롭게 작성하여야 하고, 출생신고의무자와 자녀 사이에 친생자관계존재확

인의 확정판결이 존재한다고 하여 그것만으로 가족관계의 등록 등에 관한 법률 제107조에 따른 등록부 정정의 대상이 되는 것은 아니다(친자관계의 판결에 의한 가족관계 등록부 정정절차 예규(가족관계 등록예규 제300호) 제2조 제1항 참조).

주요판례

❖ 국적회복허가신청반려처분취소 [서울행법 2007. 8. 22., 선고, 2007구합2258, 판결 : 확정]

판시사항

'대한민국 국민이었던 외국인'이 불법체류 사실을 알면서 이를 장기간 계속한 것이 불법체류에 대한 고의가 있었다고 인정됨은 물론, 입국 당시부터 불법체류의 의도를 갖고 있지 않았나 하는 의심을 받기에 충분한 경우, 위 '대한민국 국민이었던 외국인'에 대한 법무부장관의 국적회복허가신청 반려처분은 적법하다고 한 사례

판결요지

'대한민국 국민이었던 외국인'이 불법체류 사실을 알면서 이를 장기간 계속한 것이 불법체류에 대한 고의가 있었다고 인정됨은 물론, 입국 당시부터 불법체류의 의도를 갖고 있지 않았나 하는 의심을 받기에 충분한 경우, 이는 대한민국 법질서를 무시하는 태도를 보인 것으로서 위 '대한민국 국민이었던 외국인'은 국적법 제9조 제2항 제2호의 '품행이 단정하지 못한 자'에 해당한다고 보아야 하고, 또한 국적법 제9조 제2항 제1호의 '국가 또는 사회에 위해를 끼친 사실이 있는 자' 또는 같은 항 제4호의 '국가안전보장, 질서유지 또는 공공복리를 위하여 법무부장관이 국적회복을 허가함이 부적당하다고 인정하는 자'에도 해당한다고 보아야 하므로, 위 '대한민국 국민이었던 외국인'에 대한 법무부장관의 국적회복허가신청 반려처분은 적법하다고 한 사례.

제4조 귀화에 의한 국적 취득

① 대한민국 국적을 취득한 사실이 없는 외국인은 법무부장관의 귀화허가(歸化許可)를 받아 대한민국 국적을 취득할 수 있다.

② 법무부장관은 귀화허가 신청을 받으면 제5조부터 제7조까지의 귀화 요건을 갖추었는지를 심사한 후 그 요건을 갖춘 사람에게만 귀화를 허가한다. 〈개정 2017. 12. 19.〉

③ 제1항에 따라 귀화허가를 받은 사람은 법무부장관 앞에서 국민선서를 하고 귀화증서를 수여받은 때에 대한민국 국적을 취득한다. 다만, 법무부장관은 연령, 신체적·정신적 장애 등으로 국민선서의 의미를 이해할 수 없거나 이해한 것을 표현할 수 없다고 인정되는 사람에게는 국민선서를 면제할 수 있다. 〈개정 2017. 12. 19.〉

④ 법무부장관은 제3항 본문에 따른 국민선서를 받고 귀화증서를 수여하는 업무와 같은 항 단서에 따른 국민선서의 면제 업무를 대통령령으로 정하는 바에 따라 지

방출입국·외국인관서의 장에게 대행하게 할 수 있다.〈신설 2017. 12. 19.〉
⑤ 제1항부터 제4항까지에 따른 신청절차, 심사, 국민선서 및 귀화증서 수여와 그 대행 등에 관하여 필요한 사항은대통령령으로 정한다.〈개정 2017. 12. 19.〉
[전문개정 2008. 3. 14.]

주요판례

❖ 귀화허가신청불허가처분취소 [대법원 2010. 10. 28., 선고, 2010두6496, 판결]

판시사항

[1] 귀화신청인이 국내거주요건을 갖추었는지 여부를 판단할 때 출입국관리법 시행령 제12조에서 정한 외국인의 체류자격에 따라 그 기간을 다르게 산정할 수 있는지 여부(소극)
[2] 법무부장관이 법률에서 정한 귀화 요건을 갖춘 귀화신청인에게 귀화를 허가할 것인지 여부에 관하여 재량권을 가지는지 여부(적극)
[3] 방문동거(F-1-4) 및 특례고용허가자(E-19) 체류자격, 방문취업(H-2) 체류자격, 기타(G-1) 체류자격으로 대한민국 내에서 계속하여 3년 이상 거주한 외국인의 간이귀화신청에 대하여 법무부장관이 방문취업 체류자격이나 기타 체류자격을 이용하여 귀화신청을 하는 것은 간이귀화요건을 갖춘 것으로 볼 수 없다는 이유로 불허가처분을 한 사안에서, 방문취업 체류자격이나 기타 체류자격으로도 간이귀화의 국내거주요건을 갖출 수 있다는 이유만으로 위 귀화불허가 처분이 위법하다고 한 원심판단에 귀화허가의 법적 성질에 관한 법리를 오해하여 심리를 다하지 않은 위법이 있다고 한 사례

판결요지

[1] 국적법 제6조 제1항은 간이귀화의 요건으로서 '외국인이 대한민국에 3년 이상 계속하여 주소가 있는 자'에 해당할 것을 규정하고 있고, 국적법 시행규칙 제5조는 '법 제6조의 규정에 의한 기간은 외국인이 적법하게 입국하여 외국인 등록을 마치고 국내에서 계속 체류한 기간'으로 한다고 규정하고 있을 뿐이므로, 귀화신청인이 국내거주요건을 갖추었는지 여부를 판단하는 데에 출입국관리법 시행령 제12조에 정한 외국인의 체류자격에 따라 그 기간의 산정을 달리할 것은 아니다.
[2] 국적법 제4조 제1항은 "외국인은 법무부장관의 귀화허가를 받아 대한민국의 국적을 취득할 수 있다."라고 규정하고, 그 제2항은 "법무부장관은 귀화 요건을 갖추었는지를 심사한 후 그 요건을 갖춘 자에게만 귀화를 허가한다."라고 정하고 있다. 국적은 국민의 자격을 결정짓는 것이고, 이를 취득한 사람은 국가의 주권자가 되는 동시에 국가의 속인적 통치권의 대상이 되므로, 귀화허가는 외국인에게 대한민국 국적을 부여함으로써 국민으로서의 법적 지위를 포괄적으로 설정하는 행위에 해당한다. 한편, 국적법 등 관계 법령 어디에도 외국인에게 대한민국의 국적을 취득할 권리를 부여하였다고 볼 만한 규정이 없다. 이와 같은 귀화허가의 근거 규정의 형식과 문언, 귀화허가의 내용과 특성 등을 고려해 보면, 법무부장관은 귀화신청인이 귀화 요건을 갖추었다 하더라도 귀화를 허가할 것인지 여부에 관하여 재량권을 가진다고 보는 것이 타당하다.
[3] 방문동거(F-1-4) 및 특례고용허가자(E-19) 체류자격, 방문취업(H-2) 체류자격, 기타(G-1) 체류자격으로 대한민국 내에서 계속하여 3년 이상 거주한 외국인의 간이귀화신청에 대하여 법무부장관이 방문취업 체류자격이나 임시적·보충적 성격의 기타 체류자격을 이용하여 귀화신청을 하는 것은 간이귀화요건을 갖춘

것으로 볼 수 없다는 이유로 불허가처분을 한 사안에서, 법무부장관이 위 체류자격의 내용이나 성격 등을 이유로 귀화신청을 불허가한 처분이 재량권을 일탈·남용한 것인지 여부에 관하여 판단하지 않은 채, 방문취업 체류자격이나 기타 체류자격으로도 간이귀화의 국내거주요건을 갖출 수 있다는 이유만으로 위 귀화불허가 처분이 위법하다고 한 원심판단에 귀화허가의 법적 성질에 관한 법리를 오해하여 심리를 다하지 않은 위법이 있다고 한 사례.

주요판례

❖ **국적신청불허가처분취소**[대법원 2010. 7. 15., 선고, 2009두19069, 판결]

판시사항

[1] 귀화신청인이 국내거주요건을 갖추었는지 여부를 판단할 때 출입국관리법 시행령 제12조에서 정한 외국인의 체류자격에 따라 그 기간을 다르게 산정할 수 있는지 여부(소극)
[2] 법무부장관이 법률에 정한 귀화요건을 갖춘 귀화신청인에게 귀화를 허가할 것인지 여부에 관하여 재량권을 가지는지 여부(적극)

판결요지

[1] 국적법 제6조 제1항, 국적법 시행규칙 제5조 규정의 문언이나 체계, 국내거주요건이 간이귀화절차, 나아가 귀화절차 일반에서 가지는 의미와 특성·역할 등에 비추어 볼 때, 귀화신청인이 국내거주요건을 갖추었는지 여부를 판단할 때 출입국관리법 시행령 제12조에서 정한 외국인의 체류자격에 따라 그 기간의 산정을 달리할 것은 아니다.
[2] 국적은 국민의 자격을 결정짓는 것이고, 이를 취득한 사람은 국가의 주권자가 되는 동시에 국가의 속인적 통치권의 대상이 되므로, 귀화허가는 외국인에게 대한민국 국적을 부여함으로써 국민으로서의 법적 지위를 포괄적으로 설정하는 행위에 해당한다. 한편 국적법 등 관계 법령 어디에도 외국인에게 대한민국의 국적을 취득할 권리를 부여하였다고 볼 만한 규정이 없다. 이와 같은 귀화허가의 근거 규정의 형식과 문언, 귀화허가의 내용과 특성 등을 고려하여 보면, 법무부장관은 귀화신청인이 법률이 정하는 귀화요건을 갖추었다고 하더라도 귀화를 허가할 것인지 여부에 관하여 재량권을 가진다.

제5조 일반귀화 요건

외국인이 귀화허가를 받기 위해서는 제6조나 제7조에 해당하는 경우 외에는 다음 각 호의 요건을 갖추어야 한다. 〈개정 2017. 12. 19.〉

1. 5년 이상 계속하여 대한민국에 주소가 있을 것
1의2. 대한민국에서 영주할 수 있는 체류자격을 가지고 있을 것
2. 대한민국의 「민법」상 성년일 것
3. 법령을 준수하는 등 법무부령으로 정하는 품행 단정의 요건을 갖출 것

4. 자신의 자산(資産)이나 기능(技能)에 의하거나 생계를 같이하는 가족에 의존하여 생계를 유지할 능력이 있을 것
5. 국어능력과 대한민국의 풍습에 대한 이해 등 대한민국 국민으로서의 기본 소양(素養)을 갖추고 있을 것
6. 귀화를 허가하는 것이 국가안전보장·질서유지 또는 공공복리를 해치지 아니한다고 법무부장관이 인정할 것 [전문개정 2008. 3. 14.]

제6조 간이귀화 요건

① 다음 각 호의 어느 하나에 해당하는 외국인으로서 대한민국에 3년 이상 계속하여 주소가 있는 사람은 제5조 제1호 및 제1호의2의 요건을 갖추지 아니하여도 귀화허가를 받을 수 있다. <개정 2017. 12. 19.>
  1. 부 또는 모가 대한민국의 국민이었던 사람
  2. 대한민국에서 출생한 사람으로서 부 또는 모가 대한민국에서 출생한 사람
  3. 대한민국 국민의 양자(養子)로서 입양 당시 대한민국의 「민법」상 성년이었던 사람
② 배우자가 대한민국의 국민인 외국인으로서 다음 각 호의 어느 하나에 해당하는 사람은 제5조 제1호 및 제1호의2의 요건을 갖추지 아니하여도 귀화허가를 받을 수 있다. <개정 2017. 12. 19.>
  1. 그 배우자와 혼인한 상태로 대한민국에 2년 이상 계속하여 주소가 있는 사람
  2. 그 배우자와 혼인한 후 3년이 지나고 혼인한 상태로 대한민국에 1년 이상 계속하여 주소가 있는 사람
  3. 제1호나 제2호의 기간을 채우지 못하였으나, 그 배우자와 혼인한 상태로 대한민국에 주소를 두고 있던 중 그 배우자의 사망이나 실종 또는 그 밖에 자신에게 책임이 없는 사유로 정상적인 혼인 생활을 할 수 없었던 사람으로서 제1호나 제2호의 잔여기간을 채웠고 법무부장관이 상당(相當)하다고 인정하는 사람
  4. 제1호나 제2호의 요건을 충족하지 못하였으나, 그 배우자와의 혼인에 따라 출생한 미성년의 자(子)를 양육하고 있거나 양육하여야 할 사람으로서 제1호나 제2호의 기간을 채웠고 법무부장관이 상당하다고 인정하는 사람

[전문개정 2008. 3. 14.]

제4부 국적법

주요판례

❖ **귀화허가신청불허가처분취소** [대법원 2010. 10. 28., 선고, 2010두6496, 판결]

판시사항

[1] 귀화신청인이 국내거주요건을 갖추었는지 여부를 판단할 때 출입국관리법 시행령 제12조에서 정한 외국인의 체류자격에 따라 그 기간을 다르게 산정할 수 있는지 여부(소극)
[2] 법무부장관이 법률에서 정한 귀화 요건을 갖춘 귀화신청인에게 귀화를 허가할 것인지 여부에 관하여 재량권을 가지는지 여부(적극)
[3] 방문동거(F-1-4) 및 특례고용허가자(E-19) 체류자격, 방문취업(H-2) 체류자격, 기타(G-1) 체류자격으로 대한민국 내에서 계속하여 3년 이상 거주한 외국인의 간이귀화신청에 대하여 법무부장관이 방문취업 체류자격이나 기타 체류자격을 이용하여 귀화신청을 하는 것은 간이귀화요건을 갖춘 것으로 볼 수 없다는 이유로 불허가처분을 한 사안에서, 방문취업 체류자격이나 기타 체류자격으로도 간이귀화의 국내거주요건을 갖출 수 있다는 이유만으로 위 귀화불허가 처분이 위법하다고 한 원심판단에 귀화허가의 법적 성질에 관한 법리를 오해하여 심리를 다하지 않은 위법이 있다고 한 사례

판결요지

[1] 국적법 제6조 제1항은 간이귀화의 요건으로서 '외국인이 대한민국에 3년 이상 계속하여 주소가 있는 자'에 해당할 것을 규정하고 있고, 국적법 시행규칙 제5조는 '법 제6조의 규정에 의한 기간은 외국인이 적법하게 입국하여 외국인 등록을 마치고 국내에서 계속 체류한 기간'으로 한다고 규정하고 있을 뿐이므로, 귀화신청인이 국내거주요건을 갖추었는지 여부를 판단하는 데에 출입국관리법 시행령 제12조에 정한 외국인의 체류자격에 따라 그 기간의 산정을 달리할 것은 아니다.
[2] 국적법 제4조 제1항은 "외국인은 법무부장관의 귀화허가를 받아 대한민국의 국적을 취득할 수 있다."라고 규정하고, 그 제2항은 "법무부장관은 귀화 요건을 갖추었는지를 심사한 후 그 요건을 갖춘 자에게만 귀화를 허가한다."라고 정하고 있다. 국적은 국민의 자격을 결정짓는 것이고, 이를 취득한 사람은 국가의 주권자가 되는 동시에 국가의 속인적 통치권의 대상이 되므로, 귀화허가는 외국인에게 대한민국 국적을 부여함으로써 국민으로서의 법적 지위를 포괄적으로 설정하는 행위에 해당한다. 한편, 국적법 등 관계 법령 어디에도 외국인에게 대한민국의 국적을 취득할 권리를 부여하였다고 볼 만한 규정이 없다. 이와 같은 귀화허가의 근거 규정의 형식과 문언, 귀화허가의 내용과 특성 등을 고려해 보면, 법무부장관은 귀화신청인이 귀화 요건을 갖추었다 하더라도 귀화를 허가할 것인지 여부에 관하여 재량권을 가진다고 보는 것이 타당하다.
[3] 방문동거(F-1-4) 및 특례고용허가자(E-19) 체류자격, 방문취업(H-2) 체류자격, 기타(G-1) 체류자격으로 대한민국 내에서 계속하여 3년 이상 거주한 외국인의 간이귀화신청에 대하여 법무부장관이 방문취업 체류자격이나 임시적·보충적 성격의 기타 체류자격을 이용하여 귀화신청을 하는 것은 간이귀화요건을 갖춘 것으로 볼 수 없다는 이유로 불허가처분을 한 사안에서, 법무부장관이 위 체류자격의 내용이나 성격 등을 이유로 귀화신청을 불허가한 처분이 재량권을 일탈·남용한 것인지 여부에 관하여 판단하지 않은 채, 방문취업 체류자격이나 기타 체류자격으로도 간이귀화의 국내거주요건을 갖출 수 있다는 이유만으로 위 귀화불허가 처분이 위법하다고 한 원심판단에 귀화허가의 법적 성질에 관한 법리를 오해하여 심리를 다하지 않은 위법이 있다고 한 사례.

주요판례

❖ **국적신청불허가처분취소**[대법원 2010. 7. 15., 선고, 2009두19069, 판결]

판시사항

[1] 귀화신청인이 국내거주요건을 갖추었는지 여부를 판단할 때 출입국관리법 시행령 제12조에서 정한 외국인의 체류자격에 따라 그 기간을 다르게 산정할 수 있는지 여부(소극)
[2] 법무부장관이 법률에 정한 귀화요건을 갖춘 귀화신청인에게 귀화를 허가할 것인지 여부에 관하여 재량권을 가지는지 여부(적극)

판결요지

[1] 국적법 제6조 제1항, 국적법 시행규칙 제5조 규정의 문언이나 체계, 국내거주요건이 간이귀화절차, 나아가 귀화절차 일반에서 가지는 의미와 특성·역할 등에 비추어 볼 때, 귀화신청인이 국내거주요건을 갖추었는지 여부를 판단할 때 출입국관리법 시행령 제12조에서 정한 외국인의 체류자격에 따라 그 기간의 산정을 달리할 것은 아니다.
[2] 국적은 국민의 자격을 결정짓는 것이고, 이를 취득한 사람은 국가의 주권자가 되는 동시에 국가의 속인적 통치권의 대상이 되므로, 귀화허가는 외국인에게 대한민국 국적을 부여함으로써 국민으로서의 법적 지위를 포괄적으로 설정하는 행위에 해당한다. 한편 국적법 등 관계 법령 어디에도 외국인에게 대한민국의 국적을 취득할 권리를 부여하였다고 볼 만한 규정이 없다. 이와 같은 귀화허가의 근거 규정의 형식과 문언, 귀화허가의 내용과 특성 등을 고려하여 보면, 법무부장관은 귀화신청인이 법률이 정하는 귀화요건을 갖추었다고 하더라도 귀화를 허가할 것인지 여부에 관하여 재량권을 가진다.

제7조 특별귀화 요건

① 다음 각 호의 어느 하나에 해당하는 외국인으로서 대한민국에 주소가 있는 사람은 제5조 제1호·제1호의2·제2호 또는 제4호의 요건을 갖추지 아니하여도 귀화허가를 받을 수 있다. <개정 2010. 5. 4., 2017. 12. 19.>
  1. 부 또는 모가 대한민국의 국민인 사람. 다만, 양자로서 대한민국의 「민법」상 성년이 된 후에 입양된 사람은 제외한다.
  2. 대한민국에 특별한 공로가 있는 사람
  3. 과학·경제·문화·체육 등 특정 분야에서 매우 우수한 능력을 보유한 사람으로서 대한민국의 국익에 기여할 것으로 인정되는 사람
② 제1항제2호 및 제3호에 해당하는 사람을 정하는 기준 및 절차는 대통령령으로 정한다. <개정 2010. 5. 4., 2017. 12. 19.>[전문개정 2008. 3. 14.]

주요판례

❖ **국적취득신청불허가처분취소**[서울행법 2009. 11. 5., 선고, 2009구합19779, 판결 : 항소]

판시사항

[1] 법무부장관이 국적법 제5조 내지 제7조에서 정한 요건을 구비한 외국인 등에 대하여도 그 귀화의 허가 여부를 결정할 수 있는 재량권을 가지는지 여부(적극)
[2] 부(父)가 대한민국 국민이었던 중화인민공화국 국적자가 방문동거(F-1) 체류자격으로 입국 후 방문취업(H-1) 및 기타(G-1) 체류자격으로 국내에 체류하다가 간이귀화신청을 하였으나 기타 체류자격을 이용하여 귀화신청을 하는 것은 기타 체류자격의 존재 이유 및 국적제도의 일반적 취지에 부합하지 않는다는 이유로 법무부장관이 이를 불허가한 사안에서, 그 처분이 재량권의 범위를 일탈·남용하였다고 볼 수 없다고 한 사례

판결요지

[1] 국적을 부여할 것인지 여부는 국가의 주권자의 범위를 확정하는 고도의 정치적 속성을 갖는 문제라는 점, 더구나 귀화에 의한 국적취득의 경우 출생이나 인지, 국적회복 등에 의한 국적취득에 비하여 상대적으로 대한민국과 관련성이 적은 외국인 등에 대하여 국적을 부여하는 제도이므로, 대한민국의 기존 사회질서 및 사회성원과 동화·통합이 가능할 것인지 등의 사정에 관하여 보다 엄격한 심사를 하여야 할 필요성이 인정되는 점, 그런데 이에 관한 판단은 그 국가의 역사적 사정, 전통, 환경 등의 요인에 의하여 크게 좌우되는 것으로서 법령에 그 요건을 일의적으로 규정하기 어려운 점 등에 비추어 보면, 귀화를 허가하기 위한 요건, 허가를 구하는 신청의 방식, 허가될 경우의 효과 등을 규정하는 입법의 영역에 대하여는 물론, 법령으로 정한 요건이나 방식이 일응 구비된 경우에 이를 허가할지 여부에 관한 집행의 영역에서도 당해 국가의 광범위한 재량권이 인정되어야 한다.
국적법 제4조 제2항도 위와 같은 사정을 반영하여 제5조부터 제7조까지의 요건을 귀화허가를 위한 최소한의 필요요건으로 규정하고 있을 뿐 충분조건으로 규정하지는 않은 것으로 보인다. 따라서 법무부장관은 국적법 제5조 내지 제7조에서 정한 요건을 구비한 외국인 등에 대하여도 여전히 그 외국인 등의 일체의 행동이나 태도, 국내의 정치·경제·사회적 사정, 국제정세, 외교관계 등의 제반사정을 종합적으로 고려하여 그 귀화를 허가할지 여부에 관하여 결정하는 것이 가능하다고 해석함이 상당하다.
[2] 부(父)가 대한민국 국민이었던 중화인민공화국 국적자가 방문동거(F-1) 체류자격으로 입국 후 방문취업(H-1) 및 기타(G-1) 체류자격으로 국내에 체류하다가 국적법 제6조 제1항 제1호에 정한 간이귀화신청을 하였으나 기타 체류자격을 이용하여 귀화신청을 하는 것은 기타 체류자격의 존재 이유 및 국적제도의 일반적 취지에 부합하지 않는다는 이유로 법무부장관이 이를 불허가한 사안에서, 기타 체류자격은 보충적인 체류자격으로서 외국인이 소송 등으로 국내에 체류할 필요성이 있음을 소명하는 경우 인도적 차원에서 별다른 심사 없이 부여해 주고 있으므로, 기타 체류자격으로 체류한 기간을 포함하여 국적법 제6조에 정한 간이귀화를 신청하는 경우 그 귀화허가 여부를 판단할 때 다른 체류자격으로 체류한 사람에 비하여 더 광범위한 재량권이 인정되어야 한다는 등의 이유로 그 처분이 재량권의 범위를 일탈·남용하였다고 볼 수 없다고 한 사례.

주요판례

❖ **귀화허가신청반려처분취소**[서울행법 2007. 10. 4., 선고, 2007구합18529, 판결 : 확정]

판시사항

[1] 귀화허가신청이 국적법 등 관계 법령에서 정한 형식적 요건을 갖춘 경우, 귀화허가요건이나 기준에 적합하지 않다고 하여 그 귀화허가신청서의 수리 자체를 거부할 수 있는지 여부(소극)
[2] 국적법에 의한 특별귀화허가 신청에 필요한 형식적 요건을 갖춘 귀화허가신청서를 법무부 예규에서 요구하는 일부 첨부서류를 갖추지 않았다는 이유로 수리 자체를 거부한 것은 위법하다고 판단한 사례

판결요지

[1] 귀화허가신청이 국적법 제4조 제1항, 같은 법 시행령 제3조, 같은 법 시행규칙 제3조에 정한 형식적 요건을 갖추었다면 법무부장관은 일단 이를 수리해야 하고, 만일 신청한 사항이 같은 법에 정한 귀화허가요건이나 기준에 적합하지 않다고 판단되면 그 귀화허가신청을 반려하거나 그 허가를 거부할 수 있을 뿐이지 그 귀화허가신청서의 수리 자체를 거부할 수는 없으며, 형식적인 요건이 일부 갖추어져 있지 않다고 하더라도 그것이 보완 또는 보정이 불가능한 것이 아닌 한 보완 또는 보정을 요구하지 않은 채 곧바로 그 귀화허가신청서의 수리 자체를 거부할 수는 없다.
[2] 국적법 제7조 제1항 제1호에 의한 특별귀화허가 신청에 필요한 형식적 요건을 갖추었음에도 법무부 예규인 '외국국적 동포의 국적회복 등에 관한 업무처리 지침' 제5조 제2항에서 요구하는 신청인과 부 사이에 친자관계를 증명할 수 있는 호구저부(戸口底簿), 유전자 감식결과를 제출하지 않았다는 이유로 신청인의 귀화허가신청서의 수리 자체를 거부한 것은 위법하다고 판단한 사례.

제8조 수반 취득

① 외국인의 자(子)로서 대한민국의 「민법」상 미성년인 사람은 부 또는 모가 귀화허가를 신청할 때 함께 국적 취득을 신청할 수 있다. 〈개정 2017. 12. 19.〉
② 제1항에 따라 국적 취득을 신청한 사람은 부 또는 모가 대한민국 국적을 취득한 때에 함께 대한민국 국적을 취득한다. 〈개정 2017. 12. 19.〉
③ 제1항에 따른 신청절차와 그 밖에 필요한 사항은 대통령령으로 정한다. 〈개정 2017. 12. 19.〉 [전문개정 2008. 3. 14.]

제9조 국적회복에 의한 국적 취득

① 대한민국의 국민이었던 외국인은 법무부장관의 국적회복허가(國籍回復許可)를 받아 대한민국 국적을 취득할 수 있다.
② 법무부장관은 국적회복허가 신청을 받으면 심사한 후 다음 각 호의 어느 하나에

해당하는 사람에게는 국적회복을 허가하지 아니한다. 〈개정 2017. 12. 19.〉
1. 국가나 사회에 위해(危害)를 끼친 사실이 있는 사람
2. 품행이 단정하지 못한 사람
3. 병역을 기피할 목적으로 대한민국 국적을 상실하였거나 이탈하였던 사람
4. 국가안전보장·질서유지 또는 공공복리를 위하여 법무부장관이 국적회복을 허가하는 것이 적당하지 아니하다고 인정하는 사람

③ 제1항에 따라 국적회복허가를 받은 사람은 법무부장관 앞에서 국민선서를 하고 국적회복증서를 수여받은 때에 대한민국 국적을 취득한다. 다만, 법무부장관은 연령, 신체적·정신적 장애 등으로 국민선서의 의미를 이해할 수 없거나 이해한 것을 표현할 수 없다고 인정되는 사람에게는 국민선서를 면제할 수 있다. 〈개정 2017. 12. 19.〉

④ 법무부장관은 제3항 본문에 따른 국민선서를 받고 국적회복증서를 수여하는 업무와 같은 항 단서에 따른 국민선서의 면제 업무를 대통령령으로 정하는 바에 따라 재외공관의 장 또는 지방출입국·외국인관서의 장에게 대행하게 할 수 있다. 〈신설 2017. 12. 19.〉

⑤ 제1항부터 제4항까지에 따른 신청절차, 심사, 국민선서 및 국적회복증서 수여와 그 대행 등에 관하여 필요한 사항은 대통령령으로 정한다. 〈개정 2017. 12. 19.〉

⑥ 국적회복허가에 따른 수반(隨伴) 취득에 관하여는 제8조를 준용(準用)한다. 〈개정 2017. 12. 19.〉[전문개정 2008. 3. 14.]

주요판례

❖ **국적회복불허처분취소** [대법원 2017. 12. 22., 선고, 2017두59420, 판결]

판시사항

국적법 제9조 제2항 제2호에서 국적회복 불허가 사유로 정한 "품행이 단정하지 못한 자"의 의미 및 이에 해당하는지 판단하는 방법

판결요지

국적법 제9조 제1항은 "대한민국 국민이었던 외국인은 법무부장관의 국적회복허가를 받아 대한민국 국적을 취득할 수 있다."라고 규정하고 있고, 같은 조 제2항은 '법무부장관은 각호의 어느 하나에 해당하는 자에게는 국적회복을 허가하지 아니한다.'라고 규정하면서 제2호에서 그중 하나로 "품행이 단정하지 못한 자"를 들고 있다. 여기에서 "품행이 단정하지 못한 자"란 '국적회복 신청자를 다시 대한민국의 구성원으로 받아들이는 데 지장이 없을 정도의 품성과 행실을 갖추지 못한 자'를 의미하고, 이는 국적회복 신청자의 성별, 나이, 가족, 직업,

경력, 범죄전력 등 여러 사정을 종합적으로 고려하여 판단하여야 한다. 특히 범죄전력과 관련하여서는 단순히 범죄를 저지른 사실의 유무뿐만 아니라 범행의 내용, 처벌의 정도, 범죄 당시 및 범죄 후의 사정, 범죄일로부터 처분할 때까지의 기간 등 여러 사정을 종합적으로 고려하여야 한다.

주요판례

❖ **국적회복허가거부처분취소**[서울행법 2016. 8. 18., 선고, 2016구합2267, 판결 : 확정]

판시사항

미국 시민권자로서 현재 대한민국에 체류 중인 甲이 국적법 제9조 제1항에 따라 국적회복허가를 신청하였으나 법무부장관이 '병역을 기피할 목적으로 대한민국 국적을 상실하였거나 이탈하였던 자'에 해당한다는 이유로 불허 처분을 한 사안에서, 甲이 병역을 기피할 목적으로 대한민국 국적을 상실하였다고 본 사례

판결요지

미국 시민권자로서 현재 대한민국에 체류 중인 甲이 국적법 제9조 제1항에 따라 국적회복허가를 신청하였으나 법무부장관이 '병역을 기피할 목적으로 대한민국 국적을 상실하였거나 이탈하였던 자'에 해당한다는 이유로 불허 처분을 한 사안에서, 국적회복허가는 고도의 정책적 판단의 영역으로서 법무부장관에게 광범위한 재량권이 인정되는데, 甲은 제1국민역에 편입되기 약 1년 전에 미국으로 이민하였고, 시민권을 취득한 지 채 한 달이 되기도 전에 대한민국에 입국을 하여 체류하고 약 1년 9개월이 지난 후부터는 대한민국에서 계속 체류하고 있는 점 등에 비추어 보면, 甲은 병역을 기피할 목적으로 대한민국 국적을 상실하였다고 본 사례.

주요판례

❖ **국적회복허가신청반려처분취소**[서울행법 2007. 8. 22., 선고, 2007구합2258, 판결 : 확정]

판시사항

'대한민국 국민이었던 외국인'이 불법체류 사실을 알면서 이를 장기간 계속한 것이 불법체류에 대한 고의가 있었다고 인정됨은 물론, 입국 당시부터 불법체류의 의도를 갖고 있지 않았나 하는 의심을 받기에 충분한 경우, 위 '대한민국 국민이었던 외국인'에 대한 법무부장관의 국적회복허가신청 반려처분은 적법하다고 한 사례

판결요지

'대한민국 국민이었던 외국인'이 불법체류 사실을 알면서 이를 장기간 계속한 것이 불법체류에 대한 고의가 있었다고 인정됨은 물론, 입국 당시부터 불법체류의 의도를 갖고 있지 않았나 하는 의심을 받기에 충분한 경우, 이는 대한민국 법질서를 무시하는 태도를 보인 것으로서 위 '대한민국 국민이었던 외국인'은 국적법 제9조 제2항 제2호의 '품행이 단정하지 못한 자'에 해당한다고 보아야 하고, 또한 국적법 제9조 제2항 제1호의 '국가 또는 사회에 위해를 끼친 사실이 있는 자' 또는 같은 항 제4호의 '국가안전보장, 질서유지 또는 공공복리를 위하여 법무부장관이 국적회복을 허가함이 부적당하다고 인정하는 자'에도 해당한다고 보아야 하므로, 위 '대한민국 국민이었던 외국인'에 대한 법무부장관의 국적회복허가신청 반려처분은 적법하다고 한 사례.

제10조 국적 취득자의 외국 국적 포기 의무

① 대한민국 국적을 취득한 외국인으로서 외국 국적을 가지고 있는 자는 대한민국 국적을 취득한 날부터 1년 내에 그 외국 국적을 포기하여야 한다. 〈개정 2010. 5. 4.〉

② 제1항에도 불구하고 다음 각 호의 어느 하나에 해당하는 자는 대한민국 국적을 취득한 날부터 1년 내에 외국 국적을 포기하거나 법무부장관이 정하는 바에 따라 대한민국에서 외국 국적을 행사하지 아니하겠다는 뜻을 법무부장관에게 서약하여야 한다. 〈신설 2010. 5. 4.〉

1. 귀화허가를 받은 때에 제6조 제2항 제1호·제2호 또는 제7조 제1항 제2호·제3호의 어느 하나에 해당하는 사유가 있는 자
2. 제9조에 따라 국적회복허가를 받은 자로서 제7조 제1항 제2호 또는 제3호에 해당한다고 법무부장관이 인정하는 자
3. 대한민국의 「민법」상 성년이 되기 전에 외국인에게 입양된 후 외국 국적을 취득하고 외국에서 계속 거주하다가 제9조에 따라 국적회복허가를 받은 자
4. 외국에서 거주하다가 영주할 목적으로 만 65세 이후에 입국하여 제9조에 따라 국적회복허가를 받은 자
5. 본인의 뜻에도 불구하고 외국의 법률 및 제도로 인하여 제1항을 이행하기 어려운 자로서 대통령령으로 정하는 자

③ 제1항 또는 제2항을 이행하지 아니한 자는 그 기간이 지난 때에 대한민국 국적을 상실(喪失)한다. 〈개정 2010. 5. 4.〉[전문개정 2008. 3. 14.]

주요판례

❖ **국적이탈신고반려처분취소** [대법원 2016. 9. 23., 선고, 2014두40364, 판결]

판시사항

국적법 부칙(1997. 12. 13.) 제7조 제1항 제1호에 따라 대한민국 국적을 취득하여 2010년 국적법 개정 이전에 구 국적법 제12조 제1항에 따른 이중국적자로서 국적선택을 할 수 있었던 모계특례자가 국적법 제11조의2 제1항이 정한 '복수국적자'로서 국적법 제12조에 따라 제1국민역에 편입된 때부터 3개월 이내에 국적선택을 할 수 있는지 여부(적극)

판결요지

구 국적법(1997. 12. 13. 법률 제5431호로 전부 개정되기 전의 것) 제2조 제1호, 구 국적법(2008. 3. 14. 법률 제

8892호로 개정되기 전의 것) 제2조 제1항 제1호, 구 국적법(2010. 5. 4. 법률 제10275호로 개정되기 전의 것, 이하 '구 국적법'이라 한다) 제10조, 제12조, 국적법 제10조 제1항, 제2항, 제11조의2 제1항, 제12조, 부칙(1997. 12. 13.) 제7조 제1항 제1호, 부칙(2010. 5. 4.) 제3조, 구 국적법 시행령(2010. 12. 31. 대통령령 제22588호로 개정되기 전의 것) 제13조 제1항 제1호, 제16조 제1항 제1호, 국적법 시행령 제16조 제1항, 부칙(2010. 12. 31.) 제5조의 문언·체계·연혁 등에 비추어, 국적법 부칙(1997. 12. 13.) 제7조 제1항 제1호에 따라 대한민국 국적을 취득하여 2010년 국적법 개정 이전에 구 국적법 제12조 제1항에 따른 이중국적자로서 국적선택을 할 수 있었던 모계특례자는, 다음과 같은 이유에서 2010년 국적법 개정 이후에도 '출생에 의하여 대한민국 국적과 외국 국적을 함께 가지게 된 자'에 준하는 지위를 갖는 자로서 국적법 제11조의2 제1항이 정한 '복수국적자'에 해당하고, 따라서 국적법 제12조에 따라 제1국민역에 편입된 때부터 3개월 이내에 국적선택을 할 수 있다.

국적법 부칙(1997. 12. 13.) 제7조 제1항 제1호는 부계혈통주의를 취한 구 국적법(1997. 12. 13. 법률 제5431호로 전부 개정되기 전의 것)이 양성평등의 원칙에 반한다는 반성적 고려에서 1997. 12. 13. 법률 제5431호로 전부 개정된 국적법이 부모양계혈통주의를 채택하게 됨에 따라, 그 시행 이전에 대한민국 국민을 모(母)로 하여 출생한 자에게도 일정한 요건과 절차를 갖추어 대한민국 국적을 취득할 수 있도록 한 것이므로, 위 부칙 조항의 입법 목적과 국적법 개정 경위 등에 비추어 보면, 위 부칙 조항에 의하여 대한민국의 국적을 취득한 자(이하 '모계특례자'라 한다)도 실질에서는 '출생으로 대한민국 국적을 취득한 자'와 달리 보기 어렵고, 국적법 제11조의2 제1항이 정한 '출생에 의하여 대한민국 국적과 외국 국적을 함께 가지게 된 자'에 준하는 지위를 갖는다.

국적법 부칙(2010. 5. 4.) 제3조가 "제10조의 개정규정은 이 법 시행 전에 종전의 제10조 제2항 단서에 해당하여 외국 국적을 포기하지 아니한 자에 대하여도 적용한다."라고 정하고 있으나, 국적법 시행령 부칙(2010. 12. 31.) 제5조가 "이 영 시행 전에 종전의 제13조 제1항 각 호의 어느 하나에 해당하여 외국 국적의 포기의무가 유보된 사람은 종전의 유보된 기간 내에 법 제10조에 따라 외국 국적을 포기하거나 외국국적불행사서약을 할 수 있다."라고 규정하고 있는 것도 함께 고려하면, 위 각 부칙 규정의 취지는 2010년 개정된 국적법이 구 국적법과 달리 외국 국적 포기의무 유보에 관하여 규정하고 있지 아니하므로, 구 국적법에 따라 외국 국적 포기의무가 유보되었던 자들에게 개정된 국적법하에서도 구 국적법상 유보된 기간 동안 외국 국적 포기의무가 유보된 지위를 그대로 유지시켜 주는 한편 국적법이 새롭게 규정한 '외국국적불행사서약'을 할 수 있도록 함으로써, 이들이 종전에 유보된 기간 동안에는 국적법 제10조 제3항에 따라 대한민국 국적을 자동적으로 상실하지 아니하도록 한 규정으로 해석될 뿐, 이들 중 국적법 제11조의2 제1항이 정한 복수국적자에 해당하는 자에 대하여 국적선택을 할 수 없도록 하는 규정으로 보기는 어렵다.

국적법 시행령 제16조 제1항 각 호가 복수국적자에 해당하는 자로 나열하고 있는 사항에 모계특례자가 포함되지 아니하나, 국적법 제11조의2는 복수국적자에 관하여 '출생이나 그 밖에 이 법에 따라 대한민국 국적과 외국 국적을 함께 가지게 된 자'라고만 규정하고 있을 뿐, 복수국적자의 범위에 관하여 대통령령에 위임하는 규정을 두고 있지 아니하므로 국적법 시행령 제16조 제1항 각 호에 해당하지 아니한다는 사정만으로 모계특례자가 당연히 복수국적자의 범위에서 제외된다고 볼 수도 없다.

제11조 국적의 재취득

① 제10조 제3항에 따라 대한민국 국적을 상실한 자가 그 후 1년 내에 그 외국 국적을 포기하면 법무부장관에게 신고함으로써 대한민국 국적을 재취득할 수 있

다.〈개정 2010. 5. 4.〉
② 제1항에 따라 신고한 자는 그 신고를 한 때에 대한민국 국적을 취득한다.
③ 제1항에 따른 신고 절차와 그 밖에 필요한 사항은 대통령령으로 정한다.
[전문개정 2008. 3. 14.]

제11조의2 복수국적자의 법적 지위 등

① 출생이나 그 밖에 이 법에 따라 대한민국 국적과 외국 국적을 함께 가지게 된 사람으로서 대통령령으로 정하는 사람(이하 "복수국적자"(複數國籍者)라 한다)은 대한민국의 법령 적용에서 대한민국 국민으로만 처우한다.〈개정 2016. 12. 20.〉
② 복수국적자가 관계 법령에 따라 외국 국적을 보유한 상태에서 직무를 수행할 수 없는 분야에 종사하려는 경우에는 외국 국적을 포기하여야 한다.
③ 중앙행정기관의 장이 복수국적자를 외국인과 동일하게 처우하는 내용으로 법령을 제정 또는 개정하려는 경우에는 미리 법무부장관과 협의하여야 한다.
[본조신설 2010. 5. 4.]

제12조 복수국적자의 국적선택의무

① 만 20세가 되기 전에 복수국적자가 된 자는 만 22세가 되기 전까지, 만 20세가 된 후에 복수국적자가 된 자는 그 때부터 2년 내에 제13조와 제14조에 따라 하나의 국적을 선택하여야 한다. 다만, 제10조 제2항에 따라 법무부장관에게 대한민국에서 외국 국적을 행사하지 아니하겠다는 뜻을 서약한 복수국적자는 제외한다.〈개정 2010. 5. 4.〉
② 제1항 본문에도 불구하고 「병역법」 제8조에 따라 병역준비역에 편입된 자는 편입된 때부터 3개월 이내에 하나의 국적을 선택하거나 제3항 각 호의 어느 하나에 해당하는 때부터 2년 이내에 하나의 국적을 선택하여야 한다. 다만, 제13조에 따라 대한민국 국적을 선택하려는 경우에는 제3항 각 호의 어느 하나에 해당하기 전에도 할 수 있다.〈개정 2010. 5. 4., 2016. 5. 29.〉
③ 직계존속(直系尊屬)이 외국에서 영주(永住)할 목적 없이 체류한 상태에서 출생한 자는 병역의무의 이행과 관련하여 다음 각 호의 어느 하나에 해당하는 경우에만 제14조에 따른 국적이탈신고를 할 수 있다.〈개정 2010. 5. 4., 2016. 5. 29., 2019. 12. 31.〉

1. 현역·상근예비역·보충역 또는 대체역으로 복무를 마치거나 마친 것으로 보게 되는 경우
2. 전시근로역에 편입된 경우
3. 병역면제처분을 받은 경우 [전문개정 2008. 3. 14.] [제목개정 2010. 5. 4.]

[2022. 9. 15. 법률 제18978호에 의하여 2020. 9. 24. 헌법재판소에서 헌법불합치 결정된 이 조 제2항 본문을 제14조의2를 신설하여 개정함.]

제13조 대한민국 국적의 선택 절차

① 복수국적자로서 제12조 제1항본문에 규정된 기간 내에 대한민국 국적을 선택하려는 자는 외국 국적을 포기하거나 법무부장관이 정하는 바에 따라 대한민국에서 외국 국적을 행사하지 아니하겠다는 뜻을 서약하고 법무부장관에게 대한민국 국적을 선택한다는 뜻을 신고할 수 있다. 〈개정 2010. 5. 4.〉

② 복수국적자로서 제12조 제1항본문에 규정된 기간 후에 대한민국 국적을 선택하려는 자는 외국 국적을 포기한 경우에만 법무부장관에게 대한민국 국적을 선택한다는 뜻을 신고할 수 있다. 다만, 제12조 제3항 제1호의 경우에 해당하는 자는 그 경우에 해당하는 때부터 2년 이내에는 제1항에서 정한 방식으로 대한민국 국적을 선택한다는 뜻을 신고할 수 있다. 〈신설 2010. 5. 4.〉

③ 제1항 및 제2항 단서에도 불구하고 출생 당시에 모가 자녀에게 외국 국적을 취득하게 할 목적으로 외국에서 체류 중이었던 사실이 인정되는 자는 외국 국적을 포기한 경우에만 대한민국 국적을 선택한다는 뜻을 신고할 수 있다. 〈신설 2010. 5. 4.〉

④ 제1항부터 제3항까지의 규정에 따른 신고의 수리(受理) 요건, 신고 절차, 그 밖에 필요한 사항은 대통령령으로 정한다. 〈개정 2010. 5. 4.〉 [전문개정 2008. 3. 14.]

제14조 대한민국 국적의 이탈 요건 및 절차

① 복수국적자로서 외국 국적을 선택하려는 자는 외국에 주소가 있는 경우에만 주소지 관할 재외공관의 장을 거쳐 법무부장관에게 대한민국 국적을 이탈한다는 뜻을 신고할 수 있다. 다만, 제12조 제2항본문 또는 같은 조 제3항에 해당하는 자는 그 기간 이내에 또는 해당 사유가 발생한 때부터만 신고할 수 있다. 〈개정 2010. 5. 4.〉

② 제1항에 따라 국적 이탈의 신고를 한 자는 법무부장관이 신고를 수리한 때에 대한민국 국적을 상실한다. <개정 2010. 5. 4.>
③ 제1항에 따른 신고 및 수리의 요건, 절차와 그 밖에 필요한 사항은 대통령령으로 정한다. <개정 2010. 5. 4.> [전문개정 2008. 3. 14.]

[제목개정 2010. 5. 4.] [2022. 9. 15. 법률 제18978호에 의하여 2020. 9. 24. 헌법재판소에서 헌법불합치 결정된 이 조 제1항 단서 중 제12조 제2항 본문에 관한 부분을 제14조의2를 신설하여 개정함.]

주요판례

❖ **국적이탈반려처분취소소송** [서울행법 2022. 4. 29., 선고, 2021구합65798, 판결 : 항소]

판시사항

미국 시민권을 취득한 부모 사이에서 태어나 대한민국 및 미국의 복수국적자인 甲이 국적법령에 따라 국적이탈신고를 하였으나 법무부장관이 '국적법 제14조에 따라 대한민국 국적을 이탈하려고 하는 사람은 외국에 주소를 두고 거주한 상태여야 하나, 甲은 이탈신고 당시 국내에 생활근거를 두고 있었던 것으로 판단된다.'는 이유로 위 신고를 반려한 사안에서, 제반 사정을 종합하면, 甲은 아버지의 주한미군 근무로 인하여 일시적으로 대한민국에 체류 중이기는 하지만 甲의 생활근거가 되는 곳은 대한민국이 아닌 미국이므로, 甲은 국적법 제14조 제1항의 '외국에 주소가 있는 경우'에 해당하여 위 처분이 위법하다고 한 사례

판결요지

미국 시민권을 취득한 부모 사이에서 태어나 대한민국 및 미국의 복수국적자인 甲이 국적법령에 따라 국적이탈신고를 하였으나 법무부장관이 '국적법 제14조에 따라 대한민국 국적을 이탈하려고 하는 사람은 외국에 주소를 두고 거주한 상태여야 하나, 甲은 이탈신고 당시 국내에 생활근거를 두고 있었던 것으로 판단된다.'는 이유로 위 신고를 반려한 사안이다.

국적법 제14조 제1항에 따르면 복수국적자로서 외국 국적을 선택하려는 자는 외국에 주소가 있는 경우에만 재외공관을 통하여 국적이탈신고를 할 수 있고, 민법 제18조 제1항에 따르면 주소란 '생활의 근거되는 곳'으로 이는 생활관계의 중심적 장소로서 생계를 같이하는 가족 및 소재하는 자산의 유무 등 생활관계의 객관적 사실에 따라 판정해야 하는데, 甲은 출생 이후 만 17세였던 위 신고 시까지 총 8년 6개월 25일간 대한민국에 거주하였으나, 미국 군인인 甲의 아버지가 주기적으로 미국 및 미국 외의 여러 지역을 오가며 근무함에 따라 미성년자인 甲도 미국에서 생활하다가도 아버지의 해외 파견 시마다 부모와 함께 해외로 출국하여 생활해온 점, 아버지가 주한미군 파견으로 용산과 평택에서 근무함에 따라 甲도 미국 주소가 부여되고 미국 내 학교와 동일한 지위가 인정되는 미군기지 내 학교들에서 통상의 미국 중고등학교 교과과정을 이수하는 등 대한민국에 소재하고 있는 동안에도 실질적으로 미국에서와 거의 동일한 생활환경이 조성된 특수한 지역인 미군기지 내에서 주로 생활한 점, 甲의 부모는 甲이 미국 내 주소로 두고 있는 부동산을 소유하고, 각종 예금, 대출, 보험 등의 금융계약을 미국에서 체결하는 등 경제생활의 근간을 모두 미국에 두고 있으며 甲과 그 가족들은 추후 아버지의 근무지 변경에 따라 다시 미국으로 돌아갈 예정인 점 등을 종합하면, 甲은 아버지의 주한미군 근무로 인하여 일시적으로 대한민국에 체류 중이기는 하지만 甲의 생활근거가 되는 곳은 대한민국이 아닌 미국이므로, 甲은 국적법 제14조 제1항의 '외국에 주소가 있는 경우'에 해당하여 위 처분이 위법하다고 한 사례이다.

제14조의2 대한민국 국적의 이탈에 관한 특례

① 제12조 제2항본문 및제14조 제1항단서에도 불구하고 다음 각 호의 요건을 모두 충족하는 복수국적자는 「병역법」 제8조에 따라 병역준비역에 편입된 때부터 3개월 이내에 대한민국 국적을 이탈한다는 뜻을 신고하지 못한 경우 법무부장관에게 대한민국 국적의 이탈 허가를 신청할 수 있다.
  1. 다음 각 목의 어느 하나에 해당하는 사람일 것
     가. 외국에서 출생한 사람(직계존속이 외국에서 영주할 목적 없이 체류한 상태에서 출생한 사람은 제외한다)으로서 출생 이후 계속하여 외국에 주된 생활의 근거를 두고 있는 사람
     나. 6세 미만의 아동일 때 외국으로 이주한 이후 계속하여 외국에 주된 생활의 근거를 두고 있는 사람
  2. 제12조 제2항 본문 및 제14조 제1항단서에 따라 병역준비역에 편입된 때부터 3개월 이내에 국적 이탈을 신고하지 못한 정당한 사유가 있을 것
② 법무부장관은 제1항에 따른 허가를 할 때 다음 각 호의 사항을 고려하여야 한다.
  1. 복수국적자의 출생지 및 복수국적 취득경위
  2. 복수국적자의 주소지 및 주된 거주지가 외국인지 여부
  3. 대한민국 입국 횟수 및 체류 목적·기간
  4. 대한민국 국민만이 누릴 수 있는 권리를 행사하였는지 여부
  5. 복수국적으로 인하여 외국에서의 직업 선택에 상당한 제한이 있거나 이에 준하는 불이익이 있는지 여부
  6. 병역의무 이행의 공평성과 조화되는지 여부
③ 제1항에 따른 허가 신청은 외국에 주소가 있는 복수국적자가 해당 주소지 관할 재외공관의 장을 거쳐 법무부장관에게 하여야 한다.
④ 제1항 및 제3항에 따라 국적의 이탈 허가를 신청한 사람은 법무부장관이 허가한 때에 대한민국 국적을 상실한다.
⑤ 제1항부터 제4항까지의 규정에 따른 신청자의 세부적인 자격기준, 허가 시의 구체적인 고려사항, 신청 및 허가 절차 등 필요한 사항은대통령령으로 정한다.

[본조신설 2022. 9. 15.] [종전 제14조의2는 제14조의3으로 이동 〈2022. 9. 15.〉]

| 관련법령 | ▶ 「병역법」 제8조 |

제8조(병역준비역 편입)
대한민국 국민인 남성은 18세부터 병역준비역에 편입된다.

제14조의3 복수국적자에 대한 국적선택명령

① 법무부장관은 복수국적자로서 제12조 제1항 또는 제2항에서 정한 기간 내에 국적을 선택하지 아니한 자에게 1년 내에 하나의 국적을 선택할 것을 명하여야 한다.
② 법무부장관은 복수국적자로서 제10조 제2항, 제13조 제1항 또는 같은 조 제2항 단서에 따라 대한민국에서 외국 국적을 행사하지 아니하겠다는 뜻을 서약한 자가 그 뜻에 현저히 반하는 행위를 한 경우에는 6개월 내에 하나의 국적을 선택할 것을 명할 수 있다.
③ 제1항 또는 제2항에 따라 국적선택의 명령을 받은 자가 대한민국 국적을 선택하려면 외국 국적을 포기하여야 한다.
④ 제1항 또는 제2항에 따라 국적선택의 명령을 받고도 이를 따르지 아니한 자는 그 기간이 지난 때에 대한민국 국적을 상실한다.
⑤ 제1항 및 제2항에 따른 국적선택의 절차와 제2항에 따른 서약에 현저히 반하는 행위 유형은 대통령령으로 정한다.

[본조신설 2010. 5. 4.] [제14조의2에서 이동, 종전 제14조의3은 제14조의4로 이동 〈2022. 9. 15.〉]

제14조의4 대한민국 국적의 상실결정

① 법무부장관은 복수국적자가 다음 각 호의 어느 하나의 사유에 해당하여 대한민국의 국적을 보유함이 현저히 부적합하다고 인정하는 경우에는 청문을 거쳐 대한민국 국적의 상실을 결정할 수 있다. 다만, 출생에 의하여 대한민국 국적을 취득한 자는 제외한다.
  1. 국가안보, 외교관계 및 국민경제 등에 있어서 대한민국의 국익에 반하는 행위를 하는 경우
  2. 대한민국의 사회질서 유지에 상당한 지장을 초래하는 행위로서 대통령령으로 정하는 경우

② 제1항에 따른 결정을 받은 자는 그 결정을 받은 때에 대한민국 국적을 상실한다.

[본조신설 2010. 5. 4.] [제14조의3에서 이동, 종전 제14조의4는 제14조의5로 이동 〈2022. 9. 15.〉]

제14조의5 복수국적자에 관한 통보의무 등

① 공무원이 그 직무상 복수국적자를 발견하면 지체 없이 법무부장관에게 그 사실을 통보하여야 한다.
② 공무원이 그 직무상 복수국적자 여부를 확인할 필요가 있는 경우에는 당사자에게 질문을 하거나 필요한 자료의 제출을 요청할 수 있다.
③ 제1항에 따른 통보 절차는 대통령령으로 정한다.

[본조신설 2010. 5. 4.] [제14조의4에서 이동 〈2022. 9. 15.〉]

제15조 외국 국적 취득에 따른 국적 상실

① 대한민국의 국민으로서 자진하여 외국 국적을 취득한 자는 그 외국 국적을 취득한 때에 대한민국 국적을 상실한다.
② 대한민국의 국민으로서 다음 각 호의 어느 하나에 해당하는 자는 그 외국 국적을 취득한 때부터 6개월 내에 법무부장관에게 대한민국 국적을 보유할 의사가 있다는 뜻을 신고하지 아니하면 그 외국 국적을 취득한 때로 소급(遡及)하여 대한민국 국적을 상실한 것으로 본다.
  1. 외국인과의 혼인으로 그 배우자의 국적을 취득하게 된 자
  2. 외국인에게 입양되어 그 양부 또는 양모의 국적을 취득하게 된 자
  3. 외국인인 부 또는 모에게 인지되어 그 부 또는 모의 국적을 취득하게 된 자
  4. 외국 국적을 취득하여 대한민국 국적을 상실하게 된 자의 배우자나 미성년의 자(子)로서 그 외국의 법률에 따라 함께 그 외국 국적을 취득하게 된 자
③ 외국 국적을 취득함으로써 대한민국 국적을 상실하게 된 자에 대하여 그 외국 국적의 취득일을 알 수 없으면 그가 사용하는 외국 여권의 최초 발급일에 그 외국 국적을 취득한 것으로 추정한다.
④ 제2항에 따른 신고 절차와 그 밖에 필요한 사항은 대통령령으로 정한다.

[전문개정 2008. 3. 14.]

제4부 **국적법** 479

주요판례

❖ **강도살인·살인·강도살인미수·사체유기미수**
[서울고법 2013. 12. 6., 선고, 2013노1936, 판결 : 상고]

판시사항

[1] 피고인에게 형법을 적용하기 위한 전제로서 한국 국적 보유 여부가 문제 되는 경우, 그에 관한 증명책임의 소재(=검사)
[2] 한국 국적을 상실한 피고인이 일행들과 공모하여, 필리핀에서 필리핀인 甲에 대한 살인, 한국인 乙에 대한 강도살인, 甲과 乙에 대한 각 사체유기미수, 한국인 丙에 대한 강도살인미수를 범하였다는 내용으로 기소된 사안에서, 甲에 대한 살인, 甲과 乙에 대한 각 사체유기미수 부분은 우리나라에 재판권이 없다는 이유로 이 부분 공소사실에 대해 공소기각 판결을 선고한 사례

판결요지

[1] 형사재판에서 피고인에게 대한민국 형법을 적용하기 위한 전제로서 대한민국 국적의 보유 여부가 문제 되는 경우 그 보유에 관한 증명책임은 검사에게 있으므로, 피고인이 현재까지 대한민국 국적을 보유하고 있음을 인정할 증거가 없는 이상 피고인은 대한민국 국적을 상실한 외국인으로 봄이 타당하다.
[2] 한국 국적을 상실한 피고인이 일행들과 공모하여, 필리핀 현지에서 필리핀인 甲에 대한 살인, 한국인 乙에 대한 강도살인, 甲과 乙에 대한 각 사체유기미수, 한국인 丙에 대한 강도살인미수를 범하였다는 내용으로 기소된 사안에서, 각 범행은 외국인의 국외범으로서, 필리핀 국적의 甲에 대한 살인 및 사체유기미수 부분은 형법 제5조에 열거된 죄 또는 형법 제6조 본문에 해당하지 않아 형법을 적용할 수 없고, 대한민국 국민 乙에 대한 사체유기미수 부분은 형법 제6조 본문에는 해당하나 필리핀 법률에 의하여 범죄를 구성한다는 점에 관한 증명이 없어 형법 제6조 단서에 따라 형법을 적용할 수 없으므로, 공소사실 중 甲에 대한 살인, 甲과 乙에 대한 각 사체유기미수 부분은 우리나라에 재판권이 없다는 이유로 이 부분 공소사실에 대해 공소기각 판결을 선고한 사례.

주요판례

❖ **출국금지처분취소**[대법원 2003. 5. 30., 선고, 2002두9797, 판결]

판시사항

[1] 구 국적법 제13조의 의미
[2] 대한민국 국민을 부(父)로 하여 미합중국에서 출생함으로써 대한민국 국적과 동시에 미합중국 국적을 이미 취득한 자는 그 후 그의 부가 미합중국 국적을 취득하면서 대한민국 국적을 상실하였다고 하더라도 구 국적법 제13조에 의해 여전히 대한민국의 국적을 보유한다고 한 사례
[3] "국적상실 신고를 수리하라."는 내용의 법원의 결정이나 그에 기하여 호적에 한 국적상실의 등재만으로 대한민국 국적이 상실되는지 여부(소극)

판결요지

[1] 구 국적법(1997. 12. 13. 법률 제5431호로 전문 개정되기 전의 것) 제13조의 규정은 국적을 상실한 남자의

처 또는 미성년의 자(子)가 그 남자와 함께 또는 그에 뒤이어 그 남자의 국적을 취득한 경우에 대한민국의 국적을 상실한다고 해석함이 상당하다.

[2] 대한민국 국민을 부(父)로 하여 미합중국에서 출생함으로써 대한민국 국적과 동시에 미합중국 국적을 이미 취득한 자는 그 후 그의 부가 미합중국 국적을 취득하면서 대한민국 국적을 상실하였다고 하더라도 구 국적법(1997. 12. 13. 법률 제5431호로 전문 개정되기 전의 것) 제13조에 의하여 여전히 대한민국의 국적을 보유한다고 한 사례.

[3] 호적에의 등재나 삭제는 국적득상(國籍得喪)의 효과를 창설하는 작용을 하는 것이 아니고 국적법에 의하여 형성된 국적득상에 관한 사항을 절차적으로 정리하는 행위에 지나지 않는 것이므로, "국적상실 신고를 수리하라."는 내용의 법원의 결정이나 그에 기하여 호적에 한 국적상실의 등재만으로 대한민국 국적이 상실되는 것은 아니다.

제16조 국적상실자의 처리

① 대한민국 국적을 상실한 자(제14조에 따른 국적이탈의 신고를 한 자는 제외한다)는 법무부장관에게 국적상실신고를 하여야 한다.
② 공무원이 그 직무상 대한민국 국적을 상실한 자를 발견하면 지체 없이 법무부장관에게 그 사실을 통보하여야 한다.
③ 법무부장관은 그 직무상 대한민국 국적을 상실한 자를 발견하거나 제1항이나 제2항에 따라 국적상실의 신고나 통보를 받으면 가족관계 등록 관서와 주민 등록 관서에 통보하여야 한다.
④ 제1항부터 제3항까지의 규정에 따른 신고 및 통보의 절차와 그 밖에 필요한 사항은 대통령령으로 정한다. [전문개정 2008. 3. 14.]

제17조 관보 고시

① 법무부장관은 대한민국 국적의 취득과 상실에 관한 사항이 발생하면 그 뜻을 관보에 고시(告示)하여야 한다.
② 제1항에 따라 관보에 고시할 사항은 대통령령으로 정한다. [전문개정 2008. 3. 14.]

제18조 국적상실자의 권리 변동

① 대한민국 국적을 상실한 자는 국적을 상실한 때부터 대한민국의 국민만이 누릴 수 있는 권리를 누릴 수 없다.

② 제1항에 해당하는 권리 중 대한민국의 국민이었을 때 취득한 것으로서 양도(讓渡)할 수 있는 것은 그 권리와 관련된 법령에서 따로 정한 바가 없으면 3년 내에 대한민국의 국민에게 양도하여야 한다. [전문개정 2008. 3. 14.]

제19조 법정대리인이 하는 신고 등

이 법에 규정된 신청이나 신고와 관련하여 그 신청이나 신고를 하려는 자가 15세 미만이면 법정대리인이 대신하여 이를 행한다. [전문개정 2008. 3. 14.]

제20조 국적 판정

① 법무부장관은 대한민국 국적의 취득이나 보유 여부가 분명하지 아니한 자에 대하여 이를 심사한 후 판정할 수 있다.
② 제1항에 따른 심사 및 판정의 절차와 그 밖에 필요한 사항은 대통령령으로 정한다.
[전문개정 2008. 3. 14.]

제21조 허가 등의 취소

① 법무부장관은 거짓이나 그 밖의 부정한 방법으로 귀화허가, 국적회복허가, 국적의 이탈 허가 또는 국적보유판정을 받은 자에 대하여 그 허가 또는 판정을 취소할 수 있다. 〈개정 2022. 9. 15.〉
② 제1항에 따른 취소의 기준·절차와 그 밖에 필요한 사항은 대통령령으로 정한다.
[본조신설 2008. 3. 14.]

제22조 국적심의위원회

① 국적에 관한 다음 각 호의 사항을 심의하기 위하여 법무부장관 소속으로 국적심의위원회(이하 "위원회"라 한다)를 둔다.
  1. 제7조 제1항 제3호에 해당하는 특별귀화 허가에 관한 사항
  2. 제14조의2에 따른 대한민국 국적의 이탈 허가에 관한 사항

3. 제14조의4에 따른 대한민국 국적의 상실 결정에 관한 사항
4. 그 밖에 국적업무와 관련하여 법무부장관이 심의를 요청하는 사항
② 법무부장관은 제1항제1호부터 제3호까지의 허가 또는 결정 전에 위원회의 심의를 거쳐야 한다. 다만, 요건을 충족하지 못하는 것이 명백한 경우 등 대통령령으로 정하는 사항은 그러하지 아니하다.
③ 위원회는 제1항 각 호의 사항을 효과적으로 심의하기 위하여 필요하다고 인정하는 경우 관계 행정기관의 장에게 자료의 제출 또는 의견의 제시를 요청하거나 관계인을 출석시켜 의견을 들을 수 있다.
[본조신설 2022. 9. 15.] [종전 제22조는 제26조로 이동 〈2022. 9. 15.〉]

제23조 위원회의 구성 및 운영

① 위원회는 위원장 1명을 포함하여 30명 이내의 위원으로 구성한다.
② 위원장은 법무부차관으로 하고, 위원은 다음 각 호의 사람으로 한다.
  1. 법무부 소속 고위공무원단에 속하는 공무원으로서 법무부장관이 지명하는 사람 1명
  2. 대통령령으로 정하는 관계 행정기관의 국장급 또는 이에 상당하는 공무원 중에서 법무부장관이 지명하는 사람
  3. 국적 업무와 관련하여 학식과 경험이 풍부한 사람으로서 법무부장관이 위촉하는 사람
③ 제2항제3호에 따른 위촉위원의 임기는 2년으로 하며, 한 번만 연임할 수 있다. 다만, 위원의 임기 중 결원이 생겨 새로 위촉하는 위원의 임기는 전임위원 임기의 남은 기간으로 한다.
④ 위원회의 회의는 제22조 제1항의 안건별로 위원장이 지명하는 10명 이상 15명 이내의 위원이 참석하되, 제2항제3호에 따른 위촉위원이 과반수가 되도록 하여야 한다.
⑤ 위원회의 회의는 위원장 및 제4항에 따라 지명된 위원의 과반수의 출석으로 개의하고 출석위원 과반수의 찬성으로 의결한다.
⑥ 위원회의 사무를 처리하기 위하여 간사 1명을 두되, 간사는 위원장이 지명하는 일반직공무원으로 한다.

⑦ 위원회의 업무를 효율적으로 수행하기 위하여 위원회에 분야별로 분과위원회를 둘 수 있다.

⑧ 제1항부터 제7항까지의 규정에서 정하는 사항 외에 위원회의 구성 및 운영에 필요한 사항은 대통령령으로 정한다. [본조신설 2022. 9. 15.]

제24조 수수료

① 이 법에 따른 허가신청, 신고 및 증명서 등의 발급을 받으려는 사람은 법무부령으로 정하는 바에 따라 수수료를 납부하여야 한다.

② 제1항에 따른 수수료는 정당한 사유가 있는 경우 이를 감액하거나 면제할 수 있다.

③ 제1항에 따른 수수료의 금액 및 제2항에 따른 수수료의 감액·면제 기준 등에 필요한 사항은 법무부령으로 정한다. [본조신설 2018. 9. 18.] [제21조의2에서 이동 〈2022. 9. 15.〉]

제25조 관계 기관 등의 협조

① 법무부장관은 국적업무 수행에 필요하면 관계 기관의 장이나 관련 단체의 장에게 자료 제출, 사실 조사, 신원 조회, 의견 제출 등의 협조를 요청할 수 있다.

② 법무부장관은 국적업무를 수행하기 위하여 관계 기관의 장에게 다음 각 호의 정보 제공을 요청할 수 있다.

　1. 범죄경력정보　　　　　2. 수사경력정보
　3. 외국인의 범죄처분결과정보　4. 여권발급정보
　5. 주민 등록정보　　　　　6. 가족관계 등록정보
　7. 병적기록 등 병역관계정보　8. 납세증명서

③ 제1항 및 제2항에 따른 협조 요청 또는 정보 제공 요청을 받은 관계 기관의 장이나 관련 단체의 장은 정당한 사유가 없으면 요청에 따라야 한다.

[본조신설 2017. 12. 19.] [제21조의3에서 이동 〈2022. 9. 15.〉]

제26조 권한의 위임

이 법에 따른 법무부장관의 권한은 대통령령으로 정하는 바에 따라 그 일부를 지방출입국·외국인관서의 장에게 위임할 수 있다. 〈개정 2014. 3. 18.〉

[본조신설 2010. 5. 4.] [제22조에서 이동 〈2022. 9. 15.〉]

제27조 벌칙 적용에서의 공무원 의제

위원회의 위원 중 공무원이 아닌 사람은 「형법」 제127조및제129조부터제132조까지의 규정을 적용할 때에는 공무원으로 본다. [본조신설 2022. 9. 15.]

> **관련법령** ▶ 「형법」 제127조 및 제129조부터 제132조

제127조(공무상 비밀의 누설)
공무원 또는 공무원이었던 자가 법령에 의한 직무상 비밀을 누설한 때에는 2년 이하의 징역이나 금고 또는 5년 이하의 자격정지에 처한다.

제129조(수뢰, 사전수뢰)
① 공무원 또는 중재인이 그 직무에 관하여 뇌물을 수수, 요구 또는 약속한 때에는 5년 이하의 징역 또는 10년 이하의 자격정지에 처한다.
② 공무원 또는 중재인이 될 자가 그 담당할 직무에 관하여 청탁을 받고 뇌물을 수수, 요구 또는 약속한 후 공무원 또는 중재인이 된 때에는 3년 이하의 징역 또는 7년 이하의 자격정지에 처한다.
[한정위헌, 2011헌바117, 2012. 12. 27. 형법(1953. 9. 18. 법률 제293호로 제정된 것) 제129조 제1항의 '공무원'에 구 '제주특별자치도 설치 및 국제자유도시 조성을 위한 특별법'(2007. 7. 27. 법률 제8566호로 개정되기 전의 것) 제299조 제2항의 제주특별자치도통합영향평가심의위원회 심의위원 중 위촉위원이 포함되는 것으로 해석하는 한 헌법에 위반된다.]

제129조(수뢰, 사전수뢰)
① 공무원 또는 중재인이 그 직무에 관하여 뇌물을 수수, 요구 또는 약속한 때에는 5년 이하의 징역 또는 10년 이하의 자격정지에 처한다.
② 공무원 또는 중재인이 될 자가 그 담당할 직무에 관하여 청탁을 받고 뇌물을 수수, 요구 또는 약속한 후 공무원 또는 중재인이 된 때에는 3년 이하의 징역 또는 7년 이하의 자격정지에 처한다.
[한정위헌, 2011헌바117, 2012. 12. 27. 형법(1953. 9. 18. 법률 제293호로 제정된 것) 제129조 제1항의 '공무원'에 구 '제주특별자치도 설치 및 국제자유도시 조성을 위한 특별법'(2007. 7. 27. 법률 제8566호로 개정되기 전의 것) 제299조 제2항의 제주특별자치도통합영향평가심의위원회 심의위원 중 위촉위원이 포함되는 것으로 해석하는 한 헌법에 위반된다.]

제130조(제삼자뇌물제공)
공무원 또는 중재인이 그 직무에 관하여 부정한 청탁을 받고 제3자에게 뇌물을 공여하게 하거나 공여를 요구 또는 약속한 때에는 5년 이하의 징역 또는 10년 이하의 자격정지에 처한다.

제131조(수뢰후부정처사, 사후수뢰)
① 공무원 또는 중재인이 전2조의 죄를 범하여 부정한 행위를 한때에는 1년 이상의 유기징역에 처한다.
② 공무원 또는 중재인이 그 직무상 부정한 행위를 한 후 뇌물을 수수, 요구 또는 약속하거나 제삼자에게 이를 공여하게 하거나 공여를 요구 또는 약속한 때에도 전항의 형과 같다.
③ 공무원 또는 중재인이었던 자가 그 재직 중에 청탁을 받고 직무상 부정한 행위를 한 후 뇌물을 수수, 요구 또는 약속한 때에는 5년 이하의 징역 또는 10년 이하의 자격정지에 처한다.
④ 전3항의 경우에는 10년 이하의 자격정지를 병과할 수 있다.

제132조(알선수뢰)
공무원이 그 지위를 이용하여 다른 공무원의 직무에 속한 사항의 알선에 관하여 뇌물을 수수, 요구 또는 약속한 때에는 3년 이하의 징역 또는 7년 이하의 자격정지에 처한다.

제3편 국적법

제5부

국적법 시행령

[시행 2022. 12. 20.]
[대통령령 제33082호, 2022. 12. 20., 일부개정]

제1조 목적

이 영은 「국적법」에서 위임된 사항과 그 시행에 필요한 사항을 규정함을 목적으로 한다. [전문개정 2011. 3. 29.]

제2조 인지에 의한 국적취득 신고의 절차 등

① 「국적법」(이하 "법"이라 한다) 제3조 제1항에 따라 대한민국 국적을 취득하려면 법무부령으로 정하는 국적취득 신고서를 작성하여 법무부장관에게 제출하여야 한다.
② 법무부장관은 제1항에 따라 국적취득 신고를 수리(受理)하면 그 사실을 지체 없이 본인과 「가족관계의 등록 등에 관한 법률」에 따른 등록기준지(이하 "등록기준지"라 한다) 가족관계 등록관서의 장에게 통보하고, 관보에 고시하여야 한다. <개정 2010. 12. 31.> [전문개정 2008. 10. 6.]

주요판례

❖ **등록부정정** [대법원 2018. 11. 6., 자, 2018스32, 결정]

판시사항

[1] 대한민국의 국민인 부와 외국인인 모 사이에서 태어난 혼인외의 출생자에 대하여 부의 출생신고만으로 가족관계 등록부를 작성할 수 있는지 여부(소극) 및 이때 가족관계 등록부를 작성하는 절차
[2] 가족관계 등록부가 폐쇄된 자녀에게 진정한 출생신고의무자가 있는 경우, 출생신고를 다시 하여 가족관계 등록부를 새롭게 작성하여야 하는지 여부(적극) 및 출생신고의무자와 자녀 사이에 친생자관계존재확인의 확정판결이 존재한다는 이유만으로 가족관계 등록법 제107조에 따른 등록부 정정의 대상이 되는지 여부(소극)

판결요지

[1] 가족관계의 등록 등에 관한 법률(이하 '가족관계 등록법'이라 한다)은 '국민'의 가족관계 발생 및 변동사항에 관한 등록과 그 증명에 관한 사항을 규정함을 목적으로 하므로(제1조), 위 법에 따른 가족관계 등록부의 작성과 정정 등은 대한민국 국민을 대상으로 한다.
국적법 제2조 제1항 제1호는 출생 당시에 부(父) 또는 모(母)가 대한민국의 국민인 자는 출생과 동시에 대한민국 국적을 취득한다고 규정하고 있다. 그리고 국적법 제3조 제1항, 제2항은 대한민국의 국민이 아닌 자(이하 '외국인'이라 한다)로서 대한민국의 국민인 부 또는 모에 의하여 인지된 사람이 대한민국 민법상 미성년이고, 출생 당시에 부 또는 모가 대한민국의 국민이었다면 법무부장관에게 신고한 때에 대한민국 국적을 취득한다고 규정하고 있다.

여기서 국적법 제2조 제1항 제1호에 따라 부가 대한민국의 국민임을 이유로 출생과 동시에 대한민국 국적을 취득하기 위해서는, 부와 자녀 사이에 법률상 친자관계가 인정되어야 한다. 그런데 부와 혼인외의 자녀 사이에서는 인지 없이는 법률상 친자관계가 발생하지 않는다. 따라서 대한민국의 국민인 부와 외국인인 모 사이에 태어난 혼인외의 출생자에 대하여는 부의 출생신고만으로 가족관계 등록부를 작성할 수 없고, 그 자녀가 미성년인 경우 대한민국의 국민인 부가 외국인에 대한 인지절차에 따라 인지신고를 한 다음, 자녀가 위 국적법 제3조에 따라 법무부장관에게 신고함으로써 대한민국 국적을 취득한 후 그 통보가 된 때 가족관계 등록부를 작성할 수 있다[국적법 시행령 제2조, 가족관계 등록법 제93조, 한국인과 외국인 사이에서 출생한 자녀에 대한 출생신고 처리방법(가족관계 등록예규 제429호) 참조].

[2] 출생기록이 있는 자녀와 부 또는 모 사이에 친생자관계부존재 확인판결이 확정된 경우 가족관계 등록관서는 친생자관계부존재가 확인된 자녀의 가족관계 등록부에 친생자관계가 부존재하는 부 또는 모의 특정등록사항을 말소한 후 그 가족관계 등록부를 폐쇄한다[가족관계의 등록 등에 관한 규칙 제17조 제2항, 친자관계의 판결에 의한 가족관계 등록부 정정절차 예규(가족관계 등록예규 제300호) 제1조 제2항, 제4조 제1항, 제2항, 제5조 참조].

나아가 위와 같이 가족관계 등록부가 폐쇄된 자녀에게 진정한 출생신고의무자가 있는 경우 출생신고를 다시 하여 가족관계 등록부를 새롭게 작성하여야 하고, 출생신고의무자와 자녀 사이에 친생자관계존재확인의 확정판결이 존재한다고 하여 그것만으로 가족관계의 등록 등에 관한 법률 제107조에 따른 등록부 정정의 대상이 되는 것은 아니다[친자관계의 판결에 의한 가족관계 등록부 정정절차 예규(가족관계 등록예규 제300호) 제2조 제1항 참조].

제3조 귀화허가의 신청

① 법 제4조 제1항에 따라 귀화허가를 받으려는 사람은 법무부령으로 정하는 귀화허가 신청서에 귀화 요건을 갖추었음을 증명하는 서류 등 법무부령으로 정하는 서류를 첨부하여 출입국·외국인청장, 출입국·외국인사무소장, 출입국·외국인청 출장소장 또는 출입국·외국인사무소 출장소장(이하 "청장 등"이라 한다)에게 제출해야 한다. ⟨개정 2010. 12. 31., 2018. 5. 8., 2020. 12. 22.⟩

② 청장 등은 제1항에 따라 신청서 및 그 첨부서류(이하 "신청서 등"이라 한다)를 제출받은 때에는 법무부장관이 정하는 바에 따라 조회·조사 및 확인 등의 절차를 마치고 그 결과와 의견을 신청서 등에 첨부하여 법무부장관에게 송부해야 한다. ⟨개정 2020. 12. 22.⟩ [전문개정 2008. 10. 6.]

제4조 귀화 요건 심사를 위한 조회·조사·확인 등

① 법무부장관은 법 제4조 제2항에 따라 귀화 요건을 심사하기 위하여 필요한 경우

에는 귀화허가 신청자에게 출석하여 의견을 진술하게 하거나 관련 자료를 제출할 것을 요구할 수 있고, 귀화허가 신청자의 거주지 등을 현지조사하여 귀화 요건을 갖추었는지 확인할 수 있다. 〈신설 2020. 12. 22.〉

② 법무부장관은 법 제4조 제2항에 따라 귀화 요건을 심사할 때 관계 기관의 장에게 귀화허가 신청자에 대한 신원조회, 범죄경력조회 및 체류동향조사를 의뢰하거나 그 밖에 필요한 사항에 관하여 의견을 구할 수 있다. 〈개정 2020. 12. 22.〉

[전문개정 2011. 3. 29.] [제목개정 2020. 12. 22.]

제4조의2 귀화허가 신청자에 대한 종합평가 등

① 법무부장관은 법 제4조 제2항에 따라 귀화 요건을 심사하기 위하여 귀화허가 신청자에 대한 「출입국관리법 시행령」 제48조 제2항 제3호에 따른 종합평가(이하 "종합평가"라 한다)와 면접심사(이하 "면접심사"라 한다)를 실시한다. 다만, 귀화허가 신청자의 연령 등을 고려하여 법무부령으로 정하는 사람에 대해서는 법무부령으로 정하는 바에 따라 종합평가 또는 면접심사를 면제할 수 있다.

② 법무부장관은 제1항 본문에도 불구하고 제3조 제2항 및 제4조에 따른 조회·조사 확인 결과 또는 신청서 등의 검토 결과 귀화 요건을 갖추지 못한 것으로 인정되는 귀화허가 신청자에 대해서는 종합평가 및 면접심사를 실시하지 않을 수 있다.

③ 귀화허가 신청자는 귀화허가 신청일부터 1년 이내에 법무부장관이 정하는 바에 따라 종합평가에 응시해야 한다. 다만, 법무부장관이 제1항 단서에 따라 종합평가를 면제한 경우나 제2항에 따라 종합평가를 실시하지 않기로 한 경우에는 그렇지 않다.

④ 면접심사의 심사 항목 등 면접심사에 필요한 사항은 법무부령으로 정한다.

[본조신설 2020. 12. 22.] [종전 제4조의2는 제4조의4로 이동 〈2020. 12. 22.〉]

| 관련법령 ▶ 「출입국관리법 시행령」 제48조제2항제3호 |

제48조(사회통합 프로그램의 내용 및 개발)
② 법무부장관은 사회통합 프로그램에 참여하는 사람(이하 "사회통합 프로그램 참여자"라 한다)에 대하여 다음 각 호의 평가를 실시할 수 있다.
  1. 사전 평가 2. 학습성과 측정을 위한 단계별 평가 3. 이수 여부를 결정하는 종합평가

제4조의3 귀화허가의 제한

법무부장관은 귀화허가 신청자가 다음 각 호의 어느 하나에 해당하는 경우에는 귀화허가를 해서는 안 된다.
1. 제3조 제2항 및 제4조에 따른 조회·조사 확인 결과 또는 신청서 등의 검토 결과 귀화 요건을 갖추지 못한 것으로 인정되는 경우
2. 제4조의2 제3항본문에 따른 기간 내에 종합평가에 응시하지 않은 경우
3. 종합평가에서 100점을 만점으로 하여 60점 미만을 득점한 경우
4. 면접심사에서 부적합평가를 받은 경우 [본조신설 2020. 12. 22.]

[종전 제4조의3은 제4조의5로 이동 〈2020. 12. 22.〉]

제4조의4 귀화허가를 받은 사람에 대한 국민선서 및 귀화증서 수여

① 법무부장관은 법 제4조 제2항에 따라 귀화허가를 한 경우에는 같은 조 제3항본문에 따라 국민선서를 받고 귀화증서를 수여하기 위한 일시와 장소를 지정하고, 그 지정된 일시와 장소에 참석할 것을 귀화허가를 받은 사람에게 통보해야 한다.
② 제1항에 따라 통보를 받은 사람은 질병·사고등 불가피한 사유로 지정된 일시와 장소에 참석하지 못하게 된 경우에는 불참 사유와 참석 가능 일정을 적은 서면(이하 "불참사유서"라 한다)을 지정된 날 전날까지 법무부장관에게 제출해야 한다.
③ 법무부장관은 제2항에 따라 불참사유서가 제출된 날부터 1개월 이내에 국민선서를 받고 귀화증서를 수여하기 위한 일시와 장소를 새로 지정하고, 그 지정된 일시와 장소에 참석할 것을 귀화허가를 받은 사람에게 다시 통보해야 한다.
④ 제1항부터 제3항까지에서 규정한 사항 외에 국민선서와 귀화증서 수여의 세부적인 절차 및 방법에 관하여 필요한 사항은법무부장관이 정한다.

[본조신설 2018. 12. 18.] [제4조의2에서 이동, 종전 제4조의4는 제4조의6으로 이동 〈2020. 12. 22.〉]

제4조의5 귀화허가를 받은 사람에 대한 국민선서의 내용 등

① 법 제4조 제3항본문에 따른 국민선서의 내용은 "나는 자랑스러운 대한민국 국민으로서 대한민국의헌법과 법률을 준수하고 국민의 책임과 의무를 다할 것을 엄

숙히 선서합니다."로 한다.
② 법 제4조 제3항단서에 따라 국민선서가 면제될 수 있는 사람은 다음 각 호의 어느 하나에 해당하는 사람으로 한다.
1. 국민선서 당시 15세 미만인 사람
2. 「장애인복지법 시행령」 별표 1에 따른 뇌병변장애인, 지적장애인 또는 자폐성 장애인에 해당하는 사람 중에서 법무부장관이 인정하는 사람
3. 그 밖에 제2호에 준하는 사람으로서 법무부장관이 인정하는 사람

[본조신설 2018. 12. 18.] [제4조의3에서 이동 〈2020. 12. 22.〉]

제4조의6 귀화허가를 받은 사람에 대한 국민선서 및 귀화증서 수여 등의 대행

① 법무부장관은 법 제4조 제4항에 따라 청장 등에게 다음 각 호의 업무를 대행하게 할 수 있다.
1. 국민선서를 받고 귀화증서를 수여하기 위한 일시와 장소를 지정하여 우편 또는 전화 등의 방법으로 통보하는 업무
2. 국민선서를 받고 귀화증서를 수여하는 업무
3. 불참사유서를 제출받는 업무
4. 국민선서 면제 대상자를 확인하고, 면제 대상자에게 그 사실을 통보하는 업무
② 청장 등은 법 제4조 제3항본문에 따라 귀화허가를 받은 사람이 국민선서를 하고 귀화증서를 수여받았을 때에는 그 명단을 작성하여 지체 없이 법무부장관에게 송부해야 한다.
③ 제1항 및 제2항에서 규정한 사항 외에 국민선서를 받고 귀화증서를 수여하는 업무와 국민선서의 면제 업무 대행에 필요한 사항은 법무부장관이 정한다.

[본조신설 2018. 12. 18.] [제4조의4에서 이동 〈2020. 12. 22.〉]

제5조 귀화에 의한 국적 취득의 통보 등

법무부장관은 귀화허가 신청자가 국적을 취득했을 때에는 그 사실을 지체 없이 등록기준지 가족관계 등록관서의 장에게 통보하고, 관보에 고시하여야 한다. 〈개정 2018. 12. 18.〉 [전문개정 2014. 6. 17.] [제목개정 2018. 12. 18.]

제6조 특별귀화 대상자

① 법 제7조 제1항 제2호에 해당하는 사람은 다음 각 호의 어느 하나에 해당하는 사람으로 한다. 〈개정 2014. 6. 17., 2018. 12. 18.〉
  1. 본인 또는 그 배우자나 직계존비속이 다음 각 목의 어느 하나에 해당하는 사람
     가. 「독립유공자예우에 관한 법률」 제4조에 따른 독립유공자
     나. 「국가유공자 등 예우 및 지원에 관한 법률」 제4조에 따른 국가유공자로서 국가유공으로 관계 법률에 따라 대한민국 정부로부터 훈장·포장 또는 표창을 받은 사람
  2. 국가안보·사회·경제·교육 또는 문화 등 여러 분야에서 대한민국의 국익에 기여한 공로가 있는 사람
  3. 그 밖에 제1호 및 제2호에 준하는 공로가 있다고 법무부장관이 인정하는 사람
② 법 제7조 제1항 제3호에 해당하는 사람은 다음 각 호의 어느 하나에 해당하는 사람 중에서 법 제22조에 따른 국적심의위원회(이하 "위원회"라 한다)의 심의를 거쳐 법무부장관이 정하는 사람으로 한다. 〈개정 2017. 8. 29., 2022. 12. 20.〉
  1. 국회사무총장, 법원행정처장, 헌법재판소사무처장 또는 중앙행정기관의 장 등이 추천한 사람
  2. 재외공관의 장, 지방자치단체(특별시·광역시·특별자치시·도·특별자치도를 말한다)의 장, 4년제 대학의 총장, 그 밖에 법무부장관이 정하는 기관·단체의 장이 추천하는 사람으로서 법무부장관이 심의에 부친 사람
  3. 과학·경제·문화·체육 등의 분야에서 수상, 연구실적, 경력 등으로 국제적 권위를 인정받고 있는 사람으로서 법무부장관이 심의에 부친 사람

[전문개정 2011. 3. 29.]

관련법령 ▶ 「독립유공자예우에 관한 법률」 제4조

제4조(적용 대상자)
다음 각 호의 어느 하나에 해당하는 독립유공자, 그 유족 또는 가족은 이 법에 따른 예우를 받는다.
1. 순국선열 : 일제의 국권침탈(國權侵奪) 전후로부터 1945년 8월 14일까지 국내외에서 일제의 국권침탈을 반대하거나 독립운동을 위하여 일제에 항거하다가 그 반대나 항거로 인하여 순국한 자로서, 그 공로로 건국훈장(建國勳章)·건국포장(建國褒章) 또는 대통령 표창을 받은 자
2. 애국지사 : 일제의 국권침탈 전후로부터 1945년 8월 14일까지 국내외에서 일제의 국권침탈을 반

대하거나 독립운동을 위하여 일제에 항거한 사실이 있는 자로서, 그 공로로 건국훈장·건국포장 또는 대통령 표창을 받은 자

> 관련법령 ▶ 「국가유공자 등 예우 및 지원에 관한 법률」 제4조

제4조(적용 대상 국가유공자)

① 다음 각 호의 어느 하나에 해당하는 국가유공자, 그 유족 또는 가족(다른 법률에서 이 법에 규정된 예우 등을 받도록 규정된 사람을 포함한다)은 이 법에 따른 예우를 받는다. 〈개정 2015. 12. 22., 2020. 3. 24., 2023. 3. 4.〉

1. 순국선열 : 「독립유공자예우에 관한 법률」 제4조제1호에 따른 순국선열
2. 애국지사 : 「독립유공자예우에 관한 법률」 제4조제2호에 따른 애국지사
3. 전몰군경(戰歿軍警) : 군인이나 경찰공무원으로서 전투 또는 이에 준하는 직무수행 중 사망한 사람(군무원으로서 1959년 12월 31일 이전에 전투 또는 이에 준하는 직무수행 중 사망한 사람을 포함한다)
4. 전상군경(戰傷軍警) : 군인이나 경찰공무원으로서 전투 또는 이에 준하는 직무수행 중 상이를 입고 전역(퇴역·면역 또는 상근예비역 소집해제를 포함한다. 이하 같다)하거나 퇴직(면직을 포함한다. 이하 같다)한 사람(군무원으로서 1959년 12월 31일 이전에 전투 또는 이에 준하는 직무수행 중 상이를 입고 퇴직한 사람을 포함한다) 또는 6개월 이내에 전역이나 퇴직하는 사람으로서 그 상이정도가 국가보훈부장관이 실시하는 신체검사에서 제6조의4에 따른 상이 등급(이하 "상이 등급"이라 한다)으로 판정된 사람
5. 순직군경(殉職軍警) : 군인이나 경찰·소방 공무원으로서 국가의 수호·안전보장 또는 국민의 생명·재산 보호와 직접적인 관련이 있는 직무수행이나 교육훈련 중 사망한 사람(질병으로 사망한 사람을 포함한다)
6. 공상군경(公傷軍警) : 군인이나 경찰·소방 공무원으로서 국가의 수호·안전보장 또는 국민의 생명·재산 보호와 직접적인 관련이 있는 직무수행이나 교육훈련 중 상이(질병을 포함한다)를 입고 전역하거나 퇴직한 사람 또는 6개월 이내에 전역이나 퇴직하는 사람으로서 그 상이정도가 국가보훈부장관이 실시하는 신체검사에서 상이 등급으로 판정된 사람
7. 무공수훈자(武功受勳者) : 무공훈장(武功勳章)을 받은 사람. 다만, 「국가공무원법」 제2조 및 「지방공무원법」 제2조에 따른 공무원과 국가나 지방자치단체에서 일상적으로 공무에 종사하는 대통령령으로 정하는 직원이 무공훈장을 받은 경우에는 전역하거나 퇴직한 사람만 해당한다.
8. 보국수훈자(保國受勳者) : 다음 각 목의 어느 하나에 해당하는 사람
   가. 군인으로서 보국훈장을 받고 전역한 사람
   나. 군인 외의 사람으로서 간첩체포, 무기개발 및 그 밖에 대통령령으로 정하는 사유(이하 "간첩체포 등의 사유"라 한다)로 보국훈장을 받은 사람. 다만, 「국가공무원법」 제2조 및 「지방공무원법」 제2조에 따른 공무원(군인은 제외한다)과 국가나 지방자치단체에서 일상적으로 공무에 종사하는 대통령령으로 정하는 직원이 간첩체포 등의 사유로 보국훈장을 받은 경우에는 퇴직한 사람만 해당한다.

9. 6·25참전 재일학도의용군인(在日學徒義勇軍人)(이하 "재일학도의용군인"이라 한다) : 대한민국 국민으로서 일본에 거주하던 사람으로서 1950년 6월 25일부터 1953년 7월 27일까지의 사이에 국군이나 유엔군에 지원 입대하여 6·25전쟁에 참전하고 제대한 사람(파면된 사람이나 형을 선고받고 제대된 사람은 제외한다)
10. 참전유공자 : 「참전유공자 예우 및 단체설립에 관한 법률」 제2조제2호에 해당하는 사람 중 다음 각 목의 어느 하나에 해당하는 사람
    가. 「참전유공자 예우 및 단체설립에 관한 법률」 제5조에 따라 등록된 사람
    나. 「고엽제후유의증 등 환자지원 및 단체설립에 관한 법률」 제4조 또는 제7조에 따라 등록된 사람
11. 4·19혁명사망자 : 1960년 4월 19일을 전후한 혁명에 참가하여 사망한 사람
12. 4·19혁명부상자 : 1960년 4월 19일을 전후한 혁명에 참가하여 상이를 입은 사람으로서 그 상이정도가 국가보훈부장관이 실시하는 신체검사에서 상이 등급으로 판정된 사람
13. 4·19혁명공로자 : 1960년 4월 19일을 전후한 혁명에 참가한 사람 중 제11호와 제12호에 해당하지 아니하는 사람으로서 건국포장(建國褒章)을 받은 사람
14. 순직공무원 : 「국가공무원법」 제2조 및 「지방공무원법」 제2조에 따른 공무원(군인과 경찰·소방 공무원은 제외한다)과 국가나 지방자치단체에서 일상적으로 공무에 종사하는 대통령령으로 정하는 직원으로서 국민의 생명·재산 보호와 직접적인 관련이 있는 직무수행이나 교육훈련 중 사망한 사람(질병으로 사망한 사람을 포함한다)
15. 공상공무원 : 「국가공무원법」 제2조 및 「지방공무원법」 제2조에 따른 공무원(군인과 경찰·소방 공무원은 제외한다)과 국가나 지방자치단체에서 일상적으로 공무에 종사하는 대통령령으로 정하는 직원으로서 국민의 생명·재산 보호와 직접적인 관련이 있는 직무수행이나 교육훈련 중 상이(질병을 포함한다)를 입고 퇴직하거나 6개월 이내에 퇴직하는 사람으로서 그 상이정도가 국가보훈부장관이 실시하는 신체검사에서 상이 등급으로 판정된 사람
16. 국가사회발전 특별공로순직자(이하 "특별공로순직자"라 한다) : 국가사회발전에 현저한 공이 있는 사람 중 그 공로와 관련되어 순직한 사람으로서 국무회의에서 이 법의 적용 대상자로 의결된 사람
17. 국가사회발전 특별공로상이자(이하 "특별공로상이자"라 한다) : 국가사회발전에 현저한 공이 있는 사람 중 그 공로와 관련되어 상이를 입은 사람으로서 그 상이정도가 국가보훈부장관이 실시하는 신체검사에서 상이 등급으로 판정되어 국무회의에서 이 법의 적용 대상자로 의결된 사람
18. 국가사회발전 특별공로자(이하 "특별공로자"라 한다) : 국가사회발전에 현저한 공이 있는 사람 중 제16호와 제17호에 해당하지 아니하는 사람으로서 국무회의에서 이 법의 적용 대상자로 의결된 사람

② 제1항제3호부터 제6호까지, 제14호 및 제15호에 따른 국가유공자의 요건에 해당되는지에 대한 구체적인 기준과 범위는 다음 각 호의 사항 등을 종합적으로 고려하여 대통령령으로 정한다.
    1. 전투 또는 이에 준하는 직무수행의 범위
    2. 직무수행이나 교육훈련과 국가의 수호·안전보장 또는 국민의 생명·재산 보호와의 관련 정도

    3. 사망하거나 상이(질병을 포함한다)를 입게 된 경우 및 본인 과실의 유무와 정도
③ 제1항에도 불구하고 제1항제1호 및 제2호에 따른 순국선열·애국지사의 예우에 관하여는 「독립유공자예우에 관한 법률」에서 정한다.
④ 제1항에도 불구하고 제1항제10호가목에 해당하는 사람의 예우에 관하여는 「참전유공자 예우 및 단체설립에 관한 법률」에서 정한다.
⑤ 제1항에도 불구하고 제1항제10호나목에 해당하는 사람의 지원에 관하여는 「고엽제후유의증 등 환자지원 및 단체설립에 관한 법률」에서 정한다.
⑥ 제1항제3호부터 제6호까지, 제14호 또는 제15호에 따른 요건에 해당되는 사람이 다음 각 호의 어느 하나에 해당하는 원인으로 사망하거나 상이(질병을 포함한다)를 입으면 제1항 및 제6조에 따라 등록되는 국가유공자, 그 유족 또는 가족에서 제외한다.
    1. 불가피한 사유 없이 본인의 고의 또는 중대한 과실로 인한 것이거나 관련 법령 또는 소속 상관의 명령을 현저히 위반하여 발생한 경우
    2. 공무를 이탈한 상태에서의 사고나 재해로 인한 경우
    3. 장난·싸움 등 직무수행으로 볼 수 없는 사적(私的)인 행위가 원인이 된 경우

제7조 수반취득의 신청절차 등

① 법 제8조 제1항에 따라 국적취득(이하 "수반취득"이라 한다)을 하려면 그 아버지 또는 어머니가 제3조에 따라 청장 등에게 제출하는 귀화허가 신청서에 수반취득하려는 뜻을 표시하여야 한다. 〈개정 2018. 5. 8.〉
② 부모가 이혼한 수반취득 신청자는 그 아버지나 어머니가 수반취득을 신청한 사람에 대하여 친권 또는 양육권을 가지고 있다는 것을 서면으로 증명하여야 한다.
③ 법무부장관은 법 제8조 제1항의 요건을 갖춘 수반취득 대상자가 제1항 및 제2항에 따라 수반취득을 신청한 경우에는 그 아버지 또는 어머니가 국적을 취득했을 때 수반취득에 관한 사항도 함께 알리고, 등록기준지 가족관계 등록관서의 장에게 통보하며, 관보에 고시하여야 한다. 〈개정 2018. 12. 18.〉[전문개정 2011. 3. 29.]

제8조 국적회복허가의 신청

① 법 제9조 제1항에 따라 국적회복허가를 받으려면 법무부령으로 정하는 국적회복허가 신청서를 작성하여 청장 등에게 제출하여야 한다. 〈개정 2010. 12. 31., 2018. 5. 8.〉
② 청장 등은 제1항에 따라 신청서를 제출받은 때에는 지체 없이 법무부장관에게 송부하여야 한다. 다만, 법무부장관이 정하는바에 따른 조회·조사 및 확인 등을

해야 할 경우에는 그 절차를 마치고 의견을 붙여 송부하여야 한다. 〈신설 2010. 12. 31., 2018. 5. 8.〉[전문개정 2008. 10. 6.]

주요판례

❖ **국적회복허가거부처분취소**[서울행법 2016. 8. 18., 선고, 2016구합2267, 판결 : 확정]

판시사항

미국 시민권자로서 현재 대한민국에 체류 중인 甲이 국적법 제9조 제1항에 따라 국적회복허가를 신청하였으나 법무부장관이 '병역을 기피할 목적으로 대한민국 국적을 상실하였거나 이탈하였던 자'에 해당한다는 이유로 불허 처분을 한 사안에서, 甲이 병역을 기피할 목적으로 대한민국 국적을 상실하였다고 본 사례

판결요지

미국 시민권자로서 현재 대한민국에 체류 중인 甲이 국적법 제9조 제1항에 따라 국적회복허가를 신청하였으나 법무부장관이 '병역을 기피할 목적으로 대한민국 국적을 상실하였거나 이탈하였던 자'에 해당한다는 이유로 불허 처분을 한 사안에서, 국적회복허가는 고도의 정책적 판단의 영역으로서 법무부장관에게 광범위한 재량권이 인정되는데, 甲은 제1국민역에 편입되기 약 1년 전에 미국으로 이민하였고, 시민권을 취득한 지 채 한 달이 되기도 전에 대한민국에 입국을 하여 체류하고 약 1년 9개월이 지난 후부터는 대한민국에서 계속 체류하고 있는 점 등에 비추어 보면, 甲은 병역을 기피할 목적으로 대한민국 국적을 상실하였다고 본 사례.

제9조 국적회복허가 신청에 대한 심사

① 법무부장관은 법 제9조 제2항에 따라 국적회복허가 신청자에 대한 국적회복 요건을 심사할 때 관계 기관의 장에게 국적회복허가 신청자에 대한 신원조회, 범죄경력조회, 병적조회 또는 체류동향조사를 의뢰하거나 그 밖에 필요한 사항에 관하여 의견을 구할 수 있다.

② 법무부장관은 필요하면 국적회복허가 신청자에 대하여 의견을 진술하게 하거나 보완자료 제출을 요구할 수 있다. [전문개정 2011. 3. 29.]

주요판례

❖ **국적회복허가거부처분취소**[서울행법 2016. 8. 18., 선고, 2016구합2267, 판결 : 확정]

판시사항

미국 시민권자로서 현재 대한민국에 체류 중인 甲이 국적법 제9조 제1항에 따라 국적회복허가를 신청하였으나 법무부장관이 '병역을 기피할 목적으로 대한민국 국적을 상실하였거나 이탈하였던 자'에 해당한다는 이유로 불허 처분을 한 사안에서, 甲이 병역을 기피할 목적으로 대한민국 국적을 상실하였다고 본 사례

> **판결요지**
>
> 미국 시민권자로서 현재 대한민국에 체류 중인 甲이 국적법 제9조 제1항에 따라 국적회복허가를 신청하였으나 법무부장관이 '병역을 기피할 목적으로 대한민국 국적을 상실하였거나 이탈하였던 자'에 해당한다는 이유로 불허 처분을 한 사안에서, 국적회복허가는 고도의 정책적 판단의 영역으로서 법무부장관에게 광범위한 재량권이 인정되는데, 甲은 제1국민역에 편입되기 약 1년 전에 미국으로 이민하였고, 시민권을 취득한 지 채 한 달이 되기도 전에 대한민국에 입국을 하여 체류하고 약 1년 9개월이 지난 후부터는 대한민국에서 계속 체류하고 있는 점 등에 비추어 보면, 甲은 병역을 기피할 목적으로 대한민국 국적을 상실하였다고 본 사례.

제9조의2 국적회복허가를 받은 사람에 대한 국민선서 및 국적회복증서 수여 등

법 제9조 제3항 본문에 따라 법무부장관이 국민선서를 받고 국적회복증서를 수여하는 절차와 해당 국민선서의 내용, 같은 항 단서에 따라 국민선서가 면제될 수 있는 사람 및 같은 조 제4항에 따라 법무부장관이 국민선서를 받고 국적회복증서를 수여하는 업무와 국민선서의 면제 업무 대행에 관하여는 제4조의4부터 제4조의6까지의 규정을 준용한다. 이 경우 "귀화"는 "국적회복"으로 본다. 〈개정 2020. 12. 22.〉
[본조신설 2018. 12. 18.]

제10조 국적회복에 의한 국적 취득의 통보 등

법무부장관은 국적회복허가 신청자가 국적을 취득했을 때에는 그 사실을 지체 없이 등록기준지 가족관계 등록관서의 장에게 통보하고, 관보에 고시해야 한다.
[전문개정 2018. 12. 18.]

제11조 외국 국적의 포기방식 등

① 법 제10조 제1항 또는 제2항에 따라 외국 국적을 포기하려는 사람은 그 기간 내에 외국 국적을 포기하거나 상실하는 절차를 마치고, 그 외국의 영사나 관련 공무원이 발급한 국적포기(상실)증명서 또는 이에 준하는 서류(이하 "국적포기증명서 등"이라 한다)를 지체 없이 법무부장관에게 제출하여야 한다. 〈개정 2010. 12. 31.〉
② 법무부장관은 제1항에 따라 국적포기증명서 등을 제출한 사람에 대하여 외국국적 포기 확인서를 발급하여야 한다. 〈개정 2010. 12. 31.〉
③ 법 제10조 제2항에 따라 대한민국에서 외국 국적을 행사하지 아니하겠다는 뜻을

서약(이하 "외국국적불행사서약"이라 한다)하려는 사람은 그 기간 내에 국내에 주소를 두고 있는 상태에서 외국국적불행사 서약서를 작성하여 청장 등에게 제출하여야 한다.〈개정 2010. 12. 31., 2018. 5. 8.〉

④ 청장 등은 제3항에 따라 외국국적불행사 서약서를 제출받은 때에는 지체 없이 법무부장관에게 송부하여야 하며, 법무부장관이 그 서약서를 수리한 때에는 서약서를 제출한 사람에게 외국국적불행사 서약확인서를 발급하여야 한다.〈신설 2010. 12. 31., 2018. 5. 8.〉

⑤ 법무부장관은 법 제11조의2 제2항에 따라 외국 국적을 포기한 사람이 국적포기증명서 등을 제출하고 그 확인을 요청하는 경우에는 외국국적 포기확인서를 발급하여야 한다.〈신설 2010. 12. 31.〉

⑥ 제2항부터 제5항까지의 규정에 따른 외국국적 포기확인서, 외국국적불행사 서약서 및 외국국적불행사 서약확인서의 서식은 법무부령으로 정한다.〈신설 2010. 12. 31.〉[전문개정 2008. 10. 6.]

제12조 외국 국적 포기사실증명의 요구

① 법무부장관은 법 제10조 제1항에 규정된 사람(제11조 제1항 또는 제3항에 따라 국적포기증명서 등을 제출하거나 외국국적불행사 서약서를 제출한 사람은 제외한다)에 대하여 그 기간이 지난 후에 그 외국 국적을 포기하였는지를 확인할 필요가 있으면 그 포기사실을 증명할 것을 요구할 수 있다.

② 제1항에 규정된 사람의 소재를 알 수 없거나 그 밖에 서면으로 요구할 수 없는 부득이한 사정이 있을 때에는 관보에 게재하는 방식으로 제1항의 요구를 할 수 있다. 이 경우 관보에 게재된 날의 다음 날에 그 요구의 의사표시가 도달된 것으로 본다.

③ 제1항 또는 제2항에 따라 요구를 받은 사람은 요구를 받은 때부터 1개월 내에 그 외국의 영사나 그 밖의 관련 공무원이 발급한 국적포기증명서 등으로 그 외국 국적을 포기한 사실을 증명하여야 하며, 이를 이행하지 아니한 경우에는 그 외국 국적을 포기하지 않은 것으로 본다.

④ 제3항에 규정된 사람으로서 천재지변이나 그 밖의 불가항력적 사유로 그 기간 내에 요구사항을 이행하지 못한 사람은 그 사유가 소멸된 때부터 10일 내에 그

외국 국적을 포기한 사실을 증명할 수 있다. [전문개정 2011. 3. 29.]

제13조 외국 국적 포기가 어려운 자 등

① 법 제10조 제2항 제5호에서 "대통령령으로 정하는 자"란 다음 각 호의 어느 하나에 해당하는 사람을 말한다. 〈개정 2017. 8. 29.〉
1. 외국의 법률 및 제도로 인하여 외국 국적의 포기가 불가능하거나 그에 준하는 사정이 인정되는 사람
2. 대한민국 국적을 취득한 후 3개월 이내에 외국 국적의 포기절차를 개시하였으나 외국의 법률 및 제도로 인하여 법 제10조 제1항에 따른 기간 내에 국적포기절차를 마치기 어려운 사정을 증명하는 서류를 법무부장관에게 제출한 사람

② 제1항 제2호에 해당하는 사람이 외국 국적의 포기절차를 마쳤을 때에는 지체 없이 국적포기증명서 등을 법무부장관에게 제출하여야 한다.

[전문개정 2010. 12. 31.]

주요판례

❖ **국적이탈신고반려처분취소** [대법원 2016. 9. 23., 선고, 2014두40364, 판결]

판시사항

국적법 부칙(1997. 12. 13.) 제7조 제1항 제1호에 따라 대한민국 국적을 취득하여 2010년 국적법 개정 이전에 구 국적법 제12조 제1항에 따른 이중국적자로서 국적선택을 할 수 있었던 모계특례자가 국적법 제11조의2 제1항이 정한 '복수국적자'로서 국적법 제12조에 따라 제1국민역에 편입된 때부터 3개월 이내에 국적선택을 할 수 있는지 여부(적극)

판결요지

구 국적법(1997. 12. 13. 법률 제5431호로 전부 개정되기 전의 것) 제2조 제1호, 구 국적법(2008. 3. 14. 법률 제8892호로 개정되기 전의 것) 제2조 제1항 제1호, 구 국적법(2010. 5. 4. 법률 제10275호로 개정되기 전의 것, 이하 '구 국적법'이라 한다) 제10조, 제12조, 국적법 제10조 제1항, 제2항, 제11조의2 제1항, 제12조, 부칙(1997. 12. 13.) 제7조 제1항 제1호, 부칙(2010. 5. 4.) 제3조, 구 국적법 시행령(2010. 12. 31. 대통령령 제22588호로 개정되기 전의 것) 제13조 제1항 제1호, 제16조 제1항 제1호, 국적법 시행령 제16조 제1항, 부칙(2010. 12. 31.) 제5조의 문언·체계·연혁 등에 비추어, 국적법 부칙(1997. 12. 13.) 제7조 제1항 제1호에 따라 대한민국 국적을 취득하여 2010년 국적법 개정 이전에 구 국적법 제12조 제1항에 따른 이중국적자로서 국적선택을 할 수 있었던 모계특례자는, 다음과 같은 이유에서 2010년 국적법 개정 이후에도 '출생에 의하여 대한민국 국적과 외국 국적을 함께 가지게 된 자'에 준하는 지위를 갖는 자로서 국적법 제11조의2 제1항이 정한 '복수국적자'에 해당

하고, 따라서 국적법 제12조에 따라 제1국민역에 편입된 때부터 3개월 이내에 국적선택을 할 수 있다.

국적법 부칙(1997. 12. 13.) 제7조 제1항 제1호는 부계혈통주의를 취한 구 국적법(1997. 12. 13. 법률 제5431호로 전부 개정되기 전의 것)이 양성평등의 원칙에 반한다는 반성적 고려에서 1997. 12. 13. 법률 제5431호로 전부 개정된 국적법이 부모양계혈통주의를 채택하게 됨에 따라, 그 시행 이전에 대한민국 국민을 모(母)로 하여 출생한 자에게도 일정한 요건과 절차를 갖추어 대한민국 국적을 취득할 수 있도록 한 것이므로, 위 부칙 조항의 입법 목적과 국적법 개정 경위 등에 비추어 보면, 위 부칙 조항에 의하여 대한민국의 국적을 취득한 자(이하 '모계특례자'라 한다)도 실질에서는 '출생으로 대한민국 국적을 취득한 자'와 달리 보기 어렵고, 국적법 제11조의2 제1항이 정한 '출생에 의하여 대한민국 국적과 외국 국적을 함께 가지게 된 자'에 준하는 지위를 갖는다.

국적법 부칙(2010. 5. 4.) 제3조가 "제10조의 개정규정은 이 법 시행 전에 종전의 제10조 제2항 단서에 해당하여 외국 국적을 포기하지 아니한 자에 대하여도 적용한다."라고 정하고 있으나, 국적법 시행령 부칙(2010. 12. 31.) 제5조가 "이 영 시행 전에 종전의 제13조 제1항 각 호의 어느 하나에 해당하여 외국 국적의 포기의무가 유보된 사람은 종전의 유보된 기간 내에 법 제10조에 따라 외국 국적을 포기하거나 외국국적불행사서약을 할 수 있다."라고 규정하고 있는 것도 함께 고려하면, 위 각 부칙 규정의 취지는 2010년 개정된 국적법이 구 국적법과 달리 외국 국적 포기의무 유보에 관하여 규정하고 있지 아니하므로, 구 국적법에 따라 외국 국적 포기의무가 유보되었던 자들에게 개정된 국적법에서도 구 국적법상 유보된 기간 동안 외국 국적 포기의무가 유보된 지위를 그대로 유지시켜 주는 한편 국적법이 새롭게 규정한 '외국국적불행사서약'을 할 수 있도록 함으로써, 이들이 종전에 유보된 기간 동안에는 국적법 제10조 제3항에 따라 대한민국 국적을 자동적으로 상실하지 아니하도록 한 규정으로 해석될 뿐, 이들 중 국적법 제11조의2 제1항이 정한 복수국적자에 해당하는 자에 대하여 국적선택을 할 수 없도록 하는 규정으로 보기는 어렵다.

국적법 시행령 제16조 제1항 각 호가 복수국적자에 해당하는 자로 나열하고 있는 사항에 모계특례자가 포함되지 아니하나, 국적법 제11조의2는 복수국적자에 관하여 '출생이나 그 밖에 이 법에 따라 대한민국 국적과 외국 국적을 함께 가지게 된 자'라고만 규정하고 있을 뿐, 복수국적자의 범위에 관하여 대통령령에 위임하는 규정을 두고 있지 아니하므로 국적법 시행령 제16조 제1항 각 호에 해당하지 아니한다는 사정만으로 모계특례자가 당연히 복수국적자의 범위에서 제외된다고 볼 수도 없다.

제14조 외국 국적 미포기자 등에 대한 처우 제한

대한민국 국적을 취득하고도 법 제10조 제1항 또는 제2항에 따른 외국 국적의 포기 절차나 외국국적불행사서약 절차를 마치지 아니한 사람에게는 관계 법령에서 정하는 바에 따라 출입국, 체류, 주민 등록 또는 여권발급 등에서 대한민국 국민으로서의 처우가 제한될 수 있다. [전문개정 2010. 12. 31.]

제15조 국적의 재취득 신고절차 등

① 법 제11조 제1항에 따라 대한민국 국적을 재취득하려면 법무부령으로 정하는 국

적취득 신고서를 작성하여 법무부장관에게 제출하여야 한다.
② 법무부장관은 제1항에 따라 국적취득신고를 수리하였으면 그 사실을 지체 없이 본인과 등록기준지 가족관계 등록관서의 장에게 통보하고, 관보에 고시하여야 한다. 〈개정 2010. 12. 31.〉 [전문개정 2008. 10. 6.]

제16조 복수국적자의 의의 등

① 법 제11조의2 제1항에서 "대통령령으로 정하는 사람"이란 다음 각 호의 어느 하나에 해당하는 사람을 말한다. 〈개정 2017. 8. 29.〉
  1. 법 제10조 제2항에 따라 외국국적불행사서약을 한 사람
  2. 대한민국의 국민으로서 법 제15조 제2항에 따라 외국 국적을 취득하게 된 후 6개월 내에 법무부장관에게 대한민국 국적의 보유 의사를 신고한 사람
  3. 법률 제10275호 국적법일부개정법률 부칙 제2조 제1항에 따라 법무부장관에게 외국국적불행사서약을 하고 대한민국 국적을 재취득하거나 같은 조 제2항에 따라 외국 국적을 재취득한 후 외국국적불행사서약을 한 사람
② 만 20세가 되기 전에 법 제12조 제3항 각 호의 어느 하나에 해당하게 된 사람은 만 20세가 된 때부터 같은 조 제2항 본문의 기간을 계산한다. [전문개정 2011. 3. 29.]

제16조의2 직계존속이 외국에서 영주할 목적 없이 체류한 상태에서 출생한 사람

법 제12조 제3항 각 호 외의 부분 및 법 제14조의2 제1항 제1호 가목에서 직계존속이 외국에서 영주할 목적 없이 체류한 상태에서 출생한 사람은 아버지 또는 어머니가 외국에 생활기반을 두고 있으면서 외국의 시민권이나 영주권을 취득한 상태 또는 법무부령으로 정하는 그에 준하는 체류 상태에서 출생한 사람이 아닌 사람으로 한다. 〈개정 2022. 12. 20.〉 [전문개정 2011. 3. 29.] [제목개정 2022. 12. 20.]

제17조 대한민국 국적의 선택 절차 등

① 복수국적자로서 법 제13조 제1항 또는 같은 조 제2항 단서에 따라 대한민국 국적을 선택하려는 사람은 해당 기간 내에 제11조 제1항·제2항에 따라 외국 국적을

포기 또는 상실하는 절차를 마치고 법무부령으로 정하는 국적선택 신고서를 작성하여 법무부장관에게 제출하거나, 제11조 제3항·제4항에 따라 외국국적불행사서약을 한 후 국적선택 신고서를 작성하여 청장 등에게 제출하여야 한다. 이 경우 청장 등은 제출받은 국적선택 신고서를 지체 없이 법무부장관에게 송부하여야 한다. 〈개정 2018. 5. 8.〉

② 복수국적자로서 법 제13조 제2항 본문 또는 같은 조 제3항에 따라 대한민국 국적을 선택한다는 뜻을 신고하려는 사람은 외국 국적을 포기 또는 상실하는 절차를 마치고, 법무부령으로 정하는 국적선택 신고서를 작성하여 법무부장관에게 제출하여야 한다.

③ 법 제13조 제3항에서 "출생 당시에 모가 자녀에게 외국 국적을 취득하게 할 목적으로 외국에서 체류 중이었던 사실이 인정되는 자"란 국내에 생활기반을 두고 있는 어머니가 임신한 후 자녀의 외국 국적 취득을 목적으로 출국하여 외국에서 체류하는 동안 출생한 사람을 말한다. 다만, 아버지 또는 어머니가 다음 각 호의 어느 하나에 해당하는 사람은 제외한다.

1. 자녀의 출생 전후를 합산하여 2년 이상 계속하여 외국에서 체류한 경우
2. 자녀의 출생 전후에 외국의 영주권 또는 국적을 취득한 경우
3. 자녀의 출생 당시 유학, 공무파견, 국외주재, 취업 등 사회통념상 상당한 사유로 법무부장관이 정하는 기간 동안 외국에서 체류한 경우

④ 법무부장관은 제1항부터 제3항까지의 규정에 따라 국적선택 신고를 수리한 때에는 지체 없이 그 사실을 본인과 등록기준지 가족관계 등록관서의 장에게 통보하여야 한다. [전문개정 2011. 3. 29.]

제18조 대한민국 국적의 이탈 신고 절차 등

① 복수국적자로서 법 제14조 제1항에 따라 대한민국 국적을 이탈한다는 뜻을 신고하려는 사람은 법무부령으로 정하는 국적이탈 신고서를 작성하여 주소지 관할 재외공관의 장에게 제출하여야 하고, 재외공관의 장은 지체 없이 이를 법무부장관에게 송부하여야 한다.

② 법무부장관은 제1항에 따른 국적이탈 신고가 법 제14조 제1항에 따른 국적이탈

요건을 갖춘 경우에만 수리한다.

③ 법무부장관은 제1항 및 제2항에 따라 국적이탈 신고를 수리한 때에는 지체 없이 그 사실을 접수지 재외공관의 장을 거쳐 본인에게 알려야 하며, 등록기준지 가족관계 등록관서의 장에게 통보하고 관보에 고시하여야 한다.

④ 법무부장관은 국적이탈자가 주민 등록이 되어 있을 때에는 그 주민 등록관서의 장에게도 그 사실을 통보하여야 한다.

⑤ 제3항 및 제4항에 따라 등록기준지 가족관계 등록관서의 장 또는 주민 등록관서의 장에게 통보하는 서류에는 다음 각 호의 사항을 적어야 한다.
  1. 국적이탈자의 성명, 생년월일, 성별 및 등록기준지
  2. 국적이탈의 원인 및 연월일
  3. 외국 국적

⑥ 법무부장관은 국적이탈자가 이미 발급받은 대한민국 여권이 있을 때에는 외교부장관에게 제5항 각 호의 사항과 여권번호를 통보할 수 있다. 〈신설 2017. 8. 29.〉

[전문개정 2011. 3. 29.][제목개정 2022. 12. 20.]

주요판례

❖ **국적이탈반려처분취소소송**[서울행법 2022. 4. 29., 선고, 2021구합65798, 판결 : 항소]

판시사항

미국 시민권을 취득한 부모 사이에서 태어나 대한민국 및 미국의 복수국적자인 甲이 국적법령에 따라 국적이탈신고를 하였으나 법무부장관이 '국적법 제14조에 따라 대한민국 국적을 이탈하려고 하는 사람은 외국에 주소를 두고 거주한 상태여야 하나, 甲은 이탈신고 당시 국내에 생활근거를 두고 있었던 것으로 판단된다.'는 이유로 위 신고를 반려한 사안에서, 제반 사정을 종합하면, 甲은 아버지의 주한미군 근무로 인하여 일시적으로 대한민국에 체류 중이기는 하지만 甲의 생활근거가 되는 곳은 대한민국이 아닌 미국이므로, 甲은 국적법 제14조 제1항의 '외국에 주소가 있는 경우'에 해당하여 위 처분이 위법하다고 한 사례

판결요지

미국 시민권을 취득한 부모 사이에서 태어나 대한민국 및 미국의 복수국적자인 甲이 국적법령에 따라 국적이탈신고를 하였으나 법무부장관이 '국적법 제14조에 따라 대한민국 국적을 이탈하려고 하는 사람은 외국에 주소를 두고 거주한 상태여야 하나, 甲은 이탈신고 당시 국내에 생활근거를 두고 있었던 것으로 판단된다.'는 이유로 위 신고를 반려한 사안이다.

국적법 제14조 제1항에 따르면 복수국적자로서 외국 국적을 선택하려는 자는 외국에 주소가 있는 경우에만 재외공관을 통하여 국적이탈신고를 할 수 있고, 민법 제18조 제1항에 따르면 주소란 '생활의 근거되는 곳'으로 이

는 생활관계의 중심적 장소로서 생계를 같이하는 가족 및 소재하는 자산의 유무 등 생활관계의 객관적 사실에 따라 판정해야 하는데, 甲은 출생 이후 만17세였던 위 신고 시까지 총 8년 6개월 25일간 대한민국에 거주하였으나, 미국 군인인 甲의 아버지가 주기적으로 미국 및 미국 외의 여러 지역을 오가며 근무함에 따라 미성년자인 甲도 미국에서 생활하다가도 아버지의 해외 파견 시마다 부모와 함께 해외로 출국하여 생활해온 점, 아버지가 주한미군 파견으로 용산과 평택에서 근무함에 따라 甲도 미국 주소가 부여되고 미국 내 학교와 동일한 지위가 인정되는 미군기지 내 학교들에서 통상의 미국 중고등학교 교과과정을 이수하는 등 대한민국에 소재하고 있는 동안에도 실질적으로 미국에서와 거의 동일한 생활환경이 조성된 특수한 지역인 미군기지 내에서 주로 생활한 점, 甲의 부모는 甲이 미국 내 주소로 두고 있는 부동산을 소유하고, 각종 예금, 대출, 보험 등의 금융계약을 미국에서 체결하는 등 경제생활의 근간을 모두 미국에 두고 있으며 甲과 그 가족들은 추후 아버지의 근무지 변경에 따라 다시 미국으로 돌아갈 예정인 점 등을 종합하면, 甲은 아버지의 주한미군 근무로 인하여 일시적으로 대한민국에 체류 중이기는 하지만 甲의 생활근거가 되는 곳은 대한민국이 아닌 미국이므로, 甲은 국적법 제14조 제1항의 '외국에 주소가 있는 경우'에 해당하여 위 처분이 위법하다고 한 사례이다.

제18조의2 대한민국 국적 이탈 허가 신청의 세부 자격기준 등

① 법 제14조의2 제1항에 따른 대한민국 국적 이탈 허가 신청의 세부 자격기준은 별표 1과 같다.

② 법 제14조의2 제2항에 따른 대한민국 국적의 이탈 허가 시 구체적 고려사항은 별표 2와 같다. [본조신설 2022. 12. 20.] [종전 제18조의2는 제18조의4로 이동 〈2022. 12. 20.〉]

★ 국적법 시행령 [별표 1] 〈신설 2022. 12. 20.〉
〈대한민국 국적의 이탈 허가 신청의 세부 자격기준(제18조의2제1항 관련)〉

1. 법 제14조의2제1항제1호 관련 : 다음 각 목의 어느 하나에 해당하는 사람일 것
   가. 외국에서 출생한 사람으로서 출생 이후 법 제14조의2에 따른 국적의 이탈 허가를 신청할 때까지 계속하여 외국에 주소를 두고 거주한 사람
   나. 6세 미만의 아동일 때 외국으로 이주한 이후 법 제14조의2에 따른 국적의 이탈 허가를 신청할 때까지 계속하여 외국에 주소를 두고 거주한 사람
2. 법 제14조의2제1항제2호 관련 : 법 제12조제2항 본문 및 제14조제1항 단서에 따라 병역준비역에 편입된 때부터 3개월 이내에 국적 이탈을 신고하지 못한 것에 대하여 사회통념상 신청인에게 책임을 묻기 어려운 사정이 있을 것

〈비고〉
1. 제1호가목의 "외국에서 출생한 사람"에서 직계존속이 외국에서 영주할 목적 없이 체류한 상태에서 출생한 사람은 제외한다.
2. 제1호가목 및 나목을 적용할 때에 다음 각 목의 방법으로 산정한 국내 체류기간이 1년 중 합산하여 90일 이내인 사람은 계속하여 외국에 주소를 두고 거주한 것으로 본다.
   가. 국내 체류기간은 출국한 날부터 입국한 날까지의 기간을 거꾸로 계산하여 산정한다.
   나. 출국일은 국내 체류기간에 산입하지 않고 입국일은 산입한다. 다만, 출국일에 해당하는 날 24시에 출국하였을 때에는 체류기간에 산입한다.

★ 국적법 시행령 [별표 2] <신설 2022. 12. 20.>
<대한민국 국적 이탈 허가 시 구체적 고려사항(제18조의2제2항 관련)>

1. 법 제14조의2제1항 따른 대한민국 국적의 이탈 허가를 신청한 사람(이하 이 표에서 "신청인"이라 한다)의 출생지 및 복수국적 취득경위
2. 신청인의 주소지 및 주된 거주지가 외국인지 여부
3. 대한민국 입국 횟수 및 체류 목적·기간 : 별표 1 제2호의 기준을 충족하는지 여부를 판단하기 위하여 다음 각 목의 사항을 고려할 것
   가. 신청인의 대한민국 입국 횟수 및 체류 목적·기간
   나. 신청인의 직계존속이나 생계를 같이 하는 가족의 대한민국 입국 횟수 및 체류 목적·기간
4. 대한민국 국민만이 누릴 수 있는 권리를 행사하였는지 여부 : 다음 각 목의 권리를 행사하였는지를 고려할 것
   가. 「교육기본법」 제8조제2항에 따른 의무교육을 받을 권리
   나. 「사회보장기본법」 제9조에 따른 사회보장급여를 받을 권리
   다. 「정당법」 제22조에 따른 당원이 될 수 있는 권리
   라. 「국가공무원법」(같은 법 제26조의3제1항은 제외한다) 및 「지방공무원법」(같은 법 제25조의2제1항은 제외한다)에 따라 공무원으로 임용될 수 있는 권리
   마. 그 밖에 대한민국의 법령에 따라 외국인의 권리 행사가 전부 또는 일부 제한되는 권리
5. 복수국적으로 인하여 외국에서의 직업 선택에 상당한 제한이 있거나 이에 준하는 불이익이 있는지 여부 : 다음 각 목의 어느 하나에 해당하는지를 고려할 것
   가. 대한민국 국적을 이탈하지 않으면 다음의 어느 하나에 해당하는 신청인의 생활상 지위에 현저한 불이익이 발생하는 경우
   1) 외국의 공직, 안보 등과 관련한 특정 직업을 수행하거나 업무를 담당하는 것이 불가능한 경우
   2) 외국에서 학업을 수행하는 것이 불가능한 경우
   3) 신청인의 생활상 지위에 현저한 불이익이 발생하는 경우로서 1) 및 2)에 준하는 경우
   나. 대한민국 국적을 이탈하지 않으면 외국 국적을 보유하는 것이 불가능하거나 이에 준하는 불이익이 발생하는 경우
6. 병역의무 이행의 공평성과 조화되는지 여부 : 다음 각 목의 사항을 종합적으로 고려할 것
   가. 신청인의 성장 환경, 학업, 직업 등 생활 환경
   나. 국적의 이탈 허가 신청의 시기 및 사유
   다. 그 밖에 신청인의 국적 이탈 허가 시 병역의무 이행의 공평성을 훼손할 만한 특별한 사정이 있는지 여부

제18조의3 대한민국 국적 이탈 허가의 절차

① 복수국적자로서 법 제14조의2 제1항에 따라 대한민국 국적의 이탈 허가를 신청하려는 사람은 다음 각 호의 서류를 주소지 관할 재외공관의 장에게 제출해야 한다.
　1. 법무부령으로 정하는 국적이탈 허가신청서
　2. 법 제14조의2 제1항에 따른 신청 자격, 같은 조 제2항에 따른 고려사항 등을 입증하는 자료로서 법무부령으로 정하는 자료
② 재외공관의 장은 제1항에 따른 신청을 받았을 때에는 이를 법무부장관에게 지체

없이 송부해야 한다.
③ 법 제14조의2에 따른 법무부장관의 국적 이탈 허가의 고시 및 통보에 관하여는 제18조 제3항부터 제6항까지의 규정을 준용한다. 이 경우 "국적이탈 신고를 수리한 때"는 "국적의 이탈 허가를 하였을 때"로 본다.
[본조신설 2022. 12. 20.] [종전 제18조의3은 제18조의5로 이동 〈2022. 12. 20.〉]

제18조의4 국적선택명령의 절차 등

① 법 제14조의3 제1항 및 제2항에 따라 법무부장관이 국적선택명령을 할 때에는 법무부령으로 정하는 국적선택명령서를 본인에게 직접 교부하거나 등기우편으로 송부하여야 한다. 다만, 본인에게 직접 교부하거나 송부하기 어려운 경우에는 「민법」 제779조에 따른 가족이나 사실상 부양자에게 교부하거나 송부하여야 한다. 〈개정 2022. 12. 20.〉
② 소재불명 등으로 국적선택명령서의 교부 또는 송부가 어려운 경우에는 관보에 공고하며, 공고일부터 14일이 지난 때에 그 효력이 발생한다.
③ 법 제14조의3 제1항 및 제2항에 따라 법무부장관으로부터 국적선택명령을 받은 사람이 대한민국 국적을 선택하려면 제17조에 규정된 절차를 따라야 하고, 대한민국 국적을 이탈하려면 제18조에 규정된 절차를 따라야 한다. 〈개정 2022. 12. 20.〉
④ 법 제14조의3 제2항에서 "그 뜻에 현저히 반하는 행위"란 외국국적불행사서약을 한 사람이 다음 각 호의 어느 하나에 해당하는 행위를 한 경우를 말한다. 〈개정 2022. 12. 20.〉
  1. 반복하여 외국 여권으로 대한민국에 출국·입국한 경우
  2. 외국 국적을 행사할 목적으로 외국인 등록 또는 거소신고를 한 경우
  3. 정당한 사유 없이 대한민국에서 외국 여권 등을 이용하여 국가·지방자치단체, 공공기관, 공공단체 또는 교육기관 등에 대하여 외국인으로서의 권리를 행사하거나 행사하려고 한 경우
⑤ 법무부장관은 관계 기관 또는 재외공관의 장에게 복수국적자의 국내·국외 주소지 확인 등 필요한 사항을 조회할 수 있다.
⑥ 법무부장관은 복수국적자가 국적선택명령을 받고도 따르지 아니하여 법 제14조의3 제4항에 따라 대한민국 국적을 상실한 경우에는 지체 없이 다음 각 호의 사

항을 관보에 고시하고, 그 등록기준지 가족관계 등록관서의 장과 주민 등록관서의 장에게 통보하여야 한다. 〈개정 2022. 12. 20.〉
1. 국적상실자의 성명, 생년월일, 성별 및 등록기준지
2. 국적상실의 원인 및 연월일
3. 외국 국적

⑦ 법무부장관은 복수국적자가 법 제14조의3 제4항에 따라 대한민국 국적을 상실한 경우 이미 발급받은 대한민국 여권이 있을 때에는 제6항 각 호의 사항과 여권번호를 외교부장관에게 통보할 수 있다. 〈신설 2017. 8. 29., 2022. 12. 20.〉

[전문개정 2011. 3. 29.][제18조의2에서 이동, 종전 제18조의4는 제18조의6으로 이동 〈2022. 12. 20.〉]

제18조의5 대한민국 국적의 상실결정 절차 등

① 법무부장관은 법 제14조의4 제1항에 따라 복수국적자가 대한민국의 국적을 보유함이 현저히 부적합하다고 인정하는 경우에는 위원회의 심의를 거쳐 대한민국 국적의 상실을 결정한다. 〈개정 2017. 8. 29., 2022. 12. 20.〉
② 법 제14조의4 제1항 제2호에서 "대통령령으로 정하는 경우"란 살인죄, 강간죄 등 법무부령으로 정하는 죄명으로 7년 이상의 징역 또는 금고의 형을 선고받아 그 형이 확정된 경우를 말한다. 〈개정 2022. 12. 20.〉
③ 법 제14조의4 제1항각 호 외의 부분 본문의 청문절차에 관하여는 「행정절차법」 제2장 제2절 중 청문에 관한 규정을 준용한다. 〈개정 2022. 12. 20.〉
④ 법무부장관은 복수국적자가 국적상실결정을 받아 대한민국 국적을 상실한 경우에는 제18조의4 제6항 및 제7항을 준용한다. 〈개정 2017. 8. 29., 2022. 12. 20.〉

[본조신설 2010. 12. 31.][제18조의3에서 이동 〈2022. 12. 20.〉]

제18조의6 복수국적자에 관한 통보절차 등

① 법 제14조의5 제1항에 따른 통보는 그 공무원이 속한 기관의 주소지를 관할하는 청장 등에게 하여야 한다. 다만, 재외공관의 장이 통보하는 경우는 법무부장관이 따로 정한다. 〈개정 2018. 5. 8., 2022. 12. 20.〉
② 제1항에 따른 통보는 법무부령으로 정하는 복수국적자 발견 통보서로 해야 하

며, 복수국적자가 복수국적을 보유하게 된 원인 및 연월일을 증명하는 서류와 복수국적자가 소지한 외국 여권의 사본을 첨부해야 한다.〈개정 2014. 6. 17., 2020. 12. 22.〉

1. 삭제〈2020. 12. 22.〉
2. 삭제〈2020. 12. 22.〉

③ 청장 등은 제1항에 따라 통보를 받거나 그 직무상 복수국적자를 발견하면 복수국적자 기록표를 작성하여 법무부장관에게 송부하고 그 부본(副本)을 갖추어 두어야 한다. 〈개정 2018. 5. 8.〉[전문개정 2011. 3. 29.][제18조의4에서 이동 〈2022. 12. 20.〉]

제19조 국적보유의사의 신고절차 등

① 법 제15조 제2항에 따라 대한민국 국적을 보유할 의사가 있다는 뜻을 신고하려면 법무부령으로 정하는 국적보유 신고서를 작성하여 청장 등에게 제출하여야 한다. 〈개정 2010. 12. 31., 2018. 5. 8.〉
② 청장 등은 제1항에 따라 신고서를 제출받은 때에는 지체 없이 법무부장관에게 송부하여야 한다. 〈신설 2010. 12. 31., 2018. 5. 8.〉
③ 법무부장관은 제1항과 제2항에 따라 국적보유 신고를 수리하였으면 그 사실을 지체 없이 본인에게 알리고, 그 등록기준지 가족관계 등록관서의 장에게 통보하여야 한다. 〈개정 2010. 12. 31.〉
④ 제3항에 따라 그 등록기준지 가족관계 등록관서의 장에게 통보하는 서류에는 다음 각 호의 사항을 적어야 한다. 〈개정 2010. 12. 31.〉
 1. 국적보유 신고자의 성명, 생년월일, 성별 및 등록기준지
 2. 외국 국적을 취득하게 된 원인 및 연월일[전문개정 2008. 10. 6.]

제20조 국적상실의 신고·통보절차 등

① 법 제16조 제1항에 따라 국적상실 신고를 하려면 법무부령으로 정하는 국적상실 신고서를 작성하여 법무부장관에게 제출하여야 한다.
② 법 제16조 제2항에 따라 국적상실을 통보할 때에는 그 사람의 성명, 생년월일, 성별 및 등록기준지 등 인적사항을 적고, 대한민국 국적을 상실한 원인 및 연월일을 증명하는 서류 또는 그가 소지한 외국여권의 사본을 첨부하여야 한다.

제21조 국적상실자의 처리

① 법 제16조 제3항에 따라 법무부장관은 그 직무상 대한민국 국적을 상실하고도 등록기준지에서 말소되지 아니한 사람을 발견하거나 제20조에 따른 국적상실의 신고나 통보를 수리한 경우에는 지체 없이 그 사실을 관보에 고시하고, 그 등록기준지 가족관계 등록관서의 장에게 통보하여야 한다.
② 제1항의 경우에는 제18조 제4항 및 제5항을 준용한다. 〈개정 2010. 12. 31.〉
③ 법무부장관은 법 제16조 제1항및제2항에 따른 신고 및 통보를 받은 경우 국적상실자가 이미 발급받은 대한민국 여권이 있을 때에는 제18조의2 제6항각 호의 사항과 여권번호를 외교부장관에게 통보할 수 있다. 〈신설 2017. 8. 29.〉[전문개정 2008. 10. 6.]

제22조 삭제〈2014. 6. 17.〉

제23조 국적 판정의 신청

① 법 제20조에 따라 국적 판정을 받으려면 법무부령으로 정하는 국적판정 신청서를 작성하여 청장 등에게 제출하여야 한다. 〈개정 2018. 5. 8.〉
② 청장 등은 제1항에 따라 신청서를 제출받은 때에는 지체 없이 법무부장관에게 송부하여야 한다. 〈개정 2018. 5. 8.〉[전문개정 2011. 3. 29.]

제24조 국적 판정의 심사 및 판정절차 등

① 법무부장관은 국적을 판정할 때 필요하면 관계 기관의 장에게 국적판정신청자에 대한 신원조회, 범죄경력조회 또는 체류동향조사를 의뢰하거나 그 밖에 심사에 참고가 될 사항에 관한 의견을 구할 수 있다.
② 법무부장관은 필요하면 국적판정 신청자에게 의견을 진술하게 하거나 보완자료 제출을 요구할 수 있다.
③ 법무부장관은 국적판정신청자에 관하여 다음 각 호의 사항 등을 심사한 후 현재도 대한민국 국적을 보유하고 있는지를 판정한다.
  1. 혈통관계

2. 국외이주 경위

3. 대한민국 국적 취득 여부

4. 대한민국 국적을 취득한 후 스스로 외국국적을 취득함으로써 대한민국 국적을 상실한 사실이 있는지 여부

④ 법무부장관은 국적판정 신청자가 현재도 대한민국 국적을 보유하고 있는 것으로 판정하면 그 사실을 지체 없이 본인과 등록기준지 가족관계 등록관서의 장에게 통보하고, 관보에 고시하여야 한다.

⑤ 제4항의 판정을 받은 사람은 별도의 국적취득 절차를 거치지 아니하고 「가족관계의 등록 등에 관한 법률」에서 정하는 바에 따라 가족관계 등록 창설을 할 수 있다.

[전문개정 2011. 3. 29.]

제25조 외국에 주소를 두고 있는 사람의 신고서 등 제출

① 다음 각 호의 신고서나 신청서 등(이하 이 조에서 "신고서 등"이라 한다)을 제출하려는 사람이 외국에 주소를 두고 있을 때에는 주소지 관할 재외공관의 장을 통해서도 신고서 등을 제출할 수 있다. 〈개정 2020. 12. 22.〉

1. 제2조 제1항에 따른 국적취득 신고서

2. 제8조 제1항에 따른 국적회복허가 신청서

3. 제11조 제1항에 따른 국적포기증명서 등(법 제3조 제1항 또는 제9조 제1항에 따라 대한민국 국적을 취득한 사람이 제출하려는 경우로 한정한다)

4. 제11조 제3항에 따른 외국국적불행사 서약서(법 제3조 제1항 또는 제9조 제1항에 따라 대한민국 국적을 취득한 사람이 제출하려는 경우로 한정한다)

5. 제15조 제1항에 따른 국적취득 신고서

6. 제17조 제1항·제2항에 따른 국적선택 신고서

7. 제19조 제1항에 따른 국적보유 신고서

8. 제20조 제1항에 따른 국적상실 신고서

② 제1항에 따라 신고서 등을 제출받은 재외공관의 장은 이를 지체 없이 외교부장관을 거쳐 법무부장관에게 송부해야 한다. 〈개정 2013. 3. 23., 2020. 12. 22.〉

③ 법무부장관은 제2항에 따라 송부받은 신고서 등을 접수한 경우 그 사실을 외교부장관을 거쳐 해당 재외공관의 장에게 통보한다. 〈개정 2013. 3. 23., 2020. 12. 22.〉

[전문개정 2008. 10. 6.] [제목개정 2020. 12. 22.]

제25조의2 신청 또는 신고의 방법·절차

① 법 및 이 영에 따른 신청이나 신고는 본인(15세 이상인 경우로 한정한다)이 직접 하여야 한다. 다만, 법 제16조 제1항에 따른 국적상실의 신고는 본인의 배우자 또는 4촌 이내의 친족이 대신할 수 있다.
② 법 제19조또는 이 조 제1항 단서에 따라 법정대리인 등이 신청이나 신고를 대신할 때에는 신청서나 신고서에 다음 각 호의 사항을 적고, 제2호에 따른 관계를 증명하는 서류를 첨부하여야 한다.
  1. 대리인의 성명·주소
  2. 신청자 또는 신고자와의 관계 [본조신설 2014. 6. 17.]

제25조의3 전자민원창구

① 법무부장관은 「민원 처리에 관한 법률」 제12조의2 제2항에 따른 전자민원창구(이하 "전자민원창구"라 한다)를 설치·운영할 수 있다. 〈개정 2022. 7. 11.〉
② 제1항에 따른 전자민원창구의 설치·운영 및 민원업무의 처리 절차 등에 관하여 필요한 사항은 법무부장관이 정하여 고시한다. [본조신설 2020. 12. 22.]

> **관련법령** 「민원 처리에 관한 법률」 제12조의2제2항

제12조의2(전자민원창구 및 통합전자민원창구의 운영 등)
① 행정기관의 장은 민원인이 해당 기관을 직접 방문하지 아니하고도 민원을 처리할 수 있도록 관계 법령 등을 개선하고 민원의 전자적 처리를 위한 시설과 정보시스템을 구축하는 등 필요한 조치를 하여야 한다.
② 행정기관의 장은 제1항에 따른 조치로서 인터넷을 통하여 민원을 신청·접수받아 처리할 수 있는 정보시스템(이하 "전자민원창구"라 한다)을 구축·운영할 수 있다. 다만, 전자민원창구를 구축하지 아니한 경우에는 제3항에 따른 통합전자민원창구를 통하여 민원을 신청·접수받아 처리할 수 있다.
③ 행정안전부장관은 전자민원창구의 구축·운영을 지원하고 각 행정기관의 전자민원창구를 연계하기 위하여 통합전자민원창구를 구축·운영할 수 있다.
④ 민원인이 전자민원창구나 통합전자민원창구를 통하여 민원을 신청한 경우에는 관계법령 등에 따라 해당 민원을 소관하는 행정기관에 민원을 신청한 것으로 본다.

⑤ 행정기관의 장은 전자민원창구나 통합전자민원창구를 통하여 민원을 처리하는 경우에는 다른 법률에도 불구하고 수수료를 감면할 수 있다.

⑥ 행정기관의 장은 전자민원창구나 통합전자민원창구를 통하여 민원을 신청한 민원인이 정보통신망을 이용한 전자화폐·전자결제 등의 방법으로 수수료를 납부하는 경우에는 해당 수수료 외에 별도의 업무처리비용을 함께 청구할 수 있다.

⑦ 전자민원창구 및 통합전자민원창구의 구축·운영, 제5항에 따라 수수료를 감면할 수 있는 민원의 범위 및 감면 비율과 제6항에 따른 업무처리비용의 청구 기준 등에 관하여 필요한 사항은 국회규칙, 대법원규칙, 헌법재판소규칙, 중앙선거관리위원회규칙 및 대통령령으로 정한다.

제26조 관보에 고시할 사항

법 제17조 제1항에 따라 관보에 고시할 사항은 다음 각 호와 같다. 〈개정 2018. 12. 18., 2022. 12. 20.〉

1. 인지에 의한 국적취득신고를 수리한 경우에는 국적취득자의 인적사항(성명, 생년월일, 성별, 종전 국적, 예정 등록기준지를 말한다. 이하 제2호부터 제4호까지에서 같다) 및 신고 수리일
2. 귀화허가 신청자가 국적을 취득한 경우에는 귀화자의 인적사항 및 국적 취득일(수반취득자가 있으면 수반취득자의 인적사항을 포함한다)
3. 국적회복허가 신청자가 국적을 취득한 경우에는 국적 회복자의 인적사항, 국적 상실의 원인과 연월일 및 국적 취득일(수반취득자가 있으면 수반취득자의 인적사항을 포함한다)
4. 국적재취득 신고에 의한 국적취득 신고를 수리한 경우에는 국적취득자의 인적사항 및 신고수리일
5. 국적이탈 신고를 수리한 경우에는 국적이탈자의 인적사항(성명, 생년월일, 성별, 외국국적, 등록기준지) 및 신고수리일

5의2. 국적의 이탈 허가 신청에 대하여 허가한 경우에는 국적이탈자의 인적사항(성명, 생년월일, 성별, 외국국적, 등록기준지) 및 허가일

6. 국적상실자에 대하여 국적상실 처리를 한 경우에는 국적상실자의 인적사항(성명, 생년월일, 성별, 외국국적, 등록기준지), 국적 상실의 원인 및 국적상실 연월일(외국국적을 취득하면 그 국적을 포함한다)
7. 국적판정 신청에 대하여 국적보유자로 판정한 경우에는 국적보유 판정자의 인

적사항(성명, 생년월일, 성별, 외국국적, 등록기준지 또는 예정 등록기준지) 및 국적보유 판정일[전문개정 2011. 3. 29.]

제27조 허가 등의 취소의 기준·절차 등

① 법무부장관은 다음 각 호의 사람에 대하여 법 제21조 제1항에 따라 귀화허가, 국적회복 허가, 국적의 이탈 허가 또는 국적보유 판정(이하 이 조에서 "귀화허가 등"이라 한다)을 취소할 수 있다. 다만, 국적의 이탈 허가의 취소는 제1호 및 제4호의 사람으로 한정한다.〈개정 2022. 12. 20.〉

　1. 귀화허가 등을 받을 목적으로 신분관계 증명서류를 위조·변조하거나 위조·변조된 증명서류를 제출하여 유죄 판결이 확정된 사람

　2. 혼인·입양 등에 의하여 대한민국 국적을 취득하였으나 그 국적취득의 원인이 된 신고 등의 행위로 유죄 판결이 확정된 사람

　3. 대한민국 국적 취득의 원인이 된 법률관계에 대하여 무효나 취소의 판결이 확정된 사람

　4. 그 밖에 귀화허가 등에 중대한 하자가 있는 사람

② 법무부장관은 법 제21조 제1항에 따라 귀화허가 등을 취소하려면 당사자에게 소명(疏明)할 기회를 주어야 한다. 다만, 당사자의 소재를 알 수 없거나 당사자가 소명자료 제출 요구에 정당한 이유 없이 2회 이상 따르지 아니한 경우에는 그러하지 아니하다.〈개정 2022. 12. 20.〉

③ 법무부장관은 법 제21조 제1항에 따라 귀화허가 등을 취소하면 그 사실을 지체 없이 본인 및 등록기준지 가족관계 등록관서의 장에게 통보하고, 관보에 고시하여야 한다.〈개정 2022. 12. 20.〉

④ 제3항의 경우에는 제18조 제4항을 준용한다.

⑤ 제3항 및 제4항에 따라 관보에 고시하거나 등록기준지 가족관계 등록관서의 장과 주민 등록관서의 장에게 통보할 때에는 다음 각 호의 사항을 적어야 한다.

　1. 취소 대상자의 성명, 생년월일, 성별 및 등록기준지

　2. 취소 원인 및 연월일

⑥ 법무부장관은 법 제21조 제1항에 따라 귀화허가 등을 취소할 경우 그 사람이 이

미 발급받은 대한민국 여권이 있을 때에는 제5항 각 호의 사항과 여권번호를 외교부장관에게 통보할 수 있다. 〈신설 2017. 8. 29., 2022. 12. 20.〉[전문개정 2011. 3. 29.]

주요판례

❖ **귀화허가취소처분취소의소** [서울행법 2019. 11. 21., 선고, 2019구합53341, 판결 : 항소]

판시사항

방글라데시 국적 외국인 甲이 대한민국 국민 乙과 결혼한 후 간이귀화허가를 신청함에 따라 법무부장관이 귀화요건의 사실관계에 관한 실태조사를 실시한 후 甲에 대한 귀화를 허가하였는데, 甲이 중혼관계에 있었음에도 이러한 사정이 누락된 서류를 제출하여 귀화허가를 받아 위계로써 귀화업무를 담당하는 공무원의 정당한 직무집행을 방해하였다는 범죄사실로 형사처벌을 받자, 甲이 '거짓·부정한 방법으로 귀화허가를 받았다'는 이유로 甲에 대한 귀화허가를 취소한 사안에서, 甲은 '귀화허가 판정에 중대한 하자가 있는 사람'으로서 법령이 정한 귀화허가 취소사유가 존재하므로 처분사유가 인정되고, 처분이 비례원칙에 반하여 재량권을 일탈·남용하였다고 볼 수 없다고 한 사례

판결요지

방글라데시 국적 외국인 甲이 대한민국 국민 乙과 결혼한 후 간이귀화허가를 신청함에 따라 법무부장관이 귀화요건의 사실관계에 관한 실태조사를 실시한 후 구 국적법(2017. 12. 19. 법률 제15249호로 개정되기 전의 것, 이하 같다) 제6조 제2항 제1호에 따라 甲에 대한 귀화를 허가하였는데, 甲이 중혼관계에 있었음에도 이러한 사정이 누락된 서류를 제출하여 귀화허가를 받아 위계로써 귀화업무를 담당하는 공무원의 정당한 직무집행을 방해하였다는 범죄사실로 형사처벌을 받자, 甲이 '거짓·부정한 방법으로 귀화허가를 받았다'는 이유로 구 국적법 제21조에 근거하여 甲에 대한 귀화허가를 취소한 사안이다.

헌법이 규정하는 혼인제도의 규범과 중혼을 금지하는 민법 규정에 비추어 중혼은 대한민국 법질서에 대한 중대한 위반행위인 점, 후혼(後婚)이 사실혼이더라도 이는 법무부장관이 당사자의 귀화허가 여부에 관한 재량권 행사에서 중요하게 고려할 사정인 점, 실제로 법무부장관이 위 신청을 심사하면서 甲의 중혼 여부를 조사하였고 그 확인을 위하여 甲에게 방글라데시 관계기관이 발급한 가족관계 서류 등을 추가로 제출하도록 하는 등 甲의 중혼 여부를 중요하게 고려하였던 점, 관련 형사판결에서 甲이 위계로써 귀화업무를 담당하는 공무원의 정당한 직무집행을 방해하였다는 위계공무집행방해죄를 유죄로 인정하였고 그 판결이 확정된 점 등에 비추어, 甲은 '귀화허가 판정에 중대한 하자가 있는 사람'으로서 법령이 정한 귀화허가 취소사유가 존재하므로 처분사유가 인정되고, 위 처분으로 입는 甲의 불이익이 처분으로 달성하려는 공익보다 훨씬 크다고 볼 수 없으므로 처분이 비례원칙에 반하여 재량권을 일탈·남용하였다고 볼 수 없다고 한 사례이다.

제28조 위원회 심의의 예외

법 제22조 제2항단서에서 "요건을 충족하지 못하는 것이 명백한 경우 등 대통령령으로 정하는 사항"이란 다음 각 호의 구분에 따른 사항을 말한다.
1. 법 제7조 제1항 제3호에 해당하는 특별귀화의 허가 관련 : 특별귀화 대상자가 다

음 각 목의 어느 하나에 해당하는 경우
가. 대한민국에 주소를 두고 있지 않은 경우
나. 법 제5조 제3호, 제5호 또는 제6호의 요건을 충족하지 못하는 것이 명백한 경우
다. 제6조 제2항 각 호에 해당하는 사실을 입증하는 자료를 제출하지 않은 경우
2. 법 제14조의2에 따른 대한민국 국적의 이탈 허가 관련 : 국적의 이탈 허가를 신청한 사람이 다음 각 목의 어느 하나에 해당하는 경우
가. 복수국적자에 해당하지 않는 경우
나. 직계존속이 외국에서 영주할 목적 없이 체류한 상태에서 출생한 사람인 경우
다. 6세 이상의 나이에 외국으로 이주한 경우
라. 법 제14조의2 제3항 및 이영 제18조의3 제1항에 따른 국적의 이탈 허가의 신청 절차에 관한 규정을 위반한 경우 [전문개정 2022. 12. 20.]

제28조의2 위원회의 구성

법 제23조 제2항 제2호에서 "대통령령으로 정하는 관계 행정기관"이란 다음 각 호의 기관을 말한다.
1. 국가정보원
2. 과학기술정보통신부
3. 외교부
4. 문화체육관광부
5. 병무청
6. 그 밖에 법무부장관이 위원회 심의 사항과 관련하여 필요하다고 인정하는 중앙행정기관 [전문개정 2022. 12. 20.]

제28조의3 위원회 위원장의 직무

① 위원장은 위원회를 대표하고, 위원회의 사무를 총괄한다.
② 위원장이 부득이한 사유로 직무를 수행할 수 없을 때에는 위원장이 지명하는 위원이 그 직무를 대행한다. [전문개정 2017. 8. 29.]

제28조의4 위원회의 운영

① 위원회의 회의는 법무부장관이 요청하거나 위원장이 필요하다고 인정할 때에 위원장이 소집하고, 위원장은 그 의장이 된다.
② 법 제23조 제7항에 따른 분과위원회의 위원장은 위원회의 위원장이 분과위원회의 위원 중에서 지명한다.
③ 위원회는 심의를 위하여 필요한 경우 심의 사항과 관련하여 전문적인 지식이 있거나 경험이 풍부한 사람으로부터 의견을 들을 수 있다.
④ 이 영에서 규정한 사항 외에 위원회 및 분과위원회의 운영 등에 필요한 사항은 법무부장관이 정한다. [전문개정 2022. 12. 20.]

제28조의5 위원회 위원의 해임 및 해촉

법무부장관은 위원회의 위원이 다음 각 호의 어느 하나에 해당하는 경우에는 해당 위원을 해임 또는 해촉(解囑)할 수 있다. 〈개정 2018. 12. 18.〉
1. 심신장애로 인하여 직무를 수행할 수 없게 된 경우
2. 직무와 관련된 비위사실이 있는 경우
3. 직무태만, 품위손상이나 그 밖의 사유로 인하여 위원으로 적합하지 아니하다고 인정되는 경우
4. 제28조의6 제1항각 호의 어느 하나에 해당하는 데도 불구하고 회피(回避)하지 않은 경우
5. 위원 스스로 직무를 수행하는 것이 곤란하다고 의사를 밝히는 경우
[본조신설 2015. 12. 31.]

제28조의6 위원의 제척 등

① 위원회의 위원이 다음 각 호의 어느 하나에 해당하는 경우에는 위원회의 심의·의결에서 제척(除斥)된다.
  1. 위원 또는 그 배우자나 배우자이었던 사람이 해당 안건의 당사자가 되거나 그 안건의 당사자와 공동권리자 또는 공동의무자인 경우

2. 위원이 해당 안건의 당사자와 친족이거나 친족이었던 경우
3. 위원이 해당 안건에 대하여 증언, 진술, 자문, 연구, 용역 또는 감정을 한 경우
4. 위원이나 위원이 속한 법인·단체 등이 해당 안건의 당사자의 대리인이거나 대리인이었던 경우

② 위원이 제1항 각 호에 따른 제척 사유에 해당하는 경우에는 스스로 해당 안건의 심의·의결에서 회피해야 한다.〈개정 2018. 12. 18.〉[본조신설 2017. 8. 29.]

제28조의7 통보 등의 방법

법 및 이 영에 따라 법무부장관이 관계 기관에 통보하는 업무와 청장 등이 법무부장관에게 송부하는 업무는 정보통신망을 통한 전자적 방법으로 처리할 수 있다. 〈개정 2018. 5. 8.〉[본조신설 2017. 8. 29.]

제29조 권한의 위임

법무부장관은 법 제26조에 따라 다음 각 호의 권한을 청장 등에게 위임한다. 〈개정 2014. 6. 17., 2017. 8. 29., 2018. 5. 8., 2022. 12. 20.〉

1. 법 제3조에 따른 인지에 의한 국적 취득 신고에 관한 권한
2. 법 제10조 및 이영 제11조 제1항·제2항, 제13조에 따른 국적포기증명서 등 또는 국적포기절차를 마치기 어려운 사정을 증명하는 서류를 제출받는 권한과 외국국적 포기확인서를 발급하는 권한
3. 법 제10조 제2항 및 이영 제11조 제4항에 따른 외국국적불행사서약서 수리 및 확인서를 발급하는 권한
4. 법 제11조에 따른 국적의 재취득 신고에 관한 권한
5. 법 제11조의2 제2항 및 이영 제11조 제5항에 따른 국적포기증명서 등을 제출받는 권한과 외국국적 포기확인서를 발급하는 권한
6. 법 제13조 및 이영 제17조에 따른 국적선택 신고에 관한 권한
7. 법 제16조에 따른 국적상실 신고 또는 통보에 관한 권한[본조신설 2010. 12. 31.]

제30조 민감정보 및 고유식별정보의 처리

① 법무부장관(제29조에 따라 법무부장관의 권한을 위임받은 자를 포함한다) 또는 청장 등은 다음 각 호의 사무를 수행하기 위하여 불가피한 경우 「개인정보 보호법」 제23조에 따른 사상·신념, 정치적 견해, 건강에 관한 정보, 같은 법 시행령 제18조 제1호 또는 제2호에 따른 유전정보 또는 범죄경력자료에 해당하는 정보, 같은 영 제19조 제1호·제2호 또는 제4호에 따른 주민 등록번호, 여권번호 또는 외국인 등록번호가 포함된 자료를 처리할 수 있다. 〈개정 2014. 8. 6., 2018. 5. 8., 2022. 12. 20.〉

1. 법 제3조에 따른 국적 취득에 관한 사무
2. 법 제4조에 따른 귀화에 관한 사무
3. 법 제9조에 따른 국적회복에 관한 사무
4. 법 제11조에 따른 국적의 재취득에 관한 사무
5. 법 제13조에 따른 국적의 선택에 관한 사무
6. 법 제14조 및 제14조의2에 따른 국적의 이탈에 관한 사무
7. 법 제15조에 따른 국적 상실 및 국적 보유에 관한 사무
8. 법 제20조에 따른 국적 판정에 관한 사무

② 법무부장관(제29조에 따라 법무부장관의 권한을 위임받은 자를 포함한다) 또는 청장 등은 다음 각 호의 사무를 수행하기 위하여 불가피한 경우 「개인정보 보호법 시행령」 제19조 제1호,제2호 또는 제4호에 따른 주민 등록번호, 여권번호 또는 외국인 등록번호가 포함된 자료를 처리할 수 있다. 〈신설 2014. 8. 6., 2017. 8. 29., 2018. 5. 8., 2022. 12. 20.〉

1. 법 제14조의5 및 이 영 제18조의6에 따른 복수국적자 통보 및 기록표 작성에 관한 사무
2. 법 제16조 제3항, 이 영 제2조 제2항,제5조,제7조 제3항,제10조 제1항,제15조 제2항,제17조 제4항,제18조 제3항·제4항·제6항(제18조 제3항·제4항·제6항은제18조의3에서 준용하는 경우를 포함한다),제18조의4 제6항·제7항(제18조의4 제6항·제7항은제18조의5 제4항에서 준용하는 경우를 포함한다),제19조 제3항,제21조 제1항·제3항,제24조 제4항,제27조 제3항·제6항 및 대통령령 제22588호국적법시행령 일부개정령 부칙제4조 제4항에 따라 가족관계 등록관

서 등에 하는 통보에 관한 사무
③ 법 제14조의5에 따라 복수국적자에 관한 통보를 하거나 법 제16조 제2항에 따라 국적상실자 통보를 하는 공무원은 그 사무를 수행하기 위하여 불가피한 경우 「개인정보 보호법 시행령」 제19조 제1호,제2호 또는 제4호에 따른 주민 등록번호, 여권번호 또는 외국인 등록번호가 포함된 자료를 처리할 수 있다.〈신설 2014. 8. 6., 2022. 12. 20.〉[본조신설 2012. 1. 6.]

> **관련법령** ▶ 「개인정보 보호법」 제23조

제23조(민감정보의 처리 제한)
① 개인정보처리자는 사상·신념, 노동조합·정당의 가입·탈퇴, 정치적 견해, 건강, 성생활 등에 관한 정보, 그 밖에 정보주체의 사생활을 현저히 침해할 우려가 있는 개인정보로서 대통령령으로 정하는 정보(이하 "민감정보"라 한다)를 처리하여서는 아니 된다. 다만, 다음 각 호의 어느 하나에 해당하는 경우에는 그러하지 아니하다.
  1. 정보주체에게 제15조제2항 각 호 또는 제17조제2항 각 호의 사항을 알리고 다른 개인정보의 처리에 대한 동의와 별도로 동의를 받은 경우
  2. 법령에서 민감정보의 처리를 요구하거나 허용하는 경우
② 개인정보처리자가 제1항 각 호에 따라 민감정보를 처리하는 경우에는 그 민감정보가 분실·도난·유출·위조·변조 또는 훼손되지 아니하도록 제29조에 따른 안전성 확보에 필요한 조치를 하여야 한다.

> **관련법령** ▶ 「개인정보 보호법 시행령」 제18조제1호, 제2호, 제19조제1호

제18조(민감정보의 범위)
법 제23조제1항 각 호 외의 부분 본문에서 "대통령령으로 정하는 정보"란 다음 각 호의 어느 하나에 해당하는 정보를 말한다. 다만, 공공기관이 법 제18조제2항제5호부터 제9호까지의 규정에 따라 다음 각 호의 어느 하나에 해당하는 정보를 처리하는 경우의 해당 정보는 제외한다.
1. 유전자검사 등의 결과로 얻어진 유전정보
2. 「형의 실효 등에 관한 법률」 제2조제5호에 따른 범죄경력자료에 해당하는 정보

제19조(고유식별정보의 범위)
법 제24조제1항 각 호 외의 부분에서 "대통령령으로 정하는 정보"란 다음 각 호의 어느 하나에 해당하는 정보를 말한다. 다만, 공공기관이 법 제18조제2항제5호부터 제9호까지의 규정에 따라 다음 각 호의 어느 하나에 해당하는 정보를 처리하는 경우의 해당 정보는 제외한다.
1. 「주민 등록법」 제7조의2제1항에 따른 주민 등록번호

제3편 국적법

제6부
국적법 시행규칙

[시행 2022. 12. 20.]
[법무부령 제1040호, 2022. 12. 20., 일부개정]

제1조 목적

이 규칙은「국적법」및 같은 법 시행령에서 위임된 사항과 그 시행에 필요한 사항을 규정함을 목적으로 한다. [전문개정 2011. 5. 27.]

제2조 국적취득 신고서의 서식 및 첨부서류

① 「국적법시행령」(이하 "영"이라 한다)제2조 제1항에 따른 국적취득 신고서는별지 제1호서식에 따른다.
② 제1항의 국적취득 신고서에 첨부하여야 하는 서류는 다음 각 호와 같다.
  1. 외국인임을 증명하는 서류
  2. 대한민국 국민인 아버지 또는 어머니에 의하여 인지된 사실을 증명하는 서류
  3. 출생한 당시에 그 아버지 또는 어머니가 대한민국 국민이었음을 증명하는 서류
  4. 「가족관계의 등록 등에 관한 법률」제93조에 따른 국적취득 통보 및 가족관계 등록부 작성 등에 필요한 서류로서법무부장관이 정하는서류[전문개정 2011. 5. 27.]

> **관련법령** ▶ 「국적법 시행령」(이하 "영"이라 한다) 제2조제1항

제2조(인지에 의한 국적취득 신고의 절차 등)
① 「국적법」(이하 "법"이라 한다) 제3조제1항에 따라 대한민국 국적을 취득하려면 법무부령으로 정하는 국적취득 신고서를 작성하여 법무부장관에게 제출하여야 한다.

> **관련법령** ▶ 「가족관계의 등록 등에 관한 법률」제93조

제93조(인지 등에 따른 국적취득의 통보 등)
① 법무부장관은「국적법」제3조제1항 또는 같은 법 제11조제1항에 따라 대한민국의 국적을 취득한 사람이 있는 경우 지체 없이 국적을 취득한 사람이 정한 등록기준지의 시·읍·면의 장에게 대법원규칙으로 정하는 사항을 통보하여야 한다.
② 제1항의 통보를 받은 시·읍·면의 장은 국적을 취득한 사람의 등록부를 작성한다.

제3조 귀화허가 신청서의 서식 및 첨부서류

① 영 제3조 제1항에 따른 귀화허가 신청서는 별지 제2호서식에 따른다.
〈개정 2020. 12. 22.〉

② 영 제3조 제1항에 따라 귀화허가 신청서에 첨부하여야 하는 서류는 다음 각 호와 같다. 〈개정 2015. 11. 11., 2018. 12. 20., 2020. 12. 22.〉
 1. 외국인임을 증명하는 서류
 2. 다음 각 목의 어느 하나에 해당하는 서류로서 본인 또는 생계를 같이하는 가족이 생계유지능력을 갖추고 있음을 증명하는 서류. 다만, 「국적법」(이하 "법"이라 한다)제7조 제1항에 해당하는 사람은 제외한다.
   가. 법 제5조에 따른 일반귀화허가 신청자는 다음의 어느 하나에 해당하는 서류
     1) 한국은행이 고시하는 전년도 일인당 국민총소득(GNI) 이상의 소득금액 증명원(세무서장이 발급한 것을 말한다)
     2) 6천만원 이상의 금융재산(예금·적금·증권 등) 증명 서류
     3) 공시가격, 실거래가 또는 시중은행 공표 시세가 6천만원 이상에 해당하는 부동산 소유 증명 서류나 6천만원 이상에 해당하는 임대차보증금 등 부동산임대차계약서 사본
     4) 그 밖에 1)부터 3)까지에 상당하다고 법무부장관이 인정하는 서류
   나. 법 제6조에 따른 간이귀화허가 신청자는 다음의 어느 하나에 해당하는 서류
     1) 3천만원 이상의 금융재산(예금·적금·증권 등) 증명 서류
     2) 공시가격, 실거래가 또는 시중은행 공표 시세가 3천만원 이상에 해당하는 부동산 소유 증명 서류나 3천만원 이상에 해당하는 임대차보증금 등 부동산임대차계약서 사본
     3) 재직증명서 또는 취업예정사실증명서
     4) 그 밖에 1)부터 3)까지에 상당하다고 법무부장관이 인정하는 서류
 3. 수반취득을 신청하는 사람이 있을 때에는 그 관계를 증명하는 서류
 4. 추천서 및 추천서 작성자의 신분을 증명하는 서류(법 제6조 및 제7조 제1항 제1호에 해당하는 사람은 제외한다)
 5. 아버지 또는 어머니의 가족관계기록사항에 관한 증명서·제적 등본(법 제6조 제1항 제1호에 해당하는 사람으로 한정한다)
 6. 본인과 그 아버지 또는 어머니가 대한민국에서 출생한 사실을 증명하는 서류(법 제6조 제1항 제2호에 해당하는 사람으로 한정한다)
 7. 입양사실이 기록된 양부 또는 양모의 가족관계기록사항에 관한 증명서(법 제

6조 제1항 제3호에 해당하는 사람으로 한정한다)

8. 한국인 배우자의 가족관계기록사항에 관한 증명서(법 제6조 제2항 제1호 또는 제2호에 해당하는 사람으로 한정한다). 다만, 외국에서 혼인하고 한국인 배우자의 가족관계 등록부에 혼인사실이 기록되어 있지 않을 경우에는 혼인한 사실을 증명하는 서류로 갈음한다.
9. 한국인 배우자의 가족관계기록사항에 관한 증명서·제적 등본, 그 배우자의 사망이나 실종 또는 그 밖에 자신에게 책임이 없는 사유로 정상적인 혼인생활을 할 수 없었던 사실을 증명하는 서류(법 제6조 제2항 제3호에 해당하는 사람으로 한정한다)
10. 한국인 배우자의 가족관계기록사항에 관한 증명서·제적 등본, 그 배우자와의 사이에서 출생한 미성년 자녀가 있다는 사실을 증명할 수 있는 출생증명서 또는 그 밖에 이에 준하는 서류 및 본인이 그 미성년 자녀를 양육하고 있거나 양육하여야 할 사람이라는 사실을 증명하는 서류(법 제6조 제2항 제4호에 해당하는 사람으로 한정한다)
11. 아버지 또는 어머니의 가족관계기록사항에 관한 증명서(법 제7조 제1항 제1호에 해당하는 사람으로 한정한다)
12. 영 제6조 제1항 또는 제2항 각 호의 어느 하나에 해당하는 사실을 증명하는 서류(법 제7조 제1항 제2호 또는 제3호에 해당하는 사람으로 한정한다)
13. 「가족관계의 등록 등에 관한 법률」 제94조에 따른 귀화허가 통보 및 가족관계 등록부 작성 등에 필요한 서류로서 법무부장관이 정하는 서류

③ 출입국·외국인청장, 출입국·외국인사무소장, 출입국·외국인청 출장소장 또는 출입국·외국인사무소 출장소장(이하 "청장 등"이라 한다)은 귀화허가 신청서를 받은 경우에는 정보처리시스템으로 다음 각 호의 서류의 내용을 확인하여야 한다. 다만, 귀화허가를 받으려는 사람이 그 확인에 동의하지 아니하는 경우에는 해당 서류를 첨부하도록 하여야 한다. 〈개정 2014. 6. 18., 2018. 5. 15.〉

1. 외국인 등록사실증명
2. 출입국사실증명

④ 청장 등은 귀화허가 신청서를 받은 경우에는 「전자정부법」 제36조 제1항에 따른 행정정보의 공동이용을 통하여 다음 각 호의 서류의 내용을 확인하여야 한다.

다만, 귀화허가를 받으려는 사람이나 정보주체가 그 확인에 동의하지 아니하는 경우에는 해당 서류를 첨부하도록 하여야 한다. 〈개정 2018. 5. 15.〉

1. 한국인 배우자의 주민 등록표 등본(법 제6조 제2항 제1호 또는 제2호에 해당하는 사람으로 한정한다)
2. 아버지 또는 어머니의 주민 등록표 등본(법 제7조 제1항 제1호에 해당하는 사람으로 한정한다)

⑤ 제2항제4호에 따른 추천서는 대한민국 국민으로서 직장 동료·이웃사람·통장·이장 등 귀화허가 신청자와 지속적인 관계를 맺고 있는 사람 2명 이상이 별지 제2호의2서식에 따라 작성한 것이어야 한다. 다만, 법 제7조 제1항 제2호에 해당하는 사람은 추천서 대신 관계 기관의 장의 확인서 등으로 갈음하며, 같은 항 제3호에 해당하는 사람은 영 제6조 제2항 각 호의 사람이 작성한 추천서 등을 제출하여야 한다. 〈개정 2015. 11. 11., 2018. 12. 20.〉

1. 삭제 ~ 7. 삭제 [전문개정 2011. 5. 27.]

관련법령 ▶ 「가족관계의 등록 등에 관한 법률」 제94조

제94조(귀화허가의 통보 등)

① 법무부장관은 「국적법」 제4조에 따라 외국인을 대한민국 국민으로 귀화허가한 경우 지체 없이 귀화허가를 받은 사람이 정한 등록기준지의 시·읍·면의 장에게 대법원규칙으로 정하는 사항을 통보하여야 한다.
② 제1항의 통보를 받은 시·읍·면의 장은 귀화허가를 받은 사람의 등록부를 작성한다.

관련법령 ▶ 「전자정부법」 제36조제1항

제36조(행정정보의 효율적 관리 및 이용)

① 행정기관 등의 장은 수집·보유하고 있는 행정정보를 필요로 하는 다른 행정기관 등과 공동으로 이용하여야 하며, 다른 행정기관 등으로부터 신뢰할 수 있는 행정정보를 제공받을 수 있는 경우에는 같은 내용의 정보를 따로 수집하여서는 아니 된다.

제4조(종합평가 및 면접심사)

① 영 제4조의2 제1항단서에 따라 영 제4조의2 제1항본문에 따른 종합평가(이하 "종합평가"라 한다)를 면제할 수 있는 사람은 다음 각 호와 같다. 〈개정 2014. 6. 18., 2017.

8. 29., 2020. 12. 22.〉

1. 삭제〈2017. 8. 29.〉
2. 미성년자
3. 만 60세 이상인 사람
4. 법 제7조 제1항 제2호 또는 제3호에 해당하는 사람
5. 「출입국관리법」 제39조 제1항에 따른 사회통합 프로그램을 이수한 사람
5의2. 귀화허가 신청일을 기준으로 최근 3년 이내에 종합평가에서 100점을 만점으로 하여 60점 이상을 득점한 사람
6. 그 밖에 법무부장관이 인정하는 특별한 사유가 있는 사람

② 삭제〈2017. 8. 29.〉
③ 영 제4조의2 제1항 단서에 따라 면접심사를 면제할 수 있는 사람은 다음 각 호와 같다.〈개정 2014. 6. 18., 2017. 8. 29., 2020. 12. 22.〉

1. 국적을 회복한 사람의 배우자로서 만 60세 이상인 사람
2. 귀화허가 신청 당시 만 15세 미만인 사람
3. 제1항제5호에 해당하는 사람 중 종합평가에서 100점을 만점으로 하여 60점 이상을 득점한 사람
4. 그 밖에 법무부장관이 인정하는 특별한 사유가 있는 사람

④ 면접심사에서는 국어능력 및 대한민국 국민으로서의 자세와 자유민주적 기본질서에 대한 신념 등 대한민국 국민으로서 갖추어야 할 기본요건을 심사한다.

[전문개정 2011. 5. 27.] [제목개정 2014. 6. 18., 2017. 8. 29.]

관련법령 ▶ 「출입국관리법」 제39조제1항

제39조(사회통합 프로그램)
① 법무부장관은 대한민국 국적, 영주자격 등을 취득하려는 외국인의 사회적응을 지원하기 위하여 교육, 정보 제공, 상담 등의 사회통합 프로그램(이하 "사회통합 프로그램"이라 한다)을 시행할 수 있다.

제5조 귀화신청자의 국내거주 요건

법 제5조 제1호 및 법 제6조에 따른 기간은 외국인이 적법하게 입국하여 외국인 등록을 마친 후 국내에서 적법하게 계속 체류한 기간으로 하되, 다음 각 호의 어느 하

나에 해당하는 경우에는 국내에서 계속 체류한 것으로 보아 전후의 체류기간을 통틀어 합산한다.
1. 국내 체류 중 체류기간이 끝나기 전에 재입국 허가를 받고 출국한 후 그 허가기간 내에 재입국한 경우
2. 국내 체류 중 체류기간 연장이 불가능한 사유 등으로 일시 출국하였다가 1개월 이내에 입국사증을 받아 재입국한 경우
3. 제1호 및 제2호에 준하는 사유로 법무부장관이 전후의 체류기간을 통틀어 합산하는 것이 상당하다고 인정하는 경우 [전문개정 2011. 5. 27.]

주요판례

❖ **귀화허가신청불허가처분취소** [대법원 2010. 10. 28., 선고, 2010두6496, 판결]

판시사항

[1] 귀화신청인이 국내거주요건을 갖추었는지 여부를 판단할 때 출입국관리법 시행령 제12조에서 정한 외국인의 체류자격에 따라 그 기간을 다르게 산정할 수 있는지 여부(소극)
[2] 법무부장관이 법률에서 정한 귀화 요건을 갖춘 귀화신청인에게 귀화를 허가할 것인지 여부에 관하여 재량권을 가지는지 여부(적극)
[3] 방문동거(F-1-4) 및 특례고용허가자(E-19) 체류자격, 방문취업(H-2) 체류자격, 기타(G-1) 체류자격으로 대한민국 내에서 계속하여 3년 이상 거주한 외국인의 간이귀화신청에 대하여 법무부장관이 방문취업 체류자격이나 기타 체류자격을 이용하여 귀화신청을 하는 것은 간이귀화요건을 갖춘 것으로 볼 수 없다는 이유로 불허가처분을 한 사안에서, 방문취업 체류자격이나 기타 체류자격으로도 간이귀화의 국내거주요건을 갖출 수 있다는 이유만으로 위 귀화불허가 처분이 위법하다고 한 원심판단에 귀화허가의 법적 성질에 관한 법리를 오해하여 심리를 다하지 않은 위법이 있다고 한 사례

판결요지

[1] 국적법 제6조 제1항은 간이귀화의 요건으로서 '외국인이 대한민국에 3년 이상 계속하여 주소가 있는 자'에 해당할 것을 규정하고 있고, 국적법 시행규칙 제5조는 '법 제6조의 규정에 의한 기간은 외국인이 적법하게 입국하여 외국인 등록을 마치고 국내에서 계속 체류한 기간'으로 한다고 규정하고 있을 뿐이므로, 귀화신청인이 국내거주요건을 갖추었는지 여부를 판단하는 데에 출입국관리법 시행령 제12조에 정한 외국인의 체류자격에 따라 그 기간의 산정을 달리할 것은 아니다.
[2] 국적법 제4조 제1항은 "외국인은 법무부장관의 귀화허가를 받아 대한민국의 국적을 취득할 수 있다."라고 규정하고, 그 제2항은 "법무부장관은 귀화 요건을 갖추었는지를 심사한 후 그 요건을 갖춘 자에게만 귀화를 허가한다."라고 정하고 있다. 국적은 국민의 자격을 결정짓는 것이고, 이를 취득하는 사람은 국가의 주권자가 되는 동시에 국가의 속인적 통치권의 대상이 되므로, 귀화허가는 외국인에게 대한민국 국적을 부여함으로써 국민으로서의 법적 지위를 포괄적으로 설정하는 행위에 해당한다. 한편, 국적법 등 관계 법령 어디에도 외국인에게 대한민국의 국적을 취득할 권리를 부여하였다고 볼 만한 규정이 없다. 이와 같은 귀화허가의

근거 규정의 형식과 문언, 귀화허가의 내용과 특성 등을 고려해 보면, 법무부장관은 귀화신청인이 귀화 요건을 갖추었다 하더라도 귀화를 허가할 것인지 여부에 관하여 재량권을 가진다고 보는 것이 타당하다.

[3] 방문동거(F-1-4) 및 특례고용허가자(E-19) 체류자격, 방문취업(H-2) 체류자격, 기타(G-1) 체류자격으로 대한민국 내에서 계속하여 3년 이상 거주한 외국인의 간이귀화신청에 대하여 법무부장관이 방문취업 체류자격이나 임시적·보충적 성격의 기타 체류자격을 이용하여 귀화신청을 하는 것은 간이귀화요건을 갖춘 것으로 볼 수 없다는 이유로 불허가처분을 한 사안에서, 법무부장관이 위 체류자격의 내용이나 성격 등을 이유로 귀화신청을 불허가한 처분이 재량권을 일탈·남용한 것인지 여부에 관하여 판단하지 않은 채, 방문취업 체류자격이나 기타 체류자격으로도 간이귀화의 국내거주요건을 갖출 수 있다는 이유만으로 위 귀화불허가 처분이 위법하다고 한 원심판단에 귀화허가의 법적 성질에 관한 법리를 오해하여 심리를 다하지 않은 위법이 있다고 한 사례.

주요판례

❖ **국적신청불허가처분취소**[대법원 2010. 7. 15., 선고, 2009두19069, 판결]

판시사항

[1] 귀화신청인이 국내거주요건을 갖추었는지 여부를 판단할 때 출입국관리법 시행령 제12조에서 정한 외국인의 체류자격에 따라 그 기간을 다르게 산정할 수 있는지 여부(소극)
[2] 법무부장관이 법률에 정한 귀화요건을 갖춘 귀화신청인에게 귀화를 허가할 것인지 여부에 관하여 재량권을 가지는지 여부(적극)

판결요지

[1] 국적법 제6조 제1항, 국적법 시행규칙 제5조 규정의 문언이나 체계, 국내거주요건이 간이귀화절차, 나아가 귀화절차 일반에서 가지는 의미와 특성·역할 등에 비추어 볼 때, 귀화신청인이 국내거주요건을 갖추었는지 여부를 판단할 때 출입국관리법 시행령 제12조에서 정한 외국인의 체류자격에 따라 그 기간의 산정을 달리할 것은 아니다.
[2] 국적은 국민의 자격을 결정짓는 것이고, 이를 취득한 사람은 국가의 주권자가 되는 동시에 국가의 속인적 통치권의 대상이 되므로, 귀화허가는 외국인에게 대한민국 국적을 부여함으로써 국민으로서의 법적 지위를 포괄적으로 설정하는 행위에 해당한다. 한편 국적법 등 관계 법령 어디에도 외국인에게 대한민국의 국적을 취득할 권리를 부여하였다고 볼 만한 규정이 없다. 이와 같은 귀화허가의 근거 규정의 형식과 문언, 귀화허가의 내용과 특성 등을 고려하여 보면, 법무부장관은 귀화신청인이 법률이 정하는 귀화요건을 갖추었다고 하더라도 귀화를 허가할 것인지 여부에 관하여 재량권을 가진다.

제5조의2 품행 단정의 요건

법 제5조 제3호에서 "법령을 준수하는 등 법무부령으로 정하는 품행 단정의 요건"이란 다음 각 호의 어느 하나에 해당하는 경우를 말한다.
1. 귀화허가를 받으려는 외국인이 다음 각 목의 어느 하나에도 해당하지 않은 경우

로서 법무부장관이 해당 외국인의 법령 위반행위를 한 경위·횟수, 법령 위반행위의 공익 침해 정도, 대한민국 사회에 기여한 정도, 인도적인 사정 및 국익 등을 고려해 품행이 단정한 것으로 인정하는 경우

　가. 금고 이상의 형의 선고를 받은 사람이 그 형의 집행이 끝나거나 집행을 받지 않기로 한 날부터 10년이 지나지 않은 경우
　나. 금고 이상의 형의 선고를 받고 그 형의 집행을 유예 받은 사람이 그 유예기간이 끝난 날부터 7년이 지나지 않은 경우
　다. 벌금형의 선고를 받은 사람이 그 벌금을 납부한 날부터 5년이 지나지 않은 경우
　라. 형의 선고유예나 기소유예의 처분을 받은 사람이 형의 선고유예를 받거나 기소유예의 처분을 받은 날부터 2년이 지나지 않은 경우
　마. 「출입국관리법」 제59조 제2항에 따른 강제퇴거명령을 받은 사람이 출국한 날부터 10년이 지나지 않은 경우
　바. 「출입국관리법」 제68조 제1항에 따른 출국명령을 받은 사람이 출국한 날부터 5년이 지나지 않은 경우
　사. 국세·관세 또는 지방세를 납부하지 않은 경우
　아. 그 밖에 가목부터 사목까지의 규정에 준하는 사유에 해당한다고 법무부장관이 인정하는 경우

2. 귀화허가를 받으려는 외국인이 제1호 각 목의 어느 하나에 해당하는 경우에도 불구하고 법무부장관이 해당 외국인의 제1호 각 목의 어느 하나에 해당하게 된 경위나 그로 인한 공익 침해 정도, 대한민국 사회에 기여한 정도, 인도적인 사정 및 국익 등을 고려해 품행이 단정한 것으로 인정하는 경우 [본조신설 2018. 12. 20.]

관련법령 ▶ 「출입국관리법」 제59조제2항, 제68조제1항

제59조(심사 후의 절차)
② 지방출입국·외국인관서의 장은 심사 결과 용의자가 제46조제1항 각 호의 어느 하나에 해당한다고 인정되면 강제퇴거명령을 할 수 있다.

제68조(출국명령)
① 지방출입국·외국인관서의 장은 다음 각 호의 어느 하나에 해당하는 외국인에게는 출국명령을 할 수 있다.
　1. 제46조제1항 각 호의 어느 하나에 해당한다고 인정되나 자기비용으로 자진하여 출국하려는 사람
　2. 제67조에 따른 출국권고를 받고도 이행하지 아니한 사람

3. 제89조에 따라 각종 허가 등이 취소된 사람
3의2. 제89조의2제1항에 따라 영주자격이 취소된 사람. 다만, 제89조의2제2항에 따라 일반체류자격을 부여받은 사람은 제외한다.
4. 제100조제1항부터 제3항까지의 규정에 따른 과태료 처분 후 출국조치하는 것이 타당하다고 인정되는 사람
5. 제102조제1항에 따른 통고처분(通告處分) 후 출국조치하는 것이 타당하다고 인정되는 사람

제6조 국적회복허가 신청서의 서식 및 첨부서류

① 영 제8조에 따른 국적회복허가 신청서는 별지 제3호서식에 따른다.
② 제1항의 국적회복허가 신청서에 첨부하여야 하는 서류는 다음 각 호와 같다. 〈개정 2014. 6. 18.〉

1. 외국인임을 증명하는 서류
1의2. 가족관계기록사항에 관한 증명서·제적 등본 또는 그밖에 본인이 대한민국 국민이었던 사실을 증명하는 서류
2. 국적상실의 원인 및 연월일을 증명하는 서류(외국국적을 취득하였을 때에는 그 국적을 취득한 원인 및 연월일을 증명하는 서류)
3. 수반취득을 신청하는 사람이 있을 때에는 그 관계를 증명하는 서류
4. 삭제〈2020. 12. 22.〉
5. 「가족관계의 등록 등에 관한 법률」 제95조에 따른 국적회복허가 통보 및 가족관계 등록부 작성 등에 필요한 서류로서 법무부장관이 정하는 서류
6. 법 제10조 제2항 제2호부터 제4호까지의 규정 중 어느 하나에 해당하는 사실을 증명하는 서류로서 법무부장관이 정하는 서류(영 제11조 제3항에 따라 외국국적불행사서약을 하려는 사람만 해당한다)

③ 삭제〈2020. 12. 22.〉[전문개정 2011. 5. 27.]

관련법령 「가족관계의 등록 등에 관한 법률」 제95조

제95조(국적회복허가의 통보 등)

① 법무부장관은 「국적법」 제9조에 따라 대한민국의 국적회복을 허가한 경우 지체 없이 국적회복을 한 사람이 정한 등록기준지의 시·읍·면의 장에게 대법원규칙으로 정하는 사항을 통보하여야 한다.
② 제1항의 통보를 받은 시·읍·면의 장은 국적회복을 한 사람의 등록부를 작성한다. 다만, 국적회복을 한 사람의 등록부 등이 있는 경우에는 등록부 등에 기재된 등록기준지의 시·읍·면의 장에게 그

사항을 통보하여야 한다.

제6조의2 본국 범죄경력증명서 등의 제출

법무부장관은 필요한 경우 귀화허가 신청자 또는 국적회복허가 신청자에게 본국 정부의 범죄경력증명서 또는 그 밖에 이에 준하는 서류를 제출하게 할 수 있다.
[전문개정 2011. 5. 27.]

제7조 삭제 〈2010. 12. 31.〉

제8조 외국국적 포기확인서의 서식

영 제11조 제2항 및 제5항에 따른 외국국적 포기확인서는 별지 제5호서식에 따른다.
[전문개정 2011. 5. 27.]

제8조의2 외국국적불행사 서약서의 서식 등

① 영 제11조 제3항에 따른 외국국적불행사 서약서는 별지 제5호의2서식에 따른다.
② 법 제10조 제2항 제5호에 해당하는 사람이 제1항에 따른 서약서를 제출하려는 경우에는 영 제13조 제1항 각 호의 어느 하나에 해당하는 사실을 증명하는 서류를 첨부하여야 한다.
③ 영 제11조 제4항에 따른 외국국적불행사 서약확인서는 별지 제5호의3서식에 따른다. [전문개정 2011. 5. 27.]

제9조 삭제 〈2010. 12. 31.〉

제10조 국적재취득 신고자의 신고서식 및 첨부서류

① 영 제15조 제1항에 따른 국적 재취득을 위한 국적취득 신고서는 별지 제1호서식에 따른다.
② 제1항의 국적취득 신고서에 첨부하여야 하는 서류는 다음 각 호와 같다.
　　1. 가족관계기록사항에 관한 증명서 또는 대한민국 국적 취득사실을 증명하는

서류
2. 외국 국적을 포기한 사실 및 연월일을 증명하는 서류
3. 「가족관계의 등록 등에 관한 법률」 제93조에 따른 국적취득 통보 및 가족관계 등록부 작성 등에 필요한 서류로서 법무부장관이 정하는 서류 [전문개정 2011. 5. 27.]

제10조의2 영주권에 준하는 체류 상태에서 출생한 자

① 영 제16조의2에서 "법무부령으로 정하는 그에 준하는 체류 상태에서 출생한 자"란 다음 각 호의 어느 하나에 해당하는 사람을 말한다.
  1. 외국에서 출생한 남자로서 출생 이후 아버지 또는 어머니가 외국의 영주권 또는 시민권을 취득한 사람
  2. 아버지 또는 어머니가 외국에 체류하다가 외국의 영주권 또는 시민권을 신청한 상태에서 출생한 남자
  3. 외국에서 출생한 남자로서 출생 이후 아버지 또는 어머니가 외국의 영주권 또는 시민권을 신청한 사람
  4. 외국에서 출생한 남자로서 국적이탈 신고 전까지 아버지 또는 어머니가 외국에서 17년 이상 계속하여 거주한 사람
② 영주권제도를 채택하고 있지 않는 나라의 경우에는 최장기 체류비자 또는 거주 허가증으로 영주권을 갈음하는 것으로 보고, 시민권이라는 용어를 사용하지 않는 나라의 경우에는 국적으로 시민권을 갈음하는 것으로 본다. [전문개정 2011. 5. 27.]

제11조 국적선택 신고서의 서식 및 첨부서류

① 영 제17조 제1항 및 제2항에 따른 국적선택 신고서는 별지 제7호서식에 따른다.
② 제1항의 국적선택 신고서에 첨부하여야 하는 서류는 다음 각 호와 같다. 〈개정 2014. 6. 18.〉
  1. 가족관계기록사항에 관한 증명서
  2. 외국 국적을 포기한 사실 및 연월일을 증명하는 서류 또는 외국국적불행사 서약서
  3. 외국 국적을 취득한 사유 및 연월일을 증명하는 서류와 외국 여권의 사본

4. 법 제12조 제3항 제1호에 해당하는 사실을 증명하는 병역 관련 서류(법 제13조 제2항단서에 따라 외국국적불행사서약을 하는 사람만 해당한다)
5. 법 제13조 제3항에 해당하지 않는 사실을 증명하는 서류로서 법무부장관이 정하는서류(영 제17조 제1항에 따라 외국국적불행사서약을 하는 사람만 해당한다)[전문개정 2011. 5. 27.]

제12조 국적이탈 신고서의 서식 및 첨부서류

① 영 제18조 제1항에 따른 국적이탈 신고서는 별지 제8호서식에 따른다.
② 제1항의 국적이탈 신고서에 첨부하여야 하는 서류는 다음 각 호와 같다. ⟨개정 2014. 6. 18.⟩
  1. 가족관계기록사항에 관한 증명서
  2. 외국 국적을 취득하거나 보유 중인 사실을 증명하는 서류
  3. 외국 국적을 취득한 사유 및 연월일을 증명하는 서류와 외국 여권의 사본
  4. 만 18세가 되는 해의 3월 31일 이전에 국적이탈 신고를 하려는 남자는 영 제16조의2에 해당하지 않는 사실을 증명하는 서류로서 법무부장관이 정하는서류
  5. 만 18세가 되는 해의 4월 1일 이후에 국적이탈 신고를 하려는 남자는 병역의무 이행과 관련하여 법 제12조 제3항 각 호의 어느 하나에 해당하는 사실을 증명하는 서류(병적증명서로 확인할 수 없는 경우만 해당한다)
③ 법무부장관은 국적이탈 신고서를 제출하는 사람이 만 18세가 되는 해의 4월 1일 이후에 국적이탈 신고를 하는 남자인 경우에는 「전자정부법」 제36조 제1항에 따른 행정정보의 공동이용을 통하여 병적증명서의 내용을 확인하여야 한다. 다만, 신고인이 이에 동의하지 아니하는 경우에는 그 서류를 첨부하도록 하여야 한다.
[전문개정 2011. 5. 27.]

제12조의2 대한민국 국적 이탈 허가의 신청

① 영 제18조의3 제1항 제1호에 따른 국적이탈 허가신청서는 별지 제8호의2서식에 따른다.
② 법 제14조의2 제1항에 따라 대한민국 국적의 이탈 허가를 신청하는 사람(이하 "국적이탈 허가신청인"이라 한다)이 영 제18조의3 제1항 제2호에 따라 제출하여

야 하는 자료는 다음 각 호와 같다.
1. 법 제14조의2 제1항에 따른 대한민국 국적 이탈 허가의 신청 자격에 관한 다음 각 목의 자료
   가. 영 제18조의2 제1항, 별표 1제1호 및 제2호에 따른 세부 자격기준에 해당함을 입증하는 자료
   나. 영 제16조의2에 해당하지 않는다는 사실을 증명하는 서류로서 법무부장관이 정하는 서류
   다. 제12조 제2항 제1호부터 제3호까지의 서류
2. 법 제14조의2 제2항에 따른 대한민국 국적의 이탈 허가 시 고려사항에 관한 다음 각 목의 자료
   가. 국적이탈 허가신청인의 주소지 및 주된 거주지에 대한 자료
   나. 국적이탈 허가신청인 및 그의 직계존속이나 생계를 같이 하는 가족의 출입국 사실에 관한 자료
   다. 복수국적으로 인해 외국에서의 직업 선택에 상당한 제한이 있거나 이에 준하는 불이익이 있음을 입증하는 자료
3. 그 밖에 대한민국 국적 이탈 허가의 신청 자격 및 허가 시 고려사항과 관련하여 국적이탈 허가신청서에 기재한 내용 및 사실을 입증하는 자료

③ 법무부장관은 「전자정부법」 제36조 제1항에 따른 행정정보의 공동이용을 통하여 국적이탈 허가신청인의 병적증명서 내용을 확인하여야 한다. 다만, 국적이탈 허가신청인이 행정정보 공동이용을 통한 확인에 동의하지 않는 경우에는 이를 첨부하도록 하여야 한다.

[본조신설 2022. 12. 20.] [종전 제12조의2는 제12조의3으로 이동 〈2022. 12. 20.〉]

제12조의3 국적선택명령서의 서식

영 제18조의4 제1항에 따른 국적선택명령서는 별지 제8호의3서식에 따른다. 〈개정 2022. 12. 20.〉 [전문개정 2011. 5. 27.] [제12조의2에서 이동, 종전 제12조의3은 제12조의4로 이동 〈2022. 12. 20.〉]

제12조의4 국적상실 결정의 사유에 해당하는 죄명

영 제18조의5 제2항에서 "법무부령으로 정하는 죄명"이란 다음 각 호의 어느 하나

에 해당하는 죄를 말한다.〈개정 2022. 12. 20.〉
1. 「형법」 제2편 제24장 살인의 죄, 제32장 강간과 추행의 죄 또는 제38장 절도와 강도의 죄 중 강도의 죄
2. 「성폭력범죄의 처벌 등에 관한 특례법」 위반의 죄
3. 「마약류관리에 관한 법률」 위반의 죄
4. 「특정범죄 가중처벌 등에 관한 법률」 제5조의2, 제5조의4, 제5조의5, 제5조의9 또는 제11조 위반의 죄
5. 「폭력행위 등 처벌에 관한 법률」 제4조 위반의 죄
6. 「보건범죄단속에 관한 특별조치법」 위반의 죄

[전문개정 2011. 5. 27.] [제12조의3에서 이동, 종전 제12조의4는 제12조의5로 이동〈2022. 12. 20.〉]

> **관련법령** ▶ 「특정범죄 가중처벌 등에 관한 법률」 제5조의2, 제5조의4, 제5조의5, 제5조의9 또는 제11조

제5조의2(약취·유인죄의 가중처벌)

① 13세 미만의 미성년자에 대하여 「형법」 제287조의 죄를 범한 사람은 그 약취(略取) 또는 유인(誘引)의 목적에 따라 다음 각 호와 같이 가중처벌한다.
  1. 약취 또는 유인한 미성년자의 부모나 그 밖에 그 미성년자의 안전을 염려하는 사람의 우려를 이용하여 재물이나 재산상의 이익을 취득할 목적인 경우에는 무기 또는 5년 이상의 징역에 처한다.
  2. 약취 또는 유인한 미성년자를 살해할 목적인 경우에는 사형, 무기 또는 7년 이상의 징역에 처한다.
② 13세 미만의 미성년자에 대하여 「형법」 제287조의 죄를 범한 사람이 다음 각 호의 어느 하나에 해당하는 행위를 한 경우에는 다음 각 호와 같이 가중처벌한다.
  1. 약취 또는 유인한 미성년자의 부모나 그 밖에 그 미성년자의 안전을 염려하는 사람의 우려를 이용하여 재물이나 재산상의 이익을 취득하거나 이를 요구한 경우에는 무기 또는 10년 이상의 징역에 처한다.
  2. 약취 또는 유인한 미성년자를 살해한 경우에는 사형 또는 무기징역에 처한다.
  3. 약취 또는 유인한 미성년자를 폭행·상해·감금 또는 유기(遺棄)하거나 그 미성년자에게 가혹한 행위를 한 경우에는 무기 또는 5년 이상의 징역에 처한다.
  4. 제3호의 죄를 범하여 미성년자를 사망에 이르게 한 경우에는 사형, 무기 또는 7년 이상의 징역에 처한다.
③ 제1항 또는 제2항의 죄를 범한 사람을 방조(幇助)하여 약취 또는 유인된 미성년자를 은닉하거나 그 밖의 방법으로 귀가하지 못하게 한 사람은 5년 이상의 유기징역에 처한다.
④ 삭제
⑤ 삭제
⑥ 제1항 및 제2항(제2항제4호는 제외한다)에 규정된 죄의 미수범은 처벌한다.
⑦ 제1항부터 제3항까지 및 제6항의 죄를 범한 사람을 은닉하거나 도피하게 한 사람은 3년 이상 25

년 이하의 징역에 처한다.
⑧ 제1항 또는 제2항제1호·제2호의 죄를 범할 목적으로 예비하거나 음모한 사람은 1년 이상 10년 이하의 징역에 처한다.

제5조의4(상습 강도·절도죄 등의 가중처벌)
① 삭제 〈2016. 1. 6.〉
② 5명 이상이 공동하여 상습적으로 「형법」 제329조부터 제331조까지의 죄 또는 그 미수죄를 범한 사람은 2년 이상 20년 이하의 징역에 처한다.
③ 삭제 ④ 삭제
⑤ 「형법」 제329조부터 제331조까지, 제333조부터 제336조까지 및 제340조·제362조의 죄 또는 그 미수죄로 세 번 이상 징역형을 받은 사람이 다시 이들 죄를 범하여 누범(累犯)으로 처벌하는 경우에는 다음 각 호의 구분에 따라 가중처벌한다.
  1. 「형법」 제329조부터 제331조까지의 죄(미수범을 포함한다)를 범한 경우에는 2년 이상 20년 이하의 징역에 처한다.
  2. 「형법」 제333조부터 제336조까지의 죄 및 제340조제1항의 죄(미수범을 포함한다)를 범한 경우에는 무기 또는 10년 이상의 징역에 처한다.
  3. 「형법」 제362조의 죄를 범한 경우에는 2년 이상 20년 이하의 징역에 처한다.
⑥ 상습적으로 「형법」 제329조부터 제331조까지의 죄나 그 미수죄 또는 제2항의 죄로 두 번 이상 실형을 선고받고 그 집행이 끝나거나 면제된 후 3년 이내에 다시 상습적으로 「형법」 제329조부터 제331조까지의 죄나 그 미수죄 또는 제2항의 죄를 범한 경우에는 3년 이상 25년 이하의 징역에 처한다.

제5조의9(보복범죄의 가중처벌 등)
① 자기 또는 타인의 형사사건의 수사 또는 재판과 관련하여 고소·고발 등 수사단서의 제공, 진술, 증언 또는 자료제출에 대한 보복의 목적으로 「형법」 제250조제1항의 죄를 범한 사람은 사형, 무기 또는 10년 이상의 징역에 처한다. 고소·고발 등 수사단서의 제공, 진술, 증언 또는 자료제출을 하지 못하게 하거나 고소·고발을 취소하게 하거나 거짓으로 진술·증언·자료제출을 하게 할 목적인 경우에도 또한 같다.
② 제1항과 같은 목적으로 「형법」 제257조제1항·제260조제1항·제276조제1항 또는 제283조제1항의 죄를 범한 사람은 1년 이상의 유기징역에 처한다.
③ 제2항의 죄 중 「형법」 제257조제1항·제260조제1항 또는 제276조제1항의 죄를 범하여 사람을 사망에 이르게 한 경우에는 무기 또는 3년 이상의 징역에 처한다.
④ 자기 또는 타인의 형사사건의 수사 또는 재판과 관련하여 필요한 사실을 알고 있는 사람 또는 그 친족에게 정당한 사유 없이 면담을 강요하거나 위력(威力)을 행사한 사람은 3년 이하의 징역 또는 300만원 이하의 벌금에 처한다.

제11조(마약사범 등의 가중처벌)
① 「마약류관리에 관한 법률」 제58조제1항제1호부터 제4호까지 및 제6호·제7호에 규정된 죄(매매, 수수 및 제공에 관한 죄와 매매목적, 매매 알선목적 또는 수수목적의 소지·소유에 관한 죄는 제외한다) 또는 그 미수죄를 범한 사람은 다음 각 호의 구분에 따라 가중처벌한다. 〈개정 2016. 1. 6.〉
  1. 수출입·제조·소지·소유 등을 한 마약이나 향정신성의약품 등의 가액이 5천만원 이상인 경우에는 무기 또는 10년 이상의 징역에 처한다.

2. 수출입·제조·소지·소유 등을 한 마약이나 향정신성의약품 등의 가액이 500만원 이상 5천만원 미만인 경우에는 무기 또는 7년 이상의 징역에 처한다.
② 「마약류관리에 관한 법률」 제59조제1항부터 제3항까지 및 제60조에 규정된 죄(마약 및 향정신성의약품에 관한 죄만 해당한다)를 범한 사람은 다음 각 호의 구분에 따라 가중처벌한다.
1. 소지·소유·재배·사용·수출입·제조 등을 한 마약 및 향정신성의약품의 가액이 5천만원 이상인 경우에는 무기 또는 7년 이상의 징역에 처한다.
2. 소지·소유·재배·사용·수출입·제조 등을 한 마약 및 향정신성의약품의 가액이 500만원 이상 5천만원 미만인 경우에는 무기 또는 3년 이상의 징역에 처한다.

> **관련법령** ▶ 「폭력행위 등 처벌에 관한 법률」 제4조

제4조(단체 등의 구성·활동)
① 이 법에 규정된 범죄를 목적으로 하는 단체 또는 집단을 구성하거나 그러한 단체 또는 집단에 가입하거나 그 구성원으로 활동한 사람은 다음 각 호의 구분에 따라 처벌한다.
1. 수괴(首魁) : 사형, 무기 또는 10년 이상의 징역
2. 간부 : 무기 또는 7년 이상의 징역
3. 수괴·간부 외의 사람 : 2년 이상의 유기징역

② 제1항의 단체 또는 집단을 구성하거나 그러한 단체 또는 집단에 가입한 사람이 단체 또는 집단의 위력을 과시하거나 단체 또는 집단의 존속·유지를 위하여 다음 각 호의 어느 하나에 해당하는 죄를 범하였을 때에는 그 죄에 대한 형의 장기(長期) 및 단기(短期)의 2분의 1까지 가중한다.
1. 「형법」에 따른 죄 중 다음 각 목의 죄
  가. 「형법」 제8장 공무방해에 관한 죄 중 제136조(공무집행방해), 제141조(공용서류 등의 무효, 공용물의 파괴)의 죄
  나. 「형법」 제24장 살인의 죄 중 제250조제1항(살인), 제252조(촉탁, 승낙에 의한 살인 등), 제253조(위계 등에 의한 촉탁살인 등), 제255조(예비, 음모)의 죄
  다. 「형법」 제34장 신용, 업무와 경매에 관한 죄 중 제314조(업무방해), 제315조(경매, 입찰의 방해)의 죄
  라. 「형법」 제38장 절도와 강도의 죄 중 제333조(강도), 제334조(특수강도), 제335조(준강도), 제336조(인질강도), 제337조(강도상해, 치상), 제339조(강도강간), 제340조제1항(해상강도)·제2항(해상강도상해 또는 치상), 제341조(상습범), 제343조(예비, 음모)의 죄
2. 제2조 또는 제3조의 죄(「형법」 각 해당 조항의 상습범, 특수범, 상습특수범을 포함한다)

③ 타인에게 제1항의 단체 또는 집단에 가입할 것을 강요하거나 권유한 사람은 2년 이상의 유기징역에 처한다.
④ 제1항의 단체 또는 집단을 구성하거나 그러한 단체 또는 집단에 가입하여 그 단체 또는 집단의 존속·유지를 위하여 금품을 모집한 사람은 3년 이상의 유기징역에 처한다.

제12조의5 복수국적자의 기록관리

① 영 제18조의6 제2항에 따른 복수국적자 발견 통보서는 별지 제8호의4서식에 따

른다.〈개정 2020. 12. 22., 2022. 12. 20.〉
② 영 제18조의6 제3항에 따른 복수국적자 기록표는 별지 제8호의5서식에 따른다.
〈신설 2020. 12. 22., 2022. 12. 20.〉
③ 복수국적자 기록표의 작성 및 관리는 정보화업무처리 절차에 따라 할 수 있다.〈개정 2020. 12. 22.〉[전문개정 2011. 5. 27.][제12조의4에서 이동〈2022. 12. 20.〉]

제13조 국적보유 신고서의 서식 및 첨부서류

① 영 제19조 제1항에 따른 국적보유 신고서는 별지 제9호서식에 따른다.
② 제1항의 국적보유 신고서에 첨부하여야 하는 서류는 다음 각 호와 같다.
  1. 가족관계기록사항에 관한 증명서
  2. 외국 국적을 취득하게 된 원인 및 연월일을 증명하는 서류와 외국 여권의 사본

제14조 국적상실 신고서의 서식 및 첨부서류

① 영 제20조 제1항에 따른 국적상실 신고서는 별지 제10호서식에 따른다.
② 제1항의 국적상실 신고서에 첨부하여야 하는 서류는 다음 각 호와 같다.〈개정 2014. 6. 18.〉
  1. 가족관계기록사항에 관한 증명서
  2. 국적상실의 원인 및 연월일을 증명하는 서류(외국 국적을 취득하였을 때에는 그 국적을 취득한 원인 및 연월일을 증명하는 서류)와 외국 여권의 사본
③ 외국 국적을 취득함으로써 대한민국 국적을 상실한 사람 중 그 외국 국적을 취득한 연월일을 증명하는 서류를 제출할 수 없는 사람은 제2항 제2호의 서류를 그 외국의 여권 사본으로 갈음하여 제출할 수 있다.[전문개정 2011. 5. 27.]

제15조 국적 판정 신청서의 서식 및 첨부서류

① 영 제23조에 따른 국적 판정 신청서는 별지 제11호서식에 따른다.
② 제1항의 국적 판정 신청서에 첨부하여야 하는 서류는 다음 각 호와 같다.
  1. 본인 또는 국내거주 친족의 가족관계기록사항에 관한 증명서나 그 밖에 출생 당시의 혈통관계를 소명할 수 있는 서류
  2. 외국 국적을 취득한 적이 있을 때에는 그 사실을 증명하는 서류(그 외국의 여

권 사본으로 갈음할 수 있다) 및 그 외국 국적을 취득하게 된 경위서
　3. 외국에 거주하다가 대한민국에 입국하여 주소 또는 거소를 두고 있는 사람은 입국 당시에 사용한 외국여권·여행증명서 또는 입국허가서의 사본
　4. 「가족관계의 등록 등에 관한 법률」 제98조에 따른 국적 판정 통보 및 가족관계 등록부 작성 등에 필요한 서류로서 법무부장관이 정하는 서류
　5. 그 밖에 국적 판정에 참고가 되는 자료 [전문개정 2011. 5. 27.]

관련법령 ▶ 「가족관계의 등록 등에 관한 법률」 제98조

제98조(국적선택 등의 통보)
① 법무부장관은 다음 각 호의 어느 하나에 해당하는 사유가 발생한 경우 그 사람의 등록기준지(등록기준지가 없는 경우에는 그 사람이 정한 등록기준지)의 시·읍·면의 장에게 대법원규칙으로 정하는 사항을 통보하여야 한다.
　1. 「국적법」 제13조에 따라 복수국적자로부터 대한민국의 국적을 선택한다는 신고를 수리한 때
　2. 「국적법」 제14조제1항에 따라 국적이탈신고를 수리한 때
　3. 「국적법」 제20조에 따라 대한민국 국민으로 판정한 때
② 대한민국 국민으로 판정받은 사람이 등록되어 있지 아니한 때에는 그 통보를 받은 시·읍·면의 장은 등록부를 작성한다.

제16조 번역문의 첨부

영 및 이 규칙에 따른 신청 또는 신고와 관련하여 법무부장관 또는 청장 등에게 제출하는 서류가 외국어로 작성되어 있을 때에는 번역문을 첨부하여야 하며, 그 번역문에는 번역자의 성명과 연락처를 적어야 한다. <개정 2018. 5. 15.> [전문개정 2011. 5. 27.]

제17조 증명서의 발급

① 청장 등은 귀화허가 등으로 대한민국 국적을 취득한 사람 또는 법·영 및 이 규칙에 따른 신고가 수리된 사람이 신분증 사본을 첨부하여 신청하는 경우 그 사실에 관한 증명서를 발급한다. <개정 2018. 5. 15.>
② 제1항에 따른 증명서의 발급 신청은 본인의 법정대리인 또는 본인으로부터 위임을 받은 사람이 대신할 수 있다. 이 경우 다음 각 호의 서류를 제출하여야 한다.
　1. 본인 및 대리인의 신분증 사본
　2. 위임장 등 대리관계 또는 본인과의 관계를 증명하는 서류

③ 제1항에 따른 증명서의 발급 신청서는 별지 제12호서식에 따르고, 증명서는 별지 제13호서식 및 별지 제14호서식에 따른다. [전문개정 2014. 6. 18.]

제18조 수수료

① 국적업무와 관련된 각종 허가신청·신고 및 증명서 등의 발급에 관한 수수료는 다음 각 호와 같다. 〈개정 2014. 6. 18., 2022. 12. 20.〉

1. 귀화허가 신청(1인당, 수반취득자는 제외한다) : 30만원
2. 국적회복허가 신청(1인당, 수반취득자는 제외한다) : 20만원
3. 국적취득 신고(1인당) : 2만원
4. 국적재취득 신고(1인당) : 2만원
5. 국적이탈 신고(1인당) : 2만원

5의2. 국적 이탈 허가 신청(1인당) : 10만원

6. 국적보유 신고(1인당) : 2만원
7. 외국 국적 포기확인서 발급(1통당) : 2천원
8. 외국국적불행사 서약확인서 발급(1통당) : 2천원
9. 제17조에 따른 증명서 발급(1통당) : 2천원

② 제1항에 따른 수수료는 그 금액에 해당하는 정부수입인지로 납부한다. 다만, 재외공관에서는 현금, 그 금액에 상당하는 외국 화폐 또는 그 납입을 증명하는 증표 등으로 갈음할 수 있다.

③ 다음 각 호의 어느 하나에 해당하는 경우에는 해당 수수료를 면제한다.

1. 법 제7조 제1항 제2호에 따라 귀화허가를 신청하는 경우
2. 법 제7조 제1항 제3호에 따라 귀화허가를 신청하는 경우
3. 「전자정부법」 제9조 제2항 또는 제3항에 따른 전자민원창구나 통합전자민원창구를 통하여 제1항제7호부터 제9호까지의 어느 하나에 해당하는 증명서 등의 발급을 신청하는 경우
4. 그 밖에 인도적인 사유 등을 고려하여 수수료 면제가 필요하다고 법무부장관이 인정하는 경우 [전문개정 2011. 5. 27.]

제19조 삭제 〈2016. 12. 22.〉

제4편 재외동포법

제7부
재외동포의 출입국과 법적 지위에 관한 법률

[시행 2023. 12. 14.]
[법률 제19434호, 2023. 6. 13., 일부개정]

제1조 목적

이 법은 재외동포(在外同胞)의 대한민국에의 출입국과 대한민국 안에서의 법적 지위를 보장함을 목적으로 한다. [전문개정 2008. 3. 14.]

제2조 정의

이 법에서 "재외동포"란 다음 각 호의 어느 하나에 해당하는 자를 말한다.
1. 대한민국의 국민으로서 외국의 영주권(永住權)을 취득한 자 또는 영주할 목적으로 외국에 거주하고 있는 자(이하 "재외국민"이라 한다)
2. 대한민국의 국적을 보유하였던 자(대한민국정부 수립 전에 국외로 이주한 동포를 포함한다) 또는 그 직계비속(直系卑屬)으로서 외국국적을 취득한 자 중 대통령령으로 정하는 자(이하 "외국국적동포"라 한다) [전문개정 2008. 3. 14.]

관련법령 「출입국관리법」 제10조

제10조(체류자격)
입국하려는 외국인은 다음 각 호의 어느 하나에 해당하는 체류자격을 가져야 한다.
1. 일반체류자격 : 이 법에 따라 대한민국에 체류할 수 있는 기간이 제한되는 체류자격
2. 영주자격 : 대한민국에 영주(永住)할 수 있는 체류자격

주요판례

❖ **배당이의** [대법원 2019. 4. 11., 선고, 2015다254507, 판결]

판시사항
[1] 외국인이나 외국국적동포가 출입국관리법이나 재외동포의 출입국과 법적 지위에 관한 법률에 따라 외국인 등록과 체류지 변경신고 또는 국내거소신고와 거소이전신고를 한 경우, 주택임대차보호법 제3조 제1항에서 주택임대차의 대항요건으로 정하는 주민 등록과 같은 법적 효과가 인정되는지 여부(적극)
[2] 재외국민이 구 재외동포의 출입국과 법적 지위에 관한 법률 제6조에 따라 국내거소신고를 한 경우, 주택임대차보호법 제3조 제1항에서 주택임대차의 대항요건으로 정하는 주민 등록과 같은 법적 효과가 인정되는지 여부(적극) 및 이 경우 거소이전신고를 한 때에 전입신고가 된 것으로 보아야 하는지 여부(적극)

판결요지
[1] 출입국관리법이 2002. 12. 5. 법률 제6745호로 개정되면서 외국인의 편의를 위해 제88조의2를 신설하였다. 이에 따르면, 법령에 규정된 각종 절차와 거래관계 등에서 외국인 등록증과 외국인 등록 사실증명으로 주민 등록증과 주민 등록 등본·초본을 갈음하고(제1항), 외국인 등록과 체류지 변경신고로 주민 등록과 전입

신고를 갈음한다(제2항). 따라서 외국인이나 외국국적동포가 출입국관리법에 따라 마친 외국인 등록과 체류지 변경신고는 주택임대차보호법(이하 '주택임대차법'이라 한다) 제3조 제1항에서 주택임대차의 대항요건으로 정하는 주민 등록과 같은 법적 효과가 인정된다.

이처럼 출입국관리법이 외국인이나 외국국적동포가 외국인 등록과 체류지 변경신고를 하면 주민 등록법에 따른 주민 등록과 전입신고를 한 것으로 간주하는 취지는, 외국인이나 외국국적동포가 주민 등록법에 따른 주민 등록을 할 수 없는 대신에 외국인 등록과 체류지 변경신고를 하면 주민 등록을 한 것과 동등한 법적 보호를 해 주고자 하는 데 있다. 이는 특히 주택임대차법에 따라 주택의 인도와 주민 등록을 마친 임차인에게 인정되는 대항력 등의 효과를 부여하는 데서 직접적인 실효성을 발휘한다.

한편 재외동포의 출입국과 법적 지위에 관한 법률(이하 '재외동포법'이라 한다)에 따르면, 국내거소신고나 거소이전신고를 한 외국국적동포는 출입국관리법에 따른 외국인 등록과 체류지 변경신고를 한 것으로 간주한다(제10조 제4항). 따라서 국내거소신고를 한 외국국적동포에 대해서는 출입국관리법 제88조의2 제2항이 적용되므로, 외국국적동포가 재외동포법에 따라 마친 국내거소신고와 거소이전신고에 대해서도 앞에서 본 외국인 등록과 마찬가지로 주택임대차법 제3조 제1항에서 주택임대차의 대항요건으로 정하는 주민 등록과 같은 법적 효과가 인정된다.

[2] 구 재외동포의 출입국과 법적 지위에 관한 법률(2014. 5. 20. 법률 제12593호로 개정되기 전의 것, 이하 '구 재외동포법'이라 한다) 시행 당시에는 같은 법 제6조에 따른 재외국민의 국내거소신고를 주택임대차보호법(이하 '주택임대차법'이라 한다) 제3조 제1항에서 대항요건으로 정하는 주민 등록과 같이 취급할 수 있도록 하는 명시적인 근거조항이 없었다. 또한 재외국민은 외국국적동포가 아니기 때문에 재외동포의 출입국과 법적 지위에 관한 법률 제10조 제4항의 적용대상도 아니다.

위와 같은 재외국민의 국내거소신고에 관한 규정을 출입국관리법 제88조의2 제2항과 비교해 보면, 재외국민의 국내거소신고와 거소이전신고로 주민 등록과 전입신고를 갈음할 수 있는지에 관하여 법률의 공백이 있다고 보아야 한다.

구 재외동포법에 출입국관리법 제88조의2 제2항과 같이 재외국민의 국내거소신고와 거소이전신고가 주민 등록과 전입신고를 갈음한다는 명문의 규정은 없지만, 출입국관리법 제88조의2 제2항을 유추적용하여 재외국민이 구 재외동포법 제6조에 따라 마친 국내거소신고와 거소이전신고도 외국국적동포의 그것과 마찬가지로 주민 등록과 전입신고를 갈음한다고 보아야 한다. 따라서 재외국민의 국내거소신고는 주택임대차법 제3조 제1항에서 주택임대차의 대항요건으로 정하는 주민 등록과 같은 법적 효과가 인정되어야 하고, 이 경우 거소이전신고를 한 때에 전입신고가 된 것으로 보아야 한다.

제3조 적용 범위

이 법은 재외국민과 「출입국관리법」 제10조에 따른 체류자격 중 재외동포 체류자격(이하 "재외동포체류자격"이라 한다)을 가진 외국국적동포의 대한민국에의 출입국과 대한민국 안에서의 법적 지위에 관하여 적용한다. [전문개정 2008. 3. 14.]

제3조의2 다른 법률과의 관계

① 재외동포체류자격을 가진 외국국적동포의 대한민국에의 출입국과 대한민국 안

에서의 법적 지위에 관하여 이 법에서 정하지 아니한 사항은 「출입국관리법」에 따른다.〈개정 2022. 12. 13.〉

② 특정 건물 또는 시설의 소재지를 거소로 신고한 외국국적동포의 성명 및 거소 변경 일자의 확인과 국내거소신고증의 진위확인에 대하여는 「출입국관리법」 제88조의3 및 제88조의4를 준용한다. 이 경우 "외국인"은 "외국국적동포"로, "체류지"는 "거소"로, "외국인체류확인서"는 "외국국적동포거소확인서"로, "외국인 등록증"은 "국내거소신고증"으로 본다. 〈신설 2022. 12. 13.〉[본조신설 2020. 2. 4.]

> **관련법령** ▶ 「출입국관리법」 제88조의3 및 제88조의4

제88조의3(외국인체류확인서 열람·교부)

① 특정 건물 또는 시설의 소재지를 체류지로 신고한 외국인의 성명과 체류지 변경 일자를 확인할 수 있는 서류(이하 "외국인체류확인서"라 한다)를 열람하거나 교부받으려는 자는 지방출입국·외국인관서의 장이나 읍·면·동의 장 또는 출장소장에게 신청할 수 있다.

② 제1항에 따른 외국인체류확인서 열람이나 교부를 신청할 수 있는 자는 다음 각 호의 어느 하나에 해당하는 자로 한다.
  1. 특정 건물이나 시설의 소유자 본인이나 그 세대원, 임차인 본인이나 그 세대원, 매매계약자 또는 임대차계약자 본인
  2. 특정 건물 또는 시설의 소유자, 임차인, 매매계약자 또는 임대차계약자 본인의 위임을 받은 자
  3. 다음 각 목의 어느 하나에 해당하는 사유로 열람 또는 교부를 신청하려는 자
     가. 관계 법령에 따라 경매참가자가 경매에 참가하려는 경우
     나. 「신용정보의 이용 및 보호에 관한 법률」 제2조제5호라목에 따른 신용조사회사 또는 「감정평가 및 감정평가사에 관한 법률」 제2조제4호에 따른 감정평가법인 등이 임차인의 실태 등을 확인하려는 경우
     다. 대통령령으로 정하는 금융회사 등이 담보주택의 근저당 설정을 하려는 경우
     라. 법원의 현황조사명령서에 따라 집행관이 현황조사를 하려는 경우

③ 외국인체류확인서의 기재사항, 열람·교부 신청절차, 수수료, 그 밖에 필요한 사항은 법무부령으로 정한다.

제88조의4(외국인 등록증의 진위확인)

① 법무부장관은 외국인 등록증의 진위 여부에 대한 확인요청이 있는 경우 그 진위를 확인하여 줄 수 있다.

② 법무부장관은 외국인 등록증 진위 여부 확인에 필요한 정보시스템을 구축·운영할 수 있다.

③ 외국인 등록증의 진위확인 절차, 제2항에 따른 정보시스템의 구축·운영 등에 필요한 사항은 법무부령으로 정한다.

제4조 정부의 책무

정부는 재외동포가 대한민국 안에서 부당한 규제와 대우를 받지 아니하도록 필요한 지원을 하여야 한다.

[전문개정 2008. 3. 14.]

❖ **보상금 등신청기각결정취소**[서울행법 2007. 7. 13., 선고, 2005구합39416, 판결 : 항소]

판시사항

특수임무수행자 보상에 관한 법률에 따른 보상청구권의 주체에 특수임무수행 후에 외국 국적을 취득하여 대한민국 국적을 상실한 자도 포함되는지 여부(적극)

판결요지

특수임무수행자 보상에 관한 법률 및 같은 법 시행령은 국적을 상실한 특수임무수행자에 대하여 보상금을 지급하지 아니한다는 규정 또는 이를 전제로 하는 규정을 두고 있지 아니한 점, 같은 법은 특수임무와 관련하여 국가를 위하여 특별한 희생을 한 특수임무수행자와 그 유족에 대하여 필요한 보상을 함으로써 특수임무수행자와 그 유족의 생활안정을 도모하고 국민화합에 이바지함을 목적으로 하는데(제1조), 과거의 특별한 희생 존부나 그에 대한 보상의 필요성이 보상금 등에 대한 신청 당시의 특수임무수행자의 국적 여하에 따라 달라진다고는 보이지 아니하는 점, 재외동포의 출입국과 법적지위에 관한 법률에 의하면 정부는 재외동포가 대한민국 안에서 부당한 규제와 대우를 받지 아니하도록 필요한 지원을 하여야 하고(제4조) 외국국적동포에게도 국가유공자 등 예우 및 지원에 관한 법률 또는 독립유공자 예우에 관한 법률의 규정에 의한 보상금을 받을 수 있는 권리가 부여되는데(제16조), 이러한 법률에서 인정되는 보상 내지 지원과 법에 따른 보상은 모두 국가를 위한 특별한 희생과 기여에서 비롯되는 것이고 그 입법목적도 거의 동일하여 양자를 달리 취급할 근거가 미약한 점 등에 비추어 보면, 특수임무수행자 보상에 관한 법률에 따른 보상청구권의 주체는 보상금 등의 신청 당시 대한민국 국민인 자뿐만 아니라 특수임무수행 후에 외국 국적을 취득하여 대한민국 국적을 상실한 자도 포함한다고 해석함이 상당하고, 같은 법에 따른 특수임무수행자의 보상청구권이 헌법상 사회적 기본권에 해당한다고 하여 달리 볼 것은 아니다.

제5조 재외동포체류자격의 부여

① 법무부장관은 대한민국 안에서 활동하려는 외국국적동포에게 신청에 의하여 재외동포체류자격을 부여할 수 있다.

② 법무부장관은 외국국적동포에게 다음 각 호의 어느 하나에 해당하는 사유가 있으면 제1항에 따른 재외동포체류자격을 부여하지 아니한다. 다만, 법무부장관이 필요하다고 인정하는 경우에는 제1호에 해당하는 외국국적동포가 41세가 되

는 해 1월 1일부터 부여할 수 있다. <개정 2010. 5. 4., 2011. 4. 5., 2017. 10. 31., 2018. 9. 18., 2019. 12. 31.>
1. 다음 각 목의 어느 하나에 해당하지 아니한 상태에서 대한민국 국적을 이탈하거나 상실하여 외국인이 된 남성의 경우
   가. 현역·상근예비역·보충역 또는 대체역으로 복무를 마치거나 마친 것으로 보게 되는 경우
   나. 전시근로역에 편입된 경우
   다. 병역면제처분을 받은 경우
2. 대한민국의 안전보장, 질서유지, 공공복리, 외교관계 등 대한민국의 이익을 해칠 우려가 있는 경우
③ 법무부장관은 제1항과 제2항에 따라 재외동포체류자격을 부여할 때에는 대통령령으로 정하는 바에 따라 외교부장관과 협의하여야 한다. <개정 2013. 3. 23.>
④ 재외동포체류자격의 취득 요건과 재외동포체류자격을 취득한 자의 활동 범위는 대통령령으로 정한다. [전문개정 2008. 3. 14.]

주요판례

❖ **사증발급거부처분취소(재외동포에 대한 입국금지결정이 있는 경우에 행정청이 그에 구속되어 아무런 재량을 행사하지 않고 사증발급 거부처분을 한 것이 적법한지가 문제된 사건)** [대법원 2019. 7. 11., 선고, 2017두38874, 판결]

판시사항

[1] 행정처분의 성립요건 / 행정처분의 성립 시점 및 그 성립 여부를 판단하는 기준
[2] 병무청장이 법무부장관에게 '가수 甲이 공연을 위하여 국외여행허가를 받고 출국한 후 미국 시민권을 취득함으로써 사실상 병역의무를 면탈하였으므로 재외동포 자격으로 재입국하고자 하는 경우 국내에서 취업, 가수활동 등 영리활동을 할 수 없도록 하고, 불가능할 경우 입국 자체를 금지해 달라'고 요청함에 따라 법무부장관이 甲의 입국을 금지하는 결정을 하고, 그 정보를 내부전산망인 '출입국관리정보시스템'에 입력하였으나, 甲에게는 통보하지 않은 사안에서, 위 입국금지결정은 항고소송의 대상이 되는 '처분'에 해당하지 않는다고 한 사례
[3] 상급행정기관이 소속 공무원이나 하급행정기관에 대하여 업무처리지침이나 법령의 해석·적용 기준을 정해 주는 '행정규칙'이 대외적으로 구속력이 있는지 여부(소극) 및 처분이 행정규칙에 적합한지 여부에 따라 처분의 적법 여부를 판단할 수 있는지 여부(소극) / 상급행정기관이 소속 공무원이나 하급행정기관에 하는 개별·구체적인 지시에 관하여도 마찬가지 법리가 적용되는지 여부(적극)
[4] 행정처분의 처분 방식에 관한 행정절차법 제24조 제1항을 위반한 처분이 무효인지 여부(적극)
[5] 행정절차법 제3조 제2항 제9호, 행정절차법 시행령 제2조 제2호에서 정한 행정절차법의 적용이 제외

되는 '외국인의 출입국에 관한 사항'의 의미 및 '외국인의 출입국에 관한 사항'의 경우 행정절차를 거칠 필요가 당연히 부정되는지 여부(소극) / 외국인의 사증발급 신청에 대한 거부처분이 행정절차법 제24조에서 정한 '처분서 작성·교부'를 할 필요가 없거나 곤란하다고 인정되는 사항이거나 행정절차법 제24조에 정한 절차를 따르지 않고 '행정절차에 준하는 절차'로 대체할 수 있는 것인지 여부(소극)

[6] 재외동포에 대한 사증발급이 행정청의 재량행위에 속하는지 여부(적극)

[7] 처분의 근거 법령이 행정청에 처분의 요건과 효과 판단에 일정한 재량을 부여하였는데도, 행정청이 처분으로 달성하려는 공익과 처분상대방이 입게 되는 불이익을 전혀 비교형량 하지 않은 채 처분을 한 경우, 재량권 일탈·남용으로 해당 처분을 취소해야 할 위법사유가 되는지 여부(적극)

[8] 헌법상의 기본원리로서 비례의 원칙의 내용

[9] 처분상대방의 의무위반을 이유로 한 제재처분이 의무위반의 내용에 비하여 과중하여 사회통념상 현저하게 타당성을 잃은 경우, 재량권 일탈·남용에 해당하여 위법한지 여부(적극)

[10] 병무청장이 법무부장관에게 '가수 甲이 공연을 위하여 국외여행허가를 받고 출국한 후 미국 시민권을 취득함으로써 사실상 병역의무를 면탈하였다'는 이유로 입국 금지를 요청함에 따라 법무부장관이 甲의 입국금지결정을 하였는데, 甲이 재외공관의 장에게 재외동포(F-4) 체류자격의 사증발급을 신청하자 재외공관장이 처분이유를 기재한 사증발급 거부처분서를 작성해 주지 않은 채 甲의 아버지에게 전화로 사증발급이 불허되었다고 통보한 사안에서, 사증발급 거부처분에는 행정절차법 제24조 제1항을 위반한 하자가 있고, 재외공관장이 13년 7개월 전에 입국금지결정이 있었다는 이유만으로 그에 구속되어 사증발급 거부처분을 한 것이 비례의 원칙에 반하는 것인지 판단했어야 함에도, 입국금지결정에 따라 사증발급 거부처분을 한 것이 적법하다고 본 원심판단에 법리를 오해한 잘못이 있다고 한 사례

판결요지

[1] 일반적으로 처분이 주체·내용·절차와 형식의 요건을 모두 갖추고 외부에 표시된 경우에는 처분의 존재가 인정된다. 행정의사가 외부에 표시되어 행정청이 자유롭게 취소·철회할 수 없는 구속을 받게 되는 시점에 처분이 성립하고, 그 성립 여부는 행정청이 행정의사를 공식적인 방법으로 외부에 표시하였는지를 기준으로 판단해야 한다.

[2] 병무청장이 법무부장관에게 '가수 甲이 공연을 위하여 국외여행허가를 받고 출국한 후 미국 시민권을 취득함으로써 사실상 병역의무를 면탈하였으므로 재외동포 자격으로 재입국하고자 하는 경우 국내에서 취업, 가수활동 등 영리활동을 할 수 없도록 하고, 불가능할 경우 입국 자체를 금지해 달라'고 요청함에 따라 법무부장관이 甲의 입국을 금지하는 결정을 하고, 그 정보를 내부전산망인 '출입국관리정보시스템'에 입력하였으나, 甲에게는 통보하지 않은 사안에서, 행정청이 행정의사를 외부에 표시하여 행정청이 자유롭게 취소·철회할 수 없는 구속을 받기 전에는 '처분'이 성립하지 않으므로 법무부장관이 출입국관리법 제11조 제1항 제3호 또는 제4호, 출입국관리법 시행령 제14조 제1항, 제2항에 따라 위 입국금지결정을 했다고 해서 '처분'이 성립한다고 볼 수는 없고, 위 입국금지결정은 법무부장관의 의사가 공식적인 방법으로 외부에 표시된 것이 아니라 단지 그 정보를 내부전산망인 '출입국관리정보시스템'에 입력하여 관리한 것에 지나지 않으므로, 위 입국금지결정은 항고소송의 대상이 될 수 있는 '처분'에 해당하지 않는데도, 위 입국금지결정이 처분에 해당하여 공정력과 불가쟁력이 있다고 본 원심판단에 법리를 오해한 잘못이 있다고 한 사례.

[3] 상급행정기관이 소속 공무원이나 하급행정기관에 대하여 업무처리지침이나 법령의 해석·적용 기준을 정해 주는 '행정규칙'은 일반적으로 행정조직 내부에서만 효력을 가질 뿐 대외적으로 국민이나 법원을 구속하는 효력이 없다. 처분이 행정규칙을 위반하였다고 해서 그러한 사정만으로 곧바로 위법하게 되는 것은 아니고, 처분이 행정규칙을 따른 것이라고 해서 적법성이 보장되는 것도 아니다. 처분이 적법한지는 행정

규칙에 적합한지 여부가 아니라 상위법령의 규정과 입법 목적 등에 적합한지 여부에 따라 판단해야 한다. 상급행정기관이 소속 공무원이나 하급행정기관에 하는 개별·구체적인 지시도 마찬가지이다. 상급행정기관의 지시는 일반적으로 행정조직 내부에서만 효력을 가질 뿐 대외적으로 국민이나 법원을 구속하는 효력이 없다. 대외적으로 처분 권한이 있는 처분청이 상급행정기관의 지시를 위반하는 처분을 하였다고 해서 그러한 사정만으로 처분이 곧바로 위법하게 되는 것은 아니고, 처분이 상급행정기관의 지시를 따른 것이라고 해서 적법성이 보장되는 것도 아니다. 처분이 적법한지는 상급행정기관의 지시를 따른 것인지 여부가 아니라, 헌법과 법률, 대외적으로 구속력 있는 법령의 규정과 입법 목적, 비례·평등원칙과 같은 법의 일반원칙에 적합한지 여부에 따라 판단해야 한다.

[4] 행정절차에 관한 일반법인 행정절차법은 제24조 제1항에서 "행정청이 처분을 할 때에는 다른 법령 등에 특별한 규정이 있는 경우를 제외하고는 문서로 하여야 하며, 전자문서로 하는 경우에는 당사자 등의 동의가 있어야 한다. 다만 신속히 처리할 필요가 있거나 사안이 경미한 경우에는 말 또는 그 밖의 방법으로 할 수 있다."라고 정하고 있다. 이 규정은 처분내용의 명확성을 확보하고 처분의 존부에 관한 다툼을 방지하여 처분상대방의 권익을 보호하기 위한 것이므로, 이를 위반한 처분은 하자가 중대·명백하여 무효이다.

[5] 행정절차법 제3조 제2항 제9호, 행정절차법 시행령 제2조 제2호 등 관련 규정들의 내용을 행정의 공정성, 투명성, 신뢰성을 확보하고 처분상대방의 권익보호를 목적으로 하는 행정절차법의 입법 목적에 비추어 보면, 행정절차법의 적용이 제외되는 '외국인의 출입국에 관한 사항'이란 해당 행정작용의 성질상 행정절차를 거치기 곤란하거나 거칠 필요가 없다고 인정되는 사항이나 행정절차에 준하는 절차를 거친 사항으로서 행정절차법 시행령으로 정하는 사항만을 가리킨다. '외국인의 출입국에 관한 사항'이라고 하여 행정절차를 거칠 필요가 당연히 부정되는 것은 아니다.

외국인의 사증발급 신청에 대한 거부처분은 당사자에게 의무를 부과하거나 적극적으로 권익을 제한하는 처분이 아니므로, 행정절차법 제21조 제1항에서 정한 '처분의 사전통지'와 제22조 제3항에서 정한 '의견제출 기회 부여'의 대상은 아니다. 그러나 사증발급 신청에 대한 거부처분이 성질상 행정절차법 제24조에서 정한 '처분서 작성·교부'를 할 필요가 없거나 곤란하다고 일률적으로 단정하기 어렵다. 또한 출입국관리법령에 사증발급 거부처분서 작성에 관한 규정을 따로 두고 있지 않으므로, 외국인의 사증발급 신청에 대한 거부처분을 하면서 행정절차법 제24조에 정한 절차를 따르지 않고 '행정절차에 준하는 절차'로 대체할 수도 없다.

[6] 출입국관리법 제7조 제1항, 제8조 제2항, 제3항, 제10조, 제10조의2, 제11조 제1항 제3호, 제4호, 출입국관리법 시행규칙 제9조의2 제2호, 재외동포의 출입국과 법적 지위에 관한 법률(이하 '재외동포법'이라 한다) 제5조 제1항, 제2항과 체계, 입법 연혁과 목적을 종합하면 다음과 같은 결론을 도출할 수 있다. 재외동포에 대한 사증발급은 행정청의 재량행위에 속하는 것으로서, 재외동포가 사증발급을 신청한 경우에 출입국관리법 시행령 [별표 1의2]에서 정한 재외동포체류자격의 요건을 갖추었다고 해서 무조건 사증을 발급해야 하는 것은 아니다. 재외동포에게 출입국관리법 제11조 제1항 각호에서 정한 입국금지사유 또는 재외동포법 제5조 제2항에서 정한 재외동포체류자격 부여 제외사유(예컨대 '대한민국 남자가 병역을 기피할 목적으로 외국국적을 취득하고 대한민국 국적을 상실하여 외국인이 된 경우')가 있어 그의 국내 체류를 허용하지 않음으로써 달성하고자 하는 공익이 그로 말미암아 발생하는 불이익보다 큰 경우에는 행정청이 재외동포체류자격의 사증을 발급하지 않을 재량을 가진다.

[7] 처분의 근거 법령이 행정청에 처분의 요건과 효과 판단에 일정한 재량을 부여하였는데도, 행정청이 자신에게 재량권이 없다고 오인한 나머지 처분으로 달성하려는 공익과 그로써 처분상대방이 입게 되는 불이익의 내용과 정도를 전혀 비교형량하지 않은 채 처분을 하였다면, 이는 재량권 불행사로서 그 자체로 재량

[8] 비례의 원칙은 법치국가 원리에서 당연히 파생되는 헌법상의 기본원리로서, 모든 국가작용에 적용된다. 행정목적을 달성하기 위한 수단은 목적달성에 유효·적절하고, 가능한 최소침해를 가져오는 것이어야 하며, 아울러 그 수단의 도입에 따른 침해가 의도하는 공익을 능가하여서는 안 된다.

[9] 처분상대방의 의무위반을 이유로 한 제재처분의 경우 의무위반 내용과 제재처분의 양정(量定) 사이에 엄밀하게는 아니더라도 어느 정도는 비례 관계가 있어야 한다. 제재처분이 의무위반의 내용에 비하여 과중하여 사회통념상 현저하게 타당성을 잃은 경우에는 재량권 일탈·남용에 해당하여 위법하다고 보아야 한다.

[10] 병무청장이 법무부장관에게 '가수 甲이 공연을 위하여 국외여행허가를 받고 출국한 후 미국 시민권을 취득함으로써 사실상 병역의무를 면탈하였다'는 이유로 입국 금지를 요청함에 따라 법무부장관이 甲의 입국금지결정을 하였는데, 甲이 재외공관의 장에게 재외동포(F-4) 체류자격의 사증발급을 신청하자 재외공관장이 처분이유를 기재한 사증발급 거부처분서를 작성해 주지 않은 채 甲의 아버지에게 전화로 사증발급이 불허되었다고 통보한 사안에서, 甲의 재외동포(F-4) 체류자격 사증발급 신청에 대하여 재외공관장이 6일 만에 한 사증발급 거부처분이 문서에 의한 처분 방식의 예외로 행정절차법 제24조 제1항 단서에서 정한 '신속히 처리할 필요가 있거나 사안이 경미한 경우'에 해당한다고 볼 수도 없으므로 사증발급 거부처분에는 행정절차법 제24조 제1항을 위반한 하자가 있음에도, 외국인의 사증발급 신청에 대한 거부처분이 성질상 행정절차를 거치기 곤란하거나 불필요하다고 인정되는 처분에 해당하여 행정절차법의 적용이 배제된다고 판단하고, 재외공관장이 자신에게 주어진 재량권을 전혀 행사하지 않고 오로지 13년 7개월 전에 입국금지결정이 있었다는 이유만으로 그에 구속되어 사증발급 거부처분을 한 것이 비례의 원칙에 반하는 것인지 판단했어야 함에도, 입국금지결정에 따라 사증발급 거부처분을 한 것이 적법하다고 본 원심판단에 법리를 오해한 잘못이 있다고 한 사례.

주요판례

❖ 사증발급거부처분취소 [서울행법 2016. 9. 30., 선고, 2015구합77189, 판결 : 항소]

판시사항

미국 시민권을 취득함으로써 대한민국 국적을 상실한 인기가수 甲에 대하여 병무청장이 '미국 시민권을 취득함으로써 사실상 병역의무를 면탈하였다'는 이유로 입국 금지를 요청함에 따라 법무부장관이 甲의 입국금지결정을 하였는데, 甲이 재외공관의 장에게 재외동포(F-4) 자격의 사증발급을 신청하였다가 거부된 사안에서, 사증발급 거부가 적법하다고 한 사례

판결요지

미국 시민권을 취득함으로써 대한민국 국적을 상실한 인기가수 甲에 대하여 병무청장이 '미국 시민권을 취득함으로써 사실상 병역의무를 면탈하였다'는 이유로 입국 금지를 요청함에 따라 법무부장관이 甲의 입국금지결정을 하였는데, 甲이 재외공관의 장에게 재외동포(F-4) 자격의 사증발급을 신청하였다가 거부된 사안에서, 甲이 가족들과 함께 미국에서 생활하기 위해서가 아니라 대한민국에서 계속 가수로서 활동하기 위하여 미국 시민권을 취득한 것으로 보이는 점 등에 비추어 보면 甲은 대한민국 국민으로서의 병역의 의무를 기피하기 위하여 미국 시민권을 취득한 것인데, 甲이 입국하여 방송·연예활동을 계속할 경우 국군 장병들의 사기를 저하시키고 병역의무 이행 의지를 약화시키며, 입대를 앞둔 청소년들에게 병역의무 기피 풍조를 낳게 할 우려가 있어 헌법 제39조 제1항이 정하고 있는 국방의 의무 수행에 지장을 가져오고 나아가 영토의 보전을

위태롭게 하며 대한민국의 준법 질서를 어지럽힘으로써 대한민국의 이익, 공공의 안전, 사회질서 및 선량한 풍속을 해하게 되므로 출입국관리법 제11조 제1항 제3호, 제4호 또는 제8호에 정한 입국금지사유에 해당하고, 입국금지조치가 비례의 원칙이나 평 등의 원칙을 위반하였다고 보기 어려워 적법·유효한 이상, 입국금지조치를 이유로 한 사증발급 거부는 출입국관리법 제8조 제3항, 출입국관리법 시행규칙 제9조의2 제2호에 따른 것으로서 적법하다고 한 사례.

제6조 국내거소신고

① 재외동포체류자격으로 입국한 외국국적동포는 이 법을 적용받기 위하여 필요하면 대한민국 안에 거소(居所)를 정하여 그 거소를 관할하는 지방출입국·외국인관서의 장에게 국내거소신고를 할 수 있다.〈개정 2014. 3. 18., 2014. 5. 20.〉

② 제1항에 따라 신고한 국내 거소를 이전한 때에는 14일 이내에 그 사실을 신거소(新居所)가 소재한 시·군·구(자치구가 아닌 구를 포함한다. 이하 이 조 및 제7조에서 같다) 또는 읍·면·동의 장이나 신거소를 관할하는 지방출입국·외국인관서의 장에게 신고하여야 한다. 〈개정 2014. 3. 18., 2016. 5. 29.〉

③ 제2항에 따라 거소이전 신고를 받은 지방출입국·외국인관서의 장은 신거소가 소재한 시·군·구 또는 읍·면·동의 장에게, 시·군·구 또는 읍·면·동의 장은 신거소를 관할하는 지방출입국·외국인관서의 장에게 각각 이를 통보하여야 한다. 〈개정 2014. 3. 18., 2016. 5. 29.〉

④ 국내거소신고서의 기재 사항, 첨부 서류, 그 밖에 신고의 절차에 관하여 필요한 사항은 대통령령으로 정한다. [전문개정 2008. 3. 14.]

주요 판례

❖ **건물인도 등청구의소·임대차보증금**
[서울고법 2014. 7. 8., 선고, 2013나2027716, 2027723, 판결 : 상고]

판시사항

재외국민 甲이 아파트를 임차한 후 외국국적동포인 아내 乙, 딸 丙과 국내거소신고를 마치고 함께 거주하던 중, 임의경매절차에서 아파트를 매수한 丁이 건물인도 청구를 하자 주택임대차보호법상의 대항력을 주장한 사안에서, 甲은 자신이나 동거가족 乙, 丙의 국내거소신고로 주택임대차보호법상 대항력을 취득하지 못하였다고 한 사례

판결요지

재외국민 甲이 아파트를 임차한 후 외국국적동포인 아내 乙, 딸 丙과 각각 국내거소신고를 마치고 함께 거주하던 중, 임의경매절차에서 아파트를 매수한 丁이 건물인도 청구를 하자 주택임대차보험법상의 대항력을 주장한 사안에서, '재외동포의 출입국과 법적 지위에 관한 법률'(이하 '재외동포법'이라 한다) 제9조가 재외국민의 거소이전신고를 주택임대차보호법상 대항요건인 주민 등록에 갈음하도록 한 규정이라고 해석하기 어렵고, 재외국민의 국내거소신고를 주택임대차보호법상 주민 등록으로 볼 수 없는 이상, 재외국민의 동거가족이 국내거소신고를 갖춘다고 하여 재외국민이 주택임대차보호법상 주민 등록을 갖추었다고 볼 수 없으며, 재외동포법 제10조 제4항과 출입국관리법 제88조의2가 외국국적동포의 국내거소신고에 주택임대차보호법상 주민 등록과 동일한 효과를 부여한다고 볼 수도 없으므로, 甲은 자신이나 동거가족 乙, 丙의 국내거소신고로 주택임대차보호법상 대항력을 취득하지 못하였다고 한 사례.

제7조 국내거소신고증의 발급 등

① 지방출입국·외국인관서의 장은 제6조에 따라 국내거소신고를 한 외국국적동포에게 국내거소신고번호를 부여하고, 외국국적동포 국내거소신고증을 발급한다. <개정 2014. 3. 18., 2014. 5. 20.>

  1. 삭제<2014. 5. 20.>

  2. 삭제<2014. 5. 20.>

② 제1항의 국내거소신고증에는 다음 각 호의 사항을 적는다.

  1. 국내거소신고번호

  2. 성명

  3. 성별

  4. 생년월일

  5. 국적

  6. 삭제<2023. 6. 13.>

  7. 대한민국 안의 거소 등

③ 지방출입국·외국인관서의 장은 대통령령으로 정하는 바에 따라 국내거소신고 대장과 그 밖의 관계 서류를 작성하여 보존하여야 한다. <개정 2014. 3. 18.>

④ 제1항에 따라 국내거소신고증을 발급받은 후 분실·훼손(毁損)하거나 그 밖에 대통령령으로 정하는 사유로 재발급을 받으려는 자는 지방출입국·외국인관서의 장에게 재발급 신청을 하여야 한다. <개정 2014. 3. 18.>

⑤ 지방출입국·외국인관서의 장, 시·군·구 또는 읍·면·동의 장은 제6조에 따라 국내거

소신고를 한 사실이 있는 자에게는 법무부령으로 정하는 바에 따라 국내거소신고 사실증명을 발급하거나 열람하게 할 수 있다. 〈개정 2008. 12. 19., 2014. 3. 18., 2016. 5. 29.〉
⑥ 제1항과 제4항에 따른 국내거소신고증의 발급·재발급 및 제5항에 따른 국내거소신고 사실증명의 발급을 신청하는 자는 법무부령으로 정하는 수수료를 내야 한다.
⑦ 지방출입국·외국인관서의 장은 제1항에 따라 국내거소신고증을 발급받은 외국국적동포에게 추가로 국내거소신고증과 동일한 효력을 가진 모바일국내거소신고증(「이동통신단말장치 유통구조 개선에 관한 법률」 제2조제4호에 따른 이동통신단말장치에 암호화된 형태로 설치된 국내거소신고증을 말한다. 이하 같다)을 발급할 수 있다. 〈신설 2023. 6. 13.〉
⑧ 법무부장관은 법무부령으로 정하는 바에 따라 모바일국내거소신고증 발급 등에 관한 업무를 「출입국관리법」 제33조제7항에 따른 정보시스템을 활용하여 처리할 수 있다. 〈신설 2023. 6. 13.〉
⑨ 제7항에 따른 모바일국내거소신고증의 발급, 규격, 유효기간, 효력 말소 등에 관한 사항은 법무부령으로 정한다. 〈신설 2023. 6. 13.〉 [전문개정 2008. 3. 14.]
[시행일 : 2023. 12. 14.] 제7조

제8조 국내거소신고증의 반납

외국국적동포가 국내거소신고증을 지닐 필요가 없게 된 때에는대통령령으로 정하는 바에 따라 지방출입국·외국인관서의 장에게 국내거소신고증을 반납하여야 한다. 〈개정 2014. 3. 18., 2014. 5. 20., 2020. 2. 4.〉 [전문개정 2008. 3. 14.]

제9조 주민 등록 등과의 관계

① 법령에 규정된 각종 절차와 거래관계 등에서 주민 등록증, 주민 등록표 등본·초본, 외국인 등록증 또는 외국인 등록 사실증명이 필요한 경우에는 국내거소신고증(제7조 제7항에 따른 모바일국내거소신고증을 포함한다)이나 국내거소신고 사실증명으로 그에 갈음할 수 있다. 〈개정 2023. 6. 13.〉
② 이 법 또는 다른 법률에서 실물 국내거소신고증이나 국내거소신고증에 기재된 성명, 사진, 거소신고번호 등의 확인이 필요한 경우 모바일국내거소신고증의 확

인으로 이를 갈음할 수 있다. <신설 2023. 6. 13.> [전문개정 2008. 3. 14.] [시행일 : 2023. 12. 14.] 제9조

주요판례

❖ **배당이의** [대법원 2019. 4. 11., 선고, 2015다254507, 판결]

판시사항

[1] 외국인이나 외국국적동포가 출입국관리법이나 재외동포의 출입국과 법적 지위에 관한 법률에 따라 외국인 등록과 체류지 변경신고 또는 국내거소신고와 거소이전신고를 한 경우, 주택임대차보호법 제3조 제1항에서 주택임대차의 대항요건으로 정하는 주민 등록과 같은 법적 효과가 인정되는지 여부(적극)

[2] 재외국민이 구 재외동포의 출입국과 법적 지위에 관한 법률 제6조에 따라 국내거소신고를 한 경우, 주택임대차보호법 제3조 제1항에서 주택임대차의 대항요건으로 정하는 주민 등록과 같은 법적 효과가 인정되는지 여부(적극) 및 이 경우 거소이전신고를 한 때에 전입신고가 된 것으로 보아야 하는지 여부(적극)

판결요지

[1] 출입국관리법이 2002. 12. 5. 법률 제6745호로 개정되면서 외국인의 편의를 위해 제88조의2를 신설하였다. 이에 따르면, 법령에 규정된 각종 절차와 거래관계 등에서 외국인 등록증과 외국인 등록 사실증명으로 주민 등록증과 주민 등록 등본·초본을 갈음하고(제1항), 외국인 등록과 체류지 변경신고로 주민 등록과 전입신고를 갈음한다(제2항). 따라서 외국인이나 외국국적동포가 출입국관리법에 따라 마친 외국인 등록과 체류지 변경신고는 주택임대차보호법(이하 '주택임대차법'이라 한다) 제3조 제1항에서 주택임대차의 대항요건으로 정하는 주민 등록과 같은 법적 효과가 인정된다.

이처럼 출입국관리법이 외국인이나 외국국적동포가 외국인 등록과 체류지 변경신고를 하면 주민 등록법에 따른 주민 등록과 전입신고를 한 것으로 간주하는 취지는, 외국인이나 외국국적동포가 주민 등록법에 따른 주민 등록을 할 수 없는 대신에 외국인 등록과 체류지 변경신고를 하면 주민 등록을 한 것과 동등한 법적 보호를 해 주고자 하는 데 있다. 이는 특히 주택임대차법에 따라 주택의 인도와 주민 등록을 마친 임차인에게 인정되는 대항력 등의 효과를 부여하는 데서 직접적인 실효성을 발휘한다.

한편 재외동포의 출입국과 법적 지위에 관한 법률(이하 '재외동포법'이라 한다)에 따르면, 국내거소신고나 거소이전신고를 한 외국국적동포는 출입국관리법에 따른 외국인 등록과 체류지 변경신고를 한 것으로 간주한다(제10조 제4항). 따라서 국내거소신고를 한 외국국적동포에 대해서는 출입국관리법 제88조의2 제2항이 적용되므로, 외국국적동포가 재외동포법에 따라 마친 국내거소신고와 거소이전신고에 대해서도 앞에서 본 외국인 등록과 마찬가지로 주택임대차법 제3조 제1항에서 주택임대차의 대항요건으로 정하는 주민 등록과 같은 법적 효과가 인정된다.

[2] 구 재외동포의 출입국과 법적 지위에 관한 법률(2014. 5. 20. 법률 제12593호로 개정되기 전의 것, 이하 '구 재외동포법'이라 한다) 시행 당시에는 같은 법 제6조에 따른 재외국민의 국내거소신고를 주택임대차보호법(이하 '주택임대차법'이라 한다) 제3조 제1항에서 대항요건으로 정하는 주민 등록과 같이 취급할 수 있도록 하는 명시적인 근거조항이 없었다. 또한 재외국민은 외국국적동포가 아니기 때문에 재외동포의 출입국과 법적 지위에 관한 법률 제10조 제4항의 적용대상도 아니다.

위와 같은 재외국민의 국내거소신고에 관한 규정을 출입국관리법 제88조의2 제2항과 비교해 보면, 재외국민의 국내거소신고와 거소이전신고로 주민 등록과 전입신고를 갈음할 수 있는지에 관하여 법률의 공백이 있다고 보아야 한다.

구 재외동포법에 출입국관리법 제88조의2 제2항과 같이 재외국민의 국내거소신고와 거소이전신고가 주민 등록과 전입신고를 갈음한다는 명문의 규정은 없지만, 출입국관리법 제88조의2 제2항을 유추적용하여 재외국민이 구 재외동포법 제6조에 따라 마친 국내거소신고와 거소이전신고도 외국국적동포의 그것과 마찬가지로 주민 등록과 전입신고를 갈음한다고 보아야 한다. 따라서 재외국민의 국내거소신고는 주택임대차법 제3조 제1항에서 주택임대차의 대항요건으로 정하는 주민 등록과 같은 법적 효과가 인정되어야 하고, 이 경우 거소이전신고를 한 때에 전입신고가 된 것으로 보아야 한다.

주요판례

❖ **건물인도 등청구의소·임대차보증금**
[서울고법 2014. 7. 8., 선고, 2013나2027716, 2027723, 판결 : 상고]

판시사항

재외국민 甲이 아파트를 임차한 후 외국국적동포인 아내 乙, 딸 丙과 국내거소신고를 마치고 함께 거주하던 중, 임의경매절차에서 아파트를 매수한 丁이 건물인도 청구를 하자 주택임대차보호법상의 대항력을 주장한 사안에서, 甲은 자신이나 동거가족 乙, 丙의 국내거소신고로 주택임대차보호법상 대항력을 취득하지 못하였다고 한 사례

판결요지

재외국민 甲이 아파트를 임차한 후 외국국적동포인 아내 乙, 딸 丙과 각각 국내거소신고를 마치고 함께 거주하던 중, 임의경매절차에서 아파트를 매수한 丁이 건물인도 청구를 하자 주택임대차보험법상의 대항력을 주장한 사안에서, '재외동포의 출입국과 법적 지위에 관한 법률'(이하 '재외동포법'이라 한다) 제9조가 재외국민의 거소이전신고를 주택임대차보호법상 대항요건인 주민 등록에 갈음하도록 한 규정이라고 해석하기 어렵고, 재외국민의 국내거소신고를 주택임대차보호법상 주민 등록으로 볼 수 없는 이상, 재외국민의 동거가족이 국내거소신고를 갖춘다고 하여 재외국민이 주택임대차보호법상 주민 등록을 갖추었다고 볼 수 없으며, 재외동포법 제10조 제4항과 출입국관리법 제88조의2가 외국국적동포의 국내거소신고에 주택임대차보호법상 주민 등록과 동일한 효과를 부여한다고 볼 수도 없으므로, 甲은 자신이나 동거가족 乙, 丙의 국내거소신고로 주택임대차보호법상 대항력을 취득하지 못하였다고 한 사례.

제10조 출입국과 체류

① 재외동포체류자격에 따른 체류기간은 최장 3년까지로 한다. <개정 2008. 12. 19.>

② 법무부장관은 제1항에 따른 체류기간을 초과하여 국내에 계속 체류하려는 외국국적동포에게는 대통령령으로 정하는 바에 따라 체류기간 연장허가를 할 수 있다. 다만, 제5조 제2항 각 호의 어느 하나에 해당하는 사유가 있는 경우에는 그러하지 아니하다.

③ 국내거소신고를 한 외국국적동포가 체류기간 내에 출국하였다가 재입국하는

경우에는 「출입국관리법」 제30조에 따른 재입국허가가 필요하지 아니하다.

④ 대한민국 안의 거소를 신고하거나 그 이전신고(移轉申告)를 한 외국국적동포에 대하여는 「출입국관리법」 제31조에 따른 외국인 등록과 같은 법 제36조에 따른 체류지변경신고를 한 것으로 본다.

⑤ 재외동포체류자격을 부여받은 외국국적동포의 취업이나 그 밖의 경제활동은 사회질서 또는 경제안정을 해치지 아니하는 범위에서 자유롭게 허용된다.

[전문개정 2008. 3. 14.]

> **관련법령** ▶ 「출입국관리법」 제30조, 제31조, 제36조

제30조(재입국허가)

① 법무부장관은 제31조에 따라 외국인 등록을 하거나 그 등록이 면제된 외국인이 체류기간 내에 출국하였다가 재입국하려는 경우 그의 신청을 받아 재입국을 허가할 수 있다. 다만, 영주자격을 가진 사람과 재입국허가를 면제하여야 할 상당한 이유가 있는 사람으로서 법무부령으로 정하는 사람에 대하여는 재입국허가를 면제할 수 있다.

② 제1항에 따른 재입국허가는 한 차례만 재입국할 수 있는 단수재입국허가와 2회 이상 재입국할 수 있는 복수재입국허가로 구분한다.

③ 외국인이 질병이나 그 밖의 부득이한 사유로 제1항에 따라 허가받은 기간 내에 재입국할 수 없는 경우에는 그 기간이 끝나기 전에 법무부장관의 재입국허가기간 연장허가를 받아야 한다.

④ 법무부장관은 재입국허가기간 연장허가에 관한 권한을 대통령령으로 정하는 바에 따라 재외공관의 장에게 위임할 수 있다.

⑤ 재입국허가 및 그 기간의 연장허가와 재입국허가의 면제에 관한 기준과 절차는 법무부령으로 정한다.

제31조(외국인 등록)

① 외국인이 입국한 날부터 90일을 초과하여 대한민국에 체류하려면 대통령령으로 정하는 바에 따라 입국한 날부터 90일 이내에 그의 체류지를 관할하는 지방출입국·외국인관서의 장에게 외국인 등록을 하여야 한다. 다만, 다음 각 호의 어느 하나에 해당하는 외국인의 경우에는 그러하지 아니하다. 〈개정 2014. 3. 18.〉
  1. 주한외국공관(대사관과 영사관을 포함한다)과 국제기구의 직원 및 그의 가족
  2. 대한민국정부와의 협정에 따라 외교관 또는 영사와 유사한 특권 및 면제를 누리는 사람과 그의 가족
  3. 대한민국정부가 초청한 사람 등으로서 법무부령으로 정하는 사람

② 제1항에도 불구하고 같은 항 각 호의 어느 하나에 해당하는 외국인은 본인이 원하는 경우 체류기간 내에 외국인 등록을 할 수 있다.

③ 제23조에 따라 체류자격을 받는 사람으로서 그 날부터 90일을 초과하여 체류하게 되는 사람은 제1항 각 호 외의 부분 본문에도 불구하고 체류자격을 받는 때에 외국인 등록을 하여야 한다.

④ 제24조에 따라 체류자격 변경허가를 받는 사람으로서 입국한 날부터 90일을 초과하여 체류하게 되는 사람은 제1항 각 호 외의 부분 본문에도 불구하고 체류자격 변경허가를 받는 때에 외국인 등록을 하여야 한다.
⑤ 지방출입국·외국인관서의 장은 제1항부터 제4항까지의 규정에 따라 외국인 등록을 한 사람에게는 대통령령으로 정하는 방법에 따라 개인별로 고유한 등록번호(이하 "외국인 등록번호"라 한다)를 부여하여야 한다.

제36조(체류지 변경의 신고)

① 제31조에 따라 등록을 한 외국인이 체류지를 변경하였을 때에는 대통령령으로 정하는 바에 따라 전입한 날부터 15일 이내에 새로운 체류지의 시·군·구 또는 읍·면·동의 장이나 그 체류지를 관할하는 지방출입국·외국인관서의 장에게 전입신고를 하여야 한다.
② 외국인이 제1항에 따른 신고를 할 때에는 외국인 등록증을 제출하여야 한다. 이 경우 시·군·구 또는 읍·면·동의 장이나 지방출입국·외국인관서의 장은 그 외국인 등록증에 체류지 변경사항을 적은 후 돌려주어야 한다.
③ 제1항에 따라 전입신고를 받은 지방출입국·외국인관서의 장은 지체 없이 새로운 체류지의 시·군·구 또는 읍·면·동의 장에게 체류지 변경 사실을 통보하여야 한다.
④ 제1항에 따라 직접 전입신고를 받거나 제3항에 따라 지방출입국·외국인관서의 장으로부터 체류지 변경통보를 받은 시·군·구 또는 읍·면·동의 장은 지체 없이 종전 체류지의 시·군·구 또는 읍·면·동의 장에게 체류지 변경신고서 사본을 첨부하여 외국인 등록표의 이송을 요청하여야 한다.
⑤ 제4항에 따라 외국인 등록표 이송을 요청받은 종전 체류지의 시·군·구 또는 읍·면·동의 장은 이송을 요청받은 날부터 3일 이내에 새로운 체류지의 시·군·구 또는 읍·면·동의 장에게 외국인 등록표를 이송하여야 한다.
⑥ 제5항에 따라 외국인 등록표를 이송받은 시·군·구 또는 읍·면·동의 장은 신고인의 외국인 등록표를 정리하고 제34조제2항에 따라 관리하여야 한다.
⑦ 제1항에 따라 전입신고를 받은 시·군·구 또는 읍·면·동의 장이나 지방출입국·외국인관서의 장은 대통령령으로 정하는 바에 따라 그 사실을 지체 없이 종전 체류지를 관할하는 지방출입국·외국인관서의 장에게 통보하여야 한다.

주요판례

❖ **배당이의** [대법원 2019. 4. 11., 선고, 2015다254507, 판결]

판시사항

[1] 외국인이나 외국국적동포가 출입국관리법이나 재외동포의 출입국과 법적 지위에 관한 법률에 따라 외국인 등록과 체류지 변경신고 또는 국내거소신고와 거소이전신고를 한 경우, 주택임대차보호법 제3조 제1항에서 주택임대차의 대항요건으로 정하는 주민 등록과 같은 법적 효과가 인정되는지 여부(적극)
[2] 재외국민이 구 재외동포의 출입국과 법적 지위에 관한 법률 제6조에 따라 국내거소신고를 한 경우, 주택임대차보호법 제3조 제1항에서 주택임대차의 대항요건으로 정하는 주민 등록과 같은 법적 효과가 인정되는지 여부(적극) 및 이 경우 거소이전신고를 한 때에 전입신고가 된 것으로 보아야 하는지 여부(적극)

> **판결요지**

[1] 출입국관리법이 2002. 12. 5. 법률 제6745호로 개정되면서 외국인의 편의를 위해 제88조의2를 신설하였다. 이에 따르면, 법령에 규정된 각종 절차와 거래관계 등에서 외국인 등록증과 외국인 등록 사실증명으로 주민 등록증과 주민 등록 등본·초본을 갈음하고(제1항), 외국인 등록과 체류지 변경신고로 주민 등록과 전입신고를 갈음한다(제2항). 따라서 외국인이나 외국국적동포가 출입국관리법에 따라 마친 외국인 등록과 체류지 변경신고는 주택임대차보호법(이하 '주택임대차법'이라 한다) 제3조 제1항에서 주택임대차의 대항요건으로 정하는 주민 등록과 같은 법적 효과가 인정된다.

이처럼 출입국관리법이 외국인이나 외국국적동포가 외국인 등록과 체류지 변경신고를 하면 주민 등록법에 따른 주민 등록과 전입신고를 한 것으로 간주하는 취지는, 외국인이나 외국국적동포가 주민 등록법에 따른 주민 등록을 할 수 없는 대신에 외국인 등록과 체류지 변경신고를 하면 주민 등록을 한 것과 동등한 법적 보호를 해 주고자 하는 데 있다. 이는 특히 주택임대차법에 따라 주택의 인도와 주민 등록을 마친 임차인에게 인정되는 대항력 등의 효과를 부여하는 데서 직접적인 실효성을 발휘한다.

한편 재외동포의 출입국과 법적 지위에 관한 법률(이하 '재외동포법'이라 한다)에 따르면, 국내거소신고나 거소이전신고를 한 외국국적동포는 출입국관리법에 따른 외국인 등록과 체류지 변경신고를 한 것으로 간주한다(제10조 제4항). 따라서 국내거소신고를 한 외국국적동포에 대해서는 출입국관리법 제88조의2 제2항이 적용되므로, 외국국적동포가 재외동포법에 따라 마친 국내거소신고와 거소이전신고에 대해서도 앞에서 본 외국인 등록과 마찬가지로 주택임대차법 제3조 제1항에서 주택임대차의 대항요건으로 정하는 주민 등록과 같은 법적 효과가 인정된다.

[2] 구 재외동포의 출입국과 법적 지위에 관한 법률(2014. 5. 20. 법률 제12593호로 개정되기 전의 것, 이하 '구 재외동포법'이라 한다) 시행 당시에는 같은 법 제6조에 따른 재외국민의 국내거소신고를 주택임대차보호법(이하 '주택임대차법'이라 한다) 제3조 제1항에서 대항요건으로 정하는 주민 등록과 같이 취급할 수 있도록 하는 명시적인 근거조항이 없었다. 또한 재외국민은 외국국적동포가 아니기 때문에 재외동포의 출입국과 법적 지위에 관한 법률 제10조 제4항의 적용대상도 아니다.

위와 같은 재외국민의 국내거소신고에 관한 규정을 출입국관리법 제88조의2 제2항과 비교해 보면, 재외국민의 국내거소신고와 거소이전신고로 주민 등록과 전입신고를 갈음할 수 있는지에 관하여 법률의 공백이 있다고 보아야 한다.

구 재외동포법에 출입국관리법 제88조의2 제2항과 같이 재외국민의 국내거소신고와 거소이전신고가 주민 등록과 전입신고를 갈음한다는 명문의 규정은 없지만, 출입국관리법 제88조의2 제2항을 유추적용하여 재외국민이 구 재외동포법 제6조에 따라 마친 국내거소신고와 거소이전신고도 외국국적동포의 그것과 마찬가지로 주민 등록과 전입신고를 갈음한다고 보아야 한다. 따라서 재외국민의 국내거소신고는 주택임대차법 제3조 제1항에서 주택임대차의 대항요건으로 정하는 주민 등록과 같은 법적 효과가 인정되어야 하고, 이 경우 거소이전신고를 한 때에 전입신고가 된 것으로 보아야 한다.

제11조 부동산거래 등

① 국내거소신고를 한 외국국적동포는 「부동산 거래신고등에 관한 법률」 제9조 제1항 제1호에 따른 경우 외에는 대한민국 안에서 부동산을 취득·보유·이용 및 처

분할 때에 대한민국의 국민과 동 등한 권리를 갖는다. 다만, 「부동산 거래신고등에 관한 법률」 제3조 제1항 및 제8조에 따른 신고를 하여야 한다. <개정 2016. 1. 19.>

② 국내거소신고를 한 외국국적동포가 「부동산 실권리자명의 등기에 관한 법률」의 시행 전에 명의신탁(名義信託) 약정(約定)에 따라 명의수탁자(名義受託者) 명의(名義)로 등기하거나 등기하도록 한 부동산에 관한 물권(物權)을 이 법 시행 후 1년 이내에 「부동산 실권리자명의 등기에 관한 법률」 제11조 제1항 및 제2항에 따라 실명(實名)으로 등기하거나 매각처분 등을 한 경우에는 같은 법 제12조 제1항 및 제2항을 적용하지 아니한다. [전문개정 2008. 3. 14.]

관련법령 ▶ 「부동산 거래신고등에 관한 법률」 제9조제1항제1호, 제3조제1항 및 제8조, 제12조제1항 및 제2항

제9조(외국인 등의 토지거래 허가)

① 제3조 및 제8조에도 불구하고 외국인 등이 취득하려는 토지가 다음 각 호의 어느 하나에 해당하는 구역·지역 등에 있으면 토지를 취득하는 계약(이하 "토지취득계약"이라 한다)을 체결하기 전에 대통령령으로 정하는 바에 따라 신고관청으로부터 토지취득의 허가를 받아야 한다. 다만, 제11조에 따라 토지거래계약에 관한 허가를 받은 경우에는 그러하지 아니하다.

1. 「군사기지 및 군사시설 보호법」 제2조제6호에 따른 군사기지 및 군사시설 보호구역, 그 밖에 국방목적을 위하여 외국인 등의 토지취득을 특별히 제한할 필요가 있는 지역으로서 대통령령으로 정하는 지역

제3조(부동산 거래의 신고)

① 거래당사자는 다음 각 호의 어느 하나에 해당하는 계약을 체결한 경우 그 실제 거래가격 등 대통령령으로 정하는 사항을 거래계약의 체결일부터 30일 이내에 그 권리의 대상인 부동산 등(권리에 관한 계약의 경우에는 그 권리의 대상인 부동산을 말한다)의 소재지를 관할하는 시장(구가 설치되지 아니한 시의 시장 및 특별자치시장과 특별자치도 행정시의 시장을 말한다)·군수 또는 구청장(이하 "신고관청"이라 한다)에게 공동으로 신고하여야 한다. 다만, 거래당사자 중 일방이 국가, 지방자치단체, 대통령령으로 정하는 자의 경우(이하 "국가 등"이라 한다)에는 국가 등이 신고를 하여야 한다.

1. 부동산의 매매계약
2. 「택지개발촉진법」, 「주택법」 등 대통령령으로 정하는 법률에 따른 부동산에 대한 공급계약
3. 다음 각 목의 어느 하나에 해당하는 지위의 매매계약
    가. 제2호에 따른 계약을 통하여 부동산을 공급받는 자로 선정된 지위
    나. 「도시 및 주거환경정비법」 제74조에 따른 관리처분계획의 인가 및 「빈집 및 소규모주택 정비에 관한 특례법」 제29조에 따른 사업시행계획인가로 취득한 입주자로 선정된 지위

제11조(기존 명의신탁약정에 따른 등기의 실명 등기 등)

② 다음 각 호의 어느 하나에 해당하는 경우에는 제1항에 따라 실명 등기를 한 것으로 본다.
1. 기존 명의신탁자가 해당 부동산에 관한 물권에 대하여 매매나 그 밖의 처분행위를 하고 유예기간 이내에 그 처분행위로 인한 취득자에게 직접 등기를 이전한 경우
2. 기존 명의신탁자가 유예기간 이내에 다른 법률에 따라 해당 부동산의 소재지를 관할하는 특별자치도지사·특별자치시장·시장·군수 또는 구청장에게 매각을 위탁하거나 대통령령으로 정하는 바에 따라 「한국자산관리공사 설립 등에 관한 법률」에 따라 설립된 한국자산관리공사에 매각을 의뢰한 경우. 다만, 매각위탁 또는 매각의뢰를 철회한 경우에는 그러하지 아니하다.

제12조(실명 등기의무 위반의 효력 등)

① 제11조에 규정된 기간 이내에 실명 등기 또는 매각처분 등을 하지 아니한 경우 그 기간이 지난 날 이후의 명의신탁약정 등의 효력에 관하여는 제4조를 적용한다.
② 제11조를 위반한 자에 대하여는 제3조제1항을 위반한 자에 준하여 제5조, 제5조의2 및 제6조를 적용한다.

주요판례

❖ 소유권이전 등기 [대법원 2002. 9. 6., 선고, 2002다35157, 판결]

판시사항

[1] 부동산실권리자명의 등기에관한법률 소정의 유예기간 내에 실명 등기를 하지 아니하여 명의신탁약정이 무효로 된 경우, 종전에 명의신탁 대상 부동산에 관하여 소유권이전 등기를 경료한 적이 있던 명의신탁자는 명의수탁자를 상대로 진정명의회복을 원인으로 한 이전 등기를 구할 수 있는지 여부(적극)
[2] 재외동포의출입국과법적지위에관한법률 제11조 제2항 소정의 유예기간의 의미

판결요지

[1] 1995. 3. 30. 법률 제4944호로 공포되어 1995. 7. 1.부터 시행된 부동산실권리자명의 등기에관한법률 제4조, 제11조, 제12조 등에 의하면, 부동산실명법 시행 전에 명의신탁약정에 의하여 부동산에 관한 물권을 명의수탁자의 명의로 등기하거나 하도록 한 명의신탁자는 법 시행일로부터 1년의 기간 이내에 실명 등기를 하여야 하고, 그 기간 이내에 실명 등기 또는 매각처분 등을 하지 아니하면 그 이후에는 명의신탁약정은 무효가 되고, 명의신탁약정에 따라 행하여진 등기에 의한 부동산의 물권변동도 무효가 된다고 규정하고 있으므로, 원칙적으로 일반 명의신탁의 명의신탁자는 명의수탁자를 상대로 원인무효를 이유로 그 등기의 말소를 구하여야 하는 것이기는 하나, 자기 명의로 소유권을 표상하는 등기가 되어 있었거나 법률에 의하여 소유권을 취득한 진정한 소유자는 그 등기명의를 회복하기 위한 방법으로 그 소유권에 기하여 현재의 원인무효인 등기명의인을 상대로 진정한 등기명의의 회복을 원인으로 한 소유권이전 등기절차의 이행을 구할 수도 있으므로, 명의신탁대상 부동산에 관하여 자기 명의로 소유권이전 등기를 경료한 적이 있었던 명의신탁자로서는 명의수탁자를 상대로 진정명의회복을 원인으로 한 이전 등기를 구할 수도 있다.
[2] 부동산실권리자명의 등기에관한법률 소정의 유예기간 내에 실명 등기 등을 하지 아니한 경우에는 종전의 명의신탁약정에 따라 행하여진 등기가 원인무효로서 말소되어야 하므로 명의신탁자가 명의수탁자를 상대로 원인무효를 이유로 위 등기의 말소를 구하거나 진정명의 회복을 원인으로 한 이전 등기를 구할 수 있

는바, 재외동포의출입국과법적지위에관한법률 제11조 제2항에서, "국내거소신고를 한 외국국적동포가 부동산실권리자명의 등기에관한법률 시행 전에 명의신탁약정에 의하여 명의수탁자 명의로 등기하거나 등기하도록 한 부동산에 관한 물권을 이 법 시행 후 1년 이내에 부동산실권리자명의 등기에관한법률 제11조 제1항 및 제2항의 규정에 의하여 실명으로 등기하거나 매각처분 등을 한 경우에는 동법 제12조 제1항 및 제2항의 규정을 적용하지 아니한다." 고 규정하고 있다 할지라도, 이는 국내거소신고를 한 외국국적동포가 한 명의신탁의 경우에 한하여 부동산실권리자명의 등기에관한법률 소정의 유예기간을 연장하여 주고, 재외동포의출입국과법적지위에관한법률 소정의 유예기간 이후에 가서야 그 명의신탁계약 및 그에 기한 명의수탁자 명의의 등기가 원인무효가 된다는 것을 정하고 있는 것일 뿐, 재외동포의출입국과법적지위에관한법률 소정의 유예기간 후에는 명의신탁자가 명의수탁자를 상대로 등기말소청구의 소나 진정명의회복을 위한 이전 등기청구의 소를 제기할 수 없음을 정하고 있는 규정은 아니다.

제12조 금융거래

주민 등록을 한 재외국민과 국내거소신고를 한 외국국적동포는 예금·적금의 가입, 이율의 적용, 입금과 출금 등 국내 금융기관을 이용할 때 「외국환거래법」상의 거주자인 대한민국 국민과 동 등한 권리를 갖는다. 다만, 자본거래의 신고등에 관한 「외국환거래법」 제18조의 경우에는 그러하지 아니하다. 〈개정 2014. 5. 20.〉 [전문개정 2008. 3. 14.]

관련법령 ▶ 「외국환거래법」 제18조

제18조(자본거래의 신고 등)
① 자본거래를 하려는 자는 대통령령으로 정하는 바에 따라 기획재정부장관에게 신고하여야 한다. 다만, 외국환수급 안정과 대외거래 원활화를 위하여 대통령령으로 정하는 자본거래는 사후에 보고하거나 신고하지 아니할 수 있다.
② 제1항의 신고와 제3항의 신고수리(申告受理)는 제15조제1항에 따른 절차 이전에 완료하여야 한다.
③ 기획재정부장관은 제1항에 따라 신고하도록 정한 사항 중 거주자의 해외직접투자와 해외부동산 또는 이에 관한 권리의 취득의 경우에는 투자자 적격성 여부, 투자가격 적정성 여부 등의 타당성을 검토하여 신고수리 여부를 결정할 수 있다.
④ 기획재정부장관은 제3항에 따른 신고에 대하여 대통령령으로 정하는 처리기간에 다음 각 호의 어느 하나에 해당하는 결정을 하여 신고인에게 통지하여야 한다.
 1. 신고의 수리 2. 신고의 수리 거부 3. 거래 내용의 변경 권고
⑤ 기획재정부장관이 제4항제2호의 결정을 한 경우 그 신고를 한 거주자는 해당 거래를 하여서는 아니 된다.
⑥ 제4항제3호에 해당하는 통지를 받은 자가 해당 권고를 수락한 경우에는 그 수락한 바에 따라 그 거래를 할 수 있으며, 수락하지 아니한 경우에는 그 거래를 하여서는 아니 된다.
⑦ 제4항에 따른 처리기간에 기획재정부장관의 통지가 없으면 그 기간이 지난 날에 해당 신고가 수리된 것으로 본다.

제13조 외국환거래

재외국민이 다음 각 호의 어느 하나에 해당하는 지급수단을 수출하거나 외국에 지급하는 경우 「외국환거래법」 제15조와 제17조를 적용할 때 재외국민은 외국국적동포와 동 등한 대우를 받는다.
1. 외국에 거주하기 전부터 소유하고 있던 국내 부동산을 매각하거나 수용으로 처분하였을 경우 그 매각 또는 처분대금
2. 외국에서 국내로 수입(輸入)하거나 국내에 지급한 지급수단 [전문개정 2008. 3. 14.]

관련법령 ▶ 「외국환거래법」 제15조와 제17조

제15조(지급절차 등)
① 기획재정부장관은 이 법을 적용받는 지급 또는 수령과 관련하여 환전절차, 송금절차, 재산반출절차 등 필요한 사항을 정할 수 있다.
② 기획재정부장관은 다음 각 호의 어느 하나에 해당한다고 인정되는 경우에는 국내로부터 외국에 지급하려는 거주자·비거주자, 비거주자에게 지급하거나 비거주자로부터 수령하려는 거주자에게 그 지급 또는 수령을 할 때 대통령령으로 정하는 바에 따라 허가를 받도록 할 수 있다.
  1. 우리나라가 체결한 조약 및 일반적으로 승인된 국제법규를 성실하게 이행하기 위하여 불가피한 경우
  2. 국제 평화 및 안전을 유지하기 위한 국제적 노력에 특히 기여할 필요가 있는 경우

제17조(지급수단 등의 수출입 신고)
기획재정부장관은 이 법의 실효성을 확보하기 위하여 필요하다고 인정되어 대통령령으로 정하는 경우에는 지급수단 또는 증권을 수출 또는 수입하려는 거주자나 비거주자로 하여금 그 지급수단 또는 증권을 수출 또는 수입할 때 대통령령으로 정하는 바에 따라 신고하게 할 수 있다.

제14조 건강보험

주민 등록을 한 재외국민과 국내거소신고를 한 외국국적동포가 90일 이상 대한민국 안에 체류하는 경우에는 건강보험 관계 법령으로 정하는 바에 따라 건강보험을 적용받을 수 있다. 〈개정 2014. 5. 20.〉 [전문개정 2008. 3. 14.]

제15조 삭제 〈2000. 12. 30.〉

제16조 국가유공자·독립유공자와 그 유족의 보훈급여금

외국국적동포는 「국가유공자 등 예우 및 지원에 관한 법률」 또는 「독립유공자예우에 관한 법률」에 따른 보훈급여금을 받을 수 있다. [전문개정 2008. 3. 14.]

주요판례

❖ **보상금 등신청기각결정취소** [서울행법 2007. 7. 13., 선고, 2005구합39416, 판결 : 항소]

판시사항

특수임무수행자 보상에 관한 법률에 따른 보상청구권의 주체에 특수임무수행 후에 외국 국적을 취득하여 대한민국 국적을 상실한 자도 포함되는지 여부(적극)

판결요지

특수임무수행자 보상에 관한 법률 및 같은 법 시행령은 국적을 상실한 특수임무수행자에 대하여 보상금을 지급하지 아니한다는 규정 또는 이를 전제로 하는 규정을 두고 있지 아니한 점, 같은 법은 특수임무와 관련하여 국가를 위하여 특별한 희생을 한 특수임무수행자와 그 유족에 대하여 필요한 보상을 함으로써 특수임무수행자와 그 유족의 생활안정을 도모하고 국민화합에 이바지함을 목적으로 하는데(제1조), 과거의 특별한 희생 존부나 그에 대한 보상의 필요성이 보상금 등에 대한 신청 당시의 특수임무수행자의 국적 여하에 따라 달라진다고는 보이지 아니하는 점, 재외동포의 출입국과 법적지위에 관한 법률에 의하면 정부는 재외동포가 대한민국 안에서 부당한 규제와 대우를 받지 아니하도록 필요한 지원을 하여야 하고(제4조) 외국국적동포에게도 국가유공자 등 예우 및 지원에 관한 법률 또는 독립유공자 예우에 관한 법률의 규정에 의한 보상금을 받을 수 있는 권리가 부여되는데(제16조), 이러한 법률에서 인정되는 보상 내지 지원과 법에 따른 보상은 모두 국가를 위한 특별한 희생과 기여에서 비롯되는 것이고 그 입법목적도 거의 동일하여 양자를 달리 취급할 근거가 미약한 점 등에 비추어 보면, 특수임무수행자 보상에 관한 법률에 따른 보상청구권의 주체는 보상금 등의 신청 당시 대한민국 국민인 자뿐만 아니라 특수임무수행 후에 외국 국적을 취득하여 대한민국 국적을 상실한 자도 포함한다고 해석함이 상당하고, 같은 법에 따른 특수임무수행자의 보상청구권이 헌법상 사회적 기본권에 해당한다고 하여 달리 볼 것은 아니다.

제17조 과태료

① 제6조 제2항을 위반하여 국내거소의 이전 사실을 신고하지 아니한 자에게는 200만원 이하의 과태료를 부과한다.
② 제8조를 위반하여 국내거소신고증을 반납하지 아니한 자에게는 100만원 이하의 과태료를 부과한다.
③ 제1항이나 제2항에 따른 과태료는 대통령령으로 정하는 바에 따라 지방출입국·외국인관서의 장이 부과하고 징수한다. 〈개정 2014. 3. 18.〉
④ 삭제〈2008. 12. 19.〉~ ⑥ 삭제〈2008. 12. 19.〉[전문개정 2008. 3. 14.]

제4편 재외동포법

제8부

재외동포의 출입국과 법적 지위에 관한 법률 시행령

[시행 2023. 3. 7.]
[대통령령 제33321호, 2023. 3. 7., 타법개정]

제1조 목적

이 영은 「재외동포의 출입국과 법적 지위에 관한 법률」에서 위임된 사항과 그 시행에 필요한 사항을 규정함을 목적으로 한다.〈개정 2007. 10. 15., 2016. 9. 29.〉

제2조 재외국민의 정의

① 「재외동포의 출입국과 법적 지위에 관한 법률」(이하 "법"이라 한다)제2조 제1호에서 "외국의 영주권을 취득한 자"란 거주국으로부터 영주권 또는 이에 준하는 거주목적의 장기체류자격을 취득한 자를 말한다.〈개정 2007. 10. 15., 2016. 9. 29.〉

② 법 제2조 제1호에서 "영주할 목적으로 외국에 거주하고 있는 자"라 함은 「해외이주법」 제2조의 규정에 의한 해외이주자로서 거주국으로부터 영주권을 취득하지 아니한 자를 말한다.〈개정 2007. 10. 15.〉

> **관련법령** ▶ 「해외이주법」 제2조
>
> 제2조(정의)
> 이 법에서 "해외이주자"란 생업에 종사하기 위하여 외국에 이주하는 사람과 그 가족(「민법」 제779조에 따른 관계에 있는 사람을 말한다) 또는 외국인과의 혼인(외국에서 영주권을 취득한 대한민국 국민과 혼인하는 경우를 포함한다) 및 연고(緣故) 관계로 인하여 이주하는 사람을 말한다.

제3조 외국국적동포의 정의

법 제2조 제2호에서 "대통령령으로 정하는 자"란 다음 각 호의 어느 하나에 해당하는 사람을 말한다.

1. 출생에 의하여 대한민국의 국적을 보유했던 사람(대한민국정부 수립 전에 국외로 이주한 동포를 포함한다)으로서 외국국적을 취득한 사람
2. 제1호에 해당하는 사람의 직계비속(直系卑屬)으로서 외국국적을 취득한 사람

[전문개정 2019. 7. 2.]

제4조 재외동포체류자격의 부여

① 법무부장관은법 제3조의 규정에 의한 재외동포체류자격을 신청한 외국국적동

포가법 제5조 제2항각 호의 어느 하나에 해당하는지의 여부를 판단하기 위하여 관계기관의 장에게 신청자에 대한 신원조회및 범죄경력조회를 의뢰하거나 기타 필요한 사항에 대하여 의견을 구할 수 있다. 이 경우 관계기관의 장은 조회의뢰나 의견요청을 받은 날부터 30일 이내에 이에 관한 조회결과나 의견을 제시하여야 한다. 〈개정 2007. 10. 15.〉

② 법무부장관은 재외동포체류자격을 신청한 외국국적동포가법 제5조 제2항 제2호에 해당한다고 의심할 만한 사유가 있는 때에는 외교부장관에게 법 제5조 제3항의 규정에 의한 협의를 요청하여야 한다. 이 경우 외교부장관은 요청을 받은 날부터 30일 이내에 이에 관한 의견을 제시하여야 한다. 다만, 외교부장관이 사전에 제3항의 규정에 의한 의견을 제시한 경우에는 그러하지 아니하다.〈개정 2007. 10. 15., 2013. 3. 23., 2018. 6. 12.〉

③ 외국국적동포가 재외공관에 재외동포체류자격을 신청한 때에는 외교부장관은 제2항의 규정에 의한 법무부장관의 협의요청이 없는 경우에도 법무부장관에게 재외동포체류자격부여에 관한 의견을 제시할 수 있다. 〈개정 2013. 3. 23.〉

④ 「출입국관리법 시행령」 제12조 및 제23조의 규정은 재외동포체류자격의 취득요건 및 활동범위에 관하여 이를 준용한다.〈개정 2007. 10. 15.〉

관련법령 ▶ 「출입국관리법 시행령」 제12조 및 제23조

제12조(일반체류자격)
법 제10조의2제1항제1호에 따른 단기체류자격과 같은 항 제2호에 따른 장기체류자격의 종류, 체류자격에 해당하는 사람 또는 그 체류자격에 따른 활동범위는 각각 별표 1 및 별표 1의2와 같다.

제23조(외국인의 취업과 체류자격)
① 법 제18조제1항에 따른 취업활동을 할 수 있는 체류자격은 별표 1 중 5. 단기취업(C-4), 별표 1의2 중 14. 교수(E-1)부터 22. 선원취업(E-10)까지 및 29. 방문취업(H-2) 체류자격으로 한다. 이 경우 "취업활동"은 해당 체류자격의 범위에 속하는 활동으로 한다. 〈개정 2018. 9. 18.〉

② 다음 각 호의 어느 하나에 해당하는 사람은 제1항에도 불구하고 별표 1 및 별표 1의2의 체류자격 구분에 따른 취업활동의 제한을 받지 않는다.

　1. 별표 1의2 중 24. 거주(F-2)의 가목부터 다목까지 및 자목부터 파목까지의 어느 하나에 해당하는 체류자격을 가지고 있는 사람

　2. 별표 1의2 중 24. 거주(F-2)의 라목·바목 또는 사목의 체류자격을 가지고 있는 사람으로서 그의 종전 체류자격에 해당하는 분야에서 활동을 계속하고 있는 사람

　3. 별표 1의2 중 27. 결혼이민(F-6)의 체류자격을 가지고 있는 사람

③ 별표 1의2 중 26. 재외동포(F-4) 체류자격을 가지고 있는 사람은 제1항에도 불구하고 다음 각 호의 어느 하나에 해당하는 경우를 제외하고는 별표 1 및 별표 1의2의 체류자격 구분에 따른 활동의 제한을 받지 않는다. 〈개정 2018. 9. 18., 2022. 12. 27., 2023. 7. 7.〉
　1. 단순노무행위를 하는 경우. 다만, 「지방자치분권 및 지역균형발전에 관한 특별법」 제2조제12호에 따른 인구감소지역에서 거주하거나 취업하려는 사람으로서 법무부장관이 인정하는 사람은 제외한다.
　2. 선량한 풍속이나 그 밖의 사회질서에 반하는 행위를 하는 경우
　3. 그 밖에 공공의 이익이나 국내 취업질서 등을 유지하기 위하여 그 취업을 제한할 필요가 있다고 인정되는 경우
④ 제3항 각 호의 구체적인 범위는 법무부령으로 정한다.
⑤ 별표 1의2 중 28. 관광취업(H-1) 체류자격을 가지고 있는 사람이 취업활동을 하는 경우에는 제1항에 따른 취업활동을 할 수 있는 체류자격에 해당하는 것으로 본다. 〈개정 2018. 9. 18.〉
⑥ 법무부장관은 다음 각 호의 어느 하나에 해당하는 사람이 가사 도우미 등 국민의 생활과 밀접한 관련이 있는 분야로서 법무부장관이 정하여 고시하는 직종에 취업하려는 경우에는 국적, 성명 및 직종을 법무부장관이 정하는 정보통신망에 입력하도록 할 수 있다.
　1. 제2항 각 호의 어느 하나에 해당하는 사람
　2. 별표 1의2 중 26. 재외동포(F-4) 또는 29. 방문취업(H-2)의 체류자격에 해당하는 사람
　3. 별표 1의3에 따른 영주(F-5)의 체류자격에 해당하는 사람
⑦ 다음 각 호의 사항에 대하여 「외국인근로자의 고용 등에 관한 법률」 제4조제2항에 따라 외국인력정책위원회 심의를 거칠 경우에는 법무부차관과 고용노동부차관은 그 심의 안건을 미리 협의하여 공동으로 상정하고, 심의·의결된 사항을 법무부장관과 고용노동부장관이 공동으로 고시한다.
　1. 별표 1의2 중 29. 방문취업(H-2) 체류자격의 가목 7)에 해당하는 사람에 대한 연간 허용인원
　2. 별표 1의2 중 29. 방문취업(H-2) 체류자격에 해당하는 사람에 대한 사업장별 고용인원의 상한
⑧ 법무부장관은 다음 각 호의 사항을 결정하는 경우에는 이를 고시할 수 있다.
　1. 별표 1의2 중 29. 방문취업(H-2) 체류자격의 가목 7)에 해당하는 사람의 사증발급에 관한 중요 사항
　2. 제7항제1호에 따라 결정된 연간 허용인원의 국적별 세부 할당에 관한 사항(이 경우 거주국별 동포의 수, 경제적 수준 및 대한민국과의 외교관계 등을 고려한다)
　3. 그 밖에 별표 1의2 중 29. 방문취업(H-2) 체류자격에 해당하는 사람의 입국 및 체류활동 범위 등에 관한 중요 사항

제5조 삭제 〈2008. 10. 20.〉

제5조의2 관계 부처 등과의 협의

법무부장관은 재외동포의 출입국 및 체류에 관한 다음 각 호의 사항을 관계 부처 또

는 관련 단체와 협의하여 결정할 수 있다.
1. 재외동포체류자격 부여와 관련된 제도의 개선·변경에 관한 사항
2. 재외동포체류자격 취득자의 국내에서의 취업 및 활동범위에 관한 사항
3. 그 밖에 재외동포의 출입국 및 체류제도와 관련된 중요사항[본조신설 2008. 10. 20.]

제6조 국내거소의 정의

법 제6조 제1항에서 "거소"라 함은 30일 이상 거주할 목적으로 체류하는 장소를 말한다.

제7조 국내거소신고

① 법 제6조 제1항에 따라 외국국적동포가 국내거소신고를 하려는 때에는 그 거소를 관할하는 출입국·외국인청장(이하 "청장"이라 한다), 출입국·외국인사무소장(이하 "사무소장"이라 한다), 출입국·외국인청 출장소장 또는 출입국·외국인사무소 출장소장(이하 "출장소장"이라 한다)에게 다음 각 호의 사항을 적은 국내거소신고서를 제출해야 한다. 다만, 국내거소신고를 하지 않은 경우에는 입국한 날부터 90일 이내에「출입국관리법」제31조에 따른 외국인 등록을 해야 한다.〈개정 2014. 10. 28., 2018. 5. 8., 2022. 4. 12.〉
  1. 신고인의 성명·성별 및 생년월일
  2. 거주국내 주소
  3. 국내거소
  4. 직업
  5. 국적 및 그 취득일
  6. 여권번호 및 그 발급일
  7. 「초·중등교육법」제2조 각 호의 학교(이하 "학교"라 한다)에 재학하는지 여부
  8. 그 밖에 법무부장관이 정하는 사항
② 재외동포체류자격외의 자격으로 대한민국에 체류하는 외국국적동포가 법무부장관으로부터 재외동포체류자격으로 변경허가를 받은 때에는 제1항의 규정에 의한 국내거소신고를 할 수 있다.

③ 제1항 및 제2항에 따라 외국국적동포가 국내거소신고를 하는 때에는 청장·사무소장 또는 출장소장은 사실확인을 위하여 관계기관의 장에게 사실조회를 의뢰할 수 있다.〈개정 2014. 10. 28., 2018. 5. 8.〉
④ 제3항의 규정에 의하여 사실조회를 의뢰받은 관계기관의 장은 15일 이내에 조회결과를 청장·사무소장 또는 출장소장에게 통보하여야 한다. 〈개정 2018. 5. 8.〉
[제목개정 2022. 4. 12.]

> **관련법령** 「출입국관리법」 제31조

제31조(외국인 등록)
① 외국인이 입국한 날부터 90일을 초과하여 대한민국에 체류하려면 대통령령으로 정하는 바에 따라 입국한 날부터 90일 이내에 그의 체류지를 관할하는 지방출입국·외국인관서의 장에게 외국인 등록을 하여야 한다. 다만, 다음 각 호의 어느 하나에 해당하는 외국인의 경우에는 그러하지 아니하다.
  1. 주한외국공관(대사관과 영사관을 포함한다)과 국제기구의 직원 및 그의 가족
  2. 대한민국정부와의 협정에 따라 외교관 또는 영사와 유사한 특권 및 면제를 누리는 사람과 그의 가족
  3. 대한민국정부가 초청한 사람 등으로서 법무부령으로 정하는 사람
② 제1항에도 불구하고 같은 항 각 호의 어느 하나에 해당하는 외국인은 본인이 원하는 경우 체류기간 내에 외국인 등록을 할 수 있다.
③ 제23조에 따라 체류자격을 받는 사람으로서 그 날부터 90일을 초과하여 체류하게 되는 사람은 제1항 각 호 외의 부분 본문에도 불구하고 체류자격을 받는 때에 외국인 등록을 하여야 한다.
④ 제24조에 따라 체류자격 변경허가를 받는 사람으로서 입국한 날부터 90일을 초과하여 체류하게 되는 사람은 제1항 각 호 외의 부분 본문에도 불구하고 체류자격 변경허가를 받는 때에 외국인 등록을 하여야 한다.
⑤ 지방출입국·외국인관서의 장은 제1항부터 제4항까지의 규정에 따라 외국인 등록을 한 사람에게는 대통령령으로 정하는 방법에 따라 개인별로 고유한 등록번호(이하 "외국인 등록번호"라 한다)를 부여하여야 한다.

> **관련법령** 「초·중 등교육법」 제2조

제2조(학교의 종류)
초·중 등교육을 실시하기 위하여 다음 각 호의 학교를 둔다.
1. 초 등학교 2. 중학교·고등공민학교 3. 고등학교·고등기술학교 4. 특수학교 5. 각종학교

> 제8조 삭제 〈2014. 10. 28.〉

제9조 국내거소신고시의 첨부서류

제7조 제1항에 따라 국내거소신고를 하는 외국국적동포는 국내거소신고서에 사진(반명함판) 1장과 다음 각 호의 서류를 첨부하여 제출해야 한다. 〈개정 2022. 4. 12.〉
1. 여권 사본
2. 재학증명서 등 학교에 재학 중임을 증명하는 서류(학교에 재학 중인 경우만 해당한다)
3. 그 밖에 법무부장관이 관계부처 또는 관련 단체와 협의하여 정하여 고시하는 서류
[전문개정 2014. 10. 28.]

제10조 국내거소신고 원부 등의 작성 및 관리

① 외국국적동포가 제7조 제1항에 따라 국내거소신고를 하는 때에는 그 신고를 받은 청장·사무소장 또는 출장소장은 국내거소신고원부를 개인별로 작성·비치하고, 국내거소신고표를 작성하여 그 외국국적동포의 거소를 관할하는 시장·군수 또는 구청장(「제주특별자치도 설치 및 국제자유도시 조성을 위한 특별법」 제11조에 따른 행정시장과 자치구가 아닌 구의 구청장을 포함한다. 이하 "시·군·구의 장"이라 한다) 또는 읍·면·동의 장에게 송부하여야 한다. 〈개정 2007. 10. 15., 2014. 10. 28., 2016. 1. 22., 2016. 9. 29., 2018. 5. 8.〉
② 청장·사무소장 또는 출장소장은 다음 각호에 해당하는 사항을 국내거소신고 원부에 기재하여 관리하여야 한다. 〈개정 2018. 5. 8.〉
  1. 각종 허가 또는 신고사항
  2. 국내거소 이전사항
  3. 국내거소신고증 기재변경사항
  4. 국내거소신고증 재발급사항
  5. 국내거소신고증 반납사항
  6. 이 법에 의한 과태료 부과 기타 법률위반사항
③ 시·군·구의 장 또는 읍·면·동의 장은 제1항에 따라 국내거소신고표를 송부받은 때에는 신고사항을 국내거소신고인명부에 기재하고 이를 개인별로 비치하여야 한다. 〈신설 2007. 10. 15., 2016. 9. 29.〉

> **관련법령** ▶ 「제주특별자치도 설치 및 국제자유도시 조성을 위한 특별법」 제11조

제11조(행정시장)
① 행정시에 시장을 둔다.
② 행정시의 시장(이하 "행정시장"이라 한다)은 일반직 지방공무원으로 보하되, 도지사가 임명한다. 다만, 제12조제1항에 따라 행정시장으로 예고한 사람을 임명할 경우에는 정무직 지방공무원으로 임명한다.
③ 제2항 단서에 따라 임명된 행정시장의 임기는 2년으로 하며, 연임할 수 있다.
④ 행정시장으로 임명할 사람을 예고하지 아니하거나 행정시장으로 예고되거나 임명된 사람의 사망, 사퇴, 퇴직 또는 임기 만료 등으로 새로 행정시장을 임명하는 것이 필요한 경우에는 일반직 지방공무원으로 임명하되, 「지방공무원법」 제29조의4에 따라 개방형직위로 운영한다.
⑤ 행정시장은 도지사의 지휘·감독을 받아 소관 국가사무와 지방자치단체의 사무를 맡아 처리하고 소속직원을 지휘·감독한다.
⑥ 다른 법령에서 시장을 인용하는 경우 해당 법령에 특별한 규정이 없으면 행정시장은 포함되지 아니한다.

제11조 국내거소이전신고 등

① 거소를 이전한 사람이 법 제6조 제2항에 따라 국내거소이전신고를 하려는 경우에는 국내거소이전신고서를 신거소(新居所)를 관할하는 시·군·구의 장, 읍·면·동의 장 또는 청장·사무소장·출장소장에게 제출하여야 한다. 이 경우 국내거소이전신고는 법무부장관이 정하는 정보통신망을 이용하여 할 수 있다.〈개정 2007. 10. 15., 2016. 9. 29., 2018. 5. 8., 2018. 6. 12., 2020. 2. 18.〉
② 제1항에 따라 국내거소이전신고를 받은 시·군·구의 장, 읍·면·동의 장 또는 청장·사무소장·출장소장은 국내거소신고증에 거소이전 사항을 기재하여 신고인에게 교부하여야 한다.〈개정 2007. 10. 15., 2016. 9. 29., 2018. 5. 8.〉
③ 제1항에 따라 국내거소이전신고를 받은 시·군·구의 장 또는 읍·면·동의 장은 전거소(前居所)를 관할하는 시·군·구의 장 또는 읍·면·동의 장에게 국내거소이전신고서 사본을 송부하고 해당 외국국적동포의 국내거소신고표를 이송하여 줄 것을 요청하여야 하며, 국내거소이전신고를 받은 청장·사무소장·출장소장은 전거소를 관할하는 청장·사무소장·출장소장에게 국내거소이전신고서 사본을 송부하고 국내거소신고 원부를 이송하여 줄 것을 요청하여야 한다.〈개정 2007. 10. 15., 2014. 10. 28., 2016. 9. 29., 2018. 5. 8.〉
④ 법 제6조 제3항에 따라 국내거소이전신고 사실을 통보받은 시·군·구의 장 또는

읍·면·동의 장은 전거소를 관할하는 시·군·구의 장 또는 읍·면·동의 장에게 해당 외국국적동포의 국내거소신고표를, 청장·사무소장·출장소장은 전거소를 관할하는 청장·사무소장·출장소장에게 국내거소신고 원부를 각각 이송하여 줄 것을 요청하여야 한다. ⟨신설 2007. 10. 15., 2014. 10. 28., 2016. 9. 29., 2018. 5. 8.⟩
⑤ 제3항 또는 제4항에 따라 기록의 이송을 요청받은 전거소를 관할하는 시·군·구의 장, 읍·면·동의 장 또는 청장·사무소장·출장소장은 국내거소신고표 또는 국내거소신고 원부에 관련 서류를 첨부하여 요청을 받은 날부터 3일 이내에 이를 신거소를 관할하는 시·군·구의 장, 읍·면·동의 장 또는 청장·사무소장·출장소장에게 이송하여야 한다. ⟨신설 2007. 10. 15., 2016. 9. 29., 2018. 5. 8., 2018. 6. 12.⟩
⑥ 제5항에 따라 국내거소신고 원부와 관련 서류를 이송받은 신거소를 관할하는 청장·사무소장·출장소장은 국내거소신고 원부를, 국내거소신고표와 관련 서류를 이송받은 신거소를 관할하는 시·군·구의 장 또는 읍·면·동의 장은 국내거소신고표와 국내거소신고인명부를 각각 정리하고 관리하여야 한다. ⟨개정 2018. 6. 12.⟩

제12조 국내거소신고증의 발급 등

① 청장·사무소장 또는 출장소장은 제7조의 규정에 의하여 거소신고를 받은 때에는 법 제7조 제1항의 규정에 의하여 신청인에게 개인별 국내거소신고번호를 부여하고 여권 등에 국내거소신고필인을 찍어야 한다. ⟨개정 2018. 5. 8.⟩
② 청장·사무소장 또는 출장소장은 법 제7조 제1항에 따라 국내거소신고증을 발급하는 때에는 그 사실을 외국국적동포 국내거소신고대장에 기재하여야 한다. ⟨개정 2014. 10. 28., 2018. 5. 8.⟩
③ 국내거소신고번호의 부여 방법에 관하여는 법무부령으로 정한다.

제13조 국내거소신고증의 재발급

① 청장·사무소장 또는 출장소장은 국내거소신고증을 발급받은 사람에게 다음 각 호의 어느 하나에 해당하는 사유가 있으면 국내거소신고증을 재발급할 수 있다. ⟨개정 2016. 9. 29., 2018. 5. 8., 2018. 6. 12.⟩
 1. 국내거소신고증을 분실한 경우

2. 국내거소신고증이 헐어서 못 쓰게 된 경우
   3. 국내거소신고증의 적는 난이 부족한 경우
   4. 법 제7조 제2항에 따른 성명·생년월일·국적 또는 거주국이 변경된 경우
   5. 위조방지 등을 위하여 국내거소신고증을 한꺼번에 갱신할 필요가 있는 경우
② 제1항에 따라 국내거소신고증을 재발급받으려는 사람은 국내거소신고증 재발급신청서에 그 사유를 소명하는 서류와 사진 1장을 첨부하여 청장·사무소장 또는 출장소장에게 제출하여야 한다. 이 경우 제1항 제2호부터 제5호까지에서 규정한 사유로 재발급을 신청하는 경우에는 그 신청서에 원래의 국내거소신고증을 첨부하여야 한다.〈개정 2016. 9. 29., 2018. 5. 8., 2018. 6. 12.〉
③ 청장·사무소장 또는 출장소장은 국내거소신고증을 재발급하는 때에는 국내거소신고대장에 필요한 사항을 기재하고 제2항 후단에 따라 받은 국내거소신고증을 파기한다. 〈개정 2015. 6. 15., 2018. 5. 8.〉
④ 청장·사무소장 또는 출장소장은 제1항 제4호의 사유로 국내거소신고증을 재발급하는 경우 국내거소신고증 재발급신청서 사본을 첨부하여 거소를 관할하는 시·군·구의 장 또는 읍·면·동의 장에게 그 사실을 통보하여야 한다. 〈신설 2007. 10. 15., 2016. 9. 29., 2018. 5. 8.〉
⑤ 제4항에 따른 통보를 받은 시·군·구의 장 또는 읍·면·동의 장은 지체 없이 국내거소신고표와 관련 기록을 정리하여야 한다. 〈신설 2007. 10. 15., 2016. 9. 29.〉

제14조 국내거소신고증의 반납 등

① 법 제8조에 따라 외국국적동포에게 다음 각 호의 어느 하나에 해당하는 사유가 발생한 경우에는 다음 각 호의 구분에 따라 거소(제4호의 경우에는 출국항을 말한다) 관할 청장·사무소장 또는 출장소장에게 국내거소신고증을 반납하여야 한다. 〈개정 2018. 6. 12., 2018. 9. 18., 2020. 2. 18.〉
   1. 외국국적동포가 국민이 된 경우에는 주민 등록을 마친 날부터 30일 이내에 본인·배우자·부모 또는 「출입국관리법 시행령」 제89조 제1항에 따른 사람이 반납
   2. 외국국적동포가 재외동포체류자격을 상실한 경우에는 재외동포체류자격 상실 사실을 안 날부터 30일 이내에 본인·배우자·부모 또는 「출입국관리법 시행령」 제89조 제1항에 따른 사람이 반납. 다만, 외국국적동포가 재외동포체류

자격에서「출입국관리법 시행령」별표 1부터 별표 1의3까지에 따른 체류자격으로 변경한 경우에는 해당 체류자격 변경허가를 받은 때에 반납하여야 한다.
3. 외국국적동포가 국내에서 사망한 경우에는 외국국적동포의 배우자·부모 또는「출입국관리법 시행령」제89조 제1항에 따른 사람이 외국국적동포의 사망사실을 안 날부터 30일 이내에 국내거소신고증에 진단서 또는 검안서나 그 밖에 사망 사실을 증명하는 서류를 첨부하여 반납
4. 외국국적동포가 재외동포체류자격의 체류기간 내에 재입국할 의사없이 출국하는 경우에는 본인이 출국 시 반납

② 삭제〈2018. 6. 12.〉
③ 출국항 관할 청장·사무소장 또는 출장소장이 제1항 제4호에 따라 국내거소신고증을 반납받은 때에는 그 사실을 지체없이 거소 관할 청장·사무소장 또는 출장소장에게 통보하여야 한다. 〈개정 2018. 5. 8., 2018. 6. 12.〉
④ 거소 관할 청장·사무소장 또는 출장소장은 국내거소신고를 한 외국국적동포가 다음 각 호의 어느 하나에 해당하면 지체 없이 국내거소신고 원부를 정리하고, 그 사실을 그 외국국적동포의 거소를 관할하는 시·군·구의 장 또는 읍·면·동의 장에게 통보하여야 한다. 〈개정 2007. 10. 15., 2014. 10. 28., 2016. 9. 29., 2018. 5. 8.〉
1. 제1항 각 호의 어느 하나에 해당하는 사유로 국내거소신고증을 반납한 경우
2. 제1항 각 호의 어느 하나에 해당하는 사실이 확인된 경우
3. 제3항에 따라 출국항을 관할하는 청장·사무소장 또는 출장소장으로부터 국내거소신고증을 반납받았다는 통보를 받은 경우

⑤ 제4항에 따른 통보를 받은 시·군·구의 장 또는 읍·면·동의 장은 지체 없이 국내거소신고표에 통보받은 사실을 기록하여야 한다. 〈신설 2007. 10. 15., 2016. 9. 29.〉
⑥ 청장·사무소장·출장소장은 법 제8조에 따라 국내거소신고증을 반납받은 경우에는 제3항 및 제4항에 따른 절차를 마친 후 그 국내거소신고증을 파기한다. 〈신설 2015. 6. 15., 2018. 5. 8.〉

관련법령 ▶ 「출입국관리법 시행령」 제89조제1항

제89조(허가신청 등의 의무자)
① 법 제79조 각 호 외의 부분에서 "그 밖에 대통령령으로 정하는 사람"이란 다음 각 호의 사람을 말한다.
1. 사실상의 부양자 2. 형제자매 3. 신원보증인 4. 그 밖의 동거인

제14조의2　정보통신망을 이용한 업무처리

시·군·구의 장, 읍·면·동의 장 또는 청장·사무소장·출장소장은 법 제7조 제5항에 따른 국내거소신고사실증명의 발급, 제10조에 따른 국내거소신고 원부 등의 작성 및 관리, 제11조에 따른 국내거소이전신고, 제13조 제4항·제5항에 따른 국내거소신고증의 재발급사실의 통보, 제14조에 따른 국내거소신고증의 반납 등에 관한 업무를 정보통신망을 이용하여 처리할 수 있다. ⟨개정 2016. 9. 29., 2018. 5. 8.⟩ [본조신설 2007. 10. 15.]

제15조　주민 등록 등과의 관계

국내거소신고증에는 법 제9조의 규정에 의하여 국내거소신고증이 주민 등록증 또는 외국인 등록증에 갈음할 수 있다는 취지를 기재하여야 한다.

제16조　체류기간연장 등

① 법무부장관은 법 제10조 제2항에 따라 체류기간연장허가를 신청한 외국국적동포가 다음 각 호의 어느 하나에 해당하는 경우에는 이를 허가하지 아니할 수 있다. 다만, 제1호에 해당하는 경우에는 이를 허가하여서는 아니된다. ⟨개정 2008. 10. 20., 2016. 9. 29., 2020. 2. 18.⟩
  1. 법 제5조 제2항에 해당하는 경우
  2. 이 법 또는 출입국관리법을 위반한 경우(과태료 부과 처분을 받은 전력이 1회이고 해당 과태료를 납부한 경우는 제외한다)
  3. 금고 이상의 형을 선고받은 경우
  4. 그 밖에 법무부장관이 관계 부처 또는 관련 단체와 협의하여 고시하는 경우
② 제1항에 따른 체류기간연장허가의 기준은 법무부장관이 관계 부처 또는 관련 단체와 협의하여 정한다. ⟨개정 2008. 10. 20.⟩
③ 외국국적동포의 체류기간 연장허가 절차에 관하여는 「출입국관리법 시행령」 제31조, 제33조 및 제34조를 준용한다. ⟨개정 2016. 9. 29.⟩

관련법령 「출입국관리법 시행령」 제31조, 제33조 및 제34조

제31조(체류기간 연장허가)
① 법 제25조에 따른 체류기간 연장허가를 받으려는 사람은 체류기간이 끝나기 전에 체류기간 연장허가 신청서에 법무부령으로 정하는 서류를 첨부하여 청장·사무소장 또는 출장소장에게 제출하여야 한다.
② 청장·사무소장 또는 출장소장은 제1항에 따른 신청서를 제출받은 때에는 의견을 붙여 지체 없이 법무부장관에게 보내야 한다.
③ 청장·사무소장 또는 출장소장은 법무부장관이 제1항에 따른 신청에 대하여 허가한 때에는 여권에 체류기간 연장허가인을 찍고 체류기간을 적거나 체류기간 연장허가 스티커를 붙여야 한다. 다만, 외국인 등록을 마친 사람에 대하여 체류기간 연장을 허가한 때에는 외국인 등록증에 허가기간을 적음으로써 이를 갈음한다.

제33조(체류기간 연장 등을 허가하지 아니할 때의 출국통지)
① 법무부장관은 제29조부터 제31조까지의 규정에 따른 허가 등을 하지 아니할 때에는 신청인에게 체류기간 연장 등 불허결정 통지서를 발급하여야 한다. 이 경우 제30조의 체류자격 변경허가를 하지 아니할 때에는 이미 허가된 체류자격으로 체류하게 할 수 있다.
② 제1항의 체류기간 연장 등 불허결정 통지서에는 그 발급일부터 14일을 초과하지 아니하는 범위에서 출국기한을 분명하게 밝혀야 한다. 다만, 법무부장관이 필요하다고 인정할 때에는 이미 허가된 체류기간의 만료일을 출국기한으로 할 수 있으며, 제1항 후단에 따라 이미 허가된 체류자격으로 체류하게 할 때에는 그 출국기한을 적지 아니할 수 있다.

제34조(체류자격 부여 등에 따른 출국예고)
법 제23조부터 제25조까지의 규정에 따라 법무부장관이 체류자격을 부여하거나 체류자격 변경 등의 허가를 하는 경우 그 이후의 체류기간 연장을 허가하지 아니하기로 결정한 때에는 청장·사무소장 또는 출장소장은 허가된 체류기간 내에 출국하여야 한다는 뜻을 여권에 적어야 한다.

제17조 부동산 취득·보유

「부동산 거래신고 등에 관한 법률 시행령」 제5조 제1항의 규정은 외국국적동포가법 제11조 제1항의 규정에 의하여 국내부동산을 취득·보유하고자 하는 때의 신고절차에 관하여 이를 준용한다. 이 경우 법 제7조의 규정에 의하여 발급받은 국내거소신고증 사본을 첨부하여야 한다. 〈개정 2007. 10. 15., 2017. 1. 17.〉

관련법령 「부동산 거래신고등에 관한 법률 시행령」 제5조제1항

제5조(외국인 등의 부동산 취득 신고등)
① 법 제8조에 따라 부동산 등의 취득 또는 계속보유에 관한 신고를 하려는 외국인 등은 신고서에 국토교통부령으로 정하는 서류를 첨부하여 신고관청에 제출하여야 한다.

제17조의2 민감정보 및 고유식별정보의 처리

법무부장관, 청장·사무소장·출장소장, 시·군·구의 장 또는 읍·면·동의 장(해당 권한이 위임·위탁된 경우에는 그 권한을 위임·위탁받은 자를 포함한다)은 다음 각 호의 사무를 수행하기 위하여 불가피한 경우 「개인정보 보호법」 제23조에 따른 사상·신념, 건강에 관한 정보나 같은 법 시행령 제18조 제1호 또는 제2호에 따른 유전정보 또는 범죄경력자료에 해당하는 정보, 같은 영 제19조 제1호·제2호 또는 제4호에 따른 주민 등록번호, 여권번호 또는 외국인 등록번호가 포함된 자료를 처리할 수 있다.
〈개정 2016. 9. 29., 2018. 5. 8.〉

1. 법 제5조에 따른 재외동포체류자격의 부여에 관한 사무
2. 법 제6조에 따른 국내거소신고에 관한 사무
3. 법 제7조에 따른 국내거소신고증의 발급·재발급 및 국내거소사실증명 발급에 관한 사무
4. 법 제8조에 따른 국내거소신고증의 반납에 관한 사무
5. 그 밖에 제1호부터 제4호까지에서 규정한 사무를 수행하기 위하여 필요한 사무

[본조신설 2012. 1. 6.]

관련법령 ▶ 「개인정보 보호법」 제23조

제23조(민감정보의 처리 제한)
① 개인정보처리자는 사상·신념, 노동조합·정당의 가입·탈퇴, 정치적 견해, 건강, 성생활 등에 관한 정보, 그 밖에 정보주체의 사생활을 현저히 침해할 우려가 있는 개인정보로서 대통령령으로 정하는 정보(이하 "민감정보"라 한다)를 처리하여서는 아니 된다. 다만, 다음 각 호의 어느 하나에 해당하는 경우에는 그러하지 아니하다.
  1. 정보주체에게 제15조제2항 각 호 또는 제17조제2항 각 호의 사항을 알리고 다른 개인정보의 처리에 대한 동의와 별도로 동의를 받은 경우
  2. 법령에서 민감정보의 처리를 요구하거나 허용하는 경우
② 개인정보처리자가 제1항 각 호에 따라 민감정보를 처리하는 경우에는 그 민감정보가 분실·도난·유출·위조·변조 또는 훼손되지 아니하도록 제29조에 따른 안전성 확보에 필요한 조치를 하여야 한다.

관련법령 ▶ 「개인정보 보호법 시행령」 제18조제1호 또는 제2호, 제19조제1호·제2호

제18조(민감정보의 범위)
법 제23조제1항 각 호 외의 부분 본문에서 "대통령령으로 정하는 정보"란 다음 각 호의 어느 하나에

해당하는 정보를 말한다. 다만, 공공기관이 법 제18조제2항제5호부터 제9호까지의 규정에 따라 다음 각 호의 어느 하나에 해당하는 정보를 처리하는 경우의 해당 정보는 제외한다.
1. 유전자검사 등의 결과로 얻어진 유전정보
2. 「형의 실효 등에 관한 법률」 제2조제5호에 따른 범죄경력자료에 해당하는 정보

제19조(고유식별정보의 범위)

법 제24조제1항 각 호 외의 부분에서 "대통령령으로 정하는 정보"란 다음 각 호의 어느 하나에 해당하는 정보를 말한다. 다만, 공공기관이 법 제18조제2항제5호부터 제9호까지의 규정에 따라 다음 각 호의 어느 하나에 해당하는 정보를 처리하는 경우의 해당 정보는 제외한다.
1. 「주민 등록법」 제7조의2제1항에 따른 주민 등록번호
2. 「여권법」 제7조제1항제1호에 따른 여권번호
4. 「출입국관리법」 제31조제5항에 따른 외국인 등록번호

제17조의3 규제의 재검토

법무부장관은 다음 각 호의 사항에 대하여 다음 각 호의 기준일을 기준으로 3년마다(매 3년이 되는 해의 기준일과 같은 날 전까지를 말한다) 그 타당성을 검토하여 개선 등의 조치를 하여야 한다. 〈개정 2016. 12. 30., 2018. 6. 12., 2020. 2. 18.〉
1. 제9조에 따른 국내거소신고 시의 첨부서류 : 2020년 1월 1일
2. 삭제〈2020. 2. 18.〉
3. 삭제〈2023. 3. 7.〉
4. 제16조 제1항에 따른 체류기간연장허가의 기준 : 2020년 1월 1일 [본조신설 2014. 12. 31.]

제18조 과태료의 부과기준

법 제17조 제1항및제2항에 따른 과태료의 부과기준은 **별표**와 같다. [전문개정 2017. 8. 16.]

★ 재외동포의 출입국과 법적 지위에 관한 법률 시행령 [별표] 〈개정 2018. 5. 8.〉
〈과태료의 부과기준(제18조 관련)〉

1. 일반기준

  가. 위반행위의 횟수에 따른 과태료의 가중된 부과기준은 최근 3년간 같은 위반행위로 과태료 부과처분을 받은 경우에 적용한다. 이 경우 기간의 계산은 위반행위에 대하여 과태료 부과처분을 받은 날과 그 처분 후 다시 같은 위반행위를 하여 적발된 날을 기준으로 한다.

  나. 가목에 따라 가중된 부과처분을 하는 경우 가중처분의 적용 차수는 그 위반행위 전 부과처분 차수(가목에 따른 기간 내에 과태료 부과처분이 둘 이상 있었던 경우에는 높은 차수를 말한다)의 다음 차수로 한다.

  다. 청장·사무소장 또는 출장소장은 해당 위반행위의 내용 및 위반기간 등을 고려하여 제2호의 개별기준에 따

른 과태료 금액을 2분의 1 범위에서 늘리거나 줄일 수 있고, 가중 처분하는 경우에도 법 제17조제1항 및 제2항에 따른 상한금액을 초과할 수 없다.

2. 개별기준

위반행위	근거 법조문	위반기간 또는 위반횟수	과태료 금액
가. 법 제6조제2항에 따른 국내거소이전신고를 하지 않은 경우	법 제17조제1항	3개월 미만	10만원
		3개월 이상 6개월 미만	30만원
		6개월 이상 1년 미만	50만원
		1년 이상 2년 미만	100만원
		2년 이상	200만원
나. 법 제8조에 따른 국내거소신고증을 반납하지 않은 경우	법 제17조제2항	1회	10만원
		2회	30만원
		3회	50만원
		4회 이상	100만원

제4편 재외동포법

제9부

재외동포의 출입국과 법적 지위에 관한 법률 시행규칙

[시행 2023. 4. 1.]
[법무부령 제1043호, 2022. 12. 29., 일부개정]

제1조 목적

이 규칙은 「재외동포의 출입국과 법적 지위에 관한 법률」 및 같은 법 시행령에서 위임된 사항과 그 시행에 필요한 사항을 규정함을 목적으로 한다. [전문개정 2011. 4. 19.]

제2조 재외동포체류자격 신청의 서식

「재외동포의 출입국과 법적 지위에 관한 법률」(이하 "법"이라 한다)제5조 제1항에 따라 재외동포체류자격을 신청하려는 외국국적동포는 별지 제1호서식 또는 별지 제1호의2서식의 신청서를 본인의 국내거소를 관할하는 출입국·외국인청장(이하 "청장"이라 한다), 출입국·외국인사무소장(이하 "사무소장"이라 한다), 출입국·외국인청 출장소장 또는 출입국·외국인사무소 출장소장(이하 "출장소장"이라 한다)에게 제출해야 한다. 〈개정 2022. 4. 12.〉 [본조신설 2020. 9. 29.]

제3조 국내거소신고의 서식

「재외동포의 출입국과 법적 지위에 관한 법률시행령」(이하 "영"이라 한다) 제7조 제1항 각 호 외의 부분 본문의 국내거소신고서는 별지 제1호서식 또는 별지 제1호의2서식에 따른다. 〈개정 2014. 10. 29., 2022. 4. 12.〉 [전문개정 2011. 4. 19.]

제4조 국내거소신고 원부 등의 관리

① 외국국적동포의 국내거소를 관할하는 청장, 사무소장 및 출장소장은 국내거소신고인별로 국내거소신고인 기록 보관철을 만들어 국내거소신고 원부와 각종 허가 또는 통고 처분에 관한 서류 등을 함께 묶어 관리하고, 외국국적동포의 국내거소를 관할하는 시장·군수·구청장(「제주특별자치도 설치 및 국제자유도시 조성을 위한 특별법」 제11조에 따른 행정시장과 자치구가 아닌 구의 구청장을 포함한다. 이하 "시·군·구의 장"이라 한다) 또는 읍·면·동의 장은 국내거소신고인별로 국내거소신고표와 관련 서류 등을 함께 묶어 관리하여야 한다. 〈개정 2014. 10. 29., 2016. 9. 29., 2018. 5. 15., 2018. 6. 12., 2020. 9. 29.〉
② 외국국적동포의 국내거소를 관할하는 청장·사무소장 또는 출장소장은 외국국

적동포가영 제14조 제4항각 호의 어느 하나에 해당하면 지체 없이제8조의 외국국적동포 국내거소신고대장의 해당란을 붉은 줄을 그어 삭제하고 그 사유와 연월일을 기재하여야 하며, 해당 외국국적동포의 국내거소신고 원부 등 관련 서류를 따로 관리하여야 한다.〈개정 2014. 10. 29., 2018. 5. 15.〉

③ 외국국적동포의 국내거소를 관할하는 시·군·구의 장 또는 읍·면·동의 장은영 제14조 제5항에 따른 통보를 받으면 지체 없이제5조 제3항의 외국국적동포 국내거소신고인명부의 해당란을 붉은 줄을 그어 삭제하고 그 사유와 연월일을 기재하여야 하며, 해당 외국국적동포의 국내거소신고표 등 관련 서류를 1년 동안 따로 보관하여야 한다.〈개정 2014. 10. 29., 2016. 9. 29.〉[전문개정 2011. 4. 19.]

> **관련법령** ▶ 「제주특별자치도 설치 및 국제자유도시 조성을 위한 특별법」 제11조

제11조(행정시장)

① 행정시에 시장을 둔다.
② 행정시의 시장(이하 "행정시장"이라 한다)은 일반직 지방공무원으로 보하되, 도지사가 임명한다. 다만, 제12조제1항에 따라 행정시장으로 예고한 사람을 임명할 경우에는 정무직 지방공무원으로 임명한다.
③ 제2항 단서에 따라 임명된 행정시장의 임기는 2년으로 하며, 연임할 수 있다.
④ 행정시장으로 임명할 사람을 예고하지 아니하거나 행정시장으로 예고되거나 임명된 사람의 사망, 사퇴, 퇴직 또는 임기 만료 등으로 새로 행정시장을 임명하는 것이 필요한 경우에는 일반직 지방공무원으로 임명하되, 「지방공무원법」 제29조의4에 따라 개방형직위로 운영한다.
⑤ 행정시장은 도지사의 지휘·감독을 받아 소관 국가사무와 지방자치단체의 사무를 맡아 처리하고 소속직원을 지휘·감독한다.
⑥ 다른 법령에서 시장을 인용하는 경우 해당 법령에 특별한 규정이 없으면 행정시장은 포함되지 아니한다.

제5조 국내거소신고 원부 등의 서식

① 영 제10조 제1항에 따른 국내거소신고 원부는 별지 제2호서식에 따라 작성한다.〈개정 2014. 10. 29.〉
② 영 제10조 제1항에 따른 국내거소신고표는 별지 제3호서식에 따라 작성한다.〈개정 2014. 10. 29.〉
③ 영 제10조 제3항에 따른 국내거소신고인명부는 별지 제4호서식에 따라 작성한다.〈개정 2014. 10. 29.〉[전문개정 2011. 4. 19.]

제6조 국내거소 이전신고

① 영 제11조 제1항의 국내거소 이전신고서는 별지 제1호서식 또는 별지 제1호의2서식에 따른다. 〈개정 2022. 4. 12.〉
② 국내거소를 신고한 외국국적동포가 재입국하여 종전의 거소가 아닌 새로운 거소에 거주하게 된 때에는 새로운 거소에 거주하기 시작한 날에 거소를 이전한 것으로 본다. 〈개정 2014. 10. 29.〉[전문개정 2011. 4. 19.]

제7조 국내거소신고증 등의 서식

① 영 제12조 제1항에 따른 국내거소신고필인은 별표 1과 같다.
② 삭제〈2014. 10. 29.〉
③ 영 제12조 제2항의 외국국적동포 국내거소신고증은 별지 제5호서식에 따른다.
〈개정 2014. 10. 29.〉[전문개정 2011. 4. 19.]

★ 재외동포의 출입국과 법적 지위에 관한 법률 시행규칙 [별표 1] 〈개정 2018. 5. 15.〉
〈국내거소신고필인(제7조관련)〉

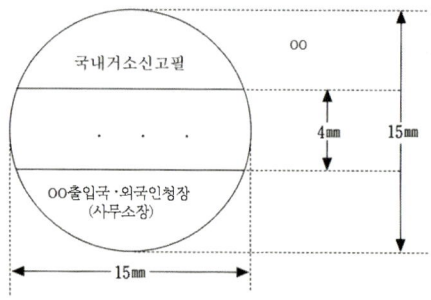

제8조 국내거소신고대장

영 제12조 제2항의 외국국적동포 국내거소신고대장은 별지 제6호서식에 따른다.
[전문개정 2014. 10. 29.]

제9조 국내거소신고번호의 부여방법

① 영 제12조 제3항에 따른 국내거소신고번호는 생년월일·성별·등록기관 등을 표시하는 13자리 숫자로 한다.
② 국내거소신고번호는 한 사람에게 하나의 번호를 부여하며, 이미 사용한 번호를 다른 사람에게 다시 부여해서는 아니 된다.
③ 청장·사무소장 또는 출장소장은 영 제13조에 따라 국내거소신고를 한 외국국적동포에게 국내거소신고증 기재사항 중 생년월일 변경을 이유로 국내거소신고증을 재발급할 때에는 국내거소신고번호를 새로 부여해야 한다. 〈신설 2022. 12. 29.〉
④ 법 제6조에 따른 국내거소신고를 하기 전에 「법인 아닌 사단·재단 및 외국인의 부동산 등기용 등록번호 부여절차에 관한 규정」 제12조 단서에 따라 부동산 등기용 등록번호를 부여받은 사람이 국내거소신고를 하는 경우에는 해당 부동산 등기용 등록번호를 국내거소신고번호로 부여한다. 다만, 부동산 등기용 등록번호를 부여받은 이후 성별이나 생년월일이 변경된 경우에는 국내거소신고번호를 새로 부여한다. 〈신설 2022. 12. 29.〉
⑤ 제1항부터 제4항까지에서 규정한 사항 외에 국내거소신고번호의 체계 및 부여 절차에 관하여 필요한 사항은 법무부장관이 정한다. 〈개정 2022. 12. 29.〉
[전문개정 2011. 4. 19.]

관련법령 ▶ 「법인 아닌 사단·재단 및 외국인의 부동산 등기용 등록번호 부여절차에 관한 규정」 제12조

제12조(등록번호의 부여)
외국인에 대한 등록번호는 출입국·외국인청장(이하 "청장"이라 한다), 출입국·외국인사무소장(이하 "사무소장"이라 한다), 출입국·외국인청 출장소장 또는 출입국·외국인사무소 출장소장(이하 "출장소장"이라 한다)이 「출입국관리법」 제31조의 규정에 의하여 외국인 등록을 받은 때에 공동부령이 정하는 바에 의하여 부여한다. 다만, 외국인 등록을 하지 아니한 외국인의 등록번호는 제13조의 규정에 의한 신청에 의하여 이를 부여한다.

제10조 국내거소신고증의 재발급

① 청장·사무소장 또는 출장소장은 영 제13조에 따라 국내거소신고증을 재발급하

는 때에는 다음 각 호의 구분에 따라 국내거소신고번호를 사용하고, 해당 재발급 사유 등을 국내거소신고대장에 기재해야 한다. 〈개정 2022. 12. 29.〉
1. 다음 각 목에 해당하는 경우 : 종전의 국내거소신고번호 사용
   가. 영 제13조 제1항 제1호부터 제3호까지 및 제5호의 사유에 해당하는 경우
   나. 영 제13조 제1항 제4호의 사유에 해당하는 경우로서 성명, 국적 또는 거주국 변경을 이유로 국내거소신고증을 재발급하는 경우
2. 영 제13조 제1항 제4호의 사유에 해당하는 경우로서 생년월일 변경을 이유로 국내거소신고증을 재발급하는 경우 : 제9조 제3항에 따른 새로운 국내거소신고번호 사용
② 영 제13조 제2항에 따른 국내거소신고증 재발급신청서는 별지 제1호서식 또는 별지 제1호의2서식에 따른다. 〈개정 2022. 4. 12.〉 [전문개정 2011. 4. 19.]

제11조 국내거소신고 사실증명의 발급

① 법 제7조 제5항에 따른 국내거소신고 사실증명은 본인이나 그의 법정대리인 또는 그로부터 위임을 받은 사람의 신청에 의하여 청장·사무소장·출장소장, 시·군·구의 장 또는 읍·면·동의 장이 발급한다. 〈개정 2015. 6. 15., 2016. 9. 29., 2018. 5. 15.〉
② 다음 각 호의 어느 하나에 해당하는 사람은 제1항에도 불구하고 국내거소신고 사실증명의 발급 또는 열람을 신청할 수 있다. 〈개정 2015. 6. 15., 2016. 9. 29.〉
1. 행방불명, 사망 등으로 본인이 의사표시를 할 수 없는 상태에 있거나 명백하게 본인의 이익을 위하여 사용될 것으로 인정되는 경우 : 다음 각 목의 어느 하나에 해당하는 사람
   가. 본인의 배우자
   나. 본인의 직계 존·비속 또는 형제·자매
   다. 본인의 배우자의 직계 존·비속 또는 형제·자매(본인의 배우자가 사망한 경우로서 나목에 해당하는 자가 없는 경우만 해당한다)
2. 본인인 외국국적동포와의 채권·채무 관계에서 다음 각 목의 어느 하나의 경우에 해당하는 채권자
   가. 채권·채무 관계에 관한 재판에서 승소판결이 확정된 경우
   나. 「주민 등록법 시행령」 별표 2제3호 각 목의 어느 하나에 해당하는 금융회

사 등이 연체채권 회수를 위하여 필요로 하는 경우
다. 본인인 외국국적동포와 채권·채무 관계에 있는 경우(기한 경과나 기한의 이익 상실 등으로 변제기가 도래한 경우에 한정하며, 채무금액이 100만원 이하인 경우는 제외한다)
3. 그 밖에 법무부장관이 공익상 필요하다고 인정하는 자
③ 제2항에 따른 국내거소신고 사실증명의 신청에 필요한 입증서류 등에 관하여 필요한 사항은 법무부장관이 정한다. 〈신설 2015. 6. 15.〉
④ 제1항 및 제2항의 국내거소신고 사실증명의 발급 또는 열람 신청은 별지 제7호서식에 따르고, 국내거소신고 사실증명은 별지 제7호의2서식에 따른다. 〈신설 2015. 6. 15., 2016. 9. 29.〉[전문개정 2011. 4. 19.]

제12조 수수료

① 법 제7조 제6항에 따른 국내거소신고증의 발급 등에 관한 수수료는 다음 각 호와 같다. 〈개정 2012. 12. 31., 2013. 12. 23., 2016. 9. 29.〉
1. 국내거소신고증 발급 및 재발급 : 3만원
2. 국내거소신고 사실증명의 발급(1통당) : 2천원
3. 국내거소신고 사실증명의 열람(1건 1회당) : 1천원

② 제1항에 따른 수수료의 납부방법은 다음 각 호와 같다. 〈개정 2016. 9. 29., 2018. 5. 15.〉
1. 출입국·외국인청, 출입국·외국인사무소 또는 출장소에 납부하는 경우 : 해당 수수료 금액에 상당하는 수입인지 또는 정보통신망을 이용한 전자화폐·전자결제. 다만, 국내거소신고증 발급 및 재발급 수수료는 현금 또는 현금 납입을 증명하는 증표로 한다.
2. 시·군·구 또는 읍·면·동에 납부하는 경우 : 해당 수수료 금액에 상당하는 수입증지 또는 정보통신망을 이용한 전자화폐·전자결제

③ 다음 각 호의 어느 하나에 해당하는 경우에는 제1항에 따른 수수료를 면제한다. 〈신설 2013. 12. 23., 2016. 9. 29.〉
1. 전자문서로 국내거소신고 사실증명을 열람하게 하거나 발급하는 경우
2. 다음 각 목의 어느 하나에 해당하는 사람이 국내거소신고 사실증명의 발급 또는 열람을 신청하는 경우

가. 「독립유공자예우에 관한 법률」 제6조에 따라 등록된 독립유공자와 그 유족(선순위자만 해당된다)
나. 「국가유공자 등 예우 및 지원에 관한 법률」 제6조에 따라 등록된 국가유공자와 그 유족(선순위자만 해당된다)
다. 「참전유공자예우 및 단체설립에 관한 법률」 제5조에 따라 등록된 참전유공자
라. 「고엽제후유의증 등 환자지원 및 단체설립에 관한 법률」 제4조에 따라 등록된 고엽제후유증환자, 고엽제후유의증환자 또는 고엽제후유증 2세환자
마. 「5·18민주유공자 예우에 관한 법률」 제7조에 따라 등록된 5·18민주유공자와 그 유족(선순위자만 해당된다)
바. 「특수임무유공자 예우 및 단체설립에 관한 법률」 제6조에 따라 등록된 특수임무수행자와 그 유족(선순위자만 해당된다)[전문개정 2011. 4. 19.]

> **관련법령** ▶ 「독립유공자예우에 관한 법률」 제6조

제6조(등록 및 결정)
① 독립유공자, 그 유족 또는 가족으로서 이 법의 적용 대상자가 되려는 자는 대통령령으로 정하는 바에 따라 국가보훈부장관에게 등록을 신청하여야 한다.
② 국가보훈부장관은 제1항에 따른 등록신청을 받은 때에는 대통령령으로 정하는 바에 따라 독립유공자의 요건과 그 유족 또는 가족으로서의 요건을 확인한 후 「국가유공자 등 예우 및 지원에 관한 법률」 제74조의5에 따른 보훈심사위원회(이하 "보훈심사위원회"라 한다)의 심의·의결을 거쳐 독립유공자, 그 유족 또는 가족에 해당하는지를 결정한다. 다만, 독립유공자, 그 유족 또는 가족의 요건이 객관적인 사실에 의하여 확인된 경우로서 대통령령으로 정하는 경우에는 보훈심사위원회의 심의·의결을 거치지 아니할 수 있다. 〈개정 2015. 12. 22., 2023. 3. 4.〉
③ 삭제
④ 국가보훈부장관은 제4조 각 호의 어느 하나에 해당하는 적용 대상 독립유공자임에도 불구하고 본인 및 제5조에 따른 유족 등이 없어 등록신청을 할 수 없는 사람에 대해서는 독립유공자로 기록하고 예우 및 관리를 할 수 있다. 〈신설 2016. 5. 29., 2023. 3. 4.〉

> **관련법령** ▶ 「국가유공자 등 예우 및 지원에 관한 법률」 제6조

제6조(등록 및 결정)
① 국가유공자, 그 유족 또는 가족이 되려는 사람(이하 이 조에서 "신청 대상자"라 한다)은 대통령령으로 정하는 바에 따라 국가보훈부장관에게 등록을 신청하여야 한다. 다만, 신청 대상자가 다음 각 호의 어느 하나에 해당하는 경우에는 대통령령으로 정하는 바에 따라 국가보훈부 소속 공무원이 신청 대상자의 동의를 받아 등록을 신청할 수 있고, 그 동의를 받은 경우에는 신청 대상자가 등록을 신청한 것으로 본다. 〈개정 2011. 9. 15., 2013. 5. 22., 2023. 3. 4.〉

1. 「국가보훈 기본법」 제23조제1항제3호의2에 따라 발굴된 희생·공헌자의 경우
2. 전투 또는 이에 준하는 직무수행 중 상이를 입거나 사망한 경우
3. 그 밖에 대통령령으로 정하는 사유로 직접 등록을 신청할 수 없는 경우

② 「보훈보상대상자 지원에 관한 법률」 제4조제1항에 따라 등록을 신청하는 사람에 대하여는 그 등록신청을 한 날에 제1항에 따른 등록을 신청한 것으로 본다.

③ 국가보훈부장관은 제1항에 따른 등록신청을 받으면 대통령령으로 정하는 바에 따라 제4조 또는 제5조에 따른 요건을 확인한 후 국가유공자, 그 유족 또는 가족에 해당하는지를 결정한다. 이 경우 제4조제1항제3호부터 제6호까지, 제8호, 제14호 및 제15호의 국가유공자(이하 "전몰군경 등"이라 한다)가 되기 위하여 등록을 신청하는 경우에는 그 소속하였던 기관의 장에게 그 요건과 관련된 사실의 확인을 요청하여야 하며, 그 소속하였던 기관의 장은 관련 사실을 조사한 후 대통령령으로 정하는 바에 따라 그 요건과 관련된 사실을 확인하여 국가보훈부장관에게 통보하여야 한다. 〈개정 2009. 2. 6., 2011. 9. 15., 2023. 3. 4.〉

④ 국가보훈부장관은 제3항 전단에 따라 국가유공자, 그 유족 또는 가족에 해당하는 사람으로 결정할 때에는 제74조의5에 따른 보훈심사위원회(이하 "보훈심사위원회"라 한다)의 심의·의결을 거쳐야 한다. 다만, 국가유공자, 그 유족 또는 가족의 요건이 객관적인 사실에 의하여 확인된 경우로서 대통령령으로 정하는 경우에는 보훈심사위원회의 심의·의결을 거치지 아니할 수 있다. 〈개정 2011. 9. 15., 2023. 3. 4.〉

⑤ 국가보훈부장관은 제4조제1항 각 호(제1호, 제2호 및 제10호는 제외한다)의 어느 하나에 해당하는 적용 대상 국가유공자임에도 불구하고 신청 대상자가 없어 등록신청을 할 수 없는 사람에 대해서는 보훈심사위원회의 심의·의결을 거쳐 국가유공자로 기록하고 예우 및 관리를 할 수 있다. 〈신설 2016. 5. 29., 2023. 3. 4.〉

⑥ 제1항부터 제4항까지의 규정은 다른 법률에서 이 법의 예우 등을 받도록 규정된 사람에 대하여도 적용한다.

> **관련법령** ▶ 「참전유공자예우 및 단체설립에 관한 법률」 제5조

제5조(등록 및 결정)

① 참전유공자로서 이 법을 적용받으려는 사람은 대통령령으로 정하는 바에 따라 국가보훈부장관에게 등록을 신청하여야 한다. 〈개정 2023. 3. 4.〉

② 국가보훈부장관은 제1항에 따른 등록신청을 받으면 대통령령으로 정하는 바에 따라 참전유공자로서의 요건을 확인한 후 등록할지를 결정한다. 〈개정 2023. 3. 4.〉

③ 다음 각 호의 사람 중 해당 등록신청 서류에 의하여 제2조제2호 각 목의 어느 하나의 요건에 해당함이 객관적으로 인정되는 사람에 대해서는 그 등록한 날에 이 법에 따른 참전유공자로 등록한 것으로 본다.
1. 「국가유공자 등 예우 및 지원에 관한 법률」에 따라 국가유공자로 등록된 사람
2. 「보훈보상대상자 지원에 관한 법률」에 따라 보훈보상대상자로 등록된 사람
3. 「고엽제후유의증 등 환자지원 및 단체설립에 관한 법률」에 따라 고엽제후유증환자 또는 고엽제후유의증환자로 등록된 사람

④ 국가보훈부장관은 제3항 각 호의 어느 하나에 해당하는 사람에 대해서는 지체 없이 이 법의 적용 대상이 되는 참전유공자에 해당하는지를 확인하고, 이에 해당하면 본인에게 제3항에 따라 참전유공자로 등록된 사실을 알려야 한다. 〈개정 2023. 3. 4.〉
⑤ 국가보훈부장관은 제2조제2호에 따른 참전유공자임에도 불구하고 제1항 및 제2항에 따른 등록을 마치지 못하고 사망한 사람에 대해서는 참전유공자로 기록하고 예우 및 관리를 할 수 있다. 〈신설 2016. 5. 29., 2023. 3. 4.〉

> 관련법령 ▶ 「고엽제후유의증 등 환자지원 및 단체설립에 관한 법률」 제4조

제4조(적용 대상자의 결정·등록 등)

① 다음 각 호의 어느 하나에 해당하는 자가 이 법의 적용 대상자가 되려면 대통령령으로 정하는 바에 따라 국가보훈부장관에게 등록을 신청하여야 한다. 〈개정 2023. 3. 4.〉
  1. 월남전에 참전하고 전역한 자 등
  2. 남방한계선 인접지역에서 복무하고 전역한 자 등
  3. 고엽제후유증환자의 자녀
② 국가보훈부장관은 월남전에 참전하고 전역한 자 등 또는 남방한계선 인접지역에서 복무하고 전역한 자 등으로부터 제1항에 따른 등록신청이나 제5항 후단에 따른 이의신청을 받으면 국방부장관에게 신청인이 월남전에 참전하고 전역한 자 등 또는 남방한계선 인접지역에서 복무하고 전역한 자 등이라는 사실을 확인하여 줄 것을 요청하여야 한다. 다만, 신청인이 등록신청 시 제출한 서류로도 해당 신청인이 월남전에 참전하고 전역한 자라는 사실이 확인되는 경우에는 그러하지 아니하다. 〈개정 2015. 12. 22., 2023. 3. 4.〉
③ 국방부장관은 제2항 본문에 따른 확인의 요청이 있으면 해당 사실 여부를 확인하여 그 결과를 국가보훈부장관에게 지체 없이 통보하여야 한다. 〈개정 2023. 3. 4.〉
④ 국가보훈부장관은 다음 각 호의 경우에는 「한국보훈복지의료공단법」제7조에 따른 보훈병원의 장(이하 "보훈병원장"이라 한다)에게 관련 자료를 보내 그 신청인이 고엽제후유증환자·고엽제후유의증환자 또는 고엽제후유증 2세환자인지를 검진하게 하여야 한다. 다만, 신청인이 「의료법」 제3조의4에 따른 상급종합병원(이하 "상급종합병원"이라 한다)의 진단서(병명란에 최종진단을 기재한 경우만을 말하며, 이하 "상급종합병원의 최종진단서"라 한다)를 제출한 경우에는 그 검진을 생략할 수 있다. 〈개정 2011. 12. 31., 2023. 3. 4.〉

> 관련법령 ▶ 「5·18민주유공자 예우에 관한 법률」 제7조

제7조(등록 및 결정)

① 5·18민주유공자, 그 유족 또는 가족이 되려는 사람은 국가보훈부장관에게 등록을 신청하여야 한다. 〈개정 2015. 12. 22., 2023. 3. 4.〉
② 국가보훈부장관은 제1항에 따른 등록신청을 받으면 대통령령으로 정하는 바에 따라 제4조 또는 제5조에 따른 요건을 확인한 후 5·18민주유공자, 그 유족 또는 가족에 해당하는지를 결정한다. 이 경우 국가보훈부장관은 「5·18민주화운동 관련자 보상 등에 관한 법률」 제4조에 따른 5·18민주화

운동관련자보상심의위원회(이하 "보상심의위원회"라 한다)의 위원장에게 그 요건과 관련된 사실의 확인을 요청하여야 하며, 보상심의위원회의 위원장은 대통령령으로 정하는 바에 따라 그 요건과 관련된 사실을 확인하여 국가보훈부장관에게 통보하여야 한다. 〈개정 2015. 12. 22., 2023. 3. 4.〉
③ 국가보훈부장관은 제2항 전단에 따라 5·18민주유공자, 그 유족 또는 가족에 해당하는지를 결정하기 위하여 필요한 경우에는 「국가유공자 등 예우 및 지원에 관한 법률」 제74조의5에 따른 보훈심사위원회(이하 "보훈심사위원회"라 한다)의 심의·의결을 거칠 수 있다. 〈개정 2015. 12. 22., 2023. 3. 4.〉
④ 제1항에 따른 등록신청의 순위와 절차 등에 필요한 사항은 대통령령으로 정한다.

> **관련법령** ▶ 「특수임무유공자 예우 및 단체설립에 관한 법률」 제6조
>
> **제6조(등록 및 결정)**
> ① 특수임무유공자, 그 유족 또는 가족이 되려는 사람은 국가보훈부장관에게 등록을 신청하여야 한다. 〈개정 2015. 12. 22., 2023. 3. 4.〉
> ② 국가보훈부장관은 제1항에 따른 등록 신청을 받으면 대통령령으로 정하는 바에 따라 제3조 또는 제4조에 따른 요건을 확인한 후 특수임무유공자, 그 유족 또는 가족에 해당하는지를 결정한다. 이 경우 국가보훈부장관은 「특수임무수행자 보상에 관한 법률」 제4조에 따른 특수임무수행자보상심의위원회(이하 "보상심의위원회"라 한다)의 위원장에게 그 요건과 관련된 사실의 확인을 요청하여야 하며, 보상심의위원회의 위원장은 대통령령으로 정하는 바에 따라 그 요건과 관련된 사실을 확인하여 국가보훈부장관에게 통보하여야 한다. 〈개정 2015. 12. 22., 2023. 3. 4.〉
> ③ 국가보훈부장관은 제2항 전단에 따라 특수임무유공자, 그 유족 또는 가족에 해당하는지를 결정하기 위하여 필요한 경우에는 「국가유공자 등 예우 및 지원에 관한 법률」 제74조의5에 따른 보훈심사위원회(이하 "보훈심사위원회"라 한다)의 심의·의결을 거칠 수 있다. 〈신설 2015. 12. 22., 2023. 3. 4.〉
> ④ 제1항에 따른 등록 신청의 순위와 절차 등에 관하여 필요한 사항은 대통령령으로 정한다.

제12조의2 체류기간 연장허가 신청의 서식

영 제16조 제1항에 따라 체류기간 연장허가를 신청하려는 외국국적동포는 별지 제1호서식 또는 별지 제1호의2서식의 신청서를 청장, 사무소장 또는 출장소장에게 제출해야 한다. 〈개정 2022. 4. 12.〉 [본조신설 2020. 9. 29.]

제13조 과태료의 납부 고지 등

법 제17조 및 영 제18조에 따른 과태료의 납부 고지는 별지 제8호서식에 의하고, 과태료부과 및 수납대장은 별지 제9호서식에 따른다. 〈개정 2014. 10. 29.〉 [전문개정 2011. 4. 19.]

MEMO

제5편 외국인처우법

제10부

재한외국인 처우 기본법

[시행 2023. 7. 19.]
[법률 제19355호, 2023. 4. 18., 일부개정]

제1장 총칙

제1조 목적

이 법은 재한외국인에 대한 처우 등에 관한 기본적인 사항을 정함으로써 재한외국인이 대한민국 사회에 적응하여 개인의 능력을 충분히 발휘할 수 있도록 하고, 대한민국 국민과 재한외국인이 서로를 이해하고 존중하는 사회 환경을 만들어 대한민국의 발전과 사회통합에 이바지함을 목적으로 한다.

제2조 정의

이 법에서 사용하는 용어의 정의는 다음과 같다.
1. "**재한외국인**"이란 대한민국의 국적을 가지지 아니한 자로서 대한민국에 거주할 목적을 가지고 합법적으로 체류하고 있는 자를 말한다.
2. "**재한외국인에 대한 처우**"란 국가 및 지방자치단체가 재한외국인을 그 법적 지위에 따라 적정하게 대우하는 것을 말한다.
3. "**결혼이민자**"란 대한민국 국민과 혼인한 적이 있거나 혼인관계에 있는 재한외국인을 말한다.

제3조 국가 및 지방자치단체의 책무

국가 및 지방자치단체는 제1조의 목적을 달성하기 위하여 재한외국인에 대한 처우 등에 관한 정책의 수립·시행에 노력하여야 한다.

제4조 다른 법률과의 관계

국가는 재한외국인에 대한 처우 등과 관련되는 다른 법률을 제정 또는 개정하는 경우에는 이 법의 목적에 맞도록 하여야 한다.

제2장 외국인정책의 수립 및 추진 체계

제5조 외국인정책의 기본계획

① 법무부장관은 관계 중앙행정기관의 장과 협의하여 5년마다 외국인정책에 관한 기본계획(이하 "기본계획"이라 한다)을 수립하여야 한다.
② 기본계획에는 다음 각 호의 사항이 포함되어야 한다.
   1. 외국인정책의 기본목표와 추진방향
   2. 외국인정책의 추진과제, 그 추진방법 및 추진시기
   3. 필요한 재원의 규모와 조달방안
4. 그 밖에 외국인정책 수립 등을 위하여 필요하다고 인정되는 사항
③ 법무부장관은 제1항에 따라 수립된 기본계획을 제8조에 따른 외국인정책위원회의 심의를 거쳐 확정하여야 한다.
④ 기본계획의 수립절차 등에 관하여 필요한 사항은 대통령령으로 정한다.
⑤ 법무부장관은 기본계획을 수립함에 있어서 상호주의 원칙을 고려한다.

제6조 연도별 시행계획

① 관계 중앙행정기관의 장은 기본계획에 따라 소관별로 연도별 시행계획을 수립·시행하여야 한다.
② 지방자치단체의 장은 중앙행정기관의 장이 법령에 따라 위임한 사무에 관하여 당해 중앙행정기관의 장이 수립한 시행계획에 따라 당해 지방자치단체의 연도별 시행계획을 수립·시행하여야 한다.
③ 관계 중앙행정기관의 장은 제2항에 따라 수립된 지방자치단체의 시행계획이 기

본계획 및 당해 중앙행정기관의 시행계획에 부합되지 아니하는 경우에는 당해 지방자치단체의 장에게 그 변경을 요청할 수 있고, 당해 지방자치단체가 수립한 시행계획의 이행사항을 기본계획 및 당해 중앙행정기관의 시행계획에 따라 점검할 수 있다.
④ 관계 중앙행정기관의 장은 소관별로 다음 해 시행계획과 지난해 추진실적 및 평가결과를 법무부장관에게 제출하여야 하며, 법무부장관은 이를 종합하여 제8조에 따른 외국인정책위원회에 상정하여야 한다.
⑤ 그 밖에 시행계획의 수립·시행 및 평가 등에 관하여 필요한 사항은 대통령령으로 정한다.

제7조 업무의 협조

① 법무부장관은 기본계획과 시행계획을 수립·시행하고 이를 평가하기 위하여 필요한 때에는 국가기관·지방자치단체 및 대통령령으로 정하는 공공단체의 장(이하 "공공기관장"이라 한다)에게 관련 자료의 제출 등 필요한 협조를 요청할 수 있다.
② 중앙행정기관 및 지방자치단체의 장은 소관 업무에 관한 시행계획을 수립·시행하고 이를 평가하기 위하여 필요한 때에는 공공기관장에게 관련 자료의 제출 등 필요한 협조를 요청할 수 있다.

제8조 외국인정책위원회

① 외국인정책에 관한 주요 사항을 심의·조정하기 위하여 국무총리 소속으로 외국인정책위원회(이하 "위원회"라 한다)를 둔다.
② 위원회는 다음 각 호의 사항을 심의·조정한다.
  1. 제5조에 따른 외국인정책의 기본계획의 수립에 관한 사항
  2. 제6조에 따른 외국인정책의 시행계획 수립, 추진실적 및 평가결과에 관한 사항
  3. 제15조에 따른 사회적응에 관한 주요 사항
  4. 그 밖에 외국인정책에 관한 주요 사항
③ 위원회는 위원장 1인을 포함한 30인 이내의 위원으로 구성하며, 위원장은 국무

총리가 되고, 위원은 다음 각 호의 자가 된다.
1. 대통령령으로 정하는 중앙행정기관의 장
2. 외국인정책에 관하여 학식과 경험이 풍부한 자 중에서 위원장이 위촉하는 자

④ 위원회에 상정할 안건과 위원회에서 위임한 안건을 처리하기 위하여 위원회에 외국인정책실무위원회(이하 "실무위원회"라 한다)를 둔다.

⑤ 제1항부터 제4항까지 외에 위원회 및 실무위원회의 구성과 운영에 관하여 필요한 사항은 대통령령으로 정한다.

제9조 정책의 연구·추진 등

① 법무부장관은 기본계획의 수립, 시행계획의 수립 및 추진실적에 대한 평가, 위원회 및 실무위원회의 구성·운영 등이 효율적으로 이루어질 수 있도록 다음 각 호의 업무를 수행하여야 한다.
1. 재한외국인, 불법체류외국인 및 제15조에 따른 귀화자에 관한 실태 조사
2. 기본계획의 수립에 필요한 사항에 관한 연구
3. 위원회 및 실무위원회에 부의할 안건에 관한 사전 연구
4. 외국인정책에 관한 자료 및 통계의 관리, 위원회 및 실무위원회의 사무 처리
5. 제15조에 따른 사회적응시책 및 그 이용에 관한 연구와 정책의 추진
6. 그 밖에 외국인정책 수립 등에 관하여 필요하다고 인정되는 사항에 관한 연구와 정책의 추진

② 제1항 각 호의 업무를 효율적으로 수행하기 위하여 필요한 사항은 대통령령으로 정한다.

제3장 재한외국인 등의 처우

제10조 재한외국인 등의 인권옹호

국가 및 지방자치단체는 재한외국인 또는 그 자녀에 대한 불합리한 차별 방지 및 인권옹호를 위한 교육·홍보, 그 밖에 필요한 조치를 하기 위하여 노력하여야 한다.

제11조 재한외국인의 사회적응 지원

국가 및 지방자치단체는 재한외국인이 대한민국에서 생활하는 데 필요한 기본적 소양과 지식에 관한 교육·정보제공 및 상담 등의 지원을 할 수 있다.

제12조 결혼이민자 및 그 자녀의 처우

① 국가 및 지방자치단체는 결혼이민자에 대한 국어교육, 대한민국의 제도·문화에 대한 교육, 결혼이민자의 자녀에 대한 보육 및 교육 지원, 의료 지원 등을 통하여 결혼이민자 및 그 자녀가 대한민국 사회에 빨리 적응하도록 지원할 수 있다. 〈개정 2010. 7. 23.〉
② 제1항은 대한민국 국민과 사실혼 관계에서 출생한 자녀를 양육하고 있는 재한외국인 및 그 자녀에 대하여 준용한다.
③ 국가와 지방자치단체는 제1항의 결혼이민자 및 그 자녀와 제2항의 재한외국인 및 그 자녀에 대하여 건강검진을 실시할 수 있다. 〈신설 2017. 10. 31.〉

제13조 영주권자의 처우

① 국가 및 지방자치단체는 대한민국에 영구적으로 거주할 수 있는 법적 지위를 가진 외국인(이하 "영주권자"라 한다)에 대하여 대한민국의 안전보장·질서유지·공공복리, 그 밖에 대한민국의 이익을 해치지 아니하는 범위 안에서 대한민국으로의 입국·체류 또는 대한민국 안에서의 경제활동 등을 보장할 수 있다.
② 제12조제1항은 영주권자에 대하여 준용한다.

제14조 난민의 처우

① 「난민법」에 따른 난민인정자가 대한민국에서 거주하기를 원하는 경우에는 제12조 제1항을 준용하여 지원할 수 있다. 〈개정 2012. 2. 10.〉
② 국가는 난민의 인정을 받은 재한외국인이 외국에서 거주할 목적으로 출국하려는 경우에는 출국에 필요한 정보제공 및 상담과 그 밖에 필요한 지원을 할 수 있다.

제14조의2 특별기여자의 처우

① 대한민국에 특별히 기여하였거나 공익의 증진에 이바지하였다고 인정되어 대한민국에 거주하고 있는 외국인 및 그 동반가족으로서 국내 정착을 지원할 필요가 있다고 법무부장관이 인정하는 사람(이하 "특별기여자 등"이라 한다)의 처우에 관하여는 제14조, 「난민법」 제31조부터 제36조까지 및 제38조를 준용한다.
② 국가 및 지방자치단체는 특별기여자 등에게 다음 각 호의 지원을 할 수 있다.
   1. 초기생활정착자금 및 그 밖에 필요한 생활지원
   2. 고용 정보의 제공, 취업알선 등 취업에 필요한 지원 [본조신설 2022. 1. 25.]

> **관련법령** ▶ 「난민법」 제31조부터 제36조까지 및 제38조

제31조(사회보장) 난민으로 인정되어 국내에 체류하는 외국인은 「사회보장기본법」 제8조 등에도 불구하고 대한민국 국민과 같은 수준의 사회보장을 받는다.

제32조(기초생활보장)
난민으로 인정되어 국내에 체류하는 외국인은 「국민기초생활 보장법」 제5조의2에도 불구하고 본인

의 신청에 따라 같은 법 제7조부터 제15조까지에 따른 보호를 받는다.

제33조(교육의 보장)
① 난민인정자나 그 자녀가 「민법」에 따라 미성년자인 경우에는 국민과 동일하게 초 등교육과 중 등교육을 받는다.
② 법무부장관은 난민인정자에 대하여 대통령령으로 정하는 바에 따라 그의 연령과 수학능력 및 교육여건 등을 고려하여 필요한 교육을 받을 수 있도록 지원할 수 있다.

제34조(사회적응교육 등)
① 법무부장관은 난민인정자에 대하여 대통령령으로 정하는 바에 따라 한국어 교육 등 사회적응교육을 실시할 수 있다.
② 법무부장관은 난민인정자가 원하는 경우 대통령령으로 정하는 바에 따라 직업훈련을 받을 수 있도록 지원할 수 있다.

제35조(학력인정)
난민인정자는 대통령령으로 정하는 바에 따라 외국에서 이수한 학교교육의 정도에 상응하는 학력을 인정받을 수 있다.

제36조(자격인정)
난민인정자는 관계 법령에서 정하는 바에 따라 외국에서 취득한 자격에 상응하는 자격 또는 그 자격의 일부를 인정받을 수 있다.

제38조(난민인정자에 대한 상호주의 적용의 배제)
난민인정자에 대하여는 다른 법률에도 불구하고 상호주의를 적용하지 아니한다.

제15조 국적취득 후 사회적응

재한외국인이 대한민국의 국적을 취득한 경우에는 국적을 취득한 날부터 3년이 경과하는 날까지 제12조 제1항에 따른 시책의 혜택을 받을 수 있다.

제16조 전문외국인력의 처우 개선

국가 및 지방자치단체는 전문적인 지식·기술 또는 기능을 가진 외국인력의 유치를 촉진할 수 있도록 그 법적 지위 및 처우의 개선에 필요한 제도와 시책을 마련하기 위하여 노력하여야 한다.

제17조 과거 대한민국국적을 보유하였던 자 등의 처우

국가 및 지방자치단체는 과거 대한민국의 국적을 보유하였던 자 또는 그의 직계비속(대한민국의 국적을 보유한 자를 제외한다)으로서 대통령령으로 정하는 자에 대하여 대한민국의 안전보장·질서유지·공공복리, 그 밖에 대한민국의 이익을 해치지 아니하는 범위 안에서 대한민국으로의 입국·체류 또는 대한민국 안에서의 경제활동 등을 보장할 수 있다.

제4장 국민과 재한외국인이 더불어 살아가는 환경 조성

제18조 다문화에 대한 이해 증진

국가 및 지방자치단체는 국민과 재한외국인이 서로의 역사·문화 및 제도를 이해하고 존중할 수 있도록 교육, 홍보, 불합리한 제도의 시정이나 그 밖에 필요한 조치를 하기 위하여 노력하여야 한다.

제19조 세계인의 날

① 국민과 재한외국인이 서로의 문화와 전통을 존중하면서 더불어 살아갈 수 있는 사회 환경을 조성하기 위하여 매년 5월 20일을 세계인의 날로 하고, 세계인의 날부터 1주간의 기간을 세계인주간으로 한다.
② 세계인의 날 행사에 관하여 필요한 사항은 법무부장관 또는 특별시장·광역시장·도지사 또는 특별자치도지사가 따로 정할 수 있다.

제5장 보칙

제20조 외국인에 대한 민원 안내 및 상담

① 공공기관장은 재한외국인에게 민원처리절차를 안내하는 업무를 전담하는 직원을 지정할 수 있고, 그 직원으로 하여금 소정의 교육을 이수하도록 할 수 있다.
② 국가는 전화 또는 전자통신망을 이용하여 재한외국인과 그 밖에 대통령령으로 정하는 자에게 외국어로 민원을 안내·상담하기 위하여 외국인종합안내센터를 설치·운영할 수 있다.

제21조 민간과의 협력

국가 및 지방자치단체는 외국인정책에 관한 사업 중의 일부를 비영리법인 또는 비영리단체에 위탁할 수 있고, 그 위탁한 사업수행에 드는 비용의 일부를 지원하거나 그 밖에 필요한 지원을 할 수 있다.

제22조 국제교류의 활성화

국가 및 지방자치단체는 외국인정책과 관련한 국제기구에 참여하거나 국제회의에 참석하고, 정보교환 및 공동 조사·연구 등의 국제협력사업을 추진함으로써 국제교류를 활성화하기 위하여 노력하여야 한다.

제22조의2 이민정책연구원

① 「대한민국 정부와 국제이주기구 간의 국제이주기구 이민정책연구원 설립 및 운영에 관한 협정」의 이행을 장려하고, 전문적이고 체계적인 이민정책의 수립 등에 필요한 조사·연구를 추진하기 위하여 이민정책연구원(이하 "연구원"이라 한다)을 설립한다.
② 연구원은 법인으로 한다.
③ 연구원은 다음 각 호의 사업을 수행한다.
　1. 세계 각국의 이민정책과 입법에 관한 조사·연구·자문·정보교환
　2. 이민정책 전문가 양성
　3. 이민정책 관련 국제교류·협력 및 국제회의 개최·지원
　4. 이민정책 관련 학회 및 학술활동 지원
　5. 이민정책 관련 학술자료·정기간행물·보고서 등 출판물의 발간·보급
　6. 그 밖에 연구원의 설립 목적을 달성하는 데 필요한 사업
④ 연구원은 정관으로 정하는 바에 따라 임원과 필요한 직원을 둔다.
⑤ 연구원에 관하여 이 법에서 정한 것 외에는 「민법」 중 재단법인에 관한 규정을 준용한다.
⑥ 국가는 예산의 범위에서 연구원의 운영에 필요한 경비를 지원할 수 있다.
[본조신설 2023. 4. 18.][시행일 : 2023. 7. 19.] 제22조의2

제23조 정책의 공표 및 전달

① 국가 및 지방자치단체는 확정된 외국인정책의 기본계획 및 시행계획 등을 공표할 수 있다. 다만, 위원회 또는 실무위원회에서 국가안전보장·질서유지·공공복리·외교관계 등의 국익을 고려하여 공표하지 아니하기로 하거나 개인의 사생활의 비밀이 침해될 우려가 있는 사항에 대하여는 그러하지 아니하다.
② 국가 및 지방자치단체는 모든 국민 및 재한외국인이 제1항에 따라 공표된 외국인정책의 기본계획 및 시행계획 등을 쉽게 이해하고 이용할 수 있도록 노력하여야 한다.

MEMO

제5편 외국인처우법

제11부
재한외국인 처우 기본법 시행령

[시행 2017. 7. 26.]
[대통령령 제28211호, 2017. 7. 26., 타법개정]

제1조 목적

이 영은 「재한외국인 처우 기본법」에서 위임된 사항과 그 시행에 필요한 사항을 규정함을 목적으로 한다.

제2조 외국인정책 기본계획의 수립

① 법무부장관은 「재한외국인 처우 기본법」(이하 "법"이라 한다) 제5조 제1항에 따른 외국인정책에 관한 기본계획(이하 "기본계획"이라 한다)의 효율적인 수립을 위하여 미리 기본계획 작성지침을 정하여 관계 중앙행정기관의 장에게 통보하여야 한다.
② 관계 중앙행정기관의 장은 제1항의 기본계획 작성지침에 따라 소관별로 기본계획안을 작성하여 법무부장관에게 제출하여야 하고, 법무부장관은 이를 종합하여 법 제5조 제1항의 기본계획을 수립하여야 한다.
③ 법무부장관은 법 제5조 제3항에 따라 기본계획이 확정되면 이를 관계 중앙행정기관의 장과 지방자치단체의 장에게 통보하여야 한다.

제3조 기본계획의 변경

① 관계 중앙행정기관의 장은 확정된 기본계획 중 소관사항을 변경하려면 기본계획 변경안을 작성하여 법무부장관에게 제출하여야 한다.
② 법무부장관은 제1항의 기본계획 변경안을 고려하여 기본계획을 수정하고 법 제5조 제3항에 따라 기본계획을 확정하여야 한다.

제4조 연도별 시행계획의 수립

① 법무부장관은 법 제6조 제1항·제2항에 따른 연도별 시행계획(이하 "시행계획"이라 한다)의 효율적인 수립을 위하여 시행계획 수립지침을 정하여 매년 7월 말까지 관계 중앙행정기관의 장과 지방자치단체의 장에게 통보하여야 한다.

② 관계 중앙행정기관의 장은 제1항의 시행계획 수립지침에 따라 소관별로 다음 해 시행계획을 수립하여 지방자치단체의 장에게 통보하여야 한다.
③ 관계 중앙행정기관의 장은 법 제6조 제4항에 따라 다음 해 시행계획에 지방자치단체의 장이 법 제6조 제2항에 따라 수립한 시행계획을 종합하여 소관별로 매년 10월 말까지 법무부장관에게 제출하여야 한다.
④ 법무부장관은 제3항에 따라 제출된 시행계획에 관하여 법 제8조에 따른 외국인정책위원회(이하 "위원회"라 한다)의 심의·조정을 거친 후, 그 결과를 관계 중앙행정기관의 장과 지방자치단체의 장에게 통보하여야 한다.

제5조 시행계획의 추진실적 및 평가결과

① 법무부장관은 법 제6조 제4항 및 제5항에 따른 지난 해 추진실적 및 평가결과의 효율적인 작성을 위하여 미리 추진실적 및 평가결과 작성지침을 정하여 관계 중앙행정기관의 장과 지방자치단체의 장에게 통보하여야 한다.
② 지방자치단체의 장은 제1항의 추진실적 및 평가결과 작성지침에 따라 지난 해 추진실적 및 평가결과를 작성하여 매년 1월 말까지 관계 중앙행정기관의 장에게 제출하여야 한다.
③ 관계 중앙행정기관의 장은 법 제6조 제4항에 따라 지난 해 추진실적 및 평가결과에 관계 지방자치단체의 장이 제2항에 따라 제출한 지난 해 추진실적 및 평가결과를 종합하여 소관별로 매년 2월 말까지 법무부장관에게 제출하여야 한다.
④ 법무부장관은 제3항에 따라 제출된 지난 해 추진실적 및 평가결과를 종합하여 위원회의 심의·조정을 거친 후, 그 결과를 관계 중앙행정기관의 장과 지방자치단체의 장에게 통보하여야 한다.
⑤ 관계 중앙행정기관의 장과 지방자치단체의 장은 제4항에 따라 통보받은 결과를 다음 연도 소관 시행계획을 수립·시행할 때에 반영하여야 한다.
⑥ 법무부장관은 시행계획의 추진 상황을 분기별로 종합·점검할 수 있고, 그 결과를 관계 중앙행정기관의 장과 지방자치단체의 장이 공유할 수 있도록 필요한 조치를 할 수 있다.

제6조 업무의 협조

법 제7조 제1항에서 "대통령령으로 정하는 공공단체의 장"이란 다음 각 호의 기관·단체의 장을 말한다.

1. 「유아교육법」, 「초·중 등교육법」, 「고등교육법」, 그 밖에 다른 법률에 따라 설립된 각급 학교
2. 「공공기관의 운영에 관한 법률」에 따라 지정·고시된 공기업·준정부기관 및 기타 공공기관
3. 「지방공기업법」에 따라 설립된 지방공사 및 지방공단
4. 특별법에 따라 설립된 특수법인
5. 「사회복지사업법」 제42조 제1항에 따라 국가나 지방자치단체로부터 보조금을 받는 사회복지법인과 사회복지사업을 하는 비영리법인

> **관련법령** ▶ 「사회복지사업법」 제42조제1항

제42조(보조금 등)
① 국가나 지방자치단체는 사회복지사업을 하는 자 중 대통령령으로 정하는 자에게 운영비 등 필요한 비용의 전부 또는 일부를 보조할 수 있다.

제7조 위원회의 구성 및 운영

① 법 제8조 제3항 제1호에서 "대통령령으로 정하는 중앙행정기관의 장"이란 기획재정부장관, 교육부장관, 과학기술정보통신부, 외교부장관, 법무부장관, 행정안전부장관, 문화체육관광부장관, 농림축산식품부장관, 산업통상자원부장관, 보건복지부장관, 고용노동부장관, 여성가족부장관, 국토교통부장관, 해양수산부장관, 중소벤처기업부장관 및 위원회의 의결을 거쳐 위원회의 위원장(이하 "위원장"이라 한다)이 필요하다고 인정한 중앙행정기관의 장을 말한다.〈개정 2008. 2. 29., 2010. 3. 15., 2010. 7. 12., 2013. 3. 23., 2014. 11. 19., 2017. 7. 26.〉

② 위원장은 법 제8조 제3항 제2호에 따라 9명 이내의 위원을 위촉할 수 있다.

③ 제2항에 따라 위촉된 위원의 임기는 3년으로 한다.

④ 위원장은 필요하다고 인정되면 위원회의 심의 안건과 관련된 행정기관의 장(국

가정보원장과 국무조정실장을 포함한다), 지방자치단체의 장 및 제6조각 호의 기관·단체의 장을 회의에 참석하게 할 수 있다. 〈개정 2008. 12. 31., 2013. 3. 23.〉

제7조의2 위원회 위원의 해촉

위원장은 제7조 제2항에 따라 위촉된 위원이 다음 각 호의 어느 하나에 해당하는 경우에는 해당 위원을 해촉(解囑)할 수 있다.
1. 심신장애로 인하여 직무를 수행할 수 없게 된 경우
2. 직무와 관련된 비위사실이 있는 경우
3. 직무태만, 품위 손상이나 그 밖의 사유로 인하여 위원으로 적합하지 아니하다고 인정되는 경우
4. 위원 스스로 직무를 수행하는 것이 곤란하다고 의사를 밝히는 경우 [본조신설 2016. 5. 10.]

제8조 위원장

① 위원장은 위원회를 대표하고 위원회의 사무를 총괄한다.
② 위원장이 부득이한 사유로 직무를 수행할 수 없을 때에는 법무부장관이 그 직무를 대행한다.

제9조 위원회의 회의

① 위원장은 위원회의 회의를 소집하고 그 의장이 된다.
② 위원장은 회의를 소집하려면 회의의 일시·장소 및 심의 안건을 위원과제7조 제4항에 따라 회의에 참석하는 자에게 회의개최 5일 전까지 서면으로 알려야 한다. 다만, 긴급히 개최하여야 하는 경우와 그 밖에 부득이한 사정이 있는 경우에는 그러하지 아니하다.
③ 위원회의 회의는 재적위원 과반수의 출석으로 개의하고, 출석위원 과반수의 찬성으로 의결한다.

제10조 간사

위원회의 사무를 처리하기 위하여 위원회에 간사 1명을 두며, 간사는 법무부 출입

국·외국인정책본부장이 된다.

제11조 실무위원회의 구성 및 운영

① 법 제8조 제4항에 따른 외국인정책실무위원회(이하 "실무위원회"라 한다)는 위원장 1명을 포함한 30명 이내의 위원으로 구성하며, 실무위원회의 위원장은 법무부차관이 되고 위원은 다음 각 호의 자가 된다. 〈개정 2008. 2. 29., 2013. 3. 23.〉
  1. 제7조 제1항에 따른 중앙행정기관의 장·국가정보원장 및 국무조정실장이 소속된 행정기관의 고위공무원단에 속하는 공무원 또는 고위공무원단에 속하지 아니한 1급부터 3급까지의 공무원 중에서 지명하는 자
  2. 외국인정책에 관하여 학식과 경험이 풍부한 자 중에서 실무위원회의 위원장이 위촉한 자
② 실무위원회의 위원장은 필요하다고 인정되면 실무위원회의 안건과 관련된 행정기관의 장, 지방자치단체의 장 및 제6조 각 호의 기관·단체의 장이 지명하는 자를 회의에 참석하게 할 수 있다.
③ 실무위원회는 다음 각 호의 어느 하나에 관한 연구·검토 및 협의 등을 위하여 분야별로 실무분과위원회를 둔다.
  1. 실무위원회의 안건 중 실무위원회 위원 간에 이견이 있어 협의가 필요하다고 실무위원회가 인정한 사항
  2. 제5조의 추진실적 및 평가결과 중 실무위원회에서 처리할 안건에 대한 사항
  3. 그 밖에 실무위원회에서 위임한 사항

제11조의2 실무위원회 위원의 해촉

실무위원회 위원(제11조 제1항 제2호에 따라 위촉된 위원에 한정한다)의 해촉에 관하여는 제7조의2를 준용한다. 이 경우 "위원장"은 "실무위원회의 위원장"으로 본다.

[본조신설 2016. 5. 10.]

제12조 수당 등

위원회·실무위원회 및 실무분과위원회에 출석하는 위원에게는 예산의 범위에서

수당과 여비, 그 밖에 필요한 경비를 지급할 수 있다. 다만, 공무원이 그 소관 업무와 직접 관련하여 출석하는 경우에는 그러하지 아니하다.

제13조 운영세칙

이 영에 규정한 것 외에 위원회의 구성과 운영에 필요한 사항은 위원회의 의결을 거쳐서 위원장이 정하고, 실무위원회와 실무분과위원회의 구성과 운영에 필요한 사항은 실무위원회의 의결을 거쳐 실무위원회 위원장이 정한다.

제14조 정책연구 등의 위탁

법무부장관은 법 제9조 제1항 각 호의 업무를 효율적으로 수행하기 위하여 연구소·대학, 그 밖에 필요하다고 인정하는 기관·단체에 실태조사 및 연구 등을 위탁할 수 있다.

제15조 과거 대한민국 국적을 보유하였던 자 등의 범위 등

① 법 제17조에서 "대통령령으로 정하는 자"란 자신 또는 부모의 일방이나 조부모의 일방이 과거 대한민국의 국적을 보유하였던 사실을 증명하는 자로서 다음 각 호에 해당하지 아니하는 자를 말한다.
  1. 「출입국관리법」 제11조 제1항 각 호의 어느 하나에 해당하여 입국이 금지되는 자
  2. 「재외동포의 출입국과 법적지위에 관한 법률」 제5조 제2항에 따라 체류자격 부여가 제한되는 자

② 중앙행정기관의 장과 지방자치단체의 장은 법 제17조에 따른 처우에 관하여 대한민국의 안전보장·질서유지·공공복리 등에 부합하는지 여부를 검토하거나 제1항 각 호의 사항을 확인하기 위하여 관계 행정기관의 장, 지방자치단체의 장 및 제6조 각 호의 기관·단체의 장에게 의견을 묻거나 협조를 요청할 수 있다.

관련법령 ▶ 「출입국관리법」 제11조제1항

제11조(입국의 금지 등)

① 법무부장관은 다음 각 호의 어느 하나에 해당하는 외국인에 대하여는 입국을 금지할 수 있다.
  1. 감염병환자, 마약류중독자, 그 밖에 공중위생상 위해를 끼칠 염려가 있다고 인정되는 사람
  2. 「총포·도검·화약류 등의 안전관리에 관한 법률」에서 정하는 총포·도검·화약류 등을 위법하게 가지고 입국하려는 사람
  3. 대한민국의 이익이나 공공의 안전을 해치는 행동을 할 염려가 있다고 인정할 만한 상당한 이유가 있는 사람
  4. 경제질서 또는 사회질서를 해치거나 선량한 풍속을 해치는 행동을 할 염려가 있다고 인정할 만한 상당한 이유가 있는 사람
  5. 사리 분별력이 없고 국내에서 체류활동을 보조할 사람이 없는 정신장애인, 국내체류비용을 부담할 능력이 없는 사람, 그 밖에 구호(救護)가 필요한 사람
  6. 강제퇴거명령을 받고 출국한 후 5년이 지나지 아니한 사람
  7. 1910년 8월 29일부터 1945년 8월 15일까지 사이에 다음 각 목의 어느 하나에 해당하는 정부의 지시를 받거나 그 정부와 연계하여 인종, 민족, 종교, 국적, 정치적 견해 등을 이유로 사람을 학살·학대하는 일에 관여한 사람
    가. 일본 정부
    나. 일본 정부와 동맹 관계에 있던 정부
    다. 일본 정부의 우월한 힘이 미치던 정부
  8. 제1호부터 제7호까지의 규정에 준하는 사람으로서 법무부장관이 그 입국이 적당하지 아니하다고 인정하는 사람

> **관련법령** ▶ 「재외동포의 출입국과 법적지위에 관한 법률」 제5조제2항

제5조(재외동포체류자격의 부여)
② 법무부장관은 외국국적동포에게 다음 각 호의 어느 하나에 해당하는 사유가 있으면 제1항에 따른 재외동포체류자격을 부여하지 아니한다. 다만, 법무부장관이 필요하다고 인정하는 경우에는 제1호에 해당하는 외국국적동포가 41세가 되는 해 1월 1일부터 부여할 수 있다.
  1. 다음 각 목의 어느 하나에 해당하지 아니한 상태에서 대한민국 국적을 이탈하거나 상실하여 외국인이 된 남성의 경우
    가. 현역·상근예비역·보충역 또는 대체역으로 복무를 마치거나 마친 것으로 보게 되는 경우
    나. 전시근로역에 편입된 경우
    다. 병역면제처분을 받은 경우
  2. 대한민국의 안전보장, 질서유지, 공공복리, 외교관계 등 대한민국의 이익을 해칠 우려가 있는 경우

제16조 외국인에 대한 민원 안내 및 상담

법 제20조 제2항에서 "대통령령으로 정하는 자"란 대한민국에 체류하는 외국인을 말한다.

제6편 난민법

제12부
난민법

[시행 2016. 12. 20.]
[법률 제14408호, 2016. 12. 20., 일부개정]

제1장 총칙

제1조 목적

이 법은 「난민의 지위에 관한 1951년 협약」(이하 "난민협약"이라 한다) 및 「난민의 지위에 관한 1967년 의정서」(이하 "난민의정서"라 한다) 등에 따라 난민의 지위와 처우 등에 관한 사항을 정함을 목적으로 한다.

제2조 정의

이 법에서 사용하는 용어의 뜻은 다음과 같다.
1. "난민"이란 인종, 종교, 국적, 특정 사회집단의 구성원인 신분 또는 정치적 견해를 이유로 박해를 받을 수 있다고 인정할 충분한 근거가 있는 공포로 인하여 국적국의 보호를 받을 수 없거나 보호받기를 원하지 아니하는 외국인 또는 그러한 공포로 인하여 대한민국에 입국하기 전에 거주한 국가(이하 "상주국"이라 한다)로 돌아갈 수 없거나 돌아가기를 원하지 아니하는 무국적자인 외국인을 말한다.
2. "난민으로 인정된 사람"(이하 "난민인정자"라 한다)이란 이 법에 따라 난민으로 인정을 받은 외국인을 말한다.
3. "인도적 체류 허가를 받은 사람"(이하 "인도적체류자"라 한다)이란 제1호에는 해당하지 아니하지만 고문 등의 비인도적인 처우나 처벌 또는 그 밖의 상황으로 인하여 생명이나 신체의 자유 등을 현저히 침해당할 수 있다고 인정할 만한 합리적인 근거가 있는 사람으로서 대통령령으로 정하는 바에 따라 법무부장관으로부터 체류허가를 받은 외국인을 말한다.
4. "난민인정을 신청한 사람"(이하 "난민신청자"라 한다)이란 대한민국에 난민인정

을 신청한 외국인으로서 다음 각 목의 어느 하나에 해당하는 사람을 말한다.
   가. 난민인정 신청에 대한 심사가 진행 중인 사람
   나. 난민불인정결정이나 난민불인정결정에 대한 이의신청의 기각결정을 받고 이의신청의 제기기간이나 행정심판 또는 행정소송의 제기기간이 지나지 아니한 사람
   다. 난민불인정결정에 대한 행정심판 또는 행정소송이 진행 중인 사람
5. "재정착희망난민"이란 대한민국 밖에 있는 난민 중 대한민국에서 정착을 희망하는 외국인을 말한다.
6. "외국인"이란 대한민국의 국적을 가지지 아니한 사람을 말한다.

주요판례

❖ **난민불인정결정취소** [서울고법 2022. 10. 18., 선고, 2022누31961, 판결 : 상고]

판시사항

말레이시아 연방 국적의 무슬림인 트랜스젠더 甲이 사증면제(B-1) 체류자격으로 대한민국에 입국하였다가 지방출입국·외국인청장에게 난민인정신청을 하였으나, 지방출입국·외국인청장이 甲에 대하여 난민의 지위에 관한 1951년 협약 제1조 등에서 규정한 '박해를 받게 될 것이라는 충분히 근거 있는 공포'에 해당되지 않는다는 이유로 난민불인정결정을 한 사안에서, 甲의 트랜스젠더라는 성 정체성은 난민법의 '특정 사회집단의 구성원 신분'에 해당하고, 甲이 처한 위협이 난민협약에서 말하는 박해에 해당하며, 위 처분 당시 甲으로서는 '국적국으로 돌아갔을 때 박해에 노출될 수도 있다는 충분한 근거 있는 공포'를 가졌다고 인정할 수 있으므로, 위 처분이 위법하다고 한 사례

판결요지

말레이시아 연방 국적의 무슬림인 트랜스젠더(Male to Female) 甲이 사증면제(B-1) 체류자격으로 대한민국에 입국하였다가 지방출입국·외국인청장에게 난민인정신청을 하였으나, 지방출입국·외국인청장이 甲에 대하여 난민의 지위에 관한 1951년 협약(이하 '난민협약'이라 한다) 제1조 및 난민의 지위에 관한 1967년 의정서 제1조에서 규정한 '박해를 받게 될 것이라는 충분히 근거 있는 공포'에 해당되지 않는다는 이유로 난민불인정결정을 한 사안이다.

말레이시아 국적의 무슬림인 甲의 트랜스젠더라는 성 정체성은 '선천적 특성 및 정체성의 핵심적인 요소로 인하여 사회환경 속에서 다른 집단과 다르다고 인식되고, 또한 성 정체성으로 인해 사회의 도덕규범이나 법규범에 어긋나 그것이 외부로 드러날 경우 그로 인해 불이익을 당하기 쉬울 뿐 아니라, 이에 대하여 국적국 정부에서 보호를 제공하지 않는 경우'로서 난민법의 '특정 사회집단의 구성원 신분'에 해당하고, 甲은 실제로 자신의 성 정체성을 드러냈던 것이 직접적인 이유가 되어 말레이시아에서 경찰에 체포되어 구금형 및 벌금형의 처벌을 받았을 뿐 아니라, 위와 같은 말레이시아 법령이 계속 시행되고 있어 甲이 자신이 처한 위협에 대하여 국가에 보호를 요청할 수 있는 처지도 아닌 것이 명백하므로, 이러한 위협은 부당한 사회적 제약을 넘어 신체 또는 자유에 대한 위협, 인간의 본질적 존엄성에 대한 중대한 침해나 차별이 발생하는 경우로서 난민

협약에서 말하는 박해에 해당하며, 나아가 미국 국무부 등 다수 기관의 인권상황 보고서에 말레이시아에서 트랜스젠더에 대한 국가적 수준에서의 제재가 지속적으로 가해지고 있는 정황이 기재되어 있는 점, 甲이 실제로 국가권력에 의하여 신체의 자유와 재산을 침해당하는 박해에 직면하였던 구체적인 경험을 가지고 있던 점, 말레이시아 샤리아 형법의 성소수자에 대한 처벌 규정이 폐지되거나 충분히 완화된 상태에서 집행이 이루어지는 것으로 보이지는 않는 점, 甲의 신분증에 종교와 성별이 명시되어 있고 성별 기재를 고칠 수도 없어 甲이 여성스러운 옷차림을 할 경우 말레이시아의 경찰관이 甲의 신분증을 확인하는 정도만으로도 甲이 샤리아 형법에 따라 처벌받을 위험에 노출될 수밖에 없는 점 등에 비추어, 위 처분 당시 甲으로서는 '국적국으로 돌아갔을 때 박해에 노출될 수도 있다는 충분한 근거 있는 공포'를 가졌다고 인정할 수 있으므로, 위 처분이 위법하다고 한 사례이다.

주 요 판 례

❖ **난민불인정결정취소**[서울고법 2022. 4. 19., 선고, 2021누34345, 판결 : 상고]

판시사항

파키스탄 이슬람 공화국 국적의 甲과 배우자 乙 및 미성년 자녀가, 甲과 乙이 가족의 의사에 반하는 연애결혼을 하여 본국으로 귀국하면 甲의 가족 등으로부터 '박해를 받을 충분히 근거 있는 공포'가 있다는 이유로 난민인정 신청을 하였으나 관할 출입국·외국인청장이 난민불인정 처분을 한 사안에서, 甲은 본국에서 가족의 의사에 반하여 종족이나 사회계급이 다른 상대와 연애결혼을 한 혼인 적령기 여성, 乙은 그 배우자로서 본국에 돌아갈 경우 甲의 가족 등으로부터 박해를 받을 우려가 있다는 충분한 근거 있는 공포를 느끼는 사람들에 해당하고, 미성년 자녀에 대하여도 가족결합의 원칙 등에 따라 난민의 지위를 부여할 인도적 필요가 있다는 이유로, 위 처분이 위법하다고 한 사례

판결요지

파키스탄 이슬람 공화국 국적의 甲과 배우자 乙 및 미성년 자녀가, 甲과 乙이 가족의 의사에 반하는 연애결혼을 하여 본국으로 귀국하면 甲의 가족 등으로부터 '박해를 받을 충분히 근거 있는 공포'가 있다는 이유로 난민인정 신청을 하였으나 관할 출입국·외국인청장이 난민불인정 처분을 한 사안이다.

甲과 乙은 연애결혼을 한 과정, 이에 따라 본국에서 甲의 가족으로부터 당한 위협·폭력, 한국으로 오게 된 경위 등에 관하여 구체적이고 일관성 있게 진술하고 있고, 이는 본국의 사회적·정치적 상황에 비추어 충분히 일어날 수 있는 일로 甲과 乙이 제출한 객관적인 서증과도 대부분 합치하는 점, 의사에 반하는 결혼을 강요하거나 스스로 선택한 혼인 상대방과 결혼할 수 없도록 강제하는 것, 강제로 이혼하도록 강요하는 것은 모두 인격권과 행복추구권, 성적 자기결정권을 박탈하는 것으로서, 인간의 본질적 존엄성에 대한 중대하고도 본질적인 침해에 해당하는 점, '가족의 반대를 무릅쓰고 자기의 자유의사로 종족 및 사회계급이 다른 남성과 결혼한 여성과 그 배우자'는 본국의 사회문화적 규범에 반하여 '가족의 명예를 더럽힌 사람들'로서, 전통적인 규범을 따르는 동족 집단이나 지역사회로부터 배척당하고 명예범죄의 위험을 받을 위험이 큰 점, 본국에서는 연애결혼을 한 여성과 배우자, 자녀에 대한 명예살인이 매년 다수 발생하고, 甲과 乙이 거주하던 곳은 그중에서도 관련 범죄의 발생 건수가 가장 많은 곳인 점 등을 종합하면, 甲은 본국에서 가족의 의사에 반하여 종족이나 사회계급이 다른 상대와 연애결혼을 한 혼인 적령기 여성, 乙은 그 배우자로서 이로 인하여 자신의 신체에 관한 위협을 당하는 등 구체적 박해를 받고 대한민국에 입국하였고, 본국에 돌아갈 경우 甲의 가족 등으로부터 박해를 받을 우려가 있다는 충분한 근거 있는 공포를 느끼는 사람들에 해당하고, 미성년 자녀에 대하여도 가

족결합의 원칙과 甲의 가족으로부터의 박해 가능성 등을 고려하여 난민의 지위를 부여할 인도적 필요가 있다는 이유로, 위 처분이 위법하다고 한 사례이다.

주요판례

❖ **난민불인정처분취소·난민불인정결정취소**
[광주고법 2021. 6. 10., 선고, 2019누12349, 13229, 판결 : 확정]

판시사항

파키스탄 이슬람 공화국 국적의 甲과 배우자 및 미성년 자녀가 甲이 정치적 박해를 받을 우려가 있다며 난민신청을 하였으나 관할 출입국·외국인사무소장이 난민불인정결정을 한 사안에서, 甲은 정치적 견해 등으로 인하여 박해를 받을 우려가 있다는 충분한 근거가 있는 공포에 처해 있다고 봄이 상당하고, 가족결합의 원칙에 의하여 그 배우자와 미성년 자녀들에 대하여도 난민의 지위를 부여할 인도적 필요가 있다는 이유로, 위 처분이 위법하다고 한 사례

판결요지

파키스탄 이슬람 공화국(이하 '파키스탄'이라 한다) 국적의 甲과 배우자 및 미성년 자녀가 甲이 본국에 돌아가면 정치적 박해를 받을 우려가 있다며 난민신청을 하였으나 관할 출입국·외국인사무소장이 '박해를 받게 될 것이라는 충분히 근거 있는 공포'를 인정할 수 없다는 이유로 난민불인정결정을 한 사안이다.
甲에 대한 감금 및 고문, 체포영장의 발부 및 출국 경위 등에 관한 甲과 그의 가족들의 진술은 신빙성이 있어 그 내용 중 상당 부분이 사실에 부합한다고 보이는 점, 甲에 대하여 발부된 체포영장이 여전히 유효하므로 甲이 본국에 송환될 경우 곧바로 체포될 가능성이 높은 점 등을 종합하면 甲은 정치적 견해 등으로 인하여 박해를 받을 우려가 있다는 충분한 근거가 있는 공포에 처해 있다고 봄이 상당하고, 난민의 지위에 관한 1951년 협약을 채택한 회의의 권고안 및 난민법상 가족결합의 원칙에 의하여 甲의 배우자와 자녀들에 대하여도 난민의 지위를 부여할 인도적 필요가 있다는 이유로, 위 처분이 위법하다고 한 사례이다.

주요판례

❖ **난민인정신청접수거부처분취소 등의소** [서울고등법원 2021. 4. 21., 선고, 2020누45348, 판결 : 확정]

판시사항

콩고민주공화국 국적 甲이 경유지인 인천국제공항에 도착한 후 환승하지 않은 채 대한민국에 입국하기 위하여 난민신청을 하겠다는 의사를 표명하였으나, 공항 환승객인 甲에 대하여 입국심사를 진행한 사실이 없어 甲이 난민법 제6조에 따라 난민인정 신청을 할 자격이 없다는 등의 이유로 인천공항출입국·외국인청장이 甲에 대하여 아무런 조력을 하지 않은 사안에서, 甲의 난민인정 신청에 따라 난민인정 심사 회부 여부를 결정하는 등 난민법이 정한 절차를 개시할 의무가 있음에도 아무런 절차를 개시하지 않은 인천공항출입국·외국인청장의 부작위가 위법하다고 한 사례

판결요지

콩고민주공화국 국적 甲이 베트남 호치민 공항에서 팔라우 코롤행 비행기에 탑승하여 경유지인 인천국제공항에 도착한 후 환승하지 않은 채 환승구역 출국장에서 지내다가 3일 후 대한민국에 입국하기 위하여 난민신

청을 하겠다는 의사를 표명하였으나, 공항 환승객인 甲에 대하여 입국심사를 진행한 사실이 없어 甲이 난민법 제6조에 따라 난민인정 신청을 할 자격이 없다는 등의 이유로 인천공항출입국·외국인청장이 甲에 대하여 아무런 조력을 하지 않은 사안이다.

난민법 제5조 제1항 제1문은 대한민국 안에 있는 외국인에게 난민인정 신청권을 부여하고 있고 제2문은 그 신청절차를 규율하고 있는데, 대한민국의 주권은 대한민국 공항 및 그 환승구역에 있는 외국인에게도 미치므로 대한민국 공항 환승구역에 진입한 외국인 甲은 '대한민국 안에 있는 외국인'으로 봄이 타당한 점, '입국심사를 받는 때에' 난민인정 신청을 하는 경우에 관하여 규정한 난민법 제6조 제1항은 출입국항에서 보다 신속한 난민인정 신청절차를 이용할 수 있도록 하는 규정으로 보이고 출입국항에서의 외국인에게 별도의 난민인정 신청권을 부여하거나 입국심사를 받는 때에 한정하여 그 신청을 할 수 있다는 취지로 보이지는 아니하는 점, 난민법이 '난민의 지위에 관한 1951년 협약'의 이행법률로서의 성격이 있고 궁극적인 목적이 난민의 보호에 있음을 고려하면 공항 환승객의 난민인정 신청권을 부정하는 해석은 난민법의 목적에 반할 우려가 있는 점, 공항 환승객에게 난민인정 신청권이 없다고 보아 처분청이 아무런 조치를 하지 아니하는 것을 용인하게 되면, 공항 환승객에 대한 난민인정 심사 회부 여부 및 심사 등에 관한 법원의 사법심사를 원천적으로 봉쇄하는 결과로 이어지는 점 등을 종합하면, 공항 환승객에게 난민인정 신청권이 인정되고, 인천공항출입국·외국인청장은 甲의 난민인정 신청에 따라 난민인정 심사 회부 여부를 결정하는 등 난민법이 정한 절차를 개시할 의무가 있음에도 아무런 절차를 개시하지 않았으므로 인천공항출입국·외국인청장의 부작위가 위법하다고 한 사례이다.

제3조 강제송환의 금지

난민인정자와 인도적체류자 및 난민신청자는 난민협약 제33조 및 「고문 및 그 밖의 잔혹하거나 비인도적 또는 굴욕적인 대우나 처벌의 방지에 관한 협약」제3조에 따라 본인의 의사에 반하여 강제로 송환되지 아니한다.

주요판례

❖ **강제퇴거및보호명령취소청구** [서울행법 2022. 8. 18., 선고, 2021구합78282, 판결 : 확정]

판시사항

난민으로 인정되어 국내에 체류 중인 우간다 국적 甲이 폭행·상해·강제추행 등으로 징역형을 선고받은 후 교도소에서 형 집행을 마치고 출소했는데, 지방출입국·외국인관서의 장이 출입국관리법 제46조 제1항 제13호 등에 해당한다는 이유로 같은 법 제59조 제2항에 따라 甲에게 강제퇴거명령서의 '송환국'란을 공란으로 하여 강제퇴거명령을 하고 송환할 수 있을 때까지 甲에 대한 보호명령을 한 사안에서, 위 강제퇴거명령은 난민법 제3조의 강제송환금지원칙에 위반되어 위법하고 강제퇴거명령이 위법한 이상 보호명령 역시 위법하다고 한 사례

판결요지

난민으로 인정되어 국내에 체류 중인 우간다 국적 甲이 폭행·상해·강제추행 등으로 징역형을 선고받은 후 교도소에서 형 집행을 마치고 출소했는데, 지방출입국·외국인관서의 장이 출입국관리법 제46조 제1항 제13호 등에 해당한다는 이유로 같은 법 제59조 제2항에 따라 甲에게 강제퇴거명령서의 '송환국'란을 공란으로 하여

강제퇴거명령을 하고 송환할 수 있을 때까지 甲에 대한 보호명령을 한 사안이다.

제반 사정 및 난민법 제3조 등의 해석에 따르면, 지방출입국·외국인관서의 장은 난민법 제3조에서 규정한 강제송환금지원칙상 일반적인 외국인이나 난민신청자와 달리 난민인정자에 대하여는 강제퇴거명령 조사 및 심사 단계에서 송환이 가능한 국가를 확인하고, 강제퇴거명령을 하는 경우에는 이를 반영하여 강제퇴거명령서에 송환국을 기재하거나, 적어도 난민인정자가 송환될 경우 박해 또는 고문을 받을 염려가 있는 국가를 소극적으로 제외하는 방식으로 가능한 한 송환국을 특정해야 하며, 이를 전혀 특정하지 않았거나, 박해 또는 고문당할 우려가 있는 국가를 포함하여 송환국을 특정하였다면 난민법 제3조에 위반된다고 보아야 하는데, 지방출입국·외국인관서의 장은 강제퇴거명령을 발령하기 전 조사 및 심사 단계에서 난민인정자인 甲에 대한 송환국을 조사하여 그 나라로 甲을 송환하는 것이 난민법 제3조에 위배되는지를 심사하지 않은 채 출입국관리법 제46조 제1항에서 정한 강제퇴거 사유에 대한 심사를 거쳐 강제퇴거 사유가 존재한다는 이유만으로 강제퇴거명령을 하였고, 강제퇴거명령서에 甲을 송환할 국가를 전혀 특정하지 않은 점, 甲의 경우 출입국관리법 제64조 제1항 및 제2항 제1호 내지 제3호에 따라 송환국이 정해질 수 없고 제64조 제2항 제4호에 따라 甲이 희망하는 국가로 송환되어야 하는데 지방출입국·외국인관서의 장이 甲에게 송환국을 확인한 사실이 없는 점, 甲이 우간다로 송환될 경우 고문당할 위험이 존재한다고 믿을 만한 상당한 근거가 존재하므로 난민법 제3조 및 '고문 및 그 밖의 잔혹한, 비인도적인 또는 굴욕적인 대우나 처벌의 방지에 관한 협약' 제3조 제1항에 따라 우간다로는 강제송환될 수 없으나 지방출입국·외국인관서의 장은 甲에게 교부한 강제퇴거명령서의 '송환국'란에 우간다가 제외된다는 취지를 기재하지 않았던 점을 종합하면, 위 강제퇴거명령은 난민법 제3조의 강제송환금지원칙에 위반되어 위법하고 강제퇴거명령이 위법한 이상 보호명령 역시 위법하다고 한 사례이다.

주요판례

❖ **인신보호** [인천지법 2014. 4. 30., 자, 2014인라4, 결정 : 재항고]

판시사항

인천공항에서 난민인정을 신청한 외국인이, 입국불허처분이 있은 뒤 공항 내 송환대기실로 인도되어 약 5개월간 외부로 출입이 금지된 상태로 머무르게 되자 인신보호법상 구제청구를 한 사안에서, 청구인에 대한 계속적인 수용은 위법하다는 이유로 수용자들에 대하여 청구인의 수용을 즉시 해제할 것을 명한 사례

판결요지

인천공항에서 난민인정을 신청한 수단 국적 외국인이, 출입국관리법에 따른 입국불허처분이 있은 뒤 공항 내 송환대기실로 인도되어 난민인정심사불회부결정 취소소송을 제기하였음에도 약 5개월간 외부로 출입이 금지된 상태로 머무르게 되자 인천공항출입국관리사무소 및 인천공항 항공사운영협의회를 상대로 인신보호법상 구제청구를 한 사안에서, 청구인은 인신보호법에 따른 구제청구권을 가지고, 수용자들의 청구인에 대한 계속적인 수용은 위법하다는 이유로 수용자들에 대하여 청구인의 수용을 즉시 해제할 것을 명한 사례.

제4조 다른 법률의 적용

난민인정자와 인도적체류자 및 난민신청자의 지위와 처우에 관하여 이 법에서 정하지 아니한 사항은 「출입국관리법」을 적용한다.

제2장 난민인정 신청과 심사 등

제5조 난민인정 신청

① 대한민국 안에 있는 외국인으로서 난민인정을 받으려는 사람은 법무부장관에게 난민인정 신청을 할 수 있다. 이 경우 외국인은 난민인정신청서를 지방출입국·외국인관서의 장에게 제출하여야 한다. <개정 2014. 3. 18.>
② 제1항에 따른 신청을 하는 때에는 다음 각 호에 해당하는 서류를 제시하여야 한다.
  1. 여권 또는 외국인 등록증. 다만, 이를 제시할 수 없는 경우에는 그 사유서
  2. 난민인정 심사에 참고할 문서 등 자료가 있는 경우 그 자료
③ 난민인정 신청은 서면으로 하여야 한다. 다만, 신청자가 글을 쓸 줄 모르거나 장애 등의 사유로 인하여 신청서를 작성할 수 없는 경우에는 접수하는 공무원이 신청서를 작성하고 신청자와 함께 서명 또는 기명날인하여야 한다.
④ 출입국관리공무원은 난민인정 신청에 관하여 문의하거나 신청 의사를 밝히는 외국인이 있으면 적극적으로 도와야 한다.
⑤ 법무부장관은 난민인정 신청을 받은 때에는 즉시 신청자에게 접수증을 교부하여야 한다.
⑥ 난민신청자는 난민인정 여부에 관한 결정이 확정될 때까지(난민불인정결정에 대한 행정심판이나 행정소송이 진행 중인 경우에는 그 절차가 종결될 때까지) 대한민국에 체류할 수 있다.
⑦ 제1항부터 제6항까지 정한 사항 외에 난민인정 신청의 구체적인 방법과 절차 등 필요한 사항은 법무부령으로 정한다.

주요판례

❖ 난민인정신청접수거부분취소 등의소 [서울고등법원 2021. 4. 21., 선고, 2020누45348, 판결 : 확정]

판시사항

콩고민주공화국 국적 甲이 경유지인 인천국제공항에 도착한 후 환승하지 않은 채 대한민국에 입국하기 위하여 난민신청을 하겠다는 의사를 표명하였으나, 공항 환승객인 甲에 대하여 입국심사를 진행한 사실이 없어 甲이 난민법 제6조에 따라 난민인정 신청을 할 자격이 없다는 등의 이유로 인천공항출입국·외국인청장이 甲에 대하여 아무런 조력을 하지 않은 사안에서, 甲의 난민인정 신청에 따라 난민인정 심사 회부 여부를 결정하는 등 난민법이 정한 절차를 개시할 의무가 있음에도 아무런 절차를 개시하지 않은 인천공항출입국·외국인청장의 부작위가 위법하다고 한 사례

판결요지

콩고민주공화국 국적 甲이 베트남 호치민 공항에서 팔라우 코롤행 비행기에 탑승하여 경유지인 인천국제공항에 도착한 후 환승하지 않은 채 환승구역 출국장에서 지내다가 3일 후 대한민국에 입국하기 위하여 난민신청을 하겠다는 의사를 표명하였으나, 공항 환승객인 甲에 대하여 입국심사를 진행한 사실이 없어 甲이 난민법 제6조에 따라 난민인정 신청을 할 자격이 없다는 등의 이유로 인천공항출입국·외국인청장이 甲에 대하여 아무런 조력을 하지 않은 사안이다.

난민법 제5조 제1항 제1문은 대한민국 안에 있는 외국인에게 난민인정 신청권을 부여하고 있고 제2문은 그 신청절차를 규율하고 있는데, 대한민국의 주권은 대한민국 공항 및 그 환승구역에 있는 외국인에게도 미치므로 대한민국 공항 환승구역에 진입한 외국인 甲은 '대한민국 안에 있는 외국인'으로 봄이 타당한 점, '입국심사를 받는 때에' 난민인정 신청을 하는 경우에 관하여 규정한 난민법 제6조 제1항은 출입국항에서 보다 신속한 난민인정 신청절차를 이용할 수 있도록 하는 규정으로 보이고 출입국항에서의 외국인에게 별도의 난민인정 신청권을 부여하거나 입국심사를 받는 때에 한정하여 그 신청을 할 수 있다는 취지로 보이지는 아니하는 점, 난민법이 '난민의 지위에 관한 1951년 협약'의 이행법률로서의 성격이 있고 궁극적인 목적이 난민의 보호에 있음을 고려하면 공항 환승객의 난민인정 신청권을 부정하는 해석은 난민법의 목적에 반할 우려가 있는 점, 공항 환승객에게 난민인정 신청권이 없다고 보아 처분청이 아무런 조치를 하지 아니하는 것을 용인하게 되면, 공항 환승객에 대한 난민인정 심사 회부 여부 및 심사 등에 관한 법원의 사법심사를 원천적으로 봉쇄하는 결과로 이어지는 점 등을 종합하면, 공항 환승객에게 난민인정 신청권이 인정되고, 인천공항출입국·외국인청장은 甲의 난민인정 신청에 따라 난민인정 심사 회부 여부를 결정하는 등 난민법이 정한 절차를 개시할 의무가 있음에도 아무런 절차를 개시하지 않았으므로 인천공항출입국·외국인청장의 부작위가 위법하다고 한 사례이다.

주요판례

❖ 난민인정불허결정처분취소 [대법원 2017. 3. 15., 선고, 2013두16333, 판결]

판시사항

[1] 구 출입국관리법 제76조의3 제1항 제3호에서 말하는 '난민의 인정을 하게 된 중요한 요소'에 난민 신청인의 거짓 진술 등의 내용이 그 주장의 박해 사실과 직접 관련되지 않지만 전체적인 진술의 신빙성을 평

가하는 데 중요한 요소와 관련된 경우가 포함되는지 여부(적극)
[2] 난민 신청인이 난민 신청과 심사과정에서 인적사항에 관하여 한 거짓 진술로 난민 신청인의 전체적인 진술의 신빙성이 부정되어 난민인정 요건을 갖추지 못하였다고 인정되는 경우, 구 출입국관리법 제76조의3 제1항 제3호에서 정한 난민인정의 취소사유가 되는지 여부(적극)
[3] 법무부장관이 난민인정 결정의 취소 여부를 결정할 재량이 있는지 여부(적극) 및 재량의 한계 / 구 출입국관리법 제76조의3 제1항 제3호에 따라 난민인정 결정을 취소하는 경우 당사자가 난민인정 결정에 관한 신뢰를 주장할 수 있는지 여부(소극) 및 행정청이 이를 고려하지 않은 경우 재량권을 일탈·남용한 것인지 여부(소극)

판결요지

[1] 구 출입국관리법(2012. 2. 10. 법률 제11298호로 개정되기 전의 것) 제76조의3 제1항 제3호에 의하면, 법무부장관은 난민으로 인정한 사람이 '난민의 인정을 하게 된 중요한 요소가 거짓된 서류제출 및 진술, 사실의 은폐 등에 의한 것으로 밝혀진 경우'에 해당하면 난민의 인정을 취소할 수 있도록 규정하고 있다. 이는 난민으로 인정받은 사람이 난민인정 당시 난민의 요건을 갖추지 못하였는데도, 난민인정의 기초가 된 중요 요소에 관하여 적극적으로 거짓 진술을 하거나 소극적으로 사실을 은폐하는 등의 행위를 하여, 그에 따라 난민인정을 받게 된 경우를 의미한다. 나아가 난민인정의 요건 중 '박해를 받을 충분한 근거 있는 공포'가 있는지는 반드시 객관적인 증거로 증명되어야 하는 것은 아니고, 입국 경로, 난민 신청 경위 등 여러 사정에 비추어 전체적인 진술의 신빙성에 의하여 주장사실을 인정하는 것이 합리적인 경우 증명이 된 것으로 볼 수 있다. 이러한 난민인정 결정의 특수성을 고려할 때, 위 규정에서 말하는 '난민의 인정을 하게 된 중요한 요소'에는 난민 신청인의 거짓 진술 등의 내용이 그 주장의 박해 사실과 직접 관련되지 않더라도 전체적인 진술의 신빙성을 평가하는 데 중요한 요소와 관련된 경우도 포함된다.

[2] 구 출입국관리법(2012. 2. 10. 법률 제11298호로 개정되기 전의 것) 제76조의2 제4항의 위임에 따른 구 출입국관리법 시행령(2013. 6. 21. 대통령령 제24628호로 개정되기 전의 것) 제88조의2 제2항은 난민인정을 신청하려는 자는 난민인정 신청서 및 첨부 서류와 함께 여권 등을 제시하여야 하고, 여권을 제시할 수 없는 사람은 그 사유서를 제출하도록 규정하고 있다. 이는 행정청으로 하여금 여권 등에 기재된 인적사항 등을 기초로 난민 신청인의 동일성을 확인하고, 그에 따라 난민인정사유와 난민의 지위에 관한 협약 등이 정한 제외사유에 해당하는지를 판단할 수 있도록 하기 위한 것이다. 만일 난민 신청인이 난민 신청과 심사과정에서 성명, 생년월일 등 인적사항에 관하여 거짓 진술을 하였고 그와 같이 거짓 진술을 하게 된 경위에 관하여 합리적인 이유를 제시하지 못한다면, 이는 단순히 진술의 세부내용에 관한 불일치나 과장이 있는 것에 지나지 않는다고 보기 어렵고 난민 신청인의 전체적인 진술의 신빙성을 평가하는 데 중대한 영향을 미칠 수 있는 사정에 해당할 수 있다. 그러므로 인적사항 관련 거짓 진술의 내용과 경위 등을 고려할 때, 거짓 진술로 난민 신청인의 전체적인 진술의 신빙성이 부정되어 결국 난민인정 요건을 갖추지 못하였다고 인정된다면, 그러한 사정은 구 출입국관리법 제76조의3 제1항 제3호에서 정한 난민인정의 취소사유가 된다.

[3] 구 출입국관리법(2012. 2. 10. 법률 제11298호로 개정되기 전의 것) 제76조의3 제1항 제3호의 문언·내용 등에 비추어 보면, 비록 그 규정에서 정한 사유가 있더라도, 법무부장관은 난민인정 결정을 취소할 공익상의 필요와 취소로 당사자가 입을 불이익 등 여러 사정을 참작하여 취소 여부를 결정할 수 있는 재량이 있다. 그러나 그 취소처분이 사회통념상 현저하게 타당성을 잃거나 비례·평 등의 원칙을 위반하였다면 재량권을 일탈·남용한 것으로서 위법하다. 다만 구 출입국관리법 제76조의3 제1항 제3호는 거짓 진술이나 사실 은폐 등으로 난민인정 결정을 하는 데 하자가 있음을 이유로 이를 취소하는 것이므로, 당사자는 애초 난민

인정 결정에 관한 신뢰를 주장할 수 없음은 물론 행정청이 이를 고려하지 않았다고 하더라도 재량권을 일탈·남용하였다고 할 수 없다.

주요판례

❖ **난민인정불허처분취소**[대법원 2016. 3. 10., 선고, 2013두14269, 판결]

판시사항

[1] 난민신청인 진술의 신빙성을 평가하는 방법 및 이를 인정하기 위한 요건
[2] 외국의 공문서라고 제출한 문서가 진정성립의 추정을 받기 위한 요건 및 난민신청자가 제출한 외국 공문서의 진정성립을 증명하는 방법

판결요지

[1] 난민신청인의 진술을 평가할 때 진술의 세부내용에서 다소간의 불일치가 발견되거나 일부 과장된 점이 엿보인다고 하여 곧바로 신청인 진술의 전체적 신빙성을 부정해서는 안 되며, 불일치·과장이 진정한 박해의 경험에 따른 정신적 충격이나 난민신청인의 궁박한 처지에 따른 불안정한 심리상태, 시간 경과에 따른 기억력의 한계, 우리나라와 서로 다른 문화적·역사적 배경에서 유래한 언어감각의 차이 등에서 비롯되었을 가능성도 충분히 염두에 두고 진술의 핵심내용을 중심으로 전체적인 신빙성을 평가하여야 한다. 다만 진술은 그 진술만으로도 난민신청인의 주장을 충분히 인정할 수 있을 정도로 구체적인 사실을 포함하고 있어야 하고, 중요한 사실에 관한 누락이나 생략이 있어서는 아니 되며, 그 자체로 일관성과 설득력이 있어야 하고 다른 증거의 내용과도 부합하지 않으면 안 된다.

[2] 민사소송법 제356조 제1항에 따르면 문서의 작성 방식과 취지에 의하여 공무원이 직무상 작성한 것으로 인정한 때에는 진정한 공문서로 추정하고, 같은 조 제3항에 의하여 위 규정은 외국의 공공기관이 작성한 것으로 인정한 문서에도 준용되므로, 외국의 공문서라고 제출한 문서가 진정성립의 추정을 받기 위해서는 제출한 문서의 방식이 외관상 외국의 공공기관이 직무상 작성하는 방식에 합치되어야 하고, 문서의 취지로부터 외국의 공공기관이 직무상 작성한 것이라고 인정되어야 한다. 현실적으로 공문서의 진정성립을 증명할 만한 증거를 확보하기 곤란한 경우가 많은 난민신청자가 제출한 외국의 공문서의 경우, 반드시 엄격한 방법에 의하여 진정성립이 증명되어야 하는 것은 아니지만, 적어도 문서의 형식과 내용, 취득 경위 등 제반 사정에 비추어 객관적으로 외국의 공문서임을 인정할 만한 상당한 이유가 있어야 한다.

주요판례

❖ **인신보호**[인천지법 2014. 4. 30., 자, 2014인라4, 결정 : 재항고]

판시사항

인천공항에서 난민인정을 신청한 외국인이, 입국불허처분이 있은 뒤 공항 내 송환대기실로 인도되어 약 5개월간 외부로 출입이 금지된 상태로 머무르게 되자 인신보호법상 구제청구를 한 사안에서, 청구인에 대한 계속적인 수용은 위법하다는 이유로 수용자들에 대하여 청구인의 수용을 즉시 해제할 것을 명한 사례

판결요지

인천공항에서 난민인정을 신청한 수단 국적 외국인이, 출입국관리법에 따른 입국불허처분이 있은 뒤 공항

내 송환대기실로 인도되어 난민인정심사불회부결정 취소소송을 제기하였음에도 약 5개월간 외부로 출입이 금지된 상태로 머무르게 되자 인천공항출입국관리사무소 및 인천공항 항공사운영협의회를 상대로 인신보호법상 구제청구를 한 사안에서, 청구인은 인신보호법에 따른 구제청구권을 가지고, 수용자들의 청구인에 대한 계속적인 수용은 위법하다는 이유로 수용자들에 대하여 청구인의 수용을 즉시 해제할 것을 명한 사례.

제6조 출입국항에서 하는 신청

① 외국인이 입국심사를 받는 때에 난민인정 신청을 하려면 「출입국관리법」에 따른 출입국항을 관할하는 지방출입국·외국인관서의 장에게 난민인정신청서를 제출하여야 한다. 〈개정 2014. 3. 18.〉
② 지방출입국·외국인관서의 장은 제1항에 따라 출입국항에서 난민인정신청서를 제출한 사람에 대하여 7일의 범위에서 출입국항에 있는 일정한 장소에 머무르게 할 수 있다. 〈개정 2014. 3. 18.〉
③ 법무부장관은 제1항에 따라 난민인정신청서를 제출한 사람에 대하여는 그 신청서가 제출된 날부터 7일 이내에 난민인정 심사에 회부할 것인지를 결정하여야 하며, 그 기간 안에 결정하지 못하면 그 신청자의 입국을 허가하여야 한다.
④ 출입국항에서의 난민신청자에 대하여는 대통령령으로 정하는 바에 따라 제2항의 기간 동안 기본적인 의식주를 제공하여야 한다.
⑤ 제1항부터 제4항까지 정한 사항 외에 출입국항에서 하는 난민인정 신청의 절차 등 필요한 사항은 대통령령으로 정한다.

주요판례

❖ **난민인정신청접수거부처분취소 등의소**[서울고등법원 2021. 4. 21., 선고, 2020누45348, 판결 : 확정]

[판시사항]

콩고민주공화국 국적 甲이 경유지인 인천국제공항에 도착한 후 환승하지 않은 채 대한민국에 입국하기 위하여 난민신청을 하겠다는 의사를 표명하였으나, 공항 환승객인 甲에 대하여 입국심사를 진행한 사실이 없어 甲이 난민법 제6조에 따라 난민인정 신청을 할 자격이 없다는 등의 이유로 인천공항출입국·외국인청장이 甲에 대하여 아무런 조력을 하지 않은 사안에서, 甲의 난민인정 신청에 따라 난민인정 심사 회부 여부를 결정하는 등 난민법이 정한 절차를 개시할 의무가 있음에도 아무런 절차를 개시하지 않은 인천공항출입국·외국인청장의 부작위가 위법하다고 한 사례

[판결요지]

콩고민주공화국 국적 甲이 베트남 호치민 공항에서 팔라우 코롤행 비행기에 탑승하여 경유지인 인천국제공

항에 도착한 후 환승하지 않은 채 환승구역 출국장에서 지내다가 3일 후 대한민국에 입국하기 위하여 난민신청을 하겠다는 의사를 표명하였으나, 공항 환승객인 甲에 대하여 입국심사를 진행한 사실이 없어 甲이 난민법 제6조에 따라 난민인정 신청을 할 자격이 없다는 등의 이유로 인천공항출입국·외국인청장이 甲에 대하여 아무런 조력을 하지 않은 사안이다.

난민법 제5조 제1항 제1문은 대한민국 안에 있는 외국인에게 난민인정 신청권을 부여하고 있고 제2문은 그 신청절차를 규율하고 있는데, 대한민국의 주권은 대한민국 공항 및 그 환승구역에 있는 외국인에게도 미치므로 대한민국 공항 환승구역에 진입한 외국인 甲은 '대한민국 안에 있는 외국인'으로 봄이 타당한 점, '입국심사를 받는 때에' 난민인정 신청을 하는 경우에 관하여 규정한 난민법 제6조 제1항은 출입국항에서 보다 신속한 난민인정 신청절차를 이용할 수 있도록 하는 규정으로 보이고 출입국항에서의 외국인에게 별도의 난민인정 신청권을 부여하거나 입국심사를 받는 때에 한정하여 그 신청을 할 수 있다는 취지로 보이지는 아니하는 점, 난민법이 '난민의 지위에 관한 1951년 협약'의 이행법률로서의 성격이 있고 궁극적인 목적이 난민의 보호에 있음을 고려하면 공항 환승객의 난민인정 신청권을 부정하는 해석은 난민법의 목적에 반할 우려가 있는 점, 공항 환승객에게 난민인정 신청권이 없다고 보아 처분청이 아무런 조치를 하지 아니하는 것을 용인하게 되면, 공항 환승객에 대한 난민인정 심사 회부 여부 및 심사 등에 관한 법원의 사법심사를 원천적으로 봉쇄하는 결과로 이어지는 점 등을 종합하면, 공항 환승객에게 난민인정 신청권이 인정되고, 인천공항출입국·외국인청장은 甲의 난민인정 신청에 따라 난민인정 심사 회부 여부를 결정하는 등 난민법이 정한 절차를 개시할 의무가 있음에도 아무런 절차를 개시하지 않았으므로 인천공항출입국·외국인청장의 부작위가 위법하다고 한 사례이다.

제7조 난민인정 신청에 필요한 사항의 게시

① 지방출입국·외국인관서의 장은 지방출입국·외국인관서 및 관할 출입국항에 난민인정 신청에 필요한 서류를 비치하고 이 법에 따른 접수방법 및 난민신청자의 권리 등 필요한 사항을 게시(인터넷 등 전자적 방법을 통한 게시를 포함한다)하여 누구나 열람할 수 있도록 하여야 한다. <개정 2014. 3. 18.>
② 제1항에 따른 서류의 비치 및 게시의 구체적인 방법은 법무부령으로 정한다.

제8조 난민인정 심사

① 제5조에 따른 난민인정신청서를 제출받은 지방출입국·외국인관서의 장은 지체 없이 난민신청자에 대하여 면접을 실시하고 사실조사를 한 다음 그 결과를 난민인정신청서에 첨부하여 법무부장관에게 보고하여야 한다. <개정 2014. 3. 18.>
② 난민신청자의 요청이 있는 경우 같은 성(性)의 공무원이 면접을 하여야 한다.
③ 지방출입국·외국인관서의 장은 필요하다고 인정하는 경우 면접과정을 녹음 또는 녹화할 수 있다. 다만, 난민신청자의 요청이 있는 경우에는 녹음 또는 녹화를

거부하여서는 아니 된다. ⟨개정 2014. 3. 18.⟩

④ 법무부장관은 지방출입국·외국인관서에 면접과 사실조사 등을 전담하는 난민심사관을 둔다. 난민심사관의 자격과 업무수행에 관한 사항은 대통령령으로 정한다. ⟨개정 2014. 3. 18.⟩

⑤ 법무부장관은 다음 각 호의 어느 하나에 해당하는 난민신청자에 대하여는 제1항에 따른 심사절차의 일부를 생략할 수 있다.

1. 거짓 서류의 제출이나 거짓 진술을 하는 등 사실을 은폐하여 난민인정 신청을 한 경우
2. 난민인정을 받지 못한 사람 또는 제22조에 따라 난민인정이 취소된 사람이 중대한 사정의 변경 없이 다시 난민인정을 신청한 경우
3. 대한민국에서 1년 이상 체류하고 있는 외국인이 체류기간 만료일에 임박하여 난민인정 신청을 하거나 강제퇴거 대상 외국인이 그 집행을 지연시킬 목적으로 난민인정 신청을 한 경우

⑥ 난민신청자는 난민심사에 성실하게 응하여야 한다. 법무부장관은 난민신청자가 면접 등을 위한 출석요구에도 불구하고 3회 이상 연속하여 출석하지 아니하는 경우에는 난민인정 심사를 종료할 수 있다.

제9조 난민신청자에게 유리한 자료의 수집

법무부장관은 난민신청자에게 유리한 자료도 적극적으로 수집하여 심사 자료로 활용하여야 한다.

제10조 사실조사

① 법무부장관은 난민의 인정 또는 제22조에 따른 난민인정의 취소·철회 여부를 결정하기 위하여 필요하면 법무부 내 난민전담공무원 또는 지방출입국·외국인관서의 난민심사관으로 하여금 그 사실을 조사하게 할 수 있다. ⟨개정 2014. 3. 18.⟩

② 제1항에 따른 조사를 하기 위하여 필요한 경우 난민신청자, 그 밖에 관계인을 출석하게 하여 질문을 하거나 문서 등 자료의 제출을 요구할 수 있다.

③ 법무부 내 난민전담부서의 장 또는 지방출입국·외국인관서의 장은 난민전담공

무원 또는 난민심사관이 제1항에 따라 난민의 인정 또는 난민인정의 취소나 철회 등에 관한 사실조사를 마친 때에는 지체 없이 그 내용을 법무부장관에게 보고하여야 한다. 〈개정 2014. 3. 18.〉

제11조 관계 행정기관 등의 협조

① 법무부장관은 난민인정 심사에 필요한 경우 관계 행정기관의 장이나 지방자치단체의 장(이하 "관계 기관의 장"이라 한다) 또는 관련 단체의 장에게 자료제출 또는 사실조사 등의 협조를 요청할 수 있다.
② 제1항에 따라 협조를 요청받은 관계 기관의 장이나 관련 단체의 장은 정당한 사유 없이 이를 거부하여서는 아니 된다.

제12조 변호사의 조력을 받을 권리

난민신청자는 변호사의 조력을 받을 권리를 가진다.

제13조 신뢰관계 있는 사람의 동석

난민심사관은 난민신청자의 신청이 있는 때에는 면접의 공정성에 지장을 초래하지 아니하는 범위에서 신뢰관계 있는 사람의 동석을 허용할 수 있다.

제14조 통역

법무부장관은 난민신청자가 한국어로 충분한 의사표현을 할 수 없는 경우에는 면접 과정에서 대통령령으로 정하는 일정한 자격을 갖춘 통역인으로 하여금 통역하게 하여야 한다.

제15조 난민면접조서의 확인

난민심사관은 난민신청자가 난민면접조서에 기재된 내용을 이해하지 못하는 경우 난민면접을 종료한 후 난민신청자가 이해할 수 있는 언어로 통역 또는 번역을 하여 그 내용을 확인할 수 있도록 하여야 한다.

제16조 자료 등의 열람·복사

① 난민신청자는 본인이 제출한 자료, 난민면접조서의 열람이나 복사를 요청할 수 있다.
② 출입국관리공무원은 제1항에 따른 열람이나 복사의 요청이 있는 경우 지체 없이 이에 응하여야 한다. 다만, 심사의 공정성에 현저한 지장을 초래한다고 인정할 만한 명백한 이유가 있는 경우에는 열람이나 복사를 제한할 수 있다.
③ 제1항에 따른 열람과 복사의 구체적인 방법과 절차는대통령령으로 정한다.

제17조 인적사항 등의 공개 금지

① 누구든지 난민신청자와 제13조에 따라 면접에 동석하는 사람의 주소·성명·연령·직업·용모, 그 밖에 그 난민신청자 등을 특정하여 파악할 수 있게 하는 인적사항과 사진 등을 공개하거나 타인에게 누설하여서는 아니 된다. 다만, 본인의 동의가 있는 경우는 예외로 한다.
② 누구든지 제1항에 따른 난민신청자 등의 인적사항과 사진 등을 난민신청자 등의 동의를 받지 아니하고 출판물에 게재하거나 방송매체 또는 정보통신망을 이용하여 공개하여서는 아니 된다.
③ 난민인정 신청에 대한 어떠한 정보도 출신국에 제공되어서는 아니 된다.

제18조 난민의 인정 등

① 법무부장관은 난민인정 신청이 이유 있다고 인정할 때에는 난민임을 인정하는 결정을 하고 난민인정증명서를 난민신청자에게 교부한다.
② 법무부장관은 난민인정 신청에 대하여 난민에 해당하지 아니한다고 결정하는 경우에는 난민신청자에게 그 사유와 30일 이내에 이의신청을 제기할 수 있다는 뜻을 적은 난민불인정결정통지서를 교부한다.
③ 제2항에 따른 난민불인정결정통지서에는 결정의 이유(난민신청자의 사실 주장

및 법적 주장에 대한 판단을 포함한다)와 이의신청의 기한 및 방법 등을 명시하여야 한다.
④ 제1항 또는 제2항에 따른 난민인정 등의 결정은 난민인정신청서를 접수한 날부터 6개월 안에 하여야 한다. 다만, 부득이한 경우에는 6개월의 범위에서 기간을 정하여 연장할 수 있다.
⑤ 제4항 단서에 따라 기간을 연장한 때에는 종전의 기간이 만료되기 7일 전까지 난민신청자에게 통지하여야 한다.
⑥ 제1항에 따른 난민인정증명서 및 제2항에 따른 난민불인정결정통지서는 지방출입국·외국인관서의 장을 거쳐 난민신청자나 그 대리인에게 교부하거나 「행정절차법」 제14조에 따라 송달한다. 〈개정 2014. 3. 18.〉

관련법령 ▶ 「행정절차법」 제14조

제14조(송달)
① 송달은 우편, 교부 또는 정보통신망 이용 등의 방법으로 하되, 송달받을 자(대표자 또는 대리인을 포함한다. 이하 같다)의 주소·거소(居所)·영업소·사무소 또는 전자우편주소(이하 "주소 등"이라 한다)로 한다. 다만, 송달받을 자가 동의하는 경우에는 그를 만나는 장소에서 송달할 수 있다.
② 교부에 의한 송달은 수령확인서를 받고 문서를 교부함으로써 하며, 송달하는 장소에서 송달받을 자를 만나지 못한 경우에는 그 사무원·피용자(被傭者) 또는 동거인으로서 사리를 분별할 지능이 있는 사람(이하 이 조에서 "사무원 등"이라 한다)에게 문서를 교부할 수 있다. 다만, 문서를 송달받을 자 또는 그 사무원 등이 정당한 사유 없이 송달받기를 거부하는 때에는 그 사실을 수령확인서에 적고, 문서를 송달할 장소에 놓아둘 수 있다.
③ 정보통신망을 이용한 송달은 송달받을 자가 동의하는 경우에만 한다. 이 경우 송달받을 자는 송달받을 전자우편주소 등을 지정하여야 한다.
④ 다음 각 호의 어느 하나에 해당하는 경우에는 송달받을 자가 알기 쉽도록 관보, 공보, 게시판, 일간신문 중 하나 이상에 공고하고 인터넷에도 공고하여야 한다.
  1. 송달받을 자의 주소 등을 통상적인 방법으로 확인할 수 없는 경우
  2. 송달이 불가능한 경우
⑤ 제4항에 따른 공고를 할 때에는 민감정보 및 고유식별정보 등 송달받을 자의 개인정보를 「개인정보 보호법」에 따라 보호하여야 한다.
⑥ 행정청은 송달하는 문서의 명칭, 송달받는 자의 성명 또는 명칭, 발송방법 및 발송 연월일을 확인할 수 있는 기록을 보존하여야 한다.

주요판례

❖ **난민불인정처분취소·난민불인정결정취소**
[광주고법 2021. 6. 10., 선고, 2019누12349, 13229, 판결 : 확정]

판시사항

파키스탄 이슬람 공화국 국적의 甲과 배우자 및 미성년 자녀가 甲이 정치적 박해를 받을 우려가 있다며 난민신청을 하였으나 관할 출입국·외국인사무소장이 난민불인정결정을 한 사안에서, 甲은 정치적 견해 등으로 인하여 박해를 받을 우려가 있다는 충분한 근거가 있는 공포에 처해 있다고 봄이 상당하고, 가족결합의 원칙에 의하여 그 배우자와 미성년 자녀들에 대하여도 난민의 지위를 부여할 인도적 필요가 있다는 이유로, 위 처분이 위법하다고 한 사례

판결요지

파키스탄 이슬람 공화국(이하 '파키스탄'이라 한다) 국적의 甲과 배우자 및 미성년 자녀가 甲이 본국에 돌아가면 정치적 박해를 받을 우려가 있다며 난민신청을 하였으나 관할 출입국·외국인사무소장이 '박해를 받게 될 것이라는 충분히 근거 있는 공포'를 인정할 수 없다는 이유로 난민불인정결정을 한 사안이다.
甲에 대한 감금 및 고문, 체포영장의 발부 및 출국 경위 등에 관한 甲과 그의 가족들의 진술은 신빙성이 있어 그 내용 중 상당 부분이 사실에 부합한다고 보이는 점, 甲에 대하여 발부된 체포영장이 여전히 유효하므로 甲이 본국에 송환될 경우 곧바로 체포될 가능성이 높은 점 등을 종합하면 甲은 정치적 견해 등으로 인하여 박해를 받을 우려가 있다는 충분한 근거가 있는 공포에 처해 있다고 봄이 상당하고, 난민의 지위에 관한 1951년 협약을 채택한 회의의 권고안 및 난민법상 가족결합의 원칙에 의하여 甲의 배우자와 자녀들에 대하여도 난민의 지위를 부여할 인도적 필요가 있다는 이유로, 위 처분이 위법하다고 한 사례이다.

주요판례

❖ **난민불인정결정취소** [수원지법 2018. 2. 13., 선고, 2017구합67316, 판결 : 항소]

판시사항

이란이슬람공화국 국적의 甲이 단기종합(C-3) 체류자격으로 대한민국에 입국한 후 약 13년을 불법체류하던 중 강제퇴거명령을 받고 외국인보호소에 보호되어 있다가 '대한민국 체류 중 이슬람교에서 기독교로 개종하여 종교적 박해를 받을 우려가 있다'는 사유로 난민인정을 신청하였으나 외국인보호소장이 난민불인정결정통지를 한 사안에서, 甲이 이란으로 귀국하면 이란 정부에 의하여 기독교 개종자라는 이유로 박해를 받을 충분한 근거 있는 공포가 있다고 보는 것이 타당하므로 난민법 제2조 제1호에서 정한 난민에 해당한다고 한 사례

판결요지

이란이슬람공화국 국적의 甲이 단기종합(C-3) 체류자격으로 대한민국에 입국한 후 약 13년을 불법체류하던 중 강제퇴거명령을 받고 외국인보호소에 보호되어 있다가 '대한민국 체류 중 이슬람교에서 기독교로 개종하여 종교적 박해를 받을 우려가 있다'는 사유로 난민인정을 신청하였으나 외국인보호소장이 난민불인정결정통지를 한 사안에서, 甲이 체류기간 연장을 위하여 난민신청을 한 것이 아닌지 동기가 의심되기는 하나 개

종으로 인한 자신과 가족들에 대한 이란 정부의 탄압, 난민인정 여부의 불확실성 등을 고려하여 실제로 개종을 하였더라도 신변의 위험성을 감소시키기 위하여 난민신청을 미루었던 것으로 볼 수도 있으므로 그러한 사정만으로 甲의 개종사실에 대한 진술의 신빙성을 부정하기는 어려운 점, 甲이 기독교 교회 교인으로 등록 후 세례를 받고 상당한 기간 동안 신앙생활을 지속하였으며 이란인들을 자신의 집으로 불러 기독교를 소개하거나 노방전도 등을 통해 다수의 이란인들을 교회로 데려오는 등 적극적인 종교활동을 한 점, 이란인이 단순히 기독교로 개종하는 것에 그치지 아니하고 적극적인 포교활동까지 나아갈 경우 이란 정부에 의해 임의적인 체포와 심문을 당할 우려가 있고 신체적·정신적 고문에 노출될 것으로 보이는 점 등에 비추어, 甲이 이란으로 귀국하면 이란 정부에 의하여 기독교 개종자라는 이유로 박해를 받을 충분한 근거 있는 공포가 있다고 보는 것이 타당하므로 난민법 제2조 제1호에서 정한 난민에 해당한다고 한 사례.

주요판례

❖ **난민불인정결정취소**[제주지법 2017. 12. 13., 선고, 2017구합5304, 판결 : 항소]

판시사항

중화인민공화국 및 라오스 국적 甲이 대한민국에 입국하여, 자신이 중국에서 탈북자 지원 활동을 하였기 때문에 중국으로 돌아갈 경우 정부로부터 박해를 받을 우려가 있다며 난민인정신청을 하였으나 관할 출입국관리사무소장이 '甲이 박해를 받게 될 것이라는 충분히 근거 있는 공포를 가진 것으로 볼 수 없다'며 난민불인정처분을 한 사안에서, 甲이 중국에 거주하는 탈북자들에 대한 지원행위를 매개로 한 정치적 의견을 이유로 박해를 받을 충분한 근거 있는 공포로 국적국의 보호를 받을 수 없거나 국적국의 보호를 원하지 않는 외국인에 해당하므로, 위 처분이 위법하다고 한 사례

판결요지

중화인민공화국 및 라오스 국적 甲이 대한민국에 입국하여, 자신이 중국에서 탈북자 지원 활동을 하였기 때문에 중국으로 돌아갈 경우 정부로부터 박해를 받을 우려가 있다며 난민인정신청을 하였으나 관할 출입국관리사무소장이 '甲이 박해를 받게 될 것이라는 충분히 근거 있는 공포를 가진 것으로 볼 수 없다'며 난민불인정처분을 한 사안에서, 甲이 수년간에 걸쳐 중국 내 탈북자들의 국외 이주 등을 지원·조력하는 활동을 하였고 이를 이유로 중국 공안에 체포되어 징역형을 선고받았는데, 중국 형법에 따라 불법 월경을 적극적으로 조직한 혐의가 적용되었을 여지가 커서 중국으로 돌아가게 될 경우 가중 처벌을 받게 될 가능성이 있는 점, 甲이 경제적인 동기 등에 의하여 중국 내 탈북자들의 국외 이주를 도왔다고 하더라도 甲에 대한 형사처벌의 원인이 되었던 탈북자 지원 활동에는 해당 사안과 관련하여 중국이 취해 온 정책에 대한 정치적 의견 표명으로서의 의미도 포함되어 있다고 평가할 수 있는 점, 甲이 취득한 라오스 국적은 법률상 효력이 문제 될 소지가 커 국적국이 라오스임을 전제로 한 처분사유는 유지되기 어렵고, 국적국인 중국으로부터의 보호를 객관적으로 기대하기 어려운 점 등에 비추어 보면, 甲이 중국에 거주하는 탈북자들에 대한 지원행위를 매개로 한 정치적 의견을 이유로 박해를 받을 충분한 근거 있는 공포로 국적국의 보호를 받을 수 없거나 국적국의 보호를 원하지 않는 외국인에 해당하므로, 위 처분이 위법하다고 한 사례.

주요판례

❖ **난민불인정처분취소(위명으로 난민신청한 사건)** [대법원 2017. 3. 9., 선고, 2013두16852, 판결]

판시사항

[1] 미얀마 국적의 甲이 위명(僞名)인 '乙' 명의의 여권으로 대한민국에 입국한 뒤 乙 명의로 난민 신청을 하였으나 법무부장관이 乙 명의를 사용한 甲을 직접 면담하여 조사한 후 甲에 대하여 난민불인정 처분을 한 사안에서, 甲이 처분의 취소를 구할 법률상 이익이 있다고 한 사례

[2] 처분을 다툴 법률상 이익이 있는지에 관한 당사자의 주장에 관하여 원심법원이 판단하지 않은 것이 판단유탈의 상고이유가 되는지 여부(소극)

[3] 국적국을 떠난 후 거주국에서 정치적 의견을 표명하여 '박해를 받을 충분한 근거 있는 공포'가 발생한 경우 난민으로 인정될 수 있는지 여부(적극) 및 난민으로 보호받기 위해 박해의 원인을 제공한 경우 달리 볼 것인지 여부(소극)

판결요지

[1] 미얀마 국적의 甲이 위명(僞名)인 '乙' 명의의 여권으로 대한민국에 입국한 뒤 乙 명의로 난민 신청을 하였으나 법무부장관이 乙 명의를 사용한 甲을 직접 면담하여 조사한 후 甲에 대하여 난민불인정 처분을 한 사안에서, 처분의 상대방은 허무인이 아니라 '乙'이라는 위명을 사용한 甲이라는 이유로, 甲이 처분의 취소를 구할 법률상 이익이 있다고 한 사례.

[2] 해당 처분을 다툴 법률상 이익이 있는지 여부는 직권조사사항으로 이에 관한 당사자의 주장은 직권발동을 촉구하는 의미밖에 없으므로, 원심법원이 이에 관하여 판단하지 않았다고 하여 판단유탈의 상고이유로 삼을 수 없다.

[3] 난민은 국적국을 떠난 후 거주국에서 정치적 의견을 표명하는 것과 같은 행동의 결과로서 '박해를 받을 충분한 근거 있는 공포'가 발생한 경우에도 인정될 수 있고, 난민으로 보호받기 위해 박해의 원인을 제공하였다고 하여 달리 볼 것은 아니다.

제19조 난민인정의 제한

법무부장관은 난민신청자가 난민에 해당한다고 인정하는 경우에도 다음 각 호의 어느 하나에 해당된다고 인정할만한 상당한 이유가 있는 경우에는 제18조 제1항에도 불구하고 난민불인정결정을 할 수 있다.

1. 유엔난민기구 외에 유엔의 다른 기구 또는 기관으로부터 보호 또는 원조를 현재 받고 있는 경우. 다만, 그러한 보호 또는 원조를 현재 받고 있는 사람의 지위가 국제연합총회에 의하여 채택된 관련 결의문에 따라 최종적으로 해결됨이 없이 그러한 보호 또는 원조의 부여가 어떠한 이유로 중지되는 경우는 제외한다.
2. 국제조약 또는 일반적으로 승인된 국제법규에서 정하는 세계평화에 반하는 범죄, 전쟁범죄 또는 인도주의에 반하는 범죄를 저지른 경우

3. 대한민국에 입국하기 전에 대한민국 밖에서 중대한 비정치적 범죄를 저지른 경우
4. 국제연합의 목적과 원칙에 반하는 행위를 한 경우

제20조 신원확인을 위한 보호

① 출입국관리공무원은 난민신청자가 자신의 신원을 은폐하여 난민의 인정을 받을 목적으로 여권 등 신분증을 고의로 파기하였거나 거짓의 신분증을 행사하였음이 명백한 경우 그 신원을 확인하기 위하여 「출입국관리법」 제51조에 따라 지방출입국·외국인관서의 장으로부터 보호명령서를 발급받아 보호할 수 있다. 〈개정 2014. 3. 18.〉
② 제1항에 따라 보호된 사람에 대하여는 그 신원이 확인되거나 10일 이내에 신원을 확인할 수 없는 경우 즉시 보호를 해제하여야 한다. 다만, 부득이한 사정으로 신원 확인이 지체되는 경우 지방출입국·외국인관서의 장은 10일의 범위에서 보호를 연장할 수 있다. 〈개정 2014. 3. 18.〉

관련법령 ▶ 「출입국관리법」 제51조

제51조(보호)
① 출입국관리공무원은 외국인이 제46조제1항 각 호의 어느 하나에 해당된다고 의심할 만한 상당한 이유가 있고 도주하거나 도주할 염려가 있으면 지방출입국·외국인관서의 장으로부터 보호명령서를 발급받아 그 외국인을 보호할 수 있다.
② 제1항에 따른 보호명령서의 발급을 신청할 때에는 보호의 필요성을 인정할 수 있는 자료를 첨부하여 제출하여야 한다.
③ 출입국관리공무원은 외국인이 제46조제1항 각 호의 어느 하나에 해당된다고 의심할 만한 상당한 이유가 있고 도주하거나 도주할 염려가 있는 긴급한 경우에 지방출입국·외국인관서의 장으로부터 보호명령서를 발급받을 여유가 없을 때에는 그 사유를 알리고 긴급히 보호할 수 있다.
④ 출입국관리공무원은 제3항에 따라 외국인을 긴급히 보호하면 즉시 긴급보호서를 작성하여 그 외국인에게 내보여야 한다.
⑤ 출입국관리공무원은 제3항에 따라 외국인을 보호한 경우에는 48시간 이내에 보호명령서를 발급받아 외국인에게 내보여야 하며, 보호명령서를 발급받지 못한 경우에는 즉시 보호를 해제하여야 한다.

제21조 이의신청

① 제18조 제2항 또는 제19조에 따라 난민불인정결정을 받은 사람 또는 제22조에

따라 난민인정이 취소 또는 철회된 사람은 그 통지를 받은 날부터 30일 이내에 법무부장관에게 이의신청을 할 수 있다. 이 경우 이의신청서에 이의의 사유를 소명하는 자료를 첨부하여 지방출입국·외국인관서의 장에게 제출하여야 한다. 〈개정 2014. 3. 18.〉

② 제1항에 따른 이의신청을 한 경우에는 「행정심판법」에 따른 행정심판을 청구할 수 없다.

③ 법무부장관은 제1항에 따라 이의신청서를 접수하면 지체 없이 제25조에 따른 난민위원회에 회부하여야 한다.

④ 제25조에 따른 난민위원회는 직접 또는 제27조에 따른 난민조사관을 통하여 사실조사를 할 수 있다.

⑤ 그 밖에 난민위원회의 심의절차에 대한 구체적인 사항은 대통령령으로 정한다.

⑥ 법무부장관은 난민위원회의 심의를 거쳐 제18조에 따라 난민인정 여부를 결정한다.

⑦ 법무부장관은 이의신청서를 접수한 날부터 6개월 이내에 이의신청에 대한 결정을 하여야 한다. 다만, 부득이한 사정으로 그 기간 안에 이의신청에 대한 결정을 할 수 없는 경우에는 6개월의 범위에서 기간을 정하여 연장할 수 있다.

⑧ 제7항 단서에 따라 이의신청의 심사기간을 연장한 때에는 그 기간이 만료되기 7일 전까지 난민신청자에게 이를 통지하여야 한다.

제22조 난민인정결정의 취소 등

① 법무부장관은 난민인정결정이 거짓 서류의 제출이나 거짓 진술 또는 사실의 은폐에 따른 것으로 밝혀진 경우에는 난민인정을 취소할 수 있다.

② 법무부장관은 난민인정자가 다음 각 호의 어느 하나에 해당하는 경우에는 난민인정결정을 철회할 수 있다.

　1. 자발적으로 국적국의 보호를 다시 받고 있는 경우
　2. 국적을 상실한 후 자발적으로 국적을 회복한 경우
　3. 새로운 국적을 취득하여 그 국적국의 보호를 받고 있는 경우
　4. 박해를 받을 것이라는 우려 때문에 거주하고 있는 국가를 떠나거나 또는 그 국가 밖에서 체류하고 있다가 자유로운 의사로 그 국가에 재정착한 경우

5. 난민인정결정의 주된 근거가 된 사유가 소멸하여 더 이상 국적국의 보호를 받는 것을 거부할 수 없게 된 경우
6. 무국적자로서 난민으로 인정된 사유가 소멸되어 종전의 상주국으로 돌아갈 수 있는 경우

③ 법무부장관은 제1항 또는 제2항에 따라 난민인정결정을 취소 또는 철회한 때에는 그 사유와 30일 이내에 이의신청을 할 수 있다는 뜻을 기재한 난민인정취소통지서 또는 난민인정철회통지서로 그 사실을 통지하여야 한다. 이 경우 통지의 방법은 제18조 제6항을 준용한다.

주요판례

❖ **난민인정불허결정처분취소** [대법원 2017. 3. 15., 선고, 2013두16333, 판결]

판시사항

[1] 구 출입국관리법 제76조의3 제1항 제3호에서 말하는 '난민의 인정을 하게 된 중요한 요소'에 난민 신청인의 거짓 진술 등의 내용이 그 주장의 박해 사실과 직접 관련되지 않지만 전체적인 진술의 신빙성을 평가하는 데 중요한 요소와 관련된 경우가 포함되는지 여부(적극)

[2] 난민 신청인이 난민 신청과 심사과정에서 인적사항에 관하여 한 거짓 진술로 난민 신청인의 전체적인 진술의 신빙성이 부정되어 난민인정 요건을 갖추지 못하였다고 인정되는 경우, 구 출입국관리법 제76조의3 제1항 제3호에서 정한 난민인정의 취소사유가 되는지 여부(적극)

[3] 법무부장관이 난민인정 결정의 취소 여부를 결정할 재량이 있는지 여부(적극) 및 재량의 한계 / 구 출입국관리법 제76조의3 제1항 제3호에 따라 난민인정 결정을 취소하는 경우 당사자가 난민인정 결정에 관한 신뢰를 주장할 수 있는지 여부(소극) 및 행정청이 이를 고려하지 않은 경우 재량권을 일탈·남용한 것인지 여부(소극)

판결요지

[1] 구 출입국관리법(2012. 2. 10. 법률 제11298호로 개정되기 전의 것) 제76조의3 제1항 제3호에 의하면, 법무부장관은 난민으로 인정한 사람이 '난민의 인정을 하게 된 중요한 요소가 거짓된 서류제출 및 진술, 사실의 은폐 등에 의한 것으로 밝혀진 경우'에 해당하면 난민의 인정을 취소할 수 있도록 규정하고 있다. 이는 난민으로 인정받은 사람이 난민인정 당시 난민의 요건을 갖추지 못하였는데도, 난민인정의 기초가 된 중요 요소에 관하여 적극적으로 거짓 진술을 하거나 소극적으로 사실을 은폐하는 등의 행위를 하여, 그에 따라 난민인정을 받게 된 경우를 의미한다. 나아가 난민인정의 요건 중 '박해를 받을 충분한 근거 있는 공포'가 있는지는 반드시 객관적인 증거로 증명되어야 하는 것은 아니고, 입국 경로, 난민 신청 경위 등 여러 사정에 비추어 전체적인 진술의 신빙성에 의하여 주장사실을 인정하는 것이 합리적인 경우 증명이 된 것으로 볼 수 있다. 이러한 난민인정 결정의 특수성을 고려할 때, 위 규정에서 말하는 '난민의 인정을 하게 된 중요한 요소'에는 난민 신청인의 거짓 진술 등의 내용이 그 주장의 박해 사실과 직접 관련되지 않더라도 전체적인 진술의 신빙성을 평가하는 데 중요한 요소와 관련된 경우도 포함된다.

[2] 구 출입국관리법(2012. 2. 10. 법률 제11298호로 개정되기 전의 것) 제76조의2 제4항의 위임에 따른 구 출입국관리법 시행령(2013. 6. 21. 대통령령 제24628호로 개정되기 전의 것) 제88조의2 제2항은 난민인정을 신청하려는 자는 난민인정 신청서 및 첨부 서류와 함께 여권 등을 제시하여야 하고, 여권을 제시할 수 없는 사람은 그 사유서를 제출하도록 규정하고 있다. 이는 행정청으로 하여금 여권 등에 기재된 인적사항 등을 기초로 난민 신청인의 동일성을 확인하고, 그에 따라 난민인정사유와 난민의 지위에 관한 협약 등이 정한 제외사유에 해당하는지를 판단할 수 있도록 하기 위한 것이다. 만일 난민 신청인이 난민 신청과 심사과정에서 성명, 생년월일 등 인적사항에 관하여 거짓 진술을 하였고 그와 같이 거짓 진술을 하게 된 경위에 관하여 합리적인 이유를 제시하지 못한다면, 이는 단순히 진술의 세부내용에 관한 불일치나 과장이 있는 것에 지나지 않는다고 보기 어렵고 난민 신청인의 전체적인 진술의 신빙성을 평가하는 데 중대한 영향을 미칠 수 있는 사정에 해당할 수 있다. 그러므로 인적사항 관련 거짓 진술의 내용과 경위 등을 고려할 때, 거짓 진술로 난민 신청인의 전체적인 진술의 신빙성이 부정되어 결국 난민인정 요건을 갖추지 못하였다고 인정된다면, 그러한 사정은 구 출입국관리법 제76조의3 제1항 제3호에서 정한 난민인정의 취소사유가 된다.

[3] 구 출입국관리법(2012. 2. 10. 법률 제11298호로 개정되기 전의 것) 제76조의3 제1항 제3호의 문언·내용 등에 비추어 보면, 비록 그 규정에서 정한 사유가 있더라도, 법무부장관은 난민인정 결정을 취소할 공익상의 필요와 취소로 당사자가 입을 불이익 등 여러 사정을 참작하여 취소 여부를 결정할 수 있는 재량이 있다. 그러나 그 취소처분이 사회통념상 현저하게 타당성을 잃거나 비례·평 등의 원칙을 위반하였다면 재량권을 일탈·남용한 것으로서 위법하다. 다만 구 출입국관리법 제76조의3 제1항 제3호는 거짓 진술이나 사실은폐 등으로 난민인정 결정을 하는 데 하자가 있음을 이유로 이를 취소하는 것이므로, 당사자는 애초 난민인정 결정에 관한 신뢰를 주장할 수 없음은 물론 행정청이 이를 고려하지 않았다고 하더라도 재량권을 일탈·남용하였다고 할 수 없다.

제23조 심리의 비공개

난민위원회나 법원은 난민신청자나 그 가족 등의 안전을 위하여 필요하다고 인정하면 난민신청자의 신청에 따라 또는 직권으로 심의 또는 심리를 공개하지 아니하는 결정을 할 수 있다.

제24조 재정착희망난민의 수용

① 법무부장관은 재정착희망난민의 수용 여부와 규모 및 출신지역 등 주요 사항에 관하여 「재한외국인 처우 기본법」 제8조에 따른 외국인정책위원회의 심의를 거쳐 재정착희망난민의 국내 정착을 허가할 수 있다. 이 경우 정착허가는 제18조 제1항에 따른 난민인정으로 본다.

② 제1항에 따른 국내정착 허가의 요건과 절차 등 구체적인 사항은 대통령령으로

정한다.

> **관련법령** 「재한외국인 처우 기본법」 제8조

제8조(외국인정책위원회)
① 외국인정책에 관한 주요 사항을 심의·조정하기 위하여 국무총리 소속으로 외국인정책위원회(이하 "위원회"라 한다)를 둔다.
② 위원회는 다음 각 호의 사항을 심의·조정한다.
  1. 제5조에 따른 외국인정책의 기본계획의 수립에 관한 사항
  2. 제6조에 따른 외국인정책의 시행계획 수립, 추진실적 및 평가결과에 관한 사항
  3. 제15조에 따른 사회적응에 관한 주요 사항
  4. 그 밖에 외국인정책에 관한 주요 사항
③ 위원회는 위원장 1인을 포함한 30인 이내의 위원으로 구성하며, 위원장은 국무총리가 되고, 위원은 다음 각 호의 자가 된다.
  1. 대통령령으로 정하는 중앙행정기관의 장
  2. 외국인정책에 관하여 학식과 경험이 풍부한 자 중에서 위원장이 위촉하는 자
④ 위원회에 상정할 안건과 위원회에서 위임한 안건을 처리하기 위하여 위원회에 외국인정책실무위원회(이하 "실무위원회"라 한다)를 둔다.
⑤ 제1항부터 제4항까지 외에 위원회 및 실무위원회의 구성과 운영에 관하여 필요한 사항은 대통령령으로 정한다.

제3장 난민위원회 등

제25조 난민위원회의 설치 및 구성

① 제21조에 따른 이의신청에 대한 심의를 하기 위하여 법무부에 난민위원회(이하 "위원회"라 한다)를 둔다.
② 위원회는 위원장 1명을 포함한 15명 이하의 위원으로 구성한다.
③ 위원회에 분과위원회를 둘 수 있다.

제26조 위원의 임명

① 위원은 다음 각 호의 어느 하나에 해당하는 사람 중에서 법무부장관이 임명 또는 위촉한다.
  1. 변호사의 자격이 있는 사람
  2. 「고등교육법」 제2조 제1호 또는 제3호에 따른 학교에서 법률학 등을 가르치는 부교수 이상의 직에 있거나 있었던 사람
  3. 난민 관련 업무를 담당하는 4급 이상 공무원이거나 이었던 사람
  4. 그 밖에 난민에 관하여 전문적인 지식과 경험이 있는 사람
② 위원장은 위원 중에서 법무부장관이 임명한다.
③ 위원의 임기는 3년으로 하고, 연임할 수 있다.

> **관련법령** ▶ 「고등교육법」 제2조제1호 또는 제3호

제2조(학교의 종류)
고등교육을 실시하기 위하여 다음 각 호의 학교를 둔다.
1. 대학 3. 교육대학

제27조 난민조사관

① 위원회에 난민조사관을 둔다.
② 난민조사관은 위원장의 명을 받아 이의신청에 대한 조사 및 그 밖에 위원회의 사무를 처리한다.

제28조 난민위원회의 운영

제25조부터 제27조까지에서 규정한 사항 외에 위원회의 운영 등에 필요한 사항은 법무부령으로 정한다.

제29조 유엔난민기구와의 교류·협력

① 법무부장관은 유엔난민기구가 다음 각 호의 사항에 대하여 통계 등의 자료를 요청하는 경우 협력하여야 한다.
  1. 난민인정자 및 난민신청자의 상황
  2. 난민협약 및 난민의정서의 이행 상황
  3. 난민 관계 법령(입법예고를 한 경우를 포함한다)
② 법무부장관은 유엔난민기구나 난민신청자의 요청이 있는 경우 유엔난민기구가 다음 각 호의 행위를 할 수 있도록 협력하여야 한다.
  1. 난민신청자 면담
  2. 난민신청자에 대한 면접 참여
  3. 난민인정 신청 또는 이의신청에 대한 심사에 관한 의견 제시
③ 법무부장관 및 난민위원회는 유엔난민기구가 난민협약 및 난민의정서의 이행 상황을 점검하는 임무를 원활하게 수행할 수 있도록 편의를 제공하여야 한다.

제4장 난민인정자 등의 처우

제1절 난민인정자의 처우

제30조 난민인정자의 처우

① 대한민국에 체류하는 난민인정자는 다른 법률에도 불구하고 난민협약에 따른 처우를 받는다.
② 국가와 지방자치단체는 난민의 처우에 관한 정책의 수립·시행, 관계 법령의 정비, 관계 부처 등에 대한 지원, 그 밖에 필요한 조치를 하여야 한다.

관련법령 ▶ 「사회보장기본법」 제8조

제8조(외국인에 대한 적용)
국내에 거주하는 외국인에게 사회보장제도를 적용할 때에는 상호주의의 원칙에 따르되, 관계 법령에서 정하는 바에 따른다.

주 요 판 례

❖ **전세임대주택신청거부처분취소청구의소**
[서울행법 2021. 11. 23., 선고, 2020구합78100, 판결 : 확정]

판시사항 ▶

난민법상 난민인 甲이 전세임대주택을 신청하였는데 관할 구청장이 甲이 외국인이라는 이유로 이를 거부한 사안에서, 甲에게는 대한민국 국민과 동일하게 전세임대주택 입주자로 선정될 수 있는 권리가 인정된다고 한 사례

판결요지 ▶

난민법에 따라 난민으로 인정받고 있는 甲이 기존주택 전세임대 입주자 모집공고에 따라 전세임대주택을 신

청하였는데, 관할 사업대상지역 입주자를 선정하는 관할 구청장이 甲이 외국인이어서 그 신청을 할 수 없다는 이유로 이를 거부한 사안에서, 난민법 제31조 등에 따르면 난민의 경우에는 사회보장 관계 법령에서 외국인에 대한 사회보장 제한 등을 규정하더라도 대한민국 국민과 같은 수준의 사회보장을 받는데, 공공주택 특별법 제45조의2, 공공주택 특별법 시행령 제40조 제1항에서는 공공주택사업자가 기존주택을 임차하여 공급하는 공공임대주택의 입주자 요건에 관하여 별다른 규정을 두고 있지 않고 구 공공주택 특별법 시행규칙(2021. 2. 2. 국토교통부령 제818호로 개정되기 전의 것) 제21조 등에서 그 요건으로 무주택세대구성원일 것을 요구하고 있으며 이 경우 외국인인 난민이 무주택세대구성원인지 여부는 주민 등록표 대신 외국인 등록표 등 다른 객관적인 자료를 통하여 판단할 수 있어, 甲에게는 대한민국 국민과 동일하게 전세임대주택 입주자로 선정될 수 있는 권리가 인정되므로 이와 다른 전제에 선 위 거부처분은 위법하다고 한 사례이다.

주요판례

❖ **장애인 등록거부처분취소** [부산고법 2017. 10. 27., 선고, 2017누22336, 판결 : 상고]

판시사항

우리나라에 입국하여 난민으로 인정받아 F-2 체류자격으로 국내에 거주하던 甲이 공립 특수학교로부터 입학허가를 받고등교하게 되었는데, 병원에서 뇌병변장애 진단을 받고 학교 통학 및 병원 통원을 도와줄 활동보조인 파견 등 장애인 복지서비스를 제공받기 위해 관할 구청장에게 장애인 등록신청을 하였으나, 구청장이 그 신청을 반려하고 甲의 체류자격은 장애인 등록이 허용되지 않는 체류자격이라는 이유로 장애인 등록을 거부한 사안에서, 난민인정자인 甲에게 장애인복지법 제32조 제1항 등에 근거하여 장애인 등록을 하고 그에 따른 복지서비스의 제공을 받을 수 있는 권리가 인정된다는 이유로 위 처분이 위법하다고 한 사례

판결요지

우리나라에 입국하여 난민으로 인정받아 F-2 체류자격으로 국내에 거주하던 甲이 공립 특수학교로부터 입학허가를 받고등교하게 되었는데, 병원에서 뇌병변장애 진단을 받고 학교 통학 및 병원 통원을 도와줄 활동보조인 파견 등 장애인 복지서비스를 제공받기 위해 관할 구청장에게 장애인 등록신청을 하였으나, 구청장이 그 신청을 반려하고 甲의 체류자격은 장애인 등록이 허용되지 않는 체류자격이라는 이유로 장애인 등록을 거부한 사안에서, 난민법 제30조에 따르면 우리나라에 체류하는 난민인정자는 다른 법률에도 불구하고 난민의 지위에 관한 1951년 협약(이하 '난민협약'이라 한다)에 따른 처우를 받는데, 난민협약 제24조 제1항에 따르면 체약국은 합법적으로 그 영역 내에 체재하는 난민에게 사회보장에 관하여 자국민에게 부여하는 대우와 동일한 대우를 부여한다고 규정하고 있는 점, 난민법 제31조는 사회보장 관계 법령에서 외국인에 대한 사회보장 제한 또는 사회보장 특례를 규정하고 있더라도 난민의 경우에는 대한민국 국민과 같은 수준의 사회보장을 받는다는 의미로 보아야 하는 점, 장애인복지법 제32조의2 제1항 제3호에 따르면 거주(F-2) 체류자격의 경우 장애인 등록을 할 수 있는 외국인에 해당하지 않으나 같은 법 제32조의2 난민법 제30조, 제31조의 규정에도 불구하고 위 조항에 해당하지 아니하는 외국인은 장애인 등록을 할 수 없다는 의미가 아닌 점 등에 비추어, 난민인정자인 甲에게 장애인복지법 제32조 제1항 등에 근거하여 장애인 등록을 하고 그에 따른 복지서비스의 제공을 받을 수 있는 권리가 인정된다는 이유로 위 처분이 위법하다고 한 사례.

제31조 사회보장

난민으로 인정되어 국내에 체류하는 외국인은 「사회보장기본법」 제8조 등에도 불구하고 대한민국 국민과 같은 수준의 사회보장을 받는다.

주요판례

❖ **전세임대주택신청거부처분취소청구의소**
[서울행법 2021. 11. 23., 선고, 2020구합78100, 판결 : 확정]

판시사항

난민법상 난민인 甲이 전세임대주택을 신청하였는데 관할 구청장이 甲이 외국인이라는 이유로 이를 거부한 사안에서, 甲에게는 대한민국 국민과 동일하게 전세임대주택 입주자로 선정될 수 있는 권리가 인정된다고 한 사례

판결요지

난민법에 따라 난민으로 인정받고 있는 甲이 기존주택 전세임대 입주자 모집공고에 따라 전세임대주택을 신청하였는데, 관할 사업대상지역 입주자를 선정하는 관할 구청장이 甲이 외국인이어서 그 신청을 할 수 없다는 이유로 이를 거부한 사안에서, 난민법 제31조 등에 따르면 난민의 경우에는 사회보장 관계 법령에서 외국인에 대한 사회보장 제한 등을 규정하더라도 대한민국 국민과 같은 수준의 사회보장을 받는데, 공공주택 특별법 제45조의2, 공공주택 특별법 시행령 제40조 제1항에서는 공공주택사업자가 기존주택을 임차하여 공급하는 공공임대주택의 입주자 요건에 관하여 별다른 규정을 두고 있지 않고 구 공공주택 특별법 시행규칙(2021. 2. 2. 국토교통부령 제818호로 개정되기 전의 것) 제21조 등에서 그 요건으로 무주택세대구성원일 것을 요구하고 있으며 이 경우 외국인인 난민이 무주택세대구성원인지 여부는 주민 등록표 대신 외국인 등록표 등 다른 객관적인 자료를 통하여 판단할 수 있어, 甲에게는 대한민국 국민과 동일하게 전세임대주택 입주자로 선정될 수 있는 권리가 인정되므로 이와 다른 전제에 선 위 거부처분은 위법하다고 한 사례이다.

주요판례

❖ **장애인 등록거부처분취소** [부산고법 2017. 10. 27., 선고, 2017누22336, 판결 : 상고]

판시사항

우리나라에 입국하여 난민으로 인정받아 F-2 체류자격으로 국내에 거주하던 甲이 공립 특수학교로부터 입학허가를 받고등교하게 되었는데, 병원에서 뇌병변장애 진단을 받고 학교 통학 및 병원 통원을 도와줄 활동보조인 파견 등 장애인 복지서비스를 제공받기 위해 관할 구청장에게 장애인 등록신청을 하였으나, 구청장이 그 신청을 반려하고 甲의 체류자격은 장애인 등록이 허용되지 않는 체류자격이라는 이유로 장애인 등록을 거부한 사안에서, 난민인정자인 甲에게 장애인복지법 제32조 제1항 등에 근거하여 장애인 등록을 하고 그에 따른 복지서비스의 제공을 받을 수 있는 권리가 인정된다는 이유로 위 처분이 위법하다고 한 사례

판결요지

우리나라에 입국하여 난민으로 인정받아 F-2 체류자격으로 국내에 거주하던 甲이 공립 특수학교로부터 입학허가를 받고등교하게 되었는데, 병원에서 뇌병변장애 진단을 받고 학교 통학 및 병원 통원을 도와줄 활동보조인 파견 등 장애인 복지서비스를 제공받기 위해 관할 구청장에게 장애인 등록신청을 하였으나, 구청장이 그 신청을 반려하고 甲의 체류자격은 장애인 등록이 허용되지 않는 체류자격이라는 이유로 장애인 등록을 거부한 사안에서, 난민법 제30조에 따르면 우리나라에 체류하는 난민인정자는 다른 법률에도 불구하고 난민의 지위에 관한 1951년 협약(이하 '난민협약'이라 한다)에 따른 처우를 받는데, 난민협약 제24조 제1항에 따르면 체약국은 합법적으로 그 영역 내에 체재하는 난민에게 사회보장에 관하여 자국민에게 부여하는 대우와 동일한 대우를 부여한다고 규정하고 있는 점, 난민법 제31조는 사회보장 관계 법령에서 외국인에 대한 사회보장 제한 또는 사회보장 특례를 규정하고 있더라도 난민의 경우에는 대한민국 국민과 같은 수준의 사회보장을 받는다는 의미로 보아야 하는 점, 장애인복지법 제32조의2 제1항 제3호에 따르면 거주(F-2) 체류자격의 경우 장애인 등록을 할 수 있는 외국인에 해당하지 않으나 같은 법 제32조의2가 난민법 제30조, 제31조의 규정에도 불구하고 위 조항에 해당하지 아니하는 외국인은 장애인 등록을 할 수 없다는 의미가 아닌 점 등에 비추어, 난민인정자인 甲에게 장애인복지법 제32조 제1항 등에 근거하여 장애인 등록을 하고 그에 따른 복지서비스의 제공을 받을 수 있는 권리가 인정된다는 이유로 위 처분이 위법하다고 한 사례.

제32조 기초생활보장

난민으로 인정되어 국내에 체류하는 외국인은 「국민기초생활 보장법」 제5조의2에도 불구하고 본인의 신청에 따라같은 법 제7조부터 제15조까지에 따른 보호를 받는다.

관련법령 ▶ 「국민기초생활 보장법」 제5조의2, 제7조부터 제15조

제5조의2(외국인에 대한 특례)
국내에 체류하고 있는 외국인 중 대한민국 국민과 혼인하여 본인 또는 배우자가 임신 중이거나 대한민국 국적의 미성년 자녀를 양육하고 있거나 배우자의 대한민국 국적인 직계존속(直系尊屬)과 생계나 주거를 같이하고 있는 사람으로서 대통령령으로 정하는 사람이 이 법에 따른 급여를 받을 수 있는 자격을 가진 경우에는 수급권자가 된다.

제7조(급여의 종류)
① 이 법에 따른 급여의 종류는 다음 각 호와 같다.
  1. 생계급여 2. 주거급여 3. 의료급여 4. 교육급여 5. 해산급여(解産給與) 6. 장제급여(葬祭給與) 7. 자활급여
② 수급권자에 대한 급여는 수급자의 필요에 따라 제1항제1호부터 제7호까지의 급여의 전부 또는 일부를 실시하는 것으로 한다.
③ 차상위계층에 속하는 사람(이하 "차상위자"라 한다)에 대한 급여는 보장기관이 차상위자의 가구별 생활여건을 고려하여 예산의 범위에서 제1항제2호부터 제4호까지, 제6호 및 제7호에 따른 급여의 전부 또는 일부를 실시할 수 있다. 이 경우 차상위자에 대한 급여의 기준 및 절차 등에 관하여

필요한 사항은 대통령으로 정한다.
④ 삭제

제8조(생계급여의 내용 등)

① 생계급여는 수급자에게 의복, 음식물 및 연료비와 그 밖에 일상생활에 기본적으로 필요한 금품을 지급하여 그 생계를 유지하게 하는 것으로 한다.
② 생계급여 수급권자는 부양의무자가 없거나, 부양의무자가 있어도 부양능력이 없거나 부양을 받을 수 없는 사람으로서 그 소득인정액이 제20조제2항에 따른 중앙생활보장위원회의 심의·의결을 거쳐 결정하는 금액(이하 이 조에서 "생계급여 선정기준"이라 한다) 이하인 사람으로 한다. 이 경우 생계급여 선정기준은 기준 중위소득의 100분의 30 이상으로 한다.
③ 생계급여 최저보장수준은 생계급여와 소득인정액을 포함하여 생계급여 선정기준 이상이 되도록 하여야 한다.
④ 제2항 및 제3항에도 불구하고 제10조제1항 단서에 따라 제32조에 따른 보장시설에 위탁하여 생계급여를 실시하는 경우에는 보건복지부장관이 정하는 고시에 따라 그 선정기준 등을 달리 정할 수 있다.

제8조의2(부양능력 등)

① 부양의무자가 다음 각 호의 어느 하나에 해당하는 경우에는 제8조제2항, 제12조제3항, 제12조의3제2항에 따른 부양능력이 없는 것으로 본다.
  1. 기준 중위소득 수준을 고려하여 대통령으로 정하는 소득·재산 기준 미만인 경우
  2. 직계존속 또는 「장애인연금법」 제2조제1호의 중증장애인인 직계비속을 자신의 주거에서 부양하는 경우로서 보건복지부장관이 정하여 고시하는 경우
  3. 그 밖에 질병, 교육, 가구 특성 등으로 부양능력이 없다고 보건복지부장관이 정하는 경우
② 부양의무자가 다음 각 호의 어느 하나에 해당하는 경우에는 제8조제2항, 제12조제3항, 제12조의3제2항에 따른 부양을 받을 수 없는 것으로 본다.
  1. 부양의무자가 「병역법」에 따라 징집되거나 소집된 경우
  2. 부양의무자가 「해외이주법」 제2조의 해외이주자에 해당하는 경우
  3. 부양의무자가 「형의 집행 및 수용자의 처우에 관한 법률」 및 「치료감호법」 등에 따른 교도소, 구치소, 치료감호시설 등에 수용 중인 경우
  4. 부양의무자에 대하여 실종선고 절차가 진행 중인 경우
  5. 부양의무자가 제32조의 보장시설에서 급여를 받고 있는 경우
  6. 부양의무자의 가출 또는 행방불명으로 경찰서 등 행정관청에 신고된 후 1개월이 지났거나 가출 또는 행방불명 사실을 특별자치시장·특별자치도지사·시장·군수·구청장(자치구의 구청장을 말한다. 이하 "시장·군수·구청장"이라 한다)이 확인한 경우
  7. 부양의무자가 부양을 기피하거나 거부하는 경우
  8. 그 밖에 부양을 받을 수 없는 것으로 보건복지부장관이 정하는 경우
③ 「아동복지법」 제15조제1항제2호부터 제4호까지(제2호의 경우 친권자인 보호자는 제외한다)에 따라 부양 대상 아동이 보호조치된 경우에는 제8조제2항, 제12조제3항, 제12조의3제2항에 따른 부양을 받을 수 없는 것으로 본다.

제9조(생계급여의 방법)

① 생계급여는 금전을 지급하는 것으로 한다. 다만, 금전으로 지급할 수 없거나 금전으로 지급하는 것이 적당하지 아니하다고 인정하는 경우에는 물품을 지급할 수 있다.
② 제1항의 수급품은 대통령령으로 정하는 바에 따라 매월 정기적으로 지급하여야 한다. 다만, 특별한 사정이 있는 경우에는 그 지급방법을 다르게 정하여 지급할 수 있다.
③ 제1항의 수급품은 수급자에게 직접 지급한다. 다만, 제10조제1항 단서에 따라 제32조에 따른 보장시설이나 타인의 가정에 위탁하여 생계급여를 실시하는 경우에는 그 위탁받은 사람에게 이를 지급할 수 있다. 이 경우 보장기관은 보건복지부장관이 정하는 바에 따라 정기적으로 수급자의 수급 여부를 확인하여야 한다.
④ 생계급여는 보건복지부장관이 정하는 바에 따라 수급자의 소득인정액 등을 고려하여 차등지급할 수 있다.
⑤ 보장기관은 대통령령으로 정하는 바에 따라 근로능력이 있는 수급자에게 자활에 필요한 사업에 참가할 것을 조건으로 하여 생계급여를 실시할 수 있다. 이 경우 보장기관은 제28조에 따른 자활지원계획을 고려하여 조건을 제시하여야 한다.

제10조(생계급여를 실시할 장소)

① 생계급여는 수급자의 주거에서 실시한다. 다만, 수급자가 주거가 없거나 주거가 있어도 그곳에서는 급여의 목적을 달성할 수 없는 경우 또는 수급자가 희망하는 경우에는 수급자를 제32조에 따른 보장시설이나 타인의 가정에 위탁하여 급여를 실시할 수 있다.
② 제1항에 따라 수급자에 대한 생계급여를 타인의 가정에 위탁하여 실시하는 경우에는 거실의 임차료와 그 밖에 거실의 유지에 필요한 비용은 수급품에 가산하여 지급한다. 이 경우 제7조제1항제2호의 주거급여가 실시된 것으로 본다.

제11조(주거급여)

① 주거급여는 수급자에게 주거 안정에 필요한 임차료, 수선유지비, 그 밖의 수급품을 지급하는 것으로 한다.
② 주거급여에 관하여 필요한 사항은 따로 법률에서 정한다.

제12조(교육급여)

① 교육급여는 수급자에게 입학금, 수업료, 학용품비, 그 밖의 수급품을 지급하는 것으로 하되, 학교의 종류·범위 등에 관하여 필요한 사항은 대통령령으로 정한다.
② 교육급여는 교육부장관의 소관으로 한다.
③ 교육급여 수급권자는 부양의무자가 없거나, 부양의무자가 있어도 부양능력이 없거나 부양을 받을 수 없는 사람으로서 그 소득인정액이 제20조제2항에 따른 중앙생활보장위원회의 심의·의결을 거쳐 결정하는 금액(이하 "교육급여 선정기준"이라 한다) 이하인 사람으로 한다. 이 경우 교육급여 선정기준은 기준 중위소득의 100분의 50 이상으로 한다.
④ 교육급여의 신청 및 지급 등에 대하여는 「초·중등교육법」 제60조의4부터 제60조의9까지 및 제62조제3항에 따른 교육비 지원절차를 준용한다.

제12조의2(교육급여의 적용특례)

교육급여 수급권자를 선정하는 경우에는 제12조제1항의 교육급여와 「초·중등교육법」 제60조의4

에 따른 교육비 지원과의 연계·통합을 위하여 제3조제2항 및 제12조제3항에도 불구하고 소득인정액이 교육급여 선정기준 이하인 사람을 수급권자로 본다.

제12조의3(의료급여)

① 의료급여는 수급자에게 건강한 생활을 유지하는 데 필요한 각종 검사 및 치료 등을 지급하는 것으로 한다.

② 의료급여 수급권자는 부양의무자가 없거나, 부양의무자가 있어도 부양능력이 없거나 부양을 받을 수 없는 사람으로서 그 소득인정액이 제20조제2항에 따른 중앙생활보장위원회의 심의·의결을 거쳐 결정하는 금액(이하 이 항에서 "의료급여 선정기준"이라 한다) 이하인 사람으로 한다. 이 경우 의료급여 선정기준은 기준 중위소득의 100분의 40 이상으로 한다.

③ 의료급여에 필요한 사항은 따로 법률에서 정한다.

제13조(해산급여)

① 해산급여는 제7조제1항제1호부터 제3호까지의 급여 중 하나 이상의 급여를 받는 수급자에게 다음 각 호의 급여를 실시하는 것으로 한다.
  1. 조산(助産)
  2. 분만 전과 분만 후에 필요한 조치와 보호

② 해산급여는 보건복지부령으로 정하는 바에 따라 보장기관이 지정하는 의료기관에 위탁하여 실시할 수 있다.

③ 해산급여에 필요한 수급품은 보건복지부령으로 정하는 바에 따라 수급자나 그 세대주 또는 세대주에 준하는 사람에게 지급한다. 다만, 제2항에 따라 그 급여를 의료기관에 위탁하는 경우에는 수급품을 그 의료기관에 지급할 수 있다.

제14조(장제급여)

① 장제급여는 제7조제1항제1호부터 제3호까지의 급여 중 하나 이상의 급여를 받는 수급자가 사망한 경우 사체의 검안(檢案)·운반·화장 또는 매장, 그 밖의 장제조치를 하는 것으로 한다.

② 장제급여는 보건복지부령으로 정하는 바에 따라 실제로 장제를 실시하는 사람에게 장제에 필요한 비용을 지급하는 것으로 한다. 다만, 그 비용을 지급할 수 없거나 비용을 지급하는 것이 적당하지 아니하다고 인정하는 경우에는 물품을 지급할 수 있다.

제14조의2(급여의 특례)

제8조, 제11조, 제12조, 제12조의3, 제13조, 제14조 및 제15조에 따른 수급권자에 해당하지 아니하여도 생활이 어려운 사람으로서 일정 기간 동안 이 법에서 정하는 급여의 전부 또는 일부가 필요하다고 보건복지부장관 또는 소관 중앙행정기관의 장이 정하는 사람은 수급권자로 본다.

제15조(자활급여)

① 자활급여는 수급자의 자활을 돕기 위하여 다음 각 호의 급여를 실시하는 것으로 한다.
  1. 자활에 필요한 금품의 지급 또는 대여
  2. 자활에 필요한 근로능력의 향상 및 기능습득의 지원
  3. 취업알선 등 정보의 제공
  4. 자활을 위한 근로기회의 제공
  5. 자활에 필요한 시설 및 장비의 대여

6. 창업교육, 기능훈련 및 기술·경영 지도 등 창업지원
　　7. 자활에 필요한 자산형성 지원
　　8. 그 밖에 대통령령으로 정하는 자활을 위한 각종 지원
② 제1항의 자활급여는 관련 공공기관·비영리법인·시설과 그 밖에 대통령령으로 정하는 기관에 위탁하여 실시할 수 있다. 이 경우 그에 드는 비용은 보장기관이 부담한다.

제33조 교육의 보장

① 난민인정자나 그 자녀가 「민법」에 따라 미성년자인 경우에는 국민과 동일하게 초등교육과 중등교육을 받는다.
② 법무부장관은 난민인정자에 대하여 대통령령으로 정하는 바에 따라 그의 연령과 수학능력 및 교육여건 등을 고려하여 필요한 교육을 받을 수 있도록 지원할 수 있다.

제34조 사회적응교육 등

① 법무부장관은 난민인정자에 대하여 대통령령으로 정하는 바에 따라 한국어 교육 등 사회적응교육을 실시할 수 있다.
② 법무부장관은 난민인정자가 원하는 경우 대통령령으로 정하는 바에 따라 직업훈련을 받을 수 있도록 지원할 수 있다.

제35조 학력 인정

난민인정자는 대통령령으로 정하는 바에 따라 외국에서 이수한 학교교육의 정도에 상응하는 학력을 인정받을 수 있다.

제36조 자격인정

난민인정자는 관계 법령에서 정하는 바에 따라 외국에서 취득한 자격에 상응하는 자격 또는 그 자격의 일부를 인정받을 수 있다.

제37조 배우자 등의 입국허가

① 법무부장관은 난민인정자의 배우자 또는 미성년자인 자녀가 입국을 신청하는 경우 「출입국관리법」 제11조에 해당하는 경우가 아니면 입국을 허가하여야 한다.
② 제1항에 따른 배우자 및 미성년자의 범위는 「민법」에 따른다.

> **관련법령** ▶ 「출입국관리법」 제11조

제11조(입국의 금지 등)
① 법무부장관은 다음 각 호의 어느 하나에 해당하는 외국인에 대하여는 입국을 금지할 수 있다.
  1. 감염병환자, 마약류중독자, 그 밖에 공중위생상 위해를 끼칠 염려가 있다고 인정되는 사람
  2. 「총포·도검·화약류 등의 안전관리에 관한 법률」에서 정하는 총포·도검·화약류 등을 위법하게 가지고 입국하려는 사람
  3. 대한민국의 이익이나 공공의 안전을 해치는 행동을 할 염려가 있다고 인정할 만한 상당한 이유가 있는 사람
  4. 경제질서 또는 사회질서를 해치거나 선량한 풍속을 해치는 행동을 할 염려가 있다고 인정할 만한 상당한 이유가 있는 사람
  5. 사리 분별력이 없고 국내에서 체류활동을 보조할 사람이 없는 정신장애인, 국내체류비용을 부담할 능력이 없는 사람, 그 밖에 구호(救護)가 필요한 사람
  6. 강제퇴거명령을 받고 출국한 후 5년이 지나지 아니한 사람
  7. 1910년 8월 29일부터 1945년 8월 15일까지 사이에 다음 각 목의 어느 하나에 해당하는 정부의 지시를 받거나 그 정부와 연계하여 인종, 민족, 종교, 국적, 정치적 견해 등을 이유로 사람을 학살·학대하는 일에 관여한 사람
      가. 일본 정부
      나. 일본 정부와 동맹 관계에 있던 정부
      다. 일본 정부의 우월한 힘이 미치던 정부
  8. 제1호부터 제7호까지의 규정에 준하는 사람으로서 법무부장관이 그 입국이 적당하지 아니하다고 인정하는 사람
② 법무부장관은 입국하려는 외국인의 본국(本國)이 제1항 각 호 외의 사유로 국민의 입국을 거부할 때에는 그와 동일한 사유로 그 외국인의 입국을 거부할 수 있다.

주 요 판 례

❖ **난민불인정결정취소**[서울고법 2022. 4. 19., 선고, 2021누34345, 판결 : 상고]

> **판시사항**
> 파키스탄 이슬람 공화국 국적의 甲과 배우자 乙 및 미성년 자녀가, 甲과 乙이 가족의 의사에 반하는 연애결

혼을 하여 본국으로 귀국하면 甲의 가족 등으로부터 '박해를 받을 충분히 근거 있는 공포'가 있다는 이유로 난민인정 신청을 하였으나 관할 출입국·외국인청장이 난민불인정 처분을 한 사안에서, 甲은 본국에서 가족의 의사에 반하여 종족이나 사회계급이 다른 상대와 연애결혼을 한 혼인 적령기 여성, 乙은 그 배우자로서 본국에 돌아갈 경우 甲의 가족 등으로부터 박해를 받을 우려가 있다는 충분한 근거 있는 공포를 느끼는 사람들에 해당하고, 미성년 자녀에 대하여도 가족결합의 원칙 등에 따라 난민의 지위를 부여할 인도적 필요가 있다는 이유로, 위 처분이 위법하다고 한 사례

판결요지

파키스탄 이슬람 공화국 국적의 甲과 배우자 乙 및 미성년 자녀가, 甲과 乙이 가족의 의사에 반하는 연애결혼을 하여 본국으로 귀국하면 甲의 가족 등으로부터 '박해를 받을 충분히 근거 있는 공포'가 있다는 이유로 난민인정 신청을 하였으나 관할 출입국·외국인청장이 난민불인정 처분을 한 사안이다.

甲과 乙은 연애결혼을 한 과정, 이에 따라 본국에서 甲의 가족으로부터 당한 위협·폭력, 한국으로 오게 된 경위 등에 관하여 구체적이고 일관성 있게 진술하고 있고, 이는 본국의 사회적·정치적 상황에 비추어 충분히 일어날 수 있는 일로 甲과 乙이 제출한 객관적인 서증과도 대부분 합치하는 점, 의사에 반하는 결혼을 강요하거나 스스로 선택한 혼인 상대방과 결혼할 수 없도록 강제하는 것, 강제로 이혼하도록 강요하는 것은 모두 인격권과 행복추구권, 성적 자기결정권을 박탈하는 것으로서, 인간의 본질적 존엄성에 대한 중대하고도 본질적인 침해에 해당하는 점, '가족의 반대를 무릅쓰고 자기의 자유의사로 종족 및 사회계급이 다른 남성과 결혼한 여성과 그 배우자'는 본국의 사회문화적 규범에 반하여 '가족의 명예를 더럽힌 사람들'로서, 전통적인 규범을 따르는 동족 집단이나 지역사회로부터 배척하고 명예범죄의 위협을 받을 위험이 큰 점, 본국에서는 연애결혼을 한 여성과 배우자, 자녀에 대한 명예살인이 매년 다수 발생하고, 甲과 乙이 거주하던 곳은 그중에서도 관련 범죄의 발생 건수가 가장 많은 곳인 점 등을 종합하면, 甲은 본국에서 가족의 의사에 반하여 종족이나 사회계급이 다른 상대와 연애결혼을 한 혼인 적령기 여성, 乙은 그 배우자로서 이로 인하여 자신의 신체에 관한 위협을 당하는 등 구체적 박해를 받고 대한민국에 입국하였고, 본국에 돌아갈 경우 甲의 가족 등으로부터 박해를 받을 우려가 있다는 충분한 근거 있는 공포를 느끼는 사람들에 해당하고, 미성년 자녀에 대하여도 가족결합의 원칙과 甲의 가족으로부터의 박해 가능성 등을 고려하여 난민의 지위를 부여할 인도적 필요가 있다는 이유로, 위 처분이 위법하다고 한 사례이다.

주요판례

❖ **난민불인정처분취소·난민불인정결정취소**
[광주고법 2021. 6. 10., 선고, 2019누12349, 13229, 판결 : 확정]

판시사항

파키스탄 이슬람 공화국 국적의 甲과 배우자 및 미성년 자녀가 甲이 정치적 박해를 받을 우려가 있다며 난민신청을 하였으나 관할 출입국·외국인사무소장이 난민불인정결정을 한 사안에서, 甲은 정치적 견해 등으로 인하여 박해를 받을 우려가 있다는 충분한 근거가 있는 공포에 처해 있다고 봄이 상당하고, 가족결합의 원칙에 의하여 그 배우자와 미성년 자녀들에 대하여도 난민의 지위를 부여할 인도적 필요가 있다는 이유로, 위 처분이 위법하다고 한 사례

판결요지

파키스탄 이슬람 공화국(이하 '파키스탄'이라 한다) 국적의 甲과 배우자 및 미성년 자녀가 甲이 본국에 돌아가면 정치적 박해를 받을 우려가 있다며 난민신청을 하였으나 관할 출입국·외국인사무소장이 '박해를 받게 될 것이라는 충분히 근거 있는 공포'를 인정할 수 없다는 이유로 난민불인정결정을 한 사안이다.

甲에 대한 감금 및 고문, 체포영장의 발부 및 출국 경위 등에 관한 甲과 그의 가족들의 진술은 신빙성이 있어 그 내용 중 상당 부분이 사실에 부합한다고 보이는 점, 甲에 대하여 발부된 체포영장이 여전히 유효하므로 甲이 본국에 송환될 경우 곧바로 체포될 가능성이 높은 점 등을 종합하면 甲은 정치적 견해 등으로 인하여 박해를 받을 우려가 있다는 충분한 근거가 있는 공포에 처해 있다고 봄이 상당하고, 난민의 지위에 관한 1951년 협약을 채택한 회의의 권고안 및 난민법상 가족결합의 원칙에 의하여 甲의 배우자와 자녀들에 대하여도 난민의 지위를 부여할 인도적 필요가 있다는 이유로, 위 처분이 위법하다고 한 사례이다.

제38조 난민인정자에 대한 상호주의 적용의 배제

난민인정자에 대하여는 다른 법률에도 불구하고 상호주의를 적용하지 아니한다.

제2절 인도적체류자의 처우

제39조 인도적체류자의 처우

법무부장관은 인도적체류자에 대하여 취업활동 허가를 할 수 있다.

제3절 난민신청자의 처우

제40조 생계비 등 지원

① 법무부장관은 대통령령으로 정하는 바에 따라 난민신청자에게 생계비 등을 지원할 수 있다.
② 법무부장관은 난민인정 신청일부터 6개월이 지난 경우에는 대통령령으로 정하는 바에 따라 난민신청자에게 취업을 허가할 수 있다.

주요판례

❖ **생계비 등지원신청거부처분취소**[서울행법 2016. 7. 7., 선고, 2015구합79413, 판결 : 확정]

판시사항

에티오피아 국적의 여성 甲이 대한민국에 입국하여 체류하다가 난민인정 신청을 한 후 난민신청자 생계비 지원 신청을 하였으나 법무부장관이 甲에게 휴대전화로 "You are failed to receive the living expensives."라는 내용의 문자메시지를 전송한 사안에서, 위 통보는 행정절차법 제23조 제1항, 제24조 제1항을 위반하여 위법하다고 한 사례

판결요지

에티오피아 국적의 여성 甲이 대한민국에 입국하여 체류하다가 난민인정 신청을 한 후 난민신청자 생계비 지원 신청을 하였으나 법무부장관이 甲에게 휴대전화로 "You are failed to receive the living expensives."라는 내용의 문자메시지를 전송한 사안에서, '난민신청자의 생계비 지원 신청에 대한 결정'은 성질상 행정절차를 거치기 곤란하거나 거칠 필요가 없다고 인정되거나 행정절차에 준하는 절차를 거치도록 한 경우에 해당하지 않으므로 행정절차법이 적용되는데, 난민법 시행령 제17조 제2항이 '난민신청자의 국내 체류 기간, 취업활동 여부, 난민지원시설 이용 여부, 부양가족 유무, 생활 여건 등을 고려하여 생계비 지원 여부를 결정한다'고 규정하고 있음에도 위 통보만으로는 처분 상대방인 甲이 어떠한 근거와 이유로 통보가 이루어진 것인지 전혀 알 수 없으므로 위 통보는 행정절차법 제23조 제1항을 위반하였고, 법무부장관이 휴대전화 문자메시지로 생계비 지원 신청을 거부할 수 있다는 규정이 없고 그에 관하여 甲이 동의하였다는 자료도 없으며, 위 통보가 '신속히 처리할 필요가 있거나 사안이 경미한 경우에는 말 또는 그 밖의 경우로 할 수 있다'고 규정한 행정절차법 제24조 제1항 단서에 해당한다고 볼 수도 없으므로 위 통보는 행정절차법 제24조 제1항을 위반하여 위법하다고 한 사례.

제41조 주거시설의 지원

① 법무부장관은 대통령령으로 정하는 바에 따라 난민신청자가 거주할 주거시설을 설치하여 운영할 수 있다.
② 제1항에 따른 주거시설의 운영 등에 필요한 사항은 대통령령으로 정한다.

제42조 의료지원

법무부장관은 대통령령으로 정하는 바에 따라 난민신청자에게 의료지원을 할 수 있다.

제43조 교육의 보장

난민신청자 및 그 가족 중 미성년자인 외국인은 국민과 같은 수준의 초등교육 및 중등교육을 받을 수 있다.

제44조 특정 난민신청자의 처우 제한

제2조 제4호 다목이나 제8조 제5항 제2호 또는 제3호에 해당하는 난민신청자의 경우에는 대통령령으로 정하는 바에 따라 제40조 제1항 및 제41조부터 제43조까지에서 정한 처우를 일부 제한할 수 있다.

제5장 보칙

제45조 난민지원시설의 운영 등

① 법무부장관은 제34조, 제41조 및 제42조에서 정하는 업무 등을 효율적으로 수행하기 위하여 난민지원시설을 설치하여 운영할 수 있다.
② 법무부장관은 필요하다고 인정하면 제1항에 따른 업무의 일부를 민간에게 위탁할 수 있다.
③ 난민지원시설의 이용대상, 운영 및 관리, 민간위탁 등에 필요한 사항은 대통령령으로 정한다.

제46조 권한의 위임

법무부장관은 이 법에 따른 권한의 일부를 대통령령으로 정하는 바에 따라 지방출입국·외국인관서의 장에게 위임할 수 있다. <개정 2014. 3. 18.>

제46조의2 벌칙 적용에서 공무원 의제

제25조에 규정된 난민위원회(분과위원회를 포함한다)의 위원 중 공무원이 아닌 위원은 「형법」 제127조 및 제129조부터 제132조까지의 규정을 적용할 때에는 공무원으로 본다. [본조신설 2016. 12. 20.]

관련법령 ▶ 「형법」 제127조 및 제129조부터 제132조

제127조(공무상 비밀의 누설)
공무원 또는 공무원이었던 자가 법령에 의한 직무상 비밀을 누설한 때에는 2년 이하의 징역이나 금고 또는 5년 이하의 자격정지에 처한다.

제129조(수뢰, 사전수뢰)
① 공무원 또는 중재인이 그 직무에 관하여 뇌물을 수수, 요구 또는 약속한 때에는 5년 이하의 징역 또는 10년 이하의 자격정지에 처한다.
② 공무원 또는 중재인이 될 자가 그 담당할 직무에 관하여 청탁을 받고 뇌물을 수수, 요구 또는 약속한 후 공무원 또는 중재인이 된 때에는 3년 이하의 징역 또는 7년 이하의 자격정지에 처한다.

제130조(제삼자뇌물제공)
공무원 또는 중재인이 그 직무에 관하여 부정한 청탁을 받고 제3자에게 뇌물을 공여하게 하거나 공여를 요구 또는 약속한 때에는 5년 이하의 징역 또는 10년 이하의 자격정지에 처한다.

제131조(수뢰후부정처사, 사후수뢰)
① 공무원 또는 중재인이 전2조의 죄를 범하여 부정한 행위를 한때에는 1년 이상의 유기징역에 처한다.
② 공무원 또는 중재인이 그 직무상 부정한 행위를 한 후 뇌물을 수수, 요구 또는 약속하거나 제삼자에게 이를 공여하게 하거나 공여를 요구 또는 약속한 때에도 전항의 형과 같다.
③ 공무원 또는 중재인이었던 자가 그 재직 중에 청탁을 받고 직무상 부정한 행위를 한 후 뇌물을 수수, 요구 또는 약속한 때에는 5년 이하의 징역 또는 10년 이하의 자격정지에 처한다.
④ 전3항의 경우에는 10년 이하의 자격정지를 병과할 수 있다.

제132조(알선수뢰)
공무원이 그 지위를 이용하여 다른 공무원의 직무에 속한 사항의 알선에 관하여 뇌물을 수수, 요구 또는 약속한 때에는 3년 이하의 징역 또는 7년 이하의 자격정지에 처한다.

제6장 벌칙

제47조 벌칙

다음 각 호의 어느 하나에 해당하는 자는 1년 이하의 징역 또는 1천만원 이하의 벌금에 처한다.

1. 제17조를 위반한 자
2. 거짓 서류의 제출이나 거짓 진술 또는 사실의 은폐로 난민으로 인정되거나 인도적 체류 허가를 받은 사람

제6편 난민법

제13부

난민법 시행령

[시행 2022. 7. 12.]
[대통령령 제32790호, 2022. 7. 11., 타법개정]

제1조 목적

이 영은 「난민법」에서 위임된 사항과 그 시행에 필요한 사항을 규정함을 목적으로 한다.

제2조 인도적 체류 허가

① 법무부장관은 난민인정을 신청한 사람(이하 "난민신청자"라 한다)이 다음 각 호의 어느 하나에 해당하는 경우에는 「난민법」(이하 "법"이라 한다)제2조 제3호에 따라 인도적 체류 허가를 할 수 있다. 〈개정 2021. 7. 27.〉
  1. 법 제18조 제2항에 따라 난민에 해당하지 아니한다고 결정하는 경우
  2. 법 제21조 제1항에 따른 이의신청에 대하여제11조 제1항 제2호에 따른 기각결정을 하는 경우
② 법무부장관은 법 제2조 제3호및 이 조 제1항에 따라 인도적 체류 허가를 한 경우 그 내용을 난민신청자에게 서면으로 통지한다. 이 경우법 제18조 제2항에 따른 난민불인정결정통지서 또는제11조 제3항에 따른 이의신청 기각·각하결정통지서에 인도적 체류를 허가하기로 한 뜻을 적어 통지할 수 있다. 〈개정 2021. 7. 27.〉
③ 인도적 체류 허가를 받은 사람(이하 "인도적체류자"라 한다)은 「출입국관리법」 제23조부터 제25조까지의 규정에 따라 체류자격을 받거나 체류자격에 대한 변경허가 또는 체류기간의 연장허가를 받아야 한다.

> **관련법령** ▶ 「출입국관리법」 제23조부터 제25조
>
> **제23조(체류자격 부여)**
> ① 다음 각 호의 어느 하나에 해당하는 외국인이 제10조에 따른 체류자격을 가지지 못하고 대한민국에 체류하게 되는 경우에는 다음 각 호의 구분에 따른 기간 이내에 대통령령으로 정하는 바에 따라 체류자격을 받아야 한다.
>   1. 대한민국에서 출생한 외국인 : 출생한 날부터 90일
>   2. 대한민국에서 체류 중 대한민국의 국적을 상실하거나 이탈하는 등 그 밖의 사유가 발생한 외국인 : 그 사유가 발생한 날부터 60일
> ② 제1항에 따른 체류자격 부여의 심사기준은 법무부령으로 정한다.
>
> **제24조(체류자격 변경허가)**
> ① 대한민국에 체류하는 외국인이 그 체류자격과 다른 체류자격에 해당하는 활동을 하려면 대통령령

으로 정하는 바에 따라 미리 법무부장관의 체류자격 변경허가를 받아야 한다.
② 제31조제1항 각 호의 어느 하나에 해당하는 사람으로서 그 신분이 변경되어 체류자격을 변경하려는 사람은 신분이 변경된 날부터 30일 이내에 법무부장관의 체류자격 변경허가를 받아야 한다.
③ 제1항에 따른 체류자격 변경허가의 심사기준은 법무부령으로 정한다.

제25조(체류기간 연장허가)
① 외국인이 체류기간을 초과하여 계속 체류하려면 대통령령으로 정하는 바에 따라 체류기간이 끝나기 전에 법무부장관의 체류기간 연장허가를 받아야 한다.
② 제1항에 따른 체류기간 연장허가의 심사기준은 법무부령으로 정한다.

제3조 출입국항에서의 난민 신청

① 법 제6조 제1항에 따라 입국심사를 받을 때에 난민인정 신청을 하려는 사람(이하 "출입국항에서의 난민신청자"라 한다)은 법무부령으로 정하는 난민인정신청서에 법 제5조 제2항 각 호의 서류를 첨부하여 「출입국관리법」에 따른 출입국항을 관할하는 출입국·외국인청장(이하 "청장"이라 한다), 출입국·외국인사무소장(이하 "사무소장"이라 한다), 출입국·외국인청 출장소장 또는 출입국·외국인사무소 출장소장(이하 "출장소장"이라 한다)에게 제출하여야 한다. 〈개정 2018. 5. 8.〉
② 제1항에 따라 난민인정신청서를 받은 청장·사무소장 또는 출장소장은 출입국항에서의 난민신청자에 대하여 지체 없이 면담 등을 통하여 조사를 한 후 그 결과를 첨부하여 법무부장관에게 보내야 한다. 〈개정 2018. 5. 8.〉
③ 청장·사무소장 또는 출장소장은 제2항에 따른 조사를 하는 과정에서 필요하면 출입국항에서의 난민신청자에게 탑승 항공기명 또는 선박명, 인적사항, 입국경위, 신청이유 등 난민인정 심사 회부 여부 결정에 필요한 사항을 질문하고 관련 자료를 제출할 것을 요구할 수 있다. 〈개정 2018. 5. 8.〉
④ 출입국항에서의 난민신청자의 난민인정 신청서 작성 등에 관하여는 법 제5조 제3항 및 제4항을 준용한다.

주요판례

❖ **난민인정신청접수거부처분취소 등의소** [서울고등법원 2021. 4. 21., 선고, 2020누45348, 판결 : 확정]

판시사항 ▶

콩고민주공화국 국적 甲이 경유지인 인천국제공항에 도착한 후 환승하지 않은 채 대한민국에 입국하기 위하여 난민신청을 하겠다는 의사를 표명하였으나, 공항 환승객인 甲에 대하여 입국심사를 진행한 사실이 없어 甲이 난민법 제6조에 따라 난민인정 신청을 할 자격이 없다는 등의 이유로 인천공항출입국·외국인청장이 甲에 대하여 아무런 조력을 하지 않은 사안에서, 甲의 난민인정 신청에 따라 난민인정 심사 회부 여부를 결정하는 등 난민법이 정한 절차를 개시할 의무가 있음에도 아무런 절차를 개시하지 않은 인천공항출입국·외국인청장의 부작위가 위법하다고 한 사례

판결요지

콩고민주공화국 국적 甲이 베트남 호치민 공항에서 팔라우 코롤행 비행기에 탑승하여 경유지인 인천국제공항에 도착한 후 환승하지 않은 채 환승구역 출국장에서 지내다가 3일 후 대한민국에 입국하기 위하여 난민신청을 하겠다는 의사를 표명하였으나, 공항 환승객인 甲에 대하여 입국심사를 진행한 사실이 없어 甲이 난민법 제6조에 따라 난민인정 신청을 할 자격이 없다는 등의 이유로 인천공항출입국·외국인청장이 甲에 대하여 아무런 조력을 하지 않은 사안이다.

난민법 제5조 제1항 제1문은 대한민국 안에 있는 외국인에게 난민인정 신청권을 부여하고 있고 제2문은 그 신청절차를 규율하고 있는데, 대한민국의 주권은 대한민국 공항 및 그 환승구역에 있는 외국인에게도 미치므로 대한민국 공항 환승구역에 진입한 외국인 甲은 '대한민국 안에 있는 외국인'으로 봄이 타당한 점, '입국심사를 받는 때에' 난민인정 신청을 하는 경우에 관하여 규정한 난민법 제6조 제1항은 출입국항에서 보다 신속한 난민인정 신청절차를 이용할 수 있도록 하는 규정으로 보이고 출입국항에서의 외국인에게 별도의 난민인정 신청권을 부여하거나 입국심사를 받는 때에 한정하여 그 신청을 할 수 있다는 취지로 보이지는 아니하는 점, 난민법이 '난민의 지위에 관한 1951년 협약'의 이행법률로서의 성격이 있고 궁극적인 목적이 난민의 보호에 있음을 고려하면 공항 환승객의 난민인정 신청권을 부정하는 해석은 난민법의 목적에 반할 우려가 있는 점, 공항 환승객에게 난민인정 신청권이 없다고 보아 처분청이 아무런 조치를 하지 아니하는 것을 용인하게 되면, 공항 환승객에 대한 난민인정 심사 회부 여부 및 심사 등에 관한 법원의 사법심사를 원천적으로 봉쇄하는 결과로 이어지는 점 등을 종합하면, 공항 환승객에게 난민인정 신청권이 인정되고, 인천공항출입국·외국인청장은 甲의 난민인정 신청에 따라 난민인정 심사 회부 여부를 결정하는 등 난민법이 정한 절차를 개시할 의무가 있음에도 아무런 절차를 개시하지 않았으므로 인천공항출입국·외국인청장의 부작위가 위법하다고 한 사례이다.

주요판례

❖ 난민인정심사불회부결정취소의소 [인천지법 2014. 5. 16., 선고, 2014구합30385, 판결 : 항소]

판시사항

수단 국적의 甲이 인천공항에서 입국 수속을 하면서 북수단 정부의 강제징집에 불응하여 생명에 위협을 받고 있다는 이유로 난민신청을 하였는데, 인천공항출입국 관리사무소장이 난민법 시행령 제5조 제1항 제3호, 제7호에서 정한 난민인정심사 불회부결정 사유에 해당한다는 등의 이유로 난민인정심사 불회부결정을 한 사안에서, 甲의 난민신청에 위 규정에서 정한 난민인정심사 불회부결정 사유가 인정되지 않음에도 이와 달리 보아 위 처분을 한 것은 난민인정심사 회부결정에 대한 재량을 일탈·남용한 것으로 위법하다고 한 사례

판결요지

수단 국적의 甲이 인천공항에서 입국 수속을 하면서 북수단 정부의 강제징집에 불응하여 생명에 위협을 받

고 있다는 이유로 난민신청을 하였는데, 인천공항출입국 관리사무소장이 난민법 시행령 제5조 제1항 제3호, 제7호에서 정한 난민인정심사 불회부결정 사유에 해당한다는 등의 이유로 난민인정심사 불회부결정을 한 사안에서, 대한민국 사증 발급을 요청한 시점에 관한 甲의 진술에 일관성이 없다는 사실만으로 甲의 난민신청이 난민법 시행령 제5조 제1항 제3호에 해당한다고 보기 부족하고, 甲의 난민신청 경위가 신청 무렵 수단의 강제징집 및 내전 현황과 일부 부합하고, 甲의 난민면담 시의 진술이 사실에 반하는 명백한 허위의 진술이라고 볼 객관적 자료가 없는 점 등을 종합하면, 甲의 난민신청이 난민법 시행령 제5조 제1항 제7호에 해당한다고 할 수 없으므로, 甲의 난민신청에 난민법 시행령 제5조 제1항 제3호, 제7호에서 정한 난민인정심사 불회부결정 사유가 인정되지 않음에도 이와 달리 보아 위 처분을 한 것은 난민인정심사 회부결정에 대한 재량을 일탈하거나 남용한 것으로 위법하다고 한 사례.

제4조 출입국항 대기실 설치 등

① 「출입국관리법」에 따른 출입국항을 관할하는 청장·사무소장 또는 출장소장은 출입국항에서의 난민신청자가 법 제6조 제2항에서 정한 기간 동안 머무를 수 있도록 출입국항에 대기실을 둘 수 있다. 〈개정 2018. 5. 8.〉

② 법 제6조 제4항에 따라 출입국항에서의 난민신청자에게 제공되는 의식주는 개인의 안전과 위생, 국적국의 관습과 생활문화 등을 고려하여 제공되어야 한다.

제5조 출입국항에서의 난민신청자에 대한 난민인정 심사 회부

① 법무부장관은 출입국항에서의 난민신청자가 다음 각 호의 어느 하나에 해당하는 경우에는 그 사람을 난민인정 심사에 회부하지 아니할 수 있다.
  1. 대한민국의 안전 또는 사회질서를 해칠 우려가 있다고 인정할 만한 상당한 이유가 있는 경우
  2. 인적사항 관련 질문 등에 응하지 아니하여 신원을 확인할 수 없는 경우
  3. 거짓 서류를 제출하는 등 사실을 은폐하여 난민인정을 받으려는 경우. 다만, 본인이 지체 없이 자진하여 그 사실을 신고한 경우는 제외한다.
  4. 박해의 가능성이 없는 안전한 국가 출신이거나 안전한 국가로부터 온 경우
  5. 난민인정을 받지 못한 사람 또는 난민인정이 취소된 사람이 중대한 사정의 변경 없이 다시 난민인정을 받으려는 경우
  6. 법 제19조각 호의 어느 하나에 해당된다고 인정할만한 상당한 이유가 있는 경우
  7. 그 밖에 오로지 경제적인 이유로 난민인정을 받으려는 등 난민인정 신청이 명

백히 이유 없는 경우

② 법무부장관은 법 제6조 제3항에 따라 난민인정 심사 회부 여부를 결정한 때에는 지체 없이 그 결과를 출입국항에서의 난민신청자에게 알려야 한다.

③ 청장·사무소장 또는 출장소장은 제2항에 따라 난민인정 심사에의 회부 여부가 결정된 사람에게 지체 없이 「출입국관리법」에 따른 입국심사를 받을 수 있도록 하여야 한다.〈개정 2018. 5. 8.〉

④ 난민인정 심사에 회부하기로 결정된 사람에 대해서는 「출입국관리법」 제12조에 따른 입국허가 또는 제13조에 따른 조건부 입국허가를 하되, 조건부 입국허가를 하는 경우에는 「출입국관리법 시행령」 제16조 제1항에도 불구하고 90일의 범위에서 허가기간을 정할 수 있다.

⑤ 청장·사무소장 또는 출장소장은 제4항에 따라 조건부 입국허가를 받은 사람이 부득이한 사유로 그 허가기간 내에 조건을 갖추지 못하였거나 조건을 갖추지 못할 것으로 인정될 때에는 허가기간을 연장할 수 있다.〈개정 2018. 5. 8.〉

⑥ 법무부장관은 난민인정 심사에 회부하기로 결정된 사람에게 그 결정일에 난민인정 신청을 한 것으로 보아 난민인정 신청 접수증을 교부하고, 난민인정 심사 절차를 진행한다.

⑦ 법무부장관은 난민인정 심사에 회부하지 않기로 결정된 사람에게 난민인정 심사 불회부결정통지서를 발급해야 한다.〈신설 2019. 12. 31.〉

> **관련법령** ▶ 「출입국관리법」 제12조

제12조(입국심사)

① 외국인이 입국하려는 경우에는 입국하는 출입국항에서 대통령령으로 정하는 바에 따라 여권과 입국신고서를 출입국관리공무원에게 제출하여 입국심사를 받아야 한다.

② 제1항에 관하여는 제6조제1항 단서 및 같은 조 제3항을 준용한다.

③ 출입국관리공무원은 입국심사를 할 때에 다음 각 호의 요건을 갖추었는지를 심사하여 입국을 허가한다.

　1. 여권과 사증이 유효할 것. 다만, 사증은 이 법에서 요구하는 경우만을 말한다.
　1의2. 제7조의3제2항에 따른 사전여행허가서가 유효할 것
　2. 입국목적이 체류자격에 맞을 것
　3. 체류기간이 법무부령으로 정하는 바에 따라 정하여졌을 것
　4. 제11조에 따른 입국의 금지 또는 거부의 대상이 아닐 것

④ 출입국관리공무원은 외국인이 제3항 각 호의 요건을 갖추었음을 증명하지 못하면 입국을 허가하

지 아니할 수 있다.
⑤ 출입국관리공무원은 제7조제2항제2호 또는 제3호에 해당하는 사람에게 입국을 허가할 때에는 대통령령으로 정하는 바에 따라 체류자격을 부여하고 체류기간을 정하여야 한다.
⑥ 출입국관리공무원은 제1항이나 제2항에 따른 심사를 하기 위하여 선박 등에 출입할 수 있다.

관련법령 「출입국관리법 시행령」 제16조제1항

제16조(조건부 입국허가)
① 청장·사무소장 또는 출장소장은 법 제13조제1항에 따라 조건부 입국을 허가할 때에는 72시간의 범위에서 허가기간을 정할 수 있다.

주요판례

❖ **난민인정심사불회부결정취소**[인천지법 2016. 4. 7., 선고, 2015구합1704, 판결 : 항소]

판시사항

부르키나파소 국적의 외국인 甲이 인천국제공항에서 입국 목적이 불분명하다는 이유로 입국불허처분을 받고 송환대기실로 신병이 이전된 다음, 종교적 박해로 신변의 위협을 느끼고 있다고 주장하면서 난민신청을 하자, 인천공항출입국관리사무소장이 난민인정심사 불회부결정을 한 사안에서, 위 처분이 재량권을 일탈·남용하여 위법하다고 한 사례

판결요지

부르키나파소 국적의 외국인 甲이 인천국제공항에서 입국 목적이 불분명하다는 이유로 입국불허처분을 받고 송환대기실로 신병이 이전된 다음, 종교적 박해로 신변의 위협을 느끼고 있다고 주장하면서 난민신청을 하자, 인천공항출입국관리사무소장이 난민법 시행령 제5조 제1항 제3호, 제7호에 해당한다는 이유로 난민인정심사 불회부결정을 한 사안에서, 난민법 시행령 제5조 제1항 각 호에서 정한 난민인정심사 불회부결정 사유의 존재에 대한 증명책임은 원칙적으로 처분청에 있는데, 甲이 프랑스어를 주로 사용하여 영어를 사용하는 소송대리인과 의사소통이 원활하지 않았으므로 준비서면의 기재와 난민면담조서의 기재가 일치하지 않는다고 하여 甲이 거짓 진술을 하고 있다고 단정하기 어려운 점 등을 종합하면, 甲이 거짓 서류를 제출하는 등 사실을 은폐하여 난민인정을 받으려고 한다거나 그 밖에 오로지 경제적인 이유로 난민인정을 받으려는 등 난민인정 신청이 명백히 이유 없는 경우에 해당한다고 볼 수 없으므로, 위 처분은 재량권을 일탈·남용하여 위법하다고 한 사례.

주요판례

❖ **난민인정심사불회부결정취소의소**[인천지법 2014. 5. 16., 선고, 2014구합30385, 판결 : 항소]

판시사항

수단 국적의 甲이 인천공항에서 입국 수속을 하면서 북수단 정부의 강제징집에 불응하여 생명에 위협을 받고 있다는 이유로 난민신청을 하였는데, 인천공항출입국 관리사무소장이 난민법 시행령 제5조 제1항 제3호, 제7호에서 정한 난민인정심사 불회부결정 사유에 해당한다는 등의 이유로 난민인정심사 불회부결정을 한 사안에

서, 甲의 난민신청에 위 규정에서 정한 난민인정심사 불회부결정 사유가 인정되지 않음에도 이와 달리 보아 위 처분을 한 것은 난민인정심사 회부결정에 대한 재량을 일탈·남용한 것으로 위법하다고 한 사례

> **판결요지**
>
> 수단 국적의 甲이 인천공항에서 입국 수속을 하면서 북수단 정부의 강제징집에 불응하여 생명에 위협을 받고 있다는 이유로 난민신청을 하였는데, 인천공항출입국 관리사무소장이 난민법 시행령 제5조 제1항 제3호, 제7호에서 정한 난민인정심사 불회부결정 사유에 해당한다는 등의 이유로 난민인정심사 불회부결정을 한 사안에서, 대한민국 사증 발급을 요청한 시점에 관한 甲의 진술에 일관성이 없다는 사실만으로 甲의 난민신청이 난민법 시행령 제5조 제1항 제3호에 해당한다고 보기 부족하고, 甲의 난민신청 경위가 신청 무렵 수단의 강제징집 및 내전 현황과 일부 부합하고, 甲의 난민면담 시의 진술이 사실에 반하는 명백한 허위의 진술이라고 볼 객관적 자료가 없는 점 등을 종합하면, 甲의 난민신청이 난민법 시행령 제5조 제1항 제7호에 해당한다고 할 수 없으므로, 甲의 난민신청에 난민법 시행령 제5조 제1항 제3호, 제7호에서 정한 난민인정심사 불회부결정 사유가 인정되지 않음에도 이와 달리 보아 위 처분을 한 것은 난민인정심사 회부결정에 대한 재량을 일탈하거나 남용한 것으로 위법하다고 한 사례.

제6조 난민심사관의 자격

법 제8조 제4항에 따른 난민심사관(이하 "난민심사관"이라 한다)은 출입국관리 업무에 종사하는 5급 이상의 공무원으로서 다음 각 호의 어느 하나에 해당하는 자격을 갖추어야 한다.
1. 난민 관련 업무에 2년 이상 종사하였을 것
2. 법무부장관이 정하는 난민심사관 교육과정을 마쳤을 것

제7조 난민심사관 등의 업무 수행

① 난민심사관 및 법무부 내 난민전담공무원(이하 "난민심사관 등"이라 한다)이 법 제10조 제2항에 따라 난민신청자, 그 밖에 관계인의 출석을 요구할 때에는 법무부령으로 정하는 바에 따라 출석요구의 취지, 출석 일시 및 장소 등을 적은 출석요구서를 발급하고 출석요구 사실을 출석요구 대장에 기록하여야 한다. 다만, 긴급한 경우에는 구두로 출석요구를 할 수 있다.
② 난민심사관은 난민신청자에 대하여 면접을 실시한 경우에는 그 내용을 법무부령으로 정하는 난민면접조서에 기록하여야 한다.
③ 난민심사관은 제2항에 따라 기록한 난민면접조서를 난민신청자에게 읽어주거나 열람하게 한 후 잘못 기록된 부분이 없는지 물어야 한다. 이 경우 난민신청자

가 난민면접조서의 기록 사항에 대하여 추가·삭제 또는 변경을 요청하면 그 요청한 내용을 난민면접조서에 추가로 기록하여야 한다.

④ 난민심사관은 다음 각 호의 사람으로 하여금 제2항에 따라 기록된 난민면접조서에 서명하거나 기명날인(記名捺印)하게 하여야 한다. 다만, 난민신청자가 서명 또는 기명날인을 할 수 없거나 이를 거부할 때에는 그 사실을 난민면접조서에 기록하여야 한다.

1. 난민신청자
2. 법 제14조 및 제15조에 따라 난민 면접 과정 또는 난민 면접 종료 후 통역이나 번역을 한 사람이 있는 경우에는 그 통역이나 번역을 한 사람

제8조 통역

① 법무부장관은 법 제14조에 따라 외국어에 능통하고 난민통역 업무 수행에 적합하다고 인정되는 사람으로서 법무부장관이 정하는 교육과정을 마친 사람(이하 "난민전문통역인"이라 한다)으로 하여금 난민신청자 면접 과정에서 통역하게 하여야 한다.

② 법무부장관은 난민신청자가 요청하는 경우에는 같은 성(性)의 난민전문통역인으로 하여금 통역하게 하여야 한다.

③ 제1항 및 제2항에도 불구하고 난민신청자가 사용하는 언어에 능통한 난민전문통역인이 없거나 긴박한 경우에는 다음 각 호의 방법으로 통역하게 할 수 있다.

1. 난민신청자가 사용하는 언어를 다른 외국 언어로 1차 통역하게 한 다음 그 외국 언어를 난민전문통역인으로 하여금 한국어로 2차 통역하게 하는 방법
2. 난민신청자가 사용하는 언어에 능통한 사람에게 통역에 대한 사전 교육을 실시한 후 통역하게 하는 방법

④ 법무부장관은 난민신청자에 대한 통역을 담당한 사람에게 법무부장관이 정하는 바에 따라 수당을 지급할 수 있다.

제9조 열람 및 복사의 방법과 절차

① 난민신청자는 법 제16조 제1항에 따라 본인이 제출한 자료나 난민면접조서(이

하 "면접조서 등"이라 한다)의 열람이나 복사를 요청하려는 경우에는 열람이나 복사 부분을 특정하여 법무부령으로 정하는 열람신청서 또는 복사물 교부신청서를 출입국관리공무원에게 제출하여야 한다.
② 제1항에 따라 열람신청서를 받은 출입국관리공무원은 열람 일시 및 장소를 정하여 열람신청서를 제출한 난민신청자에게 통보하여야 한다.
③ 제1항에 따라 복사물 교부신청서를 받은 출입국관리공무원은 신청된 면접조서 등을 복사하여 복사물 교부신청서를 제출한 난민신청자에게 내주어야 한다.
④ 출입국관리공무원은 면접조서 등을 열람하는 과정에서 면접조서 등이 훼손되지 아니하도록 열람 과정에 참여하는 등 필요한 조치를 하여야 한다.
⑤ 면접조서 등의 열람이나 복사를 요청하려는 난민신청자는 법무부령으로 정하는 수수료를 내야 한다.

제9조의2 이의신청 접수증 발급

지방출입국·외국인관서의 장은 법 제21조 제1항 후단에 따라 이의신청서를 제출받은 때에는 즉시 신청자에게 접수증을 발급해야 한다. 다만, 제9조의3 제1항에 따른 전자민원창구를 통하여 이의신청서를 제출받은 경우에는 접수증 발급에 갈음하여 그 접수사실을 전자문서로 통보할 수 있다. 〈개정 2021. 7. 27.〉[본조신설 2019. 12. 31.]

제9조의3 전자민원창구를 통한 이의신청 등의 처리

① 법무부장관은 법 제21조 제1항에 따른 이의신청서와 그 밖의 자료(이하 "이의신청서 등"이라 한다)의 접수와 법 및 이 영에 따른 통지, 통보 또는 송달(이하 "통지 등"이라 한다)을 위하여 「민원 처리에 관한 법률」 제12조의2 제2항에 따른 전자민원창구(이하 "전자민원창구"라 한다)를 설치하여 운영할 수 있다. 〈개정 2022. 7. 11.〉
② 법무부장관은 이의신청인(그 대리인을 포함한다. 이하 이 조에서 같다)이 이의신청서 등을 전자민원창구를 통하여 전자화문서(「전자정부법」 제2조 제8호의 전자화문서를 말한다. 이하 같다)로 접수한 경우로서 다음 각 호의 어느 하나에 해당하는 경우에는 이의신청인에게 기간을 정하여 그 원본을 제출할 것을 요구할 수 있다.

1. 전자화문서를 판독하기 곤란하여 그 내용을 확인할 필요가 있는 경우
2. 전자화문서의 위조 또는 변조 여부를 확인할 필요가 있는 경우

③ 법무부장관은 이의신청인이 원하거나 이의신청을 전자문서로 신청하였을 경우에는 이 영의 다른 규정에도 불구하고 전자민원창구를 통하여 전자문서로 통지 등을 할 수 있다. 이 경우 전자민원창구를 통하여 전자문서로 통지 등을 한 사실을 즉시 이의신청인에게 전자우편이나 문자메시지 등의 방법으로 안내해야 한다.

④ 제3항 전단에 따라 통지 등을 하는 경우에는 이의신청인이 전자민원창구를 통하여 전자문서를 확인했을 때에 통지 등을 받은 것으로 본다. 다만, 이의신청인이 제3항 후단에 따라 통지 등을 한 사실을 안내받은 날부터 14일 이내에 확인하지 않았을 경우에는 그 안내를 받은 날부터 14일이 지난 날에 통지 등을 받은 것으로 본다. [본조신설 2021. 7. 27.]

> **관련법령** ▶ 「민원 처리에 관한 법률」 제12조의2제2항

제12조의2(전자민원창구 및 통합전자민원창구의 운영 등)
② 행정기관의 장은 제1항에 따른 조치로서 인터넷을 통하여 민원을 신청·접수받아 처리할 수 있는 정보시스템(이하 "전자민원창구"라 한다)을 구축·운영할 수 있다. 다만, 전자민원창구를 구축하지 아니한 경우에는 제3항에 따른 통합전자민원창구를 통하여 민원을 신청·접수받아 처리할 수 있다.

> **관련법령** ▶ 「전자정부법」 제2조제8호

제2조(정의)
8. "전자화문서"란 종이문서와 그 밖에 전자적 형태로 작성되지 아니한 문서를 정보시스템이 처리할 수 있는 형태로 변환한 문서를 말한다.

제10조 이의신청에 대한 난민위원회의 심의

① 법 제25조에 따른 난민위원회(이하 "난민위원회"라 한다)는 재적위원 과반수의 출석과 출석위원 과반수의 찬성으로 이의신청 안건을 의결한다.
② 난민위원회는 필요한 경우에는 이의신청인 또는 그 밖의 관계인을 회의에 출석시켜 진술하게 할 수 있으며, 심의사항에 대한 경험이나 지식이 풍부한 사람으로부터 심의사항에 대한 의견을 들을 수 있다. 〈개정 2020. 12. 15.〉
③ 난민위원회는 위원과 이의신청인, 그 밖의 관계인 등 회의에 출석하는 사람(이

하 이 항에서 "출석자"라 한다)이 동영상과 음성이 동시에 송수신되는 장치가 갖추어진 서로 다른 장소에 출석하여 진행하는 원격영상회의 방식으로 심의·의결할 수 있다. 이 경우 위원 및 출석자는 같은 회의장에 출석한 것으로 본다.〈신설 2020. 12. 15.〉

제11조 이의신청에 대한 결정 등

① 법무부장관은 이의신청에 대하여 다음 각 호의 구분에 따라 결정한다.〈개정 2021. 7. 27.〉
  1. 이의신청이 이유 있다고 인정하는 경우 : 난민인정결정
  2. 이의신청이 이유 없다고 인정하는 경우 : 기각결정
  3. 이의신청이 적법하지 않은 경우 : 각하결정
② 법무부장관은 제1항에 따른 결정을 할 때에는 국가안전보장, 질서유지 또는 공공복리를 해칠 우려가 없다고 인정되는 범위에서 이의신청에 대한 난민위원회의 심의결과를 존중하여야 한다.
③ 법무부장관은 제1항에 따른 결정을 하면 난민인정증명서 또는 이의신청 기각·각하결정통지서를 청장, 사무소장, 출장소장 또는 외국인보호소장을 거쳐 이의신청인 또는 그 대리인에게 교부하거나 「행정절차법」 제14조에 따라 송달한다. 다만, 이의신청인이 원하거나 전자민원창구를 통하여 이의신청서를 제출받은 경우에는 난민인정증명서 또는 이의신청 기각·각하결정통지서를 전자문서로 통보할 수 있다.〈개정 2018. 5. 8., 2021. 7. 27.〉

제12조 재정착희망난민 국내 정착 허가

① 법 제24조 제2항에 따른 재정착희망난민의 국내정착 허가 요건은 다음 각 호와 같다.
  1. 법 제19조에 따른 난민인정 제한 사유에 해당하지 아니할 것
  2. 대한민국의 안전, 사회질서 또는 공중보건을 해칠 우려가 없을 것
② 법무부장관은 재정착희망난민의 국내 정착 허가를 위하여 필요하면 유엔난민기구로부터 재정착희망난민을 추천받을 수 있다.
③ 법무부장관은 난민심사관 등을 현지에 파견하여 재정착희망난민이 제1항에 따

른 국내 정착 허가 요건을 갖추었는지를 조사하게 할 수 있다.
④ 법무부장관은 재정착희망난민의 국내 정착을 허가하려는 경우에는 국내 정착 허가 전에 건강검진 및 기초적응교육을 실시할 수 있다.
⑤ 법무부장관은 「출입국관리법」에 따른 입국허가 절차를 거쳐 재정착희망난민의 국내 정착을 허가한다.
⑥ 제1항부터 제5항까지에서 규정한 사항 외에 재정착희망난민의 국내 정착 허가에 필요한 사항은 법무부장관이 정한다.

제13조 교육 관련 지원

① 난민인정자나 그 자녀는 교육 관계 법령에서 정하는 기준과 절차에 따라 「초·중등교육법」 제2조에 따른 학교에 입학하거나 편입학할 수 있다.
② 법무부장관은 법 제33조 제2항에 따라 난민인정자 및 그 자녀 가운데 「초·중등교육법」 제60조의4에 따른 교육비 지원이 필요하다고 인정되는 사람을 법무부령으로 정하는 바에 따라 교육부장관에게 추천할 수 있다.

관련법령 ▶ 「초·중등교육법」 제2조, 제60조의4

제2조(학교의 종류)
초·중등교육을 실시하기 위하여 다음 각 호의 학교를 둔다.
1. 초등학교 2. 중학교·고등공민학교 3. 고등학교·고등기술학교 4. 특수학교 5. 각종학교
제60조의4(교육비 지원)
① 국가 및 지방자치단체는 다음 각 호의 어느 하나에 해당하는 학생에게 입학금, 수업료, 급식비 등 대통령령으로 정하는 비용(이하 "교육비"라 한다)의 전부 또는 일부를 예산의 범위에서 지원할 수 있다.
  1. 본인 또는 그 보호자가 「국민기초생활 보장법」 제12조제3항 및 제12조의2에 따른 수급권자인 학생
  2. 「한부모가족지원법」 제5조에 따른 보호대상자인 학생
  3. 그 밖에 가구 소득 등을 고려하여 교육비 지원이 필요하다고 인정되는 학생으로서 대통령령으로 정하는 학생
② 제1항에 따른 교육비 지원은 소득 수준과 거주 지역 등에 따라 지원의 내용과 범위를 달리할 수 있다.
③ 「국민기초생활 보장법」, 「한부모가족지원법」 등 다른 법령에 따라 제1항과 동일한 내용의 지원을 받고 있는 경우에는 그 범위에서 제1항에 따른 교육비 지원을 하지 아니한다.

제14조 사회적응교육

법무부장관은 법 제34조 제1항에 따라 난민인정자에 대한 사회적응교육으로 「출입국관리법」 제39조에 따른 사회통합 프로그램을 시행할 수 있다.

> **관련법령** ▶ 「출입국관리법」 제39조

제39조(사회통합 프로그램)
① 법무부장관은 대한민국 국적, 영주자격 등을 취득하려는 외국인의 사회적응을 지원하기 위하여 교육, 정보 제공, 상담 등의 사회통합 프로그램(이하 "사회통합 프로그램"이라 한다)을 시행할 수 있다.
② 법무부장관은 사회통합 프로그램을 효과적으로 시행하기 위하여 필요한 전문인력 및 시설 등을 갖춘 기관, 법인 또는 단체를 사회통합 프로그램 운영기관으로 지정할 수 있다.
③ 법무부장관은 대통령령으로 정하는 바에 따라 사회통합 프로그램의 시행에 필요한 전문인력을 양성할 수 있다.
④ 국가와 지방자치단체는 다음 각 호의 경비의 전부 또는 일부를 예산의 범위에서 지원할 수 있다.
　1. 제2항에 따라 지정된 운영기관의 업무 수행에 필요한 경비
　2. 제3항에 따른 전문인력 양성에 필요한 경비
⑤ 사회통합 프로그램의 내용 및 개발, 운영기관의 지정·관리 및 지정 취소, 그 밖에 사회통합 프로그램의 운영에 필요한 사항은 대통령령으로 정한다.

제15조 직업훈련

법무부장관은 직업훈련을 원하는 난민인정자 가운데 「국민 평생 직업능력 개발법」 제12조에 따른 직업능력개발훈련이 필요하다고 인정되는 사람을 법무부령으로 정하는 바에 따라 고용노동부장관에게 추천할 수 있다. <개정 2022. 2. 17.>

> **관련법령** ▶ 「국민 평생 직업능력 개발법」 제12조

제12조(직업능력개발훈련 지원 등)
① 국가와 지방자치단체는 국민의 고용창출, 고용촉진 및 고용안정을 위하여 직업능력개발훈련을 실시하거나 직업능력개발훈련을 받는 사람에게 비용을 지원할 수 있다. 이 경우 제3조제4항 각 호에 해당하는 사람에 대하여는 우선적으로 지원될 수 있도록 하여야 한다.
　1. 삭제 <2021. 8. 17.> ~ 6. 삭제 <2021. 8. 17.>
② 제1항에 따라 실시하는 직업능력개발훈련의 대상, 훈련과정의 요건, 훈련수당, 그 밖에 직업능력개발훈련에 필요한 사항은 대통령령으로 정한다.

제16조 학력인정의 기준 등

난민인정자가 외국에서 이수한 학력은 교육 관계 법령에서 정하는 기준에 따라 인정한다.

제17조 생계비 등 지원

① 법무부장관은 법 제40조 제1항에 따라 난민신청자에게 난민인정 신청서를 제출한 날부터 6개월을 넘지 아니하는 범위에서 생계비 등을 지원할 수 있다. 다만, 중대한 질병 또는 신체장애 등으로 생계비 등의 지원이 계속 필요한 부득이한 경우에는 6개월을 넘지 아니하는 범위에서 생계비 등의 지원기간을 연장할 수 있다.
② 제1항에 따른 생계비 등의 지원 여부 및 지원 금액은 난민신청자의 국내 체류기간, 취업활동 여부, 난민지원시설 이용 여부, 부양가족 유무, 생활여건 등을 고려하여 법무부장관이 정한다.
③ 제1항에 따른 생계비 등의 지원 신청 등에 필요한 사항은 법무부령으로 정한다.

주요판례

❖ **생계비 등지원신청거부처분취소** [서울행법 2016. 7. 7., 선고, 2015구합79413, 판결 : 확정]

판시사항

에티오피아 국적의 여성 甲이 대한민국에 입국하여 체류하다가 난민인정 신청을 한 후 난민신청자 생계비 지원 신청을 하였으나 법무부장관이 甲에게 휴대전화로 "You are failed to receive the living expensives."라는 내용의 문자메시지를 전송한 사안에서, 위 통보는 행정절차법 제23조 제1항, 제24조 제1항을 위반하여 위법하다고 한 사례

판결요지

에티오피아 국적의 여성 甲이 대한민국에 입국하여 체류하다가 난민인정 신청을 한 후 난민신청자 생계비 지원 신청을 하였으나 법무부장관이 甲에게 휴대전화로 "You are failed to receive the living expensives."라는 내용의 문자메시지를 전송한 사안에서, '난민신청자의 생계비 지원 신청에 대한 결정'은 성질상 행정절차를 거치기 곤란하거나 거칠 필요가 없다고 인정되거나 행정절차에 준하는 절차를 거치도록 한 경우에 해당하지 않으므로 행정절차법이 적용되는데, 난민법 시행령 제17조 제2항이 '난민신청자의 국내 체류 기간, 취업활동 여부, 난민지원시설 이용 여부, 부양가족 유무, 생활 여건 등을 고려하여 생계비 지원 여부를 결정한다'고 규정하고 있음에도 위 통보만으로는 처분 상대방인 甲이 어떠한 근거와 이유로 통보가 이루어진 것인지 전혀

알 수 없으므로 위 통보는 행정절차법 제23조 제1항을 위반하였고, 법무부장관이 휴대전화 문자메시지로 생계비 지원 신청을 거부할 수 있다는 규정이 없고 그에 관하여 甲이 동의하였다는 자료도 없으며, 위 통보가 '신속히 처리할 필요가 있거나 사안이 경미한 경우에는 말 또는 그 밖의 경우로 할 수 있다'고 규정한 행정절차법 제24조 제1항 단서에 해당한다고 볼 수도 없으므로 위 통보는 행정절차법 제24조 제1항을 위반하여 위법하다고 한 사례.

제18조 취업허가

법 제40조 제2항에 따른 취업허가는 「출입국관리법」 제20조에 따른 체류자격 외 활동에 대한 허가의 방법으로 한다.

> **관련법령** ▶ 「출입국관리법」 제20조
>
> 제20조(체류자격 외 활동)
> 대한민국에 체류하는 외국인이 그 체류자격에 해당하는 활동과 함께 다른 체류자격에 해당하는 활동을 하려면 대통령령으로 정하는 바에 따라 미리 법무부장관의 체류자격 외 활동허가를 받아야 한다.

제19조 주거시설의 설치 및 운영

① 법무부장관은 법 제41조 제1항에 따라 법 제45조 제1항에 따른 난민지원시설(이하 "난민지원시설"이라 한다) 등에 난민신청자 등이 거주할 수 있는 주거시설을 설치·운영할 수 있다.
② 법무부장관은 법 제41조 제2항에 따라 출입국항에서의 난민신청자와 재정착희망난민을 주거시설 우선 이용 대상자로 할 수 있다.
③ 법무부장관은 6개월을 넘지 아니하는 범위에서 주거시설 이용자의 이용기간을 정할 수 있다. 다만, 주거시설 이용자의 건강상태, 부양가족 등을 고려할 때 부득이하게 난민지원시설을 계속 이용할 필요가 있다고 인정하는 경우에는 주거시설 이용기간을 연장할 수 있다.
④ 법무부장관은 주거시설의 안전과 질서를 해치거나 해칠 우려가 있는 사람에 대하여 주거시설의 이용을 제한할 수 있다.

제20조 의료지원

① 법무부장관은 법 제42조에 따라 난민신청자의 건강을 보호하기 위하여 필요하다고 인정되면 난민신청자에게 건강검진을 받게 하거나 예산의 범위에서 난민신청자가 받은 건강검진 등의 비용을 지원할 수 있다.
② 법무부장관은 난민신청자에게 「응급의료에 관한 법률」에 따른 응급의료에 관한 정보와 그 밖에 난민신청자가 이용할 수 있는 의료서비스에 관한 정보를 제공하도록 노력하여야 한다.
③ 난민신청자에게 의료서비스를 제공하려는 관계 부처 또는 기관의 장은 청장·사무소장이나 출장소장에게 난민신청자에 대한 확인을 요청할 수 있다. 이 경우 청장·사무소장 또는 출장소장은 그 사람이 난민신청자에 해당하는지를 확인하여 지체 없이 확인을 요청한 부처나 기관에 그 결과를 알려야 한다. <개정 2018. 5. 8.>

제21조 특정 난민신청자의 처우 제한

법무부장관은 법 제44조에 따라법 제2조 제4호 다목 또는 제8조 제5항 제2호·제3호에 해당하는 난민신청자에게는 다음 각 호의 지원을 하지 아니한다. 다만, 긴급하거나 인도적인 차원에서 특별히 지원이 필요하다고 인정하는 경우에는 그러하지 아니하다.
1. 법 제40조 제1항에 따른 생계비 등 지원
2. 법 제41조에 따른 주거시설의 지원
3. 제20조 제1항에 따른 의료지원

제22조 난민인정자 등의 처우를 위한 협의회 운영

법무부장관은 난민인정자나 난민신청자 등의 처우를 위하여 필요한 경우에는 관계 기관의 공무원으로 협의회를 구성하여 운영할 수 있다. <개정 2014. 5. 21.>

제23조 난민지원시설

① 법무부장관은 난민인정자나 난민신청자 등에 대한 지원 업무가 효율적으로 수

행될 수 있도록 난민지원시설에 주거시설, 급식시설, 교육시설, 의료시설, 운동시설, 상담실 등 지원 시설을 둘 수 있다.
② 법무부장관은 다음 각 호의 어느 하나에 해당하는 사람으로 하여금 난민지원시설을 이용하게 할 수 있다. 다만, 법무부장관은 난민지원시설의 종류 및 수용규모 등을 고려하여 이용 대상자를 제한하거나 우선 이용 대상자를 결정할 수 있다.
  1. 난민인정자
  2. 난민신청자
  3. 인도적체류자
  4. 제1호부터 제3호까지의 규정에 해당하는 사람의 배우자와 미성년 자녀
③ 법무부장관은 난민지원시설의 안전과 질서를 해치거나 해칠 우려가 있는 사람을 난민지원시설의 이용 대상에서 제외하거나 이용을 제한할 수 있다.
④ 법무부장관은 법 제45조 제2항에 따라 난민지원시설에서 수행하는 급식, 교육 및 의료 등에 관한 업무의 일부를 해당 업무를 전문적으로 수행하는 법인이나 단체에 위탁할 수 있다.

제24조 권한의 위임

① 법무부장관은 법 제46조에 따라 다음 각 호의 권한을 관할 청장, 사무소장, 출장소장 또는 외국인보호소장(외국인보호소장의 경우는 제3호·제8호·제9호 및 제11호는 제외한다)에게 위임한다. 〈개정 2018. 5. 8., 2019. 12. 31.〉
  1. 법 제2조 제3호에 따른 인도적 체류허가
  2. 법 제5조 제5항 및 이 영 제5조제6항에 따른 접수증의 교부
  3. 법 제6조 제3항에 따른 난민인정 심사 회부 결정 및 입국허가
  4. 법 제8조에 따른 난민인정 심사
  5. 법 제11조 제1항에 따른 협조 요청(법 제21조에 따른 이의신청과 관련한 협조 요청은 제외한다)
  6. 법 제18조에 따른 난민 인정 결정에 관한 사항
  7. 법 제22조에 따른 난민인정결정의 취소 및 철회에 관한 사항
  8. 법 제37조에 따른 난민인정자의 배우자 등의 입국허가

9. 법 제39조에 따른 취업활동허가 및 제40조 제2항에 따른 취업허가

10. 법 제42조에 따른 의료지원

11. 제5조 제7항에 따른 난민인정 심사 불회부결정통지서의 발급

② 법무부장관은 법 제46조에 따라 법 제45조 제1항에 따른 난민지원시설 운영에 관한 사항 중 제23조 제2항 및 제3항에 따른 이용 대상자의 결정 등에 관한 권한을 출입국·외국인지원센터의 장에게 위임한다. <신설 2019. 12. 31.>

제25조 민감정보 및 고유식별정보의 처리

법무부장관, 청장·사무소장·출장소장·외국인보호소장 또는 난민심사관 등은 다음 각 호의 업무를 수행하기 위하여 불가피한 경우 「개인정보 보호법」 제23조에 따른 사상·신념, 건강에 관한 정보, 같은 법 시행령 제18조 제1호 또는 제2호에 따른 유전정보 또는 범죄경력자료에 해당하는 정보 및 같은 영 제19조 제2호 또는 제4호에 따른 여권번호 또는 외국인 등록번호가 포함된 자료를 처리할 수 있다. <개정 2018. 5. 8.>

1. 법 제8조에 따른 난민인정 심사에 관한 사무
2. 법 제10조에 따른 사실조사에 관한 사무
3. 법 제11조에 따른 협조에 관한 사무
4. 법 제16조에 따른 자료 등의 열람 및 복사에 관한 사무
5. 법 제18조에 따른 난민의 인정 등에 관한 사무
6. 법 제20조에 따른 신원확인을 위한 보호에 관한 사무
7. 법 제21조에 따른 이의신청에 관한 사무
8. 법 제22조에 따른 난민인정결정의 취소에 관한 사무
9. 법 제24조에 따른 재정착희망난민의 수용에 관한 사무
10. 법 제33조에 따른 교육의 보장에 관한 사무
11. 법 제34조에 따른 사회적응교육 등에 관한 사무
12. 법 제37조에 따른 배우자 등의 입국허가에 관한 사무
13. 법 제39조에 따른 취업활동 허가에 관한 사무
14. 법 제40조에 따른 생계비 등 지원에 관한 사무
15. 법 제41조에 따른 주거시설 지원에 관한 사무

16. 법 제42조에 따른 의료지원에 관한 사무
17. 법 제45조에 따른 난민지원시설의 운영에 관한 사무

> **관련법령** ▶ 「개인정보 보호법」 제23조

제23조(민감정보의 처리 제한)
① 개인정보처리자는 사상·신념, 노동조합·정당의 가입·탈퇴, 정치적 견해, 건강, 성생활 등에 관한 정보, 그 밖에 정보주체의 사생활을 현저히 침해할 우려가 있는 개인정보로서 대통령령으로 정하는 정보(이하 "민감정보"라 한다)를 처리하여서는 아니 된다. 다만, 다음 각 호의 어느 하나에 해당하는 경우에는 그러하지 아니하다.
  1. 정보주체에게 제15조제2항 각 호 또는 제17조제2항 각 호의 사항을 알리고 다른 개인정보의 처리에 대한 동의와 별도로 동의를 받은 경우
  2. 법령에서 민감정보의 처리를 요구하거나 허용하는 경우
② 개인정보처리자가 제1항 각 호에 따라 민감정보를 처리하는 경우에는 그 민감정보가 분실·도난·유출·위조·변조 또는 훼손되지 아니하도록 제29조에 따른 안전성 확보에 필요한 조치를 하여야 한다.

> **관련법령** ▶ 「개인정보 보호법 시행령」 제18조제1호 또는 제2호, 제19조제2호 또는 제4호

제18조(민감정보의 범위)
법 제23조제1항 각 호 외의 부분 본문에서 "대통령령으로 정하는 정보"란 다음 각 호의 어느 하나에 해당하는 정보를 말한다. 다만, 공공기관이 법 제18조제2항제5호부터 제9호까지의 규정에 따라 다음 각 호의 어느 하나에 해당하는 정보를 처리하는 경우의 해당 정보는 제외한다.
1. 유전자검사 등의 결과로 얻어진 유전정보
2. 「형의 실효 등에 관한 법률」 제2조제5호에 따른 범죄경력자료에 해당하는 정보

제19조(고유식별정보의 범위)
법 제24조제1항 각 호 외의 부분에서 "대통령령으로 정하는 정보"란 다음 각 호의 어느 하나에 해당하는 정보를 말한다. 다만, 공공기관이 법 제18조제2항제5호부터 제9호까지의 규정에 따라 다음 각 호의 어느 하나에 해당하는 정보를 처리하는 경우의 해당 정보는 제외한다.
2. 「여권법」 제7조제1항제1호에 따른 여권번호
4. 「출입국관리법」 제31조제5항에 따른 외국인 등록번호

제6편 난민법

제14부
난민법 시행규칙

[시행 2023. 2. 27.]
[법무부령 제1046호, 2023. 2. 27., 일부개정]

제1조 목적

이 규칙은 「난민법」 및 같은 법 시행령에서 위임된 사항과 그 시행에 필요한 사항을 규정함을 목적으로 한다.

제2조 난민인정 신청의 방법과 절차 등

① 「난민법」(이하 "법"이라 한다)제5조 제1항 또는 제6조 제1항에 따라 난민인정을 신청하려는 사람은 별지 제1호서식의 난민인정신청서에 다음 각 호의 서류를 첨부하여 출입국·외국인청장(이하 "청장"이라 한다), 출입국·외국인사무소장(이하 "사무소장"이라 한다), 출입국·외국인청 출장소장이나 출입국·외국인사무소 출장소장(이하 "출장소장"이라 한다) 또는 외국인보호소장(법 제6조 제1항에 따라 난민인정을 신청하려는 경우는 제외한다. 이하 같다)에게 제출하여야 한다. 〈개정 2018. 5. 15., 2019. 12. 31.〉

1. 여권 또는 외국인 등록증. 다만, 이를 제시할 수 없는 경우에는 그 사유서
2. 난민인정 심사에 참고할 만한 문서 등 자료가 있는 경우 그 자료
3. 최근 6개월 이내에 찍은 사진(3.5센티미터 × 4.5센티미터) 1장

② 제1항에 따른 난민인정신청서를 제출하였던 사람이 다시 난민인정 신청을 하려는 경우에는 별지 제2호서식의 난민인정신청서(재신청자용)에 제1항 각 호의 서류를 첨부하여 제출하여야 한다. 〈신설 2019. 12. 31.〉

제3조 난민인정 신청 접수증

청장, 사무소장, 출장소장 또는 외국인보호소장(이하 "청장 등"이라 한다)이 법 제5조 제5항 및 「난민법시행령」(이하 "영"이라 한다)제5조 제6항에 따라 교부하는 난민인정신청 접수증은 별지 제3호서식에 따른다. 〈개정 2018. 5. 15.〉

제3조의2 난민인정 심사 불회부결정의 통지

법무부장관이 법 제6조 제3항 및 영 제5조 제7항에 따라 발급하는 난민인정 심사 불

회부결정통지서는 별지 제3호의2서식에 따른다. [본조신설 2019. 12. 31.]

제4조 난민인정 신청에 필요한 사항의 게시 방법 등

① 청장 등은 법 제7조 제1항에 따라 난민인정신청에 필요한 서류를 한국어 및 영어를 포함한 2개 이상의 언어로 작성하여 출입국·외국인청, 출입국·외국인사무소, 출입국·외국인청 출장소, 출입국·외국인사무소 출장소 또는 외국인보호소(이하 "청 등"이라 한다)의 사람들이 잘 볼 수 있는 곳에 비치하여야 한다. 〈개정 2018. 5. 15.〉

② 청장 등은 법 제7조 제1항에 따라 다음 각 호의 사항을 청 등과 해당 기관의 인터넷 홈페이지 등에 한국어 및 영어를 포함한 2개 이상의 언어로 게시하여야 한다. 〈개정 2018. 5. 15., 2019. 12. 31.〉

1. 난민인정신청서(재신청자용을 포함한다)를 작성하여 제출하는 방법
2. 법 제8조 제6항에 따라 출석요구에도 불구하고 3회 이상 연속하여 출석하지 아니하는 경우에는 난민인정 심사를 종료할 수 있다는 사실
3. 법 제40조부터 제43조까지의 규정에 따른 난민인정을 신청한 사람(이하 "난민신청자"라 한다)에 대한 처우에 관한 사항
4. 법 제44조에 따른 난민신청자에 대한 처우의 일부 제한에 관한 사항
5. 그 밖에 난민인정 신청 및 접수방법 등과 관련하여 법무부장관이 정하는 사항

제5조 출석요구서 및 출석요구 대장

① 난민전담공무원 및 청 등의 난민심사관은 법 제10조 제2항에 따라 난민신청자, 그 밖에 관계인(이하 "난민신청자 등"이라 한다)의 출석을 요구할 때에는 별지 제4호서식의 출석요구서를 난민신청자 등에게 보내고, 그 내용을 별지 제5호서식의 출석요구 대장에 기록하여야 한다. 〈개정 2018. 5. 15.〉

② 제1항에 따른 출석요구 대장은 전자적 처리가 불가능한 특별한 사유가 없으면 전자적 방법에 따라 작성하고 관리하여야 한다.

제6조 난민면접조서

영 제7조 제2항에 따른 난민면접조서는 별지 제6호서식에 따른다.

제7조 열람·복사 신청 등

① 영 제9조 제1항에 따라 본인이 제출한 자료나 난민면접조서(이하 "면접조서 등"이라 한다)의 열람이나 복사를 요청하려는 난민신청자는 별지 제7호서식의 열람·복사 신청서를 출입국관리공무원에게 제출하여야 한다.
② 제1항에 따라 열람·복사 신청서를 제출받은 출입국관리공무원은 별지 제7호의2서식의 열람·복사 대장에 그 내용을 기록해야 한다.〈신설 2019. 12. 31.〉
③ 제2항에 따른 열람·복사 대장은 전자적 처리가 불가능한 특별한 사유가 없으면 전자적 방법에 따라 작성하고 관리해야 한다.〈신설 2019. 12. 31.〉
④ 영 제9조 제5항에 따라 면접조서 등의 열람이나 복사를 요청하려는 난민신청자는 다음 각 호의 구분에 따른 수수료를 내야 한다.〈개정 2019. 12. 31.〉
  1. 열람 : 1회당 500원
  2. 복사 : 1매당 50원
⑤ 제4항에도 불구하고 청장 등은 인도적인 사유 등을 고려하여 필요하다고 인정하는 경우 수수료의 납부를 면제할 수 있다.〈개정 2018. 5. 15., 2019. 12. 31.〉
⑥ 제4항에 따른 수수료는 수입인지로 납부한다.〈개정 2019. 12. 31.〉[제목개정 2019. 12. 31.]

제8조 난민인정증명서 등

① 청장 등은 법 제18조 제1항에 따라 난민으로 인정된 사람(이하 "난민인정자"라 한다)에게 별지 제8호서식의 난민인정증명서를 교부하고, 그 내용을 별지 제9호서식의 난민인정증명서 발급대장에 기록하여야 한다.〈개정 2018. 5. 15.〉
② 청장 등은 법 제18조 제2항에 따라 난민에 해당하지 아니한다고 결정된 난민신청자에게 별지 제10호서식의 난민불인정결정통지서를 교부하여야 한다.〈개정 2018. 5. 15.〉
③ 제1항에 따라 난민인정증명서를 교부받은 난민인정자가 난민인정증명서를 분실하거나 훼손한 경우에는 별지 제11호서식의 난민인정증명서 재발급 신청서

에 다음 각 호의 서류를 첨부하여 청장 등에게 난민인정증명서의 재발급을 신청하여야 한다. 〈개정 2018. 5. 15.〉
  1. 재발급 신청 사유를 소명하는 자료
  2. 난민인정증명서(훼손한 경우만 해당한다)
  3. 최근 6개월 이내에 찍은 사진(3.5센티미터 × 4.5센티미터) 1장
④ 제3항에 따라 난민인정증명서 재발급 신청을 받은 청장 등은 난민인정자에게 난민인정증명서를 재발급하고, 그 내용을 제1항에 따른 난민인정증명서 발급대장에 기록해야 한다. 〈개정 2018. 5. 15., 2019. 12. 31.〉
⑤ 제1항에 따른 난민인정증명서 발급대장은 전자적 처리가 불가능한 특별한 사유가 없으면 전자적 방법에 따라 작성하고 관리하여야 한다. 〈개정 2019. 12. 31.〉

제9조 난민인정 심사기간 연장 통지서

청장 등이 법 제18조 제4항단서에 따라 난민인정 심사기간을 연장한 때에는 같은 조 제5항에 따라 별지 제13호서식의 난민인정 심사기간 연장 통지서를 난민신청자에게 통지하여야 한다. 〈개정 2018. 5. 15.〉

제10조 이의신청 절차 등

① 법 제21조 제1항에 따라 난민불인정결정이나 난민인정 취소 또는 철회에 대하여 이의를 신청하려는 사람은 별지 제14호서식의 이의신청서(이하 "이의신청서"라 한다)에 다음 각 호의 서류 및 자료를 첨부하여 청장 등에게 제출하여야 한다. 다만, 영 제9조의3 제1항에 따른 전자민원창구를 통하여 접수하는 경우에는 제1호의 서류를 첨부하지 않는다. 〈개정 2018. 5. 15., 2021. 7. 29.〉
  1. 여권 또는 외국인 등록증. 다만, 이를 첨부할 수 없는 경우에는 그 사유서
  2. 이의신청 사유를 소명하는 자료
  3. 법정대리인의 자격을 증명하는 서류(법정대리인이 이의신청을 대리하는 경우만 해당한다)
② 청장 등은 제1항에 따라 이의신청서를 제출받은 때에는 영 제9조의2에 따라 즉시 신청자에게 별지 제14호의2서식의 이의신청 접수증을 발급하고, 그 이의신청서

를 지체 없이 법무부장관에게 보내야 한다. 〈개정 2018. 5. 15., 2019. 12. 31.〉
③ 영 제11조 제3항의 이의신청 기각·각하결정통지서는 별지 제15호서식에 따른다. 〈개정 2021. 7. 29.〉
④ 법무부장관이 법 제21조 제7항단서에 따라 이의신청 심사기간을 연장하였을 때에는 같은 조 제8항에 따라 별지 제16호서식의 이의신청 심사기간 연장 통지서를 이의신청을 한 사람에게 통지하여야 한다.

제11조 난민인정취소·철회 통지서

법 제22조 제3항의 난민인정취소·철회통지서는 별지 제17호서식에 따른다.

제12조 난민위원회의 구성 및 운영 등

① 법 제25조에 따른 난민위원회(이하 "위원회"라 한다)의 위원장(이하 "위원장"이라 한다)은 위원회를 대표하고 위원회의 업무를 총괄한다.
② 위원장이 부득이한 사유로 직무를 수행할 수 없을 때에는 법무부장관이 지명하는 위원이 그 직무를 대행한다.
③ 법무부장관은 위원회의 위원이 다음 각 호의 어느 하나에 해당하는 경우에는 해임하거나 위촉을 해제할 수 있다. 〈개정 2023. 2. 27.〉
  1. 심신장애로 직무수행이 불가능하거나 현저히 곤란하다고 인정되는 경우
  2. 직무 태만, 품위 손상, 그 밖의 사유로 인하여 위원으로서 직무를 수행하기에 적합하지 아니하다고 인정되는 경우
  3. 법 제17조의 금지사항을 위반한 경우
  4. 제12조의2 제1항각 호의 어느 하나에 해당하는데도 불구하고 회피하지 않은 경우
④ 제3항의 해임 또는 위촉 해제로 인하여 새로 임명되거나 위촉된 위원의 임기는 전임 위원의 남은 임기로 한다.
⑤ 법 제25조 제3항에 따라 분과위원회를 두는 경우 분과위원회 위원장은 법무부장관이 각 분과위원회의 위원 중에서 지명하고, 위원장의 직무에 관하여는 제1항

을 준용한다.
⑥ 제1항부터 제5항까지에서 규정한 사항 외에 위원회의 운영 및 분과위원회 구성·운영 등에 필요한 사항은 법무부장관이 정한다.

제12조의2 위원의 제척과 회피

① 위원회(분과위원회를 포함한다)의 위원(이하 "위원"이라 한다)은 다음 각 호의 어느 하나에 해당하는 경우에는 그 안건의 심의·의결에서 제척(除斥)된다.
  1. 위원 또는 위원이 속하거나 이의신청일 전 최근 5년 이내에 속하였던 법인·단체·법률사무소가 해당 안건에 관하여 이의신청인의 대리인 또는 법률상담이나 조언 등 조력을 제공하는 자(이하 "대리인 등"이라 한다)이거나 대리인 등이었던 경우
  2. 위원이 이의신청인 또는 그 대리인 등과 「민법」 제777조에 따른 친족이거나 친족이었던 경우
  3. 위원이 해당 안건에 대하여 증언, 진술, 자문, 연구, 용역 또는 감정을 한 경우
  4. 위원 또는 위원이 속하거나 이의신청일 전 최근 5년 이내에 속하였던 법인·단체·법률사무소가 해당 안건의 대상이 된 처분에 관여하거나 관여하였던 경우
② 위원은 제1항 각 호의 사유에 해당하는 경우에는 스스로 해당 안건의 심의·의결에서 회피(回避)하여야 한다. [본조신설 2023. 2. 27.]

관련법령 ▶ 「민법」 제777조

제777조(친족의 범위)
친족관계로 인한 법률상 효력은 이 법 또는 다른 법률에 특별한 규정이 없는 한 다음 각호에 해당하는 자에 미친다.
1. 8촌 이내의 혈족 2. 4촌 이내의 인척 3. 배우자

제12조의3 자문위원

① 위원장은 영 제10조 제2항에 따라 심의사항에 대한 의견을 듣기 위하여 심의사항과 관련하여 경험이나 지식이 풍부한 사람을 자문위원으로 위촉할 수 있다.

② 자문위원은 위원회의 요청에 따라 심의사항에 대하여 위원회의 회의에 출석하여 의견을 진술하거나 서면으로 의견을 제출할 수 있다.
③ 제2항에 따라 의견을 진술하거나 제출한 자문위원에게는 예산의 범위에서 수당과 그 밖에 필요한 경비를 지급할 수 있다.
④ 제1항부터 제3항까지에서 규정한 사항 외에 자문위원의 위촉 및 자문 절차 등에 필요한 사항은 법무부장관이 정한다. [본조신설 2023. 2. 27.]

제12조의4 의견 청취

① 법무부장관은 영 제10조 제2항에 따라 위원회가 이의신청인 또는 그 밖의 관계인을 회의에 출석시켜 진술하게 하려는 경우에는 위원회 회의 개최일 7일 전까지 출석 일시 및 장소를 이의신청인(그 대리인을 포함한다. 이하 이 조에서 같다) 또는 그 밖의 관계인에게 통지하여야 한다.
② 제1항의 통지를 받은 이의신청인 또는 그 밖의 관계인은 위원회의 회의에 출석할 수 없는 부득이한 사유가 있는 경우에는 미리 서면(전자문서를 포함한다)으로 의견을 진술할 수 있다.
③ 제1항 및 제2항에서 규정한 사항 외에 이의신청인 또는 그 밖의 관계인의 의견 청취에 필요한 사항은 법무부장관이 정한다. [본조신설 2023. 2. 27.]

제12조의5 난민조사관의 자격

① 법 제27조 제1항에 따른 난민조사관(이하 "난민조사관"이라 한다)이 될 수 있는 사람은 다음 각 호의 어느 하나에 해당하는 법무부 또는 그 소속기관 소속 공무원으로 한다.
  1. 4급부터 7급까지의 일반직공무원
  2. 「공무원임용령」 별표 4의2에 따른 가급부터 라급까지에 해당하는 전문임기제공무원
② 난민조사관이 되려는 사람은 다음 각 호의 어느 하나에 해당하는 요건을 갖추어야 한다.

1. 난민 관련 업무에 종사한 기간이 1년 이상일 것
   2. 난민 관련 업무에 종사한 기간이 1년 미만인 경우에는 다음 각 목의 어느 하나에 해당할 것
      가. 법무부장관이 정하는 난민 관련 교육을 이수하였을 것
      나. 난민조사관의 직무를 보조하는 직위에서 근무한 경력이 6개월 이상일 것

[본조신설 2023. 2. 27.]

제13조 교육비 지원 추천 절차

① 영 제13조 제2항에 따른 교육비 지원 추천을 받으려는 난민인정자나 그 자녀는 별지 제18호서식의 교육비 지원 추천 신청서에 다음 각 호의 서류를 첨부하여 청장·사무소장이나 출장소장에게 제출하여야 한다. <개정 2018. 5. 15.>
   1. 입학(재학) 증명서 1부
   2. 가족관계를 증명할 수 있는 서류 1부(추천을 받으려는 사람이 난민인정자의 자녀인 경우만 해당한다)
② 제1항에 따라 신청서를 받은 청장·사무소장 또는 출장소장은 지원 필요 여부에 대한 의견을 붙여 해당 서류를 지체 없이 법무부장관에게 보내야 한다. <개정 2018. 5. 15.>
③ 제2항에 따라 교육비 지원 추천 신청을 받은 법무부장관은 「초·중등교육법」 제60조의4에 따른 교육비 지원이 필요하다고 인정되면 신청인에게 별지 제19호서식의 교육비 지원 추천서를 발급하고, 그 결과를 교육부장관에게 통보하여야 한다.

관련법령 ▶ 「초·중등교육법」 제60조의4

제60조의4(교육비 지원)
① 국가 및 지방자치단체는 다음 각 호의 어느 하나에 해당하는 학생에게 입학금, 수업료, 급식비 등 대통령령으로 정하는 비용(이하 "교육비"라 한다)의 전부 또는 일부를 예산의 범위에서 지원할 수 있다.
   1. 본인 또는 그 보호자가 「국민기초생활 보장법」 제12조제3항 및 제12조의2에 따른 수급권자인 학생
   2. 「한부모가족지원법」 제5조에 따른 보호대상자인 학생
   3. 그 밖에 가구 소득 등을 고려하여 교육비 지원이 필요하다고 인정되는 학생으로서 대통령령으로 정하는 학생

② 제1항에 따른 교육비 지원은 소득 수준과 거주 지역 등에 따라 지원의 내용과 범위를 달리할 수 있다.
③ 「국민기초생활 보장법」, 「한부모가족지원법」 등 다른 법령에 따라 제1항과 동일한 내용의 지원을 받고 있는 경우에는 그 범위에서 제1항에 따른 교육비 지원을 하지 아니한다.

제14조 직업훈련 추천 절차

① 영 제15조에 따른 직업훈련 추천을 받으려는 난민인정자는 별지 제20호서식의 직업훈련 추천 신청서를 청장·사무소장이나 출장소장에게 제출하여야 한다. 〈개정 2018. 5. 15.〉
② 제1항에 따라 신청서를 받은 청장·사무소장 또는 출장소장은 지원 필요 여부에 대한 의견을 붙여 해당 서류를 지체 없이 법무부장관에게 보내야 한다. 〈개정 2018. 5. 15.〉
③ 제2항에 따라 직업훈련 추천 신청을 받은 법무부장관은 「국민 평생 직업능력 개발법」 제12조에 따른 직업능력개발훈련이 필요하다고 인정되면 신청인에게 별지 제21호서식의 직업훈련 추천서를 발급하고, 그 결과를 고용노동부장관에게 통보하여야 한다. 〈개정 2023. 2. 27.〉

관련법령 ▶ 「국민 평생 직업능력 개발법」 제12조

제12조(직업능력개발훈련 지원 등)
① 국가와 지방자치단체는 국민의 고용창출, 고용촉진 및 고용안정을 위하여 직업능력개발훈련을 실시하거나 직업능력개발훈련을 받는 사람에게 비용을 지원할 수 있다. 이 경우 제3조제4항 각 호에 해당하는 사람에 대하여는 우선적으로 지원될 수 있도록 하여야 한다.
  1. 삭제 ~ 6. 삭제
② 제1항에 따라 실시하는 직업능력개발훈련의 대상, 훈련과정의 요건, 훈련수당, 그 밖에 직업능력개발훈련에 필요한 사항은 대통령령으로 정한다.

제15조 생계비 지원 절차 등

① 법 제40조 제1항에 따른 생계비 등을 지원받으려는 난민신청자는 별지 제22호서식의 생계비 등 지원신청서를 청장·사무소장·출장소장 또는 출입국·외국인지원센터의 장에게 제출해야 한다. 〈개정 2018. 5. 15., 2019. 12. 31.〉
② 제1항에 따라 신청서를 받은 청장·사무소장·출장소장 또는 출입국·외국인지원

센터의 장은 지원 필요 여부에 대한 의견을 붙여 해당 서류를 지체 없이 법무부장관에게 보내야 한다. 〈개정 2018. 5. 15., 2019. 12. 31.〉
③ 제2항에 따라 생계비 등의 지원 신청을 받은 법무부장관은 지체 없이 생계비 등의 지원 여부를 심사하고, 그 결과를 난민신청자에게 알려 주어야 한다.

제16조 주거시설 이용 절차

① 영 제19조에 따라 주거시설을 이용하려는 사람은 별지 제23호서식의 주거시설 이용신청서에 가족관계를 입증할 수 있는 서류(신청인의 배우자나 미성년 자녀가 함께 이용하고자 하는 경우만 해당한다)를 첨부하여 청장, 사무소장, 출장소장 또는 주거시설의 장에게 제출하여야 한다. 다만, 난민지원시설에 설치된 주거시설을 이용하려는 경우에는 제17조에 따른다. 〈개정 2018. 5. 15.〉
② 제1항에 따라 신청서를 받은 청장, 사무소장, 출장소장 또는 주거시설의 장은 주거시설 이용 필요 여부에 대한 의견을 붙여 해당 서류를 법무부장관에게 보내야 한다. 〈개정 2018. 5. 15.〉
③ 제2항에 따라 주거시설의 이용 신청을 받은 법무부장관은 지체 없이 주거시설 이용 여부 및 이용기간을 결정하고, 그 결과를 신청인에게 알려주어야 한다.

제16조의2 의료 지원 절차

① 법 제42조 및 영 제20조 제1항에 따라 건강검진 등 의료 지원을 받으려는 난민신청자는 별지 제23호의2서식의 의료 지원 신청서에 다음 각 호의 서류를 첨부하여 청장·사무소장·출장소장 또는 외국인보호소장에게 제출해야 한다.
  1. 병원진단서 또는 의사소견서 1부
  2. 의료비내역서
② 청장·사무소장·출장소장 또는 외국인보호소장은 제1항에 따라 의료 지원 신청서를 제출받으면 지체 없이 의료 지원 여부를 심사하고, 그 결과를 난민신청자에게 알려 주어야 한다. [본조신설 2019. 12. 31.]

제17조 난민지원시설 이용 절차

① 영 제23조에 따라 난민지원시설을 이용하려는 사람은 별지 제24호의 난민지원시설 이용신청서에 가족관계를 입증할 수 있는 서류(신청인의 배우자나 미성년 자녀가 함께 이용하고자 하는 경우만 해당한다)를 첨부하여 청장, 사무소장, 출장소장 또는 출입국·외국인지원센터의 장에게 제출하여야 한다. ⟨개정 2018. 5. 15., 2019. 12. 31.⟩

② 제1항에 따라 신청서를 제출받은 청장, 사무소장 또는 출장소장은 난민지원시설 이용 필요 여부에 대한 의견을 붙여 해당 서류를 출입국·외국인지원센터의 장에게 보내야 한다. ⟨개정 2018. 5. 15., 2019. 12. 31.⟩

③ 제1항 및 제2항에 따라 난민지원시설의 이용 신청을 받은 출입국·외국인지원센터의 장은 지체 없이 난민지원시설의 이용 여부 및 이용기간을 결정하고, 그 결과를 신청인에게 알려 주어야 한다. ⟨개정 2019. 12. 31.⟩

제7편 다문화가족법

제15부

다문화가족지원법

[시행 2020. 5. 19.]
[법률 제17281호, 2020. 5. 19., 일부개정]

제1조 목적

이 법은 다문화가족 구성원이 안정적인 가족생활을 영위하고 사회구성원으로서의 역할과 책임을 다할 수 있도록 함으로써 이들의 삶의 질 향상과 사회통합에 이바지함을 목적으로 한다. 〈개정 2015. 12. 22.〉

제2조 정의

이 법에서 사용하는 용어의 뜻은 다음과 같다. 〈개정 2011. 4. 4., 2015. 12. 1.〉
1. **"다문화가족"**이란 다음 각 목의 어느 하나에 해당하는 가족을 말한다.
    가. 「재한외국인 처우 기본법」 제2조 제3호의 결혼이민자와 「국적법」 제2조부터 제4조까지의 규정에 따라 대한민국 국적을 취득한 자로 이루어진 가족
    나. 「국적법」 제3조 및 제4조에 따라 대한민국 국적을 취득한 자와 같은 법 제2조부터 제4조까지의 규정에 따라 대한민국 국적을 취득한 자로 이루어진 가족
2. **"결혼이민자 등"**이란 다문화가족의 구성원으로서 다음 각 목의 어느 하나에 해당하는 자를 말한다.
    가. 「재한외국인 처우 기본법」 제2조 제3호의 결혼이민자
    나. 「국적법」 제4조에 따라 귀화허가를 받은 자
3. **"아동·청소년"**이란 24세 이하인 사람을 말한다.

관련법령 ▶ 「재한외국인 처우 기본법」 제2조제3호

제2조(정의)
3. "결혼이민자"란 대한민국 국민과 혼인한 적이 있거나 혼인관계에 있는 재한외국인을 말한다.

관련법령 ▶ 「국적법」 제2조부터 제4조

제2조(출생에 의한 국적 취득)
① 다음 각 호의 어느 하나에 해당하는 자는 출생과 동시에 대한민국 국적(國籍)을 취득한다.
   1. 출생 당시에 부(父)또는 모(母)가 대한민국의 국민인 자
   2. 출생하기 전에 부가 사망한 경우에는 그 사망 당시에 부가 대한민국의 국민이었던 자
   3. 부모가 모두 분명하지 아니한 경우나 국적이 없는 경우에는 대한민국에서 출생한 자
② 대한민국에서 발견된 기아(棄兒)는 대한민국에서 출생한 것으로 추정한다.

제3조(인지에 의한 국적 취득)
① 대한민국의 국민이 아닌 자(이하 "외국인"이라 한다)로서 대한민국의 국민인 부 또는 모에 의하여 인지(認知)된 자가 다음 각 호의 요건을 모두 갖추면 법무부장관에게 신고함으로써 대한민국 국적을 취득할 수 있다.
  1. 대한민국의 「민법」상 미성년일 것
  2. 출생 당시에 부 또는 모가 대한민국의 국민이었을 것
② 제1항에 따라 신고한 자는 그 신고를 한 때에 대한민국 국적을 취득한다.
③ 제1항에 따른 신고 절차와 그 밖에 필요한 사항은 대통령령으로 정한다.

제4조(귀화에 의한 국적 취득)
① 대한민국 국적을 취득한 사실이 없는 외국인은 법무부장관의 귀화허가(歸化許可)를 받아 대한민국 국적을 취득할 수 있다.
② 법무부장관은 귀화허가 신청을 받으면 제5조부터 제7조까지의 귀화 요건을 갖추었는지를 심사한 후 그 요건을 갖춘 사람에게만 귀화를 허가한다.
③ 제1항에 따라 귀화허가를 받은 사람은 법무부장관 앞에서 국민선서를 하고 귀화증서를 수여받은 때에 대한민국 국적을 취득한다. 다만, 법무부장관은 연령, 신체적·정신적 장애 등으로 국민선서의 의미를 이해할 수 없거나 이해한 것을 표현할 수 없다고 인정되는 사람에게는 국민선서를 면제할 수 있다.
④ 법무부장관은 제3항 본문에 따른 국민선서를 받고 귀화증서를 수여하는 업무와 같은 항 단서에 따른 국민선서의 면제 업무를 대통령령으로 정하는 바에 따라 지방출입국·외국인관서의 장에게 대행하게 할 수 있다.
⑤ 제1항부터 제4항까지에 따른 신청절차, 심사, 국민선서 및 귀화증서 수여와 그 대행 등에 관하여 필요한 사항은 대통령령으로 정한다.

제3조 국가와 지방자치단체의 책무

① 국가와 지방자치단체는 다문화가족 구성원이 안정적인 가족생활을 영위하고 경제·사회·문화 등 각 분야에서 사회구성원으로서의 역할과 책임을 다할 수 있도록 필요한 제도와 여건을 조성하고 이를 위한 시책을 수립·시행하여야 한다. 〈개정 2015. 12. 22.〉
② 특별시·광역시·특별자치시·도·특별자치도 및 시·군·구(자치구를 말한다. 이하 같다)에는 다문화가족 지원을 담당할 기구와 공무원을 두어야 한다. 〈신설 2012. 2. 1., 2015. 12. 1.〉
③ 국가와 지방자치단체는 이 법에 따른 시책 중 외국인정책 관련 사항에 대하여는 「재한외국인 처우 기본법」 제5조부터 제9조까지의 규정에 따른다. 〈개정 2012. 2. 1.〉

> **관련법령** 「재한외국인 처우 기본법」 제5조부터 제9조

제5조(외국인정책의 기본계획)
① 법무부장관은 관계 중앙행정기관의 장과 협의하여 5년마다 외국인정책에 관한 기본계획(이하 "기본계획"이라 한다)을 수립하여야 한다.
② 기본계획에는 다음 각 호의 사항이 포함되어야 한다.
   1. 외국인정책의 기본목표와 추진방향
   2. 외국인정책의 추진과제, 그 추진방법 및 추진시기
   3. 필요한 재원의 규모와 조달방안
   4. 그 밖에 외국인정책 수립 등을 위하여 필요하다고 인정되는 사항
③ 법무부장관은 제1항에 따라 수립된 기본계획을 제8조에 따른 외국인정책위원회의 심의를 거쳐 확정하여야 한다.
④ 기본계획의 수립절차 등에 관하여 필요한 사항은 대통령령으로 정한다.
⑤ 법무부장관은 기본계획을 수립함에 있어서 상호주의 원칙을 고려한다.

제6조(연도별 시행계획)
① 관계 중앙행정기관의 장은 기본계획에 따라 소관별로 연도별 시행계획을 수립·시행하여야 한다.
② 지방자치단체의 장은 중앙행정기관의 장이 법령에 따라 위임한 사무에 관하여 당해 중앙행정기관의 장이 수립한 시행계획에 따라 당해 지방자치단체의 연도별 시행계획을 수립·시행하여야 한다.
③ 관계 중앙행정기관의 장은 제2항에 따라 수립된 지방자치단체의 시행계획이 기본계획 및 당해 중앙행정기관의 시행계획에 부합되지 아니하는 경우에는 당해 지방자치단체의 장에게 그 변경을 요청할 수 있고, 당해 지방자치단체가 수립한 시행계획의 이행사항을 기본계획 및 당해 중앙행정기관의 시행계획에 따라 점검할 수 있다.
④ 관계 중앙행정기관의 장은 소관별로 다음 해 시행계획과 지난 해 추진실적 및 평가결과를 법무부장관에게 제출하여야 하며, 법무부장관은 이를 종합하여 제8조에 따른 외국인정책위원회에 상정하여야 한다.
⑤ 그 밖에 시행계획의 수립·시행 및 평가 등에 관하여 필요한 사항은 대통령령으로 정한다.

제7조(업무의 협조)
① 법무부장관은 기본계획과 시행계획을 수립·시행하고 이를 평가하기 위하여 필요한 때에는 국가기관·지방자치단체 및 대통령령으로 정하는 공공단체의 장(이하 "공공기관장"이라 한다)에게 관련 자료의 제출 등 필요한 협조를 요청할 수 있다.
② 중앙행정기관 및 지방자치단체의 장은 소관 업무에 관한 시행계획을 수립·시행하고 이를 평가하기 위하여 필요한 때에는 공공기관장에게 관련 자료의 제출 등 필요한 협조를 요청할 수 있다.

제8조(외국인정책위원회)
① 외국인정책에 관한 주요 사항을 심의·조정하기 위하여 국무총리 소속으로 외국인정책위원회(이하 "위원회"라 한다)를 둔다.
② 위원회는 다음 각 호의 사항을 심의·조정한다.
   1. 제5조에 따른 외국인정책의 기본계획의 수립에 관한 사항

2. 제6조에 따른 외국인정책의 시행계획 수립, 추진실적 및 평가결과에 관한 사항
　　3. 제15조에 따른 사회적응에 관한 주요 사항
　　4. 그 밖에 외국인정책에 관한 주요 사항
③ 위원회는 위원장 1인을 포함한 30인 이내의 위원으로 구성하며, 위원장은 국무총리가 되고, 위원은 다음 각 호의 자가 된다.
　　1. 대통령령으로 정하는 중앙행정기관의 장
　　2. 외국인정책에 관하여 학식과 경험이 풍부한 자 중에서 위원장이 위촉하는 자
④ 위원회에 상정할 안건과 위원회에서 위임한 안건을 처리하기 위하여 위원회에 외국인정책실무위원회(이하 "실무위원회"라 한다)를 둔다.
⑤ 제1항부터 제4항까지 외에 위원회 및 실무위원회의 구성과 운영에 관하여 필요한 사항은 대통령령으로 정한다.

제9조(정책의 연구·추진 등)

① 법무부장관은 기본계획의 수립, 시행계획의 수립 및 추진실적에 대한 평가, 위원회 및 실무위원회의 구성·운영 등이 효율적으로 이루어질 수 있도록 다음 각 호의 업무를 수행하여야 한다.
　　1. 재한외국인, 불법체류외국인 및 제15조에 따른 귀화자에 관한 실태 조사
　　2. 기본계획의 수립에 필요한 사항에 관한 연구
　　3. 위원회 및 실무위원회에 부의할 안건에 관한 사전 연구
　　4. 외국인정책에 관한 자료 및 통계의 관리, 위원회 및 실무위원회의 사무 처리
　　5. 제15조에 따른 사회적응시책 및 그 이용에 관한 연구와 정책의 추진
　　6. 그 밖에 외국인정책 수립 등에 관하여 필요하다고 인정되는 사항에 관한 연구와 정책의 추진
② 제1항 각 호의 업무를 효율적으로 수행하기 위하여 필요한 사항은 대통령령으로 정한다.

제3조의2 다문화가족 지원을 위한 기본계획의 수립

① 여성가족부장관은 다문화가족 지원을 위하여 5년마다 다문화가족정책에 관한 기본계획(이하 "기본계획"이라 한다)을 수립하여야 한다.
② 기본계획에는 다음 각 호의 사항을 포함하여야 한다. 〈개정 2015. 12. 22.〉
　　1. 다문화가족 지원 정책의 기본 방향
　　2. 다문화가족 지원을 위한 분야별 발전시책과 평가에 관한 사항
　　3. 다문화가족 지원을 위한 제도 개선에 관한 사항
　　3의2. 다문화가족 구성원의 경제·사회·문화 등 각 분야에서 활동 증진에 관한 사항
　　4. 다문화가족 지원을 위한 재원 확보 및 배분에 관한 사항
　　5. 그 밖에 다문화가족 지원을 위하여 필요한 사항
③ 여성가족부장관은 기본계획을 수립할 때에는 미리 관계 중앙행정기관의 장과

협의하여야 한다.
④ 기본계획은 제3조의4에 따른 다문화가족정책위원회의 심의를 거쳐 확정한다. 이 경우 여성가족부장관은 확정된 기본계획을 지체 없이 국회 소관 상임위원회에 보고하고, 관계 중앙행정기관의 장과 특별시장·광역시장·특별자치시장·도지사·특별자치도지사(이하 "시·도지사"라 한다)에게 알려야 한다. 〈개정 2015. 12. 1., 2020. 5. 19.〉
⑤ 여성가족부장관은 기본계획을 수립하기 위하여 필요하다고 인정하는 경우 관계 기관의 장에게 기본계획의 수립에 필요한 자료의 제출을 요구할 수 있다.
⑥ 제5항에 따라 자료의 제출을 요구받은 관계 기관의 장은 정당한 사유가 없으면 이에 따라야 한다. [본조신설 2011. 4. 4.]

제3조의3 연도별 시행계획의 수립·시행

① 여성가족부장관, 관계 중앙행정기관의 장과 시·도지사는 매년 기본계획에 따라 다문화가족정책에 관한 시행계획(이하 "시행계획"이라 한다)을 수립·시행하여야 한다.
② 관계 중앙행정기관의 장과 시·도지사는 전년도의 시행계획에 따른 추진실적 및 다음 연도의 시행계획을 대통령령으로 정하는 바에 따라 매년 여성가족부장관에게 제출하여야 한다.
③ 시행계획의 수립·시행 및 추진실적의 평가 등에 필요한 사항은 대통령령으로 정한다. [본조신설 2011. 4. 4.]

제3조의4 다문화가족정책위원회의 설치

① 다문화가족의 삶의 질 향상과 사회통합에 관한 중요 사항을 심의·조정하기 위하여 국무총리 소속으로 다문화가족정책위원회(이하 "정책위원회"라 한다)를 둔다.
② 정책위원회는 다음 각 호의 사항을 심의·조정한다.
 1. 제3조의2에 따른 다문화가족정책에 관한 기본계획의 수립 및 추진에 관한 사항
 2. 제3조의3에 따른 다문화가족정책의 시행계획의 수립, 추진실적 점검 및 평가에 관한 사항
 3. 다문화가족과 관련된 각종 조사, 연구 및 정책의 분석·평가에 관한 사항

4. 각종 다문화가족 지원 관련 사업의 조정 및 협력에 관한 사항
5. 다문화가족정책과 관련된 국가 간 협력에 관한 사항
6. 그 밖에 다문화가족의 사회통합에 관한 중요 사항으로 위원장이 필요하다고 인정하는 사항

③ 정책위원회는 위원장 1명을 포함한 20명 이내의 위원으로 구성하고, 위원장은 국무총리가 되며, 위원은 다음 각 호의 사람이 된다.
1. 대통령령으로 정하는 중앙행정기관의 장
2. 다문화가족정책에 관하여 학식과 경험이 풍부한 사람 중에서 위원장이 위촉하는 사람

④ 정책위원회에서 심의·조정할 사항을 미리 검토하고 대통령령에 따라 위임된 사항을 다루기 위하여 정책위원회에 실무위원회를 둔다.

⑤ 그 밖에 정책위원회 및 실무위원회의 구성 및 운영 등에 필요한 사항은 대통령령으로 정한다. [본조신설 2011. 4. 4.]

제4조 실태조사 등

① 여성가족부장관은 다문화가족의 현황 및 실태를 파악하고 다문화가족 지원을 위한 정책수립에 활용하기 위하여 3년마다 다문화가족에 대한 실태조사를 실시하고 그 결과를 공표하여야 한다. 〈개정 2010. 1. 18.〉

② 여성가족부장관은 제1항에 따른 실태조사를 위하여 관계 공공기관 또는 관련 법인·단체에 대하여 필요한 자료의 제출 등 협조를 요청할 수 있다. 이 경우 자료의 제출 등 협조를 요청받은 관계 공공기관 또는 관련 법인·단체 등은 특별한 사유가 없는 한 이에 협조하여야 한다. 〈개정 2010. 1. 18.〉

③ 여성가족부장관은 제1항에 따른 실태조사를 실시함에 있어서 외국인정책 관련 사항에 대하여는 법무부장관과 다문화가족 구성원인 아동·청소년의 교육현황 및 아동·청소년의 다문화가족에 대한 인식 등에 관한 사항에 대하여는 교육부장관과 협의를 거쳐 실시한다. 〈개정 2010. 1. 18., 2011. 4. 4., 2013. 3. 23., 2015. 12. 1., 2017. 3. 21.〉

④ 제1항에 따른 실태조사의 대상 및 방법 등에 필요한 사항은 여성가족부령으로 정한다. 〈개정 2010. 1. 18.〉

제5조 다문화가족에 대한 이해증진

① 국가와 지방자치단체는 다문화가족에 대한 사회적 차별 및 편견을 예방하고 사회구성원이 문화적 다양성을 인정하고 존중할 수 있도록 다문화 이해교육을 실시하고 홍보 등 필요한 조치를 하여야 한다. 〈개정 2011. 4. 4., 2013. 3. 22.〉
② 여성가족부장관은 제1항에 따른 조치를 함에 있어 홍보영상을 제작하여 「방송법」 제2조 제3호에 따른 방송사업자에게 배포하여야 한다. 〈신설 2015. 12. 1.〉
③ 여성가족부장관은 「방송법」 제2조제3호에 따른 방송사업자(이하 이 조에서 "방송사업자"라 한다)에게 같은 법 제73조 제4항에 따라 대통령령으로 정하는 비상업적 공익광고 편성비율의 범위에서 제2항의 홍보영상을 채널별로 송출하도록 요청할 수 있다. 〈신설 2015. 12. 1., 2020. 5. 19.〉
④ 방송사업자는 제2항의 홍보영상 외에 독자적으로 홍보영상을 제작하여 송출할 수 있다. 이 경우 여성가족부장관에게 필요한 협조 및 지원을 요청할 수 있다. 〈신설 2015. 12. 1., 2020. 5. 19.〉
⑤ 교육부장관과 특별시·광역시·특별자치시·도·특별자치도의 교육감은 「유아교육법」 제2조, 「초·중등교육법」 제2조 또는 「고등교육법」 제2조에 따른 학교에서 다문화가족에 대한 이해를 돕는 교육을 실시하기 위한 시책을 수립·시행하여야 한다. 이 경우 제4조에 따른 실태조사의 결과 중 다문화가족 구성원인 아동·청소년의 교육현황 및 아동·청소년의 다문화가족에 대한 인식 등에 관한 사항을 반영하여야 한다. 〈신설 2011. 4. 4., 2013. 3. 23., 2015. 12. 1., 2017. 3. 21.〉
⑥ 교육부장관과 특별시·광역시·특별자치시·도·특별자치도의 교육감은 「유아교육법」 제2조 및 「초·중등교육법」 제2조에 따른 학교의 교원에 대하여 대통령령으로 정하는 바에 따라 다문화 이해교육 관련 연수를 실시하여야 한다. 〈신설 2017. 12. 12.〉

> **관련법령** ▶ 「방송법」 제2조제3호, 제73조

제2조(정의)
3. "방송사업자"라 함은 다음 각목의 자를 말한다.
　가. 지상파방송사업자 : 지상파방송사업을 하기 위하여 제9조제1항에 따라 허가를 받은 자
　나. 종합유선방송사업자 : 종합유선방송사업을 하기 위하여 제9조제2항에 따라 허가를 받은 자
　다. 위성방송사업자 : 위성방송사업을 하기 위하여 제9조제2항에 따라 허가를 받은 자
　라. 방송채널사용사업자 : 방송채널사용사업을 하기 위하여 제9조제5항에 따라 등록을 하거나 승

인을 얻은 자

마. 공동체라디오방송사업자 : 안테나공급전력 10와트 이하로 공익목적으로 라디오방송을 하기 위하여 제9조제11항에 따라 허가를 받은 자

> **관련법령** ▶ **제73조(방송광고 등)**

④ 방송사업자 및 전광판방송사업자는 공공의 이익을 증진시킬 목적으로 제작된 비상업적 공익광고를 대통령령으로 정하는 비율 이상 편성하여야 한다.

> **관련법령** ▶ **「유아교육법」 제2조**

제2조(정의)
1. "유아"란 만 3세부터 초 등학교 취학전까지의 어린이를 말한다.
2. "유치원"이란 유아의 교육을 위하여 이 법에 따라 설립·운영되는 학교를 말한다.
3. "보호자"란 친권자·후견인 그 밖의 자로서 유아를 사실상 보호하는 자를 말한다.
4. 삭제
5. 삭제
6. "방과후 과정"이란 제13조제1항에 따른 교육과정 이후에 이루어지는 그 밖의 교육활동과 돌봄활동을 말한다.

> **관련법령** ▶ **「초·중 등교육법」**

제2조(학교의 종류)
초·중 등교육을 실시하기 위하여 다음 각 호의 학교를 둔다.
1. 초 등학교 2. 중학교·고등공민학교 3. 고등학교·고등기술학교 4. 특수학교 5. 각종학교

> **관련법령** ▶ **제2조 또는「고등교육법」제2조**

제2조(학교의 종류)
고등교육을 실시하기 위하여 다음 각 호의 학교를 둔다.
1. 대학 2. 산업대학 3. 교육대학 4. 전문대학 5. 방송대학·통신대학·방송통신대학 및 사이버대학(이하 "원격대학"이라 한다) 6. 기술대학 7. 각종학교

주 요 판 례

❖ **이혼·이혼및양육자지정**[대법원 2021. 9. 30., 선고, 2021므12320, 12337, 판결]

> **판시사항** ▶

[1] 법원이 민법 제837조 제4항에 따라 미성년 자녀의 양육자를 정할 때 고려하여야 할 사항 / 별거 이후 재판상 이혼에 이르기까지 상당 기간 부모의 일방이 미성년 자녀를 평온하게 양육하여 온 경우, 현재의 양육 상태를 변경하여 상대방을 친권자 및 양육자로 지정하는 것이 정당화되기 위한 요건 및 이때 법원

이 고려하여야 할 사항

[2] 외국인이 대한민국 국민과 혼인을 한 후 입국하여 체류자격을 취득하고 거주하다가 한국어를 습득하기 충분하지 않은 기간에 이혼에 이르게 된 경우, 한국어 소통능력이 부족하다는 이유로 미성년 자녀의 양육자로 지정되기에 부적합하다고 평가할 수 있는지 여부(소극)

[3] 이혼과 함께 친권자 및 양육자 지정 등에 관한 심리·판단을 하는 가정법원이 유의하여야 할 사항

판결요지

[1] 법원이 민법 제837조 제4항에 따라 미성년 자녀의 양육자를 정할 때에는, 미성년 자녀의 성별과 연령, 그에 대한 부모의 애정과 양육 의사의 유무는 물론, 양육에 필요한 경제적 능력의 유무, 부와 모가 제공하려는 양육방식의 내용과 합리성·적합성 및 상호 간의 조화 가능성, 부 또는 모와 미성년 자녀 사이의 친밀도, 미성년 자녀의 의사 등의 모든 요소를 종합적으로 고려하여, 미성년 자녀의 성장과 복지에 가장 도움이 되고 적합한 방향으로 판단하여야 한다.

별거 이후 재판상 이혼에 이르기까지 상당 기간 부모의 일방이 미성년 자녀, 특히 유아를 평온하게 양육하여 온 경우, 이러한 현재의 양육 상태에 변경을 가하여 상대방을 친권자 및 양육자로 지정하는 것이 정당화되기 위해서는 현재의 양육 상태가 미성년 자녀의 건전한 성장과 복지에 도움이 되지 아니하고 오히려 방해가 되고, 상대방을 친권자 및 양육자로 지정하는 것이 현재의 양육 상태를 유지하는 경우보다 미성년 자녀의 건전한 성장과 복지에 더 도움이 된다는 점이 명백하여야 한다.

재판을 통해 비양육친이 양육자로 지정된다고 하더라도 미성년 자녀가 현실적으로 비양육친에게 인도되지 않는 한 양육자 지정만으로는, 설령 자녀 인도 청구를 하여 인용된다고 할지라도 강제집행이 사실상 불가능하다. 미성년 자녀가 유아인 경우 '유아인도를 명하는 재판의 집행절차(재판예규 제917-2호)'는 유체동산인도청구권의 집행절차에 준하여 집행관이 강제집행을 할 수 있으나, 유아가 의사능력이 있는 경우에 그 유아 자신이 인도를 거부하는 때에는 집행을 할 수 없다고 규정하고 있다.

위와 같이 양육자 지정 이후에도 미성년 자녀를 인도받지 못한 채 현재의 양육 상태가 유지된다면 양육친은 상대방에게 양육비 청구를 할 수 없게 되어, 결국 비양육친은 미성년 자녀를 양육하지 않으면서도 양육비를 지급할 의무가 없어지므로 경제적으로는 아무런 부담을 갖지 않게 되는 반면, 양육친은 양육에 관한 경제적 부담을 전부 부담하게 된다. 이러한 상황은 자의 건전한 성장과 복지에 도움이 되지 않는다.

따라서 비양육친이 자신을 양육자로 지정하여 달라는 청구를 하는 경우, 법원은 양육자 지정 후 사건본인의 인도가 실제로 이행될 수 있는지, 그 이행 가능성이 낮음에도 비양육친을 양육자로 지정함으로써 비양육친이 경제적 이익을 누리거나 양육친에게 경제적 고통을 주는 결과가 발생할 우려가 없는지 등에 대해 신중하게 판단할 필요가 있다.

[2] 대한민국 국민과 혼인을 한 후 입국하여 체류자격을 취득하고 거주하다가 한국어를 습득하기 충분하지 않은 기간에 이혼에 이르게 된 외국인이 당사자인 경우, 미성년 자녀의 양육에 있어 한국어 소통능력이 부족한 외국인보다는 대한민국 국민인 상대방에게 양육되는 것이 더 적합할 것이라는 추상적이고 막연한 판단으로 해당 외국인 배우자가 미성년 자녀의 양육자로 지정되기에 부적합하다고 평가하는 것은 옳지 않다.

대한민국은 공교육이나 기타 교육여건이 확립되어 있어 미성년 자녀가 한국어를 습득하고 연습할 기회를 충분히 보장하고 있으므로, 외국인 부모의 한국어 소통능력이 미성년 자녀의 건전한 성장과 복지에 있어 중요한 의미를 가진다고 보기 어렵다. 오히려 가정법원은 양육자 지정에 있어 한국어 소통능력에 대한 고려가 자칫 출신 국가 등을 차별하는 의도에서 비롯되거나 차별하는 결과를 낳게 될 수 있다는 점, 외국인 부모의 모국어 및 모국문화에 대한 이해 역시 자녀의 자아 존중감 형성에 중요한 요소가 된다는 점 등에 대

해서도 유의하여야 한다. 문화다양성의 보호와 증진에 관한 법률은 모든 사회구성원은 문화적 표현의 자유와 권리를 가지며, 다른 사회구성원의 다양한 문화적 표현을 존중하고 이해하기 위하여 노력하여야 한다(제4조)고 규정하고 있다.

나아가 외국인 배우자가 국제결혼 후 자녀의 출산 등으로 한국어를 배우고 활용할 시간이 부족하였다는 사정 등을 외면한 채 이혼 시점에 한국어 소통능력이 다소 부족하다는 사정에만 주목하여, 외국인 배우자의 한국어 소통능력 역시 사회생활을 해 나가면서 본인이 의식적으로 노력한다면 계속하여 향상될 수 있다는 점을 놓쳐서는 안 된다. 특히 다문화가족지원법은 국가와 지방자치단체가 다문화가족에 대한 사회적 차별 및 편견을 예방하고 사회구성원이 문화적 다양성을 인정하고 존중할 수 있도록 다문화 이해교육을 실시하고 홍보 등 필요한 조치를 취하도록 할 책임이 있음을 규정하고 있고(제5조 제1항), 결혼이민자 등이 대한민국에서 생활하는 데 필요한 기본적 정보를 제공하는 것은 물론 언어소통 능력 향상을 위한 한국어교육 등을 받을 수 있도록 필요한 지원을 할 수 있으며(제6조 제1항), 해당 법률이 다문화가족이 이혼 등의 사유로 해체된 경우에도 그 구성원이었던 자녀에 대해 적용되는 것으로(제14조의2) 규정하고 있다.

[3] 가정법원은 혼인 파탄의 주된 원인이 누구에게 있는지에 대한 당사자들 사이의 다툼에만 심리를 집중한 나머지 친권자 및 양육자 지정 등에 관한 심리와 판단에 있어 소홀해지는 것을 경계할 필요가 있다. 특히 가정법원은 가사소송법 제6조, 가사소송규칙 제8조 내지 제11조에 따라 가사조사관에게 조사명령을 하고, 이에 따라 사실조사를 마친 가사조사관이 작성한 조사보고서를 보고받는 방법으로도 양육 상태나 양육자의 적격성 심사에 필요한 자료 등을 얻을 수 있다. 가정법원은 충실한 심리를 통해 실제의 양육 상태와 양육자의 적격성을 의심케 할 만한 사정이 있는지에 관하여도 구체적으로 확인하여야 한다.

제6조 생활정보 제공 및 교육 지원

① 국가와 지방자치단체는 결혼이민자 등이 대한민국에서 생활하는데 필요한 기본적 정보(아동·청소년에 대한 학습 및 생활지도 관련 정보를 포함한다)를 제공하고, 사회적응교육과 직업교육·훈련 및 언어소통 능력 향상을 위한 한국어교육 등을 받을 수 있도록 필요한 지원을 할 수 있다.〈개정 2011. 4. 4., 2016. 3. 2.〉

② 국가와 지방자치단체는 결혼이민자 등의 배우자 및 가족구성원이 결혼이민자 등의 출신 국가 및 문화 등을 이해하는 데 필요한 기본적 정보를 제공하고 관련 교육을 지원할 수 있다.〈신설 2017. 12. 12.〉

③ 국가와 지방자치단체는 제1항 및 제2항에 따른 교육을 실시함에 있어 거주지 및 가정환경 등으로 인하여 서비스에서 소외되는 결혼이민자 등과 배우자 및 그 가족구성원이 없도록 방문교육이나 원격교육 등 다양한 방법으로 교육을 지원하고, 교재와 강사 등의 전문성을 강화하기 위한 시책을 수립·시행하여야 한다.〈신설 2011. 4. 4., 2017. 12. 12.〉

④ 국가와 지방자치단체는 제3항의 방문교육의 비용을 결혼이민자 등의 가구 소득

수준, 교육의 종류 등 여성가족부장관이 정하여 고시하는 기준에 따라 차등 지원할 수 있다. 〈신설 2015. 12. 1., 2017. 12. 12.〉
⑤ 국가와 지방자치단체가 제4항에 따른 비용을 지원함에 있어 비용 지원의 신청, 금융정보 등의 제공, 조사·질문 등은 「아이돌봄 지원법」 제22조부터 제25조까지의 규정을 준용한다. 〈신설 2015. 12. 1., 2017. 12. 12.〉
⑥ 결혼이민자 등의 배우자 등 다문화가족 구성원은 결혼이민자 등이 한국어교육 등 사회적응에 필요한 다양한 교육을 받을 수 있도록 노력하여야 한다. 〈신설 2015. 12. 1., 2017. 12. 12.〉
⑦ 그 밖에 제1항 및 제2항에 따른 정보제공 및 교육에 필요한 사항은 대통령령으로 정한다. 〈개정 2011. 4. 4., 2015. 12. 1., 2017. 12. 12.〉

> **관련법령** ▶ 「아이돌봄 지원법」 제22조부터 제25조

제22조(비용 지원의 신청)
① 보호자는 제20조제1항에 따른 아이돌봄서비스의 비용 지원을 신청할 수 있다.
② 제1항에 따라 신청을 할 때에는 다음 각 호의 자료 또는 정보의 제공에 대한 보호자 및 그 가구원의 동의 서면을 제출하여야 한다.
  1. 「금융실명거래 및 비밀보장에 관한 법률」 제2조제2호 및 제3호에 따른 금융자산 및 금융거래의 내용에 대한 자료 또는 정보 중 예금의 평균잔액과 그 밖에 대통령령으로 정하는 자료 또는 정보(이하 "금융정보"라 한다)
  2. 「신용정보의 이용 및 보호에 관한 법률」 제2조제1호에 따른 신용정보 중 채무액과 그 밖에 대통령령으로 정하는 자료 또는 정보(이하 "신용정보"라 한다)
  3. 「보험업법」 제4조제1항 각 호에 따른 보험에 가입하여 납부한 보험료와 그 밖에 대통령령으로 정하는 자료 또는 정보(이하 "보험정보"라 한다)
③ 제1항에 따른 비용 지원의 신청 방법·절차 및 제2항에 따른 동의의 방법·절차 등에 필요한 사항은 여성가족부령으로 정한다.

제23조(금융정보등의 제공)
① 국가 및 지방자치단체는 제20조제1항에 따라 아이돌봄서비스 비용을 지원할 때에는 제22조에 따른 비용 지원을 신청한 자(이하 "비용 지원 신청자"라 한다) 및 그 가구원의 재산을 평가하기 위하여 「금융실명거래 및 비밀보장에 관한 법률」 제4조제1항과 「신용정보의 이용 및 보호에 관한 법률」 제32조제2항에도 불구하고 비용 지원 신청자 및 그 가구원이 제22조제2항에 따라 제출한 동의 서면을 전자적 형태로 바꾼 문서로 금융기관등(「금융실명거래 및 비밀보장에 관한 법률」 제2조제1호에 따른 금융회사등, 「신용정보의 이용 및 보호에 관한 법률」 제2조제6호에 따른 신용정보집중기관을 말한다. 이하 같다)의 장에게 금융정보·신용정보 또는 보험정보(이하 "금융정보등"이라 한다)의 제공을 요청할 수 있다.

② 제1항에 따라 금융정보등의 제공을 요청받은 금융기관등의 장은 「금융실명거래 및 비밀보장에 관한 법률」 제4조제1항과 「신용정보의 이용 및 보호에 관한 법률」 제32조에도 불구하고 명의인의 금융정보등을 제공하여야 한다.
③ 제2항에 따라 금융정보등을 제공한 금융기관등의 장은 금융정보등의 제공사실을 명의인에게 통보하여야 한다. 다만, 명의인의 동의가 있는 경우에는 「금융실명거래 및 비밀보장에 관한 법률」 제4조의2제1항과 「신용정보의 이용 및 보호에 관한 법률」 제32조제7항에도 불구하고 통보하지 아니할 수 있다.
④ 제1항 및 제2항에 따른 금융정보등의 제공요청 및 제공은 「정보통신망 이용촉진 및 정보보호 등에 관한 법률」 제2조제1항제1호에 따른 정보통신망을 이용하여야 한다. 다만, 정보통신망의 손상 등 불가피한 경우에는 그러하지 아니하다.
⑤ 제1항 및 제2항에 따른 업무에 종사하거나 종사하였던 사람은 업무를 수행하면서 취득한 금융정보등을 이 법에서 정한 목적 외의 다른 용도로 사용하거나 다른 사람 또는 기관에 제공하거나 누설하여서는 아니 된다.
⑥ 제1항, 제2항 및 제4항에 따른 금융정보등의 제공요청 및 제공 등에 필요한 사항은 대통령령으로 정한다.

제24조(조사·질문 등)

① 여성가족부장관 또는 지방자치단체의 장은 비용지원 신청자 및 지원이 확정된 사람에 대하여 비용 지원 대상 자격확인을 위하여 필요한 서류나 그 밖의 소득·재산 등에 관한 자료의 제출을 요구할 수 있으며, 소속 공무원으로 하여금 비용 지원 신청자 및 지원이 확정된 사람의 주거, 그 밖의 필요한 장소에 출입하여 서류 등을 조사하게 하거나 관계인에게 필요한 질문을 하게 할 수 있다.
② 여성가족부장관 또는 지방자치단체의 장은 제1항에 따른 조사 또는 비용을 지원하기 위하여 필요한 국세·지방세·토지·건물·건강보험·국민연금·고용보험·산업재해보상보험 등에 관한 자료의 제공을 관계 기관의 장에게 요청할 수 있다. 이 경우 자료의 제공을 요청받은 관계 기관의 장은 특별한 사유가 없는 한 이에 응하여야 한다.
③ 여성가족부장관 또는 지방자치단체의 장은 비용 지원 신청자 또는 지원이 확정된 사람이 제1항에 따른 서류 또는 자료의 제출을 거부하거나 조사·질문을 거부·방해 또는 기피하는 경우에는 비용 지원의 신청을 각하하거나 지원결정을 취소·중지 또는 변경할 수 있다.
④ 제1항에 따른 조사·질문의 범위·시기 및 내용에 관하여 필요한 사항은 여성가족부령으로 정한다.
⑤ 지원대상에 대한 주민등록 주소지 등을 파악하기 위하여 「전자정부법」 제36조제1항에 따라 행정정보를 공동이용할 수 있다.

제25조(아이돌봄지원통합정보시스템의 구축 및 운영 등)

① 여성가족부장관은 이 법에 따른 아이돌봄 지원 업무를 전자화하고 업무 수행에 필요한 정보를 효율적으로 처리하기 위하여 아이돌봄지원통합정보시스템(이하 "통합정보시스템"이라 한다)을 구축·운영할 수 있다. <개정 2023. 4. 11.>
② 여성가족부장관은 통합정보시스템을 구축·운영하는 데 필요한 정보로서 다음 각 호의 어느 하나에 해당하는 정보를 수집·보유·이용할 수 있으며, 수집·보유·이용하는 정보에 「개인정보 보호법」 제2조제1호에 따른 개인정보가 포함된 경우에는 사전에 정보주체(만 14세 미만 미성년자의 경우

에는 그 법정대리인을 말한다)의 동의를 받아야 한다. <개정 2023. 4. 11.>
1. 제6조, 제10조의2 및 제32조에 따른 아이돌보미 결격사유, 건강진단 및 자격정지에 관한 정보
2. 제9조, 제10조의3, 제10조의4, 제11조 및 제17조에 따른 서비스기관 등의 지정 및 지정취소에 관한 정보
3. 제12조, 제13조 및 제13조의2에 따른 아이돌봄서비스 제공에 관한 정보
4. 제18조의2에 따른 아이돌보미 만족도 조사에 관한 정보
5. 제19조의2에 따른 육아도우미 신원 확인에 관한 정보
6. 제20조부터 제24조까지에 따른 아이돌봄서비스 비용 지원 및 금융정보등의 제공에 관한 정보
7. 그 밖에 대통령령으로 정하는 아이돌봄서비스 및 육아도우미 관련 업무 수행에 필요한 정보

③ 여성가족부장관은 관계 중앙행정기관, 지방자치단체 및 관련 기관·단체(이하 "관계 중앙행정기관 등"이라 한다)에 통합정보시스템 구축·운영에 필요한 자료·정보의 제공을 요청하고, 제공받은 목적의 범위에서 이를 수집·보유·이용할 수 있다. 이 경우 자료·정보의 제공을 요청받은 관계 중앙행정기관등은 정당한 사유가 없으면 이에 따라야 한다. <신설 2023. 4. 11.>

④ 통합정보시스템은 제1항에 따른 업무를 수행하기 위하여 「사회보장기본법」 제37조제2항에 따른 사회보장정보시스템과 연계하여 운영할 수 있다. <신설 2023. 4. 11.>

⑤ 여성가족부장관은 통합정보시스템을 여성가족부령으로 정하는 법인이나 단체 등 전문기관에 위탁하여 운영할 수 있다. <신설 2023. 4. 11.>

⑥ 제2항부터 제5항까지에 따라 통합정보시스템의 자료 또는 정보를 취득·관리·이용한 사람은 그 직무상 알게 된 자료·정보를 목적 외로 사용하거나 제3자에게 제공·누설하여서는 아니 된다. <신설 2023. 4. 11.>

⑦ 여성가족부장관은 통합정보시스템 구축·운영의 전 과정에서 개인정보 보호를 위하여 필요한 시책을 마련하여야 한다. <신설 2023. 4. 11.>

⑧ 그 밖에 통합지원시스템의 구축과 운영에 필요한 사항은 대통령령으로 정한다. <신설 2023. 4. 11.>[제목개정 2023. 4. 11.][시행일: 2023. 10. 12.] 제25조

제7조 평등한 가족관계의 유지를 위한 조치

국가와 지방자치단체는 다문화가족이 민주적이고 양성평등한 가족관계를 누릴 수 있도록 가족상담, 부부교육, 부모교육, 가족생활교육 등을 추진하여야 한다. 이 경우 문화의 차이 등을 고려한 전문적인 서비스가 제공될 수 있도록 노력하여야 한다.

제8조 가정폭력 피해자에 대한 보호·지원

① 국가와 지방자치단체는 「가정폭력방지 및 피해자보호 등에 관한 법률」에 따라 다문화가족 내 가정폭력을 예방하기 위하여 노력하여야 한다. <개정 2011. 4. 4.>

② 국가와 지방자치단체는 가정폭력으로 피해를 입은 결혼이민자 등을 보호·지원할 수 있다. 〈신설 2011. 4. 4.〉
③ 국가와 지방자치단체는 가정폭력의 피해를 입은 결혼이민자 등에 대한 보호 및 지원을 위하여 외국어 통역 서비스를 갖춘 가정폭력 상담소 및 보호시설의 설치를 확대하도록 노력하여야 한다. 〈개정 2011. 4. 4.〉
④ 국가와 지방자치단체는 결혼이민자 등이 가정폭력으로 혼인관계를 종료하는 경우 의사소통의 어려움과 법률체계 등에 관한 정보의 부족 등으로 불리한 입장에 놓이지 아니하도록 의견진술 및 사실확인 등에 있어서 언어통역, 법률상담 및 행정지원 등 필요한 서비스를 제공할 수 있다. 〈개정 2011. 4. 4.〉

제9조 의료 및 건강관리를 위한 지원

① 국가와 지방자치단체는 결혼이민자 등이 건강하게 생활할 수 있도록 영양·건강에 대한 교육, 산전·산후 도우미 파견, 건강검진 등의 의료서비스를 지원할 수 있다. 〈개정 2011. 4. 4.〉
② 국가와 지방자치단체는 결혼이민자 등이 제1항에 따른 의료서비스를 제공받을 경우 외국어 통역 서비스를 제공할 수 있다. 〈신설 2011. 4. 4.〉[제목개정 2011. 4. 4.]

제10조 아동·청소년 보육·교육

① 국가와 지방자치단체는 아동·청소년 보육·교육을 실시함에 있어서 다문화가족 구성원인 아동·청소년을 차별하여서는 아니 된다. 〈개정 2015. 12. 1.〉
② 국가와 지방자치단체는 다문화가족 구성원인 아동·청소년이 학교생활에 신속히 적응할 수 있도록 교육지원대책을 마련하여야 하고, 특별시·광역시·특별자치시·도·특별자치도의 교육감은 다문화가족 구성원인 아동·청소년에 대하여 학과 외 또는 방과 후 교육 프로그램 등을 지원할 수 있다. 〈개정 2015. 12. 1.〉
③ 국가와 지방자치단체는 다문화가족 구성원인 18세 미만인 사람의 초등학교 취학 전 보육 및 교육 지원을 위하여 노력하고, 그 구성원의 언어발달을 위하여 한국어 및 결혼이민자 등인 부 또는 모의 모국어 교육을 위한 교재지원 및 학습지원 등 언어능력 제고를 위하여 필요한 지원을 할 수 있다. 〈개정 2013. 3. 22., 2015. 12. 1.〉

④ 「영유아보육법」 제10조에 따른 어린이집의 원장, 「유아교육법」 제7조에 따른 유치원의 장, 「초·중 등교육법」 제2조에 따른 각급 학교의 장, 그 밖에대통령령으로 정하는 기관의 장은 아동·청소년 보육·교육을 실시함에 있어 다문화가족 구성원인 아동·청소년이 차별을 받지 아니하도록 필요한 조치를 하여야 한다. 〈신설 2015. 12. 1.〉[제목개정 2015. 12. 1.]

> **관련법령** ▶ 「영유아보육법」 제10조

제10조(어린이집의 종류)
1. 국공립어린이집 : 국가나 지방자치단체가 설치·운영하는 어린이집
2. 사회복지법인어린이집 : 「사회복지사업법」에 따른 사회복지법인(이하 "사회복지법인"이라 한다)이 설치·운영하는 어린이집
3. 법인·단체 등어린이집 : 각종 법인(사회복지법인을 제외한 비영리법인)이나 단체 등이 설치·운영하는 어린이집으로서 대통령령으로 정하는 어린이집
4. 직장어린이집 : 사업주가 사업장의 근로자를 위하여 설치·운영하는 어린이집(국가나 지방자치단체의 장이 소속 공무원 및 국가나 지방자치단체의 장과 근로계약을 체결한 자로서 공무원이 아닌 자를 위하여 설치·운영하는 어린이집을 포함한다)
5. 가정어린이집 : 개인이 가정이나 그에 준하는 곳에 설치·운영하는 어린이집
6. 협동어린이집 : 보호자 또는 보호자와 보육교직원이 조합(영리를 목적으로 하지 아니하는 조합에 한정한다)을 결성하여 설치·운영하는 어린이집
7. 민간어린이집 : 제1호부터 제6호까지의 규정에 해당하지 아니하는 어린이집

> **관련법령** ▶ 「유아교육법」 제7조

제7조(유치원의 구분)
유치원은 다음 각호와 같이 구분한다.
1. 국립유치원 : 국가가 설립·경영하는 유치원
2. 공립유치원 : 지방자치단체가 설립·경영하는 유치원(설립주체에 따라 시립유치원과 도립유치원으로 구분할 수 있다)
3. 사립유치원 : 법인 또는 사인(私人)이 설립·경영하는 유치원

> **관련법령** ▶ 「초·중 등교육법」 제2조

제2조(학교의 종류)
초·중 등교육을 실시하기 위하여 다음 각 호의 학교를 둔다.
1. 초 등학교 2. 중학교·고등공민학교 3. 고등학교·고등기술학교 4. 특수학교 5. 각종학교

제11조 다국어에 의한 서비스 제공

국가와 지방자치단체는 제5조부터 제10조까지의 규정에 따른 지원정책을 추진함에 있어서 결혼이민자 등의 의사소통의 어려움을 해소하고 서비스 접근성을 제고하기 위하여 다국어에 의한 서비스 제공이 이루어지도록 노력하여야 한다.

제11조의2 다문화가족 종합정보 전화센터의 설치·운영 등

① 여성가족부장관은 다국어에 의한 상담·통역 서비스 등을 결혼이민자 등에게 제공하기 위하여 다문화가족 종합정보 전화센터(이하 "전화센터"라 한다)를 설치·운영할 수 있다. 이 경우 「가정폭력방지 및 피해자보호 등에 관한 법률」 제4조의6 제1항후단에 따른 외국어 서비스를 제공하는 긴급전화센터와 통합하여 운영할 수 있다.
② 여성가족부장관은 전화센터의 설치·운영을 대통령령으로 정하는 기관 또는 단체에 위탁할 수 있다.
③ 여성가족부장관은 전화센터의 설치·운영을 위탁할 경우 예산의 범위에서 그에 필요한 비용의 전부 또는 일부를 지원할 수 있다.
④ 전화센터의 설치·운영에 필요한 사항은 여성가족부령으로 정한다. [본조신설 2013. 8. 13.]

관련법령 ▶ 「가정폭력방지 및 피해자보호 등에 관한 법률」 제4조의6제1항

제4조의6(긴급전화센터의 설치·운영 등)
① 여성가족부장관 또는 시·도지사는 다음 각 호의 업무 등을 수행하기 위하여 긴급전화센터를 설치·운영하여야 한다. 이 경우 외국어 서비스를 제공하는 긴급전화센터를 따로 설치·운영할 수 있다.
  1. 피해자의 신고접수 및 상담
  2. 관련 기관·시설과의 연계
  3. 피해자에 대한 긴급한 구조의 지원
  4. 경찰관서 등으로부터 인도받은 피해자 및 피해자가 동반한 가정구성원(이하 "피해자 등"이라 한다)의 임시 보호

제12조 다문화가족지원센터의 설치·운영 등

① 국가와 지방자치단체는 다문화가족지원센터(이하 "지원센터"라 한다)를 설치·운영할 수 있다.

② 국가 또는 지방자치단체는 지원센터의 설치·운영을 대통령령으로 정하는 법인이나 단체에 위탁할 수 있다.

③ 국가 또는 지방자치단체 아닌 자가 지원센터를 설치·운영하고자 할 때에는 미리 시·도지사 또는 시장·군수·구청장(자치구의 구청장을 말한다. 이하 같다)의 지정을 받아야 한다.

④ 지원센터는 다음 각 호의 업무를 수행한다. 〈개정 2020. 5. 19.〉

  1. 다문화가족을 위한 교육·상담 등 지원사업의 실시
  2. 결혼이민자 등에 대한 한국어교육
  3. 다문화가족 지원서비스 정보제공 및 홍보
  4. 다문화가족 지원 관련 기관·단체와의 서비스 연계
  5. 일자리에 관한 정보제공 및 일자리의 알선
  6. 다문화가족을 위한 통역·번역 지원사업
  7. 다문화가족 내 가정폭력 방지 및 피해자 연계 지원
  8. 그 밖에 다문화가족 지원을 위하여 필요한 사업

⑤ 지원센터에는 다문화가족에 대한 교육·상담 등의 업무를 수행하기 위하여 관련 분야에 대한 학식과 경험을 가진 전문인력을 두어야 한다.

⑥ 국가와 지방자치단체는 제3항에 따라 지정한 지원센터에 대하여 예산의 범위에서 제4항 각 호의 업무를 수행하는 데에 필요한 비용 및 지원센터의 운영에 드는 비용의 전부 또는 일부를 보조할 수 있다. 〈개정 2016. 3. 2.〉

⑦ 제1항, 제2항 및 제3항에 따른 지원센터의 설치·운영 기준, 위탁·지정 기간 및 절차 등에 필요한 사항은 대통령령으로 정하고, 제5항에 따른 전문인력의 기준 등에 필요한 사항은 여성가족부령으로 정한다. [전문개정 2012. 2. 1.]

제12조의2 보수교육의 실시

① 여성가족부장관 또는 시·도지사는 지원센터에 두는 전문인력의 자질과 능력을

향상시키기 위하여 보수교육을 실시하여야 한다.
② 제1항에 따른 보수교육의 내용·기간 및 방법 등은 여성가족부령으로 정한다.
[본조신설 2012. 2. 1.]

제12조의3 유사명칭 사용 금지

이 법에 따른 지원센터가 아니면 다문화가족지원센터 또는 이와 유사한 명칭을 사용하지 못한다. [본조신설 2013. 8. 13.]

제13조 다문화가족 지원업무 관련 공무원의 교육

국가와 지방자치단체는 다문화가족 지원 관련 업무에 종사하는 공무원의 다문화가족에 대한 이해증진과 전문성 향상을 위하여 교육을 실시할 수 있다.

제13조의2 다문화가족지원사업 전문인력 양성

① 국가 또는 지방자치단체는 다문화가족지원 및 다문화 이해교육 등의 사업 추진에 필요한 전문인력을 양성하는 데 노력하여야 한다.
② 여성가족부장관은 제1항에 따른 전문인력을 양성하기 위하여 대통령령으로 정하는 바에 따라 대학이나 연구소 등 적절한 인력과 시설 등을 갖춘 기관이나 단체를 전문인력 양성기관으로 지정하여 관리할 수 있다.
③ 국가 또는 지방자치단체는 제2항에 따라 지정된 전문인력 양성기관에 대하여 예산의 범위에서 필요한 경비의 전부 또는 일부를 지원할 수 있다.
④ 제2항에 따른 전문인력 양성기관의 지정 기준 및 절차 등은 대통령령으로 정한다.
[본조신설 2012. 2. 1.]

제14조 사실혼 배우자 및 자녀의 처우

제5조부터 제12조까지의 규정은 대한민국 국민과 사실혼 관계에서 출생한 자녀를 양육하고 있는 다문화가족 구성원에 대하여 준용한다.

제14조의2 다문화가족 자녀에 대한 적용 특례

다문화가족이 이혼 등의 사유로 해체된 경우에도 그 구성원이었던 자녀에 대하여는 이 법을 적용한다. [본조신설 2013. 8. 13.]

제15조 권한의 위임과 위탁

① 여성가족부장관은 이 법에 따른 권한의 일부를 대통령령으로 정하는 바에 따라 시·도지사 또는 시장·군수·구청장에게 위임할 수 있다. 〈개정 2010. 1. 18., 2011. 4. 4., 2012. 2. 1.〉
② 국가와 지방자치단체는 이 법에 따른 업무의 일부를 대통령령으로 정하는 바에 따라 비영리법인이나 단체에 위탁할 수 있다.

제15조의2 정보 제공의 요청

① 여성가족부장관 또는 지방자치단체의 장은 이 법의 시행을 위하여 필요한 경우에는 법무부장관에게 다음 각 호의 정보 중 결혼이민자 등의 현황 파악을 위한 정보로서 대통령령으로 정하는 정보의 제공을 요청할 수 있다. 이 경우 지방자치단체의 장은 해당 관할구역의 결혼이민자 등에 관한 정보에 한정하여 요청할 수 있다.
  1. 「재한외국인 처우 기본법」 제2조 제3호에 따른 결혼이민자의 외국인 등록 정보
  2. 「국적법」 제6조 제2항에 따라 귀화허가를 받은 사람의 귀화허가 신청 정보
② 제1항에 따라 정보의 제공을 요청받은 법무부장관은 정당한 사유가 없으면 이에 따라야 한다.
③ 제1항에 따라 정보를 제공받은 여성가족부장관 또는 지방자치단체의 장은 제공받은 정보를 제12조 제1항·제3항에 따른 지원센터에 제공할 수 있다.
[본조신설 2012. 2. 1.]

관련법령 ▶ 「재한외국인 처우 기본법」 제2조제3호

제2조(정의)
3. "결혼이민자"란 대한민국 국민과 혼인한 적이 있거나 혼인관계에 있는 재한외국인을 말한다.

관련법령 ▶ 「국적법」 제6조제2항

제6조(간이귀화 요건)
② 배우자가 대한민국의 국민인 외국인으로서 다음 각 호의 어느 하나에 해당하는 사람은 제5조제1호 및 제1호의2의 요건을 갖추지 아니하여도 귀화허가를 받을 수 있다.
  1. 그 배우자와 혼인한 상태로 대한민국에 2년 이상 계속하여 주소가 있는 사람
  2. 그 배우자와 혼인한 후 3년이 지나고 혼인한 상태로 대한민국에 1년 이상 계속하여 주소가 있는 사람
  3. 제1호나 제2호의 기간을 채우지 못하였으나, 그 배우자와 혼인한 상태로 대한민국에 주소를 두고 있던 중 그 배우자의 사망이나 실종 또는 그 밖에 자신에게 책임이 없는 사유로 정상적인 혼인 생활을 할 수 없었던 사람으로서 제1호나 제2호의 잔여기간을 채웠고 법무부장관이 상당(相當)하다고 인정하는 사람
  4. 제1호나 제2호의 요건을 충족하지 못하였으나, 그 배우자와의 혼인에 따라 출생한 미성년의 자(子)를 양육하고 있거나 양육하여야 할 사람으로서 제1호나 제2호의 기간을 채웠고 법무부장관이 상당하다고 인정하는 사람

제16조 민간단체 등의 지원

① 국가와 지방자치단체는 다문화가족 지원 사업을 수행하는 단체나 개인에 대하여 필요한 비용의 전부 또는 일부를 보조하거나 그 업무수행에 필요한 행정적 지원을 할 수 있다.
② 국가와 지방자치단체는 결혼이민자 등이 상부상조하기 위한 단체의 구성·운영 등을 지원할 수 있다.

제17조 과태료

① 제12조의3을 위반한 자에게는 300만원 이하의 과태료를 부과한다.
② 제1항에 따른 과태료는 대통령령으로 정하는 바에 따라 여성가족부장관 또는 지방자치단체의 장이 부과·징수한다. [본조신설 2013. 8. 13.]

MEMO

제7편 다문화가족법

제16부 다문화가족지원법 시행령

[시행 2022. 12. 1.]
[대통령령 제33004호, 2022. 11. 29., 타법개정]

제1조 목적

이 영은 「다문화가족지원법」에서 위임된 사항과 그 시행에 필요한 사항을 규정함을 목적으로 한다.

제2조 연도별 시행계획의 수립·시행

① 여성가족부장관은 관계 중앙행정기관의 장과 특별시장·광역시장·특별자치시장·도지사·특별자치도지사(이하 "시·도지사"라 한다)가 「다문화가족지원법」(이하 "법"이라 한다)제3조의3 제1항에 따른 연도별 시행계획(이하 "시행계획"이라 한다)을 효율적으로 수립·시행할 수 있도록 다음 연도의 시행계획 수립지침을 정하여 매년 10월 31일까지 관계 중앙행정기관의 장과 시·도지사에게 알려야 한다. 〈개정 2018. 6. 5.〉
② 제1항에 따른 지침의 내용 중 외국인 정책 관련 사항은 법무부장관과 협의하여 정한다.
③ 관계 중앙행정기관의 장과 시·도지사는 제1항에 따른 시행계획 수립지침에 따라 다음 연도의 시행계획을 수립하여 매년 12월 31일까지 여성가족부장관에게 제출하여야 한다.
④ 여성가족부장관은 제3항에 따라 관계 중앙행정기관의 장과 시·도지사로부터 제출받은 시행계획과 여성가족부 소관 시행계획을 종합하여 법 제3조의4에 따른 다문화가족정책위원회(이하 "정책위원회"라 한다)의 회의에 부쳐야 한다.
⑤ 여성가족부장관은 제3항에 따른 시행계획이 정책위원회의 심의·조정을 거쳐 확정된 경우에는 이를 지체 없이 관계 중앙행정기관의 장과 시·도지사에게 알려야 한다.

제3조 추진실적의 평가 등

① 여성가족부장관은 법 제3조의3 제2항 및 제3항에 따른 전년도 시행계획 추진실적의 작성지침을 정하여 관계 중앙행정기관의 장과 시·도지사에게 알려야 한다.
② 제1항에 따른 지침의 내용 중 외국인 정책 관련 사항은 법무부장관과 협의하여

정한다.
③ 관계 중앙행정기관의 장과 시·도지사는 제1항에 따른 추진실적 작성지침에 따라 전년도 추진실적을 작성하여 매년 2월 말까지 여성가족부장관에게 제출하여야 한다.
④ 여성가족부장관은 제3항에 따라 관계 중앙행정기관의 장과 시·도지사로부터 제출받은 추진실적과 여성가족부 소관 추진실적을 종합하여 성과를 평가하고, 그 결과를 정책위원회에 보고하여야 한다.
⑤ 여성가족부장관은 제4항에 따른 평가를 효율적으로 하기 위하여 필요한 경우 전문가에게 자문하거나 조사·분석 등을 의뢰할 수 있다. 이 경우 여성가족부장관은 해당 전문가에게 예산의 범위에서 수당과 여비, 그 밖에 필요한 경비를 지급할 수 있다.

제4조 계획 수립 등의 협조

① 여성가족부장관, 관계 중앙행정기관의 장 및 시·도지사는 시행계획을 수립·시행하고 추진실적을 평가하기 위하여 필요한 경우에는 국가기관, 지방자치단체 또는 「공공기관의 운영에 관한 법률」 제4조에 따른 공공기관의 장에게 협조를 요청할 수 있다.
② 제1항에 따른 협조 요청을 받은 자는 특별한 사유가 없으면 협조하여야 한다.

관련법령 ▶ 「공공기관의 운영에 관한 법률」 제4조

제4조(공공기관)
① 기획재정부장관은 국가·지방자치단체가 아닌 법인·단체 또는 기관(이하 "기관"이라 한다)으로서 다음 각 호의 어느 하나에 해당하는 기관을 공공기관으로 지정할 수 있다.
  1. 다른 법률에 따라 직접 설립되고 정부가 출연한 기관
  2. 정부지원액(법령에 따라 직접 정부의 업무를 위탁받거나 독점적 사업권을 부여받은 기관의 경우에는 그 위탁업무나 독점적 사업으로 인한 수입액을 포함한다. 이하 같다)이 총수입액의 2분의 1을 초과하는 기관
  3. 정부가 100분의 50 이상의 지분을 가지고 있거나 100분의 30 이상의 지분을 가지고 임원 임명권한 행사 등을 통하여 해당 기관의 정책 결정에 사실상 지배력을 확보하고 있는 기관
  4. 정부와 제1호부터 제3호까지의 어느 하나에 해당하는 기관이 합하여 100분의 50 이상의 지분

을 가지고 있거나 100분의 30 이상의 지분을 가지고 임원 임명권한 행사 등을 통하여 해당 기관의 정책 결정에 사실상 지배력을 확보하고 있는 기관
5. 제1호부터 제4호까지의 어느 하나에 해당하는 기관이 단독으로 또는 두개 이상의 기관이 합하여 100분의 50 이상의 지분을 가지고 있거나 100분의 30 이상의 지분을 가지고 임원 임명권한 행사 등을 통하여 해당 기관의 정책 결정에 사실상 지배력을 확보하고 있는 기관
6. 제1호부터 제4호까지의 어느 하나에 해당하는 기관이 설립하고, 정부 또는 설립 기관이 출연한 기관

② 제1항에도 불구하고 기획재정부장관은 다음 각 호의 어느 하나에 해당하는 기관을 공공기관으로 지정할 수 없다.
1. 구성원 상호 간의 상호부조·복리증진·권익향상 또는 영업질서 유지 등을 목적으로 설립된 기관
2. 지방자치단체가 설립하고, 그 운영에 관여하는 기관
3. 「방송법」에 따른 한국방송공사와 「한국교육방송공사법」에 따른 한국교육방송공사

③ 제1항제2호의 규정에 따른 정부지원액과 총수입액의 산정 기준·방법 및 같은 항 제3호부터 제5호까지의 규정에 따른 사실상 지배력 확보의 기준에 관하여 필요한 사항은 대통령령으로 정한다.

제5조 정책위원회의 구성 등

① 법 제3조의4 제3항 제1호에서 "대통령령으로 정하는 중앙행정기관의 장"이란 기획재정부장관, 교육부장관, 과학기술정보통신부장관, 외교부장관, 법무부장관, 행정안전부장관, 문화체육관광부장관, 농림축산식품부장관, 보건복지부장관, 고용노동부장관, 여성가족부장관 및 국무조정실장을 말한다. 〈개정 2013. 3. 23., 2014. 11. 19., 2017. 7. 26.〉
② 정책위원회 위원장(이하 "위원장"이라 한다)은 법 제3조의4 제3항 제2호에 따라 7명 이내의 위원을 위촉할 수 있다.
③ 제2항에 따른 위원의 임기는 2년으로 한다.
④ 위원장은 필요하다고 인정되면 정책위원회의 심의 안건과 관련된 중앙행정기관의 장 및 지방자치단체의 장을 회의에 참석하게 할 수 있다.
⑤ 정책위원회의 사무를 처리하기 위하여 정책위원회에 간사 1명을 두며, 간사는 여성가족부 청소년가족정책실장이 된다.

제6조 위원장

① 위원장은 정책위원회를 대표하고, 정책위원회의 사무를 총괄한다.

② 위원장이 부득이한 사유로 직무를 수행할 수 없을 때에는 여성가족부장관이 그 직무를 대행한다.

제7조 정책위원회의 회의

① 위원장은 정책위원회의 회의를 소집하고 그 의장이 된다.
② 위원장은 회의를 소집하려면 회의의 일시·장소 및 심의 안건을 정책위원회 위원 과제5조 제4항에 따라 회의에 참석하는 사람에게 회의 개최 5일 전까지 서면으로 알려야 한다. 다만, 긴급히 개최하여야 하는 경우와 그 밖의 부득이한 사정이 있는 경우에는 그러하지 아니하다.
③ 정책위원회의 회의는 재적위원 과반수의 출석으로 개의(開議)하고, 출석위원 과반수의 찬성으로 의결한다.

제8조 실무위원회의 구성 및 운영 등

① 법 제3조의4 제4항에 따라 정책위원회에 두는 실무위원회(이하 "실무위원회"라 한다)는 다음 각 호의 사항을 검토한다.
  1. 정책위원회에서 심의할 안건에 관한 사항
  2. 정책위원회로부터 검토 지시를 받은 사항
  3. 그 밖에 실무위원회 운영에 필요한 사항
② 실무위원회 위원장은 여성가족부차관이 되고, 위원은 제5조 제1항에 따른 정책위원회 위원이 소속된 중앙행정기관의 고위공무원단에 속하는 일반직공무원 또는 고위공무원단에 속하지 아니한 1급부터 3급까지의 공무원 중에서 소속 중앙행정기관의 장이 지명한다.
③ 실무위원회 위원장은 필요하다고 인정되면 실무위원회 안건과 관련된 중앙행정기관 및 지방자치단체의 소속 공무원을 회의에 참석하게 할 수 있다.
④ 실무위원회 위원장은 다문화가족과 관련된 사안으로서 전문적인 검토가 필요하다고 인정되는 경우에는 제5조 제1항에 따른 정책위원회 위원이 소속된 중앙행정기관 및 관계 행정기관의 과장급 공무원으로 다문화가족정책 실무협의체(이하 "실무협의체"라 한다)를 구성·운영할 수 있다.

⑤ 실무위원회는 직무수행을 위하여 필요한 경우에는 관계 공무원 또는 전문가의 의견을 듣거나 관계 기관·단체 등에 자료·의견의 제출을 요구하는 등 필요한 협조를 요청할 수 있다.
⑥ 실무위원회의 운영에 관하여는 제7조를 준용한다. 이 경우 "정책위원회"는 "실무위원회"로 본다.

제9조 수당 등

정책위원회 및 실무위원회의 회의에 출석한 위원, 관계 기관·단체 등의 직원 또는 전문가에게는 예산의 범위에서 수당과 여비를 지급할 수 있다. 다만, 공무원이 소관 업무와 직접 관련하여 출석한 경우에는 그러하지 아니하다.

제10조 운영 세칙

이 영에서 규정한 사항 외에 정책위원회의 구성과 운영에 필요한 사항은 정책위원회의 의결을 거쳐 위원장이 정하고, 실무위원회 및 실무협의체의 구성과 운영에 필요한 사항은 실무위원회의 의결을 거쳐 실무위원회 위원장이 정한다.

제10조의2 다문화 이해교육 관련 연수

① 교육부장관은 「교육공무원법」 제38조 제2항에 따라 교육공무원의 연수를 위한 계획을 수립·시행할 때 법 제5조 제6항에 따른 다문화 이해교육 관련 내용을 포함하여야 한다.
② 특별시·광역시·특별자치시·도·특별자치도의 교육감은 법 제5조 제6항에 따른 연수 실시와 관련하여 다음 각 호의 사항을 모두 포함하는 다문화 이해교육 관련 교원연수계획을 매년 수립하여 시행하여야 한다.
  1. 연수의 목적 및 내용
  2. 연수의 개설 및 운영 기관
  3. 연수의 종류
  4. 연수과정별 대상 및 인원

5. 연수의 이수기준
6. 그 밖에 연수의 운영 및 연수비의 지급 등에 필요한 사항[본조신설 2018. 6. 5.]

> **관련법령** ▶ 「교육공무원법」 제38조제2항
>
> 제38조(연수와 교재비)
> ② 국가나 지방자치단체는 교육공무원의 연수와 그에 필요한 시설 및 연수를 장려할 계획을 수립하여 실시하도록 노력하여야 하며, 대통령령으로 정하는 바에 따라 연수에 필요한 교재비를 지급할 수 있다.

제11조 생활정보 제공 및 교육 지원

① 국가와 지방자치단체는 법 제6조 제1항에 따라 다문화가족 지원 관련 정책정보, 이민자 정착 성공사례, 어린이집 등의 기관 소개, 한국문화 소개 등을 수록한 생활안내책자 등 정보지를 발간하여 배포한다. ⟨개정 2011. 12. 8.⟩

② 국가와 지방자치단체는 법 제6조 제1항에 따라 결혼이민자 등의 국적, 수학능력(修學能力), 그 밖의 교육 여건 등을 고려하여 체계적·단계적 교육을 실시할 수 있다.

③ 국가와 지방자치단체는 법 제6조 제1항에 따라 결혼이민자 등의 취업 및 창업을 촉진하기 위하여 능력 및 적성을 고려한 직업교육·훈련을 실시할 수 있다.

④ 국가와 지방자치단체는 법 제6조 제2항에 따라 다음 각 호의 정보가 포함된 정보지, 시청각 자료 또는 교육용 자료 등을 발간·배포한다. ⟨신설 2019. 10. 8.⟩

1. 결혼이민자 등의 출신 국가의 역사·전통·문화 또는 언어 등에 관한 사항
2. 결혼이민자 등의 출신 국가에 대한 체험 또는 거주 사례 등에 관한 사항
3. 다양한 문화의 존중과 이해를 위한 기본 소양에 관한 사항
4. 제1호부터 제3호까지의 규정에 준하는 사항으로서 여성가족부장관 또는 지방자치단체의 장이 필요하다고 인정하는 사항

제11조의2 다문화가족 종합정보 전화센터 설치·운영의 위탁

법 제11조의2 제2항에서 "대통령령으로 정하는 기관 또는 단체"란 다음 각 호의 기관 또는 단체를 말한다.

1. 「사회복지사업법」에 따른 사회복지법인

2. 「가정폭력방지 및 피해자보호 등에 관한 법률」 제4조의6 제1항 각 호 외의 부분 후단에 따른 외국어 서비스를 제공하는 긴급전화센터를 운영하는 기관 또는 단체
3. 그 밖에 다문화가족 지원을 위한 다국어 상담·통역 시설 및 전문인력을 갖춘 비영리법인 또는 단체 중 여성가족부장관이 지정·고시하는 법인 또는 단체

[전문개정 2014. 6. 30.]

> **관련법령** ▶ 「가정폭력방지 및 피해자보호 등에 관한 법률」 제4조의6제1항

제4조의6(긴급전화센터의 설치·운영 등)
① 여성가족부장관 또는 시·도지사는 다음 각 호의 업무 등을 수행하기 위하여 긴급전화센터를 설치·운영하여야 한다. 이 경우 외국어 서비스를 제공하는 긴급전화센터를 따로 설치·운영할 수 있다.
  1. 피해자의 신고접수 및 상담
  2. 관련 기관·시설과의 연계
  3. 피해자에 대한 긴급한 구조의 지원
  4. 경찰관서 등으로부터 인도받은 피해자 및 피해자가 동반한 가정구성원(이하 "피해자 등"이라 한다)의 임시 보호

제12조 다문화가족지원센터의 설치·운영 기준

① 법 제12조 제1항에 따른 다문화가족지원센터(이하 "지원센터"라 한다)의 설치·운영 기준은 별표 1과 같다. <개정 2013. 12. 30.>
② 그 밖에 지원센터의 설치·운영에 관한 세부사항은 여성가족부장관이 정한다.

[전문개정 2012. 7. 31.]

> ★ 다문화가족지원법 시행령 [별표 1] <개정 2022. 11. 29.>
> <지원센터의 설치·운영 기준(제12조 관련)>

1. 입지 조건
   일조·채광·환기 등이 원활하고 급수 및 교통 수단 등이 구비되어 종사자 및 이용자의 건강유지 및 재해방지가 가능하고 일상생활을 하는 데 적합하며 접근이 편리한 위치여야 한다.
2. 구조 및 설비
   가. 사무실
      1) 45제곱미터 이상의 사무 전용 별도 공간 확보
      2) 책상, 컴퓨터 등 사무를 처리할 수 있는 설비 구비
   나. 상담실 : 원활한 상담과 개인비밀 보호를 위한 분리 또는 방음장치 설치
   다. 교육장 : 청소년 및 보호자 등을 교육하는 별도 공간 확보
   라. 언어발달 교육을 위한 공간(언어발달 교육과정을 운영하는 경우에만 해당한다)
      1) 전용공간 16제곱미터 이상의 별도 공간 확보

    2) 언어발달 교육에 적합한 설비 구비
  마. 비상재해대피시설 : 「소방시설 설치 및 관리에 관한 법률」에서 정하는 소화기 및 피난기구 등 시설 실정에 맞는 비상재해대비시설 및 장비의 설치 또는 구비

3. 운영기준
  가. 운영시간 : 주 5일, 하루 8시간 이상 운영
  나. 관리규정: 운영 방침, 직원의 업무분장 그 밖에 운영에 필요한 규정을 제정·시행
  다. 장부 등(「전자문서 및 전자거래 기본법」 제2조제1호의 전자문서를 포함한다)의 작성·보존
    1) 지원센터의 연혁에 관한 기록부
    2) 재산대장·재산목록과 그 소유 또는 사용을 증명할 수 있는 서류
    3) 지원센터의 운영일지
    4) 지원센터의 장 및 전문인력의 인사카드
    5) 예산서 및 결산서
    6) 총계정 원장(總計定元帳) 및 수입·지출 보조부
    7) 금전·물품의 출납부와 그 증명서류
    8) 보고서철 및 관계 행정기관과의 문서철

제12조의2 지원센터의 위탁 대상 및 절차 등

① 국가 또는 지방자치단체는 법 제12조 제2항에 따라 지원센터의 설치·운영을 다음 각 호의 어느 하나에 해당하는 법인이나 단체에 위탁할 수 있다.
  1. 「사회복지사업법」 제2조 제3호에 따른 사회복지법인
  2. 「민법」 제32조에 따라 설립된 다문화가족 지원 관련 비영리법인
  3. 「공익법인의 설립·운영에 관한 법률」 제2조에 따라같은 법을 적용받는 공익법인
  4. 「비영리민간단체지원법」 제2조에 따른 다문화가족 지원 관련 비영리단체
  5. 「고등교육법」 제2조에 따른 학교
  6. 그 밖에 여성가족부장관이 다문화가족 지원을 위한 시설 및 전문인력을 갖추었다고 인정하는 법인·단체
② 국가 또는 지방자치단체는 법 제12조 제2항에 따라 지원센터의 설치·운영을 위탁하려는 경우에는 위탁 내용 및 절차를 고시하여 지원센터의 설치·운영을 위탁받으려는 자의 신청을 받은 후 신청자의 사업수행 능력, 재정적 능력, 활동 실적, 신뢰성 등을 종합적으로 고려하여 위탁받을 자를 선정하고여성가족부령으로 정하는 내용이 포함된 위탁계약을 체결하여야 한다.
③ 지원센터 설치·운영의 위탁기간은 최대 5년으로 한다. 〈개정 2019. 10. 8.〉
[본조신설 2012. 7. 31.]

관련법령 ▶ 「사회복지사업법」 제2조제3호

제2조(정의)
이 법에서 사용하는 용어의 뜻은 다음과 같다.
3. "사회복지법인"이란 사회복지사업을 할 목적으로 설립된 법인을 말한다.

관련법령 ▶ 「민법」 제32조

제32조(비영리법인의 설립과 허가)
학술, 종교, 자선, 기예, 사교 기타 영리아닌 사업을 목적으로 하는 사단 또는 재단은 주무관청의 허가를 얻어 이를 법인으로 할 수 있다.

관련법령 ▶ 「공익법인의 설립·운영에 관한 법률」 제2조

제2조(적용 범위)
이 법은 재단법인이나 사단법인으로서 사회 일반의 이익에 이바지하기 위하여 학자금·장학금 또는 연구비의 보조나 지급, 학술, 자선(慈善)에 관한 사업을 목적으로 하는 법인(이하 "공익법인"이라 한다)에 대하여 적용한다.

관련법령 ▶ 「비영리민간단체지원법」 제2조

제2조(정의)
이 법에 있어서 "비영리민간단체"라 함은 영리가 아닌 공익활동을 수행하는 것을 주된 목적으로 하는 민간단체로서 다음 각호의 요건을 갖춘 단체를 말한다.
1. 사업의 직접 수혜자가 불특정 다수일 것
2. 구성원 상호간에 이익분배를 하지 아니할 것
3. 사실상 특정정당 또는 선출직 후보를 지지·지원 또는 반대할 것을 주된 목적으로 하거나, 특정 종교의 교리전파를 주된 목적으로 설립·운영되지 아니할 것
4. 상시 구성원수가 100인 이상일 것
5. 최근 1년 이상 공익활동실적이 있을 것
6. 법인이 아닌 단체일 경우에는 대표자 또는 관리인이 있을 것

관련법령 ▶ 「고등교육법」 제2조

제2조(학교의 종류)
고등교육을 실시하기 위하여 다음 각 호의 학교를 둔다.
1. 대학 2. 산업대학 3. 교육대학 4. 전문대학 5. 방송대학·통신대학·방송통신대학 및 사이버대학(이하 "원격대학"이라 한다) 6. 기술대학 7. 각종학교

제12조의3 지원센터의 지정 신청 등

① 법 제12조 제3항에 따라 지원센터를 지정받으려는 자는 별표 1에 따른 지원센터의 설치·운영 기준에 따른 요건을 갖추고 여성가족부령으로 정하는 지정 신청서에 다음 각 호의 서류를 첨부하여 시·도지사 또는 시장·군수·구청장(자치구의 구청장을 말한다. 이하 같다)에게 제출하여야 한다. 〈개정 2013. 12. 30.〉
  1. 사업계획서
  2. 별표 1에 따른 설치·운영 기준에 맞는 요건을 갖추었음을 증명하는 서류

② 시·도지사 또는 시장·군수·구청장은 제1항에 따라 지정 신청을 받은 경우에는 다음 각 호의 사항을 고려하여 지정 여부를 결정한다.
  1. 다문화가족 지원 관련 업무 수행 경력
  2. 교통여건, 지리적 위치 등 접근성
  3. 법 제12조 제5항에 따른 전문인력의 확보 수준
  4. 시설의 적정성
  5. 사업계획서의 충실성 및 실행 가능성

③ 시·도지사 또는 시장·군수·구청장은 제2항에 따라 지원센터로 지정한 경우에는 여성가족부령으로 정하는 지정서를 발급하여야 한다.

④ 지원센터의 지정기간은 3년으로 한다. [본조신설 2012. 7. 31.]

제12조의4 전문인력 양성기관 지정 등

① 법 제13조의2 제2항에 따라 전문인력 양성기관으로 지정받으려는 자는 여성가족부령으로 정하는 지정 신청서에 다음 각 호에 해당하는 서류를 첨부하여 여성가족부장관에게 제출하여야 한다.
  1. 사업계획서
  2. 교육 과정 및 내용을 설명하는 서류
  3. 교육 관련 인력 현황
  4. 시설 및 장비 등 교육 환경 현황

② 여성가족부장관은 제1항에 따라 지정 신청을 받은 경우에는 다음 각 호의 사항을 고려하여 지정 여부를 결정한다.

1. 교육 과정 및 내용의 체계성
2. 교육 관련 인력의 전문성 및 교육기능 수행 역량
3. 시설 및 장비 등의 교육 적합성
4. 전문인력의 수 및 전문인력 양성기관의 지역적 분포 등 교육 수요

③ 여성가족부장관은 제2항에 따라 전문인력 양성기관으로 지정한 경우에는 여성가족부령으로 정하는 지정서를 발급하여야 한다. [본조신설 2012. 7. 31.]

제13조 보수교육의 위탁

여성가족부장관은 법 제15조 제2항에 따라 법 제12조의2 제1항에 따른 보수교육을 다음 각 호의 어느 하나에 해당하는 법인·단체에 위탁할 수 있다.
1. 「고등교육법」 제2조에 따른 학교
2. 「민법」 제32조 또는 특별법에 따라 설립된 다문화가족 지원 관련 비영리법인

[전문개정 2012. 7. 31.]

제14조 정보제공의 범위

① 법 제15조의2 제1항 각 호 외의 부분 전단에서 "대통령령으로 정하는 정보"란 다음 각 호의 정보를 말한다. 다만, 제6호의 정보는 본인이 제공에 동의한 경우로 한정한다. <개정 2014. 6. 30.>
1. 이름
2. 성별
3. 출생연도
4. 국적
5. 국내거주지역(시, 군 또는 자치구까지로 한다)
6. 주소 및 연락처(전화번호·전자우편주소 등을 말한다)

② 법무부장관은 제1항에 따른 정보를 제출받은 여성가족부장관 또는 지방자치단체의 장(그로부터 정보를 제공받은 법 제12조 제1항·제3항에 따른 지원센터를 포함한다)에게 그 정보의 사용내역, 제공·관리 현황 등 정보관리에 필요한 자료를 요청할 수 있다. [본조신설 2012. 7. 31.]

제15조 고유식별정보의 처리

국가와 지방자치단체의 장(법 제15조 제2항에 따라 그 업무를 위탁받은 자를 포함한다) 또는 법 제12조에 따라 설치된 다문화가족지원센터는 다음 각 호의 사무를 수행하기 위하여 불가피한 경우 「개인정보 보호법 시행령」 제19조 제1호 또는 제4호에 따른 주민 등록번호 또는 외국인 등록번호가 포함된 자료를 처리할 수 있다.
1. 법 제6조 제1항에 따른 정보 제공 및 교육 지원에 관한 사무
2. 법 제7조에 따른 가족상담, 부부교육 등에 관한 사무
3. 법 제9조 제1항에 따른 영양·건강 교육 및 의료서비스 지원 등에 관한 사무
4. 법 제10조 제3항에 따른 보육 및 교육 지원 등에 관한 사무
5. 법 제11조에 따른 다국어 서비스 제공에 관한 사무

[본조신설 2013. 1. 16.]

관련법령 ▶ 「개인정보 보호법 시행령」 제19조제1호 또는 제4호

제19조(고유식별정보의 범위)
법 제24조제1항 각 호 외의 부분에서 "대통령령으로 정하는 정보"란 다음 각 호의 어느 하나에 해당하는 정보를 말한다. 다만, 공공기관이 법 제18조제2항제5호부터 제9호까지의 규정에 따라 다음 각 호의 어느 하나에 해당하는 정보를 처리하는 경우의 해당 정보는 제외한다.
1. 「주민 등록법」 제7조의2제1항에 따른 주민 등록번호
4. 「출입국관리법」 제31조제5항에 따른 외국인 등록번호

제15조의2 삭제 〈2021. 3. 2.〉

제16조 과태료의 부과기준

법 제17조 제2항에 따른 과태료의 부과기준은 별표 2와 같다. [본조신설 2013. 12. 30.]

★ 다문화가족지원법 시행령 [별표 2] 〈신설 2013.12.30〉
〈과태료의 부과기준(제16조 관련)〉

1. 일반기준
   가. 위반행위의 횟수에 따른 과태료의 부과기준은 최근 1년간 같은 위반행위로 과태료를 부과받은 경우에 적용한다. 이 경우 위반 횟수별 처분기준의 적용일은 위반행위에 대하여 처분을 한 날과 다시 같은 위반행위 (처분 후의 위반행위만 해당한다)를 적발한 날로 한다.

나. 과태료 부과권자는 다음의 어느 하나에 해당하는 경우에는 제2호의 개별기준에 따른 과태료 금액의 2분의 1 범위에서 그 금액을 줄일 수 있다. 다만, 과태료를 체납하고 있는 위반행위자의 경우에는 그러하지 아니하다.
  1) 위반행위자가 「질서위반행위규제법 시행령」 제2조의2제1항 각 호의 어느 하나에 해당하는 경우
  2) 위반행위가 사소한 부주의나 오류 등 과실로 인한 것으로 인정되는 경우
  3) 법 위반상태를 시정하거나 해소하기 위한 노력이 인정되는 경우
  4) 그 밖에 위반행위의 정도, 동기와 그 결과 등을 고려하여 과태료 금액을 줄일 필요가 있다고 인정되는 경우

2. 개별기준

위반행위	근거 법조문	과태료 금액		
		1차 위반	2차 위반	3차 이상 위반
법 제12조의3을 위반하여 다문화가족지원센터 또는 이와 유사한 명칭을 사용한 경우	법 제17조제1항	100만원	200만원	300만원

제7편 다문화가족법

제17부

다문화가족지원법 시행규칙

[시행 2021. 4. 2.]
[여성가족부령 제163호, 2021. 4. 2., 타법개정]

제1조 목적

이 규칙은 「다문화가족지원법」 및 같은 법 시행령에서 위임된 사항과 그 시행에 필요한 사항을 규정함을 목적으로 한다.

제2조 다문화가족 실태조사의 대상 및 방법 등

① 여성가족부장관은 「다문화가족지원법」(이하 "법"이라 한다) 제4조에 따라 결혼이민자 등과 그 한국인 배우자 및 자녀 등을 대상으로 하는 다문화가족 실태조사(이하 "실태조사"라 한다)를 실시한다. 〈개정 2010. 3. 19.〉
② 여성가족부장관은 제1항에 따른 실태조사를 다문화가족에 관한 전문성, 인력 및 장비를 갖춘 연구기관·법인 또는 단체에 의뢰하여 실시할 수 있다. 〈개정 2010. 3. 19.〉
③ 제1항에 따른 실태조사에는 다음 각 호의 사항이 포함되어야 한다. 〈개정 2010. 3. 19.〉
  1. 성별, 연령, 학력, 취업상태 등 가족구성원의 일반특성에 관한 사항
  2. 소득, 지출, 자산 등 가족의 경제상태에 관한 사항
  3. 자녀양육, 가족부양 등 가족행태 및 가족관계에 관한 사항
  4. 의식주, 소비, 여가, 정보 이용 등 생활양식에 관한 사항
  5. 가족갈등 등 가족문제에 관한 사항
  6. 다문화가족 지원 관련 교육·상담 등 서비스 수요에 관한 사항
  7. 그 밖에 다문화가족의 현황 및 실태파악에 필요한 사항으로서 여성가족부장관이 정하는 사항
④ 여성가족부장관은 사회환경의 급격한 변동 등으로 추가적인 조사가 필요할 때에는 제1항에 따른 실태조사 외에 임시조사를 실시하여 이를 보완할 수 있다. 〈개정 2010. 3. 19.〉

제2조의2 다문화가족 종합정보 전화센터의 설치·운영기준

법 제11조의2 제4항에 따른 다문화가족 종합정보 전화센터(이하 "전화센터"라 한다)의 설치·운영기준은 별표와 같다. [본조신설 2013. 12. 30.]

[별표] <개정 2018. 12. 21.>

<다문화가족 종합정보 전화센터 설치·운영기준(제2조의2 관련)>

1. **규모** : 전화센터는 연면적 100제곱미터 이상의 독립된 공간으로 한다.
2. **구조 및 설비**
    가. 일조·채광·환기 등 종사자의 보건위생과 재해방지 등을 고려하여 종사자가 쾌적하게 업무를 수행하는 데 적합한 구조 및 설비를 갖추어야 한다.
    나. 전화센터는 다음의 시설을 갖추어야 한다.
        1) 사무실 : 업무수행을 위한 적절한 설비를 갖추어야 한다.
        2) 상담실 : 50제곱미터 이상의 규모로 구획된 전화 상담실을 두어야 하며, 상담내용이 노출되지 않고 자연스러운 분위기에서 상담할 수 있도록 상담원 간에 방음이 될 수 있는 차단벽 등의 설비를 갖추어야 한다.
        3) 비상재해대피시설 : 「화재예방, 소방시설 설치·유지 및 안전관리에 관한 법률」에서 정하는 바에 따라 소화기구 및 피난기구를 갖추는 등 실정에 맞도록 비상재해에 대비한 대피시설을 갖추어야 한다.
3. **종사자**
    가. 전화센터에는 전화센터의 장 1명과 외국어 서비스 제공을 위하여 주요 외국어별로 상담원을 배치하여야 한다.
    나. 전화센터의 장과 상담원은 전임이어야 하며, 다른 업무를 겸임할 수 없다.
4. **운영기준**
    가. 운영시간 : 전화센터는 서비스 대상자에 대하여 연중무휴로 24시간 상담·통역 서비스를 할 수 있도록 교대근무자 및 야간근무자를 운영하여야 한다.
    나. 관련기관과의 네트워크 구축 : 결혼이민자 상담·통역서비스 지원, 다문화가족 지원 등과 관련된 정보교류 및 정보공유를 위한 네트워크를 구축하여야 한다.
5. **관리규정** : 전화센터의 장은 다음 사항이 포함된 전화센터의 운영에 필요한 규정을 마련하고 그에 따라 전화센터를 운영하여야 한다.
    가. 전화센터의 운영방침
    나. 직원의 업무 분장
    다. 전화센터 이용자에 대한 대응요령
    라. 긴급지원센터와의 업무 연계 및 지원에 관한 제반 사항
    마. 그 밖에 전화센터 운영·관리에 필요한 사항
6. **장부 등의 비치** : 전화센터의 장은 다음의 장부 및 서류를 비치하여야 한다.
    가. 운영일지 및 상담일지
    나. 총계정 원장 및 수입·지출보조부
    다. 예산서 및 결산서
    라. 재산대장·재산목록과 그 소유 또는 사용을 증명할 수 있는 서류
    마. 금전·물품의 출납부와 그 증명서류
    바. 전화센터의 장 및 직원의 인사카드
    사. 회의록, 보고서, 각종 문서철 및 그 밖에 여성가족부장관이 정하는 장부

제3조 다문화가족지원센터 전문인력의 기준

법 제12조 제1항부터 제3항까지의 규정에 따른 다문화가족지원센터(이하 "지원센

터"라 한다)에는 같은 조 제5항에 따라 다음 각 호의 어느 하나에 해당하는 전문인력을 1명 이상 두어야 한다. 〈개정 2010. 3. 19., 2012. 8. 16.〉

1. 「건강가정기본법」 제35조에 따른 건강가정사
2. 「사회복지사업법」 제11조에 따른 사회복지사
3. 그 밖에 여성가족부장관이 인정하는 관련 분야의 전문인력

> **관련법령** ▶ 「건강가정기본법」 제35조

제35조(건강가정지원센터의 설치)
① 국가 및 지방자치단체는 가정문제의 예방·상담 및 치료, 건강가정의 유지를 위한 프로그램의 개발, 가족문화운동의 전개, 가정관련 정보 및 자료제공 등을 위하여 건강가정지원센터(이하 "센터"라 한다)를 설치·운영하여야 한다.
② 센터에는 건강가정사업을 수행하기 위하여 관련분야에 대한 학식과 경험을 가진전문가(이하 "건강가정사"라 한다)를 두어야 한다.
③ 건강가정사는 다음 각 호의 요건을 모두 갖춘 사람이어야 한다.
  1. 대학 또는 이와 동 등 이상의 학교를 졸업할 것(법령에 따라 이와 같은 수준 이상의 학력이 있다고 인정되는 경우를 포함한다)
  2. 제1호에 따른 학력 취득과정이나 그 밖에 여성가족부장관이 인정하는 방법으로 사회복지학·가정학·여성학 등 여성가족부령으로 정하는 관련 교과목을 이수할 것
④ 센터의 조직·운영 및 건강가정사의 자격·직무에 관하여 필요한 사항은 대통령령으로 정한다.
⑤ 센터의 운영은 여성가족부령이 정하는 바에 의하여 민간에 위탁할 수 있다.
⑥ 국가 및 지방자치단체는 센터의 설치·운영에 필요한 비용의 전부 또는 일부를 지원할 수 있다.

> **관련법령** ▶ 「사회복지사업법」 제11조

제11조(사회복지사 자격증의 발급 등)
① 보건복지부장관은 사회복지에 관한 전문지식과 기술을 가진 사람에게 사회복지사 자격증을 발급할 수 있다. 다만, 자격증 발급 신청일 기준으로 제11조의2에 따른 결격사유에 해당하는 사람에게 자격증을 발급해서는 아니 된다.
② 제1항에 따른 사회복지사의 등급은 1급·2급으로 하되, 정신건강·의료·학교 영역에 대해서는 영역별로 정신건강사회복지사·의료사회복지사·학교사회복지사의 자격을 부여할 수 있다.
③ 사회복지사 1급 자격은 국가시험에 합격한 사람에게 부여하고, 정신건강사회복지사·의료사회복지사·학교사회복지사의 자격은 1급 사회복지사의 자격이 있는 사람 중에서 보건복지부령으로 정하는 수련기관에서 수련을 받은 사람에게 부여한다.
④ 제2항에 따른 사회복지사의 등급별·영역별 자격기준 및 자격증의 발급절차 등은 대통령령으로 정한다.

⑤ 보건복지부장관은 제4항에 따른 사회복지사 자격증을 발급받거나 재발급받으려는 사람에게 보건복지부령으로 정하는 바에 따라 수수료를 내게 할 수 있다.
⑥ 제1항에 따라 사회복지사 자격증을 발급받은 사람은 다른 사람에게 그 자격증을 빌려주어서는 아니 되고, 누구든지 그 자격증을 빌려서는 아니 된다.
⑦ 누구든지 제6항에 따라 금지된 행위를 알선하여서는 아니 된다.

제4조 위탁계약서

「다문화가족지원법시행령」(이하 "영"이라 한다)제12조의2 제2항에 따른 위탁계약에는 다음 각 호의 내용이 포함되어야 한다.
1. 수탁자의 성명 및 주소
2. 위탁계약기간
3. 위탁대상 시설 및 업무내용
4. 수탁자의 의무 및 준수 사항
5. 지원센터의 안전관리에 관한 사항
6. 전문인력의 고용승계에 관한 사항
7. 계약의 해지에 관한 사항
8. 그 밖에 여성가족부장관이 지원센터의 운영에 필요하다고 인정하는 사항
[전문개정 2012. 8. 16.]

제5조 다문화가족지원센터 지정 신청서

영 제12조의3 제1항에 따른 다문화가족지원센터 지정 신청서는별지 제1호서식과 같다. [본조신설 2012. 8. 16.]

제6조 다문화가족지원센터 지정서

영 제12조의3 제3항에 따른 다문화가족지원센터 지정서는별지 제2호서식과 같다.
[본조신설 2012. 8. 16.]

제7조 전문인력 양성기관 지정 신청서

영 제12조의4 제1항에 따른 다문화가족지원 전문인력 양성기관 지정 신청서는별지 제3호서식과 같다. [본조신설 2012. 8. 16.]

제8조 전문인력 양성기관 지정서

영 제12조의4 제3항에 따른 다문화가족지원 전문인력 양성기관 지정서는별지 제4호서식과 같다. [본조신설 2012. 8. 16.]

제9조 보수교육의 실시기준

① 삭제<2014. 12. 12.>
② 보수교육은 집합교육, 온라인 교육 등 다양한 방법으로 실시할 수 있다.
③ 보수교육에는 다문화사회의 이해, 다문화가족정책, 비영리기관의 운영관리 등이 포함되도록 하고, 그 구체적인 내용은여성가족부장관이 정한다.
[본조신설 2012. 8. 16.]

제10조 규제의 재검토

여성가족부장관은 다음 각 호의 사항에 대하여 2015년 1월 1일을 기준으로 2년마다(매 2년이 되는 해의 기준일과 같은 날 전까지를 말한다) 그 타당성을 검토하여 개선 등의 조치를 하여야 한다.
1. 제2조의2 및 별표에 따른 다문화가족 종합정보 전화센터의 설치·운영기준
2. 삭제<2021. 4. 2.>[본조신설 2014. 12. 12.]

제8편 외국인고용법

제18부

외국인근로자의 고용 등에 관한 법률

[시행 2022. 12. 11.]
[법률 제18929호, 2022. 6. 10., 일부개정]

제1장 총칙 <개정 2009. 10. 9.>

제1조 목적

이 법은 외국인근로자를 체계적으로 도입·관리함으로써 원활한 인력수급 및 국민경제의 균형 있는 발전을 도모함을 목적으로 한다. [전문개정 2009. 10. 9.]

제2조 외국인근로자의 정의

이 법에서 "외국인근로자"란 대한민국의 국적을 가지지 아니한 사람으로서 국내에 소재하고 있는 사업 또는 사업장에서 임금을 목적으로 근로를 제공하고 있거나 제공하려는 사람을 말한다. 다만, 「출입국관리법」 제18조 제1항에 따라 취업활동을 할 수 있는 체류자격을 받은 외국인 중 취업분야 또는 체류기간 등을 고려하여 대통령령으로 정하는 사람은 제외한다. [전문개정 2009. 10. 9.]

관련법령 ▶ 「출입국관리법」 제18조제1항

제18조(외국인 고용의 제한)
① 외국인이 대한민국에서 취업하려면 대통령령으로 정하는 바에 따라 취업활동을 할 수 있는 체류자격을 받아야 한다.

제3조 적용 범위 등

① 이 법은 외국인근로자 및 외국인근로자를 고용하고 있거나 고용하려는 사업 또는 사업장에 적용한다. 다만, 「선원법」의 적용을 받는 선박에 승무(乘務)하는 선원 중 대한민국 국적을 가지지 아니한 선원 및 그 선원을 고용하고 있거나 고용

하려는 선박의 소유자에 대하여는 적용하지 아니한다.

② 외국인근로자의 입국·체류 및 출국 등에 관하여 이 법에서 규정하지 아니한 사항은 「출입국관리법」에서 정하는 바에 따른다. [전문개정 2009. 10. 9.]

제4조 외국인력정책위원회

① 외국인근로자의 고용관리 및 보호에 관한 주요 사항을 심의·의결하기 위하여 국무총리 소속으로 외국인력정책위원회(이하 "정책위원회"라 한다)를 둔다.
② 정책위원회는 다음 각 호의 사항을 심의·의결한다. 〈개정 2021. 4. 13.〉
  1. 외국인근로자 관련 기본계획의 수립에 관한 사항
  2. 외국인근로자 도입 업종 및 규모 등에 관한 사항
  3. 외국인근로자를 송출할 수 있는 국가(이하 "송출국가"라 한다)의 지정 및 지정취소에 관한 사항
  4. 제18조의2 제2항에 따른 외국인근로자의 취업활동 기간 연장에 관한 사항
  5. 그 밖에 대통령령으로 정하는 사항
③ 정책위원회는 위원장 1명을 포함한 20명 이내의 위원으로 구성한다.
④ 정책위원회의 위원장은 국무조정실장이 되고, 위원은 기획재정부·외교부·법무부·산업통상자원부·고용노동부·중소벤처기업부의 차관 및 대통령령으로 정하는 관계 중앙행정기관의 차관이 된다. 〈개정 2010. 6. 4., 2013. 3. 23., 2017. 7. 26.〉
⑤ 외국인근로자 고용제도의 운영 및 외국인근로자의 권익보호 등에 관한 사항을 사전에 심의하게 하기 위하여 정책위원회에 외국인력정책실무위원회(이하 "실무위원회"라 한다)를 둔다.
⑥ 정책위원회와 실무위원회의 구성·기능 및 운영 등에 필요한 사항은 대통령령으로 정한다. [전문개정 2009. 10. 9.]

제5조 외국인근로자 도입계획의 공표 등

① 고용노동부장관은 제4조 제2항 각 호의 사항이 포함된 외국인근로자 도입계획을 정책위원회의 심의·의결을 거쳐 수립하여 매년 3월 31일까지 대통령령으로 정하는 방법으로 공표하여야 한다. 〈개정 2010. 6. 4.〉

② 고용노동부장관은 제1항에도 불구하고 국내의 실업증가 등 고용사정의 급격한 변동으로 인하여 제1항에 따른 외국인근로자 도입계획을 변경할 필요가 있을 때에는 정책위원회의 심의·의결을 거쳐 변경할 수 있다. 이 경우 공표의 방법에 관하여는 제1항을 준용한다. 〈개정 2010. 6. 4.〉

③ 고용노동부장관은 필요한 경우 외국인근로자 관련 업무를 지원하기 위하여 조사·연구사업을 할 수 있으며, 이에 관하여 필요한 사항은 대통령령으로 정한다. 〈개정 2010. 6. 4.〉[전문개정 2009. 10. 9.]

제2장 외국인근로자 고용절차 〈개정 2009. 10. 9.〉

제6조 내국인 구인 노력

① 외국인근로자를 고용하려는 자는 「직업안정법」 제2조의2 제1호에 따른 직업안정기관(이하 "직업안정기관"이라 한다)에 우선 내국인 구인 신청을 하여야 한다.
② 직업안정기관의 장은 제1항에 따른 내국인 구인 신청을 받은 경우에는 사용자가 적절한 구인 조건을 제시할 수 있도록 상담·지원하여야 하며, 구인 조건을 갖춘 내국인이 우선적으로 채용될 수 있도록 직업소개를 적극적으로 하여야 한다.
[전문개정 2009. 10. 9.]

> **관련법령** ▶ 「직업안정법」 제2조의2제1호
>
> 제2조의2(정의)
> 1. "직업안정기관"이란 직업소개, 직업지도 등 직업안정업무를 수행하는 지방고용노동행정기관을 말한다.

제7조 외국인구직자 명부의 작성

① 고용노동부장관은 제4조 제2항 제3호에 따라 지정된 송출국가의 노동행정을 관장하는 정부기관의 장과 협의하여 대통령령으로 정하는 바에 따라 외국인구직자 명부를 작성하여야 한다. 다만, 송출국가에 노동행정을 관장하는 독립된 정부기관이 없을 경우 가장 가까운 기능을 가진 부서를 정하여 정책위원회의 심의를 받아 그 부서의 장과 협의한다. 〈개정 2010. 6. 4.〉
② 고용노동부장관은 제1항에 따른 외국인구직자 명부를 작성할 때에는 외국인구직자 선발기준 등으로 활용할 수 있도록 한국어 구사능력을 평가하는 시험(이하

"한국어능력시험"이라 한다)을 실시하여야 하며, 한국어능력시험의 실시기관 선정 및 선정취소, 평가의 방법, 그 밖에 필요한 사항은 대통령령으로 정한다.〈개정 2010. 6. 4.〉

③ 한국어능력시험의 실시기관은 시험에 응시하려는 사람으로부터 대통령령으로 정하는 바에 따라 수수료를 징수하여 사용할 수 있다. 이 경우 수수료는 외국인근로자 선발 등을 위한 비용으로 사용하여야 한다.〈신설 2014. 1. 28., 2020. 5. 26.〉

④ 고용노동부장관은 제1항에 따른 외국인구직자 선발기준 등으로 활용하기 위하여 필요한 경우 기능 수준 등 인력 수요에 부합되는 자격요건을 평가할 수 있다.〈개정 2010. 6. 4., 2014. 1. 28.〉

⑤ 제4항에 따른 자격요건 평가기관은 「한국산업인력공단법」에 따른 한국산업인력공단(이하 "한국산업인력공단"이라 한다)으로 하며, 자격요건 평가의 방법 등 필요한 사항은 대통령령으로 정한다.〈개정 2014. 1. 28.〉[전문개정 2009. 10. 9.]

제8조 외국인근로자 고용허가

① 제6조 제1항에 따라 내국인 구인 신청을 한 사용자는 같은 조 제2항에 따른 직업소개를 받고도 인력을 채용하지 못한 경우에는 고용노동부령으로 정하는 바에 따라 직업안정기관의 장에게 외국인근로자 고용허가를 신청하여야 한다.〈개정 2010. 6. 4.〉

② 제1항에 따른 고용허가 신청의 유효기간은 3개월로 하되, 일시적인 경영악화 등으로 신규 근로자를 채용할 수 없는 경우 등에는 대통령령으로 정하는 바에 따라 1회에 한정하여 고용허가 신청의 효력을 연장할 수 있다.

③ 직업안정기관의 장은 제1항에 따른 신청을 받으면 외국인근로자 도입 업종 및 규모 등 대통령령으로 정하는 요건을 갖춘 사용자에게 제7조 제1항에 따른 외국인구직자 명부에 등록된 사람 중에서 적격자를 추천하여야 한다.

④ 직업안정기관의 장은 제3항에 따라 추천된 적격자를 선정한 사용자에게는 지체없이 고용허가를 하고, 선정된 외국인근로자의 성명 등을 적은 외국인근로자 고용허가서를 발급하여야 한다.

⑤ 제4항에 따른 외국인근로자 고용허가서의 발급 및 관리 등에 필요한 사항은 대통령령으로 정한다.

⑥ 직업안정기관이 아닌 자는 외국인근로자의 선발, 알선, 그 밖의 채용에 개입하여서는 아니 된다. [전문개정 2009. 10. 9.]

제9조 근로계약

① 사용자가 제8조 제4항에 따라 선정한 외국인근로자를 고용하려면 고용노동부령으로 정하는 표준근로계약서를 사용하여 근로계약을 체결하여야 한다. 〈개정 2010. 6. 4.〉
② 사용자는 제1항에 따른 근로계약을 체결하려는 경우 이를 한국산업인력공단에 대행하게 할 수 있다. 〈개정 2014. 1. 28.〉
③ 제8조에 따라 고용허가를 받은 사용자와 외국인 근로자는 제18조에 따른 기간 내에서 당사자 간의 합의에 따라 근로계약을 체결하거나 갱신할 수 있다. 〈개정 2012. 2. 1.〉
④ 제18조의2에 따라 취업활동 기간이 연장되는 외국인근로자와 사용자는 연장된 취업활동 기간의 범위에서 근로계약을 체결할 수 있다.
⑤ 제1항에 따른 근로계약을 체결하는 절차 및 효력발생 시기 등에 관하여 필요한 사항은 대통령령으로 정한다. [전문개정 2009. 10. 9.]

제10조 사증발급인정서

제9조 제1항에 따라 외국인근로자와 근로계약을 체결한 사용자는 「출입국관리법」 제9조 제2항에 따라 그 외국인근로자를 대리하여 법무부장관에게 사증발급인정서를 신청할 수 있다. [전문개정 2009. 10. 9.]

관련법령 ▶ 「출입국관리법」 제9조제2항

제9조(사증발급인정서)
① 법무부장관은 제7조제1항에 따른 사증을 발급하기 전에 특히 필요하다고 인정할 때에는 입국하려는 외국인의 신청을 받아 사증발급인정서를 발급할 수 있다.
② 제1항에 따른 사증발급인정서 발급신청은 그 외국인을 초청하려는 자가 대리할 수 있다.
③ 제1항에 따른 사증발급인정서의 발급대상·발급기준 및 발급절차는 법무부령으로 정한다.

제11조 외국인 취업교육

① 외국인근로자는 입국한 후에 고용노동부령으로 정하는 기간 이내에 한국산업인력공단 또는 제11조의3에 따른 외국인 취업교육기관에서 국내 취업활동에 필요한 사항을 주지(周知)시키기 위하여 실시하는 교육(이하 "외국인 취업교육"이라 한다)을 받아야 한다. 〈개정 2010. 6. 4., 2022. 6. 10.〉
② 사용자는 외국인근로자가 외국인 취업교육을 받을 수 있도록 하여야 한다.
③ 외국인 취업교육의 시간과 내용, 그 밖에 외국인 취업교육에 필요한 사항은 고용노동부령으로 정한다. 〈개정 2010. 6. 4.〉[전문개정 2009. 10. 9.]

제11조의2 사용자 교육

① 제8조에 따라 외국인근로자 고용허가를 최초로 받은 사용자는 노동관계법령·인권 등에 관한 교육(이하 "사용자 교육"이라 한다)을 받아야 한다.
② 사용자 교육의 내용, 시간, 그 밖에 사용자 교육에 필요한 사항은 고용노동부령으로 정한다. [본조신설 2021. 4. 13.]

제11조의3 외국인 취업교육기관의 지정 등

① 고용노동부장관은 외국인 취업교육을 전문적·효율적으로 수행하기 위하여 외국인 취업교육기관(이하 "외국인 취업교육기관"이라 한다)을 지정할 수 있다.
② 제1항에 따라 외국인 취업교육기관으로 지정을 받으려는 자는 전문인력·시설 등 대통령령으로 정하는 지정기준을 갖추어 고용노동부장관에게 신청하여야 한다.
③ 제1항 및 제2항에서 규정한 사항 외에 외국인 취업교육기관의 지정절차 등에 필요한 사항은 고용노동부령으로 정한다. [본조신설 2022. 6. 10.]

제11조의4 외국인 취업교육기관의 지정취소 등

① 고용노동부장관은 외국인 취업교육기관이 다음 각 호의 어느 하나에 해당하는

경우에는 고용노동부령으로 정하는 바에 따라 지정취소, 6개월 이내의 업무정지 또는 시정명령을 할 수 있다. 다만, 제1호에 해당하는 경우에는 지정을 취소하여야 한다.
1. 거짓이나 그 밖의 부정한 방법으로 지정을 받은 경우
2. 제11조의3 제2항에 따른 지정기준에 적합하지 아니하게 된 경우
3. 정당한 사유 없이 1년 이상 운영을 중단한 경우
4. 임직원이 외국인 취업교육 업무와 관련하여 형사처분을 받는 등 사회적으로 중대한 물의를 일으킨 경우
5. 운영성과의 미흡 등 대통령령으로 정하는 경우에 해당하는 경우
6. 그 밖에 이 법 또는 이 법에 따른 명령을 위반한 경우

② 제1항에 따라 지정이 취소된 외국인 취업교육기관은 지정이 취소된 날부터 1년이 경과하지 아니하면 제11조의3 제2항에 따른 외국인 취업교육기관 지정신청을 할 수 없다.

③ 고용노동부장관은 제1항에 따라 외국인 취업교육기관의 지정을 취소하는 경우에는 청문을 실시하여야 한다. [본조신설 2022. 6. 10.]

제12조 외국인근로자 고용의 특례

① 다음 각 호의 어느 하나에 해당하는 사업 또는 사업장의 사용자는 제3항에 따른 특례고용가능확인을 받은 후 대통령령으로 정하는 사증을 발급받고 입국한 외국인으로서 국내에서 취업하려는 사람을 고용할 수 있다. 이 경우 근로계약의 체결에 관하여는 제9조를 준용한다. 〈개정 2021. 4. 13.〉
 1. 건설업으로서 정책위원회가 일용근로자 노동시장의 현황, 내국인근로자 고용기회의 침해 여부 및 사업장 규모 등을 고려하여 정하는 사업 또는 사업장
 2. 서비스업, 제조업, 농업, 어업 또는 광업으로서 정책위원회가 산업별 특성을 고려하여 정하는 사업 또는 사업장

② 제1항에 따른 외국인으로서 제1항 각 호의 어느 하나에 해당하는 사업 또는 사업장에 취업하려는 사람은 외국인 취업교육을 받은 후에 직업안정기관의 장에게 구직 신청을 하여야 하고, 고용노동부장관은 이에 대하여 외국인구직자 명부를

작성·관리하여야 한다.〈개정 2010. 6. 4.〉

③ 제6조 제1항에 따라 내국인 구인 신청을 한 사용자는 같은 조 제2항에 따라 직업안정기관의 장의 직업소개를 받고도 인력을 채용하지 못한 경우에는 고용노동부령으로 정하는 바에 따라 직업안정기관의 장에게 특례고용가능확인을 신청할 수 있다. 이 경우 직업안정기관의 장은 외국인근로자의 도입 업종 및 규모 등 대통령령으로 정하는 요건을 갖춘 사용자에게 특례고용가능확인을 하여야 한다.〈개정 2010. 6. 4.〉

④ 제3항에 따라 특례고용가능확인을 받은 사용자는 제2항에 따른 외국인구직자 명부에 등록된 사람 중에서 채용하여야 하고, 외국인근로자가 근로를 시작하면 고용노동부령으로 정하는 바에 따라 직업안정기관의 장에게 신고하여야 한다.〈개정 2010. 6. 4.〉

⑤ 특례고용가능확인의 유효기간은 3년으로 한다. 다만, 제1항제1호에 해당하는 사업 또는 사업장으로서 공사기간이 3년보다 짧은 경우에는 그 기간으로 한다.

⑥ 직업안정기관의 장이 제3항에 따라 특례고용가능확인을 한 경우에는 대통령령으로 정하는 바에 따라 해당 사용자에게 특례고용가능확인서를 발급하여야 한다.

⑦ 제1항에 따른 외국인근로자에 대하여는 「출입국관리법」 제21조를 적용하지 아니한다.

⑧ 고용노동부장관은 제1항에 따른 외국인이 취업을 희망하는 경우에는 입국 전에 고용정보를 제공할 수 있다.〈개정 2010. 6. 4.〉

[전문개정 2009. 10. 9.]

관련법령 ▶ 「출입국관리법」 제21조

제21조(근무처의 변경·추가)

① 대한민국에 체류하는 외국인이 그 체류자격의 범위에서 그의 근무처를 변경하거나 추가하려면 대통령령으로 정하는 바에 따라 미리 법무부장관의 허가를 받아야 한다. 다만, 전문적인 지식·기술 또는 기능을 가진 사람으로서 대통령령으로 정하는 사람은 근무처를 변경하거나 추가한 날부터 15일 이내에 대통령령으로 정하는 바에 따라 법무부장관에게 신고하여야 한다.

② 누구든지 제1항 본문에 따른 근무처의 변경허가·추가허가를 받지 아니한 외국인을 고용하거나 고용을 알선하여서는 아니 된다. 다만, 다른 법률에 따라 고용을 알선하는 경우에는 그러하지 아니하다.

③ 제1항 단서에 해당하는 사람에 대하여는 제18조제2항을 적용하지 아니한다.

제3장 외국인근로자의 고용관리 〈개정 2009. 10. 9.〉

제13조 출국만기보험·신탁

① 외국인근로자를 고용한 사업 또는 사업장의 사용자(이하 "사용자"라 한다)는 외국인근로자의 출국 등에 따른 퇴직금 지급을 위하여 외국인근로자를 피보험자 또는 수익자(이하 "피보험자 등"이라 한다)로 하는 보험 또는 신탁(이하 "출국만기보험 등"이라 한다)에 가입하여야 한다. 이 경우 보험료 또는 신탁금은 매월 납부하거나 위탁하여야 한다. 〈개정 2014. 1. 28.〉
② 사용자가 출국만기보험 등에 가입한 경우 「근로자퇴직급여 보장법」 제8조 제1항에 따른 퇴직금제도를 설정한 것으로 본다.
③ 출국만기보험 등의 가입대상 사용자, 가입방법·내용·관리 및 지급 등에 필요한 사항은 대통령령으로 정하되, 지급시기는 피보험자 등이 출국한 때부터 14일(체류자격의 변경, 사망 등에 따라 신청하거나 출국일 이후에 신청하는 경우에는 신청일부터 14일) 이내로 한다. 〈개정 2014. 1. 28.〉
④ 출국만기보험 등의 지급사유 발생에 따라 피보험자 등이 받을 금액(이하 "보험금 등"이라 한다)에 대한 청구권은 「상법」 제662조에도 불구하고 지급사유가 발생한 날부터 3년간 이를 행사하지 아니하면 소멸시효가 완성한다. 이 경우 출국만기보험 등을 취급하는 금융기관은 소멸시효가 완성한 보험금 등을 1개월 이내에 한국산업인력공단에 이전하여야 한다. 〈신설 2014. 1. 28.〉 [전문개정 2009. 10. 9.]

관련법령 ▶ 「근로자퇴직급여 보장법」 제8조제1항

제8조(퇴직금제도의 설정 등)
① 퇴직금제도를 설정하려는 사용자는 계속근로기간 1년에 대하여 30일분 이상의 평균임금을 퇴직

금으로 퇴직 근로자에게 지급할 수 있는 제도를 설정하여야 한다.

> **관련법령** ▶ 「상법」 제662조

제662조(소멸시효)
보험금청구권은 3년간, 보험료 또는 적립금의 반환청구권은 3년간, 보험료청구권은 2년간 행사하지 아니하면 시효의 완성으로 소멸한다.

제13조의2 휴면보험금 등관리위원회

① 제13조 제4항에 따라 이전받은 보험금 등의 관리·운용에 필요한 사항을 심의·의결하기 위하여 한국산업인력공단에 휴면보험금 등 관리위원회를 둔다.
② 제13조 제4항에 따라 이전받은 보험금 등은 우선적으로 피보험자 등을 위하여 사용되어야 한다.
③ 휴면보험금 등관리위원회의 구성 및 운영, 그 밖에 필요한 사항은 대통령령으로 정한다. [본조신설 2014. 1. 28.]

제14조 건강보험

사용자 및 사용자에게 고용된 외국인 근로자에게 「국민건강보험법」을 적용하는 경우 사용자는 같은 법 제3조에 따른 사용자로, 사용자에게 고용된 외국인 근로자는 같은 법 제6조 제1항에 따른 직장가입자로 본다. [전문개정 2009. 10. 9.]

> **관련법령** ▶ 「국민건강보험법」 제3조, 제6조제1항

제3조(정의)
이 법에서 사용하는 용어의 뜻은 다음과 같다.
1. "근로자"란 직업의 종류와 관계없이 근로의 대가로 보수를 받아 생활하는 사람(법인의 이사와 그 밖의 임원을 포함한다)으로서 공무원 및 교직원을 제외한 사람을 말한다.
2. "사용자"란 다음 각 목의 어느 하나에 해당하는 자를 말한다.
   가. 근로자가 소속되어 있는 사업장의 사업주
   나. 공무원이 소속되어 있는 기관의 장으로서 대통령령으로 정하는 사람
   다. 교직원이 소속되어 있는 사립학교(「사립학교교직원 연금법」 제3조에 규정된 사립학교를 말한다. 이하 이 조에서 같다)를 설립·운영하는 자
3. "사업장"이란 사업소나 사무소를 말한다.
4. "공무원"이란 국가나 지방자치단체에서 상시 공무에 종사하는 사람을 말한다.

5. "교직원"이란 사립학교나 사립학교의 경영기관에서 근무하는 교원과 직원을 말한다.

제6조(가입자의 종류)
① 가입자는 직장가입자와 지역가입자로 구분한다.

제15조 귀국비용보험·신탁

① 외국인근로자는 귀국 시 필요한 비용에 충당하기 위하여 보험 또는 신탁에 가입하여야 한다.
② 제1항에 따른 보험 또는 신탁의 가입방법·내용·관리 및 지급 등에 필요한 사항은 대통령령으로 정한다.
③ 제1항에 따른 보험 또는 신탁의 지급사유 발생에 따라 가입자가 받을 금액에 대한 청구권의 소멸시효, 소멸시효가 완성한 금액의 이전 및 관리·운용 등에 관하여는 제13조 제4항 및 제13조의2를 준용한다. 〈신설 2014. 1. 28.〉[전문개정 2009. 10. 9.]

제16조 귀국에 필요한 조치

사용자는 외국인근로자가 근로관계의 종료, 체류기간의 만료 등으로 귀국하는 경우에는 귀국하기 전에 임금 등 금품관계를 청산하는 등 필요한 조치를 하여야 한다.
[전문개정 2009. 10. 9.]

제17조 외국인근로자의 고용관리

① 사용자는 외국인근로자와의 근로계약을 해지하거나 그 밖에 고용과 관련된 중요 사항을 변경하는 등 대통령령으로 정하는 사유가 발생하였을 때에는 고용노동부령으로 정하는 바에 따라 직업안정기관의 장에게 신고하여야 한다. 〈개정 2010. 6. 4.〉
② 사용자가 제1항에 따른 신고를 한 경우 그 신고사실이 「출입국관리법」 제19조 제1항 각 호에 따른 신고사유에 해당하는 때에는 같은 항에 따른 신고를 한 것으로 본다. 〈신설 2016. 1. 27.〉
③ 제1항에 따라 신고를 받은 직업안정기관의 장은 그 신고사실이 제2항에 해당하는 때에는 지체 없이 사용자의 소재지를 관할하는 지방출입국·외국인관서의 장에게 통보하여야 한다. 〈신설 2016. 1. 27.〉
④ 외국인근로자의 적절한 고용관리 등에 필요한 사항은 대통령령으로 정한다. 〈개

정 2016. 1. 27.>[전문개정 2009. 10. 9.]

> **관련법령** ▶ 「출입국관리법」 제19조제1항
>
> 제19조(외국인을 고용한 자 등의 신고의무)
> ① 제18조제1항에 따라 취업활동을 할 수 있는 체류자격을 가지고 있는 외국인을 고용한 자는 다음 각 호의 어느 하나에 해당하는 사유가 발생하면 대통령령으로 정하는 바에 따라 15일 이내에 지방출입국·외국인관서의 장에게 신고하여야 한다.
> 1. 외국인을 해고하거나 외국인이 퇴직 또는 사망한 경우
> 2. 고용된 외국인의 소재를 알 수 없게 된 경우
> 3. 고용계약의 중요한 내용을 변경한 경우

제18조 취업활동 기간의 제한

외국인근로자는 입국한 날부터 3년의 범위에서 취업활동을 할 수 있다.

[전문개정 2012. 2. 1.]

제18조의2 취업활동 기간 제한에 관한 특례

① 다음 각 호의 외국인근로자는 제18조에도 불구하고 한 차례만 2년 미만의 범위에서 취업활동 기간을 연장받을 수 있다. <개정 2010. 6. 4., 2012. 2. 1., 2020. 5. 26.>
  1. 제8조 제4항에 따른 고용허가를 받은 사용자에게 고용된 외국인근로자로서 제18조에 따른 취업활동 기간 3년이 만료되어 출국하기 전에 사용자가 고용노동부장관에게 재고용 허가를 요청한 근로자
  2. 제12조 제3항에 따른 특례고용가능확인을 받은 사용자에게 고용된 외국인근로자로서 제18조에 따른 취업활동 기간 3년이 만료되어 출국하기 전에 사용자가 고용노동부장관에게 재고용 허가를 요청한 근로자
② 고용노동부장관은 제1항 및 제18조에도 불구하고 감염병 확산, 천재지변 등의 사유로 외국인근로자의 입국과 출국이 어렵다고 인정되는 경우에는 정책위원회의 심의·의결을 거쳐 1년의 범위에서 취업활동 기간을 연장할 수 있다. <신설 2021. 4. 13.>
③ 제1항에 따른 사용자의 재고용 허가 요청 절차 및 그 밖에 필요한 사항은 고용노동부령으로 정한다. <개정 2010. 6. 4., 2012. 2. 1., 2021. 4. 13.>[전문개정 2009. 10. 9.]

제18조의3 재입국 취업의 제한

국내에서 취업한 후 출국한 외국인근로자(제12조 제1항에 따른 외국인근로자는 제외한다)는 출국한 날부터 6개월이 지나지 아니하면 이 법에 따라 다시 취업할 수 없다.
[본조신설 2012. 2. 1.]

제18조의4 재입국 취업 제한의 특례

① 고용노동부장관은 제18조의3에도 불구하고 다음 각 호의 요건을 모두 갖춘 외국인근로자로서 제18조의2에 따라 연장된 취업활동 기간이 끝나 출국하기 전에 사용자가 재입국 후의 고용허가를 신청한 외국인근로자에 대하여 출국한 날부터 1개월이 지나면 이 법에 따라 다시 취업하도록 할 수 있다. 〈개정 2021. 4. 13.〉
  1. 다음 각 목의 어느 하나에 해당할 것
      가. 제18조 및 제18조의2에 따른 취업활동 기간 중에 사업 또는 사업장을 변경하지 아니하였을 것
      나. 제25조 제1항 제1호 또는 제3호에 해당하는 사유로 사업 또는 사업장을 변경하는 경우(재입국 후의 고용허가를 신청하는 사용자와 취업활동 기간 종료일까지의 근로계약 기간이 1년 이상인 경우만 해당한다)로서 동일업종 내 근속기간 등 고용노동부장관이 정하여 고시하는 기준을 충족할 것
      다. 제25조 제1항 제2호에 해당하는 사유로 사업 또는 사업장을 변경하는 경우로서 재입국 후의 고용허가를 신청하는 사용자와 취업활동 기간 종료일까지의 근로계약 기간이 1년 이상일 것
      라. 제25조 제1항 제2호에 해당하는 사유로 사업 또는 사업장을 변경하는 경우로서 재입국 후의 고용허가를 신청하는 사용자와 취업활동 기간 종료일까지의 근로계약 기간이 1년 미만이나 직업안정기관의 장이 제24조의2 제1항에 따른 외국인근로자 권익보호협의회의 의견을 들어 재입국 후의 고용허가를 하는 것이 타당하다고 인정하였을 것
  2. 정책위원회가 도입 업종이나 규모 등을 고려하여 내국인을 고용하기 어렵다고 정하는 사업 또는 사업장에서 근로하고 있을 것
  3. 재입국하여 근로를 시작하는 날부터 효력이 발생하는 1년 이상의 근로계약

을 해당 사용자와 체결하고 있을 것
② 제1항에 따른 재입국 후의 고용허가 신청과 재입국 취업활동에 대하여는 제6조, 제7조 제2항,제11조를 적용하지 아니한다.
③ 제1항에 따른 재입국 취업은 한 차례만 허용되고, 재입국 취업을 위한 근로계약의 체결에 관하여는 제9조를 준용하며, 재입국한 외국인근로자의 취업활동에 대하여는 제18조,제18조의2및제25조를 준용한다. 〈개정 2020. 5. 26.〉
④ 제1항에 따른 사용자의 고용허가 신청 절차 및 그 밖에 필요한 사항은 고용노동부령으로 정한다. [본조신설 2012. 2. 1.]

제19조 외국인근로자 고용허가 또는 특례고용가능확인의 취소

① 직업안정기관의 장은 다음 각 호의 어느 하나에 해당하는 사용자에 대하여 대통령령으로 정하는 바에 따라 제8조 제4항에 따른 고용허가나 제12조 제3항에 따른 특례고용가능확인을 취소할 수 있다.
 1. 거짓이나 그 밖의 부정한 방법으로 고용허가나 특례고용가능확인을 받은 경우
 2. 사용자가 입국 전에 계약한 임금 또는 그 밖의 근로조건을 위반하는 경우
 3. 사용자의 임금체불 또는 그 밖의 노동관계법 위반 등으로 근로계약을 유지하기 어렵다고 인정되는 경우
② 제1항에 따라 외국인근로자 고용허가나 특례고용가능확인이 취소된 사용자는 취소된 날부터 15일 이내에 그 외국인근로자와의 근로계약을 종료하여야 한다.
[전문개정 2009. 10. 9.]

제20조 외국인근로자 고용의 제한

① 직업안정기관의 장은 다음 각 호의 어느 하나에 해당하는 사용자에 대하여 그 사실이 발생한 날부터 3년간 외국인근로자의 고용을 제한할 수 있다. 〈개정 2014. 1. 28., 2022. 6. 10.〉
 1. 제8조 제4항에 따른 고용허가 또는 제12조 제3항에 따른 특례고용가능확인을 받지 아니하고 외국인근로자를 고용한 자
 2. 제19조 제1항에 따라 외국인근로자의 고용허가나 특례고용가능확인이 취소된 자

3. 이 법 또는「출입국관리법」을 위반하여 처벌을 받은 자
3의2. 외국인근로자의 사망으로「산업안전보건법」제167조 제1항에 따른 처벌을 받은 자
4. 그 밖에 대통령령으로 정하는 사유에 해당하는 자

② 고용노동부장관은 제1항에 따라 외국인근로자의 고용을 제한하는 경우에는 그 사용자에게 고용노동부령으로 정하는 바에 따라 알려야 한다. 〈개정 2010. 6. 4.〉

[전문개정 2009. 10. 9.]

관련법령 ▶ 「산업안전보건법」 제167조제1항

제167조(벌칙)
① 제38조제1항부터 제3항까지(제166조의2에서 준용하는 경우를 포함한다), 제39조제1항(제166조의2에서 준용하는 경우를 포함한다) 또는 제63조(제166조의2에서 준용하는 경우를 포함한다)를 위반하여 근로자를 사망에 이르게 한 자는 7년 이하의 징역 또는 1억원 이하의 벌금에 처한다.

제21조 외국인근로자 관련 사업

고용노동부장관은 외국인근로자의 원활한 국내 취업활동 및 효율적인 고용관리를 위하여 다음 각 호의 사업을 한다. 〈개정 2010. 6. 4.〉
1. 외국인근로자의 출입국 지원사업
2. 외국인근로자 및 그 사용자에 대한 교육사업
3. 송출국가의 공공기관 및 외국인근로자 관련 민간단체와의 협력사업
4. 외국인근로자 및 그 사용자에 대한 상담 등 편의 제공 사업
5. 외국인근로자 고용제도 등에 대한 홍보사업
6. 그 밖에 외국인근로자의 고용관리에 관한 사업으로서 대통령령으로 정하는 사업

[전문개정 2009. 10. 9.]

제4장 외국인근로자의 보호

제22조 차별 금지

사용자는 외국인근로자라는 이유로 부당하게 차별하여 처우하여서는 아니 된다.

[전문개정 2009. 10. 9.]

주요판례

❖ **임금**[부산지법 2006. 5. 12., 선고, 2005나7747, 판결 : 상고]

판시사항

[1] 외국인산업기술연수생이 실질적으로는 대상 업체의 지시·감독을 받으면서 근로를 제공하고 그 근로의 대가로 연수수당 등의 명목으로 실질적인 임금을 받는 근로기준법 제14조의 근로자라고 한 사례
[2] 실질적으로 근로자와 같은 근로를 하는 외국인산업기술연수생에게 퇴직금을 지급하지 않는 것이 합리적 이유가 없는 차별대우에 해당한다고 한 사례
[3] 산업연수계약상의 연수업체가 '파견근로자보호 등에 관한 법률'상의 파견대상업체에 해당하지 않는다고 한 사례

판결요지

[1] 외국인산업기술연수생이 실질적으로는 대상 업체의 지시·감독을 받으면서 근로를 제공하고 그 근로의 대가로 연수수당 등의 명목으로 실질적인 임금을 받는 근로기준법 제14조의 근로자라고 한 사례.
[2] 실질적으로 근로자와 같은 근로를 하는 외국인산업기술연수생에게 퇴직금을 지급하지 않는 것이 합리적 이유가 없는 차별대우에 해당한다고 한 사례.
[3] 산업연수계약상의 연수업체가 '파견근로자보호 등에 관한 법률'상의 파견대상업체에 해당하지 않는다고 한 사례.

제22조의2 기숙사의 제공 등

① 사용자가 외국인근로자에게 기숙사를 제공하는 경우에는 「근로기준법」 제100

조에서 정하는 기준을 준수하고, 건강과 안전을 지킬 수 있도록 하여야 한다.
② 사용자는 제1항에 따라 기숙사를 제공하는 경우 외국인근로자와 근로계약을 체결할 때에 외국인근로자에게 다음 각 호의 정보를 사전에 제공하여야 한다. 근로계약 체결 후 다음 각 호의 사항을 변경하는 경우에도 또한 같다.
　1. 기숙사의 구조와 설비
　2. 기숙사의 설치 장소
　3. 기숙사의 주거 환경
　4. 기숙사의 면적
　5. 그 밖에 기숙사 설치 및 운영에 필요한 사항
③ 제2항에 따른 기숙사 정보 제공의 기준 등에 필요한 사항은 대통령령으로 정한다.
[본조신설 2019. 1. 15.]

> **관련법령** ▶ 「근로기준법」 제100조

제100조(부속 기숙사의 설치·운영 기준)
사용자는 부속 기숙사를 설치·운영할 때 다음 각 호의 사항에 관하여 대통령령으로 정하는 기준을 충족하도록 하여야 한다.
1. 기숙사의 구조와 설비　　2. 기숙사의 설치 장소
3. 기숙사의 주거 환경 조성　　4. 기숙사의 면적
5. 그 밖에 근로자의 안전하고 쾌적한 주거를 위하여 필요한 사항

제23조 보증보험 등의 가입

① 사업의 규모 및 산업별 특성 등을 고려하여 대통령령으로 정하는 사업 또는 사업장의 사용자는 임금체불에 대비하여 그가 고용하는 외국인근로자를 위한 보증보험에 가입하여야 한다.
② 산업별 특성 등을 고려하여 대통령령으로 정하는 사업 또는 사업장에서 취업하는 외국인근로자는 질병·사망 등에 대비한 상해보험에 가입하여야 한다.
③ 제1항 및 제2항에 따른 보증보험, 상해보험의 가입방법·내용·관리 및 지급 등에 필요한 사항은 대통령령으로 정한다. [전문개정 2009. 10. 9.]

제24조 외국인근로자 관련 단체 등에 대한 지원

① 국가는 외국인근로자에 대한 상담과 교육, 그 밖에 대통령령으로 정하는 사업을 하는 기관 또는 단체에 대하여 사업에 필요한 비용의 일부를 예산의 범위에서 지원할 수 있다.
② 제1항에 따른 지원요건·기준 및 절차 등에 관하여 필요한 사항은 대통령령으로 정한다. [전문개정 2009. 10. 9.]

제24조의2 외국인근로자 권익보호협의회

① 외국인근로자의 권익보호에 관한 사항을 협의하기 위하여 직업안정기관에 관할 구역의 노동자단체와 사용자단체 등이 참여하는 외국인근로자 권익보호협의회를 둘 수 있다.
② 외국인근로자 권익보호협의회의 구성·운영 등에 필요한 사항은 고용노동부령으로 정한다. 〈개정 2010. 6. 4.〉 [본조신설 2009. 10. 9.]

제25조 사업 또는 사업장 변경의 허용

① 외국인근로자(제12조 제1항에 따른 외국인근로자는 제외한다)는 다음 각 호의 어느 하나에 해당하는 사유가 발생한 경우에는 고용노동부령으로 정하는 바에 따라 직업안정기관의 장에게 다른 사업 또는 사업장으로의 변경을 신청할 수 있다. 〈개정 2010. 6. 4., 2012. 2. 1., 2019. 1. 15.〉
  1. 사용자가 정당한 사유로 근로계약기간 중 근로계약을 해지하려고 하거나 근로계약이 만료된 후 갱신을 거절하려는 경우
  2. 휴업, 폐업, 제19조 제1항에 따른 고용허가의 취소, 제20조 제1항에 따른 고용의 제한, 제22조의2를 위반한 기숙사의 제공, 사용자의 근로조건 위반 또는 부당한 처우 등 외국인근로자의 책임이 아닌 사유로 인하여 사회통념상 그 사업 또는 사업장에서 근로를 계속할 수 없게 되었다고 인정하여 고용노동부장관이 고시한 경우
  3. 그 밖에 대통령령으로 정하는 사유가 발생한 경우

② 사용자가 제1항에 따라 사업 또는 사업장 변경 신청을 한 후 재취업하려는 외국인근로자를 고용할 경우 그 절차 및 방법에 관하여는 제6조·제8조 및 제9조를 준용한다.

③ 제1항에 따른 다른 사업 또는 사업장으로의 변경을 신청한 날부터 3개월 이내에 「출입국관리법」 제21조에 따른 근무처 변경허가를 받지 못하거나 사용자와 근로계약이 종료된 날부터 1개월 이내에 다른 사업 또는 사업장으로의 변경을 신청하지 아니한 외국인근로자는 출국하여야 한다. 다만, 업무상 재해, 질병, 임신, 출산 등의 사유로 근무처 변경허가를 받을 수 없거나 근무처 변경신청을 할 수 없는 경우에는 그 사유가 없어진 날부터 각각 그 기간을 계산한다.

④ 제1항에 따른 외국인근로자의 사업 또는 사업장 변경은 제18조에 따른 기간 중에는 원칙적으로 3회를 초과할 수 없으며, 제18조의2 제1항에 따라 연장된 기간 중에는 2회를 초과할 수 없다. 다만, 제1항제2호의 사유로 사업 또는 사업장을 변경한 경우는 포함하지 아니한다. <개정 2014. 1. 28.>[전문개정 2009. 10. 9.]

관련법령 ▶ 「출입국관리법」 제21조

제21조(근무처의 변경·추가)

① 대한민국에 체류하는 외국인이 그 체류자격의 범위에서 그의 근무처를 변경하거나 추가하려면 대통령령으로 정하는 바에 따라 미리 법무부장관의 허가를 받아야 한다. 다만, 전문적인 지식·기술 또는 기능을 가진 사람으로서 대통령령으로 정하는 사람은 근무처를 변경하거나 추가한 날부터 15일 이내에 대통령령으로 정하는 바에 따라 법무부장관에게 신고하여야 한다.

② 누구든지 제1항 본문에 따른 근무처의 변경허가·추가허가를 받지 아니한 외국인을 고용하거나 고용을 알선하여서는 아니 된다. 다만, 다른 법률에 따라 고용을 알선하는 경우에는 그러하지 아니하다.

③ 제1항 단서에 해당하는 사람에 대하여는 제18조제2항을 적용하지 아니한다.

제5장 보칙

제26조 보고 및 조사 등

① 고용노동부장관은 필요하다고 인정하면 사용자나 외국인근로자 또는 제24조 제1항에 따라 지원을 받는 외국인근로자 관련 단체에 대하여 보고, 관련 서류의 제출이나 그 밖에 필요한 명령을 할 수 있으며, 소속 공무원으로 하여금 관계인에게 질문하거나 관련 장부·서류 등을 조사하거나 검사하게 할 수 있다. 〈개정 2010. 6. 4.〉
② 제1항에 따라 조사 또는 검사를 하는 공무원은 그 신분을 표시하는 증명서를 지니고 이를 관계인에게 내보여야 한다. [전문개정 2009. 10. 9.]

제26조의2 관계 기관의 협조

① 고용노동부장관은 중앙행정기관·지방자치단체·공공기관 등 관계 기관의 장에게 이 법의 시행을 위하여 다음 각 호의 자료 제출을 요청할 수 있다.
　1. 업종별·지역별 인력수급 자료
　2. 외국인근로자 대상 지원사업 자료
② 제1항에 따라 자료의 제출을 요청받은 기관은 정당한 사유가 없으면 요청에 따라야 한다. [본조신설 2014. 1. 28.]

제27조 수수료의 징수 등

① 제9조 제2항에 따라 사용자와 외국인근로자의 근로계약 체결(제12조 제1항각 호 외의 부분 후단, 제18조의4 제3항 및 제25조 제2항에 따라 근로계약 체결을 준용하는 경우를 포함한다. 이하 이 조에서 같다)을 대행하는 자는 고용노동부령

으로 정하는 바에 따라 사용자로부터 수수료와 필요한 비용을 받을 수 있다. 〈개정 2010. 6. 4., 2012. 2. 1.〉
② 고용노동부장관은 제21조에 따른 외국인근로자 관련 사업을 하기 위하여 필요하면 고용노동부령으로 정하는 바에 따라 사용자로부터 수수료와 필요한 비용을 받을 수 있다. 〈개정 2010. 6. 4.〉
③ 제27조의2 제1항에 따라 외국인근로자의 고용에 관한 업무를 대행하는 자는 고용노동부령으로 정하는 바에 따라 사용자로부터 수수료와 필요한 비용을 받을 수 있다. 〈개정 2010. 6. 4.〉
④ 다음 각 호의 어느 하나에 해당하는 자가 아닌 자는 근로계약 체결의 대행이나 외국인근로자 고용에 관한 업무의 대행 또는 외국인근로자 관련 사업을 하는 대가로 어떠한 금품도 받아서는 아니 된다. 〈개정 2010. 6. 4., 2020. 5. 26.〉
  1. 제9조 제2항에 따라 사용자와 외국인근로자의 근로계약 체결을 대행하는 자
  2. 제27조의2 제1항에 따라 외국인근로자의 고용에 관한 업무를 대행하는 자
  3. 제21조에 따른 고용노동부장관의 권한을 제28조에 따라 위임·위탁받아 하는 자
[전문개정 2009. 10. 9.]

제27조의2 각종 신청 등의 대행

① 사용자 또는 외국인근로자는 다음 각 호에 따른 신청이나 서류의 수령 등 외국인근로자의 고용에 관한 업무를 고용노동부장관이 지정하는 자(이하 "대행기관"이라 한다)에게 대행하게 할 수 있다. 〈개정 2010. 6. 4., 2012. 2. 1.〉
  1. 제6조 제1항에 따른 내국인 구인 신청(제25조 제2항에 따라 준용하는 경우를 포함한다)
  2. 제18조의2에 따른 사용자의 재고용 허가 요청
  3. 제18조의4 제1항에 따른 재입국 후의 고용허가 신청
  4. 제25조 제1항에 따른 사업 또는 사업장 변경 신청
  5. 그 밖에 고용노동부령으로 정하는 외국인근로자 고용 등에 관한 업무
② 제1항에 따른 대행기관의 지정요건, 업무범위, 지정절차 및 대행에 필요한 사항은 고용노동부령으로 정한다. 〈개정 2010. 6. 4.〉 [본조신설 2009. 10. 9.]

제27조의3 대행기관의 지정취소 등

① 고용노동부장관은 대행기관이 다음 각 호의 어느 하나에 해당하는 경우에는 고용노동부령으로 정하는 바에 따라 지정취소, 6개월 이내의 업무정지 또는 시정명령을 할 수 있다. 〈개정 2010. 6. 4.〉
  1. 거짓이나 그 밖의 부정한 방법으로 지정을 받은 경우
  2. 지정요건에 미달하게 된 경우
  3. 지정받은 업무범위를 벗어나 업무를 한 경우
  4. 그 밖에 선량한 관리자의 주의를 다하지 아니하거나 업무처리 절차를 위배한 경우

② 고용노동부장관은 제1항에 따라 대행기관을 지정취소할 경우에는 청문을 실시하여야 한다. 〈개정 2010. 6. 4.〉[본조신설 2009. 10. 9.]

제28조 권한의 위임·위탁

고용노동부장관은 이 법에 따른 권한의 일부를 대통령령으로 정하는 바에 따라 지방고용노동관서의 장에게 위임하거나 한국산업인력공단 또는 대통령령으로 정하는 자에게 위탁할 수 있다. 다만, 제21조 제1호의 사업은 한국산업인력공단에 위탁한다. 〈개정 2010. 6. 4., 2014. 1. 28.〉[전문개정 2009. 10. 9.]

제6장 벌칙 〈개정 2009. 10. 9.〉

제29조 벌칙

다음 각 호의 어느 하나에 해당하는 자는 1년 이하의 징역 또는 1천만원 이하의 벌금에 처한다.〈개정 2014. 1. 28.〉
1. 제8조 제6항을 위반하여 외국인근로자의 선발, 알선, 그 밖의 채용에 개입한 자
2. 제16조를 위반하여 귀국에 필요한 조치를 하지 아니한 사용자
3. 제19조 제2항을 위반하여 근로계약을 종료하지 아니한 사용자
4. 제25조에 따른 외국인근로자의 사업 또는 사업장 변경을 방해한 자
5. 제27조 제4항을 위반하여 금품을 받은 자 [전문개정 2009. 10. 9.]

제30조 벌칙

다음 각 호의 어느 하나에 해당하는 자는 500만원 이하의 벌금에 처한다.
1. 제13조 제1항 전단을 위반하여 출국만기보험 등에 가입하지 아니한 사용자
2. 제23조에 따른 보증보험 또는 상해보험에 가입하지 아니한 자 [전문개정 2009. 10. 9.]

제31조 양벌규정

법인의 대표자나 법인 또는 개인의 대리인, 사용인, 그 밖의 종업원이 그 법인 또는 개인의 업무에 관하여 제29조 또는 제30조의 위반행위를 하면 그 행위자를 벌하는 외에 그 법인 또는 개인에게도 해당 조문의 벌금형을 과(科)한다. 다만, 법인 또는 개인이 그 위반행위를 방지하기 위하여 해당 업무에 관하여 상당한 주의와 감독을 게

을리하지 아니한 경우에는 그러하지 아니하다. [전문개정 2009. 10. 9.]

제32조 과태료

① 다음 각 호의 어느 하나에 해당하는 자에게는 500만원 이하의 과태료를 부과한다. 〈개정 2021. 4. 13.〉

1. 제9조 제1항을 위반하여 근로계약을 체결할 때 표준근로계약서를 사용하지 아니한 자
2. 제11조 제2항을 위반하여 외국인근로자에게 취업교육을 받게 하지 아니한 사용자

2의2. 제11조의2 제1항을 위반하여 사용자 교육을 받지 아니한 사용자

3. 제12조 제3항에 따른 특례고용가능확인을 받지 아니하고 같은 조 제1항에 따른 사증을 발급받은 외국인근로자를 고용한 사용자
4. 제12조 제4항을 위반하여 외국인구직자 명부에 등록된 사람 중에서 채용하지 아니한 사용자 또는 외국인근로자가 근로를 시작한 후 직업안정기관의 장에게 신고를 하지 아니하거나 거짓으로 신고한 사용자
5. 제13조 제1항후단을 위반하여 출국만기보험 등의 매월 보험료 또는 신탁금을 3회 이상 연체한 사용자
6. 제15조 제1항을 위반하여 보험 또는 신탁에 가입하지 아니한 외국인근로자
7. 제17조 제1항을 위반하여 신고를 하지 아니하거나 거짓으로 신고한 사용자
8. 제20조 제1항에 따라 외국인근로자의 고용이 제한된 사용자로서 제12조 제1항에 따른 사증을 발급받은 외국인근로자를 고용한 사용자
9. 제26조 제1항에 따른 명령을 따르지 아니하여 보고를 하지 아니하거나 거짓으로 보고한 자, 관련 서류를 제출하지 아니하거나 거짓으로 제출한 자, 같은 항에 따른 질문 또는 조사·검사를 거부·방해하거나 기피한 자
10. 제27조 제1항·제2항 또는 제3항에 따른 수수료 및 필요한 비용 외의 금품을 받은 자

② 제1항에 따른 과태료는 대통령령으로 정하는 바에 따라 고용노동부장관이 부과·징수한다. 〈개정 2010. 6. 4.〉 [전문개정 2009. 10. 9.]

제8편 외국인고용법

제19부
외국인근로자의 고용 등에 관한 법률 시행령

[시행 2023. 2. 3.]
[대통령령 제32844호, 2022. 8. 2., 일부개정]

제1장 총칙 〈신설 2010. 4. 7.〉

제1조 목적

이 영은 「외국인근로자의 고용 등에 관한 법률」에서 위임된 사항과 그 시행에 필요한 사항을 정함을 목적으로 한다. [전문개정 2010. 4. 7.]

제2조 적용 제외 외국인근로자

「외국인근로자의 고용 등에 관한 법률」(이하 "법"이라 한다)제2조 단서에서 "대통령령으로 정하는 사람"이란 다음 각 호의 어느 하나에 해당하는 사람을 말한다. 〈개정 2018. 9. 18., 2019. 12. 24.〉

1. 「출입국관리법 시행령」 제23조 제1항에 따라 취업활동을 할 수 있는 체류자격 중 같은 영 별표 1중 5. 단기취업(C-4), 같은 영 별표 1의2중 14. 교수(E-1)부터 20. 특정활동(E-7)까지 및 20의2. 계절근로(E-8)의 체류자격에 해당하는 사람
2. 「출입국관리법」 제10조의3 제1항, 같은 법 시행령 제23조 제2항 및 제3항의 규정에 따라 체류자격의 구분에 따른 활동의 제한을 받지 아니하는 사람
3. 「출입국관리법 시행령」 제23조 제5항에 따라같은 영 별표 1의2중 28. 관광취업(H-1)의 체류자격에 해당하는 사람으로서 취업활동을 하는 사람

[전문개정 2010. 4. 7.]

관련법령 ▶ 「출입국관리법 시행령」 제23조제1항

제23조(외국인의 취업과 체류자격)
① 법 제18조제1항에 따른 취업활동을 할 수 있는 체류자격은 별표 1 중 5. 단기취업(C-4), 별표 1의

2 중 14. 교수(E-1)부터 22. 선원취업(E-10)까지 및 29. 방문취업(H-2) 체류자격으로 한다. 이 경우 "취업활동"은 해당 체류자격의 범위에 속하는 활동으로 한다.

> **관련법령** ▶ 「출입국관리법」 제10조의3제1항,

제10조의3(영주자격)
① 제10조제2호에 따른 영주자격(이하 "영주자격"이라 한다)을 가진 외국인은 활동범위 및 체류기간의 제한을 받지 아니한다.

> **관련법령** ▶ 「출입국관리법 시행령」 제23조제2항 및 제3항

제23조(외국인의 취업과 체류자격)
② 다음 각 호의 어느 하나에 해당하는 사람은 제1항에도 불구하고 별표 1 및 별표 1의2의 체류자격 구분에 따른 취업활동의 제한을 받지 않는다.
  1. 별표 1의2 중 24. 거주(F-2)의 가목부터 다목까지 및 자목부터 파목까지의 어느 하나에 해당하는 체류자격을 가지고 있는 사람
  2. 별표 1의2 중 24. 거주(F-2)의 라목·바목 또는 사목의 체류자격을 가지고 있는 사람으로서 그의 종전 체류자격에 해당하는 분야에서 활동을 계속하고 있는 사람
  3. 별표 1의2 중 27. 결혼이민(F-6)의 체류자격을 가지고 있는 사람
③ 별표 1의2 중 26. 재외동포(F-4) 체류자격을 가지고 있는 사람은 제1항에도 불구하고 다음 각 호의 어느 하나에 해당하는 경우를 제외하고는 별표 1 및 별표 1의2의 체류자격 구분에 따른 활동의 제한을 받지 않는다.
  1. 단순노무행위를 하는 경우. 다만, 「지방자치분권 및 지역균형발전에 관한 특별법」 제2조제12호에 따른 인구감소지역에서 거주하거나 취업하려는 사람으로서 법무부장관이 인정하는 사람은 제외한다.
  2. 선량한 풍속이나 그 밖의 사회질서에 반하는 행위를 하는 경우
  3. 그 밖에 공공의 이익이나 국내 취업질서 등을 유지하기 위하여 그 취업을 제한할 필요가 있다고 인정되는 경우

> **관련법령** ▶ 「출입국관리법 시행령」 제23조제5항

제23조(외국인의 취업과 체류자격)
⑤ 별표 1의2 중 28. 관광취업(H-1) 체류자격을 가지고 있는 사람이 취업활동을 하는 경우에는 제1항에 따른 취업활동을 할 수 있는 체류자격에 해당하는 것으로 본다.

제3조 외국인력정책위원회의 심의·의결 사항

법 제4조 제2항 제5호에서 "대통령령으로 정하는 사항"이란 다음 각 호의 사항을 말한다. 〈개정 2021. 10. 14.〉

1. 외국인근로자를 고용할 수 있는 사업 또는 사업장에 관한 사항
2. 사업 또는 사업장에서 고용할 수 있는 외국인근로자의 규모에 관한 사항
3. 외국인근로자를 송출할 수 있는 국가(이하 "송출국가"라 한다)별 외국인력 도입 업종 및 규모에 관한 사항
4. 외국인근로자의 권익보호에 관한 사항
5. 그 밖에 외국인근로자의 고용 등에 관하여 법 제4조에 따른 외국인력정책위원회(이하 "정책위원회"라 한다)의 위원장이 필요하다고 인정하는 사항[전문개정 2010. 4. 7.]

제4조 정책위원회의 구성

법 제4조 제4항에서 "대통령령으로 정하는 관계 중앙행정기관"이란 행정안전부, 문화체육관광부, 농림축산식품부, 보건복지부, 국토교통부 및 해양수산부를 말한다. 〈개정 2013. 3. 23., 2014. 11. 19., 2017. 7. 26.〉[전문개정 2010. 4. 7.]

제5조 정책위원회 위원장의 직무

① 정책위원회의 위원장은 정책위원회를 대표하며, 그 업무를 총괄한다.
② 정책위원회의 위원장이 부득이한 사유로 직무를 수행할 수 없을 때에는 위원장이 지명하는 위원이 그 직무를 대행한다. [전문개정 2010. 4. 7.]

제6조 정책위원회의 운영

① 정책위원회의 위원장은 정책위원회의 회의를 소집하고, 그 의장이 된다.
② 정책위원회의 회의는 재적위원 과반수의 출석으로 개의(開議)하고, 출석위원 과반수의 찬성으로 의결한다.
③ 정책위원회에 그 사무를 처리할 간사 1명을 두되, 간사는 국무조정실의 3급 공무원 또는 고위공무원단에 속하는 일반직공무원 중에서 국무조정실장이 임명한다. 〈개정 2013. 3. 23.〉
④ 정책위원회는 안건의 심의·의결을 위하여 필요하다고 인정할 때에는 관계 행정기관 또는 단체 등에 자료의 제출을 요청하거나 관계 공무원 또는 전문가 등을

출석시켜 의견을 들을 수 있다.
⑤ 제4항에 따라 출석한 관계 공무원 또는 전문가 등에게는 예산의 범위에서 수당과 여비를 지급할 수 있다. 다만, 공무원이 그 소관업무와 직접적으로 관련되어 출석하는 경우에는 그러하지 아니하다.
⑥ 이 영에서 규정한 사항 외에 정책위원회의 운영 등에 필요한 사항은 정책위원회의 의결을 거쳐 정책위원회의 위원장이 정한다. [전문개정 2010. 4. 7.]

제7조 외국인력정책실무위원회의 구성·운영 등

① 법 제4조 제5항에 따른 외국인력정책실무위원회(이하 "실무위원회"라 한다)는 위원장 1명을 포함한 25명 이내의 위원으로 구성한다.
② 실무위원회의 위원은 근로자를 대표하는 위원(이하 "근로자위원"이라 한다), 사용자를 대표하는 위원(이하 "사용자위원"이라 한다), 공익을 대표하는 위원(이하 "공익위원"이라 한다) 및 정부를 대표하는 위원(이하 "정부위원"이라 한다)으로 구성하되, 근로자위원과 사용자위원은 같은 수로 한다.
③ 실무위원회의 위원장은 고용노동부차관이 되고, 실무위원회의 위원은 다음 각 호의 구분에 따른 사람 중에서 실무위원회의 위원장이 위촉하거나 임명한다. 〈개정 2010. 7. 12.〉
  1. 근로자위원 : 총연합단체인 노동조합에서 추천한 사람
  2. 사용자위원 : 전국적 규모를 갖춘 사용자단체에서 추천한 사람
  3. 공익위원 : 외국인근로자의 고용 및 권익보호 등에 관한 학식과 경험이 풍부한 사람
  4. 정부위원 : 관계 중앙행정기관의 3급 공무원 또는 고위공무원단에 속하는 일반직공무원 중 외국인근로자 관련 업무를 수행하는 사람
④ 제2항에 따른 실무위원회의 위원의 임기는 2년(정부위원의 경우는 재임기간)으로 한다.
⑤ 실무위원회는 정책위원회에서 심의·의결할 사항 중 필요한 사항에 관하여 사전에 심의하고 그 결과를 정책위원회에 보고하여야 한다.
⑥ 실무위원회의 위원에게는 예산의 범위에서 수당과 여비를 지급할 수 있다. 다만, 공무원인 위원이 그 소관업무와 직접적으로 관련되어 위원회에 출석하는 경

우에는 그러하지 아니하다.
⑦ 실무위원회에 관하여는 제5조와 제6조 제1항 및 제6항을 준용한다. 이 경우 "정책위원회"는 "실무위원회"로 본다. [전문개정 2010. 4. 7.]

제8조 외국인근로자 도입계획의 공표

법 제5조 제1항에서 "대통령령으로 정하는 방법"이란 다음 각 호의 매체를 통하여 공고하는 것을 말한다.
1. 관보
2. 「신문 등의 진흥에 관한 법률」 제9조 제1항에 따라 그 보급지역을 전국으로 하여 등록한 일간신문
3. 인터넷 [전문개정 2010. 4. 7.]

관련법령 ▶ 「신문 등의 진흥에 관한 법률」 제9조제1항

제9조(등록)
① 신문을 발행하거나 인터넷신문 또는 인터넷뉴스서비스를 전자적으로 발행하려는 자는 대통령령으로 정하는 바에 따라 다음 각 호의 사항을 주사무소 소재지를 관할하는 특별시장·광역시장·특별자치시장·도지사 또는 특별자치도지사(이하 "시·도지사"라 한다)에게 등록하여야 한다. 등록된 사항이 변경된 때에도 또한 같다. 다만, 국가 또는 지방자치단체가 발행 또는 관리하거나 법인이나 그 밖의 단체 또는 기관이 그 소속원에게 보급할 목적으로 발행하는 경우와 대통령령으로 정하는 경우에는 그러하지 아니하다.
1. 신문 및 인터넷신문의 명칭(신문 및 인터넷신문에 한정한다)
2. 인터넷뉴스서비스의 상호 및 명칭(인터넷뉴스서비스에 한정한다)
3. 종별 및 간별(신문에 한정한다)
4. 신문사업자와 신문의 발행인·편집인(외국신문의 내용을 변경하지 아니하고 국내에서 그대로 인쇄·배포하는 경우를 제외한다. 이하 같다) 및 인쇄인의 성명·생년월일·주소(신문사업자 또는 인쇄인이 법인이나 단체인 경우에는 그 명칭, 주사무소의 소재지와 그 대표자의 성명·생년월일·주소)
5. 인터넷신문사업자와 인터넷신문의 발행인 및 편집인의 성명·생년월일·주소(인터넷신문사업자가 법인이나 단체인 경우에는 그 명칭, 주사무소의 소재지와 그 대표자의 성명·생년월일·주소)
6. 인터넷뉴스서비스사업자와 기사배열책임자의 성명·생년월일·주소(인터넷뉴스서비스사업자가 법인이나 단체인 경우에는 그 명칭, 주사무소의 소재지와 그 대표자의 성명·생년월일·주소)
7. 발행소의 소재지

8. 발행목적과 발행내용
9. 주된 보급대상 및 보급지역(신문에 한정한다)
10. 발행 구분(무가 또는 유가)
11. 인터넷 홈페이지 주소 등 전자적 발행에 관한 사항

제9조 조사·연구사업

고용노동부장관은 법 제5조 제3항에 따라 외국인근로자 관련 업무를 지원하기 위하여 다음 각 호의 사항에 관한 조사·연구사업을 할 수 있다. <개정 2010. 7. 12.>
1. 국내 산업별·직종별 인력 부족 동향에 관한 사항
2. 외국인근로자의 임금 등 근로조건 및 취업실태에 관한 사항
3. 사용자의 외국인근로자 고용만족도에 관한 사항
4. 제12조 제1항에 따른 협의사항의 이행에 관한 사항
5. 외국인근로자의 국내 생활 적응 및 대한민국에 대한 이해 증진과 관련된 사항
6. 그 밖에 외국인근로자의 도입·관리를 위하여 필요하다고 고용노동부장관이 인정하는 사항 [전문개정 2010. 4. 7.]

제10조 삭제 <2006. 6. 30.>
제11조 삭제 <2006. 6. 30.>

제2장 외국인근로자 고용절차 〈신설 2010. 4. 7.〉

제12조 외국인구직자 명부의 작성

① 고용노동부장관은 법 제7조 제1항에 따라 외국인구직자 명부를 작성하는 경우에는 다음 각 호의 사항을 송출국가와 협의하여야 한다. 〈개정 2010. 7. 12.〉
  1. 인력의 송출·도입과 관련된 준수사항
  2. 인력 송출의 업종 및 규모에 관한 사항
  3. 송출대상 인력을 선발하는 기관·기준 및 방법에 관한 사항
  4. 법 제7조 제2항에 따른 한국어 구사능력을 평가하는 시험(이하 "한국어능력시험"이라 한다)의 실시에 관한 사항
  5. 그 밖에 외국인근로자를 원활하게 송출·도입하기 위하여 고용노동부장관이 필요하다고 인정하는 사항
② 고용노동부장관은 송출국가가 송부한 송출대상 인력을 기초로 외국인구직자 명부를 작성하고, 관리하여야 한다. 〈개정 2010. 7. 12.〉[전문개정 2010. 4. 7.]

제13조 한국어능력시험

① 고용노동부장관은 법 제7조 제2항에 따라 다음 각 호의 사항을 고려하여 한국어능력시험 실시기관을 선정하여야 한다. 〈개정 2010. 7. 12.〉
  1. 한국어능력시험 실시를 위한 행정적·재정적 능력
  2. 한국어능력시험을 객관적이고 공정하게 실시할 수 있는지 여부
  3. 한국어능력시험 내용의 적정성
  4. 그 밖에 한국어능력시험의 원활한 시행을 위하여 고용노동부장관이 필요하

다고 인정하는 사항
② 고용노동부장관은 제1항에 따라 선정된 한국어능력시험 실시기관이 다음 각 호의 어느 하나에 해당하는 경우에는 그 선정을 취소할 수 있다. 〈개정 2010. 7. 12.〉
　1. 거짓이나 그 밖의 부정한 방법으로 선정된 경우
　2. 한국어능력시험 응시생의 모집, 한국어능력시험 시행 또는 합격자 처리과정에서 부정이 있는 경우
　3. 그 밖에 제1항에 따른 한국어능력시험 실시기관 선정기준에 미달하는 등 한국어능력시험 실시기관으로서 업무를 수행하는 것이 어렵다고 인정되는 경우
③ 한국어능력시험은 매년 1회 이상 실시하며, 객관식 필기시험을 원칙으로 하되, 주관식 필기시험을 일부 추가할 수 있다.
④ 한국어능력시험의 내용에는 대한민국의 문화에 대한 이해와 산업안전 등 근무에 필요한 기본사항이 포함되어야 한다.
⑤ 제1항에 따라 선정된 한국어능력시험 실시기관은 매년 4월 30일까지 다음 각 호의 사항을 고용노동부장관에게 보고하여야 한다. 〈개정 2010. 7. 12., 2014. 7. 28.〉
　1. 전년도 한국어능력시험의 실시 결과와 해당 연도 한국어능력시험의 실시계획
　2. 한국어능력시험에서의 부정 방지대책의 수립 및 그 이행에 관한 사항
　3. 한국어능력시험 응시수수료의 전년도 수입·지출 명세와 해당 연도의 수입·지출 계획
　4. 그 밖에 한국어능력시험의 실시와 관련하여 고용노동부장관이 정하는 사항
⑥ 한국어능력시험 실시기관이 법 제7조 제3항에 따라 수수료를 징수하여 사용하려면 송출국가별로 수수료의 금액, 징수·반환의 절차 및 사용 계획에 대하여 고용노동부장관의 승인을 받아야 한다. 승인받은 사항을 변경하는 경우에도 또한 같다. 〈신설 2014. 7. 28.〉
⑦ 한국어능력시험 실시기관의 장은 제6항에 따라 고용노동부장관의 승인을 받은 사항을 송출국가의 한국어능력시험 실시 계획 공고에 포함시키는 등의 방법으로 응시자에게 알려야 한다. 〈신설 2014. 7. 28.〉[전문개정 2010. 4. 7.]

제13조의2 기능 수준 등의 자격요건 평가

① 법 제7조 제4항에 따른 자격요건 평가의 방법 및 내용은 다음 각 호와 같다. 〈개정 2014. 7. 28.〉
  1. 평가방법
     가. 필기시험
     나. 실기시험
     다. 면접시험
  2. 평가내용
     가. 취업하려는 업종에 근무하기 위하여 필요한 기능 수준
     나. 외국인구직자의 체력
     다. 근무 경력
     라. 그 밖에 인력 수요에 부합되는지를 평가하기 위하여 필요하다고 인정되는 사항
② 고용노동부장관은 제1항에 따른 평가의 방법 및 내용을 정하여 「한국산업인력공단법」에 따른 한국산업인력공단(이하 "한국산업인력공단"이라 한다)에 통보하고, 고용노동부 게시판 및 인터넷 홈페이지 등에 공고하여야 한다. 〈개정 2010. 7. 12.〉
③ 한국산업인력공단은 매년 4월 30일까지 다음 각 호의 사항을 고용노동부장관에게 보고하여야 한다. 〈개정 2010. 7. 12.〉
  1. 전년도 자격요건의 평가 결과와 해당 연도 자격요건의 평가계획
  2. 그 밖에 자격요건의 평가와 관련하여 고용노동부장관이 정하는 사항
[본조신설 2010. 4. 7.] [종전 제13조의2는 제13조의3으로 이동 〈2010. 4. 7.〉]

제13조의3 고용허가 신청 유효기간의 연장

「직업안정법」 제2조의2 제1호에 따른 직업안정기관(이하 "직업안정기관"이라 한다)의 장은 법 제8조 제2항에 따라 사용자가 다음 각 호의 어느 하나에 해당하는 사유가 발생하여 고용허가 신청 유효기간의 만료일 이전에 그 연장을 신청하는 경우에는 3개월의 범위에서 그 유효기간을 연장할 수 있다.
1. 일시적인 경영악화 또는 예상할 수 없었던 조업단축 등이 발생하여 신규 근로자

를 채용할 수 없는 경우
2. 천재지변이나 그 밖의 부득이한 사유로 사업을 계속하기가 불가능한 경우

[전문개정 2010. 4. 7.][제13조의2에서 이동, 종전 제13조의3은 제13조의4로 이동 〈2010. 4. 7.〉]

> **관련법령** ▶ 「직업안정법」 제2조의2제1호

제2조의2(정의)
이 법에서 사용하는 용어의 뜻은 다음 각 호와 같다.
1. "직업안정기관"이란 직업소개, 직업지도 등 직업안정업무를 수행하는 지방고용노동행정기관을 말한다.

제13조의4 고용허가서의 발급요건

법 제8조 제3항에서 "외국인근로자 도입 업종 및 규모 등 대통령령으로 정하는 요건"이란 다음 각 호의 요건 모두에 해당하는 것을 말한다. 〈개정 2010. 7. 12., 2022. 8. 2.〉
1. 정책위원회에서 정한 외국인근로자의 도입 업종, 외국인근로자를 고용할 수 있는 사업 또는 사업장에 해당할 것
2. 고용노동부령으로 정하는 기간 이상 내국인을 구인하기 위하여 노력하였는데도 직업안정기관에 구인 신청한 내국인근로자의 전부 또는 일부를 채용하지 못하였을 것. 다만, 법 제6조 제2항에 따른 직업안정기관의 장의 직업소개에도 불구하고 정당한 이유 없이 2회 이상 채용을 거부한 경우는 제외한다.
3. 법 제6조 제1항에 따라 내국인 구인 신청을 한 날의 2개월 전부터 법 제8조 제4항에 따른 외국인근로자 고용허가서(이하 "고용허가서"라 한다) 발급일까지 고용조정으로 내국인근로자를 이직시키지 아니하였을 것
4. 법 제6조 제1항에 따라 내국인 구인 신청을 한 날의 5개월 전부터 고용허가서 발급일까지 임금을 체불(滯拂)하지 아니하였을 것
5. 「고용보험법」에 따른 고용보험에 가입하고 있을 것. 다만, 「고용보험법」을 적용받지 않는 사업 또는 사업장의 경우는 제외한다.
6. 「산업재해보상보험법」에 따른 산업재해보상보험 또는 「어선원 및 어선 재해보상보험법」 제16조 제1항에 따른 어선원 등의 재해보상보험에 가입하고 있을 것. 이 경우 「산업재해보상보험법」 및 「어선원 및 어선 재해보상보험법」을 적용받지 않는 사업 또는 사업장은 외국인근로자가 근로를 시작한 날부터 3개월 이내에고

용노동부령으로 정하는 바에 따라 해당 외국인근로자를 피보험자로 하여 「농어업인의 안전보험 및 안전재해예방에 관한 법률」에 따른 농어업인안전보험에 가입할 것을 내용으로 하는 확약서를 제출하는 것으로 갈음할 수 있다.
7. 외국인근로자를 고용하고 있는 사업 또는 사업장의 사용자인 경우에는 그 외국인근로자를 대상으로 법 제13조에 따른 보험 또는 신탁과 법 제23조 제1항에 따른 보증보험에 가입하고 있을 것(가입대상 사용자의 경우만 해당한다)

[전문개정 2010. 4. 7.] [제13조의3에서 이동 〈2010. 4. 7.〉]

관련법령 ▶ 「어선원 및 어선 재해보상보험법」 제16조제1항

제16조(보험가입자)
① 이 법을 적용받는 어선의 소유자는 당연히 어선원 등의 재해보상보험(이하 "어선원보험"이라 한다)의 보험가입자(이하 "당연가입자"라 한다)가 된다. 다만, 제6조제1항제3호에 따른 어선의 소유자는 중앙회의 승인을 받아 어선원보험에 가입할 수 있다.

제14조 고용허가서의 발급 등

① 법 제8조 제4항에 따라 고용허가서를 발급받은 사용자는 고용허가서 발급일부터 3개월 이내에 외국인근로자와 근로계약을 체결하여야 한다.
② 사용자가 법 제8조 제4항에 따라 고용허가서를 발급받은 후 외국인근로자의 사망 등 불가피한 사유로 그 외국인근로자와 근로계약을 체결하지 못하거나 근로계약을 체결한 후 사용자의 책임이 아닌 사유로 외국인근로자가 근로를 개시할 수 없게 된 경우에는 직업안정기관의 장은 다른 외국인근로자를 추천하여 고용허가서를 재발급하여야 한다.〈개정 2014. 7. 28.〉
③ 법 제8조 제4항 또는 이 조 제2항에 따라 직업안정기관의 장이 사용자에게 고용허가서를 발급하거나 재발급하는 경우에는 법 제9조 제3항 또는 제4항에 따른 근로계약 기간의 범위에서 고용허가 기간을 부여하여야 한다.
④ 고용허가서의 발급 및 재발급에 필요한 사항은 고용노동부령으로 정한다.〈개정 2010. 7. 12.〉[전문개정 2010. 4. 7.]

제15조 삭제 ⟨2011. 7. 5.⟩

제16조 근로계약 체결의 대행 등

사용자 또는 한국산업인력공단이 법 제9조에 따라 근로계약을 체결하거나 이를 대행하는 경우에는 근로계약서 2부를 작성하고 그 중 1부를 외국인근로자에게 내주어야 한다. [전문개정 2010. 4. 7.]

제17조 근로계약의 효력발생 시기 등

① 법 제9조 제1항에 따른 근로계약의 효력발생 시기는 외국인근로자가 입국한 날로 한다.
② 법 제9조 제3항에 따라 근로계약을 갱신하거나 법 제9조 제4항에 따라 근로계약을 다시 체결한 사용자는 직업안정기관의 장에게 외국인근로자 고용허가기간 연장허가를 받아야 한다. ⟨개정 2022. 8. 2.⟩ [전문개정 2010. 4. 7.]

제18조 외국인 취업교육기관의 지정기준

① 법 제11조의3 제2항에서 "전문인력·시설 등 대통령령으로 정하는 지정기준"이란 다음 각 호의 사항을 말한다.
  1. 비영리법인 또는 비영리단체일 것
  2. 다음 각 목의 인력을 모두 갖출 것
     가. 해당 분야에서 1년 이상 근무한 경력 등 교육 실시에 적합한 자격기준을 갖춘 교육 담당 강사
     나. 교육 운영·관리 업무를 수행하는 교육 지원 인력
  3. 교육 대상 인원을 수용할 수 있는 적정한 면적의 사무실, 강의실, 기숙사 및 식당을 갖출 것
② 제1항 제2호 및 제3호에 따른 지정기준에 관하여 필요한 세부사항은 교육 대상 인원, 교육 내용 등을 고려하여 고용노동부장관이 정하여 고시한다.

[전문개정 2022. 12. 6.]

제18조의2 외국인 취업교육기관의 지정취소 등

법 제11조의4 제1항 제5호에서 "운영성과의 미흡 등 대통령령으로 정하는 경우"란 고의 또는 중대한 과실로 외국인 취업교육 업무를 부실하게 수행하여 그 업무를 적정하게 수행하는 것이 현저히 곤란하다고 인정되는 경우를 말한다. [본조신설 2022. 12. 6.]

제19조 외국인근로자 고용 특례의 대상자

법 제12조 제1항각 호 외의 부분 전단에서 "대통령령으로 정하는 사증을 발급받고 입국한 외국인"이란 「출입국관리법 시행령」 별표 1의2중 체류자격 29. 방문취업(H-2)의 체류자격에 해당하는 사람을 말한다. <개정 2018. 9. 18.> [전문개정 2010. 4. 7.]

제20조 특례고용가능확인서의 발급요건 등

① 법 제12조 제3항후단 및 제6항에 따른 특례고용가능확인서(이하 "특례고용가능확인서"라 한다)의 발급요건에 관하여는제13조의4에 따른 고용허가서의 발급요건을 준용한다. 이 경우 "고용허가서"는 "특례고용가능확인서"로 본다.
② 직업안정기관의 장은법 제12조 제3항전단에 따른 사용자의 신청이 있을 때에는 제1항에 따라 준용되는제13조의4에 따른 고용허가서의 발급요건이 충족되는 경우 특례고용가능확인서를 발급하여야 한다. [전문개정 2010. 4. 7.]

제20조의2 특례고용가능확인서의 변경 확인

① 사용자는법 제12조 제6항에 따라 특례고용가능확인서를 발급받은 후 해당 사업이나 사업장의 업종 또는 규모 등의 변화로 특례고용가능확인서의 내용 중 그 사업 또는 사업장에서 고용할 수 있는 외국인근로자의 수 등고용노동부령으로 정하는 중요 사항을 변경하여야 할 필요가 있는 경우에는 직업안정기관의 장에게 특례고용가능확인서의 변경 확인을 받아야 한다. <개정 2010. 7. 12.>
② 특례고용가능확인서의 변경 확인 절차에 관하여 필요한 사항은고용노동부령으로 정한다. <개정 2010. 7. 12.> [전문개정 2010. 4. 7.]

제3장 외국인근로자의 고용관리 〈신설 2010. 4. 7.〉

제21조 출국만기보험·신탁

① 법 제13조에 따른 보험 또는 신탁(이하 "출국만기보험 등"이라 한다)의 가입대상 사용자는 다음 각 호 모두에 해당하는 자로 한다. 다만, 법 제12조 제1항 제1호에 따른 사업 또는 사업장의 사용자는 제외한다. 〈개정 2011. 7. 5., 2012. 5. 14.〉
  1. 「근로자퇴직급여 보장법」 제3조에 따른 적용 범위에 해당하는 사업 또는 사업장의 사용자
  2. 법 제18조 또는 제18조의2 제1항에 따른 취업활동 기간이 1년 이상 남은 외국인근로자를 고용한 사용자

② 제1항에 따른 출국만기보험 등의 가입대상 사용자는 근로계약의 효력발생일부터 15일 이내에 다음 각 호의 요건을 모두 갖춘 출국만기보험 등에 가입하여야 한다. 〈개정 2010. 7. 12., 2011. 7. 5., 2012. 5. 14., 2014. 7. 28.〉
  1. 법 제13조에 따른 피보험자 또는 수익자(이하 "피보험자 등"이라 한다)에 대하여 고용노동부장관이 정하여 고시하는 금액을 「근로기준법」 제2조 제1항 제5호에 따른 임금과는 별도로 매월 적립하는 것일 것
  2. 계속하여 1년 이상을 근무한 피보험자 등이 출국(일시적 출국은 제외한다) 또는 사망하거나 체류자격이 변경된 경우 등에는 해당 출국만기보험 등을 취급하는 금융기관(이하 이 조에서 "보험사업자"라 한다)에 대하여 적립된 금액을 일시금으로 청구할 수 있을 것. 다만, 피보험자 등의 근무기간이 1년 미만인 경우에는 그 일시금은 사용자에게 귀속되는 것이어야 한다.
  3. 출국만기보험 등에 의한 일시금을 받을 피보험자 등의 권리는 양도하거나 담

보로 제공할 수 없는 것일 것. 다만, 다음 각 목의 어느 하나에 해당하는 경우에는 적립된 보험료 또는 신탁금의 100분의 50의 범위에서 일시금을 받을 권리를 담보로 제공할 수 있는 것이어야 한다.

 가. 피보험자 등이 사업 또는 사업장을 변경하기 위하여 사업주와 근로관계가 종료된 상태에서 질병 또는 부상으로 연속하여 4주 이상의 요양이 필요하게 된 경우

 나. 법 제25조 제1항 제2호또는제3호에 따른 사유로 사업 또는 사업장을 변경하는 경우

4. 보험사업자가 출국만기보험 등의 계약 전에 계약 내용을 피보험자 등에게 확인시키고 계약 체결 후에는 그 사실을 통지하는 것일 것

5. 보험사업자가 매년 보험료 또는 신탁금 납부 상황과 일시금의 수급 예상액을 피보험자 등에게 통지하는 것일 것

③ 사용자는 외국인근로자의 근로관계가 종료되거나 체류자격이 변경된 경우 출국만기보험 등의 일시금의 금액이 「근로자퇴직급여 보장법」 제8조 제1항에 따른 퇴직금의 금액보다 적은 경우에는 그 차액을 외국인근로자에게 지급하여야 한다. 〈개정 2014. 7. 28.〉

④ 사용자 및 외국인근로자는 제3항에 따른 일시금의 금액과 퇴직금 금액의 차액을 확인하기 위하여 보험사업자에게 일시금 금액의 확인을 요청할 수 있다. 이 경우 보험사업자는 지체 없이 해당 일시금을 서면(전자문서를 포함한다)으로 확인하여 주어야 한다.〈신설 2014. 7. 28.〉[전문개정 2010. 4. 7.]

관련법령 ▶ 「근로자퇴직급여 보장법」 제3조

제3조(적용범위)
이 법은 근로자를 사용하는 모든 사업 또는 사업장(이하 "사업"이라 한다)에 적용한다. 다만, 동거하는 친족만을 사용하는 사업 및 가구 내 고용활동에는 적용하지 아니한다.

관련법령 ▶ 「근로기준법」 제2조제1항제5호

제2조(정의)
① 이 법에서 사용하는 용어의 뜻은 다음과 같다.
 5. "임금"이란 사용자가 근로의 대가로 근로자에게 임금, 봉급, 그 밖에 어떠한 명칭으로든지 지급하는 모든 금품을 말한다.

> **관련법령** ▶ 「근로자퇴직급여 보장법」 제8조제1항

제8조(퇴직금제도의 설정 등)
① 퇴직금제도를 설정하려는 사용자는 계속근로기간 1년에 대하여 30일분 이상의 평균임금을 퇴직금으로 퇴직 근로자에게 지급할 수 있는 제도를 설정하여야 한다.

제21조의2 휴면보험금 등관리위원회의 구성·운영 등

① 법 제13조의2 제1항에 따른 휴면보험금 등관리위원회(이하 "휴면보험금 등관리위원회"라 한다)는 다음 각 호의 사항을 심의·의결한다.
  1. 법 제13조 제4항후단(법 제15조 제3항에서 준용하는 경우를 포함한다)에 따라 이전받은 보험금 등(보험금 등으로 발생한 수익금 등을 포함하며, 이하 "휴면보험금 등"이라 한다) 관련 사업계획의 수립·변경에 관한 사항
  2. 휴면보험금 등 관련 예산의 편성 및 결산에 관한 사항
  3. 다음 각 목의 용도에 따른 휴면보험금 등의 사용에 관한 사항
     가. 휴면보험금 등 찾아주기 사업의 실시
     나. 송출국가에 대한 지원·기여
     다. 휴면보험금 등의 운용 수익금을 통한 외국인근로자에 대한 복지사업
     라. 그 밖에 휴면보험금 등을 활용한 피보험자 등을 위한 사업
  4. 그 밖에 휴면보험금 등의 관리·운용과 관련된 사항으로서 위원장이 필요하다고 인정하는 사항
② 휴면보험금 등관리위원회는 위원장 1명을 포함하여 15명 이내의 위원으로 구성한다.
③ 휴면보험금 등관리위원회의 위원장은 한국산업인력공단 이사장이 되고, 위원은 다음 각 호의 사람이 된다.
  1. 총 연합단체인 노동조합에서 추천한 사람으로서 한국산업인력공단 이사장이 위촉하는 사람 2명
  2. 전국적 규모를 갖춘 사용자단체에서 추천한 사람으로서 한국산업인력공단 이사장이 위촉하는 사람 2명
  3. 다음 각 목의 구분에 따른 사람 중에서 한국산업인력공단 이사장이 위촉하거나 임명하는 사람

가. 외국인근로자의 고용 및 권익보호나 법률·회계에 관한 학식과 경험이 풍부한 사람
나. 고용노동부에서 외국인근로자 고용 업무를 담당하는 4급 이상의 공무원
다. 한국산업인력공단의 임원 또는 외국인근로자 고용 업무를 담당하는 사업본부의 장

④ 위원의 임기는 2년으로 하되, 한 차례만 연임할 수 있다. 다만, 제3항제3호나목 및 다목에 따른 위원의 임기는 그 직위에 재임하는 기간으로 한다.
⑤ 휴면보험금 등관리위원회의 회의는 재적위원 과반수의 출석으로 개의하고, 출석위원 과반수의 찬성으로 의결한다.
⑥ 휴면보험금 등관리위원회의 회의에 출석한 위원에 대해서는 예산의 범위에서 수당과 여비를 지급할 수 있다. 다만, 공무원 또는 한국산업인력공단의 임원·직원인 위원이 그 소관업무와 직접적으로 관련되어 출석하는 경우에는 그러하지 아니하다.
⑦ 제1항부터 제6항까지에서 규정한 사항 외에 휴면보험금 등관리위원회의 운영에 필요한 사항은 휴면보험금 등관리위원회의 의결을 거쳐 위원장이 정한다.

[본조신설 2014. 7. 28.]

제21조의3 휴면보험금 등 관련 한국산업인력공단의 업무 등

① 한국산업인력공단은 휴면보험금 등과 관련하여 다음 각 호의 업무를 수행한다.
  1. 휴면보험금 등의 관리·운용
  2. 휴면보험금 등 예산의 편성 및 결산
  3. 그 밖에 휴면보험금 등의 관리·운용과 관련하여 휴면보험금 등관리위원회에서 심의·의결한 사항의 수행
② 한국산업인력공단은 휴면보험금 등을 한국산업인력공단의 다른 회계와 구분하여 회계처리하여야 한다. 이 경우 출국만기보험 등으로부터 발생한 휴면보험금 등과 제22조 제1항에 따른 귀국비용보험 등으로부터 발생한 휴면보험금 등을 구분하여 회계처리하여야 한다. 〈개정 2018. 6. 5.〉 [본조신설 2014. 7. 28.]

제22조 귀국비용보험·신탁

① 외국인근로자는 법 제15조에 따라 근로계약의 효력발생일부터 3개월 이내에 다음 각 호의 요건을 모두 갖춘 보험 또는 신탁(이하 "귀국비용보험 등"이라 한다)에 가입하여야 한다. 〈개정 2014. 7. 28., 2018. 5. 8.〉
  1. 외국인근로자가 제3항에 따른 금액을 일시금 또는 3회 이내로 나누어 내는 것일 것
  2. 귀국비용보험 등을 취급하는 금융기관(이하 이 조에서 "보험사업자"라 한다)은 외국인근로자가 해당 귀국비용보험 등에 가입할 경우 그 사실을 사업 또는 사업장의 소재지를 관할하는 직업안정기관의 장에게 통보하는 것일 것
  3. 보험사업자는 외국인근로자가 제2항에 따라 귀국비용보험 등의 일시금을 신청하는 경우 관할 출입국·외국인청의 장 또는 출입국·외국인사무소의 장에게 그 출국 여부를 확인한 후 귀국비용보험 등의 일시금을 지급하는 것일 것
② 외국인근로자는 다음 각 호의 어느 하나에 해당하는 사유가 발생한 경우 귀국비용보험 등의 일시금의 지급을 신청할 수 있다.
  1. 체류기간이 만료되어 출국하려는 경우
  2. 개인사정으로 체류기간의 만료 전에 출국(일시적 출국은 제외한다)하려는 경우
  3. 사업 또는 사업장에서 이탈하였던 외국인근로자가 자진하여 출국하려고 하거나 강제로 퇴거되는 경우
③ 귀국비용보험 등의 납부금액은 귀국에 필요한 비용을 고려하여 국가별로 고용노동부장관이 정하여 고시한다. 〈개정 2010. 7. 12.〉[전문개정 2010. 4. 7.]

제23조 외국인근로자의 고용관리

① 법 제17조 제1항에서 "외국인근로자와의 근로계약을 해지하거나 그 밖에 고용과 관련된 중요 사항을 변경하는 등 대통령령으로 정하는 사유"란 다음 각 호의 어느 하나에 해당하는 경우를 말한다. 〈개정 2010. 12. 29.〉
  1. 외국인근로자가 사망한 경우

2. 외국인근로자가 부상 등으로 해당 사업에서 계속 근무하는 것이 부적합한 경우
3. 외국인근로자가 사용자의 승인을 받는 등 정당한 절차 없이 5일 이상 결근하거나 그 소재를 알 수 없는 경우
4. 삭제〈2014. 7. 28.〉
5. 외국인근로자와의 근로계약을 해지하는 경우
6. 삭제〈2014. 7. 28.〉
7. 삭제〈2014. 7. 28.〉
8. 사용자 또는 근무처의 명칭이 변경된 경우
9. 사용자의 변경 없이 근무 장소를 변경한 경우

② 고용노동부장관은 법 제17조 제4항에 따라 외국인근로자의 적절한 고용관리 등을 하기 위해 매년 1회 이상 외국인근로자를 고용하고 있는 사업 또는 사업장에 대한 지도·점검계획을 수립하고, 그 계획에 따라 선정된 사업 또는 사업장에 대하여 외국인근로자의 근로조건, 산업안전보건조치 등의 이행실태, 그 밖에 관계 법령의 준수 여부 등을 파악하기 위한 지도·점검을 해야 한다.〈개정 2010. 7. 12., 2021. 5. 18.〉

③ 고용노동부장관은 제2항에 따른 지도·점검을 실시한 결과「근로기준법」·「출입국관리법」 등 관계 법령을 위반한 사실을 발견한 경우에는 관계 법령에 따라 필요한 조치를 하여야 한다. 다만, 소관 사항이 아닌 경우에는 소관 행정기관에 통지하여야 한다.〈개정 2010. 7. 12.〉

④ 출입국·외국인청장, 출입국·외국인사무소장 또는 출장소장은 그 직무와 관련하여 직업안정기관의 장에 대하여 외국인근로자의 고용관리에 관한 자료를 요청할 수 있다. 이 경우 직업안정기관의 장은 특별한 사유가 없으면 그 요청을 거부해서는 아니 된다.〈개정 2018. 5. 8.〉[전문개정 2010. 4. 7.]

제23조의2 **삭제**〈2010. 4. 7.〉

제24조 **외국인근로자 고용허가 또는 특례고용가능확인의 취소**

고용노동부장관이 법 제19조 제1항에 따라 사용자에 대하여 고용허가나 특례고용가능확인을 취소할 때에는 다음 각 호의 사항이 포함된 문서로 하여야 한다.〈개정

2010. 7. 12.〉
1. 취소의 사유
2. 해당 외국인근로자와의 근로계약 종료기한
3. 법 제20조에 따른 외국인근로자 고용의 제한 여부 [전문개정 2010. 4. 7.]

제25조(외국인근로자 고용의 제한)

법 제20조 제1항 제4호에서 "대통령령으로 정하는 사유에 해당하는 자"란 다음 각 호의 어느 하나에 해당하는 자를 말한다. 〈개정 2022. 8. 2.〉
1. 법 제8조에 따라 고용허가서를 발급받은 날 또는 법 제12조에 따라 외국인근로자의 근로가 시작된 날부터 6개월 이내에 내국인근로자를 고용조정으로 이직시킨 자
2. 외국인근로자로 하여금 근로계약에 명시된 사업 또는 사업장 외에서 근로를 제공하게 한 자
3. 법 제9조 제1항에 따른 근로계약이 체결된 이후부터 법 제11조에 따른 외국인 취업교육을 마칠 때까지의 기간 동안 경기의 변동, 산업구조의 변화 등에 따른 사업 규모의 축소, 사업의 폐업 또는 전환, 감염병 확산으로 인한 항공기 운항 중단 등과 같은 불가피한 사유가 없음에도 불구하고 근로계약을 해지한 자

[전문개정 2010. 4. 7.]

제26조 외국인근로자 관련 사업

법 제21조 제6호에서 "대통령령으로 정하는 사업"이란 다음 각 호의 사업을 말한다.
1. 외국인근로자의 취업알선, 고용관리 등에 필요한 외국인근로자 고용관리 전산시스템의 개발·운영사업
2. 외국인근로자의 국내 생활 적응 및 대한민국 문화에 대한 이해 증진과 관련된 사업
3. 출국만기보험 등, 귀국비용보험 등 및 법 제23조에 따른 보증보험·상해보험 운영의 지원사업
4. 그 밖에 정책위원회가 외국인근로자의 고용관리를 위하여 필요하다고 인정하는 사업 [전문개정 2010. 4. 7.]

제26조의2 기숙사 정보의 제공

① 사용자는 법 제22조의2 제2항각 호 외의 부분 전단에 따라 기숙사 정보를 제공하는 경우에는고용노동부장관이 정하는바에 따라 「근로기준법 시행령」 제55조부터 제58조까지 및 제58조의2에 따른 기숙사의 설치 및 운영에 관한 사항 등을 제공해야 한다.

② 사용자는 근로계약 체결 후 제1항에 따라 제공된 정보를 변경하는 경우에는고용노동부장관이 정하는바에 따라 그 내용을 외국인근로자에게 제공해야 한다.

[본조신설 2019. 7. 9.]

관련법령 ▶ 「근로기준법 시행령」 제55조부터 제58조, 제58조의2

제55조(기숙사의 구조와 설비)
사용자는 기숙사를 설치하는 경우 법 제100조에 따라 기숙사의 구조와 설비에 관하여 다음 각 호의 기준을 모두 충족해야 한다.
1. 침실 하나에 8명 이하의 인원이 거주할 수 있는 구조일 것
2. 화장실과 세면·목욕시설을 적절하게 갖출 것
3. 채광과 환기를 위한 적절한 설비 등을 갖출 것
4. 적절한 냉·난방 설비 또는 기구를 갖출 것
5. 화재 예방 및 화재 발생 시 안전조치를 위한 설비 또는 장치를 갖출 것

제56조(기숙사의 설치 장소)
사용자는 소음이나 진동이 심한 장소, 산사태나 눈사태 등 자연재해의 우려가 현저한 장소, 습기가 많거나 침수의 위험이 있는 장소,. 오물이나 폐기물로 인한 오염의 우려가 현저한 장소 등 근로자의 안전하고 쾌적한 거주가 어려운 환경의 장소에 기숙사를 설치해서는 안 된다.

제57조(기숙사의 주거 환경 조성)
사용자는 기숙사를 운영하는 경우 법 제100조에 따라 기숙사의 주거 환경 조성에 관하여 다음 각 호의 기준을 충족해야 한다.
1. 남성과 여성이 기숙사의 같은 방에 거주하지 않도록 할 것
2. 작업 시간대가 다른 근로자들이 같은 침실에 거주하지 않도록 할 것. 다만, 근로자들의 작업 시간대가 다르더라도 근로자들의 수면 시간대가 완전히 구분되는 등 수면에 방해가 되지 않는 경우에는 같은 침실에 거주하도록 할 수 있다.
3. 기숙사에 기숙하는 근로자가 「감염병의 예방 및 관리에 관한 법률」 제2조제1호에 따른 감염병에 걸린 경우에는 다음 각 목의 장소 또는 물건에 대하여 소독 등 필요한 조치를 취할 것
   가. 해당 근로자의 침실
   나. 해당 근로자가 사용한 침구, 식기, 옷 등 개인용품 및 그 밖의 물건

다. 기숙사 내 근로자가 공동으로 이용하는 장소
제58조(기숙사의 면적)
기숙사 침실의 넓이는 1인당 2.5제곱미터 이상으로 한다.
제58조의2(근로자의 사생활 보호 등)
사용자는 기숙사에 기숙하는 근로자의 사생활 보호 등을 위하여 다음 각 호의 사항을 준수해야 한다.
1. 기숙사의 침실, 화장실 및 목욕시설 등에 적절한 잠금장치를 설치할 것
2. 근로자의 개인용품을 정돈하여 두기 위한 적절한 수납공간을 갖출 것

제4장 외국인근로자의 보호 〈신설 2010. 4. 7.〉

제27조 보증보험의 가입

① 법 제23조 제1항에서 "대통령령으로 정하는 사업 또는 사업장"이란 다음 각 호의 어느 하나에 해당하는 사업 또는 사업장을 말한다. 다만, 법 제12조 제1항 제1호에 따른 사업 또는 사업장은 제외한다.
  1. 「임금채권보장법」이 적용되지 아니하는 사업 또는 사업장
  2. 상시 300명 미만의 근로자를 사용하는 사업 또는 사업장
② 제1항에 따른 사업 또는 사업장의 사용자는 근로계약의 효력발생일부터 15일 이내에 다음 각 호의 요건을 모두 갖춘 보증보험에 가입하여야 한다. 〈개정 2010. 7. 12.〉
  1. 체불된 임금의 지급을 위하여 고용노동부장관이 정하여 고시하는 금액 이상을 보증하는 것일 것
  2. 보증보험회사가 외국인근로자에게 해당 보증보험 가입 사실을 통지하는 것일 것
  3. 사용자가 임금을 체불하는 경우 외국인근로자가 보증보험회사에 보증보험의 보험금을 청구할 수 있는 것일 것 [전문개정 2010. 4. 7.]

제28조 상해보험의 가입

① 법 제23조 제2항에서 "대통령령으로 정하는 사업 또는 사업장"이란 외국인근로자를 고용한 사업 또는 사업장을 말한다.
② 제1항에 따른 사업 또는 사업장의 외국인근로자는 근로계약의 효력발생일부터 15일 이내에 다음 각 호의 요건을 모두 갖춘 상해보험에 가입하여야 한다. 〈개정

2010. 7. 12.〉

1. 외국인근로자가 사망하거나 질병 등이 발생한 경우 고용노동부장관이 정하여 고시하는 보험금액을 지급하는 것일 것
2. 외국인근로자가 사망하거나 질병 등이 발생한 경우 본인 또는 유족이 보험회사에 상해보험의 보험금액을 청구할 수 있는 것일 것[전문개정 2010. 4. 7.]

제29조 외국인근로자 관련 단체 등에 대한 지원

① 법 제24조 제1항에서 "대통령령으로 정하는 사업"이란 다음 각 호의 어느 하나에 해당하는 사업을 말한다.〈개정 2019. 7. 2.〉
 1. 외국인근로자에 대한 무상의료 지원사업
 2. 외국인근로자에 대한 문화행사 관련 사업
 3. 외국인근로자에 대한 장례 지원사업
 4. 외국인근로자에 대한 국내 구직활동 지원사업 및 국내 생활 지원사업
 5. 그 밖에 외국인근로자의 권익보호 등을 위하여 정책위원회가 필요하다고 인정하는 사업

② 국가가 법 제24조 제1항에 따른 사업에 필요한 비용을 지원할 수 있는 기관 또는 단체는 다음 각 호의 요건을 모두 갖추어야 한다.〈개정 2010. 7. 12.〉
 1. 비영리법인 또는 비영리단체일 것
 2. 사업수행을 위하여 고용노동부장관이 정하여 고시하는 시설 또는 장비를 갖추고 있을 것
 3. 사업수행을 위하여 필요한 국가자격 또는 국가의 공인을 받은 민간자격을 소지한 사람이나 해당 분야에서 1년 이상의 경력을 가진 사람이 2명 이상 종사하고 있을 것

③ 고용노동부장관은 제2항의 요건을 모두 갖춘 기관 또는 단체에 사업에 필요한 비용을 지원하려면 매년 사업계획과 운영 실적 등을 평가하여 지원 여부를 결정하여야 한다.〈개정 2010. 7. 12.〉

④ 법 제24조 제1항에 따른 사업에 필요한 비용의 지원 수준은 고용노동부장관이 정하는 금액으로 한다. 이 경우 운영 실적 등의 평가 결과에 따라 지원 수준을 달리 정할 수 있다.〈개정 2010. 7. 12.〉

⑤ 제1항부터 제4항까지에서 규정한 사항 외에 고용노동부장관이 비용을 지원할 수 있는 기관 또는 단체의 선정절차, 운영 등에 필요한 사항은 고용노동부장관이 정한다. 〈개정 2010. 7. 12.〉 [전문개정 2010. 4. 7.]

제30조 사업 또는 사업장의 변경

① 법 제25조 제1항 제3호에서 "대통령령으로 정하는 사유"란 상해 등으로 외국인근로자가 해당 사업 또는 사업장에서 계속 근무하기는 부적합하나 다른 사업 또는 사업장에서 근무하는 것은 가능하다고 인정되는 경우를 말한다. 〈개정 2012. 5. 14.〉
② 삭제〈2012. 5. 14.〉
③ 직업안정기관의 장은 법 제25조 제3항에 해당하는 출국대상자의 명단을 관할 출입국·외국인청장, 출입국·외국인사무소장 또는 출장소장에게 통보하여야 한다. 〈개정 2018. 5. 8.〉 [전문개정 2010. 4. 7.]

제5장 **보칙** 〈신설 2010. 4. 7.〉

제31조 권한 등의 위임·위탁

① 고용노동부장관은 법 제28조에 따라 다음 각 호의 권한을 지방고용노동관서의 장에게 위임한다.〈개정 2010. 7. 12., 2011. 7. 5., 2012. 5. 14., 2022. 8. 2.〉
  1. 법 제18조의2에 따른 사용자의 재고용 허가 요청의 접수 및 처리
  2. 법 제18조의4에 따른 재입국 후의 고용허가 신청의 접수 및 처리
  3. 법 제26조 제1항에 따른 명령·조사 및 검사 등
  4. 법 제32조에 따른 과태료의 부과·징수
  5. 제23조 제2항에 따른 지도·점검

② 고용노동부장관은 법 제28조에 따라 다음 각 호의 업무를 한국산업인력공단에 위탁한다.〈개정 2010. 7. 12., 2021. 10. 14.〉
  1. 법 제11조의2 및 제21조 제2호에 따른 사용자에 대한 교육사업
  2. 법 제21조 제1호에 따른 외국인근로자의 출입국 지원사업
  3. 법 제21조 제3호에 따른 송출국가의 공공기관과의 협력사업
  4. 법 제27조 제2항에 따른 수수료 등의 징수(제2호 및 제3호에 따라 위탁받은 사업과 관련된 것으로 한정한다)
  5. 제12조 제2항에 따른 외국인구직자 명부의 작성·관리

③ 고용노동부장관은 법 제28조에 따라 다음 각 호의 업무를 한국산업인력공단과 업무수행을 위한 인적·물적 능력 등을 고려하여 고용노동부장관이 정하여 고시하는 비영리법인 또는 비영리단체에 위탁한다.〈개정 2010. 7. 12., 2021. 10. 14.〉
  1. 법 제21조 제2호에 따른 외국인근로자에 대한 교육사업

2. 법 제21조 제3호에 따른 외국인근로자 관련 민간단체와의 협력사업
3. 법 제21조 제4호에 따른 외국인근로자 및 그 사용자에 대한 상담 등 편의 제공 사업
4. 법 제27조 제2항에 따른 수수료 등의 징수(제1호부터 제3호까지의 규정에 따라 위탁받은 사업과 관련된 것으로 한정한다)
5. 제26조 제2호에 따른 외국인근로자의 국내 생활 적응 및 대한민국 문화에 대한 이해 증진과 관련된 사업
6. 제26조 제3호에 따른 지원 사업

④ 고용노동부장관은 법 제28조에 따라 제26조 제1호에 따른 외국인근로자 고용관리 전산시스템의 개발·운영사업을 「고용정책 기본법」 제18조에 따른 한국고용정보원에 위탁한다. <개정 2010. 7. 12.>[전문개정 2010. 4. 7.][제목개정 2021. 10. 14.]

> **관련법령** ▶ 「고용정책 기본법」 제18조

제18조(한국고용정보원의 설립)
① 고용정보의 수집·제공과 직업에 관한 조사·연구 등 제40조에 따라 위탁받은 업무와 그 밖에 고용지원에 관한 업무를 효율적으로 수행하기 위하여 한국고용정보원을 설립한다.
② 한국고용정보원은 법인으로 한다.
③ 한국고용정보원은 고용노동부장관의 승인을 받아 분사무소를 둘 수 있다.
④ 한국고용정보원의 사업은 다음 각 호와 같다.
  1. 고용 동향, 직업의 현황 및 전망에 관한 정보의 수집·관리
  2. 인력 수급의 동향 및 전망에 관한 정보의 제공
  3. 고용정보시스템 구축 및 운영
  4. 직업지도, 직업심리검사 및 직업상담에 관한 기법(技法)의 연구·개발 및 보급
  5. 고용서비스의 평가 및 지원
  6. 제1호부터 제5호까지의 사업에 관한 국제협력과 그 밖의 부대사업
  7. 그 밖에 고용노동부장관, 다른 중앙행정기관의 장 또는 지방자치단체로부터 위탁받은 사업
⑤ 정부는 예산의 범위에서 한국고용정보원의 설립·운영에 필요한 경비와 제4항제1호부터 제6호까지의 사업에 필요한 경비를 출연할 수 있다.
⑥ 한국고용정보원에 관하여 이 법과 「공공기관의 운영에 관한 법률」에 규정된 것 외에는 「민법」 중 재단법인에 관한 규정을 준용한다.
⑦ 한국고용정보원은 업무수행에 필요한 자료의 제공을 국가기관, 지방자치단체, 교육·연구기관, 그 밖의 공공기관에 요청할 수 있다.
⑧ 한국고용정보원의 임직원은 「형법」 제129조부터 제132조까지의 규정을 적용할 때에는 공무원으

로 본다.
⑨ 한국고용정보원의 임직원이나 임직원으로 재직하였던 사람은 그 직무상 알게 된 비밀을 누설하거나 다른 용도로 사용하여서는 아니 된다.

제31조의2 고유식별정보의 처리

고용노동부장관(제31조에 따라 고용노동부장관의 권한 또는 업무를 위임·위탁받은 자를 포함한다), 직업안정기관의 장 또는 한국산업인력공단은 다음 각 호의 사무를 수행하기 위해 불가피한 경우 「개인정보 보호법 시행령」 제19조 제1호 또는 제4호에 따른 주민 등록번호 또는 외국인 등록번호가 포함된 자료를 처리할 수 있다. 〈개정 2012. 5. 14., 2021. 5. 18., 2021. 10. 14.〉

1. 법 제5조에 따라 수립된 외국인근로자 도입계획의 시행에 관한 사무
2. 법 제7조에 따른 외국인구직자 명부의 작성에 관한 사무
3. 법 제8조에 따른 외국인근로자 고용허가에 관한 사무
4. 법 제9조에 따른 외국인근로자 근로계약 체결에 관한 사무
5. 법 제12조에 따른 외국인근로자 고용의 특례에 관한 사무
6. 법 제13조에 따른 출국만기보험 등에 관한 사무
7. 법 제15조에 따른 귀국비용보험·신탁에 관한 사무
8. 법 제17조에 따른 외국인근로자의 고용관리에 관한 사무
9. 법 제18조의2에 따른 취업활동 기간의 연장에 관한 사무
10. 법 제18조의4에 따른 재입국 후의 고용허가에 관한 사무
11. 법 제23조에 따른 보증보험 및 상해보험의 가입 등에 관한 사무
12. 법 제25조에 따른 외국인근로자의 사업 또는 사업장 변경에 관한 사무
13. 법 제26조에 따른 보고 및 조사 등에 관한 사무 [본조신설 2012. 1. 6.]

관련법령 ▶ 「개인정보 보호법 시행령」 제19조제1호 또는 제4호

제19조(고유식별정보의 범위)

법 제24조제1항 각 호 외의 부분에서 "대통령령으로 정하는 정보"란 다음 각 호의 어느 하나에 해당하는 정보를 말한다. 다만, 공공기관이 법 제18조제2항제5호부터 제9호까지의 규정에 따라 다음 각 호의 어느 하나에 해당하는 정보를 처리하는 경우의 해당 정보는 제외한다.
1. 「주민 등록법」 제7조의2제1항에 따른 주민 등록번호

2. 「여권법」 제7조제1항제1호에 따른 여권번호
3. 「도로교통법」 제80조에 따른 운전면허의 면허번호
4. 「출입국관리법」 제31조제5항에 따른 외국인 등록번호

제31조의3 삭제 〈2020. 3. 3.〉

제6장 벌칙 <신설 2010. 4. 7.>

제32조 과태료의 부과기준

법 제32조 제1항에 따른 과태료의 부과기준은 별표와 같다. [전문개정 2011. 7. 5.]

★ 외국인근로자의 고용 등에 관한 법률 시행령 [별표] <개정 2021. 10. 14.>
<과태료의 부과기준(제32조 관련)>

1. 일반기준
   가. 위반행위의 횟수에 따른 과태료의 가중된 부과기준은 최근 2년간 같은 위반행위로 과태료 부과처분을 받은 경우에 적용한다. 이 경우 기간의 계산은 위반행위에 대하여 과태료 부과처분을 받은 날과 그 처분 후 다시 같은 위반행위를 하여 적발된 날을 기준으로 한다.
   나. 가목에 따라 가중된 부과처분을 하는 경우 가중처분의 적용 차수는 그 위반행위 전 부과처분 차수(가목에 따른 기간 내에 과태료 부과처분이 둘 이상 있었던 경우에는 높은 차수를 말한다)의 다음 차수로 한다.
   다. 부과권자는 다음의 어느 하나에 해당하는 경우에는 제2호의 개별기준에 따른 과태료의 2분의 1 범위에서 그 금액을 줄여 부과할 수 있다. 다만, 과태료를 체납하고 있는 위반행위자에 대해서는 그렇지 않다.
      1) 위반행위자가 자연재해·화재 등으로 재산에 현저한 손실이 발생하거나 사업여건의 악화로 사업이 중대한 위기에 처하는 등의 사정이 있는 경우
      2) 위반행위가 사소한 부주의나 오류로 인한 것으로 인정되는 경우
      3) 위반행위자가 법 위반상태를 시정하거나 해소하기 위해 노력한 사실이 인정되는 경우
      4) 그 밖에 위반행위의 정도, 위반행위의 동기와 그 결과 등을 고려하여 줄일 필요가 있다고 인정되는 경우

2. 개별기준

위반행위	근거 법조문	과태료 금액(만원)		
		1차 위반	2차 위반	3차 이상 위반
가. 사용자가 법 제9조제1항을 위반하여 근로계약을 체결할 때 표준근로계약서를 사용하지 않은 경우	법 제32조 제1항제1호	60	120	240
나. 사용자가 법 제11조제2항을 위반하여 외국인근로자에게 취업교육을 받게 하지 않은 경우	법 제32조 제1항제2호	60	120	240
다. 사용자가 법 제11조의2제1항을 위반하여 사용자 교육을 받지 않은 경우	법 제32조 제1항제2호의2	300		

위반행위	해당 법조문	1차	2차	3차
라. 사용자가 법 제12조제3항에 따른 특례고용가능확인을 받지 않고 같은 조 제1항에 따른 사증을 발급받은 외국인근로자를 고용한 경우	법 제32조 제1항제3호	100	200	400
마. 사용자가 법 제12조제4항을 위반하여 외국인구직자 명부에 등록된 사람 중에서 채용하지 않은 경우 또는 외국인근로자가 근로를 시작한 후 사용자가 직업안정기관의 장에게 신고를 하지 않거나 거짓으로 신고한 경우	법 제32조 제1항제4호	60	120	240
바. 사용자가 법 제13조제1항 후단을 위반하여 출국만기보험 등의 매월 보험료 또는 신탁금을 3회 이상 연체한 경우	법 제32조 제1항제5호	80	160	320
사. 외국인근로자가 법 제15조제1항을 위반하여 보험 또는 신탁에 가입하지 않은 경우	법 제32조 제1항제6호			
1) 가입하지 않은 기간이 180일 이하인 경우		80		
2) 가입하지 않은 기간이 180일 초과 360일 이하인 경우		160		
3) 가입하지 않은 기간이 360일 초과 540일 이하인 경우		240		
4) 가입하지 않은 기간이 540일을 초과하는 경우		320		
아. 사용자가 법 제17조제1항을 위반하여 신고를 하지 않거나 거짓으로 신고한 경우	법 제32조 제1항제7호	60	120	240
자. 법 제20조제1항에 따라 외국인근로자의 고용이 제한된 사용자가 법 제12조제1항에 따른 사증을 발급받은 외국인근로자를 고용한 경우	법 제32조 제1항제8호	100	200	400
차. 사용자나 외국인근로자 또는 외국인근로자 관련 단체가 법 제26조제1항에 따른 명령을 따르지 않아 보고를 하지 않거나 거짓으로 보고한 경우	법 제32조 제1항제9호	60	120	240
카. 사용자나 외국인근로자 또는 외국인근로자 관련 단체가 법 제26조제1항에 따른 명령을 따르지 않아 관련 서류를 제출하지 않거나 거짓으로 제출한 경우	법 제32조 제1항제9호	60	120	240
타. 사용자나 외국인근로자 또는 외국인근로자 관련 단체가 법 제26조제1항에 따른 질문 또는 조사·검사를 거부·방해하거나 기피한 경우	법 제32조 제1항제9호	100	200	400
파. 법 제27조제1항·제2항 또는 제3항에 따른 수수료 및 필요한 비용 외의 금품을 받은 경우	법 제32조 제1항제10호	100	200	400

제8편 외국인고용법

제20부
외국인근로자의 고용 등에 관한 법률 시행규칙

[시행 2023. 2. 3.]
[고용노동부령 제371호, 2022. 12. 9., 일부개정]

제1장 총칙 〈신설 2010. 4. 12.〉

제1조 목적

이 규칙은 「외국인근로자의 고용 등에 관한 법률」 및 같은 법 시행령에서 위임된 사항과 그 시행에 필요한 사항을 규정함을 목적으로 한다.
[전문개정 2010. 4. 12.]

제2장 외국인근로자 고용절차 〈신설 2010. 4. 12.〉

제2조 직업소개

「직업안정법」 제2조의2 제1호에 따른 직업안정기관(이하 "직업안정기관"이라 한다)의 장은 「외국인근로자의 고용 등에 관한 법률」(이하 "법"이라 한다)제6조 제2항에 따라 사용자에게 직업소개를 할 때 지방자치단체 등 공공기관과 「직업안정법」 제18조에 따른 국내 무료직업소개사업자가 하는 직업소개사업을 적극 활용하여야 한다. [전문개정 2010. 4. 12.]

> **관련법령** ▶ 「직업안정법」 제2조의2제1호, 제18조

제2조의2(정의)

이 법에서 사용하는 용어의 뜻은 다음 각 호와 같다.

1. "직업안정기관"이란 직업소개, 직업지도 등 직업안정업무를 수행하는 지방고용노동행정기관을 말한다.

제18조(무료직업소개사업)
① 무료직업소개사업은 소개대상이 되는 근로자가 취업하려는 장소를 기준으로 하여 국내 무료직업소개사업과 국외 무료직업소개사업으로 구분하되, 국내 무료직업소개사업을 하려는 자는 주된 사업소의 소재지를 관할하는 특별자치도지사·시장·군수 및 구청장에게 신고하여야 하고, 국외 무료직업소개사업을 하려는 자는 고용노동부장관에게 신고하여야 한다. 신고한 사항을 변경하려는 경우에도 또한 같다.
② 제1항에 따라 무료직업소개사업을 하려는 자는 대통령령으로 정하는 비영리법인 또는 공익단체이어야 한다.
③ 제1항에 따른 신고 사항, 신고 절차, 그 밖에 신고에 필요한 사항은 대통령령으로 정한다.
④ 제1항에도 불구하고 다음 각 호의 어느 하나에 해당하는 직업소개의 경우에는 신고를 하지 아니하고 무료직업소개사업을 할 수 있다.
　1. 「한국산업인력공단법」에 따른 한국산업인력공단이 하는 직업소개
　2. 「장애인고용촉진 및 직업재활법」에 따른 한국장애인고용공단이 장애인을 대상으로 하는 직업소개
　3. 교육 관계법에 따른 각급 학교의 장, 「국민 평생 직업능력 개발법」에 따른 공공직업훈련시설의 장이 재학생·졸업생 또는 훈련생·수료생을 대상으로 하는 직업소개
　4. 「산업재해보상보험법」에 따른 근로복지공단이 업무상 재해를 입은 근로자를 대상으로 하는 직업소개
⑤ 제1항 및 제4항에 따라 무료직업소개사업을 하는 자 및 그 종사자는 구인자가 구인신청 당시 「근로기준법」 제43조의2에 따라 명단이 공개 중인 체불사업주인 경우 그 사업주에게 직업소개를 하지 아니하여야 한다.

제18조(무료직업소개사업)
① 무료직업소개사업은 소개대상이 되는 근로자가 취업하려는 장소를 기준으로 하여 국내 무료직업소개사업과 국외 무료직업소개사업으로 구분하되, 국내 무료직업소개사업을 하려는 자는 주된 사업소의 소재지를 관할하는 특별자치도지사·시장·군수 및 구청장에게 신고하여야 하고, 국외 무료직업소개사업을 하려는 자는 고용노동부장관에게 신고하여야 한다. 신고한 사항을 변경하려는 경우에도 또한 같다.
② 제1항에 따라 무료직업소개사업을 하려는 자는 대통령령으로 정하는 비영리법인 또는 공익단체이어야 한다.
③ 제1항에 따른 신고 사항, 신고 절차, 그 밖에 신고에 필요한 사항은 대통령령으로 정한다.
④ 제1항에도 불구하고 다음 각 호의 어느 하나에 해당하는 직업소개의 경우에는 신고를 하지 아니하고 무료직업소개사업을 할 수 있다.
　1. 「한국산업인력공단법」에 따른 한국산업인력공단이 하는 직업소개
　2. 「장애인고용촉진 및 직업재활법」에 따른 한국장애인고용공단이 장애인을 대상으로 하는 직업소개

3. 교육 관계법에 따른 각급 학교의 장, 「국민 평생 직업능력 개발법」에 따른 공공직업훈련시설의 장이 재학생·졸업생 또는 훈련생·수료생을 대상으로 하는 직업소개
4. 「산업재해보상보험법」에 따른 근로복지공단이 업무상 재해를 입은 근로자를 대상으로 하는 직업소개

⑤ 제1항 및 제4항에 따라 무료직업소개사업을 하는 자 및 그 종사자는 구인자가 구인신청 당시 「근로기준법」 제43조의2에 따라 명단이 공개 중인 체불사업주인 경우 그 사업주에게 직업소개를 하지 아니하여야 한다.

> **관련법령** ▶ 「외국인근로자의 고용 등에 관한 법률」 제6조제2항
>
> **제6조(내국인 구인 노력)**
> ② 직업안정기관의 장은 제1항에 따른 내국인 구인 신청을 받은 경우에는 사용자가 적절한 구인 조건을 제시할 수 있도록 상담·지원하여야 하며, 구인 조건을 갖춘 내국인이 우선적으로 채용될 수 있도록 직업소개를 적극적으로 하여야 한다.

> **제3조 삭제** 〈2006. 6. 30.〉
>
> **제4조 삭제** 〈2006. 6. 30.〉

제5조 고용허가서의 발급

① 법 제8조 제1항에 따라 사용자가 외국인근로자 고용허가를 신청할 때에는 별지 제4호서식의 외국인근로자 고용허가서 발급신청서에 다음 각 호의 서류를 첨부하여 제5조의2에 따른 내국인 구인노력 기간이 지난 후 3개월 이내에 사업 또는 사업장의 소재지를 관할하는 직업안정기관의 장(이하 "소재지관할 직업안정기관의 장"이라 한다)에게 제출해야 한다. 〈개정 2022. 12. 9.〉

1. <u>「외국인근로자의 고용 등에 관한 법률시행령」</u>(이하 "영"이라 한다)<u>제13조의4 제1호</u>에 해당함을 증명할 수 있는 서류
2. 별지 제4호의2서식의 농어업인안전보험 가입 확약서(「산업재해보상보험법」 및 「어선원 및 어선 재해보상보험법」을 적용받지 않는 사업 또는 사업장만 제출한다)

② 법 제8조 제3항에 따라 소재지관할 직업안정기관의 장이 사용자에게 외국인구직자를 추천하는 경우에는 사용자가 신청한 구인 조건을 갖춘 사람을 3배수 이상 추천하여야 한다. 다만, 적격자가 3배수가 되지 아니하는 경우에는 해당하는

적격자 수만큼 추천한다.

③ 사용자는 제1항에 따라 외국인근로자 고용허가서 발급을 신청한 후 3개월 이내에 제2항에 따라 추천받은 적격자를 선정하여야 하며, 그 기간 동안 추천받은 적격자를 선정하지 아니한 사용자가 외국인근로자를 고용하려면 외국인근로자 고용허가를 재신청하여야 한다.

④ 영 제13조의4 제6호후단에 따른 확약서는 별지 제4호의2서식에 따른다. 〈신설 2022. 12. 9.〉

⑤ 법 제8조 제4항에 따른 고용허가서는 별지 제5호서식에 따른다. 〈개정 2022. 12. 9.〉

[전문개정 2010. 4. 12.]

> **관련법령** ▶ 「외국인근로자의 고용 등에 관한 법률 시행령」 제13조의4제1호

제13조의4(고용허가서의 발급요건)
법 제8조제3항에서 "외국인근로자 도입 업종 및 규모 등 대통령령으로 정하는 요건"이란 다음 각 호의 요건 모두에 해당하는 것을 말한다.
1. 정책위원회에서 정한 외국인근로자의 도입 업종, 외국인근로자를 고용할 수 있는 사업 또는 사업장에 해당할 것

제5조의2 내국인 구인노력 기간

① 영 제13조의4 제2호에서 "고용노동부령으로 정하는 기간"이란 다음 각 호의 구분에 따른 기간을 말한다.
  1. 농업·축산업 및 어업 : 7일
  2. 제1호 외의 업종 : 14일
② 제1항에도 불구하고 다음 각 호의 어느 하나에 해당하는 경우에는 제1항제1호의 기간을 3일로, 같은 항 제2호의 기간을 7일로 각각 단축할 수 있다.
  1. 소재지관할 직업안정기관의 장이 사용자가 제출한 별지 제5호의2서식의 내국인 구인노력 증명서를 검토한 결과 사용자의 적극적인 내국인 채용노력 사실을 인정하는 경우
  2. 사용자가 소재지관할 직업안정기관을 통한 구인노력을 하면서 다음 각 목의 어느 하나에 해당하는 매체를 통하여 3일 이상 내국인 구인 사실을 알리는 구인노력을 한 경우

가. 「신문 등의 진흥에 관한 법률」 제2조 제1호 가목에 따른 일반일간신문 또는 같은 호 나목에 따른 특수일간신문(경제 및 산업 분야에 한정한다)

나. 「잡지 등 정기간행물의 진흥에 관한 법률」 제2조 제1호 나목에 따른 정보간행물, 같은 호 다목에 따른 전자간행물 또는 같은 호 라목에 따른 기타간행물

다. 「방송법」 제2조 제1호에 따른 방송[전문개정 2015. 12. 30.]

> **관련법령** ▶ 「신문 등의 진흥에 관한 법률」 제2조제1호가목

제2조(정의)

1. "신문"이란 정치·경제·사회·문화·산업·과학·종교·교육·체육 등 전체 분야 또는 특정 분야에 관한 보도·논평·여론 및 정보 등을 전파하기 위하여 같은 명칭으로 월 2회 이상 발행하는 간행물로서 다음 각 목의 것을 말한다.

   가. 일반일간신문 : 정치·경제·사회·문화 등에 관한 보도·논평 및 여론 등을 전파하기 위하여 매일 발행하는 간행물

> **관련법령** ▶ 「잡지 등 정기간행물의 진흥에 관한 법률」 제2조제1호나목

제2조(정의)

1. "정기간행물"이란 동일한 제호로 연 2회 이상 계속적으로 발행하는 간행물로서 「신문 등의 진흥에 관한 법률」 제2조에 따른 신문을 제외한 다음 각 목의 것을 말한다.

   나. 정보간행물 : 보도·논평 또는 여론 형성의 목적 없이 일상생활 또는 특정사항에 대한 안내·고지 등 정보전달의 목적으로 발행되는 간행물

> **관련법령** ▶ 「방송법」 제2조제1호

제2조(정의)

1. "방송"이라 함은 방송프로그램을 기획·편성 또는 제작하여 이를 공중(개별계약에 의한 수신자를 포함하며, 이하 "시청자"라 한다)에게 전기통신설비에 의하여 송신하는 것으로서 다음 각목의 것을 말한다.

   가. 텔레비전방송 : 정지 또는 이동하는 사물의 순간적 영상과 이에 따르는 음성·음향 등으로 이루어진 방송프로그램을 송신하는 방송

   나. 라디오방송 : 음성·음향 등으로 이루어진 방송프로그램을 송신하는 방송

   다. 데이터방송 : 방송사업자의 채널을 이용하여 데이터(문자·숫자·도형·도표·이미지 그 밖의 정보체계를 말한다)를 위주로 하여 이에 따르는 영상·음성·음향 및 이들의 조합으로 이루어진 방송프로그램을 송신하는 방송(인터넷 등 통신망을 통하여 제공하거나 매개하는 경우는 제외한다. 이하 같다)

라. 이동멀티미디어방송 : 이동중 수신을 주목적으로 다채널을 이용하여 텔레비전방송·라디오방송 및 데이터방송을 복합적으로 송신하는 방송

제6조 고용허가서의 재발급

영 제14조 제2항에 따라 사용자가 외국인근로자 고용허가서를 재발급받으려면 재발급 사유가 발생한 사실을 안 날부터 7일 이내에 별지 제4호서식의 외국인근로자 고용허가서 재발급신청서에 다음 각 호의 서류를 첨부하여 소재지관할 직업안정기관의 장에게 제출하여야 한다. 〈개정 2022. 12. 9.〉

1. 외국인근로자 고용허가서 원본
2. 영 제13조의4 제1호에 해당함을 증명하는 서류(고용허가서 발급 시와 사업 또는 사업장의 업종 또는 규모가 다른 경우만 해당한다)[전문개정 2010. 4. 12.]

제7조 삭제 〈2006. 6. 30.〉

제8조 표준근로계약서

법 제9조 제1항에 따른 표준근로계약서는 별지 제6호서식에 따르되, 농업·축산업·어업분야는 별지 제6호의2서식에 따른다. 〈개정 2015. 10. 22., 2017. 2. 28.〉[전문개정 2010. 4. 12.]

제9조 고용허가기간 연장허가

① 사용자는 영 제17조 제2항에 따라 고용허가기간 연장허가를 받으려면 별지 제7호서식의 외국인근로자 고용허가기간 연장신청서에 다음 각 호의 서류를 첨부하여 소재지관할 직업안정기관의 장에게 제출하여야 한다. 이 경우 직업안정기관의 장은 「전자정부법」 제36조 제1항에 따른 행정정보의 공동이용을 통하여 사업자 등록증을 확인하여야 하며, 신청인이 확인에 동의하지 아니하면 그 사본을 첨부하도록 하여야 한다. 〈개정 2012. 5. 14., 2014. 7. 28.〉

1. 갱신된 근로계약서 사본
2. 삭제 〈2014. 7. 28.〉
3. 「출입국관리법」 제33조에 따른 외국인 등록증(이하 "외국인 등록증"이라 한

다) 사본

4. 여권 사본

② 제1항에 따른 고용허가기간 연장허가의 신청을 받은 소재지관할 직업안정기관의 장은 신청일부터 7일 이내에별지 제5호서식의 외국인근로자 고용허가서에 고용허가기간 연장일을 적어 발급하여야 한다. [전문개정 2010. 4. 12.]

> **관련법령** ▶ 「전자정부법」 제36조제1항

제36조(행정정보의 효율적 관리 및 이용)
① 행정기관 등의 장은 수집·보유하고 있는 행정정보를 필요로 하는 다른 행정기관 등과 공동으로 이용하여야 하며, 다른 행정기관 등으로부터 신뢰할 수 있는 행정정보를 제공받을 수 있는 경우에는 같은 내용의 정보를 따로 수집하여서는 아니 된다.

> **관련법령** ▶ 「출입국관리법」 제33조

제33조(외국인 등록증의 발급 등)
① 제31조에 따라 외국인 등록을 받은 지방출입국·외국인관서의 장은 대통령령으로 정하는 바에 따라 그 외국인에게 외국인 등록증을 발급하여야 한다. 다만, 그 외국인이 17세 미만인 경우에는 발급하지 아니할 수 있다. 〈개정 2014. 3. 18.〉
② 제1항 단서에 따라 외국인 등록증을 발급받지 아니한 외국인이 17세가 된 때에는 90일 이내에 체류지 관할 지방출입국·외국인관서의 장에게 외국인 등록증 발급신청을 하여야 한다.
③ 영주자격을 가진 외국인에게 발급하는 외국인 등록증(이하 "영주증"이라 한다)의 유효기간은 10년으로 한다. 〈신설 2018. 3. 20.〉
④ 영주증을 발급받은 사람은 유효기간이 끝나기 전까지 영주증을 재발급받아야 한다.
⑤ 제4항에 따른 영주증의 재발급 절차 등에 필요한 사항은 대통령령으로 정한다.

제10조 외국인 취업교육 이수기한

법 제11조 제1항에서 "고용노동부령으로 정하는 기간"이란 15일을 말한다. 〈개정 2010. 7. 12.〉[전문개정 2010. 4. 12.]

제11조 외국인 취업교육의 시간·내용 등

① 외국인 취업교육의 시간은 16시간 이상으로 한다. 다만, 법 제18조 및 제18조의2의 취업활동 기간이 만료된 외국인근로자가 법에 따른 절차를 거쳐 다시 입국한 경우에는 그 외국인근로자의 취업교육 시간을 16시간 미만으로 단축할 수 있

다. <개정 2011. 7. 5., 2022. 12. 9.>

② 외국인 취업교육의 내용에는 다음 각 호의 사항이 포함되어야 한다. 다만, 법 제18조 및 제18조의2에 따라 취업활동 기간이 만료되어 출국한 후 재입국한 외국인근로자로서 영 제19조에 따른 외국인근로자 고용 특례 대상자에 대해서는 제1호 및 제5호에 해당하는 내용의 취업교육을 생략할 수 있다. <개정 2010. 7. 12., 2015. 12. 30., 2022. 12. 9.>
  1. 취업활동에 필요한 업종별 기초적 기능에 관한 사항
  2. 외국인근로자 고용허가제도에 관한 사항
  3. 산업안전보건에 관한 사항
  4. 「근로기준법」, 「출입국관리법」 등 관련 법령에 관한 사항
  5. 한국의 문화와 생활에 관한 사항
  6. 그 밖에 취업활동을 위하여 고용노동부장관이 필요하다고 인정하는 사항

③ 외국인 취업교육에 드는 비용은 사용자가 부담하여야 한다. 다만, 영 제19조에 해당하는 사람에 대한 취업교육에 드는 비용은 그러하지 아니하다. <개정 2022. 12. 9.>

④ 외국인 취업교육기관의 장은 외국인근로자가 외국인 취업교육을 이수하였을 때에는 별지 제8호서식의 외국인 취업교육 수료증을 발급하여야 한다. <개정 2022. 12. 9.>

⑤ 외국인 취업교육기관의 장은 외국인 취업교육을 실시하였을 때에는 그 결과를 지체 없이 고용노동부장관에게 보고하여야 한다. <개정 2010. 7. 12., 2022. 12. 9.>

[전문개정 2010. 4. 12.]

제11조의2 사용자 교육

① 사용자는 법 제11조의2 제1항에 따른 노동관계법령·인권 등에 관한 교육(이하 "사용자교육"이라 한다)을 법 제8조 제4항에 따라 외국인근로자의 고용허가서를 최초로 발급받은 날부터 6개월 이내에 받아야 한다.

② 사용자교육의 내용에는 다음 각 호의 사항이 포함되어야 한다.
  1. 외국인근로자 고용허가제도에 관한 사항
  2. 「근로기준법」 등 노동관계 법령에 관한 사항
  3. 외국인근로자의 산업재해예방 등 산업안전보건에 관한 사항

4. 외국인근로자의 출입국관리 및 체류관리에 관한 사항
  5. 직장 내 성희롱·성폭력 예방 및 대응 등 외국인근로자의 인권보호에 관한 사항
③ 사용자교육의 시간은 총 6시간으로 한다.
④ 사용자교육은 집합교육이나 원격교육의 방법으로 실시할 수 있다.
⑤ 「한국산업인력공단법」에 따른 한국산업인력공단(이하 "한국산업인력공단"이라 한다)은 사용자교육의 원활한 시행을 위하여 매년 1월말까지 해당 연도의 사용자교육 실시계획을 수립하여 고용노동부장관에게 보고해야 한다.
⑥ 한국산업인력공단은 사용자교육을 실시한 경우에는 해당 교육을 실시한 날이 속하는 달의 다음 달 15일까지 그 결과를 고용노동부장관에게 보고해야 한다.
[본조신설 2021. 10. 14.]

제11조의3 외국인 취업교육기관의 지정절차 등

① 법 제11조의3에 따라 외국인 취업교육기관으로 지정을 받으려는 자는 별지 제8호의2 서식의 외국인 취업교육기관 지정신청서에 다음 각 호의 서류를 첨부하여 고용노동부장관에게 제출해야 한다. 이 경우 고용노동부장관은 「전자정부법」 제36조 제1항에 따른 행정정보의 공동이용을 통하여 법인 등기사항증명서(법인인 경우만 해당한다) 및 사업자 등록증을 확인해야 한다. 다만, 신청인이 사업자 등록증의 확인에 동의하지 않으면 그 사본을 첨부하도록 해야 한다.
  1. 신청인이 비영리단체인 경우 이를 증명하는 서류
  2. 별지 제8호의3서식의 인력 현황
  3. 별지 제8호의4서식의 교육장 시설·장비 현황
  4. 교육사업 운영 경력을 확인할 수 있는 서류(해당되는 경우만 제출한다)
② 고용노동부장관은 법 제11조의3에 따라 외국인 취업교육기관을 지정한 경우에는 별지 제8호의5서식의 외국인 취업교육기관 지정서를 발급하고, 그 사실을 고용노동부 인터넷 홈페이지에 공고해야 한다.
③ 제1항 및 제2항에서 규정한 사항 외에 외국인 취업교육기관의 지정절차 등에 필요한 세부사항은 고용노동부장관이 정하여 고시한다. [본조신설 2022. 12. 9.]

제11조의4 외국인 취업교육기관의 운영

① 한국산업인력공단과 법 제11조의3에 따라 지정된 외국인 취업교육기관은 법 제5조 제1항및 제2항에 따른 고용노동부장관의 외국인근로자 도입계획(변경된 경우를 포함한다) 공표 후 1개월 이내에 해당 연도의 외국인 취업교육 실시계획, 외국인 취업교육비 등 고용노동부장관이 정하는 사항을 고용노동부장관에게 보고해야 하며, 이를 변경하는 경우에는 그 변경사항을 지체 없이 고용노동부장관에게 보고해야 한다.
② 제1항에서 규정한 사항 외에 외국인 취업교육기관의 운영에 관한 세부사항은 고용노동부장관이 정하여 고시한다. [본조신설 2022. 12. 9.]

제11조의5 외국인 취업교육기관의 지정취소 등

① 법 제11조의4 제1항에 따른 외국인 취업교육기관에 대한 지정취소 등 행정처분 기준은 별표와 같다.
② 법 제11조의4 제1항에 따라 외국인 취업교육기관의 지정취소 처분을 받은 자는 외국인 취업교육기관 지정서를 지체 없이 고용노동부장관에게 반납해야 한다.
③ 고용노동부장관은 외국인 취업교육기관의 지정을 취소한 경우에는 그 사실을 고용노동부 인터넷 홈페이지에 공고해야 한다. [본조신설 2022. 12. 9.]

★ 외국인근로자의 고용 등에 관한 법률 시행규칙 [별표] <신설 2022. 12. 9.>
<외국인 취업교육기관에 대한 지정취소 등 행정처분기준(제11조의5 관련)>

1. 일반기준
   가. 위반행위가 둘 이상인 경우로서 그에 해당하는 각각의 처분기준이 다른 경우에는 그 중 무거운 처분기준에 따르고, 둘 이상의 처분기준이 모두 업무정지인 경우에는 각 처분기준을 합산한 기간을 넘지 않는 범위에서 무거운 처분기준에 각각 나머지 처분기준의 2분의 1 범위에서 가중한다.
   나. 위반행위의 횟수에 따른 행정처분 기준은 최근 1년간 같은 위반행위로 행정처분을 받은 경우에 적용한다. 이 경우 기간의 계산은 위반행위에 대하여 행정처분을 받은 날과 그 처분 후 다시 같은 위반행위를 하여 적발된 날을 기준으로 한다.
   다. 나목에 따라 가중된 부과처분을 하는 경우 가중처분의 적용 차수는 그 위반행위 전 부과처분 차수(나목에 따른 기간 내에 처분이 둘 이상 있었던 경우에는 높은 차수를 말한다)의 다음 차수로 한다.
   라. 처분권자는 위반행위의 동기·내용·횟수 및 위반 정도 등 다음에 해당하는 사유를 고려하여 그 처분을 감경할 수 있다. 이 경우 그 처분이 업무정지인 경우에는 그 처분기준의 2분의 1의 범위에서 감경할 수 있고, 지정취소인 경우에는 6개월 이내의 업무정지로 감경할(법 제11조의4제1항제1호 또는 제3호에 해당하는 경우는 제외한다) 수 있다.

1) 위반행위가 고의나 중대한 과실이 아닌 사소한 부주의나 오류로 인한 것으로 인정되는 경우
2) 위반의 내용·정도가 경미하여 외국인근로자에게 미치는 피해가 적다고 인정되는 경우
3) 위반행위자가 처음 해당 위반행위를 한 경우로서 3년 이상 해당 사업을 모범적으로 운영해 온 사실이 인정되는 경우

2. 개별기준

위반행위	근거 법조문	행정처분기준		
		1차 위반	2차 위반	3차 이상 위반
가. 거짓이나 그 밖의 부정한 방법으로 지정을 받은 경우	법 제11조의4 제1항제1호	지정취소		
나. 법 제11조의3제2항에 따른 지정기준에 적합하지 않게 된 경우	법 제11조의4 제1항제2호	시정명령	업무정지 1개월	지정취소
다. 정당한 사유 없이 1년 이상 운영을 중단한 경우	법 제11조의4 제1항제3호	지정취소		
라. 임직원이 외국인 취업교육 업무와 관련하여 형사처분을 받는 등 사회적으로 중대한 물의를 일으킨 경우	법 제11조의4 제1항제4호	경고	업무정지 1개월	지정취소
마. 고의 또는 중대한 과실로 외국인 취업교육 업무를 부실하게 수행하여 그 업무를 적정하게 수행하는 것이 현저히 곤란하다고 인정되는 경우	법 제11조의4 제1항제5호, 영 제18조의2	시정명령	지정취소	
바. 그 밖에 법 또는 법에 따른 명령을 위반한 경우	법 제11조의4 제1항제6호	시정명령	업무정지1개월	지정취소

제12조 구직신청

법 제12조 제2항에 따라 구직신청을 하려는 외국인근로자는 별지 제9호서식의 특례외국인근로자 구직신청서에 다음 각 호의 서류를 첨부하여 소재지관할 직업안정기관의 장에게 제출하여야 한다. 〈개정 2012. 5. 14.〉

1. 외국인 등록증 사본 또는 여권 사본
2. 「출입국관리법 시행령」에 따른 방문취업 체류자격(H-2)에 해당하는 사증 사본

[전문개정 2010. 4. 12.]

제12조의2 특례고용가능확인서의 발급

① 법 제12조 제3항전단에 따라 특례고용가능확인을 신청하려는 사용자는별지 제10호서식의 특례고용가능확인서 발급신청서에영 제20조 제1항에 따라 준용되는영 제13조의4에 따른 고용허가서의 발급요건에 해당함을 증명할 수 있는 서류를 첨부하여 소재지관할 직업안정기관의 장에게 제출하여야 한다.

② 제1항에 따라 신청을 받은 소재지관할 직업안정기관의 장은 특례고용가능확인서 발급신청서를 검토한 결과 해당 요건을 충족하는 경우에는 신청일부터 7일 이내에 별지 제10호의2서식의 특례고용가능확인서를 발급하여야 한다.
[전문개정 2010. 4. 12.] [제12조의3에서 이동, 종전 제12조의2는 제12조의3으로 이동 〈2010. 4. 12.〉]

제12조의3 근로개시 신고

법 제12조 제4항에 따라 외국인근로자의 근로개시를 신고해야 하는 사용자는 외국인근로자가 근로를 시작한 날부터 14일 이내에 별지 제11호서식의 특례고용외국인근로자 근로개시 신고서에 다음 각 호의 서류를 첨부하여 소재지관할 직업안정기관의 장에게 제출하여야 한다. 〈개정 2012. 5. 14., 2014. 9. 30., 2020. 1. 10.〉

1. 표준근로계약서 사본
2. 외국인 등록증 사본 또는 여권 사본
3. 삭제 〈2020. 1. 10.〉 [전문개정 2010. 4. 12.]

[제12조의2에서 이동, 종전 제12조의3은 제12조의2로 이동 〈2010. 4. 12.〉]

제13조 특례고용가능확인서의 변경 확인

① 영 제20조의2 제1항에서 "고용노동부령으로 정하는 중요 사항"이란 다음 각 호의 어느 하나의 사항을 말한다. 〈개정 2010. 7. 12.〉
  1. 사업 또는 사업장에서 고용할 수 있는 외국인근로자의 수
  2. 사업 또는 사업장의 업종·규모
② 영 제20조의2 제1항에 따라 특례고용가능확인서의 변경 확인을 받아야 하는 사용자는 별지 제10호서식의 특례고용가능확인서 변경신청서에 다음 각 호의 서류를 첨부하여 소재지관할 직업안정기관의 장에게 제출하여야 한다.
  1. 외국인근로자 특례고용가능확인서 원본
  2. 제1항 각 호의 어느 하나의 사항을 변경할 필요가 있음을 증명하는 서류
③ 제2항에 따라 신청을 받은 소재지관할 직업안정기관의 장은 특례고용가능확인서 변경신청서를 검토한 결과 제1항 각 호의 어느 하나의 사항을 변경하여야 할 필요가 있다고 인정되는 경우에는 변경 신청일부터 7일 이내에 별지 제10호의2

서식의 특례고용가능 변경확인서를 발급하여야 한다.[전문개정 2010. 4. 12.]

제3장 외국인근로자의 고용 관리 〈신설 2010. 4. 12.〉

제14조 고용변동 등의 신고

사용자는 법 제17조 제1항에 해당하는 사유가 발생하거나 발생한 사실을 안 날부터 15일 이내에별지 제12호서식의 외국인근로자 고용변동 등 신고서 또는 별지 제12호의2서식의 외국인근로자 고용사업장 정보변동 신고서에 그 사실을 적어 소재지 관할 직업안정기관의 장에게 제출하여야 한다. 〈개정 2014. 7. 28.〉[전문개정 2010. 4. 12.]

제14조의2 취업활동 기간 제한에 관한 특례 절차

① 사용자가 법 제18조의2에 따른 재고용 허가를 받으려면 취업활동 기간 만료일까지의 근로계약 기간이 1개월 이상인 외국인근로자를 대상으로 해당 근로자의 취업활동 기간 만료일의 7일 전까지별지 제12호의3서식의 취업기간 만료자 취업활동 기간 연장신청서에 다음 각 호의 서류를 붙여 소재지 관할 직업안정기관의 장에게 제출하여야 한다. 이 경우 직업안정기관의 장은 「전자정부법」 제36조 제1항에 따른 행정정보의 공동이용을 통하여 사업자 등록증을 확인하여야 하며, 신청인이 확인에 동의하지 아니하면 그 사본을 첨부하도록 하여야 한다. 〈개정 2011. 7. 5., 2014. 7. 28.〉

1. 삭제〈2014. 7. 28.〉
2. 외국인 등록증 사본
3. 여권 사본
4. 표준근로계약서 사본

② 제1항에 따라 신청을 받은 소재지관할 직업안정기관의 장은 연장신청서를 검토

한 결과 해당 요건을 충족하는 경우에는 신청서를 접수한 날부터 7일 이내에 별지 제12호의4서식의 취업기간 만료자 취업활동 기간 연장 확인서를 발급하여야 한다.
③ 소재지관할 직업안정기관의 장은 제2항에 따른 취업기간 만료자 취업활동 기간 연장확인서를 법무부장관과 한국산업인력공단에 통보하고, 한국산업인력공단은 취업활동 기간 연장자 명부를 따로 작성하여 관리한다. 〈개정 2021. 10. 14.〉

[전문개정 2010. 4. 12.]

제14조의3 재입국 취업 제한의 특례에 관한 절차

① 사용자는 법 제18조의4 제1항에 따른 재입국 후의 고용허가를 신청하려면 법 제18조의2에 따라 연장된 취업활동 기간의 만료일 7일 전까지 별지 제12호의5서식의 재고용 만료자 재입국 고용허가 신청서에 다음 각 호의 서류를 붙여 소재지관할 직업안정기관의 장에게 제출하여야 한다.
  1. 외국인 등록증 사본
  2. 여권 사본
  3. 표준근로계약서 사본
② 제1항에 따라 신청을 받은 소재지관할 직업안정기관의 장은 「전자정부법」 제36조 제1항에 따른 행정정보의 공동이용을 통하여 신청인의 사업자 등록증을 확인하여야 한다. 다만, 신청인이 확인에 동의하지 아니하는 경우에는 그 서류를 첨부하도록 하여야 한다.
③ 제1항에 따라 신청을 받은 소재지관할 직업안정기관의 장은 신청서를 검토한 결과 해당 외국인근로자가 법 제18조의4 제1항 각 호의 요건과 「출입국관리법 시행령」 별표 1 및 「출입국관리법 시행규칙」 제17조의3에 따른 사증발급인정서 발급 기준을 충족하는 경우에는 신청서를 접수한 날부터 7일 이내에 별지 제5호서식의 외국인근로자 고용허가서를 발급하여야 한다. 〈개정 2017. 12. 8.〉
④ 소재지관할 직업안정기관의 장은 제3항에 따른 외국인근로자 고용허가서 발급 내용을 법무부장관과 한국산업인력공단에 통보하고, 한국산업인력공단은 재입국 취업활동을 하는 외국인근로자의 명부를 따로 작성하여 관리한다.

[본조신설 2012. 5. 14.]

| 관련법령 ▶ 「출입국관리법 시행규칙」 제17조의3 |

제17조의3(사증발급인정서 발급의 기준)

① 법 제9조제1항의 규정에 의한 사증발급인정서 발급의 기준에 관하여는 제9조의2의 규정을 준용한다.

② 법무부장관은 「파견근로자보호 등에 관한 법률」에 따라 피초청 외국인을 사용하려는 사용사업주 또는 법 제9조제2항에 따라 외국인을 초청하는 사람이 다음 각 호의 어느 하나에 해당하는 경우에는 피초청 외국인에 대한 사증발급인정서를 발급하지 않을 수 있다.

1. 법 제7조의2, 법 제12조의3, 법 제18조제3항부터 제5항까지, 법 제21조제2항 또는 법 제33조의3제1호의 규정을 위반하여 다음 각 목의 어느 하나에 해당하는 날부터 3년(다만, 법무부장관은 재범의 위험성, 법 위반의 동기와 결과, 그 밖의 정상을 고려하여 3년 미만의 기간으로 정할 수 있다)이 지나지 않은 사람
   가. 금고 이상의 실형의 선고를 받고 그 형의 집행이 종료되거나 집행이 면제된 날
   나. 금고 이상의 형의 집행유예를 선고받고 그 판결이 확정된 날
   다. 500만원 이상의 벌금형의 선고를 받거나 500만원 이상의 범칙금의 통고처분을 받고 벌금 또는 범칙금을 납부한 날

2. 법 제7조의2, 법 제12조의3, 법 제18조제3항부터 제5항까지, 법 제21조제2항 또는 법 제33조의3제1호의 규정을 위반하여 500만원 미만의 벌금형의 선고를 받거나 500만원 미만의 범칙금의 통고처분을 받고 벌금 또는 범칙금을 납부한 날부터 1년(다만, 법무부장관은 재범의 위험성, 법 위반의 동기와 결과, 그 밖의 정상을 고려하여 1년 미만의 기간으로 정할 수 있다)이 경과되지 않은 사람

3. 「성매매알선 등 행위의 처벌에 관한 법률」, 「사행행위 등 규제 및 처벌특례법」 및 「마약류 관리에 관한 법률」 등을 위반하여 다음 각 목의 어느 하나에 해당하는 날부터 3년이 지나지 않은 사람
   가. 금고 이상의 실형의 선고를 받고 그 형의 집행이 종료되거나 집행이 면제된 날
   나. 금고 이상의 형의 집행유예를 선고받고 그 판결이 확정된 날

4. 「근로기준법」을 위반하여 다음 각 목의 어느 하나에 해당하는 날부터 3년이 지나지 않은 사람
   가. 금고 이상의 형의 선고를 받고 그 형의 집행이 종료되거나 집행이 면제된 날
   나. 금고 이상의 형의 집행유예를 선고받고 그 판결이 확정된 날

5. 신청일부터 최근 1년간 법 제9조제2항에 따라 10인 이상의 외국인을 초청한 자로서 피초청 외국인의 과반수가 불법체류 중인 사람

6. 신청일부터 최근 1개월간 법 제19조 또는 법 제19조의4의 규정에 의한 신고의무를 2회 이상 게을리 한 사람

7. 「성폭력범죄의 처벌 등에 관한 특례법」 또는 「성폭력방지 및 피해자보호 등에 관한 법률」 제8조를 위반하여 다음 각 목의 어느 하나에 해당하는 날부터 5년이 지나지 않은 사람
   가. 금고 이상의 실형의 선고를 받고 그 형의 집행이 종료되거나 집행이 면제된 날
   나. 금고 이상의 형의 집행유예를 선고받고 그 판결이 확정된 날

8. 그 밖에 제1호부터 제7호까지의 규정에 준하는 사유에 해당하는 자로서 법무부장관이 따로 정

하는 사람
③ 법무부장관은 영 별표 1의2 중 체류자격 21. 비전문취업(E-9) 또는 22. 선원취업(E-10)에 해당하는 사증발급인정서를 발급받으려는 외국인이 다음 각 호의 어느 하나에 해당하는 경우에는 사증발급인정서를 발급하지 않는다.
1. 비전문취업(E-9) 체류자격으로 국내에 5년 이상 체류한 사실이 있는 경우. 다만, 「외국인근로자의 고용 등에 관한 법률」 제18조의2제2항에 따라 취업활동 기간이 연장된 경우 연장된 취업활동 기간은 포함하지 않는다.
2. 선원취업(E-10) 체류자격으로 국내에 5년 이상 체류한 사실이 있는 경우. 다만, 법무부장관이 감염병 확산, 천재지변 등에 따른 선원인력 수급관리를 위하여 「선원법 시행령」 제39조제1항에 따른 해양수산부장관의 요청을 받아 법 제25조에 따라 체류기간 연장허가를 한 경우 연장된 체류기간은 포함하지 않는다.
3. 비전문취업(E-9) 또는 선원취업(E-10) 체류자격으로 국내에 체류한 기간을 합산한 기간이 5년 이상인 경우. 다만, 다음 각 목의 어느 하나에 해당하여 취업활동 기간 또는 체류기간이 연장된 기간은 포함하지 않는다.
    가. 「외국인근로자의 고용 등에 관한 법률」 제18조의2제2항에 따라 취업활동 기간이 연장된 경우
    나. 법무부장관이 감염병 확산, 천재지변 등에 따른 선원인력 수급관리를 위하여 「선원법 시행령」 제39조제1항에 따른 해양수산부장관의 요청을 받아 법 제25조에 따라 체류기간 연장허가를 한 경우
④ 영 별표 1의2 중 체류자격 24. 거주(F-2) 가목 또는 27. 결혼이민(F-6) 가목에 해당하는 결혼동거 목적의 사증발급인정서 발급 기준 등에 관하여는 제9조의5를 준용한다.

제15조 고용 제한의 통지

법 제20조 제2항에 따른 통지는 외국인근로자 고용 제한의 사유를 명시하여 문서로 하여야 한다. [전문개정 2010. 4. 12.]

제4장 외국인근로자의 보호 〈신설 2010. 4. 12.〉

제15조의2 외국인근로자 권익보호협의회의 구성 및 운영

① 법 제24조의2에 따른 외국인근로자 권익보호협의회는 직업안정기관의 장이 추천한 다음 각 호의 단체로 구성한다.
  가. 노동자 단체
  나. 사용자 단체
  다. 외국인근로자 단체
  라. 그 밖에 외국인근로자 지원과 관련하여 필요하다고 인정되는 단체
② 외국인근로자 권익보호협의회는 다음 각 호의 사항을 협의할 수 있다.
  1. 외국인근로자의 사업장 변경에 관한 사항
  2. 외국인근로자와 사용자 간 갈등사항의 해소 방안
  3. 외국인근로자의 국내 구직활동 및 생활에 대한 지원 방안
  4. 그 밖에 외국인근로자의 권익보호와 관련하여 필요하다고인정되는사항
③ 직업안정기관의 장은 외국인근로자 관련 업무 수행 시에 외국인근로자 권익보호협의회에서 협의된 내용이 반영되도록 노력하여야 한다. [본조신설 2010. 4. 12.]

제16조 사업 또는 사업장의 변경

① 법 제25조 제1항에 따라 외국인근로자가 사업 또는 사업장을 변경하려면별지 제13호서식또는별지 제13호의2서식의 사업장 변경신청서에 여권 사본(제3항에 따른 외국인 등록 사실증명을 확인할 수 없는 경우만 해당한다)을 첨부하여 소재지관할 직업안정기관의 장에게 제출하여야 하며, 소재지관할 직업안정기관의 장은법 제25조 제1항각 호의 어느 하나의 사유를 확인하기 위하여 필요한 경우에는 관련 자료를 제출하게 할 수 있다.

② 외국인근로자가법 제25조 제3항단서에 해당하는 경우에는 별지 제13호의3서식의 사업장 변경 신청기간 연장신청서에 여권 사본(제3항에 따른 외국인 등록 사실증명을 확인할 수 없는 경우만 해당한다)과 업무상 재해, 질병, 임신, 출산 등의 사유를 증명할 수 있는 서류를 첨부하여 소재지관할 직업안정기관의 장에게 제출하여야 한다.

③ 제1항 및 제2항에 따른 신청서를 제출받은 소재지관할 직업안정기관의 장은 「전자정부법」 제36조 제1항에 따른 행정정보의 공동이용을 통하여 「출입국관리법」 제88조에 따른 외국인 등록 사실증명을 확인하여야 한다. 다만, 신청인이 확인에 동의하지 아니하는 경우에는 그 서류를 첨부하도록 하여야 한다. 〈개정 2012. 5. 14.〉

관련법령 ▶ 「출입국관리법」 제88조

제88조(사실증명의 발급 및 열람)

① 지방출입국·외국인관서의 장, 시·군·구(자치구가 아닌 구를 포함한다. 이하 이 조에서 같다) 및 읍·면·동 또는 재외공관의 장은 이 법의 절차에 따라 출국 또는 입국한 사실 유무에 대하여 법무부령으로 정하는 바에 따라 출입국에 관한 사실증명을 발급할 수 있다. 다만, 출국 또는 입국한 사실이 없는 사람에 대하여는 특히 필요하다고 인정되는 경우에만 이 법의 절차에 따른 출국 또는 입국 사실이 없다는 증명을 발급할 수 있다.

② 지방출입국·외국인관서의 장, 시·군·구 또는 읍·면·동의 장은 이 법의 절차에 따라 외국인 등록을 한 외국인 및 그의 법정대리인 등 법무부령으로 정하는 사람에게 법무부령으로 정하는 바에 따라 외국인 등록 사실증명을 발급하거나 열람하게 할 수 있다.

제5장 보칙 〈신설 2010. 4. 12.〉

제17조 자료 제출의 요구 등

① 고용노동부장관 또는 지방고용노동관서의 장은 법 제26조 제1항에 따라 명령을 하는 경우에는 7일 이상의 기간을 주되, 부득이한 사유가 있는 경우에는 그 기간을 한 차례 연장할 수 있다. 〈개정 2010. 7. 12.〉
② 고용노동부장관 또는 지방고용노동관서의 장이 법 제26조 제1항 및 영 제23조 제2항에 따라 외국인근로자를 고용하고 있는 사업 또는 사업장의 조사·검사 또는 지도·점검을 실시한 경우에는 그 결과를 별지 제14호서식의 지도·점검 등 기록부에 기록·관리하여야 한다. 〈개정 2010. 7. 12.〉[전문개정 2010. 4. 12.]

제18조 수수료 등의 징수

① 법 제27조 제1항에 따라 근로계약의 체결을 대행하는 자와 같은 조 제3항에 따라 외국인근로자의 고용에 관한 업무를 대행하는 자가 사용자로부터 수수료와 필요한 비용을 받으려면 다음 각 호의 사항에 대하여 고용노동부장관의 승인을 받은 후에 이를 징수할 수 있다. 〈개정 2010. 7. 12.〉
  1. 수수료 등의 금액 및 그 산정기준
  2. 수수료 등의 징수 방법 및 절차
  3. 수수료 등의 징수 명세
  4. 그 밖에 수수료 등의 징수에 필요한 사항
② 법 제28조 및 영 제31조 제2항 및 제3항에 따라 법 제21조 제1호부터 제4호까지의 사업을 위탁받아 수행하는 자가 사용자로부터 수수료와 필요한 비용을 받으려는 경우에는 제1항을 준용한다. 〈개정 2012. 5. 14.〉[전문개정 2010. 4. 12.]

제18조의2 대행기관의 지정 및 운영

① 법 제27조의2 제1항에 따른 대행기관은 다음 각 호의 요건을 모두 충족하는 기관 중에서 고용노동부장관이 지정한다. 〈개정 2010. 7. 12.〉
  1. 사업수행을 위한 행정능력과 경험이 있을 것
  2. 사용자 및 외국인근로자 지원사업의 실적이 있을 것
  3. 업무수행 시 공공성을 확보할 수 있을 것
② 법 제27조의2 제1항 제5호에서 "고용노동부령으로 정하는 외국인근로자 고용 등에 관한 업무"란 다음 각 호의 업무를 말한다. 〈개정 2010. 7. 12., 2011. 7. 5., 2012. 5. 14.〉
  1. 법 제8조 제4항 및 영 제14조 제2항에 따른 고용허가서 발급 및 재발급의 신청
  2. 법 제12조 제3항에 따른 특례고용가능확인의 신청
  3. 법 제12조 제4항에 따른 근로개시의 신고
  4. 법 제17조 제1항에 따른 고용변동 신고
  5. 영 제20조의2 제1항에 따른 특례고용가능확인서의 변경 확인 신청
  6. 그 밖에 고용노동부장관이 지정하는 업무
③ 고용노동부장관은 제1항에 따라 지정한 대행기관에 대해서는 업무범위를 명시한 대행기관 지정서를 발급한다. 〈개정 2010. 7. 12.〉
④ 제1항부터 제3항까지에서 규정한 사항 외에 대행기관의 지정요건 및 지정절차 등에 관하여 필요한 세부적인 사항은 고용노동부장관이 정하여 고시한다. 〈개정 2010. 7. 12.〉 [본조신설 2010. 4. 12.]

제18조의3 대행기관의 지정취소 등

고용노동부장관은 법 제27조의3 제1항에 따라 대행기관에 대하여 다음 각 호의 구분에 따른 지정취소, 시정명령 또는 업무정지를 할 수 있다.
1. 대행기관이 법 제27조의3 제1항 제1호에 해당하는 경우 : 지정취소
2. 대행기관이 법 제27조의3 제1항 제2호에 해당하는 경우 : 시정명령 또는 지정취소
3. 대행기관이 법 제27조의3 제1항 제3호 또는 제4호에 해당하는 경우 : 시정명령 또는 6개월 이내의 업무정지 [전문개정 2015. 12. 30.]

제19조 업무처리규정

한국산업인력공단은 영 제31조 제2항 및 제3항에 따라 고용노동부장관으로부터 위탁받은 업무에 대해서는 고용노동부장관의 승인을 받아 해당 업무처리에 필요한 규정을 정할 수 있다. ⟨개정 2010. 7. 12.⟩[전문개정 2010. 4. 12.]

제20조 규제의 재검토

① 고용노동부장관은 제5조의2에 따른 내국인을 구인하기 위하여 노력하여야 하는 기간에 대하여 2014년 1월 1일을 기준으로 5년마다(매 5년이 되는 해의 1월 1일 전까지를 말한다) 그 타당성을 검토하여 개선 등의 조치를 하여야 한다. ⟨개정 2014. 12. 31.⟩
② 고용노동부장관은 다음 각 호의 사항에 대하여 다음 각 호의 기준일을 기준으로 3년마다(매 3년이 되는 해의 기준일과 같은 날 전까지를 말한다) 그 타당성을 검토하여 개선 등의 조치를 해야 한다. ⟨신설 2014. 12. 31., 2017. 2. 3., 2020. 1. 10.⟩
  1. 삭제⟨2020. 1. 10.⟩
  2. 제11조에 따른 외국인 취업교육의 시간·내용 등 : 2017년 1월 1일
  3. 삭제⟨2020. 1. 10.⟩[본조신설 2013. 12. 30.]

MEMO

MEMO